奥赛经典

专题研究系列

湖南省数学会
湖南师范大学数学奥林匹克研究所 | 组编

奥林匹克数学中的组合问题

张 垚 沈文选 冷岗松 / 编著

湖南师范大学出版社

◆ 张垚

男，1938年生，湖南师范大学数学与计算机科学学院教授，中国数学奥林匹克高级教练，湖南省数学奥林匹克主教练，美国《数学评论》评论员。1987～1999年任湖南省数学会副理事长兼普及工作委员会主任，负责全省数学竞赛的组织及培训工作，并主持了1989年全国初中数学联赛和1997年全国高中数学联赛的命题工作。

已出版图书《数学奥林匹克理论、方法、技巧》等17部，发表学术论文80余篇。从1992年起享受国务院颁发的政府特殊津贴。曾荣获湖南省优秀教师，全国优秀教师，曾宪梓教育基金高等师范院校教师奖三等奖，湖南省教委科技进步奖二等奖等多项表彰和奖励。所培训的学生有100余人进入全国中学生数学冬令营，其中有40余人进入国家集训队，14人进入国家队，在国际中学生数学竞赛(IMO)中，共夺得10枚金牌和3枚银牌。

沈文选

男，1948年生，湖南师范大学数学与计算机科学学院教授，硕士生导师，湖南师范大学数学奥林匹克研究所副所长，中国数学奥林匹克高级教练，全国初等数学研究会理事长，全国高等师范院校数学教育研究会常务理事，《数学教育学报》编委，湖南省高师教育研究会理事长，湖南省数学会初等数学委员会副主任，湖南省数学奥林匹克培训的主要组织者与授课者，湖南师大附中、长沙市一中数学奥林匹克培训主要教练。

已出版著作《走进教育数学》、《单形论导引》、《矩阵的初等应用》、《中学数学思想方法》、《竞赛数学教程》等30余部，发表学术论文《奥林匹克数学研究与数学奥林匹克教育》等80余篇，发表初等数学研究、数学思想方法研究和数学奥林匹克研究等文章200余篇。多年来为全国初、高中数学联赛，数学冬令营提供试题20余道，是1997年全国高中数学联赛，2002年全国初中数学联赛，2003年第18届数学冬令营命题组成员。

冷岗松

男，1961年生，湖南师范大学数学与计算机科学学院、上海大学数学系教授，博士生导师，湖南师范大学数学奥林匹克研究所所长，中国数学奥林匹克委员会委员，美国《数学评论》评论员。从2000年起参加中国数学奥林匹克国家集训队的教练工作和上海市数学奥林匹克选手的培训工作。2001～2004年，多次参加国家集训队，中国数学奥林匹克(CMO)，西部数学竞赛，女子数学竞赛的命题工作。1991～2004年担任湖南省数学奥林匹克培训主要教练，为湖南师大附中、长沙市一中前后10位同学在IMO中获取金牌做了大量培训工作。

已出版专著《高中数学竞赛解题方法研究》，在国内外重要数学学术期刊发表论文30余篇。先后承担国家自然科学基金项目，教育部博士点基金项目等多项。曾获湖南省教委科技进步奖二等奖。

奋发图强，力争上游，为提高我国数学水平而共同努力。

王梓坤 敬书

▲王梓坤：中国科学院院士

湖南中学生在国际数学奥林匹克中的获奖情况

届　次	获奖情况
第28届（1987）	刘　雄（湖南湘阴一中）金牌
第32届（1991）	郭早阳（湖南师大附中）银牌
第34届（1993）	刘　炀（湖南师大附中）金牌
第35届（1994）	彭建波（湖南师大附中）金牌
第39届（1998）	艾颖华（湖南师大附中） 进国家队，该届国家队未参赛
第40届（1999）	孔文彬（湖南师大附中）银牌
第41届（2000）	刘志鹏（长沙市一中）金牌
第42届（2001）	张志强（长沙市一中）金牌 余　君（湖南师大附中）金牌
第43届（2002）	肖　维（湖南师大附中）金牌
第44届（2003）	王　伟（湖南师大附中）金牌 向　振（长沙市一中）金牌
第45届（2004）	李先颖（湖南师大附中）金牌
第48届（2007）	胡　涵（湖南师大附中）银牌
第52届（2011）	龙子超（湖南师大附中）金牌
第55届（2014）	谌澜天（湖南师大附中）金牌

前　言

　　组合数学历史悠久,几千年前,我国的《河图》、《洛书》就已经涉及一些简单有趣的组合问题.近 20 年来,由于计算机科学、编码理论、规划论、数字通讯、试验设计等学科的迅猛发展,提出了一系列需要离散数学解决的理论和实际问题,加上组合数学的自身的逻辑要求提出的问题以及其他数学分支向组合数学提出的问题,促进了组合数学的研究十分活跃而富有成果,解决问题的方法和技巧更富有变化,使这一古老的数学分支成为了一门充满了活力的学科.

　　数学竞赛中出现的组合问题往往在表达形式上简单明了,而求解这些问题却需要敏锐的洞察力、丰富的想象力和必要的技巧,通常没有一个固定的解题模式可遵循,而且各种难易程度不同的问题都非常富有,所以在各类不同程度的智力训练和数学竞赛中,大都离不开组合问题.

　　本书分为 7 章,每章重点讨论和研究了一类在数学竞赛中经常出现的组合问题.除了介绍必要的组合数学的有关知识外,着重介绍了解这类问题的一些基本方法.在介绍解题方法时,配备了一些相当于全国高中数学联赛水平的例题(个别例题为中国数学奥林匹克(CMO)和国际中学生数学奥林匹克(IMO)中较易的问题).每章最后一节为典型例题解题分析,所配备的例题相当于 CMO 和 IMO 的水平.

　　每章配备有一定数量的习题,A 类习题相当于高中联赛水平,B 类习题相当于 CMO 和 IMO 的水平.

　　在例题、习题的选择方面,我们尽可能选编一些较新颖的,尤其是近几年国内外数学竞赛中有关组合数学的试题,也包括少量作者自己编拟的问题.在本书中我们特别注意引导读者对解决问题的思想方法进行探索、分析和总结,希望通过这部分内容的学习,能使读者的数学修养以及解决有关数学竞赛中组合问题的能力有所提高.

编　者

2004 年 3 月

再版前言

第二版与第一版比较,主要作了如下的一些修改和补充:

(1)补充了近几年国内外数学竞赛中出现的一些有代表性的试题作为例题和习题,同时也删去了部分陈旧的例题和习题.

(2)增加了第一章§2—6,第二章§2—3以及第三章§2—4,同时将原书第二章§1—4移至第一章§1—7.

(3)改正了原书中出现的一些错误.

本书出版以来,很多参加竞赛培训的老师和学生热心地指出其中的一些错误并提出一些宝贵意见,这对提高本书的质量有极大的帮助.借此机会致以深深的谢意,并热诚欢迎广大读者给本书提出批评和指正.

编 者
2009 年 7 月

第三版前言

第三版与第二版比较,主要作了如下的一些修改和补充:

(1)补充了近几年内国内外数学竞赛中出现的一些有代表性的试题以及编者进行数学竞赛培训时编拟的少量有启发性的问题作为例题和习题,同时也删去了部分陈旧的例题和习题,从而使本书在内容上更加新颖和实用.

(2)改正了本书中出现的一些错误.

本书出版以来一直得到广大读者的关心和爱护,他们不仅对本书的编写提出了一些宝贵的意见和建议,而且对其中一些的解法与作者进行了有益的探讨和交流,在此我们表示深深的感谢,并希望广大读者继续对本书提出批评和指正.

编 者
2014 年 5 月

目 录

第一章　组合数学中的计数问题

§1　基础知识

1. 加法原理与乘法原理

如果完成一件事情的方法可分成 n 个互不相交的类,且第一类中有 m_1 种方法,第 2 类中有 m_2 种方法,$\cdots$,第 n 类中有 m_n 种方法,那么完成这件事一共有 $m_1+m_2+\cdots+m_n$ 种方法. 这就是加法原理,简称为分类相加.

如果完成一件事要分 n 步,且第 1 步有 m_1 种方法,第 2 步有 m_2 种方法,$\cdots$,第 n 步有 m_n 种方法,那么完成这件事一共有 $m_1m_2\cdots m_n$ 种方法. 这就是乘法原理,简称为分步相乘.

2. 无重复的排列与组合

(1)无重复的排列

从 n 个不同元素中,任取 $m(\leqslant n)$ 个不同元素,按照一定的顺序排成一列(或者从 n 个不同元素中,有序地任取 $m(\leqslant n)$ 个不同元素),叫做从 n 个不同元素中取出 m 个不同元素的一个排列.

从 n 个不同元素中取出 $m(\leqslant n)$ 个不同元素的排列的个数,叫做从 n 个不同元素中取出 m 个不同元素的排列数,用符号 P_n^m 或 A_n^m 表示. 由乘法原理得

$$P_n^m=n\cdot(n-1)\cdot(n-2)\cdots\cdot(n-m+1).$$

(取第 1 个元素放在第 1 个位置有 n 种方法,取定第一位后,由于元素不允许重复,选择第二位有 $n-1$ 种方法,$\cdots$,选择第 m 位有 $n-m+1$ 种方法).

特别 $m=n$,就得到 n 个不同元素的全排列数公式

$$P_n^n=n\cdot(n-1)\cdot\cdots\cdot2\cdot1=n!.$$

为了方便起见,约定 $0!=1$,则上面的公式可写为　$P_n^m=\dfrac{n!}{(n-m)!}.$

(2)无重复的组合

从 n 个不同元素中任取 $m(\leqslant n)$ 个不同元素并成一组(或者从 n 个不同元素中,无序地任取 $m(\leqslant n)$ 个不同元素),叫做从 n 个不同元素中任取 m 个不同元素的组合.

从 n 个不同元素中取 m 个不同元素的所有组合的个数,叫做从 n 个不同元素中取 m 个不同元素的组合数,用符号 C_m^n 表示,其计算公式为.

$$C_m^n=\frac{P_n^m}{m!}=\frac{n(n-1)\cdots(n-m+1)}{m!}=\frac{n!}{m!\cdot(n-m)!}.$$

事实上,对于每一个从 n 个不同元素取 m 个不同元素的组合,将其元素作全排列可产生 $m!$ 个不同的排列. 显然不同的组合产生的排列互不相同,且每个排列都可以分 2 步得

到. 由乘法原理可得 $P_n^m = C_n^m \cdot m!$, 于是 $C_n^m = \dfrac{P_n^m}{m!}$.

3. 可重复的排列与组合

（1）可重复的排列

从 n 个不同元素中任取（允许重复）$m(\geqslant 1)$ 个元素, 按照一定的顺序排成一列, 叫做从 n 个不同元素中取 m 个元素的可重复排列.

由乘法原理易知, 从 n 个不同元素中取 $m(\geqslant 1)$ 个元素的所有可重复排列个数为 n^m（选第 1 位元素有 n 种方法, 选定第 1 位后, 选第 2 位仍有 n 种方法, …, 最后, 选第 m 位也有 n 种方法）.

（2）有限个重复元素的全排列

设 n 个元素由 k 个不同的元素 $a_1, a_2, \cdots, a_k$ 组成, 其中 a_1 有 n_1 个, a_2 有 n_2 个, …, a_k 有 n_k 个 $(n_1 + n_2 + \cdots + n_k = n)$, 那么这 n 个元素的全排列称为有限个重复元素的全排列, 其排列数为 $\dfrac{n!}{n_1! \cdot n_2! \cdots n_k!}$.

事实上, 若 n 个元素互不相同, 则全排列数为 $n!$, 但其中 a_i 有 n_i 个, 它们之间任意交换顺序（共有 $n_i!$ 种交换顺序的方法）, 得到的是同一排列 $(i = 1, 2, \cdots, k)$. 故不同的排列个数为 $\dfrac{n!}{n_1! \cdot n_2! \cdots n_k!}$.

（3）可重复的组合

从 n 个不同元素中, 任意可重复地选取 $m(\geqslant 1)$ 个元素, 称为 n 个不同元素取 m 个元素的可重复的组合, 其不同组合的个数为 C_{n+m-1}^m.

事实上, 不妨设 n 个元素为 $1, 2, \cdots, n$, 设取出的 m 个元素为

$$(1 \leqslant a_1 \leqslant a_2 \leqslant \cdots \leqslant a_m (\leqslant n)),$$

则显然 $(1 \leqslant a_1 + 0 < a_2 + 1 < \cdots < a_m + m - 1 (\leqslant n + m - 1)$.

将 $(a_1, a_2, \cdots, a_m)$ 与 $(a_1 + 0, a_2 + 1, \cdots, a_m + m - 1)$ 对应, 后者为从 $n + m - 1$ 个不同元素 $1, 2, 3, \cdots, n + m - 1$ 中取 m 个不同元素的组合, 且不同的 $(a_1, a_2, \cdots, a_m)$ 对应的 $(a_1 + 0, a_2 + 1, \cdots, a_m + m - 1)$ 是不同的. 反过来, 从 $1, 2, \cdots, n + m - 1$ 中任取 m 个不同的数的组合

$$(1 \leqslant b_1 < b_2 < \cdots < b_m (\leqslant n + m - 1)$$

也恰好对应于一个从 n 个元素 $1, 2, \cdots, n$ 中取 m 个可重复元素的组合

$$(1 \leqslant b_1 - 0 \leqslant b_2 - 1 \leqslant \cdots \leqslant b_m - m + 1 (\leqslant n).$$

因此, 上面所说对应是一一对应, 故所求组合数等于从 $n + m - 1$ 个不同的元素 $1, 2, \cdots, n + m - 1$ 中取 m 个不同元素的组合数, 即 C_{n+m-1}^m.

4. 圆排列与项链数

从 n 个不同元素中取 m 个不同元素排在一个圆周上, 称为从 n 个不同元素中取 m 个不同元素的圆周排列, 其排列数为

$$\frac{P_n^m}{m} = \frac{n!}{m \cdot (n-m)!}.$$

事实上, 对每一个固定的 m 个元素的圆排列, 在任意两个元素之间将圆周剪开, 沿顺

时针方向拉直恰产生 m 个直线排列,且不同的圆排列所产生的直线排列互不相同. 又易见从 n 个不同元素取 m 个不同元素的排列都可以这样从圆排列中得到,所以,所求圆排列数的 m 倍恰是从 n 个不同元素中取 m 个不同元素的排列数 P_n^m,由此得出上述结论.

特别地,将 n 个不同元素排成一个圆周的圆排列数为 $\dfrac{P_n^n}{n}=(n-1)!$.

若将 n 粒不同的珍珠,用线串成一根项链的不同方法数记为 D_n,则

$$D_n=\begin{cases}1(n=1 \text{ 或 } 2),\\ \dfrac{1}{2}(n-1)! & (n\geqslant 3).\end{cases}$$

这是因为将一个按顺时针方向排列的 $n(\geqslant 3)$ 个不同元素的圆排列,改为逆时针方向排列时,得到的是不同的圆排列,而项链则没有顺时针方向与逆时针方向排列的区别,故 $n\geqslant 3$ 时,n 粒不同珠子的项链数等于 n 粒不同珠子的圆排列数的一半. 而 $n=1$ 或 2 时,显然项链数等于 1.

5. 容斥原理

对于有限集合 S,我们用 $|S|$ 表示 S 中元素的个数,若 S_1 是 S 的子集,则 $\overline{S_1}=S\backslash S_1$ 表示 S_1 在 S 中的补集.

定理 1(容斥原理) 设 S 是有限集合,$S_1,S_2,\cdots,S_n$ 是 S 的子集,则

$$|\overline{S_1}\cap\overline{S_2}\cap\cdots\cap\overline{S_n}|=|S|-\sum_{i=1}^{n}|S_i|+\sum_{1\leqslant i<j\leqslant n}|S_i\cap S_j|-\cdots+$$
$$(-1)^k\sum_{1\leqslant i_1<i_2<\cdots<i_k\leqslant n}|S_{i_1}\cap S_{i_2}\cap\cdots\cap S_{i_k}|+\cdots+$$
$$(-1)^n|S_1\cap S_2\cap\cdots\cap S_n|. \qquad\qquad ①$$

证明(贡献法) 只要对任意 $x\in S$,证明①式两边计算 x 的次数是相同的即可.

若 x 不属于 $S_1,S_2,\cdots,S_n$ 中任何集合,则 x 在①式左边计算了 1 次,x 在①式右边第 1 项 $|S|$ 中计算了 1 次,而在①式右边其余各个和式项中计算的次数都为 0,故 x 在①式右边计算的总次数也为 1.

若 x 恰属于 $S_1,\cdots,S_n$ 中 k 个集合,这里 $k\geqslant 1$,则 x 在①式左边计算的次数为 0,而在右边的第一项,第二项,$\cdots$,第 $k+1$ 项,$\cdots$,最后一项中,x 计算的次数分别为 $1,C_k^1,C_k^2,\cdots$,$C_k^k,0,0,\cdots,0$. 故 x 在①式右边计算的总数为

$$1-C_k^1+C_k^2-\cdots+(-1)^k C_k^k+0+\cdots+0=(1-1)^k=0.$$

综合上面的讨论,我们知道对任意 $x\in S$,①式两边计算 x 的次数(即 x 对等式两边所作的贡献)相等. 故①式成立.

对 S 的任意子集 $S_1,S_2,\cdots,S_n$,因

$$\overline{S_1\cup S_2\cup\cdots\cup S_n}=\overline{S_1}\cap\overline{S_2}\cap\cdots\cap\overline{S_n},$$

故 $|S_1\cup S_2\cup\cdots\cup S_n|+|\overline{S_1}\cap\overline{S_2}\cap\cdots\cap\overline{S_n}|=|S|$. 于是,由定理 1 可推出下面定理 2.

定理 2(容斥原理的对偶形式) 对任意有限集 $S_1,S_2,\cdots,S_n$,我们有

$$|S_1\cup S_2\cup\cdots\cup S_n|=\sum_{i=1}^{n}|S_i|-\sum_{1\leqslant i<j\leqslant n}|S_i\cap S_j|+\cdots+$$
$$(-1)^{k-1}\sum_{1\leqslant i_1<i_2<\cdots<i_k\leqslant n}|S_{i_1}\cap S_{i_2}\cap\cdots\cap S_{i_k}|+\cdots+$$

$$(-1)^{n-1}|S_1 \cap S_2 \cap \cdots \cap S_n|.$$

注　有的书中称定理 1 为包含排斥原理,而将定理 2 称为容斥原理.本书中将定理 1 和 2 都称为容斥原理.

6. 算二次原理(富比尼原理)

所谓算二次原理(又称富比尼原理)就是对同一个量,如果用两种不同的方法去计算,所得的结果应相等.

例如一个 $m \times n$ 的数表(数学中称之为 $m \times n$ 矩阵):

$$\begin{vmatrix} a_{11} & a_{12} & a_{1n} \\ a_{21} & a_{22} & a_{2n} \\ \cdots & \cdots & \cdots \\ a_{m1} & a_{m2} & a_{mn} \end{vmatrix}.$$

若先算第 i 行元素之和 $r_i = \sum_{j=1}^{n} a_{ij}(i=1,2,\cdots,m)$,再把各行的和加起来,得到表内各数的总和为 $\sum_{i=1}^{m} r_i = \sum_{i=1}^{m}(\sum_{j=1}^{n} a_{ij})$.

另一种算法是先算出第 j 列元素之和 $l_j = \sum_{i=1}^{m} a_{ij}(j=1,2,\cdots,n)$,再把各列的和加起来,也得到表内各数的总和 $\sum_{j=1}^{n} l_j = \sum_{j=1}^{n}(\sum_{i=1}^{m} a_{ij})$.于是,我们有 $\sum_{i=1}^{m} r_i = \sum_{j=1}^{n} l_j$.即

$$\sum_{i=1}^{m}(\sum_{j=1}^{n} a_{ij}) = \sum_{j=1}^{n}(\sum_{i=1}^{m} a_{ij}).$$

一般说来,设 $A = \{a_1, a_2, \cdots, a_m\}$,$B = \{b_1, b_2, \cdots, b_n\}$ 是两个有限集合,我们称 $S = A \times B = \{(a,b) | a \in A, b \in B\}$ 为 A 与 B 的笛卡尔乘积.对任意 $a_i \in A$,设 $C_i = \{(a_i, b) | b \in B\}(i=1,2,\cdots,m)$,对任意 $b_j \in B$,设 $D_j = \{(a, b_j) | a \in A\}(j=1,2,\cdots,n)$.于是 $|S| = \sum_{i=1}^{m} |C_i| = \sum_{j=1}^{n} |D_j|$.

计数中的富比尼原理是富比尼(G. Fubini)最先证明的关于测度空间中二重积分交换次序的富比尼定理之特例.在应用富比尼定理时,关键在于按照适当的条件,选择集合 A 和 B 并将 A 中元素与 B 中元素配对,然后用两种不同的方法进行计算,故又称为算二次原理.

7. 母函数

定义　我们称形式幂级数 $f(x) = \sum_{n=0}^{\infty} a_n x^n = a_0 + a_1 x + \cdots + a_n x^n + \cdots$ 为数列 $a_0, a_1, \cdots,$ $a_n \cdots$ 的母函数,当且仅当 $a_n = b_n(n=0,1,2,\cdots)$ 时,称 $\sum_{n=0}^{\infty} a_n x^n = \sum_{n=0}^{\infty} b_n x^n$,且还有下列定义:

$$\sum_{n=0}^{\infty} a_n x^n + \sum_{n=0}^{\infty} b_n x^n = \sum_{n=0}^{\infty}(a_n + b_n) x^n,$$

$$\alpha(\sum_{n=0}^{\infty} a_n x_n) = \sum_{n=0}^{\infty} \alpha \cdot a_n x^n,$$

$$(\sum_{n=0}^{\infty} a_n x^n) \cdot (\sum_{n=0}^{\infty} b_n x^n) = \sum_{n=0}^{\infty}(\sum_{k=0}^{n} a_k b_{n-k}) x^n.$$

母函数方法是计数的一种重要方法,在应用母函数方法解题时,除了应用二项式定理外,还要用到下列公式:

公式 I（无穷递缩等比数列求和公式）

$$\frac{1}{1-x}=\sum_{n=0}^{\infty}x^n=1+x+x^2+\cdots+x^n+\cdots(|x|<1).$$

公式 II 对任意正整数 k，有

$$\frac{1}{(1-x)^k}=\sum_{n=0}^{\infty}C_{n+k-1}^{k-1}x^n=1+C_k^{k-1}x+C_{k+1}^{k-1}x^2+\cdots+C_{n+k-1}^{k-1}x^n+\cdots(|x|<1).$$

公式 II 可由公式 I 两边求 $k-1$ 次导数后，除以 $(k-1)!$ 而得到，也可利用公式 $C_{n+1}^m=C_n^m+C_n^{m-1}$ 和公式 I 并应用数学归纳法来证明.

§2 解组合计数问题的基本方法

1. 枚举法和利用基本计数原理及基本公式

所谓枚举法，就是把要计数的集合 M 中的元素逐一列举出来，不重复不遗漏，从而计算出 M 中元素的个数. 在枚举的过程中，常常要适当地分类和分步枚举，这就还要用到加法原理和乘法原理以及计数的基本公式.

例 1 过正方体的任意 2 个顶点作一直线，在这些直线中，不互相垂直的异面直线共有 _____ 对. (2000 年湖南省中学生奥林匹克夏令营试题)

解 首先，与一条棱不垂直且异面的直线有 6 条（4 条侧面对角线及 2 条体对角线所在直线），12 条棱可生成 $12\times6=72$ 对异面直线.

其次，与一条面对角线不垂直且异面的直线有 8 条（4 条棱及 4 条侧面对角线所在直线），12 条侧面对角线可生成 $12\times8=96$ 对异面直线.

最后，与一条体对角线不垂直且异面的直线有 6 条（6 条棱所在直线），4 条体对角线可生成 $6\times4=24$ 对异面直线.

因为上述计数中，每对异面直线计算了 2 次，故不互相垂直的异面直线共有 $\frac{1}{2}(72+96+24)=96$ 对.

例 2 如果 $\{1,2,\cdots,9\}$ 的某个非空子集中所有元素之和是 3 的倍数，则称该子集为志忑子集，那么，志忑子集的个数是 _____. (2013 年全国高中联赛天津市预赛试题)

解 若 $I=\{1,2,\cdots,9\}$ 的某个非空集子集是志忑子集，那么它的补集也是志忑子集. 因此，我们只需考虑元素个数≤4 的志忑子集. 显然，只有 1 个元素的志忑子集有 3 个；由于 2 个数之和被 3 整除的充要条件是两个数被 3 除的余数只能是 $(0,0)$ 或 $(1,2)$. 而 $\{1,2,\cdots,9\}$ 中被 3 除的余数为 $0,1,2$ 的各有 3 个，故含 2 个元素的志忑子集个数是 $C_3^2+C_3^1\cdot C_3^1=12$；由于 4 个数被 3 整除的余数至少有 2 个相等，从而志忑子集中 4 个数被 4 除的余数只有 $(0,0,1,2),(1,1,1,0),(0,2,2,2),(1,1,2,2)$ 这四种情形，故含 4 个元素的志忑子集的个数是

$$C_3^2\cdot C_3^1C_3^1+2C_3^3C_3^1+C_3^2C_3^2=42.$$

注意全集也是志忑子集，所以志忑子集的个数为

$$2(3+12+42)+1=175.$$

例 3 现安排 7 名同学参加 5 个运动项目，要求甲、乙两同学不参加同一项目，且每个

项目都有人参加,每个人只参加一个项目,则满足要求的不同方案数为_____.(用数字作答)

(2011 年全国高中联赛试题)

解法一　满足题目条件的方案有下列两种情形:

(1)有一个项目有 3 人参加;

(2)有二个项目有 2 人参加.

对于情形(1),任取 3 人参加同一项目的方案数为 $C_7^3 \cdot 5!$(种).但其中甲、乙两人都参加了同一种项目的 $C_5^1 \cdot 5!$ 种方案应去掉.故这时满足条件的方案数为

$$C_7^3 \cdot 5! - C_5^1 \cdot 5! = (35-5) \cdot 120 = 3600(\text{种}).$$

对于情形(2),有 2 个项目都有 2 人参加的方案数为 $\frac{1}{2}C_7^2 C_5^2 \cdot 5!$(这里要乘 $\frac{1}{2}$ 的理由是先从 7 人中选出 A、B,两从剩下 5 人中选出 C、D 与先选出 C、D 再选出 A、B 是一种方案,计数有重复),其中甲、乙两人参加了同一项运动的方案数为 $C_5^2 \cdot 5!$(种),故这时满足题目条件的方案数为

$$\frac{1}{2}C_7^2 C_5^2 \cdot 5! - C_5^2 \cdot 5! = (105-10) \cdot 120 = 11400(\text{种}).$$

综上可得,满足题目条件的方案数为 $3600+11400=15000$(种).

解法二　同解法一可分为(1),(2)两种情形,并将有 3(2)人参加的目简称为三(二)人项目.

对于情形(1),当甲、乙中恰有一人参加三人项目时,满足条件的方案数为 $C_2^1 C_5^2 \cdot 5!$(种);当甲、乙都没有参加三人项目时,满足条件的方案数为 $C_5^3 \cdot 5!$(种).这时满足题目条件的方案数为 $(C_2^1 C_5^2 + C_5^3) \cdot 5! = (20+10) \cdot 120 = 3600$(种).

对于情形(2),当甲、乙分别参加了二个不同的二人项目时,满足条件的方案数为 $C_5^1 C_4^1 \cdot 5!$(种);当甲、乙中仅有一个人参加了一个二人项目时,满足条件的方案数为 $C_2^1 C_5^1 C_4^2 \cdot 5!$(种);当甲、乙都没有参加二人项目时,满足条件的方案数为 $\frac{1}{2}C_5^2 C_3^2 \cdot 5!$(种).这时满足题目条件的方案数为 $(C_5^1 C_4^1 + C_2^1 C_5^1 C_4^2 + \frac{1}{2}C_5^2 C_3^2) \cdot 5! = (20+60+15) \cdot 120 = 11400$(种).

综上可知,满足题目条件的方案数为 $3600+11400=15000$(种).

例 4　设集合 $I=\{1,2,3,\cdots,n\}(n \geqslant 2)$,选择 I 的两个非空子集 A 和 B,使 B 中最小的数大于 A 中最大的数,则不同的选择方法种数为_____.(特别当 $n=2009$ 时,本题为第 4 届联盟杯数学竞赛试题)

解法一　当 $|A \cup B|=k(2 \leqslant k \leqslant n)$ 时,不妨设 $A \cup B=\{a_1,a_2,\cdots,a_k\}(1 \leqslant a_1 < a_2 \cdots < a_k \leqslant n)$.若 A 中最大的数为 $a_i(1 \leqslant i \leqslant k-1)$.则 $a_{i+1},a_{i+2},\cdots,a_k \in B$,且因为 B 中最小的数大于 a_i,所以 $a_1,a_2,\cdots,a_{i-1} \in A$,即 $A=\{a_1,a_2,\cdots,a_i\}$,$B=\{a_{i+1},a_{i+2},\cdots,a_k\}(i=1,2,\cdots,k-1)$.故当 $|A \cup B|=k$ 且 $A \cup B$ 选定后,选择 (A,B) 的方法有 $k-1$ 种,而 $A \cup B$ 有 C_n^k 种选择方法,故满足 $|A \cup B|=k$ 的 (A,B) 对的选择方法有 $(k-1)C_n^k$ 种 $(k=2,3,\cdots,n)$.因此,满足题目条件的 (A,B) 对的选择方法种数为

$$\sum_{k=2}^{n}(k-1)C_n^k=\sum_{k=1}^{n}kC_n^k-\sum_{k=1}^{n}C_n^k$$

$$=n\sum_{k=1}^{n}C_{n-1}^{k-1}-\sum_{k=1}^{n}C_n^k=n\sum_{k=0}^{n}C_{n-1}^{k}-\sum_{k=0}^{n}C_n^k+1$$

$$=n\cdot(1+1)^{n-1}-(1+1)^n+1=n\cdot2^{n-1}-2^n+1$$

$$=(n-2)\cdot2^{n-1}+1.$$

解法二 设 A 中最大的数为 k，B 中最小的数为 l，依题意有 $1\leqslant k<l\leqslant n$. 记 $M=\{1,2,\cdots,k-1\}$，$N=\{k+1,k+2,\cdots,l-1\}$，$P=\{l+1,l+2,\cdots,n\}$.

因为 B 中最小的数 l 大于 A 中最大的数 k，故 M 内的数可以属于 A 也可不属于 A，但一定不属于 B，而 P 内的数可以属于 B 也可不属于 B，但一定不属于 A，N 内的数既不属于 A 也不属于 B. 由此知 A 有 $2^{|M|}=2^{k-1}$ 种选择方法，B 有 $2^{|P|}=2^{n-l}$ 种方法，即当 A 中最大的数为 k，B 中最小的数为 l 时，满足题目条件的 (A,B) 对的选择方法有 $2^{k-1}\cdot2^{n-l}=2^{n+k-l-1}$ （种）. 而 $1\leqslant k<l\leqslant n$. 故满足题目条件的 (A,B) 对的选择方法种数为

$$\sum_{1\leqslant k<l\leqslant n}2^{n+k-l-1}=\sum_{k=1}^{n-1}\sum_{l=k+1}^{n}2^{n+k-l-1}$$

$$=\sum_{k=1}^{n-1}\frac{2^{k-1}\cdot(2^{n-k}-1)}{2-1}=\sum_{k=1}^{n-1}2^{n-1}-\sum_{k=1}^{n-1}2^{k-1}$$

$$=(n-1)\cdot2^{n-1}-\frac{2^{n-1}-1}{2-1}=(n-1)\cdot2^{n-1}-2^{n-1}+1$$

$$=(n-2)\cdot2^{n-1}+1.$$

例5 试确定有多少种不同的方法，将集合 $M=\{1,2,3,4,5\}$ 中元素归入 A、B、C 三个（有序）集合，使得每个元素至少含于某中一个集合之中，且这三个集合的交集是空集，而其中任意两个集合的交集都是空集（$A\cap B\cap C=\varnothing,A\cap B\neq\varnothing,B\cap C\neq\varnothing,C\cap A\neq\varnothing$）.

（2012年全国高中联赛山西省预赛试题）

解 如图 1-1，考虑 Venn 图所分成的七个部分，分别用 $x,u,v,w,$ a,b,c 表示. 现将 M 的元素填入各部分中，据题意知，x 处不填数，而 $u,$ v,w 处必须填数字，且所填元素互不相同（否则相同元素将归入 x 区域中）；a,b,c 可以填写或不填写数字，但不能填有相同元素（否则相同元素又将归入 u,v 或 w 中），今用 $\bar{u}$ 表示 u 处所填数字的个数，余类推，则有且只有下列四种情况：

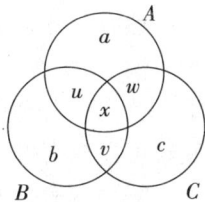
图 1-1

(1) $\bar{u},\bar{v},\bar{w}$ 都等于1；(2) $\bar{u},\bar{v},\bar{w}$ 中一个等于2，其余两个都等于1；(3) $\bar{u},\bar{v},\bar{w}$ 有一个等于1，其余两个都等于2；(4) $\bar{u},\bar{v},\bar{w}$ 中有一个等于3，其余2个都等于1.

对于(1)，从 M 中各取一数分别置于 u,v,w 中有方法 $C_5^1C_4^1C_3^1=5\cdot4\cdot3=60$（种），剩下两数各随意放入 a,b,c 处，方法数为 $3\cdot3=9$（种），于是对于(1)的情况有 $60\times9=540$（种）方法；

对于(2)，从 u,v,w 中取一处放入 2 个数的放法有 $C_3^1C_5^2$ 种，余下两处分别各放入一个数的放法有 $C_3^1C_2^1$ 种，剩下的一个数放入 a,b,c 的方法有 3 种. 于是，对应于(2)的情形有 $C_3^1C_5^2\cdot$ $C_3^1C_2^1\cdot3=3\cdot10\cdot3\cdot2\cdot3=540$（种）方法；

对于(3)，从 u,v,w 中取一处放入一个数的方法有 $C_3^1C_5^1$（种）. 余下两处各放入二个数

的方法有 $C_4^2 \cdot C_2^2$(种),于是对应于(3)的情形有 $C_3^1 C_5^1 C_4^2 C_2^2 = 3 \cdot 5 \cdot 6 \cdot 1 = 90$(种)方法;

对于(4),从 u,v,w 中取一处放入 3 个数的放法有 $C_3^1 C_5^3$(种).余下两处各放入一个数的方法有 $C_2^1 C_1^1$(种).对应于(4)的情形有 $C_3^1 C_5^3 C_2^1 C_1^1 = 3 \cdot 1 \cdot 2 \cdot 1 = 60$(种).

综上得满足题目要求的方法数为 $40 + 50 + 90 + 60 = 1320$(种).

例 6 将一个四棱椎的每一个顶点染上一种颜色,并使同一棱的两端点异色.如果只有 5 种颜色可供使用,那么不同的染色方法总数是 _____ .(1995 年全国高中联赛试题)

解法一 依题意,四棱锥 $S-ABCD$ 的顶点 S,A,B 互不同色,它们有 $P_5^3 = 60$ 种染色方法.

当 S,A,B 的颜色染好后,不妨设其颜色分别为 1 色、2 色和 3 色,则 C 只可染 2,4,5 色中的一色.

(1)若 C 染 2 色,则 D 可染 3,4,5 色之一,有 $C_3^1 = 3$ 种方法.

(2)若 C 染 4 色,则 D 可染 3,5 色之一,有 $C_2^1 = 2$ 种方法.

(3)若 C 染 5 色,则 D 可染 2,4 色之一,有 $C_2^1 = 2$ 种方法.

故总的染色方法数为 $60(3+2+2) = 420$ 种.

解法二 显然四棱锥 $S-ABCD$ 中,S,A,B 不同色,故至少要用 3 种颜色.

若 5 种颜色都用,则有 $P_5^5 = 120$ 种方法.

若只用 4 色,则从 5 色中取 4 色有 C_5^4 种方法,从 4 色中取 1 色染顶点 S 有 C_4^1 种方法,这时 A,B,C,D 中必有一对顶点(A 与 C 或 B 与 D)同色.染 A,B,C,D 的方法有 $C_2^1 \cdot P_3^3$ 种,故只用 4 色时有 $C_5^4 C_4^1 C_2^1 P_3^3 = 240$ 种染色方法.

若只用 3 色,则从 5 色中取 3 色,再从取出的 3 色中取 1 色染顶点 S 有 $C_5^3 C_3^1$ 种方法,其余 2 色染 A,B,C,D(这时必有 A 与 C 同色且 B 与 D 同色)有 P_2^2 种方法,故只用 3 色时,有 $C_5^3 C_3^1 P_2^2 = 60$ 种染色方法.

综合上述,知一共有 $120 + 240 + 60 = 420$ 种不同的染色方法.

例 7 从给定的 6 种不同颜色中选用若干种颜色,将一个正方体的六个面染色,每面恰染一色,具有公共棱的两个面不同色,则不同的染色方案有 _____ 种.(约定经过翻滚或旋转可以重合的染色方案认为是相同的染色方案) (1996 年全国高中联赛试题)

解 因有公共顶点的三个面互不同色,故至少要用 3 色,下面分 4 种情形.

(1)6 种颜色都用时,现将染某种固定颜色的面朝上,从剩下 5 色中取 1 色染下底面有 C_5^1 种方法,余下 4 色染余下的 4 个侧面(应是 4 种颜色的圆排列)有 $(4-1)!$ 种染法,所以 6 种颜色都用时,染色方案有 $C_5^1 \cdot (4-1)! = 30$ 种.

(2)只用 5 种颜色时,从 6 色中取 5 色有 C_6^5 种方法,这时必有一组对面同色,从 5 色中取 1 色染一组对面,并将它们朝上和朝下,有 C_5^1 种方法,其余 4 色染余下 4 个侧面(应是 4 种不同颜色珠子的项链)有 $\frac{1}{2}(4-1)!$ 种染法,所以只用 5 色时的染色方案有 $C_6^5 C_5^1 \cdot \frac{1}{2}(4-1)! = 90$ 种.

(3)只用 4 种颜色时,从 6 色中取 4 色有 C_6^4 种方法,这时必有 2 组对面同色,另一组对面不同色,将不同色的一组对面朝上和朝下并从 4 色中取 2 色染上、下底面(注意这时上、下底面没有区别)有 C_4^2 种方法,余下 2 色染余下的 4 个侧面且使 2 组对面同色(应是 2 种颜色珠子的项链)只有 1 种染法,所以只用 4 色时的染色方案有 $C_6^4 C_4^2 \cdot 1 = 90$ 种.

(4)只用 3 色时,从 6 色中取 3 色有 C_6^3 种方法,这时 3 组对面都同色,用 3 种颜色去给它们染色只有 1 种方法,所以只用 3 色时的染色方案有 $C_6^3 = 20$ 种.

综上所述,知不同的染色方案共有 $30 + 90 + 90 + 20 = 230$ 种.

例 8 设三位数 $n = \overline{abc}$,若以 a,b,c 为三边的长可以构成一个等腰(含等边)三角形,则这样的三位数 n 有_____个. (2004 年全国高中联赛试题,原题为选择题)

解 (1)若构成等边三角形,则这样的三位数的个数为 $n_1 = C_9^1 = 9$.

(2)若构成等腰(非等边三角形),设这样的三位数的个数为 n_2,因为三位数中只有 2 个不同的数码,设为 a,b,注意到三角形的腰和底可以置换,所以可取的数码组 (a,b) 共有 $2C_9^2$.但大数为底时,设 $a > b$,必须满足 $b < a < 2b$.此时,不能构成三角形的数码组是

a	9	8	7	6	5	4	3	2	1
b	4,3 2,1	4,3 2,1	3,2 1	3,2 1	2,1	2,1	1	1	

共 20 种情况.

同时,每个数码组 (a,b) 中两个数码填上三个数位,有 C_3^2 种方法.

故 $n_2 = C_3^2(2C_9^2 - 20) = 156$.故满足条件的三位数的个数是 $n_1 + n_2 = 165$.

2. 映射方法与一般对应方法

定义 设 f 是从集合 M 到集合 N 的映射.若对任意 $x_1, x_2 \in M$,当 $x_1 \neq x_2$ 时有 $f(x_1) \neq f(x_2)$,则称 f 为从 M 到 N 的单射;若对任意的 $y \in N$,存在 $x \in M$,使得 $f(x) = y$,则称 f 是从 M 到 N 上的满射;若 f 既是单射又是满射,则称 f 是从 M 到 N 上的双射,又称 f 是 M 与 N 之间的一个一一映射.

定理 1 对于两个有限集合 M 与 N,若存在从 M 到 N 的单射,则 $|M| \leqslant |N|$;若存在 M 到 N 上的满射,则 $|M| \geqslant |N|$;若存在 M 到 N 上的双射,则 $|M| = |N|$.

当计算有限集合 M 中的元素个数比较困难时,我们设法建立 M 到另一个有限集合 N 上的双射,如果 N 中的元素个数 $|N|$ 容易算出,于是由 $|M| = |N|$,得出 M 中元素个数,这种计数方法称为映射方法.这种方法实质上是通过双射将 M 中的元素与 N 中的元素配对,故它又称为配对法.

例 1 考察集合 $\{x^2 + px + q = 0 \mid p,q$ 为整数,$1 \leqslant p \leqslant 1997, 1 \leqslant q \leqslant 1997\}$ 的如下两个子集:第一个子集由所有具有整根的二次三项式组成;第二个子集由所有无实根的二次三项式组成.试问:哪一个子集中的元素较多?

解 设 $x^2 + px + q = 0$ 有两个整根 r,s,且 $r \geqslant s$,则 $r + s = -p$,$rs = q$,易知 (p,q) 与 (r,s) 一一对应,且 r,s 均为负整数,这样 $r^2 \leqslant rs = q \leqslant 1997$,故 $|r| \leqslant 44$.而对于 $|r| \geqslant 2$,$|s| = \dfrac{q}{|r|} \leqslant \dfrac{q}{2} < 1000$,对于 $|r| = 1$,$|s| = p - |r| \leqslant 1996 < 2000$,故这样的 (r,s) 对少于 $2000 + 43 \times 1000 = 45000$.可见,第一类子集中元素个数少于 45000 个.

对于 $x^2 + px + q = 0$ 没有实根的情况,有 $p^2 - 4q < 0$.若 $p \leqslant 44$,则只要 $4q \geqslant 1940 > 44^2$,

就有 $p^2 - 4q < 0$ 成立,从而 $q \geqslant 485$. 而在 $[485, 1997]$ 中有 1513 种取值. 故 (p, q) 对至少有 $44 \times 1513 > 45000$,即第二个子集中元素多于 45000. 由此可知第二个子集中元素较多.

例 2 证明:不定方程 $x_1 + x_2 + \cdots + x_k = n (k, n$ 为正整数$)$ 的非负整数解组的组数为 C_{n+k-1}^{k-1}.

证明 我们将不定方程 $x_1 + x_2 + \cdots + x_k = n$ 的任意一组非负整数解 $(x_1, x_2, \cdots, x_k)$ 对应于一个由 n 个圆圈"○", $k-1$ 条竖线"|"组成的如下排列:

$$\underbrace{○\cdots○}_{x_1 \text{个}} | \underbrace{○\cdots○}_{x_2 \text{个}} | \cdots | \underbrace{○\cdots○}_{x_k \text{个}}.$$

其中第一根竖线"|"的左侧恰有 x_1 个圆圈"○";第 $i-1$ 根竖线"|"与第 i 根竖线"|"之间恰有 x_i 个圆圈"○" $(i = 2, 3, \cdots, k-1)$;第 $k-1$ 根竖线"|"的右侧恰有 x_k 个圆圈"○". 显然,不定方格 $x_1 + \cdots + x_k = n$ 的不同的解 $(x_1, x_2, \cdots, x_k)$ 对应于不同的排列,且每一个这样的排列对应于不定方程 $x_1 + x_+ \cdots + x_k = n$ 的一组非负整数解. 因此,我们所建立的对应是一个双射. 又因为由 n 个圆圈"○"及 $k-1$ 根竖线"|"组成的 $n+k-1$ 个元素的全排数为 $C_{n+k-1}^{k-1} = C_{n+k-1}^n$,所以,不定方程 $x_1 + x_2 + \cdots + x_k = n$ 的非负整数解组的组数为 $C_{n+k-1}^{k-1} = C_{n+k-1}^n$.

推论 不定方程 $x_1 + x_2 + \cdots + x_k = n (k, n$ 为正整数,且 $n \geqslant k)$ 的正整数解组的组数为 C_{n-1}^{k-1}.

证明 令 $y_i = x_i - 1 (i = 1, 2, \cdots, k)$,则

$$y_1 + y_2 + \cdots + y_k = n - k. \qquad ①$$

所以,$x_1 + x_2 + \cdots + x_k = n$ 的正整数解组的组数 N 等于不定方程①的非负整数解组的组数. 即 $N = C_{(n-k)+k-1}^{k-1} = C_{n-1}^{k-1}$.

注 (1)本题及推论中结论可当作定理用,在解其他一些组合问题时,常常要用到这些结论.

(2)本题等价于下列"第一类装球问题":若将 n 个相同的球放入 k 个不同的盒子中(允许空盒),则共有 $C_{n+k-1}^{k-1} = C_{n+k-1}^n$ 种不同的放球方法.

例 3 将 11 个完全相同的小球放入 6 个各不相同的盒子中,使得至多有 3 个空盒子的放法有_____种. (2013 年全国高中联赛辽宁省预赛试题)

解 当没有空盒时,设放入 6 个盒子内的球数分别为 $x_1, x_2, \cdots, x_6$. 则这时的放法种数等于不定方程 $x_1 + x_2 + x_3 + x_4 + x_5 + x_6 = 11$ 的正整数解的个数 $C_{11-1}^{6-1} = C_{10}^5$;当恰有一个空盒时,从 6 个盒中取一个空盒有 C_6^1 种方法,且不定方程式 $x_1 + x_2 + x_3 + x_4 + x_5 = 11$ 的正整数解的个数为 C_{10}^4. 故这时的放法种数等于 $C_6^1 C_{10}^4$;类似地,当恰有二个空盒时的放法种数为 $C_6^2 C_{10}^3$;当恰有三个空盒时的放法种数为 $C_6^3 C_{10}^2$.

综上可得,至多有 3 个空盒时的放法总数为

$$C_{10}^5 + C_6^1 C_{10}^4 + C_6^2 C_{10}^3 + C_6^3 C_{10}^2 = 252 + 1260 + 1800 + 900 = 4212(种).$$

例 4 以凸 n 边形的顶点为顶点,对角线为边的凸 k 边形有多少个?

解 设凸 n 边形为 $A_1 A_2 \cdots A_n$,符合条件的一个凸 k 边形为 $A_{i_1} A_{i_2} \cdots A_{i_k} (1 \leqslant i_1 < i_2 < \cdots < i_k \leqslant n)$,则只有下列两种可能:

(1)$i_1=1,3\leq i_2<i_3<\cdots<i_k\leq n-1,i_{j+1}-i_j\geq 2(j=2,3,\cdots,k-1)$;

(2)$2\leq i_1<i_2<\cdots<i_k\leq n,i_{j+1}-i_j\geq 2(j=1,2,\cdots,k-1)$.

在情形(1)下,作对应$(i_2,i_3,\cdots,i_k)\rightarrow(i_2-2,i_3-3,\cdots,i_k-k)$,则$(1\leq)i_2-2<i_3-3<\cdots<i_k-k(\leq n-k-1)$是从$\{1,2,\cdots,n-k-1\}$中取出的$k-1$个数,有$C_{n-k-1}^{k-1}$种不同的取法.显然上述对应是一一对应.故这时满足条件的凸k边形有C_{n-k-1}^{k-1}个.

在情形(2)下,作对应$(i_1,i_2,\cdots,i_k)\rightarrow(i_1-1,i_2-2,\cdots,i_k-k)$,则$(1\leq)i_1-1<i_2-2<\cdots<i_k-k(\leq n-k)$是从$\{1,2,\cdots,n-k\}$个中取出的$k$个数,有$C_{n-k}^{k}$种不同的取法.并且这个对应也是一一对应,故这时满足条件的凸k边形有C_{n-k}^{k}个.

综上,我们得到符合条件的凸k边形共有$C_{n-k-1}^{k-1}+C_{n-k}^{k}=\dfrac{n}{k}C_{n-k-1}^{k-1}$个(当$n<2k$时,$C_{n-k-1}^{k-1}=C_{n-k}^{k}=0$).

例5 设凸n边形的任意3条对角线不相交于形内一点,求它的对角线在形内的交点总数.

解 依题意,一个交点P由两条对角线l与m相交而得,反之,两条相交的对角线l与m,确定一个交点P,而P与(l,m)可建立一一对应.

又因两条相交的对角线l,m分别由凸n边形中两对顶点A,B和C,D连接而成,故(l,m)又可与4顶点组(A,B,C,D)建立一一对应(图1-2),即有

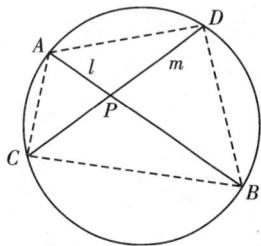
图1-2

$$P\leftrightarrow(l,m)\leftrightarrow(A,B,C,D).$$

因此,形内对角线的交点总数=凸n边形的4顶点组的组数$=C_n^4$.

注 本题中结论是组合几何中一个重要结论,今后可用它去解决组合几何中较为复杂的计数问题.

例6 设$n\equiv 1(\bmod 4)$且$n>1,P=\{a_1,a_2,\cdots,a_n\}$是$\{1,2,3,\cdots,n\}$的任意排列,$k_p$表示使下列不等式成立的最大下标$k$,

$$a_1+a_2+\cdots+a_k<a_{k+1}+a_{k+2}+\cdots+a_n.$$

试对一切可能的不同排列P,求对应的k_p的总和.

解 设$n=4m+1(m$为正整数),对于$\{1,2,\cdots,n\}$的任意排列$P=\{a_1,a_2,\cdots,a_n\}$,由k_p的定义得

$$a_1+a_2+\cdots+a_{k_p}<a_{k_p+1}+a_{k_p+2}+\cdots+a_n, \qquad ①$$
$$a_1+a_2+\cdots+a_{k_p}+a_{k_p+1}\geq a_{k_p+2}+\cdots+a_n. \qquad ②$$

首先,②中等号不成立.事实上,若

$$a_1+a_2+\cdots+a_{k_p+1}=a_{k_p+2}+\cdots+a_n,$$

则 $2(a_1+a_2+\cdots+a_{k_p+1})=a_1+a_2+\cdots+a_n=1+2+\cdots+n=\dfrac{1}{2}n(n+1)$

$$=(4m+1)(2m+1).$$

上式左端为偶数,右端为奇数,矛盾.故②应为

$$a_1+a_2+\cdots+a_{k_p+1}>a_{k_p+2}+\cdots+a_n.\qquad\text{③}$$

于是,对于 P 的反序排列 $P'=\{a_n,a_{n-1},\cdots,a_2,a_1\}$,由①,③,得 $k_{p'}=n-(k_p+1)$,即 $k_p+k_{p'}=n-1$,将 $\{1,2,\cdots,n\}$ 的 $n!$ 个排列两两配对,每对中的两个排列 P 与 P' 互为反序,它的对应的 k_p 与 $k_{p'}$ 之和为 $n-1$,又一共有 $\dfrac{n!}{2}$ 对,故对于一切不同的排列 P,所对应的 k_p 之和为 $\dfrac{1}{2}(n-1)(n!)$.

例7 8 个女孩,25 个男孩围成一个圆圈,每两个女孩之间至少站有 2 个男孩,共有 _____ 种不同的排列方法.(只把圆旋转一下就重合的排法认为是相同的)

(1990 年全国高中联赛试题)

解法一 假定女孩中有一个是 A,对任何一个满足要求的圆排列,令从 A 排头按顺时针方向排成一直线排列 $ABCD\cdots$(如图 1-3 所示).现以〇表示女孩所站位置,×表示男孩所站位置,则在排列 $ABCD\cdots$ 中,每个〇的右侧至少有两个×.让每个〇"吸收"了的右侧紧相邻的两个×,画成一个⊕,于是每个〇、×排列,对应于一个⊕、×排列.

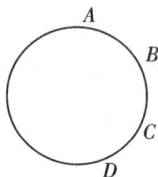

图 1-3

〇×××〇××××〇×××××〇××…
⊕×　　⊕××　　⊕×××　　⊕×…

后一种位置是 8 个"⊕"与 $25-16=9$ 个"×"共 17 个元素,并且以⊕为首位的排列,共有 $C_{7+9}^{7}=C_{16}^{7}$ 个,即男、女所处位置的排列有 C_{16}^{7} 个,女孩站上去(A 固定在首位)有 7! 种,男孩站上去有 25! 种方法,故总的排列方法数为 $C_{16}^{7}\cdot 7!\cdot 25!=16!\cdot 25!/9!$.

解法二 以 8 个女孩为组长,将 25 个男孩分入该 8 个组,各组内男孩数记为 $x_1,x_2,\cdots,x_8$,则 $x_1+x_2+\cdots+x_8=25\quad(x_1\geqslant 2,i=1,2,\cdots,8)$. ①
令 $y_i=x_i-2$,则 $y_1+y_2+\cdots+y_8=9\quad(y_i\geqslant 0,i=1,2,\cdots,8)$. ②
于是,①的正整数解组的组数等于②的非负整数解组的个数 $C_{9+8-1}^{8-1}=C_{16}^{7}$,即 25 个男孩分入 8 组,每组至少 2 人的分组方法有 C_{16}^{7} 种. 8 个组排成每组以女孩为头的圆排列有 $(8-1)!=7!$ 种排列方法,再 25 个男孩站入的方法数为 25!,所以总的排列方法数为 $C_{16}^{7}\cdot 7!\cdot 25!=16!\cdot 25!/9!$.

例8 圆周上有 n 个点 $(n\geqslant 6)$,每两点间连一线段,假设其中任意三条线段在圆内不共点,于是任三条线段相交构成一个三角形.试求这些线段确定的三角形的个数.

(1991 年中国国家集训队训练题)

解 我们称圆周上的点为外点,任意两条对角线在圆内的交点为内点,则所确定的三角形按其顶点可分为 4 类:

(1)第一类三角形的 3 个顶点均为外点,其个数设为 I_1;

(2)第二类三角形的顶点中有 2 个外点和 1 个内点,其个数设为 I_2;

(3)第三类三角形的顶点中有 1 个外点和 2 个内点,其个数设为 I_3;

(4)第四类三角形的三个顶点均为内点,其个数记为 I_4.

显然,第一类三角形与圆周上的 3 点组集合成一一对应,所以 $I_1 = C_n^3$.

其次,如图 1-4(a),圆周上任取 4 点 A_1, A_2, A_3, A_4,两两相连的线段,确定了 4 个第二类三角形:$\triangle A_1 O A_2, \triangle A_2 O A_3, \triangle A_3 O A_4, \triangle A_4 O A_1$.反之,每 4 个这样有公共内顶点的第二类三角形对应了圆周上的一个 4 点组,于是 $I_2 = 4C_n^4$.

类似的,如图 1-4(b),圆周上任取 5 点 A_1, A_2, A_3, A_4, A_5,两两连一线段,确定了 5 个第三类三角形:$\triangle A_1 B_1 B_2, \triangle A_2 B_2 B_3, \triangle A_3 B_3 B_4, \triangle A_4 B_4 B_5, \triangle A_5 B_5 B_1$,于是可得 $I_3 = 5C_n^5$.

最后,如图 1-4(c),圆周上任取 6 点 $A_1, A_2, A_3, A_4, A_5, A_6$ 对应于 1 个第四类三角形,所以 $I_4 = C_n^6$.

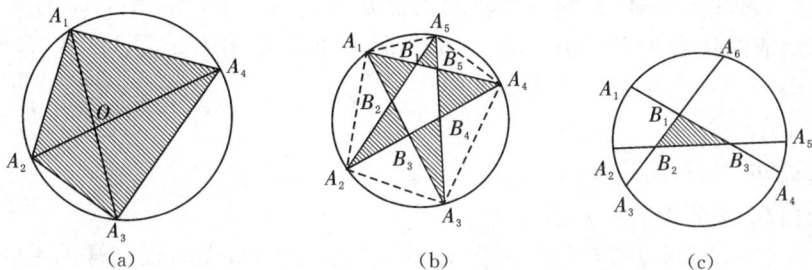

图 1-4

综上所述,得所确定的三角形共有 $C_n^3 + 4C_n^4 + 5C_n^5 + C_n^6$ 个.

当我们要建立组合计数问题中的不等关系时,常常要构造单射或满射来实现.关于这方面的例题,我们将在后面的章节中叙述.

3. 算二次方法

算二次方法就是选择一类组合对象,从两种不同的角度去进行计数,得出一个方程或不等式,求出方程或不等式的解,再加以分析和综合,以便得出所要求的结果.其中所选择的组合对象可以是问题本身要求计数的对象,也可以是与问题相关联的其他对象.

例 1 方程 $x + y + z = 6n (n \in \mathbf{N}_+)$ 满足条件 $x \leqslant y \leqslant z$ 的正整数解 (x, y, z) 共有 _____ 个.   (当 $n = 335$ 时,此题为 2010 年全国高中联赛试题)

解 一方面不定方程 $x + y + x = 6n$ (*) 的正整数解有 $C_{6n-1}^{3-1} = (6n-1)(3n-1)$ 个.另一方面,这些解可以分为下列三类:

(1)满足 $x = y = z$ 的解只有一个 $x = y = z = 2n$.

(2)x, y, z 中恰有二个等于 u,一个等于 $v (u \neq v)$,这时

$$2u + v = 6n, u = \frac{1}{2}(6n - v),$$

其中 v 只能为区间 $[2, 6n-2]$ 中不等于 $2n$ 的偶数.这样的无序对 $(u, v)(u \neq v)$ 有 $\frac{1}{2}(6n-2) - 1 = 3n - 2$ 对,且每对 $(u, v)(u \neq v)$ 可形成 (*) 的 3 个不同的解:$(u, u, v), (u, v, u), (v, u, u)$(其中只有一个解满足 $x \leqslant y \leqslant z$),故 (*) 中 x, y, z 内恰有二个相等的正整数解有 $3(3n-2)$ 个,其中满足 $x \leqslant y \leqslant z$ 的正整数解只有 $3n - 2$ 个.

(3)设 $x + y + z = 6n$ 满足 $x < y < z$ 的正整数解有 k 个,每个这样的解可得 (*) 的 $3! = 6$ 个不同的解:$(x, y, z), (x, z, y), (y, x, z), (y, z, x), (z, x, y), (z, y, x)$,共可得 (*) 满足 $x,$

y,z 两两不等的 $6k$ 个正整数解.

综上可得

$$1+3(3n-2)+6k=(6n-1)(3n-1).$$

解出 $k=3n^2-3n+1$. 故（ ＊ ）满足 $x\leqslant y\leqslant z$ 的正整数解的个数为

$$m=1+(3n+2)+k=1+(3n-2)+(3n^2-3n+1)=3n^2.$$

（特别当 $n=335$ 时，$m=3\times335^2=336675$）

例2 5 人到书店买书，一共只有 10 种不同的书可供选择，且满足：每人至少买了 6 种不同的书且任何两人买的书中至多有 3 种相同，问这 5 人一共买了多少种不同的书？

解 设 5 人买的不同种类的书组成的集合分别为 A_1,A_2,A_3,A_4,A_5. 他们一共买的不同种类的书组成的集合为 $B=\{b_1,b_2,\cdots,b_m\}$，且买书 b_i 的恰有 x_i 人（$i=1,2,\cdots,m$）.

依题意得

(1) $m\leqslant10$；

(2) $|A_i|\geqslant6(i=1,2,\cdots,5)$；

(3) $|A_i\cap A_j|\leqslant3(1\leqslant i<j\leqslant5)$.

若 $b_i\in A_j(1\leqslant i\leqslant m,1\leqslant j\leqslant5)$，则将 b_i,A_j 配成一对 (b_i,A_j)，设这样的不同对子共有 N 对. 一方面，由已知条件(2)知对每个 A_j,b_i 至少有 6 种取法，又 $j=1,2,\cdots,5$，故 $N\geqslant5\times6=30$；另一方面，因为 b_i 属于 $A_1,A_2,\cdots,A_5$ 中 x_i 个集合，故 $N=\sum_{i=1}^{5}x_i$，于是

$$\sum_{i=1}^{5}x_i=N\geqslant30. \qquad ①$$

其次，若 $b_t\in A_i\cap A_j(1\leqslant t\leqslant m,1\leqslant i<j\leqslant5)$，则将 $(b_t;A_i,A_j)$ 组成三元组（A_i,A_j 不排序）. 设这样不同的三元组共有 M 个. 一方面，对任意 $A_i,A_j(1\leqslant i<j\leqslant5)$，至多有 3 个 $b_t\in A_i\cap A_j$ 构成 $|A_i\cap A_j|\leqslant3$ 个含有 A_i,A_j 的三元组. 又 $1\leqslant i<j\leqslant5$，故

$$M=\sum_{1\leqslant i<j\leqslant5}|A_i\cap A_j|\leqslant3C_5^2=30. \qquad ②$$

另一方面，因 b_t 属于 $A_1,A_2,\cdots,A_5$ 中 x_t 个集合，可构成 $C_{x_t}^2$ 个含有 b_t 的三元组 $(b_t;A_i,A_j)$，又 $t=1,2,\cdots,m$. 故

$$M=\sum_{t=1}^{m}C_{x_t}^2=\frac{1}{2}\sum_{t=1}^{m}x_t(x_t-1)=\frac{1}{2}\left(\sum_{t=1}^{m}x_t^2-\sum_{t=1}^{m}x_t\right).$$

由柯西不等式有 $\sum_{t=1}^{m}x_t^2\geqslant\frac{1}{m}\left(\sum_{t=1}^{m}x_t\right)^2$，代入上式并利用①得

$$m\geqslant\frac{1}{2}\left[\frac{1}{m}\left(\sum_{t=1}^{m}x_t\right)^2-\sum_{t=1}^{m}x_t\right]=\frac{1}{2m}\left(\sum_{t=1}^{m}x_t\right)\left(\sum_{t=1}^{m}x_t-m\right)$$

$$\geqslant\frac{1}{2m}\cdot30\cdot(30-m)=\frac{15}{m}\cdot(30-m). \qquad ③$$

由②和③得

$$\frac{15}{m}(30-m)\leqslant30,$$

解出 $m\geqslant10$，而由(1)有 $m\leqslant10$，故 $m=10$，而当 $m=10$ 时，①—③中等号成立. 从而 $|A_i|=6(1\leqslant i\leqslant5)$，$|A_i\cap A_j|=3(1\leqslant i<j\leqslant5)$，且由柯西不等式中等号成立的充要条件得 $x_1=$

$x_2=\cdots=x_{10}=3$. 下面实例表明 $m=10,B=\{b_1,b_2,\cdots,b_{10}\}$,$|A_i|=6(1\leqslant i\leqslant 5)$,$|A_i\cap A_j|$ $=3(1\leqslant i<j\leqslant 5)$ 都能成立:

$A_1=\{b_1,b_2,b_3,b_4,b_5,b_6\}$,$A_2=\{b_1,b_2,b_3,b_7,b_8,b_9\}$.

$A_3=\{b_1,b_4,b_5,b_7,b_8,b_{10}\}$,$A_4=\{b_2,b_5,b_6,b_7,b_9,b_{10}\}$.

$A_5=\{b_3,b_4,b_6,b_8,b_9,b_{10}\}$.

综上可知 5 个人一共买了 10 种不同的书.

例 3 凸 n 边形的任意 3 条对角线不相交于形内一点,问:(1)这些对角线将凸 n 边形分成了多少个区域?(2)这些对角线被交点分成了多少条线段?

(1990 年中国国家集训队试题,1991 年加拿大奥林匹克试题)

解 (1)设凸 n 边形被对角线分割成的区域中,边数最多的为 m 边形. 其中三角形有 n_3 个,四边形有 n_4 个,$\cdots$,m 边形有 n_m 个,于是凸 n 边形被分成的区域个数

$S=n_3+n_4+\cdots+n_m$.

一方面,各区域的顶点数的总和为 $3n_3+4n_4+\cdots+m\cdot n_m$.

另一方面,对角线在形内有 C_n^4 个交点,每个交点是 4 个区域的公共顶点(因无 3 条对角线交于形内一点). 又凸 n 边形共有 n 个顶点,每个顶点是 $n-2$ 个区域的公共顶点,所以

$$3n_3+4n_4+\cdots+m\cdot n_m=4C_n^4+n(n-2). \quad \text{①}$$

其次,各区域的各内角之总和为 $n_3\cdot 180°+n_4\cdot 360°+\cdots+n_m(m-2)\cdot 180°$.

另一方面,原凸多边形的 n 个顶点处的内角和为 $(n-2)\cdot 180°$,又 C_n^4 个对角线交点处的内角的和为 $C_n^4\cdot 360°$,所以

$n_3\cdot 180°+n_4\cdot 360°+\cdots+n_m\cdot(m-2)\cdot 180°=360°\cdot C_n^4+180°(n-2)$,即

$$n_3+2n_4+\cdots+(m-2)n_m=2\cdot C_n^4+(n-2). \quad \text{②}$$

[①－②]$\div 2$,得

$$S=n_3+n_4+\cdots+n_m=C_n^4+\frac{1}{2}(n-1)(n-2)=C_n^4+C_{n-1}^2$$

$$=\frac{1}{24}(n-1)(n-2)(n^2-3n+12).$$

(2)从形内每一交点处出发有 4 条对角线上的线段,形内一共有 C_n^4 个交点,共有 $4\cdot C_n^4$ 条线段. 又从凸 n 边形每个顶点出发有 $n-3$ 条对角线上的线段,故从 n 个顶点出发共有 $n(n-3)$ 条线段. 但以上计数时,每条线段计算了 2 次,故对角线被交点分成的线段数为

$$\frac{1}{2}[4C_n^4+n(n-3)]=2C_n^4+\frac{1}{2}n(n-3)=\frac{1}{12}n(n-3)(n^2-3n+8).$$

注 本题中(1)的一个较简单的计算方法如下:每去掉一条对角线,则区域的个数减少 a_i+1 个,这里 a_i 是该对角线与还没有去掉的其他对角线的在形内的交点数,逐步将 C_n^2-n 条对角线去掉,最后,剩下 1 个区域,故所求区域数为 $S=1+\sum\limits_{i=1}^{C_n^2-n}(a_i+1)$,且 $\sum\limits_{i=1}^{C_n^2-n}a_i=C_n^4$ 恰是对角线在形内的交点数,所以

$$S=1+C_n^4+C_n^2-n=C_n^4+C_{n-1}^2=\frac{1}{24}(n-1)(n-2)(n^2-3n+12).$$

下面再用欧拉公式给出(1)的另一种解法.

设凸 n 边形被对角线分成的区域数为 S,加上凸 n 边形外的区域,共有 $F=S+1$ 个区域,又顶点数(凸 n 边形的顶点及对角线在形内的交点的总数)为 $V=C_n^4+n$. 另外边数 E(即凸 n 边形的边及对角线被交点分成的线段的总数)可按上述(2)中计算得出,即 $E=2C_n^4+\dfrac{1}{2}n(n-3)+n=2C_n^4+C_n^2$,代入欧拉公式 $V+F-E=2$ 得

$$S=F-1=E-V+1=2C_n^4+C_n^2-C_n^4-n+1=C_n^4+C_{n-1}^2$$
$$=\frac{1}{24}(n-1)(n-2)(n^2-3n+12).$$

例4 有 n 个人,已知他们任意 2 人至多通电话一次,他们任意 $n-2$ 个人之间通电话的总次数相等,都等于 3^k(k 为正整数). 求 n 的所有可能的值. （2000 年全国高中联赛题）

解 设 n 个人之间通话的总次数为 m. 因 n 个人可形成 C_n^{n-2} 个 $n-2$ 人组,而每 $n-2$ 人之间通话的总次数都为 3^k,故所有 $n-2$ 人组中通话次数的总和为 $C_n^{n-2}\cdot 3^k$.

另一方面,上述计数中,每一对通话的人属于 C_{n-2}^{n-4} 个 $n-2$ 人组,故每 2 人间的一次通话重复计算了 C_{n-2}^{n-4} 次,所以

$$m=\frac{C_n^{n-2}3^k}{C_{n-2}^{n-4}}=\frac{n(n-1)\cdot 3^k}{(n-2)(n-3)}.$$

(1)若 3 不整除 n,即 $(3,n)=1$ 时,有 $(n-3,n)=1$,$(n-3,3^k)=1$.

又 $(n-2,n-1)=1$,所以 $n-3\mid n-1$,即

$$\frac{n-1}{n-3}=1+\frac{2}{n-3}$$ 为正整数,所以 $n-3\mid 2$,$n-3\leqslant 2$,$n\leqslant 5$.

又 $C_{n-2}^2\geqslant 3^k\geqslant 3$,$\therefore n\geqslant 5$,故 $n=5$.

(2)若 3 整除 n,则 $3\mid n-3$,$3\nmid n-2$,即 $(3,n-2)=1$. 又 $(n-2,n-1)=1$,

所以 $n-2\mid n$,即 $\dfrac{n}{n-2}=1+\dfrac{2}{n-2}$ 为正整数,

所以 $n-2\mid 2$,故 $n-2\leqslant 2$,即 $n\leqslant 4$,这与 $n\geqslant 5$ 矛盾.

由(1)(2)知 n 只可能为 5. 另一方面,若 $n=5$ 个人,其中每 2 人通电话一次,则任意 $n-2=3$ 人之间通话的次数都为 $C_3^2=3^1$(这里 $k=1$ 为正整数)满足题目要求. 故所求正整数只有一个: $n=5$.

4. 递推方法

例1 将圆分成 $n(\geqslant 2)$ 个扇形 $S_1,S_2,\cdots,S_n$. 现用 $m(\geqslant 2)$ 种颜色给这些扇形染色,每个扇形恰染一种颜色且要求相邻的扇形的颜色互不相同. 问有多少种不同的染色方法?

解 设染色方法数为 a_n.

(1)求初始值. $n=2$ 时,给 S_1 染色有 m 种方法,继而给 S_2 染色只有 $m-1$ 种方法(因 S_1 与 S_2 不同色),所以 $a_2=m(m-1)$.

(2)求递推关系. 因 S_1 有 m 种染色方法,S_2 有 $m-1$ 种染色方法,S_3 有 $m-1$ 种染色方法,$\cdots$,S_{n-1} 有 $m-1$ 种染色方法,S_n 仍有 $m-1$ 种染色方法(不保证 S_n 与 S_1 不同色). 这样共有 $m(m-1)^{n-1}$ 种染色方法,但这 $m(m-1)^{n-1}$ 种染色方法可分为两类:

一类是 S_n 与 S_1 不同色,此时的染色方法有 a_n 种;另一类是 S_n 与 S_1 同色,则将 S_n 与 S_1 合并为一个扇形,并注意到此时 S_{n-1} 与 S_1 不同色,故这时的染色方法有 a_{n-1} 种,由加法原理,得

$$a_n + a_{n-1} = m(m-1)^{n-1} \quad (n \geq 2).$$

(3)求 a_n. 令 $b_n = \dfrac{a_n}{(m-1)^n}$,由 $b_n + \dfrac{1}{m-1} b_{n-1} = \dfrac{m}{m-1}$,即 $b_n - 1 = -\dfrac{1}{m-1}(b_{n-1} - 1)$,即 $b_n - 1$ 是首项为 $b_2 - 1 = \dfrac{a_2}{(m-1)^2} - 1 = \dfrac{1}{m-1}$,公比为 $-\dfrac{1}{m-1}$ 的等比数列的第 $n-1$ 项,

所以 $b_n - 1 = (\dfrac{1}{m-1})(-\dfrac{1}{m-1})^{n-2} = (-1)^n \dfrac{1}{(m-1)^{n-1}}$,

即 $\quad \dfrac{a_n}{(m-1)^n} = 1 + (-1)^n \dfrac{1}{(m-1)^{n-1}}$.

故共有 $\quad a_n = (m-1)^n + (-1)^n(m-1)$ 种染色方法.

注 一般求递推数列 $a_n = p \cdot a_{n-1} + q$($p, q$ 为常数且 $p \neq 1$)通项,可令 $x = px + q$(解出 $x = \dfrac{q}{1-p}$),得 $a_n - x = p(a_{n-1} - x)$,即 $a_n - \dfrac{q}{1-p} = p(a_{n-1} - \dfrac{1}{1-p})$,便可化为等比数列去求通项. 方程 $x = px + q$ 的解又称为函数 $f(x) = px + q$($p \neq 1$)的不动点,故这种方法又称为不动点方法.

例2 运动会开了 n 天($n > 1$),共发出 m 个奖牌,第1天发出1个加上余下奖牌的 $\dfrac{1}{7}$,第二天发出2个加上余下的奖牌的 $\dfrac{1}{7}$,如此继续下去,最后第 n 天刚好发出 n 个奖牌恰无剩余. 问运动会共开了几天?共发了多少个奖牌? (第9届IMO试题)

解法一 设第 k 天发出了 a_k 个奖牌,则

$$a_1 = 1 + \dfrac{1}{7}(m-1) = \dfrac{1}{7}(m+6),$$

$$a_k = k + \dfrac{1}{7}(m - a_1 - a_2 - \cdots - a_{k-1} - k),$$

$$a_{k+1} = k + 1 + \dfrac{1}{7}(m - a_1 - a_2 - \cdots - a_{k-1} - a_k - k - 1),$$

于是 $\quad a_{k+1} - a_k = 1 + \dfrac{1}{7}(-a_k - 1)$,

即 $\quad a_{k+1} = \dfrac{6}{7} a_k + \dfrac{6}{7}$.

因为 $f(x) = \dfrac{6}{7} x + \dfrac{6}{7}$ 的不动点为 $x = 6$,所以 $a_{k+1} - 6 = \dfrac{6}{7}(a_k - 6)$.

所以 $a_k - 6 = (a - 6)(\dfrac{6}{7})^{k-1} = \dfrac{1}{7}(\dfrac{6}{7})^{k-1}(m - 36)$,

$$a_k = \dfrac{1}{7}(\dfrac{6}{7})^{k-1}(m - 36) + 6.$$

所以 $m = a_1 + a_2 + \cdots + a_n$

$$= \frac{1}{7}(m-36)[1+\frac{6}{7}+(\frac{6}{7})^2+\cdots+(\frac{6}{7})^{n-1}]+6n$$

$$= (m-36)[1-(\frac{6}{7})^n]+6n.$$

解出 m，得 $m=\frac{7^n}{6^{n-1}}(n-6)+36$.

因 7^n 与 6^{n-1} 互素，且 m,n 均为正整数，所以 $6^{n-1}\mid(n-6)$. 又因 $n>1$ 时，显然有 $6^{n-1}>|n-6|$，故只能 $n=6$，从而 $m=36$，即运动会共开了 6 天，共发出 36 个奖牌.

解法二 设第 k 天后余下的奖牌为 b_k，并设 $b_0=m$，由于第 k 天发出的奖牌数为 $k+\frac{1}{7}(b_{k-1}-k)$，

所以 $b_{k-1}=k+\frac{1}{7}(b_{k-1}-k)+b_k(k=1,2,\cdots,n)$，

$$b_k=\frac{6}{7}b_{k-1}-\frac{6}{7}k. \qquad\qquad ①$$

引入待定常数 a 和 b，使

$$b_k+ak+b=\frac{6}{7}[b_{k-1}+a(k-1)+b].$$

整理后得 $b_k=\frac{6}{7}b_{k-1}-\frac{1}{7}ak-\frac{1}{7}b-\frac{6}{7}a.$ ②

比较①与②得

$$\begin{cases}\frac{1}{7}a=\frac{6}{7},\\ \frac{1}{7}b+\frac{6}{7}a=0,\end{cases} \text{所以} \begin{cases}a=6,\\ b=-36.\end{cases}$$

所以 $b_k+6k-36=\frac{6}{7}[b_{k-1}+6(k-1)-36](k=1,2,\cdots,n)$.

所以 $b_n+6n-36=(b_0+6\times0-36)(\frac{6}{7})^n=(m-36)(\frac{6}{7})^n$.

而 $b_n=0$，由上式得 $6n-36=(m-36)(\frac{6}{7})^n$.

解出 m，得 $m=\frac{7^n}{6^{n-1}}(n-6)+36$.

以下和解法一相同.

例 3 设 2009 个人站成一排，从第一名开始 1 至 3 报数，凡报到 3 的就退出队伍，其余的向前靠拢成新的一排，再按此规则进行，直到 p 次报数后只剩下 3 人为止. 试问最后剩下的 3 人最初在什么位置？ (2009 年湖南省高中竞赛试题)

解 第 p 次报数后只剩下 3 人中前两人的最初位置显然是原来队伍中的第一和第二个位置.

设第三人的最初位置是 a_{p+1}. 第一次报数后他站在第 a_p 个位置，$\cdots$，第 p 次报数后他站在第 a_1 个位置，显然 $a_1=3$.

由于 $a_{p+1}, a_p, \cdots, a_2$ 都没有被淘汰，可知这些数都不是 3 的倍数，经过一次报数，由 a_{p+1} 到 a_p 的位置变动的数目 $a_{p+1}-a_p$ 就是由 1 到 a_{p+1}，这些数中所有 3 的倍数的个数，即 $\frac{1}{3}(a_{p+1}-r_p)$（其中 $r_p=1$ 或 2），所以

$$a_{p+1}-a_p=\frac{1}{3}(a_{p+1}-r_p), a_{p+1}=\frac{1}{2}(3a_p-r_p).$$

由于 a_{p+1}, a_p 都是正整数，所以当 a_p 为奇数时，$r_p=1$，当 a_p 为偶数时，$r_p=2$，可见

$$a_{p+1}=\frac{1}{2}(3a_p-r_p)\leqslant 2009<a_{p+2}=\frac{1}{2}(3a_{p+1}-r_{p+1}),\qquad\qquad ①$$

其中 r_p、r_{p+1} 取 1 或 2，具体取值如前所述.

由 $a_1=3$ 及①式，逐一计算 $a_i(i=2,3,\cdots,j)$，直到 $a_j>2009$ 为止，得

$a_2=\frac{1}{2}(3\times 3-1)=4, a_3=\frac{1}{2}(3\times 4-2)=5, a_4=\frac{1}{2}(3\times 5-1)=7, a_5=\frac{1}{2}(3\times 7-1)=10, a_6=\frac{1}{2}(3\times 10-2)=14, a_7=\frac{1}{2}(3\times 14-2)=20, a_8=\frac{1}{2}(3\times 20-2)=29, a_9=\frac{1}{2}(3\times 29-1)=43, a_{10}=\frac{1}{2}(3\times 43-1)=64, a_{11}=\frac{1}{2}(3\times 64-2)=95, a_{12}=\frac{1}{2}(3\times 95-1)=142, a_{13}=\frac{1}{2}(3\times 142-2)=212, a_{14}=\frac{1}{2}(3\times 212-2)=317, a_{15}=\frac{1}{2}(3\times 317-1)=475, a_{16}=\frac{1}{2}\times(3\times 475-1)=712, a_{17}=\frac{1}{2}(3\times 712-2)=1067, a_{18}=\frac{1}{2}(3\times 1067-1)=1600, a_{19}=\frac{1}{2}(3\times 1600-2)=2399>2009.$

所以最后剩下的三个人，最初在队伍的第 1，第 2 和第 1600 个位置上.

例 4 对每个正整数 n，求集合 $\{1,2,\cdots,n\}$ 中元素的排列 $a_1,a_2,\cdots,a_n$ 的个数，使得对任意 $k=1,2,3,\cdots,n$ 都有 $2(a_1+a_2+\cdots+a_k)$ 可被 k 整除. （第 49 届 IMO 预选题）

解 设满足题目条件的排列 $a_1,a_2,\cdots,a_n$ 有 x_n 个，并称这种排列为好排列.

直接验证易知当 $n=1,2,3$ 时，$1,2,\cdots,n$ 的任意排列都是好排列，故 $x_n=n!$ $(n=1,2,3)$.

对 $n\geqslant 4$，考虑 $1,2,\cdots,n$ 的一个好排列 $a_1,a_2,\cdots,a_n$，则由已知条件知

$$2(a_1+a_2+\cdots+a_{n-1})=2[(1+2+3\cdots+n)-a_n]$$
$$=n(n+1)-2a_n=(n+2)(n-1)-2(a_n-1)$$

被 $n-1$ 整除，故 $2(a_n-1)$ 被 $n-1$ 整除，又 $2(a_n-1)\leqslant 2(n-1)$，故 $2(a_n-1)$ 只可能等于 0 或 $n-1$ 或 $2(n-1)$，从而有 $a_n=1$ 或 $\frac{n+1}{2}$ 或 n.

(1)若 $a_n=\frac{n+1}{2}$，则由排列 $a_1,a_2,\cdots,a_n$ 是好排列得

$$2(a_1+a_2+\cdots+a_n)=2[(1+2+\cdots+n)-a_{n-1}-a_n]$$
$$=n(n+1)-2a_{n-1}-2\left(\frac{n+1}{2}\right)$$
$$=n^2-1-2a_{n-1}=(n+2)(n-2)-(2a_{n-1}-3)$$

被 $n-2$ 整除且 $2a_{n-1}-3 \leqslant 2n-3$，得 $2a_{n-1}-3=0$ 或 $n-2$ 或 $2(n-2)$，但 $2a_{n-1}-3$ 为奇数，$2a_{n-1}-3 \neq 0$ 和 $2(n-2)$，故只可能有 $2a_{n-1}-3=n-2$，从而 $a_{n-1}=\dfrac{n+1}{2}=a_n$，矛盾！

(2)若 $a_n=n$，则 $a_1, a_2, \cdots, a_{n-1}$ 是 $1,2,\cdots,n-1$ 的好排列，反之对 $1,2,\cdots,n-1$ 的任意一个好排列 $a_1, a_2, \cdots, a_{n-1}$，在其末尾添上一项 $a_n=n$，使得 $1,2,\cdots,n$ 的一个好排列，故满足 $a_n=n$ 的好排列的个数为 x_{n-1}。

(3)若 $a_n=1$，则由 $a_1, a_2, \cdots, a_n$ 是好排列知：对任意 $k(1 \leqslant k \leqslant n-1)$，$2(a_1+a_2+\cdots+a_k)$ 被 k 整除，从而

$$2[(a_1-1)+(a_2-1)+\cdots+(a_k-1)]=2(a_1+a_2+\cdots+a_k)-2k$$

也被 k 整除，故这时 $a_1-1, a_2-1, \cdots, a_{n-1}-1$ 是 $1,2,\cdots,n-1$ 的一个好排列. 反之，设 $b_1,$ $b_2, \cdots, b_{n-1}$ 是 $1,2,\cdots,n-1$ 的一个好排列，则对任意 $k(1 \leqslant k \leqslant n-1)$，$2(b_1+b_2+\cdots+b_k)$ 被 k 整除，从而对任意 $k(1 \leqslant k \leqslant n-1)$，

$$2[(b_1+1)+(b_2+1)+\cdots+2(b_k+1)]=2(b_1+b_2+\cdots+b_k)+2k$$

被 k 整除，且

$$2[(b_1+1)+(b_2+1)+\cdots+(b_{n-1}+1)+1]=2(1+2+\cdots+n)=n(n+1)$$

被 n 整除，故 $b_1+1, b_2+1, \cdots, b_{n-1}+1, 1$ 是满足条件 $a_n=1$ 的一个好排列，可见满足条件 $a_n=1$ 的好排列的个数也为 x_{n-1}。

综上可得 $x_n=2x_{n-1}(n \geqslant 4)$. 由 $x_3=3!=6$ 得

$$x_n=x_3 \cdot \frac{x_4}{x_3} \cdot \frac{x_5}{x_4} \cdot \cdots \cdot \frac{x_n}{x_{n-1}}=6 \cdot \underbrace{2 \cdot 2 \cdot \cdots \cdot 2}_{n-3 \text{个}}=6 \cdot 2^{n-3}=3 \cdot 2^{n-2}.$$

所以，满足题目条件的排列个数为

$$x_n=\begin{cases} n! & (n=1,2,3) \\ 3 \cdot 2^{n-2} & (n \geqslant 4). \end{cases}$$

例 5 数列 $\{a_n\}$ 为 $1,1,2,1,1,2,3,1,1,2,1,1,2,3,4,\cdots$，其构造方法是：首先给出 $a_1=1$，接着复制该项 1 后，添加其后继数 2，于是 $a_2=1, a_3=2$，然后再复制前面所有各项并添加 2 的后继数 3，得 $a_4=1, a_5=1, a_6=2, a_7=3$，接下来再复制前面的所有各项 $1,1,2,1,$ $1,2,3$ 并添加 3 的后继数 4，于是得到前面 15 项为 $1,1,2,1,1,2,3,1,1,2,1,1,2,3,4$. 如此继续下去，$\cdots$，试求 a_{1000} 及前 1000 项的和 S_{1000}。

解 假设数列中第一次出现 n 是第 b_n 项，则由数列的构造方法知第一次出现 $n+1$ 应是第 $b_{n+1}=2b_n+1$ 项，于是

$$b_{n+1}=2(b_n+1) \quad (n \in \mathbf{N}^+),$$

即 $\{b_n+1\}$ 是首项为 $b_1+1=2$，公比为 2 的等比数列，故

$$b_n+1=(b_1+1) \cdot 2^{n-1}=2^n, b_n=2^n-1.$$

即 $a_{2^n-1}=n$，且由数列的构造方法知：若 $m=2^n-1+r(1 \leqslant r \leqslant 2^n-1)$，则 $a_m=a_r$. 因为

$$1000=2^9-1+489, 489=2^8-1+234, 234=2^7-1+107,$$

$$107=2^6-1+44, 44=2^5-1+13, 13=2^3-1+6,$$

$6=2^2-1+3,3=2^2-1.$ ①

所以

$a_{1000}=a_{489}=a_{234}=a_{107}=a_{44}=a_{13}=a_6=a_3=2.$

其次,由数列$\{a_n\}$的构造得

$S_{2^n-1}=2S_{2^{n-1}-1}+n.$

即 $S_{2^n-1}+(n+2)=2[S_{2^{n-1}-1}+(n+1)].$

可见$\{S_{2^n-1}+(n+2)\}$是首项为$S_{2^1-1}+(1+2)=4$,公比为2的等比数列,故

$S_{2^n-1}+(n+2)=4\times 2^{n-1}=2^{n+1},$

$S_{2^n-1}=2^{n+1}-(n+2).$ ②

当$n=2^n-1+r(1\leqslant r\leqslant 2^n-1)$时,由$\{a_n\}$的构造知

$$S_m=S_{2^n-1}+a_{(2^n-1)+1}+a_{(2^n-1)+2}+\cdots+a_{(2^n-1)+r}$$
$$=S_{2^n-1}+a_1+a_2+\cdots+a_r=S_{2^n-1}+S_r.$$ ③

于是由①,②,③可得

$$S_{1000}=S_{2^9-1}+S_{2^8-1}+S_{2^7-1}+S_{2^6-1}+S_{2^5-1}+S_{2^4-1}+S_{2^3-1}+S_{2^2-1}$$
$$=(2^{10}-11)+(2^9-10)+(2^8-9)+(2^7-8)+(2^6-7)+(2^5-6)+(2^3-4)+$$
$$(2^3-4)$$
$$=(2^{10}+2^9+2^8+2^7+2^6+2^5+2^4+2^3)-(11+10+9+8+7+6+5+4)-(2^4-$$
$$5)+(2^3-4)$$
$$=2^3(2^8-1)-\frac{(11+4)\times 8}{2}-11+4=1973.$$

综上可得所求的结论为$a_{1000}=2,S_{1000}=1973.$

注 公式②也可按如下方法求得:由数列$\{a_n\}$的构造知数列$\{a_n\}$的前2^n-1项中含有1个n,2个$n-1$,2^2个$n-2$,$\cdots$,2^{n-1}个1,故

$S_{2^n-1}=n+(n-1)\times 2+(n-2)\times 2^2+\cdots+1\times 2^{n-1},$ ④

$2S_{2^n-1}=n\times 2+(n-1)\times 2^2+(n-2)\times 2^3+\cdots+2\times 2^{n-1}+1\times 2^n,$ ⑤

⑤-④

$$S_{2^n-1}=-n+2+2^2+\cdots+2^{n-1}+2^n=-n+2(2^n-1)$$
$$=2^{n+1}-(n+2).$$

例6 记a_n为下述自然数N的个数:N的各位数字之和为n,且每位数字只能取$1,3$或4.求证:a_{2n}是完全平方数,这时$n=1,2,\cdots$. （1991年全国高中联赛试题）

证明一 （1）求初始值.用枚举法易知$a_1=1,a_2=1,a_3=2,a_4=4.$

（2）求递推关系.设$N=\overline{x_1x_2\cdots x_k}$,其中$x_1,x_2,\cdots,x_k\in\{1,3,4\}$且$x_1+x_2+\cdots+x_k=n$.当$n>4$时,当$x_1$依次取$1,3,4$时,$x_2+x_3+\cdots+x_k$依次取$n-1,n-3,n-4$,故有$a_n=a_{n-1}+a_{n-3}+a_{n-4}(n\geqslant 4).$ （*）

（3）寻求新的递推关系.

通过计算并观察各项值的规律得下表:

n	1	2	3	4	5	6	7	8	9	10	11	12	13	14	$\cdots$
a_n	1	1	2	4	6	9	15	25	40	64	104	169	273	441	$\cdots$
规律		1^2	1×2	2^2	2×3	3^2	3×5	5^2	5×8	8^2	8×13	13^2	13×21	21^2	$\cdots$

通过上表,我们得到下列结论:

Ⅰ. 设 $f_1=1,f_2=2,f_{n+2}=f_{n+1}+f_n(n\geqslant1)$, ①

则 $\begin{cases} a_{2n}=f_n^2, \\ a_{2n+1}=f_nf_{n+1}. \end{cases}$ $(n=1,2,3,\cdots)$ ② ③

下面用数学归纳法证明②,③成立.

$n=1$ 时,$a_2=1=f_1^2$,$a_3=2=f_1f_2$.

$n=2$ 时,$a_4=4=f_2^2$,$a_5=6=2\times3=f_2f_3$.

即 $n=1$ 和 2 时,②,③成立.

设 $n=k-1$ 及 $n=k$ 时,②,③成立,则由①及归纳假设有

$$a_{2(k+1)}=a_{2k+1}+a_{2k-1}+a_{2k-2}=f_kf_{k+1}+f_{k-1}f_k+f_{k-1}^2$$
$$=f_kf_{k+1}+f_{k-1}(f_k+f_{k-1})=f_kf_{k+1}+f_{k-1}f_{k+1}$$
$$=(f_k+f_{k-1})f_{k+1}=f_{k+1}^2,$$

$$a_{2(k+1)+1}=a_{2(k+1)}+a_{2k}+a_{2k-1}=f_{k+1}^2+f_k^2+f_{k-1}f_k$$
$$=f_{k+1}^2+f_k(f_k+f_{k-1})=f_{k+1}^2+f_kf_{k+1}=f_{k+1}(f_{k+1}+f_k)$$
$$=f_{k+1}f_{k+2}.$$

即 $n=k+1$ 时,②,③成立,故对一切正整数 n,有②,③成立.

所以 $a_{2n}=f_n^2(n=1,2,\cdots)$ 为完全平方数.

注 通过观察上述数表,我们还可得到下列一些结论:

Ⅱ. $a_{2n+1}=a_{2n}+a_{2n-1}$,$a_{2n}a_{2n+2}=a_{2n+1}^2(n=1,2,\cdots)$.

Ⅲ. $\begin{cases} a_{2n}=(a_n+a_{n-2})^2, \\ a_{2n+1}=(a_n+a_{n-2})(a_{n+1}+a_{n-1}). \end{cases}$ $(n=3,4,\cdots)$

Ⅳ. $a_{2n}=(\sqrt{a_{2n-2}}+\sqrt{a_{2n-4}})^2(n\geqslant5)$.

上述结论都不难用数学归纳法给出证明(具体证明留给读者作为练习). 于是,可由这些结论中任何一个推出原题中结论成立.

下面再给出此题的另两种证法:

证明二 首先同样可得出①式,于是

$$a_{2n+4}=a_{2n+3}+a_{2n+1}+a_{2n}=(a_{2n+2}+a_{2n}+a_{2n-1})+a_{2n+1}+a_{2n}$$
$$=a_{2n+2}+2a_{2n}+(a_{2n+2}-a_{2n-2})=2a_{2n+2}+2a_{2n}-a_{2n-2}.$$ (*)

令 $b_n=a_{2n}$,则 $b_{n+2}=2b_{n+1}+2b_n-b_{n-1}$,其特征方程为

$$x^3-2x^2-2x+1=0.$$

即 $(x+1)(x^2-3x+1)=0.$

所以,特征根为 $x_1=-1,x_{2,3}=\dfrac{3\pm\sqrt5}{2}$,故

$$b_n = c_1(-1)^n + c_2\left(\frac{3+\sqrt5}{2}\right)^n + c_3\left(\frac{3-\sqrt5}{2}\right)^n.$$

由 $b_1 = a_2 = 1, b_2 = a_4 = 4, b_3 = a_6 = 9$,并令 $b_0 = -b_3 + 2b_2 + 2b_1 = 1$,得

$$\begin{cases} c_1 + c_2 + c_3 = 1, \\ -c_1 + \dfrac{3+\sqrt5}{2}c_2 + \dfrac{3-\sqrt5}{2}c_3 = 1, \\ c_1 + \left(\dfrac{3+\sqrt5}{2}\right)^2 c_2 + \left(\dfrac{3-\sqrt5}{2}\right)^2 c_3 = 4. \end{cases}$$

解得 $c_1 = \dfrac{2}{5}, c_2 = \dfrac{3+\sqrt5}{10}, c_3 = \dfrac{3-\sqrt5}{10}$,故有

$$a_{2n} = b_n = \frac{1}{5}\left[2(-1)^n + \left(\frac{3+\sqrt5}{2}\right)^{n+1} + \left(\frac{3-\sqrt5}{2}\right)^{n+1}\right]$$

$$= \frac{1}{5}\left[\left(\frac{1+\sqrt5}{2}\right)^{2(n+1)} - 2\cdot\left(\frac{1+\sqrt5}{2}\right)^{n+1}\left(\frac{1-\sqrt5}{2}\right)^{n+1} + \left(\frac{1+\sqrt5}{2}\right)^{2(n+1)}\right]$$

$$= \left\{\frac{1}{\sqrt5}\left[\left(\frac{1+\sqrt5}{2}\right)^{n+1} - \left(\frac{1-\sqrt5}{2}\right)^{n+1}\right]\right\}^2.$$

记 $f_n = \dfrac{1}{\sqrt5}\left[\left(\dfrac{1+\sqrt5}{2}\right)^{n+1} - \left(\dfrac{1-\sqrt5}{2}\right)^{n+1}\right]$,则 f_n 的特征根为 $x_{1,2} = \dfrac{1+\sqrt5}{2}$. 由 $x_1 + x_2 = 1$, $x_1 \cdot x_2 = -1$,知其特征方程为 $x^2 - x - 1 = 0$,所以,f_n 满足递推关系 $f_n = f_{n-1} + f_{n-2}$ $(n \geqslant 2)$. 又 $f_0 = \dfrac{1}{\sqrt5}\left(\dfrac{1+\sqrt5}{2} - \dfrac{1-\sqrt5}{2}\right) = 1$, $f_1 = \dfrac{1}{\sqrt5}\left[\left(\dfrac{1-\sqrt5}{2}\right)^2 - \left(\dfrac{1-\sqrt5}{2}\right)^2\right] = 1$ 均为正整数,设 f_{n-2}, f_{n-1} $(n \geqslant 2)$ 为正整数,则 $f_n = f_{n-1} + f_{n-2}$ 为正整数,故对一切非负整数 n,f_n 为正整数,所以 $a_{2n} = f_n^2$ $(n = 1, 2, \cdots)$ 为完全平方数.

证明三 我们用数学归纳法证明 $a_{2n+4} = (\sqrt{a_{2n+2}} + \sqrt{a_{2n}})^2$ 成立. $n = 1$ 时,$a_6 = 9 = (2+1)^2 = (\sqrt{a_4} + \sqrt{a_2})^2$,设 $n = k-1$ 时,$a_{2k+2} = (\sqrt{a_{2k}} + \sqrt{a_{2k-2}})^2$,即 $a_{2k-2} = (\sqrt{a_{2k+2}} - \sqrt{a_{2k}})^2$. 于是,$n = k$ 时,由 $(*)$ 式有 $a_{2k+4} = 2a_{2k+2} + 2a_{2k} - a_{2k-2} = 2a_{2k+2} + 2a_{2k} - (\sqrt{a_{2k+2}} - \sqrt{a_{2k}})^2 = (\sqrt{a_{2k+2}} + \sqrt{a_{2k}})^2$,故对一切正整数 n,$a_{2n+4} = (\sqrt{a_{2n+2}} + \sqrt{a_{2n}})^2$ 成立. 因为 $a_2 = 1^2$,$a_4 = 2^2$ 为完全平方数,设 $a_{2k} = a^2$,$a_{2k+2} = b^2$(a, b 为正整数)为完全平方数,则 $a_{2k+4} = (\sqrt{a^2} + \sqrt{b^2})^2 = (a+b)^2$ 为完全平方数,故对一切正整数 n,a_{2n} 为完全平方数.

5. 利用容斥原理

例1(错位排列) 若 $\{1, 2, \cdots, n\}$ 的一个排列 $\{i_1, i_2, \cdots, i_n\}$ 满足 $i_1 \neq 1, i_2 \neq 2, \cdots, i_n \neq n$,则称 $\{i_1, i_2, \cdots, i_n\}$ 为 $\{1, 2, \cdots, n\}$ 的一个错位排列. 试求 $\{1, 2, \cdots, n\}$ 的所有错位排列的个数 D_n.

解 将 $\{1, 2, \cdots, n\}$ 的所有排列集合记为 S,则显然 $|S| = n!$. 设 $A_j = \{(i_1, i_2, \cdots, i_n) \mid (i_1, i_2, \cdots, i_n) \in S$ 且 $i_j = j\}$ $(j = 1, 2, \cdots, n)$,于是 $D_n = |\overline{A}_1 \cap \overline{A}_2 \cap \cdots \cap \overline{A}_n|$,且易知

$$|A_j| = (n-1)! \ (1 \leqslant j \leqslant n), |A_i \cap A_j| = (n-2)! \ (1 \leqslant i < j \leqslant n), \cdots,$$

$$|A_{i_1} \cap A_{i_2} \cap \cdots \cap A_{i_r}| = (n-r)! \quad (1 \leqslant i_1 < i_2 < \cdots < i_r \leqslant n), \cdots,$$

$$|A_1 \cap A_2 \cap \cdots \cap A_n| = 0! = 1.$$

故由容斥原理,得

$$D_n = |S| - \sum_{i=1}^{n} |A_i| + \sum_{1 \leqslant i < j \leqslant n} |A_i \cap A_j| - \cdots + (-1)^n |A_1 \cap A_2 \cap \cdots \cap A_n|$$

$$= n! - C_n^1(n-1)! + C_n^2(n-2)! - C_n^3(n-3)! + \cdots + (-1)^n C_n^n \cdot 0!$$

$$= n! \left(1 - \frac{1}{1!} + \frac{1}{2!} - \frac{1}{3!} + \cdots + \frac{(-1)^n}{n!}\right).$$

注 例1通常又称为伯努利放错信笺问题.下面我们再用递推方法来解这个问题.

解 设 S_j 表示第 1 位为 $j(2 \leqslant j \leqslant n)$ 的所有错位排列集合,显然 $|S_2| = |S_3| = \cdots = |S_n|$(记这个数为 d_n),于是

$$|D_n| = |S_2| + |S_3| + \cdots + |S_n| = (n-1)d_n.$$

其次,将 S_2 中的排列分为两类,S_2' 表示 S_2 中第 2 位数是 1 的错位排列集合,S_2'' 表示 S_2 中第 2 位不是 1 的错位排列集合.于是 S_2' 中排列有下列形式 $2,1,i_3,i_4,\cdots,i_n$,其中 i_3, $i_4,\cdots,i_n$ 恰是 $3,4,\cdots,n$ 这 $n-2$ 个数的错位排列,故 $|S_2'| = D_{n-2}$. 而 S_2'' 中排列有下列形式 $2,i_2,i_3\cdots i_n$,其中 $i_2 \neq 1, i_j \neq j(j=3,4,\cdots,n)$,即 $i_2,i_3,\cdots,i_n$ 是 $1,3,4,\cdots,n$ 这 $n-1$ 个数的错位排列,故 $|S_2''| = D_{n-1}$,

所以 $d_n = |S_2| = |S_2'| + |S_2''| = D_{n-2} + D_{n-1}$,

所以 $D_n = (n-1)d_n = (n-1)(D_{n-1} + D_{n-2})(n \geqslant 3)$,

且显然有 $D_1 = 0, D_2 = 1$,于是

$$D_n - nD_{n-1} = -[D_{n-1} - (n-1)D_{n-2}]$$

$$= (-1)^2[D_{n-2} - (n-2)D_{n-3}] = \cdots =$$

$$= (-1)^{n-2}(D_2 - D_1) = (-1)^n.$$

$$\frac{D_n}{n!} - \frac{D_{n-1}}{(n-1)!} = \frac{(-1)^n}{n!},$$

所以 $\dfrac{D_n}{n!} = \dfrac{D_1}{1!} + \sum_{k=2}^{n}\left(\dfrac{D_k}{k!} - \dfrac{D_{k-1}}{(k-1)!}\right) = 0 + \sum_{k=2}^{n}\left(\dfrac{(-1)^k}{k!}\right) = \sum_{k=0}^{n}\dfrac{(-1)^k}{k!}$,

所以 $D_n = n!\left(1 - \dfrac{1}{1!} + \dfrac{1}{2!} + \cdots + \dfrac{(-1)^n}{n!}\right)$.

例 2 用五种不同颜色给三棱台 $ABC-DEF$ 的六个顶点涂色,要求每个点涂一种颜色,且每条棱的两个端点涂不同颜色,则不同的涂色方法有_____种.

(2013 年全国高中联赛山东省预赛题)

解法一 从 5 色中取 3 色染 A、B、C 这三个顶点的方法有 A_5^3 种,如果暂不考虑每一条侧棱两端异色的要求,则 D、E、F 三个顶点的涂色方法也有 A_5^3 种,用 p 记 D、E、F 的所有涂色方法组成的集合,则 $|p| = A_5^3$. 以 p_1, p_2, p_3 分别记 p 中 A、D 两点,B、E 两点,C、F 两点同色的所有方案组成的集合.则

$$|p_i| = A_4^2 = 12(1 \leqslant i \leqslant 3), \quad |p_i \cap p_j| = A_3^1(1 \leqslant i < j \leqslant 3), \quad |p_1 \cap p_2 \cap p_3| = 1.$$

由容斥原理知,任意一棱两端均为异色的涂色方案的种数为

$$A_5^3(|p| - |p_1 \cup p_2 \cup p_3|) = A_5^3\left(|p| - \sum_{i=1}^{3}|p_i| + \sum_{1 \leqslant i < j \leqslant 3}|p_i \cap p_j| - |p_1 \cap p_2 \cap p_3|\right)$$

$$= A_5^3(A_5^3 - 3A_4^2 + 3A_3^1 - 1) = 60(60 - 3 \times 12 + 3 \times 3 - 1)$$

$$= 1920.$$

下面我们再用分类计数法来解这个总题.

解法二 首先从 5 种颜色中取出 3 种颜色染 A、B、C 三个顶点的方法数为 A_5^3.

下面分两种情形:

(1)D 与 B、C 中某一顶点同色时, D 有 C_2^1 种染色方法, 不妨设 D 与 B 同色, 又分为两类:

(ⅰ)E 与 C 同色时, 则 E 只有一种染色方法, F 可染不同于 D、C 的其他 3 色之一, 有 C_3^1 种方法.

(ⅱ)E 与 C 不同色时, E 可染不同于 D、C 的其他 3 色之一, 有 C_3^1 种方法, F 可染不同于 D、E、C 的其他 2 色之一, 有 C_2^1 种方法.

故当 D 与 B、C 中某一点同色时的染色方法有 $C_2^1(C_3^1 + C_3^1 C_2^1) = 18$(种).

(2)D 与 B、C 都不同色时, D 可染与 A、B、C 不同色的其他 2 色之一, 有 C_2^1 种方法, 又分为两类:

(ⅰ)E 与 C 同色时, E 只有一种染色法, F 可染不同于 D、C 的其他 3 色之一, 有 C_3^1 种染色方法;

(ⅱ)E 与 C 不同色时, E 可染不同于 D、B、C 其他 2 色之一, 有 C_2^1 种方法, F 可染不同于 D、E、C 的其他 2 色之一, 有 C_2^1 种方法.

故当 D 与 B、C 都不同色时, 不同的染色方法有 $C_2^1(C_3^1 + C_2^1 C_2^1) = 14$ 种.

综上可得, 满足题目的不同染色方法的种数为

$$A_5^3[C_2^1(C_3^1 + C_3^1 C_2^1) + C_2^1(C_3^1 + C_2^1 C_2^1)] = 60(18 + 14) = 1920.$$

例 3 将与 105 互素的正整数从小到大排列成数列, 求出这个数列的第 1000 项.

(1994 年全国高中联赛试题)

解法一(估算法) 设这个数列的第 1000 项是 n. 因 $105 = 3 \times 5 \times 7$, 故依题意, 我们知道在小于或等于 n 的正整数中不能被 $3, 5, 7$ 中任何一个整除的数恰有 1000 个, 记 $S = \{1, 2, \cdots, n\}$, $A_i = \{m \mid m \in S$ 且 m 被 i 整除$\}$($i = 3, 5, 7$), 于是由容斥原理得

$$1000 = |\overline{A_3} \cap \overline{A_5} \cap \overline{A_7}|$$

$$= |S| - (|A_3| + |A_5| + |A_7|) + (|A_3 \cap A_5| + |A_3 \cap A_7| + |A_5 \cap A_7|) - |A_3 \cap A_5 \cap A_7|$$

$$= n - \left(\left[\frac{n}{3}\right] + \left[\frac{n}{5}\right] + \left[\frac{n}{7}\right]\right) + \left(\left[\frac{n}{3 \times 5}\right] + \left[\frac{n}{3 \times 7}\right] + \left[\frac{n}{5 \times 7}\right]\right) - \left[\frac{n}{3 \times 5 \times 7}\right]. \qquad ①$$

利用 $\alpha - 1 < [\alpha] \leqslant \alpha$, 由①可得

$$\begin{cases} 1000 > n - \left(\dfrac{n}{3} + \dfrac{n}{5} + \dfrac{n}{7}\right) + \left(\dfrac{n}{3 \times 5} - 1 + \dfrac{n}{3 \times 7} - 1 + \dfrac{n}{5 \times 7} - 1\right) - \dfrac{n}{3 \times 5 \times 7}, \\ 1000 < n - \left(\dfrac{n}{3} - 1 + \dfrac{n}{5} - 1 + \dfrac{n}{7} - 1\right) + \left(\dfrac{n}{3 \times 5} + \dfrac{n}{3 \times 7} + \dfrac{n}{5 \times 7}\right) - \left(\dfrac{n}{3 \times 5 \times 7} - 1\right), \end{cases}$$

即 $\begin{cases} n < 2194\frac{1}{16}, \\ n > 2178\frac{3}{4}, \end{cases}$ 所以 $2178\frac{3}{4} < n < 2194\frac{1}{16}$.

又 n 与 105 互素, 所以 n 的值只可能为 2179, 2182, 2183, 2186, 2188, 2189, 2192, 2194.

经检验, 其中只有 $n=2186$ 满足方程①, 故此数列的第 1000 项为 2186.

注 检验时应从中间的数 2186 开始, 代入①的右边, 若大于 1000, 则从小于 2186 的 3 个数中取中间一个数再检验, 若小于 1000, 则从大于 2186 的 4 个数中取中间任意一个再检验, 直到找出满足条件的值为止. 因由本题题意知方程①只有唯一解, 故只要检验出 $n=2186$ 满足①, 其他的值就不必再检验. 这种检验数值方法, 叫做对分法, 它是优选法理论中的一种重要方法.

解法二(组合分析法) 我们先弄清题中数列的结构后, 再进行计算.

首先, 求出 $S=\{1,2,3,\cdots,105\}$ 内与 $105=3\times5\times7$ 互素的正整数的个数, 令 $A_i=\{m \mid m\in S$ 且 m 被 i 整除$\}(i=3,5,7)$. 于是 S 中与 105 互素的正整数的个数为

$$|\overline{A_3}\cap\overline{A_5}\cap\overline{A_7}|$$
$$=|S|-|A_3|-|A_5|-|A_7|+|A_3\cap A_5|+|A_3\cap A_7|+|A_5\cap A_7|-|A_3\cap A_5\cap A_7|$$
$$=105-\left[\frac{105}{3}\right]-\left[\frac{105}{5}\right]-\left[\frac{105}{7}\right]+\left[\frac{105}{3\times5}\right]+\left[\frac{105}{3\times7}\right]+\left[\frac{105}{5\times7}\right]-\left[\frac{105}{3\times5\times7}\right]$$
$$=105-35-21-15+7+5+3-1=48.$$

其次, 设所有正整数中与 105 互素的正整数从小到大排成的数列为 $\{a_n\}$, 于是

$a_1=1,a_2=2,a_3=4,\cdots,a_{46}=101,a_{47}=103,a_{48}=104$, 并记 $P=\{a_1,a_2,\cdots,a_{48}\}$.

一方面, 数列 $\{a_n\}$ 中每一项 a_n 可表示成为 $a_n=105\cdot k+r(k,r$ 为非负整数, $0\leqslant r\leqslant104)$, 于是, 由 $(a_n,105)=(105k+r,105)=(r,105)=1$, 知 $r\in P$, 即数列 $\{a_n\}$ 中每一项可表成 $a_n=105k+r(k$ 为非负整数, $r\in P)$ 的形式.

另一方面, 对任意非负整数 k 及任意 $r\in P$, 由 $(105k+r,105)=(r,105)=1$, 知数列 $\{a_n\}$ 中必有某一项 $a_n=105k+r$.

可见, 数列 $\{a_n\}$ 由且仅由形如 $105k+r(k$ 为非整数, $r\in P)$ 的数组成, 因对每一个固定的 k,r 取遍 P 中的数时, 形如 $105k+r$ 的数有 48 个, 得到数列中 48 个项, 因为 $1000=48\times20+40$, 所以 $a_{1000}=105\times20+a_{40}$.

而 $a_{48}=104,a_{47}=103,a_{46}=101,a_{45}=97,a_{44}=94,a_{43}=92,a_{42}=89,a_{41}=88,a_{40}=86$, 所以 $a_{1000}=105\times20+86=2186$.

即所求数列的第 1000 项等于 2186.

例 4 给定 2003 个集合, 每个集合都恰含 44 个元素, 并且每两个集合恰有一个公共元. 试求这 2003 个集合的并集中元素的个数.

解法一 设给定的 2003 个集合为 $A_1,A_2,\cdots,A_{2003}$. 依题意有 $|A_i|=44(1\leqslant i\leqslant2003)$. $|A_i\cap A_j|=1(1\leqslant i<j\leqslant2003)$. 为了求 $|A_1\cup A_2\cup\cdots\cup A_{2003}|$, 由容斥原理, 只需求 $|A_{i_1}\cap A_{i_2}\cap\cdots\cap A_{i_k}|(1\leqslant i_1<i_2<\cdots<i_k\leqslant2003,k\geqslant3)$. 由 $|A_i\cap A_j|=1$ 知这个数至多等于 1, 若都等于 1, 则必有一个元是所有 A_i 的公共元.

考虑 A_1. 它与其他 2002 个集合 $A_i(2 \leqslant i \leqslant 2003)$ 都有唯一公共元. 又 $|A_1|=44$, 且 $\left[\dfrac{2003}{44}\right]=45$, 若 A_1 中每个元至多属于其他 45 个集合, 则 A_1 至多与其他 $44 \times 45 = 1980$ 个集合有公共元, 矛盾. 可见 A_1 中必有一个元 a 至少属于其他 46 个集合, 不妨设 a 属于 A_2, $A_3, \cdots, A_{47}$, 并设 B 是 $A_{48}, A_{49}, \cdots, A_{2003}$ 中任意一个集合, 如果 $a \notin B$, 又因为 B 与 A_1, $A_2, \cdots, A_{47}$ 中每一个都有公共元, 且这些公共元两两不同 (这时, 若 B 与 A_i 及 A_j $(1 \leqslant i < j \leqslant 47)$ 有相同的公共元 b, 则 $b \neq a$, 于是 A_i 与 A_j $(1 \leqslant i < j \leqslant 47)$ 有两个公共元 a 和 b, 矛盾), 可见 B 至少有 47 个元, 这与 $|B|=44$ 矛盾. 故必有 $a \in B$, 即 a 是 2003 个集合 $A_1, A_2, \cdots, A_{2003}$ 的公共元, 但 $A_1, A_2, \cdots, A_{2003}$ 中任何两个只有唯一公共元 a, 所以

$$|A_{i_1} \cap A_{i_2} \cap \cdots \cap A_{i_k}| = 1 (1 \leqslant i_1 < \cdots < i_k \leqslant 2003).$$

由容斥原理得

$$|A_1 \cup A_2 \cup \cdots \cup A_{2003}|$$

$$= \sum_{i=1}^{2003} |A_i| - \sum_{1 \leqslant i < j \leqslant 2003} |A_i \cap A_j| + \sum_{1 \leqslant i < j < k \leqslant 2003} |A_i \cap A_j \cap A_k| - \cdots + |A_1 \cap A_2 \cap \cdots \cap A_{2003}|$$

$$= 2003 \times 44 - C_{2003}^2 + C_{2003}^3 - \cdots + C_{2003}^{2003}$$

$$= 2003 \times 44 + C_{2003}^0 - C_{2003}^1 - (C_{2003}^0 - C_{2003}^1 + C_{2003}^2 - \cdots C_{2003}^{2003})$$

$$= 86130 - (1-1)^{2003} = 86130.$$

解法二 同解法一知 a 是 2003 个集合 $A_1, A_2, \cdots, A_{2003}$ 的公共元, 并且 $A_1, A_2, \cdots,$ A_{2003} 中任何两个只有唯一公共元 a. 又每个集合有 44 个元素, 2003 个集合共有 2003×44 个元素. 但是其中只有元素 a 被重复计算了 2003 次. 所以

$$|A_1 \cup A_2 \cup \cdots \cup A_{2003}| = 2003 \times 44 - (2003-1) = 86130.$$

6. 母函数方法

例1 将 n 元钱全部兑换为 1 元和 2 元的纸币, 问有多少种不同的兑换方法?

解 设共有 a_n 种不同的兑换方法, 于是 $a_n = \sum_{t_1 + 2t_2 = n} 1$ (t_1, t_2 为非负整数), a_n 的母函数为

$$f(x) = \sum_{n=0}^{\infty} a_n x^n = \sum_{n=0}^{\infty} \left(\sum_{t_1 + 2t_2 = 1} 1\right) x^n = \sum_{t_1=0}^{\infty} \sum_{t_2=0}^{\infty} x^{t_1 + 2t_2}$$

$$= \left(\sum_{t_1=0}^{\infty} x^{t_1}\right)\left(\sum_{t_2=0}^{\infty} x^{2t_2}\right)$$

$$= \left(\frac{1}{1-x}\right)\left(\frac{1}{1-x^2}\right) = \frac{1}{(1-x)^2(1+x)}$$

$$= \frac{A}{(1-x)^2} + \frac{B}{1-x} + \frac{C}{1+x}. \tag{①}$$

于是 $A = \dfrac{1}{1+x}\Big|_{x=1} = \dfrac{1}{2}$, $C = \dfrac{1}{(1-x)^2}\Big|_{x=-1} = \dfrac{1}{4}$.

①中令 $x=0$, 得 $A+B+C=1$, 那么 $B = 1-(A+C) = 1 - \dfrac{3}{4} = \dfrac{1}{4}$, 故

$$f(x) = \sum_{n=0}^{\infty} a_n x^n = \frac{1}{2(1-x)^2} + \frac{1}{4(1-x)} + \frac{1}{4(1+x)}$$

$$= \frac{1}{2}\sum_{n=0}^{\infty}C_{n+1}^{1}x^{n}+\frac{1}{4}\sum_{n=0}^{\infty}x^{n}+\frac{1}{4}\sum_{n=0}^{\infty}(-1)^{n}x^{n}$$

$$= \sum_{n=0}^{\infty}(\frac{n+1}{2}+\frac{1+(-1)^{n}}{4})x^{n}=\sum_{n=0}^{\infty}\frac{2n+3+(-1)^{n}}{4}x^{n},$$

所以 $a_{n}=\dfrac{2n+3+(-1)^{n}}{4}$，即共有 $\dfrac{2n+3+(-1)^{n}}{4}$ 种兑换方法.

例2　各位数字之和等于 12 的四位数共有多少个?

解　设各位数字之和为 n 的四位数有 a_{n} 个，则 $a_{n}=\sum\limits_{t_{1}+t_{2}+t_{3}+t_{4}=n}1$（$t_{i}$ 为非负整数，$i=1$，2，3，4），$1\leqslant t_{1}\leqslant 9$，$0\leqslant t_{j}\leqslant 9$（$j=2,3,4$)，则 a_{n} 的母函数为

$$f(x)=\sum_{n=0}^{\infty}a_{n}x^{n}=\sum_{n=0}^{\infty}(\sum_{t_{1}+t_{2}+t_{3}+t_{4}=n}1)x^{n}$$

$$=\sum_{t_{1}=1}^{9}\sum_{t_{2}=0}^{9}\sum_{t_{3}=0}^{9}\sum_{t_{4}=0}^{9}x^{t_{1}+t_{2}+t_{3}+t_{4}}$$

$$=(\sum_{t_{1}=1}^{9}x^{t_{1}})(\sum_{t_{2}=0}^{9}x^{t_{2}})(\sum_{t_{3}=0}^{9}x^{t_{3}})(\sum_{t_{4}=0}^{9}x^{t_{4}})$$

$$=(x+x^{2}+\cdots+x^{9})(1+x+x^{2}+\cdots+x^{9})^{3}$$

$$=(1+x+\cdots+x^{9})^{4}-(1+x+\cdots+x^{9})^{3}$$

$$=\frac{(1-x^{10})^{4}}{(1-x)^{4}}-\frac{(1-x^{10})^{3}}{(1-x)^{3}}$$

$$=(1-4x^{10}+6x^{20}-4x^{30}+x^{40})\sum_{n=0}^{\infty}C_{n+3}^{3}x^{n}-(1-3x^{10}+3x^{20}-x^{30})\sum_{n=0}^{\infty}C_{n+2}^{2}x^{n},$$

其中 x^{12} 的系数为

$$a_{12}=(C_{12+3}^{3}-4C_{2+3}^{3})-(C_{12+2}^{2}-3C_{2+2}^{2})=(455-40)-(91-18)=342.$$

即各位数字之和等于 12 的四位数有 342 个.

例3　袋中有红、白、黑三种颜色的球各 10 个，从中抽出 16 个，要求三种颜色的球都有，问有多少种不同的取法?

解　假设每次取出 n 个球的取法总数为 a_{n}，其中红、白、黑球的个数分别为 x_{1}，x_{2}，x_{3}，则 $a_{n}=\sum\limits_{x_{1}+x_{2}+x_{3}=n}1$（$x_{i}$ 为正整数，$1\leqslant x_{i}\leqslant 10$，$i=1,2,3$)，于是 a_{n} 的母函数为

$$f(x)=\sum_{n=0}^{\infty}a_{n}x^{n}=\sum_{n=0}^{\infty}(\sum_{x_{1}+x_{2}+x_{3}=n}1)x^{n}=\sum_{x_{1}=1}^{10}\sum_{x_{2}=1}^{10}\sum_{x_{3}=1}^{10}x^{x_{1}+x_{2}+x_{3}}$$

$$=(\sum_{x_{1}=1}^{10}x^{x_{1}})(\sum_{x_{2}=1}^{10}x^{x_{2}})(\sum_{x_{3}=1}^{10}x^{x_{3}})=(x+x^{2}+\cdots+x^{10})^{3}=\frac{x^{3}(1-x^{10})^{3}}{(1-x)^{3}}$$

$$=x^{3}(1-3x^{10}+3x^{20}-x^{30})\sum_{n=0}^{\infty}C_{n+2}^{2}x^{n}$$

其中 x^{16} 的系数为

$$a_{16}=C_{13+2}^{2}-3C_{3+2}^{2}=105-30=75.$$

即共有 75 种不同的取法.

例4　将正整数 n 写成若干个 1 与若干个 2 之和，和项顺序不同的认为是不同的写法，所有写法种数记为 $\alpha(n)$. 将 n 写成若干个大于 1 的整数之和，和项顺序不同的也认为是

不同的写法,所有写法种数记为 $\beta(n)$. 证明:对每个正整数 n, $\alpha(n)=\beta(n+2)$.

(第 17 届美国普特南竞赛试题)

证明 我们找出关于 $\alpha(n)$ 及 $\beta(n)$ 的母函数. 首先,n 作为 k 个 1 与 2 的有序和的表达式的数目显然等于 $(x+x^2)^k$ 的展开式中 x^n 的系数,所以

$$1+\sum_{n=1}^{\infty}\alpha(n)x=\sum_{k=0}^{\infty}(x+x^2)^k=\frac{1}{1-x-x^2}.$$

又 n 作为 k 个大于 1 的正整数的有序和表达式的数目等于 $(x^2+x^3+\cdots+x^m+\cdots)^k$ 的展开式中 x^n 的系数. 所以

$$1+\sum_{n=2}^{\infty}\beta(n)x^2=\sum_{k=0}^{\infty}(x^2+x^3+\cdots)^k=\sum_{k=0}^{\infty}\left(\frac{x^2}{1-x}\right)^k=\left(1-\frac{x^2}{1-x}\right)^{-1}$$

$$=\frac{1-x}{1-x-x^2}=1+\frac{x^2}{1-x-x^2}.$$

于是

$$\sum_{n=2}^{\infty}\beta(n)x^n=x^2+x^2\sum_{n=1}^{\infty}\alpha(n)x^n$$

即 $\beta(2)x^2+\beta(3)x^3+\cdots+\beta(n+2)x^{n+2}+\cdots$

$$=x^2+\alpha(1)x^3+\alpha(2)x^4+\cdots+\alpha(n)x^{n+2}+\cdots$$

比较同次项的系数得 $\alpha(n)=\beta(n+2)$.

例 5 一副三色纸牌共 32 张,其中红黄蓝每种颜色的牌各 10 张,编号分别是 1,2,3,$\cdots$,10;另有大小王各一张,编号均为 0. 从这副牌中取出若干张牌,然后按如下规则计算分值:每张编号为 k 的牌计为 2^k 分. 若它们的分值之和等于 2004,就称这些牌为一个"好"牌组. 试求"好"牌组的个数.

(2004 年第 3 届女子奥林匹克试题)

解 用 a_n 表示分值之和等于 n 的牌组数目. 于是 a_n 的母函数为

$$f(x)=\sum_{n=0}^{\infty}a_nx^n=(1+x^{2^0})^2(1+x^{2^1})^3(1+x^{2^2})^3\cdots(1+x^{2^{10}})^3$$

$$=\frac{1}{1+x}\{(1+x^{2^0})(1+x^{2^1})(1+x^{2^2})\cdots(1+x^{2^{10}})\}^3$$

$$=\frac{1}{(1+x)(1-x)^3}\cdot(1-x^{2^{11}})^3.$$

因为 $2004<2^{11}$,故 a_{2004} 等于 $\dfrac{1}{(1+x)(1-x)^3}$ 展开式中 x^{2004} 的系数. 而

$$\frac{1}{(1+x)(1-x)^3}=\frac{1}{(1-x^2)(1-x)^2}=\sum_{i=0}^{\infty}x^{2i}\sum_{j=0}^{\infty}C_{j+1}^1x^j,$$

故其中 x^{2004} 系数为

$$a_{2004}=C_{2005}^1+C_{2003}^1+\cdots+C_3^1+C_1^1$$

$$=2005+2003+\cdots+3+1=1003^2=1006009.$$

即所求"好"牌组数为 1006009.

7. 折线法与反射原理

如图 1-5,在平面直角坐标系中,从格点 $A(a,b_0)$ 到格点 $B(a+n,b_n)$ 的连线由单位正方形的对角线首尾连接而成,并且任何平行 y 轴的直线与这条连线至多只有一个交点,我

们就把这条折线叫做连接 A, B 的折线;点 A 称为折线的起点,点 B 称为折线的终点;折线上每个单位正方形的对角线称为这条折线的一节.

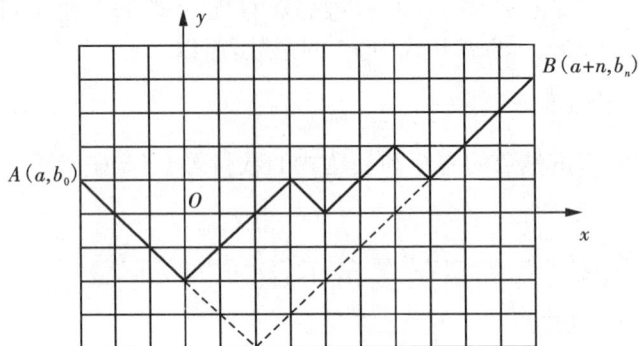

图 1-5

过 A 作斜率为 -1 的直线 l_1,过 B 作斜率为 1 的直线 l_2,显然 A, B 之间能用折线连接的充要条件是 l_1 与 l_2 的交点为格点,即

$$|b_n - b_0| \leqslant n \text{ 且 } n + b_n - b_0 \text{ 是偶数.} \qquad ①$$

定理 1 如果格点 (a_0, b_0) 与 $(a+n, b_n)$ 满足①式,那么连接两点的折线条数为 $C_n^{\frac{1}{2}(n+b_n-b_0)}$.

证明 由两点的横坐标知道,这折线有 n 节,其中有 $n_1 = \frac{1}{2}(n+b_n-b_0)$ 节的斜率为 1,$n-n_1$ 节的斜率为 -1,而且这种折线全体与 n_1 个 1 及 $n-n_1$ 个 -1 的排列方法全体一一对应,后者的排列数为 $C_n^{n_1}$,故所求折线数为 $C_n^{n_1} = C_n^{\frac{1}{2}(n+b_n-b_0)}$.

定理 2(反射原理) 设 $b_0 > 0, b_n > 0$ 且①成立,从格点 (a, b_0) 出发并与 x 轴有公共点,最后到达格点 $(a+n, b_n)$ 的所有折线条数等于从点 $(a, -b_0)$ 出发到达格点 $(a+n, b_n)$ 的所有折线的条数.

证明 如图 1-6,从 (a, b_0) 出发的一条折线 l 与 x 轴的第一个(自左到右数)交点为 $(c, 0)$,作折线 l':自点 $(a, -b_0)$ 至点 $(c, 0)$ 这一段与 l 自点 (a, b_0) 至点 $(c, 0)$ 一段关于 x 轴对称,自点 $(c, 0)$ 至点 $(a+n, b_n)$ 则与 l 重合.令 l 与 l' 对应,显然这个对应是一一对应,于是要证的结论成立.

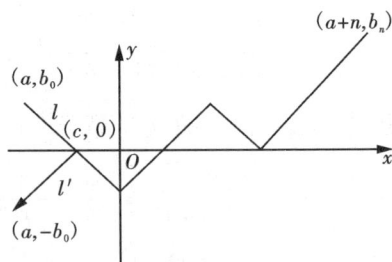

图 1-6

由定理 1 和 2 即得下列推论:

推论 设 $b_0 > 0, b_n > 0$ 且①成立,则

(1)连接格点 (a, b_0) 与 $(a+n, b_n)$ 且与 x 轴有公共点的折线条数为 $C_n^{\frac{1}{2}(n+b_n+b_0)}$.

(2)连接格点 (a, b_0) 与 $(a+n, b_n)$ 且与 x 轴没有公共点的折线条数为

$$C_n^{\frac{1}{2}(n+b_n-b_0)} - C_n^{\frac{1}{2}(n+b_n+b_0)}.$$

给定集合 A,设法把 A 中元素与 xoy 平面上的某些折线作一一对应,便可将 A 中元素的计数问题转化成对折线的计数问题.

例 1 甲、乙两人参加竞选,甲得 m 张选票,乙得 n 张选票,$m>n$. 问:在 $m+n$ 张选票逐一唱票的过程中,甲得的票数一直领先的点票记录有多少种可能?

解 点票记录用 $m+n$ 元有序组 $(a_1,a_2,\cdots,a_{m-n})$ 表示,当第 k 次唱票时,是甲的选票,则取 $a_k=1$;是乙的取票,则取 $a_k=-1(k=1,2,\cdots,m+n)$. 令 $b_k=a_1+a_2+\cdots+a_k(k=1,2,\cdots,m+n)$,自左到右依次连接以下格点 $(1,b_1),(2,b_2),\cdots,(k,b_k),\cdots,(m+n,b_{m+n})$,得到一条含 $m+n-1$ 节的折线. 因甲的票数一直领先,故 $b_k>0(k=1,2,\cdots,m+n)$ 且 $b_1=1$,$b_{m+n}=m-n$,可见折线是一条连接 $(1,1)$ 与 $(m+n,m-n)$ 且与 x 轴没有公共点的折线. 将具有这种性质的折线全体记为 N,符合题目条件的点票记录全体记为 M,则 M 与 N 成一一对应,由推论得

$$|N|=|M|=C_{m+n-1}^{m-1}-C_{m+n-1}^m=\frac{m-n}{m+n}C_{m+n}^m.$$

注 例 1 是组合分析中有名的选择问题(也称投票问题),所得到的结论称为选择定理.

例 2 戏院票房前有 $2n$ 人排队买票,每张票的价格为 5 元,其中有 n 个人各持一张 5 元的纸币,另 n 个人各持 1 张 10 元的纸币,售票处没有零钱找补. 问:使大家都能顺利买票,不致发生找补零钱的困难的排队方法有多少种?

解 在平面直角坐标系中以 $O(0,0)$ 和点 $B(2n,0)$ 分别表示"售票开始"和"售票结束". 持 5 元纸币买票用斜率为 1 的一节折线表示,持 10 元纸币买票用斜率为 -1 的一节折线表示. 于是,要使买票顺利进行,显然当且仅当所作折线全在 x 轴上方(至多与 x 轴接触,但不会越过),从定理 1 知,从 $(0,0)$ 到 $(2n,0)$ 的折线数目为 C_{2n}^n,为了求得满足条件的折线数,只要从中减去越过 x 轴的折线数目,显然每条越过 x 轴

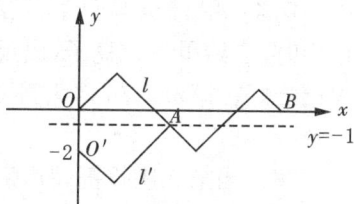

图 1-7

的折线且必定与直线 $y=-1$ 有公共点. 如图 1-7,设自左至右的第一个公共点为 A,将折线 l 上 O 到 A 的一段以直线 $y=-1$ 为对称轴翻折下来,余下部分不动,则得到一条从 $O'(0,-2)$ 经过 A 到 $B(2n,0)$ 的折线 l',于是我们令 l 与 l' 对应,这个对应显然是一一对应,故越过 x 轴的折线数等于从 $O'(0,-2)$ 到 $B(2n,0)$ 的折线数 C_{2n}^{n+1},所以,在 x 轴上方(至多与 x 轴接触)的折线数为 $C_{2n}^n-C_{2n}^{n+1}=\frac{(2n)!}{n!(n+1)!}$,即符合条件的排队方法有 $\frac{(2n)!}{n!(n+1)!}$ 种.

例 3 甲、乙两人打乒乓球,打成 14∶14,问在比赛过程中,除中途恰有一次比分相等外,甲都领先的比分序列(其全体记作 M)有多少种?

解 设 M 中的比分序列 m 为 $x_k:y_k(k=1,2,3,\cdots,28)$,令 $b_k=x_k-y_k$,则 $b_{28}=0$,让 m 与依次连接下述点列

$$(0,0),(1,b_1),(2,b_2),\cdots,(27,b_{27}),(28,0)$$

的一条折线 l 对应,以 A 记除起点 $(0,0)$、终点 $(28,0)$ 外,与 x 轴恰有一个公共点且落在上半平面的折线全体,则 $l\in A$,且按上法 M 与 A 成一一对应,所以 $|M|=|A|$.

以 B 记除起点$(0,0)$、终点$(28,0)$外,与 x 轴没有其他公共点且落在上半平面的折线全体,因 B 中折线必过点$(1,1)$及$(27,1)$,由反射原理的推论中结论(2),可得

$$|B|=C_{26}^{\frac{1}{2}(26+1-1)}-C_{26}^{\frac{1}{2}(26+1+1)}=\frac{1}{14}C_{26}^{13}.$$

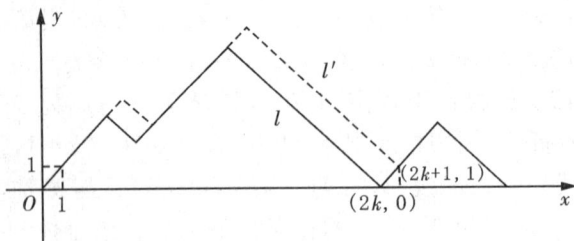

图 1-8

下证$|B|=|A|$.设 $l\in A$,且与 x 轴在 $x=2k$ 处相交,此点分 l 为两段 l_1 与 l_2(图1-8).去掉 l_2 的第 1 节,平移 l_1 接在点$(2k+1,1)$处,然后将去掉的那一节补在$(0,0)$到$(1,1)$的连线处,这样得到折线 l' 属于 B.令 l 与 l' 对应,易知这是 A 与 B 之间的一一对应,故 $|A|=|B|$,于是 $|M|=|A|=|B|=\frac{1}{14}C_{26}^{13}$.

例 4 甲有 m 粒豆子,乙有 $m+2n$ 粒豆子$(m,n\geqslant1)$.甲、乙两人以丢掷硬币为游戏,出正面时,乙给甲一粒豆子,出反面时,甲给乙一粒豆子.如果某人的豆子输光,游戏结束.以 A 记恰好在第 $m+2n$ 次丢掷硬币后,甲把 m 粒豆子输光的丢掷序列全体,试求 A 中序列的个数.

解 当第 k 次投掷硬币后,若出正面,则令 $a_k=-1$,若出反面,则令 $a_k=1$,并令 $b_k=a_1+a_2+\cdots+a_k(k=1,2,\cdots,m+2n)$.于是,若 $b_k\geqslant0$ 则 b_k 表示第 k 次投掷硬币后,甲给乙的豆子总数;若 $b_k<0$ 则 $|b_k|$ 表示乙给甲的豆子总数.依题意有,$b_{m+2n}=m$.作从 $O(0,0)$ 到 $M(m+2n,m)$,并依次经过$(1,b_1),(2,b_2),\cdots,(m+2n-1,b_{m+2n-1})$的折线,于是,$A$ 中每一个序列 a 对应出一条从 $O(0,0)$ 出发,并在 $x=m+2n$ 首次达到直线 $y=m$ 的一条折线 l.这时我们令 a 与 l 对应,于是,若将从 $O(0,0)$ 出发并在 $x=m+2n$ 首次到达直线 $y=m$ 的直线的全体记为 B,则上述对应是 A 与 B 之间的一一对应,所以 $|A|=|B|$.

再记 E 是离开 $O(0,0)$ 后,再不与 x 轴共点,并最终到达点 $M(m+2n,m)$ 的折线的全体.下面证明 $|B|=|E|$.事实上,如图 1-9,任取一条属于 B 的折线 l.取线段 OM 的中点 P,将 l 绕 P 旋转 $180°$ 得到折线 l',则 $l'\in E$.令 l 与 l' 对应,于是得到 B 与 E 之间的一个一一对应,所以 $|B|=|E|$,因为 E 中的折线必经过点$(1,1)$,最终到达点 $M(m+2n,m)$,且与 x 轴无公共点,故由反射原理的推论,得

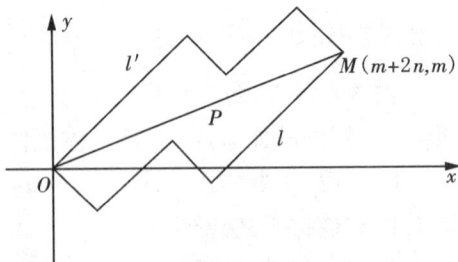

图 1-9

$$|A|=|B|=|E|=C_{m+2n-1}^{\frac{1}{2}(m+2n-1+m-1)}-C_{m+2n-1}^{\frac{1}{2}(m+2n-1+m+1)}$$

$$= C_{m+2n-1}^{m+n-1} - C_{m+2n-1}^{m+n}$$

$$= \frac{m}{m+n} C_{m+2n-1}^{n}.$$

8*. 群论方法

波利亚(Polya)群论计数方法在计数理论中有着极其重要的地位. 许多复杂的计数问题, 利用波利亚计数定理即可迎刃而解. 下面我们对这一定理的特殊情形作一个初步的介绍.

首先, 引入下列概念:

定义 1 设 $N_n = \{1, 2, \cdots, n\}$, 则从 N_n 到 N_n 上的一个一一映射(双射)φ 称为 N_n 上的一个置换, 通常记为

$$\varphi = \begin{pmatrix} 1 & 2 & \cdots & n \\ \varphi(1) & \varphi(2) & \cdots & \varphi(n) \end{pmatrix}.$$

这里 $\varphi(1), \varphi(2), \cdots, \varphi(n)$ 恰是 $1, 2, \cdots, n$ 的一个排列, 故 N_n 上的置换共有 $n!$ 个. 注意, 在上述表示法里, 置换与第一行 n 个数字的顺序是无关的. 例如 N_4 上的置换

$$\begin{pmatrix} 1 & 2 & 3 & 4 \\ 4 & 3 & 1 & 2 \end{pmatrix} 与 \begin{pmatrix} 2 & 3 & 1 & 4 \\ 3 & 1 & 4 & 2 \end{pmatrix}$$

表示的是同一置换 φ, 因为它们有相同的对应关系: $\varphi(1) = 4, \varphi(2) = 3, \varphi(3) = 1, \varphi(4) = 2$.

两个置换 φ 与 ψ 构成的复合映射, 称为这两个置换的乘积, 用 $\varphi\psi$ 及 $\psi\varphi$ 来表示, 一般说来 $\varphi\psi \neq \psi\varphi$. 例如给定 N_4 上的两个置换

$$\varphi = \begin{pmatrix} 1 & 2 & 3 & 4 \\ 4 & 1 & 2 & 3 \end{pmatrix}, \quad \psi = \begin{pmatrix} 1 & 2 & 3 & 4 \\ 2 & 1 & 4 & 3 \end{pmatrix},$$

则 $\quad \varphi\psi = \begin{pmatrix} 1 & 2 & 3 & 4 \\ 1 & 4 & 3 & 2 \end{pmatrix}, \quad \psi\varphi = \begin{pmatrix} 1 & 2 & 3 & 4 \\ 3 & 2 & 1 & 4 \end{pmatrix}.$

可见 $\varphi\psi \neq \psi\varphi$.

定义 2 设 φ 是 N_n 上的一个置换, $a_1, a_2, \cdots, a_n$ 是 $1, 2, \cdots, n$ 的一个排列. 若 $\varphi(a_1) = a_2, \varphi(a_2) = a_3, \cdots, \varphi(a_{k-1}) = \varphi(a_k), \varphi(a_k) = \varphi(a_1)$, 且当 $k < n$ 时有 $\varphi(a_{k+1}) = a_{k+1}, \varphi(a_{k+2}) = a_{k+2}, \cdots, \varphi(a_n) = a_n$, 则称 φ 是一个 k 阶循环置换或 k 阶轮换. 这样的一个置换我们记为 $(a_1 a_2 \cdots a_k)$ 或 $(a_2 a_3 \cdots a_k a_1)$ 或 $\cdots$ 或 $(a_k a_1 a_2 \cdots a_{k-1})$.

例如 N_5 上的下列置换是一个 3 阶轮换:

$$\begin{pmatrix} 1 & 2 & 3 & 4 & 5 \\ 1 & 4 & 3 & 5 & 2 \end{pmatrix} = (245) = (452) = (524).$$

应注意, 并非 N_n 上的每一个置换都是轮换. 例如, N_5 上的置换

$$\varphi = \begin{pmatrix} 1 & 2 & 3 & 4 & 5 \\ 3 & 4 & 1 & 5 & 2 \end{pmatrix}$$

不是一个循环置换. 但它可以写成两个轮换的乘积 $\varphi = (1\ 3)(245)$.

一般可以用数学归纳法证明: N_n 上的每一个置换都可以写成若干个互相没有共同数字的轮换的乘积.

由一一映射的性质可知 N_n 上的全体置换组成的集合 S_n 满足下列性质：

(1)置换乘法满足结合律．即对任意 $\alpha,\beta,\gamma\in S_n$，有 $(\alpha\beta)\gamma=\alpha(\beta\gamma)$．

(2)存在置换 $I=(1)(2)\cdots(n)$，叫做恒等置换，使对任意 $\varphi\in S_n$，有 $I\varphi=\varphi I=\varphi$．

(3)对每一个 $\varphi\in S_n$，存在逆置换 φ^{-1}（即 φ 的逆映射），使 $\varphi\varphi^{-1}=\varphi^{-1}\varphi=I$．

这时，我们称 S_n 对置换乘法构成群，并且称 S_n 为 n 阶置换群．

应注意，若 S_n 的一个子集 G 也满足上述三条性质时，我们称 G 也构成群，且称 G 是 S_n 的一个子群．例如，不难验证：S_4 的下列含 4 个置换的子集 $G=\{I,(1,2),(3,4),(1,2)(3,4)\}$ 构成 S_4 的一个子群．今后，我们称 G 是 N_n 上的一个置换群，指的是 G 是 S_n 本身或 S_n 的一个子群．

下列定理是波利亚计数定理的一个特殊情形．

定理 1　设 $N_n=\{1,2,\cdots,n\}$，$G=\{p_1,p_2,\cdots,p_k\}$ 是 N_n 上的一个置换群，用 m 种颜色给 N_n 中的元素染色，则在 G 的作用下不同的染色方案数是

$$M=\frac{1}{|G|}\sum_{i=1}^{k}m^{C(P_i)}.$$

其中 $C(P_i)$ 是将置换 P_i 分解成轮换乘积时所含轮换（包括 1 阶轮换）的个数．

关于这个定理的证明这里就不介绍了，读者可参看有关组合数学的书籍．下面举例说明这个定理的应用．

例 1　在皇冠的 5 个位置上各镶嵌一颗钻石，它们分布在一个圆周的 5 等分点上．若有 3 种颜色的钻石可供选用，有多少种嵌法？假设 5 个位置是没有区别的．

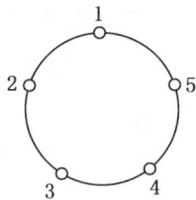

解　如图 1-10，$N_5=\{1,2,3,4,5\}$，$m=3$，N_5 上的群为 $G=\{P_1=I,P_2,P_3,P_4,P_5\}$，其中

$P_1=I=(1)(2)(3)(4)(5)$，不动，

$P_2=(1\ 2\ 3\ 4\ 5)$，逆时针旋转 $72°$，

$P_3=(1\ 3\ 5\ 2\ 4)$，逆时针旋转 $144°$，

$P_4=(1\ 4\ 2\ 5\ 3)$，逆时针旋转 $216°$，

$P_5=(1\ 5\ 4\ 3\ 2)$，逆时针旋转 $288°$．

图 1-10

由定理(1)得，不同的嵌入方法数为 $M=\dfrac{1}{5}(3^5+3+3+3+3)=51$．

例 2　如图 1-10，用绳子将 5 粒珠子串成一副项链．今有 3 种颜色的珠子可供使用，问共可串成多少种不同的项链？

解　$N_5=\{1,2,3,4,5\}$，$m=3$，N_5 上的置换群为 $G=\{P_1=I,P_2,P_3,\cdots,P_{10}\}$，其中 $P_1,P_2,\cdots,P_5$ 与例 1 相同，而

$P_6=(1)(2\ 5)(3\ 4)$，关于过圆心及 1 的直线的轴对称，

$P_7=(2)(1,3)(4,5)$，关于过圆心及 2 的直线的轴对称，

$P_8=(3)(2,4)(1\ 5)$，关于过圆心及 3 的直线的轴对称，

$P_9=(4)(3\ 5)(1\ 2)$，关于过圆心及 4 的直线的轴对称，

$P_{10}=(5)(1\ 4)(2\ 3)$,关于过圆心及 5 的直线的轴对称.

于是,由定理 1 得,不同的项链数为

$$M=\frac{1}{10}(3^5+3+3+3+3+3^3+3^3+3^3+3^3+3^3)=39.$$

例 3　正方体的 8 个顶点各镶一颗钻石,有 m 种不同颜色的钻石可供选用,求不同的嵌法种数(假设 8 个顶点彼此是没有区别的).

解　如图 1-11,$N_8=\{1,2,3,4,5,6,7,8\}$,N_8 上的群 $G=\{P_1,P_2,\cdots,P_{24}\}$,$G$ 中置换可分为 5 类(图 1-12).

Ⅰ类.使正方体不动的置换 $P_1=I=(1)(2)(3)(4)(5)(6)(7)(8)$,故 $C(P_1)=8$.

Ⅱ类.以正方体对面中心连线为轴旋转 $\pm90°$,这类置换有 6 个:$P_2,P_3,\cdots,P_7$,每一个可写成 2 个 4 阶轮换之积.例如 $P_2=(1\ 2\ 3\ 4)(5\ 6\ 7\ 8)$,故 $C(P_i)=2(i=2,3,\cdots,7)$.

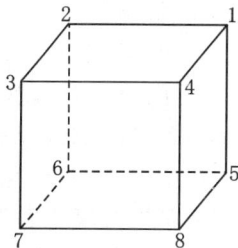

图 1-11

Ⅲ类.以正方体两个对面中心连线为轴旋转 $180°$,这类置换有 3 个:P_8,P_9,P_{10},其中每一个都能写成 4 个 2 阶轮换的乘积.例如 $P_8=(1\ 3)(2\ 4)(5\ 7)(6\ 8)$,故 $C(P_i)=4(i=8,9,3)$.

Ⅳ类.以正方体对角线为轴旋转 $\pm120°$,这类置换有 8 个:$P_{11},P_{12},\cdots,P_{18}$,其中每一个都可写成 2 个 1 阶轮换与 2 个 3 阶轮换的乘积.例如 $P_{11}=(1)(7)(2\ 5\ 4)(3\ 6\ 8)$,故 $C(P_i)=4(i=11,12,\cdots,18)$.

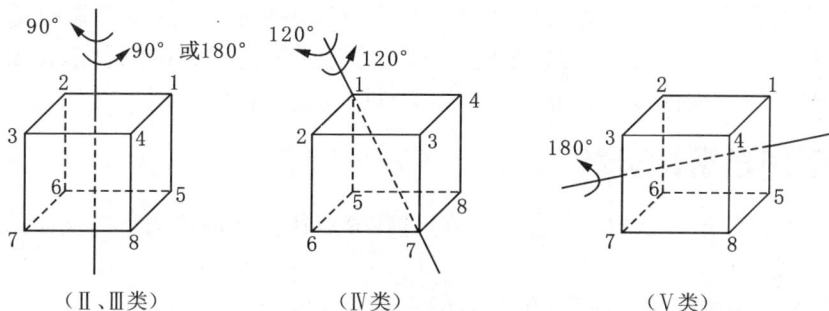

（Ⅱ、Ⅲ类）　　（Ⅳ类）　　（Ⅴ类）

图 1-12

Ⅴ类.以正方体的两条对棱中点为轴旋转 $180°$,这类置换有 6 个:$P_{19},P_{20},\cdots,P_{24}$,其中每个都是 4 个 2 阶轮换的乘积.例如 $P_{19}=(1\ 5)(2\ 8)(3\ 7)(4\ 6)$,故 $C(P_i)=4(i=19,20,\cdots,124)$.

由定理(1),得不同的嵌入方法数为

$$M=\frac{1}{24}\sum_{i=1}^{24}m^{C(P_i)}=\frac{1}{24}(m^8+6m^2+3m^4+8m^4+6m^4)=\frac{1}{24}m^2(m^6+17m^2+6).$$

例 4　给定正方体,对其表面染色,每面只染一种颜色,有 m 种颜色可供使用.问共有多少种不同的方法?

解　$N_6=\{1,2,\cdots,6\}$,这里,1,2,3,4,5,6 分别表示正方体的上、下及四周的 4 个面

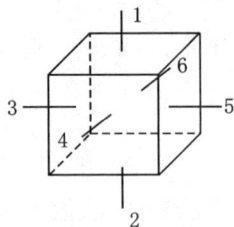

（图 1-13），同上例 N_6 的置换群 $G=\{P_1,P_2,\cdots,P_{24}\}$，$G$ 中置换分为 5 类（图 1-12）.

Ⅰ类．使正方体不动的置换 $P_1=I_1=(1)(2)(3)(4)(5)(6)$，故 $C(P_1)=6$.

Ⅱ类．以正方体两个对面中心的连线为轴旋转 $\pm 90°$，这类置换有 6 个：$P_2,P_3,\cdots,P_7$，其中每一个都可看成 2 个 1 阶轮换与 1 个 4 阶轮换的乘积．例如 $P_2=(1)(2)(3456)$，故 $C(P_i)=3(i=2,3,\cdots,7)$.

图 1-13

Ⅲ类．以正方体两个对面的中心的连线为轴旋转 $180°$，这类置换有 3 个：P_8,P_9,P_{10}，其中每一个都能看成 2 个 1 阶轮换与 2 个 2 阶轮换的乘积．例如 $P_{11}=(1)(2)(35)(46)$，故 $C(P_i)=4(i=8,9,10)$.

Ⅳ类．以正方体的一条对角线为轴旋转 $\pm 120°$，这类置换有 8 个：$P_{11},P_{12},\cdots,P_{18}$，其中每一个都可看成 2 个 3 阶轮换的乘积．例如 $P_{11}=(136)(254)$，故 $C(P_i)=2(i=11,12,\cdots,18)$.

Ⅴ类．以正方体的一组对棱中点的连线为轴旋转 $180°$，这类置换有 6 个：$P_{19},P_{20},\cdots,P_{24}$，其中每个都能看成 3 个 2 阶轮换的乘积．例如 $P_{19}=(12)(34)(56)$，故 $C(P_i)=3(i=19,20,\cdots,24)$.

于是，由定理（1）得不同的染色方法数为

$$M=\frac{1}{|G|}\sum_{i=1}^{24}m^{C(P_i)}=\frac{1}{24}(m^6+6m^3+3m^4+8m^2+6m^3)$$

$$=\frac{1}{24}m^2(m^4+3m^2+12m+8).$$

由于一般的波利亚计数定理要用到较多的群论知识来叙述，这里只好割爱．波利亚计数定理是计数理论中的主要定理，它在化学、遗传学等涉及分子结构的科学有重要的应用．此外，它在图论、编码说论以及计算机科学等学科中也有广泛的应用．

§3　典型例题解题分析

例 1　一个正三角形 ABC，每边 n 等分，过各分点作其他两边的平行线，将原三角形剖分为小的正三角形，问：

(1)一共产生多少个正三角形（包括原正三角形在内）？

(2)一共产生多少个菱形？　　　　　　　　　　　　　　　　　（1990 年中国国家集训队试题）

分析　所有三角形分为"头朝上"和"头朝下"的两类，每类三角形按边长从小到大逐一枚举出来．而边不平行 BC 的菱形的下半部恰是一个"头朝下"的正三角形，利用这种一一对应关系便可得出菱形的个数．

解　(1)记原三角形 ABC 的边长为 n 且设边长为 $k(1\leqslant k\leqslant n)$ 的"头朝上"的正三角形个数为 x_k，边长为 $l(1\leqslant l\leqslant\left[\frac{n}{2}\right])$ 的"头朝下"的正三角形个数为 y_l，于是

$$x_1=1+2+\cdots+n=\frac{1}{2}n(n+1)=\frac{1}{6}[n(n+1)(n+2)-(n-1)n(n+1)],$$

$$x_2=1+2+\cdots+(n-1)=\frac{1}{2}(n-1)n=\frac{1}{6}[(n-1)n(n+1)-(n-2)(n-1)n],$$

...

$$x_{n-1} = 1 + 2 = \frac{1}{2}(2 \times 3) = \frac{1}{6}(2 \times 3 \times 4 - 1 \times 2 \times 3),$$

$$x_n = 1 = \frac{1}{2}(1 \times 2) = \frac{1}{6}(1 \times 2 \times 3),$$

所以 $S_1 = \sum_{k=1}^{n} x_k = \frac{1}{6}n(n+1)(n+2)$.

又　$y_1 = 1 + 2 + \cdots + (n-1) = \frac{1}{2}n(n-1)$,

$$y_2 = 1 + 2 + \cdots + (n-3) = \frac{1}{2}(n-2)(n-3),$$

...

$$y_l = 1 + 2 + \cdots + (n-2l+1) = \frac{1}{2}(n-2l+2)(l+2l+1), l = 1, 2, \cdots, \left[\frac{n}{2}\right].$$

...

为了计算 $\sum_{l=1}^{\left[\frac{n}{2}\right]} y_l$，需分下列两种情形：

（Ⅰ）当 $n = 2m$ 为偶数时，

$$S_2 = \sum_{l=1}^{\left[\frac{n}{2}\right]} y_l = \frac{1}{2}\sum_{l=1}^{m}(2m-2l+2)(2m-2l+1) = \frac{1}{2}\sum_{l=1}^{m}\left[(2m-2l+2)^2 - (2m-2l+2)\right]$$

$$= 2\sum_{l=1}^{m}(m-l+1)^2 - \sum_{l=1}^{m}(m-l+1) = 2\sum_{l=1}^{m}l^2 - \sum_{l=1}^{m}l$$

$$= \frac{1}{3}m(m+1)(2m+1) - \frac{1}{2}m(m+1) = \frac{1}{6}m(m+1)(4m-1)$$

$$= \frac{1}{24}n(n+2)(2n-1).$$

（Ⅱ）当 $n = 2m-1$ 为奇数时，

$$S_2 = \sum_{l=1}^{\left[\frac{n}{2}\right]} y_l = \frac{1}{2}\sum_{l=1}^{m-1}(2m-2l)(2m-2l+1) = 2\sum_{l=1}^{m-1}(m-l)^2 + \sum_{l=1}^{m-1}(m-l)$$

$$= \frac{1}{3}(m-1)m(2m-1) + \frac{1}{2}(m-1)m = \frac{1}{6}(m-1)m(4m+1)$$

$$= \frac{1}{24}(n-1)(n+1)(2n+3).$$

故当 n 为偶数时，三角形的总数为

$$S = \frac{1}{6}n(n+1)(n+2) + \frac{1}{24}n(n+2)(2n-1) = \frac{1}{8}n(n+2)(2n+1);$$

当 n 为奇数时，三角形的总数为

$$S = \frac{1}{6}n(n+1)(n+2) + \frac{1}{24}(n-1)(n+1)(2n+3) = \frac{1}{8}(n+1)(2n^2+3n-1).$$

(2)因为边不平行 BC 的菱形的下半部分正好是一个"头朝下"的正三角形，这种对应

是一一对应,故边不平行 BC 的菱形个数等于"头朝下"的正三角形的个数 S_2,于是由(1)得所有菱形个数为

$$3S_2 = \begin{cases} \dfrac{1}{8}n(n+2)(2n-1), & n \text{ 为偶数时}, \\ \dfrac{1}{8}(n-1)(n+1)(2n+3), & n \text{ 为奇数时}. \end{cases}$$

例 2　12 位男同学和 4 位女同学站在一排,满足

(1)女同学不站在排头也不站在排尾;

(2)任意两位女同学不相邻;

(3)任意连续 4 人中必有一位女同学.

问共有多少种不同的站法?

解法一　将站立的位置从左到右依次编号为 $1,2,\cdots,16$,4 位女同学站立位置的编号从左到右依次为 a_1,a_2,a_3,a_4,于是依题意得 $2 \leqslant a_1 \leqslant 4$,$2 \leqslant a_{i+1}-a_i \leqslant 4(i=1,2,3)$,$13 \leqslant a_4 \leqslant 15$. 令 $y_1=1$,$y_i=a_i-a_{i-1}(i=2,3,4)$,$y_5=16-a_5$,则

$$\begin{cases} y_1+y_2+y_3+y_4+y_5=16 \\ 2 \leqslant y_i \leqslant 4(1 \leqslant i \leqslant 4),\ 1 \leqslant y_5 \leqslant 3. \end{cases} \qquad ①$$

下面又用两种不同方法给出不定方程①的整数解的个数 N.

方法一(因函数方法)　N 等于下列多项式 $f(x)$ 中 x^{16} 的系数:

$$f(x)=(x^2+x^3+x^4)^4(x+x^2+x^3)=x^9(1+x+x^2)^5$$

$$=x^9\left(\frac{1-x^3}{1-x}\right)^5=x^9\left(\sum_{k=0}^{5}(-1)^k C_5^k x^{3k}\right)\left(\sum_{k=0}^{\infty}C_{k+4}^4 x^k\right)$$

$$\therefore N=C_5^0 C_{11}^4 - C_5^1 C_8^4 + C_5^2 C_5^4 = 330-350+50=30.$$

方法二(利用容斥原理)　在①中令 $y'_i=y_i-2(i=1,2,3,4)$,$y'_5=y_5-1$,则

$$\begin{cases} y'_1+y'_2+y'_3+y'_4+y'_5=7 \\ 0 \leqslant y_i \leqslant 2(i=1,2,3,4,5). \end{cases} \qquad ②$$

设 $y'_1+y'_2+y'_3+y'_4+y'_5=7$ 的非负整数解 $(y'_1,y'_2,y'_3,y'_4,y'_5)$ 组成的集合为 S,其中满足 $y'_i \geqslant 3$ 的整数解组成的集合为 $A_i(1 \leqslant i \leqslant 5)$,$A_i$ 在 S 中的补集记为 $\overline{A_i}$,再令 $z_i=y_i-3$,$z_j=y'_j-3(j \neq i)$,则 $|A_i|$ 等于不定方程 $z_1+z_2+z_3+z_4+z_5=4$ 的非负整数解的个数,即

$$|A_i|=C_{4+4}^4=70.$$

对 $1 \leqslant i < j \leqslant 5$,令 $z'_i=y_i-3$,$z'_j=y_j-3$,$z'_t=z_t(t \neq i,j,1 \leqslant t \leqslant 5)$,则 $|A_i \bigcap A_j|$ 等于不定方程 $z'_1+z'_2+z'_3+z'_4+z'_5=1$ 的非负整数解的个数,即

$$|A_i \bigcap A_j|=C_{1+4}^4=5 \qquad (1 \leqslant i < j \leqslant 5).$$

而 $y'_1+y'_2+y'_3+y'_4+y'_5=7$ 中不可能有 3 个或 3 个以上的 $y_i \geqslant 3$. 故当 $k \geqslant 3$ 时

$$|A_{i_1} \bigcap A_{i_2} \bigcap \cdots \bigcap A_{i_k}|=0 \qquad (1 \leqslant i_1 < i_2 < \cdots < i_k \leqslant 5).$$

所以②的整数解的个数为

$$N=|\overline{A_1} \bigcap \overline{A_2} \bigcap \overline{A_3} \bigcap \overline{A_4} \bigcap \overline{A_5}|=|\overline{A_1 \bigcup A_2 \bigcup A_3 \bigcup A_4 \bigcup A_5}|$$

$$= |S| - |A_1 \cup A_2 \cup A_3 \cup A_4 \cup A_5|$$
$$= |S| - \left(\sum_{i=1}^{5} |A_i| - \sum_{1 \leqslant i < j \leqslant 5} |A_i \cap A_j| \right)$$
$$= C_{7+4}^4 - (C_5^1 \cdot 70 - C_5^2 \cdot 5)$$
$$= 330 - 350 + 50 = 30.$$

综上可知,确定男、女同学所站位置的方法数为30,又女同学站入有4! 种方法,男同学站入有12! 种方法,故满足题目条件的不同方法有 $30 \times 4! \times 12! = 720 \times 12!$ (种).

解法二 对每一种满足条件的站法,4 位女学生将男学生分为5 段,设从左到右这5 段内男学生的数目依次为 $y_1 + y_2, y_3, y_4, y_5$,则依题意可得

$$\begin{cases} y_1 + y_2 + y_3 + y_4 + y_5 = 12 \\ 1 \leqslant y_i \leqslant 3 (1 \leqslant i \leqslant 5). \end{cases} \quad \text{③}$$

于是 $y_1, y_2, \cdots, y_5$ 中至少有 2 个等于 3(否则 $y_1 + y_2 + y_3 + y_4 + y_5 \leqslant 4 \times 2 + 3 = 11$,矛盾!),也至多有 3 个等于 3(否则 $y_1 + y_2 + y_3 + y_4 + y_5 \geqslant 4 \times 4 + 3 + 1 = 13$,矛盾!),这只有下列两种可能:

(1)y_1, y_2, y_3, y_4, y_5 中恰有 2 个 3 和 3 个别 2;

(2)y_1, y_2, y_3, y_4, y_5 中恰有 3 个 3,1 个 2 和 1 个 1.

在情形(1)下,③的解的个数为 $\dfrac{5!}{3! \cdot 2!} = 10$,在情形(2)下,③的解的个数为 $\dfrac{5!}{3! 1! 1!} = 20$.故③的解的个数为

$$N = 10 + 20 = 30.$$

下同解法一.

注 不定方程③的解也可以用容斥原理或母函数方法求出.

例3 由1,2,3,4,5,6组成的至少有三个数位上的数字不同的 5 位数中,有多少个数使得数码1与6不相邻?

解 设 S 是由1,2,3,4,5,6组成的有重复数字的全体 5 位数组成的集合.其中 A 是 S 中至多有 2 个数字的 5 位数集合,B 是 S 中 1 与 6 相邻的 6 位数组成的集合,并且 A、B、$A \cup B$ 在 S 中的补集分别记为 $\overline{A}$、$\overline{B}$、$\overline{A \cup B}$,于是,满足题目条件的 5 位数组成的集合为 $\overline{A} \cap \overline{B}$,由容斥原理得

$$|\overline{A} \cap \overline{B}| = |\overline{A \cup B}| = |S| - |A \cup B|$$
$$= |S| - |A| - |B| + |A \cap B|. \quad \text{①}$$

易知 $|S| = 6^5$,再令 $A = A_1 \cup A_2$,其中 A_1 是所有数字都相同的 5 位数组成的集合,A_2 是只含有 2 个不同数字的 5 位数集合,于是 $|A_1| = C_6^1 = 6$,而从 1,2,3,4,5,6 中任取两个不同数字 a 和 b,有 C_6^2 种方法,且含 i 个 a,$5-i$ 个 b 的 5 位数有 C_5^i 个 $(i = 1, 2, 3, 4)$,故 $|A_2| = C_6^2 \sum_{i=1}^4 C_5^i = 15(2^5 - 2) = 450$,从而有

$$|A| = |A_1 \cup A_2| = |A_1| + |A_2| = 456. \quad \text{②}$$

类似可得只含数字 1 和 6 的 5 位数的个数为

$$|A \cap B| = \sum_{i=1}^4 C_5^i = 2^5 - 2 = 30. \quad \text{③}$$

下面用递推方法来计算 $|B|$.

设由 $1,2,3,4,5,6$ 组成的 n 位数中有数字 1 与 7 相邻的有 b_n 个,其中首位数字为 1 或 6 的有 d_n 个.因为首位数字为 $2,3,4,5$ 的有 $4b_{n-1}$,所以

$$b_n = d_n + 4b_{n-1}. \qquad \text{④}$$

因为首位数字为 1 或 6 且有数字 1 与 6 相邻的几位数可分为下列三类:第一、二位数字为 16 或 61 的数有 $2 \times 6^{n-2}$ 个;第一、二位数字为 11 或 66 的有 d_{n-1} 个;第一位数字为 1 或 6 且第二位数字为 $2,3,4,5$ 中一个数字的有 $C_2^1 \cdot C_4^1 b_{n-2} = 8b_{n-2}$ 个,故

$$d_n = 2 \times 6^{n-2} + d_{n-1} + 8b_{n-2}. \qquad \text{⑤}$$

将④代入⑤得

$$b_n - 4b_{n-1} = 2 \times 6^{n-2} + (b_{n-1} - 4b_{n-2}) + 8b_{n-2}.$$

所以

$$b_n = 2 \times 6^{n-2} + 5b_{n-1} + 4b_{n-2} \ (n \geqslant 3).$$

显然 $b_1 = 0, b_2 = 2$,于是

$$b_3 = 2 \times 6 + 5 \times 2 + 4 \times 0 = 22;$$

$$b_4 = 2 \times 6^2 + 5 \times 22 + 4 \times 2 = 190;$$

$$|B| = b_5 = 2 \times 6^3 + 5 \times 190 + 4 \times 22 = 1470.$$

综上可得满足条件的 5 位数的个数为

$$|\overline{A} \cap \overline{B}| = |S| - |A| - |B| + |A \cap B|$$
$$= 6^5 - 456 - 1470 + 30 = 5880.$$

例4 一种密码锁的密码设置在正 n 边形 $A_1 A_2 \cdots A_n$ 的每个顶点处赋值 0 和 1 两个数中的一个,同时,在每个顶点处染红、蓝两种颜色之一,使任意相邻的两个顶点处的数字或颜色中至少有一个相同,问:该种密码锁共有多少种不同的密码设置?

(2010 年全国高中联赛试题)

解法一 对于该种密码锁的一种密码设置,若相邻两顶点上的数字不同,则在它们所在边上标上 a;若颜色不同,则标上 b;若数字和颜色都相同,则标上 C,于是对于给定的点 A_1 上的设置(共有 4 种),按照边上的字母可以依次确定 $A_2, A_3, \cdots, A_n$ 上的设置,为了最终回到 A_1 时的设置与初始时相同,标有 a 和 b 的边都是偶数条,所以,这种密码锁的所有不同的密码设置的方法都等于边上标记 a、b、c,使标有 a 和 b 的边都是偶数条的方法数的 4 倍.

设标有 a 的边有 $2i \left(0 \leqslant i \leqslant \left[\dfrac{n}{2}\right]\right)$ 条,标有 b 的边有 $2j \left(0 \leqslant j \leqslant \left[\dfrac{n-2i}{2}\right]\right)$ 条.

选取 $2i$ 条边标记 a 的方法有 C_n^{2i} 种,在余下的边中选取 $2j$ 条边标记 b 的方法有 C_{n-2i}^{2j} 种,其余的边标记 C.

由乘法原理知其有 $C_n^{2i} C_{n-2i}^{2j}$ 种标记方法.对 i,j 求和得密码锁的所有不同的密码设置方法数为

$$f(n) = 4 \sum_{i=0}^{\left[\frac{n}{2}\right]} \left(C_n^{2i} \sum_{j=0}^{\left[\frac{n-2i}{2}\right]} C_{n-2i}^{2j} \right). \qquad \text{①}$$

这里约定 $C_0^0 = 1$.

当 n 为奇数时, $n-2i > 0$, 此时

$$\sum_{j=0}^{\left[\frac{n-2i}{2}\right]} C_{n-2i}^{2j} = \frac{1}{2}\sum_{k=0}^{n-2i} C_{n-2i}^k = \frac{1}{2} \times (1+1)^{n-2i} = 2^{n-2i-1}. \qquad ②$$

代入①中得

$$f(n) = 4\sum_{i=0}^{\left[\frac{n}{2}\right]} 2^{n-2i-1} C_n^{2i} = 2\sum_{i=0}^{\left[\frac{n}{2}\right]} 2^{n-2i} C_n^{2i}$$

$$= \sum_{k=0}^{n} 2^{n-k} C_n^k + \sum_{k=0}^{n} (-1)^k 2^{n-k} C_n^k$$

$$= (2+1)^n + (2-1)^n = 3^n + 1 (n \text{ 为奇数}). \qquad ③$$

当 n 为偶数时, 若 $i < \frac{n}{2}$, 则②式仍然成立; 若 $i = \frac{n}{2}$, 则正 n 边形的所有边都标记 a, 此时只有一种标记方法, 于是, 所有不同的密码设置的方法数为

$$f(n) = 4\left(1 + \sum_{i=0}^{\left[\frac{n}{2}\right]} 2^{n-2i-1} C_n^{2i}\right) = 2 + 4\sum_{i=0}^{\left[\frac{n}{2}\right]} 2^{n-2i-1} C_n^{2i}$$

$$= 3^n + 3 (n \text{ 为偶数}). \qquad ④$$

由③及④得

$$f(n) = 3^n + (-1)^n + 2.$$

综上可得, 这种密码锁的所有不同的密码设置的方法是 $3^n + (-1)^n + 2$.

解法二 若顶点 M 和 N 上的颜色和数字都相同, 则记为 $M \equiv N$; 若 M 和 N 上的颜色和数字中只有一个相同, 则记为 $M = N$; 若 M 和 N 上的颜色和数字都不同, 则记为 $M \neq N$.

设满足题目要求的设置共有 S_n 种, 令 a_n、b_n、c_n 分别表示 $A_n \equiv A_1$, $A_n = A_1$, $A_n \neq A_1$ 时, 密码设置的方法数则为

$$S_n = a_n + b_n. \qquad ①$$

易知, $(a_1, b_1, c_1) = (4, 0, 0)$, $(a_2, b_2, c_2) = (4, 8, 4)$, $(a_3, b_3, c_3) = (12, 16, 8)$.

当 $n \geq 4$ 时, 分下列三种情形讨论.

(1) $A_n \equiv A_1$ 时, 将 A_n 与 A_1 合并为一点, 则

$$a_b = a_{n-1} + b_{n-1}. \qquad ②$$

(2) $A_n = A_1$ 时, 考虑 A_{n-1}.

(i) $A_{n-1} \equiv A_1$, 则 A_1 到 A_{n-1} 有 a_{n-1} 种方法, A_n 有 2 种方法, 故有 $2a_{n-1}$ 种方法.

(ii) $A_{n-1} = A_1$, 则 $A_{n-1} \equiv A_n$, 将 A_{n-1} 与 A_n 合并为一点, 有 b_{n-1} 种方法.

(iii) $A_{n-1} \neq A_1$ 时, 考虑 A_{n-2}.

若 $A_{n-2} \equiv A_1 \neq A_{n-1}$, 矛盾.

若 $A_{n-2} = A_1$, 则从 A_1 到 A_{n-2} 有 b_{n-2} 种方法; A_{n-1}、A_n 分别有 1、2 种方法, 故有 $2b_{n-2}$ 种方法;

若 $A_{n-2} \neq A_1$, 则 $A_{n-2} = A_{n-1}$, 将 A_{n-1} 与 A_{n-2} 合并为一点, 则从 A_1 到 A_{n-2} 有 c_{n-2} 种方法, A_n 有 2 种方法, 故有 $2c_{n-2}$ 种方法.

综上可得

$$b_n = 2a_{n-1} + b_{n-1} + 2b_{n-2} + 2c_{n-2}. \qquad ③$$

(3)$A_n \neq A_1$，则 $A_{n-1} \neq A_1$ 或 $A_{n-1} = A_1$，故有

$$c_n = b_{n-1} + c_{n-1}. \qquad ④$$

④代入③得

$$b_n = 2a_{n-1} + b_{n-1} + 2c_{n-1}. \qquad ⑤$$

于是由⑤并用④代入得

$$b_{n+1} - b_n = (2a_n + b_n + 2c_n) - (2a_{n-1} + b_{n-1} + 2c_{n-1})$$
$$= 2(a_n - a_{n-1}) + (b_n - b_{n-1}) + 2b_{n-1}.$$

即 $2(a_n - a_{n-1}) = b_{n+1} - 2b_n - b_{n-1}.$ ⑥

用②代入⑥得

$$2b_{n-1} = b_{n+1} - 2b_n - b_{n-1},$$

$$b_{n+1} = 2b_n + 3b_{n-1}. \qquad ⑦$$

用②代入⑦得

$$a_{n+2} - a_{n+1} = 2(a_{n+1} - a_n) + 3(a_n - a_{n-1}),$$

即 $a_{n+2} - 3a_{n+1} - a_n + 3a_{n-1} = 0.$ ⑧

且由⑦有

$$b_{n+2} - b_{n+1} = (2b_{n+1} + 3b_n) - (2b_n + 3b_{n-1}).$$

即 $b_{n+2} - 3b_{n+1} - b_n + 3b_{n-1} = 0.$ ⑨

⑧+⑨并利用①得

$$S_{n+2} - 3S_{n+1} - S_n + 3S_{n-1} = 0,$$

其特征方程式为

$$\alpha^3 - 2\alpha^2 - \alpha + 3 = 0, (\alpha - 3)(\alpha - 1)(\alpha + 1) = 0,$$

特征根为 $\alpha_1 = 3, \alpha_2 = 1, \alpha_3 = -1.$

所以 $S_n = c_1 \cdot 3^n + c_2 + c_3(-1)^n.$

由 $S_1 = 4, S_2 = 12, S_3 = 28$ 代入可得出 $c_1 = 1, c_2 = 2, c_3 = 1$，故满足条件的密码设置方法数是 $S_n = 3^n + 2 + (-1)^n$（种）.

解法三 设 $A_i A_{i+1}$ 的中点为 B_i，对于一种满足条件的设置，若 A_i 与 A_{i+1} 只有数字不同，则在 B_i 处标上 a；若 A_i 与 A_{i+1} 只有颜色不同，则在 B_i 处标上 b；若 A_i 与 A_{i+1} 的颜色与数字都相同，则在 B_i 标上 $c(i = 1, 2, \cdots, n$，并约定 $A_{n+1} = A_1)$. 于是，对于点 A_1 上给定的设置（共有 4 种），按照中点上所标字母可依次确定 $A_2, A_3, \cdots, A_n$ 上的设置，为了使最终回到 A_1 时的设置与初始时相同，各边中点上标有 a 和 b 的个数都应为偶数，所以满足条件的密码种数等于在各边的中点处标上 a, b, c 之一且使得标有 a 和 b 的中点数均为偶数的方法数的 4 倍.

设正 n 边形 $A_1 A_2 \cdots A_n$ 的各边中点中标 a、b 的个数分别为 x_n, y_n，并且 a_n 记 x_n, y_n 都为偶数的方法数；b_n 记 x_n 为奇数且 y_n 为偶数的方法数；c_n 记为 x_n 为偶数且 y_n 为奇数的方法数；d_n 记 x_n, y_n 都为奇数的方法数. 于是，满足题目条件的密码设置的种数为 $S_n = 4a_n.$ ①

若 x_n 和 y_n 都为偶数,则标 a、b、c 的方法有 a_n 种,另一方面,按照 B_n 标 a、b、c 的不同情况知 B_1,B_2,$\cdots$,B_{n-1} 标 a、b、c 的方法数分别为 b_{n-1}、c_{n-1}、d_{n-1},故

$$a_n = b_{n-1} + c_{n-1} + d_{n-1}. \qquad ②$$

类似地,若 x_n 为奇数,y_n 为偶数,则

$$b_n = a_{n-1} + d_{n-1} + b_{n-1}. \qquad ③$$

若 x_n 为偶数,y_n 为奇数,则

$$c_n = d_{n-1} + a_{n-1} + c_{n-1}. \qquad ④$$

若 x_n,y_n 都为奇数,则

$$d_n = c_{n-1} + b_{n-1} + d_{n-1}. \qquad ⑤$$

③+④

$$b_n + c_n = 2a_{n-1} + 2d_{n-1} + b_{n-1} + c_{n-1}. \qquad ⑥$$

由②有 $b_{n-1} + c_{n-1} = a_n - a_{n-1}$,代入⑥得

$$a_{n+1} - a_n = 2a_{n-1} + 2d_{n-1} + a_n - a_{n-1}.$$

即

$$2d_{n-1} = a_{n+1} - 2a_n - a_{n-1}. \qquad ⑦$$

⑤-② 得 $d_n - a_n = d_{n-1} - a_{n-1}$,即 $a_n - a_{n-1} = d_n - d_{n-1}$. $\qquad ⑧$

⑦代入⑧得

$$2(a_n - a_{n-1}) = (a_{n+2} - 2a_{n+1} - a_n) - (a_{n+1} - 2a_n - a_{n-1}),$$

即

$$a_{n+2} - 3a_{n+1} - a_n + 3a_{n-1} = 0.$$

其特征方程式为

$$\alpha^3 - 3\alpha^2 - \alpha + 3 = 0,$$

即

$$(\alpha - 3)(\alpha - 1)(\alpha + 1) = 0,$$

特征根为 $\alpha_1 = 3$,$\alpha_2 = 1$,$\alpha_3 = -1$,所以

$$a_n = k_1 \cdot 3^n + k_2 + k_3(-1)^n. \qquad ⑨$$

直接枚举易知 $a_1 = 1$,$a_2 = 3$,$a_3 = 7$,代入⑨,解方程组易得 $k_1 = \dfrac{1}{4}$,$k_2 = \dfrac{1}{2}$,$k_3 = \dfrac{1}{4}$,所以

$$a_n = \frac{1}{4}(3^n + 2 + (-1)^n).$$

故满足题目条件的不同密码设置有 $S_n = 4a_n = 3^n + 2 + (-1)^n$(种)

注 类似地,我们可以求出 $b_n = \dfrac{1}{4}(3^n - (-1)^n)$,$c_n = \dfrac{1}{4}(3^n - (-1)^n)$,$d_n = \dfrac{1}{4}(3^n - 2 + (-1)^n)$.

解法四 设满足相邻两个顶点的数字和颜色至少有一种相同的设置 a_n 种,依次对 A_1,A_2,$\cdots$,A_n 赋值和染色,使 A_{i+1} 与 $A_i (i = 1, 2, \cdots, n-1)$ 的数字与颜色至少有一种相同,且不妨设一个点为正一边形,一条线段为正二边形,于是 A_1 有 4 种设置,当 A_1 的设置取定后,A_2 有 3 种设置,以后每点都有 3 种设置,共有 $4 \times 3^{n-1}$ 种设置.

设其中 A_n 与 A_1 的数字与颜色都不同的有 b_n 种,A_n 与 A_1 的数字与颜色都相同的有 c_n 种,A_n 与 A_1 的数字与颜色恰有一种相同的有 d_n 种,于是,我们很容易得到 $a_1 = 4$,$a_2 = 4 \times 3 = 12$,且有

$$a_n + b_n = 4 \times 3^{n-1}, \qquad \text{①}$$
$$a_n = c_n + d_n, \qquad \text{②}$$
$$c_n = a_{n-1}, \qquad \text{③}$$
$$b_n = b_{n-1} + d_{n-1}. \qquad \text{④}$$

由①有 $a_{n-1} + b_{n-1} = 4 \times 3^{n-2}$, 　　　　　　　　　　　　　⑤

①－⑤ $(a_n - a_{n-1}) + (b_n - b_{n-1}) = 4(3^{n-1} - 3^{n-2}) = 8 \times 3^{n-2}$. 　⑥

由④、②、③得

$$b_n - b_{n-1} = d_{n-1} = a_{n-1} - c_{n-1} = a_{n-1} - a_{n-2}. \qquad \text{⑦}$$

⑦代入⑥得

$$(a_n - a_{n-1}) + (a_{n-1} - a_{n-2}) = 8 \times 3^{n-2}.$$

即 $a_n - a_{n-2} = 8 \times 3^{n-2} \ (n \leqslant 3)$.

于是, 当 $n = 2k(k \geqslant 2)$ 时,

$$a_{2k} = a_2 + (a_4 - a_2) + (a_6 - a_4) + \cdots + (a_{2k} - a_{2k-2})$$
$$= 12 + 8 \times 3^2 + 8 \times 3^4 + \cdots + 8 \times 3^{2k-2}$$
$$= 12 + \frac{8 \times 3^2 \times (3^{2k-2} - 1)}{3^2 - 1} = 3^{2k} + 3$$
$$= 3^n + 2 + (-1)^n.$$

当 $n = 2k + 1(k \geqslant 1)$ 时,

$$a_{2k+1} = a_1 + (a_3 - a_1) + (a_5 - a_3) + \cdots + (a_{2k+1} - a_{2k-1})$$
$$= 4 + 8 \times 3 + 8 \times 3^3 + \cdots + 8 \times 3^{2k-1}$$
$$= 4 + \frac{8 \times 3 \times (3^{2k} - 1)}{3^2 - 1} = 3^{2k+1} + 1$$
$$= 3^n + 2 + (-1)^n.$$

故总有 $a_n = 3^n + 2 + (-1)^n \ (n \geqslant 3)$.

综上可得, 满足题目条件的不同密码设置共有 $3^n + 2 + (-1)^n$ 种.

例 5　设 $1, 2, 3, \cdots, 9$ 的所有排列 $Z = (x_1, x_2, \cdots, x_9)$ 组成的集合为 A; 对 $\forall Z \in A$, 设 $f(Z) = x_1 + 2x_2 + 3x_3 + \cdots + 9x_9$, $M = \{f(Z) \mid Z \in A\}$, 求 $|M|$. (其中 $|M|$ 表示 M 中元素的个数)

（第 6 届中国东南地区奥林匹克试题）

解　我们考虑下列一般性问题:设对于前 n 个正整数 $1, 2, \cdots, n$ 的所有排列 $Z_n = (x_1, x_2, \cdots, x_n)$ 构成的集合 A, 记

$$f(Z_n) = x_1 + 2x_2 + 3x_3 + \cdots + nx_n,$$

$M_n = \{f(Z) \mid Z \in A\}$, 求 $|M_n|$

由排序不等式知集合 M_n 中的最小元素是

$$f((n, n-1, \cdots, 3, 2, 1)) = n + 2(n-1) + 3(n-2) + \cdots + (n-1) \times 2 + n \times 1$$
$$= [(n+1) - 1] + [2(n+1) - 2^2] + [3(n+1) - 3^2] + \cdots + [n(n+1) - n^2]$$
$$= (n+1) \times \frac{n(n+1)}{2} - \frac{1}{6}n(n+1)(2n+1)$$

$$= \frac{n(n+1)(n+2)}{6}.$$

M_n 中的最大元素是

$$f((1,2,3,\cdots,(n-1),n)) = 1^2 + 2^2 + \cdots + n^2 = \frac{n(n+1)(2n+1)}{6},$$

从最小数到最大数的连续正整数的个数为

$$\frac{n(n+1)(2n+1)}{6} - \frac{n(n+1)(n+2)}{6} + 1 = \frac{n^3 - n + 6}{6}.$$

我们猜想 $|M_n| = \frac{n^3 - n + 6}{6}$. 直接枚举易知：

$$|M_1| = |\{1\}| = 1 = \frac{1^3 - 1 + 6}{6};$$

$$|M_2| = |\{4, 5\}| = 2 = \frac{2^3 - 2 + 6}{6};$$

$$|M_3| = |\{10, 11, 13, 14\}| \neq \frac{3^3 - 3 + 6}{6}.$$

因此，我们将上述猜想修订，改为证明下列一性结论成立：当 $n \geq 4$ 时，

$$M_n = \left\{ \frac{n(n+1)(n+2)}{6}, \frac{n(n+1)(n+2)}{6} + 1, \frac{n(n+1)(n+2)}{6} + 2, \cdots, \frac{n(n+1)(2n+2)}{6} \right\},$$

$$|M_n| = \frac{n^3 - n + 6}{6}.$$

设用数学归纳法证明如下：当 $n = 4$ 时，M_4 中的最小元素为 $f((4,3,2,1)) = 20$，最大元素为 $f((1,2,3,4)) = 30$，又可知

$$f((3,4,2,1)) = 21, f((3,4,1,2)) = 22,$$

$$f((4,2,1,3)) = 23, f((2,3,4,1)) = 24,$$

$$f((2,4,1,3)) = 25, f((1,4,3,2)) = 26,$$

$$f((1,4,2,3)) = 27, f((2,1,4,3)) = 28,$$

$$f((1,2,4,3)) = 29.$$

所以 $M_4 = \{20, 21, \cdots, 30\}$，$|M_4| = 11 = \frac{4^3 - 4 + 6}{6}$，因此，$n = 4$ 时结论成立.

假设对 $n-1(n \geq 5)$ 结论成立，考虑结论在 n 的情形. 对于 $1, 2, \cdots, n-1$ 的任意一个排列 $Z_{n-1} = \{x_1, x_2, \cdots, x_{n-1}\}$，任取 $x_n = n$，得到 $1, 2, \cdots, n$ 的一个排到 $x_1, x_2, \cdots, x_{n-1}, n$，则 $f((x_1, x_2, \cdots, x_{n-1}, n)) = n^2 + \sum_{k=1}^{n-1} k x_k$. 由归纳假设和 $n^2 + \sum_{k=1}^{n-1} k x_k$ 取遍闭区间

$$\left[n^2 + \frac{(n-1)n(n+1)}{6}, n^2 + \frac{(n-1)n(2n-1)}{6} \right]$$

$$= \left[\frac{n(n^2 + 6n - 1)}{6}, \frac{n(n+1)(2n+1)}{6} \right]$$

内一切正整数.

再令 $x'_n = 1$，$x'_i = x_i + 1 (i = 1, 2, \cdots, n-1)$，得到 $1, 2, \cdots, n$ 的一个排列 $(x'_1, x'_2, \cdots,$

$x'_n)$，则 $f((x'_1,x'_2,\cdots,x'_n))=n+\sum\limits_{k=1}^{n-1}kx'_k=n+\sum\limits_{k=1}^{n-1}k(x_k+1)=n+\dfrac{(n-1)n}{2}+\sum\limits_{k=1}^{n-1}kx_k=$

$\dfrac{n(n+1)}{2}+\sum\limits_{k=1}^{n-1}kx_k$，由归纳假设知 $\dfrac{n(n+1)}{2}+\sum\limits_{k=1}^{n-1}kx_k$ 取遍闭区间

$$\left[\dfrac{n(n+1)}{2}+\dfrac{(n-1)n(n+1)}{6}+\dfrac{n(n+1)}{2}+\dfrac{(n-1)n(2n-1)}{6}\right]$$

$$=\left[\dfrac{n(n+1)(n+2)}{6},\dfrac{2n(n^2+2)}{6}\right]$$

内一切正整数.

因为 $n\geqslant 5$ 时，

$$\dfrac{2n(n^2+2)}{6}\geqslant\dfrac{n(n^2+6n-1)}{6}.$$

所以，对 $1,2,\cdots,n$ 的所有排列 $(x_1,x_2,\cdots,x_n)$，$f((x_1,x_2,\cdots,x_n))=\sum\limits_{k=1}^{n}kx_k$ 取遍闭区间

$$\left[\dfrac{n(n+1)(n+2)}{6},\dfrac{n(n+1)(2n+1)}{6}\right]$$

内一切正整数，即对 n，结论也成立，故由数学归纳法知对一切正整数 $n\geqslant 4$，结论成立，故当 $n\geqslant 4$ 时，总有

$$|M_n|=\dfrac{n(n+1)(2n+1)}{6}-\dfrac{n(n+1)(n+2)}{6}=\dfrac{n^3-n+6}{6}.$$

特别当 $n=9$ 时，$|M|=|M_9|=\dfrac{9^3-9+6}{6}=121.$

例 6 12 名选手参加乒乓球循环赛，每两名选手比赛一场，若选手 A_i 胜 A_j，A_j 胜 A_k，A_k 胜 A_i，则称 $\{A_i,A_j,A_k\}$ 为三角形. 设 L_i,W_i 表示选手 A_i 所胜局数和所负局数. 已知若 A_i 胜 A_j，则 $L_i+W_j\geqslant 10$. 试求这次循环赛中三角形的个数.

解 依题意，$\sum\limits_{i=1}^{12}W_i=\sum\limits_{i=1}^{12}L_i=C_{12}^2=66$，且对任意 $i(1\leqslant i\leqslant 12)$，$L_i+W_i=11$. 不妨设 $W_1=\max\limits_{1\leqslant i\leqslant 12}\{W_i\}$，于是 $W_1\geqslant\dfrac{1}{12}\sum\limits_{i=1}^{12}W_i=5.5$，所以 $W_1\geqslant 6$.

若 $W_1\geqslant 7$，则 $L_1=11-W_1\leqslant 4$. 不妨设 A_1 胜 $A_2,A_3,\cdots,A_8$，则由 $L_1+W_i\geqslant 10$，得 $W_i\geqslant 10-L_1\geqslant 6(i=2,3,\cdots,8)$. 从而 $L_i=11-W_i\leqslant 5(i=2,3,\cdots,8)$.

考察 $A_2,A_3,\cdots,A_8$ 之间的 $C_7^2=21$ 场比赛，不妨设其中 A_8 胜的场次最少，故 A_8 胜的场次 $\leqslant\left[\dfrac{21}{7}\right]=3$. 但 $W_8\geqslant 6$. 所以 A_8 还要胜 A_9,A_{10},A_{11},A_{12} 中 3 人. 不妨设 A_8 胜 A_9,A_{10}，A_{11}. 由 $L_8+W_j\geqslant 10$ 及 $L_8\leqslant 11-W_8\leqslant 5$ 得 $W_j\geqslant 10-L_8\geqslant 5(j=9,10,11)$，从而 $L_j=11-W_j\leqslant 6(j=9,10,11)$.

若 $A_1,A_2,\cdots,A_{11}$ 中有 1 人 A_{i_0} 胜 A_{12}，则 $L_{i_0}+W_{12}\geqslant 10$，$W_{12}\geqslant 10-L_{i_0}\geqslant 4$；若 $A_1,A_2,\cdots,A_{11}$ 都败于 A_{12}，则 $W_{12}\geqslant 11$. 故总有 $W_{12}\geqslant 4$. 于是

$$\sum\limits_{i=1}^{12}W_i\geqslant 7+7\times 6+3\times 5+4=68>66,矛盾.$$

故 $W_1=6$，从而 $W_i\leqslant W_1=6(1\leqslant i\leqslant 12)$. 类似地可以证明 $L_i\leqslant 6(1\leqslant i\leqslant 12)$，而 L_i+

$W_i=11$. 故 L_i,W_i 的值只可能等于 5 或 6. 设 $W_1,W_2,\cdots,W_{12}$ 中有 x 个等于 5，y 个等于 6，则

$$\begin{cases}5x+6y=66,\\x+y=12,\end{cases}\quad\text{所以}\begin{cases}x=6,\\y=6.\end{cases}$$

不妨设 $W_1=W_2=\cdots=W_6=5$，$W_7=W_8=\cdots=W_{12}=6$，于是 $L_1=L_2=\cdots=L_6=6$，$L_7=L_8=\cdots=L_{12}=5$。

用平面内 12 个点（仍记为 $A_1,A_2,\cdots,A_{12}$）表示 12 名选手. 若 A_i 胜 A_j，则从 A_i 向 A_j 画一箭头：$A_i\to A_j$，得到一个有向图 G，图中共有 $C_{12}^2=220$ 个三角形，这些三角形分为两类：在第（Ⅰ）类三角形每个顶点处的两个箭头都是一进一出的，其余的三角形属第（Ⅱ）类（图1-14），故所求三角形的个数即为第（Ⅰ）类三角形的个数 u. 设第（Ⅱ）类三角形个数为 v，则

（Ⅰ）　　　（Ⅱ）

图 1-14

$$u+v=220.\qquad\qquad①$$

我们将从一点出发的两个箭头组成的角叫做射出角. 一方面当 $1\leqslant i\leqslant 6$ 时，以 A_i 为顶点的射出角有 C_5^2 个，当 $7\leqslant i\leqslant 12$ 时，从 A_i 为顶点的射出角有 C_6^2 个，所以图 G 中射出角的总数为

$$S=6(C_5^2+C_6^2)=150.$$

另一方面，在第（Ⅰ）类中每个三角形内无射出角，在第（Ⅱ）类中，每个三角形内恰有一个射出角，所以 $S=v$，于是 $v=150$. 由①得

$$u=220-v=70.$$

故所求三角形个数为 70.

例 7 设集合 $A=\{1,2,\cdots,10\}$，A 到 A 的映射 f 满足下列两个条件：

(1) 对任意 $x\in A$，$f_{30}(x)=x$.

(2) 对每个 $k\in\mathbf{N}_+$，$1\leqslant k\leqslant 29$，至少存在一个 $a\in A$，使 $f_k(a)\neq a$.

求这样映射 f 的个数（约定 $f_1(x)=f(x)$，$f_{k+1}(x)=f(f_k(x))$，$k=1,2,\cdots$）.

（1992 年日本奥林匹克预赛题）

分析 为了计算 f 的个数，必须弄清确定 f 的条件. 首先由已知条件(1)易证 f 为双射，且对每个 $a_i\in A$，必形成一个 f 的映射圈.

$$a_i\to a_{i_1}\to a_{i_{k_i-1}}\to a_i(a_i,a_{i_1},\cdots,a_{i_{k_i-1}}\text{互不相同}),$$

即 $f_{k_i}(a_i)=a_i$. 而 $f_s(a_i)\neq a_i(s\in\mathbf{N}_+,1\leqslant s\leqslant k_i-1)$，且 $k_i|30$.

由条件(2)则可证 f 的各映射圈所含元素个数的最小公倍数等于 30 而不能小于 30. 由此，我们不难计算出 f 的个数.

解 首先证明 f 为双射. 事实上，对任意 $x,y\in A$，$x\neq y$，若 $f(x)=f(y)$，则 $x=f_{30}(x)=f_{30}(y)=y$，矛盾，所以 f 是单射. 又对任意 $y\in A$，令 $x=f_{29}(y)\in A$，则 $f(x)=f_{30}(y)=y$，所以 f 是满射，故 f 是双射.

其次，我们证明 A 中只存在 f 的映射圈，而不存在映射链. 即对任意 $a_i\in A$，存在 $k_i\in$

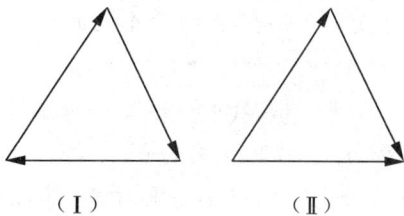

$\mathbf{N}_+$ 使 $f_{k_i}(a_i)=a_i$,而 $f_s(a_i)\neq a_i(s\in\mathbf{N}_+,1\leqslant s\leqslant k_i-1)$.事实上,对任意 $a_i\in A$,有 $f(a_i)=a_i$（这时 $k_i=1$）或 $f(a_i)=a_{i_1}\neq a_i$,在后一种情况下,不可能有 $f_2(a_i)=f(a_{i_1})=a_{i_1}$,否则 $f(a_i)=f(a_{i_1})=a_{i_1}$ 且 $a_i\neq a_{i_1}$,这与 f 是单射矛盾,故必有 $f_2(a_i)=f(a_{i_1})=a_i$（这时 $k_i=2$）或 $f_2(a_i)=a_{i_2}\neq a_i,a_{i_1}$.若 $f_2(a_i)=a_{i_2}$,则依同样道理,不可能有 $f_3(a_i)=f(a_{i_2})=a_{i_1},a_{i_2}$,而只可能 $f_3(a_i)=a_i$（这时 $k_i=3$）或 $f_3(a_i)=a_{i_3}\neq a_i,a_{i_1},a_{i_2}$,如此等等.因为 A 是有限集,所以经过有限次（设为 k_i 次）后,有 $f_{k_i}(a_i)=a_i$ 而 $f_s(a_i)\neq a_i(s\in\mathbf{N}_+,1\leqslant s\leqslant k_i-1)$.即对任意 $a_i\in A$ 存在含 k_i 个不同元素的映射圈

$$a_i\to a_{i_1}\to\cdots\to a_{i_{k_i-1}}\to a_i.$$

进一步,我们证明每个映射圈所含元素的个数 k_i 整除30.事实上,设 $30=q_ik_i+r_i(q_i\in\mathbf{N}_+,r_i\in\mathbf{N},0\leqslant r_i\leqslant k_i-1)$.若 $r_i\neq 0$,则 $a_i=f_{30}(a_i)=f_{r_i}(f_{q_ik_i}(a_i))=f_{r_i}(a_i)$,这与 $f_s(a_i)\neq a_i(s\in\mathbf{N}_+,1\leqslant s\leqslant k_i-1)$ 矛盾,所以 $r_i=0$,即 $k_i\mid 30$.

通过上述分析知 A 中只存在 f 的映射圈且各映射圈所含元素个数的最小公倍数 m 必是30的约数.若 $m<30$,则对任意 $a\in A$,有 $f_m(a)=a$,这与已知条件（2）矛盾,所以 $m=30$,且各映射圈所含元素个数之和应等于 A 中元素个数10.但 $30=5\times 3\times 2$ 且 $10=5+3+2$,故 A 中10个元素恰构成 f 的3个映射圈,各映射圈所含元素个数分别为5,3,2,故 f 的数目等于从10个元素中取5个,再从剩下的元素取3个,最后2个也取出,它们分别作圆排列的个数,即 f 的个数为

$$C_{10}^5\cdot(5-1)!\cdot C_5^3(3-1)!\cdot C_2^2(2-1)!=120960.$$

注 本题中已知条件（1）中 $f_{30}(x)=x$,换成任意的 $f_{n_0}(x)=x(n_0\in\mathbf{N}_+)$,同样可证明 f 满足相应的性质.也就是我们事实上已证明了下列结论:

定理1 设 A 是有限集,$f:A\to A$ 是双射,则对任意 $a_i\in A$,存在正整数 k_i,使 $f_{k_i}(a_i)=a_i$,而 $f_s(a_i)\neq a_i(s\in\mathbf{N}_+,1\leqslant s\leqslant k_i-1)$,即对每一个 $a_i\in A$,在 A 中都存在 f 的一个含 k_i 个不同元素的映射链:

$$a_i\to a_{i_1}\to a_{i_2}\to\cdots\to a_{i_{k_i-1}}\to a_i(a_i,a_{i_1},\cdots,a_{i_{k_i-1}}\ 两两不同).$$

定理2 设 A 是有限集,$f:A\to A$ 是一个映射,若存在 $n_0\in\mathbf{N}_+$,使对任意 $x\in A$,有 $f_{n_0}(x)=x$,则 f 是双射,且 f 的任何映射圈中所含元素的个数都整除 n_0.

例8 设集合 $A=\{1,2,3,4,5,6\}$,映射 $f:A\to A$,其三次复合 $f\cdot f\cdot f$ 是恒等映射,这样的 f 有多少个?　　　　　　　　　　　　　　（1996年日本奥林匹克预选题）

解 由上述定理2和1知 f 为双射.A 中只存在 f 的映射圈,且每个映射圈中所含元素个数是1或3,故 f 只有下列3种情形:

(1) f 为恒等映射,这样的 f 只有1个.

(2) A 中3个元素构成 f 的映射圈,另外3个元素是 f 的不动点,这样的 f 有

$$C_6^3\cdot(3-1)!=40\ 个.$$

(3) A 中元素平均分为两组,每组3个数均构成 f 的映射圈,这样的 f 有

$$\frac{1}{2}C_6^3C_3^3(3-1)!(3-1)!=40\ 个.$$

故所求 f 共有 $1+40+40=81$ 个.

例 9 给定四个正整数 m, n, p, q, 满足 $p < m$ 且 $q < n$, 在平面直角坐标系内取定四个点 $A(0,0)$, $B(p,0)$, $C(m,q)$, $D(m,n)$, 考虑从 A 到 D 的路径 f 和从 B 到 C 的路径 g, f 和 g 只能沿着坐标轴的正方向, 且只能在整点处改变方向 (从一个坐标轴的正方向变为另一个坐标轴的正方向).

令 S 是满足 f、g 没有公共点的路径对 (f,g) 的个数, 证明:
$$S = C_{m+n}^m C_{m+q-p}^q - C_{m+q}^m C_{m+n-p}^n.$$
（2003 年越南国家队选拔考试试题）

证明 从 A 到 D 的路径可用 m 个沿 x 轴正方向行进 1 的基本路径和 n 个沿 y 轴方向行进 1 的基本路径的排列来表示, 于是, 这样的排列有 C_{m+n}^m 种. 对应的从 A 到 D 的路径有 C_{m+n}^m 种.

同理, 从 B 到 C 的路径有 C_{m+q-p}^q 种.

所以, 不加条件的 (f,g) 对的总数为 $C_{m+n}^m C_{m+q-p}^q$ 种.

对任意一组相交的 (f,g) 对, 设它们最后一个交点为 K, $K \to D$ 与 $K \to C$ 的局部路径上没有交点. 交换这两段局部路径, 于是将 (f,g) 映射到另一对路径 $(i,j) = (A \to K \to C, B \to K \to D)$, 且这个映射是单射. 反之对任意一对路径 $(i,j) = (A \to C, B \to D)$, 易知它们是相交的. 同样设最后一个交点为 K 并且交换 $K \to C$ 与 $K \to D$, 得到一对路径 $(A \to D, B \to C)$ 且它们最相交的, 于是前面得到的映射是满射, 从而此映射为双射.

所以, 相交的 (f,g) 的个数等于 (i,j) 的个数, 又 i 的个数为 C_{m+q}^m, j 的个数为 C_{m+n-p}^n, 所以相交的 (f,g) 的个数为 $C_{m+q}^m C_{m+n-p}^n$.

综上所述, 不相交的 (f,g) 的个数为 $S = C_{m+n}^m C_{m+q-p}^q - C_{m+q}^m C_{m+n-p}^n$.

例 10 设 M 为平面上坐标为 $(p \times 1994, 7p \times 1994)$ 的点, 其中 p 为素数. 求满足下列条件的直角三角形的个数.

(1) 三角形的顶点都是整点, M 是直角顶点;

(2) 三角形的内心是坐标原点.

（1994 年 CMO 试题）

分析 如图 1-15, 设直角三角形 MAB 满足条件 (1), (2), 其内切圆半径为 r, 过 O 分别作 MA, MB 的垂线, 垂足分别为 D, C, 则易知 $OC = OD = MC = MD = r$. r 可由 OM 确定, 故 Rt$\triangle MAB$ 由 $BC = u$, $AD = v$ 唯一确定. 为此, 我们只须根据条件 (1), (2) 建立 u, v 满足的不定方程 (组), 再通过不定方程 (组) 的解数的计算就可得出所求直角三角形的个数. 这样就通过建立对应关系, 将一个复杂的不熟悉的问题转化为一个熟知的问题来求解.

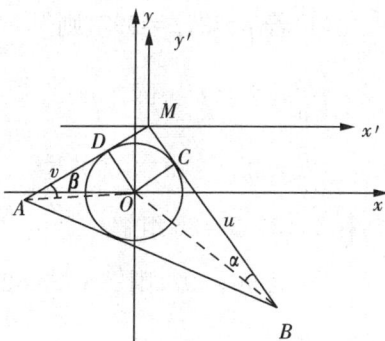

图 1-15

解 为了计算简便, 将坐标原点平移到 M, 建立新的直角坐标系 $x'My'$, 于是在新的直角坐标系中, M 的坐标为 $(0,0)$, 内心 O 的坐标为 $(-p \times 1994, -7p \times 1994)$. 所以
$$|OM| = \sqrt{(p \times 1994)^2 + (7p \times 1994)^2} = p \times 1994 \times 5\sqrt{2}.$$

设 $\triangle MAB$ 为任意一个符合条件 (1)(2) 的直角三角形, 其内切圆半径为 r, 过 O 分别作

直角边 MA 与 MB 的垂线,垂足分别为 D 和 C(图 1-14).设 AM 的斜率为 k,易知 OM 的斜率为

$$k' = \frac{7p \times 1994}{p \times 1994} = 7.$$

并注意到 O 为 $Rt\triangle MAB$ 的内心,$\angle OMA = 45°$,故由两直线夹角公式得

$$1 = \tan45° = \frac{k'-k}{1+k'k} = \frac{7-k}{1+7k},$$

所以 $k = \frac{3}{4}$.而 $MA \perp MB$,故 MB 的斜率为 $k_1 = -\frac{4}{3}$.故可设 A, B 的坐标为

$$A(-4t, -3t), B(3t', -4t').$$

因 $(3,4)=1$,且 A, B 为整点,故 t 与 t' 皆为正整数.于是 $MA = 5t, MB = 5t'$,即两直角边的长都是 5 的正整数倍,于是 $MC = MD = r = MO\cos45° = p \times 1994 \times 5$.

记 $BC = u, AD = v$,则 $u = MB - MC = 5(t' - p \times 1994), v = MA - MD = 5(t - p \times 1994)$,即 u, v 都是 5 的正整数倍

记 $\angle OBC = \alpha, \angle OAD = \beta$,因 O 是 $Rt\triangle MAB$ 的内心,易知 $\alpha + \beta = 45°$,于是 $\tan\alpha = \frac{r}{u}$,

$\tan\beta = \frac{r}{v}$,且 $\frac{r}{u} = \tan\alpha = \tan(45° - \beta) = \frac{1-\tan\beta}{1+\tan\beta} = \frac{v-r}{v+r}$,

所以 $u = \frac{r(v+r)}{v-r}$.记 $v-r = m, \frac{2r^2}{m} = n$,则 $u = \frac{r(m+2r)}{m} = r+n$.

于是 m 及 n 均为 5 的正整数倍,且

$$mn = 2r^2 = 2 \times (p \times 1994 \times 5)^2 = 2^3 \times 5^2 \times 997^2 \times p^2. \qquad ①$$

因为对于 m, n 的一组正整数解 (m, n),可求出唯一一组 u, v 的正整数解 $(u, v) = (n+r, m+r)$,从而唯一确定一个符合条件的 $Rt\triangle MAB$.反之亦真.故符合条件的直角三角形的个数 S 等于不定方程①的满足条件 $5 \mid m, 5 \mid n$ 的正整数解 (m, n) 的组数.

(1)若 $p \neq 2, p \neq 997$,则 $\frac{m}{5} \cdot \frac{n}{5} = 2^3 \times p^2 \times 997^2$ 的一切解为

$$\begin{cases} \frac{m}{5} = 2^i \times p^j \times 997^k \\ \frac{n}{5} = 2^{3-i} \times p^{2-j} \times 997^{2-k} \end{cases} \begin{pmatrix} i=0,1,2,3 \\ j=0,1,2 \\ k=0,1,2 \end{pmatrix}$$

共有 $4 \times 3 \times 3 = 36$ 组解.

(2)若 $p = 997$,则 $\frac{m}{5} \cdot \frac{n}{5} = 2^3 \times 997^4$ 的一切解为

$$\begin{cases} \frac{m}{5} = 2^i \times 997^j \\ \frac{n}{5} = 2^{3-i} \times 997^{4-j} \end{cases} \begin{pmatrix} i=0,1,2,3 \\ j=0,1,2,3,4 \end{pmatrix}$$

共有 $4 \times 5 = 20$ 组解.

(3)若 $p = 2$,则 $\frac{m}{5} \cdot \frac{n}{5} = 2^5 \times 1997^2$ 的一切解为

$$\begin{cases} \dfrac{m}{5}=p^i\times 1997^j \\ \dfrac{n}{5}=p^{5-i}\times 1997^{2-j} \end{cases} \quad \left(\begin{matrix} i=0,1,2,3,4,5 \\ j=0,1,2 \end{matrix}\right)$$

共有 $6\times 3=18$ 组解.

综上所述,符合条件的直角三角形的个数为

$$S=\begin{cases} 36(p\neq 2 \text{ 且 } p\neq 997 \text{ 时}), \\ 20(p=997 \text{ 时}), \\ 18(p=2 \text{ 时}). \end{cases}$$

解法二 设 Rt$\triangle MAB$ 为符合条件的任意一个直角三角形,r 为其内切圆半径(图 1-15).同解法一可得 $MA=5t,MB=5t'(t,t'$ 均为正整数),且 $r=p\times 1994\times 5$,记 $r_0=\dfrac{r}{5}=2\times 997\times p(2,997,p$ 皆为素数).于是

$$AB=\sqrt{MA^2+MB^2}=5\sqrt{t^2+t'^2}.$$

由平面几何知识,易知 $AB=MA+MB-2r$,即 $5\sqrt{t^2+t'^2}=5t+5t'-10r_0$.

两边除以 5 后再平方,并经过整理可得

$$(t-2r_0)(t'-2r_0)=2r_0^2=2^3\times 997^2\times p^2.$$

记 $m_0=t-2r_0,n_0=t'-2r_0$,则 $m_0 n_0=2^3\times 997^2\times p^2$.   ①

易知符合条件的 Rt$\triangle MAB$ 的个数 S 等于不定方程①的正整数解组的个数,同解法一,可求得

$$S=\begin{cases} 36(p\neq 2 \text{ 且 } p\neq 997), \\ 20(p=997), \\ 18(p=2). \end{cases}$$

例 11 将三角形角边 n 等分,过分点作其余两边的平行线,在已知三角形内所形成的平行四边形的个数记为 S,求 S 的表达式. (1991 年第 23 届加拿大奥林匹克试题)

分析一 本题如果仍按例 1 用枚举法逐一计数,将非常复杂(因为平行四边形的边长有 2 个).如图 1-16 所示,边不平行 AC 的平行四边形,由 $BD=a,DE=b,EF=c,FG=d$(取 $\dfrac{1}{n}BC$ 为单位长)这 4 个整数确定,且 $a\geqslant 0,b\geqslant 0,c\geqslant 1,d\geqslant 1,2\leqslant a+b+c+d\leqslant n$,故将边不平行 AC 的平行四边形的计数转化为计算四数组(a,b,c,d) 的个数.

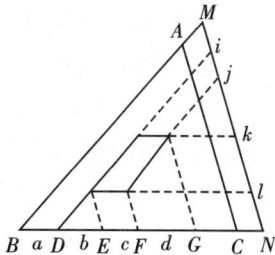

图 1-16

解法一 如图 1-16 所示,边不平行 AC 的平行四边形由四个整数 a,b,c,d 确定(取 $\dfrac{1}{n}BC$ 为单位长),且 $a\geqslant 0,b\geqslant 0,c\geqslant 1,d\geqslant 1,2\leqslant a+b+c+d\leqslant n$,记 $x_1=a,x_2=b,x_3=c-1,x_4=d-1$ 及 $x_1+x_2+x_3+x_4=k$,则 $0\leqslant k\leqslant n-2$,因不定方程 $x_1+x_2+x_3+x_4=k$ 的非负整数解组的个数为 C_{k+3}^3,所以边不平行 AC 的平行四边形个数为

$S_1 = \sum_{k=0}^{n-2} C_{k+3}^3 = C_4^4 + \sum_{k=1}^{n-2} [C_{k+4}^4 - C_{k+3}^4] = C_{n+2}^4$. 故图中平行四边形的个数为 $S = 3S_1 = 3C_{n+2}^4$.

分析二　如图 1-16,边不平行 AC 的平行四边形由其两组对边所在直线确定,而这两组平行线的方向已由 AB,BC 的方向确定,故这两组平行线可由每条直线上一点来确定. 若考虑这两组平行线与边 AC 的交点,则会出现交点为 4 点(当平行四边形的顶点都不在 AC 上时)或交点为 3 点(当平行四边形有一个顶点在 AC 上时)的两种情形. 为了减少由于分类计算增加的计算量,我们延长 BA 到 M 使 $AM = \frac{1}{n}BA$,延长 BC 到 N 使 $CN = \frac{1}{n}BC$,连接 EF,于是平行四边形两组对边所在直线必交 MN 于 4 点,从而将边不平行 AC 的平行四边形的计数转化为线段 MN 上 4 个 $n+1$ 等分点组的计算.

解法二　如图 1-16,延长 BA 到 M 使 $AM = \frac{1}{n}BA$,延长 BC 到 N 使 $CN = \frac{1}{n}BC$. 设将 MN $n+1$ 等分的分点(包括 M,N 共 $n+2$ 个)依次记为 $0,1,2,\cdots,n+1$,于是平行四边形每边所在直线恰与 MN 交于 4 点 $i,j,k,l (0 \le i < j < k < l \le n+1)$. 反之从 MN 上的 $n+2$ 个等分点中任取 4 个等分点 $i,j,k,l (0 \le i < j < k < l \le n+1)$,过 i,j 作 AB 的平行线,过 k,l 作 BC 的平行线,便可得图中的一个平行四边形,这种对应是一一对应,所以图中边不平行 AC 的平行四边形个数 $S_1 = C_{n+2}^4$,从而图中平行四边形的总个数为 $S = 3C_{n+2}^4$.

例 12　在一个车厢中,任何 $m(\ge 3)$ 个旅客都有唯一的公共朋友(当甲是乙的朋友时,乙也是甲的朋友,任何人不作为自己的朋友). 问在这个车厢中,朋友最多的人有多少个朋友?

（1990 年第 5 届中国国家集训队试题）

分析　本题的已知条件只有一个,即每 m 位旅客对应于唯一一位公共朋友. 只有紧紧抓住这一对应关系,才能找出问题的答案.

解　设朋友最多的人 A 有 k 位朋友,因为 m 个旅客都有唯一公共朋友 a,即 a 至少有 m 个朋友,所以 $k \ge m$.

若 $k > m$,设 A 有 k 个朋友 $B_1,B_2,\cdots,B_k$,并记 $S = \{B_1,B_2,\cdots,B_k\}$,在 S 中任取 $m-1$ 个元素 $B_{i_1},B_{i_2},\cdots,B_{i_{m-1}}$,则 $A,B_{i_1},\cdots,B_{i_{m-1}}$ 有唯一的公共朋友,记作 C_i,因 C_i 是 A 的朋友,故 $C_i \in S$,可见 S 的任何 $m-1$ 元子集对应于 S 中唯一确定的元素,得到一个从 S 的所有 $m-1$ 元子集到 S 的一个映射 f. 下面证明 f 是单射.

事实上,设 $\{B_{i_1},B_{i_2},\cdots,B_{i_{m-1}}\}$ 和 $\{B_{j_1},B_{j_2},\cdots,B_{j_{m-1}}\}$ 是 S 的两个不同的 $m-1$ 元子集,且它们对应的除 A 外的唯一公共朋友分别为 C_i,C_j. 若 $C_i = C_j$（记为 C）,则 $\{B_{i_1},\cdots,B_{i_{m-1}}\} \cup \{B_{j_1},\cdots,B_{j_{m-1}}\}$ 至少有 m 个元素,但它们却有两个不同的公共朋友 A 和 C,这与已知矛盾,所以 $C_i \ne C_j$,故 f 是单射,所以 S 中 $m-1$ 元子集的个数不超过 S 中的元素个数,即 $C_k^{m-1} \le k$.

但当 $k > m \ge 3$ 时,$k-2 \ge m-1 \ge 2$,$C_k^{m-1} \ge C_k^2 > C_k^1 = k$,矛盾. 这说明 $k > m$ 不成立,所以 $k = m$,即有朋友最多的人有 m 个朋友.

例 13　平面内有 18 个点,其中任意 3 点不共线,每两点连一线段,这些线段用红、蓝两色染色,每条线段恰染一色,其中从某点 A 出发的红色线段有奇数条,而从其余 17 个顶点出发的红色线段数互不相同. 求以已知点为顶点,各边同为红色三角形的个数及有两边为红色另一边为蓝色的三角形的个数.

(1994 年湖南省集训队试题)

分析 我们首先应弄清图中红色边的结构(从而也确定了蓝色边的结构),然后用算二次方法通过计算一些特殊的几何量(两边为红色的角,两边为蓝色的角,红色边、蓝色边、…)建立各类三角形个数所满足的方程组来求解,或者通过分析各类三角形的可能构成方法去直接计算它们的个数.

解 设所有三角形中三边为红色,两边红色一边蓝色,两边蓝色一边红色,三边为蓝色的三角形个数分别为 m, n, p, q.

因除 A 外,其余各点引出的红色线段数互不相同,最少为 0,最多为 17,且 0 与 17 不能同时出现,故只有下列两种情形

$0, 1, 2, \cdots, 16$ 或 $1, 2, \cdots, 17$.

若为前者,设从 A 出发的线段数为 $2k-1$,则图中红色线段共有

$$\frac{1}{2}(0+1+2+\cdots+16+2k-1)=17\times 4+k-\frac{1}{2} 条,$$

矛盾.故只能为第 2 种情形,设除 A 外,其余 17 个点为 $B_1, B_2, \cdots, B_{17}$ 且从 B_i 出发恰有 i 条红色线段 $(i=1, 2, \cdots, 17)$,于是 B_{17} 与其余 17 点都连有红线,从而 B_1 仅与 B_{17} 连有红线,B_{16} 与除 B_1 外的其余 16 点连有红线,从而 B_2 仅与 B_{17}, B_{16} 连有红线.一般说来,B_{17-i} 与除 $B_1, B_2, \cdots, B_i (i=1, 2, \cdots, 8)$ 外的其余 $17-i$ 个点连有红线,而 B_i 仅与 $B_{17}, B_{16}, \cdots, B_{18-i}$ 连有红线,可见 A 仅与 $B_{17}, B_{16}, \cdots, B_9$ 这 9 点连有红线.除此以外,所连的其他线段均为蓝线.

我们称从一点出发的两条红色线段为一个红色角,从一点出发的两条蓝色线段为一个蓝色角,于是每一个三边为红色的三角形中有 3 个红色角,每一个两边为红色另一边为蓝色的三角形中有一个红色角,其他三角形中无红色角,故红色角的总数为 $3m+n$.另一方面以 B_i 为顶点的红色角有 $C_i^2 (i=1, 2, \cdots, 17)$ 个且约定 $C_1^2=0$.从 A 出发的红色角有 C_9^2 个,故红色角的总数又为

$$\sum_{n=2}^{17} C_i^2 + C_9^2 = C_3^3 + \sum_{i=3}^{17}(C_{i+1}^3 - C_i^3) + C_9^2 = C_{18}^3 + C_9^2 = 852.$$

所以 $3m+n=852$.   ①

类似地,可得蓝色角总数为

$$p+3q=\sum_{k=i}^{17} C_{17-i}^2 + C_8^2 = C_{17}^3 + C_8^2 = 708. \quad ②$$

又因每一条线段是 $C_{16}=16$ 个三角形的公共边,故图中红色线段数为 $\frac{1}{16}(3m+2n+p)$.另一方面从 B_i 出发有 i 条红色线段 $(i=1, 2, \cdots, 17)$,且从 A 出发有 9 条红色线段,且每条红色线段计算了两次,故红色线段总数又为 $\frac{1}{2}(1+2+\cdots+17+9)=81$,所以

$$3m+2n+p=16\times 81=1296. \quad ③$$

类似可得图中蓝色线段数为

$$\frac{1}{16}(n+2p+3q)=\frac{1}{2}(16+15+\cdots+2+1+8)=72,$$

即 $n+2p+3q=16\times72=1152.$ ④

联立①、②、③、④，解得 $m=204,n=240,p=204,q=168.$

即三边为红色的三角形有 204 个，两边为红色另一边为蓝色的三角形有 240 个.

解法二 同解法一的分析和记号后，令 $M=\{B_1,B_2,\cdots,B_8\}$，$N=\{A,B_9,B_{10},\cdots,B_{17}\}$，则 M 中任意两点无红色线段相连，而 N 中任意两点连有红色线段，且 M 中任意一点 $B_i(1\leqslant i\leqslant 8)$，恰与 N 中 i 个点连有红色线段. 因此，以 B_1 为顶点且三边为红色的三角形不存在，以 $B_i(2\leqslant i\leqslant 8)$ 为顶点且三边为红色的三角形有 C_i^2 个，以 N 中任意 3 点为顶点且三边为红色的三角形有 C_{10}^3 个，故三边均为红色的三角形个数为

$$C_2^2+C_3^2+\cdots+C_8^2+C_{10}^3=C_9^3+C_{10}^3=84+120=204.$$

又两边为红色另一边为蓝色的三角形分为两类：第一类是三角形的一个顶点为 $B_i\in M$ $(1\leqslant i\leqslant 8)$，另两个顶点属于 N，且从 B_i 向 N 中两点引出的两条线段是一红、一蓝（N 中两点连线为红色），这类三角形的个数为

$$\sum_{i=1}^{8}C_i^1C_{10-i}^1=1\times9+2\times8+3\times7+4\times6+5\times5+6\times4+7\times3+8\times2=156.$$

第二类三角形的一个顶点为 $P\in N$（P 为 A 或 $B_j(9\leqslant j\leqslant 17)$，另两个顶点属于 M，且从 P 向 M 中两点所引线段均为红色（M 中两点连线为蓝色），这类三角形的个数为 $\sum_{i=9}^{17}C_{i-9}^2=C_2^2+C_3^2+\cdots+C_8^2=C_9^3=84(C_0^2=C_1^2=0).$

故两边为红色另一边为蓝色的三角形共有 $156+84=240$ 个.

注 （1）求出红色三角形的个数 $m=204$ 后，也可同解法一建立方程①，从而求出两边为红色另一边为蓝色的三角形个数为 $n=852-3\times204=240.$

（2）本题也可用算二次方法通过计算异色角（从一点出发的一条红色线段和一条蓝色线段组成的角）的总数及三角形的总数建立两个方程来代替①～④中任意两个方程来联立求解.

例 14 将周长为 24 的圆周等分为 24 段，从 24 个分点中选取 8 个点使得其中任何两点所夹的弧长都不等于 3 和 8. 问满足要求的 8 点组的不同取法有多少种？说明理由.

(2001 年 CMO 试题)

解 设 24 个分点依次为 $1,2,\cdots,24$，将 24 个数列成下表：

1	4	7	10	13	16	19	22
9	12	15	18	21	24	3	6
17	20	23	2	5	8	11	14

表中每行相邻两数所代表的点所夹弧长为 3（认为同一行首尾两数也相邻），每列相邻两数所代表的点所夹弧长等于 8（认为同列首尾两数也相邻），故每列至多取 1 个数，8 列至多取 8 个数，但一共要取 8 个数，故每列恰取 1 个数且相邻两列所取的数不同行（认为首尾两列也相邻）.

按照递推方法一节中例 1，若将每列看成一个扇形，每列中第一、二、三行看成 3 种颜色，则这个问题等价于上述例 1 中 $n=8,m=3$ 的情形. 故由上述例 1 得不同的 8 点组的取

法数为 $a_8=(3-1)^8+(-1)^8(3-1)=258$ 种.

注 本题可推广为下列一般性结论:

设 m,n 为大于1的正整数,又 $d=(m,n)$ 表示 m,n 的最大公约数且 $n>d$,将周长为 mn 的圆周等分为 mn 段,从 mn 个分点中选取 n 个点,使其中任意两点所夹的弧长不等于 m 和 $kn(k=1,2,\cdots,\left[\dfrac{m}{2}\right])$,记满足要求的 n 点组的不同取法总数为 $A(m,n)$,则 $A(m,n)=\left[(m-1)^{\frac{n}{d}}+(-1)^{\frac{n}{d}}(m-1)\right]^d$.

关于这一命题的证明,读者可参看论文(张垚. 两道2001年数学竞赛试题的关联. 中学数学(湖北),2002年第5期).

例15 设十进制 n 位正整数中任何相邻两位数字(从左到右)不出现12的数有 a_n 个.

(1)求 a_n;

(2)证明:对一切 $n\in \mathbf{N}_+$,$\dfrac{a_na_{n+1}-1}{2}$ 是完全平方数;

(3)证明:存在两个由正整数组成的数列 $\{x_n\},\{y_n\}$ 使对一切 $n\in \mathbf{N}_+$,有 $a_n=\dfrac{x_n^2+2}{2(x_n+y_n)}$.

解 (1)将 a_{n+1} 个符合条件的 $n+1$ 位正整数分为两类:(i)个位数字不等于2时,个位数字有9种取法,前面 n 位数有 a_n 种取法,这时 $n+1$ 位数有 $9a_n$ 个;(ii)个位数字等于2时,前面 n 位数有 a_n 种取法,但这 a_n 个 $n+1$ 数中倒数第2位等于1的 a_{n-1} 个数不符合条件,故个位数字等于2且十位数不等于1的 $n+1$ 位数有 a_n-a_{n-1} 个. 由加法原理得

$$a_{n+1}=9a_n+(a_n-a_{n-1})=10a_n-a_{n-1} \qquad ①$$

显然 $a_1=9,a_2=9\times 10-1=89$(因2位正整数有90个,其中只有一个数12不满足要求),特征方程为 $r^2=10r-1$,特征根为 $r_{1,2}=5\pm 2\sqrt{6}$,所以

$$a_n=C_1(5+2\sqrt{6})^n+C_2(5-2\sqrt{6})^n,$$

定义 a_0 满足 $a_2=10a_1-a_0$,即 $a_0=10a_1-a_2=1$,结合 $a_1=9$ 得

$$\begin{cases} C_1+C_2=1 \\ C_1(5+2\sqrt{6})+C_2(5-2\sqrt{6})=9 \end{cases} \Rightarrow \begin{cases} C_1=\dfrac{2+\sqrt{6}}{2\sqrt{6}}, \\ C_2=-\dfrac{2-\sqrt{6}}{2\sqrt{6}}. \end{cases}$$

所以

$$a_n=\frac{2+\sqrt{6}}{2\sqrt{6}}(5+\sqrt{6})^n-\frac{2-\sqrt{6}}{2\sqrt{6}}(5-\sqrt{6})^n\ (n\in \mathbf{N}_+). \qquad ②$$

(2)**解法一** 由①及 $a_0=1,a_1=9$ 易算出:$a_2=89,a_3=881,\cdots,\dfrac{a_0a_1-1}{2}=2^2,\dfrac{a_1a_2-1}{2}=20^2,\dfrac{a_2a_3-1}{2}=198^2,\cdots$.

设 $\dfrac{a_na_{n+1}-1}{2}=(pa_{n+1}+qa_n)^2$.

则由上面数据得

$$\begin{cases} 9p+q=2 \\ 89p+9q=20 \end{cases} \Rightarrow \begin{cases} p=\dfrac{1}{4}, \\ q=-\dfrac{1}{4}. \end{cases}$$

即

$$\frac{a_n a_{n+1}-1}{2}=\left(\frac{a_{n+1}-a_n}{4}\right)^2. \qquad ③$$

下面我们用数学归纳法证明对一切 $n\in\mathbf{N}_+$，③式成立.

当 $n=1$ 时，$\dfrac{a_1 a_2-1}{2}=\dfrac{1\times 9-1}{2}=2^2=\left(\dfrac{9-1}{4}\right)^2=\left(\dfrac{a_2-a_1}{4}\right)^2.$

假设 $n=k$ 时，$\dfrac{a_k a_{k+1}-1}{2}=\left(\dfrac{a_{k+1}-a_k}{4}\right)^2 \Leftrightarrow a_{k+1}^2-10a_{k+1}a_k+a_k^2=-8$，那么 $n=k+1$ 时，

$$\left(\frac{a_{k+2}-a_{k+1}}{4}\right)^2-\frac{a_{k+1}a_{k+2}-1}{2}=\left[\frac{(10a_{k+1}-a_k)-a_{k+1}}{4}\right]^2-\frac{a_{k+1}(10a_{k+1}-a_k)-1}{2}$$

$$=\frac{1}{16}(81a_{k+1}^2-18a_{k+1}a_k+a_k^2)-\frac{1}{2}(10a_k^2-a_{k+1}a_k)+\frac{1}{2}$$

$$=\frac{1}{16}(a_{k+1}^2-10a_{k+1}a_k+a_k^2)+\frac{1}{2}$$

$$=\frac{1}{16}\cdot(-8)+\frac{1}{2}=0.$$

即　$\dfrac{a_{k+1}a_{k+2}-1}{2}=\left(\dfrac{a_{k+1}-a_k}{4}\right)^2.$

故对一切 $n\in\mathbf{N}_+$，$\dfrac{a_n a_{n+1}-1}{2}=\left(\dfrac{a_{n+1}-a_n}{4}\right)^2.$

因为 $a_2-a_1=9-1=8$ 是 4 的倍数. 假设 $a_{k+1}-a_k$ 是 4 的倍数，那么 $a_{k+2}-a_{k+1}=8a_{k+1}+(a_{k+1}-a_k)$ 也是 4 的倍数. 故对一切 $n\in\mathbf{N}_+$，$a_{n+1}-a_n$ 是 4 的倍数. 从而 $\dfrac{a_n a_{n+1}-1}{2}=\left(\dfrac{a_{n+1}-a_n}{4}\right)^2$ 是完全平方数.

解法二　由 $\dfrac{a_{n+1}+a_{n-1}}{a_n}=10=\dfrac{a_{n+2}+a_n}{a_{n+1}}$ 得

$$a_{n+1}^2+a_{n+1}a_{n-1}=a_n a_{n+2}+a_n^2,$$

于是

$$a_{n+1}^2-a_n a_{n+2}=a_n^2-a_{n+1}a_{n-1}=\cdots=a_1^2-a_2 a_0=-8.$$

将 $a_{n+2}=10a_{n+1}-a_n$ 代入上式得

$$a_{n+1}^2-10a_{n+1}a_n+a_n^2=-8, \qquad ④$$

即　$\dfrac{a_n a_{n+1}-1}{2}=\left(\dfrac{a_{n+1}-a_n}{4}\right)^2.$

下面同方法一.

解法三　由②式经过计算可得

$$\frac{a_n a_{n+1}-1}{2}=\frac{1}{2}\left[\frac{2+\sqrt{6}}{2\sqrt{6}}(5+2\sqrt{6})^2-\frac{2-\sqrt{6}}{2\sqrt{6}}(5-2\sqrt{6})^2\right]\cdot$$

$$\left[\frac{2+\sqrt{6}}{2\sqrt{6}}(5+2\sqrt{6})^{n+1}-\frac{2-\sqrt{6}}{2\sqrt{6}}(5-2\sqrt{6})^{n+1}\right]-\frac{1}{2}$$

$$=\frac{1}{2}\left[\frac{10+4\sqrt{6}}{24}(5+2\sqrt{6})^{2n+1}+\frac{5}{6}+\frac{10-4\sqrt{6}}{24}(5-2\sqrt{6})^{2n+1}\right]-\frac{1}{2}$$

$$=\left[\frac{1}{24}(5+2\sqrt{6})^{2n+2}-\frac{1}{12}+\frac{1}{24}(5-2\sqrt{6})^{2n+2}\right]$$

$$=\left[\frac{1}{2\sqrt{6}}(5+2\sqrt{6})^{n+1}-\frac{1}{2\sqrt{6}}(5-2\sqrt{6})^{n+1}\right]^2.$$

设 $(5+2\sqrt{6})^{n+1}=A_n+B_n\sqrt{6}(A_n,B_n$ 是正整数$)$，则 $(5-2\sqrt{6})^{n+1}=A_n-B_n\sqrt{6}$，于是

$$\frac{a_n a_{n+1}-1}{2}=\left[\frac{A_n+B_n\sqrt{6}}{2\sqrt{6}}-\frac{A_n-B_n\sqrt{6}}{2\sqrt{6}}\right]^2=B_n^2(n\in\mathbf{N}_+),$$

即对一切 $n\in\mathbf{N}_+$，$\dfrac{a_n a_{n+1}-1}{2}$ 是完全平方数.

(3) 从 ② 可得 $(a_{n+1}-a_n)^2+8=8a_{n+1}a_n$，所以

$$a_n=\frac{(\frac{a_{n+1}-a_n}{2})^2+2}{2a_{n+1}}.$$

令 $a_{n+1}-a_n=2x_n, a_{n+1}+a_n=2y_n$，即 $a_{n+1}=x_n+y_n, a_n=y_n-x_n$，于是可得

$$a_n=\frac{x_n^2+2}{2(x_n+y_n)}(n\in\mathbf{N}_+).$$

因 $a_1=9,a_2=89$ 为奇数，由 ① 应用数学归纳法易知 $\{a_n\}$ 为单调递增的奇数列. 故 x_n,y_n 均为正整数.

注 一般我们可以证明下列结论成立：

定理 如果数列 $\{x_n\},x_n\neq0(n=0,1,2,\cdots)$ 满足下列三个递推关系中的一个，那么它也满足其余两个递推关系(其中 $p,q\neq0$ 为常数)：

(1) $x_{n+2}+px_{n+1}+qx_n=0$，

(2) $x_{n+2}x_n-x_{n+1}^2=q^n(x_0x_2-x_1^2)$，

(3) $x_{n+1}^2+px_{n+1}x_n+qx_n^2=(x_1^2-x_0x_2)q^n$.

关于这一定理的证明及应用，读者可参看论文(张垚. 一类等价递推关系及其应用. 中等数学,2006 年第 4 期).

例 16 在一次实战军事演习中,红方的一条直线防线上设有 20 个岗位,为了试验 5 种不同的新式武器,打算安排 5 个岗位配备这些新式武器,要求第一个和最后一个岗位不配备新式武器,且每相邻 5 个岗位至少有一个岗位配备新式武器,相邻两个岗位不同时配备新式武器,问共有多少种配备新式武器的方案？ (2005 年浙江省预赛试题)

解法一 设 20 个岗位按先后排序为 $1,2,\cdots,20$，且设第 k 种新式武器设置的序号为 a_k $(k=1,2,3,4,5)$. 令 $x_1=a_1,x_2=a_2-a_1,x_3=a_3-a_2,x_4=a_4-a_3,x_5=a_5-a_4,x_6=20-$

a_5,则有

$$\begin{cases} x_1+x_2+x_3+x_4+x_5+x_6=20, \\ 2\leqslant x_k\leqslant 5(k=1,2,3,4,5),1\leqslant x_6\leqslant 4. \end{cases} \qquad ①$$

作代换 $y_k=x_k-2(k=1,2,3,4,5),y_6=x_6-1$,则

$$\begin{cases} y_1+y_2+y_3+y_4+y_5+y_5=9, \\ 0\leqslant y_i\leqslant 3(i=1,2,3,4,5,6). \end{cases} \qquad ②$$

设不定方程 $y_1+y_2+y_3+y_4+y_5+y_6=9$ 的非负整数解集合为 S,则 $|S|=C_{9+6-1}^{6-1}=C_{14}^5$. 设 A_i 为 S 中满足 $y_i\geqslant 4$ 的整数解集合,令 $y'_i=y_i-4,y'_k=y_k(k\neq i)$,则 $|A_i|$ 等于不定方程 $y'_1+y'_2+y'_3+y'_4+y'_5+y'_6=5$ 的非负整数解的组数,即 $|A_i|=C_{5+6-1}^{6-1}=C_{10}^5$. 类似地,$|A_i\cap A_j|$ 等于 $y''_1+y''_2+\cdots+y''_6=1$ 的非负整数解的组数. 即 $|A_i\cap A_j|=C_{1+6-1}^{6-1}=C_6^5$. 而当 $3\leqslant r\leqslant 6$ 时 $|A_{i_1}\cap A_{i_2}\cap\cdots\cap A_{i_r}|=0$,这是因为 $y_1+y_2+\cdots+y_6=9$ 中不可能有 3 个或 3 个以上的 $y_i\geqslant 4$. 由容斥原理得

$$\left|\bigcap_{i=1}^6 \overline{A_i}\right|=|S|-\sum_{i=1}^6|A_i|+\sum_{1\leqslant i<j\leqslant 6}|A_i\cap A_j|=C_{14}^5-C_6^1C_{10}^5+C_6^2C_6^5=580.$$

因为 5 种新式武器各不相同,互换位置得到不同的排列数,所以配备新式武器的方案数等于 $580\times 5!=69600$.

解法二 同解法一可得不定方程①,且①的整数解的组数 m 等于下列多项式中 x^{20} 的系数:

$$f(x)=(x^2+x^3+x^4+x^5)^5(x+x^2+x^3+x^4)$$

$$=x^{11}(1+x+x^2+x^3)^6=x^{11}\left(\frac{1-x^4}{1-x}\right)^6$$

$$=x^{11}\left(\sum_{i=0}^6(-1)^iC_6^ix^{4i}\right)\left(\sum_{n=0}^{\infty}C_{n+5}^5x^n\right),$$

即

$$m=C_{9+5}^5-C_6^1C_{5+5}^5+C_6^2C_{1+5}^5=580.$$

下同解法一.

例 17 设 S 是复平面上单位圆周(即模等于 1 的复数集合),f 是从 S 到 S 的映射,定义 $f_1(z)=f(z),f_{k+1}(z)=f(f_k(z)),k=1,2,3,\cdots$,若 $c\in S$ 及正整数 n,使 $f_n(c)=c$,而 $f_k(c)\neq c(k\in \mathbf{N}^+,1\leqslant k\leqslant n-1)$,我们就称 C 为 f 的 $n-$周期点.

设 m 是大于 1 的正整数,f 的定义如下:

$$f(z)=z^m(z\in S).$$

试计算 f 的 1989-周期点的个数. (1989 年第 4 届 CMO 试题)

分析 记 $A_n=\{z\in S|z$ 是 f 的 $n-$周期点$\}$,$B_n=\{z\in S|f_n(z)=z\}$ 为 f_n 的不动点集合,显然 $A_n\subseteq B_n$,且 $A_n=B_n\backslash(B_n\backslash A_n)$,因此只要弄清集合 $B_n\backslash A_n$(即 B_n 与 A_n 的差)的特性,我们就可通过容斥原理求出 $|A_{1989}|$.

解 因为 $f_1(z)=f(z)=z^m$,故用归纳法易证明 $f_n(z)=z^{m^n}$,$n=1,2,\cdots$. 记 $A_n=\{z\in S|z$ 为 f 的 $n-$周期点$\}$,$B_n=\{z\in S|f_n(z)=z\}$,则问题归纳为求 $|A_{1989}|$. 显然 $B_n\supseteq A_n$,且

由 $z \in S$ 时 $z \neq 0$，知道方程 $f_n(z) = z$ 等价于 $z^{m^n - 1} = 1$，即 z 是 1 的 $m^n - 1$ 次方根，共有 $m^n - 1$ 个，故有 $|B_n| = m^n - 1$.

下面证明 f_n 的不动点集合 B_n 与 f 的 n-周期点集合 A_n 具有下列性质：设 k, n 为正整数，

(1) 若 $k \mid n$ 则 $B_k \subseteq B_n$；

(2) $B_k \cap B_n = B_{(k,n)}$，这是 (k, n) 为 k 和 n 的最大公约数；

(3) $c \in B_n \backslash A_n \Leftrightarrow$ 存在正整数 $k < n$ 使 $k \mid n$ 且 $c \in B_k$.

事实上，

(1) 设 $n = kq$（q 为正整数），若 $c \in B_k$，即 $f_k(c) = c$，则 $f_n(c) = f_{kq}(c) = \underbrace{f_k(f_k(\cdots f_k(c)))}_{q \uparrow f_k} = c$，即 $c \in B_n$，故 $B_k \subseteq B_n$.

(2) 由 (1) 知 $B_{(k,n)} \subseteq B_k$，$B_{(k,n)} \subseteq B_n$，故 $B_{(k,n)} \subseteq B_k \cap B_n$. 反之，设 $c \in B_k \cap B_n$，即 $f_k(c) = c$，$f_n(c) = c$. 不失一般性可设 $k < n$，则 $f_{n-k}(c) = f_{n-k}(f_k(c)) = f_n(c) = c$，于是由辗转相除法可得 $f_{(k,n)}(c) = c$，即 $c \in B_{(k,n)}$，故 $B_k \cap B_n \subseteq B_{(k,n)}$，所以 $B_k \cap B_n = B_{(k,n)}$.

(3) 由 (1) 及 f 的 n-周期点的定义知充分性成立，下面证明必要性. 设 $c \in B_n \backslash A_n$，即 $f_n(c) = c$ 且存在 $l < n$ 使 $f_l(c) = c$，设使 $f_l(c) = c$ 成立的最小正整数为 k，显然 $k < n$，我们证明 $k \mid n$. 否则，存在正整数 q, r 使 $n = qk + r (0 < r < k)$. 由 (1) 有 $f_{kq}(c) = c$，于是 $f_r(c) = f_r(f_{kq}(c)) = f_{kq+r}(c) = f_n(c) = c$，这与 k 的最小性矛盾.

因为 $1989 = 3^2 \cdot 13 \cdot 17$，如果正整数 $k \mid 1989 (k < 1989)$，那么 k 必是 $3 \cdot 13 \cdot 7, 3^2 \cdot 17, 3^2 \cdot 13$（即 $663, 153, 117$）这三个数中至少一个的因数，由性质 (1) 有 $B_k \subseteq B_{663} \cup B_{153} \cup B_{117}$. 从而由性质 (3) 有

$$A_{1989} = B_{1989} \backslash \left(\bigcup_{\substack{k \mid 1989 \\ 1 \leqslant k < 1989}} B_k \right) = B_{1989} \backslash (B_{663} \cup B_{153} \cup B_{117}).$$

再由容斥原理及性质 (2) 得 f 的 1989-周期点的个数为

$$|A_{1989}| = |B_{1989}| - |B_{663}| - |B_{153}| - |B_{117}| + |B_{663} \cap B_{153}| +$$
$$|B_{663} \cap B_{117}| + |B_{663} \cap B_{153} \cap B_{117}|$$
$$= (m^{1989} - 1) - (m^{663} - 1) - (m^{153} - 1) - (m^{117} - 1) + (m^{51} - 1) +$$
$$(m^{39} - 1) + (m^9 - 1) - (m^3 - 1)$$
$$= m^{1989} - m^{663} - m^{153} - m^{117} + m^{51} + m^{39} + m^9 - m^3.$$

注 本题证明 B_n 和 A_n 的三条性质时，没有用到 f 的表达式的形状，故我们事实上已证明了下列结论成立：

定理 3 设 $f(x)$ 是定义在数集 M 上且取值于 M 的函数，k, n 是正整数，$C \in M$，

(1) 若 $k \mid n$，且 C 是 $f_k(x)$ 的不动点，则 C 是 $f_n(x)$ 的不动点；

(2) 若 C 是 $f_k(x)$ 和 $f_n(x)$ 的公共不动点，则 C 是 $f_{(k,n)}(x)$ 的不动点；

(3) C 是 $f_n(x)$ 的不动点而非 f 的 n-周期点的充要条件是存在正整数 $k < n$，使 $k \mid n$ 且 C 是 $f_k(x)$ 的不动点.

【模拟实战一】

习题 A

1. 已知正整数的各位数字都不为零且其和为 7，则所有这些正整数的位数中出现 3 的次数是_____.　　　　　　　　　　　　　　　　（2009 年全国高中联赛甘肃省预赛试题）

2. 将 5 名同学分配到 A、B、C 三个宿舍中，每个宿舍至少安排 1 名同学，其中甲同学不能分配到宿舍 A，那么不同的分配的方案数有（　　　）种.
    A. 76　　　　　　　　B. 100　　　　　　　　C. 132　　　　　　　　D. 159
    　　　　　　　　　　　　　　　　　　　　　　（2010 年全国高中联赛河南省预赛试题）

3. 一个由若干行数字组成的数表，从第二行起，每一行中的数字均等于其肩上的两个数之和，最后一行仅有一个数，第一行是前 100 个正整数按从小到大排成的行，则最后一行的数是_____.（可以用指数表示）　　　　　　（2009 年全国高中联赛试题）

4. 用七个数码 1，2，3，4，5，6，7 适当排成一个 7 位数，使得它是 11 的倍数，则能排出的数的个数为_____.　　　　　　　　　（2012 年全国高中数学联赛山西省预赛试题）

5. 已知数列 $\{a_n\}$ 共有 9 项，其中 $a_1 = a_9 = 1$，且对每个 $i \in \{1,2,3,\cdots,8\}$ 均有 $\dfrac{a_i+1}{a_i} \in \left\{2,1,-\dfrac{1}{2}\right\}$，则这样的数列的个数为_____.　　　　（2013 年全国高中联赛试题）

6. 设集合 $A = \{1,3,5,7,9\}$，$B = \{2,4,6,18\}$，若 $C = \{a+b \mid a \in A, b \in B\}$. 则集合 C 中所有元素之和为_____.　　　　　　　　　　（2013 年全国高中联赛湖北省预赛试题）

7. 将集合 $\{1,2,3,4,5,6,7,8\}$ 中的元素作全排列，使得除了最左端一个数之外，对于其余的每个数 n，在 n 的左边位置上总有一个数与 n 的差的绝对值为 1，那么满足条件的排列个数为_____.　　　　　　　　　（2013 年全国高中联赛江西省预赛试题）

8. 某次乒乓球单打比赛，原计划每两名选手比赛一场，但有 3 名选手各比赛了 2 场后退出了比赛，这样全部比赛一共进行了 50 场. 那么上述 3 名选手之间比赛的场数为_____.
    　　　　　　　　　　　　　　　　　　　　　　　　（1999 年全国高中联赛试题）

9. 2×3 的矩形花坛被分成 6 个 1×1 的小正方形区域：A, B, C, D, E, F，在每个区域内栽种一种植物，相邻两个区域内栽种的植物不同，今有 6 种植物可供选择，则共有_____种不同的栽种方案.　　　　　　　　　　　（2002 年湖南省中学生夏令营试题）

10. 甲、乙两队各抽出 7 名队员按事先排好的顺序出场参加围棋擂台赛，双方先由 1 号队员比赛，负者被淘汰，胜者再与负方 2 号队员比赛，…，直到一方队员全部被淘汰为止，另一方获得胜利，形成一个比赛过程. 那么所有可能出现的比赛过程的种数为_____.
    　　　　　　　　　　　　　　　　　　　　　　　　（1988 年全国高中联赛试题）

11. 记集合 $T = \{0,1,2,3,4,5,6\}$，$M = \left\{\dfrac{a_1}{7} + \dfrac{a_2}{7^2} + \dfrac{a_3}{7^3} + \dfrac{a_4}{7^4}\right\}$，$a_i \in \mathbf{T}$，$i = \{1,2,3,4\}$，将 M 中的

数按从大到小的顺序排列,则第 2005 个数是_____.

（2005 年全国高中联赛试题,原题是选择题）

12. 如果自然数 a 的各位数字之和等于 7,那么称 a 为"吉祥数",将所有"吉祥数"从小到大排成一列 $a_1, a_2, a_3, \cdots$,若 $a_n = 2005$,则 $a_{5n} =$ _____. （2005 年全国高中联赛试题）

13. 试确定形如 $x^n + a_1 x^{n-1} + \cdots + a_{n-1} x + a_n (a_i = \pm 1, 1 \leqslant i \leqslant n)$ 的全体多项式,使得每个多项式的零点都是实数.

14. 一次竞赛有 $n \geqslant 2$ 名选手参加,每天选手的得分恰好组成集合 $\{1, 2, \cdots, n\}$. 如果在第 k 天末,每两名选手的总分之和均为 52 分,求出使这件事成为可能的所有数对 (n, k).

15. 从正整数列 $1, 2, 3, 4, \cdots$ 中划去 3 及 4 的倍数,但其中凡是 5 的倍数均保留（例如 15, 20, 60, 120 均不划去）,划完后,剩下的数依原有次序组成一个数列: $a_1 = 1, a_2 = 2, a_3 = 5, a_4 = 7, \cdots$. 试求 a_{2003}.

16. n 对夫妻任意排成一行,求没有任何一对夫妻相邻的排法总数.

17. 8 位旅客随意踏上 6 节车厢,使得恰有 2 节车厢空着的上法总数是多少?

18. 设集合 $S_n = \{1, 2, \cdots, n\}$,若 Z 是 S_n 的子集,记 Z 中所有数的和称为 Z 的容量（规定空集的容量为零）. 若 Z 的容量为奇（偶）数,则称 Z 为 S_n 的奇（偶）子集.

(1)求证: S_n 的奇子集与偶子集的个数相等;

(2)求证: $n \geqslant 3$ 时, S_n 的所有奇子集的容量之和等于所有偶子集的容量之和;

(3)当 $n \geqslant 3$ 时,求 S_n 的所有奇子集的容量之和. （1992 年全国高中联赛题）

19. 在小于 10^4 的正整数中,有多少个正整数 n,使 $2^n - n^2$ 被 7 整除?

（第 6 届莫斯科市奥林匹克试题）

20. 以 A 表示方程 $x_1 + x_2 + \cdots + x_{2n} = n$ 满足约束条件: $x_1 + x_2 + \cdots + x_j < \dfrac{1}{2} j (1 \leqslant j \leqslant 2n - 1)$ 及 $0 \leqslant x_j \leqslant 1 (1 \leqslant j \leqslant 2n)$ 的整数解 $(x_1, x_2, \cdots, x_{2n})$ 的全体,求 $|A|$.

21. 从装有 $n-1$ 个白球的 $n-1$ 个黑球的袋里逐一取出所有 $2n-2$ 个球,使得每次取球后,留在袋里的黑球不少于白球. 假设同色球没有区别,求所有取法种数.

22. 甲、乙打乒乓球,最后甲以 11 : 6 获胜,求在比赛过程中甲一直领先的比分序列的个数.

23. (1)用 m 种颜色给一个正八面体的 6 个顶点染色（假设这 6 个顶点没有区别）,则不同的染色方案有多少种?

(2)改为用 m 种颜色给一个正八面体的八个面染色,则不同的染色方案有多少种?

24. k 个人到书店买书,满足

(1)每人都了 $2(k-3)$ 种不同的书,且买的每种书都恰有相同的人数购买;

(2)对于买的每两种书,都恰有 $k-3$ 个人同时购买.

其中 k 为大于 3 的素数. 问共有多少个人买书,且他们一共买了多少种不同的书?

25. 设 p 为素数, n 为正整数且 $n = n_0 + n_1 p + n_2 p^2 + \cdots + n_t p^t$,其中 $n_i \in \mathbf{N}$ 且 $0 \leqslant n_i \leqslant p-1$ $(i = 0, 1, 2, \cdots, t)$. 令 S_n 为满足下列条件的三元数组 (a, b, c) 的集合:

(1) a, b, c 为非负整数;

(2)$a+b+c=n$;

(3)$\dfrac{n!}{a!\ b!\ c!}$不能被 p 整除.

问集合 S_n 中有多少个不同的有序三元组 (a,b,c)?

(2012年全国高中联赛江苏省预赛试题)

习题 B

26. 给定了 n^2 个不同的实数,排成 $n\times n$ 的数表,每列中取出最大数且每行中取出最小数,求恰可取出 $2n$ 个不同数的排列方式数.

27. 以正 n 边形的顶点为顶点的梯形共有多少个?.

28. 设 $A=\{1,2,3,\cdots,4n+2\}$,$M=\{2n+1,4n+3,6n+5\}$. 对 A 的任意非空子集 B,当 B 的任意两个数之和不属于 M 时,称 B 为 $M-$自由集. 如果 $A=A_1\bigcup A_2$,$A_1\bigcap A_2=\varnothing$,且 A_1,A_2 均为 $M-$自由集,那么称有序对 (A_1,A_2) 为 A 的一个 $M-$划分. 试求 A 的所有 $M-$划分的个数. (当 $n=500$ 时,此题为 2003 年中国国家集训队选拔考试试题)

29. 把边长为 1 的正三角形 ABC 各边都 n 等分,过各分点作平行其他两边的直线,将这三角形分成小三角形,各小三角形的顶点都称为结点,在每一结点上放置一个实数.
已知:
(i)A,B,C 三点上放置的实数为 a,b,c;
(ii)在每个有公共边的两个最小三角形组成的菱形中,两组相对顶点上放置的数之和相等.
试求:(1)放置最大数的点与放置最小数的点之间的距离 r;
(2)所有结点上数的总和 S. (1987 年第 2 届 CMO 试题)

30. 由 0,1,2,3,4,5 组成的 n 位正整数中,数字 1 与 2 不相邻的有 a_n 个.
(1)证明:对一切 $n\in \mathbf{N}_+$,$41a_n^2+(-4)^{n+2}$ 是完全平方数;
(2)证明:存在两个由正整数组成的数列 u_n 和 v_n 使 $x_n=\dfrac{4\left[u_nv_n-(-4)^n\right]}{5(u_n+v_n)}(n\in \mathbf{N}_+)$.

31. 某次会议共出席 $12k$ 人(k 为正整数),并且每个人恰同其他 $3k+6$ 俱互相认识. 假设对任意两人,同这两个人都互相认识的人数都是相等的,试求出席这次会议的人数.

(第 36 届 IMO 预选题)

32. 将集合 $S=\{1,2,3,\cdots,n\}(n=1000)$ 分成两个不相交的子集 A 和 B,满足:
(1)$19\in A$;
(2)若 $a\in A,b\in B$,且 $a+b\leqslant n$,则 $a+b\in B$;
(3)若 $a\in A,b\in B$,且 $a\cdot b\leqslant n$,则 $a\cdot b\in B$. 试求 A 中元素的个数.

33. 设 n 为正整数. 由 n 个正整数(可以相等)组成的数列 $a_1,a_2,\cdots,a_n$ 称为"满数列",如果它满足下列条件:对任意正整数 $k(k\geqslant 2)$,如果 k 是该数列中的一项,那么 $k-1$ 也是该数列中一项,且 $k-1$ 在数列中第一次出现的位置在 k 最后一次出现的位置的前面. 问

对每一个 n,有多少个"满数列"?

(第 43 届 IMO 预选题)

34. 地面上有 10 只小鸟在啄食,其中任意 5 只小鸟中至少有 4 只在同一圆上,问有鸟最多的圆上最少有几只鸟?

(1991 年第 6 届 CMO 试题)

35. 设 $A=\{1,2,3,4,5,6,7,8,9,10,11\}$,$f$ 是从 A 到 A 的映射,满足:
    (1)对任意 $x \in A$,$f_{15}(x)=x$;
    (2)对任意正整数 $k(1 \leqslant k \leqslant 14)$,至少存在一个 $a \in A$,使 $f_k(a) \neq a$.
    求满足上述条件的 f 的个数. 这里规定 $f_1(x)=f(x)$,$f_{k+1}(x)=f(f_k(x))$($x \in A$,$k=1,2,3,\cdots$).

36. 设 $Z=\{1,2,\cdots,n\}$,k 为正整数,$\dfrac{n}{2} \leqslant k \leqslant n$,求满足下列条件的映射 $f:Z \to Z$ 的个数:
    (i)$f^2=f$;
    (ii)$f(x)$ 的值域 $f(Z)$ 中恰有 k 个不同元素;
    (iii)对每个 $y \in f(Z)$,使 $f(x)=y$ 的 $x \in Z$ 至多两个.

37. 设 $1 \leqslant r \leqslant n$,有序组 $(x_1,x_2,\cdots,x_r)$ 中每个 $x_j \in \{1,2,\cdots,n\}$,并且对每个 $i=1,2,\cdots,n$,$x_1,x_2,\cdots,x_r$ 中至多有 $i-1$ 个 $\leqslant i$. 求这种 r 元有序组的个数.

38. 对正整数 n,将 n 分成一个或若干个正整数的和,并将这些数按不减的顺序排列,称为 n 的一个分划 π. 对任意分划 π,定义 $A(\pi)$ 为分划中数字 1 出现的个数,$B(\pi)$ 是分划中不同数字的个数(如对 $n=13$ 的一个分划 π:$1+1+2+2+2+5$ 而言,$A(\pi)=2$,$B(\pi)=3$). 证明:对任意给定的正整数 n,所有分划的 $A(\pi)$ 之和等于 $B(\pi)$ 之和.

39. 设 $4 \times 4 \times 4$ 的大正方体由 64 个单位正方体组成,选取其中 16 个单位正方体涂成红色,使得正方体中每个由 4 个单位正方体组成的 $1 \times 1 \times 4$ 的小长方体中,都恰有 1 个红正方体. 问 16 个红正方体有多少种不同取法? 说明理由. (1999 年 CMO(冬令营)试题)

40. 设 n 是能被 4 整除的正整数,求 $\{1,2,3,\cdots,n\}$ 的所有满足下列排列的排列 σ 的数目:$\{\sigma(1),\sigma(2),\cdots,\sigma(n)\}$ 是 $\{1,2,\cdots,n\}$ 的一个排列,且 $\sigma(j)+\sigma^{-1}(j)=n+1$ 对所有 $j \in \{1,2,\cdots,n\}$ 成立,其中当 $\sigma(i)=j$ 时,$\sigma^{-1}(j)=i$. (2006 年印度国家队选拔考试试题)

第二章　组合恒等式和组合问题中的不等式

§1　基础知识

1. 二项式定理

定理 1　$(x+y)^n = \sum\limits_{k=0}^{n} C_n^k y^k x^{n-k}$，特别地，$(1+x)^n = \sum\limits_{k=0}^{n} C_n^k x^k$，其中 n 为正整数，

$C_n^k = \dfrac{n(n-1)\cdots(n-k+1)}{k!} (1 \leqslant k \leqslant n)$，$C_n^0 = 1$.

2. 基本组合恒等式

(1) $C_m^n = C_m^{m-n}$.

(2) $C_{m+1}^n = C_m^n + C_m^{n-1}$.

(3) $C_n^k = \dfrac{k}{n} C_{n-1}^{k-1}$.

(4) $C_n^k C_k^m = C_n^m C_{n-m}^{k-m}$.

(5) $1 + C_n^1 + \cdots + C_n^n = 2^n$.

(6) $1 - C_n^1 + C_n^2 - \cdots + (-1)^n C_n^n = 0$.

(7) $C_n^1 + C_n^3 + \cdots + C_n^{2\left[\frac{n}{2}\right]+1} = 1 + C_n^2 + \cdots + C_n^{2\left[\frac{n}{2}\right]} = 2^{n-1}$.

3. 广义二项式定理

定理 2　对任意实数 $\alpha \neq 0$，有 $(1+x)^\alpha = \sum\limits_{n=0}^{\infty} C_\alpha^n x^n (|x| < 1)$，

其中 $C_\alpha^0 = 1$，$C_\alpha^n = \dfrac{\alpha(\alpha-1)\cdots(\alpha-n+1)}{n!} (n \geqslant 1)$.

广义二项式定理的证明要用到高等数学知识，这里就省略了.

§2　证明组合恒等式的基本方法

1. 利用已有的基本组合恒等式及二项式定理

例 1　证明：$\sum\limits_{k=1}^{n} k C_n^k = n \cdot 2^{n-1}$.

证明　由恒等式 $k C_n^k = n C_{n-1}^{k-1}$ 得

$$\sum_{k=1}^{n} k C_{n-1}^{k-1} = \sum_{k=1}^{n} n C_{n-1}^{k-1} = n \sum_{k=1}^{n-1} C_{n-1}^k = n \cdot 2^{n-1}.$$

例 2　证明：$\sum\limits_{k=0}^{n} C_{2n}^k = 2^{2n-1} + \dfrac{(2n)!}{2 \cdot (n!)^2}$.

证明　由 $\sum\limits_{k=0}^{n} C_{2n}^k = \sum\limits_{k=0}^{2n} C_{2n}^k - \sum\limits_{k=n+1}^{2n} C_{2n}^k = 2^{2n} - \sum\limits_{k=n+1}^{2n} C_{2n}^k$. 而 $\sum\limits_{k=n+1}^{2n} C_{2n}^k$ 中令 $k = 2n-j$ 得

$$\sum_{k=n+1}^{2n} C_{2n}^k = \sum_{j=0}^{n-1} C_{2n}^{2n-j} = \sum_{j=0}^{n-1} C_{2n}^j = \sum_{j=0}^{n} C_{2n}^j - C_{2n}^n.$$

所以　$\sum\limits_{k=0}^{n} C_{2n}^k = 2^{2n} - (\sum\limits_{k=0}^{n} C_{2n}^k - C_{2n}^n)$，由此可得

$$\sum_{k=0}^{n} C_{2n}^{k} = \frac{1}{2}(2^{2n} + C_{2n}^{n}) = 2^{2n-1} + \frac{(2n)!}{2(n!)^2}.$$

例3 证明：$C_r^r + C_{r+1}^r + \cdots + C_{r+n-1}^r = C_{r+n}^{r+1}$.

证明 $C_r^r + C_{r+1}^r + \cdots + C_{r+n-1}^r$

$= C_{r+1}^{r+1} + (C_{r+2}^{r+1} - C_{r+1}^{r+1}) + (C_{r+3}^{r+1} - C_{r+2}^{r+1}) + \cdots + (C_{r+n}^{r+1} - C_{r+n-1}^{r+1}) = C_{r+n}^{r+1}$.

2. 母函数方法

应用母函数方法证明组合恒等式时,常常是适当选择一个母函数,用两种不同的方法将它展开成两个幂级数,则由同次幂的系数相等便得到要证的组合恒等式.

例1 证明：(1) $(C_n^0)^2 + (C_n^1)^2 + \cdots + (C_n^n)^2 = C_{2n}^n$;

(2) $(C_{2n}^1)^2 + (C_{2n}^3)^2 + \cdots + (C_{2n}^{2n-1})^2 = \frac{1}{2}\{C_{4n}^{2n} + (-1)^{n-1}C_{2n}^n\}$.

证明 (1)一方面,$(1+x)^{2n} = \sum_{k=0}^{2n} C_{2n}^k x^k$ 中 x^n 的系数为 C_{2n}^n,另一方面,$(1+x)^{2n} = (1+x)^n \cdot (1+x)^n = (\sum_{i=0}^{n} C_n^i x^i) \cdot (\sum_{j=0}^{n} C_n^j x^j)$ 中 x^n 的系数为 $\sum_{k=0}^{n} C_n^k C_n^{n-k} = \sum_{k=0}^{n} (C_n^k)^2$,所以 $\sum_{k=0}^{n} (C_n^k)^2 = C_{2n}^n$.

(2)首先将(1)中恒等式的 n 用 $2n$ 代替,得 $\sum_{k=0}^{2n} (C_{2n}^k)^2 = C_{4n}^{2n}$ ①. 其次,一方面,$(1-x^2)^{2n} = \sum_{k=0}^{2n} (-1)^k C_{2n}^k x^{2k}$ 中 x^{2n} 的系数为 $(-1)^n C_{2n}^n$,另一方面,$(1-x^2)^{2n} = (1-x)^{2n}(1+x)^{2n} = (\sum_{k=0}^{2n} (-1)^k C_{2n}^k x^k)(\sum_{j=0}^{2n} C_{2n}^j x^j)$ 中 x^{2n} 的系数为 $\sum_{k=0}^{2n} (-1)^k C_{2n}^k C_{2n}^{2n-k} = \sum_{k=0}^{2n} (-1)^k (C_{2n}^k)^2$,所以 $\sum_{k=0}^{2n} (-1)^k (C_{2n}^k)^2 = (-1)^n C_{2n}^n$ ②,于是,由$(①-②)\div 2$ 得 $\sum_{k=1}^{n} (C_{2n}^{2k-1})^2 = \frac{1}{2}\{C_{4n}^{2n} + (-1)^{n-1} \cdot C_{2n}^n\}$.

例2 证明：(1) $\sum_{k=1}^{n} C_n^k C_n^{n+1-k} = C_{2n}^{n+1}$;

(2) $\sum_{k=0}^{[\frac{n}{2}]} (C_n^k - C_n^{k-1})^2 = \frac{1}{n+1} C_{2n}^n$(其中 $C_n^{-1} = 0$).

证明 (1)一方面 $(1+x)^{2n} = \sum_{k=0}^{2n} C_{2n}^k x^k$ 中 x^{n+1} 的系数为 C_{2n}^{n+1},另一方面 $(1+x)^{2n} = (1+x)^n (1+x)^n = (\sum_{k=0}^{n} C_n^k x^k)(\sum_{j=0}^{n} C_n^j x^j)$ 中 x^{n+1} 的系数为 $\sum_{k=1}^{n} C_n^k C_n^{n+1-k}$,所以 $\sum_{k=1}^{n} C_n^k C_n^{n+1-k} = C_{2n}^{n+1}$.

(2)因为 $\sum_{k=0}^{[\frac{n}{2}]} (C_n^k - C_n^{k-1})^2 = \sum_{k=0}^{[\frac{n}{2}]} [(C_n^k)^2 + (C_n^{k-1})^2] - 2\sum_{k=0}^{[\frac{n}{2}]} C_n^k C_n^{k-1} = A - B$,其中 $A = \sum_{k=0}^{[\frac{n}{2}]} [(C_n^k)^2 + (C_n^{k-1})^2]$,$B = 2\sum_{k=0}^{[\frac{n}{2}]} C_n^k C_n^{k-1}$.

当 $n=2m$ 为偶数时,利用例1(1)中恒等式得

$A = \sum_{k=0}^{m} [(C_n^k)^2 + (C_n^{k-1})^2] = \sum_{k=0}^{m} (C_n^k)^2 + \sum_{k=0}^{m} (C_n^{k-1})^2$

$= \sum_{k=0}^{m} (C_n^k)^2 + \sum_{k=1}^{m} (C_n^{n+1-k})^2 = \sum_{k=0}^{m} (C_n^k)^2 + \sum_{k=m+1}^{2m} (C_n^k)^2$

$= \sum_{k=0}^{2m} (C_n^k)^2 = C_{2n}^n$.

类似地,利用本例(1)中恒等式,有

$$B = 2\sum_{k=0}^{m} C_n^k C_n^{k-1} = \sum_{k=0}^{m} C_n^k C_n^{n+1-k} + \sum_{k=0}^{m} C_n^k C_n^{n+1-k}$$

$$= \sum_{k=1}^{m} C_n^k C_n^{n+1-k} + \sum_{k=m+1}^{n} C_n^{k-1} C_n^k = \sum_{k=1}^{n} C_n^k C_n^{n+1-k} = C_{2n}^{n+1}.$$

当 $n=2m+1$ 为奇数时,同上可证

$A = C_{2n}^n - (C_n^{n+1})^2, B = C_{2n}^{n+1} - C_n^{n+1} C_n^m = C_{2n}^{n+1} - (C_n^{m+1})^2.$

故对任意正整数 n,都有

$$\sum_{k=0}^{\left[\frac{n}{2}\right]} (C_n^k - C_n^{k-1})^2 = A - B = C_{2n}^n - C_{2n}^{n+1} = \frac{1}{n+1} C_{2n}^n.$$

例3 证明:$\sum_{k=0}^{\left[\frac{n}{2}\right]} (-1)^k C_{n+1}^k C_{2n-2k}^n = n+1.$

证明 一方面 $(1+x)^{n+1} = \sum_{k=0}^{n+1} C_{n+1}^k$ 中 x^n 的系数为 $n+1$,另一方面 $(1+x)^{n+1} = \frac{(1-x^2)^{n+1}}{(1-x)^{n+1}} =$

$(\sum_{k=0}^{n+1} (-1)^k C_{n+1}^k x^{2k}) \cdot (\sum_{j=0}^{\infty} C_{j+n}^n x^j)$ 中 x^n 的系数为 $\sum_{k=0}^{\left[\frac{n}{2}\right]} (-1)^k C_{n+1}^k \cdot C_{(n-2k)+n}^n = \sum_{k=0}^{\left[\frac{n}{2}\right]} (-1)^k C_n^k C_{2n-2k}^n$,所

以 $\sum_{k=0}^{\left[\frac{n}{2}\right]} (-1)^k C_n^k C_{2n-2k}^n = n+1.$

注 当恒等式中流动标号出现在组合记号 C_m^n 的下位 m 中时,可考虑用公式

$$\frac{1}{(1-x)^{n+1}} = \sum_{k=0}^{\infty} C_{k+n}^n x^k.$$

例4 证明:$\sum_{k=0}^{n} (-1)^{n-k} 2^{2k} C_{n+k+1}^{2k+1} = n+1.$

证明 注意到 $C_{n+k+1}^{2k+1} = C_{n+k+1}^{n-k}$ 及 $(2-x)^{n+k+1} = \sum_{i=0}^{n+k+1} (-1)^i C_{n+k+1}^i \cdot 2^{n+k+1-i} x^i$ 中 x^{n-k}

的系数为 $(-1)^{n-k} C_{n+k+1}^{n-k} 2^{2k+1} = (-1)^{n-1} 2^{2k+1} C_{n+k+1}^{2k+1}.$ 所以 $f(x) = \sum_{k=0}^{n} (-x+2)^{n+k+1} x^k$ 中 x^n

的系数为 $A_n = \sum_{k=0}^{n} (-1)^{n-k} 2^{2k+1} C_{n+k+1}^{2k+1}.$

另一方面 $f(x) = (2-x)^{n+1} \sum_{k=0}^{n} (2x-x^2)^k = (2-x)^{n+1} \cdot \frac{1-(2x-x^2)^{n+1}}{1-(2x-x^2)} =$

$(2-x)^{n+1}(1-x)^{-2} - x^{n+1}(2-x)^{2(n+1)}(1-x)^{-2}$ 中含 x^n 的项仅在 $(2-x)^{n+1}(1-x)^{-2}$

中,而

$$(2-x)^{n+1}(1-x)^{-2} = [1+(1-x)]^{n+1}(1-x)^{-2}$$
$$= C_{n+1}^0 (1-x)^{n-1} + C_{n+1}^1 (1-x)^{n-2} + \cdots + C_{n+1}^n +$$
$$C_{n+1}^n (1-x)^{-1} + C_{n+1}^{n+1} (1-x)^{-2}$$

中,仅最后两项含有 x^n,且这两项中 x^n 的系数之和为 $C_{n+1}^n + C_{n+1}^{n+1} \cdot C_{n+1}^1 = 2(n+1).$

故 $A_n = 2(n+1)$,所以 $\sum_{k=0}^{n} (-1)^{n-k} 2^{2k+1} C_{n+k+1}^{2k+1} = 2(n+1)$,

即 $\sum_{k=0}^{n} (-1)^{n-k} 2^{2k} C_{n+k+1}^{2k+1} = n+1.$

注 当恒等式中流动标号在组合记号 C_m^n 的上、下位 n、m 中都出现时,常常要用二项

式与 x 的幂的乘积之和作为母函数.

例5 证明:$\sum_{k=p}^{n}(-1)^kC_n^kC_k^p=(-1)^n\delta_{pn}$,其中 $\delta_{ij}=\begin{cases}1(i=j),\\0(i\neq j).\end{cases}$

证明 注意到当 $k\geqslant p$ 时,$(1+x)^k=\sum_{i=0}^{k}C_k^ix^i$ 中 x^p 的系数为 C_k^p;当 $0\leqslant k<p$ 时,$(1+x)^k$ 中 x^p 的系数为零,所以 $\sum_{k=0}^{n}(-1)^kC_n^k(1+x)^k$ 中 x^p 的系数为 $\sum_{k=p}^{n}(-1)^kC_n^kC_k^p$.另一方面 $\sum_{k=0}^{n}(-1)^kC_n^k(1+x)^k=[1-(1+x)]^n=(-1)^nx^n$ 中 x^p 的系数为 $(-1)^n\delta_{pn}=\begin{cases}0(p\neq n)\\(-1)^n(p=n)\end{cases}$,故 $\sum_{k=p}^{n}(-1)^kC_n^kC_k^p=(-1)^n\delta_{pn}$.

注 按定义 $C_k^p=\dfrac{k(k-1)\cdots(k-p+1)}{p!}$ 有 $C_0^p=C_1^p=\cdots=C_{p-1}^p=0$.故本题中恒等式可写成 $\sum_{k=0}^{n}(-1)^kC_n^kC_k^p=(-1)^n\delta_{pn}$.今后,我们都约定当 $0\leqslant k\leqslant p-1$ 时,$C_k^p=0$.

3. 算子方法

设 $p[x]$ 表示如下形状的形式幂级数组成的集合:$f(x)=\sum_{n=0}^{\infty}a_nx^n$.特别,如果 $a_0,a_1,\cdots,a_n,\cdots$ 中只有有限个数不等于 0,那么 $f(x)$ 为多项式.

对任意 $f(x)=\sum_{n=0}^{\infty}a_nx^n$,$g(x)=\sum_{n=0}^{\infty}b_nx^n$,我们定义

(1)$kf(x)=\sum_{n=0}^{\infty}(ka_n)x^n$($k$ 为常数),(2)$f(x)\pm g(x)=\sum_{n=0}^{\infty}(a_n\pm b_n)x^n$,

(3)$f(x)g(x)=\sum_{n=0}^{\infty}C_nx^n$,其中 $C_n=\sum_{k=0}^{n}a_kb_{n-k}$.

对任意 $f(x)\in p[x]$,我们定义算子:$C_k\langle f(x)\rangle=a_k$,即 $C_k\langle f(x)\rangle$ 为 $f(x)$ 展开式中 x^k 的系数.由此定义,我们易知算子 $C_k\langle f(x)\rangle$ 有下列性质成立:

(1)对任意 $f(x)\in p[x]$ 及常数 a,$C_k\langle af(x)\rangle=aC_k\langle f(x)\rangle$.

(2)对任意 $f(x),g(x)\in p[x]$,$C_k\langle f(x)\pm g(x)\rangle=C_k\langle f(x)\rangle\pm C_k\langle g(x)\rangle$;

$C_k\langle f(x)g(x)\rangle=\sum_{i=0}^{k}C_i\langle f(x)\rangle\cdot C_{k-i}\langle g(x)\rangle$.

(3)对任意正整数 n,k 及 $f(x),g(x)\in p[x]$,当 $n>k$ 时,$C_k\langle f(x)\rangle=C_n\langle x^{n-k}f(x)\rangle$,$C_k\langle f(x)\rangle=C_k\langle f(x)+x^ng(x)\rangle$.

公式 I 当 n,k 为正整数,a,b 为常数时,

$C_k\langle(a+bx)^n\rangle=C_n^ka^{n-k}b^k$(当 $n<k$ 时,约定 $C_n^k=0$).

公式 II 设 m,k 为正整数,a 为常数,则

$C_k\langle(1-ax)^{-m}\rangle=C_{k+m-1}^{m-1}a^k=C_{k+m-1}^ka^k$($|x|<1$).

上述公式 I 可由二项式定理推出,而公式 II 可由第一章 §1-7 中公式 II 推出.

公式 III 设 m,n 为非负整数,a,b 为常数,则

$C_k\langle\dfrac{(1+ax)^m}{(1+bx)^{n+1}}\rangle=C_k\langle(1-bx)^{n-m+k}(1+(a-b)x)^m\rangle$.

证明　由上述性质(1)～(3)，公式 Ⅰ 和 Ⅱ 得

$$C_k\left\langle\frac{(1+ax)^m}{(1+bx)^{n+1}}\right\rangle=\sum_{i=0}^{k}C_i\langle(1+ax)^m\rangle\cdot C_{k-i}\langle(1+bx)^{-n-1}\rangle$$

$$=\sum_{i=0}^{k}C_m^i a^i\cdot C_{k-i+n}^{k-i}(-b)^{k-i}$$

$$=\sum_{i=0}^{k}C_m^i a^i\cdot C_{k-i}\langle(1-bx)^{k-i+n}\rangle=C_k\left\langle\sum_{i=0}^{k}C_m^i(ax)^i(1-bx)^{k-i+n}\right\rangle$$

$$=C_k\left\langle(1-bx)^{n-m+k}\sum_{i=0}^{k}C_m^i(ax)^i(1-bx)^{m-i}\right\rangle$$

$$=C_k\langle(1-bx)^{n-m+k}(1+(a-b)x)^m\rangle.$$

注　公式 Ⅲ 等价于下列组合形式：

$$\sum_{i=0}^{k}(-1)^{k-i}C_m^i C_{n+k-i}^n a^i b^{k-i}=\sum_{i=0}^{k}(-1)^i C_{n-m+k}^i C_m^{k-i}b^i(a-b)^{k-i},$$

其中 m,n,k 为正整数，a,b 为常数.

例1　若 n,r 为正整数，且 $n\geqslant r$，则

$$\sum_{i=0}^{n-r}(-2)^{-i}C_n^{r+i}C_{n+r+i}^i=\begin{cases}(-1)^{\frac{n-r}{2}}2^{r-n}C_n^{\frac{n-r}{2}}&(n-r\text{ 为偶数}),\\0&(n-r\text{ 为奇数}).\end{cases}$$

证明　首先改变求和顺序，然后利用性质和公式得

$$\sum_{i=0}^{n-r}(-2)^{-i}C_n^{r+i}C_{n+r+i}^i=\sum_{i=0}^{n-r}(-2)^{r-n+i}C_n^{n-i}C_{2n-i}^{n-r-i}$$

$$\overset{\text{公式I}}{=}(-2)^{r-n}\sum_{i=0}^{n-r}(-2)^i C_n^i\cdot C_{n-r-i}\langle(1+x)^{2n-i}\rangle$$

$$\overset{\text{性质(3)}}{=}(-2)^{r-n}C_{n-r}\left\langle\sum_{i=0}^{n-r}C_n^i(-2x)^i(1+x)^{2n-i}\right\rangle$$

$$=(-2)^{r-n}C_{n-r}\left\langle(1+x)^n\sum_{i=0}^{n-r}C_n^i(-2x)^i(1+x)^{n-i}\right\rangle$$

$$\overset{\text{性质(3)}}{=}(-2)^{r-n}C_{n-r}\left\langle(1+x)^n\sum_{i=0}^{n}C_n^i(-2x)^i(1+x)^{n-i}\right\rangle$$

$$=(-2)^{r-n}C_{n-r}\langle(1+x)^n\cdot(1+x-2x)^n\rangle$$

$$=(-2)^{r-n}C_{n-r}\langle(1-x^2)^n\rangle$$

$$=\begin{cases}(-1)^{\frac{n-r}{2}}2^{r-n}C_n^{\frac{n-r}{2}}&(n-r\text{ 为偶数}),\\0&(n-r\text{ 为奇数}).\end{cases}$$

例2(Hardy 恒等式)　若 m 为正整数，则

$$\sum_{k=0}^{\left[\frac{m}{2}\right]}(-1)^k C_{m-k}^k\cdot\frac{1}{m-k}=\begin{cases}(-1)^m\cdot\dfrac{2}{m}&(\text{若 }3\mid m),\\(-1)^{m+1}\cdot\dfrac{1}{m}&(\text{若 }3\nmid m).\end{cases}$$

证明　因为 $C_{m-k}^k\cdot\dfrac{1}{m-k}=\dfrac{1}{m}\left[C_{m-k}^k+\dfrac{k}{m-k}C_{m-k}^k\right]=\dfrac{1}{m}\left[C_{m-k}^k+C_{m-k-1}^{k-1}\right]$

$$=\frac{1}{m}C_k\langle(1+x)^{m-k}+x(1+x)^{m-k-1}\rangle$$

$$=\frac{1}{m}C_k\langle(1+2x)(1+x)^{m-k-1}\rangle\left(k=0,1,2,\cdots,\left[\frac{m}{2}\right]\right),$$

且 $C_k\langle(1+2x)(1+x)^{m-k-1}\rangle=0(k=\left[\dfrac{m}{2}\right]+1,\left[\dfrac{m}{2}\right]+2,\cdots,m-1)$,所以

$$\sum_{k=0}^{\left[\frac{m}{2}\right]}(-1)^k C_{m-k}^k \cdot \frac{1}{m-k}=\frac{1}{m}\sum_{k=1}^{m-1}(-1)^k C_k\langle(1+2x)(1+x)^{m-k-1}\rangle$$

$$=\frac{(-1)^{m-1}}{m}C_{m-1}\langle(1+2x)\sum_{k=0}^{m-1}(-x(1+x))^{m-1-k}\rangle$$

$$=\frac{(-1)^{m-1}}{m}C_{m-1}\langle\frac{(1+2x)[1-(-x(1+x))^m]}{1+x(1+x)}\rangle$$

$$=\frac{(-1)^{m-1}}{m}C_{m-1}\langle\frac{1+2x}{1+x+x^2}\rangle.$$

令 $\omega=-\dfrac{1}{2}+\dfrac{\sqrt{3}}{2}\mathrm{i}$,则 $\omega^3=1,1+\omega+\omega^2=0$,设

$$\frac{1+2x}{1+x+x^2}=\frac{1+2x}{(1-\omega x)(1-\omega^2 x)}=\frac{A}{1-\omega x}+\frac{B}{1-\omega^2 x},$$

于是 $A=\dfrac{1+2x}{1-\omega^2 x}\Big|_{x=\omega^2}=\dfrac{1+2\omega^2}{1-\omega}=\dfrac{\omega^2-\omega}{1-\omega}=-\omega,B=\dfrac{1+2x}{1-\omega x}\Big|_{x=\omega}=\dfrac{1+2\omega}{1-\omega^2}=\dfrac{-\omega^2+\omega}{(1-\omega)(1+\omega)}=$

$\dfrac{\omega}{1+\omega}=\dfrac{\omega}{-\omega^2}=-\omega^2$. 所以

$$\sum_{k=0}^{\left[\frac{m}{2}\right]}(-1)^k C_{m-k}^k \cdot \frac{1}{m-k}=\frac{(-1)^{m-1}}{m}C_{m-1}\langle\frac{-\omega}{1-\omega x}-\frac{\omega^2}{1-\omega^2 x}\rangle$$

$$=\frac{(-1)^{m-1}}{m}C_{m-1}\langle-\omega\sum_{k=0}^{\infty}\omega^k x^k-\omega^2\sum_{k=0}^{\infty}\omega^{2k}x^k\rangle$$

$$=\frac{(-1)^{m-1}}{m}C_{m-1}\langle\sum_{k=0}^{\infty}(-\omega^{k+1}-\omega^{2(k+1)})x^k\rangle$$

$$=\frac{(-1)^m}{m}(\omega^m+\omega^{2m})=\begin{cases}(-1)^m \cdot \dfrac{2}{m} & (3\mid m),\\[2mm] (-1)^{m+1} \cdot \dfrac{1}{m} & (3\nmid m).\end{cases}$$

例3 对任意正整数 m,n 及任意复数 z,有

$$\sum_{i=0}^{n}(-1)^i C_n^i(z+n-i)(z+n-i-1)\cdots(z+n-i-m+1)$$

$$=\begin{cases}0 & (m<n),\\ m! & (m=n),\\ C_m^n \cdot n! \cdot z(z-1)(z-2)\cdots(z-m+n+1) & (m>n).\end{cases}$$

证明 由多项式恒等定理,只须当 z,m,n 为正整数且 $z\geqslant m,z\geqslant n$ 时等式成立. 记等式的左边为 $s(m,n,z)$,则

$$s(m,n,z)=\sum_{i=0}^{n}(-1)^i C_n^i \cdot m! \ C_{z+n-i}^m=\sum_{i=0}^{n}(-1)^i C_n^i m! \ C_m\langle(1+x)^{z+n-i}\rangle$$

$$=m! \ C_m\langle(1+x)^z\sum_{i=0}^{n}(-1)^i C_n^i(1+x)^{n-i}\rangle$$

$$=m! \ C_m\langle(1+x)^z[(1+x)-1]^n\rangle=m! \ C_m\langle(1+x)^z x^n\rangle.$$

于是,当 $m<n$ 时,$s(m,n,z)=0$;当 $m=n$ 时,$s(m,n,z)=m!$;当 $m>n$ 时,

$$s(m,n,z)=m! \ C_z^{m-n}=m! \ \cdot \frac{z(z-1)\cdots(z-m+n+1)}{(m-n)!}$$

$$=C_m^n \cdot n! \ z(z-1)(z-2)\cdots(z-m+n+1).$$

例 4(Moriarity 恒等式) 假设 m,n 是正整数,$n \geqslant m$,则

$$\sum_{k=m}^{n}(-1)^k C_k^m C_{n+k}^{2k} \cdot 2^{2k}=(-1)^n \cdot 2^{2m} \cdot \frac{2n+1}{2m+1} \cdot C_{m+n}^{2m}.$$

证明 $\displaystyle\sum_{k=m}^{n}(-1)^k C_k^m C_{n+k}^{2k} 2^{2k}=\sum_{k=m}^{n}(-4)^k C_k^m C_{n+k}^{n-k}$

$$=\sum_{k=m}^{n}(-4)^k C_k^m C_{n-k}\langle(1+x)^{n+k}\rangle$$

$$=C_n\langle\sum_{k=m}^{n}C_k^m(-4x)^k(1+x)^{n+k}\rangle$$

$$=C_n\langle(1+x)^{n+m}(-4x)^m\sum_{k=m}^{\infty}C_k^m[-4x(1+x)]^{k-m}\rangle$$

$$=C_n\langle(1+x)^{n+m}(-4x)^m\sum_{k=0}^{\infty}C_{k+m}^m[-4x(1+x)]^k\rangle$$

$$=C_n\langle\frac{(1+x)^{n+m}(-4x)^m}{[1+4x(1+x)]^{m+1}}\rangle$$

$$=(-4)^m C_{n-m}\langle\frac{(1+x)^{n+m}}{(1+2x)^{2m+2}}\rangle$$

$$=(-4)^m C_{n-m}\langle(1-2x)^{2m+1-(n+m)+n-m}[1+(1-2)x]^{n+m}\rangle$$

$$=(-4)^m C_{n-m}\langle(1-2x)(1-x)^{n+m}\rangle$$

$$=(-4)^m C_{n-m}\langle(1-x)^{n+m+1}-x(1-x)^{n+m}\rangle$$

$$=(-4)^m(-1)^{n-m}(C_{n+m+1}^{n-m}+C_{n+m}^{n-m-1})$$

$$=(-1)^n 2^{2m}(\frac{n+m+1}{2m+1}C_{n+m}^{n-m}+\frac{n-m}{2m+1}C_{n+m}^{n-m})$$

$$=(-1)^n 2^{2m} \cdot \frac{2n+1}{2m+1}C_{n+m}^{n-m}.$$

例 5 证明:对任意 $n \in \mathbf{N}_+$,下列等式成立

$$\sum_{k=0}^{\left[\frac{n}{2}\right]}(-1)^k C_{n+1}^k C_{2n-2k-1}^n=\frac{1}{2}n(n+1).$$

证明 $\displaystyle\sum_{k=0}^{\left[\frac{n}{2}\right]}(-1)^k C_{n+1}^k C_{2n-2k-1}^n=\sum_{k=0}^{\left[\frac{n}{2}\right]}(-1)^k C_{n+1}^k C_{2n-2k-1}^{n-2k-1}$

$$=\sum_{k=0}^{\left[\frac{n}{2}\right]}(-1)^k C_{n+1}^k C_{n-2k-1}\langle(1+x)^{2n-2k-1}\rangle$$

$$=C_{n-1}\langle\sum_{k=0}^{\left[\frac{n}{2}\right]}(-1)^k C_{n+1}^k x^{2k}(1+x)^{2n-2k-1}\rangle$$

$$=C_{n-1}\langle\frac{1}{(1+x)^3}\sum_{k=0}^{n+1}(-1)^k C_{n+1}^k(x^2)^k[(1+x)^2]^{n-k+1}\rangle$$

$$=C_{n-1}\langle\frac{1}{(1+x)^3} \cdot [(1+x)^2-x^2]^{n+1}\rangle$$

$$= C_{n-1}\left\langle \frac{(1+2x)^{n+1}}{(1+x)^3} \right\rangle$$

$$= C_{n-1}\langle (1-x)^{2-(n+1)+n-1}(1+x)^{n+1} \rangle$$

$$= C_{n-1}\langle (1+x)^{n+1} \rangle = C_{n+1}^{n-1} = C_{n+1}^2 = \frac{1}{2}n(n+1).$$

注 关于算子方法的一般理论,要用到复变函数论中的残数理论,有兴趣的读者可参看以下书籍:G. P. EGORYCHEF. Integral Representation and The Computation of Combinatorial Sums. American Mathematical Society. Providence. Rhodelsland,1984.

4. 递推方法

例 1 证明:$\sum\limits_{k=0}^{n} \frac{1}{2^k} C_{n+k}^n = 2^n$.

证明 记 $a_n = \sum\limits_{k=0}^{n} \frac{1}{2^k} C_{n+k}^n$,则

$$a_{n+1} = \sum_{k=0}^{n+1} \frac{1}{2^k} C_{n+1+k}^{n+1} = \sum_{k=0}^{n+1} \frac{1}{2^k}[C_{n+k}^n + C_{n+k}^{n+1}] = \sum_{k=0}^{n+1} \frac{1}{2^k} C_{n+k}^n + \sum_{k=0}^{n+1} \frac{1}{2^k} C_{n+k}^{n+1}$$

$$= a_n + \frac{1}{2^{n+1}} C_{2n+1}^n + \frac{1}{2}\sum_{k=1}^{n+1} \frac{1}{2^{k-1}} C_{n+k}^{n+1} (\because \quad C_n^{n+1} = 0)$$

$$= a_n + \frac{1}{2^{n+1}} C_{2n+1}^n + \frac{1}{2}\sum_{k=0}^{n} \frac{1}{2^k} C_{n+k+1}^{n+1}$$

$$= a_n + \frac{1}{2} a_{n+1} + \frac{1}{2^{n+1}} C_{2n+1}^n - \frac{1}{2^{n+2}} C_{2n+2}^{n+1}$$

$$= a_n + \frac{1}{2} a_{n+1} + \frac{1}{2^{n+1}} \left[\frac{(2n+1)!}{n!\ (n+1)!} - \frac{1}{2} \cdot \frac{(2n+2)!}{(n+1)!\ (n+1)!} \right]$$

$$= a_n + \frac{1}{2} a_{n+1}.$$

所以 $a_{n+1} = 2a_n$,结合 $a_0 = 1$,得对一切非负整数 n,有 $a_n = 2^n$. 即 $\sum\limits_{k=0}^{n} \frac{1}{2^k} C_{n+k}^n = 2^n$.

例 2 已知 $\{a_n\}$ 是一个公差不等于零的等差数列. 证明:$P_n(x) = \sum\limits_{k=0}^{n} a_k C_n^k (1-x)^{n-k} \cdot x^k$ 是 x 的一次多项式.

证明 设公差为 d,则

$$P_{n+1}(x) = \sum_{k=0}^{n+1} a_k C_{n+1}^k (1-x)^{n+1-k} x^k$$

$$= a_0 C_{n+1}^0 (1-x)^{n+1} + \sum_{k=1}^{n} a_k (C_n^k + C_n^{k-1})(1-x)^{n+1-k} x^k + a_{n+1} C_{n+1}^{n+1} x^{n+1}$$

$$= \left[\sum_{k=0}^{n} a_k C_n^k (1-x)^{n-k} x^k \right](1-x) + \sum_{k=1}^{n+1} a_k C_n^{k-1} (1-x)^{n+1-k} x^k$$

$$= P_n(x)(1-x) + \sum_{k=0}^{n} a_{k+1} C_n^k (1-x)^{n-k} x^{k+1}$$

$$= P_n(x)(1-x) + x \sum_{k=0}^{n} (a_k + d) C_n^k (1-x)^{n-k} x^k$$

$$= P_n(x)(1-x) + x P_n(x) + dx \sum_{k=0}^{n} C_n^k (1-x)^{n-k} x^k$$

$$=P_n(x)+dx[x+(1-x)]^n=P_n(x)+dx.$$

又 $P_1(x)=a_0(1-x)+a_1x=a_0+dx$,所以

$$P_n(x)=P_1(x)+\sum_{k=2}^n[P_k(x)-P_{k-1}(x)]=a_0+dx+(n-1)dx=a_0+ndx 是 x 的一次$$

多项式.

例3 证明:$C_n^1-\dfrac{1}{2}C_n^2+\dfrac{1}{3}C_n^2-\cdots+(-1)^{n-1}\dfrac{1}{n}C_n^n=1+\dfrac{1}{2}+\cdots+\dfrac{1}{n}$.

证明 记 $a_n=\sum_{k=1}^n(-1)^k\dfrac{1}{k}C_n^k$,则因为 $\dfrac{1}{k}C_n^k=\dfrac{1}{k}(C_{n-1}^k+C_{n-1}^{k+1})=\dfrac{1}{k}C_{n-1}^k+\dfrac{1}{k}C_{n-1}^{k-1}=$

$\dfrac{1}{k}C_{n-1}^k+\dfrac{1}{n}C_n^k(k=1,2,\cdots,n-1),\dfrac{1}{n}C_n^n=\dfrac{1}{n}C_n^n$,所以

$$a_n=\sum_{k=1}^{n-1}(-1)^{k-1}\dfrac{1}{k}C_{n-1}^k+\sum_{k=1}^n(-1)^{k-1}\dfrac{1}{n}C_n^k=a_{n-1}+\dfrac{1}{n}[1-\sum_{k=0}^n(-1)^kC_n^k]$$

$$=a_{n-1}+\dfrac{1}{n}[1-(1-1)^n]=a_{n-1}+\dfrac{1}{n}.$$

又 $a_1=C_1^1=1$,故 $a_n=a_1+\sum_{k=2}^n(a_k-a_{k-1})=1+\sum_{k=2}^n\dfrac{1}{k}=1+\dfrac{1}{2}+\cdots+\dfrac{1}{n}$,

即 $\sum_{k=1}^n(-1)^{k-1}\dfrac{1}{k}C_n^k=1+\dfrac{1}{2}+\dfrac{1}{3}+\cdots+\dfrac{1}{n}$.

例4 证明:$\sum_{k=0}^n(-1)^kC_n^k\dfrac{m}{m+k}=(C_{m+n}^n)^{-1}$.

证明 记 $b_n=\sum_{k=0}^n(-1)^kC_n^k\dfrac{m}{m+k}$,则

$$b_n=1+\sum_{k=1}^{n-1}(-1)^k(C_{n-1}^k+C_{n-1}^{k-1})\dfrac{m}{m+k}+(-1)^n\dfrac{m}{m+n}$$

$$=b_{n-1}+\sum_{k=1}^n(-1)^kC_{n-1}^{k-1}\dfrac{m}{m+k}$$

$$=b_{n-1}+\dfrac{m}{n}\sum_{k=0}^n(-1)^kC_n^k\dfrac{k}{m+k}\quad(\because\quad C_{n-1}^{k-1}=\dfrac{k}{n}C_n^k)$$

$$=b_{n-1}+\dfrac{m}{n}[\sum_{k=0}^n(-1)^kC_n^k-\sum_{k=0}^n(-1)^kC_n^k\dfrac{m}{m+k}]$$

$$=b_{n-1}+\dfrac{m}{n}[(1-1)^n-b_n]=b_{n-1}-\dfrac{m}{n}b_n.$$

即 $b_n=\dfrac{n}{m+n}b_{n-1}$.又 $b_0=1$,所以

$$b_n=\dfrac{b_n}{b_{n-1}}\cdot\dfrac{b_{n-1}}{b_{n-2}}\cdot\cdots\cdot\dfrac{b_2}{b_1}\cdot\dfrac{b_1}{b_0}=\dfrac{n}{m+n}\cdot\dfrac{n-1}{m+(n-1)}\cdots\dfrac{2}{m+2}\cdot\dfrac{1}{m+1}$$

$$=\dfrac{n!\ m!}{(m+n)!}=(C_{m+n}^n)^{-1}.$$

即 $\sum_{k=0}^n(-1)^kC_n^k\dfrac{m}{m+k}=(C_{m+n}^n)^{-1}$.

例5 证明:$\sum_{k=1}^{2n-1}(-1)^{k-1}(C_{2n}^k)^{-1}=\dfrac{1}{n+1}$.

证明 记 $a_n = \sum\limits_{k=1}^{2n-1}(-1)^{k-1}(C_{2n}^k)^{-1}$，$b_n = \sum\limits_{k=1}^{2n-1}(-1)^{k-1}k\cdot(C_{2n}^k)^{-1}$，注意到

$$(C_{2n}^k)^{-1} = \frac{2n+1}{k+1}(C_{2n+1}^{k+1})^{-1},$$

$$\begin{aligned}
a_n + b_n &= \sum_{k=1}^{2n-1}(-1)^{k-1}(k+1)(C_{2n}^k)^{-1} = \sum_{k=0}^{2n-1}(-1)^{k-1}(k+1)(C_{2n}^k)^{-1} + 1\\
&= \sum_{k=0}^{2n-1}(-1)^{k-1}(2n+1)(C_{2n+1}^{k+1})^{-1} + 1\\
&= (2n+1)\left[-\frac{1}{C_{2n+1}^1} + \frac{1}{C_{2n+1}^2} + \cdots - \frac{1}{C_{2n+1}^{2n-1}} + \frac{1}{C_{2n+1}^{2n}}\right] + 1 = 1. \qquad ①
\end{aligned}$$

又 $na_n - b_n = \sum\limits_{k=1}^{2n-1}(-1)^{k-1}(n-k)(C_{2n}^k)^{-1}$

$$= \frac{n-1}{C_{2n}^1} - \frac{n-2}{C_{2n}^2} + \cdots + \frac{n-2}{C_{2n}^{2n-2}} - \frac{n-1}{C_{2n}^{2n-1}} = 0. \qquad ②$$

（①+②）$\div(n+1)$ 得 $a_n = \dfrac{1}{n+1}$，从而 $b_n = \dfrac{n}{n+1}$，所以 $\sum\limits_{k=1}^{2n-1}(-1)^{k-1}(C_{2n}^k)^{-1} = \dfrac{1}{n+1}$．同时我们

也证明了 $\sum\limits_{k=1}^{2n-1}(-1)^{k-1}\cdot k(C_{2n}^k)^{-1} = \dfrac{n}{n+1}$．

例 6 求证：$2004\left\{\dfrac{1}{2004}C_{2004}^0 - \dfrac{1}{2003}C_{2003}^1 + \dfrac{1}{2002}C_{2002}^2 - \cdots + \dfrac{1}{1002}C_{1002}^{1002}\right\} = 2.$

证明 记 $a_n = \sum\limits_{m\geq 0}\dfrac{(-1)^m n}{n-m}C_{n-m}^m$．注意到 $\dfrac{n}{n-m}C_{n-m}^m = C_{n-m}^m + \dfrac{m}{n-m}C_{n-m}^m = C_{n-m}^m + C_{n-m-1}^{m-1}$

$(m\geq 1)$，所以 $a_n = 1 + \sum\limits_{m\geq 1}(-1)^m\left[C_{n-m}^m + C_{n-m-1}^{m-1}\right] = \sum\limits_{m\geq 0}(-1)^m C_{n-m}^m +$

$\sum\limits_{m\geq 1}(-1)^m C_{n-m-1}^{m-1} = \sum\limits_{m\geq 0}(-1)^m C_{n-m}^m - \sum\limits_{m\geq 0}(-1)^m C_{n-2-m}^m = b_n - b_{n-2}$．其中 $b_n =$

$\sum\limits_{m\geq 0}(-1)^m C_{n-m}^m$，而

$$\begin{aligned}
b_{n+1} - b_n &= \sum_{m\geq 0}(-1)^m\left[C_{n+1-m}^m - C_{n-m}^m\right] = \sum_{m\geq 1}(-1)^m C_{n-m}^{m-1}\\
&= -\sum_{m\geq 0}(-1)^m C_{n-1-m}^m = -b_{n-1},
\end{aligned}$$

所以 $b_{n+1} = b_n - b_{n-1}$．

由 $b_0 = b_1 = 1$，推知 $b_2 = 0, b_3 = -1, b_4 = -1, b_5 = 0, b_6 = 1, b_7 = 1 \cdots$一般应有 $b_{n+6} = b_n(n\geq 0)$．事实上，

$$b_{n+3} = b_{n+2} - b_{n+1} = (b_{n+1} - b_n) - b_{n+1} = -b_n,$$

所以 $b_{n+6} = -b_{n+3} = b_n(n\geq 0)$．

所以 $a_{2004} = b_{2004} - b_{2002} = b_0 - b_4 = 1 - (-1) = 2$．

也就是 $2004\sum\limits_{m=0}^{1002}\dfrac{(-1)^m}{2004-m}C_{2004-m}^m = 2$．

例 7 证明：$\sum\limits_{k=0}^{n}(-1)^k 2^{2n-2k}C_{2n-k+1}^k = n+1$．

证明 记 $a_n = \sum\limits_{k=0}^{n}(-1)^k 2^{2n-2k}C_{2n-k+1}^k$，则

$$a_n = 2^n + \sum_{k=1}^{n}(-1)^k 2^{2n-2k}(C_{2n-k}^k + C_{2n-k}^{k-1})$$

$$= \sum_{k=0}^{n} (-1)^k 2^{2n-2k} C_{2n-k}^k - \sum_{i=0}^{n-1} (-1)^i 2^{2(n-1)-2i} C_{2(n-1)-i+1}^i \quad (\diamondsuit\ k=i+1)$$

$$= b_n - a_{n-1}. \tag{①}$$

其中，$b_n = \sum\limits_{k=0}^{n} (-1)^k 2^{2n-2k} C_{2n-k}^k$. 同理

$$b_n = 2^{2n} + \sum_{k=1}^{n-1} (-1)^k 2^{2n-2k} (C_{2n-k-1}^k + C_{2n-k-1}^{k-1}) + (-1)^n$$

$$= \sum_{k=0}^{n-1} (-1)^k 2^{2n-2k} C_{2n-k-1}^k + \sum_{k=1}^{n} (-1)^k 2^{2n-2k} C_{2n-k-1}^{k-1}$$

$$= 4\sum_{k=0}^{n-1} (-1)^k 2^{2(n-1)-2k} C_{2(n-1)-k+1}^k - \sum_{i=0}^{n-1} (-1)^i 2^{2(n-1)-2i} C_{2(n-1)-i}^i \quad (\diamondsuit\ k=i+1)$$

$$= 4a_{n-1} - b_{n-1}. \tag{②}$$

由①及②得

$$a_n + a_{n-1} = b_n = 4a_{n-1} - b_{n-1} = 4a_{n-1} - (a_{n-1} + a_{n-2}),$$

所以 $a_n = 2a_{n-1} - a_{n-2}$，

$$a_n - a_{n-1} = a_{n-1} - a_{n-2} = \cdots = a_1 - a_0 = 2 - 1 = 1.$$

所以 $a_n = a_0 + \sum\limits_{k=1}^{n} (a_k - a_{k-1}) = 1 + n.$

即 $\sum\limits_{k=0}^{n} (-1)^k 2^{2n-2k} C_{2n-k+1}^k = n+1.$

同时，我们还证得 $b_n = a_n + a_{n-1} = 2n+1$，即 $\sum\limits_{k=0}^{n} (-1)^k 2^{2n-2k} C_{2n-k}^k = 2n+1.$

5. 利用组合互逆公式

首先，我们介绍下列组合互逆公式：

定理 1 设 $\{a_n\}$ 是给定的数列，如果 $b_n = \sum\limits_{k=0}^{n} (-1)^k C_n^k a_k$，$n=0,1,2,\cdots$，那么，$a_n = \sum\limits_{k=0}^{n} (-1)^k C_n^k b_k$，$n=0,1,2,\cdots$.

证明 由 §2-2 中例 5 有 $\sum\limits_{k=p}^{n} (-1)^k C_n^k C_k^p = (-1)^n \delta_{pn}$，其中 $\delta_{ij} = \begin{cases} 0\ (i \neq j) \\ 1\ (i = j) \end{cases}$，于是

$$\sum_{k=0}^{n} (-1)^k C_n^k b_k = \sum_{k=0}^{n} (-1)^k C_n^k \left(\sum_{p=0}^{k} (-1)^p C_k^p a_p \right)$$

$$= \sum_{p=0}^{n} (-1)^p \left(\sum_{k=p}^{n} (-1)^k C_n^k C_k^p \right) a_p = \sum_{p=0}^{n} (-1)^p (-1)^n \delta_{pn} a_p = a_n.$$

即要证结论成立.

$b_n = \sum\limits_{k=0}^{n} (-1)^k C_n^k a_k$，与 $a_n = \sum\limits_{k=0}^{n} (-1)^k C_n^k b_k$ 称为一对组合变换的反演公式，又称组合互逆公式. 其中若有一个成立，则另一个也成立，这就为从已知组合恒等式出发，推证新的组合恒等式提供了一种新方法，这种方法又称为反演方法.

例 1 证明：$\sum\limits_{k=1}^{\infty} (-1)^k C_n^k (1 + \frac{1}{2} + \cdots + \frac{1}{k}) = -\frac{1}{n}.$

证明 由 §2-4 中例 3，我们有 $\sum\limits_{k=1}^{n} (-1)^{k-1} C_n^k \cdot \frac{1}{k} = 1 + 2 + \cdots + \frac{1}{n}$. 令 $a_0 = 0$，$a_k =$

○奥林匹克数学中的组合问题

$-\dfrac{1}{k}(k=1,2,\cdots),b_0=0,b_k=1+\dfrac{1}{2}+\cdots+\dfrac{1}{k}(k=0,1,2,\cdots)$，则§2—4中例3中恒等式即

为$\sum\limits_{k=0}^{n}(-1)^kC_n^ka_k=b_n$. 于是，由组合互逆公式得$\sum\limits_{k=0}^{n}(-1)^kC_n^kb_k=a_n$，即

$$\sum\limits_{k=1}^{n}(-1)^kC_n^k\left(1+\dfrac{1}{2}+\cdots+\dfrac{1}{k}\right)=-\dfrac{1}{n}.$$

例 2 证明：$\sum\limits_{k=0}^{n}(-1)^k\dfrac{m!}{(m+k)!}\dfrac{n!}{(n-k)!}=\dfrac{m}{m+n}.$

证明 要证恒等式可写为$\sum\limits_{k=0}^{n}(-1)^kC_n^k(C_{m+k}^k)^{-1}=\dfrac{n}{m+n}.$ 令 $a_k=(C_{m+k}^k)^{-1},b_k=\dfrac{m}{m+k}$，

则由§2—4中例4，有$\sum\limits_{k=0}^{n}(-1)^kC_n^kb_k=\sum\limits_{k=0}^{n}(-1)^kC_n^k\cdot\dfrac{m}{m+k}=(C_{m+n}^n)^{-1}=a_n$，故由组合互逆

公式，得$\sum\limits_{k=0}^{n}(-1)^kC_n^ka_k=b_n$，即$\sum\limits_{k=0}^{n}(-1)^kC_n^k(C_{m+k}^k)^{-1}=\dfrac{n}{m+n}.$

也就是 $\sum\limits_{k=0}^{n}(-1)^k\dfrac{m!}{(m+k)!}\dfrac{n!}{(n-k)!}=\dfrac{n}{m+n}.$

例 3（错位排列公式） 证明：n个元素$1,2,\cdots,n$的所有排列中，i不在第i个位置$(i=1,2,\cdots,n)$的所有排列个数为

$$D_n=n!\left(1-\dfrac{1}{1!}+\dfrac{1}{2!}-\cdots+\dfrac{(-1)^n}{n!}\right).$$

证明 设$1,2,\cdots,k$的所有排列中，k个元素都不在原来位置的排列个数为D_k $(k=1,2,\cdots,n)$，并约定$D_0=1$. 因为n个元素的全排列共有$n!$个，所以

$$\sum\limits_{k=0}^{n}C_n^kD_k=n!，即\sum\limits_{k=0}^{n}(-1)^kC_n^k\cdot(-1)^kD_k=n!.$$

令$b_k=(-1)^kD_k,a_k=k!$，则$\sum\limits_{k=0}^{n}(-1)^kC_n^kb_k=a_n$. 由组合互逆公式得

$$(-1)^nD_n=\sum\limits_{k=0}^{n}(-1)^kC_n^kk!.$$

所以 $D_n=\sum\limits_{k=0}^{n}(-1)^{n-k}\cdot\dfrac{n!}{(n-k)!}=n!\sum\limits_{k=0}^{n}(-1)^k\dfrac{1}{k!}.$

例 4 把n个不同的球放入$r(n\geqslant r)$个相同的盒子中去，假设没有空盒，则放球的方法数$S(n,r)$叫做第二类 stirling 数. 证明：

$$S(n,r)=\dfrac{1}{r!}[r^n-C_r^1(r-1)^n+C_r^2(r-2)^n-\cdots+(-1)^{r-1}C_r^{r-1}\cdot1^n].$$

证明 我们考虑把n个不同的球放入$r(r\leqslant n)$个不同的盒子里，允许空盒的放球方法数. 一方面每个球有r种不同的放法，n个球共有r^n种不同的放法. 另一方面，对任意正整数$k(0\leqslant k\leqslant r)$，$C_r^k$表示从$r$个盒子中选出$k$个盒子的放法数. $S(n,k)\cdot k!$表示将n个不同的球放入这k个不同盒子中不允许空盒的方法数. 故$C_r^k\cdot S(n,k)\cdot k!$表示把$n$个不同的球放入$r$个不同的盒子恰有$k$个盒子不空的方法数，故将$n$个不同的球放入$r(r\leqslant n)$个不同的盒子，允许空盒的方法数为$\sum\limits_{k=1}^{r}C_r^kS(n,k)\cdot k!$，于是

$$r^n=\sum\limits_{k=1}^{r}C_r^kS(n,k)\cdot k!=\sum\limits_{k=1}^{r}(-1)^kC_r^k\cdot(-1)^kS(n,k)\cdot k!.$$

令 $a_k=k^n$，$b_k=(-1)^k S(n,k)\cdot k!$，并约定 $S(n,0)=0$，则 $a_r=\sum\limits_{k=0}^{r}(-1)^k C_r^k b_k$．由组合互逆公式得 $\sum\limits_{k=0}^{r}(-1)^k C_r^k a_k=b_r$，即

$$(-1)^r s(n,r)\cdot r!=\sum_{k=0}^{r}(-1)^k C_r^k k^n.$$

所以

$$S(n,r)=\frac{1}{r!}\sum_{k=0}^{r}(-1)^{r-k}C_r^{r-k}k^n=\frac{1}{r!}\sum_{k=0}^{r}(-1)^k C_r^k(r-k)^n$$

$$=\frac{1}{r!}[r^n-C_r^1(r-1)^n+C_r^2(r-2)^n-\cdots+(-1)^{r-1}C_r^{r-1}\cdot 1^n].$$

例5 证明 $\sum\limits_{k=0}^{n}C_n^k C_{m+k}^r(-1)^k=(-1)^n C_m^{r-n}$（$r,m,n\in\mathbf{N}_+$，且 $m\geqslant r\geqslant n$）．

证明 令 $a_k=C_{m+k}^r$，$b_k=(-1)^k C_m^{r-k}$，于是

$$\sum_{k=0}^{n}(-1)^k C_n^k b_k=\sum_{k=0}^{n}C_n^k C_m^{r-k}=\sum_{k=0}^{n}C_n^k\cdot C_{r-k}\langle(1+x)^m\rangle$$

$$=C_r\langle\sum_{k=0}^{n}C_n^k x^k(1+x)^m\rangle=C_r\langle(1+x)^m\sum_{k=0}^{n}C_n^k x^k\rangle$$

$$=C_r\langle(1+x)^m(1+x)^n\rangle=C_r\langle(1+x)^{m+n}\rangle=C_{m+n}^r=a_n,$$

故由组合互逆公式得 $\sum\limits_{k=0}^{n}(-1)^k C_n^k a_k=b_n$，即

$$\sum_{k=0}^{n}C_n^k C_{m+k}^r(-1)^k=(-1)^n C_m^{r-n}.$$

6. 数学归纳法

例1 证明：对一切正整数 n 和一切实数 $x(x\neq 0,-1,\cdots,-n)$，有

$$\sum_{k=0}^{n}(-1)^k C_n^k\frac{x}{x+k}=\frac{n!}{(x+1)(x+2)\cdots(x+n)}.$$

证明 $n=1$ 时，左边 $=1-\dfrac{x}{x+1}=\dfrac{1}{x+1}=$ 右边．

设 $n=m$ 时，对一切实数 $x(x\neq 0,-1,\cdots,-m)$，有

$$\sum_{k=0}^{m}(-1)^k C_m^k\frac{x}{x+k}=\frac{m!}{(x+1)(x+2)\cdots(x+m)},$$

那么，当 $n=m+1$ 时，对一切实数 $x(x\neq 0,-1,\cdots,-(m+1))$，有

$$\sum_{k=0}^{m+1}(-1)^k C_{m+1}^k\frac{x}{x+k}=1+\sum_{k=1}^{m}(-1)^k[C_m^k+C_m^{k-1}]\frac{x}{x+k}+(-1)^{m+1}\frac{x}{x+m+1}$$

$$=\sum_{k=0}^{m}(-1)^k C_m^k\frac{x}{x+k}+\sum_{k=1}^{m+1}(-1)^k C_m^{k-1}\frac{x}{x+k}$$

$$=\sum_{k=0}^{m}(-1)^k C_m^k\frac{x}{x+k}-\left(\sum_{t=0}^{m}(-1)^t C_m^t\frac{x+1}{x+1+t}\right)\cdot\frac{x}{x+1}$$

$$=\frac{m!}{(x+1)(x+2)\cdots(x+m)}-\frac{m!}{(x+2)(x+3)\cdots(x+1+m)}\cdot\frac{x}{x+1}$$

$$=\frac{m!\ [(x+m+1)-x]}{(x+1)(x+2)\cdots(x+m+1)}=\frac{(m+1)!}{(x+1)(x+2)\cdots(x+m+1)}.$$

即 $n=m+1$ 时,等式成立.

故对一切正整数 n 及一切实数 $x(x\neq 0,-1,\cdots,-n)$,有

$$\sum_{k=0}^{n}(-1)^k C_n^k \frac{x}{x+k} = \frac{n!}{(x+1)(x+2)\cdots(x+n)}.$$

例 2 引入记号 $[x]^n = x(x+1)\cdots(x+n-1)$. 这里 $x\in\mathbf{R}, n\in\mathbf{N}_+$,并规定 $[x]^0=1$.
证明:

$$[x+y]^n = \sum_{k=0}^{n} C_n^k [x]^k [y]^{n-k}. \tag{①}$$

证明 当 $n=1$ 时,①式显然成立.设 $n=m$ 时,①式成立,那么 $n=m+1$ 时,

$$[x+y]^{m+1} = [x+y]^m(x+y+n) = [x+y]^m(x+k+y+m-k)$$
$$= \sum_{k=0}^{m} C_m^k [x]^k [y]^{m-k}(x+k+y+m-k)$$
$$= \sum_{k=0}^{m} C_m^k [x]^{k+1} [y]^{n-k} + \sum_{k=0}^{m} C_m^k [x]^k [y]^{m-k+1}$$
$$= \sum_{k=1}^{m+1} C_m^{k-1} [x]^k [y]^{m+1-k} + \sum_{k=0}^{m} C_m^k [x]^k [y]^{m+1-k}$$
$$= [x]^{m+1} + \sum_{k=1}^{m}(C_m^{k-1}+C_m^k)[x]^k [y]^{m+1-k} + [y]^{m+1}$$
$$= \sum_{k=0}^{m+1} C_{m+1}^k [x]^k [y]^{m+1-k}.$$

所以对一切 $n\in\mathbf{N}_+$ 及任意 $x\in\mathbf{R}$,①式成立.

注 引入记号 $[x]_n = x(x-1)\cdots(x-n+1)$,这里 $x\in\mathbf{R}, n\in\mathbf{N}_+$,并规定 $[x]_0=1$.用类似的方法可得到与①式对称的恒等式:

$$[x+y]_n = \sum_{k=0}^{n} C_n^k [x]_k [y]_{n-k}. \tag{②}$$

①与②式在形式上与二项式定理完全一致,它们在证明组合恒等式中经常被用到.

例 3 设 $\alpha,\beta,n\in\mathbf{N}_+$,且 $n\leqslant\beta$,证明

$$C_{\alpha+\beta+1}^n = \sum_{k=0}^{n} C_{\alpha+k}^k \cdot C_{\beta-k}^{n-k}. \tag{③}$$

证明 注意到 $C_m^n = \frac{m(m-1)\cdots(m-n+1)}{n!} = \frac{[m-n+1]^n}{n!}$,③式可写成为

$$\frac{[\alpha+\beta-n+2]^n}{n!} = \sum_{k=0}^{n} \frac{[\alpha+1]^n}{k!} \cdot \frac{[\beta-n+1]^{n-k}}{(n-k)!}$$
$$\Leftrightarrow [\alpha+\beta-n+2]^n = \sum_{k=0}^{n} C_n^k [\alpha+1]^n [\beta-n+1]^{n-k}. \tag{④}$$

在①中令 $x=\alpha+1, y=\beta-n+1$,即得④,故③成立.

例 4 证明: $\sum_{k=1}^{n} \frac{1}{k} C_{2(k-1)}^{k-1} C_{2(n-k)}^{n-k} = \frac{1}{2} C_{2n}^n$.

证明 $n=1$ 时,左边 $=1=$ 右边,等式成立.

设 $n=m$ 时,等式成立.那么 $n=m+1$ 时,注意到

$$C_{2(m+1-k)}^{m+1-k} = \frac{(2m+2-2k)(2m+1-2k)}{(m+1-k)(m+1-k)} C_{2(m-k)}^{m-k} = 2(2-\frac{1}{m+1-k})C_{2(m-k)}^{m-k},$$ 有

$$\sum_{k=1}^{m+1}\frac{1}{k}C_{2(k-1)}^{k-1}C_{2(m+1-k)}^{m+1-k}=\sum_{k=1}^{m}\frac{2}{k}(2-\frac{1}{m+1-k})C_{2(k-1)}^{k-1}C_{2(m-k)}^{m-k}+\frac{1}{m+1}C_{2m}^{m}$$

$$=4\sum_{k=1}^{m}\frac{1}{k}C_{2(k-1)}^{k-1}C_{2(m-k)}^{m-k}-\frac{2}{m+1}\sum_{k=1}^{m}\left(\frac{1}{k}+\frac{1}{m+1-k}\right)C_{2(k-1)}^{k-1}C_{2(m-k)}^{m-k}+\frac{1}{m+1}C_{2m}^{m}$$

$$=(4-\frac{2}{m+1})\sum_{k=1}^{m}\frac{1}{k}C_{2(k-1)}^{k-1}C_{2(m-k)}^{m-k}-\frac{2}{m+1}\sum_{k=1}^{m}\frac{1}{m+1-k}C_{2(k-1)}^{k-1}C_{2(m-k)}^{m-k}+\frac{1}{m+1}C_{2m}^{m}.$$

在第二个和式中,令 $m+1-k=t$,有

$$\frac{2}{m+1}\sum_{k=1}^{m}\frac{1}{m+1-k}C_{2(k-1)}^{k-1}C_{2(m-k)}^{m-k}=\frac{2}{m+1}\sum_{t=1}^{m}\frac{1}{t}C_{2(m-t)}^{m-t}C_{2(t-1)}^{t-1},$$

故 $$\sum_{k=1}^{m+1}\frac{1}{k}C_{2(k-1)}^{k-1}C_{2(m+1-k)}^{m+1-k}=(4-\frac{4}{m+1})\sum_{k=1}^{m}\frac{1}{k}C_{2(k-1)}^{k-1}C_{2(m-k)}^{m-k}+\frac{1}{m+1}C_{2m}^{m}$$

$$=\left(\frac{4m}{m+1}\right)\cdot\frac{1}{2}C_{2m}^{m}+\frac{1}{m+1}C_{2m}^{m}=\frac{2m+1}{m+1}\cdot C_{2m}^{m}$$

$$=\frac{1}{2}\cdot\frac{(2m+2)(2m+1)}{(m+1)(m+1)}\cdot\frac{(2m)!}{m!\ m!}=\frac{1}{2}\cdot\frac{(2m+2)!}{[(m+1)!]^{2}}=\frac{1}{2}C_{2(m+1)}^{m+1},$$

即 $n=m+1$ 时,等式成立.

故对一切正整数 n,有 $\sum_{k=1}^{n}\frac{1}{k}C_{2(k-1)}^{k-1}C_{2(n-k)}^{n-k}=\frac{1}{2}C_{2n}^{n}$.

例5 证明:(1) $\sum_{k=0}^{n}(-1)^{k}C_{n}^{k}(x-k)^{n}=n!$;

(2) $\sum_{k=0}^{n+1}(-1)^{k}C_{n+1}^{k}(x-k)^{m}=0$,其中 x 为实数,m,n 为正整数且 $m\leqslant n$.

证明 当 $n=1$ 时,必有 $m=1$.

(1)左边$=C_{1}^{0}(x-0)-C_{1}^{1}(x-1)=1!=$右边.

(2)左边$=C_{2}^{0}(x-0)-C_{2}^{1}(x-1)+C_{2}^{2}(x-2)=0=$右边,

即 $n=1$ 时,等式成立.

设 $n=r$ 时,对一切实数 x 有

$$\sum_{k=0}^{r}(-1)^{k}C_{r}^{k}(x-k)^{r}=r!\ \text{及}\ \sum_{k=0}^{r+1}(-1)^{k}C_{r+1}^{k}(x-k)^{m}=0,$$

其中 $m\leqslant r$. 则当 $n=r+1$ 时,

(1) $\sum_{k=0}^{r+1}(-1)^{k}C_{r+1}^{k}(x-k)^{r+1}=\sum_{k=0}^{r+1}(-1)^{k}C_{r+1}^{k}(x-k)^{r}[(x-r-1)+(r+1-k)]$

$=0\cdot(x-r-1)+\sum_{k=0}^{r+1}(-1)^{k}C_{r+1}^{k}(r+1-k)(x-k)^{r}$

$=(r+1)\sum_{k=0}^{r+1}(-1)^{k}C_{r+1}^{k}(x-k)^{r}-\sum_{k=0}^{r+1}(-1)^{k}kC_{r+1}^{k}(x-k)^{r}$

$=(r+1)\sum_{k=0}^{r+1}(-1)^{k}C_{r+1}^{k}(x-k)^{r}-(r+1)\sum_{k=1}^{r+1}(-1)^{k}C_{r}^{k-1}(x-k)^{r}$

$=(r+1)(x-0)^{r}+(r+1)\sum_{k=1}^{r+1}(-1)^{k}[C_{r+1}^{k}-C_{r}^{k-1}](x-k)^{r}$

$=(r+1)(x-0)^{r}+(r+1)\sum_{k=1}^{r}(-1)^{k}C_{r}^{k}(x-k)^{r}$

$=(r+1)\sum_{k=0}^{r}(-1)^{r}C_{r}^{k}(x-k)^{r}=(r+1)\cdot r!=(r+1)!.$

(2)当 $m \leqslant r+1$ 时，

$$\sum_{k=0}^{r+2}(-1)^k C_{r+2}^k (x-k)^m$$

$$=x^m+\sum_{k=1}^{r+1}(-1)^k C_{r+2}^k (x-k)^m+(-1)^{r+2} C_{r+2}^{r+2}(x-r-2)^m$$

$$=x^m+(-1)^{r+2}(x-r-2)^m+\sum_{k=1}^{r+1}(-1)^k [C_{r+1}^k+C_{r+1}^{k-1}](x-k)^m$$

$$=\sum_{k=0}^{r+1}(-1)^k C_{r+1}^k (x-k)^m-\sum_{k=1}^{r+2}(-1)^{k-1} C_{r+1}^{k-1}[(x-1)-(k-1)]^m$$

$$=\sum_{k=0}^{r+1}(-1)^k C_{r+1}^k (x-k)^m-\sum_{k=0}^{r+1}(-1)^k C_{r+1}^k [(x-1)-k]^m$$

$$=0-0=0.$$

这就完成了题目的归纳证明.

7. 组合模型方法

例 1 设 $n \geqslant m$，证明：$\sum\limits_{k=0}^{n-m} C_n^{m+k} C_{m+k}^m = 2^{n-m} C_n^m$.

证明 考虑从 n 个人中选出 m 名正式代表及若干名列席代表(列席代表人数不限，可为 0).

一方面，先选定正式代表，有 C_n^m 种方法，然后从余下 $n-m$ 人中选列席代表，有 2^{n-m} 种方法，因此，共有 $2^{n-m} C_n^m$ 种选法.

另一方面，可先选出包括正式代表和列席代表共 $m+k$ 人($k=0,1,\cdots,n-m$)，然后再从中选出 m 名正式代表，对每一个 k 有 $C_n^{m+k} \cdot C_{m+k}^m$ 种选法，从而选法总数为 $\sum\limits_{k=0}^{n-m} C_n^{m+k} C_{m+k}^m$.

综上，得 $\sum\limits_{k=0}^{n-m} C_n^{m+k} C_{m+k}^m = 2^{n-m} C_n^m$.

例 2 证明：$\sum\limits_{k=1}^{n} k^2 C_n^k = n(n+1) \cdot 2^{n-2}$.

证明 考虑从 n 人中选出若干人组成一个代表团，并从中选出正团长 1 名及副团长 1 名(正、副团长可由 1 人兼任).

一方面，若正、副团长由 1 人兼任，则从 n 人中选 1 人兼任正、副团长有 C_n^1 种方法，其余 $n-1$ 人有 2^{n-1} 种选法，此时有 $2^{n-1} \cdot C_n^1$ 种方法. 若正、副团长分别由 2 人担任，则从 n 人中选出 2 人任正、副团长有 P_n^2 种方法，其余 $n-2$ 人有 2^{n-2} 种选法，此时，有 $P_n^2 \cdot 2^{n-2}$ 种方法. 故总的方法数为

$$C_n^1 \cdot 2^{n-1}+P_n^2 \cdot 2^{n-2}=2^{n-2}n(2+n-1)=n(n+1) \cdot 2^{n-2} \text{种}.$$

另一方面，从 n 人中选出 k 人组成代表团有 C_n^k 种选法，再从中选出正团长 1 人及副团长 1 人(可由同一人兼任)有 $C_k^1 C_k^1$ 种选法($k=1,2,\cdots,n$)，故对每一个 k 有 $C_n^k \cdot C_k^1 C_k^1=k^2 C_n^k$ 种选法，故总的方法数又为 $\sum\limits_{k=1}^{n} k^2 C_n^k$.

综上，得 $\sum\limits_{k=1}^{n} k^2 C_n^k = n(n+1) \cdot 2^{n-2}$.

例 3 证明：$C_{n+1}^1+2^2 C_{n+2}^2+\cdots+n^2 C_{2n}^n = \dfrac{n(n+1)^3}{(n+2)(n+3)} C_{2n+1}^{n+1}$.

证明 考虑一个由编号为 $1,2,3,\cdots,2n+1$ 的 $2n+1$ 名棋手组成的俱乐部,从中选出 $n+1$ 人参加与另一俱乐部的比赛,此外,从剩下的 n 名棋手中选出 1 名领队和 1 名教练,同一棋手可以担任这两个职务(将领队和教练统称为职员),但每一个职员的编号至少排在选出的一名棋手的编号之前.

令选出的棋手中编号最大的是 $k(n+2\leqslant k\leqslant 2n+1)$,对每一个这样的 k,其余 n 名棋手可从编号为 $1,2,\cdots,k-1$ 的棋手中选出,有 $C_{k-1}^{n}=C_{k-1}^{k-1-n}$ 种选法. 而职员的选法有 $(k-1-n)^2$ 种,故选法的总数为

$$\sum_{k=n+2}^{2n+1}(k-1-n)^2 C_{k-1}^{k-1-n}=C_{n+1}^{1}+2^2 C_{n+2}^{2}+\cdots+n^2 C_{2n}^{n}.$$

另一方面不考虑条件限制时,选 $n+1$ 名棋手有 C_{2n+1}^{n+1} 种方法,同时选职员有 n^2 种方法,共有 $n^2 C_{2n+1}^{n+1}$ 种选法,但我们应去掉那些至少有 1 名职员的编号位于所有选出棋手的编号之后的情形. 如果两名职员的位置由同一棋手占据,那么选择 $n+1$ 名棋手加上这名职员共有 C_{2n+1}^{n+2} 种方法,并令其中编号最大的是这名职员,如果职员位置由 2 名不同棋手担任,则选择 $n+1$ 名棋手加上这两名职员有 C_{2n+1}^{n+3} 种方法,其中编号最大的是 2 名职员之一有 C_2^1 种方法,另一位职员从另外 $n+2$ 名棋手中任选 1 人担任,这时有 $2(n+2)C_{2n+1}^{n+3}$ 种方法,故符合条件的选法总数又为

$$n^2 C_{2n+1}^{n+1}-C_{2n+1}^{n+2}-2(n+2)C_{2n+1}^{n+3}=\frac{n(n+1)^3}{(n+2)(n+3)}C_{2n+1}^{n+1}.$$

综上,得 $C_{n+1}^{1}+2^2 C_{n+2}^{2}+\cdots+n^2 C_{2n}^{n}=\dfrac{n(n+1)^3}{(n+2)(n+3)}C_{2n+1}^{n+1}.$

8. 微积分方法

例 1 证明:$C_n^1+\dfrac{1}{2}C_n^2+\cdots+\dfrac{1}{n}C_n^n=\dfrac{2-1}{1}+\dfrac{2^2-1}{2}+\cdots+\dfrac{2^n-1}{n}.$

证明 $\displaystyle\sum_{k=1}^{n}\frac{1}{k}C_n^k=\sum_{k=1}^{n}C_n^k\int_0^1 x^{k-1}\mathrm{d}x=\int_0^1\sum_{k=1}^{n}C_n^k x^{k-1}\mathrm{d}x$

$$=\int_0^1\left[\frac{\sum_{k=0}^{n}C_n^k x^k-1}{x}\right]\mathrm{d}x=\int_0^1\frac{(1+x)^n-1}{(1+x)-1}\mathrm{d}x$$

$$=\int_0^1[1+(1+x)+(1+x)^2+\cdots+(1+x)^{n-1}]\mathrm{d}x$$

$$=\left[(1+x)+\frac{1}{2}(1+x)^2+\frac{1}{3}(1+x)^3+\cdots+\frac{1}{n}(1+x)^n\right]\Big|_0^1$$

$$=\frac{2-1}{1}+\frac{2^2-1}{2}+\frac{2^3-1}{3}+\cdots+\frac{2^n-1}{n}.$$

例 2 证明:$(1)\displaystyle\sum_{k=1}^{n}\frac{k}{k+1}C_n^k=\frac{(n-1)\cdot 2^n+1}{n+1};$

$(2)\displaystyle\sum_{k=1}^{n}\frac{(-1)^{k-1}k}{k+1}C_n^k=\frac{1}{n+1}.$

证明 因为 $\displaystyle\sum_{k=0}^{n}C_n^k t^k=(1+t)^n$,两边对 t 从 0 到 x 积分得

$$\sum_{k=0}^{n}\frac{C_n^k}{k+1}x^{k+1}=\sum_{k=0}^{n}C_n^k\int_0^x t^k\mathrm{d}t=\int_0^x(1+t)^n\mathrm{d}t=\frac{(1+x)^{n+1}-1}{n+1}.$$

两边除以 x 后,再对 x 求导数得

$$\sum_{k=0}^{n}\frac{k}{k+1}C_n^k x^{k-1}=\left[\frac{(1+x)^{n+1}-1}{(n+1)x}\right]'=\frac{(n+1)(1+x)^n x-\left[(1+x)^{n+1}-1\right]}{(n+1)x^2}.$$

令 $x=1$ 和 $x=-1$,分别得到

$$\sum_{k=0}^{n}\frac{k}{k+1}C_n^k=\frac{(n+1)2^n-2^{n+1}+1}{n+1}=\frac{(n-1)2^n+1}{(n+1)}$$

和 $\sum_{k=0}^{n}\frac{(-1)^{k-1}k}{k+1}C_n^k=\frac{1}{n+1}.$

例 3 证明:$\sum_{k=0}^{n}\frac{4^k}{k+1}C_{2n+1}^{2k}=\frac{(4n+3)(3^{2n+2}-1)}{4(2n+2)(2n+3)}$

证明 因为 $\sum_{k=0}^{n}C_{2n+1}^{2k}t^{2k}=\sum_{j=0}^{2n+1}\frac{1+(-1)^j}{2}C_{2n+1}^j t^j=\frac{1}{2}\left[(1+t)^{2n+1}+(1-t)^{2n+1}\right].$

两边乘以 t 后,并对 t 从 0 到 x 积分得

$$\sum_{k=0}^{n}\frac{1}{2k+2}C_{2n+1}^{2k}x^{2k+2}=\sum_{k=0}^{n}C_{2n+1}^{2k}\int_0^x t^{2k+1}\,\mathrm{d}t$$

$$=\frac{1}{2}\int_0^x\left[(1+t)^{2n+1}t+(1-t)^{2n+1}t\right]\mathrm{d}t$$

$$=\frac{1}{2}\int_0^x\left[(1+t)^{2n+2}-(1+t)^{2n+1}-(1-t)^{2n+2}+(1-t)^{2n+1}\right]\mathrm{d}t$$

$$=\frac{1}{2}\left[\frac{(1+x)^{2n+3}-1}{2n+3}-\frac{(1+x)^{2n+2}-1}{2n+2}+\frac{(1-x)^{2n+3}-1}{2n+3}-\frac{(1-x)^{2n+2}-1}{2n+2}\right].$$

令 $x=2$,且两边除以 2 得

$$\sum_{k=0}^{n}\frac{4^k}{k+1}C_{2n+1}^{2k}=\frac{1}{4}\left[\frac{3^{2n+3}-1}{2n+3}-\frac{3^{2n+2}-1}{2n+2}+\frac{-1-1}{2n+3}-\frac{1-1}{2n+2}\right]$$

$$=\frac{1}{4}\left[\frac{3^{2n+3}-3}{2n+3}-\frac{3^{2n+2}-1}{2n+2}\right]=\frac{(4n+3)(3^{2n+2}-1)}{4(2n+2)(2n+3)}.$$

例 4 证明:$C_{3n}^2+2C_{3n}^5+3C_{3n}^8+\cdots+nC_{3n}^{3n-1}=\frac{1}{9}\left[(3n+2)\cdot2^{3n-1}+(-1)^{3n-1}(6n+1)\right].$

证明 设 $\omega=-\frac{1}{2}+\frac{\sqrt{3}}{2}\mathrm{i}$,则 $\omega^3=1$,$1+\omega+\omega^2=0$,且对任何非负整数 j,有

$$\frac{1}{3}(1+\omega^{j+1}+\omega^{2(j+1)})=\begin{cases}1(j=3k-1),\\0(j=3k\ 或\ 3k+1).\end{cases}$$

于是 $\sum_{k=1}^{n}C_{3n}^{3k-1}x^{3k-1}=\sum_{j=0}^{3n}\frac{1}{3}(1+\omega^{j+1}+\omega^{2(j+1)})C_{3n}^j x^j$

$$=\frac{1}{3}\left[(1+x)^{3n}+\omega(1+\omega x)^{3n}+\omega^2(1+\omega^2 x)^{3n}\right].$$

两边乘以 x 后,再对 x 求导数,得

$$\sum_{k=1}^{n}3kC_{3n}^{3k-1}x^{3k-1}=\frac{1}{3}\left[(1+x)^{3n}+3nx(1+x)^{3n-1}+\omega(1+\omega x)^{3n}+3n\omega^2 x(1+\omega x)^{3n-1}+\right.$$

$$\left.\omega^2(1+\omega^2 x)^{3n}+3n\omega^4 x(1+\omega^2 x)^{3n-1}\right].$$

令 $x=1$ 后两边除以 3,并利用 $1+\omega+\omega^2=0$ 及 $\omega^3=1$ 得

$$\sum_{k=1}^{n}kC_{3n}^{3k-1}=\frac{1}{9}\left[2^{3n}+3n\cdot 2^{3n-1}+\omega(1+\omega)^{3n}+3n\omega^2(1+\omega)^{3n-1}+\omega^2(1+\omega^2)^{3n}+\right.$$

$$\left.3n\omega(1+\omega^2)^{3n-1}\right]$$

$$=\frac{1}{9}\left[(3n+2)\cdot 2^{3n-1}+\omega(-\omega^2)^{3n}+3n\omega^2(-\omega^2)^{3n-1}+\right.$$

$$\left.\omega^2(-\omega)^{3n}+3n\omega(-\omega)^{3n-1}\right]$$

$$=\frac{1}{9}\left[(3n+2)\cdot 2^{3n-1}+(-1)^{3n}(\omega+\omega^2)+(-1)^{3n-1}\cdot 3n(\omega^0+\omega^0)\right]$$

$$=\frac{1}{9}\left[(3n+2)\cdot 2^{3n-1}+(-1)^{3n-1}(6n+1)\right].$$

9*. 差分方法

设 $f(x)$ 为任意函数,Δ 为差分算子,其定义为 $\Delta f(x)=f(x+1)-f(x)$,$\Delta^k f(x)=\Delta[\Delta^{k-1}f(x)](k=2,3,\cdots)$,以算子 Δ 作成的差分多项式

$$P(\Delta)=P_0+P_1\Delta+\cdots+P_n\Delta^n$$

仍称为一算子,其系数 P_i 为常数,并规定

$$P(\Delta)f(x)=P_0f(x)+P_1\Delta f(x)+P_2\Delta^2 f(x)+\cdots+P_n\Delta^n f(x).$$

又规定 I 与 0 分别为单位算子与零算子,其定义为

$$If(x)=f(x)=\Delta^0 f(x),0f(x)=0,\Delta^k+0=0+\Delta^k=\Delta^k.$$

另一个常用的算子是移位算子,其定义为

$$Ef(x)=f(x+1),E^k=EE^{k-1},E^0=I,$$

于是,由 $\Delta f(x)=f(x+1)-f(x)=Ef(x)-If(x)=(E-I)f(x)$,得 $\Delta=E-I$ 或 $E=\Delta+I$,易证上述多项式算子对规定的加法、乘法运算满足结合律、交换律和分配律,也就是我们可以像对数一样,对它们进行加、减、乘的运算,例如 $P(\Delta)[Q(\Delta)f(x)]=[P(\Delta)Q(\Delta)]f(x)=Q(\Delta)[P(\Delta)f(x)]$.

定理 1 设 $f(x)$ 为任意函数,那么

$$\Delta^n f(x)=C_n^0 f(x+n)-C_n^1 f(x+n-1)+C_n^2 f(x+n-2)-\cdots+(-1)^n C_n^n f(x).$$

证明 $\Delta^n f(x)=(E-I)^n f(x)=\left(\sum_{k=0}^{n}(-1)^k C_n^k I^k E^{n-k}\right)f(x)$

$$=\sum_{k=0}^{n}(-1)^k C_n^k E^{n-k}f(x)=\sum_{k=0}^{n}(-1)^k C_n^k f(x+n-k).$$

定理 2 设 $f(x)$ 为任意函数,$n\in\mathbf{N}_+$,那么

$$f(x+n)=f(x)+C_n^1\Delta f(x)+C_n^2\Delta^2 f(x)+\cdots+C_n^n\Delta^n f(x).$$

证明 $f(x+n)=E^n f(x)=(I+\Delta)^n f(x)=\left(\sum_{k=0}^{n}C_n^k\Delta^k I^{n-k}\right)f(x)=\sum_{k=0}^{n}C_n^k\Delta^k f(x).$

定理 3 设 $f(x)=a_0 x^k+a_1 x^{k-1}+\cdots+a_{k-1}x+a_k(a_0\neq 0)$ 为 k 次多项式,则 $\Delta^k f(x)=k!a_0$,$\Delta^{k+1}f(x)=0$.

证明 $k=1$ 时,$f(x)=a_0 x+a_1$,$\Delta f(x)=f(x+1)-f(x)=[a_0(x+1)+a_1]-(a_0 x+a_1)=a_0=1!a_0$,$\Delta^2 f(x)=\Delta f(x+1)-\Delta f(x)=a_0-a_0=0$.

设对正整数 k 结论成立,那么对 $k+1$,有

$$f(x)=a_0x^{k+1}+a_1x^k+\cdots+a_kx+a_{k+1}.$$

于是 $\Delta f(x)=f(x+1)-f(x)$

$$=a_0[(x+1)^{k+1}-x^k]+a_1[(x+1)^k-x^k]+\cdots+a_k[(x+1)-x]$$

$$=a_0\sum_{i=1}^{k+1}C_{k+1}^ix^{k+1-i}+a_1\sum_{i=1}^kC_k^ix^{k-i}+\cdots+a_k$$

是一个首项系数为 $C_{k+1}^1a_0=(k+1)a_0$ 的 k 次多项式,由归纳假设有

$$\Delta^{k+1}f(x)=\Delta^k[\Delta f(x)]=k!(k+1)a_0=(k+1)!a_0,\Delta^{k+2}f(x)=\Delta^{k+1}[\Delta f(x)]=0,于$$
是命题得证.

设 $a_n=f(n)$ 是一个数列,若 $\Delta^kf(n)=\Delta^ka_n$ 为非零常数列,则称 a_n 为 k 阶等差数列.特别地,1 阶等差数列就是通常的等差数列.

定理 4 $a_n=f(n)$ 为 k 阶等差数列的充要条件是 $a_n=f(n)$ 是 n 的 k 次多项式.

证明 充分性由定理 3 即得.

必要性. 若 $a_n=f(n)$ 为 k 阶等差数列,即 $\Delta^ka_n=c$ 为非零常数,且 $\Delta^ma_n=0(m\geqslant k+1)$,则由定理 2,得

$$a_n=f(n)=f(0)+C_n^1\Delta f(0)+\cdots+C_n^k\Delta^kf(0).$$

其中 $\Delta^kf(0)=c\neq0,C_n^k$ 为 n 的 k 次多项式,故 a_n 为 n 的 k 次多项式.

例 1(伯努利求和公式) 设 $f(n)$ 对 $n\in\mathbf{N}_+$ 有定义,则

$$\sum_{i=1}^nf(i)=C_n^1f(1)+C_n^2\Delta f(1)+\cdots+C_n^n\Delta^{n-1}f(1).$$

特别 $f(n)$ 为 n 的 r 次多项式时,有

$$\sum_{i=1}^nf(i)=C_n^1f(1)+C_n^2\Delta f(1)+\cdots+C_n^{r+1}\Delta^rf(1)$$

为 n 的 $r+1$ 次多项式.

证明 令 $g(n)=\sum_{i=1}^nf(i)(n\in\mathbf{N}_+),g(0)=0$,则 $\Delta g(0)=g(1)-g(0)=f(1),\Delta^kg(0)=\Delta^{k-1}(\Delta g(0))=\Delta^{k-1}f(1)(k=1,2,\cdots)$. 于是,由定理 2 得

$$\sum_{i=1}^nf(i)=g(n)=g(0)+C_n^1\Delta g(0)+C_n^2\Delta^2g(0)+\cdots+C_n^n\Delta^ng(0)$$

$$=C_n^1f(1)+C_n^2\Delta f(1)+\cdots+C_n^n\Delta^{n-1}f(1).$$

为了计算 $f(1),\Delta f(1),\cdots,\Delta^{n-1}f(1)$,常使用下列差分表:

例 2 证明:$\sum_{i=1}^ni^4=C_n^1+15C_n^2+50C_n^3+60C_n^4+24C_n^5=\dfrac{1}{30}n(n+1)(2n+1)(3n^2+3n-1)$.

证明 令 $f(i)=i^4$,用下表可算出 $\Delta f(1)=15,\Delta^2f(1)=50,\Delta^3f(1)=60,\Delta^4f(1)=24.$

$$
\begin{array}{ccccc}
f(1) & f(2) & f(3) & f(4) & f(5) \\
1 & 16 & 81 & 25 & 6
\end{array}
$$

$$
\Delta f(1)=15 \quad 65 \quad 175 \quad 369
$$

$$
\Delta^2 f(1)=50 \quad 110 \quad 194
$$

$$
\Delta^3 f(1)=60 \quad 84
$$

$$
\Delta^4 f(1)=24
$$

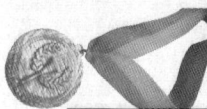

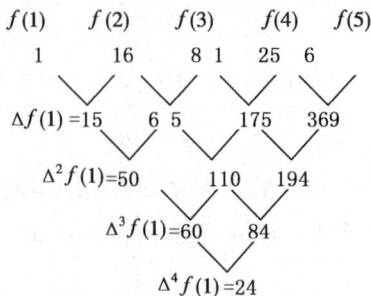

于是由伯努利求和公式便得要证的第一个等式,再经过因式分解便得第二个等式.

例 3 证明:对任意 $m,n,k\in\mathbf{N}_+$,当 $k\leqslant m\leqslant n$ 时,有

$$
\sum_{i=0}^{n}(-1)^i C_m^i C_{m+n+i}^{n+1}\cdot\frac{1}{n+k+i}=\frac{1}{n+1}.
$$

证明 设 $f(x)=\dfrac{(x+m)(x+m+1)\cdots(x+m+n)}{x+n+k}$,因为 $k\leqslant m\leqslant n$,所以 $m\leqslant n+k\leqslant m+n$,故 $f(x)$ 是首项系数为 1 的 n 次多项式,故由定理 3 得 $\Delta^n f(0)=n!$. 另一方面,由定理 1 有

$$
\Delta^n f(0)=\sum_{i=1}^{n}(-1)^i C_n^i f(i)=\sum_{i=0}^{n}(-1)^i C_n^i\frac{(i+m)(i+m+1)\cdots(i+m+n)}{i+n+k}
$$

$$
=\sum_{i=0}^{n}(-1)^i C_n^i C_{m+n+i}^{n+1}\cdot\frac{(n+1)!}{n+k+i},
$$

即 $\displaystyle\sum_{i=0}^{n}(-1)^i C_n^i C_{m+n+i}^{n+1}\cdot\frac{(n+1)!}{n+k+i}=n!$.

两边除以 $(n+1)!$ 即得要证算式.

§3 证明组合问题中的不等式的基本方法

1. 放缩法

证明组合不等式的一个基本方法是由组合恒等式适当进行放缩便可导出要证的组合不等式.

例 1 证明:$C_{2n}^0+\dfrac{1}{2}C_{2n}^1+\dfrac{1}{3}C_{2n}^2+\cdots+\dfrac{1}{2n+1}C_{2n}^{2n}\leqslant C_{2n+1}^n$.

证明 因为 $\dfrac{1}{k+1}C_{2n}^k=\dfrac{1}{2n+1}C_{2n+1}^{k+1}(k=0,1,2,\cdots,2n)$,并且 $C_{2n+1}^0,C_{2n+1}^1,\cdots,C_{2n+1}^{2n+1}$ 中以 $C_{2n+1}^n=C_{2n+1}^{n+1}$ 为最大,所以

$$
\sum_{k=0}^{2n}\frac{1}{k+1}C_{2n}^k=\sum_{k=0}^{2n}\frac{1}{2n+1}C_{2n+1}^{k+1}\leqslant\frac{1}{2n+1}\sum_{k=0}^{2n}C_{2n+1}^n=C_{2n+1}^n.
$$

例 2 若 $n\in\mathbf{N}_+$,$j\in\{0,1,2\}$,则 $\displaystyle\sum_{k\geqslant0}(-1)^n C_n^{3k+j}\geqslant\frac{1}{3}[(-2)^n-1]$.

证明 设 $f(x)=(1+x)^n=\displaystyle\sum_{k=0}^{n}C_n^k x^k=\sum_{k\geqslant0}C_n^{3k}x^{3k}+\sum_{k\geqslant0}C_n^{3k+1}x^{3k+1}+\sum_{k\geqslant0}C_n^{3k+2}x^{3k+2}$.

令 $\omega = -\dfrac{1}{2} + \dfrac{\sqrt{3}}{2}\mathrm{i}$(i 为虚数单位),则 $\omega^3 = 1, 1 + \omega + \omega^2 = 0$,且易证

$$1 + \omega^k + \omega^{2k} = \begin{cases} 3 & (3 \mid k) \\ 0 & (3 \nmid k) \end{cases}, \text{于是}$$

$$f(1) = \sum_{k \geqslant 0} C_n^{3k} + \sum_{k \geqslant 0} C_n^{3k+1} + \sum_{k \geqslant 0} C_n^{3k+2} = 2^n,$$

$$f(\omega) = \sum_{k \geqslant 0} C_n^{3k} + \sum_{k \geqslant 0} C_n^{3k+1}\omega + \sum_{k \geqslant 0} C_n^{3k+2}\omega^2 = (1+\omega)^n = (-1)^n \omega^{2n},$$

$$f(\omega^2) = \sum_{k \geqslant 0} C_n^{3k} + \sum_{k \geqslant 0} C_n^{3k+1}\omega^2 + \sum_{k \geqslant 0} C_n^{3k+2}\omega = (1+\omega^2)^m = (-1)^n \omega^n,$$

所以 $\displaystyle\sum_{k \geqslant 0} C_n^{3k} = \dfrac{1}{3}\left[f(1) + f(\omega) + f(\omega^2)\right] = \dfrac{1}{3}\left[2^n + (-1)^n \omega^{2n} + (-1)^n \omega^n\right]$,

$$\sum_{k \geqslant 0} (-1)^n C_n^{3k} = \dfrac{1}{3}\left[(-2)^n - 1\right] + \dfrac{1}{3}\left[1 + \omega^n + \omega^{2n}\right]$$

$$= \dfrac{1}{3}\left[(-2)^n - 1\right] + \begin{cases} 1 & (3 \mid n), \\ 0 & (3 \nmid n). \end{cases}$$

类似地,有

$$\sum_{k \geqslant 0} (-1)^n C_n^{3k+1} = \dfrac{(-1)^n}{3}\left[f(1) + f(\omega)\omega^2 + f(\omega^2)\omega\right]$$

$$= \dfrac{1}{3}\left[(-2)^n - 1\right] + \dfrac{1}{3}\left[1 + \omega^{n+1} + \omega^{2(n+1)}\right]$$

$$= \dfrac{1}{3}\left[(-2)^n - 1\right] + \begin{cases} 1 & (3 \mid n+1), \\ 0 & (3 \nmid n+1). \end{cases}$$

$$\sum_{k \geqslant 0} (-1)^n C_n^{3k+2} = \dfrac{(-1)^n}{3}\left[f(1) + f(\omega)\omega + f(\omega^2)\omega^2\right]$$

$$= \dfrac{1}{3}\left[(-2)^n - 1\right] + \dfrac{1}{3}\left[1 + \omega^{n+2} + \omega^{2(n+2)}\right]$$

$$= \dfrac{1}{3}\left[(-2)^n - 1\right] + \begin{cases} 1 & (3 \mid n+2), \\ 0 & (3 \nmid n+2). \end{cases}$$

总之,当 $n \in \mathbf{N}_+, j \in \{0,1,2\}$ 时,有

$$\sum_{k \geqslant 0} (-1)^n C_n^{3k+j} = \dfrac{1}{3}\left[(-2)^n - 1\right] + \begin{cases} 1 & (3 \mid n+j), \\ 0 & (3 \nmid n+j). \end{cases} \qquad (*)$$

故 $\displaystyle\sum_{k \geqslant 0} (-1)^n C_n^{3k+j} \geqslant \dfrac{1}{3}\left[(-2)^n - 1\right]$.

注 本题也可通过取 $n = 1, 2, 3, \cdots$ 特殊值来计算,归纳出恒等式($*$),再用数学归纳法证明($*$)成立.

2. 组合分析法

例 1 设 A 是一个有 n 个元素的集合,A 的 m 个子集 $A_1, A_2, \cdots, A_m$ 两两互不包含. 试证:(1) $\displaystyle\sum_{i=1}^{m} \dfrac{1}{C_n^{|A_i|}} \leqslant 1$;(2) $\displaystyle\sum_{i=1}^{m} C_n^{|A_i|} \geqslant m^2$.

其中 $|A_i|$ 表示 A_i 所含元素的个数,$C_n^{|A_i|}$ 表示从 n 个不同元素中取 $|A_i|$ 个元素的组合数.

(1993 年全国高中联赛第二试试题)

证明 （1）中不等式等价于

$$\sum_{i=1}^{n}|A_i|!\,(n-|A_i|)!\leqslant n!.\qquad ①$$

一方面，A 中 n 个不同元素的全排列个数共有 $n!$ 个，另一方面对 A 的每个子集 A_i 作 A 中 n 个元素的全排列如下：

$$x_1x_2\cdots x_{|A_i|}\,y_1y_2\cdots y_{n-|A_i|}\qquad ②$$

其中 $x_1x_2\cdots x_{|A_i|}$ 是 A_i 中所有元素的全排列，而 $y_1y_2\cdots y_{n-|A_i|}$ 是 A_i 在 A 中的补集 $\overline{A_i}=A\backslash A_i$ 的所有元素的全排列，于是形如②的排列有 $|A_i|!\,(n-|A_i|)!$ 个.

下面证明当 $j\neq i$ 时 A_j 对应的排列与 A_i 对应的排列互不相同. 事实上，若 A_j 对应的某个排列

$$x'_1x'_2\cdots x'_{|A_j|}\,y'_1y'_2\cdots y_{n-|A_j|}\qquad ③$$

与 A_i 对应的某个排列②相同，则当 $|A_j|\leqslant|A_i|$ 时，有 $x'_1=x_1,x'_2=x_2,\cdots,x'_{|A_j|}=x_{|A_j|}$，即 $A_j\subseteq A_i$；而当 $|A_j|>|A_i|$ 时，有 $x_1=x'_1,x_2=x'_2,\cdots,x_{|A_i|}=x'_{|A_i|}$，即 $A_i\subseteq A_j$，这都与 A_1，$A_2,\cdots,A_n$ 两两互不包含矛盾，故

$$\sum_{i=1}^{m}|A_i|!\,(n-|A_i|)!\leqslant n!.$$

即 $\sum_{i=1}^{n}\dfrac{1}{C_n^{|A_i|}}\leqslant 1.$

（2）由（1）及哥西不等式有

$$\sum_{i=1}^{n}C_n^{|A_i|}\geqslant\Big(\sum_{i=1}^{n}C_n^{|A_i|}\Big)\Big(\sum_{i=1}^{n}\frac{1}{C_n^{|A_i|}}\Big)\geqslant m^2.$$

注 本题来源于下列著名的 Sperner 定理：

Sperner 定理 设 A 为 n 元集，$A_1A_2,\cdots,A_m$ 为 A 的子集且两两互不包含，则 m 的最大值为 $C_n^{\left[\frac{n}{2}\right]}$.

证明 由上例（1）有 $\sum_{i=1}^{m}\dfrac{1}{C_n^{|A_i|}}\leqslant 1$，并且 $C_n^0,C_n^1,\cdots,C_n^n$ 中以 $C_n^{\left[\frac{n}{2}\right]}$ 为最大，所以

$$\frac{m}{C_n^{\left[\frac{n}{2}\right]}}\leqslant\sum_{i=1}^{m}\frac{1}{C_n^{|A_i|}}\leqslant 1,\text{即 }m\leqslant C_n^{\left[\frac{n}{2}\right]}.$$

另一方面 A 的 $\left[\dfrac{n}{2}\right]$ 元子集共有 $C_n^{\left[\frac{n}{2}\right]}$ 个，它们两两互不包含，故 m 的最大值为 $C_n^{\left[\frac{n}{2}\right]}$.

例 2 某间谍组织 S 有 $n(n\geqslant 2)$ 名间谍，两间谍之间或者互不相识，或者存在领导与被领导关系. 求证：必可将 S 分成三个不相交的子集 A，B，C 适合下述关系：

（1）A 中间谍互相不认识；

（2）对任意 $b\in B$，存在 $a\in A$，使得 a 领导 b；

（3）对任意 $c\in C$，存在 $b\in B$，使得 b 领导 c；

（4）$|A\cup B|>\sqrt{n}$.

证明 以 n 个点代表 n 名间谍，对任意两名间谍，以两点间不连线表示两人不认识，以有向线段表示两人相识，且线段方向指向的终点为被领导者. 对任意一点，称从此点出发的有向线段为出线段，以此点为终点的有向线段为入线段，于是得到一个含 n 个点的有向

图 G.

若 G 中存在一个独立点,即此点无线段相连,则将此点放入 A 集,对其他点均无影响.若 G 中存在一点,与这点相连的线段均为出线段,即此间谍无上司,则将此点也放入 A 集,把其下属均放入 B 集,对其余的点均无影响,并且以上两种情形均使 $|A\cup B|$ 在 $|S|$ 中所占的比重增大.所以,只须考虑所有点都有入线和出线的情形.

设此时点的集合为 M_1,因点数有限,所以其中必有一点 A_1 使其出线段数目最多,将 A_1 放入 A 中,设 A_1 的下属为 $B_{11},B_{21},\cdots,B_{k_1 1}$,则将此 k_1 点放入 B 中,将 $B_{11},B_{21},\cdots,B_{k_1 1}$ 的下属 $(C_{11})_1,(C_{11})_2,\cdots,(C_{11})_{t_1};(C_{21})_1,(C_{21})_2,\cdots,(C_{21})_{t_2};\cdots(C_{k_1 1})_1,(C_{k_1 1})_2,\cdots,(C_{k_1 1})_{t_{k_1}}$ 放入 C 中,但不包括 $B_{i1}(i=1,2,\cdots,k_1)$ 在内,记余下点的集合为 M_2.

(1)若 $|M_2|=0$,则 $A\cup B\cup C$ 已包含 M_1 中所有的点,因 A_1 的出线段最多,为 k_1 条,所以 $t_1,t_2,\cdots,t_{k_1}\leqslant k_1$,$|A\cup B|=k_1+1$,$|M_1|=|A|+|B|+|C|\leqslant 1+k_1+k_1^2$.

因为 $k_1+1>\sqrt{1+k_1+k_1^2}$,所以 $|A\cup B|>\sqrt{|M_1|}$.

(2)若 $|M_2|\neq 0$,则在点集 M_2 中同样找出 $A_2;B_{12},B_{22},\cdots,B_{k_2 2}$ 及 $(C_{12})_1,(C_{12})_2,\cdots,(C_{12})_{r_1};\cdots(C_{k_2 2})_1,(C_{k_2 2})_2,\cdots(C_{k_2 2})_{r_{k_2}}$,分别放入 A,B,C 中(M_2 中的点与 M_1 中点连有线段时,则不计在内),设余下的点集合记为 M_3,若 $|M_3|>0$,则继续找出 $A_3;B_{13},B_{23},\cdots$

如此类推,总可把点集 M_1 分成三组点 A,B,C.此时设 A 中有 s 个点,$|B|=k_1+k_2+\cdots+k_s$,$|C|\leqslant k_1^2+k_2^2+\cdots+k_s^2(k_i\geqslant 1)$,于是

$$|M_1|\leqslant s+k_1+k_2+\cdots+k_s+k_1^2+k_2^2+\cdots+k_s^2$$
$$\leqslant 2k_1+2k_2+\cdots+2k_s+k_1^2+k_2^2+\cdots+k_s^2<(k_1+k_2+\cdots+k_s+1)^2\leqslant|A\cup B|^2,$$

即 $|A\cup B|>\sqrt{|M_1|}$,所以 $|A\cup B|>\sqrt{n}$.

例3 在 $n\times n$ 棋盘上放置棋子,每个小方格内至多放 1 枚棋子,并且满足下列条件:如果某个小方格内没有放棋子,那么过此方格的水平线及铅直线上各小方格内放的棋子数的总和不少于 n.证明:棋盘上放的棋子总数不少于 $\frac{1}{2}n^2$ 枚. (第 13 届 IMO 试题)

证明 棋盘上总有一行或一列放的棋子数是各行、各列中放的棋子数中最少的.不妨设它是第一行,在这行中放了 k 枚棋子,且这 k 枚棋子放在前 k 个位置.

(1)若 $k\geqslant\frac{n}{2}$,则棋盘内放的棋子总数 $\geqslant kn\geqslant\frac{n^2}{2}$,结论成立.

(2)若 $k<\frac{n}{2}$,则由于前 k 列所放棋子总数 $\geqslant k\cdot k=k^2$,并且由已知条件知后 $n-k$ 列的每一列中放的棋子数不少于 $n-k$(因后 $n-k$ 列中每一列的棋子数加上第一行的棋子数 $k\geqslant n$),于是,后 $n-k$ 列放的棋子总数 $\geqslant(n-k)^2$,故表中放的棋子总数 $\geqslant k^2+(n-k)^2=2(k-\frac{n}{2})^2+\frac{n^2}{2}\geqslant\frac{n^2}{2}$,证毕.

例4 证明:在任何 n 个人中,总存在 2 人,使得其余 $n-2$ 人中与这两人都互相认识或都不互相认识的人数不少于 $\left[\frac{n}{2}\right]-1$ 个.

证明 如果结论不成立,那么对 n 个人中任意两人 A 和 B,其余 $n-2$ 个人中同时认识

A 和 B 以及同时不认识 A 和 B 的总人数至多为 $\left[\dfrac{n}{2}\right]-2$ 个. 设除 A,B 外其余 $n-2$ 个人中恰认识 A 或 B 中一人的有 k 个, 则 $n-2-k\leqslant\left[\dfrac{n}{2}\right]-2$, 所以 $k\geqslant n-\left[\dfrac{n}{2}\right]\geqslant n-\dfrac{n}{2}=\dfrac{n}{2}$. 若 C 恰认识 A、B 中一个人, 则将 (C,A,B) 组成一个三人组, 并设这种三人组的个数为 S, 因为 n 个人可形成 C_n^2 个 (A,B) 对, 并且对每一对人 A 和 B, 至少有 $\dfrac{n}{2}$ 个人恰认识 A 或 B 中一个, 所以 $S\geqslant\dfrac{n}{2}C_n^2=\dfrac{n^2(n-1)}{4}$ ①. 另一方面, 设对 n 人中任意一人 C, 其余 $n-1$ 人中恰有 h 人认识 C 而 $n-1-h$ 人不认识 C, 于是含 C 的三人组有 $h(n-1-h)\leqslant\left(\dfrac{h+n-1-h}{2}\right)^2=\dfrac{(n-1)^2}{4}$ 个, 而 C 有 n 种取法, 所以 $S\leqslant\dfrac{n(n-1)^2}{4}$ ②. ① 与 ② 矛盾, 故命题成立.

从上述例题可以看出, 用组合分析方法证明组合问题中的不等式时, 就是对题中所涉及的组合结构进行数量上的分析和比较, 从而导出要证的不等式 (例1、例3). 而例2则先转化成一个图论模型, 再按题目要求构造出符合条件的组合结构, 然后进行数量上的分析与比较后得出要证的不等式. 例4则从结论的反面出发, 对组合结构进行数量上的分析和比较后导致矛盾, 从而证明了结论成立. 例4中考虑的"三元组"是一种很有用的组合结构, 今后的例题会看到, 对恰当的"三元组"进行数量上的分析和比较是解决组合问题的一个有效方法.

3. 计数方法

证明组合不等式也可以利用第一章中所介绍的各种计数方法 (映射法、算二次、利用容斥原理、递推等等) 来证明.

例1 设 $Oxyz$ 是空间直角坐标系, S 是空间中的一个有限点集, S_x,S_y,S_z 分别是 S 中所有点在坐标平面 Oyz,Ozx,Oxy 上的正投影所成的集合. 求证:
$$|S|^2\leqslant|S_x|\cdot|S_y|\cdot|S_z|.$$
(1992年第33届IMO试题)

证明 对任意 $(i,j,0)\in S_z$, 令 $T_{ij}=\{(i,j,z)\mid(i,j,z)\in S\}$.

显然有 $S=\bigcup\limits_{(i,j,0)\in S_z}T_{ij}$, 由哥西不等式得
$$|S|^2\leqslant\sum_{(i,j,0)\in S_z}1^2\cdot\sum_{(i,j,0)\in S_z}|T_{ij}|^2=|S_z|\cdot\sum_{(i,j,0)\in S_z}|T_{ij}|^2. \qquad①$$

考虑集合 $V=\bigcup\limits_{(i,j,0)\in S_z}(T_{ij}\times T_{ij})$, 这里 $T_{ij}\times T_{ij}=\{((i,j,t_1),(i,j,t_2))\mid(i,j,t_k)\in T_{ij},k=1,2\}$, 显然 $|V|=\sum\limits_{(i,j,0)\in S_z}|T_{ij}|^2$. 定义映射 $f:V\to S_x\times S_y$ 为:
$$V\ni((i,j,z),(i,j,z'))\to((0,j,z),(i,0,z'))\in S_x\times S_y,$$
不难看出 V 为单射, 因此有
$$|V|\leqslant|S_x|\cdot|S_y|. \qquad②$$

由①及②得 $|S|\leqslant|S_x|\cdot|S_y|\cdot|S_z|$.

注 例1是第33届IMO六道试题中得分率最低的一道试题, 这里巧妙地应用映射方法即可简捷地给出证明.

例2 设 n 为正整数, 我们说集合 $\{1,2,\cdots,2n\}$ 的一个排列 $(x_1,x_2,\cdots,x_{2n})$ 具有性质

P,是指在$\{1,2,\cdots,2n-1\}$当中至少有一个i使$|x_i-x_{i+1}|=n$. 求证:对任何n,具有性质P的排列比不具有性质P的排列多.

(1989年第30届IMO试题)

证法一 考虑下列三个集合:

$A=\{(x_1,x_2,\cdots,x_{2n})\mid(x_1,x_2,\cdots,x_{2n})$具有性质$P\}$,

$B=\{(y_1,y_2,\cdots,y_{2n})\mid(y_1,y_2,\cdots,y_{2n})$不具有性质$P\}$,

$C=\{(z_1,z_2,\cdots,z_{2n})\mid$恰有一个$i$,使$|z_i-z_{i+1}|=n$,且$2\leq i<2n-1\}$.

显然C是A的真子集,例如$\{(n+1,1,2,\cdots,n,2n,n+2,n+3,\cdots,2n-1\}$属于$A$而不属于$C$,故$|A|>|C|$.

我们来建立B与C之间的一个一一映射. 对任意$y=\{y_1,y_2,\cdots,y_{2n}\}\in B$,有$|y_1-y_2|\neq n$,因与$y_1$之差的绝对值为$n$的数是唯一的,不妨设它为$y_k,k>2$. 将$y_1$放在$y_k$左边得到一个新的排列$y'=(y_2,y_3,\cdots,y_{k-1},y_1,y_k,\cdots,y_{2n})$,于是$y'\in C$,令$f(y)=y'$. 显然$f$为单射,反过来,对$C$中任意一个排列$z'=(z_1,z_2,\cdots,z_{2n})$,在$z'$中有唯一$i\geq 2$使$|z_i-z_{i+1}|=n$,将这个$z_i$移到第1位,成为$z=(z_i,z_1,\cdots,z_{i-1},z_{i+1},\cdots,z_{2n})$,$z$中显然不存在$j\in\{1,2,\cdots,2n-1\}$使$|z_j-z_{j+1}|=n$,故$z\in B$,且$f(z)=z'$,可见$f$为满射,所以$f$是$B$与$C$之间的一一对应,故$|B|=|C|$,所以$|A|>|C|=|B|$,即$A$中元素比$B$中元素多.

证法二 设A为具有性质P的排列集合,B为不具有性质P的排列集合,于是$|A|+|B|=(2n)!$. 要证$|A|>|B|$,只要证 $|A|>\dfrac{1}{2}(2n)!$.

设$(x_1,x_2,\cdots,x_{2n})$中k与$k+n$相邻的排列集合为P_k,则$|P_k|=2\cdot(2n-1)!$,$|P_k\bigcap P_j|=2^2\cdot(2n-2)!$ $(1\leq k<j\leq n)$,由容斥原理得

$$|A|=\sum_{i=1}^{n}|P_k|-\sum_{1\leq k<j\leq n}|P_k\bigcap P_j|+\cdots+(-1)^{n-1}|P_1\bigcap P_2\bigcap\cdots\bigcap P_n|$$

$$\geq\sum_{i=1}^{n}|P_k|-\sum_{1\leq k<j\leq n}|P_k\bigcap P_j|=n\cdot 2\cdot(2n-1)!-C_n^2\cdot 2^2\cdot(2n-2)!$$

$$=(2n)!-\frac{1}{2}n(n-1)\cdot 2^2\cdot(2n-2)!=2n\cdot n\cdot(2n-2)!$$

$$>\frac{1}{2}\cdot 2n\cdot(2n-1)\cdot(2n-2)!=\frac{1}{2}(2n)!,$$

$$\therefore\quad |A|>|B|.$$

例3(托兰定理) 设平面内有n个点,其中任意3点不共线,在其中一些点对之间连有线段. 如果图中不存在以所连线段为边的三角形,则图中所连线段都不超过$\left[\dfrac{n^2}{4}\right]$.

证明 设从A_1点出发的线段数最多有k条,并设这k条线段为$A_1B_1,A_1B_2,\cdots,A_1B_k$,因图中不存在三角形,故$B_1,B_2,\cdots,B_k$中任意两点间没有连线段,每个$B_i$至多与$n-k$个点连线段,设除$A_1,B_1,B_2,\cdots,B_k$外,其余$n-k-1$个点为$A_2,A_3,\cdots,A_{n-k}$,则从每个$A_j$出发至多有$k$条线段,于是图中各点出发的线段数总和不超过

$$(n-k)k+k(n-k)=2k(n-k).$$

因以上计数中每条线段计算了两次,故图中所连线段数为

$$S\leq\frac{1}{2}\cdot 2k(n-k)=-(k-\frac{n}{2})^2+\frac{n^2}{4}\leq\frac{n^2}{4},$$

所以 $S \leqslant \left[\dfrac{n^2}{4}\right]$.

注 上述不等式中等号可以取到. 事实上, 当 n 为偶数时分为两组, 每组 $\dfrac{n}{2}$ 个点; 当 n 为奇数时分为两组, 一组 $\dfrac{n+1}{2}$ 个点, 另一组 $\dfrac{n-1}{2}$ 个点. 同组的任意两点不连线, 不同组的任意两点连一线段. 于是图中不存在以所连线段为边的三角形, 且当 n 为偶数时所连线段数为 $\dfrac{n}{2} \cdot \dfrac{n}{2} = \dfrac{n^2}{4} = \left[\dfrac{n^2}{4}\right]$; 当 n 为奇数时, 所连线段数为 $\dfrac{n+1}{2} \cdot \dfrac{n-1}{2} = \dfrac{n^2-1}{4} = \left[\dfrac{n^2}{4}\right]$.

例 4 设 n 个非负实数的和等于 1. 证明: 可以将它们适当排列在圆周上, 使得每两个相邻数相乘所得 n 个乘积的和不超过 $\dfrac{1}{n}$.

证明 设这 n 个数是 $x_1, x_2, \cdots, x_n$, 将它们排列在圆周上的不同排列的个数为 $(n-1)!$, 这里对应了 $(n-1)!$ 个问题中所说的和, 记为 $S_1, S_2, \cdots, S_m$, 其中 $m = (n-1)!$. 我们考虑这些和的总和 $T = S_1 + S_2 + \cdots + S_m$. 注意到每个 $x_i x_j (i < j)$ 在上式右端恰好出现 $2 \cdot (n-1)!$ 次 (这是因为在圆周上 x_i 与 x_j 相邻有两种排法, 相应的圆排列个数等于其余 $n-2$ 个元素的直线排列个数 $(n-2)!$), 因此

$$T = 2 \cdot (n-2)! \sum_{1 \leqslant i < j \leqslant n} x_i x_j = (n-2)! \left[\left(\sum_{i=1}^{n} x_i\right)^2 - \sum_{i=1}^{n} x_i^2\right]$$

$$\leqslant (n-2)! \left[\left(\sum_{i=1}^{n} x_i\right)^2 - \dfrac{1}{n}\left(\sum_{i=1}^{n} x_i\right)^2\right] = (n-2)! \left[1 - \dfrac{1}{n}\right]$$

$$= \dfrac{(n-1)!}{n} = \dfrac{m}{n}.$$

由平均值原理, 必有一个 $S_i \leqslant \dfrac{T}{m} \leqslant \dfrac{1}{n}$.

例 5 设 $\mathbf{Z}$ 是 n 元素集合, 且 $A_1, A_2, \cdots, A_m$ 是 $\mathbf{Z}$ 的两两不同的真子集, 且 $|A_i \cap A_j| = 1 (1 \leqslant i < j \leqslant m)$. 证明: $m \leqslant n$.

证明 如果存在 $x \in \mathbf{Z}$, 使对任意 $1 \leqslant i \leqslant m$, 有 $x \in A_i$, 则由已知条件 $A_1 \backslash \{x\}, A_2 \backslash \{x\}, \cdots, A_m \backslash \{x\}$ 是两两不相交的子集, 并且其中至多只有一个空集, 于是 $m - 1 \leqslant \sum_{i=1}^{m} |A_i \backslash \{x\}| \leqslant |\mathbf{Z} \backslash \{x\}| = n - 1$, 即 $m \leqslant n$.

下面设对任意 $x \in \mathbf{Z}$, 存在 A_i 使 $x \notin A_i$. 我们记 $x \in A_j$ 的集合 A_j 的个数为 $f(x)$, 于是 $m - f(x)$ 表示不以 x 为元素的集合 A_i 的个数, 且 $f(x) < m$.

首先, 若 $x \notin A_i$, 则 $f(x) \leqslant |A_i|$ (这是因为对每一个 $x \in A_j$ 的集合 A_j 均有 $|A_i \cap A_j| = 1$, 且对不同的 $A_j, A_i \cap A_j$ 的元素不同, 否则若 $A_{j_1} \cap A_i = \{y\} = A_{j_2} \cap A_i, (j_1 \neq j_2)$, 则 $A_{j_1} \cap A_{j_2} = \{x, y\}$, 这与 $|A_{j_1} \cap A_{j_2}| = 1$ 矛盾), 并且 $|A_i| < n$ (因 A_i 是 $\mathbf{Z}$ 的真子集).

其次, 反设结论不成立, 即 $n < m$. 因为 $x \notin A_i$ 时, $f(x) \leqslant |A_i|$, 从而 $n(m - f(x)) > m(n - |A_i|) > 0$, 故有

$$\sum_{x \notin A_i} \dfrac{1}{n(m - f(x))} < \sum_{x \notin A_i} \dfrac{1}{m(n - |A_i|)}. \qquad ①$$

上面求和是对所有 $x \in \mathbf{Z}$ 及满足 $x \notin A_i$ 的 A_i 所有形成的对 (x, A_i) 求和.

注意到①式左边$=\sum\limits_{x \in \mathbf{Z}} \sum\limits_{x \notin A_i} \dfrac{1}{n(m-f(x))} = \sum\limits_{x \in \mathbf{Z}} \dfrac{1}{n} = 1$,其中 $\sum\limits_{x \notin A_i} \dfrac{1}{m-f(x)} = 1$ 是因为不以 x 为元素的集合 A_i 恰有 $m-f(x)$ 个. 而①式右边$=\sum\limits_{i=1}^{m} \sum\limits_{\substack{x \in \mathbf{Z} \\ x \notin A_i}} \dfrac{1}{m(n-|A_i|)} = \sum\limits_{i=1}^{m} \dfrac{1}{m} = 1$,其中

$\sum\limits_{\substack{x \in \mathbf{Z} \\ x \notin A_i}} \dfrac{1}{n-|A_i|} = 1$ 是因为恰有 $n-|A_i|$ 个元素不属于 A_i.

于是①式变成 $1 < 1$,矛盾. 所以 $m \leqslant n$.

注 本题中 $m=n$ 可以成立,例如 $\mathbf{Z} = \{1, 2, \cdots, n\}$,$A_1 = \{1\}$,$A_2 = \{1, 2\}$,$A_3 = \{1, 3\}$,$\cdots$,$A_n = \{1, n\}$,则 $|A_i \cap A_j| = 1 (1 \leqslant i \leqslant j \leqslant n)$,这时 $m=n$ 成立.

例 6(Erdos-Ko-Rado **定理**) 设 $2 \leqslant r \leqslant \dfrac{n}{2}$,$\mathscr{A}$ 为 $Z = \{1, 2, \cdots, n\}$ 的一些 r 元子集所成的族,如果 $\mathscr{A}$ 中的每两个元素(Z 的 r 元子集)的交非空,那么 $|\mathscr{A}| \leqslant C_{n-1}^{r-1}$,当 $\mathscr{A} = \{A \mid A$ 为 Z 的 r 子集且含有 Z 的一固定元素 $x\}$ 时,等号成立.

证明 把 $Z = \{1, 2, \cdots, n\}$ 的元素任意排在一个圆周上有 $(n-1)!$ 种排法. 对于每种排法 $\pi_j(j=1, 2, \cdots, (n-1)!)$,如果集合 A_i 中的元素在 π_j 中相连没有间断,则将 (A_i, π_j) 配成一对,这种对子集合记为 S. 一方面,因为 $\mathscr{A}$ 中每两个元素(Z 的 r 元子集)的交非空,且 $2 \leqslant r \leqslant \dfrac{n}{2}$,故对每个排列 π_j,至多有 r 个集合 $A_i \in \mathscr{A}$,使每个 A_i 中的元素在 π_j 中是相连没有间断的,即含 π_j 的对子至多有 r 个,而 π_j 有 $(n-1)!$ 个,所以 $|S| \leqslant r \cdot (n-1)!$. ①

另一方面,对每一个 $A_i \in \mathscr{A}$,使 A_i 中元素在圆周上相连不间断的圆排列有 $r! \cdot (n-r)!$ 种,而 $\mathscr{A}$ 共有 $|\mathscr{A}|$ 个,故 $|S| = |\mathscr{A}| \cdot r! (n-r)!$ ②,由①及②得

$$|\mathscr{A}| \cdot r! (n-r)! \leqslant r \cdot (n-1)!,$$

所以 $|\mathscr{A}| \leqslant \dfrac{(n-1)!}{(r-1)!(n-r)!} = C_{n-1}^{r-1}$.

其次,当 $\mathscr{A} = \{A \mid A$ 为 Z 的 r 元子集且含 Z 的一个固定元素$\}$ 时,这时 $\mathscr{A}$ 中的 A 恰有 C_{n-1}^{r-1} 个,这时等式 $|\mathscr{A}| = C_{n-1}^{r-1}$ 成立.

注 进一步可以证明,本题中给出的等号成立的条件不仅是充分的也是必要的.

例 7 设 n 和 k 是正整数,S 是平面内 n 个点的集合,满足:

(1)S 中任何三点不共线;

(2)对 S 中每一个点 P,S 中至少有 k 个点与 P 的距离相等.

求证:$k < \dfrac{1}{2} + \sqrt{2n}$. (第 30 届 IMO 试题)

证法一 设 $S = \{P_1, P_2, \cdots, P_n\}$,依题意,对任意 $P_i \in S$,存在以 P_i 为中心的圆 C_i,使得 C_i 上至少有 S 中 k 个点$(i=1, 2, \cdots, n)$. 设 C_i 上恰有 S_i 中 r_i 个点且设 P_i 恰在 $C_1, C_2, \cdots, C_n$ 中 e_i 个圆上$(i=1, 2, \cdots, n)$,于是

$$e_1 + e_2 + \cdots + e_n = r_1 + r_2 + \cdots + r_n \geqslant kn.$$

若 S 中点 P_i 同时在两个圆 C_k 与 $C_j(k \neq j)$ 上,则将 P_i 与 C_k, C_j 组成一个三元组 $(P_i;$

$C_k, C_j)$,这种三元组的全体构成的集合记为 M.

一方面,每两个圆至多有 2 个交点,至多形成 2 个三元组,n 个圆至多形成 $2C_n^2$ 个三元组,故 $|M| \leqslant 2C_n^2$.

另一方面,因 P_i 在 e_i 个圆上,可形成 $C_{e_i}^2$ 个含 P_i 的三元组$(i=1,2,\cdots,n)$,故

$$|M| = \sum_{i=1}^{n} C_{e_i}^2.$$

综合上述两个方面,并利用哥西不等式得

$$2C_n^2 \geqslant \sum_{i=1}^{n} C_{e_i}^2 = \frac{1}{2} \left(\sum_{i=1}^{n} e_i^2 - \sum_{i=1}^{n} e_i \right)$$

$$\geqslant \frac{1}{2} \left[\frac{1}{n} \left(\sum_{i=1}^{n} e_i \right)^2 - \sum_{i=1}^{n} e_i \right] = \frac{1}{2n} \left(\sum_{i=1}^{n} e_i \right) \left(\sum_{i=1}^{n} e_i - n \right)$$

$$\geqslant \frac{1}{2n} \cdot kn(kn-n) = \frac{1}{2} nk(k-1),$$

即 $k^2 - k - 2(n-1) \leqslant 0$,

所以 $k \leqslant \dfrac{1+\sqrt{1+8(n-1)}}{2} < \dfrac{1+\sqrt{8n}}{2} = \dfrac{1}{2} + \sqrt{2n}$.

证法二 依题意,以 S 中的每一点为中心可作 n 个圆,使每个圆上至少有 k 个点属于 S.

我们称两个端点均属于 S 的线段为好线段.

一方面,好线段显然共有 C_n^2 条.

另一方面,每个圆上至少有 C_k^2 条弦是好线段,n 个圆共有 nC_k^2 条弦是好线段,但其中有一些公共弦被重复计算了. 由于每两个圆至多有一条公共弦,n 个圆至多有 C_n^2 条公共弦(这些公共弦还不一定是好线段),故好线段的条数不少于 $nC_k^2 - C_n^2$.

综上所述,得到 $C_n^2 \geqslant nC_k^2 - C_n^2$.

即 $k^2 - k - 2(n-1) \leqslant 0$,

所以 $k \leqslant \dfrac{1+\sqrt{8n-7}}{2} < \dfrac{1}{2} + \sqrt{2n}$.

注 (1)本题的两种解法都说明了题目中的第一个条件是多余的.

(2)在用算二次方法证明题目时,由于选择计算的量不同,常常得到的证明方法不全相同. 在本题中显然证法二较证法一简便. 但从 §3-2 例 4 以及今后的例题会看到,计算"三元组"是一个有效的方法.

(3)算二次时,如果两方面都是精确结果,综合起来就得到一个等式. 如果至少有一个方面采取了估计(即算了量的下界或上界),那么综合起来就得到了一个不等式.

4. 数学归纳法

对于某些与正整数相关的组合问题中的不等式,可考虑用数学归纳法去证明.

例 1 已知 n 为非负整数,证明:当 $n \geqslant 9$ 时,$\displaystyle\sum_{r=0}^{\left[\frac{n}{2}\right]} \dfrac{n+1-2r}{n+1-r} C_n^r < 2^{n-2}$.

(第 20 届爱尔兰奥林匹克试题)

证明　记 $S(n,r)=\dfrac{n+1-2r}{n+1-r}C_n^r$，则

$$S(n,r)=\left(1-\frac{r}{n+1-r}\right)C_n^r=C_n^r-\frac{r}{n+1-r}\cdot\frac{n!}{(n-r)!\cdot r!}$$

$$=C_n^r-\frac{n!}{(n+1-r)!\ (r-1)!}=C_n^r-C_n^{r-1}(r\geqslant 1).$$

所以

$$\sum_{r=0}^{\left[\frac{n}{2}\right]}\frac{n+1-2r}{n+1-r}C_n^r=1+\sum_{r=1}^{\left[\frac{n}{2}\right]}S(n,r)=1+\sum_{r=1}^{\left[\frac{n}{2}\right]}(C_n^r-C_n^{r-1})=C_n^{\left[\frac{n}{2}\right]}.$$

故只需证 $C_n^{\left[\frac{n}{2}\right]}<2^{n-2}(n\geqslant 9).$

下面用数学归纳法分 n 的奇偶性进行讨论．

（1）当 $n=2m(m\geqslant 5)$ 时，$C_n^{\left[\frac{n}{2}\right]}=\dfrac{(2m)!}{(m!)^2}.$ 当 $m=5$ 时，

$$C_{10}^5=252<256=2^8$$

成立．设 $m=k\geqslant 5$ 时不等式成立，那么当 $m=k+1$ 时，

$$\frac{[2(k+1)]!}{[(k+1)!]^2}=\frac{2(k+1)(2k+1)}{(k+1)^2}\cdot\frac{(2k)!}{(k!)^2}<\frac{2(2k+1)}{k+1}\cdot 2^{2k-2}<2^{2k}.$$

故对任意 $n=2m(m\geqslant 5)$，原不等式成立．

（2）当 $n=2m+1(m\geqslant 4)$ 时，$C_n^{\left[\frac{n}{2}\right]}=\dfrac{(2m+1)!}{m!\cdot(m+1)!}.$ 当 $m=4$ 时，

$$C_9^4=126<128=2^7$$

成立．设 $m=k\geqslant 4$ 时不等式成立，那么 $m=k+1$ 时，

$$\frac{(2k+3)!}{(k+1)!\ (k+2)!}=\frac{(2k+3)\cdot 2(k+1)}{(k+1)(k+2)}\cdot\frac{(2k+1)!}{k!\ (k+1)!}<\frac{2(2k+3)}{k+2}\cdot 2^{2k-1}<2^{2k+1}.$$

故对任意 $n=2m+1(m\geqslant 4)$，原不等式成立．

综上，对任意 $n\geqslant 9$，原不等式成立．

例2　某间谍组织 S 有 $n(n\geqslant 2)$ 名间谍，两间谍之间或者互不认识或者存在领导与被领导的关系．求证：必可将 S 分划为三个不相交的子集 A,B,C 适合下述关系：

（1）A 中间谍互不认识；

（2）对任意 $b\in B$，存在 $a\in A$，使得 a 领导 b；

（3）对任意 $c\in C$，存在 $b\in B$，使得 b 领导 c；

（4）$|A\bigcup B|>\sqrt{n}.$

分析　此例我们在 §3-2 的例 2 中曾用建立图论模型的方法给出了证明，下面再用数学归纳法给出另一个证明．

证明　假设对任意 $x\in S$，$N(x)$ 表示被 x 领导的间谍集合，即 $N(x)=\{y\,|\,y\in S,x$ 领导 $y\}.$

对 S 中元素个数 n 用数学归纳法证明．

当 $n=2,3$ 时，可用枚举法直接验证结论成立．设 $n<k(k\geqslant 4)$ 时结论成立，当 $n=k$ 时，取 $x\in S$，使 $|N(x)|$ 最小，记 $S_1=S\backslash\{x\}\backslash N(x).$ 若 $S_1=\varnothing$，则取 $A=\{x\},B=N(x),C=$

$\varnothing$，便知命题结论成立．当 $S_1\neq\varnothing$ 时，由归纳假设，可把 S_1 分成三个不相交的子集 $A_1,B_1,$ C_1 满足题设的四个条件．因 A_1 不含被 x 领导的间谍，故只有下述两种情形：

(1) x 与 A_1 中任一间谍均不认识，则令 $A=A_1\bigcup\{x\},B=N(x)\bigcup B_1,C=C_1$，显然，$A$、$B$、$C$ 满足前三个条件对第(4)个条件也满足．事实上，由归纳假设知

$$|A_1\bigcup B_1|>\sqrt{n-N(x)-1},$$

所以 $|A\bigcup B|>N(x)+1+\sqrt{n-N(x)-1}\geqslant\sqrt{N(x)+1}+\sqrt{n-N(x)-1}$

$$=\sqrt{(\sqrt{N(x)+1}+\sqrt{n-N(x)-1})^2}$$

$$\geqslant\sqrt{N(x)+1+n-N(x)-1}=\sqrt{n}.$$

(2) 存在 $a\in A_1,a$ 领导 x，则令 $A=A_1,B=\{x\}\bigcup B_1,C=C_1\bigcup N(x)$．这样的 A、B、C 显然适合前三个条件，并且第(4)个条件也满足．

事实上，若 $N(x)\geqslant\sqrt{n}$，由 $|N(x)|$ 最小知 $|A\bigcup B|>N(x)|\geqslant\sqrt{n}$，结论成立．

若 $|N(x)|<\sqrt{n}$，因 $|S_1|=n-N(x)-1$，由归纳假设知 $|A_1\bigcup B_1|>\sqrt{n-N(x)-1}$，而 $|A\bigcup B|\geqslant|A_1\bigcup B_1|+1>\sqrt{n-N(x)-1}+1$．余下只要证 $\sqrt{n-N(x)-1}\geqslant\sqrt{n}-1$ 即可．上式等价于

$$n-N(x)-1\geqslant n-2\sqrt{n}+1\Leftrightarrow 2\sqrt{n}\geqslant|N(x)|+2.$$

因为 $\sqrt{n}>|N(x)|$ 且 $\sqrt{n}\geqslant 2$，所以上式成立，命题证毕．

例 3　在 $n\times n$ 的棋盘中，任 k 行和任 l 列的公共部分称为它的"子片"，并称 $k+l$ 为它的半周长．假如若干个半周长不小于 n 的"子片"共同覆盖了棋盘的整条主对角线，证明：这些子片所覆盖的方格数不少于棋盘总方格数的一半．（1991 年第 25 届全苏奥林匹克试题）

证明　对 n 用数学归纳法证明．当 $n=1,2$ 时，结论显然成立．当 $n>2$ 时，假设对所有 $m\times m(m<n)$ 的棋盘结论成立，要证对 $n\times n$ 棋盘结论也成立．

对任一组满足要求的子片，考虑关于主对角线对称的一对方格 (i,j) 和 $(j,i)(i\neq j)$，如果每对方格中至少有一个被覆盖，那么结论成立．

如果某一对方格 (i,j) 与 $(j,i)(i\neq j)$ 都不被覆盖，删去第 i,j 行及第 i,j 列，这时每个子片至多被删去两行或两列或一行一列，否则该子片盖住方格 (i,j) 或 (j,i)．因此，在剩下棋盘中，每个子片的半周长都不小于 $n-2$．根据归纳假设，剩下 $(n-2)\times(n-2)$ 的棋盘中至少有一半的方格被子片盖住．

删去的方格共 $4n-4$ 个，由于盖住方格 (i,i) 的子片，半周长不小于 n，所以它在第 i 行和第 i 列至少盖住了 $n-1$ 个方格．同理，盖住 (j,j) 的子片至少盖住了第 j 行和第 j 列的 $n-1$ 个方格，由于子片不盖住 (i,j) 和 (j,i)，所以删去的两行和两列中被子片覆盖的方格至少有 $2(n-1)$ 个，即不少于被删去方格的一半，于是命题得证．

§4　典型例题解题分析

例 1　求证：对一切 $n\in\mathbf{N}_+$，$\sum\limits_{i=0}^{\left[\frac{n}{2}\right]}2^{n-2i}C_n^{2i}C_{2i}^i=C_{2n}^n$．

证法一(母函数方法) 一方面$(1+x)^{2n}$展开式中x^n的系数为C_{2n}^n. 另一方面$(1+x)^{2n}=(1+2x+x^2)^n=\sum_{k=1}^{n}C_n^k(2x)^{n-k}(1+x^2)^k$,并且$C_n^k(2x)^{n-k}(1+x^2)^k=C_n^k2^{n-k}x^{n-k}\cdot\sum_{i=1}^{k}C_k^ix^{2i}$中仅当$k=2i$为偶数时,才含$x^n$的项,且$x^n$的系数为$C_n^{2i}\cdot2^{n-2i}C_{2i}^i=C_n^{n-2i}2^{n-2i}\cdot C_{2i}^i$. 因$0\leqslant2i\leqslant n$,$0\leqslant i\leqslant\left[\frac{n}{2}\right]$,所以$(1+x)^{2n}$展开式中$x^n$的系数又为$\sum_{i=0}^{\left[\frac{n}{2}\right]}2^{n-2i}C_n^{n-2i}C_{2i}^i$,故$\sum_{i=0}^{\left[\frac{n}{2}\right]}2^{n-2i}C_n^{n-2i}C_{2i}^i=C_{2n}^n$.

证法二(组合模型法) 考虑从n对夫妻中选出n人作代表共有C_{2n}^n种方法. 其次,将所有选法分为$\left[\frac{n}{2}\right]+1$类,其中第$i$类($0\leqslant i\leqslant\left[\frac{n}{2}\right]$)恰有$i$对夫妻两人都选出,其余$n-i$对夫妻中设$h$对夫妻两人都没有选出,$n-i-h$对夫妻恰有一人选出,因$2i+(n-i-h)=n$,所以$h=i$. 从$n$对夫妻中选$i$对夫妻(2人都选出)有$C_n^i$种方法,其余$n-i$对夫妻中选$n-i-h=n-2i$对夫妻(两人中恰有1人选出)有$C_{n-i}^{n-2i}\cdot2^{n-2i}$种方法,故第$i$类中的选法数为$C_n^iC_{n-i}^{n-2i}\cdot2^{n-2i}=C_n^{n-2i}C_{2i}^i\cdot2^{n-2i}$. 又$i=0,1,\cdots,\left[\frac{n}{2}\right]$,故共有$\sum_{i=0}^{\left[\frac{n}{2}\right]}C_n^{n-2i}C_{2i}^i2^{n-2i}$种选法,所以$\sum_{i=0}^{\left[\frac{n}{2}\right]}C_n^{n-2i}C_{2i}^i2^{n-2i}=C_{2n}^n$.

例2 证明:$\sum_{k=0}^{n}C_n^k2^kC_{n-k}^{\left[\frac{n-k}{2}\right]}=C_{2n+1}^n$. （1994年第9届CMO试题）

证法一(母函数方法) 一方面$(1+x)^{2n+1}$的展开式中x^n的系数为C_{2n+1}^n. 另一方面$(1+x)^{2n+1}=(1+2x+x^2)^n(1+x)=\sum_{k=0}^{n}C_n^k(2x)^k(1+x^2)^{n-k}\cdot(1+x)=\sum_{k=0}^{n}C_n^k2^kx^k(1+x^2)^{n-k}+\sum_{k=0}^{n}C_n^k2^kx^{k+1}(1+x^2)^{n-k}$. ①

当$n-k$为奇数时,$C_n^k2^kx^k(1+x^2)^{n-k}=C_n^k2^kx^k\sum_{i=0}^{n-k}C_{n-k}^ix^{2i}$中没有$x^n$的项,而$C_n^k2^kx^{k+1}(1+x^2)^{n-k}=C_n^k2^kx^{k+1}\sum_{i=0}^{n-k}C_{n-k}^ix^{2i}$中含$x^n$的项为$C_n^k2^kx^{k+1}\cdot C_{n-k}^{\frac{n-k-1}{2}}x^{2(\frac{n-k-1}{2})}=C_n^k2^kC_{n-k}^{\left[\frac{n-k}{2}\right]}\cdot x^n$.

当$n-k$为偶数时,类似可得$C_n^k2^kx^k(1+x^2)^{n-k}$中含x^n的项为$C_n^k2^kx^kC_{n-k}^{\frac{n-k}{2}}x^{2(\frac{n-k}{2})}=C_n^k2^kC_{n-k}^{\left[\frac{n-k}{2}\right]}x^n$,而$C_n^k2^kx^{k+1}(1+x^2)^{n-k}$中无$x^n$的项.

可见①式右端x^n的系数为$\sum_{k=0}^{n}C_n^k2^kC_{n-k}^{\left[\frac{n-k}{2}\right]}$,所以$\sum_{k=0}^{n}C_n^k2^kC_{n-k}^{\left[\frac{n-k}{2}\right]}=C_{2n+1}^n$.

证法二(组合模型法) 一方面$2n+1$元集合$S=\{a_1,a_2,\cdots,a_{2n+1}\}$的$n$元子集有$C_{2n+1}^n$个. 另一方面将$S$分为$n$个二元集及1个单元素集:

$\{a_1,a_2\},\{a_3,a_4\},\cdots,\{a_{2n-1},a_{2n}\},\{a_{2n+1}\}$.

将S的n元子集分为$n+1$类,第k类的每一个n元子集中恰有k个元取自上述k个二元子集(每个二元子集恰取一个元),其方法数为$C_n^k\cdot2^k$,其余$n-k$个元从余下的子集中取出.

当$n-k$为偶数时,a_{2n+1}必不取出,这$n-k$元取自剩下$n-k$个二元子集中的$\frac{n-k}{2}$个子集(每个子集的 2 个元都取出),有 $C_{\frac{n-k}{2}}^{k}=C_{n-k}^{\left[\frac{n-k}{2}\right]}$ 种取法.

当 $n-k$ 为奇数时,a_{2n+1} 必取出,余下 $n-k-1$ 个元取自剩下的 $n-k$ 个元子集中 $\frac{n-k-1}{2}$ 个子集(每个子集的 2 个元都取出),有 $C_{n-k}^{\frac{n-k-1}{2}}=C_{n-k}^{\left[\frac{n-k}{2}\right]}$ 种取法.

可见第 k 类 n 元子集有 $C_n^k 2^k C_{n-k}^{\left[\frac{n-k}{2}\right]}$ 个. 又 $k=0,1,\cdots,n$,故 S 的 n 元子集个数为 $\sum_{k=0}^{n} C_n^k 2^k C_{n-k}^{\left[\frac{n-k}{2}\right]}$.

所以 $\sum_{k=0}^{n} C_n^k 2^k C_{n-k}^{\left[\frac{n-k}{2}\right]}=C_{2n+1}^n$.

例 3 设 n,r 为正整数,$r<n$ 且 $n-r$ 为偶数. 证明:

$$\sum_{k=0}^{n-r}(-2)^{-k} C_n^{r+k} C_{n+r+k}^k=2^{r-n}(-1)^{\frac{n-r}{2}} C_n^{\frac{n-r}{2}}.$$

证明 记 $S_{n,r}=\sum_{k=0}^{n-r}(-2)^{-k} C_n^{r+k} C_{n+r+k}^k$,将 k 用 $n-r-k$ 代替,得

$S_{n,r}=\sum_{k=0}^{n-r}(-2)^{-n+r+k} C_n^{n-k} C_{2n-k}^{n-r-k}$. 于是 $S_{n,r}$ 是 $\sum_{k=0}^{n}(-2)^{-n+r+k} C_n^k x^k (1+x)^{2n-k}$ 展开式中

x^{n-r} 的系数,而 $\sum_{k=n-r+1}^{n}(-2)^{-n+r+k} C_n^k x^k (1+x)^{2n-k}$ 展开式中 x^{n-r} 的系数为 0,所以 $S_{n,r}$ 是

$f(x)=\sum_{k=0}^{n}(-2)^{-n+r+k} C_n^k x^k (1+x)^{2n-k}$ 展开式中 x^{n-r} 的系数. 而

$$f(x)=(-2)^{r-n}(1+x)^n \sum_{k=0}^{n} C_n^k (-2x)^k (1+x)^{n-k}$$

$$=(-2)^{r-n}(1+x)^n [1+x+(-2x)]^n=(-2)^{r-n}(1-x^2)^n$$

中 x^{n-r} 的系数为 $(-2)^{r-n}(-1)^{\frac{n-r}{2}} C_n^{\frac{n-r}{2}}$,并且 $(-1)^{r-n}=1$,所以

$$S_{n,r}=\sum_{k=0}^{n-r}(-2)^{-k} C_n^{r+k} C_{n+r+k}^k=2^{r-n}(-1)^{\frac{n-r}{2}} C_n^{\frac{n-r}{2}}.$$

注 由上述证明可以得出当 $n-r$ 为奇数时,$S_{n,r}=0$.

例 4 证明:$\sum_{k=0}^{\left[\frac{n}{2}\right]}(-1)^k C_n^k C_{2n-2k-1}^{n-1}=1(n\geqslant 1)$.

证明 记 $S=\sum_{k=0}^{\left[\frac{n}{2}\right]}(-1)^k C_n^k C_{2n-2k-1}^{n-1}=\sum_{k=0}^{\left[\frac{n}{2}\right]}(-1)^k C_n^k C_{2n-2k-1}^{n-2k}$,则 S 是 $\sum_{k=0}^{\left[\frac{n}{2}\right]}(-1)^k C_n^k x^{2k} \cdot$

$(1+x)^{2n-2k-1}$ 中 x^n 的系数,而 $\sum_{k=\left[\frac{n}{2}\right]+1}^{n}(-1)^k C_n^k x^{2k}(1+x)^{2n-2k-1}$ 中不含 x^n 的项,故 S 是

$f(x)=\sum_{k=0}^{n}(-1)^k C_n^k x^{2k}(1+x)^{2n-2k-1}$ 中 x^n 的系数. 因为

$$f(x)=(1+x)^{-1} \sum_{k=0}^{n}(-1)^k C_n^k (x^2)^k [(1+x)^2]^{n-k}$$

$$=(1+x)^{-1}[(1+x)^2-x^2]^n=\frac{(1+2x)^n}{1+x}=\frac{\sum_{k=0}^{n} C_n^k (1+x)^k x^{n-k}}{1+x}$$

$$=\frac{x^n}{1+x}+C_n^1 x^{n-1}+C_n^2 x^{n-2}(1+x)+\cdots+C_n^n(1+x)^{n-1}$$

中只有第一项 $\frac{x^n}{1+x}=x^n \sum_{k=0}^{\infty}(-x)^k$ 含有 x^n 的项,并且 x^n 的系数为 1,所以

专题研究系列

$$S=\sum_{k=0}^{\left[\frac{n}{2}\right]}(-1)^k C_n^k C_{2n-2k-1}^{n-1}=1.$$

例5 证明:$\sum_{k=1}^{n}\dfrac{1^k+2^k+\cdots+n^k}{k\cdot n^k}\{1+(-1)^{k-1}C_n^k\}=(n+1)\sum_{k=1}^{n}\dfrac{1}{k}$.

证明 由§2-1例3有$C_n^k=C_{k-1}^{k-1}+C_k^{k-1}+\cdots+C_{n-1}^{k-1}$,又$\dfrac{1}{k}C_{r-1}^{k-1}=\dfrac{1}{r}C_r^k$,故得

$\dfrac{1}{k}C_n^k=\dfrac{1}{k}C_{k-1}^{k-1}+\dfrac{1}{k}C_k^{k-1}+\cdots+\dfrac{1}{k}C_{n-1}^{k-1}=\dfrac{1}{k}C_k^k+\dfrac{1}{k+1}C_{k+1}^k+\cdots+\dfrac{1}{n}C_n^k=\sum_{s=k}^{n}\dfrac{1}{s}C_s^k=\sum_{s=1}^{n}\dfrac{1}{s}C_s^k$(因为

$1\leqslant s\leqslant k-1$ 时 $C_s^k=0$),所以

$\sum_{k=1}^{n}\dfrac{1^k+2^k+\cdots+n^k}{k\cdot n^k}\{1+(-1)^{k-1}C_n^k\}=\sum_{k=1}^{n}\sum_{t=1}^{n}\dfrac{1}{k}\left(\dfrac{t}{n}\right)^k\{1+(-1)^{k-1}C_n^k\}$

$=\sum_{t=1}^{n}\sum_{k=1}^{n}\dfrac{1}{k}\left(\dfrac{t}{n}\right)^k\{1+(-1)^{k-1}C_n^k\}=\sum_{t=1}^{n}\sum_{k=1}^{n}\left(\dfrac{t}{n}\right)^k\{\dfrac{1}{k}+(-1)^{k-1}\dfrac{1}{k}C_n^k\}$

$=\sum_{t=1}^{n}\sum_{k=1}^{n}\left(\dfrac{t}{n}\right)^k\{\dfrac{1}{k}+(-1)^{k-1}\sum_{s=1}^{n}\dfrac{1}{s}C_s^k\}$

$=\sum_{t=1}^{n}\{\sum_{k=1}^{n}\dfrac{1}{k}\left(\dfrac{t}{n}\right)^k+\sum_{k=1}^{n}(-1)^{k-1}\sum_{s=1}^{n}\dfrac{1}{s}C_s^k\left(\dfrac{t}{n}\right)^k\}$

$=\sum_{t=1}^{n}\{\sum_{k=1}^{n}\dfrac{1}{k}\left(\dfrac{t}{n}\right)^k+\sum_{s=1}^{n}\dfrac{1}{s}\sum_{k=1}^{n}(-1)^{k-1}C_s^k\left(\dfrac{t}{s}\right)^k\}$

$=\sum_{t=1}^{n}\{\sum_{k=1}^{n}\dfrac{1}{k}\left(\dfrac{t}{n}\right)^k+\sum_{s=1}^{n}\dfrac{1}{s}[1-\sum_{k=0}^{s}(-1)^k C_s^k\left(\dfrac{t}{n}\right)^k]\}$(因为$k\geqslant s+1$时$C_s^k=0$)

$=\sum_{t=1}^{n}\{\sum_{k=1}^{n}\dfrac{1}{k}\left(\dfrac{t}{n}\right)^k+\sum_{s=1}^{n}\dfrac{1}{s}[1-(1-\dfrac{t}{n})^s]\}$

$=\sum_{t=1}^{n}\sum_{k=1}^{n}\dfrac{1}{k}\left(\dfrac{t}{n}\right)^k+\sum_{t=1}^{n}\sum_{s=1}^{n}\dfrac{1}{s}-\sum_{t=1}^{n}\sum_{s=1}^{n}\dfrac{1}{s}\left(\dfrac{n-t}{n}\right)^s$

$=\sum_{t=1}^{n}\sum_{k=1}^{n}\dfrac{1}{k}\left(\dfrac{t}{n}\right)^k+\sum_{t=1}^{n}\sum_{s=1}^{n}\dfrac{1}{s}-\sum_{t=1}^{n}\sum_{s=1}^{n}\dfrac{1}{s}\left(\dfrac{t}{n}\right)^s+\sum_{s=1}^{n}\dfrac{1}{s}$

$=\sum_{t=1}^{n}\sum_{s=1}^{n}\dfrac{1}{s}+\sum_{s=1}^{n}\dfrac{1}{s}=(n+1)\sum_{s=1}^{n}\dfrac{1}{s}=(n+1)\sum_{k=1}^{n}\dfrac{1}{k}.$

注 本题利用了当$0\leqslant m<n$时$C_m^n=0$,使得形式上统一了求和的上、下标,从而便于交换求和号,这样往往可使计算变得简单容易.

例6 求证:(1)**(范得蒙恒等式)**$\sum_{i=0}^{k}C_m^i C_n^{k-i}=C_{m+n}^k(m,n,k\in\mathbf{N}_+$且$m+n\geqslant k)$.

(2)$\sum_{k=0}^{p}C_p^k C_q^k C_{n+k}^{p+q}=C_n^p\cdot C_n^q.$

证明 (1)比较$(1+x)^m(1+x)^n=(1+x)^{m+n}$两边$x^k$的系数即得.

(2)由(1)中范德蒙恒等式得

$\sum_{k=0}^{p}C_p^k C_q^k C_{n+k}^{p+q}=\sum_{k=0}^{p}C_p^k C_q^k\sum_{j=0}^{p+q}C_k^j C_n^{p+q-j}=\sum_{j=0}^{p+q}C_n^{p+q-j}\sum_{k=0}^{p}C_p^k C_q^k C_k^j.$

而 $C_p^k C_k^i=\dfrac{p!}{k!\ (p-k)!}\dfrac{k!}{j!\ (k-j)!}=\dfrac{p!}{j!\ (p-j)!}\cdot\dfrac{(p-j)!}{(p-k)!\ [(p-j)-(p-k)]!}$

$=C_p^j C_{p-j}^{p-k}$,所以

97

$$\sum_{k=0}^{p} C_p^k C_q^k C_{n+k}^{p+q} = \sum_{j=0}^{p+q} C_n^{p+q-j} C_p^j \sum_{k=0}^{p} C_q^k C_{p-j}^{p-k} = \sum_{j=0}^{p+q} C_n^{p+q-j} C_p^j C_{p+q-j}^{p} = \sum_{j=0}^{p} C_p^j C_n^p \cdot C_{n-p}^{q-j}$$

$$= C_n^p \sum_{j=0}^{p+q} C_p^j C_{n-p}^{q-j} = C_n^p \sum_{j=0}^{q} C_p^j C_{n-p}^{q-j} = C_n^p C_n^q.$$

例 7 证明：$\sum_{k=0}^{m-1} (-1)^k C_m^k C_{m+n-k-1}^n = C_{n-1}^{m-1}$.

证明 记 $a_k = C_{n+k-1}^n, b_k = (-1)^k C_{n-1}^{k-1} (b_0 = C_{n-1}^{-1} = 0)$，于是由例 6(1). 有

$$\sum_{k=0}^{m} (-1)^k C_m^k \cdot b_k = \sum_{k=1}^{m} C_m^k C_{n-1}^{k-1} = \sum_{k=1}^{m} C_m^{(m-1)-(k-1)} C_{n-1}^{k-1} = \sum_{k=0}^{m-1} C_m^{m-1-k} C_{n-1}^k$$

$$= C_{m+n-1}^{m-1} = C_{m+n-1}^n = a_m.$$

故由组合互逆公式得

$$b_m = (-1)^m C_{n-1}^{m-1} = \sum_{k=0}^{m} (-1)^k C_m^k a_k = \sum_{k=0}^{m} (-1)^k C_m^k C_{n+k-1}^n.$$

所以 $C_{n-1}^{m-1} = \sum_{k=0}^{m} (-1)^{m-k} C_m^{m-k} C_{n+k-1}^n$

$$= \sum_{k=0}^{m} (-1)^k C_m^k C_{n+(m-k)-1}^n (k \text{ 用 } m-k \text{ 代替})$$

$$= \sum_{k=0}^{m-1} (-1)^k C_m^k C_{m+n-k-1}^n (因为 C_{n-1}^n = 0).$$

例 8 给定正整数 k, m, n，满足 $1 \leqslant k \leqslant m \leqslant n$，试求

$$\sum_{i=0}^{n} (-1)^i \frac{1}{n+k+i} \cdot \frac{(m+n+i)!}{i!\ (n-i)!\ (m+i)!}$$

的值，并写出推算过程. （2000 年中国国家集训队选拔考试试题）

解法一 作多项式

$$f(x) = \sum_{i=0}^{n} a_i x(x+1)\cdots(x+i-1)(x+i+1)\cdots(x+n) - (x-m-1)(x-m-2) \cdot (x-m-3)\cdots(x-m-n),$$

可恰当选取系数 $a_i (0 \leqslant i \leqslant n)$，使 $f(x) \equiv 0$.

因为 $f(x)$ 是不超过 n 次的多项式，因此，$f(x) \equiv 0$ 当且仅当 $f(x)$ 有 $n+1$ 个根 $0, -1, -2, \cdots, -n$. 于是，当 $0 \leqslant i \leqslant n$ 时，应有

$$0 = f(-i) = a_i(-i)(-i+1)\cdots(-i+i-1)(-i+i+1)\cdots(-i+n) - (-i-m-1)(-i-m-2)\cdots(-i-m-n)$$

$$= a_i(-1)^i \cdot i!\ (n-i)! - (-1)^n \frac{(m+n+i)!}{(m+i)!},$$

即 $a_i = (-1)^{n+i} \frac{(m+n+i)!}{i!\ (n-i)!\ (m+i)!}$.

从而，得到了代数恒等式

$$\sum_{i=0}^{n} (-1)^{n+i} \frac{(m+n+i)!}{i!\ (n-i)!\ (m-i)!} x(x+1)\cdots(x+i-1)(x+i+1)\cdots(x+n)$$

$$= (x-m-1)(x-m-2)\cdots(x-m-n).$$

特别地，在上式中取 $x = n+k$，由 $1 \leqslant k \leqslant m \leqslant n$ 可知 $m+1 \leqslant n+k \leqslant m+n$，故此时上述等式右端为 0，于是有

$$\sum_{i=1}^{n}(-1)^{n+i}\frac{1}{n+k+i}\cdot\frac{(m+n+i)!}{i!\,(n-i)!\,(m+i)!}(n+k)(n+k+1)\cdots(2n+k)=0.$$

两边约去$(-1)^n(n+k)(n+k+1)\cdots(2n+k)$,得

$$\sum_{i=1}^{n}(-1)^{i}\frac{1}{n+k+i}\cdot\frac{(m+n+i)!}{i!\,(n-i)!\,(m+i)!}=0.$$

解法二 记$a_n=\sum_{i=1}^{n}(-1)^{i}\frac{1}{n+k+i}\cdot\frac{(m+n+i)!}{i!\,(n-i)!\,(m+i)!}=\sum_{i=1}^{n}(-1)^{i}C_n^i C_{m+n+i}^n\cdot$

$\frac{1}{n+k+i}$,则a_n是多项式$f(x)=\sum_{i=0}^{n}(-1)^{i}C_n^i\cdot\frac{1}{n+k+i}(1+x)^{m+n+i}$中$x^n$的系数. 而

$f(x)=(1+x)^{m-k}\cdot g(x)$,其中$g(x)=\sum_{i=0}^{n}(-1)^{i}C_n^i\frac{1}{n+k+i}(1+x)^{n+k+i}$.

两边对x求导得

$$g'(x)=\sum_{i=0}^{n}(-1)^{i}C_n^i(1+x)^{n+k+i-1}=(1+x)^{n+k-1}\sum_{i=0}^{n}(-1)^{i}C_n^i(1+x)^{i}$$
$$=(1+x)^{n+k-1}[1-(1+x)]^n=(-1)^n(1+x)^{n+k-1}x^n.$$

故$g'(x)$是一个次数不低于n次的多项式,从而$g(x)$是一个次数不低于$n+1$次的多项式,所以$f(x)=(1+x)^{m-k}g(x)$是一个不低于$n+1$次的多项式. 故$f(x)$的x^n项的系数$a_n=0$,即

$$\sum_{i=0}^{n}(-1)^{i}\frac{1}{n+k+i}\cdot\frac{(m+n+i)!}{i!\,(n-i)!\,(m+i)!}=0.$$

解法三 设$f(x)=\frac{(x+m+1)(x+m+2)\cdots(x+m+n)}{x+n+k}$,由$1\le k\le m\le n$可知$m+1\le n+k\le m+n$,因此$f(x)$是一个$n-1$次多项式,故$\Delta^n f(0)=0$. 但由§2-8中定理1有

$$\Delta^n f(0)=\sum_{i=0}^{n}(-1)^{n-i}C_n^i f(i)=\sum_{i=0}^{n}(-1)^{n-i}\frac{n!}{i!\,(n-i)!}\cdot\frac{(m+n+i)!}{(m+i)!}\cdot\frac{1}{n+k+i},$$

所以$\sum_{i=0}^{n}(-1)^{i}\frac{1}{n+k+i}\cdot\frac{(m+n+i)!}{i!\,(n-i)!\,(m+i)!}=\frac{(-1)^n}{n!}\Delta^n f(0)=0.$

例9 若集合$M=A_1\cup A_2\cup\cdots\cup A_n$且$A_i\cap A_j=\varnothing(1\le i<j\le n)$,则称集合$A_1,A_2,\cdots,A_n$是集合$M$的一个$n-$分划. 假设集合$A_1,A_2,\cdots,A_n$和$B_1,B_2,\cdots,B_n$是集合$M$的两个$n-$分划,并且对任何两个不相交的集合$A_i,B_j(1\le i,j\le n)$均有$|A_i\cup B_j|\ge n$. 求证:$|M|\ge\frac{n^2}{2}$.

证明 令$k=\min\{|A_i|,|B_j|,1\le i,j\le n\}$,并设$|A_1|=k$. 由于$B_1,B_2,\cdots,B_n$两两不相交,故$B_1B_2,\cdots,B_n$中至多有$k$个$B_j$使得$A_1\cap B_j\ne\varnothing$,从而至少有$n-k$个$B_j$使得$A_1\cap B_j=\varnothing$. 利用已知条件$|B_j\cup A_1|\ge n$及$k$的定义,可知

$$|M|=|\bigcup_{i=1}^{n}B_i|\ge mk+(n-m)(n-|A_1|)=mk+(n-m)(n-k)$$
$$=n(n-k)-m(n-2k).$$

这是m为$B_1,B_2,\cdots,B_n$中与A_1的交非空的集合的个数. 由前面已证$m\le k$,如果$n-2k\ge0$,则

$$|M|\ge n(n-k)-k(n-2k)=\frac{n^2}{2}+2(\frac{n}{2}-k)^2\ge\frac{n^2}{2};$$

如果 $n<2k$，即 $k>\dfrac{n}{2}$，则有

$$|M|=\left|\bigcup_{i=1}^{n}A_i\right|=\sum_{i=1}^{n}|A_i|\geqslant nk>\dfrac{n^2}{2}.$$

综上可知，$|M|\geqslant\dfrac{n^2}{2}$.

例 10 在某一次竞赛中，共有 a 个参赛选手及 b 个裁判，其中 $b\geqslant 3$ 且为奇数. 设每一位裁判对每一位参赛选手的判决方式只有"通过"或"不通过". 已知任意两个裁判至多对 k 个参赛选手有相同的判决，证明：$\dfrac{k}{a}\geqslant\dfrac{b-1}{2b}$. (1998 年第 38 届 IMO 试题)

证明 设 a 个参赛选手为 $A_1,A_2,\cdots,A_a$，b 个裁判为 $B_1,B_2,\cdots,B_b$，若两个裁判 B_i,B_j $(i\neq j)$ 对选手 A_k 的判决相同，则将 (B_i,B_j,A_k) 组成三元组，这种三元组的个数记为 S. 一方面，由已知条件知对任意一对裁判 $B_i,B_j(i\neq j)$，至多存在 k 个选手 A_j 组成 k 个三元组 (B_i,B_j,A_k)，而 B_i,B_j 有 C_b^2 种取法，所以

$$S\leqslant k\cdot C_b^2. \qquad\qquad ①$$

另一方面，设对选手 A_k 有 r_k 个裁判对 A_k 的判决是"通过"，t_k 个裁判对 A_k 的判决是"不通过"，于是 $r_k+t_k=b$，且含 A_k 的三元组恰有 $C_{r_k}^2+C_{t_k}^2$ 个.

所以 $S=\sum\limits_{k=1}^{a}(C_{r_k}^2+C_{t_k}^2)$.

而 $\quad C_{r_k}^2+C_{t_k}^2=\dfrac{1}{2}\left[r_k^2-r_k+t_k^2-t_k\right]=\dfrac{1}{2}\left[(r_k+t_k)^2-(r_k+t_k)-2r_kt_k\right]$

$$=\dfrac{1}{2}(b^2-b-2r_kt_k).$$

因 $r_k+t_k=b$ 且 b 为奇数，所以

$$r_kt_k\leqslant\dfrac{(b-1)(b+1)}{4}=\dfrac{1}{4}(b^2-1).$$

故 $C_{r_k}^2+C_{t_k}^2\geqslant\dfrac{1}{2}\left[b^2-b-2\cdot\dfrac{1}{4}(b^2-1)\right]=\dfrac{1}{4}(b-1)^2$.

所以 $S\geqslant a\cdot\dfrac{1}{4}(b-1)^2$. $\qquad\qquad ②$

由①②，得 $k\cdot C_b^2\geqslant a\cdot\dfrac{1}{4}(b-1)^2$，所以 $\dfrac{k}{a}\geqslant\dfrac{b-1}{2b}$.

例 11 设 $B_1,B_2,\cdots,B_m$ 是 $\{1,2,\cdots,n\}$ 的一族元素个数都是 $k(k\geqslant 2)$ 的子集，这里 n,k 是给定的正整数，并且对任意 $1\leqslant i<j\leqslant m$，有 $|B_i\bigcap B_j|\leqslant 1$. 证明：

$$m\leqslant\left[\dfrac{n}{k}\left[\dfrac{n-1}{k-1}\right]\right].$$

证明 作一个 $m\times n$ 的数表 A，其中第 i 行，第 j 列处的元素为

$$a_{ij}=\begin{cases}1 & (若\ j\in B_i),\\ 0 & (若\ j\notin B_i).\end{cases}$$

又 $r_i=\sum\limits_{j=1}^{n}a_{ij}$ 表示 $\{1,2,\cdots,n\}$ 中属于 B_i 的元素的个数，依题意 $r_i=k(i=1,2,\cdots,m)$，而 $l_j=$

$\sum\limits_{i=1}^{m} a_{ij}$ 表示 j 属于集合 $B_1, B_2, \cdots, B_m$ 的个数,于是

$$\sum_{j=1}^{n} l_j = \sum_{j=1}^{n} \sum_{i=1}^{m} a_{ij} = \sum_{i=1}^{m} \sum_{j=1}^{m} a_{ij} = \sum_{i=1}^{m} r_i = km.$$

于是存在一个 $j(1 \leqslant j \leqslant n)$ 使 $l_j \geqslant \dfrac{km}{n}$,即表 A 的第 j 列中 1 的个数 l_j 不小于 $\dfrac{km}{n}$.

若 $mk > n\left[\dfrac{n-1}{k-1}\right]$,则 $l_j \geqslant \dfrac{km}{n} > \left[\dfrac{n-1}{k-1}\right]$,所以 $l_j \geqslant \left[\dfrac{n-1}{k-1}\right]+1$.记 $t = \left[\dfrac{n-1}{k-1}\right]+1$,则 A 中第 j 列 1 的个数不少于 t.不妨设 $j=1$,且 A 中第 1 列前 t 个数都为 1,即 $a_{11} = a_{21} = \cdots = a_{t1} = 1$.

由于 $|B_1 \cap B_i| \leqslant 1 (i=2,3,\cdots,m)$,所以 A 的第 j 列前 t 个数 $a_{1j}, a_{2j}, \cdots, a_{tj}$ 中至多有 1 个为 1. 这里 $2 \leqslant j \leqslant n$,于是

$$\sum_{i=1}^{t} a_{i2} \leqslant 1, \sum_{i=1}^{t} a_{i3} \leqslant 1, \cdots, \sum_{i=1}^{t} a_{in} \leqslant 1.$$

于是 $n-1 \geqslant \sum\limits_{j=2}^{n} \sum\limits_{i=1}^{t} a_{ij} = \sum\limits_{i=1}^{t} \sum\limits_{j=2}^{n} a_{ij} = \sum\limits_{i=1}^{t} (r_i - a_{i1}) = \sum\limits_{i=1}^{t} (k-1) = t(k-1).$

即 $t \leqslant \dfrac{n-1}{k-1}$,所以 $t \leqslant \left[\dfrac{n-1}{k-1}\right]$,这与 $t = \left[\dfrac{n-1}{k-1}\right]+1$ 矛盾.

所以 $mk \leqslant n\left[\dfrac{n-1}{k-1}\right]$,从而 $m \leqslant \left[\dfrac{n}{k}\left[\dfrac{n-1}{k-1}\right]\right]$.

例 12 设 $S = \{0, 1, 2, \cdots, N^2-2, N^2-1\}$,$A$ 是 S 的一个 N 元子集. 证明:存在 S 的一个 N 元子集 B,使得集合 $A+B = \{a+b | a \in A, b \in B\}$ 中的元素模 N^2 的余数的数目不少于 S 中元素的一半. (1999 年第 40 届 IMO 预选题)

证明 设 S 的子集 X 的补集为 $\overline{X} = S \backslash X$,$\overline{m}$ 表示正整数 m 模 N^2 的余数,即 $\overline{m} \equiv m(\bmod N^2)$ 且 $0 \leqslant \overline{m} \leqslant N^2-1$,令 $C_i = \{\overline{a+i} | a \in A\} (i \in S)$. 于是 $|C_i| = |A| = N$,$\bigcup\limits_{i \in S} C_i = S$,由此可知每个 $x \in S$,恰出现在 N 个集合 C_i 中(事实上,对每一个 $a \in A$,当 i 取遍 S 中的元时,$\overline{a+i}$ 也取遍 S 中的元,其中恰有唯一一个 i 使 $\overline{a+i} = x$). 对任意 $x \in S$,若 x 不属于 C_{i_1},$C_{i_2}, \cdots, C_{i_N}$ 中任何一个,我们就将 x 与 $(C_{i_1}, C_{i_2}, \cdots, C_{i_N})$ 配成一对 $(x, (C_{i_1}, C_{i_2}, \cdots, C_{i_N}))$,这种对子集合记为 M. 一方面对每个 $x \in S$,x 不属于 $C_0, C_1, \cdots, C_{N^2-1}$ 中 N^2-N 个集合,故存在 $C_{N^2-N}^{N}$ 个含 x 的对子 $(x, (C_{i_1}, C_{i_2}, \cdots, C_{i_N}))$,而 x 有 $|S| = N^2$ 种取法,所以

$$|M| = N^2 C_{N^2-N}^{N}.$$

另一方面,对任意 N 个集合 $(C_{i_1}, C_{i_2}, \cdots, C_{i_N}) (0 \leqslant i_1 < \cdots < i_N \leqslant N^2-1)$,存在 S 中 $|\overline{C}_{i_1} \cap \overline{C}_{i_2} \cap \cdots \cap \overline{C}_{i_N}|$ 个元 x 不属于 $C_{i_1}, C_{i_2}, \cdots, C_{i_N}$ 中任何一个,可组成 $|\overline{C}_{i_1} \cap \overline{C}_{i_2} \cap \cdots \cap \overline{C}_{i_N}|$ 个含 $(C_{i_1}, C_{i_2}, \cdots, C_{i_N})$ 的对子 $(x, (C_{i_1}, C_{i_2}, \cdots, C_{i_N}))$. 又 $0 \leqslant i_1 < i_2 < \cdots < i_N \leqslant N^2-1$,故

$$|M| = \sum_{0 \leqslant i_1 < i_2 < \cdots < i_N \leqslant N^2-1} |\overline{C}_{i_1} \cap \overline{C}_{i_2} \cap \cdots \cap \overline{C}_{i_N}|. \qquad ②$$

由①②,得

$$\sum_{0 \leqslant i_1 < i_2 < \cdots < i_N \leqslant N^2-1} |\overline{C}_{i_1} \cap \overline{C}_{i_2} \cap \cdots \cap \overline{C}_{i_N}| = N^2 C_{N^2-N}^{N}.$$

而 $|\overline{C}_{i_1} \cap \overline{C}_{i_2} \cap \cdots \cap \overline{C}_{i_N}| = |S| - |C_{i_1} \cup C_{i_2} \cup \cdots \cup C_{i_N}|$,所以

$$N^2 C_{N^2-N}^N = \sum_{0 \le i_1 < i_2 < \cdots < i_N \le N^2-1} (|S| - |C_{i_1} \cup C_{i_2} \cup \cdots \cup C_{i_N}|)$$

$$= |S| C_{N^2}^N - \sum_{0 \le i_1 < i_2 < \cdots < i_N \le N^2-1} |C_{i_1} \cup C_{i_2} \cup \cdots \cup C_{i_N}|$$

$$= N^2 C_{N^2}^N - \sum_{0 \le i_1 < i_2 < \cdots < i_N \le N^2-1} |C_{i_1} \cup C_{i_2} \cup \cdots \cup C_{i_N}|.$$

$$\therefore \sum_{0 \le i_1 < i_2 < \cdots < i_N \le N^2-1} |C_{i_1} \cup C_{i_2} \cup \cdots \cup C_{i_N}| = N^2 (C_{N^2}^N - C_{N^2-N}^N).$$

由平均值原理知,存在 $0 \le i_1 < i_1 < \cdots < i_N \le N^2 - 1$,使

$$|C_{i_1} \cup C_{i_2} \cup \cdots \cup C_{i_N}| \ge \frac{C_{N^2}^N - C_{N^2-N}^N}{C_{N^2}^N} \cdot N^2 = \left(1 - \frac{C_{N^2-N}^N}{C_{N^2}^N}\right) N^2.$$

而 $\dfrac{C_N^2}{C_{N^2-N}^N} = \dfrac{N^2(N^2-1)(N^2-2)\cdots(N^2-N+1)}{(N^2-N)(N^2-N-1)\cdots(N^2-2N+1)} \ge \left(\dfrac{N^2}{N^2-N}\right)^N$

$$= \left(1 + \frac{1}{N-1}\right)^N = 1 + \frac{N}{N-1} + \frac{N(N-1)}{2}\left(\frac{1}{N-1}\right)^2 + \cdots + \left(\frac{1}{N-1}\right)^N > 2.$$

故 $|C_{i_1} \cup C_{i_2} \cup \cdots \cup C_{i_N}| \ge \left(1 - \dfrac{1}{2}\right) N^2 = \dfrac{1}{2} N^2 = \dfrac{1}{2}|S|.$

于是,集合 $B = \{i_1, i_2, \cdots, i_N\}$ 满足要求.

例 13 某学校要修 100 门学科,每门学科分普通班和提高班授课. 如果两个学生至少有 51 科不同班,那么称这两名学生是互不熟悉的. 已知存在 n 名学生,其中任意两名学生是互不熟悉的. 证明 $n \le 34$.

证明 设 100 门学科为 $K_1, K_2, \cdots, K_{100}$,$n$ 名学生为 $A_1, A_2, \cdots, A_n$. 若 A_i 与 A_j 对学科 K_t 不同班,则 $(A_i, A_j; K_t)$ 组成三元组. 所有三元组的个数记为 S.

假设对某学科 K_t,有 x 名学生在普通班,其余 $n-x$ 名学生在提高班,则包含 K_t 的三元组个数为 $S_t = x(n-x) = -\left(x - \dfrac{n}{2}\right)^2 + \dfrac{n^2}{4} \le \dfrac{n^2}{4}$,所以 $S_t \le \left[\dfrac{n^2}{4}\right]$. 故

$$S = \sum_{t=1}^{100} S_t \le \sum_{t=1}^{100} \left[\frac{n^2}{4}\right] = 100\left[\frac{n^2}{4}\right]. \qquad ①$$

已知每对学生至少有 51 科不同班,但不可能每对学生恰有 51 科不同班. 事实上,我们证明任意 3 名学生中必有一对学生至少有 52 科不同班. 若不然,这 3 名学生中每两人都恰有 51 科不同班. 这 3 人组成 $C_3^2 \times 51 = 3 \times 51$ 个三元组,且 3×51 是奇数. 但对每一学科,这样 3 人或者 3 人在同一班,或者 2 人在同一个班,第 3 人在另一个班,从而形成 0 个或 2 个(偶数个)三元组,矛盾. 故上述命题成立. 用图表示,若两人有 51 科不同班,则对应两点连一线段,若两人至少有 52 科不同班,则对应两点不连线段,得到一个图 G,其中没有以所连线段为边的三角形. 由托兰定理知图中至多连有 $\left[\dfrac{n^2}{4}\right]$ 条线段. 没有连线段的点对至少有 $C_n^2 - \left[\dfrac{n^2}{4}\right]$ 对,即至少有 $C_n^2 - \left[\dfrac{n^2}{4}\right]$ 对学生至少有 52 科不同班. 他们至少形成 $52 \times \left(C_n^2 - \left[\dfrac{n^2}{4}\right]\right)$ 个三元组,余下学生至少形成 $51\left[\dfrac{n^2}{4}\right]$ 个三元组. 所以

$$S \ge 51\left[\frac{n^2}{4}\right] + 52\left(C_n^2 - \left[\frac{n^2}{4}\right]\right) = 52 C_n^2 - \left[\frac{n^2}{r}\right]. \qquad ②$$

结合①与②得 $52C_n^2-\left[\dfrac{n^2}{4}\right]\leqslant100\left[\dfrac{n^2}{4}\right]$，所以

$$26n(n-1)\leqslant101\left[\dfrac{n^2}{4}\right]\leqslant\dfrac{101}{4}n^2,$$

解得 $n\leqslant\dfrac{104}{3}=34\dfrac{2}{3}$，所以 $n\leqslant34$.

例 14 某次数学竞赛共有 6 道试题，其中任意两道试题都被超过 $\dfrac{2}{5}$ 的参赛者答对了，但没有一个参赛者答对所有的 6 道试题. 证明：恰好答对 5 道试题的参赛者的数目不小于 2.

（2005 年第 46 届 IMO 试题）

证明一 设有 n 个参赛者 $c_1,c_2,\cdots,c_n$，将 6 个试题记为 $p_1,p_2,\cdots,p_6$. 如果 c_k 同时答对了 p_i 和 $p_j(1\leqslant i<j\leqslant6)$，那么将 $(c_k;p_i,p_j)$ 组成三元组，所有这样三元组的集合记为 S，设同时答对 p_i 和 p_j 的参赛者有 p_{ij} 人，依题意 $p_{ij}>\dfrac{2n}{5}$，从而 $p_{ij}\geqslant\dfrac{2n+1}{5}$，于是

$$|S|=\sum_{1\leqslant i<j\leqslant6}p_{ij}\geqslant C_6^2\cdot\dfrac{2n+1}{5}=6n+3. \tag{①}$$

假设至多有 1 个参赛者恰好答对了 5 个试题，由于没有 1 个参赛者答对所有 6 道试题，所以其他参赛者至多答对了 4 个试题. 设 $c_1,c_2,\cdots,c_n$ 分别答对了 $a_1,a_2,\cdots,a_n$ 题，不妨设 $5\geqslant a_1\geqslant a_2\geqslant\cdots\geqslant a_n\geqslant0$.

若 $a_1\leqslant4$，则 $a_k\leqslant4(2\leqslant k\leqslant n)$，故

$$|S|=\sum_{k=1}^nC_{a_k}^2\leqslant\sum_{k=1}^nC_4^2=6n.$$

与①式矛盾，所以 $a_1=5,4\geqslant a_2\geqslant\cdots\geqslant a_n\geqslant0$，显然 $n\geqslant2$，若 $a_n\leqslant3$，则

$$S=\sum_{k=1}^nC_{a_k}^2\leqslant C_5^2+(n-2)C_4^2+C_3^2=6n+1,$$

与①式矛盾，所以 $a_1=5,a_2=a_3=\cdots=a_n=4$.

不妨设 c_1 答对的 5 个试题为 $p_1,p_2,\cdots,p_5$，并设有 b_i 个参赛者答对试题 $p_i(1\leqslant i\leqslant6)$，于是

$$b_1+b_2+\cdots+b_n=a_1+a_2+\cdots+a_n=5+4(n-1)=4n+1. \tag{②}$$

考虑

$$\sum_{j=2}^6p_{1j}\geqslant\sum_{j=2}^6\dfrac{2n+1}{5}=2n+1, \tag{③}$$

由于有 b_1 个参赛者答对试题 p_1，并且 b_1 个参赛者中有一个共答对 5 题，其余均答对 4 题，所以

$$\sum_{j=2}^6p_{1j}=4+3(b_1-1)=3b_1+1. \tag{④}$$

结合③和④得

$$3b_1+1\geqslant2n+1,$$

故 $b_i\geqslant\dfrac{2n}{3}$，同理可证

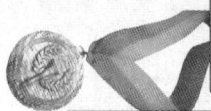

$$b_k \geqslant \frac{2n}{3}, k=1,2,\cdots,5. \qquad ⑤$$

完全类似地,考虑

$$\sum_{j=1}^{5} p_{j6} \geqslant \sum_{j=1}^{5} \frac{2n+1}{5} = 2n+1. \qquad ⑥$$

由于恰有 b_6 个参赛者答对试题 p_6,这 b_6 个参赛者(决不是 c_1)每人只答对 4 道试题,所以

$$\sum_{j=1}^{5} p_{j6} = 3b_6. \qquad ⑦$$

结合⑥和⑦得

$$b_6 \geqslant \frac{2n+1}{3}. \qquad ⑧$$

若 $n \not\equiv 0 \pmod 3$,则 $\frac{2n}{3}$ 不是整数,故由⑤知

$$b_k \geqslant \frac{2n+1}{3} (1 \leqslant k \leqslant 5). \qquad ⑨$$

结合⑧和⑨得

$$b_1 + b_2 + \cdots + b_6 \geqslant 6 \cdot \frac{2n+1}{3} = 4n+2,$$

与②式矛盾,所以 $n \equiv 0 \pmod 3$,从而由⑧知 $b_6 > \frac{2n}{3}$,且 $\frac{2n}{3}$ 是整数,所以

$$b_6 \geqslant \frac{2n}{3} + 1. \qquad ⑩$$

结合⑨和⑩得

$$b_1 + b_2 + \cdots + b_6 \geqslant 5 \cdot \frac{2n}{3} + \frac{2n}{3} + 1 = 4n+1. \qquad ⑪$$

由②知⑪中等号成立,故⑤与⑩中等号成立,即 $b_k = \frac{2n}{3} (1 \leqslant k \leqslant 5)$,$b_6 = \frac{2n}{3} + 1$,考虑

$$\sum_{1 \leqslant i < j \leqslant 5} p_{ij} \geqslant \sum_{1 \leqslant i < j \leqslant 5} \frac{2n+1}{5} = 2(2n+1) = 4n+2, \qquad ⑫$$

由于有一个参赛者答对了试题 $p_1, p_2, \cdots, p_5$,有 b_6 个参赛者恰答对了 $p_1, p_2, \cdots, p_5$ 中 3 道试题,有 $n-1-b_6$ 个参赛者答对了 $p_1, p_2, \cdots, p_5$ 中 4 道试题,所以

$$\sum_{1 \leqslant i < j \leqslant 5} p_{ij} = C_5^2 + b_6 C_3^2 + (n-1-b_6) C_4^2 = 6n+4-3b_6 = 4n+1.$$

这与⑫矛盾. 于是原题结论得证.

证明二 设有 n 个参赛者 $c_1, c_2, \cdots, c_n$,记 6 个试题为 $p_1, p_2, \cdots, p_6$. 如果 c_k 同时解出 p_i 和 $p_j (i \neq j)$,那么将 $(c_k; p_i, p_j)$ 组成一个三元组,设这样的三元组有 S 个,并设 c_i 解出了 a_i 道题 $(i=1,2,\cdots,n)$. 于是包含 c_i 的三元组有 $C_{a_i}^2$ 个,所以 $S = \sum_{i=1}^{n} C_{a_i}^2$. 另一方面对任意 p_i,$p_j (i \neq j)$ 至少有 $\left[\frac{2n}{5}\right] + 1$ 人解出 p_i, p_j,故包含 p_i, p_j 的三元组至少有 $\left[\frac{2n}{5}\right] + 1$ 个,而 p_i, p_j 有 $C_6^2 = 15$ 种取法,所以 $S \geqslant 15 \left(\left[\frac{2n}{5}\right] + 1\right)$,于是

$$15\left(\left[\frac{2n}{5}\right]+1\right)\leqslant\sum_{i=1}^{n}C_{a_i}^2.$$ ①

假设结论不成立,即至多有一个 $a_i=5$,其余 $n-1$ 个 $a_i\leqslant4$,则上述不等式①化为

$$15\left(\left[\frac{2n}{5}\right]+1\right)\leqslant(n-1)C_4^2+C_5^2=6n+4.$$ ②

设 $n=5k+r(0\leqslant r\leqslant4)$,则由②得

$$15\left(2k+\left[\frac{2r}{5}\right]+1\right)\leqslant6(5k+r)+4,即15\left[\frac{2r}{5}\right]+11\leqslant6r.$$ ③

故只有 $r=2$ 时③式成立,此时必有一人(记为 A)解出 5 道题,其余 $n-1=5k+1$ 人解出 4 道题(否则①式不成立),因为

$$S=6n+4=30k+16=14(2k+1)+(2k+2)=14\left(\left[\frac{2n}{5}\right]+1\right)+\left(\left[\frac{2n}{5}\right]+2\right).$$

所以 14 对题被 $2k+1$ 人解出,1 对题(记为 p)被 $2k+2$ 人解出.

设 A 解出 p_1,p_2,p_3,p_4,p_5,则只有两种可能:

(i)$p_6\in p$,不妨设 $p=\{p_1,p_6\}$.于是包含 $(p_1,p_6),(p_2,p_6),(p_3,p_6),(p_4,p_6),(p_5,p_6)$ 的三元组个数为 $4(2k+1)+(2k+2)=10k+6$.由于解出这些题对的每个人都解出了 p_6(从而不是 A)及另外 3 道题,故包含上述题对的三元组个数必是 3 的倍数,所以 $3|10k+6$.另一方面,包含 $(p_1,p_6),(p_1,p_2),(p_1,p_3),(p_1,p_4),(p_1,p_5)$ 的三元组也是 $(2k+2)+4(2k+1)=10k+6$.解出这些题对的人中 A 计算了 4 次,其余的人计算了 3 次.故 $10k+6\equiv1\pmod 3$,这与 $3|10k+6$ 矛盾.

(ii)$p_6\notin p$.不妨设 $p=\{p_3,p_4\}$,同理可得包含 $(p_1,p_6),(p_2,p_6),(p_3,p_6),(p_4,p_6),(p_5,p_6)$ 的三元组个数和为 $5(2k+1)=10k+5$,且 $3|10k+5$,而包含 $(p_1,p_2),(p_1,p_3),(p_1,p_4),(p_1,p_5),(p_1,p_6)$ 的三元组也为 $5(2k+1)=10k+5$.且 $10k+5\equiv1\pmod 3$,也与 $3|10k+5$ 矛盾.

因此,至少有两人各解出了 5 道题.

例15 已知 $\{1,2,\cdots,n\}$ 的子集 Z 满足:任给 $a\in Z,b\in Z$,若 $\frac{a+b}{2}\in\mathbf{Z}$,则 $\frac{a+b}{2}\in Z$,那么称 Z 是好子集.记 $A(n)$ 为 $\{1,2,\cdots,n\}$ 的好子集的个数(例如 $A(3)=7$,这是因为 $\{1,2,3\}$ 的 $2^3=8$ 个子集中除了 $\{1,3\}$ 外其余 7 个都是好子集).证明:$A(100)+A(98)\geqslant2A(99)+6$.

(第三届陈省身杯全国高中奥林匹克试题)

分析 原不等式等价于 $A(100)-A(99)-[A(99)-A(98)]\geqslant6$,故问题的关键是找出 $A(n+2)-A(n)$ 的组合含意,从而得出 $A(n+2)-A(n+1)-[A(n+1)-A(n)]$ 的组合含意.

证明 因为 $\{1,2,\cdots,n+2\}$ 的好子集可分为两类:包含 1 的和不包含 1 的,且 $\{1,2,\cdots,n+2\}$ 的不包含 1 的好子集中每个元均减去 1,即为 $\{1,2,\cdots,n+1\}$ 的好子集,而 $\{1,2,\cdots,n+1\}$ 的好子集中每个元均加上 1,即为 $\{1,2,\cdots,n+2\}$ 的不包括 1 的好子集,所以 $\{1,2,\cdots,n+2\}$ 的不包含 1 的好子集与 $\{1,2,\cdots,n+1\}$ 的好子集成一一对应,其个数都为 $A(n+1)$,故 $\{1,2,\cdots,n+2\}$ 的包含 1 的好子集个数等于 $A(n+2)-A(n+1)$.同理,$\{1,2,\cdots,n+1\}$

的包含 1 的好子集的个数为 $A(n+1)-A(n)$.而 $\{1,2,\cdots,n+2\}$ 的包含 1 而不包含 $n+2$ 的好子集的个数恰是 $\{1,2,\cdots,n+1\}$ 的包含 1 的好子集的个数,即 $A(n+1)-A(n)$.

综上可知,$A(n+2)-A(n+1)-[A(n+1)-A(n)]=A(n+2)+A(n)-2A(n+1)$ 恰是 $\{1,2,\cdots,n+2\}$ 的包含 1 且包含 $n+2$ 的好子集的个数.故原命题等价于证明:$\{1,2,\cdots,100\}$ 的包含 1 且包含 100 的好子集的个数 $A(100)+A(98)-2A(99)$ 至少为 6.

注意到 $100-1=99=3^2\times11$ 恰有 6 个不等的因数:$1,3,9,11,33,99$,下面我们给出 $\{1,2,\cdots,100\}$ 的 6 个包含 1 且包含 100 的好子集,它们中的元素从小到大组成公差分别为 $1,3,9,11,33,99$ 的等差数列:

$$\{1,2,3,\cdots,98,99,100\},\{1,4,7,\cdots,94,97,100\}$$
$$\{1,10,19,\cdots,82,91,100\},\{1,12,23,\cdots,78,89,100\}$$
$$\{1,34,67,100\},\{1,100\},$$

故原命题结论成立.

例 16 设 A 是一个有限实数集,$A_1,A_2,\cdots,A_n$ 是 A 的非空子集,满足下列条件:

(1)A 中所有元素之和为 0;

(2)对任意 $x_i\in A_i(i=1,2,\cdots,n)$,都有 $x_1+x_2+\cdots+x_n>0$.

证明:存在 $1\leqslant i_1<i_2<\cdots<i_k\leqslant n$,使得

$$|A_{i_1}\cup A_{i_2}\cup\cdots\cup A_{i_k}|<\frac{k}{n}|A|.$$

这里 $|X|$ 表示有限集合 X 的元素个数.   (2011 年第 26 届 CMO 试题)

证明 设 $A=\{a_1,\cdots,a_m\},a_1>\cdots>a_m$.则由条件(1)知 $a_1+\cdots+a_m=0$.考虑每个 A_i 中的最小数,并设 $A_1,\cdots,A_n$ 中有 k_i 个集合的最小数为 $a_i,i=1,2,\cdots,m$.则有

$$k_1+\cdots+k_m=n,$$

且由条件(2)知 $k_1a_1+\cdots+k_ma_m>0$.

对于 $s=1,2,\cdots,m-1$,共有 $k_1+\cdots+k_s(\triangle k)$ 个集合,其最小数 $\geqslant a_s$.故这些集合的并集包含在 $\{a_1,\cdots,a_s\}$ 中,元素个数不超过 s.

下证存在 $s\in\{1,2,\cdots,m-1\}$,使得 $k=k_1+\cdots+k_s>\frac{sn}{m}$,即 $s<\frac{km}{n}=\frac{k}{n}|A|$.

用反证法,设对于 $s=1,2,\cdots,m-1$,都有

$$k_1+\cdots+k_s\leqslant\frac{sn}{m}.$$

由阿贝尔(Abel)变换可知(注意 $a_s-a_{s+1}>0,1\leqslant s\leqslant m-1$):

$$0<\sum_{j=1}^m k_ja_j=\sum_{s=1}^m(a_s-a_{s+1})(k_1+\cdots+k_s)+a_m(k_1+\cdots+k_m)\leqslant\sum_{s=1}^{m-1}(a_s-a_{s+1})\frac{sn}{m}+a_mn=$$

$$\frac{n}{m}\sum_{j=1}^m a_j=0,$$

矛盾.对于这一 s,取 $A_1,\cdots,A_n$ 中最小数 $\geqslant a_s$ 的那些集合,记为 $A_{i_1},A_{i_2},\cdots,A_{i_k}$.则由上述的结果可知,这些子集共有 $k=k_1+\cdots+k_s>\frac{sn}{m}$ 个,且它们的并集的元素个数不超过 s,即

$$|A_{i_1} \bigcup A_{i_2} \bigcup \cdots \bigcup A_{i_k}| \leqslant s < \frac{km}{n} = \frac{k}{n}|A|.$$

注 Abel 变换指的是:记 $S_i = b_1 + b_2 + \cdots + b_i (i=1,2,\cdots,m)$,则 $\sum\limits_{i=1}^{m} a_i b_i = \sum\limits_{i=1}^{m}(a_i - a_{i+1})S_i + a_m S_m.$

例 17 设 S 是平面上任何四点不共线的 n 个点的集合,$\{d_1, d_2, \cdots, d_k\}$ 是 S 中的点两两之间所有不同距离的集合,以 m_i 表示 d_i 的重数 $(i=1,2,\cdots,k)$,即满足 $|PQ|=d_i$ 的无序对 $\{P,Q\} \subseteq S$ 的个数. 证明:

$$\sum_{i=1}^{m} m_i^2 \leqslant n^3 - n^2.$$

(2011 年中国国家集训队测试试题)

证明 首先注意到 $\sum\limits_{i=1}^{m} m_i = C_n^2$. 以 $\Delta(S)$ 表示 S 中三个点的三元组组成的等腰三角形(包括两点及其中点组成退化情形的三元组)的个数,其中一个正三角形被计算三次. 因为点 D 位于 PQ 的垂直平分线上,当且仅当 $|DP|=|DQ|$. 对 $D \in S$,用 $m_i(D)$ 表示 S 中与 D 的距离为 d_i 的点的个数 $(i=1,2,\cdots,k)$,则

$$\Delta(S) = \sum_{D \in S} \sum_{i=1}^{k} C_{m_i(D)}^2 = \sum_{i=1}^{k} \sum_{D \in S} C_{m_i(D)}^2.$$

注意到 $\sum\limits_{D \in S} m_i(D) = 2m_i$,对右边应用柯西不等式有:

$$\Delta S = \sum_{i=1}^{k} \sum_{D \in S} \frac{m_i^2(D) - m_i(D)}{2}$$

$$\geqslant \frac{2}{n} \sum_{i=1}^{k} m_i^2 - \sum_{i=1}^{k} m_i = \frac{2}{n} \sum_{i=1}^{k} m_i^2 - C_n^2,$$

这样

$$\sum_{i=1}^{k} m_i^2 \leqslant \frac{n}{2}(\Delta(S) + C_n^2). \qquad ①$$

另一方面,每一条线段 PQ 至多是 S 所确定的三个等腰三角形的底边,否则,PQ 的垂直平分线将通过 S 中至少四个点,矛盾. 故

$$\Delta(S) \leqslant 3C_n^2. \qquad ②$$

由①和②便得所证的结果.

例 18 某城市共有 n 条公共汽车线路,满足如下条件:

(1)任意一个车站至多有 3 条线路经过;

(2)任意一条线路上至少有两个站;

(3)对任意指定的两条线路,都可以找到第三条线路,使得乘客可以从指定的两条线路中的任意一条,经过所找出的第三条线路转到另一条.

求证:车站的数目至少有 $\frac{5}{6}(n-5)$.

(第 46 届 IMO 中国国家队培训测试题)

证明 考虑"对"(站,线路)(站在线路上).

设共有 x 个车站. 因为每一站至多在三条线路上,故这样的对数 $\leqslant 3x$. 若每条线路上至

少有 3 个站,则因为有 n 条线路,故上述对数 $\geqslant 3n$. 从而 $x \geqslant n > \frac{5}{6}(n-5)$. 现在设有一条线路 l 上仅有两个站,则除 l 外,至多有 4 条线路经过这两个站,这几条线称为红线(l 也是红线),其余至少有 $n-5$ 条线称为蓝线. 并将红线上的站称为红站,个数为 r;其余站称为蓝站,个数为 b.

现在考察所有(站,蓝线)的对数. 一方面,每条蓝线至少过两个站,故所说对数 $\geqslant 2(n-5)$. 另一方面,任一红站至多有两条蓝线经过,故(红站,蓝线)对数 $\leqslant 2r$;而每个蓝站至多在三条蓝线上,故(蓝站,蓝线)对数 $\leqslant 3b$. 因此

$$2(n-5) \leqslant (站,蓝线)对数$$
$$= (红站,蓝线)对数 + (蓝站,蓝红)对数$$
$$= 2r + 3b.$$

此外,对每一条蓝线,可经过一条线路与 l 相连,因此,任一蓝线上必有红站,故(红站,蓝线)对数 $\geqslant n-5$. 故 $n-5 \leqslant 2r$.

因此,站的总数为

$$x = r + b = \frac{1}{3}(2r+3b) + \frac{1}{6} \cdot 2r$$

$$\geqslant \frac{1}{3} \cdot 2(n-5) + \frac{1}{6} \cdot (n-5) = \frac{5}{6}(n-5).$$

例 19 证明:存在实数 C,具有下述性质:对任意整数 $n \geqslant 2$ 及 $X \subseteq \{1,2,\cdots,n\}$,若 $|X| \geqslant 2$,则存在 $x,y,z,w \in X$(可以相同),使得

$$0 < |xy - zw| < C\alpha^{-4},$$

其中 $\alpha = \dfrac{|X|}{n}$.

(2012 年中国国家集训队测试试题)

证明 易知 $0 < \alpha \leqslant 1$,当 $|X| = 2$ 时,$\alpha = \dfrac{2}{n}$. 设 $X = \{x,y\}$,$1 \leqslant x < y \leqslant n$,则

$$|x^2 - y^2| < n^2 \leqslant \frac{n^4}{4} = 4\alpha^{-4}.$$

当 $|X| \geqslant 3$ 时,先证明下述引理:设 $S = \left\{ \dfrac{a}{a'} \,\middle|\, a,a' \in X, a < a' \right\}$,则 $|S| > \dfrac{1}{32}\alpha^4 n^2$.

引理的证明:对 $d = 1,2,\cdots,n$,记 $S_d = \{(a,a') \mid a,a' \in X, a < a'$,且 a 与 a' 的最大公约数为 $d\}$,则对所有 $(a,a') \in S_d$,有理数 $\dfrac{a}{a'}$ 互不相同. 下证存在一个 d($1 \leqslant d \leqslant n$),使得 $|S_d| \geqslant \dfrac{1}{32}\alpha^4 n^2$,由此及 $|S| \geqslant |S_d|$(对所有 d 成立)即得结果.

一方面,所有的集合 S_d($1 \leqslant d \leqslant n$)是集合 $X' = \{(a,a') \mid a,a' \in X, a < a'\}$ 的一个划分(即 $S_i \cap S_j = \varnothing, i \neq j, \bigcup_{d=1}^{n} S_d = X'$),而 $|X'| = C_{|X|}^2$,故特别有

$$\sum_{1 \leqslant d \leqslant n} |S_d| = C_{|X|}^2 \geqslant \frac{|X|^2}{3} = \frac{\alpha^2 n^2}{3}. \qquad ①$$

另一方面,对任意一个正整数 k,$1 \leqslant k \leqslant n$,有

$$\sum_{1\leqslant d\leqslant n}|S_d|=\sum_{1\leqslant d\leqslant n}|S_d|+\sum_{d>k}|S_d|$$

$$\leqslant k\cdot\max_{1\leqslant d\leqslant k}|S_d|+\sum_{d>k}|S_d|. \qquad ②$$

注意,若 $(a,a')\in S_d$,则 $a=db$,$a'=dc$,整数 b、c 满足 $b<c\leqslant\dfrac{n}{d}$,故

$$|S_d|\leqslant C_{\left[\frac{n}{d}\right]}^2<\frac{n^2}{2d^2}.$$

故由②得到

$$\frac{\alpha^2n^2}{3}\leqslant\sum_{1\leqslant d\leqslant n}|S_d|\leqslant k\cdot\max_{1\leqslant d\leqslant k}|S_d|+\sum_{d=k+1}^{n}\frac{n^2}{2d^2}$$

$$\leqslant k\cdot\max_{1\leqslant d\leqslant k}|S_d|+\frac{1}{2}\sum_{d=k}^{n-1}\frac{n^2}{d(d+1)}$$

$$<k\cdot\max_{1\leqslant d\leqslant k}|S_d|+\frac{n^2}{2k}. \qquad ③$$

结合①、③得,存在一个 d,使

$$|S_d|>n^2\left(\frac{\alpha^2}{3k}-\frac{1}{2k^2}\right).$$

若 $\alpha\leqslant\left(\dfrac{3}{n}\right)^{\frac{1}{2}}$,则 $\alpha^4n^2\leqslant9$,

$$|S|\geqslant1>\frac{1}{9}\alpha^4n^2>\frac{1}{32}\alpha^4n^2.$$

若 $\alpha>\left(\dfrac{3}{n}\right)^{\frac{1}{2}}$,取 $k=\left[\dfrac{3}{\alpha^2}\right](\leqslant n)$,则由于 $\alpha\leqslant1$,因此

$$\frac{3}{\alpha^2}\leqslant k<\frac{3}{\alpha^2}+1\leqslant\frac{4}{\alpha^2}.$$

故

$$\frac{\alpha^2}{3k}-\frac{1}{2k^2}\geqslant\frac{1}{2k^2}>\frac{\alpha^4}{32},$$

因此 $|S_d|>\dfrac{\alpha^4n^2}{32}$,引理得证.

回到原题,若 $\dfrac{\alpha^4n^2}{32}<2$,由于 $|X|\geqslant2$,故存在 $x,y\in X,x<y$,则

$$0<|x^2-y^2|<n^2<64\alpha^{-4}.$$

若 $\dfrac{\alpha^4n^2}{32}\geqslant2$,由引理及抽屉原理知,存在 $x,y,z,w\in X$,使得

$$0<\left|\frac{x}{z}-\frac{w}{y}\right|<\frac{1}{\dfrac{\alpha^4n^2}{32}-1}\leqslant\frac{64}{\alpha^4n^2}=64\alpha^{-4}n^{-2},$$

故 $0<|xy-zw|<64\alpha^{-4}n^2yz<64\alpha^{-4}$.

综上所述,取 $C=64$ 即满足要求,得证.

例20 设 A 是一个 225 元集,$A_1,A_2,\cdots,A_{11}$ 为 A 的 11 个 45 元子集,满足对任意的

$1 \leqslant i < j \leqslant 11$，$|A_i \cap A_j| = 9$. 证明：$|A_1 \cup A_2 \cup \cdots \cup A_{11}| \geqslant 165$，并给出一个例子使等号成立.

（2011 年美国奥林匹克试题）

证明一 $X = A_1 \cup A_2 \cup \cdots \cup A_{11}$，$f_i(x) = \begin{cases} 1, \text{若 } x \in A_i, \\ 0, \text{若 } x \notin A_i, \end{cases}$ $1 \leqslant i \leqslant 11$. 显然，$f_i(x) = f_i^2(x)$.

设 $d(x) = \sum\limits_{i=1}^{11} f_i(x)$，则 $d(x)$ 表示 x 在 $A_1, A_2, \cdots, A_{11}$ 中出现的次数. 一方面，

$$\sum_{x \in X} d^2(x) = \sum_{x \in X} \sum_{i=1}^{11} f_i^2(x) + 2 \sum_{x \in X} \sum_{1 \leqslant i < j \leqslant 11} f_i(x) f_j(x)$$

$$= \sum_{i=1}^{11} \sum_{1 \leqslant x} f_i(x) + \sum_{1 \leqslant i < j \leqslant 11} \sum_{x \in X} f_i(x) f_j(x)$$

$$= \sum_{i=1}^{11} |A_i| + 2 \sum_{1 \leqslant i < j \leqslant 11} |A_i \cap A_j|$$

$$= 11 \times 45 + 2 \times C_{11}^2 \times 9$$

$$= 1485.$$

另一方面，

$$\sum_{x \in X} d^2(x) \geqslant \frac{1}{|X|} \left(\sum_{x \in X} d(x) \right)^2 = \frac{1}{|X|} \left(\sum_{x \in X} \sum_{i=1}^{11} f_i(x) \right)^2$$

$$= \frac{1}{|X|} \left(\sum_{i=1}^{11} |A_i| \right)^2 = \frac{(11 \times 45)^2}{|X|},$$

所以 $1485 \geqslant \dfrac{(11 \times 45)^2}{|X|}$，即 $|X| \geqslant 165$.

使等号成立的例子如下：

设 A 的元素为 $\{1, 2, \cdots, 11\}$ 的所有三元子集及其他任意 60 个元素，一共 $C_{11}^3 + 60 = 225$（个）元素.

对 $1 \leqslant i \leqslant 11$，设 A_i 的元素为：$\{1, 2, \cdots, 11\}$ 的所有含 i 的三元子集，则 $|A_i| = C_{10}^2 = 45$. 对任意的 $1 \leqslant i < j \leqslant 11$，$|A_i \cap A_j| = C_9^1 = 9$. 此时，$|A_1 \cup A_2 \cup \cdots \cup A_{11}| = C_{11}^3 = 165$.

证明二 设 $Z = A_1 \cup A_2 \cup \cdots \cup A_{11} = \{a_1, a_2, \cdots, a_m\}$，作 $m \times 11$ 数表，其中第 i 行第 j 列处的数为 $x_{ij} = \begin{cases} 1, \text{若 } a_i \in A_j, \\ 0, \text{若 } a_i \notin A_j. \end{cases}$ $(1 \leqslant i \leqslant m, 1 \leqslant j \leqslant 11)$，则表中第 i 行各数之和 $r_i = \sum\limits_{j=1}^{11} x_{ij}$ 表示 a_i 属于 $A_1, A_2, \cdots, A_{11}$ 中 r_i 个集合 $(1 \leqslant i \leqslant m)$，表中第 j 列各数之和 $|A_j| = \sum\limits_{i=1}^{m} x_{ij}$ 表示 A_j 中元素的个数.

$$\sum_{i=1}^{m} r_i = \sum_{i=1}^{m} \sum_{j=1}^{11} x_{ij} = \sum_{j=1}^{11} \sum_{i=1}^{m} x_{ij} = \sum_{j=1}^{11} |A_j| = 11 \times 45. \qquad ①$$

若 $a_i \in A_j \cap A_k (1 \leqslant j < k \leqslant 11)$，则将 (a_i, A_j, A_k) 组成一个三元组，设这样的三元组共有 M 个. 一方面，因为 a_i 属于 $A_1, A_2, \cdots, A_{11}$ 中 r_i 个集合，故可形成 $C_{r_i}^2$ 个含 a_i 的三元组，而 $i = 1, 2, \cdots, m$，所以 $M = \sum\limits_{i=1}^{m} C_{r_i}^2$. 另一方面，对任意 $1 \leqslant j < k \leqslant 11$，$A_j \cap A_k$ 内恰有 9 个元素，可形成 9 个含 A_j, A_k 的三元组，而 $1 \leqslant j < k \leqslant 11$，所以 $M = \sum\limits_{1 \leqslant j < k \leqslant 11} |A_j \cap A_k| = 9 C_{11}^2 = 9 \times 11 \times 5$，于是

$$9 \times 11 \times 5 = \sum_{i=1}^{m} C_{r_i}^2 = \frac{1}{2}\left(\sum_{i=1}^{m} r_i^2 - \sum_{i=1}^{m} r_i\right).$$

利用柯西不等式和①得

$$9 \times 11 \times 5 = \frac{1}{2}\left[\frac{1}{m}\left(\sum_{i=1}^{m} r_i\right)^2 - \sum_{i=1}^{m} r_i\right]$$

$$= \frac{1}{2m}\left(\sum_{i=1}^{m} r_i\right)\left[\left(\sum_{i=1}^{m} r_i\right) - m\right]$$

$$\geqslant \frac{1}{2m} \times (11 \times 45) \times [(11 \times 45) - m],$$

解出 $m \geqslant \dfrac{11 \times 45}{3} = 165$. 下同解法一.

【模拟实战二】

习题 A

1. 证明：$C_n^1 - 2C_n^2 + 3C_n^3 - \cdots + (-1)^{n-1}nC_n^n = 0 \, (n \geqslant 2)$.

2. 证明：$\sum_{k=p}^{n} C_n^k C_k^p = C_n^p \cdot 2^{n-p}$.

3. 证明：$\sum_{k=0}^{\left[\frac{n}{2}\right]} (-1)^k C_n^k C_{2n-2k}^n = 2^n$.

4. 证明：$\sum_{i=n}^{k} C_i^n C_{k-i}^m = C_{k+1}^{n+m+1} \, (k \geqslant n+m)$.

5. 证明：$\sum_{k=1}^{n} \dfrac{(-1)^{k-1}}{k+1} C_n^k = \dfrac{n}{n+1}$

6. 证明：$\dfrac{1}{m+1}C_n^0 - \dfrac{1}{m+2}C_n^1 + \dfrac{1}{m+3}C_n^2 - \cdots + (-1)^n \dfrac{1}{m+n+1}C_n^n = \dfrac{1}{(m+n+1)C_{m+n}^n}$ $(m, n \in \mathbf{N}_+)$.

7. 证明：$\dfrac{1}{m+1}\dfrac{C_n^0}{C_m^0} - \dfrac{1}{m+2}\dfrac{C_n^1}{C_{m+1}^1} + \dfrac{1}{m+3}\dfrac{C_n^2}{C_{m+2}^2} - \cdots + (-1)^n \dfrac{1}{m+n+1}\dfrac{C_n^n}{C_{m+n}^n} = \dfrac{1}{m+n+1}$.

8. 证明：$\sum_{k=1}^{n} (-1)^{k+1} C_n^k \cdot \dfrac{1}{k}[1-(1-x)^k] = x + \dfrac{x^2}{2} + \cdots + \dfrac{x^n}{n} \, (x \in \mathbf{R})$.

9. 证明：$\sum_{k=1}^{n} (-1)^k C_n^k \left(x + \dfrac{x^2}{2} + \cdots + \dfrac{x^n}{n}\right) = -\dfrac{1}{n}[1-(1-x)^n] \, (x \in \mathbf{R})$.

10. 证明：$\sum_{k=0}^{m} (-1)^k C_n^k = (-1)^m C_{n-1}^m \, (m, n \in \mathbf{N}_+ \text{且} \, n \geqslant m)$.

11. 设 $A_1, A_2, \cdots, A_n$ 都是有限集合, 证明: 当 $n \geqslant 3$ 时, $\dfrac{1}{n}\sum_{i=1}^{n}|A_i| + \dfrac{1}{C_n^3}\sum_{1 \leqslant i < j < k \leqslant n}|A_i \cap A_j \cap A_k| \geqslant$

$\dfrac{2}{C_n^2}\sum_{1 \leqslant i < j \leqslant n}|A_i \cap A_j|$.

(2005 年第 8 届地中海地区竞赛试题)

12. 在一个城市里有 $n(\geqslant 3)$ 个市民, 其中任意两个市民都曾经在一起议论过另外一个市

民.证明:一定有一个市民,至少有 $\sqrt{n}$ 个市民议论过他.(2004 年斯洛文尼亚竞赛试题)

13. 在 $2 \times n$ 方格表的每一个小方格内写上一个正实数,使得每一列中两个数的和都等于 1.证明:可从每一列删去一个数,使得每一行剩下的数的和都不超过 $\dfrac{n+1}{4}$.

14. 平面内给定 n 个相异的点,证明:其中距离为单位长的点对数少于 $\dfrac{n}{4}+\dfrac{1}{\sqrt{2}}n^{3/2}$.

15. 1650 个学生排成 22 行、75 列.已知其中任意两列处于同一行的两个人中性别相同的学生不超过 11 对.证明:男生的个数不超过 928.

(2003 年第 3 届中国西部奥林匹克试题)

16. 平面内给定 381 个点,其中任意 3 点不共线,它们之间连了 l 条线段,若图中不存在四边形(即不存在四个已知点 A、B、C、D 使 A 与 B,B 与 C,C 与 D,D 与 A 都连有线段).证明:$l \leqslant 3810$.

习题 B

17. 证明:$\displaystyle\sum_{k=0}^{\left[\frac{m}{2}\right]}(-1)^k C_{m-k}^k \cdot \dfrac{1}{m-k}=\begin{cases}(-1)^m \dfrac{2}{m} & (3 \mid m \text{ 时}),\\[2mm] (-1)^{m-1}\dfrac{1}{m} & (3 \nmid m \text{ 时}).\end{cases}$

18. 证明:$\displaystyle\sum_{k=0}^{n} C_{m+1}^{2k+1} C_{m-2k}^{n-k} \cdot 2^{2k+1}=C_{2m+2}^{2n+1}\ (m \geqslant 2n)$.

19. 证明:$\displaystyle\sum_{k=0}^{\left[\frac{n}{2}\right]}(-1)^k C_{n+1}^k C_{2n-2k-1}^n=\dfrac{1}{2}n(n+1)\ (n \geqslant 1)$.

20. 证明:$\displaystyle\sum_{k=0}^{n}\dfrac{C_m^k}{C_{m+n-1}^k}=\dfrac{m+n}{n}$.

21. 数列 $\{a_n\}$ 定义如下:$a_1=0$,$a_2=1$ 且 $n \geqslant 3$ 时,$a_n=\dfrac{1}{2}na_{n-1}+\dfrac{1}{2}n(n-1)a_{n-2}+(-1)^n(1-\dfrac{n}{2})$.试求:$f_n=\displaystyle\sum_{k=0}^{n-1}(k+1)C_n^k a_{n-k}$ 的最简表达式.

(2000 年第 15 届 CMO(冬令营)试题)

22. 设 S 是边长为 100 的正方形,L 是在 S 内自身不相交的折线段 A_0A_1,A_1A_2,…,$A_{n-1}A_n$($A_0 \neq A_n$).假定对于边界上每一点 P,在 L 上总能找到一点,该点与 P 点的距离不大于 $\dfrac{1}{2}$.试证:在 L 上有两点 X,Y,它们之间的距离不大于 1;沿折线 L,它们之间的距离不小于 198.

(第 23 届 IMO 试题)

23. 在平面内画出 $n(n \geqslant 2)$ 条直线,将平面分成若干个区域,其中一些区域涂了颜色,并且任何两个涂色的区域没有公共的边界.证明:涂色的区域数不超过 $\dfrac{1}{3}(n^2+n)$.

24. 正整数 $n \geqslant 2$,考虑不同整数的一个集合 F,0 不属于 F,而且 F 内每个整数都是 F 内两个

整数之和. F 内任意 S 个(允许相等,$2 \leqslant S \leqslant n$)整数之和都不为零.求证:$|F| \geqslant 2n+2$.

25. F 为集合 $\{1,2,\cdots,n\}$ 的一些子集组成的集族,满足:(1)若 $A \in F$,则 $|A|=3$;(2)若 $A \in F$,$B \in F$,$A \neq B$,则 $|A \cap B| \leqslant 1$. 设 $f(n)=\max|F|$,证明:当 $n \geqslant 3$ 时,$\frac{1}{6}(n^2-4n) \leqslant f(n) \leqslant \frac{1}{6}(n^2-n)$.

26. 设 $0 < r \leqslant n$,设 $\mathscr{A}$ 是 $I=\{1,2,\cdots,n\}$ 的一些 r 元子集组成的集族,$\mathscr{B}=\{B \mid |B|=r-1$,并且 $B \subset A$,$A \in \mathscr{A}\}$.证明:$\dfrac{|\mathscr{B}|}{C_n^{r-1}} \geqslant \dfrac{|\mathscr{A}|}{C_n^r}$.

27. 平面内有 $n(\geqslant 4)$ 个点,任意三个点不共线,它们之间连有 $l\left(\geqslant\left[\dfrac{n^2}{4}\right]+1\right)$ 条线段. 如果两个三角形有一条公共边,则称为一个(无序)三角形对. 设这 l 条线段构成的三角形对的个数为 T. 求证:$T \geqslant \dfrac{l(4l-n^2)(4l-n^2-n)}{2n^2}$.

28. 在单位圆周 C 上任给 n 个不同的点,设以这些点为端点且长度大于 $\sqrt{2}$ 的线段有 q 条. 证明:$3q \leqslant n^2$.　　　　　　　　　　　　　　(第48届波兰奥林匹克试题)

第三章　存在性问题

§1　基础知识

1. 极端原理

原理 1　设 $\mathbf{N}_+$ 是全体正整数组成的集合，M 是 $\mathbf{N}_+$ 的一个非空子集（M 可以是有限集也可以是无限集），则 M 中必有最小数.

原理 2　设 R 是全体实数组成的集合，T 是 R 的一个有限非空子集，则 T 中必有最小数，也必有最大数.

这两个原理虽然十分明显，却给我们解数学竞赛题提供了有力的工具和重要的解题思想方法. 具体说来，为了解某一个数学问题，我们可对题设中提供的集合，考虑它们处于"极端"状态的元素，比如两点间或点和直线间的最大距离或最小距离，图形中的最大面积或最小面积，数集中的最大数或最小数，获胜场次最多或最少的队员和队，数列中的最大项和最小项，有朋友最多或最少的人等等. 在解题中考察这些极端元素，常常可从中得到启发，找到解题途径，这对于解决许多数学问题，特别是一类存在性问题是一种有用的解题途径.

对于某些不存在"极端"元素的集合，有时，我们可考虑其"临界"元素或"极限"元素. 例如，开区间内实数既无最大值又无最小值，我们可考察其端点处的值或极限值. 又如要证一个结论对全体钝角三角形成立，我们可先考虑所有钝角三角形的临界情形——直角三角形，再将钝角三角形情形转化成直角三角形来研究，这实质上仍是应用极端原理的思想来解题.

2. 抽屉原理

第一抽屉原理　若将 m 个物件放入 n 个抽屉内，则必有一个抽屉内至少有 $\left[\dfrac{m-1}{n}\right]+1$ 个物件.

第二抽屉原理　若将 m 个物件放入 n 个抽屉内，则必有一个抽屉内至多有 $\left[\dfrac{m}{n}\right]$ 个物件.

以上命题用反证法极易证明，这里就省略了. 第一抽屉原理和第二抽屉原理本质上是极端原理，前者实质上是指有物件最多的抽屉内至少有多少个物件，而后者是指有物件最少的抽屉内至多有多少个物件.

3. 平均值原理

平均值原理 I　设 $a_1, a_2, \cdots, a_n$ 是实数，且 $A = \dfrac{1}{n}(a_1 + a_2 + \cdots + a_n)$，则 $a_1, a_2, \cdots, a_n$ 中必有一个不小于 A，也有一个不大于 A.

平均值原理 II　设 $a_1, a_2, \cdots, a_n$ 为正实数，$G = \sqrt[n]{a_1 a_2 \cdots a_n}$，则 $a_1, a_2, \cdots, a_n$ 中必有一个不小于 G，也必有一个不大于 G。

4. 图形重叠原理

图形重叠原理　把面积分别为 $S_1, S_2, \cdots, S_n$ 的 n 个平面图形 $A_1, A_2, \cdots, A_n$ 以任意方式放入一个面积为 S 的平面图形 A 内，

(1) 若 $S_1 + S_2 + \cdots + S_n > S$，则存在两个平面图形 A_i 与 $A_j (1 \leqslant i < j \leqslant n)$，它们有公共内点。

(2) 若 $S_1 + S_2 + \cdots + S_n < S$，则在 A 内必存在一点，不属于 $A_1, A_2, \cdots, A_n$ 中任何一个。

用抽屉原理、平均值原理和图形重叠原理解决的数学问题具有以下的共同特征：首先，题中所给的元素具有任意性的特征，比如面积重叠原理中 n 个平面图形 $A_1, A_2, \cdots, A_n$ 是任意的，它们放入平面图形 A 内的方式也是任意的。其次，题目的结论是一个存在性命题，即至少存在一类具有某种性质。第三，结论只需存在，并不需要确定，比如面积重叠原理中不需要知道究竟是那两个平面图形有公共内点。具有以上特征的问题通常可考虑用抽屉原理去解决，如果问题是与实数大小或平面图形面积大小相关的存在性问题，则可考虑用平均值原理或面积重叠原理去解决。

5. 介值原理

(1) 连续介值原理　设 $f(x)$ 在 $[a, b]$ 上连续，$f(a) < A < f(b)$（或 $f(a) > A > f(b)$），则存在 $c \in (a, b)$，使 $f(c) = A$。

这个原理的证明要用到大学《数学分析》中的实数基本定理，但在许多竞赛题中已经默许使用这一原理。

(2) 离散介值原理　设由整数组成的数列 $a_1, a_2, \cdots, a_n$ 及整数 A, B 满足：

(i) $a_1 < A < B < a_n$（或 $a_1 > A > B > a_n$）；

(ii) 对每一个 $i (1 \leqslant i \leqslant n-1)$，$a_{i+1} - a_i \leqslant 1$（或 $a_{i+1} - a_i \geqslant -1$），那么对任意满足条件 $A \leqslant C \leqslant B$（或 $A \geqslant C \geqslant B$）的整数 C，必存在 $i_0 (1 < i_0 < n)$ 使 $a_{i_0} = C$。

证明　只证 $a_1 < A \leqslant C \leqslant B < a_n$ 的情形。如果对任意 $1 < i < n$ 有 $a_i \neq C$，因 $a_1 < C < a_n$，故必有 $k (1 < k < n)$ 使 $a_k \leqslant C-1, a_{k+1} \geqslant C+1$，于是 $a_{k+1} - a_k \geqslant 2$，矛盾。从而结论成立。

§2　解组合存在性问题的基本方法

1. 反证法

当我们直接证明一个命题的结论成立感到困难时，可考虑用反证法。即从结论的否定出发，经过推理导致矛盾，从而推出结论成立。

例 1　直线上分布着 $2k-1$ 条白色线段和 $2k-1$ 条黑色线段。已知任何一条白色线段都至少与 k 条黑色线段有公共内点，并且任何一条黑色线段都至少与 k 条白色线段有公共点。证明：可找到一条白色线段与所有黑色线段都有公共点，也可以找到一条黑色线段与所有白色线段都有公共点。

(2003 年第 29 届俄罗斯奥林匹克试题)

证明　只须证明：如果任何一条白色线段都至少与 k 条黑色线段有公共点，那么一定可找到一条黑色线段与所有白色线段都有公共点。

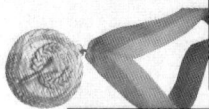

假设上述论断不成立,则对于每条黑色线段都存在与它没有公共点的白色线段.由抽屉原理,至少有 k 条黑色线段使与每条黑色线段对应的白色线段都位于同一侧.为确定起见,可设都位于左侧,于是黑色线段的左端点都位于与其没有公共点的白色线段的右端点的右侧.我们考虑所有这些白色线段的右端点中最左边的一点 A,显然 A 至少位于 k 条黑色线段的左端点的左侧,以 A 为右端点的白色线段不能与这 k 条黑色线段有公共点,这与已知条件矛盾,于是原题结论成立.

例2 设 n 为奇数且大于1,又 $k_1, k_2, \cdots, k_n$ 为给定的整数,对 $1, 2, 3, \cdots, n$ 的 $n!$ 个排列中每一个排列 $a = (a_1, a_2, \cdots, a_n)$,记 $S(a) = \sum_{i=1}^{n} k_i a_i$. 证明:存在两个排列 b 和 $c(b \neq c)$,使 $S(b) - S(c)$ 被 $n!$ 整除.

(2001年第42届IMO试题)

证明 假设 $1, 2, \cdots, n$ 的所有排列组成的集合为 σ,并设对任意 $b, c \in \sigma, b \neq c$ 有 $S(b) - S(c) \not\equiv 0 \pmod{n!}$,于是当 a 取遍 σ 内一切元素时,$S(a)$ 遍历 $n!$ 的一个完全剩余系,所以

$$\sum_{a \in \sigma} S(a) \equiv 1 + 2 + 3 + \cdots + n! = \frac{1}{2}(n!)(n! + 1).$$

且因为 n 为奇数且 $n > 1$,所以

$$\sum_{a \in \sigma} S(a) \equiv \frac{1}{2} n! \not\equiv 0 \pmod{n!}. \qquad \text{①}$$

另一方面

$$\sum_{a \in \sigma} S(a) = \sum_{a \in \sigma} \sum_{i=1}^{n} k_i a_i = \sum_{i=1}^{n} k_i \sum_{a \in \sigma} a_i = \frac{(n!)(n+1)}{2} \sum_{i=1}^{n} k_i \equiv 0 \pmod{n!}. \qquad \text{②}$$

②与①矛盾,于是原题结论成立.

例3 将一些石头放入10行14列的矩形棋盘内,允许每个单位正方形内放入的石头的数目多于1块,然后发现每一行每一列上均有奇数块石头.如果将棋盘上单位正方形相间地染成黑色和白色,证明:在黑色正方形上石头的数目为偶数.

(2003年北欧奥林匹克试题)

证明 若不然,设黑色正方形上石头的数目为奇数.将14列依次编号为 $1, 2, \cdots, 14$,将编号为奇数的列称为奇列,编号为偶数的列称为偶列,对各行也作类似处理.由于对称性,不妨设黑格是奇行奇列格和偶行偶列格.

设奇行奇列格中有 k_1 个放有奇数块石头,偶行偶列格中有 k_2 个放有奇数块石头,奇行偶列格中有 k_3 个放有奇数块石头.

由于奇行中有奇数块石头,所以 $k_1 + k_3 \equiv 1 \pmod 2$,由于偶列中有奇数块石头,所以 $k_2 + k_3 \equiv 1 \pmod 2$,而由反证法假设有 $k_1 + k_2 \equiv 1 \pmod 2$. 相加得 $2(k_1 + k_2 + k_3) \equiv 1 \pmod 2$. 这不可能.

因此,黑色正方形上石头的数目为偶数.

例4 某个委员会有 n 个成员 $(n \geq 5)$,并且有 $n+1$ 个三人委员会,其中没有两个委员会有完全相同的成员.证明:存在两个委员会恰好有一个成员相同.

(第8届美国奥林匹克试题)

证明 用反证法.假设任何两个三人委员会或者有两个成员相同,或者没有成员相同.

如果委员会 A 和 B 有公共成员,那么它们恰有两个公共成员 a,b,如果委员会 B 又与委员会 C 有(两个)公共成员,那么 a,b 至少有一个属于 C,从而 C 与 A 也有(两个)公共成员.于是我们可将委员会分类,使同一类的两个委员会都有(两个)公共成员,不同类的委员会没有公共成员.

下面证明:同一类的委员会的个数 k 不大于这一类中不同成员的人数 h.事实上,显然 $h \geqslant 3$,当 $h=3$ 时,$k=1$;当 $h \geqslant 4$ 时,$k \geqslant 2$.设 $\{x,a,b\}$,$\{y,a,b\}$ 是其中的两个委员会,则其他的委员会只能是 $\{x,y,a\}$,$\{x,y,b\}$ 或 $\{a,b,z\}$ 的形式,这里 z 至多有 $h-4$ 种选择,所以 $k \leqslant 4+(h-4)=h$.

于是委员会的总数 $n+1 \leqslant$ 总人数 n,矛盾.这表明,至少有两个委员会恰有一个成员相同.

例 5 将 100 个互异的实数分别放置在一个圆周上的不同地方,求证:一定存在相邻的 4 个数使得两端的两数之和大于中间的两数之和. (2010 年俄罗斯奥林匹克试题)

分析 因为要直接找到满足题目要求的 4 个相邻的数很困难,我们考虑用反证法.(正难则反!)

证明 反设题目结论不成立,并设圆周上 100 个互异实数依次为 $a_1,a_2,\cdots,a_{100}$,并约定 $a_{n+100}=a_n(n \in \mathbf{N}_+)$,则

$$a_n+a_{n+3} \leqslant a_{n+1}+a_{n+2}$$

或

$$a_{n+3}-a_{n+2} \leqslant a_{n+1}-a_n.$$

由此可得

$$a_{100}-a_{99} \leqslant a_{98}-a_{97} \leqslant \cdots \leqslant a_2-a_1 \leqslant a_{100}-a_{99}.$$

因此,$a_{2k}-a_{2k-1}=b$(b 为常数,$k=1,2,\cdots,50$),同理可得 $a_{2k+1}-a_{2k}=c$(c 为常数,$k=1,2,$ $\cdots,50$),同理可得 $a_{2k+1}-a_{2k}=c$(c 为常数,$k=1,2,\cdots,50$).将这些等式相加得 $0=50b+50c,b=-c$.这推出

$$a_3-a_2=c=-b=-(a_2-a_1),$$

得 $a_3=a_1$,这与已知矛盾,故题目结论成立.

例 6 设 1000 名学生围成一圈.证明:存在正整数 $k(100 \leqslant k \leqslant 300)$,使得在此圈中存在相邻的 $2k$ 名学生,满足前面的 k 名学生与后面的 k 名学生中包含的女生的数目相同.

(第 52 届 IMO 预选试题)

解 将这 1000 名学生依次编号为 $1,2,\cdots,1000$.当第 i 名学生为女生时,令 $a_i=1$,否则令 $a_i=0$,并约定 $a_{i+100}=a_{i-100}=a_i(i \in \mathbf{Z})$.设 $S_k(i)=a_i+a_{i+1}+\cdots+a_{i+k-1}$,则只需证明:存在正整数 $k(1 \leqslant k \leqslant 300)$ 和整数 i,满足 $S_k(i)=S_k(i+k)$.

假设结论不成立,即对任意正整数 $k(100 \leqslant k \leqslant 300)$ 及任意整数 i 都有

$$S_k(i) \neq S_k(i+k), \qquad\qquad ①$$

则存在整数 i 使 $S_{100}(i)$ 最大且唯一,于是

$$S_{100}(i-100)-S(i)<0, \quad S_{100}(i)-S_{100}(i+100)>0.$$

因此函数 $S_{100}(j)-S_{100}(j+100)$ 在闭区间 $[i-100,i]$ 上变号,故存在整数 $j \in [i-100,i]$ 使

$$S_{100}(j) \leqslant S_{100}(j+100) - 1. \qquad ②$$

$$S_{100}(j+1) \geqslant S_{100}(j+100) + 1. \qquad ③$$

③−②得

$$a_{j+100} - a_j \geqslant a_{j+200} - a_{j+100} + 2 \geqslant 1.$$

于是 $a_j = 0$，$a_{j+100} = 1$，$a_{j+200} = 0$，故

$$S_{100}(j) = a_j + S_{99}(j+1) = S_{99}(j+1),$$

$$S_{100}(j+100) = a_{j+100} + S_{99}(j+101) = 1 + S_{99}(j+101),$$

$$S_{100}(j+100) = S_{99}(j+1) + a_{j+100} = S_{99}(j+1) + 1,$$

$$S_{100}(j+101) = S_{99}(j+101) + a_{j+200} = S_{99}(j+101),$$

代入②、③化简得 $S_{99}(j+101) \leqslant S_{99}(j+1) \leqslant S_{99}(j+101)$，故

$$S_{99}(j+1) = S_{99}(j+101). \qquad ④$$

设 t，l 分别是使 $a_{j+t} = 1$，$a_{j+200+l} = 1$ 的最小正整数，从而

$$a_{j-t+1} = a_{j-t+1} = \cdots = a_j = 0, a_{j+200} = a_{j+201} = \cdots = a_{j+200+l-1} = 0.$$

由对称性不妨设 $t \geqslant l$，

若 $t \geqslant 200$，则 $a_j = a_{j-1} = \cdots = a_{j-199} = 0$，故

$$S_{100}(j-100) = a_{j-100} + a_{j-99} + \cdots + a_{j-1} = 0.$$

$$S_{100}(j-99) = a_{j-99} + a_{j-98} + \cdots + a_j = 0.$$

从而 $S_{100}(j-100) = S_{100}(j-99)$，这与①矛盾！

若 $l \leqslant t \leqslant 199$，则

$$\begin{aligned} S_{100+l}(j-100) &= (a_{j-l+1} + a_{j-l+2} + \cdots + a_j) + S_{99}(j+1) + a_{j+100} \\ &= S_{99}(j+1) + 1, \end{aligned}$$

$$\begin{aligned} S_{100+l}(j+101) &= S_{99}(j+101) + (a_{j+200} + a_{j+201} + \cdots + a_{j+200+l-1}) + a_{j+200+l} \\ &= S_{99}(j+101) + 1. \end{aligned}$$

于是由④得 $S_{100+l}(j-l+1) = S_{100+l}(j+101)$，其中 $100+l \leqslant 299$. 这与①矛盾！

综上可知，原题结论成立.

例 7 已知集合 A 中的元素都是整数，其中最小的数为 1，最大的数为 200，且除 1 外，A 中每一个数都等于 A 中某两个数（可以相同）的和，则 $|A|$ 的最小值为_____.

(2013 年全国高中联赛福建省预赛试题)

解 首先，易知集合 $A = \{1,2,3,5,10,20,40,80,160,200\}$ 符合题目要求，此时 $|A| = 10$.

下面说明 $|A| = 9$ 不符合要求.

假设 $A = \{1, x_1, x_2, x_3, x_4, x_5, x_6, x_7, 200\}$ 符合要求，其中 $1 < x_1 < x_2 < x_3 < x_4 < x_5 < x_6 < x_7 < 200$.

则 $x_1 = 1 + 1 = 2$，$x_2 \leqslant 2 + 2 = 4$，$x_3 \leqslant 8$，$x_4 \leqslant 16$，$x_5 \leqslant 32$，$x_6 \leqslant 64$，$x_7 \leqslant 128$.

由于 $x_6 + x_7 \leqslant 64 + 128 = 192 < 200$，因此 $200 = x_7 + x_7$，$x_7 = 100$.

同理，由 $x_5 + x_6 \leqslant 32 + 64 = 96 < 100 = x_7$，所以 $x_7 = 100 = x_6 + x_6$，$x_6 = 50$.

由 $x_4 + x_5 \leqslant 16 + 32 = 48 < 50 = x_6$，所以 $x_6 = x_5 + x_5 = 50$，$x_5 = 25$.

由 $x_3 + x_4 \leqslant 8 + 16 = 24 < 25 = x_5$，所以 $x_5 = 25 = x_4 + x$，$x_4 = \dfrac{25}{4}$，这与 x_4 是正整数

矛盾！

所以，$|A|=9$ 不符合要求，类似可证 $|A| \leqslant 8$ 不符合要求.

因此，所求 $|A|$ 的最小值为 10.

注 本题中满足题目条件且 $|A|=10$ 的集合 A 不是唯一的，例如下列 A 都满足题目条件且 $|A|=10$：

$A=\{1,2,4,8,16,20,40,80,100,200\}$，

$A=\{1,2,3,5,10,20,40,50,100,200\}$，

$A=\{1,2,4,8,16,32,40,80,160,200\}$，

$A=\{1,2,3,5,10,15,25,50,100,200\}$，

等等，因此，要猜出 $|A|$ 的最小值为 10 是很容易的. 解题的关键是要证明 $|A| \leqslant 9$ 不符合要求，因此，本题宜改为解答题，以便很好地考察解题者的解题能力.

2. 利用极端原理

利用极端原理解题就是从极端元素（最大数或最小数，最大距离或最小距离，最大面积或最小面积，获胜场次最多的队（员）或获胜场次最少的队（员），等等）出发，经过推理，得出要证结论，或从结论的否定出发，利用极端元素导致矛盾，从而推出结论成立.

例1 有三所学校，每所学校有 n 名学生，已知任意 1 名学生认识其他两所学校学生的总数都是 $n+1$. 证明：每所学校都存在 1 名学生，使得这 3 名学生互相认识（假设认识是互相的）.

证明 从 3 所学校的 $3n$ 名学校中选这样 1 名学生 A，他认识其他两所学校中某一所学校的人数是最多的，这个最大值为 $k \leqslant n$. 不妨设 A 在第 1 所学校，他认识第 2 所学校 k 名学生，于是他认识第 3 所学校的人数为 $n+1-k \geqslant 1$，即 A 至少认识第 3 所学校的 1 名学生 C.

如果 C 认识第 2 所学校中 A 所认识的某个学生 B，那么 A、B、C 互相认识，结论成立. 否则 C 认识第 2 所学校内的学生人数至多为 $n-k$. 从而 C 认识第 1 所学校内的学生人数至少为 $n+1-(n-k)=k+1$，这与 k 的最大性假设矛盾，从而原命题得证.

例2 $n(>3)$ 名乒乓球选手进行单打比赛若干场后，与任意两位选手已赛过的对手恰好不完全相同. 试证明：总可以去掉 1 名选手，使剩余选手中与任意两位选手已赛过的对手仍然不完全相同. （1987 年全国高中联赛题）

证明 用英文字母表示选手. 对任意选手 A，用 M_A 表示与 A 已赛过的对手集合.

设 A 是赛过场次最多的选手，显然，对任意选手 $B \neq C$，有 $C \in M_B \Leftrightarrow B \in M_C$，$C \notin M_B \Leftrightarrow B \notin M_C$.

如果结论不成立，那么任意去掉 1 名选手后，总存在 2 位选手与他们赛过的对手完全相同. 首先去掉 A，于是存在选手 B、C，使与 B、C 赛过的对手完全相同，并且 B、C 不能同时属于 M_A，也不能同时不属于 M_A（因为原来与 B、C 赛过的选手不全相同，若 $B \in M_A$，$C \in M_A$ 或 $B \notin M_A$，$C \notin M_A$，则去掉 A 后，与 B、C 赛过的对手也不完全相同，矛盾）. 此外 B 与 C 之间没有比赛过（否则 B 的对手 C 不是 C 自己的对手，从而与 B、C 赛过的对手不全相同，矛盾）. 不妨设 $B \in M_A$，$C \notin M_A$.

同理,去掉 C 后,存在选手 D、E 使得与他们赛过的对手完且相同且 $D \in M_C$,$E \notin M_C$,D 与 E 之间没有比赛过(如图 3-1,比赛过的两选手之间连实线,没有比赛过的两选手间连虚线).

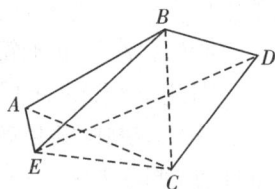

图 3-1

因 $B \notin M_C$,$A \notin M_C$,$D \in M_C$,所以 $D \neq B$,$D \neq A$. 且因为去掉 A 后,与 B、C 赛过的对手完全相同,且 $D \in M_C$,所以 $D \in M_B$,又去掉 C 后,与 D、E 赛过的对手完全相同,且 $B \in M_D$,所以 $B \in M_E$. 若 $A \neq E$,则去掉 A 后,与 B、C 赛过的对手至少有一个不同(因 $E \in M_B$,而 $E \notin M_C$),矛盾,所以 $A = E$. 于是,由去掉 C 后,与 D、E 赛过的对手完全相同,得 $M_A = M_E = M_D \setminus \{C\}$,即 M_D 比 M_A 至少多一个元素,这与假设 A 赛过的场次最多矛盾. 这证明了题中结论成立.

例 3 设 X 是有限集合,n_0 是给定的正整数,法则 f 使 X 的每一个偶子集 E(由偶数个元素组成的子集),都对应一个实数 $f(E)$,满足下列条件:

(1)存在 X 的一个偶子集 D,使 $f(D) > n_0$;

(2)对 X 的任意两个不相交的偶子集 A 与 B,$f(A \cup B) = f(A) + f(B) - n_0$.

求证:存在 X 的子集 P,Q,使

(a)$P \cup Q = X$,$P \cap Q = \varnothing$;

(b)对 P 的任何非空偶子集 S,有 $f(S) > n_0$;

(c)对 Q 的任何偶子集 T,有 $f(T) \leqslant n_0$.

证明 因 X 的偶子集 E 的个数有限,故 $f(E)$ 必能取到最大值,且由(1)知 $f(E)$ 的最大值 $> n_0$.

设 P 是使 $f(E)$ 取最大值的所有偶子集中元素最少的一个偶子集,并设 $Q = X \setminus P$. 显然

(a)$P \cup Q = X$,$P \cap Q = \varnothing$.

(b)对 P 的任何非空偶子集 S,令 $\bar{S} = P \setminus S$,则 $\bar{S}$ 是偶子集,且 $\bar{S}$ 中元素少于 P 中元素个数,因此 $f(\bar{S}) < f(P) = f(S) + f(\bar{S}) - n_0$.

从而 $f(S) > n_0$.

(c)对 Q 的任意偶子集 T,由 $P \cap T = \varnothing$ 且 $P \cup T$ 是偶子集,所以

$$f(P) \geqslant f(P \cup T) = f(P) + f(T) - n_0.$$

从而 $f(T) \leqslant n_0$.

注 $n_0 = 1990$ 时,本题为我国第 5 届中学生数学冬令营试题.

例 4 在 2000×2000 的表格中,每格填上 1 或 -1. 已知表格中所有数之和非负,证明:可以找到 1000 行和 1000 列,这些行和列交叉处的数之和不小于 1000.

(1995 年第 21 届全俄奥林匹克九年级试题)

证明 因表格中所有数之和非负,故必有一行的所有数之和非负,故这一行中至少有 1000 个 1. 不妨设前 1000 个数为 1(否则变动列的顺序). 令 A 为表格中前 1000 列组成的矩形,B 为表格中后 1000 列组成的矩形.

在 A 中,行和(行中各数之和)最大的 1000 行用 A_1 表示,其余的用 A_2 表示. 如果 A_1 中各数之和不小于 1000,那么题中结论成立.

设 A_1 中各数之和小于 1000,而且 A_1 中有一行所有的数都等于 1.如果 A_2 中有一行和为非负,那么 A_1 中所有行和均非负,且 A_1 中有一行的所有各数都等于 1,故 A_1 中各数之和不小于 1000,矛盾,故 A_2 中的所有行和均为负数.因任意行和均为偶数,所以 A_2 中任意行和 $\leqslant -2$,这就是说,在 A 中各数之和小于 $(-2)\times 1000+1000=-1000$,而整个表中数之和非负,所以 B 中所有数之和大于 1000.

设 B_1 是 B 中行和最大的 1000 行,B_2 是其余 1000 行.如果 B_2 中有一行为正,那么 B_1 中行和均为正,至少是 1,B_1 中有 1000 行,故 B_1 中各数之和大于 1000,如果 B_2 中行和均 $\leqslant 0$,又 B 中各数之和大于 1000,所以 B_1 中各数之和也大于 1000.

综上所述,总存在 1000 行及 1000 列,这些行和列交叉处的数的和不小于 1000.

3. 利用抽屉原理、平均值原理或图形重叠原理

用抽屉原理解题的关键是利用题目中的条件构造出与题设密切相关的"抽屉",即将题目中涉及的元素按照一定的性质进行分类,当取出的元素足够多时,由抽屉原理就可推出必有某些元素属于同一个抽屉(同一类),它们都具有某种性质,从而推出题目结论.构造抽屉的常用方法有:利用余数分类,利用整数的奇数因数分类,分割区间,分割图形,划分集合等等.

例 1 设 $a_0,a_1,\cdots,a_n$ 是 $n+1$ 个正整数$(n>3)$,满足:$a_0<a_1<\cdots<a_n\leqslant 2n-3$.证明:存在不同的正整数 $i,j,k,l,m\in\{1,2,\cdots,n\}$,使 $a_i+a_j=a_k+a_l=a_m$.

(1990 年日本奥林匹克试题)

分析 不妨取 $m=n$,要证等式转化为 $a_i=a_n-a_j,a_k=a_n-a_l$.故只须考虑差 $b_i=a_n-a_i(i=0,1,2,\cdots,n-1)$,于是,问题归结为 $b_0,\cdots,b_{n-1}$ 中有两个数 b_j,b_l 分别与 $a_0,a_1,\cdots,a_n$ 中两个数 a_i,a_k 相等且 $i\neq j,k\neq l$.

证明 作差 $b_i=a_n-a_i(i=0,1,2,\cdots,n-1)$,因为 $1\leqslant a_0<a_1<\cdots<a_n\leqslant 2n-3$,所以 $1\leqslant b_{n-1}<b_{n-2}<\cdots<b_0\leqslant 2n-4$.且 $a_0,a_1,\cdots,a_{n-1}$ 中至多有一个数的 2 倍等于 a_n,设这个数为 a_{i_0},于是对任意的 $i\neq i_0,2a_i\neq a_n$,即 $b_i\neq a_i(i\neq i_0)$,集合 $\{a_0,a_1,\cdots,a_n,b_0,b_1,\cdots,b_{n-1}\}\setminus\{a_{i_0}\}$ 中有 $2n$ 个数,只能取 $\{1,2,\cdots,2n-3\}$ 中的值.故由抽屉原理知其中必有 $\left[\dfrac{2n-1}{2n-3}\right]+1=2$ 个数相等,而 $a_0<a_1<\cdots<a_n,a_n>b_0>b_1>\cdots>b_{n-1}$,故只有某个 b_j 等于某个 a_i 且 $j\neq i,i\neq n$,即 $a_n-a_j=a_i,a_i+a_j=a_n(i\neq j,1\leqslant i,j\leqslant n-1)$.去掉 a_i,b_j 后,剩下 $2n-2$ 个数仍只能取 $\{1,2,\cdots,2n-3\}$ 中的值.再由抽屉原理得必有某个 b_l 等于某个 $a_k(k,l,i,j,n$ 互不相同),即 $a_n-a_l=a_k,a_k+a_l=a_n$,这就证明了存在不同的整数 $i,j,k,l,m=n$ 使 $a_i+a_j=a_k+a_l=a_m$,证毕.

例 2 将平面上每个点都以红、蓝两色之一着色,证明:存在两个这样的相似三角形,它们的相似比为 1995,并且每一个三角形的三个顶点同色.

(1995 年全国高中联赛第二试试题)

证明一 首先证明:对任意正实数 a,存在距离为 $2a$ 的同色两点.事实上,任取一点 A,并设 A 为红色点.以 A 为中心,$2a$ 为半径作圆,若圆上有一点为红色,则结论成立.否则,圆上每一点均为蓝色,于是该圆的内接正六边形的一边长为 $2a$,且两端点都为蓝色,结论也

成立.

其次证明:对任意实数 a,存在边长为 $a,\sqrt{3}a,2a$ 的直角三角形,其三顶点同色.

事实上,由前面证明知道存在同色两点 A,D,使 $AD=2a$.不妨设 A,D 均为红色,以 AD 为直径作圆,并作圆内接正六边形 $ABCDEF$,若 B,C,E,F 中有一点(例如 C)为红色,则 $\triangle ACD$ 符合要求,否则 B,C,E,F 皆为蓝色,则 $\triangle BCE$ 符合要求.

最后,回到原题,由第二段证明,只要取 $a=1$ 和 $a=1995$,我们得到存在两个相似的直角三角形,它们的三边长分别为 $1,\sqrt{3},2$ 和 $1995,1995\sqrt{3},3990$,从而相似比为 1995,并且每个三角形的三个顶点同色.

证明二 任取一点 O 为圆心,分别以 1 和 1995 为半径作两个同心圆,在内圆上任取 9 点,由抽屉原理知其中至少有 5 点 A_1,A_2,A_3,A_4,A_5 同色,不妨设它们同为红色.作射线 OA_i 交外圆于 $B_i(i=1,2,\cdots,5)$,由抽屉原理知 $B_1,B_2,\cdots,B_5$ 中必有 $\left[\dfrac{5-1}{2}\right]+1=3$ 点 B_i, $B_j,B_k(1\leqslant i<j<k\leqslant 5)$ 同色,于是 $\triangle A_iA_jA_k$ 和 $\triangle B_iB_jB_k$ 是两个相似三角形,相似比为 1995,并且它们中每一个三角形的三个顶点同色.

例 3 设实数 $x_1,x_2,\cdots,x_n$ 满足 $x_1^2+x_2^2+\cdots+x_n^2=1$.求证:对每一个 $k\geqslant 2$,存在不全为零的整数 $a_1,a_2,\cdots,a_n$,使 $|a_i|\leqslant k-1(i=1,2,\cdots,n)$ 且

$$|a_1x_1+a_2x_2+\cdots+a_nx_n|\leqslant\frac{(k-1)\sqrt{n}}{k^n-1}.$$

(第 28 届 IMO 试题)

证明 由哥西不等式,有 $(\sum\limits_{i=1}^n|x_i|)^2\leqslant\sum\limits_{i=1}^n 1^2\cdot\sum\limits_{i=1}^n|x_i|^2=n.$

所以 $\sum\limits_{i=1}^n|x_i|\leqslant\sqrt{n}$.

故当 $0\leqslant a_i\leqslant k-1(i=1,2,\cdots,n)$ 时,有 $\sum\limits_{i=1}^n a_i|x_i|\leqslant(k-1)\sqrt{n}$.把区间 $[0,(k-1)\sqrt{n}]$ 等分为 k^n-1 个小区间,每个区间的长为 $\dfrac{(k-1)\sqrt{n}}{k^n-1}$.由于每个 a_i 可取 k 个不同的值:$0,1,2,\cdots,k-1$.所以 $\sum\limits_{i=1}^n a_i|x_i|$ 表示为 k^n 个不同的数.由抽屉原理知,其中必有 2 个数落在同一个小区间内,设它们是 $\sum\limits_{i=1}^n a'_i|x_i|$ 和 $\sum\limits_{i=1}^n a''_i|x_i|$.

于是 $|\sum\limits_{i=1}^n a'_i|x_i|-\sum\limits_{i=1}^n a''_i|x_i||=|\sum\limits_{i=1}^n(a'_i-a''_i)|x_i||\leqslant\dfrac{(k-1)\sqrt{n}}{k^n-1}$, 且显然 $|a'_i-a''_i|\leqslant k-1$.取

$$a_i=\begin{cases}a'_i-a''_i & (若\ x_i\geqslant 0),\\ a''_i-a'_i & (若\ x_i<0).\end{cases}$$

则 $|a_i|\leqslant k-1,a_1,a_2,\cdots,a_n$ 不全为零,并且

$$|\sum\limits_{i=1}^n a_ix_i|\leqslant\frac{(k-1)\sqrt{n}}{k^n-1}.$$

例 4 设整数 $n\geqslant 4,a_1,a_2,\cdots,a_n$ 是区间 $(0,2n)$ 内 n 个不同整数.证明:存在集合 $\{a_1,a_2,\cdots,a_n\}$ 的一个子集,它的所有元素之和能被 $2n$ 整除.

证明 (1)若 $n\notin\{a_1,a_2,\cdots,a_n\}$,则 n 个不同的数属于 $n-1$ 个集合 $\{1,2n-1\}$,$\{2,2n-2\}$,$\cdots$,$\{n-1,n+1\}$.由抽屉原理知其中必有两个数 a_i,a_j($i\neq j$)属于同一集合,从而 $a_i+a_j=2n$ 被 $2n$ 整除,结论成立.

(2)若 $n\in\{a_1,a_2,\cdots,a_n\}$,不妨设 $a_n=n$,从 $a_1,a_2,\cdots,a_{n-1}$($n-1\geqslant3$)中任取 3 个数 a_i,a_j,a_k($a_i<a_j<a_k$),则 a_j-a_i 与 a_k-a_j 中至少有一个不被 n 整除,否则 $a_k-a_i=(a_k-a_j)+(a_j-a_i)\geqslant2n$,这与 $a_k\in(0,2n)$ 矛盾.故 $a_1,a_2,\cdots,a_{n-1}$ 中必有两数之差不被 n 整除.

不妨设 a_1 与 a_2 之差($a_2-a_1>0$)不被 n 整除,考虑 n 个数 a_1,a_1+a_2,$a_1+a_2+a_3$,$\cdots$,$a_1+a_2+\cdots+a_{n-1}$.

(i)若这 n 个数中有一个被 n 整除,设此数等于 kn.若 k 为偶数,则结论成立;若 k 为奇数,则加上 $a_n=n$ 知结论也成立.

(ii)若这 n 个数中没有一个被 n 整除,则它们除以 n 的余数只可能取 $1,2,\cdots,n-1$ 这 $n-1$ 个值,由抽屉原理知其中必有 2 个除以 n 的余数相等,它们之差被 n 整除.而 a_2-a_1 不被 n 整除,故这个差必为 $a_1,a_2,\cdots,a_{n-1}$ 中若干数之和.以下讨论同(i),故知结论也成立.证毕.

例 5 已知 $a_1,a_2,\cdots,a_{99},a_{100}$ 都是实数.在集合 $\{a_1,\dfrac{a_1+a_2}{2},\dfrac{a_1+a_2+a_3}{3},\cdots,\dfrac{a_1+a_2+\cdots+a_{100}}{100}\}$ 中至少有 51 个元素的值相等.证明:$a_1,a_2,\cdots,a_{100}$ 中有两个数相等.

证明 设 $b_i=\dfrac{a_1+a_2+\cdots+a_i}{i}$($i=1,2,\cdots,100$).首先证明:若 $b_i=b_{i+1}=p$,则 $a_{i+1}=p$.

$$(\,*\,)$$

事实上,由 $b_i=b_{i+1}=p$ 得 $\dfrac{a_1+a_2+\cdots+a_i}{i}=\dfrac{a_1+a_2+\cdots+a_{i+1}}{i+1}$,故 $a_1+a_2+\cdots+a_i=ia_{i+1}$,所以 $a_{i+1}=\dfrac{a_1+a_2+\cdots+a_{i+1}}{i+1}=b_{i+1}=p$.

由已知条件知 $b_1,b_2,\cdots,b_{100}$ 中至少有 51 个相等,设这个数值为 p.

(1)若 $b_1=a_1=p$,将 $b_1,b_2,\cdots,b_{100}$ 分为如下 50 组:

$$\{b_1,b_2\},\{b_3,b_4\},\cdots,\{b_{99},b_{100}\},$$

则由抽屉原理知必有一个数组内的两个数相等,设 $b_{2i-1}=b_{2i}=p$,于是由($*$)得 $a_{2i}=p$,从而 $a_1=a_{2i}$ 成立.

(2)若 $b_1\neq p$,将 $b_2,\cdots,b_{100}$ 分为如下 50 组:

$$\{b_2,b_3\},\{b_3,b_4\},\cdots,\{b_{98},b_{99}\},\{b_{100}\},$$

则因 $b_2,b_3,\cdots,b_{100}$ 中至少有 51 个等于 p.故上述数组中必有一组内的两个数都等于 p.设 $b_{2m}=b_{2m+1}=p$,于是由($*$)得 $a_{2m+1}=p$.再将 $b_2,b_3,\cdots,b_{100}$ 分为如下 50 组:

$$\{b_2\},\{b_3,b_4\},\cdots,\{b_{99},b_{100}\}.$$

同理上述 50 组中必有一组内的两个数相等.设 $b_{2k-1}=b_{2k}=p$,则 $a_{2k}=p$,于是 $a_{2m+1}=a_{2k}$.

综上所述知原题结论成立.

例 6 在半径为 1 的圆周上,任意给定两个点集 A 和 B,它们都由有限多条互不相交

的弧组成,B 中每段弧长都等于 $\frac{\pi}{m}(m\in\mathbf{N}_+)$,$A^j$ 表示将 A 绕圆沿逆时针方向旋转 $\frac{j\pi}{m}(j=1,2,\cdots)$ 所得的集合. 证明:存在正整数 k,使

$$l(A^k\bigcap B)\geqslant\frac{1}{2\pi}l(A)l(B).$$

这里 $l(M)$ 表示 M 中所有弧的长度之和.

(1989 年第 4 届 CMO 试题)

证明 设 B 由 t 条弧 $B_1,B_2,\cdots,B_t$ 组成,于是 $l(B_i)=\frac{\pi}{m}(i=1,2,\cdots,t)$,$l(B)=\frac{t\pi}{m}$. 再设 M^{-j} 表示将圆周上点集 M 绕圆顺时针方向旋转 $\frac{j\pi}{m}$ 所得的集合,注意到对任意 $i(1\leqslant i\leqslant t)$,$\bigcup\limits_{j=1}^{2m}B_i^{-j}$ 是整个圆周,有 $(\bigcup\limits_{j=1}^{2m}B_i^{-j})\bigcap A=A$,于是,我们有

$$\sum_{j=1}^{2m}l(A^j\bigcap B)=\sum_{j=1}^{2m}l(A\bigcap B^{-j})=\sum_{j=1}^{2m}l(A\bigcap(\bigcup_{i=1}^{t}B_i^{-j}))=\sum_{j=1}^{2m}\sum_{i=1}^{t}l(A\bigcap B_i^{-j})$$

$$=\sum_{i=1}^{t}\sum_{j=1}^{2m}l(A\bigcap B_i^{-j})=\sum_{i=1}^{t}l(A\bigcap(\bigcup_{j=1}^{2m}B_i^{-j}))=\sum_{i=1}^{t}l(A)$$

$$=t\cdot l(A)=\frac{m}{\pi}l(A)l(B).$$

所以 $\dfrac{1}{2m}\sum\limits_{j=1}^{2m}l(A^j\bigcap B)=\dfrac{1}{2\pi}l(A)l(B).$

故由平均值原理知存在正整数 k,使 $l(A^k\bigcap B)\geqslant\frac{1}{2\pi}l(A)l(B)$.

例 7 在面积为 1 的平面图形内任意放入 9 个面积为 $\frac{1}{5}$ 的小正方形. 证明:其中必有两个小正方形,它们重叠部分的面积不小于 $\frac{1}{45}$.

证明 设小正方形为 $A_1,A_2,\cdots,A_9$,并且用 $|A_i|$ 表示 A_i 的面积$(i=1,2,\cdots,9)$,因为 $\sum\limits_{i=1}^{9}|A_i|=9\times\frac{1}{5}>1$,故由图形重叠原理知必有两个小正方形重叠. 若对任意 $1\leqslant i<j\leqslant9$,$|A_i\bigcap A_j|<\frac{1}{45}$,则 $A_1,A_2,\cdots,A_9$ 覆盖的总面积为

$$|A_1\bigcup A_2\bigcup\cdots\bigcup A_9|\geqslant\sum_{i=1}^{9}|A_i|-\sum_{1\leqslant i<j\leqslant9}|A_i\bigcap A_j|>9\times\frac{1}{5}-C_9^2\times\frac{1}{45}=1.$$

这与 $A_1,A_2,\cdots,A_9$ 都在面积为 1 的平面图形内应有 $|A_1\bigcup A_2\bigcup\cdots\bigcup A_9|\leqslant1$ 矛盾. 故存在两个小正方形 $A_i,A_j(1\leqslant i<j\leqslant9)$,它的重叠部分的面积为 $|A_i\bigcap A_j|\geqslant\frac{1}{45}$.

4. 利用介值原理

例 1 设 F 是平面凸图形,证明:存在一条直线 l 同时平分 F 的周长和面积.

证明 任取一条有向直线 l_0(即 l_0 上取定了一个正方向). 我们首先证明必有一条平行于 l_0 的直线平分 F 的周长. 事实上,F 必夹在两条平行于 l_0 的直线 l_1 和 l_2 之间,l_1、l_2 都与 F 的边界有公共点. 设 l_1 与 l_2 的距离为 d,设 l_x∥l_1∥l_2(l_x 在 l_1 与 l_2 之间)且 l_x 与 l_1 的距离为 x.$f(x)$ 表示图形 F 在 l_x 与 l_1 之间边界的长度与图形 F 在 l_x 与 l_2 之间边界的长度之

差.于是 $f(x)$ 在 $[0,d]$ 上连续,且 $f(0)<0$,$f(d)>0$.故由介值原理知存在 $x_0 \in (0,d)$,使 $f(x_0)=0$,即直线 l_{x_0} 平分 F 的周长.

设 l_0 是平分 F 周长的一条有向直线,l_θ 为与 l_0 的夹角是 θ(从 l_0 出发逆时针方向旋转到 l_θ 的角度为 θ)且平分 F 周长的有向直线,$\theta \in [0,\pi]$.令 $g(\theta)$ 为 F 在此直线上方面积与下方面积之差(l_0 的上方是指 l_θ 逆时针旋转 $\frac{\pi}{2}$ 后,它的正向所指的一侧),于是 $g(\theta)$ 是 θ 的连续函数且 $g(\pi)=-g(0)$,故由介值定理知存在 $\theta_0 \in [0,\pi]$,使 $g(\theta_0)=0$.即直线 l_{θ_0} 同时平分 F 的周长和面积.

例 2 设 $f(x)$ 为实系数 $n(\geqslant 1)$ 次多项式,对实数轴上任意一点,若 $f(x)$ 为有理数,则将 x 染红色;若 $f(x)$ 为无理数,则将 x 染蓝色.证明:对任意正实数 α,在 x 轴上必有同色的两点 P 和 Q 使 $|PQ|=\alpha$.

证明 假设结论不成立,即存在正实数 α 使得 x 轴上任何距离等于 α 的两点不同色,也就是对任意 $x \in \mathbf{R}$,$f(x)$ 与 $f(x+\alpha)$ 中一个为有理数,另一个为无理数.于是,对一切 $x \in \mathbf{R}$,$F_1(x)=f(x)+f(x+\alpha)$ 与 $F_2(x)=f(x)-f(x+\alpha)$ 都为无理数,从而对一切 $x \in \mathbf{R}$,$F_i(x)$ 为常数($i=1,2$).这是因为若 $F_1(y)=a$,$F_1(z)=b$ 是两个不同的无理数.任取一个介于 a 与 b 之间的有理数 c,由介值定理知存在 $x_0 \in \mathbf{R}$ 使 $F_1(x_0)=c$ 为有理数,矛盾.故 $F_1(x)$ 恒为常数.同理 $F_2(x)$ 恒为常数.于是 $f(x)=\frac{1}{2}[F_1(x)+F_2(x)]$ 恒为常数,矛盾.故原题结论成立.

例 3 平面内任给 $2n+3$ 个点($n \geqslant 1$),其中任意 3 点不共线,任意 4 点不共圆,过其中 3 点作圆使其余 $2n$ 个点恰有 n 个点在此圆内,另 n 个点在此圆外,记这种圆的个数为 k.证明:$k > \frac{1}{\pi} C_{2n+3}^2$. （第 28 届 IMO 预选试题）

证明 我们首先证明:对已知 $2n+3$ 点中任意两点 M,N,可过 M,N 及另外一个已知点作圆,使该圆内和圆外都恰有 n 个已知点.

因为无 3 点共线,其余 $2n+1$ 点都在直线 MN 的两侧,设 MN 一侧有 p 个已知点 A_1,A_2,$\cdots$,A_p,另一侧有 q 个已知点 B_1,B_2,$\cdots$,B_q($p>q$).因为 $p+q=2n+1$,故 $p \geqslant n+1$,$q \leqslant n$.记 $A=\{A_1,A_2,\cdots,A_p\}$,$B=\{B_1,B_2,\cdots,B_q\}$.设 $\angle MA_iN=\alpha_i$($i=1,2,\cdots,p$).因无 4 点共圆,故 $\alpha_1,\alpha_2,\cdots,\alpha_p$ 两两不相等,不妨设 $\alpha_1>\alpha_2>\cdots>\alpha_p$.且设过 M、N、A_i 的圆为 S_i,于是 S_i 上无 B 内的点.如果 S_{n+1} 内不含 B 中的点,则 S_{n+1} 内恰含 n 个已知点 $A_1,A_2,\cdots,A_n$,其余 n 个已知点都在 S_{n+1} 外,于是 S_{n+1} 满足我们的要求.下设 S_{n+1} 含 B 中 t 个点($t \geqslant 1$),即 S_{n+1} 内共含 $A \cup B$ 中 $n+t \geqslant n+1$ 已知点.而 S_1 内至多含 $A \cup B$ 中 $q \leqslant n$ 个点.当从 S_{i-1} 变到 S_i 时,S_i 比 S_{i-1} 多包含 A 中一个点(A_{i-1}),而包含 B 中的点或者相同或者减少.设 S_i 内含 x_i 个已知点,则 $x_i-x_{i-1} \leqslant 1$.又 $x_1 \leqslant q \leqslant n$,$x_n=n+t>n$.故由介值原理知存在 i_0($1 \leqslant i_0<n$)使 $x_{i_0}=n$,即圆 S_{i_0} 的内部和外部都恰含 n 个已知点.

由前面证明知道对已知 $2n+3$ 个点中任意两点,可作一个圆过另外一个已知点并且该圆内和圆外都恰有 n 个已知点.这样的圆一共有 C_{2n+3}^2 个,每个圆上有 3 个已知点,可形成 C_3^2 个两点组,故每个圆被计算了 C_3^2 次,所以

$$k \geqslant \frac{1}{C_3^2} C_{2n+3}^2 = \frac{1}{3} C_{2n+3}^2 > \frac{1}{\pi} C_{2n+3}^2.$$

例4 对于任何正整数 k，$f(k)$ 表示集合 $\{k+1, k+2, \cdots, 2k\}$ 内的数在二进制表示下恰有 3 个 1 的元素个数.

(1)求证:对每个正整数 m，至少存在一个正整数 k，使得 $f(k)=m$;

(2)确定所有的正整数 m，对每一个 m，恰有一个正整数 k 使 $f(k)=m$.

(第 35 届 IMO 试题)

解 (1)设 S 表示所有正整数在二进制表示下恰有 3 个 1 的所有元素组成的集合. 先证:

$$f(k+1) = \begin{cases} f(k), & \text{当 } 2k+1 \notin S, \\ f(k)+1, & \text{当 } 2k+1 \in S. \end{cases} \quad \text{①}$$

因为在二进制表示下，在 $k+1$ 的个位数字后面添加一个零，恰为 $2(k+1)$ 在二进制下表示的数. 于是 $k+1$ 与 $2(k+1)$ 同属于 S，或者同时不属于 S. 且集合 $\{k+2, k+3, \cdots, 2(k+1)\}$ 比 $\{k+1, k+2, \cdots, 2k\}$ 恰少了一个 $k+1$，而多了 $2k+1, 2k+2$ 两个数. 所以①式成立.

下面计算 $f(2^n+2)$，$n \in \mathbf{N}_+$ 且 $n \geqslant 2$. $f(2^n+2)$ 表示集合 $\{2^n+3, 2^n+4, \cdots, 2^{n+1}+4\}$ 中在二进制表示下恰有 3 个 1 的所有元素的个数. 因为 $\{2^n+3, 2^n+4, \cdots, 2^{n+1}-1\}$ 中有 C_n^2 个数其二进制表示恰有 3 个 1(因为在二进制表示下 $2^n+3 = (1\underbrace{0\cdots011}_{n\text{位}})_2$，$2^{n+1}-1 = (1\underbrace{1\cdots1}_{n\text{位}})_2$. 故 $\{2^n+3, 2^n+4, \cdots, 2^{n+1}-1\}$ 中在二进制表示下恰有 3 个 1 的数都是从右起第 $n+1$ 位数字是 1，而在后 n 位中找两个位置放 1，其余位置放 0 而得到的，故有 C_n^2 个)，又 $2^{n+1}, 2^{n+1}+1, 2^{n+1}+2, 2^{n+1}+3, 2^{n+1}+4$ 的二进制表示分别为 $(\underbrace{100\cdots0}_{n+2\text{位}})_2$，$(\underbrace{100\cdots01}_{n+2\text{位}})_2$，$(\underbrace{100\cdots010}_{n+2\text{位}})_2$，$(\underbrace{10\cdots011}_{n+2\text{位}})_2$，$(\underbrace{10\cdots100}_{n+2\text{位}})_2$. 其中只有 $2^{n+1}+3$ 的二进制表示中恰有 3 个 1，所以当 $n \geqslant 2$ 时，

$$f(2^n+2) = C_n^2 + 1.$$

显然 $f(1)=0$，且对任意正整数 m，都存在正整数 n 使 $f(n) \geqslant m$，并且 $f(k+1) - f(k) \leqslant 1$，故由离散介值原理知存在正整数 k 使 $f(k)=m$.

(2)假设恰有一个 k 使 $f(k)=m$. 由①知 $0 \leqslant f(k) - f(k-1) = m - f(k-1) \leqslant 1$，$0 \leqslant f(k+1) - f(k) = f(k+1) - m \leqslant 1$，且 $f(k-1) \neq m$，$f(k+1) \neq m$，所以 $f(k-1) = m-1$，$f(k+1) = m+1$. 进而由①知 $f(k) = f(k-1)+1$，当且仅当 $2k-1 \in S$；$f(k+1) = f(k)+1$，当且仅当 $2k+1 \in S$. 由二进制加法知，k 必有 2^n+2 $(n \geqslant 2)$ 的形式. 故

$$m = f(k) = f(2^n+2) = C_n^2 + 1 = \frac{1}{2}(n^2 - n + 2).$$

因此，使 $f(k)=m$ 只有唯一解的全体 m 由正整数 $\frac{1}{2}(n^2 - n + 2)$ $(n \geqslant 2)$ 给出，且唯一解为 $k = 2^n+2$ $(n \geqslant 2)$.

5. 计数方法

给定集合 S，为了证明 S 中存在(或不存在)具有某种性质 P 的元素，也可用计数论证

的方法.具体说来,有以下几种形式:

(1)直接计算出 S 中具有某种性质 P 的元素的个数大于零(或小于 1),从而 S 中必存在(不存在)具有性质 P 的元素.

(2)算出 S 中不具有性质 P 的元素个数小于(或不小于)集合 S 中的元素个数,从而 S 中必存在(不存在)具有性质 P 的元素.

(3)假设 S 中不存在(或存在)具有性质 P 的元素,通过计数导致矛盾,从而 S 中必存在(或不存在)具有性质 P 的元素.

例 1 一个社团内,每一对人不是友好的就是敌对的.设这个社团共有 n 个人和 q 个友好对子,并在任何三人中至少有一对人是敌对的.证明:这个社团中至少存在一个成员,他的敌人组成的集合中友好对子不多于 $q(1-4q/n^2)$. (1995 年第 24 届美国奥林匹克试题)

分析 要证结论成立,只要证明存在一名成员 a,使得其中总有一人与 a 友好的友好对子个数不少于 $q-q(1-4q/n^2)=4q^2/n^2$,而这可考虑通过整体计数再用平均值原理来证明.

证明 设 n 个人为 $a_1,a_2,\cdots,a_n$,这 n 个人中所有友好对子组成的集合记为 S,与 a_i 友好的人的个数记为 d_i,即包含 a_i 的友好对子个数为 $d_i(i=1,2,\cdots,n)$. 于是,$\sum\limits_{i=1}^{n}d_i=2|S|=2q.$

令 $x_{ij}=\begin{cases} 1(i\neq j \text{ 且 } a_i \text{ 与 } a_j \text{ 友好}) \\ 0(i\neq j \text{ 且 } a_i \text{ 与 } a_j \text{ 敌对或 } i=j) \end{cases}(i,j=1,2,\cdots,n),$

则 $\sum\limits_{j=1}^{n}x_{ij}=\sum\limits_{j=1}^{n}x_{ji}=d_i(i=1,2,\cdots,n)$ 且 $\sum\limits_{j=1}^{n}x_{ij}d_j$ 表示这样一类友好对子的个数,这类对子中总有一人与 a_i 是友好的(因为任何三人中必有两人是敌对的,故此式没有重复计数). 于是 $|S|-\sum\limits_{j=1}^{n}x_{ij}d_j$ 表示 a_i 的敌人集合中友好对子的个数.

由哥西不等式,有

$$\sum_{i=1}^{n}\sum_{j=1}^{n}x_{ij}d_j=\sum_{j=1}^{n}(\sum_{i=1}^{n}x_{ij})d_j=\sum_{j=1}^{n}d_j^2\geqslant(\sum_{j=1}^{n}d_j)^2/(\sum_{j=1}^{n}1^2)=\frac{4q^2}{n},$$

即 $\dfrac{1}{n}\sum\limits_{i=1}^{n}\sum\limits_{j=1}^{n}x_{ij}d_j\geqslant\dfrac{4q^2}{n^2}.$

由平均值原理知道:存在 $i_0(1\leqslant i_0\leqslant n)$ 使得 $\sum\limits_{j=1}^{n}x_{i_0j}d_j\geqslant\dfrac{4q^2}{n^2}.$

故 a_{i_0} 的敌人集合中,友好对手的个数为 $|S|-\sum\limits_{j=1}^{n}x_{i_0j}d_j\leqslant q-\dfrac{4q^2}{n^2}=q\left(1-\dfrac{4q}{n^2}\right).$

于是命题得证.

例 2 若任意 133 个正整数中,至少有 799 对数互素,证明:其中必存在 4 个正整数 a、b、c、d 使得 a 与 b,b 与 c,c 与 d,d 与 a 都互素. (1990 年中国国家集训队测试题)

证明 用平面内 133 个点 $A_1,A_2,\cdots,A_{133}$ 表示 133 个正整数,若两个正整数互素,则对应两点连一线段,否则不连线段.并设从 A_i 出发的线段有 d_i 条 $(i=1,2,\cdots,133)$,于是,由已知条件得 $\sum\limits_{i=1}^{133}d_i\geqslant2\times799.$

若两点 A、B 都与点 C 连有线段,则称 (A,B) 为属于 C 的点对.于是,分别属于 $A_1,A_2,$

$\cdots,A_{133}$ 的点对数的总和为

$$M=\sum_{i=1}^{133}C_{d_i}^2=\frac{1}{2}\left(\sum_{i=1}^{133}d_i^2-\sum_{i=1}^{133}d_i\right)$$

$$\geqslant\frac{1}{2}\left[\left(\sum_{i=1}^{133}d_i\right)^2/\left(\left(\sum_{i=1}^{133}1^2\right)-\sum_{i=1}^{133}d_i\right)\right]$$

$$=\frac{1}{2\times133}\left(\sum_{i=1}^{133}d_i\right)\left(\sum_{i=1}^{133}d_i-133\right)$$

$$\geqslant\frac{1}{2\times133}\times2\times799\times(2\times799-133)$$

$$>\frac{1}{2\times133}\times2\times6\times133\times(2\times6\times133-133)=\frac{133\times132}{2}$$

$$=C_{133}^2.$$

但 133 个点一共只能组成 C_{133}^2 个点对,可见上式左端计数有重复,即存在一个点对 (A,C) 属于不同的两点 B 和 D,即 A、C 既与 B 连有线段,又与 D 连有线段,所以 A、B、C、D 对应的 4 个正整数满足 a 与 b,b 与 c,c 与 d,d 与 a 都互素.

例 3 由 n 个点和这些点之间的 l 条线段组成一个空间图形,其中 $n=q^2+q+1,l\geqslant\frac{1}{2}q(q+1)^2+1,q\geqslant2,q\in\mathbf{N}_+$. 已知图形中任意四点不共面,每点至少连一条线段,存在一点至少连有 $q+2$ 条线段. 证明:图中必存在一个空间四边形(即由四点 A、B、C、D 和四条线段 AB、BC、CD、DA 组成的图形).   (2003 年全国高中联赛加试试题)

证明 设 n 个点的集合为 $V=\{A_0,A_1,\cdots,A_{n-1}\}$. 记 A_i 的所有邻点(与 A_i 连有线段的点)的集合为 B_i,B_i 中点的个数记为 $|B_i|=b_i$. 显然 $\sum_{i=0}^{n-1}b_i=2l$ 且 $b_i\leqslant n-1(i=0,1,\cdots,n-1)$.

若存在 $b_i=n-1$,不妨设 $b_0=n-1$,于是 B_0 中 $n-1$ 个点之间的连线数为

$$l-b_0\geqslant\frac{1}{2}q(q+1)^2+1-(n-1)=\frac{1}{2}(q+1)(n-1)+1-(n-1)$$

$$\geqslant\frac{3}{2}(n-1)+1-(n-1)=\frac{n-1}{2}+1\geqslant\left[\frac{n-1}{2}\right]+1.$$

故 B_0 中必存在一点 A_i 与 B_0 中另两点 A_j,A_k 都连有线段,于是存在四边形 $A_0A_jA_iA_k$,因此,下面只讨论 $b_i\leqslant n-2(i=0,1,\cdots,n-1)$ 的情形.

不妨设 $q+2\leqslant b_0\leqslant n-2$. 若图中不存在四边形,则当 $i\neq j$ 时 B_i 与 B_j 无公共的点对,即 $|B_i\cap B_j|\leqslant1(0\leqslant i<j\leqslant n-1)$. 记 $\overline{B}_0=V\backslash B_0$,则 $|B_i\cap\overline{B}_0|\geqslant b_i-1(i=1,2,\cdots,n-1)$ 且当 $1\leqslant i<j\leqslant n$ 时 $B_i\cap\overline{B}_0$ 与 $B_j\cap\overline{B}_0$ 无公共点对,所以

$\overline{B}_0$ 中点对的个数 $\geqslant\sum_{i=1}^{n-1}(B_i\cap\overline{B}_0)$ 中点对的个数,即

$$C_{n-b_0}^2\geqslant\sum_{i=1}^{n-1}C_{|B_i\cap\overline{B}_0|}^2\geqslant\sum_{i=1}^{n-1}C_{b_i-1}^2(\text{当 }b_i=1\text{ 或 }2\text{ 时},C_{b_i-1}^2=0)$$

$$=\frac{1}{2}\sum_{i=1}^{n-1}(b_i^2-3b_i+2)$$

$$\geqslant\frac{1}{2}\left[\frac{1}{n-1}\left(\sum_{i=1}^{n-1}b_i\right)^2-3\sum_{i=1}^{n-1}b_i+2(n-1)\right]$$

$$= \frac{1}{2}\left[\frac{1}{n-1}(2l-b_0)^2 - 3(2l-b_0) + 2(n-1)\right]$$

$$= \frac{1}{2(n-1)}(2l-b_0-n+1)(2l-b_0-2n+2)$$

$$\geqslant \frac{1}{2(n-1)}\left[(n-1)(q+1)+2-b_0-n+1\right]\cdot$$

$$\left[(n-1)(q+1)+2-b_0-2n+2\right]$$

$$= \frac{1}{2(n-1)}(nq-q+2-b_0)(nq-q-n+3-b_0).$$

故 $(n-1)(n-b_0)(n-b_0-1) \geqslant (nq-q+2-b_0)(nq-q-n+3-b_0)$,

$\quad q(q+1)(n-b_0)(n-b_0-1) \geqslant (nq-q+2-b_0)(nq-q-n+3-b_0).$ ①

但 $(nq-q-n+3-b_0) - q(n-b_0-1) = (q-1)b_0 - n+3$

$$\geqslant (q-1)(q+2)-n+3=0,$$ ②

$(nq-q+2-b_0)-(q+1)(n-b_0) = qb_0-q-n+2 \geqslant q(q+2)-q-n+2=1>0,$ ③

由②,③及 $(n-b_0)(q+1)$,$(n-b_0-1)q$ 皆为正整数,得

$\quad (nq-q+2-b_0)(nq-q-n+3-b_0) > q(q+1)(n-b_0)(n-b_0-1).$

这与①式矛盾,故原命题成立.

注 从例2和例3可以看出,证明存在四边形时,用两种方法估算同时与某点连有线段的点对数是一种常用的技巧.

例4 设 $I=\{1,2,3,\cdots,n\}$,$\mathscr{A}$ 是 I 的一些三元子集组成的集族,满足 $\mathscr{A}$ 中任何两个元素(I 的三元子集)至多有一个公共元.证明:存在 I 的一个子集 X,满足:(1)$\mathscr{A}$ 中任何元素(I 的三元子集)不是 X 的子集;(2)$|X| \geqslant [\sqrt{2n}]$.

证明 将 I 的所有具有下列性质的子集 M 称为好子集:$\mathscr{A}$ 中任何 I 的三元子集不是 M 的子集.显然,好子集是存在的(因为 I 的任何二元子集均为好子集)且个数有限.设 X 是所有好子集中含元素个数最多的一个好子集,并设 $|X|=k$,则 X 满足条件(1),故只要证 X 满足条件(2).

记 $Y=I\backslash X$,由条件(1)知 $X \neq I$,即 $Y \neq \varnothing$.设 $Y=\{y_1,y_2,\cdots,y_{n-k}\}$,对任意 $y_i \in Y$,由 X 所含元素为最多的性质知,存在 $\mathscr{A}$ 中一个 I 的三元子集 $A_i \quad X\cup\{y_i\}$,而 $A_i \not\subset X$,故存在 $x_{i_1},x_{i_2} \in X$,使 $A_i=\{x_{i_1},x_{i_2},y_i\}$.我们就令 y_i 与 $\{x_{i_1},x_{i_2}\}$ 对应,构成从 Y 到 X 的所有二元子集组成的集族 $\mathscr{B}$ 之间的一个映射 f.下面证明 f 为单射.事实上,对任意 $y_i,y_j \in Y$,$y_i \neq y_j$,存在 X 的二元子集 $\{x_{i_1},x_{i_2}\}$,$\{x_{j_1},x_{j_2}\} \in \mathscr{B}$ 使 $A_i=\{x_{i_1},x_{i_2},y_i\}$,$A_j=\{x_{j_1},x_{j_2},y_j\}\in\mathscr{A}$.若 $\{x_{i_1},x_{i_2}\}=\{x_{j_1},x_{j_2}\}$,则 A_i 与 A_j 有两个公共元,这与已知矛盾,故 f 为单射,所以 $|Y| \leqslant |\mathscr{B}|$,即 $n-k \leqslant C_k^2$,$[\sqrt{k(k+1)}] \geqslant [\sqrt{2n}]$,但 $k < \sqrt{k(k+1)} < k+1$,所以 $|X|=k=[\sqrt{k(k+1)}] \geqslant [\sqrt{2n}]$.

例5 一次高难度数学竞赛试题由初试与复试两部分组成,共有 28 个题目,每名竞赛者恰好解出其中7道题目,每对试题恰有两人解出.证明:必有一名参赛者,他至少解出4道初试题,或未解出任何初试题.

证明　设共有 n 名参赛者，m 道初试题．将每个人与他解出的一对试题组成一个"三元组"，这种"三元组"构成的集合记为 S．

因为每人解出 7 道题目，所以 $|S|=n \cdot C_7^2$．另一方面，28 道题目形成 C_{28}^2 对题目，且每对题目恰有 2 人解出，故又有 $|S|=2C_{28}^2$，于是 $nC_7^2=2C_{28}^2$，所以 $n=36$．

其次，任取一道题目 A，它被 r 个人 $a_1,a_2,\cdots,a_r$ 解出，这 r 人还解出了除 A 外的其他 6 道题，于是 S 中包含题目 A 的"三元组"有 $6r$ 个．另一方面，将 A 与其他 27 道题目配对，每对题目恰有 2 人解出（因这 2 人解出了题目 A，故他们必是 $a_1,a_2,\cdots,a_r$ 中的成员），从而可形成 2×27 个含题目 A 的"三元组"，所以 $6r=2 \times 27$，即 $r=9$，也就是每道题目恰有 9 人解出．

如果题目结论不成立，那么，每人解出的初试题的数目只能为 $1,2,3$．设解出 $1,2,3$ 道初试题的人数分别为 x,y,z，于是

$$x+y+z=36. \qquad\qquad ①$$

将每个人与他解出的一道初试题配对，这种对子的个数既为 $x+2y+3z$，又为 $9m$（因每道题恰有 9 人解出），于是得到

$$x+2y+3z=9m. \qquad\qquad ②$$

又通过计算 S 中含有 2 道初试题的"三元组"个数可得

$$C_2^2 y+C_3^2 z=2C_m^2. \qquad\qquad ③$$

由①，②，③可解出 $x=m^2-19m+108,y=-2m^2+29m-108,z=m^2-10m+36$，

其中 $y=-2(m-\frac{29}{4})^2-\frac{23}{8}<0$，与 y 为非负整数矛盾，这就证明了题目的结论成立．

6. 数学归纳法

涉及任意正整数 n 的存在性问题，可考虑应用数学归纳法来证明．证明过程中进行递推时除了利用归纳假设外，有时还要用到前面几节中介绍的原理和方法．

例 1　设 Z 为空间含有 $n(\geqslant 4)$ 个点的点集，其中任意四点不共面，这些点之间连有 $\left[\frac{n^2}{4}\right]+1$ 条线段．证明：这些线段必可构成两个有公共边的三角形（特别 n 为偶数时，此题为 1987 年国家集训队选拔考试试题）．

证明　$n=4$ 时，Z 中共有 4 个点 A、B、C、D，它们之间连有 $\left[\frac{4^2}{4}\right]+1=5$ 条线段，故仅有 $C_4^2-5=1$ 对点之间没有连线．不妨设 C 与 D 没有连线，于是存在两个有公共边的三角形：$\triangle ABC$ 与 $\triangle ABD$．

设 $n=k(\geqslant 4)$ 时，结论成立．考虑 $n=k+1$ 的情形，这时 Z 中有 $k+1$ 个点，它们之间连有 $\left[\frac{(k+1)^2}{4}\right]+1$ 条线段，于是从各点出发的线段数之总和为 $2\left[\frac{(k+1)^2}{4}\right]+2$ 条，其中必有一点 A，从 A 出发的线段数 l_A 为最少，于是

$$l_A \leqslant \frac{1}{k+1}\left(2\left[\frac{(k+1)^2}{4}\right]+2\right).$$

当 $k=2t$ 为偶数时，$l_A \leqslant \frac{1}{2t+1}(2t(t+1)+2)=t+\frac{t+2}{2t+1}$，所以 $l_A \leqslant t$；当 $k=2t-1$ 为奇数时，

$l_A \leqslant \frac{1}{2t}(2t^2+2) = t + \frac{1}{t}$，所以 $l_A \leqslant t$. 去掉 A 点以及从 A 出发的线段后还剩 k 个点，它们之间所连线段数为

$$m \geqslant \begin{cases} t(t+1)+1-t = t^2+1 = \left[\dfrac{k^2}{4}\right]+1 (k=2t), \\ t^2+1-t = t(t-1)+1 = \left[\dfrac{k^2}{4}\right]+1 (k=2t-1). \end{cases}$$

故由归纳假设知连线段中必存在两个有公共边的三角形，即 $n=k+1$ 时结论成立，于是命题得证.

例 2　将凸 2003 边形的每一个顶点都染上一种颜色，且任意两个相邻顶点异色. 试证对上述任何一种染色法，都可以用互不相交于内点的对角线将多边形完全剖分成若干个三角形，使得剖分中所用每条对角线的两端点都不同色.

证明　考虑多边形的边数 $n=2k+1(k \in \mathbf{N}_+)$ 的一般情形. 对 k 用数学归纳法证明.

当 $k=1$ 时，$n=3$，结论显然成立. 设结论对 $k=m$ 成立. 当 $k=m+1$ 时，设给定的凸 $2m+3$ 边形已按要求涂好颜色，则必有一个顶点 A 与它的两个相邻顶点异色. 若不然，则每个顶点的两个相邻顶点都同色. 由于顶点数为奇数，故所有顶点都同色，此与已知矛盾. 将顶点 A 的相邻两个顶点连一条对角线，则它的两端点异色，并将原多边形分成一个三角形和一个凸 $2m+2$ 边形.

如果在凸 $2m+2$ 边形中有一个顶点 B，它的相邻的两个顶点异色，那么这两个异色点间所连对角线又分出一个三角形和一个凸 $2m+1$ 边形，于是由归纳假设知结论成立. 否则这个凸 $2m+2$ 边形的每个顶点的两个相邻顶点都同色，则这 $2m+2$ 个顶点恰好交替地涂有两种颜色，且顶点 A 的两个相邻顶点恰涂有这两种颜色，从而顶点 A 与另外 $2m+2$ 个顶点均不同色. 于是从 A 出发的 $2m$ 条对角线将凸 $2m+3$ 边形完全剖分为 $2m+1$ 个三角形，即满足题中要求，这就完成了归纳证明. 特别取 $k=1001$，$n=2003$ 便知原题结论成立.

注　对于一些涉及具体正整数的命题，我们可以考虑先将其一般化，再用数学归纳法来证明.

例 3　在矩形桌子上放着许多相等而不重合的正方形纸片，其边都平行桌子的边，且被分别染成 $k(\geqslant 2)$ 种颜色之一. 如果考虑任意 k 个颜色互不相同的正方形，那么它们中都有两个可用一枚钉子钉在桌上. 证明：可用 $2k-2$ 枚钉子把某一种颜色的所有正方形全部钉在桌上.

（2000 年第 26 届俄罗斯奥林匹克十年级决赛试题）

证明　$k=2$ 时，考察最左边的正方形 $ABCD(AB$ 为最左边)，如果它是 1 号色，则由已知条件知所有 2 号色的正方形都同它有公共内点，且所有正方形的边与桌子的边平行，故所有 2 号色的正方形内必含顶点 C、D 之一，从而可用 2 枚钉子钉住所有 2 号色的正方形.

假设 $k=n$ 时结论成立，考察 $k=n+1$ 的情形. 这时任意 $n+1$ 个颜色互不相同的正方形中必有两个可用 1 枚钉子钉住. 从所有正方形中选出最左边的正方形 $ABCD(AB$ 为最左边)，假设它被染成第 $n+1$ 色，凡是与 $ABCD$ 有公共内点的正方形内必含 C、D 两点之一，从桌面上取走所有染第 $n+1$ 色的正方形以及与 $ABCD$ 有公共内点的其他色的所有三角形，于是桌面上剩下的正方形只染成 n 种颜色之一且从中任取 n 个颜色互不相同的正方

形,它们中必有两个可用 1 枚钉子钉住(否则将正方形 $ABCD$ 补入,我们得到 $n+1$ 个颜色互不相同的正方形,其中任何两个都不能被 1 枚钉子钉住,这与假设矛盾). 这样一来,由归纳假设知道,可选出 1 种颜色 $i_0(1\leqslant i_0\leqslant n)$,并用 $2n-2$ 枚钉子将桌面上第 i_0 色的正方形全部钉住. 又被取走的所有 i_0 色正方形可用 2 枚钉子钉住,故一共可用 $2(n+1)-2$ 枚钉子将所有第 i_0 色的正方形钉住. 于是,命题得证.

例 4 设 S 是 2002 个元素组成的集合,N 为整数,满足 $0\leqslant N\leqslant 2^{2002}$. 证明:可将 S 的所有子集染成黑色或白色,使下列条件成立:

(1)任何两个白色子集的并集是白色;

(2)任何两个黑色子集的并集是黑色;

(3)恰好存在 N 个白色子集.   (第 31 届美国奥林匹克试题)

证明 考虑 $S=S_n$ 中有 n 个元素的一般情形,这时 N 为满足 $0\leqslant N\leqslant 2^n$ 的整数,并且设 $S_n=\{a_1,a_2,\cdots,a_n\}$,对 n 用数学归纳法证明.

当 $n=1$ 时,若 $N=0$,则将 $\varnothing$ 及 $\{a_1\}$ 都染成黑色,符合题目要求;若 $N=1$,则将 $\varnothing$ 染成黑色,$\{a_1\}$ 染成白色,符合题目要求;若 $N=2$,则将 $\varnothing$,$\{a_1\}$ 都染成白色,符合题目要求.

设对 n 元集合 S_n 及整数 $0\leqslant N\leqslant 2^n$,存在满足题目条件(1),(2),(3)的染色方法,考虑 $n+1$ 元集 $S_{n+1}=S_n\bigcup\{a_{n+1}\}$.

(ⅰ)若 $0\leqslant N\leqslant 2^n$,则由归纳假设,存在一种染色方法将 S_n 的所有子集染成黑色或白色使得满足题目条件(1),(2),(3),这时再将 S_{n+1} 中所有含 a_{n+1} 的子集全染成黑色,于是仍满足题目条件.

(ⅱ)若 $2^n<N\leqslant 2^{n+1}$,不妨设 $N=2^n+k(k=1,2,\cdots,2^n)$,则由归纳假设知存在 S_n 的子集的一种染色方法使得满足题目条件(1),(2)且恰有 k 个子集被染成白色,在 S_{n+1} 中将包含 a_{n+1} 的所有子集(共 2^n 个)染成白色,于是题目条件(1),(2)仍然满足,且一共有 $N=2^n+k$ 个子集被染成白色,即条件(3)也满足,这就完成了对 S_n 的归纳证明. 特别取 $n=2002$ 便知原题结论成立.

7. 构造法

求解存在性问题的构造方法可分为直接构造法和归纳构造法两大类,当直接构造一个符合条件的对象有困难时,可考虑从下面几个方面入手:

(1)分析要构造的对象应具有的一些结构,再根据这些结构来构造满足所有条件的对象(结构分析法).

(2)先构造满足一部分条件的一些部件,再由这些部件来组成满足所有条件的对象(部件组成法).

(3)先去掉一部分条件,构造一个满足其余条件的对象,再逐步调整使之满足所有的条件(逐步调整法).

如果要构造的对象与正整数 n 有关,直接构造它又比较困难,那么可考虑用归纳法去构造它. 此外,当我们进行结构分析时,如果发现符合条件的对象应同时具备的几种结构不相容(矛盾),那么我们可得出符合条件的对象不存在的结论. 因此,结构分析法也可用来证明符合条件的对象不存在.

例1 在平面直角坐标系中是否存在无穷多个圆组成的集合 M_0,满足

(1)M_0 中任意两个圆及其内部至多有一个公共点;

(2)x 轴上每一个有理点都在 M_0 中某个圆上.

解 对 x 轴上任意有理点 $(r,0)$($r=\dfrac{p}{q}$,p,q 为互素整数且 $q>0$),在 x 轴上方作一个半径为 $R_r>0$ 的圆与 x 轴切于点 $(r,0)$,并记这个圆为 $C_r(R_r)$. 所有这些圆组成的集合为 M_0,显然 M_0 中的圆有无穷多个且满足题目条件(2). 为了使 M_0 满足题目条件(1),我们来分析 R_r 的值应为多少.

在 M_0 中任取两个圆 $C_{r_i}(R_{r_i})$($i=1,2$). 因为这两个圆都与 x 轴相切,所以它们相交的充要条件是其圆心距小于其半径之和,即

$$\sqrt{(r_1-r_2)^2+(R_{r_1}-R_{r_2})^2}<R_{r_1}+R_{r_2},$$

即 $(r_1-r_2)^2<2R_{r_1}R_{r_2}$.

令 $r_i=\dfrac{p_i}{q_i}$(p_i、q_i 为互质整数且 $q_i>0$,$i=1,2$),得

$$(p_1q_2-p_2q_1)^2<4q_1^2q_2^2R_{r_1}R_{r_2}.$$

若取 $R_{r_i}=\dfrac{1}{kq_i^2}$($k\geqslant2$),则上式化为 $(p_1q_2-p_2q_1)^2<\dfrac{4}{k^2}\leqslant1$.

当 $r_1\neq r_2$ 时,左端为正整数,上式不可能成立. 可见,只要取 $R_r=\dfrac{1}{kq^2}$($k\geqslant2$),所作圆集合 M_0 就满足题目的所有条件,于是我们证明了存在无穷多个圆组成的集合

$$M_0=\left\{C_r(R_r)\,\Big|\,r=\dfrac{p}{q}\cdot R_r=\dfrac{1}{kq^2}(k\geqslant2),p、q\text{ 为互素整数},q>0\right\}$$

满足题目条件(1)、(2),显然这样的 M_0 有无穷多个.

例2 能否将正整数集合 $\mathbf{N}_+$ 分划为两个不相交的集合 A 和 B,使得:

(1)A 中任意三个数不成等差数列;

(2)不能由 B 中的元素组成一个非常数的无穷等差数列.

分析一 设 $A=\{a_1,a_2,a_3,\cdots\}$($a_1<a_2<a_3<\cdots$)及 $B=\mathbf{N}_+\backslash A$ 满足题目要求. 因为若三个正整数 a,b,c 成等差数列,则 $2b=a+c>c$,可见只要 $a_{i+1}\geqslant2a_i$($i=1,2,3,\cdots$),则 A 中任意三个数不成等差数列. 要构造这样的 A 是不困难的,为了使 $B=\mathbf{N}_+\backslash A$ 满足条件(2),只须满足对任意 $a,d\in\mathbf{N}_+$,等差数列 $\{a+nd\}$($n=0,1,2,\cdots$)中至少有一项属于 A.

解法一 将首项为 a,公差为 d 的无穷等差数列用 (a,d) 表示,易将所有正整数无穷等差数列(非常数列)"排队"如下:$(1,1),(1,2),(2,1),(1,3),(2,2),(3,1),\cdots$,排列规律是:先看 $a+d$ 的大小,小者排前,$a+d$ 相等的,a 较小的排前,再按下列方式构造数列 $a_1,a_2,\cdots,a_n,\cdots$. 设 $a_1=1$,如 $a_1,a_2,\cdots,a_n$ 已取出,则在第 $n+1$ 个无穷等差数列中取大于 $2a_n$ 的某一项为 a_{n+1}.

令 $A=\{a_1,a_2,\cdots,a_n,\cdots\}$,则因 $a_{n+1}>2a_n$($n=1,2,\cdots$),A 中任何三个数不成等差数列,再令 $B=\mathbf{N}_+\backslash A$,则因为任何正整数非常数列的无穷等差数列都有一项属于 A,故 B 中没有非常数列的无穷等差数列,于是存在满足题目条件的集合 A 和 B.

分析二 同分析一知,易构造出满足条件(1)的 A,为了使 $B = \mathbf{N}_+ \backslash A$ 满足条件(2),只须满足对任意 $a,d \in \mathbf{N}_+$,无穷等差数列 $\{a+rd\}(r=0,1,2,\cdots)$ 中至少有一项属于 A. 这只要 A 中每一个数可写成 $a_i = b_i + c_i$ 的形式,使得对任意 $a,d \in \mathbf{N}_+$,b_i 可无穷多次取到 a 的值,且存在某个等于 a 的 b_i,它所对应的 c_i 是任意 d 的倍数,这只要 A 中含有无穷多个形如 $a+m!$ 的数即可. 于是存在正整数 $m \geqslant d$,取 $r_0 = \dfrac{m!}{d}$,则 $a+m! = a+r_0 d$ 为无穷等差数列 $\{a+rd\}$ 中一项.

解法二 令 $A = A_1 \cup A_2 \cup \cdots \cup A_n \cup \cdots$,其中 $A_1 = \{1!+1\}$,$A_2 = \{2!+1,3!+2\}$,$A_3 = \{4!+1,5!+2,6!+3\}$,$\cdots$,$A_n = \{m!+1,(m+1)!+2,\cdots,(m+n)!+n\}$(其中 $m = \dfrac{1}{2}n(n-1)+1$),$\cdots$,$B = \mathbf{N}_+ \backslash A$,则将 A 中数从小到大排列时,从第二项起,每一项大于前面一项的 2 倍,故 A 中任意三个数不成等差数列. 其次 B 中没有非常数列的无穷等差数列.

事实上,若 $\{a+nd\}$,$n=0,1,2,\cdots$,是 B 中一个非常数列的等差数列,这里 $a,d \in \mathbf{N}_+$,由 A 的构造知,存在无穷多个 $m \in \mathbf{N}_+$ 使 $m!+a \in A$,故存在 $m \geqslant d$,使 $m!+a \in A$. 令 $n_0 = \dfrac{m!}{d}$,则 $m!+a = a+n_0 d \in A$,这与对任意 $n \in \mathbf{N}_+$,$a+nd \in B$ 矛盾.

可见,存在满足条件(1)、(2)的集合 A 与 B.

例 3 试确定,是否存在这样的正整数列 $\{a_n\}$ 满足 $a_{2013} = 2013$,且对每个 $k \in \{1,2,3,\cdots,2013\}$,皆有 $|a_k - a_{k-1}| = 20$ 或 13,而其各项 $a_1,a_2,\cdots,a_{2013}$ 的值恰好构成 $1,2,3,\cdots,2013$ 的一个排列?证明你的结论. （2013 年全国高中联赛江西省预赛试题）

解 存在. 现证明如下:由于 $20+13 = 33$ 且 $33 | 2013$($2013 = 33 \times 61$). 我们注意到,"差"运算具有平移性,即是说,如果 $|a_k - a_{k-1}| = 20$ 或 13,那么对任何整数 c,也有

$$|(a_{k+c}) - (a_{k-1+c})| = 20 \text{ 或 } 13.$$

为此,先将集合 $\{1,2,3,\cdots,33\}$ 中的数排成一圈,使得圈上任何相邻两数之差(大减小)皆为 20 或 13,如图 3-2 所示.

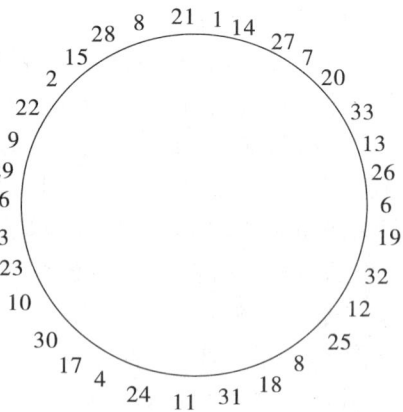

图 3-2

将此圈从任意一间隙处剪开,铺成直线状数列 $a_1,a_2,\cdots,a_{33}$ 都满足 $|a_k - a_{k-1}| = 20$ 或 13 $(k=2,3,\cdots,33)$.

我们选择从 33 右侧间隙剪开,按顺时针方向,就得到 $13,26,6,\cdots,7,20,33$;若从 33 左侧间隙剪开,按逆时针方向,就得到 $20,7,27,\cdots,6,26,13,33$.

这两种数列都满足 $|a_k - a_{k-1}| = 20$ 或 13. 记分段数列 $M_0 = (13,26,6,19,32,12,25,5,18,31,11,24,4,17,30,10,23,3,16,9,22,2,15,28,8,21,1,14,27,7,20,33) = (a_1,a_2,\cdots,a_{33})$,而分段数列 $M_k = (a_{1+33k},a_{2+33k},\cdots,a_{33+33k}) = (a_{1+33k},a_{2+33k},\cdots,a_{33+33k})$,$k=1,2,\cdots,60$. 将这些分段数列作如下连接 $M_9,M_1,\cdots,M_{60}$,所得到的数列 $a_1,a_2,$

$\cdots,a_{2013}$满足条件.

事实上,$a_{2013}=a_{33}+33\times60=33+33\times60=2013$,且对其中任意相邻两项 a_{k-1},a_k,若 a_{k-1},a_k 属于同一个分段,显然有 $|a_k-a_{k-1}|=20$ 或 13;若相邻两项 a_k,a_{k-1} 属于两个相邻的段 M_n 与 M_{n+1},则 a_k 是 M_{n+1} 的首项,即

$$a_k=a_1+33(n+1)=13+33(n+1),$$

而 a_{k-1} 是 M_n 的末项,即

$$a_{k-1}=a_{33}+33n=33+33n.$$

这时有

$$|a_k-a_{k-1}|=|[13+33(n+1)]-[33+33n]|=13.$$

因此,存在数列 $a_1,a_2,\cdots,a_{2013}$ 满足题目条件.

例4 平面内任给 2000 个点,证明:可以用一些圆形纸片盖住这 2000 个点,且满足:

(1)这些圆形纸片直径之和不大于 2000;

(2)任意两张圆形纸片的距离大于 1.

证明 首先证明满足条件(1)的纸片存在.事实上,取 2000 张直径都等于 1 的纸片,使每张纸片的中心恰在给出的一个点上,于是这些纸片盖住了 2000 个已知点,且这些纸片直径之和为 2000.

若这些纸片中有两张有公共点(如图 3-3 中圆 O_1 与圆 O_2),则进行第一次调整.如图可用一张直径较大的圆形纸片 O_3 代替圆 O_1 与圆 O_2,满足 O_3 在直线 O_1O_2 上且圆 O_1 与圆 O_2 内切于圆 O_3.显然圆 O_3 的直径不大于圆 O_1 与圆 O_2 的直径之和,并且圆 O_3 所包含的已知点到圆 O_3 周界的距离不小于 $\frac{1}{2}$.如果还有两张纸片有公共点,那么继续进行这样的调整.于是经过有限步调整后,可用有限张圆形纸片盖住 2000 个已知点,满足这些圆形纸片直径之和不大于 2000,每两张圆形纸片无公共点,并且每个已知点到覆盖它的纸片周界的距离不小于 $\frac{1}{2}$.设这些圆形纸片每两张之间的距离的最小值为 d,则 $d>0$.

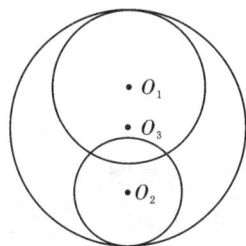

图 3-3

若 $d>1$,则结论成立;若 $0<d\leqslant1$,再进行如下调整:将每张圆形纸片用圆心相同但半径缩小 $\frac{1}{2}-\frac{d}{3}$ 的纸片代替,则这些新的圆形纸片仍盖住已知的 2000 个点,它们的直径之和小于 2000,且任意两张圆形纸片的距离至少为 $d+2(\frac{1}{2}-\frac{d}{3})=1+\frac{d}{3}>1$,于是题目结论得证.

例5 是否存在一个无穷正整数数列 $a_1<a_2<a_3<\cdots$,使得对任意整数 A,数列 $\{a_n+A\}_{n=1}^{\infty}$ 中仅有有限个素数.

分析 若 $|A|\geqslant2$,则只要 n 充分大时 a_n 中含有因数 $|A|$,则 $a_n+|A|$ 必为合数.而要含任意整数因数 $|A|$,自然想到取 $a_n=n!$,于是当 $n\geqslant|A|$ 时,a_n+A 是 A 的倍数,从而不可能为素数,故当 $|A|\geqslant2$ 时,数列 $\{n!+A\}$ 中至多有有限个素数.但 $A=\pm1$ 时,$\{n!+1\}$ 和 $\{n!-1\}$ 中的素数是否有限,则不好说了.因为将 a_n 改为 $n!$ 的倍数时,上面对 $|A|\geqslant2$ 的

讨论仍然适用.为了使对 $A=\pm1$ 情形也能证明 $a_n\pm1$ 为合数,注意到因式分解的基本公式,我们只要取 a_n 为 $n!$ 的奇次幂即可.

证明 存在.取 $a_n=(n!)^3$ 即可,$A=0$ 时,$\{a_n\}$ 中没有素数;$|A|\geqslant2$ 时,当 $n\geqslant|A|$ 时,a_n+A 均为 $|A|$ 的倍数,不可能为素数;当 $A=\pm1$ 时,$a_n\pm1=(n!\pm1)[(n!)^2\mp n!+1]$;当 $n\geqslant3$ 时为合数.从而当 A 为整数时,$\{(n!)^3+A\}$ 中只有有限个素数.

注 从本例可以看出,用逐步调整法进行构造时,有时可将调整的过程省略,而直接根据调整后的结果来进行构造.

例 6 是否存在平面内一个有限点集,使得对于其中每个点,点集中恰有三个距离它最近的点.

分析 如图 3-4,由两个有公共底边的正三角形组成的图形共有 4 个顶点,其中有 2 个点恰有三个距离它最近的点,但另 2 点却只有两个距离它最近的点,不满足要求.

其次,如图 3-5,考虑用 m 条线段将 m 个这样的图形连起来,看能否组成一个满足条件的图形.

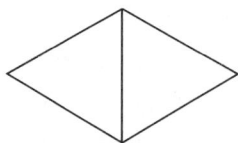

图 3-4

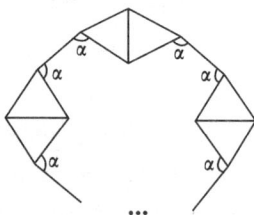

图 3-5

显然图 3-5 中,要保证到每个点恰有三个距离它最近的点,只须 $90°<\alpha\leqslant120°$,并且由凸多边形内角和公式,有

$$m\cdot120°+2m(\alpha+60°)=(3m-2)\cdot180°,$$

即 $\alpha=150°-\dfrac{180°}{m}$.

由 $90°<150°-\dfrac{180°}{m}\leqslant120°$,得 $3<m\leqslant6$.所以,$m=4,5$ 或 6.当 $m=4$ 时,$\alpha=105°$;当 $m=5$ 时,$\alpha=114°$;当 $m=6$ 时,$\alpha=120°$.

解 存在.如图 3-6 所示的三个点集,具有题目中要求的性质(图中已将每点与离它最近的三个点相连).

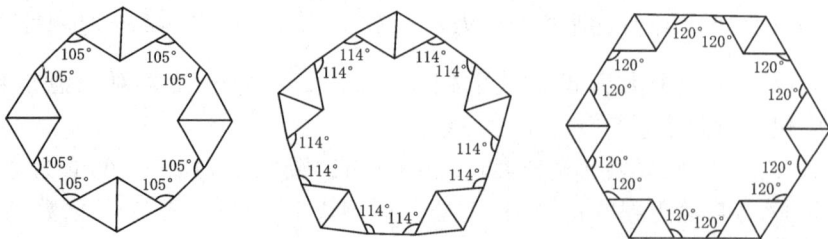

图 3-6

注 本例中我们采用部件组成法得到了满足题目中所有条件的点集,而且不止一个,显然若干个这种点集的并(只要每两个点集之间点的最小距离大于原点集中任意两点之间最小距离)也满足题目所有条件.而在解答中常常将组成的设计及探索过程省略,只写出了构造的结果.

例 7 证明:对任何正整数 $n \geq 2$,存在 n 个互不相同的正整数 $a_1, a_2, \cdots, a_n$,使对任何 $1 \leq i < j \leq n$,有 $a_i - a_j | a_i + a_j$.

分析 若存在 k 个正整数 $a_1, a_2, \cdots, a_k$ 满足条件,当 $n = k+1$ 时,令 $b_i = a_i + \lambda$ ($i = 1, 2, \cdots, k$),$b_{k+1} = \lambda$(λ 待定),则当 $1 \leq i < j \leq k$ 时,$b_i - b_j = a_i - a_j$,$b_i + b_j = a_i + a_j + 2\lambda$,而 $a_i - a_j | a_i + a_j$,故要使 $b_i - b_j | b_i + b_j$,只要 $a_i - a_j | \lambda$($1 \leq i < j \leq k$).又当 $1 \leq i \leq k$ 时,$b_i - b_{k+1} = a_i$,$b_i + b_{k+1} = a_i + 2\lambda$,故要使 $b_i - b_{k+1} | b_i - b_{k+1}$,只要 $a_i | \lambda$($1 \leq i < k$).可见只要取 λ 为所有 a_i($1 \leq i \leq k$)及所有 $a_i - a_j$($1 \leq i < j \leq k$)的倍数即可.

证明 $n = 2$ 时,取 $a_1 = 1$,$a_2 = 2$ 知结论成立.

设 $n = k$ 时,结论成立,即存在 k 个不同的正整数 $a_1, a_2, \cdots, a_k$ 满足 $a_i - a_j | a_i + a_j$($1 \leq i < j \leq k$).取 $b_i = a_i + \lambda$($1 \leq i \leq k$),$b_{k+1} = \lambda$,其中 $\lambda = \prod\limits_{i=1}^{k} a_i \cdot \prod\limits_{1 \leq i < j \leq k}(a_i - a_j)$.于是,由上面的分析易证 $b_i - b_j | b_i + b_j$($1 \leq i < j \leq k+1$)(证明省略),即 $b_1, b_2, \cdots, b_{k+1}$ 满足条件,故对一切整数 $n \geq 2$,题中结论成立.

例 8 是否存在集合 M,满足:

(1)M 内恰有 1992 个正整数;

(2)M 内每一个数以及任意多个数之和具有 m^k 的形式,其中 m, k 为正整数,且 $k \geq 2$.

(第 33 届 IMO 预选试题)

分析 显然集合 $\{1, 2, \cdots, 1992\}$ 不满足条件(2),我们考虑是否存在正整数 d,使集合 $M = \{d, 2d, \cdots, 1992d\}$ 满足条件(2).因为 M 中每个数及任意多个数之和都属于下列集合 $S = \{d, 2d, \cdots, \dfrac{1992 \times 1993}{2}d\}$,故只要考虑是否存在正整数 d,使 S 中每个数能写成 m^k($m, k \in \mathbf{N}_+$ 且 $k \geq 2$)的形式.进一步我们可将具体数字 $\dfrac{1992 \times 1993}{2}$ 一般化,然后用归纳构造法作出符合条件的集合 S.

解 首先证明下列引理.

引理 对任意 $n \in \mathbf{N}_+$,存在 $d_n \in \mathbf{N}_+$,使 $S_n = \{d_n, 2d_n, \cdots, nd_n\}$ 中每一个数都能写成 m^k($m, k \in \mathbf{N}_+$,$k \geq 2$)的形式.

证明 $n = 1$ 时,取 $d_1 = 3^2$ 知结论成立.

设对 $n \in \mathbf{N}_+$ 结论成立,即存在 $d_n \in \mathbf{N}_+$ 使得 $id_n = m_i^{k_i}$($m_i, k_i \in \mathbf{N}_+$,$k_i \geq 2$,$i = 1, 2, \cdots, n$),取 $d_{n+1} = d_n [(n+1)d_n]^k$,其中 k 为 $k_1, k_2, \cdots, k_n$ 的公倍数.于是,当 $1 \leq i \leq n$ 时,有

$$id_{n+1} = id_n[(n+1)d_n]^k = (m_i^{k_i}) \cdot [(n+1)d_n]^k = \{m_i[(n+1)d_n]^{\frac{k}{k_i}}\}^{k_i},$$

及 $(n+1)d_{n+1} = [(n+1)d_n]^{k+1}$.即对 $n+1$ 结论成立,于是引理得证.

回到原题,设 $n_0 = \dfrac{1992 \times 1993}{2}$,于是由引理知存在 d_{n_0},使 $S_{n_0} = \{d_{n_0}, 2d_{n_0}, \cdots, n_0 d_{n_0}\}$ 中每个数可写成 m^k($m, k \in \mathbf{N}_+$,$k \geq 2$)的形式,从而 $M = \{d_{n_0}, 2d_{n_0}, \cdots, 1992d_{n_0}\}$ 满足题中条件(1),

(2).

注 上述引理的证明中，d_{n+1} 的取法是这样想到的：为了对 $i=1,2,\cdots,n$ 用归纳假设，d_{n+1} 中必含有因数 d_n，为了使 $(n+1)d_{n+1}$ 是有 $m^k(m,k\in \mathbf{N}_+,k\geqslant 2)$ 的形式，d_{n+1} 应具有 $d_n[(n+1)d_n]^k$ 的形式，再为了使 $id_{n+1}=m_i^{k_i}[(n+1)d_n]^k$ 具有 $m^k(m,k\in \mathbf{N}_+,k\geqslant 2)$ 的形式，必须 k 为 $k_i(i=1,2,\cdots,n)$ 的倍数，从而 k 为 $k_1,\cdots,k_n$ 的公倍数.

§3 典型例题解题分析

例1 在一张 100×100 的方格纸内，能否把数字 0、1、2 分别放在每一个小方格中（每格放 1 个数），使得在任意 3×4 个格子构成的矩形里都有 3 个 0，4 个 1 和 5 个 2.

解 假设任何 3×4 个格子构成的矩形里都有 3 个 0，4 个 1 和 5 个 2.

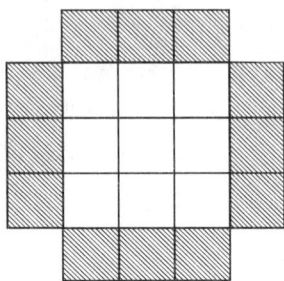

图 3-7

如果两个图形里有相同个数的 0、1 和 2，我们就说它们的填法相同. 于是，图 3-7 中斜线标出的 4 个 3×1 或 1×3 的矩形的填法相同（因为它们中每一个与中间同一个 3×3 正方形组成一个 3×4 的矩形），由此可知任何 1×12 的矩形长条与 3×4 矩形内所含数字 0、1 和 2 的个数完全相同（图 3-8 中用相同的英文字母图表示 1×3 或 3×1 的矩形的填法完全相同）.

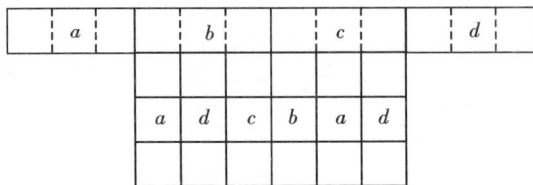

图 3-8

另一方面，考察（不在纸的边缘上）的至少含两个 2 的 3×1 或 1×3 的矩形 v（因 3×4 的矩形中含有 5 个 2，其中必有一个 3×1 或 1×3 的矩形中至少含 $\left[\dfrac{5-1}{4}\right]+1=2$ 个 2），将 1×12 的长条矩形与 v 比较（如图 3-9 虚线所示），因为 1×12 的长条矩形内含有 3 个 v，至少含 6 个 2，矛盾. 故不存在符合条件的填数字方法.

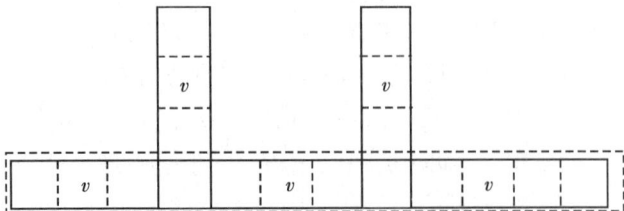

图 3-9

例 2 49 个学生解三个问题,每个问题的得分是从 0 分到 7 分的整数.证明:存在两个学生 A 和 B,对每个问题,A 的得分不低于 B 的. (第 29 届 IMO 预选题)

分析 若有两个学生 A、B,他们的第一、第二题的得分相同,且 A 的第三题得分不低于 B 的,则 A、B 满足要求,故可设任何两个学生第一、二题的得分不全相同.其次,若存两个学生 A 和 B 的第三题得分相同,而对于第一、二题,A 的得分不低于 B 的,则 A、B 也满足要求.由于第三题的得分只有 8 种可能,故任意 9 人中必有两人第三题的得分相同,故只要证明存在 9 人,他们中任何两人中必有一人第一、二题得分不低于另一人的即可,而这可考虑用抽屉原理来证明.

证明 每个学生用直角坐标平面内一个整点 (i,j) 来表示,其中 i 和 j 分别表示该学生前两题的得分,于是 $0 \leqslant i, j \leqslant 7$.

若有两个学生 A, B 对应同一个整点,即这两个学生前两题的得分相同,设其中 A 的第三题得分不低于 B 的,则 A, B 即为所求.故以下设 49 个学生对应的整点互不相同,他们对应的整点都属于集合 $X = \{(i,j) \mid i, j$ 为整数且 $0 \leqslant i, j \leqslant 7\}$,我们将 X 分成下列 6 个两两不相交的子集的并:

$$M_1 = \{(i,j) \mid (i,j) \in M, 0 \leqslant i \leqslant 7, j=0 \text{ 或 } i=7, 1 \leqslant j \leqslant 7\},$$
$$M_2 = \{(i,j) \mid (i,j) \in M, 0 \leqslant i \leqslant 6, j=1 \text{ 或 } i=6, 2 \leqslant j \leqslant 7\},$$
$$M_3 = \{(i,j) \mid (i,j) \in M, 0 \leqslant i \leqslant 5, j=2 \text{ 或 } i=5, 3 \leqslant j \leqslant 7\},$$
$$M_4 = \{(i,j) \mid (i,j) \in M, 0 \leqslant i \leqslant 4, j=3 \text{ 或 } i=4, 4 \leqslant j \leqslant 7\},$$
$$M_5 = \{(i,j) \mid (i,j) \in M, i=2 \text{ 或 } 3, 4 \leqslant j \leqslant 7\},$$
$$M_6 = \{(i,j) \mid (i,j) \in M, i=0 \text{ 或 } 1, 4 \leqslant j \leqslant 7\}.$$

其中 M_1, M_2, M_3, M_4 具有下列性质:$M_i (1 \leqslant i \leqslant 4)$ 内任意两点对应的两人,其中总有一人 A 第一题和第二题得分不低于另一个人 B.而 M_5, M_6 中每一个内只有 8 个元素.

49 个学生对应的 49 个不同的点属于上述 6 个集合,由抽屉原理,必有一个集合内至少有 $\left[\dfrac{49-1}{6}\right] + 1 = 9$ 个学生对应的 9 个整点,记这个集合为 M,因 $|M_5| = |M_6| = 8$,故 M 只可能为 M_1, M_2, M_3, M_4 之一.又因这 9 个学生的第三题得分只有 $0, 1, \cdots, 7$ 这 8 种可能情形,再由抽屉原理知其中必有 $\left[\dfrac{9-1}{8}\right] + 1 = 2$ 个学生的第三题得分相同,且由 $M_1, M_2, M_3,$ M_4 的构造知这两名学生中必有一人(记为 A)第一、二题的得分不低于另一人(记为 B),于是,对于每个问题,A 的得分不低于 B 的.

注 本题中若将 49 个学生改为 48 个学生,则不保证原题结论成立.我们用 (a,b,c) 表示一个学生第一题得 a 分,第二题得 b 分,第 3 题得 c 分.假设 48 个学生的得分如下:

$(3,7,0),(4,6,0),(5,5,0),(6,4,0),(7,3,0)$;
$(2,7,1),(3,6,1),(4,5,1),(5,4,1),(6,3,1),(7,2,1)$;
$(1,7,2),(2,6,2),(3,5,2),(4,4,2),(5,3,2),(6,2,2),(7,1,2)$;
$(0,7,3),(1,6,3),(2,5,3),(3,4,3),(4,3,3),(5,2,3),(6,1,3),(7,0,3)$;
$(0,6,4),(1,5,4),(2,4,4),(3,3,4),(4,2,4),(5,1,4),(6,0,4)$;

$(0,5,5),(1,4,5),(2,3,5),(3,2,5),(4,1,5),(5,0,5);$

$(0,4,6),(1,3,6),(2,2,6),(3,1,6),(4,0,6);$

$(0,3,7),(1,2,7),(2,1,7),(3,0,7).$

则其中不存在两名学生 A 和 B,使得对每一个问题 A 的得分都不低于 B.

例3 药房里有若干种药,其中一部分药是烈性的.药剂师用这些药配成68副药方,每副药方中恰有5种药,其中至少有一种是烈性的,并且使得任选3种药恰有一副药方包含它们.试问:全部药方中是否一定有一副药方至少含有4种烈性药?(证明或否定)

解法一 设共有 n 种药,一共可形成 C_n^3 个"三药组",另一面,每个"三药组"恰有一副药方包含它,68副药方中,每副药方可形成 $C_5^3 = 10$ 个"三药组",故一共有 $C_5^3 \times 68 = 680$ 个"三药组",所以 $C_n^3 = 680$,故 $n = 17$.

设共有 r 种烈性药,如果每副药方中至多含3种烈性药,并且考虑含1种烈性药、2种非烈性药的"三药组",并称之为"R—三药组",那么一共有 $C_r^1 C_{17-r}^2$ 个"R—三药组".另一方面,因为每3种烈性药恰有一副药方包含它,故有 C_r^3 副药方恰含有3种烈性药,每副这样的药方含有 $C_3^1 \cdot C_2^2 = 3$ 个"R—三药组",其余 $68 - C_r^3$ 副药方只含1种或2种烈性药,它们中每一副都可形成 $C_1^1 C_4^2 = 6$ 或 $C_2^1 C_3^1 = 6$ 个"R—三药组",所以68副药方一共可形成 $3C_r^3 + 6(68 - C_r^3)$ 个"R—三药组",故有

$$3C_r^3 + 6(68 - C_r^3) = rC_{17-r}^2,$$

整理得 $r^3 - 18r^2 + 137r = 408.$ (*)

两边考虑 mod5 同余,得 $3 \equiv r(r^2 - 3r + 2) = r(r-1)(r-2) \pmod 5$.

但当 $r \equiv 0,1,2,3,4 \pmod 5$ 时,上式均不成立,故(*)式不成立,这说明假设每副药方中至多含3种烈性药是不正确的,故必有一副药方中至少含4种烈性药.

注 本题是从至少含有4种烈性药的反面(至多含3种烈性药)出发,利用算二次得到矛盾,这种做法是相当常见的.此外,本题考虑含1种烈性药、2种非烈性药的"R—三药组"是因为由已知条件知道每副药方中必含有这类"三药组",从而便于计数.

解法二 同解法一可求出一共有17种药.设烈性药有 r 种:$\alpha_1, \alpha_2, \cdots, \alpha_r$,且假设任何一副药方中至多含3种烈性药.设包含 α_i 的药方有 k_i 副($1 \leqslant i \leqslant r$),一方面含 α_i 的"三药组"有 $C_{16}^2 = 120$ 个,另一方面,含 α_i 的 k_i 副药方中,每副含有 $C_4^2 = 6$ 个含 α_i 的"三药组",所以 $6k_i = 120$,即 $k_i = 20(1 \leqslant i \leqslant r)$.

设包含 $\alpha_i, \alpha_j (1 \leqslant i < j \leqslant r)$ 药方有 k_{ij} 副,一方面含 α_i, α_j 的"三药组"有 $C_{15}^1 = 15$ 个,另一方面含 α_i, α_j 的 k_{ij} 副药方中,每副有 $C_3^1 = 3$ 个含 α_i, α_j 的"三药组",所以 $3k_{ij} = 15$,即 $k_{ij} = 5$ ($1 \leqslant i, j \leqslant r$).

设含 $\alpha_i, \alpha_j, \alpha_k (1 \leqslant i < j < k \leqslant r)$ 的药方有 k_{ijk} 副,则由已知条件得 $k_{i,j,k} = 1 (1 \leqslant i < j < k \leqslant r)$,且由假设知含有 $t \geqslant 4$ 种烈性药 $\alpha_{i_1}, \alpha_{i_2}, \cdots, \alpha_{i_t}$ 的药方数 $k_{i_1, i_2, \cdots, i_t} = 0 (1 \leqslant i_1 < i_2 < \cdots < i_t \leqslant r, t \geqslant 4)$.于是,一方面由已知条件知所有68副药方都至少含一种烈性药,另一方面,由容斥原理,得至少含一种烈性药的药方数目应为

$$\sum_{i=1}^r k_i - \sum_{1 \leqslant i < j \leqslant r} k_{ij} + \sum_{1 \leqslant i < j < k \leqslant r} k_{ijk} = 20r - 5C_r^2 + C_r^3 = \frac{1}{6}(r^3 - 18r^2 + 137r),$$

于是 $\frac{1}{6}(r^3-18r^2+137r)=68$,

即 $r^3-18r^2+137r=408$.

下同解法一.

注 解法二仍然是利用算二次方法得到矛盾,不过因为选择计算两次的对象不同,故所采用的计算方法也不同,这里利用了容斥原理.

例 4 21 个女孩和 21 个男孩参加一次数学竞赛,

(1)每一个参赛者最多解出 6 道题;

(2)对每一个女孩和每一个男孩至少有一道题被这一对孩子都解出.

证明:有一道题至少有 3 个女孩和至少有 3 个男孩都解出.

(2001 年第 42 届 IMO 试题)

分析 本题要直接证明题目结论十分困难,不妨采用反证法,选择一些对象通过算二次的方法来建立方程或不等式,再从中推出矛盾.

证明一 假设题目结论不成立,即每道题至多有 2 个男孩或至多有 2 个女孩解出.

设 $A=\{A_1,A_2,\cdots,A_k\}$ 为至多 2 个女孩解出的题目集合,$B=\{A_{k+1},A_{k+2},\cdots,A_{k+m}\}$ 为在 A 中不出现且至多 2 个男孩解出的题目集合,21 个男孩记为 $P_1,P_2,\cdots,P_{21}$,21 个女孩记为 $P_{22},P_{23},\cdots,P_{42}$.

作 $42\times(k+m)$ 表格,其中第 i 行、第 j 列处的数为

$$a_{ij}=\begin{cases}1(若 P_i 解出了 A_j)\\0(若 P_i 没有解出 A_j)\end{cases}(i=1,2,\cdots,42;j=1,2,\cdots,k+m).$$

于是 $\sum_{j=1}^{k+m}a_{ij}=r_i$ 为 P_i 解出的题目数,由题目条件应有 $r_i\leqslant6(i=1,2,\cdots,42)$,而 $\sum_{i=1}^{42}a_{ij}=x_j$ 为解出题目 A_j 的选手数目.不妨设每一道题目都有 1 个男孩和 1 个女孩同时解出(否则将此题目去掉不影响证明),于是,$x_j\geqslant2(j=1,2,\cdots,k+m)$,并且

$$\sum_{j=1}^{k+m}x_j=\sum_{j=1}^{k+m}\sum_{i=1}^{42}a_{ij}=\sum_{i=1}^{42}\sum_{j=1}^{k+m}a_{ij}=\sum_{i=1}^{42}r_i\leqslant42\times6=252.$$

再将 21 个男孩记为 $b_1,b_2,\cdots,b_{21}$,而 21 个女孩记为 $g_1,g_2,\cdots,g_{21}$.若一道题目 A_t 同时被 b_i、g_j 解出,则将 (b_i,g_j,A_t) 组成一个三元组,这种三元组的个数记为 N.一方面,由已知条件(2)知,对每一对 b_i、g_j 至少有一道题目 A_t 被 b_i、g_j 都解出,从而至少形成一个三元组 (b_i,g_j,A_t),而这样的对子 b_i、g_j 有 21^2 对,故 $N\geqslant21^2$.另一方面,对题目 A_t,设有 m_t 个男孩和 n_t 个女孩解出它,于是包含 A_t 的三元组有 m_tn_t 个,所以 $N=\sum_{t=1}^{k+m}m_tn_t$,而 $m_t+n_t=x_t$ 且由假设 m_t 和 n_t 中至少有一个不大于 2,于是

$$m_tn_t\leqslant\max\{1\times(x_t-1),2\times(x_t-2)\}\leqslant2x_t-3(因为 x_t\geqslant2 时,x_t-1\leqslant2x_t-3 且 2x_t-4<2x_t-3),从而$$

$$21^2\leqslant N=\sum_{t=1}^{k+m}m_tn_t\leqslant\sum_{t=1}^{k+m}(2x_t-3)=2(\sum_{t=1}^{k+m}x_t)-3(k+m)\leqslant2\times252-3(k+m),$$

所以 $k+m\leqslant21$. ①

另一方面,若某个男孩 b_i 解出了 B 中某道题 $A_j(k+1\leqslant j\leqslant k+m)$,则将 (b_i,A_j) 组成一

141

对,这种对子的个数记为 N_1. 因为 B 中每道题目至多有 2 个男孩解出,故 $N_1 \leqslant 2m$,而每一个男孩 b_i 至多解出 A 中 6 道题目,其中每道题目至多有 2 个女孩解出,故同时与 b_i 解出 A 中题目的女孩至多有 $2 \times 6 = 12$ 个,所以至少有 $21 - 12 = 9$ 个女孩与 b_i 同时解出了 B 中的题目,即每个 b_i 至少解出了 B 中一道题目 A_j,形成一个对子 (b_i, A_j),而男孩 b_i 共有 21 个,所以 $N_1 \geqslant 21$,故 $21 \leqslant N_1 \leqslant 2m$,

所以 $m \geqslant 11$. 同理 $k \geqslant 11$,所以 $k+m \geqslant 22$.　　　　②

②与①矛盾,故命题成立.

证明二　先列出一个 21 行 20 列的表格.

在第 i 行、第 j 列 $(1 \leqslant i \leqslant 21, 1 \leqslant j \leqslant 20, i, j \in \mathbf{Z})$ 的格内填上第 i 个女孩和第 j 个男孩共同答出题目的题号(若有不少于 2 个共同答出的题目,任选一个即可).

因为每个男生至多答对 6 题,所以每一列上至多有 6 个不一样的题号. 对这列的每一格,若填上的题号在这列出现不少于 3 次,则打上蓝圈,因此,对每一种题号,要么都打蓝圈,要么都不打. 由抽屉原理,至少有一种题号不少于 $\left(\left[\dfrac{21}{6}\right] + 1 = \right)4$ 个,所以必有蓝圈.

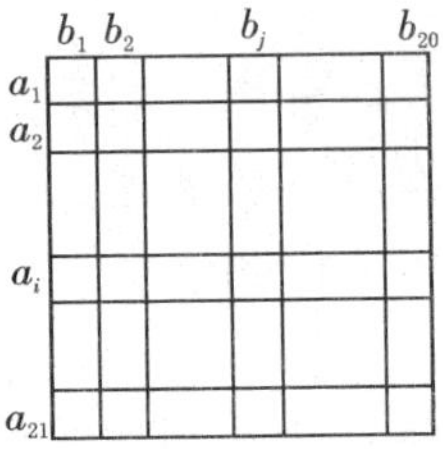

图 3-10

若某列中蓝圈不多于 10 个,则至少剩下 11 格没打蓝圈. 因为有一种题号已被打上蓝圈,所以至多剩下 5 种题号没打蓝圈,因此其中至少有一种题号出现不少于 $\left[\dfrac{11}{5}\right] + 1 = 3$ 个,应打蓝圈,矛盾. 所以每一列至少有 11 个蓝圈,整个表格至少有 $(11 \times 20 =)220$ 个蓝圈.

因为每个女生至多答对 6 题,所以每一行也至多有 6 个不一样的题号. 对这行的每一格,若填上的题号在这行出现不少于 3 次,则打上红圈. 同理可得每一行至少有 10 个红圈,整个表格至少有 $(10 \times 21 =)210$ 个红圈.

又因为此表格共有 $(21 \times 20 =)420$ 格,而 $220 + 210 = 430 > 420$. 所以至少有一格被同时打上红圈和蓝圈,设这格所填题号为 M,对这格所在的列来说,至少有 3 格填的是 M,设它们所在行为第 a_1, a_2, a_3 行;对这格所在的行来说,至少有 3 格填的是 M,设它们所在列为第 b_1, b_2, b_3 列. 因此第 a_1、a_2、a_3 名女孩和第 b_1、b_2、b_3 名男孩同时答对题号为 M 的题目.

所以有一道题,至少被 3 个女孩和 3 个男孩解出.

注　1. 本题仍是利用算二次的方法得到矛盾. 本题证明一中作为算两次的对象有三个,它们分别是 0—1 矩形表格(又叫 0—1 矩阵,即属于和不属于关系矩阵)、"三元组"和"元素对",利用 0—1 矩阵中行和的总和与列和的总和相等,以及对"三元组"或"元素对"的数目用两种不同方法进行计算,都是运用算二次方法证题时常用的手法.

2. 由证明二我们得到了下列更强的结论:

21 个女孩和 20 个男孩参加一个数学竞赛,已知:(1)每一个参赛者至多解出 6 道题;(2)对于每一个女孩和每一个男孩,至少有一道题被这一对孩子都解出. 证明:有一道题,至少被 3 个女孩和 3 个男孩解出.

(2004 年中国国家集训队测试题)

例 5　设 n 是大于 1 的正整数,平面内有 $2n$ 个点,其中任意 3 点不共线,将其中 n 个点染为蓝色,其余 n 个点染为红色.如果一条直线过一个蓝点和一个红点,且该直线的每一侧的蓝点数与红点数相同,那么称该直线为平衡的.证明:至少存在两条平衡直线.

(2005 年第 34 届美国奥林匹克试题)

证明 取这 $2n$ 个点的凸包 Ω,我们证明:Ω 的每个顶点都在一条平衡线上.如果上述命题得证,则因为已知点中任意 3 点不共线,所以凸包 Ω 至少有 3 个顶点,而每条平衡直线至多过 Ω 的两个顶点,故平衡直线至少有两条.

任取 Ω 的一个顶点 A,不妨设 A 为红点,过 A 作直线 l 使 Ω 在 l 的一侧,然后将 l 绕 A 逆时针旋转,每次过一个蓝点,得到 n 条直线 $AB_1,AB_2,\cdots,AB_n$.则直线 AB_i 左侧的蓝点数为 $b_i=i-1$.设这一侧的红点数为 r_i,则 $0 \leqslant r_1 \leqslant r_2 \leqslant \cdots \leqslant r_n \leqslant n-1$.

记 $d_i=r_i-b_i,i=1,2,\cdots,n$.则 $d_1=r_1 \geqslant 0,d_n=r_n-(n-1) \leqslant 0$,且 $d_i-d_{i+1}=(r_i-r_{i+1})+(b_{i+1}-b_i) \leqslant 0+1 \leqslant 1$.故由离散介值原理知存在 $i_0(1 \leqslant i_0 \leqslant n)$ 使 $d_{i_0}=r_{i_0}-b_{i_0}=0$,即直线 AB_{i_0} 的每一侧的红点数与蓝点数相等.从而原题结论得证.

例 6 给定正整数 $n \geqslant 3$.证明:集合 $X=\{1,2,\cdots,n^2-n\}$ 能写成两个不相交的非空子集的并,使得每一个子集均不包含 n 个元素 $a_1,a_2,\cdots,a_n,a_1<a_2<\cdots<a_n$ 满足 $a_k \leqslant \dfrac{a_{k-1}+a_{k+1}}{2}(k=2,3,\cdots,n-1)$.

(2008 年 CMO 试题)

分析 记 $X_n=X=\{1,2,\cdots,n^2-n\},X_n=S_n \bigcup T_n,S_n \bigcap T_n=\varnothing,S_n \neq \varnothing,T_n \neq \varnothing$,则对 $n=3,4,5,6$,不难构造出如下对应的 S_n 和 T_n 满足题目要求:$n=3$ 时,$S_3=\{1,3,4\}$,$T_3=\{2,5,6\}$;$n=4$ 时,$S_3=\{1;3,4;7,8,9\}$,$T_3=\{2;5,6;10,11,12\}$.$n=4$ 时,$S_4=\{1;3,4;7,8,9;13,14,15,16\}$,$T_4=\{2;5,6;10,11,12;17,18,19,20\}$.由此可归纳对任意 $n \geqslant 3,S_n$ 和 T_n 的结构,再用数学归纳法给出证明.

证明 设 $X_n=X=\{1,2,\cdots,n^2-n\}$,对任意 $k \in \mathbf{N}_+$,令 $A_k=\{k^2-k+1,k^2-k+2,\cdots,k^2\}$,$B_k=\{k^2+1,k^2+2,\cdots,k^2+k\}$,以及 $S_n=A_1 \bigcup A_2 \bigcup \cdots \bigcup A_{n-1}$,$T_n=B_1 \bigcup B_2 \bigcup \cdots \bigcup B_{n-1}$.于是 $X_n=S_n \bigcup T_n,S_n \bigcap T_n=\varnothing$.下面我们证明 S_n,T_n 满足题目要求.

$n=3$ 时,$S_3=\{1,3,4\}$,$T_3=\{2,5,6\}$,显然满足题目要求.设当 $n=k$ 时,S_k,T_k 满足题目要求,即 S_k 和 T_k 每一个内不包含 k 个元素 $a_1,a_2,\cdots,a_k,a_1<a_2<\cdots<a_k$,使 $a_i \leqslant \dfrac{a_{i-1}+a_{i+1}}{2}$,即

$$a_i-a_{i-1} \leqslant a_{i+1}-a_i(i=1,2,\cdots,k-1). \tag{①}$$

当 $n=k+1$ 时,如果 $S_{k+1}=S_k \bigcup A_k$ 内存在 $k+1$ 个数 $a_1,a_2,\cdots,a_{k+1}$ 满足:$a_1<a_2<\cdots<a_{k+1}$ 且

$$a_i-a_{i-1} \leqslant a_{i+1}-a_i(i=1,2,\cdots,k), \tag{②}$$

那么必有 $a_k,a_{k+1} \in A_k$.否则 $a_1,a_2,\cdots,a_k \in S_k$,且①成立,这与归纳假设矛盾,记 $i_0=\min\{i \mid a_i \in A_k\}$.则 $a_{i_0},a_{i_0+1} \in A_k$,又因为 $|A_k|=k$,故 $a_1,a_2,\cdots,a_{k+1}$ 不可能都属于 A_k,所以 $a_{i_0-1} \in S_k$.于是 $a_{i_0+1}-a_{i_0} \leqslant |A_k|-1=k-1,a_{i_0}-a_{i_0-1} \geqslant |B_{k-1}|+1=k$.从而 $a_{i_0}-a_{i_0-1}>a_{i_0+1}-a_{i_0}$,矛盾.故 S_{k+1} 内不存在 $k+1$ 个数 $a_1,a_2,\cdots,a_{k+1}$ 使②成立.同理,可证 T_{k+1} 内不存在 $k+1$ 个数 $a_1,a_2,\cdots,a_{k+1}$ 使②成立.这就证明了对一切正整数 $n \geqslant 3,S_n$ 和 T_n 即为满足题目要求的

两个子集.

例7 设 $Y\subseteq \mathbf{N}_+$ 是一个 n 元集合,求证:存在 $B\subseteq Y$,满足:(1) $|B|>\dfrac{n}{3}$;(2)若 $u,v\in B$,则 $u+v\notin B$.

分析 先考虑一种特殊情形:若 $X=\{1,2,\cdots,3k-1\}$ 是连续 $3k-1$ 个正整数组成的集合,而 $A=\{k,k+1,k+2,\cdots,2k-2,2k-1\}$,则易知 $|A|=k>\dfrac{1}{3}|X|$,并且若 $u,v\in A$,则 $u+v\notin A$,且 $u+v$ 模 $3k-1$ 的最小正剩余也不属于 A.

对一般的 $Y=\{y_1,y_2,\cdots,y_n\}\subseteq \mathbf{N}_+$,若用 $\overline{m}$ 表示正整数 m 模 $3k-1$ 的最小正剩余,其中 $3k-1>n$ 且 $3k-1$ 与 $y_1,\cdots,y_n$ 都互素(例如取 $k=y_1 y_2\cdots y_n$ 即可),利用上述集合 A 来构造 Y 的子集 $B_i(i=1,2,3,\cdots 3k-1)$ 如下:

$$B_i=\{y\mid y\in Y \text{ 且 } \overline{iy}\in A\}.$$

利用 A 的性质易证每个 B_i 都满足条件(2),再用算二次方法证明必有某个 B_{i_0} 满足 $|B_{i_0}|>\dfrac{n}{3}$,从而完成证明.

证明 设 $Y=\{y_1,y_2,\cdots,y_n\}\subseteq \mathbf{N}_+$,取正整数 $p=3k-1>n$ 且使 p 与 $y_1,y_2,\cdots,y_n$ 都互素(例如取 $k=y_1 y_2\cdots y_n$ 即可),$\overline{m}$ 表示正整数 m 模 p 的最小正剩余($1\leqslant \overline{m}\leqslant p$).令 $A=\{k,k+1,k+2,\cdots,2k-1\}$,则易知若 $x,y\in A$,则 $\overline{x+y}\notin A$(事实上,若 $x,y\in A$,则 $2k\leqslant x+y\leqslant 4k-2$,故或者 $2k\leqslant \overline{x+y}\leqslant 3k-1$ 或者 $1\leqslant \overline{x+y}\leqslant 4k-2-(3k-1)=k-1$,总有 $\overline{x+y}\notin A$).

构造 Y 的子集 $B_i(1\leqslant i\leqslant 3k-1)$ 如下:

$$B_i=\{y\mid y\in Y \text{ 且 } \overline{iy}\in A\}(1\leqslant i\leqslant 3k-1).$$

则每一个 B_i 满足:当 $u,v\in B_i$ 时,$u+v\notin B_i$.

事实上,当 $u,v\in B_i$ 时,有 $\overline{iu}=a_u\in A$ 及 $\overline{iv}=a_v\in A$,于是 $\overline{i(u+v)}=\overline{a_u+a_v}\notin A$,从而 $u+v\notin B_i$.

下面证明必有某个 B_{i_0} 满足 $|B_{i_0}|>\dfrac{n}{3}$.为此作 $(3k-1)\times n$ 表格,其中第 i 行第 j 列处的数为

$$x_{ij}=\begin{cases}1(\text{若 } y_j\in B_i)\\0(\text{若 } y_j\notin B_i)\end{cases}(1\leqslant i\leqslant 3k-1, 1\leqslant j\leqslant n).$$

于是 $x_{ij}=1$ 当且仅当 $\overline{iy_j}\in A$.因为 $p=3k-1$ 与 y_j 互素,因此 p 的完全剩余系乘 y_j 后仍是 p 的完全剩余系,即 $\overline{y_j},\overline{2y_j},\cdots,\overline{(3k-1)y_j}$ 是 $1,2,\cdots,3k-1$ 的一个排列,其中恰有 k 个数属于 A,故 $x_{1j},x_{2j},\cdots,x_{(3k-1),j}$ 中恰有 k 个等于 1,即 $\sum\limits_{i=1}^{3k-1}x_{ij}=k$.而 $\sum\limits_{j=1}^{n}x_{ij}=|B_i|$ 恰是 B_i 中元素的个数,所以

$$\sum_{i=1}^{3k-1}|B_i|=\sum_{i=1}^{3k-1}\sum_{j=1}^{n}x_{ij}=\sum_{j=1}^{n}\sum_{i=1}^{3k-1}x_{ij}=\sum_{j=1}^{n}k=kn.$$

$$\frac{1}{3k-1}\sum_{i=1}^{3k-1}|B_i|=\frac{k}{3k-1}n>\frac{n}{3}.$$

故由平均值原理知存在 $1 \leqslant i_0 \leqslant 3k-1$，使 $|B_{i_0}| > \dfrac{n}{3}$。于是取 $B = B_{i_0}$，则 B 满足题中两个条件(1)和(2)。

注 本题证法的关键有两个：第一个是先对一个特殊的 n 元集 $X \subseteq \mathbf{N}_+$，构造出它的一个子集 A 满足题目条件(实际解答时 X 没有写出)，而对一般 n 元集 $Y \subseteq \mathbf{N}_+$，利用 A 及完全剩余系构造出 Y 的一列子集 B_i 满足题目条件(2)；第二个关键是利用 0—1 矩阵算二次来证明构造出来的 B_i 中必有一个 B_{i_0} 满足条件(1)，从而完成了题目的证明。利用完全剩余系构造子集和利用 0—1 矩阵计算两次，这两种做法在解有关组合的竞赛题时是相当常见的。

例 8 设自然数 $n > 6$，给定 n 元集合 X，任取 X 的 m 个互不相同的 5 元子集 $A_1, A_2,$ $\cdots, A_m$。求证：当 $m > \dfrac{n(n-1)(n-2)(n-3)(4n-15)}{600}$ 时，存在 $A_{i_1}, A_{i_2}, \cdots, A_{i_6}$ $(1 \leqslant i_1 < i_2 < \cdots < i_6 \leqslant m)$ 使 $|A_{i_1} \bigcup A_{i_2} \bigcup \cdots \bigcup A_{i_6}| = 6$。 (1997 年国家集训队选拔考试试题)

解 设 X 的所有不同的 4 元子集为 $B_1, B_2, \cdots, B_l$，其中 $l = C_n^4$，令

$$x_{ij} = \begin{cases} 1(\text{若 } B_i \in A_j) \\ 0(\text{若 } B_i \notin A_j) \end{cases} (i=1,2,\cdots,l, j=1,2,\cdots,m)。$$

于是 $r(B_i) = \sum\limits_{j=1}^{m} x_{ij}$ 表示 $A_1, A_2, \cdots A_m$ 中包含 B_i 的 5 元子集个数，而 $n(A_j) = \sum\limits_{i=1}^{l} x_{ij}$ 表示 A_j 所含 4 元子集的个数，显然 $n(A_j) = C_5^4 = 5 (j=1,2,\cdots,m)$。于是

$$\sum_{i=1}^{l} r(B_i) = \sum_{i=1}^{l} \sum_{j=1}^{m} x_{ij} = \sum_{j=1}^{m} \sum_{i=1}^{l} x_{ij} = \sum_{j=1}^{m} n(A_j) = 5m。 \quad ①$$

设 A_j 的 5 个 4 元子集为 $B_{j_1}, B_{j_2}, \cdots, B_{j_5}$，于是 $x_{1j}, x_{2j}, \cdots, x_{ij}$ 中只有 $x_{j_1 j} = x_{j_2 j} = \cdots = x_{j_5 j} = 1$，其余 $x_{ij} = 0$，故

$$\sum_{i=1}^{l} (r(B_i))^2 = \sum_{i=1}^{l} (\sum_{j=1}^{m} x_{ij}) r(B_i) = \sum_{j=1}^{m} (\sum_{i=1}^{l} x_{ij} r(B_i)) = \sum_{j=1}^{m} \sum_{t=1}^{5} r(B_{j_t}) = \sum_{j=1}^{m} S_j，$$

其中 $S_j = \sum\limits_{t=1}^{5} r(B_{j_t})$ 表示 $A_1, A_2, \cdots, A_m$ 中以 A_j 的 4 元子集为子集的集合的个数。

若存在 $x \in X \backslash A_j$ 使 $\{x\} \bigcup B_{j_t} \in \{A_1, \cdots, A_m\} (t=1,2,\cdots,5)$，则令 $A_{j_t} = \{x\} \bigcup B_{j_t}$ $(t=1,2,3,4,5)$ 及 $A_{j_6} = A_j$，则 $A_{j_1}, A_{j_2}, A_{j_3}, A_{j_4}, A_{j_5}, A_{j_6}$ 互不相同。不妨设 $1 \leqslant j_1 < j_2 < \cdots < j_6 \leqslant m)$ 且 $|A_{j_1} \bigcup A_{j_2} \bigcup \cdots \bigcup A_{j_6}| = |A_j \bigcup \{x\}| = 6$，结论成立。

故下面可设对任意 $x \in X \backslash A_j$，x 至多与 A_j 的 4 个 4 元子集的并属于 $\{A_1, A_2, \cdots, A_m\}$，而对任意 $y \in A_j$，y 恰与 A_j 的一个 4 元子集 $A_j \backslash \{y\}$ 的并属于 $\{A_1, A_2, \cdots, A_m\}$。又 x 有 $n-5$ 种取法，y 有 5 种取法，所以

$$S_j \leqslant 4(n-5) + 5 = 4n-15，$$

从而 $\sum\limits_{i=1}^{l} (r(B_i))^2 = \sum\limits_{j=1}^{m} S_j \leqslant m(4n-15)$。

另一方面，由哥西不等式及①得

$$m(4n-15) \geqslant \sum_{i=1}^{l} (r(B_i))^2 \geqslant \frac{1}{l} (\sum_{i=1}^{l} r(B_i))^2 = \frac{25m^2}{l}。$$

所以 $m \leqslant \dfrac{l(4n-5)}{25} = \dfrac{C_n^4 \cdot (4n-15)}{25} = \dfrac{n(n-1)(n-2)(n-3)(4n-15)}{600}$。

这与已知条件矛盾,于是命题得证.

例 9　证明:存在无穷多个正整数 n,使集合 $S_n=\{1,2,\cdots,3n\}$ 可划分为三个不相交的集合:$A=\{a_1,a_2,\cdots,a_n\}$,$B=\{b_1,b_2,\cdots,b_n\}$,$C=\{c_1,c_2,\cdots,c_n\}$ 满足对任意 $i=1,2,\cdots,n$,$a_i+b_i=c_i$.

证法一　当 $n=1$ 时,令 $A=\{1\}$,$B=\{2\}$,$C=\{3\}$ 知结论成立.

设对正整数 n 结论成立,即 S_n 可划分为三个不相交的子集 $A=\{a_1,a_2,\cdots,a_n\}$,$B=\{b_1,b_2,\cdots,b_n\}$,$C=\{c_1,c_2,\cdots,c_n\}$ 满足 $a_i+b_i=c_i(i=1,2,\cdots,n)$.

对正整数 $4n$,我们将集合 $S_{4n}=\{1,2,3,\cdots,12n\}$ 划分为三个不相交的子集:$A'=\{a'_1,a'_2,\cdots,a'_{4n}\}$,$B'=\{b'_1,b'_2,\cdots,b'_{4n}\}$,$C'=\{c'_1,c'_2,\cdots,c'_{4n}\}$,其中

$a'_i=2i-1,b'_i=9n+1-i,c'_i=9n+i(i=1,2,\cdots,3n)$,

$a'_{3n+j}=2a_j,b'_{3n+j}=2b_j,c'_{3n+j}=2c_j(j=1,2,\cdots,n)$.

于是满足 $a'_i+b'_i=c'_i(i=1,2,3,\cdots,4n)$.

这就证明了存在无穷多个正整数 $n=1,4,4^2,4^3,\cdots$ 使题中结论成立.

证法二　$n=1$ 时的证明及对 n 作的归纳假设同证法一.对正整数 $3n+1$,将集合 $S_{3n+1}=\{1,2,3,\cdots,3(3n+1)\}$ 划分成三个不相交的集合:$A'=\{a'_1,a'_2,\cdots,a'_{3n+1}\}$,$B'=\{b'_1,b'_2,\cdots,b'_{3n+1}\}$,$C'=\{c'_1,c'_2,\cdots c'_{3n+1}\}$,其中

$a'_i=3a_i-1,b'_i=3b_i,c'_i=3c_i-1(i=1,2,\cdots,n)$,

$a'_{n+i}=3a_i,b'_{n+i}=3b_i+1,c'_{n+i}=3c_i+1(i=1,2,\cdots,n)$,

$a'_{2n+i}=3a_i+1,b'_{2n+i}=3b_i-1,c'_{2n+i}=3c_i(i=1,2,\cdots,n)$,

$a'_{3n+1}=1,b'_{3n+1}=9n+2,c'_{3n+1}=9n+3$.

于是满足 $a'_i+b'_i=c'_i(i=1,2,3,\cdots,3n+1)$.

这就证明了存在无穷多个正整数 $n=1,4,13,\cdots,\dfrac{1}{2}(3^k-1),\cdots$ 满足题目要求.

注　上面两种证法都是用归纳法构造数列,这对证明命题对无穷多个正整数成立是相当有效的,但它不能用来求出满足条件的一切正整数 n.本题要求出满足题中条件的一切正整数 n 是不容易的,我们留给读者进行研究.

例 10　给定正整数 a 和 $b(b>a>1$ 且 a 不整除 $b)$ 以及给定正整数列 $\{b_n\}_{n=1}^{\infty}$,满足对所有正整数 n 有 $b_{n+1}\geqslant 2b_n$,问是否存在正整数列 $\{a_n\}_{n=1}^{\infty}$,使得对所有正整数 n,有 $a_{n+1}-a_n\in\{a,b\}$,且对所有正整数 m,l(可以相同)有 $a_l+a_m\notin\{b_n\}_{n=1}^{\infty}$.

(2001 年中国国家集训队试题)

分析　我们用归纳法证明存在符合条件的数列 $\{a_n\}_{n=1}^{\infty}$.a_1 是易确定的,设 $a_1,a_2,\cdots,a_k$ 已确定,由已知条件 $a_{k+1}-a_k\in\{a,b\}$ 知,a_{k+1} 只可能为 a_k+a 或 a_k+b,故我们只要证明其中必有一种取法满足条件即可.

解　答案是肯定的.我们用归纳法证明 $\{a_n\}$ 的存在.

首先取 a_1 为正整数,使 $2a_1\notin\{b_n\}_{n=1}^{\infty}$ 且 $a_1>b-a$(例如由 $b_n\to+\infty$ 知存在 $n_0\in\mathbf{N}_+$,使 $b_{n_0}>b-a+1$,取 $a_1=b_{n_0}-1$,则 $a_1>b-a$ 且 $2a_1=2b_{n_0}-2<b_{n_0+1}$,故 $2a_1\notin\{b_n\}_{n=1}^{\infty}$).

其次,假设 $a_1,a_2,\cdots,a_k$ 已取定,满足 $a_{i+1}-a_i\in\{a,b\}(i=1,2,\cdots,k-1)$ 且 $a_l+a_m\notin$

$\{b_n\}_{n=1}^{\infty}(1 \leq l \leq k, 1 \leq m \leq k)$. 因为 $a_{k+1}-a_k \in \{a,b\}$, 故 a_{k+1} 的取值只有 a_k+a 与 a_k+b 两种可能, 从而 $a_1+a_{k+1}, a_2+a_{k+1}, \cdots, a_k+a_{k+1}, a_{k+1}+a_{k+1}$ 的取值只有下列两种可能:

（Ⅰ）$a_1+(a_k+a), a_2+(a_k+a), \cdots, a_k+(a_k+a), 2(a_k+a)$,

（Ⅱ）$a_1+(a_k+b), a_2+(a_k+b), \cdots, a_k+(a_k+b), 2(a_k+b)$.

下面我们证明（Ⅰ）、（Ⅱ）中至少有一个不含 $\{b_n\}_{n=1}^{\infty}$ 中的项. 若（Ⅰ）中有 $\{b_n\}_{n=1}^{\infty}$ 的一项 b_u, 并且（Ⅱ）中有 $\{b_n\}_{n=1}^{\infty}$ 的一项 b_v, 则因为 $b < a_1+a$, 我们有

$$2(a_k+b) < 2(a_1+a_k+a) \leq 2b_u.$$

从而 $b_v \leq 2(a_k+b) < 2b_u \leq b_{u+1}$. 又 $b_{v+1} \geq 2b_v \geq 2(a_1+a_k+b) > 2(a_1+a_k+a) > 2(a_k+a) \geq b_u$, 故 $b_u = b_v$. 又 $b_v = b_u < 2(a_k+a) < 2(a_k+b)$, 从而存在 $1 \leq j \leq k$, 使 $b_v = a_j+a_k+b$.

情形 1. $b_u = a_i+a_k+a(1 \leq i \leq k)$, 此时, $o = b_u - b_v = a_i - a_j + a - b$, 从而 $a_i - a_j = b-a > 0$, 而由归纳假设有 $a_i - a_j = ca+db$（c,d 为非负整数）, 于是 $ca+db = b-a$, $(1-d)b = (1+c)a > 0$, 所以 $d=0$, $b=(1+c)a$, 这与 a 不整除 b 矛盾.

情形 2. $b_u = 2(a_k+a)$, 此时, $0 = b_u - b_v = a_k - a_j + 2a - b$, 从而 $a_k - a_j = b-2a$. 由 $1 \leq j \leq k$, 知 $a_k - a_j \geq 0$. 再由归纳假设知 $a_k - a_j = c'a + d'b$（c', d' 为非负整数）, 于是 $c'a + d'b = b-2a$, $(1-d')b = (2+c')a > 0$, 所以 $d'=0$, $b=(2+c')a$, 矛盾.

故（Ⅰ）、（Ⅱ）中至少有一个不含 $\{b_n\}_{n=1}^{\infty}$ 中的项, 因此可取 $a_{k+1} = a_k+a$ 或 $a_{k+1} = a_k+b$, 使得 $a_i + a_{k+1} \notin \{b_n\}_{n=1}^{\infty}(1 \leq i \leq k+1)$, 于是命题得证.

例 11 求证: 存在无穷多个正整数 n, 使得可将 $3n$ 个数 $1, 2, \cdots, 3n$ 排成数表

$$
\begin{array}{cccc}
a_1 & a_2 & \cdots & a_n \\
b_1 & b_2 & \cdots & b_n \\
c_1 & c_2 & \cdots & c_n
\end{array}
$$

满足:

（1）$a_1+b_1+c_1 = a_2+b_2+c_2 = \cdots = a_n+b_n+c_n$, 且为 6 的倍数;

（2）$a_1+a_2+\cdots+a_n = b_1+b_2+\cdots+b_n = c_1+c_2+\cdots+c_n$, 且为 6 的倍数.

（1997 年第 12 届 CMO 试题）

证法一 由已知条件推知必存在正整数 s, t, 使 $\frac{1}{3} \cdot \frac{3n(3n+1)}{2} = 6s$, $\frac{1}{n} \cdot \frac{3n(3n+1)}{2} = 6t$, 即 $n(3n+1) = 12s$, $3n+1 = 4t$, 由此可推出 n 可表示成为 $n = 12k+9$（k 为非负整数）. 设满足题目条件（1）、（2）的正整数 n 的集合记为 S. 首先证明 $9 \in S$. 用 A_n 表示行和都相等且列和都相等的 $3n$ 个数 $1, 2, \cdots, 3n$ 组成的 $3 \times n$ 表格, 于是

$$
A_3 = \left\{\begin{array}{ccc} 1 & 2 & 3 \\ 2 & 3 & 1 \\ 3 & 1 & 2 \end{array}\right\} + \left\{\begin{array}{ccc} 0 & 6 & 3 \\ 3 & 0 & 6 \\ 6 & 3 & 0 \end{array}\right\} = \left\{\begin{array}{ccc} 1 & 8 & 6 \\ 5 & 3 & 7 \\ 9 & 4 & 2 \end{array}\right\}.
$$

显然, A_3 的 3 行和 3 列的数字和都为 15, 且 A_3 的 9 个元素分别为 $1, 2, \cdots, 9$. 记

$$\alpha(3) = (1,8,6), \beta(3) = (5,3,7), \gamma(3) = (9,4,2).$$

构造 3×9 的数表 A_9 如下:

$$A_9 = \begin{Bmatrix} \alpha(3) & \beta(3)+18 & \gamma(3)+9 \\ \beta(3)+9 & \gamma(3) & \alpha(3)+18 \\ \gamma(3)+18 & \alpha(3)+9 & \beta(3) \end{Bmatrix}$$

$$= \begin{Bmatrix} 1 & 8 & 6 & 23 & 21 & 25 & 18 & 13 & 11 \\ 14 & 12 & 16 & 9 & 4 & 2 & 19 & 26 & 24 \\ 27 & 22 & 20 & 10 & 17 & 15 & 5 & 3 & 7 \end{Bmatrix}.$$

显然 A_9 的元素是 $1,2,3,\cdots,27$,并且各列元素之和均为 42,且 42 为 6 的倍数,各行元素之和均为 126,且 126 为 6 的倍数,所以 $9 \in S$.

假设 $m \in S$,下面证明 $9m \in S$.

由于 $m \in S$,故由条件知可将 $1,2,\cdots,3m$ 列成 $3 \times m$ 的表格 A_m,使各列之和均为 $6u$,各行之和均为 $6v(u,v \in \mathbf{N}_+)$. 现将 A_m 的第一行记为 $\alpha(m)$,第二行记为 $\beta(m)$,第三行记为 $\gamma(m)$,并构造 $3 \times 3m$ 的表格 A_{3m} 如下:

$$A_{3m} = \begin{Bmatrix} \alpha(m) & \beta(m)+6m & \gamma(m)+3m \\ \beta(m)+3m & \gamma(m) & \alpha(m)+6m \\ \gamma(m)+6m & \alpha(m)+3m & \beta(m) \end{Bmatrix}.$$

其中"$\beta(m)+3m$"是将 $\beta(m)$ 中的每一个数都加上 $3m$,其余记号类似定义. 显然 A_{3m} 的 $9m$ 个元素恰由 $1,2,3,\cdots,9m$ 组成,各列元素之和均为 $6u+9m$,各行元素之和均为 $18v+9m^2$. 再将 A_{3m} 的第一行、第二行、第三行分别记为 $\alpha(3m),\beta(3m),\gamma(3m)$,并构造 $3 \times 9m$ 数表 A_{9m} 如下:

$$A_{9m} = \begin{Bmatrix} \alpha(3m) & \beta(3m)+18m & \gamma(3m)+9m \\ \beta(3m)+9m & \gamma(3m) & \alpha(3m)+18m \\ \gamma(3m)+18m & \alpha(3m)+9m & \beta(3m) \end{Bmatrix}.$$

于是 A_{9m} 中 $27m$ 个元素恰由 $1,2,\cdots,27m$ 组成,并且 A_{9m} 各列元素之和均为 $(6u+9m)+27m=6(u+6m)$,各行元素之和均为 $3(18v+9m^2)+27m \times 3m=6(9v+18m^2)$,且 $6(u+6m)$ 和 $6(9v+18m^2)$ 均为 6 的倍数,所以只要 $m \in S$ 就有 $9m \in S$.

综上所述,$S \supseteq \{9^k \mid k=1,2,3,\cdots\}$,所以 S 为无穷集合,故满足题目条件的正整数 n 有无穷多个.

证法二 我们直接对 $n=12t+9=3m$,其中 $m=2k+1$ 且 $k=2t+1(t \in \mathbf{N}_+)$ 为奇数,直接构造出满足条件的 $3 \times 3m$ 数表. 首先将 $1,2,\cdots,9m$ 这些数排列如下:

| 1 8 6
 5 3 7
 9 4 2 | 第一方块中
每个数+9 | 第一方块中每个数+18 | … | 第一方块中
每个数+
$2k \times 9$ |

这时各行的和均为 $15(1+9+18+\cdots+2k \times 9)=15[1+9k(2k+1)]$ 是 6 的倍数(因 $k=2t+1$ 为奇数),我们对上表每一行作适当调整使其列和也相等. 考虑第 $1,4,7,\cdots,3m-2$ 列,为方便起定,将这些列写成

$$\begin{matrix} 0 & 1 & 2 & \cdots & 2k \\ 0 & 1 & 2 & \cdots & 2k \\ 0 & 1 & 2 & \cdots & 2k \end{matrix} \quad (每列应乘9再加 \begin{bmatrix} 1 \\ 5 \\ 9 \end{bmatrix})$$

将它调整为

0	1	2	$\cdots$	$2k-2$	$2k-1$	$2k$
k	$2k$	$k-1$	$\cdots$	1	$k+1$	0
$2k$	$k-1$	$2k-1$	$\cdots$	$k+1$	0	k

（第二行自右向左先在奇数位上写上 $0,1,2,\cdots,k$，再在偶数位上写上 $k+1,k+2,\cdots,2k$；第三行自右向左先在偶数位上写上 $0,1,2,\cdots,k-1$，再在奇数位上写上 $k,k+1,k+2,\cdots,$ $2k-1,2k$），于是这时各列的和均等于 $1+5+9+3k\times9=3(5+9k)$ 为 6 的倍数．对第 $2,5,$ $8,\cdots,3m-1$ 列以及第 $3,6,9,\cdots,3m$ 列用同样方法调整，于是得到 $3\times3m$ 的矩形表格，其行和都相等且为 6 的倍数，其列和也相等且为 6 的倍数．因为形如 $n=12t+9(t\in\mathbf{N}_+)$ 的数有无穷多个，故满足题目条件(1)，(2)的正整数 n 有无穷多个．

注 本题证法一从最简单情形出发，逐步递推，构造出无穷多个满足条件的表格，是典型的归纳构造方法．而证法二，则是先舍去部分条件（题中条件(1)），对任意 $n=12t+9(t\in$ $\mathbf{N})$ 直接构造出满足条件(2)的表格，再对各行元素适当调整，使构造出同时满足条件(1)、(2)的表格，这是典型的调整构造法．在用构造法证明存在性时，这两种思考方法都是常见的，且由证法一的前一部分及证法二知满足题目条件的正整数 n 为一切形如 $12t+9(t\in$ $\mathbf{N}_+)$ 的数．

例 12 设集合 $P=\{1,2,3,4,5\}$，对任意 $k\in P$ 和正整数 m，记

$$f(m,k)=\sum_{i=1}^{5}\left[m\sqrt{\frac{k+1}{i+1}}\right],$$

其中 $[\alpha]$ 表示不大于 α 的最大整数．

求证：对任意正整数 n，存在 $k\in P$ 和正整数 m，使 $f(m,k)=n$．

（2007 年全国高中联赛加试试题）

证明一 定义集合 $A=\{m\sqrt{k+1}\mid m\in\mathbf{N}_+,k\in P\}$，由于对任意 $k,i\in P$ 且 $k\neq i$，$\frac{\sqrt{k+1}}{\sqrt{i+1}}$ 是无理数，则对任意的 $k_1,k_2\in P$ 和正整数 m_1、m_2，

$$m_1\sqrt{k_1^2+1}=m_2\sqrt{k_2+1}\Leftrightarrow m_1=m_2 \text{ 且 } k_1=k_2.$$

注意 A 是一个无穷集，现将 A 中的元素按从小到大的顺序排成一个无穷数列．于是对任意正整数 n，设此数列中第 n 项为 $m\sqrt{k+1}$．

接下来确定 n 与 m,k 的关系．若 $m_i\sqrt{i+1}\leqslant m\cdot\sqrt{k+1}$，则 $m_i\leqslant m\dfrac{\sqrt{k+1}}{\sqrt{i+1}}$，由 m_i 是正整数知，对 $i=1,2,3,4,5$ 满足这个条件的 m_i 的个数为 $\left[m\dfrac{\sqrt{k+1}}{\sqrt{i+1}}\right]$，从而

$$n=\sum_{i=1}^{5}m_i=\sum_{i=1}^{5}\left[m\frac{\sqrt{k+1}}{\sqrt{i+1}}\right]=f(m,k).$$

因此，对任意 $n\in\mathbf{N}_+$，存在 $m\in\mathbf{N}_+,k\in P$，使得 $f(m,k)=n$．

证明二 考虑另一个函数 $g(t)=\sum_{i=1}^{5}\left[\sqrt{\dfrac{t}{i+1}}\right]$ $(t=2,3,4,\cdots)$．我们首先证明：

$$g(t+1)-g(t)\leqslant 1. \hspace{4cm} ①$$

事实上，$g(2)=1,g(3)=2,g(4)=3,g(5)=4,g(6)=5$，故 $t=2,3,4,5$ 时，均有 $g(t+1)-g(t)\leqslant 1$. 当 $t\geqslant 6$ 时

$$g(t+1)-g(t)=\sum_{i=1}^{5}\left(\left[\sqrt{\frac{t+1}{i+1}}\right]-\left[\sqrt{\frac{t}{i+1}}\right]\right).$$

先证

$$\left[\sqrt{\frac{t+1}{i+1}}\right]-\left[\sqrt{\frac{t}{i+1}}\right]\leqslant 1 \quad (t\geqslant 6, i=1,2,3,4,5) \hspace{1.5cm} ②$$

事实上，因为

$$\sqrt{\frac{t+1}{i+1}}-\sqrt{\frac{t}{i+1}}=\frac{\frac{1}{i+1}}{\sqrt{\frac{t+1}{i+1}}+\sqrt{\frac{t}{i+1}}}\leqslant\frac{\frac{1}{i+1}}{\sqrt{\frac{t}{i+1}}}\leqslant\frac{\frac{1}{i+1}}{\sqrt{\frac{6}{6}}}=\frac{1}{i+1}\leqslant\frac{1}{2}<1.$$

所以 $\left[\sqrt{\dfrac{t+1}{i+1}}\right]-\left[\sqrt{\dfrac{t}{i+1}}\right]\leqslant 1$，即②成立.

再证：对一个固定的 t，在 $t=1,2,3,4,5$ 中至多有一个 i_0，使②中符号成立. 用反证法，假设存在 $i_0,j_0(i_0\neq j_0)$ 都使式②中符号成立，则有

$$\left[\sqrt{\frac{t+1}{i_0+1}}\right]-\left[\sqrt{\frac{t}{i_0+1}}\right]=1.$$

故存在整数 l，使 $\left[\sqrt{\dfrac{t+1}{i_0+1}}\right]=l+1,\left[\sqrt{\dfrac{t}{i_0+1}}\right]=l\Rightarrow l^2\leqslant\dfrac{t}{l_0+1}<(l+1)^2,(l+1)^2\leqslant\dfrac{t+1}{i_0+1}<(l+2)^2.$ 因 $\dfrac{t+1}{i_0+1},\dfrac{t}{i_0+1}\in\mathbf{Q}$，若 $\dfrac{t+1}{i_0+1}>(l+1)^2$. 则 $\dfrac{t+1}{i_0+1}\geqslant(l+1)^2+\dfrac{1}{i_0+1}\Rightarrow\dfrac{t}{i_0+1}\geqslant(l+1)^2$

这与 $\dfrac{t}{i_0+1}<(l+1)^2$ 矛盾. 所以，只能 $\dfrac{t+1}{i_0+1}=(l+1)^2,t+1=(i_0+1)\cdot(l+1)^2.$ 同理存在整数 l'，使 $t+1=(l'+1)^2(j_0+1)$，于是 $(t+1)^2=(l+1)^2(i'+1)^2\cdot(i_0+1)(j_0+1)\Rightarrow(i_0+1)(j_0+1)$ 为完全平方数.

但 $i_0+1,j_0+1\in\{2,3,4,5,6\}$，则 $(i_0+1)(j_0+1)\in\{6,8,10,12,15,18,20,24,30\}$，这均不为完全平方数，矛盾. 所以至多存在一个 i_0 使②中符号成立. 故

$$g(t+1)-g(t)=\sum_{i=1}^{5}\left(\left[\sqrt{\frac{t+1}{i+1}}\right]-\left[\sqrt{\frac{t}{i+1}}\right]\right)\leqslant 1,$$

从而①成立. 对任意正整数 n，因 $g(2)=1\leqslant n$，且 $\lim\limits_{t\to+\infty}g(t)=+\infty$. 故 t 充分大时 $g(t)>n$，且①成立. 故由离散介值原理知存在正整数 t 使 $g(t)=n$. 而 $g(t)$ 是不减函数，故取第一个使 g 的函数值为 n 的数，不妨设为 $t+1$，即 $g(t+1)=n,g(t)=n-1\Rightarrow g(t+1)-g(t)=1.$

由②式知必有一个 i_0 使 $\left[\sqrt{\dfrac{t+1}{i_0+1}}\right]-\left[\sqrt{\dfrac{t}{i_0+1}}\right]=1(1\leqslant i_0\leqslant 5)$ 成立. 从而必有整数 l 满足 $t+1=(l+1)^2(i_0+1)$，此时令 $m=l+1,k=i_0$，则

$$f(m,k)=f(l+1,i_0)=\sum_{i=1}^{5}\left[(l+1)\sqrt{\frac{i_0+1}{i+1}}\right]=\sum_{i=0}^{5}\left[\sqrt{\frac{(i_0+1)(l+1)^2}{i+1}}\right]$$

$$=\sum_{i=1}^{5}\left[\sqrt{\frac{t+1}{i+1}}\right]=g(t+1)=n.$$

故存在 $k\in P$ 及 $m\in\mathbf{N}_{+}$,使 $f(m,k)=n$.

例 13　求所有的正整数 n,使得集合 $\{1,2,\cdots,n\}$ 有 n 个两两不同的三元子集 $A_1,A_2,$ $\cdots,A_n$,满足对任意 $1\leqslant i<j\leqslant n$,都有 $|A_i\bigcap A_j|\neq 1$.(冯志刚供题)

(2010 年第 10 届中国西部奥林匹克试题)

解　所求的正整数 n 为所有 4 的倍数.

(1)当 $n=4k(k\in\mathbf{N}^*)$ 时,构造 $A_1,A_2,\cdots,A_{4k}$ 如下:

对任意 $1\leqslant i\leqslant k,0\leqslant j\leqslant 3,A_{4i-j}=\{4i-3,4i-2,4i-1,4i\}/\{4i-j\}$.

(2)当 $n\neq 4k(k\in\mathbf{N}^*)$ 时,假设存在集合 $\{1,2,\cdots,n\}$ 有 n 个两两不同的三元子集 $A_1,$ $A_2,\cdots,A_n$ 满足题目条件.

对于 $A_1=\{a,b,c\}$,考察所有与 A_1 交集非空的子集,不妨设为 $A_2,\cdots,A_m$,并记 $U=$ $A_1\bigcup A_2\bigcup\cdots\bigcup A_m$.

若 $|U|=3$,则 $m=1<|U|$;

若 $|U|=4$,则 $m\leqslant C_4^3=4=|U|$;

若 $|U|\geqslant 5$,下面证明必有 $m<|U|$.

假设 $m\geqslant|U|$,则对任意 $2\leqslant i,j\leqslant m$,有 $|A_1\bigcap A_i|=2$,$|A_1\bigcap A_j|=2$,结合 $|A_1|=3$ 知 $A_i\bigcap A_j\neq\varnothing$,又由题意知 $|A_i\bigcap A_j|\neq 1$,所以 $|A_i\bigcap A_j|=2$.

这就说明 $A_1,A_2,\cdots,A_m$ 中任何两个集合都恰有两个公共元素.

考察 $A_1\bigcap A_2,A_1\bigcap A_3,A_1\bigcap A_4,A_1\bigcap A_5$,由抽屉原理,其中必有两个交集相等,不妨设 $A_2=\{a,b,d\}$,$A_3=\{a,b,e\}$,则对任意 $4\leqslant i\leqslant m$,有 $a,b\in A_i$(否则 A_i 中至少包括 a、b 中的一个与 c、d、e,共 4 个元素,与已知条件矛盾).

所以 $|U|=m+2>m$.

根据上述分析,可将 $A_1,A_2,\cdots,A_n$ 分成若干组,同一组中的集合两两交集非空,不同组中的集合两两交集为空集.在每一组中,集合的数量不大于占用元素的数量.而由于集合的总数等于 $\{1,2,\cdots,n\}$ 中的元素个数,所以每一组都恰有 4 个集合,但这与 n 不是 4 的倍数矛盾!

综上所述,所求的正整数 n 为所有 4 的倍数.

例 14　某班 64 位学生为了准备一周以后的两门功课 A 和 B 的期末考试,每人都制定了一个七天的复习计划,在每人的复习计划中每天晚上只复习 A 或 B 中一门功课.已知任意两人的复习计划至少有一天计划复习的功课不相同,并且任意 3 人的复习计划中都有一天,他们 3 人计划复习的功课都是 B.证明:所有学生的复习计划中,存在唯一的一天他们计划复习的功课都是 B.

证明　我们用 7 元 0、1 数列 $(x_1,x_2,x_3,x_4,x_5,x_6,x_7)$ 表示复习计划,其中 $x_i=0$(或 1)表示第 i 天计划复习的功课是 A(或 B),$i=1,2,\cdots,7$.且用 $S=\{X\mid X=(x_1,x_2,\cdots,x_7),x_i=0$ 或 $1,i=1,2,\cdots,7\}$ 表示所有可能的复习计划组成的集合,而 64 位学生的复习计划组成的集合记为 S_0,于是 $S_0\subsetneqq S,|S_0|=64,|S|=2^7=128$.为了叙述方便,再引入下列记号:

对任意 $X=(x_1,x_2,\cdots,x_7)\in S$，令 $\overline{X}=\{\overline{x}_1,\overline{x}_2,\cdots,\overline{x}_7\}$，其中 $\overline{x}_i=\begin{cases}1 & \text{若 } x_i=0\\0 & \text{若 } x_i=1\end{cases}$，$i=1,2,\cdots,7$，并称 X 与 $\overline{X}$ 是一对互补的复习计划. 其次，对任意 $X=\{x_1,x_2,\cdots,x_7\}$，$Y=\{y_1,y_2,\cdots,y_7\}$，令

$$X\cdot Y=\{x_1y_1,x_2y_2,\cdots,x_7y_7\}$$

并称 $X\cdot Y$ 是 X 与 Y 的乘积，其组合意义是如果分别制定计划 X 和 Y 的两人 P 和 Q 中至少有一人在一天复习的功课是 A，那么制定计划 $X\cdot Y$ 的人 R 在那一天复习的功课必是 A，除非那一天 P 和 Q 都复习功课 B，R 才在那天复习功课 B. 简言之，R 比 P 和 Q "更重视"功课 A 的复习. 显然当 $X,Y\in S$ 时，$\overline{X},X\cdot Y$ 都属于 S. 下面我们分步证明题中的结论成立.

第一步我们证明：对任意 $X\in S$，X 与 $\overline{X}$ 中有且只有一个属于 S_0. 即两份互补的计划中有且只有一份是某个学生制定的计划.

事实上，对任意 $X\in S$，将 X 与 $\overline{X}$ 配成一对，于是 S 中 $2^7=128$ 个元素配成 $2^6=64$ 对，若 X 与 $\overline{X}$ 都属于 S_0. 则任取一个 $Y\in S_0$，得 $X\cdot\overline{X}\cdot Y=(0,0,\cdots,0)$，即分别制定 $X,\overline{X}$ 和 Y 的 3 人没有一天，他们计划复习的功课都是 B，这与已知条件矛盾，故对任意 $X\in S_0$，X 与 $\overline{X}$ 中至多有一个属于 S_0，而 S_0 中恰有 64 个元素，故每对 $(X,\overline{X})$ 中恰有一个属于 S_0.

第二步我们证明：$(0,0,\cdots,0)\notin S_0$，即没有一个学生的复习计划中，每天复习的功课都是 A.

事实上，若 $P=(0,0,0,\cdots,0)\in S_0$，则对任意 $X,Y\in S_0$ 有 $P\cdot X\cdot Y=(0,0,0,\cdots,0)$，同上知这与已知条件矛盾，故 $(0,0,\cdots,0)\notin S_0$.

第三步我们证明：若 $X,Y\in S_0$，则 $X\cdot Y\in S_0$. 即对任意两位学生 P 和 Q，必有一位学生 E，他比 P 和 Q "更重视"功课 A 的复习. 事实上，若 $X=X\cdot Y\notin S_0$，那么由第一步中结论得 $\overline{X}=\overline{X\cdot Y}\in S_0$，于是 $X\cdot Y\cdot\overline{X\cdot Y}=X\cdot\overline{X}=(0,0,\cdots,0)$，这与已知条件矛盾，故 $X\cdot Y\in S_0$.

第四步我们证明：设 S_0 中 64 个不同的元素是 $X_1,X_2,\cdots,X_{64}$，令 $X=X_1\cdot X_2\cdot\cdots\cdot X_{64}=(a_1,a_2,\cdots,a_7)$，则 $X\in S_0$ 且 $a_1,a_2,\cdots,a_7$ 中恰有一个等于 1，其他 6 个都等于 0.

事实上，由第三步及第二步结论知 $X\in S_0$ 且 $X\neq(0,0,\cdots,0)$，即 $a_1,a_2,\cdots,a_7$ 中至少有一个等于 1，如果 $a_1,a_2,\cdots,a_n$ 中有 2 个等于 1，那么 S_0 中每个元素的这 2 个分量都等于 1，其他 5 个分量只能为 0 或 1，这样不同的元素至多有 $2^5=32$ 个，这与 $|S_0|=64$ 矛盾，所以 $a_1,a_2,\cdots,a_7$ 中恰有一个等于 1，其余 6 个等于 0.

回到原题，由第四步结论知 $X=X_1\cdot X_2\cdot\cdots\cdot X_{64}\in S_0$ 且设 X 的第 k 个分量等于 1，其他 6 个分量都等于 0. 即必有唯一的一天（第 k 天），全体学生的复习计划中在这天计划复习的功课都是 B.

例 15 设 m,n 是给定的大于 1 的整数，$a_1<a_2<\cdots<a_m$ 都是整数. 证明：存在整数集的一个子集 T，其元素个数

$$|T|\leqslant 1+\frac{a_m-a_1}{2n+1},$$

且对每个 $i\in\{1,2,\cdots,m\}$，均有 $t\in T$ 及 $s\in[-n,n]$，使得 $a_i=t+s$. （2010 年 CMO 试题）

证明 令 $a_1=a,a_m=b$，作带余除法

$$b-a=(2n+1)q+r,$$

其中 $q,r\in\mathbf{Z}$ 且 $0\leqslant r\leqslant 2n$.

取 $T=\{a+n+(2n+1)k\,|\,k=0,1,\cdots,q\}$,

则

$$|T|=q+1\leqslant 1+\frac{b-a}{2n+1},$$

且集合

$$B=\{t+s\,|\,t\in T,s=-n,-n+1,\cdots,n\}$$
$$=\{a,a+1,\cdots,a+(2n+1)q+2n\}.$$

注意到

$$a+(2n+1)q+2n\geqslant a+(2n+1)q+r=b,$$

故每个 a_i 均在 B 中，从而结论成立.

例 16 凸 n 边形 P 的每条边和每条对角线被染为 n 种颜色中的一种. 问：对怎样的 n，存在一种染色方式，使得对于这 n 种颜色中的任意三种不同的颜色，都能找到一个三角形，其顶点为凸多边形 P 的顶点，且它的三边被染成这 3 种颜色？ （第 24 届 CMO 试题）

解 当 $n(n\geqslant 3)$ 为奇数时，存在符合要求的染法；当 n 为偶数时，不存在所述的染法.

因为每三个顶点形成一个三角形，三角形的个数为 C_n^3，而 n 种颜色的三三搭配也刚好是 C_n^3 种，所以，本题要求不同的三角形对应于不同的颜色组合，即形成一一对应.

以下将多边形的边与对角线都称为线段，对于每一种颜色，其余颜色形成 C_{n-1}^2 种不同的搭配. 每种颜色的线段（边或对角线）都应出现在 C_{n-1}^2 个三角形中，而每一条线段都是 $n-2$ 个不同三角形的公共边，因此，在满足要求的染法中，每种颜色的线段都应当有 $\dfrac{C_{n-1}^2}{n-2}=\dfrac{n-1}{2}$（条）.

当 n 为偶数时，$\dfrac{n-1}{2}$ 不是整数，因此，不可能存在满足条件的染法.

下设 $n=2m+1$ 为奇数，我们给出一种染法，并证明它满足题中条件.

将凸 $2m+1$ 边形的顶点依次记为 $A_1,A_2,\cdots,A_{2m+1}$. 对于整数 $i\notin\{1,2,\cdots,2m+1\}$，若 $i\equiv j\in\{1,2,\cdots,2m+1\}$，则认为 A_i 就是 A_j. 再将 $2m+1$ 分别记为颜色 $1,2,\cdots,2m+1$.

现将边 A_iA_{i+1} 染颜色 $i(i=1,2,\cdots,2m+1)$，再对每个 i，将对角线 $A_{i-k}A_{i+1+k}(k=1,2,\cdots,m-1)$ 也染为颜色 i，于是每种颜色的线段（边或对角线）都刚好有 m 条.

值得注意的是，在规定的染色方法之下，当且仅当

$$i_1+j_1\equiv i_2+j_2\pmod{2m+1} \qquad ①$$

时，线段 $A_{i_1}A_{j_1}$ 与 $A_{i_2}A_{j_2}$ 同色（[注]当凸边形为正多边形时，当且仅当 $A_{i_1}A_{j_1}\,/\!/\,A_{i_2}A_{j_2}$ 时，$A_{i_1}A_{j_1}$ 与 $A_{i_2}A_{j_2}$ 染同一颜色）. 因此对任何 $i\not\equiv j\pmod{2m+1}$，任何 $k\not\equiv 0\pmod{2m+1}$，线段

A_iA_j 都不与 $A_{i+k}A_{j+k}$ 同色,即如果

$$i_1-j_1\equiv i_2-j_2(\bmod 2m+1),\qquad ②$$

那么线段 $A_{i_1}A_{j_1}$ 必不与 $A_{i_2}A_{j_2}$ 同色.

任取两个三角形:$\triangle A_{i_1}A_{j_1}A_{k_1}$ 与 $\triangle A_{i_2}A_{j_2}A_{k_2}$,如果它们之间至多有一条线段同色,当然它们不含有对应相同的颜色组合.如果它们之间有 2 条线段同色,我们证明:它们的第 3 条线段必不同色.为确定起见,不妨设 $A_{i_1}A_{j_1}$ 与 $A_{i_2}A_{j_2}$ 同色.

下面分两种情况讨论:

(1)若 $A_{j_1}A_{k_1}$ 与 $A_{j_2}A_{k_2}$ 同色,则由式①知

$$i_1+j_1=i_2+j_2\quad(\bmod 2m+1)$$

$$j_1+k_1=j_2+k_2\quad(\bmod 2m+1)$$

将两式相减得 $i_1-k_1\equiv i_2-k_2(\bmod 2m+1)$,故由式②知 $A_{i_1}A_{k_1}$ 不与 $A_{i_2}A_{k_2}$ 同色.

(2)若 $A_{i_1}A_{k_1}$ 与 $A_{i_2}A_{k_2}$ 同色,则由式①知

$$i_1+j_1=i_2+j_2\quad(\bmod 2m+1)$$

$$i_1+k_1=i_2+k_2\quad(\bmod 2m+1)$$

将两式相减得 $j_1-k_1\equiv j_2-k_2(\bmod 2m+1)$,故由式②知 $A_{j_1}A_{k_1}$ 不与 $A_{j_2}A_{k_2}$ 同色.

总之,$\triangle A_{i_1}A_{j_1}A_{k_1}$ 与 $\triangle A_{i_2}A_{j_2}A_{k_2}$ 对应不同的颜色组合,这就证明了我们提出的结论成立.

【模拟实战三】

习题 A

1. 圆内有 100 个点(均不在圆心处)且其中任意两点不在同一条半径上.(1)证明:存在圆心角为 $\dfrac{2\pi}{11}$ 弧度的扇形,其内恰含 10 个点;(2)能否找出圆心角为 $\dfrac{2\pi}{11}$ 弧度的扇形,其内恰含 11 点?(假设扇形的半径属于该扇形) （第 16 届全俄奥林匹克试题）

2. 在直角坐标平面上给定凸五边形 $ABCDE$,它的顶点都是整点.证明:以其对角线在形内的交点为顶点的凸五边形 $A_1B_1C_1D_1E_1$ 的内部或周界上至少有一个整点. （2000 年第 26 届俄罗斯奥林匹克试题）

3. 如果一个非空集合 S 的每一个子集 X 均对应于 S 的一个子集 $f(X)$ 并且满足:当 $X\subseteq Y$ 时,有 $f(X)\subseteq f(Y)$.证明:存在 S 的一个子集 A,使 $f(A)=A$.

4. 假设 200×200 方格表中每个单位正方形被染成黑色或白色之一,且黑格的数目与白格的数目之差等于404.证明:存在一个 2×2 的正方形,其中包含奇数个白格. （2000 年第 26 届俄罗斯奥林匹克试题）

5. 2000 个点分布在一个圆周上,每个点标上 1 或 −1.一个点被称为是好点,若从该点出发,依任一方向沿圆周前进到达任何一点时,所经过的各数(包括出发点上的数)之和都

为正数.证明:如果标 -1 的点少于 667 个时,那么圆周上至少有一个好点.

6. 100×100 方格表中每一个小方格被染成 4 种颜色之一,使得每行和每列恰有每种颜色的小方格各 25 个.证明:可以在表中找到 2 行和 2 列,它们所交成的 4 个小方格分别染成了 4 种不同颜色. （2000 年第 26 届俄罗斯奥林匹克试题）

7. 证明:不可能把 25 个人编成多于 30 个五人委员会,使得任何两个委员会的公共成员都不多于一个.

8. 有 n 个元素 $a_1, a_2, \cdots, a_n$,组成 n 个元素对 $p_1, p_2, \cdots, p_n$.已知当且仅当 a_i 与 a_j 组成元素对时, p_i 与 p_j 有公共元.证明:每个元素恰属于 2 个元素对.

9. 设 $A_i (i=1,2,\cdots,n)$ 是有限非空集合,满足 $\sum\limits_{1 \leqslant i < j \leqslant n} \dfrac{|A_i \cap A_j|}{|A_i| |A_j|} < 1$.证明:存在 $a_i \in A_i (i=1, 2, \cdots, n)$ 使得当 $i \neq j$ 时, $a_i \neq a_j$.

10. 平面内给出 27 个不同点的集合 S,其中任意 3 点不共线, S 中有 4 点为一个单位正方形的 4 个顶点,其余 23 点在这个正方形内.证明: S 中存在三点 X、Y、Z,使 $[XYZ] \leqslant \dfrac{1}{48}$,这里 $[XYZ]$ 表示 $\triangle XYZ$ 的面积. （2000 年澳大利亚－波兰奥林匹克试题）

11. 确定(并予以证明):是否存在正整数集 $\mathbf{N}_+$ 的子集 X,使得对任意 $n \in \mathbf{N}_+$,恰有一对数 $a, b \in X$ 且 $n = a - b$.

12. 是否存在 2009 个不同的正整数,使得任取它们中的两个数 x 和 y,都有 $|x-y| = (x, y)$,这里 (x, y) 是 x 与 y 的最大公约数.

习题 B

13. 设 n, k 为大于 1 的整数, $n < 2^k$.证明:存在 $2k$ 个不被 n 整除的整数,若将它们任意分为两组,则总有一组内若干数的和被 n 整除. （2013 年全国高中联赛加试试题）

14. 2013 个白球和 2014 个黑球任意排成一行.求证:无论如何排列,都至少有一个黑球,其左侧(不包括它自己)的黑球和白球的个数相等(可以为 0). （2013 年湖南省高中竞赛试题）

15. $a_1, a_2, \cdots, a_n$ 是不小于 2 的互异正整数,满足 $a_1 + a_2 + \cdots + a_{11} = 407$,是否存在正整数 n,使得当 n 分别除以 $a_1, a_2, \cdots, a_{11}, 4a_1, 4a_2, \cdots, 4a_{11}$ 这 22 个数后所得到的余数的和等于 2012? （2012 年俄罗斯奥林匹克试题）

16. 已知 $n(\geqslant 6)$ 人中任何 3 人之间至少有两个人互通电话,且每人至多与 $\left[\dfrac{n-2}{2}\right]$ 个人互通电话,证明:这 n 个人总可以分成不相交的两组,使同一组内任何两人互通了电话.

17. 平面内是否存在一个含 $n(\geqslant 8)$ 个点的图,在这 n 个点之间连有一些线段,使得从 n 个点出发的线段数分别为 $4, 5, 6, \cdots, n-5, n-4, n-3, n-2, n-2, n-2, n-1, n-1, n-1$?

18. 设平面内有 n 个红点和 n 个蓝点,其中任意 3 点不共线,且其凸包的各顶点同色.证明:可以作一直线,使得直线两则的点数都不为零,且每侧的红点数和蓝点数相等.

19. 一个 $n \times n$ 矩阵(正方阵)称为 n 阶"银矩阵",如果它的元素取自集合 $S=\{1,2,\cdots,2n-1\}$,且对于每个 $i=1,2,\cdots,n$,它的第 i 行和第 i 列中所有元素合起来恰好是 S 中的所有元素.证明:

    (a)不存在 $n=1997$ 的银矩阵.

    (b)有无限多个 n 的值,存在 n 阶银矩阵. 　　　　　　　　(第38届IMO试题)

20. 证明:平面内有理点 (x,y),$x,y \in \mathbf{Q}$($\mathbf{Q}$ 为有理数集),可以分为两个不相交的点集 A、B,使得 A 与任一条平行 y 轴的直线仅有有限个公共点,B 与任一条平行于 x 轴的直线仅有有限多个公共点.

21. 设 n 为奇数,试证:存在 $2n$ 个整数 $a_1,a_2,\cdots,a_n;b_1,b_2,\cdots,b_n$,使对任意整数 k,$0<k<n$,下列 $3n$ 个数:$a_i+a_{i+1},a_i+b_i,b_i+b_{i+k}(i=1,2,\cdots,n$,其中 $a_{n+1}=a_1,b_{n+j}=b_j,0<j<n)$ 被 $3n$ 除所得余数互不相同. 　　　(1993年CMO试题)

22. 任给 $n \geqslant 5$ 个不同的集合,证明:其中必存在 $r=[\sqrt{2n}]$ 个不同的集合 $A_1,A_2,\cdots,A_r$,使得这 r 个集合中任何一个集合不是另外两个集合的并集.

23. X 是一个 n 元集,指定它的 m 个 k 元子集 $A_1,A_2,\cdots,A_m$ 为红 k 子集.求证:若 $m>\dfrac{(k-1)(n-k)+k}{k^2} \cdot C_n^{k-1}$,则必存在一个 X 的 $k+1$ 元子集,它的所有 k 元子集都是红 k 子集.

24. 将不超过 $\dfrac{1}{6}n(n^2+5)$ $(n \geqslant 2)$ 的所有正整数任意染成红蓝两色之一.证明:其中存在 n 个同色的数 $a_1,a_2,\cdots,a_n(a_1<a_2<\cdots<a_n)$ 满足:
$$a_2-a_1 \leqslant a_3-a_2 \leqslant \cdots \leqslant a_n-a_{n-1}.$$

25. 将每个正整数任意染成红蓝两色之一.证明:总存在无穷正整数序列 $a_1<a_2<\cdots<a_n<\cdots$,使得无穷序列 $a_1,\dfrac{a_1+a_2}{2},a_2,\dfrac{a_2+a_3}{2},a_3,\cdots$ 是一个同色的正整数序列.

    (第49届IMO中国国家集训队选拔考试试题)

26. 给定整数 $n \geqslant 3$ 以及 $\left[\dfrac{(n+2)^2}{3}\right]$ 种颜色,将一个 $n \times n$ 方格表中的每个方格都染上其中一种颜色,且每种颜色至少用一次.求证:方格表中一定存在一个 1×3 或者 3×1 的小长方形,它的三个方格染上了三种不同的颜色.

    (2012年罗马尼亚大师杯奥林匹克试题)

27. 设集合 $M=\{1,2,3,\cdots,50\}$,正整数 n 满足:M 的任意一个35元子集中至少存在两个不同的元素 a、b 使 $a+b=n$ 或 $a-b=n$.求出所有这样的 n.

    (2011年第8届中国东南地区奥林匹克试题)

28. 将一个圆周432等分,并将432个分点染上红、绿、蓝、黄中的一种颜色,使每种颜色的点有108个.证明:对满足条件的任一染色方法,均可在每种颜色选出3个点,使得同色的3点组成的4个三角形全等.

    (2012年美国奥林匹克试题)

第四章　组合最值问题

§1　组合最值问题的特征

1. 什么是组合最值问题

组合最值问题是各类数学竞赛中的热门话题之一. 这类问题一般可描述为下列问题:

设 $\mathscr{A}$ 是某类组合结构组成的集合, $\mathscr{B}$ 是 $\mathscr{A}$ 中满足给定条件 P 的元素组成的子集, 并且 $\mathscr{A}$ 中每一个元素 A, 都对应唯一一个确定的实数 $m=f(A)$. 我们的问题是: 当 $A\in\mathscr{B}$ 时, 求 $m=f(A)$ 的最大值或最小值. 有些组合最值问题中 $\mathscr{B}$ 与 $\mathscr{A}$ 是同一集合.

在组合最值问题中自变量常常是正整数、集合、图等等组合结构, 它们都是一些离散量, 而且由于自变量与要求最大(小)值的量的函数关系不能用一个解析式表示, 这就决定了求解组合最值问题与求解代数最值问题有许多不同的特点.

2. 求解组合最值问题的步骤

求解组合最大(小)值问题, 一般按以下步骤处理:

(1)探索所求的最大(小)值 m_0;

(2)证明: 对一切 $A\in\mathscr{B}$, 都有 $m=f(A)\leqslant m_0(\geqslant m_0)$;

(3)构造一个 $A_0\in\mathscr{B}$, 使 $f(A_0)=m_0$ 成立. 于是, 我们得到当 $A\in\mathscr{B}$ 时, $m=f(A)$ 的最大(小)值为 m_0.

对于某些组合最值问题, 上述第(2)、(3)步可用下列第(2)′、(3)′步代替.

(2)′证明: 满足 $m=f(A)\leqslant m_0(\geqslant m_0)$ 的一切 A 都属于 $\mathscr{B}$(即 A 满足给定的条件 P);

(3)′当 $m>m_0(<m_0)$ 时, 构造一个 $A_0\in\mathscr{A}$ 使 $m=f(A_0)>m_0(<m_0)$, 而 $A_0\notin\mathscr{B}$(即 A_0 不满足给定的条件 P).

实际解答问题时, 常常是第(1), (2)步(或第(1), (3)′步)同时进行的. 也就是说, 我们常常是在分析论证中探索和找出最大(小)值 m_0, 或在构造中探索和找出最大(小)值 m_0.

由于解答组合最值问题, 常常包含"论证"和"构造"两个方面, 这就要求解题者从一个思路跳跃到另一个思路, 因而更能反映参赛选手各种能力(敏锐的洞察力、严密的逻辑推理能力、巧妙的构造能力等等), 故此类问题颇受命题者的青睐.

如果 $\mathscr{A}$(或 $\mathscr{B}$)是一个有限集, 则 $m=f(A)$ 的取值集合也是有限集, 可见使 $m=f(A)$ 取最大(小)值的组合结构 A_0 必存在. 这时, 我们常常可用逐步调整方法来讨论当 $m=f(A)$ 取最大(小)值时, A 必须满足的一些必要条件. 若满足这些必要条件的 A 只有唯一一个, 那么这个 A 就是要找的 A_0, 对应的 $f(A)$ 就是所求的最大(小)值; 若满足这些必要条件的 A 只有少数几个, 则逐一算出它的对应的 $f(A)$ 的值, 其中最大(小)者就是所求的最大(小)值.

§2　求解组合最值问题的方法

下面介绍的求解组合最值的方法,主要指的是探索最值的方法.最值探索出来后,由上一节的介绍知道,一般还要进行"论证"和"构造".当然,求解某些组合最值问题,常常是结合"论证"(或"构造")去进行探索最值的,一旦最值探索出来,"论证"(或"构造")也就完成了,剩下的任务则只要进行"构造"(或"论证")了.如何进行"论证"与"构造",读者还可参看第二章§3和第三章§2分别介绍的组合问题中不等式的证明方法和存在性问题的证明方法.

1. 估值法

在组合最值问题中,由于函数关系常常不能用一个数学解析式表示出来,从而难以应用代数和微分学中求最值的理论和方法去解决.在这类问题中,对最值的估计往往是解决问题的关键之一.估计最值的常用方法有以下几种:构造特例估计,特殊情形估计,整体综合估计,极端情形估计,反面情形估计等等.

(1)构造特例估计

根据问题的条件,把满足条件的对象尽可能构造出来,进而判断其最大(小)值,并给出证明.

例1　设 $M=\{1,2,\cdots,1995\}$, A 是 M 的子集且满足条件:当 $x\in A$ 时, $15x\notin A$,则 A 中元素的个数最多是_____.　　　　　　　　　　　　　　(1995 年全国高中联赛题)

解　我们尽可能构造出一个满足条件且含元素最多的子集 A,因为要使当 $x\in A$ 时有 $15x\notin A$,只要 $15x>1995$,即 $x>133$,可见 A 可包含 $\{134,135,\cdots,1995\}$,并且要使当 $x\in A$ 时 $15x\notin A$,只要 $15x<134$,即 $x<9$,故 A 又可包含 $\{1,2,\cdots,8\}$,于是我们取 M 的子集 $A=\{1,2,\cdots,8\}\bigcup\{134,135,\cdots,1995\}$,它满足题目条件,这时 A 中元素个数为 $|A|=8+(1995-133)=1870$.

另一方面,任取 M 一个满足题目条件的子集 A,因为 x 与 $15x(x=9,10,11,\cdots,132,133)$ 中至少有一个不属于 A,故 A 中元素个数 $|A|\leqslant1995-(133-8)=1870$.

综上知 A 中元素最多有 1870 个.

例2　已知 A 与 B 是集合 $\{1,2,3,\cdots,100\}$ 的两个子集,满足 $|A|=|B|$,且 $A\bigcap B=\varnothing$.若 $x\in A$ 总有 $2x+2\in B$,则集合 $A\bigcup B$ 的元素个数最多为_____.

(2007 年全国高中联赛试题,原题为选择题)

解　因为当 $x\in A$ 时, $2x+2\in B\subseteq\{1,2,\cdots,100\}$.故 $2x+2\leqslant100$, $x\leqslant49$,从而 $A\subseteq\{1,2,3,\cdots,49\}$.将 $\{1,2,3,\cdots,49\}$ 分为下列 33 个子集: $\{1,4\}$, $\{3,8\}$, $\{5,12\}$, $\cdots$, $\{23,48\}$ 共 12 个; $\{2,6\}$, $\{10,22\}$, $\{14,30\}$, $\{18,38\}$ 共 4 个; $\{25\}$, $\{27\}$, $\{29\}$, $\cdots$, $\{49\}$ 共 13 个; $\{26\}$, $\{34\}$, $\{42\}$, $\{46\}$ 共 4 个.若 $|A|\geqslant34$,则由抽屉原理知 A 中必有 2 个元素属于上述 33 个子集中同一个子集,即存在 $x\in A$ 且 $2x+2\in A$,故 A 不满足题目要求,所以 $|A|\leqslant33$,从而 $|A\bigcup B|=|A|+|B|=2|A|\leqslant66$.另一方面,若取 $A=\{1,3,5,\cdots,23,25,27,\cdots,49,2,10,14,18,26,34,42,46\}$,且 $B=\{2x+2|x\in A\}$,则 A,B 满足题目要求且 $|A\bigcup B|=|A|+|B|=2|A|=66$.故 $|A\bigcup B|$ 最多为 66.

例3 给定正整数 $n \geqslant 3$，设 $d_1, d_2, \cdots, d_n$ 是正整数，它们的最大公约数是1，并且 d_i 整除 $d_1 + d_2 + \cdots + d_n (i = 1, 2, \cdots, n)$. 求最小正整数 k，使得 $d_1 d_2 \cdots d_n$ 整除 $(d_1 + d_2 + \cdots + d_n)^k$.

解 取 $d_1 = 1, d_2 = n - 1, d_3 = d_4 = \cdots = d_n = n$，则 $d_1 + d_2 + \cdots + d_n = 1 + (n-1) + (n-2) \cdot n = (n-1)n$，它被每一个 $d_i (i = 1, 2, \cdots, n)$ 整除，且 $d_1, d_2, \cdots, d_n$ 的最大公约数是1，这时 $d_1 d_2 \cdots d_n = (n-1)n^{n-2}$. 若 $d_1 d_2 \cdots d_n$ 整除 $(d_1 + \cdots + d_n)^k$，即 $(n-1)n^{n-2} \mid [(n-1)n]^k$，由 $(n, n-1) = 1$ 得 $k \geqslant n-2$.

反之，我们证明：若 $d_1, d_2, \cdots, d_n$ 的最大公约数是1，且 $d_i \mid (d_1 + d_2 + \cdots + d_n)(i = 1, 2, \cdots, n)$，则 $d_1 d_2 \cdots d_n \mid (d_1 + d_2 + \cdots + d_n)^{n-2}$.

事实上，设 p 是 $d_1 d_2 \cdots d_n$ 的任意一个素因数，于是存在正整数 k，使 $d_1, d_2, \cdots, d_n$ 中至少有一个被 p^k 整除，并且 $d_1, d_2, \cdots, d_n$ 中任何一个不被 p^{k+1} 整除. 于是由 $d_i \mid (d_1 + d_2 + \cdots + d_n)$ 得 $p^k \mid (d_1 + d_2 + \cdots + d_n)$，从而 $p^{k(n-2)} \mid (d_1 + d_2 + \cdots + d_n)^{n-2}$. 因 $d_1, d_2, \cdots, d_n$ 的最大公约数为1，故必有某个 d_j 不被 p 整除. 又 p 整除 $d_1 + d_2 + \cdots + d_n$，所以 $d_1, d_2, \cdots, d_n$ 中至少有2个不被 p 整除，因此整除 $d_1 d_2 \cdots d_n$ 的 p 的最高次幂至多为 $p^{k(n-2)}$. 对 $d_1, d_2, \cdots, d_n$ 的每个素因数重复以上的讨论，即知 $d_1 d_2 \cdots d_n$ 整除 $(d_1 + d_2 + \cdots + d_n)^{n-2}$.

综上知所求最小正整数 $k = n-2$.

例4 将边长为正整数 m, n 的矩形划分为若干边长均为正整数的正方形，每个正方形的边均平行于矩形的相应边，试求这些正方形边长之和的最小值.

（2001年全国高中联赛加试试题）

分析 不妨设 $m \geqslant n$. 我们构造一种特殊的划分情形，首先从长边（边长等于 m 的边）上尽可能划分出边长等于短边长 n 的正方形，剩下一个 $n \times r_1 (0 < r_1 < n)$ 的矩形，再从较长的边（长度等于 n）上尽可能划分出边长等于短边长 r_1 的正方形，$\cdots$，这样一直划分下去，直到全部划分出正方形为止. 我们来估计所有正方形的边长之和最少应为多少. 显然上述划分过程等价于对 m, n 这两个正整数进行辗转相除的过程.

解 不妨设 $m \geqslant n$，记所求边长的最小值为 $f(m, n)$，由辗转相除法知，存在正整数 q_1，$q_2, \cdots, q_{k+1}$ 和 $r_1, r_2, \cdots, r_k$ 满足

$m = q_1 n + r_1 (0 < r_1 < n)$，

$n = q_2 r_1 + r_2 (0 < r_2 < r_1)$，

$r_1 = q_3 r_2 + r_3 (0 < r_3 < r_2)$，

$\cdots$

$r_{k-2} = q_k r_{k-1} + r_k (0 < r_k < r_{k-1})$，

$r_{k-1} = q_{k+1} r_k$.

于是，我们首先从 $m \times n$ 矩形中划分出 q_1 个 $n \times n$ 的正方形，剩下一个 $n \times r_1$ 的矩形，再从 $n \times r_1$ 的矩形中划分出 q_2 个 $r_1 \times r_1$ 的正方形，剩下一个 $r_1 \times r_2$ 的矩形，$\cdots$，第 k 步从 $r_{k-1} \times r_{k-2}$ 的矩形中划分出 q_k 个 $r_{k-1} \times r_{k-1}$ 的正方形，剩下一个 $r_k \times r_{k-1}$ 的矩形，最后第 $k+1$ 步将 $r_k \times r_{k-1}$ 的矩形划分为 q_{k+1} 个 $r_k \times r_k$ 的正方形而没有剩余.

在这种划分下，所得各正方形边长之和为

$$q_1n+q_2r_1+q_3r_2+\cdots+q_{k+1}r_k$$
$$=(m-r_1)+(n-r_2)+(r_1-r_3)+(r_2-r_4)+\cdots+(r_{k-2}-r_k)+r_{k-1}$$
$$=m+n-r_k=m+n-(m,n),$$

所以 $f(m,n)\leqslant m+n-(m,n)$.

另一方面,我们用数学归纳法证明对任何满足条件的划分,各正方形边长之和 $b_{m,n}\geqslant m+n-(m,n)$.

不妨设 $m\geqslant n$. $m=1$ 时,$n=1$,这时只有一个边长为 1 的正方形,边长之和为 $1=m+n-(m,n)$. 其他划分的正方形边长之和显然大于 1,所以 $b_{11}\geqslant1=m+n-(m,n)$.

假设 $m\leqslant k$ 时,对任意 $1\leqslant n\leqslant m$,有 $b_{m,n}\geqslant m+n-(m,n)$. 那么,当 $m=k+1$ 时,若 $n=k+1$,则显然 $b_{m,n}\geqslant k+1=m+n-(m,n)$. 当 $1\leqslant n\leqslant k$ 时,设 $m\times n$ 矩形被划分成 p 个正方形,其边长分别为 $a_1,a_2,\cdots,a_p$,并且不妨设 $a_1\geqslant a_2\geqslant\cdots\geqslant a_p$,显然 $a_1\leqslant n$. 若 $a_1<n$,设矩形 $ABCD$ 中 $AB=CD=m$,$BC=AD=n$. 于是在 AD、BC 之间与 AD 平行的直线至少穿过 2 个正方形(或其边界),于是 $a_1+a_2+\cdots+a_p$ 不小于 AB 与 CD 之和,即 $a_1+a_2+\cdots+a_p\geqslant 2m\geqslant m+n>m+n-(m,n)$.

若 $a_1=n$,则从 $m\times n$ 矩形中划分出一个边长为 $a_1=n$ 的正方形后,剩下部分可组成一个 $(m-n)\times n$ 的矩形,且它被划分为 $p-1$ 个边长分别为 $a_2,a_3,\cdots,a_p$ 的正方形,由归纳假设有

$$a_2+a_3+\cdots+a_p\geqslant(m-n)+n-(m-n,n)=m-(m,n).$$

从而 $b_{m,n}=a_1+a_2+\cdots+a_p\geqslant m+n-(m,n)$.

所以 $f(m,n)=\min b_{m,n}\geqslant m+n-(m,n)$.

综上得所求正方形边长之和的最小值为 $f(m,n)=m+n-(m,n)$.

注 若猜出了最小值,则不等式 $f(m,n)\leqslant m+n-(m,n)$ 也可用数学归纳法进行证明.

例 5 求最小正整数 n,使从集合 $I=\{1,2,\cdots,999\}$ 中任取 n 个不同的正整数中都存在 4 个不同的数 a,b,c,d 满足 $a+2b+3c=d$.

解 考虑集合 $S=\{x,x+1,x+2,\cdots,999\}(x\in\mathbf{N}_+)$,对 S 中任意 3 个互不相同的数 a,b,c 有 $a+2b+3c\geqslant(x+2)+2(x+1)+3x=6x+4$. 若 $6x+4\geqslant1000$,即 $x\geqslant166$,则 S 中不存在 d 使 $a+2b+3c=d$. 故 $S=\{166,167,168,\cdots,999\}$ 不存在 4 个不同的正整数 a,b,c,d 满足 $a+2b+3c=d$. 且 $|S|=999-165=834$. 故所求最小正整数 $n\geqslant835$.

当 $n\geqslant835$ 时,任取 I 的一个 n 元子集 $S=\{a_1,a_2,\cdots,a_n\}(a_1<a_2<\cdots<a_n)$,假设 S 中任意 4 个不同的元 a,b,c,d 都有 $a+2b+3c\neq d$.

因为 $a_n-a_i=\sum\limits_{k=i+1}^{n}(a_k-a_{k-1})\geqslant\sum\limits_{k=i+1}^{n}1=n-i$,所以 $a_1\leqslant a_n-(n-1)\leqslant999-(985-1)=165$. 如果 $a_n-3a_i-2a_1>a_1$,且 $a_n-3a_i-2a_1\neq a_i$,则 $a_n-3a_i-2a_1\notin S$(否则 $a_n-3a_i-2a_1=a_j\in S$,$j\neq1,i,n$. 于是 $a_j+2a_1+3a_i=a_n$,这与假设矛盾).

取 $i_0=169-a_1$(i_0 的值的取法可由($*$)式中最后一个等号成立得出),则

$$(a_n-3a_{i_0}-2a_1)-a_1=a_n-3(a_{i_0}+a_1)\geqslant a_n-3[a_n-(n-i_0)+a_1]$$
$$=3n-2a_n-3(a_1+i_0)=3\times835-2\times999-3(a_1+i_0)$$

$$=3[169-(a_1+i_0)]=0. \tag{$*$}$$

故对 $k=2,3,4,\cdots,168-a_1<i_0$,都有

$$(a_n-3a_k-2a_1)-a_1>(a_n-3a_{i_0}-2a_1)-a_1\geqslant0.$$

即 $a_n-3a_k-2a_1>a_1$,而 $a_n-3a_k-2a_1=a_k$ 至多有一个解 $a_k=\dfrac{1}{4}(a_n-2a_1)$. 故 $k=2,3,\cdots,$ $168-a_1$ 时,$a_n-3a_k-2a_1$ 将至少出现 $166-a_1$ 个大于 a_1 且不等于 a_k 的数,即在 $\{a_1,a_{1+1},\cdots,999\}$ 内至少有 $166-a_1$ 个数不属于 S. 因此,I 中至少有 $166-a_1$ 个大于 a_1 的数不属于 S. 并且小于 a_1 的 a_1-1 个数也不属于 S. 故 I 中至少有 $a_1-1+166-a_1=165$ 个数不属于 S. 从而属于 S 的数至多有 $999-165=834$ 个. 这与 $n=|S|=835$ 矛盾. 故存在 4 个不同的数 $a,b,c,d\in S$ 使 $a+2b+3c=d$.

综上所述,所求 n 的最小值为 835.

例 6 求满足下列性质的最大正整数 k:正整数集能分拆成 k 个子集 $A_1,A_2,\cdots,A_k$,使得对所有正整数 $n(n\geqslant15)$ 和所有 $i\in\{1,2,\cdots,k\}$,均存在 A_i 中两个不同元素其和为 n.

(第 52 届 IMO 预选题)

解 当 $k=3$ 时,令

$A_1=\{1,2,3\}\bigcup\{3m\,|\,m\in\mathbf{Z},$ 且 $m\geqslant4\}$

$A_2=\{4,5,6\}\bigcup\{3m-1\,|\,m\in\mathbf{Z},$ 且 $m\geqslant4\}$

$A_3=\{7,8,9\}\bigcup\{3m-2\,|\,m\in\mathbf{Z}$ 且 $m\geqslant4\}$

且 A_1 中两个不同元素之和能表示出所有大于或等于 $12+1=13$ 的正整数 n;A_2 中两个不同元素之和能表示出所有不小于 $4+11=15$ 的正整数 n;A_3 中两个不同元素之和能表示出所有不小于 $7+10=17$ 的正整数 n 以及 $7+8=15,7+9=16$.

可见 $k=3$ 时满足题目要求.

当 $k\geqslant4$ 时,假设存在集合 $A_1,A_2,\cdots,A_k$ 满足题目条件,则集合 $A_1,A_2,A_3,A_4\bigcup A_5\bigcup\cdots\bigcup A_k$ 也满足题目条件. 故可以假设 $k=4$.

设 $B_i=A_i\bigcap\{1,2,\cdots,23\}(i=1,2,3,4)$.

对每个 $i=1,2,3,4$,整数 $15,16,\cdots,24$ 都能写成 B_i 中两个不同元素的和. 因此,每个 B_i 中至少有 5 个元素(否则 B_i 中任意两个数之和至多表示出 $C_4^2=6$ 个不同的数,而 $15,$ $16,\cdots,24$ 中一共有 $10=C_5^2$ 个不同的数,矛盾).

因为 $|B_1|+|B_2|+|B_3|+|B_4|=23$,所以存在 $j\in\{1,2,3,4\}$,使 $|B_j|=5$(否则 $|B_1|+$ $|B_2|+|B_3|+|B_4|\geqslant4\times6=24$,矛盾). 设 $B_j=\{x_1,x_2,x_3,x_4,x_5\}$. 因 $C_5^2=10$ 恰等于 $15\sim$ 24 中整数的个数,故 A_j 中表示为整数 $15,16,\cdots,24$ 的两个不同元素之和恰是 B_j 中所有两个不同元素之和. 故 $4(x_1+x_2+x_3+x_4+x_5)=15+16+\cdots+24=\dfrac{(15+24)\times10}{2}=195,$ 但 195 不能被 4 整除,故上式不成立,从而 $k\geqslant4$ 不可能成立.

综上知所求 k 的最大值为 3.

例 7 在一个 9×9 的方格表的每一个小方格内填写一个数,每一行和每一列最多只能有 4 个不同的数,则这个方格表中最多可以有多少不同的数?

(2010 年青少年国际邀请赛队际赛试题)

解 如下所示的 9×9 表格中含有 28 个不同的数,且每行和每列恰有 4 个不同的数.

1	2	3	0	0	0	0	0	0
4	5	6	0	0	0	0	0	0
7	8	9	0	0	0	0	0	0
0	0	0	10	11	12	0	0	0
0	0	0	13	14	15	0	0	0
0	0	0	16	17	18	0	0	0
0	0	0	0	0	0	19	20	21
0	0	0	0	0	0	22	23	24
0	0	0	0	0	0	25	26	27

1	10	19	0	0	0	0	0	0
0	2	11	20	0	0	0	0	0
0	0	3	12	21	0	0	0	0
0	0	0	4	13	22	0	0	0
0	0	0	0	5	14	23	0	0
0	0	0	0	0	6	15	24	0
0	0	0	0	0	0	7	16	25
26	0	0	0	0	0	0	8	17
18	27	0	0	0	0	0	0	9

另一方面,如果表格内至少有 29 个不同的数,由抽屉原理知必有一行内至少有 $\left[\dfrac{29-1}{9}\right]+1=4$ 个不同的数,但每行至多只能有 4 个不同的数,故这一行(不妨设是第一行)恰有 4 个不同的数,剩下至少 25 个数在第 2～9 行.同样由抽屉原理并结合已知条件知必有一行(不妨设是第二行)恰有 4 个不同的数.

接下来考察每一列的数,每列最上面 2 格已经有 2 个不同的数,于是,在第 3～9 行的表格中,每列最多还有 2 个不同的数,这样,总共 9×9 表格中至多有 $8+2\times9=26$ 个不同的数,矛盾!

综上可知,满足条件的 9×9 表格中总共最多有 28 个不同的数.

(2)特殊情形估计

考察满足条件的一些特殊情形,从而估计出所求的最大(小)值.

例 8 设 $M=\{1,2,\cdots,20\}$,$A_1,A_2,\cdots A_n$ 是 M 的互不相同的非空子集,当 $i\neq j$ 时,$A_i\bigcap A_j$ 至多有两个元素,求 n 的最大值.

解 M 的一元、二元、三元子集共有 $C_{20}^1+C_{20}^2+C_{20}^3=1350$ 个,它们满足题目条件,所以 n 的最大值 $\geqslant1350$.

设 $B_1,B_2,\cdots,B_n$ 是 M 的互不相同的非空子集,当 $i\neq j$ 时,$|B_i\bigcap B_j|\leqslant2$. 若 $B_1,B_2,\cdots,B_n$ 中至少有一个集合有多于 3 个元素,不妨设 $|B_i|\geqslant4$ 且 $a\in B_i$,则 $(B_i\backslash\{a\})\bigcap B_i$ 至少有 3 个元素,故 $B_i\backslash\{a\}\notin\{B_1,B_2,\cdots,B_n\}$(因 $B_1,B_2,\cdots,B_n$ 中任何两个集合的交集至多有 2 个元素). 现用 $B_i\backslash\{a\}$ 代替 B_i 得到的一族子集仍满足题目要求,不断地进行这种替换,最后可使子集族中每个子集的元素个数至多有 3 个,而不改变子集的个数,所以 $n\leqslant C_{20}^1+C_{20}^2+C_{20}^3=1350$.

综上知所求 n 的最大值为 1350.

例 9 将 9 个 1,9 个 2,9 个 3,$\cdots$,9 个 1000 共 9000 个数填入一个 9 行、1000 列的表格(每格填一个数),使同一列中任何两数之差的绝对值不超过 3. 设这个表格中每列中各数之和(共 1000 个列和)的最小值为 M,试求 M 的最大值.

解 我们依据 9 个 1 的分布的列数的不同情形分别来求列和的最小值 M.

如果 9 个 1 分布在同一列,那么 $M=9$.

如果 9 个 1 分布在两列中,那么这两列之和不小于 $2M$,同时由已知条件知这两列中出现的最大数只能为 4,故这两列数之和 $\leqslant9\times1+9\times4=45$,即 $2M\leqslant45$,所以 $M\leqslant22$.

如果 9 个 1 分布在三列中,那么同上讨论可得 $3M\leqslant9\times1+9\times4+9\times3=72$,所以 $M\leqslant$

24.

如果 9 个 1 分布在四列中,那么类似可得 $4M \leqslant 9 \times 1 + 9 \times 4 + 9 \times 3 + 9 \times 2 = 90$,所以 $M \leqslant 22$.

如果 9 个 1 分布的列数大于 4,那么在其中某一列中必有一个数大于 4(因为 2、3、4 一共 27 个数,不足以填满所有出现 1 的列),这与条件中任何一列中任意两数之差的绝对值不大于 3 矛盾,所以这种情形不可能出现.

综上可知,列和的最小值 $M \leqslant 24$.

下面表格表明:列和的最小值可达到 24.

1	1	1	2	2	6	7	8	⋯	1000
1	1	1	2	2	6	7	8	⋯	1000
1	1	1	2	2	6	7	8	⋯	1000
3	3	3	2	2	6	7	8	⋯	1000
3	3	3	2	5	6	7	8	⋯	1000
3	3	3	5	5	6	7	8	⋯	1000
4	4	4	5	5	6	7	8	⋯	1000
4	4	4	5	5	6	7	8	⋯	1000
4	4	4	5	5	6	7	8	⋯	1000

所以,所求列和最小值 M 的最大值为 24.

(3)整体综合估计

根据组合结构应满足的条件,从整体上进行综合分析,从而估计出所求的最大(小)值.

例 10 设 $A = \{1,2,3,4,5,6\}$,$B = \{7,8,9,\cdots,n\}$,在 A 中任取 3 个数,在 B 中取 2 个数,组成含有 5 个元素的集合 $A_i (i=1,2,3,\cdots,20)$,使得 $|A_i \cap A_j| \leqslant 2, 1 \leqslant i < j \leqslant 20$. 求 n 的最小值.

(2002 年 IMO 中国国家集训队选拔考试试题)

分析 本题实际上是要求 $|B|$ 的最小值. 由题目条件知 B 中各元素在 $A_i (i=1,2,\cdots,20)$ 中出现的总次数是 $2 \times 20 = 40$,要知道 B 中至少有多少个元素,只需知道 B 中每个元素在各子集 $A_i (i=1,2,\cdots,20)$ 中至多出现多少次.

解 我们先证明:B 中每个元素在各子集 $A_i (i=1,2,\cdots,20)$ 中至多出现 4 次. 若不然,假定 B 中某个元素 x 在各个子集 $A_i \{i=1,2,\cdots,20\}$ 中出现了 $k \geqslant 5$ 次,考察含 x 的 k 个子集,它们共含 A 中 $3k \geqslant 15$ 个元素,由抽屉原理,A 中至少有 1 个元素,设为 y,在这 k 个子集中至少出现了 $\left[\dfrac{15-1}{6} \right] + 1 = 3$. 设同时含 x、y 的 3 个子集为 $A_r, A_s, A_t (1 \leqslant r < s < t \leqslant 20)$,则 $A \backslash \{y\}$ 中 5 个元素在 A_r, A_s, A_t 中出现了 $2 \times 3 = 6$ 次. 于是必有一个元素 z 出现了 2 次,得到同时包含 x, y, z 的两个子集,这与已知条件 $|A_i \cap A_j| \leqslant 2 (1 \leqslant i < j \leqslant 20)$ 矛盾.

由上面证明知 B 中每个元素在 $A_1, A_2, \cdots, A_{20}$ 中至多出现 4 次,而 B 中各元素在 $A_1, A_2, \cdots, A_{20}$ 中出现的总次数是 $2 \times 20 = 40$,所以 $|B| \geqslant \dfrac{40}{4} = 10$,所以,$n \geqslant 10 + 6 = 16$.

其次,当 $n = 16$ 时,存在满足条件的 20 个集合:$A_1 = \{1,2,3,7,8\}$,$A_2 = \{1,2,4,12,$

$14\}$，$A_3=\{1,2,5,15,16\}$，$A_4=\{1,2,6,9,10\}$，$A_5=\{1,3,4,10,11\}$，$A_6=\{1,3,5,13,14\}$，$A_7=\{1,3,6,12,15\}$，$A_8=\{1,4,5,7,9\}$，$A_9=\{1,4,6,13,16\}$，$A_{10}=\{1,5,6,8,11\}$，$A_{11}=\{2,3,4,13,15\}$，$A_{12}=\{2,3,5,9,11\}$，$A_{13}=\{2,3,6,14,16\}$，$A_{14}=\{2,4,5,8,10\}$，$A_{15}=\{2,4,6,7,11\}$，$A_{16}=\{2,5,6,12,13\}$，$A_{17}=\{3,4,5,12,16\}$，$A_{18}=\{3,4,6,8,9\}$，$A_{19}=\{3,5,6,7,10\}$，$A_{20}=\{4,5,6,14,15\}$.

综上知所求 n 的最小值是 16.

例 11　给定平面上无三点共线的 n 个点，以这 n 个点为两端点连出了 m 条线段. 已知对其中任意两点 A、B，都有一点 C，使 C 与 A、B 都连有线段. 求 m 的最小值.

解　首先，我们对所连线段数作整体估计，看最少要连多少条线段，才能达到题目要求.

记这 n 个点为 $A_1,A_2,\cdots,A_n$，若 $A_1,A_2,\cdots,A_n$ 中任意一点都至少引出了三条线段，则所连线段数 $m\geqslant\dfrac{3n}{2}$.

若 $A_1,A_2,\cdots,A_n$ 中有一点(不妨设为 A_1)，至多引出了两条线段，则有如下两种情形：

情形 1. A_1 只引出一条线段，不妨设 A_1A_2，则与 A_1，A_2 都连有线段的点不存在，矛盾. 同样地，若 A_1 不引出线段亦可得矛盾.

情形 2. A_1 恰引出两条线段 A_1A_2 和 A_1A_3，这时一定要连出线段 A_2A_3(因为对于点对 A_1，A_2，只能是 A_3 与 A_1，A_2 都有线段相连).

考虑点对 A_1，$A_i(i\geqslant4)$，由条件 A_i 必与 A_2，A_3 中某一点有线段相连. 又由情形 1 的证明可知，A_i 至少引出两条线段，所以从 A_3，A_4，$\cdots$，A_n 出发的线段条数之和最少为 $2(n-3)$，且其中至少有 $n-3$ 条是从 A_2 或 A_3 引出的线段. 且若 n 为奇数，则其余 $n-3$ 条线段每条至多重复计数了两次，故这时所连线段数 $m\geqslant3+(n-3)+\dfrac{n-3}{2}=\dfrac{3n-3}{2}=\left[\dfrac{3n-2}{2}\right]$；若 n 为偶数，则其余 $n-3$ 条线段中至多有 $n-4$ 条重复计算了两次，这时所连线段数 $m\geqslant3+(n-1)+\dfrac{n-4}{2}+1=\dfrac{3n-2}{2}=\left[\dfrac{3n-2}{2}\right]$. 注意到 $\dfrac{3n}{2}>\left[\dfrac{3n-2}{2}\right]$，故不论什么情形下，都有 $m\geqslant\left[\dfrac{3n-2}{2}\right]$.

其次，若 n 为奇数，则我们连线段 $A_1A_2,A_1A_3\cdots,A_1A_n$；$A_2A_3,A_4A_5,\cdots,A_{n-1}A_n$. 这时所连线段数为 $n-1+\dfrac{n-1}{2}=\dfrac{3n-3}{2}=\left[\dfrac{3n-2}{2}\right]$；若 n 为偶数，则我们连线段 $A_1A_2,A_1A_3,\cdots,A_1A_n$；$A_2A_3,A_4A_5,\cdots,A_{n-2}A_{n-1},A_2A_n$，这时所连线段数为 $n-1+\dfrac{n-2}{2}+1=\dfrac{3n-2}{2}=\left[\dfrac{3n-2}{2}\right]$，显然依上述方法所连的线段满足题目条件.

综上知所连线段数 m 的最小值为 $\left[\dfrac{3n-2}{2}\right]$.

注　本题也可以从构造特例入手先估计出最小值，再进行论证.

例 12　给定正整数 n，已知克数都是正整数的 k 块砝码和一台天平可以称出质量为 1，

$2,\cdots n$ 克的所有物品,求 k 的最小值 $f(n)$.　　　　　(1999 年全国高中联赛加试试题)

解　设 k 块砝码的质量为 $a_1,a_2,\cdots,a_k$ 克,且 $1\leqslant a_1\leqslant a_2\leqslant\cdots\leqslant a_k(a_i\in\mathbf{N}_+,1\leqslant i\leqslant k)$. 因天平两端可以放砝码,故可称质量为 $\sum\limits_{i=1}^{k}x_ia_i,x_i\in\{-1,0,1\}$. 若利用这 k 块砝码可称出质量为 $1,2,\cdots,n$ 克的物品,则上述表达式可表出 $1,2,\cdots,n$,并且由对称性也可表出 $0,-1,-2,\cdots,-n$,即

$$\{\sum\limits_{i=1}^{k}x_ia_i\mid x_i\in\{-1,0,1\}\}\supseteqq\{0,\pm1,\pm2,\cdots,\pm n\}.$$

所以 $2n+1=|\{0,\pm1,\pm2,\cdots,\pm n\}|\leqslant|\{\sum\limits_{i=1}^{k}x_ia_i\mid x_i\in\{-1,0,1\}\}|\leqslant3^k$, 即 $3^k>2n$,故 $k>\log_3 2n\geqslant[\log_3 2n]$. 从而 $k\geqslant[\log_3 2n]+1$.

所以所求 n 的最小值 $f(n)\geqslant[\log_3 2n]+1$.

另一方面,对任意正整数 n,存在正整数 k,使 $3^k>2n\geqslant3^{k-1}$,即 $\log_3 2n<k<\log_3 2n+1$, 所以 $k=[\log_3 2n]+1$. 取 $a_1=1,a_2=3,\cdots,a_k=3^{k-1}$,由数的三进制表示可知对任意 $0\leqslant p\leqslant3^k-1$,存在 $y_i\in\{0,1,2\}(i=1,2,\cdots,k)$ 使

$$p=\sum\limits_{i=1}^{k}y_ia_i.$$

于是 $p-\dfrac{3^k-1}{2}=\sum\limits_{i=1}^{k}y_ia_i-\sum\limits_{i=1}^{k}3^{i-1}=\sum\limits_{i=1}^{k}(y_i-1)a_i$.

令 $x_i=y_i-1$,则 $x_i\in\{-1,0,1\}$, $-\dfrac{3^k-1}{2}\leqslant p-\dfrac{3^k-1}{2}\leqslant\dfrac{3^k-1}{2}$,故对一切满足 $-\dfrac{3^k-1}{2}\leqslant l\leqslant\dfrac{3^k-1}{2}$ 的整数 l,都存在 $x_i\in\{-1,0,1\}(i=1,2,\cdots,k)$ 使

$$l=\sum\limits_{i=1}^{k}x_ia_i.$$

因为 $2n<3^k$ 有 $2n\leqslant3^k-1,n\leqslant\dfrac{3^k-1}{2}$,所以对一切满足 $-n\leqslant l\leqslant n$ 的 l,仍有上式成立. 故用重为 $a_1,a_2,\cdots,a_k$ 的砝码在天平上可称出 $1,2,\cdots,n$ 克的任何物件.

综上,可知 k 的最小值为 $f(m)=[\log_3 2n]+1$.

注　本题的答案也可以写为 $f(n)=m(\dfrac{3^{m-1}-1}{2}<n\leqslant\dfrac{3^m-1}{2})$ 或者 $f(n)=m(\dfrac{3^{m-1}}{2}\leqslant n<\dfrac{3^m}{2})$.

(4)极端情形估计

根据组合结构满足的条件,对其极端情形(最有利(或最不利)的情形,最大(小)的可能情形,等等)进行估计,从而得出所求的最大(小)值.

例 13　平面上的点集 M 与 7 个不同的圆 $C_1,C_2,\cdots,C_k$ 满足:圆 C_k 上恰有 M 中 k 个点 $(k=1,2,\cdots,7)$,则 M 中最少有几个点?

解　C_7 上最少有 M 中 7 个点,C_6 上有 M 中 6 个点,其中至少有 $6-2=4$ 个点不在 C_7 上(因两个圆最多有两个公共点),C_5 上有 M 中 5 个点,其中至少有 $5-2\times2=1$ 个点不在 C_6 和 C_7 上,故 M 中的点数 $|M|$ 满足

$|M| \geqslant 7 + (6-2) + (5-4) = 12.$

另一方面,如图 4-1 中 7 个圆 $C_1, C_2, \cdots, C_7$ 满足 C_k 上恰有 $M = \{p_1, p_2, \cdots, p_{12}\}$ 中 k 个点 $(k = 1, 2, \cdots, 7)$.

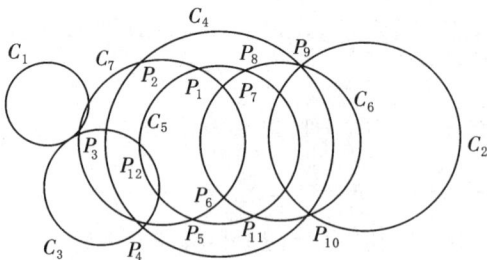

图 4-1

故所求 $|M|$ 的最小值为 12.

$C_1 \bigcap M = \{P_3\}, C_2 \bigcap M = \{P_9, P_{10}\},$

$C_3 \bigcap M = \{P_3, P_4, P_{12}\}, C_4 \bigcap M = \{P_2, P_4, P_9, P_{10}\},$

$C_5 \bigcap M = \{P_1, P_5, P_8, P_{11}, P_{12}\},$

$C_6 \bigcap M = \{P_6, P_7, P_8, P_9, P_{10}, P_{11}\},$

$C_7 \bigcap M = \{P_1, P_2, P_3, P_4, P_5, P_6, P_7\}.$

例 14 如图 4-2,$x_1, x_2, \cdots, x_{10}$ 是 $0, 1, 2, \cdots, 9$ 的一个排列,使得 4 个圆的每一个圆内的各数字之和相等,设为 S,求 S 的最小值和最大值.

解 先求最小值.

$S = x_2 + x_3 + x_4 + x_5 + x_7 + x_8 + x_9 \geqslant 0 + 1 + 2 + 3 + 4 + 5 + 6 = 21.$

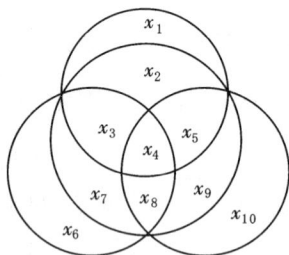

图 4-2

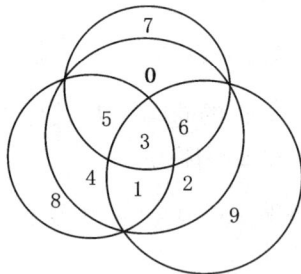

图 4-3

另一方面,如图 4-3,知 $S = 21$ 可以成立,所以 S 的最小值为 21.

再求最大值. 由已知条件易得

$x_1 = x_7 + x_8 + x_9,$

$x_6 = x_2 + x_5 + x_9,$

$x_{10} = x_2 + x_3 + x_7,$

所以 $x_1 + x_6 + x_{10} = 2(x_2 + x_7 + x_9) + (x_3 + x_5 + x_8).$

又 $S + (x_1 + x_6 + x_{10}) = \sum\limits_{i=1}^{10} x_i = 0 + 1 + 2 + \cdots + 9 = 45,$

所以 $45+(x_2+x_7+x_9)=x_4+(x_1+x_6+x_{10})+2(x_2+x_7+x_9)+(x_3+x_5+x_8)$

$\qquad\qquad\qquad\qquad\quad =x_4+2(x_1+x_6+x_{10})=x_4+2(45-S)$,

$2S=45+x_4-(x_2+x_7+x_9)\leqslant45+9-(0+1+2)=51$.

又 S 为正整数,所以 $S\leqslant25$.

注意到 $S=25$ 时,$x_4-(x_2+x_7+x_9)=5$ 且 $x_1+x_6+x_{10}=45-25=20$,于是 $x_4=5+(x_2+x_7+x_9)\geqslant5+0+1+2=8$,所以 $x_4=8$ 或 9,$\{x_2,x_7,x_9\}=\{0,1,2\}$ 或 $\{0,1,3\}$. 从而 $\{x_1,x_6,x_{10}\}=\{9,7,4\}$ 或 $\{8,7,5\}$,$\{x_3,x_5,x_8\}=\{3,5,6\}$ 或 $\{2,4,6\}$. 由图 4-4 或图 4-5 知 $S=25$ 可以成立.

所以,S 的最大值为 25.

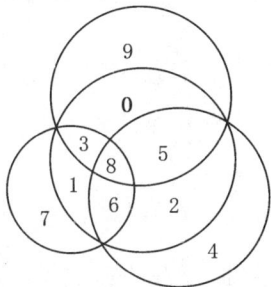

图 4-4

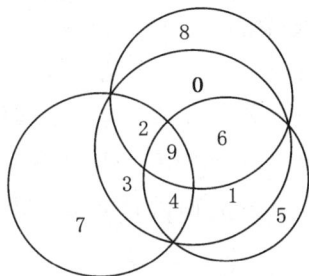

图 4-5

例 15 设 $a_1,a_2,\cdots,a_m$ 是首项和公差都是正整数的等差数列,且各项的十进制表示的数中不出现数字 9. 求 m 的最大值.

解 不妨设 a_m 是十进制 n 位数,且我们可以在每一项数字前面适当添加 0,使得每一项都有 n 位数字. 且可设各项的首位数字不全相同(若相同则都去掉首位数字,不影响我们的证明),不妨设 $a_1,a_2,\cdots,a_{n_1}$ 的首位数字是 r_1,$a_{n_1+1},a_{n_1+2},\cdots,a_{n_2}$ 的首位数字是 r_2,$\cdots$,$a_{n_{k-1}+1},a_{n_{k-1}+2},\cdots,a_{n_k}(n_k=m)$ 的首位数字是 $n_k(0=n_0<n_1<\cdots<n_k\leqslant m,0\leqslant r_1<r_2<\cdots<r_k\leqslant8)$,并设公差为 d. 于是

$$a_{n_i}\leqslant r_i\times10^{n-1}+\underbrace{88\cdots8}_{n-1}=r_i\times10^{n-1}+\frac{8}{9}(10^{n-1}-1) \qquad ①$$

$$a_{n_i+1}\geqslant r_{i+1}\times10^{n-1}\geqslant(r_i+1)\times10^{n-1} \qquad ②$$

②-①得

$$d=a_{n_i+1}-a_{n_i}\geqslant10^{n-1}-\frac{8}{9}(10^{n-1}-1)=\frac{1}{9}(10^{n-1}-1)+1 \qquad ③$$

又

$$a_{n_{i+1}}\leqslant r_{i+1}\times10^{n-1}+\frac{8}{9}(10^{n-1}-1) \qquad ④$$

④-②得

$$a_{n_{i+1}}-a_{n_i+1}\leqslant\frac{8}{9}(10^{n-1}-1).$$

于是

$$n_{i+1}-n_i=\frac{a_{n_i+1}-a_{n_{i+1}}}{d}\leqslant\left[\frac{\frac{8}{9}(10^{n-1}-1)}{\frac{1}{9}(10^n-1)+1}\right]+1=7+1=8.$$

从而 $m=n_k=\sum_{i=1}^{k}(n_i-n_{i-1})\leqslant 8k\leqslant 72.$

另一方面，首项为 1，公差为 125 的等差数列前 8 项为 0001，0126，0251，0376，0501，0626，0751，0876，以后每增加 8 项都是首位数字增加 1，其他三位数字不变，一直增加到首数字为 8，这样一共可得含 72 项的等差数满足题目的条件，故所求 m 的最大值为 72.

（5）反面情形估计

当按照以上各种方法，从一正面入手进行估计感到困难时，可考虑从反面入手进行估计，从而得出所求的最大（小）值.

例 16　在 100×25 的长方形表格中每一格填入一个非负实数，第 i 行第 j 列填入的数为 x_{ij}，记为表 1. 然后将表 1 每列中的数按由大到小的次序从上到下重新排列为 $x'_{1j}\geqslant x'_{2j}$ $\geqslant\cdots\geqslant x'_{100j}(j=1,2,\cdots,25)$；记为表 2.

求最小正整数 k，使得只要表 1 中填入的数满足 $\sum_{j=1}^{25}x_{ij}\leqslant1(i=1,2,\cdots,100)$，则当 $i\geqslant k$ 时，在表 2 中就能保证：$\sum_{j=1}^{25}x'_{ij}\leqslant1.$　　　　　（1997 年全国高中联赛加试试题）

表 1

$x_{1,1}$	$x_{1,2}$	$\cdots$	$x_{1,25}$
$x_{2,2}$	$x_{2,2}$	$\cdots$	$x_{2,25}$
$\cdots$	$\cdots$	$\cdots$	$\cdots$
$x_{100,1}$	$x_{100,2}$	$\cdots$	$x_{100,25}$

表 2

$x'_{1,1}$	$x'_{1,2}$	$\cdots$	$x'_{1,25}$
$x'_{2,2}$	$x'_{2,2}$	$\cdots$	$x'_{2,25}$
$\cdots$	$\cdots$	$\cdots$	$\cdots$
$x'_{100,1}$	$x'_{100,2}$	$\cdots$	$x'_{100,25}$

分析　要使 $i\geqslant k$ 时，$\sum_{j=1}^{25}x'_{ij}\leqslant1$，由表 2 的构造知道只要表 1 中有一行（设为第 r 行）的各数在表 2 中前 k 行内都出现，于是 $i\geqslant k$ 时，$\sum_{j=1}^{25}x'_{ij}\leqslant\sum_{j=1}^{25}x_{rj}\leqslant1$. 正面估计 k 有困难，我们从反面估计：如果表 1 中每一行至少有 1 个数在表 2 的前 k 行不出现，k 最多是多少？

解　如果表 1 中每一行至少有 1 个数在表 2 的前 k 行不出现，那么表 2 的前 k 行中至多有表 1 中 $24\times100=2400$ 个数，故 $25k\leqslant2400$，即 $k\leqslant96.$

所以当 $k\geqslant97$ 时，表 1 中必有某一行（设为第 r 行）的 25 个数在表 2 的前 k 行都出现. 于是由表 2 的构造规律当 $i\geqslant k$ 时，有 $x'_{ij}\leqslant x_{rj}(j=1,2,\cdots,25)$，从而由已知条件知

$$\sum_{j=1}^{25}x'_{ij}\leqslant\sum_{j=1}^{25}x_{ij}\leqslant1.$$

所以 $k_{\min}\leqslant97.$

另一方面，取

$$x_{ij}=\begin{cases}0(4(j-1)+1\leqslant i\leqslant 4j)\\\dfrac{1}{24}(\text{其余的}\ i)\end{cases}(j=1,2,\cdots,25).$$

这时 $\sum_{j=1}^{25} x_{ij} = 24 \times \dfrac{1}{24} + 0 = 1(i=1,2,\cdots,100)$ 满足条件,并且重排后,在表 2 中有

$$x'_{ij} = \begin{cases} \dfrac{1}{24}(1 \leqslant i \leqslant 96) \\ 0(97 \leqslant i \leqslant 100) \end{cases} (j=1,2,\cdots,25).$$

这时 $\sum_{j=1}^{25} x_{ij} = \dfrac{1}{24} \times 25 = \dfrac{25}{24} > 1(1 \leqslant i \leqslant 96)$.

故 $k_{\min} \geqslant 97$.

综上,得 k 的最小值为 97.

例 17　从 $1,2,3,\cdots,1000$ 中最少应选出了多少个不同的数,才能保证选出的数中必存在 3 个不同的数构成一个三角形的三边长?

解　设所求最小正整数为 n. 由于任意 n 个不同的数中要保证存在 3 个不同的数构成三角形的三边长,故正面探求 n 不容易,为此从反面入手,考察无 3 个不同的数构成三角形的三边长时,最多有多少个数. 因为对 $0<a<b<c,a,b,c$ 不能构成三角形三边长的充要条件是 $a+b \leqslant c$. 特别当 $a+b=c$ 时,这样的数组 (a,b,c) 为最多. 于是考察数组 $1,2,3,5,8,13,21,34,55,89,144,233,377,610,987$ 这 15 个数,其中任意 3 个不同的数均不能构成一个三角形的三边长,所以 $n \geqslant 16$.

另一方面,设 $1 \leqslant a_1 < a_2 < \cdots < a_{16} \leqslant 1000$ 是任取的 16 个正整数,若其中任意 3 个数都不构成三角形的三边长,则 $a_1 \geqslant 1, a_2 > a_1$,所以 $a_2 \geqslant 2, a_3 \geqslant a_1 + a_2 \geqslant 1+2=3, a_4 \geqslant a_2 + a_3 \geqslant 2+3=5, a_5 \geqslant a_3 + a_4 \geqslant 3+5=8, a_6 \geqslant a_4 + a_5 \geqslant 5+8=13, a_7 \geqslant a_5 + a_6 \geqslant 8+13=21, a_8 \geqslant a_6 + a_7 \geqslant 13+21=34, a_9 \geqslant a_7 + a_8 \geqslant 21+34=55, a_{10} \geqslant a_8 + a_9 \geqslant 34+55=89, a_{11} \geqslant a_9 + a_{10} \geqslant 55+89=144, a_{12} \geqslant a_{10} + a_{11} \geqslant 89+144=233, a_{13} \geqslant a_{11} + a_{12} \geqslant 144+233=377, a_{14} \geqslant a_{12} + a_{13} \geqslant 233+377=610, a_{15} \geqslant a_{13} + a_{14} \geqslant 377+610=987, a_{16} \geqslant a_{14} + a_{15} \geqslant 610+987=1597$,这与 $a_{16} \leqslant 1000$ 矛盾.

故 $a_1, a_2, \cdots, a_{16}$ 中必有 3 个数构成三角形的三边长.

综上知最少要取 16 个不同的数.

例 18　在给定的一个正 $n(n \geqslant 10)$ 边形的 n 个顶点中任取 k 个点,使这 k 个点中存在四个点是某个四边形的顶点,且该四边形有三条边是所给定的正 n 边形的边,则 k 的最小值是_____.　　　　　　　　　　　　　　　　(2012 年全国高中联赛江苏省复赛试题)

解　将正 n 边形的 n 个顶点依次记为 $A_1, A_2, \cdots, A_n$. 记集合 A 是除去 $A_{4k}(k=1,2,\cdots,\left[\dfrac{n}{4}\right])$ 及 A_n(若 $4 \mid n$,则 $A_n = A_{4\left[\frac{n}{4}\right]}$). 显然 A 中无正 n 边形的连续 4 个相邻顶点,即 A 中不存在 4 点使以这 4 点为顶点的四边形中有三边是正 n 边形的边. 故 $k > |A|$,从而总有 $k \geqslant \left[\dfrac{3n}{4}\right]+1$.

反之,任取正 n 边形的 $\left[\dfrac{3n}{4}\right]+1$ 个顶点,其中必有 4 个连续相邻的顶点. 这是因为这时没有取出的顶点数为 $n - \left(\left[\dfrac{3n}{4}\right]+1\right) = \left[\dfrac{n-1}{4}\right]$. 这些点将正 n 边形顶点主要分为

$\left[\dfrac{n-1}{4}\right]$个连续段,又$\dfrac{\left[\dfrac{3n}{4}\right]+1}{\left[\dfrac{n-1}{4}\right]}>3$,故其中必有一段至少有连续四个相邻的顶点被取出.以这 4 点为顶点的四边形有三边是所给定正 n 边形的边.

综上可知,所求 k 的最小值为$\left[\dfrac{3n}{4}\right]+1$.

2. 组合分析法

设所研究的组合对象的个数 m 的最大(小)值为 m_0,通过组合分析确定 m_0 最多(少)应为多少时,才能保证题中的结论成立.

例 1 给定正整数 r 和 n,求最小正整数 m,满足:若将集合 $S=\{1,2,\cdots,m\}$ 任意分成 r 个两两不相交的子集 $A_1,A_2,\cdots,A_r$,则必存在两个正整数 a,b 属于同一个子集 $A_i(1\leqslant i\leqslant r)$ 且 $b<a\leqslant\dfrac{n+1}{n}b$.

解 首先,按模 r 的剩余类将 $S=\{1,2,\cdots,m\}$ 分成 r 个两两不相交的子集,$A_1,A_2,\cdots,A_r$,其中 $A_i=\{k\,|\,k\in S\text{ 且 }k\equiv i(\mathrm{mod}\,r)\}(i=1,2,\cdots,r)$.

于是,对每一个 $A_i(1\leqslant i\leqslant r)$ 及任意 $a,b\in A_i(a>b)$,有 $a-b\geqslant r$,且 $b\leqslant a-r\leqslant m-r$.于是

$$\frac{a}{b}=1+\frac{a-b}{b}\geqslant 1+\frac{r}{m-r}.$$

于是,当 $m-r<nr$,即 $m<(n+1)r$ 时,有 $\dfrac{a}{b}\geqslant 1+\dfrac{r}{m-r}>1+\dfrac{1}{n}$,即 $a>\dfrac{n+1}{n}b$.

故当 $m<(n+1)r$ 时,不满足题目条件.

另一方面,若 $m\geqslant(n+1)r$ 且将 $S=\{1,2,\cdots,m\}$ 任意分成 r 个两两不相交的子集 A_1,$A_2,\cdots,A_r$,则在 S 中可取 $r+1$ 个数:$nr,nr+1,\cdots,nr+r$,由抽屉原理知其中必有两个数 a,$b(a>b)$ 属于同一子集 A_i,且满足 $nr\leqslant b<a\leqslant nr+r$,从而有 $a-b\leqslant r,b\geqslant nr$,于是 $1<\dfrac{a}{b}=$

$1+\dfrac{a-b}{b}\leqslant 1+\dfrac{r}{nr}=\dfrac{n+1}{n}$,即 $b<a\leqslant\dfrac{n+1}{n}b$.故当 $m\geqslant(n+1)r$ 时,满足题目的条件.

综上知 m 的最小值为 $m_0=(n+1)r$.

例 2 求最大正整数 n,使存在 n 个不同实数 $x_1,x_2,\cdots,x_n$ 满足:对任意 $1\leqslant i<j\leqslant n$,有$(1+x_ix_j)^2\leqslant 0.99(1+x_i^2)(1+x_j^2)$.

解 首先,$(1+x_ix_j)^2\leqslant 0.99(1+x_i^2)(1+x_j^2)$

$\Leftrightarrow 100(1+x_ix_j)^2\leqslant 99(1+x_i^2)(1+x_j^2)$

$\Leftrightarrow 99[(1+x_i^2)(1+x_j^2)-(1+x_ix_j)^2]\geqslant(1+x_ix_j)^2$

$\Leftrightarrow 99(x_i-x_j)^2\geqslant(1+x_ix_j)^2\Leftrightarrow\left(\dfrac{x_i-x_j}{1+x_ix_j}\right)^2\geqslant\dfrac{1}{99}$.

由此联想到两角差的正切函数公式:令 $x_i=\tan\theta_i$,$\tan\theta=\dfrac{1}{\sqrt{99}}$,则上式等价于

$\tan^2(\theta_j-\theta_i)\geqslant\tan^2\theta$.

一方面,对任意 n 个实数 $x_1,x_2,\cdots,x_n$,令 $x_i=\tan\theta_i$($-\frac{\pi}{2}<\theta_i<\frac{\pi}{2}$,$i=1,2,\cdots,n$,且 $\theta_1<\theta_2<\cdots<\theta_n$),那么

当 $\theta_n-\theta_1>\frac{n-1}{n}\pi=\pi-\frac{\pi}{n}$ 时,由 $\theta_n-\theta_1<\pi$ 得

$$\tan^2(\theta_n-\theta_1)<\tan^2\frac{\pi}{n};$$

当 $\theta_n-\theta_1\leqslant\frac{n-1}{n}\pi$ 时,因 $\theta_n-\theta_1=(\theta_2-\theta_1)+(\theta_3-\theta_2)+\cdots+(\theta_n-\theta_{n-1})$,故存在 i($1\leqslant i\leqslant n-1$)使 $0<\theta_{i+1}-\theta_i\leqslant\frac{\pi}{n}$,所以

$$\tan^2(\theta_{i+1}-\theta_i)\leqslant\tan^2\frac{\pi}{n}.$$

由上可知,总存在 i,j($1\leqslant i<j\leqslant n$)使

$$\tan^2(\theta_j-\theta_i)\leqslant\tan^2\frac{\pi}{n}.$$

即 $\left(\cos^2\frac{\pi}{n}\right)\left(\frac{x_j-x_i}{1+x_ix_j}\right)^2\leqslant\sin^2\frac{\pi}{n}\Leftrightarrow\left(\sin^2\frac{\pi}{n}\right)(1+x_ix_j)^2\geqslant\left(\cos^2\frac{\pi}{n}\right)(x_j-x_i)^2.$

两边加 $\left(\cos^2\frac{\pi}{n}\right)(1+x_ix_j)^2$ 得

$$(1+x_ix_j)^2\geqslant\left(\cos^2\frac{\pi}{n}\right)\left[(x_j-x_i)^2+(1+x_ix_j)^2\right]=\left(\cos^2\frac{\pi}{n}\right)(1+x_i^2)(1+x_j^2).$$

而当 $n\geqslant32$ 时,有 $\cos^2\frac{\pi}{n}=1-\sin^2\frac{\pi}{n}\geqslant1-\left(\frac{\pi}{n}\right)^2\geqslant1-\left(\frac{\pi}{32}\right)^2>1-\left(\frac{1}{10}\right)^2=0.99$,即当 $n\geqslant32$ 时,对任意 n 个实数 $x_1,x_2,\cdots,x_n$,其中必存在两个实数 x_i,x_j 使

$$(1+x_ix_j)^2>0.99(1+x_i^2)(1+x_j^2).$$

故 $n\geqslant32$ 时,不存在 n 个实数满足题目条件.

另一方面,取 31 个实数 $x_i=\tan(i\theta)$($i=1,2,\cdots,31$),其中 $\theta=\arctan\frac{1}{\sqrt{99}}$,则 $\tan\theta=$

$\frac{\sqrt{99}}{99}<\frac{10}{99}<\frac{\pi}{31}<\tan\frac{\pi}{31}$,即 $0<\theta<\frac{\pi}{31}$. 所以,当 $1\leqslant i<j\leqslant31$ 时

$$\theta\leqslant(j-i)\theta\leqslant30\theta<\frac{30\pi}{31}=\pi-\frac{\pi}{31}<\pi-\theta.$$

从而有 $\tan^2(j-i)\theta\geqslant\tan^2\theta=\frac{1}{99}$,

即 $\left(\frac{x_j-x_i}{1+x_ix_j}\right)^2\geqslant\frac{1}{99}$.

由此可得 $(1+x_ix_j)^2\leqslant0.99(1+x_i^2)(1+x_j^2)$.

故存在 31 个实数 $x_1,x_2,\cdots,x_{31}$ 满足题目条件.

综上知所求 n 的最大值为 31.

例 3 学校举办足球循环赛,每个参赛队都与其他队各赛一场,胜一场积 2 分,平一场

积 1 分,负一场积 0 分.已知仅有一个队积分最多,但他胜的场数最少,问最少有几个队参赛,才有这种可能?　　　　　　　　　　　　(1990 年第 16 届全俄奥林匹克九年级试题)

解　称积分最多的队为冠军,设冠军胜 n 场,平 m 场,则他共积 $2n+m$ 分.由假设知其余各队胜的场次不少于 $n+1$,即积分不少于 $2(n+1)$.由 $2n+m \geqslant 2(n+1)$,得 $m \geqslant 3$,从而有队踢过平局,他们的积分不少于 $2(n+1)+1$.由 $2n+m > 2(n+1)+1$,得 $m \geqslant 4$.

冠军队至少胜一场,否则,他的积分不多于 $S-1$(S 为参赛队数),其余各队的积分均少于 $S-1$.于是,所有各队积分之和少于 $S(S-1)$,而每赛一场,双方积分之和为 2,因此各队积分之和应为 $2C_S^2=S(S-1)$,矛盾.于是 $n \geqslant 1$,$m \geqslant 4$,因此冠军队参加比赛的场数不少于 5,参赛队数(包括冠军队)不少于 6 个.

下面比赛积分表表明,有 6 个队(分别用 A_1,A_2,A_3,A_4,A_5,A_6 表示)参赛,且满足题设要求的比赛结果.因此,最少有 6 个队参赛.

	A_1	A_2	A_3	A_4	A_5	A_6	积分
A_1		1	1	1	1	2	6
A_2	1		2	0	0	2	5
A_3	1	0		0	2	2	5
A_4	1	2	2		0	0	5
A_5	1	2	0	2		0	5
A_6	0	0	0	2	2		4

例 4　用水平和垂直的直线网把一块正方形黑板分成边长为 1 的 n^2 个小方格,试问对于怎样的最大正整数 n,一定可选出 n 个小方格使得任意面积不小于 n 的矩形中都至少包含上面选出的一个小方格(矩形的边是沿着直线网的)?

(1993 年第 19 届全俄奥林匹克十年级试题)

解　由题意显然可得,如果选出 n 个小方格满足问题条件,那么,在每一行、每一列都恰有一个选定的小方格.

称第一列中选定的方格所在的行为 A.若 A 是第一行,则称第二、三行为 B、C;若 A 是第 n 行,则称第 $n-1$、$n-2$ 行为 B、C;若 A 不是第一行与第 n 行,则称与 A 相邻的两行为 B、C.

设行 B 中第 b 个方格是选定的.如果 $b \leqslant \left[\dfrac{n}{2}\right]$ 或 $b \geqslant n-\left[\dfrac{n}{2}\right]+2$(这时 $[x]$ 表示不大于 x 的最大整数),那么 A、B 两行中第 $\left[\dfrac{n}{2}\right]+1$,$\left[\dfrac{n}{2}\right]+2$,$\cdots$,$n$ 列构成的矩形或第 $2,3,\cdots$,$n-\left[\dfrac{n}{2}\right]+1$ 列构成的矩形的面积为 $2\left(n-\left[\dfrac{n}{2}\right]\right) \geqslant n$,而其中不含选定的方格.所以,必须有 $\left[\dfrac{n}{2}\right]+1 \leqslant b \leqslant n-\left[\dfrac{n}{2}\right]+1$.再考虑 A、B、C 三行中由第 $2,3,\cdots$,$\left[\dfrac{n}{2}\right]$ 列构成的矩形,以及由第 $n-\left[\dfrac{n}{2}\right]+2$,$n-\left[\dfrac{n}{2}\right]+3$,$\cdots$,$n$ 列构成的矩形,这两个矩形的面积都为 $S=$

$3\left(\left[\dfrac{n}{2}\right]-1\right)$，并且当 $n\geqslant 8$ 时，有 $S\geqslant n$，以及这两个矩形中都不含 A、B 两行中选定的方格.
而 C 行中只有一个选定的方格，所以这两个矩形中一定有一个不包含有选定的方格，可见
当 $n\geqslant 8$ 时，不满足题目的条件.

另一方面，如图 4-6，知当 $n=7$ 时，有满足题目要求的选法.

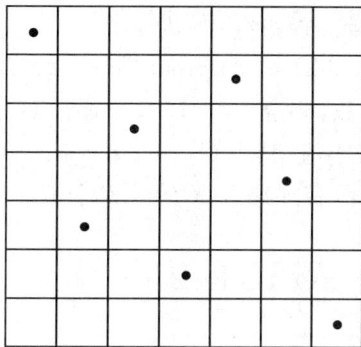

图 4-6

因此，所求最大的正整数 n 等于 7.

例 5 给定正整数 $n(\geqslant 3)$. 若集合 $M\leqslant\{1,2,\cdots,n\}$ 满足：M 的任意三个元素中都可以
找到二个元素 $a,b(a<b)$ 使得 $a\,|\,b$，试求 $|M|$ 的最大值.

（当 $n=2011$ 时，此题为 2011 年中国西部奥林匹克试题）

分析 由抽屉原理知，要使 M 满足题目条件只须 M 由二个不相交的子集组成，每个
子集内较大元素是较小元素的整数倍. 为了使 $|M|$ 最大，则只须将每个子集的元素从小到
大排列后，后一个元素恰是前一个元素的 2 倍.

解 对给定的正整数 $n(\geqslant 3)$，存在唯一正整数，使得 $2^{k_0}\leqslant n<2^{k_0+1}$. 分两种情形：

(1)当 $2^{k_0}\leqslant n<3\times 2^{k_0-1}$ 时，构造 M 如下：

$M=\{1,2,2^2,\cdots,2^{k_0}\}\bigcup\{3,3\times 2,3\times 2^2,\cdots,3\times 2^{k_0-2}\}$

这时满足题目要求且 $|M|=(k_0+1)+(k_0-1)=2k_0$.

若存在一个 $M\leqslant\{1,2,\cdots,n\}$，$|M|\geqslant 2k_0+1$ 满足题目要求. 设 M 中较小的 $2k_0+1$ 个
数为 $a_1<a_2<\cdots<a_{2k_0+1}$，则对任意 $k(1\leqslant k\leqslant 2k_0-1)$，有 $a_{k+2}\geqslant 2a_k$. 否则存在 $k(1\leqslant k\leqslant$
$2k_0-1)$有 $a_{k+2}<2a_k$，于是 $a_k<a_{k+1}<a_{k+2}<2a_k$，故 a_k,a_{k+1},a_{k+2} 中较小的数不能整除较大
的数，这与 M 满足题目要求矛盾，故必有 $a_{k+2}\geqslant a_k(1\leqslant k\leqslant 2k_0-1)$.

所以

$a_{2k_0+1}\geqslant 2a_{2k_0-1}\geqslant 2^2 a_{2k_0-3}\geqslant\cdots\geqslant 2^{k_0-1}a_3\geqslant 3\cdot 2^{k_0-1}$，

这与 $a_{2k_0+1}\geqslant n<3\cdot 2^{k_0-1}$矛盾！可见当 $2^{k_0}\leqslant n<3\times 2^{k_0-1}$时，$\max|M|=2k_0$.

(2)当 $3\times 2^{k_0-1}\leqslant n<2^{k_0+1}$时，则

$M=\{1,2,2^2,\cdots,2^{k_0}\}\bigcup\{3,3\times 2,3\times 2^2,\cdots,3\times 2^{k_0-1}\}$

满足题目条件，且 $|M|=(k_0+1)+k_0=2k_0+1$.

若存在 $M\subseteq\{1,2,\cdots,n\}$且 $|M|\geqslant 2k_0+2$ 满足题目条件. 设 M 中较小的 $2k_0+2$ 个元为

$a_1<a_2<\cdots<a_{2k_0+2}$. 同(1)可证对任意 $k(1\leqslant k\leqslant 2k_0)$, $a_{k+2}\geqslant 2a_k$, 于是

$a_{2k_0+2}\geqslant 2a_{2k_0}\geqslant 2^2 a_{2k_0-2}\geqslant\cdots\geqslant 2^{k_0}a_2\geqslant 2\cdot 2^{k_0}=2^{k_0+1}$, 这与 $a_{2k_0+2}\leqslant n<2^{k_0+1}$ 矛盾. 可见当 $3\times 2^{k_0-1}\leqslant n<2^{k_0+1}$ 时, $\max|M|=2k_0+1$.

综上可得, 当 $2^{k_0}\leqslant n<2^{k_0+1}$ 时,

$$\max|M|=\begin{cases}2k_0 & (2^{k_0}\leqslant n<3\times 2^{k_0-1}\text{时}),\\ 2k_0+1 & (3\times 2^{k_0-1}\leqslant n<2^{k_0+1}\text{时}).\end{cases}$$

特别当 $n=2011$ 时, 由 $3\times 2^9<2011<2^{11}$ 得 $\max|M|=2\times 10+1=21$.

例6 设 n 是给定的正整数, 集合 $S=\{1,2,\cdots,n\}$, 对非空的有限实数集合 A 和 B, 求 $|A\triangle S|+|B\triangle S|+|C\triangle S|$ 的最小值, 其中 $C=A+B=\{a+b\mid a\in A,b\in B\}$, $X\triangle Y=\{x\mid x$ 恰属于 X 和 Y 中的一个$\}$, $|X|$ 表示有限集合 X 的元素个数. 　　　　(2011 年 CMO 试题)

解 所求最小值为 $n+1$.

首先取 $A=B=S$, 则 $A\triangle S=\varnothing$, $B\triangle S=\varnothing$, $C=\{2,3,4,\cdots,2n\}$, $C\triangle S=\{1,n+1,n+2,\cdots,2n\}$. 故

$$|A\triangle S|+|B\triangle S|+|C\triangle S|=0+0+n+1=n+1.$$

其次, 我们证明 $l=|A\triangle S|+|B\triangle S|+|C\triangle S|\geqslant n+1$. 记 $X\backslash Y=\{x\mid x\in X,x\notin Y\}$, 显然有

$l=|A\backslash S|+|S\backslash A|+|B\backslash S|+|S\backslash B|+|C\backslash S|+|S\backslash C|$. 我们只要证明

（ⅰ）$|A\backslash S|+|B\backslash S|+|S\backslash C|\geqslant 1$,

（ⅱ）$|S\backslash A|+|S\backslash B|+|C\backslash S|\geqslant n$.

先证（ⅰ）, 若 $|A\backslash S|=|B\backslash S|=0$, 则 $A,B\subseteq S$, 于是不可能是 $C=A+B$ 中的元, 即 $|S\backslash C|\geqslant 1$, 所以（ⅰ）成立, 否则 $|A\backslash S|$ 与 $|B\backslash S|$ 中至少有一个不小于 1, 而（ⅰ）也成立.

再证（ⅱ）, 若 $|A\cap S|=0$, 则 $|S\backslash A|=|S|=n$,（ⅱ）成立. 否则 $|A\cap S|\neq 0$, 设 $A\cap S$ 中元素最大的一个为 $n-k$, $0\leqslant k\leqslant n-1$, 则

$$|S\backslash A|\geqslant k. \tag{①}$$

另一方面, 对 $i=k+1,k+2,\cdots,n$, 要么 $i\notin B$（这时 $i\in S\backslash B$）, 要么 $i\in B$, 这时 $n-k+i\in A+B=C$, 即 $n-k+i\in C\backslash S$（因 $n-k+i\geqslant n+1$, $n-k+i\notin S$）, 所以

$$|C\backslash S|+|S\backslash B|\geqslant n-k. \tag{②}$$

由①、②即得（ⅱ）.

综上可知（ⅰ）（ⅱ）成立, 故 $l\geqslant n+1$. 所以, 所求最小值是 $n+1$.

例7 给定整数 $n\geqslant 3$, 设 $A_1,A_2,\cdots,A_{2n}$ 是集合 $\{1,2,\cdots,n\}$ 的两两不同的非空子集, 记 $A_{2n+1}=A_1$. 求 $\sum_{i=1}^{2n}\dfrac{|A_i\cap A_{i+1}|}{|A_i|\cdot|A_{i+1}|}$ 的最大值. 　　（第 9 届中国女子奥林匹克试题）

解 记 $I=\{1,2,\cdots,2n\}$, 对 $i\in I$, 若 $|A_i\cap A_{i+1}|=0$, 则 $\dfrac{|A_i\cap A_{i+1}|}{|A_i|\cdot|A_{i+1}|}=0$, $\sum_{i=1}^{2n}\dfrac{|A_i\cap A_{i+1}|}{|A_i|\cdot|A_{i+1}|}$ 不取最大值. 以下假设对任意 $i\in I$, $|A_i\cap A_{i+1}|\geqslant 1$.

由于 $A_i\cap A_{i+1}\subseteq A_i$, $A_i\cap A_{i+1}\subseteq A_{i+1}$, 所以

$|A_i \cap A_{i+1}| \leqslant \min(|A_i|, |A_{i+1}|)$.

对由于 $A_i \neq A_{i+1}$，及 $|A_i \cap A_{i+1}| \geqslant 1$，所以

$\max(|A_i|, |A_{i+1}|) \geqslant 2$.

因此

$$\sum_{i=1}^{2n} \frac{|A_i \cap A_{i+1}|}{|A_i| \cdot |A_{i+1}|} \leqslant \sum_{i=1}^{2n} \frac{\min(|A_i|, |A_{i+1}|)}{|A_i| \cdot |A_{i+1}|}$$

$$= \sum_{i=1}^{2n} \frac{1}{\max(|A_i|, |A_{i+1}|)} \leqslant \sum_{i=1}^{2n} \frac{1}{2} = n. \qquad (*)$$

另一方面，上式中的等号可以取到，例如：$A_1 = \{1\}$，$A_2 = \{1,2\}$，$A_3 = \{2\}$，$A_4 = \{2,3\}$，$\cdots$，$A_{2i-1} = \{i\}$，$A_{2i} = \{i, i+1\}$，$\cdots$，$A_{2n-1} = \{n\}$，$A_{2n} = \{n, 1\}$ 时，$(*)$ 中等号成立.

综上可知：$\sum_{i=1}^{2n} \frac{|A_i \cap A_{i+1}|}{|A_i| \cdot |A_{i+1}|}$ 的最大值为 n.

3. 计数方法

根据问题的条件和结论，利用第一章介绍的计数方法（映射、算二次、容斥原理等等），建立一个不等式，从而确定要求的最大（小）值.

例1 直角坐标平面上的直线 l 称为规范直线，如果它与 x 轴、y 轴或直线 $y = \pm x$ 之一平行或重合，直角坐标平面上任给 6 个点，其中任意两点连一直线，这些直线中最多有几条规范直线？

解 设平面上给定 6 个点构成的集合为 A，过 A 中任意两点作一直线，设其中有 k 条规范直线，它们构成集合 B. 若 A 中一点 a 在 B 中一条规范直线 l 上，则将 a 与 l 配成一对，这对子集合记为 S. 一方面，对任意 $a \in A$，过 a 的规范直线至多有 4 条，又 $|A| = 6$，所以

$|S| \leqslant 4|A| = 24$.

另一方面，对于 B 中任意一条规范直线 l，l 上至少有 A 中两点，且 $|B| = k$，所以

$|S| \geqslant 2|B| = 2k$.

所以 $2k \leqslant 24$，$k \leqslant 12$.

若 $k = 12$，则 $|S| = 2k = 4 \times 6$，即过 A 中每点恰有 4 条规范直线并且每条规范直线上恰有 A 中两点. 因为 A 是有限点集，故存在一个矩形区域 D，它的两组对边分别平行 x 轴和 y 轴，且使 A 中 6 点全在 D 的边界或内部，并且 D 的每条边上至少有 A 中一个点. 于是，D 的每边所在直线均为规范直线，并且 D 必有一顶点 a 是 A 中的点（否则 D 的每边上有 A 中两个不同的点，4 边上有 A 中 8 个不同的点，矛盾）. 而过顶点 a 的 4 条规范直线中必有一条与区域 D 只有一个公共点，即 l 上恰有 A 中一点，这与每条规范直线上有 A 中两点矛盾，所以 $k \leqslant 11$.

另一方面，如图 4-7 中 6 点 $a_1, a_2, \cdots, a_6$，恰有 11 条规范直线，每条经过其中两点.

因此，连接 6 点中任意两条的规范直线最多有 11 条.

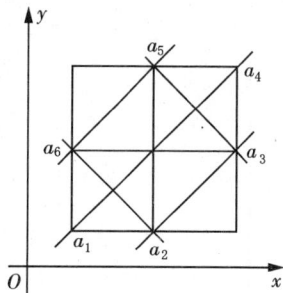

图 4-7

例2 一次排球循环赛后发现,对其中每两个球队,总有第3个球队打败了这两个球队.问最少有几个球队参加比赛?

解 设有 n 个球队 $A_1,A_2,\cdots,A_n$ 参加了比赛,它们打败的球队数依次为 $d_1,d_2,\cdots,d_n$. 因一共比赛了 C_n^2 场,每场球必有一个球队被打败,所以

$$d_1+d_2+\cdots+d_n=C_n^2. \hspace{2cm} ①$$

由已知条件,对任意两支球队 $A_i,A_j(1\leqslant i,j\leqslant n)$,必有球队 A_k 同时打败了 A_i 和 $A_j(k\neq i,j)$. 同理又有球队 A_t 同时打败了 A_i 与 $A_k(t\neq i,j,k)$,还存在球队 A_r 同时打败了 A_i 与 $A_t(r\neq t,k,i)$(如图4-8中 $A_k\to A_j$ 表示 A_k 打败 A_j),于是,任意一个球队 A_i 至少被3个球队 A_k,A_t,A_r 打败,所以 $d_i\leqslant n-4(i=1,2,\cdots,n)$. ②

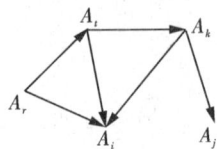

图4-8

如果 A_k 同时打败 A_i 与 A_j,则将 $\{A_k,A_i,A_j\}$ 组成一个"三队组",这种"三队组"的集合记为 S,因任意两队都至少有一个队打败它们,至少形成一个"三队组",故

$$|S|\geqslant C_n^2. \hspace{2cm} ③$$

另一方面,对每一个队 A_k,它打败了 d_k 个队,可形成 $C_{d_k}^2$ 个含 A_k 的"三队组",所以

$$|S|=\sum_{k=1}^{n}C_{d_k}^2=\frac{1}{2}\left(\sum_{k=1}^{n}d_k^2-\sum_{k=1}^{n}d_k\right). \hspace{1cm} ④$$

由①,②,③,④得

$$n(n-4)^2\geqslant\sum_{k=1}^{n}d_k^2\geqslant 2C_n^2+\sum_{k=1}^{n}d_k=3C_n^2.$$

即 $2n^2-19n+35\geqslant 0,(2n-5)(n-7)\geqslant 0,$

所以 $n\leqslant\dfrac{5}{2}$ 或 $n\geqslant 7.$

但因为至少有3个队参加比赛,所以 $n\geqslant 7$.

下表举出了7个队参赛的符合题意的例子:

	A_1	A_2	A_3	A_4	A_5	A_6	A_7	胜场数	负场数
A_1		负	胜	负	胜	负	胜	3	3
A_2	胜		负	胜	负	负	胜	3	3
A_3	负	胜		胜	胜	负	负	3	3
A_4	胜	负	负		胜	胜	负	3	3
A_5	负	胜	负	负		胜	胜	3	3
A_6	胜	胜	胜	负	负		负	3	3
A_7	负	负	胜	胜	负	胜		3	3

故最少有 7 支球队参赛.

注 $n \geqslant 7$ 也可用下列组合分析法得到:设 A 是所有队伍中取胜场数最多的队,于是同上述解法知至少有 3 个队打败 A,即 A 至少失利 3 场. 又 A 是胜的场次最多的队,故 A 获胜的场次不少于失利场数(否则各队取胜的总场数少于失利的总场数,矛盾),这样 A 至少胜 3 场也至少负 3 场,即 A 至少比赛 6 场,故最少有 7 支球队参加循环赛.

例 3 $n(\geqslant 5)$ 支球队进行单循环赛,胜者得 3 分,平时各得 1 分,负者得 0 分,结果倒数第 3 名的队的得分比排在它前面的队都少,而比最后面两队都多;而其获胜场数比前面的队都多,却比后面两队少.求队数 n 的最小值.　　　　　　(1998 年中国国家队选拔考试试题)

解 设 n 个队按得分先后往前排依次为 $A_1, A_2, \cdots, A_n$. 设 A_i 胜 m_i 场,平 k_i 场,则积分为 $3m_i + k_i$,依题意当 $i = 1, 2$ 时,$m_i \geqslant m_3 + 1, 3m_i + k_i \leqslant 3m_3 + k_3 - 1$,而当 $i \geqslant 4$ 时,$m_i \leqslant m_3 - 1, 3m_i + k_i \geqslant 3m_3 + k_3 + 1$. 故比赛的总场数为

$$\frac{1}{2}n(n-1) = C_n^2 = \sum_{i=1}^{n} m_i + \frac{1}{2}\sum_{i=1}^{n} k_i.$$

$$\begin{aligned} n(n-1) &= 2\sum_{i=1}^{n} m_i + \sum_{i=1}^{n} k_i \\ &\geqslant 2\sum_{i=1}^{2} m_i + 2m_3 + 2\sum_{i=4}^{n} m_i + k_3 + \sum_{i=4}^{m} k_i \\ &\geqslant 4(m_3 + 1) + 2m_3 + 2\sum_{i=4}^{n} m_i + k_3 + \sum_{i=4}^{n} k_i \\ &= 6m_3 + 4 + k_3 + \sum_{i=4}^{n}(3m_i + k_i) - \sum_{i=4}^{n} m_i \\ &\geqslant 6m_3 + 4 + k_3 + (n-3)(3m_3 + k_3 + 1) - (n-3)(m_3 - 1) \\ &= 2nm_3 + (n-2)k_3 + 2n - 2. \qquad\qquad ① \end{aligned}$$

而由 $i \geqslant 4$ 时,$0 \leqslant m_i \leqslant m_3 - 1$ 知 $m_3 \geqslant 1$. 故 $i = 1, 2$ 时 $m_i \geqslant m_3 + 1 \geqslant 2$,即 A_1, A_2 至少胜两场,而 A_3 为了积分超过 A_1 和 A_2,故 A_3 必须比 A_1 和 A_2 中每队至少多平 4 场,所以 $k_3 \geqslant 4$. 同理当 $i \geqslant 4$ 时,A_i 至少比 A_3 多平 4 场,即每个 $A_i(i \geqslant 4)$ 至少平 8 场,所以 $n \geqslant 9$. 故 A_3 至少 1 胜 4 平 3 负,A_1 和 A_2 每队至少 2 胜 6 负,可见 A_1, A_2, A_3 一共至少输掉 $3+6+6=15$ 场,除了它们互相比赛的 3 场外,它们至少输给 $A_4, A_5, \cdots, A_n$ 12 场,即 $A_4, A_5, \cdots, A_n$ 在 A_1, A_2, A_3 身上至少胜 12 场. 若 $A_4, A_5, \cdots, A_n$ 每队只胜一场,则 $n - 3 \geqslant 12, n \geqslant 15$. 否则 $A_4, A_5, \cdots, A_n$ 至少有一个队 $A_{i_0}(1 \leqslant i_0 \leqslant n)$ 胜 2 场,即 $m_{i_0} \geqslant 2$,于是 $m_3 \geqslant m_{i_0} + 1 \geqslant 3$. 又 $k_3 \geqslant 4$,代入①得

$$n^2 - n \geqslant 6n + 4(n-2) + 2n - 2,$$

即　　$n^2 - 13n + 10 \geqslant 0$.

所以 $n \geqslant \dfrac{13 + \sqrt{13^2 - 4 \times 10}}{2} = \dfrac{13 + \sqrt{129}}{2} > \dfrac{13 + 11}{2} = 12$.

故 $n \geqslant 13$. 可见,总有 $n \geqslant 13$.

当 $n = 13$ 时,A_3 3 胜 4 平 5 负,A_1, A_2 都是 4 胜 8 负,$A_4, A_5, \cdots, A_{13}$ 都是 2 胜 9 平 1 负,如下表所示知道这种比赛结果是能够实现的.

因此,所求 n 的最小值是 13.

	A13	A12	A11	A10	A9	A8	A7	A6	A5	A4	A3	A2	A1	胜	平	负	总分
A13		平	平	平	平	平	平	平	平	平	胜	胜	负	2	9	1	15
A12	平		平	平	平	平	平	平	平	平	胜	负	胜	2	9	1	15
A11	平	平		平	平	平	平	平	平	平	胜	胜	负	2	9	1	15
A10	平	平	平		平	平	平	平	平	平	胜	负	胜	2	9	1	15
A9	平	平	平	平		平	平	平	平	平	胜	胜	负	2	9	1	15
A8	平	平	平	平	平		平	平	负	平	平	胜	胜	2	9	1	15
A7	平	平	平	平	平	平		平	平	负	平	胜	胜	2	9	1	15
A6	平	平	平	平	平	平	平		平	平	负	胜	胜	2	9	1	15
A5	平	平	平	平	平	胜	平	平		平	平	负	胜	2	9	1	15
A4	平	平	平	平	平	平	胜	平	平		平	负	胜	2	9	1	15
A3	负	负	负	负	负	平	平	胜	平	平		胜	胜	3	4	5	13
A2	负	胜	负	胜	负	负	负	负	胜	胜	负		负	4	0	8	12
A1	胜	负	胜	负	胜	负	负	负	负	负	负	胜		4	0	8	12

例 4 某班共 30 名学生,每名学生在班内部都有同样多的朋友,期末考试后,任何两人的成绩都可分出优劣,没有并列者,比自己的多半朋友的成绩都好的学生称之为好学生,问好学生最多有几名? （第 20 届全俄奥林匹克试题）

解法一 设每人有 k 个朋友,全班有 x 个好学生.若学生 a 比他的朋友 b 好,则将 a 与 b 组成一对,这种对子集合记为 S.

一方面最好的那名学生比它的 k 个朋友都好,可配成 k 对,其余 $x-1$ 名学生,每人都至少比它的 $\left[\dfrac{k}{2}\right]+1 \geqslant \dfrac{k+1}{2}$ 个朋友好,每人至少配成 $\dfrac{k+1}{2}$ 对,所以

$$|S| \geqslant k+(x-1)\left(\dfrac{k+1}{2}\right).$$

另一方面,30 名学生,每人恰有 k 个朋友共形成 $\dfrac{30k}{2}=15k$ 对子集,所以 $|S| \leqslant 15k$.

所以 $k+(x-1)\left(\dfrac{k+1}{2}\right) \leqslant 15k$,即 $x \leqslant \dfrac{28k}{k+1}+1=29-\dfrac{28}{k+1}$. ①

其次,设 C 是好学生中最差的 1 名,故比 C 差的学生最多有 $30-x$,而 C 的 k 个朋友中至少有 $\left[\dfrac{k}{2}\right]+1 \geqslant \dfrac{k+1}{2}$ 个比 C 差,所以

$$30-x \geqslant \dfrac{k+1}{2},\quad 即\ k \leqslant 59-2x. \tag{②}$$

将②代入①得 $x \leqslant 29-\dfrac{28}{60-2x}=29-\dfrac{14}{30-x}$,即

$$x^2-59x+856 \geqslant 0.$$

解得 $x \leqslant \dfrac{59-\sqrt{57}}{2} < 26$ 或 $x \geqslant \dfrac{59+\sqrt{57}}{2} > 30$（舍去）.

所以 $n \leqslant 25$.

下面例子表明好学生可以为 25 人（由②中等号成立知这时 $k=9$）.

用 $1,2,\cdots,30$ 这 30 个号码分别表示第 1 名，第 2 名，…，第 30 名学生，并将这些号码填入如图 4-9 的 6×5 的表格中，规定：

（1）第 1 行中每个学生的朋友是同行以及下一行中不同列的其他 8 人和第 6 行中同列的那个人（例如 3 号学生的朋友的编号是 $1,2,4,5,6,7,9,10,28$）；

（2）第 2 行至第 5 行中每个学生的朋友是相邻上、下 2 行中与他不同列的其他 8 人以及第 6 行中与他同列的那个人（例如 17 号学生的朋友编号是 $11,13,14,15,21,23,24,25,27$）；

（3）第 6 行中每个学生的朋友是上一行以及同列的其他 9 人（例如编号为 29 的学生的朋友的编号是 $21,22,23,24,25,4,9,14,19$）.

于是，每人恰有 9 位朋友，并且编号为 1 至 25 的都是好学生.

1	2	3	4	5
6	7	8	9	10
11	12	13	14	15
16	17	18	19	20
21	22	23	24	25
26	27	28	29	30

图 4-9

解法二 若每位学生有 $2k-1$ 个朋友，那么所有朋友对的数目为 $\dfrac{1}{2} \times 30 \times (2k-1) = 30k-15$. 每对朋友中，给成绩较优的发一张奖状，这样共发出了出了 $30k-15$ 张奖状. 显然，得到至少 k 张奖状的学生是好学生，而第 1 名总是拿 $2k-1$ 张奖状，第 2 名至少拿 $2k-2$ 张奖状，第 3 名至少拿 $2k-3$ 张奖状，…，第 k 名至少拿 k 张奖状，于是这 k 名好学生至少拿了 $(2k-1)+(2k-2)+\cdots+k = \dfrac{1}{2}k(3k-1)$ 张奖状，余下学生至多拿了 $30k-15-\dfrac{1}{2}k(3k-1)$ 张奖状. 因此，余下学生中至多有 $\dfrac{1}{k}\left[30k-15-\dfrac{1}{2}k(3k-1)\right]$ 名好学生，故好学生的人数 n 至多为

$$k+\dfrac{1}{k}\left[30k-15-\dfrac{1}{2}k(3k-1)\right] = 30\dfrac{1}{2}-\left(\dfrac{15}{k}+\dfrac{k}{2}\right) \leqslant 30\dfrac{1}{2}-2\sqrt{\dfrac{15}{k}\times\dfrac{k}{2}}$$

$$= 30\dfrac{1}{2}-\sqrt{30} < 30\dfrac{1}{2}-5 = 25.5.$$

所以 $n \leqslant 25$.

若每个学生有 $2k$ 个朋友，则完全类似地，可发出 $30k$ 张奖状，至少得到 $k+1$ 张奖状者为好学生. 第 1 名至第 k 名至少得到了 $\dfrac{1}{2}k(3k+1)$ 张奖状，因此，好学生的人数 n 至多为

$$k+\dfrac{1}{k+1}\left[30k-\dfrac{1}{2}k(3k+1)\right] = \dfrac{1}{k+1}\left[30k-\dfrac{1}{2}k(k-1)\right]$$

$$= \dfrac{1}{k+1}\left[30(k+1)-30-\dfrac{1}{2}(k+1)(k-2)-1\right]$$

○奥林匹克数学中的组合问题

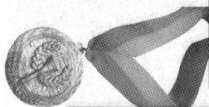

$$=30-\left(\frac{31}{k+1}+\frac{k-2}{2}\right)=31\frac{1}{2}-\left(\frac{31}{k+1}+\frac{k+1}{2}\right)$$

$$\leqslant 31\frac{1}{2}-2\sqrt{\frac{31}{k+1}\cdot\frac{k+1}{2}}=31\frac{1}{2}-\sqrt{62}<31\frac{1}{2}-7<25.$$

综合两种情形知,好学生至多有 25 人,下同解法一.

例 5 在一次由 n 个是非题构成的竞赛中,有 8 名选手参加,已知对任意一对是非题 (A,B) 而言(称 (A,B) 为有序对),恰有两人的答案为(对,对);恰有两人的答案为(对,错);恰有两人的答案为(错,对);恰有两人的答案为(错,错).求 n 的最大值,并说明理由.

解 设 8 名选手为 $P_1,P_2,\cdots,P_8$,n 道是非题为 $A_1,A_2,\cdots,A_n$,作 $8\times n$ 表格,其中第 i 行,第 j 列的数为

$$x_{ij}=\begin{cases}1(P_i\ 对\ A_j\ 的答案为"对")\\0(P_i\ 对\ A_j\ 的答案为"错")\end{cases}(i=1,2,\cdots,8,j=1,2,\cdots,n),$$

于是第 i 行各数之和 $a_i=\sum_{j=1}^{n}x_{ij}$ 表示 P_i 对题目 $A_1,A_2,\cdots,A_n$ 的答案为对的个数.又依题意知,每列中恰有 4 个 1 和 4 个 0,所以 $\sum_{i=1}^{8}x_{ij}=4$,于是

$$\sum_{i=1}^{8}a_i=\sum_{i=1}^{8}\sum_{j=1}^{n}x_{ij}=\sum_{j=1}^{n}\sum_{i=1}^{8}x_{ij}=\sum_{j=1}^{n}4=4n.$$

注意到,由题目条件知对任何一列,将其中 1 全部换为 0,并且将全部 0 换为 1 后,表中各数仍具有题中的性质.故不失一般性,可假设表中第 1 行的各数全为 1,从而 $a_1=n$,$\sum_{i=2}^{8}a_i=4n-n=3n$.

如果参赛者 P_i 对题目 A_k,A_j 的答案为(对,对),那么将 P_i,A_k,A_j 组成一个"三元组" $\{P_i,A_k,A_j\}$,所有这种三元组的集合记为 S.

一方面,对每个 P_i,他对 a_i 个题目的答案是"对",可形成 $C_{a_i}^2$ 个含 P_i 的"三元组",所以

$$|S|=\sum_{i=1}^{8}C_{a_i}^2. \qquad\qquad ①$$

另一方面,对每对题目 A_k,A_j,恰有两人对这两题的答案是"对",可形成 2 个含 A_k,A_j 的"三元组",而题目对 A_k,A_j 有 C_n^2 种取法,所以

$$|S|=2C_n^2=n(n-1). \qquad\qquad ②$$

由①及②并利用哥西不等式,得

$$n(n-1)=\sum_{i=1}^{8}C_{a_i}^2=C_{a_1}^2+\sum_{i=2}^{8}C_{a_i}^2=C_n^2+\frac{1}{2}\sum_{i=2}^{8}a_i^2-\frac{1}{2}\sum_{i=2}^{8}a_i$$

$$\geqslant C_n^2+\frac{1}{2\times 7}\left(\sum_{i=2}^{8}a_i\right)^2-\frac{1}{2}\sum_{i=2}^{8}a_i$$

$$=C_n^2+\frac{1}{2\times 7}(3n)^2-\frac{1}{2}(3n)=\frac{2}{7}n(4n-7).$$

解出 $n\leqslant 7$.

下面例子表明 n 可以等于 7:

	A_1	A_2	A_3	A_4	A_5	A_6	A_7
P_1	1	1	1	1	1	1	1
P_2	1	0	0	0	0	1	1
P_3	1	0	0	1	1	0	0
P_4	1	1	1	0	0	0	0
P_5	0	1	0	1	0	1	0
P_6	0	1	0	0	1	0	1
P_7	0	0	1	1	0	0	1
P_8	0	0	1	0	1	1	0

综上可知,所求 n 的最大值为 7.

例 6 从 $1,2,3,\cdots,100$ 这 100 个正整数中任取 n 个数,在这 n 个数中总能得到 4 个数,它们两两都互素,求 n 的最小值.

解 记 $S=\{1,2,3,\cdots,100\}$, $A_i=\{k\,|\,k\in S$ 且 k 被 i 整除$\}$ $(i=2,3,5)$,于是由容斥原理有

$$|A_2\bigcup A_3\bigcup A_5|=|A_2|+|A_3|+|A_5|-|A_2\bigcap A_3|-|A_2\bigcap A_5|-|A_3\bigcap A_5|+|A_2\bigcap A_3\bigcap A_5|$$

$$=\left[\frac{100}{2}\right]+\left[\frac{100}{3}\right]+\left[\frac{100}{5}\right]-\left[\frac{100}{2\times3}\right]-\left[\frac{100}{2\times5}\right]-\left[\frac{100}{3\times5}\right]+\left[\frac{100}{2\times3\times5}\right]$$

$$=50+33+20-16-10-6+3=74.$$

在 $A_2\bigcup A_3\bigcup A_5$ 中任取 4 个数,其中至少有 2 个数属于 A_2,A_3,A_5 中同一个集合,它们不互素.

故所求 n 的最小值 $\geqslant75$.

下面证明 n 的最小值等于 75.

记 $B_1=\{1\}\bigcup\{100$ 以内的素数$\}$,$B_2=\{2^2,3^2,5^2,7^2\}$,

$B_3=\{2\times47,3\times31,5\times19,7\times13\}$,$B_4=\{2\times43,3\times29,5\times17,7\times11\}$,

并令 $B=B_1\bigcup B_2\bigcup B_3\bigcup B_4$. 于是 $|B|=26+3\times4=38$,$|S\backslash B|=100-38=62$. 于是从 S 中任取 75 个数时,其中至少有 $75-62=13$ 个数属于 $B=B_1\bigcup B_2\bigcup B_3\bigcup B_4$,再由抽屉原理知这 13 个数中至少有 $\left[\frac{13-1}{4}\right]+1=4$ 个数属于 B_1,B_2,B_3,B_4 中同一子集,它们两两互素.

综上知所求 n 的最小值为 75.

例 7 某学校派出一个由 10 人组成的文艺小分队到一个工厂进行慰问演出,满足:

(1)每个节目至少有 5 人参加演出;

(2)每两个节目至多有 2 人同时参加演出.

问:他们最多演出了几个节目?

解法一 设文艺小分队中 10 人组成的集合为 $A=\{a_1,a_2,\cdots,a_{10}\}$，他们一共演出了 k 个节目，参加每个节目演出的人员组成的集合分别是 $A_1,A_2,\cdots,A_k$. 依题意得

(1) $|A_i|\geqslant 5, i=1,2,\cdots,k$；

(2) $|A_i\cap A_j|\leqslant 2(1\leqslant i<j\leqslant k)$，

若 $a_i\in A_j$，则将 (a_i,A_j) 配成一对，假设这样的对子共有 N 个. 一方面，假设 a_i 参加了 r_i 个节目的演出，则含 a_i 的对子有 r_i 个，又 $i=1,2,\cdots,10$，所以 $N=\sum\limits_{i=1}^{10}r_i$；另一方面，对任意 A_j，因为 A_j 含有 $|A_j|\geqslant 5$ 个元，可形成 $|A_j|\geqslant 5$ 个对子，又 $j=1,2,\cdots,k$. 所以 $N=\sum\limits_{j=1}^{k}|A_j|\geqslant 5k$，于是

$$\sum_{i=1}^{10}r_i\geqslant 5k. \qquad\qquad ①$$

其次，若 $a_t\in A_i\cap A_j(1\leqslant i<j\leqslant k)$，则将 $(a_t;A_i,A_j)$ 组成三元组（A_i,A_j 不排序），并设这种三元组共有 M 个. 一方面，对任意 $A_i,A_j(1\leqslant i<j\leqslant k)$，$A_i$ 与 A_j 有 $|A_i\cap A_j|\leqslant 2$ 个公共元，可形成 $|A_i\cap A_j|\leqslant 2$ 个含有 A_i,A_j 的三元组，所以 $M=\sum\limits_{1\leqslant i<j\leqslant k}|A_i\cap A_j|\leqslant 2C_k^2=k(k-1)$；另一方面，对任意 $a_t(1\leqslant t\leqslant 10)$，$a_t$ 属于 $A_1,A_2,\cdots,A_k$ 中 r_t 个集合，可形成 $C_{r_t}^2$ 个含 a_t 的三元组，又 $t=1,2,\cdots,10$，所以 $M=\sum\limits_{t=1}^{10}C_{r_t}^2=\dfrac{1}{2}\Big(\sum\limits_{t=1}^{10}r_t^2-\sum\limits_{t=1}^{10}r_t\Big)$，于是

$$k(k-1)\geqslant\frac{1}{2}\Big(\sum_{t=1}^{10}r_t^2-\sum_{t=1}^{10}r_t\Big).$$

由柯西不等式及①得

$$\begin{aligned}
k(k-1)&\geqslant\frac{1}{2}\Big[\frac{1}{10}\Big(\sum_{t=1}^{10}r_t\Big)^2-\sum_{t=1}^{10}r_t\Big]\\
&=\frac{1}{20}\Big(\sum_{t=1}^{10}r_t\Big)\Big[\Big(\sum_{t=1}^{10}r_t\Big)-10\Big]\\
&\geqslant\frac{1}{20}(5k)(5k-10). \qquad\qquad ②
\end{aligned}$$

解出 $k\leqslant 6$.

再次，当 $k=6$ 时，②中等号成立，由柯西不等式中等号成立的充要条件及①可得 $r_1=r_2=\cdots=r_{10}=3$，即 $A=\{a_1,a_2,\cdots,a_{10}\}$ 中每个元恰属于 $A_1,A_2,\cdots,A_6$ 中三个集合. 我们构造 6 个集合如下：

$$A_1=\{a_1,a_2,a_3,a_4,a_5\}, A_2=\{a_1,a_2,a_6,a_7,a_8\},$$
$$A_3=\{a_1,a_3,a_6,a_9,a_{10}\}, A_4=\{a_2,a_4,a_7,a_9,a_{10}\},$$
$$A_5=\{a_3,a_5,a_7,a_8,a_{10}\}, A_6=\{a_4,a_5,a_6,a_8,a_9\}.$$

于是易检验 $|A_i|=5(i=1,2,\cdots,6)$，$|A_i\cap A_j|=2(1\leqslant i<j\leqslant 6)$ 满足题目条件(1)，(2).

综上可知，他们最多演出了 6 个节目.

解法二 记号同解法一，且同解法一可构造出 6 个集合 $A_1,A_2,\cdots,A_6$ 满足题目条件 (1) 和 (2)，故 $k\geqslant 6$.

若 $k\geqslant 7$，则 $\sum\limits_{j=1}^{k}|A_j|\geqslant 5k\geqslant 35$，于是 A 中必有一个元 a 至少属于 $A_1,A_2,\cdots,A_k$ 中 4 个

不同集合(否则，A 中每个元至多属于 $A_1, A_2, \cdots, A_k$ 中 3 个集合. 于是 $\sum\limits_{j=1}^{k} |A_j| \leqslant 3 \times 10 \leqslant 30$, 矛盾!). 不妨设 $a \in A_i(i=1,2,3,4)$, 于是对任意 $1 \leqslant i < j < t \leqslant 4$, $|A_i \cap A_j \cap A_t| \geqslant |A_1 \cap A_2 \cap A_3 \cap A_4| \geqslant 1$. 由容斥原理得

$$10 = |A| \geqslant \left| \bigcup_{i=1}^{4} A_i \right| = \sum_{i=1}^{4} |A_i| - \sum_{1 \leqslant i < t \leqslant k} |A_i \cap A_j|$$
$$+ \left(\sum_{1 \leqslant i < j < t \leqslant 4} |A_i \cap A_j \cap A_t| - |A_1 \cap A_2 \cap A_3 \cap A_4| \right)$$
$$\geqslant 4 \times 5 - 2C_4^2 + (C_4^3 - 1) = 11.$$

矛盾!

综上可得, k 的最大值为 6, 即他们最多演出了 6 个节目.

4. 调整法

用调整法求解组合最值问题的一般步骤是: 首先, 由题目条件确定取最大(小)值的组合结构是存在的. 其次, 通过观察或分析探索取最大(小)值时, 组合对象应满足的性质, 并用调整法来证明它的确具有所述性质. 证明方法是: 若它不具有该性质, 则对组合对象的结构作适当的改变(即调整), 使其仍满足题目的条件, 但对应的函数值更大(小), 从而导致矛盾. 最后, 依据取最大(小)值时, 组合对象应满足的条件来求出这个最大(小)值.

例 1 设平面上点集 $P = \{P_1, P_2, \cdots, P_{1994}\}$, P 中任意 3 点不共线, 将 P 中所有点任意分成 83 组, 使得每组至少有 3 个点且每点恰属于一组, 然后将同一组的任意两点用线段相连, 不同组的任意两点不连线段, 这样得到一个图案 G. 不同的分组方式得到不同的图案, 将图案中以 P 中点为顶点的三角形个数记为 $m(G)$.

(1)求 $m(G)$ 的最小值 m_0;

(2)设 G^* 是使 $m(G^*) = m_0$ 的一个图案, 若将 G^* 中线段(指以 P 中点为端点的线段)用四种颜色染色, 每条线段恰染一种颜色, 证明: 存在一种染色方案, 使 G^* 染色后, 不存在以 P 中点为顶点且三边颜色相同的三角形.

(1994 年全国高中联赛二试试题)

解 (1)因分组方法有限, 故使 $m(G) = m_0$ 的图案 G 存在. 设图案 G 满足 $m(G) = m_0$, G 由分组 $X_1, X_2, \cdots, X_{83}$ 组成, 其中 X_i 为第 i 组点构成的集合($i=1,2,\cdots,83$), 并记 $|X_i| = x_i$, 则 $x_1 + x_2 + \cdots + x_{83} = 1994$,

$$m_0 = \sum_{i=1}^{83} C_{x_i}^3.$$

下面证明: 对任意 $1 \leqslant i < j \leqslant 83$, 有 $|x_i - x_j| \leqslant 1$. 事实上, 若存在 $1 \leqslant i, j \leqslant 83$ 使 $x_i - x_j \geqslant 2$, 则令 $x'_i = x_i - 1$, $x'_j = x_j + 1$, $x'_k = x_k(k \neq i, j)$, 得到一个新的分组法, 对应的图案为 G', 于是

$$m(G') - m(G) = C_{x_i-1}^3 + C_{x_j+1}^3 - C_{x_i}^3 - C_{x_j}^3 = C_{x_j}^2 - C_{x_i-1}^2.$$

因为 $x_i - x_j \geqslant 2$, $x_i - 1 > x_j$, 所以 $m(G') - m(G) = C_{x_j}^2 - C_{x_i-1}^2 < 0$, 即 $m(G') < m(G) = m_0$, 这与 m_0 为最小值矛盾.

又因为 $1994 = 83 \times 24 + 2 = 81 \times 24 + 2 \times 25$, 所以 $m(G) = m_0$ 时, $x_1, x_2, \cdots, x_{83}$ 中有 81 个等于 24, 2 个等于 25. 所以 $m_0 = 81C_{24}^3 + 2C_{25}^3 = 168544$.

(2)由(1)知使 $m(G^*)=m_0$ 的图案 G^* 可分为 83 个互相没有线段相连的子图案 G_1^*, $G_2^*,\cdots,G_{83}^*$,其中 81 个子图案 $G_1^*,G_2^*,\cdots,G_{81}^*$ 含 24 个点,两个子图案 G_{82}^*,G_{83}^* 含 25 个点,并设 G_i^* 所含的点集为 $X_i(i=1,2,\cdots,83)$. 对于 G_{83}^*,令 $X_{83}=Y_1\bigcup Y_2\bigcup\cdots\bigcup Y_5,Y_i\bigcap Y_j=\varnothing(1\leqslant i<j\leqslant5)$ 且 $|Y_i|=5(1\leqslant i\leqslant5)$,每个 Y_i 用图 4-10 所示方法去染色. 而不同的 Y_i 与 Y_j 所连线段用如图 4-11 所示方法去染色,图中 a,b,c,d 分别代表 4 种不同颜色,这样染好色的 G_{83}^* 显然不包含以 P 中点为顶点且三边同色的三角形.

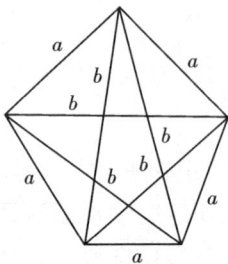

图 4-10

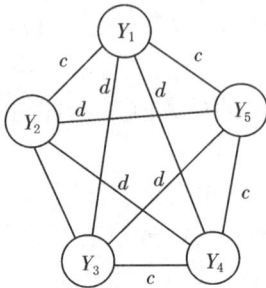

图 4-11

对 G_{82}^* 可同染 G_{83}^* 的方法去染色. 而对 $G_i^*(1\leqslant i\leqslant81)$,可先增加一点并与原有 24 点都连一线段,然后按染 G_{83}^* 的方法染好色后,再去掉该点以及从该点连出的线段,这样染色后的 G_i^* 显然不含以 P 中点为顶点且三边同色的三角形.

综上,便知结论成立.

例 2 给定 $2n$ 个非负整数 $r_1,r_2,\cdots,r_n$ 和 $c_1,c_2,\cdots,c_n$,满足 $\sum_{i=1}^{n}r_i=\sum_{i=1}^{n}c_i$. 在 $n\times n$ 方格表的每一个小方格内任意填入一个非负整数,使得第 i 行各数的和等于 $r_i(i=1,2,\cdots,n)$,且第 j 列各数之和等于 $c_j(j=1,2,\cdots,n)$,记主对角线(从左上角到右下角的对角线)上的 n 个小方格内各数之和为 S,求 S 的最大值和最小值.

解 设第 i 行,第 j 列处小方格内填入的数为 $x_{ij}(i,j=1,2,\cdots,n)$,则

$$r_i=\sum_{j=1}^{n}x_{ij}(i=1,2,\cdots,n),c_j=\sum_{i=1}^{n}x_{ij}(j=1,2,\cdots,n),S=\sum_{i=1}^{n}x_{ii}.$$

因为 S 的取值集合有限,故 S 的最小值和最大值都存在.

(1)设某种填入法使 S 取最小值,则 $x_{11},x_{22},\cdots,x_{nn}$ 中至多有一个为正整数.

事实上,若 x_{ii} 与 x_{jj} 均为正整数 $(i\neq j)$,则令 $x'_{ii}=x_{ii}-1,x'_{jj}=x_{jj}-1,x'_{ij}=x_{ij}+1,$ $x'_{ji}=x_{ji}+1$,其余各数不变,对应的主对角线上各小方格内数上和为 S',则仍满足题目条件,但 $S'=S-2<S$,这与 S 取最小值矛盾.

因此,S 取最小值时,$x_{11},x_{22},\cdots,x_{nn}$ 中至多只有一个为正整数,其余 $n-1$ 个数都等于 0.

(i)若 $x_{11},x_{22},\cdots,x_{nn}$ 都为 0,则 $S_{\min}=0$.

(ii)若某个 $x_{ii}>0$ 且 $x_{jj}=0(j\neq i)$,则 $x_{kt}=0(k\neq i,t\neq i,k\neq t)$. 事实上,若某个 $x_{kt}\neq0(k\neq i,t\neq i)$,则令 $x'_{ii}=x_{ii}-1,x'_{kt}=x_{kt}-1,x'_{it}=x_{it}+1,x'_{ki}=x_{ki}+1$,其余各数不变,于是各行、各列诸数之和不变,而对应的主对角线上各数之和为 $S'=S-1$,这与 S 取最小值矛盾,

因此 $x_{kt}=0(k\neq i,t\neq i,k\neq t)$,于是 $x_{ij}=c_j(j\neq i,j=1,2,\cdots,n)$,$x_{ki}=r_k(k\neq i,k=1,2,\cdots,n)$,从而 $x_{ii}=r_i-\sum\limits_{\substack{j=1\\j\neq i}}^{n}c_j=c_i-\sum\limits_{\substack{k=1\\k\neq i}}^{n}r_k(i=1,2,\cdots,n)$,令

$$m_i=r_i-\sum\limits_{\substack{j=1\\j\neq i}}^{n}c_j=c_i-\sum\limits_{\substack{k=1\\k\neq i}}^{n}r_k(i=1,2,\cdots,n),m_0=\max\limits_{1\leqslant i\leqslant n}\{m_i\}.$$ 显然 $m_1,m_2,\cdots,m_n$ 中至多有

一个为正(这是因为若 $m_i>0,m_j>0(i\neq j)$,则 $r_i>c_j$ 且 $c_j>r_i$,矛盾),故只有 $x_{ii}=m_0$.注意到情形(i),(ii)不会同时出现,故所求 S 的最小值为

$$S_{\min}=\begin{cases}m_0(m_0>0),\\0(m_0\leqslant0).\end{cases}$$

其中 $m_0=\max\limits_{1\leqslant i\leqslant n}\{r_i-\sum\limits_{\substack{j=1\\j\neq i}}^{n}c_j\}=\max\limits_{1\leqslant i\leqslant n}\{c_i-\sum\limits_{\substack{k=1\\k\neq i}}^{n}r_k\}$.

(2)设某种填入法使 S 取最大值.

若 x_{ii} 的同行中存在一个数 $x_{ij}>0(j\neq i)$,并同列中存在一个数 $x_{ki}>0(k\neq i)$,则令 $x'_{ii}=x_{ii}+1,x'_{ij}=x_{ij}-1,x'_{ki}=x_{ki}-1,x'_{kj}=x_{kj}+1$,其余的各数不变,于是各行、各列诸数之和不变,而对应的主对角线上各数之和为 $S'=\begin{cases}S+1(k\neq j)\\S+2(k=j)\end{cases}$,总有 $S'>S$,这与 S 取最大值矛盾.因此 S 取最大值时,或第 i 行中除 x_{ii} 外全为零或者第 i 列中除 x_{ii} 外全为零,所以 $x_{ii}=\sum\limits_{j=1}^{n}x_{ij}=r_i\leqslant\sum\limits_{k=1}^{n}x_{ki}=c_i$ 或者 $x_{ii}=\sum\limits_{k=1}^{n}x_{ki}=c_i\leqslant\sum\limits_{j=1}^{n}x_{ij}=r_i$,即 $x_{ii}=\min\{r_i,c_i\}(i=1,2,\cdots,n)$,所以 S 的最大值为

$$S_{\max}=\sum\limits_{i=1}^{n}\min\{r_i,c_i\}.$$

5. 归纳法

通过对特殊情形的归纳,探索出最大(小)值,然后用数学归纳法给予证明.

例 1 求最大正整数 m,使得一个 $m\times m$ 正方形恰可分割为 7 个两两无公共内点的矩形没有剩余且 7 个矩形的 14 条边长分别为 $1,2,3,4,5,6,7,8,9,10,11,12,13,14$.

解 先考虑一般情形,设 $a_1,a_2,\cdots,a_{2n}$ 是 $1,2,3,\cdots,2n$ 的任意排列,求 $S_n=a_1a_2+a_2a_3+\cdots+a_{2n-1}a_{2n}$ 的最大值.

$S_1=1\cdot2,S_2\leqslant\max\{1\cdot2+3\cdot4,1\cdot3+2\cdot4,1\cdot4+2\cdot3\}=1\cdot2+3\cdot4$,我们猜测

$$S_n\leqslant1\cdot2+3\cdot4+5\cdot6+\cdots+(2n-1)\cdot(2n). \qquad\text{①}$$

$n=1$ 和 2 时由上述知①成立.

设 $S_k\leqslant1\cdot2+3\cdot4+\cdots+(2k-1)\cdot2k$,则 $n=k+1$ 时,

$$S_{k+1}=a_1\cdot a_2+\cdots+a_{2k-1}\cdot a_{2k}+a_{2k+1}\cdot a_{2k+2}. \qquad\text{②}$$

(1)若 $2k+1$ 和 $2k+2$ 出现在②式的同一项中,不妨设 $a_{2k+1}\cdot a_{2k+2}=(2k+1)\cdot(2k+2)$,则由归纳假设得

$$S_{k+1}=S_k+(2k+1)(2k+2)\leqslant1\cdot2+3\cdot4+\cdots+(2k-1)(2k)+(2k+1)(2k+2).$$

(2)若 $2k+1$ 与 $2k+2$ 出现在②式的不同两项内,不妨设 $a_{2k-1}=2k+1,a_{2k+1}=2k+2$,因为

$$[a_{2k} \cdot a_{2k+2} + (2k+1)(2k+2)] - [(2k+1)a_{2k} + (2k+2)a_{2k+2}]$$
$$= [(2k+1) - a_{2k+2}][(2k+2) - a_{2k}] > 0.$$

所以 $S_{k+1} < a_1 \cdot a_2 + \cdots + a_{2k-3} \cdot a_{2k-2} + a_{2k} \cdot a_{2k+2} + (2k+1)(2k+2)$

$\leq 1 \cdot 2 + 3 \cdot 4 + \cdots + (2k-1)(2k) + (2k+1)(2k+2)$，于是①得证.

由上可知，若 $m \times m$ 的正方形恰能分成 n 个没有公共内点的矩形，若 $2n$ 条边长为 $1, 2, 3, \cdots, 2n-1, 2n$，则正方形的面积

$$m^2 \leq 1 \cdot 2 + 3 \cdot 4 + \cdots + (2n-1)(2n),$$

所以 $m \leq \sqrt{1 \cdot 2 + 3 \cdot 4 + \cdots + (2n-1)(2n)}$.

特别地，当 $n=7$ 时，有

$$m \leq \sqrt{1 \cdot 2 + 3 \cdot 4 + \cdots + 13 \cdot 14} = \sqrt{504} < 23,$$

所以 $m \leq 22$.

注意到 $22 = 14 + 8 = 13 + 9 = 12 + 10 = 11 + 6 + 5$，下面的图 4-12 和图 4-13 表示 $m = 22$ 是可以成立的.

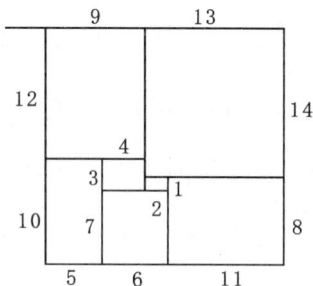 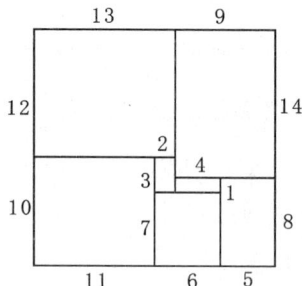

图 4-12　　　　　　　图 4-13

综上知所求 m 的最大值为 22.

例 2　设 $U = \{1, 2, 3, \cdots, n\}$ $(n \geq 3)$，S 是 U 的一个子集. 如果存在一个不属于 S 的一个元素出现在 U 的一个排列 P 的某处，并且在该排列 P 中它处在 S 中的两个元素之间，那么我们称 S 是由排列 P 分裂出来的（例如排列 13542 可分裂出子集 $\{1, 2, 3\}$，而不能分裂出子集 $\{3, 4, 5\}$），试求最大正整数 m，使得对 U 的任意 m 个子集（每个子集至少有 2 个元，至多有 $n-1$ 个元），都存在 U 的一个排列分裂出所有这 m 个子集.

解　$n = 3$ 时，不存在 $U = \{1, 2, 3\}$ 的排列分裂出两个子集 $\{1, 2\}$ 和 $\{1, 3\}$，但对 $\{1, 2, 3\}$ 的任何一个 2 元子集 A，总存在 U 的一个排列分裂出 A 来. 即当 $n = 3$ 时，m 的最大值为 1. 类似地，可得出当 $n = 4$ 时，m 的最大值为 2. 一般我们猜想对任意正整数 $n \geq 3$，m 的最大值为 $n-2$.

首先，我们用数学归纳法证明：对 $U = \{1, 2, \cdots, n\}$ $(n \geq 3)$ 的任意 $n-2$ 个子集（每个子集至少有 2 个元，至多有 $n-1$ 个元）一定存在 U 的一个排列 P 分裂出这 $n-2$ 个子集.

当 $n = 3$ 时，$U = \{1, 2, 3\}$ 的 $n-2 = 1$ 个二元子集 $\{i, j\}$ 可由 U 的排列 (i, k, j) 分裂出来，这里 k 是 U 中除 i, j 外的第三个子元素，故 $n = 3$ 时，结论成立.

假设对 $n \geq 3$ 结论成立. 设 $U = \{1, 2, 3, \cdots, n, n+1\}$，$\mathscr{J}$ 是由 U 的 $n-1$ 个子集组成的集

族,其中每个子集至少有 2 个元,至多有 n 个元.

设 $\mathscr{J}$ 中含 k 个二元子集,l 个 n 元子集,$k+l \leqslant n-1$. 因为 k 个二元子集中一共有 $2k$ 个元素(包括重复计数),故其中至少出现 2 次的元素至多有 k 个,从而在这 k 个二元子集中至多出现一次的元素至少有 $n+1-k \geqslant n+1-(n-1-l)=l+2$ 个. 若 $l=0$,则 $\mathscr{J}$ 中没有 n 元子集;若 $l \geqslant 1$,则 U 中不属于这 l 个 n 元子集的元素只有 l 个(因对每个 n 元子集,U 中恰有一个元素不属于它),故这 $l+2$ 个元素中必存在一个元素属于所有 l 个 n 元子集. 即我们证明了下列结论:U 中有一个元 a 至多属于 $\mathscr{J}$ 中一个二元子集而属于所有 l 个 n 元子集或 $\mathscr{J}$ 中没有 n 元子集.

不妨设 $a=n+1$,否则可重新排列 U 中的元素. 去掉 $a=n+1$ 后,$\mathscr{J}$ 中所有 n 元子集变成了 $\{1,2,\cdots,n\}$ 的 $n-1$ 元子集(或 $\mathscr{J}$ 中原来就没有 n 元子集),并且至多有一个二元子集变成单元素集.

如果存在一个二元子集变成单元素集 $\{i\}$,由归纳假设知,存在 $\{1,2,\cdots,n\}$ 的一个排列 P,分裂出所有其他剩余的 $n-2$ 个子集. 再添加 $a=n+1$ 到排列 P 中,使 $n+1$ 在任意不与 i 相邻的地方,得到 $U=\{1,2,\cdots,n,n+1\}$ 的一个排列 P',它分裂 $\mathscr{J}$ 中所有 $n-1$ 个子集.

如果不存在这样的单元素集,则在 $n-1$ 个子集中任选一个子集 S,由归纳假设知道,存在 $\{1,2,\cdots,n\}$ 的一个排列 P,分裂其余剩下的 $n-2$ 个子集,若 $n+1 \notin S$,则添加 $a=n+1$ 到 P 中得到排列 P',并使得在 P' 中 $n+1$ 位于 S 中的两个元素之间,于是 P' 分裂出 $\mathscr{J}$ 的所有 $n-1$ 个子集. 若 $n+1 \in S$,则添加 $n+1$ 到 P 的左端或右端可使得到的排列 P' 分裂出 S,从而 P' 分裂出 $\mathscr{J}$ 的所有 $n-1$ 个子集.

于是我们证明了 $n \geqslant 3$ 时,所述结论成立.

另一方面,对任意 $n \geqslant 3$,不存在 $U=\{1,2,\cdots,n\}$ 的任何排列分裂出下列 $n-1$ 个 U 的子集

$$\{1,2\},\{1,3\},\{1,4\},\cdots,\{1,n\}.$$

事实上,分裂出子集 $\{1,2\},\{1,3\},\cdots,\{1,n-1\}$ 的排列只可能有下列形式:$P_1=(1na_2a_3\cdots a_{n-1})$ 或 $P_2=(a_2a_3\cdots a_{n-1}n1)$,其中 $(a_2a_3\cdots a_{n-1})$ 是 $(2,3,4,\cdots,(n-1))$ 的任意排列,但 P_1 和 P_2 都不分裂出子集 $\{1,n\}$.

综上知所求 m 的最大值为 $n-2$.

例 3 求满足下列条件的最小正整数 k:对集合 $S=\{1,2,3,\cdots,2012\}$ 的任意 k 元子集 A,都存在 S 中三个互不相同的元素 a,b,c 使得 $a+b,b+c,c+a$ 均在 A 中.

(2012 年 CMO 试题)

解 设 $a<b<c$,令 $x=a+b,y=a+c,z=b+c$,则 $x<y<z$ 且 $x+y+z$ 为偶数,反之若存在 $x,y,z \in A$ 满足 $x<y<z,x+y>z$ 且 $x+y+z$ 为偶数,取 $a=\dfrac{x+y-z}{2},b=\dfrac{z+x-y}{2},c=\dfrac{y+z-x}{2}$,则 $a,b,c \in \mathbf{Z},1 \leqslant a<b<c \leqslant 2012$,且 $x=a+b,y=a+c,z=b+c$.

于是,题述条件等价于对 S 的任意 k 元子集,均有 $x,y,z \in A$,满足

$$x<y<z,x+y>z,x+y+z \text{ 为偶数}. \tag{*}$$

若 $A=\{1,2,3,5,7,\cdots,2009,2011\}$，则 $|A|=1007$ 且 A 中不存在满足条件（＊）的三个元素 x,y,z，所以 $k\geqslant1008$.

下面证明：S 的任意一个 1008 元子集均含有三个元素 x,y,z 满足条件（＊）.

我们证明下列更一般性结论：对任意 $n\geqslant4$，集合 $S_{2n}=\{1,2,\cdots,2n\}$ 的任何一个 $n+2$ 元子集内均存在三个元素 x,y,z 满足条件（＊）. 下面对 n 进行归纳.

当 $n=4$ 时，设 A 是 $S_8=\{1,2,3,4,5,6,7,8\}$ 的任意一个 6 元子集，则 $A\bigcap\{3,4,5,6,7,8\}$ 内至少有 4 个元素. 若 $A\bigcap\{3,4,5,6,7,8\}$ 内含有 3 个偶数，则 $4,6,8\in A$ 且它们满足条件（＊）；若 $A\bigcap\{3,4,5,6,7,8\}$ 内恰有两个偶数，则它至少还含有 2 个奇数，则 $3,5,7$ 内两个奇数与 $4,6,8$ 内两个偶数中一个组成的三数组满足条件（＊）；若 $A\bigcap\{3,4,5,6,7,8\}$ 内仅含一个偶数，则 $A\bigcap\{3,4,5,6,7,8\}$ 必含三个奇数 $3,5,7$. 此偶数与 5、7 组成的三数组满足条件（＊）. 因此，当 $n=4$ 时结论成立.

假设对 $n(\geqslant4)$ 结论成立，考虑 $n+1$ 的情形. 设 A 是 $S_{2(n+1)}=\{1,2,3,\cdots,2n+1,2n+2\}$ 的任意一个 $n+3$ 元子集. 若 $A\bigcap\{1,2,3,\cdots,2n-1,2n\}\geqslant n+2$，则由归纳假设知结论成立. 故只需考虑 $|A\bigcap\{1,2,\cdots,2n\}|=n+1$，且 $2n+1,2n+2\in A$ 的情形. 此时 A 内至少有一个奇数 x，若 $x>1$，则 $x,2n+1,2n+2$ 构成的三数组满足条件（＊），若 $\{1,2,3,\cdots,2n-1,2n\}$ 所有大于 1 的奇数都不属于 A，则 $A=\{1,2,4,6,2n,2n+1,2n+2\}$，此时 $4,6,8\in A$ 满足条件（＊），于是推广结论得证.

综上所述，所求最小的正整数 k 为 1008.

§3 典型例题解题分析

例 1 已知 A 是 200 个不同的正整数构成的集合，并且 A 中任意 3 个不同的数都是一个非钝角三角形的三边长，这时，我们称这个三角形为 A 确定的一个三角形. 令 $S(A)$ 表示由 A 确定的所有三角形的周长的和（全等的三角形只算一次），求 $S(A)$ 的最小值.

解 当 A 给定时，$S(A)$ 唯一确定，要使 $S(A)$ 最小，必须使 A 中元素尽可能小. 为此，对 A 中元素作尽可能小的估计.

设 $A=\{a_1,a_2,\cdots,a_{200}\}$，$a_1<a_2<\cdots<a_{200}$，$a_i\in\mathbf{N}_+(1\leqslant i\leqslant200)$. 因为 A 中任意 3 个不同的数 $a_i,a_j,a_k(1\leqslant i<j<k\leqslant200)$ 是一个非钝角三角形的三边的长的充要条件是 $a_i^2+a_j^2\geqslant a_k^2$. 又 $a_1\leqslant a_i<a_j<a_k\leqslant a_{200}$，故必须且只须 $a_1^2+a_2^2\geqslant a_{200}^2$. 于是

$$a_1^2\geqslant a_{200}^2-a_2^2\geqslant(a_2+198)^2-a_2^2=396a_2+198^2$$
$$\geqslant396(a_1+1)+198^2=396a_1+39600,$$

即 $a_1^2-396a_1-39600\geqslant0$.

所以 $a_1\geqslant198+\sqrt{198^2+39600}\geqslant478.7$，故 $a_1\geqslant479$，

由此得 $a_i\geqslant478+i(i=1,2,\cdots,200)$.

设 $A_0=\{479,480,481,\cdots,677,678\}$，于是当 $A=\{a_1,a_2,\cdots,a_{200}\}(a_1<a_2<\cdots<a_{200})$ 满足条件时，必有 $a_i\geqslant478+i(i=1,2,\cdots,200)$，从而 $S(A)\geqslant S(A_0)$.

另一方面，显然 $A_0=\{479,480,\cdots,678\}$ 满足题目条件（因为对 A_0 中任意 3 个数 $a_i<a_j<a_k$，有 $a_i^2+a_j^2\geqslant479^2+480^2>678^2\geqslant a_k^2$），故所求 $S(A)$ 的最小值为

$$S(A_0)=\sum_{\substack{a,b,c\in A_0\\a,b,c\text{互不相等}}}(a+b+c).$$

对任意 $a\in A_0$，此时 b,c 可为 $A_0\setminus\{a\}$ 中任意两个不同的数，有 C_{199}^2 种取法，故 a 在 $S(A_0)$ 中计算了 C_{199}^2 次，由 a 的任意性知 A_0 中每个数都在 $S(A_0)$ 中计算了 C_{199}^2 次，所以

$$S(A_0)=C_{199}^2\sum_{a\in A_0}a=\frac{1}{2}\times199\times198\times\sum_{i=479}^{678}i=2279405700.$$

例 2 令 $f(n)$ 表示平面点集 X 所含不同点的个数的最小值，满足对每一个 $k=1,2,\cdots,n$，都存在平面内的一条直线，该直线上恰含有 X 中的 k 个点，求 $f(n)$.

解 设 X_n 是满足条件的平面点集：对每一个正整数 $k(1\leqslant k\leqslant n)$，平面内存在直线 l_k，使得 l_k 上恰含有 X_n 中的 k 个点. 现在我们来估计 $|X_n|$ 至少应为多少.

首先 l_n 上有 X_n 中 n 个点；l_{n-1} 上有 X_n 中 $n-1$ 个点，且其中至少有 $n-2$ 个点不在 l_n 上；l_{n-2} 上有 X_n 中 $n-2$ 个点，且其中至少有 $n-4$ 个点不在 l_n 和 l_{n-1} 上；等等，如此类推，有

$$|X_n|\geqslant n+(n-2)+(n-4)+\cdots+\left(n-2\left[\frac{n}{2}\right]\right).$$

记 $g(n)=n+(n-2)+(n-4)+\cdots+\left(n-2\left[\frac{n}{2}\right]\right)$，则当 $n=2m$ 时，

$$g(n)=2m+2(m-1)+2(m-2)+\cdots+2=m(m+1)=\frac{n(n+2)}{4};$$

当 $m=2m-1$ 时，

$$g(n)=(2m-1)+(2m-3)+(2m-5)+\cdots+1=m^2=\frac{(n+1)^2}{4}.$$

所以 $g(n)=\left[\dfrac{(n+1)^2}{4}\right]$.

于是，我们得到

$$f(n)=\min\{|X_n|\,|\,X_n\text{满足题设条件}\}\geqslant g(n).$$

反之，我们用数学归纳法证明，对任意正整数 n，存在平面点集 X_n 满足 $|X_n|=g(n)$，且对每一个 $k(1\leqslant k\leqslant n)$，平面内存在直线 l_k，使 l_k 上恰有 X_n 中 k 个点.

$n=1$ 和 $n=2$ 时，含一个点的点集 X_1 及含 2 个点的点集 X_2 显然满足要求.

设 $n=m$ 时，平面内存在点集 X_m 满足：$|X_m|=g(m)=\left[\dfrac{(m+1)^2}{4}\right]$，且存在直线 $l_k(k=1,2,\cdots,m)$ 使 l_k 上恰有 X_m 中 k 个点. 取直线 l，它不与 $l_1,l_2,\cdots,l_m$ 中任何一条平行，且 l 与 l_k 的交点 P_k 不属于 $X_m(k=1,2,\cdots,m)$. 令 P_{m+1},P_{m+2} 为 l 上不同于 $P_1,P_2,\cdots,P_m$ 的任意两点，令 $X_{m+2}=X_m\bigcup\{P_1,P_2,\cdots,P_{m+2}\}$，于是

$$|X_{m+2}|=g(m)+(m+2)=(m+2)+m+(m-2)+\cdots+\left(m-2\left[\frac{m}{2}\right]\right)$$

$$=(m+2)+m+(m-2)+\cdots+\left((m+2)-2\left[\frac{m+2}{2}\right]\right)=g(m+2).$$

令 $l'_{k+1}=l_k(k=1,2,\cdots,m)$，$l'_{k+2}=l$，且任作一直线 l'_1 恰经过 X_{m+2} 的一个点. 于是对任意 $k=1,2,\cdots,m+2$，平面内存在直线 l'_k，使在 l'_k 上恰有 X_{m+2} 中 k 个点，这就完成了归纳证明.

综上可得，$f(n)=g(n)=\left[\dfrac{(n+1)^2}{4}\right]$.

例 3 设 $M=\{1,2,\cdots,2^m n\}$（m,n 为正整数）是连续 $2^m n$ 个正整数组成的集合．求正整数 k 的最小值，使得 M 的任何 k 元子集中都存在 $m+1$ 个数 $a_1,a_2,\cdots,a_{m+1}$ 满足 a_i 整除 $a_{i+1}(i=1,2,\cdots,m)$．

分析 本题从正面估计 k 的最小值较困难，我们从反面入手，设法找出 M 的一个不符合题设条件且含元素最多的子集 S_0．如果 S_0 符合题设条件：S 中存在 $m+1$ 个数 $a_1,a_2,\cdots,a_{m+1}$ 满足 a_i 整除 $a_{i+1}(i=1,2,\cdots,m)$，于是

$$a_{n+1}\geqslant 2a_m\geqslant 2^2 a_{m-1}\geqslant\cdots\geqslant 2^m a_1.$$

故只要 $a_1\geqslant n+1$，就有 $a_{m+1}\geqslant 2^m a_1>2^m n$，$a_{m+1}\notin M$，矛盾．为了使 S_0 中所含元素最多，故取 $S=\{n+1,n+2,\cdots,2^m n\}$．

解 取 M 的一个 $(2^m-1)n$ 元子集 $S_0=\{n+1,n+2,\cdots,2^m n\}$，由前述分析知 S_0 不符合题目条件，故所求 k 的最小值 $\geqslant(2^m-1)n+1$．

其次，设 S 是 M 的任意一个 $(2^m-1)n+1$ 元子集，我们要证明 S 中存在 $m+1$ 个数 $a_1,a_2,\cdots,a_{m+1}$，满足 $a_i\mid a_{i+1}(i=1,2,\cdots,m)$，为此构造下列 $\left[\dfrac{n+1}{2}\right]$ 个抽屉．

$$A_i=\{(2i-1)\cdot 2^r\mid r=0,1,2,\cdots,\text{且}(2i-1)\cdot 2^r\in M\}\left(i=1,2,\cdots,\left[\dfrac{n+1}{2}\right]\right),\text{那么在 } A_i$$

中恰有 m 个数属于区间 $(n,2^m n]$．事实上，对 $1\leqslant i\leqslant\left[\dfrac{n+1}{2}\right]$，存在唯一正整数 r_0 使 $2^{r_0-1}(2i-1)\leqslant n<2^{r_0}(2i-1)$，于是

$$2^{r_0-1}(2i-1)\leqslant n<2^{r_0}(2i-1)<2^{r_0+1}(2i-1)<\cdots<2^{r_0+(m-1)}(2i-1)$$
$$=2^m\cdot 2^{r_0-1}(2i-1)\leqslant 2^m\cdot n<2^{r_0+m}(2i-1).$$

可见 A_i 中恰有 m 个数 $2^{r_0}(2i-1),2^{r_0+1}(2i-1),\cdots,2^{r_0+m-1}(2i-1)$ 属于 $(n,2^m n]$，故 $A=A_1\cup A_2\cup\cdots A_{\left[\frac{n+1}{2}\right]}$ 中共有 $m\left[\dfrac{n+1}{2}\right]$ 个数大于 n，而 $\{1,2,\cdots,n\}\subseteq A$，所以 A 中元素个数为 $|A|=m\left[\dfrac{n+1}{2}\right]+n$，$M\backslash A$ 中元素个数为 $2^m n-m\left[\dfrac{n+1}{2}\right]-n$，于是 S 中至少有

$$(2^m-1)n+1-\left(2^m n-m\left[\dfrac{n+1}{2}\right]-n\right)=m\left[\dfrac{n+1}{2}\right]+1\text{ 个}$$

元素属于 A，故由抽屉原理知道 S 中至少有

$$\left[\dfrac{\left(m\left[\frac{n+1}{2}\right]+1\right)-1}{\left[\frac{n+1}{2}\right]}\right]+1=m+1\text{ 个}$$

元素 $a_1,a_2,\cdots,a_{m+1}(a_1<a_2<\cdots<a_{m+1})$ 属于 $A_1,A_2,\cdots,A_{\left[\frac{n+1}{2}\right]}$ 中同一个子集 A_i $\left(1\leqslant i\leqslant\left[\dfrac{n+1}{2}\right]\right)$，从而满足 $a_i\mid a_{i+1}(i=1,2,\cdots,m+1)$．

综上可知，所求 k 的最小值为 $(2^m-1)n+1$．

例 4 给定正整数 $n\geqslant 3$，求具有下列性质的正整数 m 的最小值：把集合 $S=\{1,2,\cdots,$

m}任意分成两个不相交的非空子集的并,其中必有一个子集内含有 n 个数(不要求它们互不相同)$x_1,x_2,\cdots,x_n$,使 $x_1+x_2+\cdots+x_{n-1}=x_n$.

解 我们首先估算 m 至少为多少时,集合 $S=\{1,2,\cdots,m\}$ 具有题设性质.若 S 不具有题设性质,则存在 S 的两个非空不相交的子集 A 和 B 使 $S=A\cup B$,并且 $A(B)$ 中任意 $n-1$ 个数(不要求互不相同)的和都不在 $A(B)$ 内.

不妨设 $1\in A$,则 $\underbrace{1+1+\cdots+1}_{n-1\text{个}}=n-1\in B$(只要 $m\geqslant n-1$),从而

$\underbrace{(n-1)+(n-1)+\cdots+(n-1)}_{n-1\text{个}}=(n-1)^2\in A$(只要 $m\geqslant(n-1)^2$).

若 $n\in A$,则 $(n-1)^2=\underbrace{n+n+\cdots+n}_{n-2\text{个}}+1\in B$,矛盾.

若 $n\in B$,则 $\underbrace{n+n+\cdots+n}_{n-2\text{个}}+(n-1)=n^2-n-1\in A$(只要 $m\geqslant n^2-n-1$),但

$\underbrace{1+1+\cdots+1}_{n-2\text{个}}+(n-1)^2=n^2-n-1\in B$,矛盾.

可见,当 $m\geqslant n^2-n-1$ 时,集合 $S=\{1,2,\cdots,m\}$ 具有题设性质.

其次,当 $m\leqslant n^2-n-2$ 时对于集合 $S=\{1,2,3,\cdots,m\}$,令 $A=\{1,2,\cdots,n-2,(n-1)^2,(n-1)^2+1,\cdots,m\}$,$B=\{(n-1),n,\cdots,(n-1)^2-1\}$,则 $A\cap B=\varnothing$,$S=A\cup B$,我们证明不存在 $x_1,x_2,\cdots,x_{n-1}\in A$(或 B),使 $x_1+x_2+\cdots+x_{n-1}\in A$(或 B)(这里不要求 $x_1,x_2,\cdots,x_{n-1}$ 互不相等).

事实上,若 $x_1,x_2,\cdots,x_{n-1}\in\{1,2,\cdots,n-2\}\subset A$,则 $n-1\leqslant x_1+x_2+\cdots+x_{n-1}\leqslant(n-1)(n-2)<(n-1)^2$,故 $x_1+x_2+\cdots+x_{n-1}\notin A$.

若 $x_1,x_2,\cdots,x_{n-1}$ 中至少有一个 $\in\{(n-1)^2,(n-1)^2+1,\cdots,n^2-n-2\}$,则 $x_1+x_2+\cdots+x_{n-1}\geqslant\underbrace{1+1+\cdots+1}_{n-2\text{个}}+(n-1)^2=n^2-n-1$,故 $x_1+x_2+\cdots+x_{n-1}\notin A$.

若 $x_1,x_2,\cdots,x_{n-1}\in B$,则 $x_1+x_2+\cdots+x_{n-1}\geqslant(n-1)^2$,故 $x_1+x_2+\cdots+x_{n-1}\notin B$.

可见 $m\leqslant n^2-n-2$ 时,集合 $S=\{1,2,\cdots,m\}$ 不具有题设条件.

综上可知,所求 m 的最小值为 n^2-n-1.

例 5 求最小正整数 n,使得存在 n 个不同的正整数 $a_1,a_2,\cdots,a_n$ 同时满足下列 3 个条件:

(1)$a_1,a_2,\cdots,a_n$ 的最小公倍数是 2002;

(2)对任意 $1\leqslant i<j\leqslant n$,$a_i$ 与 a_j 的最大公约数大于 1;

(3)乘积 $a_1a_2\cdots a_n$ 为完全平方数且是 32 的倍数.进一步,对这个最小正整数 n,求所有满足条件(1),(2),(3)的 n 元组 $\{a_1,a_2,\cdots,a_n\}$.

解 因为 $2002=2\times7\times11\times13$,且 a_i 是 2002 的约数$(i=1,2,\cdots,n)$,故

$a_i=2^{\alpha_i}7^{\beta_i}11^{\gamma_i}13^{\delta_i}(i=1,2,\cdots,n)$,　　　　　　　　　①

这里 $\alpha_i,\beta_i,\gamma_i,\delta_i\in\{0,1\}$.

设 $a_1a_2\cdots a_n=k^2$,因为 $a_i\mid2002$,所以每个 a_i 都不是 2^2 的倍数,但 $32=2^5\mid k^2$,故 $2^6\mid k^2$,

所以 $n \geqslant 6$，且具有形式①的 2 的倍数只有下列 8 个：

$$2,2\times7,2\times11,2\times13,2\times7\times11,2\times7\times13,2\times11\times13,2\times7\times11\times13. \qquad ②$$

如果 $n=6$，则因为 $a_1,a_2,\cdots,a_6$ 都是②中的数且②中 8 个数之积为 $2^8\times7^4\times11^4\times13^4$，它是一个完全平方数，而②中任意两数之积不是完全平方数，故②中任意 6 个数之积不为完全平方数，这与已知条件(3)矛盾，所以 $n\geqslant7$.

设 $n=7$，则 $a_1,a_2,\cdots,a_7$ 不能都是 2 的倍数（否则 $2^7|k^2$，而 $2^8\nmid k^2$，矛盾），但 $2^6|k^2$，故 $a_1,a_2,\cdots,a_7$ 中恰有 6 个是 2 的倍数，即 $a_1,a_2,\cdots,a_7$ 中恰有一个数不是②中的数. 不妨设 a_1 不是②中的数，由已知条件(1)和(3)知 $a_1,a_2,\cdots,a_7$ 中至少有二个数为 7 的倍数，也至少有二个数为 11 的倍数，还至少有二个数为 13 的倍数，结合条件(2)知 $a_1,a_2,\cdots,a_7$ 中任何两个数的最大公约数大于 1. 又 a_1 不为 2 的倍数，所以 a_1 能被 $7\times11\times13$ 整除. 于是由①得 $a_1=7\times11\times13$，又②中所有数之积为 $2^8\times7^4\times11^4\times13^4$，故唯一的可能为 $a_1a_2\cdots a_7=2^6\times7^4\times11^4\times13^4$，于是 $a_2a_3\cdots a_7=2^6\times7^3\times11^3\times13^3$，即②中只有两个数：2 和 $2\times7\times11\times13$ 不属于 $a_2,a_3,\cdots,a_7$，即 $\{a_2,a_3,\cdots,a_7\}=\{2\times7,2\times11,2\times13,2\times7\times11,2\times7\times13,2\times11\times13\}$.

综上可知，所求 n 的最小值为 7，这时 $\{a_1,a_2,\cdots,a_7\}=\{7\times11\times13,2\times7,2\times11,2\times13,2\times7\times11,2\times7\times13,2\times11\times13\}$.

例 6 设 $A=\{1,2,\cdots,n\}$，其中 n 为正整数. A 的一个子集称为是连通的，如果它只含有 A 中一个正整数或者只包含 A 中若干个相连的正整数，试确定最大正整数 k，满足：存在 A 的 k 个不同的子集 $A_1,A_2,\cdots,A_k$，使得其中任意两个不同的子集的交集是连通的.

（2000 年中国台湾奥林匹克试题）

解 设 $A_1,A_2,\cdots,A_k$ 是满足题目要求的子集，用 $\min A_i,\max A_i$ 分别表示子集 A_i 中的最小数和最大数，记 $m=\max\limits_{1\leqslant i\leqslant k}\{\min A_i\}$，并设 $m=\min A_{i_0}$.

由 m 的定义知每个子集 A_i 中的最小数小于或等于 m，并且每个子集 A_i 的最大数大于或等于 m（因为若 $\max A_i<m$，而 $\min A_{i_0}=m$，则 $A_i\bigcap A_{i_0}=\varnothing$，这与 $A_i\bigcap A_{i_0}$ 为连通的矛盾），因为 k 对数 $(\min A_i,\max A_i)$ 中每一个等于 $m(n+1-m)$ 对数 (r,s) 中的一个，这里 $1\leqslant r\leqslant m\leqslant s\leqslant n$.

对于每对这样的数 $(r,s)(1\leqslant r\leqslant m\leqslant s\leqslant n)$，我们证明至多有一个 A_i，使得 $(\min A_i,\max A_i)=(r,s)$. 事实上，若有两个这样的子集 A_i 与 A_j $(i\neq j)$ 都对应同一个 (r,s)，则 $A_i\bigcap A_j$ 是一个包含 r 和 s 的连通集，于是 $A_i=A_j=\{r,r+1,r+2,\cdots,s-1,s\}$，这与 $A_i\neq A_j$ 矛盾. 因此，k 至多为

$$m(n+1-m)=-(m-\frac{n+1}{2})^2+\frac{(n+1)^2}{4}.$$

所以 $k\leqslant\left[\dfrac{(n+1)^2}{4}\right]$.

这里等号能够达到，只要我们取 A 的所有包含 $\left[\dfrac{n+1}{2}\right]$ 的连通子集即可，这样的子集个数恰为

$$\left[\frac{n+1}{2}\right]\left(n+1-\left[\frac{n+1}{2}\right]\right)=\left[\frac{(n+1)^2}{4}\right] \text{个}.$$

综上可知,所求 k 的最大值为 $\left[\dfrac{(n+1)^2}{4}\right]$.

例7 求同时满足如下条件的集合 S 的元素个数的最大值:

(1)S 中每个元素都是不超过 100 的正整数;

(2)对于 S 中任意两个不同的数 a、b,都存在 S 中的数 c,使得 a 与 c 的最大公约数等于 1,并且 b 与 c 的最大公约数也等于 1;

(3)对于 S 中任意两个不同的数 a,b,都存在 S 中的数 d,使得 a 与 d 的最大公约数大于 1,并且 b 与 d 的最大公约数也大于 1. (2003 年 CMO 试题)

解 设 S 是满足条件(1)~(3)的集合,由条件(3)知 $1\notin S$. 设 p,q 是任意两个不同的大于 10 的素数,若 p,q 都属于 S,因为与 p,q 均不互素的数中最小是 pq,,已大于 100,这与条件(3)矛盾. 故在 10 与 100 之间的 21 个素数 $11,13,17,\cdots,89,97$ 中最多有 1 个属于 S. 记除 1 和这 21 个素数外的其余 78 个不超过 100 的正整数构成的集合为 T,我们来探讨 T 中至少有几个数不属于 S.

(ⅰ)当有某个大于 10 的素数 p 属于 S 时,S 中所有各数的最小素因数只可能为 $2,3,5,7$ 和 p.

①若 $7p\in S$,则 S 中不包含 $2\times3\times5,2^2\times3\times5,2\times3^2\times5$,否则取 $a=7p,b$ 等于 $2\times3\times5,2^2\times3\times5,2\times3^2\times5$ 中任何一个,对于 S 中任何不同于 a,b 的 c,c 至少含 $2,3,5,7,p$ 中一个素因子,从而 a,b 中至少有一个与 c 不互素,这与已知条件(2)矛盾;若 $7p\notin S$,而 $p\in S$,故 $1\times7,7\times7,7\times11,7\times13\notin s$,否则,取 $a=p,b$ 等于 $1\times7,7\times7,7\times11,7\times13$ 中任意一个,则由(3)知存在 $d\in S$ 使 a,b 都与 d 不互素,故 d 被 7 和 p 整除,又 $7p\notin S$,所以 $d\geqslant2\times7p>100,d\notin S$,矛盾.

②若 $5p\in S$,则由条件(2)知 $2\times3\times7,2^2\times3\times7\notin S$;若 $5p\notin S$,注意到 $2\times5p>100$,而 $p\in S$,则由条件(3)知 $5\times1,5\times5\notin S$.

③由条件(2)知 $2\times5\times7$ 与 $3p$ 不同属于 S.

④由条件(2)知 $2\times3p$ 与 5×7 不同属于 S

⑤若 $5p,7p\notin S$,注意到 $2\times5p>100,2\times7p>100$ 及 $p\in S$,故由条件(3)知 $5\times7\notin S$.

当 $p=11$ 或 13 时,由①、②、③、④可分别得出至少有 $3,2,1,1$ 个 T 中的数不属于 S,合计有 $3+2+1+1=7$ 个数不属于 S;当 $p=17$ 或 19 时,$7p\notin S$. 由①、②、③可分别得出至少有 $4,2,1$ 个 T 中的数不属于 S,合计有 $4+2+1=7$ 个数不属于 S;当 $p>20$ 时,由①、②、⑤分别至少有 4、2、1 个 T 中的数不属于 S,合计也有 $4+2+1=7$ 个数不属于 S.

(ⅱ)如果没有大于 10 的素数属于 S,则 S 中的数的最小素因子只可能是 2、3、5、7,于是下列 7 对数中每对数不可能同时在 S 中出现:

$(3,2\times5\times7),(5,2\times3\times7),(7,2\times3\times5),(2\times3,5\times7),(2\times5,3\times7),(2\times7,3\times5),$
$(2^2\times7,3^2\times5)$.

从而 T 中至少有 7 个数不在 S 中,故 S 中至多有 $78-7+1=72$ 个数.

下面例子表明 S 中的数可以达到 72 个.

首先,S 中包含 50 个偶数 $2,4,6,\cdots,98,100$,但 $2\times3\times5,2^2\times3\times5,2\times3^2\times5,2\times3\times7,2^2\times3\times7,2\times5\times7,2\times3\times11$ 这 7 个数除外;3 的奇数倍 $3\times1,3\times3,3\times5,\cdots,3\times33$ 共 17 个数;最小素因子为 5 的奇数 $5\times1,5\times7,\cdots,5\times19$ 共 7 个数;最小素因子为 7 的奇数 $7\times1,7\times7,7\times11,7\times13$ 共 4 个数;以及素数 11,从而 S 中共有 $(50-7)+17+7+4+1=72$ 个数.

下面证明:如此构造的 S 满足题述条件.

条件(1)显然满足.对于条件(2),注意到对任意 $a,b\in S(a\neq b)$,a 与 b 的最小公倍数的素因子至多出现 2,3,5,7,11 中 4 个数(否则 a,b 中有一个大于 100,矛盾).设某个没有出现的素数为 p,显然 $p\in S$,并且

$$(p,a)\leqslant(p,[a,b])=1,\quad(p,b)\leqslant(p,[a,b])=1.$$

于是取 $c=p$ 即知条件(2)满足.

对于条件(3),当 $(a,b)=1$ 时,取 a 的最小素因子 p,b 的最小素因子 q,易知 $p\neq q$,并且 $p,q\in\{2,3,5,7,11\}$,于是 $pq\in S$,且

$$(a,pq)\geqslant p>1,\quad(b,pq)\geqslant q>1.$$

a,b 互素保证了 pq 不同于 a、b,从而取 $d=pq$ 即知条件(3)满足.

当 $(a,b)=e>1$ 时,取 p 为 e 的最小素因子,q 为满足 $q\nmid[a,b]$ 的最小素数,易见 $p\neq q$,并且 $p,q\in\{2,3,5,7,11\}$,于是 $pq\in S$,并且

$$(pq,a)\geqslant(p,q)=p>1,\quad(pq,b)\geqslant(p,b)=p>1.$$

$q\nmid[a,b]$,保证了 pq 不等于 a、b,从而取 $d=pq$,即知条件(3)满足.

故构造的集合 S 满足题述的 3 个条件.

综上可知,所求符合 S 的元素个数的最大值为 72.

例 8 设 n 是一个固定的正整数,考虑一块 $n\times n$ 的正方板,它被分成 n^2 个单位正方格,板上的两个正方格如果有一条公共边,就称它们为相邻的.

将板上 N 个单位正方形方格作标记,使得板上任意正方格(作上标记的或者没有作上标记的)都与至少一个作上标记的正方形相邻,试确定 N 的最小值.

(1999 年第 40 届 IMO 试题)

解 将 $n\times n(n\geqslant2$ 为偶数)的表格二染色,黑、白表格"回字形"相间,最外面"回字"中 $4n-4$ 个格子染黑色,第二个"回字"中 $4n-12$ 个格子染白色,$\cdots$,这样依次"回字形"黑白相间,易验证共有 $\frac{1}{2}n(n+2)$ 个黑色方格,并且每个标记的方格恰与两个黑色方格相邻(不论标记的方格是白色还是黑色).又对任意一个满足题设要求的 N,在与每个标记格相邻的黑格中,每个黑格至少出现一次,否则,若存在一个黑格与标记格均不相邻,这与题设中每个格子(特别对黑格而言)都至少与一个标记格相邻矛盾.因此,

$$2N\geqslant\frac{1}{2}n(n+2),\quad 即\ N\geqslant\frac{1}{4}n(n+2)(n\geqslant2\ 为偶数).$$

另一方面,把 $n\times n$ 最外面"回字"标上数字,从第 1 行第 1 格开始,依次用 $1,1,2,2,\cdots,$

$2n-2,2n-2$ 标数;再把最外两层"回字"去掉,重新从第1行第1格开始给"回字"方格依次标数为 $1,1,2,2,\cdots,2n-10,2n-10$;再去掉最外面两层"回字"形方格,$\cdots$,一直到标完所有格子为止.将标号为奇数的方格作上标记,则共有 $\dfrac{1}{4}n(n+2)$ 个方格作了标记,且此时易验证这种标记满足要求,故所求 N 的最小值为 $\dfrac{1}{4}n(n+2)$.

1	1	2	2	3	3	4	4	5	5
18									6
18		1	1	2	2	3	3		6
17	10		.			4			7
17	10		1	1					7
16	9		2	2		5			8
16	9					5			8
15	8	8	7	7	6	6			9
15									9
14	14	13	13	12	12	11	11	10	10

$$n=4k+2(k=2)$$

1	1	2	2	3	3	4	4
14							5
14		1	1	2	2		5
13	6			3			6
13	6			3			6
12	5	5	4	4			7
12							7
11	11	10	10	9	9	8	8

$$n=4k(k=2)$$

例9 设 $M=\{1,2,3,\cdots,40\}$,求最小正整数 n,使可将 M 分成 n 个两两不相交的子集且同一子集内任取 3 个数 a,b,c(不必不相同)都有 $a\neq b+c$.

解 $n=4$ 时,将 M 分为下列 4 个两两不相交的子集:$A=\{1,4,10,13,28,31,37,40\}$,$B=\{2,3,11,12,29,30,38,39\}$,$C=\{14,15,16,\cdots,25,26,27\}$,$D=\{5,6,7,8,9,32,33,34,35,36\}$,则同一子集内任取 3 个数 a,b,c(不必不相同)都有 $a\neq b+c$,故所求最小正整数 $n\leqslant 4$.

其次,假设可将 M 分成 3 个两两不相交的子集 A,B,C,使得同一子集内任取 3 数 a,b,c 都有 $a\neq b+c$.不妨设 $|A|\geqslant |B|\geqslant |C|$,且 A 中元素从小到大排列为 $a_1,a_2,\cdots,a_{|A|}$,于是 $a_1,a_2,\cdots,a_{|A|}$ 以及 $a_2-a_1,a_3-a_1,\cdots,a_{|A|}-a_1$ 是 M 中两两不相等的数(事实上,由 $0<a_i-a_1<a_i$,知 $a_i-a_1\in M(i=1,2,\cdots,|A|)$,且若 $a_i-a_1=a_j$,有 $a_i=a_1+a_j$,这与假设矛盾).因为这些数共有 $2|A|-1$ 个,所以 $2|A|-1\leqslant 40$,$|A|\leqslant 20$.其次,$3|A|\geqslant |A|+|B|+|C|=40$,所以 $|A|\geqslant 14$,并且 $2|B|\geqslant |B|+|C|=40-|A|$,所以 $|B|\geqslant \dfrac{1}{2}(40-|A|)$,从而集合 $A\times B=\{(a,b)|a\in A,b\in B\}$ 中元素个数为 $|A\times B|=|A||B|\geqslant \dfrac{1}{2}|A|(40-|A|)$.而对任意元素对 $(a,b)\in A\times B$,$a+b$ 至少为 2,至多为 80,只有 79 种可能取值,且 $14\leqslant |A|\leqslant 20$.又二次函数 $f(t)=\dfrac{1}{2}t(40-t)$ 在区间 $[14,21]$ 上的最小值为 $\min\{f(14),f(20)\}=\min\{\dfrac{1}{2}\times 14\times(40-14),\dfrac{1}{2}\times 20\times(40-20)\}=182$,故 $|A\times B|=|A||B|\geqslant 182$.由抽屉原

理知 $A \times B$ 中至少有 $\left[\dfrac{182-1}{79}\right]+1=3$ 个不同元素 $(a_1,b_1),(a_2,b_2),(a_3,b_3)$，使得 $a_1+b_1=a_2+b_2=a_3+b_3$.

若 a_1,a_2,a_3 中有两个相等，则对应的 b_i 也相等，这与 $(a_1,b_1),(a_2,b_2),(a_3,b_3)$ 两两不同矛盾，故 a_1,a_2,a_3 两两不等，从而 b_1,b_2,b_3 两两不同. 不妨设 $a_1<a_2<a_3$，从而 $b_1>b_2>b_3$ 对任意 $1\leqslant i<j\leqslant 3$，$a_j-a_i$ 的值仍在 M 中，但不在 A 中. 同理，对任意 $1\leqslant i<j\leqslant 3$，$b_i-b_j\notin B$，故三个差 $a_2-a_1=b_1-b_2,a_3-a_1=b_1-b_3,a_3-a_2=b_2-b_3$ 都不在 $A\cup B$，它们都在 $C=M\backslash(A\cup B)$ 内. 令 $a=a_3-a_1,b=a_3-a_2,c=a_2-a_1$，则 $a=b+c$，矛盾，所以 n 的最小值 $\geqslant 4$.

综上可知，所求 n 的最小值为 4.

例 10　8 位歌手参加艺术节，准备为他们安排 m 次演出，每次由其中 4 位登台表演，要求 8 位歌手中任意两位同台演出的次数一样多. 请设计一种方案，使演出的次数 m 最少.

(1996 年 CMO 试题)

解　设任意一对歌手同台演出的次数都为 r，因为 8 位歌手可形成 $C_8^2=28$ 对. 若某对歌手 a_i,a_j 同在第 k 场演出，则将 $\{a_i,a_j,k\}$ 组成一个三元组，这种三元组个数设为 S，于是 $S=rC_8^2=28r$.

另一方面，每场演出有 4 位歌手参加，可形成 C_4^2 个三元组，m 场演出一共可形成 mC_4^2 个三元组，所以 $S=mC_4^2=6m$，于是 $6m=28r,3m=14r$.

而 $(3,14)=1$，可见 $14\mid m$，故 $m\geqslant 14$.

下面构造出一种演出程序说明 $m=14$（从而 $r=3$）是可以实现的（数字 1 至 8 代表 8 位歌手，每个括号内的 4 个数字代表同场演出的 4 位歌手）：

$\{1,2,3,4\},\{1,2,5,6\},\{1,2,7,8\},\{1,3,5,7\},\{1,3,6,8\}$,

$\{1,4,5,8\},\{1,4,6,7\},\{2,3,5,8\},\{2,3,6,7\},\{2,4,5,7\}$,

$\{2,4,6,8\},\{3,4,5,6\},\{3,4,7,8\},\{5,6,7,8\}$.

综上可知，m 的最小值为 14.

例 11　设 $S=\{1,2,3,4,5,6,7,8,9,10\}$，$A_1,A_2,\cdots,A_k$ 是 S 的子集，满足

(1) $|A_i|=5(1\leqslant i\leqslant k)$；

(2) $|A_i\cap A_j|\leqslant 2(1\leqslant i<j\leqslant k)$.

求这样一批子集个数 k 的最大值.

(1994 年国家集训队第 6 次测验试题)

解法一　作 $10\times k$ 的表格，其中第 i 行、第 j 列处的元素为

$$a_{ij}=\begin{cases}1(\text{若 } i\in A_j)\\ 0(\text{若 } i\notin A_j)\end{cases}(i=1,2,\cdots 10,j=1,2,\cdots,k).$$

于是表中第 i 行元素之和 $l_i=\sum\limits_{j=1}^{k}a_{ij}$ 表示 i 属于 $A_1,A_2,\cdots,A_k$ 中 l_i 个集合，而第 j 列元素之和 $\sum\limits_{i=1}^{10}a_{ij}=|A_j|$ 表示集合 A_j 中元素个数，由已知条件 (1) 有 $\sum\limits_{i=1}^{10}a_{ij}=|A_j|=5$，所以

$$\sum_{i=1}^{10}l_i=\sum_{i=1}^{10}\sum_{j=1}^{k}a_{ij}=\sum_{j=1}^{k}\sum_{i=1}^{10}a_{ij}=\sum_{j=1}^{k}|A_j|=5k. \qquad ①$$

若 $r\in A_i\cap A_j$，则将 $\{A_i,A_j,r\}$ 组成三元组，这种三元组的个数记为 S. 一方面因 r 属于

$A_1, A_2, \cdots A_k$ 中 l_r 个集合,可形成 $C_{l_r}^2$ 个含 r 的三元组,所以 $S = \sum\limits_{r=1}^{10} C_{l_r}^2$. 另一方面,对任意 $A_i, A_j (1 \leqslant i < j \leqslant k)$ 有 $|A_i \cap A_j|$ 个元属于 $A_i \cap A_j$,可形成 $|A_i \cap A_j|$ 个含 A_i, A_j 的三元组,所以 $S = \sum\limits_{1 \leqslant i < j \leqslant k} |A_i \cap A_j|$,于是

$$\sum_{1 \leqslant i < j \leqslant k} |A_i \cap A_j| = \sum_{r=1}^{10} C_{l_r}^2 = \frac{1}{2} \left(\sum_{r=1}^{10} l_r^2 - \sum_{r=1}^{10} l_r \right).$$

利用①及已知条件(2)和哥西不等式得

$$k(k-1) = 2C_k^2 \geqslant \sum_{1 \leqslant i < j \leqslant k} |A_i \cap A_j| \geqslant \frac{1}{2} \left[\frac{1}{10} \left(\sum_{i=1}^{10} l_i \right)^2 - \sum_{i=1}^{10} l_i \right]$$

$$= \frac{1}{20} [(5k)^2 - 10(5k)] = \frac{5}{4} k(k-2),$$

所以 $k \leqslant 6$.

其次,下列 6 个集合满足题设条件:

$A_1 = \{1,2,3,4,5\}$,$A_2 = \{1,2,6,7,8\}$,$A_3 = \{1,3,6,9,10\}$,

$A_4 = \{2,4,7,9,10\}$,$A_5 = \{3,5,7,8,10\}$,$A_6 = \{4,5,6,8,9\}$.

综上可知,所求 k 的最大值为 6.

解法二 同解法一可构造 6 个子集 $A_1, A_2, \cdots, A_6$ 满足题目条件(1)和(2),故所求 k 的最大值 $\geqslant 6$.

若 $k \geqslant 7$,则 $\sum\limits_{i=1}^{k} |A_i| = 5k \geqslant 35$,故 S 中至少有一个元素 a 至少属于 $A_1, A_2, \cdots, A_k$ 中 $\left[\frac{35-1}{10} \right] + 1 = 4$ 个不同集合. 不妨设 $a \in A_i (i=1,2,3,4)$,于是对任意 $1 \leqslant i < j < t \leqslant 4$,$|A_i \cap A_j \cap A_t| \geqslant |A_1 \cap A_2 \cap A_3 \cap A_4| \geqslant 1$,由容斥原理得

$$10 = |S| \geqslant \left| \bigcup_{i=1}^{4} A_i \right|$$

$$= \sum_{i=1}^{4} |A_i| - \sum_{1 \leqslant i < j \leqslant 4} |A_i \cap A_j| + \sum_{1 \leqslant i < j < t \leqslant 4} |A_i \cap A_j \cap A_t| - |A_1 \cap A_2 \cap A_3 \cap A_4|$$

$$\geqslant 4 \times 5 - C_4^2 \times 2 - (C_4^3 - 1) \times 1 = 11,$$

矛盾. 所以 $k \leqslant 6$.

综上得所求 k 的最大值为 6.

例 12 设 X 是一个 56 元集合,求最小正整数 n,使得 X 的任意 15 个子集,只要它们中任何 7 个的并的元素个数都不小于 n,则这 15 个子集中一定存在 3 个,它们的交非空.

(2006 年 CMO 试题)

解 设 $X = \{1,2,3,\cdots,56\}$,令

$A_i = \{i, i+7, i+14, i+21, i+28, i+35, i+42, i+49\}$,$i=1,2,3,\cdots,7$,

$B_i = \{j, j+8, j+16, j+24, j+32, j+40, j+48\}$,$i=1,2,3,\cdots,8$.

显然,$|A_i| = 8 (1 \leqslant i \leqslant 7)$,$|A_i \cap A_j| = 0 (1 \leqslant i < j \leqslant 7)$,$|B_j| = 7 (1 \leqslant j \leqslant 8)$,$|B_i \cap B_j| = 0$ $(1 \leqslant i < j \leqslant 8)$,$|A_i \cap B_j| = 1 (1 \leqslant i \leqslant 7, 1 \leqslant j \leqslant 8)$.

于是,对其中任何 3 个子集,必有 2 个同时为 A_i,或者同时为 B_j,其交为空集.

对其中任何 7 个子集

$$A_{i_1}, A_{i_2}, \cdots, A_{i_s}, B_{j_1}, B_{j_2}, \cdots, B_{j_t} \ (s+t=7),$$

有　$|A_{i_1} \bigcup A_{i_2} \bigcup \cdots \bigcup A_{i_s} \bigcup B_{j_1} \bigcup B_{j_2} \bigcup \cdots \bigcup B_{j_t}|$

$$= |A_{i_1}| + |A_{i_2}| + \cdots + |A_{i_s}| + |B_{j_1}| + |B_{j_2}| + \cdots + |B_{j_t}| - st$$

$$= 8s + 7t - st = 8s + 7(7-s) - s(7-s)$$

$$= (s-3)^2 + 40 \geqslant 40.$$

故所求的最小正整数 $n \geqslant 41$.

其次,我们证明 $n=41$ 合乎条件,用反证法.假设存在 X 的 15 个子集,它们中任何 7 个的并不少于 41 个元素,而任何 3 个的交为空集.因为每个元素至多属于 2 个子集,不妨设每个元素恰属于 2 个子集(否则在一些子集中添加一些元素,上述条件仍成立).由抽屉原理,必有一个子集,设为 A,至少含 $\left[\dfrac{2 \times 56 - 1}{15}\right] + 1 = 8$ 个元素.又设其他 14 个子集为 A_1, $A_2, \cdots, A_{14}$.这 14 个子集中任何 7 个子集的并集都包含 X 中 41 个元素,这 14 个子集的所有 7 元子集组一共包含了 X 中 $41 C_{14}^7$ 个元素.另一方面,对于 X 内任一元素 a,若 $a \notin A$,则 $A_1, A_2, \cdots, A_{14}$ 中有 2 个包含 a,于是 a 被计算了 $C_{14}^7 - C_{12}^7$ 次;若 $a \in A$,则 $A_1, A_2, \cdots, A_{14}$ 中只有 1 个含有 a,于是 a 被计算了 $C_{14}^7 - C_{13}^7$,于是

$$41 C_{14}^7 \leqslant (56 - |A|)(C_{14}^7 - C_{12}^7) + |A|(C_{14}^7 - C_{13}^7)$$

$$= 56(C_{14}^7 - C_{12}^7) - |A|(C_{13}^7 - C_{12}^7)$$

$$\leqslant 56(C_{14}^7 - C_{12}^7) - 8(C_{13}^7 - C_{12}^7).$$

由此可得 $533 \leqslant 532$,矛盾.故 $n=41$ 合乎条件.

综上所述,n 的最小值为 41.

例 13　设 $X = \{A_1, A_2, \cdots, A_n\}$ 为 $I = \{1, 2, 3, \cdots, 36\}$ 的互异的三元子集组成的集族,满足:

(1) 对任意 $1 \leqslant i < j \leqslant n$,$A_i \bigcap A_j \neq \varnothing$,

(2) $A_1 \bigcap A_2 \bigcap \cdots \bigcap A_n = \varnothing$.

求 n 的最大值,并问 n 达到最大值时,共有多少个这样不同的集族 X?

解　设 X 满足题目条件,不妨设 $A_1 = \{1, 2, 3\}$.由已知条件(2)知存在 X 的一个元不包含 1,不妨设 $A_2 = \{a_1, a_2, a_3\}$,且 $1 \notin A_2$.类似地可设 $A_3 = \{b_1, b_2, b_3\}$,且 $2 \notin A_3$,$A_4 = \{c_1, c_2, c_3\}$,且 $3 \notin A_4$.由已知条件(1)知 X 的每个元至少有以下 9 个配对中的一个作为子集:

$\{1, a_1\}, \{1, a_2\}, \{1, a_3\}, \{2, b_1\}, \{2, b_2\}, \{2, b_3\}, \{3, c_1\}, \{3, c_2\}, \{3, c_3\}$.又因为 $|I| = 36$,故这些配对中每一个至多是 X 中 $36 - 2 = 34$ 个元的子集.

若这些对中不存在 3 个对使每对至少是 X 中 4 个元的子集,则这些对中至多有 2 对使每对是 X 中 34 个元的子集,其余 7 对中每对至多是 X 中 3 个元的子集,于是

$$n = |X| \leqslant 2 \times 34 + 7 \times 3 = 89.$$

下设这 9 个对中至少存在 3 对使每对都是 X 中至少 4 个元的子集,设这 3 对元是

$$p_1 = \{a, b\}, p_2 = \{c, d\}, p_3 = \{e, f\}.$$

因 p_1 是 X 中至少 4 个元 $\{a, b, x\}, \{a, b, y\}, \{a, b, z\}, \{a, b, w\}$ 的子集,而 X 中任意其

他元 A 与这 4 个元都至少有一个公共元,故这个公共元只可能是 a 或 b(否则 A 含有 4 个不同元素 x,y,z,w,矛盾).同理对 p_2 和 p_3 有类似的结论.

若 $p_1 \bigcap p_2 = \varnothing$,则必有 X 的两个形如 $\{a,b,x\}$ 和 $\{c,d,y\}$($x \neq c, d, y, y \neq a, b, x$)这与已知条件(1)矛盾.所以 p_1, p_2, p_3 两两之交非空.

下面分两种情形:

(Ⅰ)$p_1 \bigcap p_2 \bigcap p_3 \neq \varnothing$,设 $p_1 = \{x,y\}, p_2 = \{x,z\}, p_3 = \{x,w\}$.其中 $x,y,z,w \in I$.于是 X 中不含 x 的元仅可能为 $\{y,z,w\}$.所以 $\{y,z,w\}$ 是 X 中元素且 $X \subseteq Y(x,y,z,w)$,其中 $Y(x,y,z,w)$ 为由 $\{y,z,w\}$ 及所有含 x 且含 y,z,w 中至少一个的三元子集组成的集族.从而 $n = |X| \leqslant |Y(x,y,z,w)| = 1 + C_3^2 + C_3^1 C_{32}^1 = 100$,等号成立当且仅当 $X = Y(x,y,z,w)$.这样的 $X = Y(x,y,z,w)$ 共有 $C_{36}^3 \cdot C_{33}^1 = C_{36}^1 \cdot C_{35}^3 = 33 \cdot C_{36}^3$ 个.

(Ⅱ)$p_1 \bigcap p_2 \bigcap p_3 = \varnothing$.又因 p_1, p_2, p_3 两两之交非空,故可设 $p_1 = \{x,y\}, p_2 = \{y,z\}, p_3 = \{x,z\}$,其中 $x,y,z \in I$.于是 X 中每个元至少包含 x,y,z 中 2 个,所以 $X \subseteq Y(x,y,z)$,其中 $Y(x,y,z)$ 为所有包含 x,y,z 中至少 2 个的 3 元子集组成的集族,从而 $n = |X| \leqslant |Y(x,y,z)| = 1 + C_3^2 C_{33}^1 = 100$,等号成立当且仅当 $X = Y(x,y,z)$,这时这样的 $X = Y(x,y,z)$ 有 C_{36}^3 个.他们都不同于(Ⅰ)中的集族.

综上所述,所求 n 的最大值为 100,并且 n 达到最大值时,不同的 X 共有 $33C_{36}^3 + C_{36}^3 = 34C_{36}^3$ 个.

注 本题结论中求 n 的最大值改为证明 $n \leqslant 100$,即为 2005 年英国奥林匹克试题.

例 14 设 $I = \{1,2,3,\cdots,n\}$.求最大正整数 m,使存在 I 的一个 m 元子集 S,满足:

(1)S 中任何一个数不是另一个数的倍数;

(2)S 中任意两个数不互素. (2005 年巴尔干竞赛试题)

分析 先对特殊的 n,找出 S 及 m 如下:

$n = 100, 101$ 时,$S = \{52, 54, 56, \cdots, 100\}, m = 25$;

$n = 102, 103$ 时,$S = \{52, 54, 56, \cdots, 102\}, m = 26$;

$n = 104, 105$ 时,$S = \{54, 56, 58, \cdots, 104\}, m = 26$;

$n = 106, 107$ 时,$S = \{54, 56, 58, \cdots, 106\}, m = 27$;

$n = 108, 109$ 时,$S = \{56, 58, 60, \cdots, 108\}, m = 27$.

从上面实例可得 $4m \leqslant n + 2 < 4(m+1), m \leqslant \dfrac{n+2}{4} < m + 1$,即 $m = \left[\dfrac{n+2}{4}\right]$.

解 令 $S_0 = \{2k \mid k \in \mathbf{N}_+, \left[\dfrac{n+2}{4}\right] \leqslant k \leqslant 2\left[\dfrac{n+2}{4}\right] - 1\}$,因 $2(2\left[\dfrac{n+2}{4}\right] - 1) \leqslant 4 \times \dfrac{n+2}{4} - 2 = n$,故 $S_0 \subseteq I, |S_0| = \left[\dfrac{n+2}{4}\right]$,且 S_0 满足题目条件(1)和(2),可见所求最大正整数 $m \geqslant \left[\dfrac{n+2}{4}\right]$.

其次,设 $S \subseteq I$ 是满足条件(1),(2)的任意 m 元集合,则对任意 $a \in S$,存在唯一非负整数 k_0 使 $2^{k_0} a \in S_1 = \{\left[\dfrac{n}{2}\right] + 1, \left[\dfrac{n}{2}\right] + 2, \cdots, n\}$.我们令 a 与 $2^{k_0} a$ 对应,构成一个从 S 到 S_1 的映射 f,下面证 f 是单射.

事实上,对任意 $a, b \in S(a < b)$,存在唯一的非负整数 k_a, k_b 使 $2^{k_a} a, 2^{k_b} b \in S_1$,即 $f(a)$

$=2^{k_a}a$，$f(b)=2^{k_b}b$. 若 $f(a)=f(b)$，即 $2^{k_a}a=2^{k_b}b$，又 $a<b$，所以 $k_a>k_b$，$2^{k_a-k_b}a=b$，故 a 整除 b. 这与 S 满足已知条件(1)矛盾. 所以 $f(a)\neq f(b)$，即 f 是单射.

又因为 $a,b\in S,a\neq b$ 时，由已知条件(2)得 $(a,b)>1$. 故 $|f(a),f(b)|=(2^{k_a}a,2^{k_b}b)>1$. 但 S_1 中任意相邻的两个数互素，且当 n 为奇数时，$n-2,n-1,n$ 两两互素，故 S 的像集合 $f(S)$ 中不含 S_1 中任何 2 个连续的正整数，且 n 为奇数时，$f(S)$ 至多含 $n-2,n-1,n$ 中的一个数，所以

$$m=|S|=|f(S)|\leqslant\left[\frac{n+2}{4}\right].$$

综上所述，得所求 m 的最大值为 $\left[\dfrac{n+2}{4}\right]$.

例 15 对于整数 $n\geqslant 4$，求出最小的整数 $f(n)$，使得对于任何正整数 m，集合 $\{m,m+1,\cdots,m+n-1\}$ 的任一个 $f(n)$ 元子集中，均有至少 3 个两两互素的元素.

(2004 年全国高中联赛加试试题)

解 先验证 $f(4)=4,f(5)=5,f(6)=5$.

$n=4$：$\{m,m+1,m+2,m+3\}$，若 m 为奇数，则 $m,m+1,m+2$ 两两互素，若 m 为偶数，则 $m+1,m+2,m+3$ 两两互素，故 $f(4)\leqslant 4$. 但在 $\{m,m+1,m+2,m+3\}$ 中取 2 个偶数和一个奇数组成的三元子集，其中 3 个数不能两两互素，故 $f(4)=4$.

$n=5$：$\{m,m+1,m+2,m+3,m+4\}$，同 $n=4$ 的情形知 $\{m,m+1,m+2,m+3,m+4\}$ 中必有 3 个数两两互素，故 $f(5)\leqslant 5$. 但当 m 为偶数时，$m,m+2,m+4$ 均为偶数，4 元子集 $\{m,m+1,m+2,m+4\}$ 中不存在 3 个两两互素的数，故 $f(5)=5$.

$n=6$：$\{m,m+1,m+2,m+3,m+4,m+5\}$ 中有 3 个奇数和 3 个偶数，如果取 3 偶 1 奇的 4 元子集，则其中无 3 个数两两互素，故 $f(6)>4$. 考察 5 元子集，若其中有 3 个奇数，则此 3 个数必两两互素；若 5 个数为 3 偶 2 奇，由于 3 个偶数中至多有一个是 3 的倍数，至多有一个是 5 的倍数，所以 3 个偶数中必有 1 个不被 3 整除，也不被 5 整除. 此数与 2 个奇数两两互素，所以 $f(6)=5$.

$n>6$：设 $T_n=\{t\,|\,t\leqslant n+1,2|t,\text{且}\,3|t\}$，则 T_n 为 $\{2,3,\cdots,n+1\}$ 的子集，T_n 中任意 3 个元素不能两两互素，所以

$$f(n)\geqslant |T_n|+1=\left[\frac{n+1}{2}\right]+\left[\frac{n+1}{3}\right]-\left[\frac{n+1}{6}\right]+1.$$

设 $n=6k+r,k\geqslant 1,r=0,1,2,3,4,5$，则

$$\left[\frac{n+1}{2}\right]+\left[\frac{n+1}{3}\right]-\left[\frac{n+1}{6}\right]+1=4k+\left[\frac{r+1}{2}\right]+\left[\frac{r+1}{3}\right]-\left[\frac{r+1}{6}\right]+1$$
$$=\begin{cases}4k+r+1,&r=0,1,2,3,\\4k+r,&r=4,5.\end{cases}$$

当 $r=0,1,2,3$ 时，将 $n=6k+r$ 个数按 $\{m,m+1,\cdots,m+5\}$，$\{m+6,m+7,\cdots,m+11\}$，$\cdots$，$\{m+6(k-1),m+6(k-1)+1,\cdots,m+6k-1\}$ 分成 k 组，余下 r 个数 $m+6k,m+6k+1,\cdots,m+6k+r-1$. 任取 $4k+r+1$ 个数中至少有 $4k+1$ 个数属于前 k 个 6 元组中. 由抽屉原理知其中必有 $\left[\dfrac{(4k+1)-1}{k}\right]+1=5$ 个数属于同一组，而由 $f(6)=5$ 知这 5 个数中

必有 3 个数两两互素.

当 $r=4,5$ 时,同 $r=0,1,2,3$ 情形将 $n=6k+r$ 个数进行分组,任取 $4k+r$ 个数中,若有 r 个数属于余下的 r 个数,则由 $f(r)=r(r=4,5)$ 知这 r 个数中必有 3 个数两两互素,否则至少有 $4k+1$ 个数属于前面 k 个 6 元组,故其中必有 5 个数属于同一组,而由 $f(6)=5$ 知这 5 个数中必有 3 个数两两互素.

故 $f(n)=\left[\dfrac{n+1}{2}\right]+\left[\dfrac{n+1}{3}\right]-\left[\dfrac{n+1}{6}\right]+1.$

例 16 某次考试有 5 道选择题,每题都有 4 个不同的答案供选择,每人每题恰选 1 个答案.在 2000 份答卷中发现存在正整数 n,使得任何 n 份答卷中都存在 4 份,其中每两份的答案都至多有 3 题相同,求 n 的最小值. (2000 年 CMO 试题)

解 将每道题目的 4 种答案分别记为 $1,2,3,4$,每份试卷上的答案记为 (a_1,a_2,a_3,a_4,a_5),其中 $a_i\in\{1,2,3,4\}(i=1,2,3,4,5)$,令四元组为

$$\{(1,i,j,k,h),(2,i,j,k,h),(3,i,j,k,h),(4,i,j,k,h)\}(i,j,k,h\in\{1,2,3,4\}),$$ 这样的四元组共有 $4^4=256$ 个.由于 $2000=256\times7+208$,故由抽屉原理,有 8 份试卷上的答案属于同一四元组.取出这 8 份试卷后,余下的 1992 份试卷中仍有 8 份属于同一个四元组;再取出这 8 份试卷,余下的 1984 份试卷中又有 8 份属于同一四元组,取出这 8 份试卷,连同前两次取出的试卷共 24 份,这 24 份试卷中,任何 4 份中总有 2 份的答案属于同一个四元组,它们后 4 题的答案完全相同,不满足题目要求.所以,所求 n 的最小值为 25.

另一方面,令
$$S=\{(a_1,a_2,a_3,a_4,a_5)\mid a_1+a_2+a_3+a_4+a_5\equiv0(\bmod4),a_1,a_2,a_3,a_4,a_5\in\{1,2,3,4\},$$ 则 $|S|=4^4=256$,且 S 中任何两种不同的答案至多有 3 题相同.从 S 中去掉 6 个元素,当余下的 250 种答案中每种恰有 8 人选用时,共有 2000 份答卷,其中任何 25 份试卷中总有 4 份答卷的答案互不相同,由于它们都在 S 中,当然满足题设要求,这表明 $n=25$ 可以满足题目要求.

综上可知,所求 n 的最小值为 25.

例 17 MO 太空城由 99 个空间站组成,任意两个空间站之间有管形通道相连.规定其中 99 条通道为双向通行的主干道,其余通道严格单向通行.如果某四个空间站可以通过它们之间的通道从其中任一站到达另外任一站,则称这四个站的集合为一个互通四站组.

试为 MO 太空城设计一个方案,使得互通四站组的数目最大(请具体算出该最大数,并证明你的结论). (1999 年 CMO 试题)

解 把问题一般化.下面讨论 n 个空间站和 n 条双向主干线的一般情形,其中 n 是大于 3 的奇数,并记 $m=\dfrac{1}{2}(n-3)$.本题中 $n=99,m=48$.

(1)若在四个空间站中有一个空间站与另外三个空间站的通道都是从该站严格单向发出,则这四个站的集合不是互通四站组,把这样的非互通四站组归入 S 类,其余非互通四站组归入 T 类,于是互通四站组的总数为

$$N_n=C_n^4-|T|-|S|.$$

用 $1,2,\cdots,n$ 给 n 个空间站编号,设从 i 号空间站发出的严格单向通道数为 x_i,则 S 类

非互通四站组的总数为 $|S|=\sum\limits_{i=1}^{n}C_{x_i}^3$，并且

$$x_1+x_2+\cdots+x_n=C_n^2-n=\frac{1}{2}n(n-3)=nm.$$

要使 N_n 最大，必须 $|T|$ 和 $|S|$ 最小.

首先，证明 $|S|\geqslant nC_m^3$. 事实上，当 $|S|$ 取最小值时，必有对任意 $1\leqslant i<j\leqslant n$，$|x_i-x_j|\leqslant 1$. 这是因为若存在 $1\leqslant i,j\leqslant n$ 使 $x_j-x_i\geqslant 2$，那么令 $x'_i=x_i+1$，$x'_j=x_j-1$，$x_k=x'_k(k\neq i,j)$，于是 $\sum\limits_{i=1}^{n}x'_i=\sum\limits_{i=1}^{n}x_i=nm$. 设 $|S'|=\sum\limits_{i=1}^{n}C_{x'_i}^3$，则 $|S|-|S'|=C_{x_i}^3+C_{x_j}^3-C_{x'_i}^3-C_{x'_j}^3=C_{x_i}^3+C_{x_j}^3-C_{x_i+1}^3-C_{x_j-1}^3=C_{x_j-1}^2-C_{x_i}^2>0$（因为 $(x_j-1)-x_i\geqslant 1$），这与 $|S|$ 最小矛盾.

故 $|S|\geqslant nC_m^3$，当且仅当 $x_1=x_2=\cdots=x_n=m$ 时等号成立，所以

$$N_n=C_n^4-|T|-|S|\leqslant C_n^4-0-nC_m^3=\frac{1}{48}n(n-3)(n^2+6n-31).$$

(2) 下面的设计方案表明 $N_n=C_n^4-nC_m^3$ 是可以成立的.

首先将编号为 $1,2,\cdots,n$ 的空间站依顺时针次序排在一个圆周上的 n 个点 A_1，A_2，$\cdots$，A_n，圆周上相邻两空间站之间的通道为双向通行主干道，这样一共设定了 n 条双向主干道：A_1A_2，A_2A_3，$\cdots$，$A_{n-1}A_n$，A_nA_1.

对任意 $i,j\in\{1,2,3,\cdots,n\}$，$i\neq j$，若沿顺时针方向从 A_i 到 A_j 的弧经过奇数个空间站，那么规定 A_i 与 A_j 的通道是从 A_i 到 A_j 的严格单向通行道：$A_i\rightarrow A_j$. 因为 n 为奇数，从 A_i 到 A_j 的顺时针弧与从 A_j 到 A_i 的顺时针弧当中恰有一个经过奇数个空间站. 故上述规定不会导致矛盾.

按此方案，从每个 A_i 出发的严格单向通行道的数目都为 $m=\frac{n-3}{2}$，所以 $|S|=nC_m^3$. 下面证明：此方案中必有 $|T|=0$.

如果四站组中有两个空间站 A，B 之间的通道为双向主干道，那么易知这个四站组是互通的. 因此，如果四站组 A，B，C，D 不是互通的，那么它们中任何两站之间的通道都不是双向主干道，设 A 与 B，B 与 C，C 与 D，D 与 A 之间的空间站个数分别为 a，b，c，d，于是 $a+b+c+d=n-4$ 为奇数. 从而 a，b，c，d 中为奇数的个数为 1 和 3.

（ⅰ）若 a 为奇数，b，c，d 为偶数，则 $A\rightarrow B\rightarrow D\rightarrow C\rightarrow A$，$A$、$B$、$C$、$D$ 为互通四站组（图4-15(a)）.

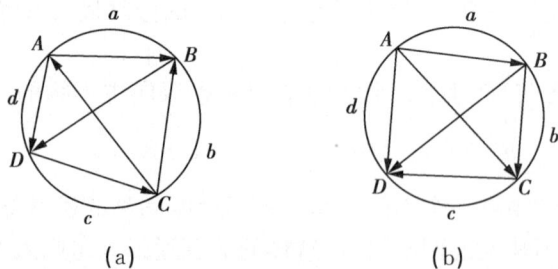

(a)   (b)

图 4-15

（ⅱ）若 a，b，c 为奇数，d 为偶数，则从 A 到 B，C，D 的通道都是从 A 出发的严格单向通道，这种非互通四站组属于 S 类（图4-15(b)）.

由以上讨论知此方案中 $|T|=0$.

综上可知,互通四站组个数的最大值为 $C_n^4-nC_{\frac{n-3}{2}}^3=\dfrac{1}{48}n(n-3)(n^2+6n-31)$.特别 $n=99$ 时,本题所求互通四站组个数的最大值为 $C_{99}^4-99C_{48}^3=2052072$.

例 18 某乒乓球俱乐部组织交流活动,安排符合以下规则的双打赛程表,规则为:

(1)每名参赛者至多属于两个对子;

(2)任意两个不同对子之间至多进行一次双打;

(3)凡表中同属一对的两人,就不在任何双打中作为对手相遇.

统计各人参赛的双打次数,约定将所有不同次数组成的集合定为"赛次集".

给定不同的正整数组成的集合 $A=\{a_1,a_2,\cdots,a_k\}$,其中每个数都被 6 整除.试问最少必须有多少人参加活动,才可以安排符合上述规则的赛程表,使得相应的赛次集恰好为 A.证明你的结论. (2000 年 CMO 试题)

解 (1)设 $a_1<a_2<\cdots<a_k$,并设所安排的赛程表中某参加者的赛次为 a_k.

若该参加者仅属于一个对子,则另有 a_k 对与该对进行双打,因而至少另有 a_k 人,总人数不少于 a_k+2.

若赛次为 a_k 的某参加者属于两个对子,则至少另有 $\dfrac{a_k}{2}$ 对与这两对进行双打,因而至少另有 $\dfrac{a_k}{2}$ 人,总人数不少于 $\dfrac{a_k}{2}+3(<a_k+2)$.

因此,参加者的总数不少于 $\dfrac{a_k}{2}+3$.

(2)设 $a_1<a_2<\cdots<a_k$,我们证明,若有 $\dfrac{a_k}{2}+3$ 名参加者,则可安排符合规则的赛程表,使得相应的赛次集恰为 $A=\{a_1,a_2,\cdots,a_k\}$,并且每名参加者都属于两个对子,对 k 用数学归纳法.

(ⅰ)$k=1$ 时,将 $\dfrac{a_1}{2}+3$ 人分为 $\dfrac{a_1}{6}+1$ 个三人小组,每组中任何两人结成对子,所有不同组的对子进行双打,于是每人的赛次数都为 $2\times C_3^2\times\dfrac{a_1}{6}=a_1$.

(ⅱ)$k=2$ 时,将 $\dfrac{a_2}{2}+3$ 人分为 S 和 T 两大组,满足 $|S|=\dfrac{a_1}{2}$,$|T|=\dfrac{a_2-a_1}{2}+3$,再将 S 和 T 各分为三人组,同一个三人组中任两人结成对子.

安排 S 大组的每个三人组的对子与该三人组以外的所有其他对子进行双打;安排 T 大组的每个三人组的对子只与 S 大组中对子进行双打.于是,S 大组中每人的赛次数为

$$2\left(\dfrac{a_1}{2}-3+\dfrac{a_2-a_1}{2}+3\right)=a_2;$$

T 大组中每人的赛次数为 $2\times\dfrac{a_1}{2}=a_1$.

(ⅲ)假定对于 $k=h-1$ 和 $k=h$ 时,所述结论成立,考察 $k=h+1$ 的情形,即

$$A=\{a_1,a_2,\cdots,a_{h+1}\},a_1<a_2<\cdots<a_{h+1}.$$

并且有 $\dfrac{a_{h+1}}{2}+3$ 名参加者,将这些参加组分为 S,T 和 U 三大组,满足 $|S|=\dfrac{a_1}{2}$,$|T|=\dfrac{a_h-a_1}{2}+3$,$|U|=\dfrac{a_{h+1}-a_h}{2}$.再将 S,T,U 各分成三人小组,每个三人组内任两人结成对子.

安排 S 大组的每个三人组的对子与各大组中所有其他的对子进行双打.

安排 T 大组每个三人组的对子都与 S 大组中的对子进行双打,另外安排 T 大组内的赛程使 T 大组内的赛次集为

$A'=\{a_2-a_1,a_3-a_1,\cdots,a_h-a_1\}$(根据归纳假设,这样的安排可实现).

安排 U 大组的对子只与 S 大组的对子进行双打,这样安排的赛程表符合规则.

S 大组内参加者的赛次数为

$$2\left(\dfrac{a_1}{2}-3+\dfrac{a_h-a_1}{2}+3+\dfrac{a_{h+1}-a_h}{2}\right)=a_{h+1}.$$

T 大组内参加者的赛次数分别为以下各数:

$$2\times\dfrac{a_1}{2}+(a_j-a_1)=a_j(j=2,3,\cdots,h).$$

U 大组内参加者的赛次数为 $2\times\dfrac{a_1}{2}=a_1$.

因此,与所安排的赛程表相应的赛次集恰为 $A=\{a_1,a_2,\cdots,a_{h+1}\}$,于是 $k=h+1$ 时结论得证.这就完成了归纳证明.

综上所述可知,所求参加者人数的最小值为 $\dfrac{a_k}{2}+3$.

例 19 平面内任给 n 个点($n\geqslant5$),其中任意 4 点不共面,求最小正整数 m,使得在 n 个点之间连有 m 条线后,必存在两个恰有一个公共点的三角形.(本题实质上是 2003 年中国国家集训队培训练习题,仅叙述上作了适当改变)

解 首先将 n 个点分成两个不相交的集合 M_1 和 M_2,其中 M_1 中有 $\left[\dfrac{n+1}{2}\right]$ 个点,M_2 中有 $\left[\dfrac{n}{2}\right]$ 个点,将 M_1 中每点与 M_2 中每点连一线段,且 M_1 中某两点连一线段,其余的点之间不连线段,则一共连有 $\left[\dfrac{n+1}{2}\right]\left[\dfrac{n}{2}\right]+1=\left[\dfrac{n^2}{4}\right]+1$ 条线段,但其中不存在两个恰有一个公共顶点的三角形.

故所求最小正整数 $m\geqslant\left[\dfrac{n^2}{4}\right]+2$.

其次,我们用数学归纳法证明,若 $n(\geqslant5)$ 个点之间连有 $\left[\dfrac{n^2}{4}\right]+2$ 条线段,其中必存在两个只有一个公共点的三角形.

当 $n=5$ 时,5 个点之间至多可连 $C_5^2=10$ 条线段,现已连有 $\left[\dfrac{5^2}{4}\right]+2=8$ 条线段,故只有两对点之间没有连线,可见至少有一个点 A 向其余 4 点 B、C、D、E 都连有线段,于是以 B、

C、D、E 为端点的三组对边(无公共端点的两条线段),必有一组对边同时存在.不妨设 B 与 C,D 与 E 连有线段.于是存在两个有公共端点的三角形:$\triangle ABC$ 与 $\triangle ADE$,故 $n=5$ 时,结论成立.

设对 $n-1$ 结论成立,考察 $n\geqslant 6$ 的情形,这时从 n 个点出发的线段数总和为 $2\left[\dfrac{n^2}{4}\right]+4$,

故其中必存在一个点 A,从 A 出发的线段数至多为 $\left[\dfrac{2\left[\frac{n^2}{4}\right]+4}{n}\right]$,而当 $n=2k\geqslant 6$ 时,

$$\left[\dfrac{2\left[\frac{n^2}{4}\right]+4}{n}\right]=\left[\dfrac{2k^2+4}{2k}\right]=\left[k+\dfrac{2}{k}\right]=k=\left[\dfrac{n}{2}\right];当\ n=2k+1\geqslant 7\ 时,\left[\dfrac{2\left[\frac{n^2}{4}\right]+4}{n}\right]=$$

$$\left[\dfrac{2k(k+1)+4}{2k+1}\right]=\left[k+\dfrac{k+4}{2k+1}\right]=\begin{cases}k+1=\left[\dfrac{n}{2}\right]+1(n=7)\\ k=\left[\dfrac{n}{2}\right](n\geqslant 9)\end{cases},故若\ n=6\ 或\ n\geqslant 8,则去掉\ A\ 以$$

及从 A 出发的线段后,还剩 $n-1$ 个点,它们之间的连线数至少为

$$\left[\dfrac{n^2}{4}\right]+2-\left[\dfrac{n}{2}\right]=\left[\dfrac{n}{2}\right]\left(\left[\dfrac{n+1}{2}\right]-1\right)+2=\left[\dfrac{n}{2}\right]\left[\dfrac{n-1}{2}\right]+2=\left[\dfrac{(n-1)^2}{4}\right]+2.$$

故由归纳假设知必存在两个只有一个公共点的三角形.

所以,只需讨论 $n=7$ 的情形.这时 7 个点之间共连 $\left[\dfrac{7^2}{4}\right]+2=14$ 条线段,如果从其中某点出发的线段数至多为 $\left[\dfrac{n}{2}\right]=3$ 条,则同上可归结为有 $n-1=6$ 个点的情形,故只需考虑从每点出发恰有 4 条线段的情形.

考虑与 A 连有线段的 4 个点 B、C、D、E.因为从每点出发都有 4 条线段,而一共只有 7 点,故 B、C、D、E 中每点至少与其余 3 个点中一个点连有线段.不妨设 B 与 C 连有线段,若 D 与 E 连有线段,则命题结论成立.故下设 D 与 E 没有连线,这时若 D、E 分别与 B、C(或 C、B)连有线段,则命题结论也成立.故只需考虑 D、E 同时与 B(或同时与 C)连有线段的情形,不妨设 D、E 同时与 B 连有线段,而 C、D、E 之间两两不连线段考虑另外两点 F、G.由于从 C、D、E 出发都有 4 条线段,故 C、D、E 都与 F、G 同时连有线段.而从 F、G 出发均有 4 条线段,所以 F 与 G 连有线段(因 F、G 与 A,B 都没有连线),这样我们得到图 4-16,此时 $\triangle ADB$ 与 $\triangle FGD$ 是两个只有一个公共点的三角形.

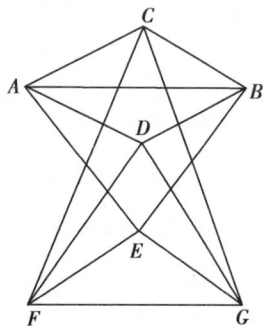

图 4-16

综上可知,$m=\left[\dfrac{n^2}{4}\right]+2$.

例 20 设 A 是一个 3×9 的方格表,在每一个小方格内各填一个正整数,称 A 中的一个 $m\times n(1\leqslant m\leqslant 3,1\leqslant n\leqslant 9)$ 方格表为"好矩形",若它的所有数的和为 10 的倍数,称 A 中

的一个 1×1 的小方格为"坏格",若它不包含于任何一个"好矩形",求 A 中"坏格"个数的最大值.

（2011 年全国高中联赛加试试题）

解法一　我们称一个 1×1 方格为"好格",若它不是一个"坏格",首先考虑 2×9 的方格表中至少有几个"好格"的简单情形.

引理　2×9 的矩形中至少有一个"好格".

证明　用反证法.若不然,设 2×9 表格中第一行中前 i 列各小方格内各数之和为 $S_i(i=1,2,\cdots,9)$,第二行中前 i 列各小方内各数之和为 $T_i(i=1,2,\cdots,9)$,于是 $S_i\not\equiv0\pmod{10}$ 并且 $S_j-S_i\not\equiv0,T_j-T_i\not\equiv0\pmod{10}(1\leqslant i<j\leqslant9)$.即 $S_1,S_2,\cdots,S_9$ 对模 10 的正余数恰是 $1,2,\cdots,9$ 的一个排列,所以

$$S_1+S_2+\cdots+S_9\equiv1+2+\cdots+9\equiv5\pmod{10}.$$

同理, $T_1+T_2+\cdots+T_9\equiv1+2+\cdots+9\equiv5\pmod{10}$.再将 2×9 表格中第 1、2 行合并为一行,类似定义其前 i 列内各数之和为 $R_i(i=1,2,\cdots,9)(R_i=S_i+T_i)$,则 $R_1+R_2+\cdots+R_9\equiv5\pmod{10}$,这与 $R_1+R_2+\cdots+R_9=(S_1+S_2+\cdots+S_9)+(T_1+T_2+\cdots+T_9)\equiv5+5\equiv0\pmod{10}$ 矛盾.故 2×9 矩形至少有一个"好格".

回到原题,我们证明 3×9 矩形内至少有 2 个"好格",用反证法.假设 3×9 矩形内至多有一个"好格",不失一般性,可设 3×9 矩形的第一行内无"好格".由引理知 3×9 表格的前 2 行内至少有一个"好格",以及后 2 行内至少有一个"好格",而 3×9 表格内至多有一个"好格",且第一行内无"好格",故 3×9 表格内恰有一个"好格"在第二行内.现将第 2、3 行合并为一个大行,对第一行或这个大行运用引理知这 2 行存在"好格",但第一行内无"好格",故"好格"必在大行中,注意大行中的"好格"即为 2×1 的好矩形,故第 3 行内存在"好格",矛盾.从而我们证明了 3×9 矩形内至少有 2 个"好格",故 3×9 表格内至多有 $3\times9-2=25$ 个"坏格".

另一方面,构造一个 3×9 表格如下:

1	1	1	2	1	1	1	1	10
1	1	1	1	1	1	1	1	1
1	1	1	10	1	1	1	1	2

上述表格中恰有 2 个"好格"和 25 个"坏格".

综上可知 3×9 矩形内最多有 25 个"坏格".

解法二　记号 $S_i(i=1,2,\cdots,9)$ 及"好格"的定义同解法一.首先用反证法证明 3×9 矩形内至少有 2 个"好格",假设至多只有一个"好格",不妨设第一行内无"好格".同解法一知 $S_1,S_2,\cdots,S_9$ 对模 10 的正余数是 $1,2,\cdots,9$ 的一个排列.其次由抽屉原理知 $S_1,S_2,\cdots,S_9$ 中至少有 $\left[\dfrac{9-1}{2}\right]+1=5$ 个数的奇偶性相同.不妨设 $S_{i_1},S_{i_2},\cdots,S_{i_5}(1\leqslant i_1<\cdots<i_5\leqslant9)$ 的奇偶性相同.

(1)若 $S_{i_1},S_{i_2},\cdots,S_{i_5}$ 同为偶数,则其中必有一个为 5 的倍数(从而也为 10 的倍数,矛盾!),否则其中必有两个对模 5 同余,从而对模 10 同余,它们之差(大减小)对模 10 也同

余,也导致矛盾!

(2)若 $S_{i_1}, S_{i_2}, \cdots, S_{i_5}$ 同为奇数,且还有一个 $S_{i_6}(i_6 \neq i_j(j=1,2,3,4,5))$ 也为奇数,则 $S_{i_1}, \cdots, S_{i_6}$ 中必有两个对模 5 同余. 又它们同为奇数,故这两个数之差(大减小)是 10 的倍数,矛盾! 故 $S_1, S_2, \cdots, S_9$ 中恰有 5 个奇数. 同理,将 2、3 行合并看成一个新行,类似定义 T_i 为第 1、2 行中前 i 列内所有各数的和($i=1,2,\cdots,9$). 于是新行内也没有"好格". 否则原表内至少有一个 2×1 的"好矩形",从而至少有 2 个"好格",矛盾! 同理可知 $T_1, T_2, \cdots, T_9$ 内恰有 5 个奇数,类似地,将 1,2,3 行合并为一个大行,并定义 R_i 为 3×9 表格内前 i 列所填各数之和($i=1,2,\cdots,9$),则这个大行内无好格(否则有一个 3×1 的好矩形,从而有 3 个好格,矛盾!). 同理可得 $R_1, \cdots, R_9$ 中恰有 5 个奇数. 于是 $S_1+S_2+\cdots+S_9$,$T_1+T_2+\cdots+T_9$ 及 $R_1+R_2+\cdots+R_9$ 都为奇数,而 $R_i=S_i+T_i(i=1,2,\cdots,9)$,从而 $R_1+R_2+\cdots+R_9=(S_1+S_2+\cdots+S_9)+(T_1+T_2+\cdots+T_9)$ 为偶数,矛盾!

综上知反设不成立,故至少有 2 个"好格",即至多有 25 个"坏格". 下同解法一.

例 21 一次考试共 m 道试题,n 个学生参加,其中 $m,n \geq 2$ 为给定的整数. 每道题的得分规则是:若该题恰有 x 个学生没有答对,则每个答对该题的学生得 x 分,未答对该题的学生得零分. 每个学生的总分为其 m 道题的得分总和. 将所有学生总分从高到低排列为 $p_1 \geq p_2 \geq \cdots \geq p_n$,求 p_1+p_n 的最大可能值.　　　　　　(2013 年全国高中联赛加试试题)

解 设对任意 $k=1,2,\cdots,m$,没有答对第 k 题的学生有 x_k 人,则第 k 题答对者有 $n-x_k$ 人,由得分规则知,这 $n-x_k$ 个人在第 k 题均得 x_k 分. 设 n 个学生得分之和为 S,则有

$$S=\sum_{i=1}^{n} p_i=\sum_{k=1}^{m} x_k(n-x_k)=n\sum_{k=1}^{m} x_k-\sum_{k=1}^{m} x_k^2.$$

因为每个人在第 k 题上至多得 x_k 分,故

$$p_1 \leq \sum_{k=1}^{m} x_k,$$

由于 $p_1 \geq p_2 \geq \cdots \geq p_n$,故有 $p_n \leq \dfrac{p_2+p_3+\cdots+p_n}{n-1}=\dfrac{S-p_1}{n-1}$,所以

$$p_1+p_n \leq p_1-\frac{S-p_1}{n-1}=\left(\frac{n-2}{n-1}\right)p_1+\frac{S}{n-1}$$

$$\leq \frac{n-2}{n-1}\sum_{k=1}^{m} x_k+\frac{1}{n-1}\left(n\sum_{k=1}^{n} x_k-\sum_{k=1}^{n} x_k^2\right)$$

$$=2\sum_{k=1}^{n} x_k-\frac{1}{n-1}\sum_{k=1}^{n} x_k^2.$$

由柯西不等式得

$$\sum_{k=1}^{m} x_k^2 \geq \frac{1}{m}\left(\sum_{k=1}^{m} x_k\right)^2,$$

于是

$$p_1+p_n \leq 2\sum_{k=1}^{m} x_k-\frac{1}{m(n-1)}\left(\sum_{k=1}^{m} x_k\right)^2$$

$$=-\frac{1}{m(n+1)}\left[\left(\sum_{k=1}^{m} x_k\right)^2-2m(n-1)\sum_{k=1}^{m} x_k\right]$$

$$= -\frac{1}{m(n-1)}\left[\sum_{k=1}^{m} x_k - m(n-1)\right]^2 + m(n-1) \leqslant m(n-1).$$

另一方面，若一个学生全部答对，其他 $n-1$ 个学生全部答错，则

$$p_1 + p_n = p_1 = \sum_{k=1}^{m}(n-1) = m(n-1).$$

综上所述，所求 $p_1 + p_2$ 的最大值为 $m(n-1)$.

例 22 给定正整数 $n \geqslant 2$，设整数 $a_0, a_1, \cdots, a_n$ 满足 $0 = a_0 < a_1 < \cdots < a_n = 2n-1$，求集合 $\{a_i + a_j \mid 0 \leqslant i \leqslant j \leqslant n\}$ 的元素个数的最小可能值.　　　　　　　(2011 年中国国家集训队测试题)

解法一 令 $S = \{a_i + a_j \mid 0 \leqslant i \leqslant j \leqslant n\}$，$a_k = k(k = 0, 1, 2, \cdots, n-1)$，$a_n = 2n-1$，则
$$S = \{0, 1, 2, \cdots, 3n-2, 4n-2\}.$$

此时 $|S| = 3n$. 下面证明：对任意满足条件的 S 都有 $|S| \geqslant 3n$.

记 $b_1 < b_2 < \cdots < b_{n-1}$ 是 $1, 2, 3, \cdots, 2n-1$ 中不等于 $a_1, a_2, \cdots, a_n$ 的那些数，易知下列 $2n+1$ 个数

$$a_0 < a_1 < \cdots < a_n < a_1 + a_n < a_2 + a_n < \cdots < a_n + a. \qquad ①$$

都属于 S，以及 $\{b_i, b_i + a_n\}(i = 1, 2, \cdots, n-1)$ 是 $n-1$ 个互不相交的二元集，并且它们都不含①中列出的任何数. 我们证明：若对每个 $i(1 \leqslant i \leqslant n-1)$，有 $|\{b_i, b_i + a_n\} \cap S| \geqslant 1$ 成立，则 S 中除了①中列出的 $2n+1$ 个数外，至少还有 $n-1$ 个另外的数，从而 $|S| \geqslant (2n+1) + (n-1) = 3n$.

事实上，对每个 b_i，存在唯一的非负整数 $t \leqslant n-1$(t 与 i 有关)，满足 $a_t < b_i < a_{t+1}$，考虑下面 3 个集合：

$$X = \{b_{i+1}, b_{i+2}, \cdots, b_{i+2n-2}\}（其中 b_{i+2n-2} = b_i + a_n - 1）,$$

$$Y = \{a_{t+1}, a_{t+2}, \cdots, a_n, a_1 + a_n, a_2 + a_n, \cdots, a_t + a_n\},$$

$$Z = \{b_i + a_n - a_{n-1}, b_i + a_n - a_{n-2}, \cdots, b_i + a_n - a_1\}.$$

注意到 $b_{i+1} \leqslant a_{t+1} < a_{t+2} < \cdots < a_n \leqslant a_n + b_i - 1 = b_{i+2n-2}$，$b_i + 1 \leqslant 2n-1 < a_1 + a_n < \cdots < a_t + a_n \leqslant b_i - 1 + a_n = b_{i+2n-2}$，以及 $b_{i+1} \leqslant b_i + a_n - a_{n-1} < b_i + a_n - a_{n-2} < \cdots < b_i + a_n - a_1 \leqslant b_i + a_n - 1 = b_{i+2n-2}$，故 $Y, Z \subseteq X$，且 $|X| = 2n-2$，$|Y| = n$，$|Z| = n-1$，有 $|Y| + |Z| > |X|$，所以 $Y \cap Z \neq \varnothing$，于是存在 $a_j = b_i + a_n - a_k$ 或 $a_j + a_n = b_i + a_n - a_k$，在前一种情形下有 $b_i + a_n = a_j + a_k \in S$，在后一种情形下有 $b_i = a_j + a_k \in S$.

综上所述，所求 $|S|$ 的最小值为 $3n$.

解法二 先证明 $a_i + a_j(0 \leqslant i \leqslant j \leqslant n-1)$ 跑遍了模 $2n-1$ 的完全剩余集，证明如下：
$$0 = a_0 < a_1 < \cdots < a_{n-1} \leqslant a_n - 1 = 2n-2,$$

所以 $a_0, a_1, \cdots, a_{n-1}$ 这 n 个数对模 $2n-1$ 两两不同余.

任取 $r \in \{0, 1, 2, \cdots, 2n-2\}$，考虑 $a_0, a_1, \cdots, a_{n-1}, r - a_0, r - a_1, \cdots, r - a_{n-1}$ 这 $2n$ 个数. 由抽屉原理，其中必有两个数对模 $2n-1$ 同余，而 $a_0, a_1, \cdots, a_{n-1}$ 两两不同余，从而 $r - a_0, r - a_1, \cdots, r - a_{n-1}$ 也两两不同余，故有 $0 \leqslant i, j \leqslant n-1, i, j \in \mathbf{N}$，使得

$$a_i \equiv r - a_j \pmod{2n-1}，即 a_i + a_j \equiv r \pmod{2n-1}.$$

由于 r 为 $\{0, 1, \cdots, 2n-2\}$ 内任意整数，所以 $a_i + a_j(0 \leqslant i \leqslant j \leqslant n-1)$ 跑遍模 $2n-1$ 的完

全剩余集.

注意到 $a_0+a_0,a_0+a_1,\cdots,a_0+a_{n-1}$ 分别属于模 $2n-1$ 的不同剩余类. a_n+a_0,a_n+a_1, $\cdots,a_n+a_{n-1}$ 也分别属于模 $2n-1$ 的不同剩余类,并且对 $0\leqslant i\leqslant n-1$ 有 $a_0+a_i\equiv a_n+a_i\pmod{2n-1}$ 及

$$0=a_0+a_0<a_0+a_1<\cdots<a_0+a_{n-1}<a_n+a_0<a_n+a_1<\cdots<a_n+a_{n-1},$$

故这 $2n$ 个数两两不同.

而由于 $a_i+a_j(0\leqslant i\leqslant j\leqslant n-1)$ 跑遍模 $2n-1$ 的完全剩余类,所以在另外 $n-1$ 个剩余类(不与 $a_0+a_i\equiv a_n+a_i\pmod{2n-1}$,$i=0,1,\cdots,n-1$ 同余的其他剩余类)的每一类中至少有一个数,其 $n-1$ 个数和上述 $2n$ 个数两两不同.

另外,$a_n+a_n=4n-2$ 是最大数,它和上述 $2n+(n-1)$ 个数两两不同,所以至少有 $2n+(n-1)+1=3n$ 个数.

同解法一可构造满足条件的集合内恰有 $3n$ 个数. 所以集合 $S=\{a_i+a_j\mid 0\leqslant i\leqslant j\leqslant n\}$ 内所含元素个数的最小值为 $3n$.

例 23 设 A 是有限集合,且 $|A|\geqslant 2,A_1,A_2,\cdots,A_n$ 是 A 的子集且满足下述条件:

(1)$|A_1|=|A_2|=\cdots=|A_n|=k,k>\dfrac{|A|}{2}$;

(2)对任意 $a,b\in A$,存在 3 个集合 $A_r,A_s,A_t(1\leqslant r<s<t\leqslant n)$,使得 $a,b\in A_r\cap A_s\cap A_t$;

(3)对任意 $i,j(1\leqslant i<j\leqslant n)$,有 $|A_i\cap A_j|\leqslant 3$.

求:当 k 取最大值时,n 的所有可能值. (第 51 届 IMO 中国国家集训队测试试题)

解 设 $A=\{a_1,a_2,\cdots,a_m\}$,作 $m\times n$ 数表,其中第 i 行第 j 处的数为

$$x_{ij}=\begin{cases}1 & (若\ a_i\in A_j)\\ 0 & (若\ a_i\notin A_j)\end{cases}$$

$(i=1,2,\cdots,m,j=1,2,\cdots,n)$,则第 i 行各数之和 $r_i=\sum\limits_{j=1}^{n}x_{ij}$ 表示 a_i 属于 $A_1,A_2,\cdots,A_n$ 中 r_i 个集合;第 j 列各数之和 $|A_j|=\sum\limits_{i=1}^{m}x_{ij}$ 表示集合 A_j 中元素的个数. 于是

	A_1	A_2	$\cdots$	A_n	
a_1	x_{11}	x_{12}	$\cdots$	x_{1n}	r_1
a_2	x_{21}	x_{22}	$\cdots$	x_{2n}	r_2
$\vdots$	$\vdots$	$\vdots$		$\vdots$	$\vdots$
a_m	x_{m1}	x_{m2}	$\cdots$	x_{mn}	r_m
	$|A_1|$	$|A_2|$	$\cdots$	$|A_n|$	

$$\sum_{i=1}^{m}r_i=\sum_{i=1}^{m}\sum_{j=1}^{n}x_{ij}=\sum_{j=1}^{n}\sum_{i=1}^{m}x_{ij}=\sum_{j=1}^{n}|A_j|=nk. \qquad ①$$

若 $a_i,a_j(i\neq j)$ 都属于 A_t,则将 $(a_i,a_j;A_t)$ 组成第一类三元组(a_i,a_j 不排序),并设这类三元组共有 X 个.

一方面,对任意 $a_i,a_j(i\neq i)$,存在 3 个集合 $A_r,A_s,A_t(1\leqslant r<s<t\leqslant n)$,使 $a_i,a_j\in A_r\cap A_s\cap A_t$,于是含 a_i,a_j 的第一类三元组至少有 3 个,而 a_i,a_j 有 C_m^2 种不同取法,所以

$$X\geqslant 3C_m^2. \qquad ②$$

另一方面,对每个 A_t,由 $|A_t|=k$ 知可形成 C_k^2 个含 A_t 的第一类三元组,而 A_t 有 n 种不同的取法,故

$$X=nC_k^2. \qquad ③$$

由②和③得 $nC_k^2 \geqslant 3C_m^2$，即

$$n \geqslant \frac{3m(m-1)}{k(k-1)}. \tag{④}$$

其次，若 $a_t \in A_i \cap A_j (i \neq j)$，则将 $(a_t; A_i, A_j)$ 组成第二类三元组（A_i, A_j 不排序），设第二类三元组共有 Y 个.

一方面，因为 a_t 属于 $A_1, A_2, \cdots, A_n$ 中 r_t 个集合，故可形成 $C_{r_t}^2$ 个含 a_t 的第二类三元组，而 $t = 1, 2, \cdots, m$，所以

$$Y = \sum_{t=1}^{m} C_{r_t}^2. \tag{⑤}$$

另一方面，对任意 $A_i, A_j (i \neq j)$，由已知条件(3)知至多有 3 个 $a_t \in A_i \cap A_j$，故含 A_i, A_j $(i \neq j)$ 的第二类三元组至多有 3 个. 又 A_i, A_j 有 C_n^2 种取法，所以

$$Y \leqslant 3C_n^2 = \frac{3}{2}n(n-1). \tag{⑥}$$

由⑤和⑥得

$$\frac{3}{2}n(n-1) \geqslant \sum_{t=1}^{m} C_{r_t}^2 = \frac{1}{2}\left(\sum_{t=1}^{m} r_t^2 - \sum_{t=1}^{m} r_t\right).$$

由柯西不等式及①，我们得到

$$\frac{3}{2}n(n-1) \geqslant \frac{1}{2}\left[\frac{1}{m}\left(\sum_{t=1}^{m} r_t\right)^2 - \sum_{t=1}^{m} r_t\right]$$

$$= \frac{1}{2m}\left(\sum_{t=1}^{m} r_t\right)\left[\left(\sum_{t=1}^{m} r_t\right) - m\right]$$

$$= \frac{1}{2m}(nk)(nk-m),$$

整理得

$$(k^2 - 3m)n \leqslant (k-3)m. \tag{⑦}$$

考虑下面两种情形：

(i) 若 $m \geqslant \dfrac{k^2}{3}$，结合已知条件 $m \leqslant 2k-1$，解得

$$3 - \sqrt{6} \leqslant k \leqslant 3 + \sqrt{6},$$

即 $1 \leqslant k \leqslant 5$.

(ii) 若 $m < \dfrac{k^2}{3}$，由④及⑦

$$\frac{3m(m-1)}{k(k-1)} \leqslant n \leqslant \frac{(k-3)m}{k^2 - 3m}, \tag{⑧}$$

去分母，整理得

$$9m^2 - 3(k^2+3)m + k(k^2-k+3) \geqslant 0,$$

即

$$(3m-k)[3m - (k^2-k+3)] \geqslant 0.$$

由于 $k^2-k+3>k$，所以 $m\leqslant\dfrac{k}{3}$（舍去，因为 $m\geqslant k$）或者

$$m\geqslant\dfrac{1}{3}(k^2-k+3).$$

由已知条件(1)，有 $m\leqslant 2k-1$，故

$$2k-1\geqslant m\geqslant\dfrac{1}{3}(k^2-k+3),\qquad\qquad⑨$$

由此解出 $1\leqslant k\leqslant 6$.

由(i)(ii)我们得到 $1\leqslant k\leqslant 6$，故所求 k 的最大值不大于 6，并且由不等式⑨知 $k=6$ 当且仅当 $m=11$. 再由不等式⑧知 $k=6$ 且 $m=11$ 时，必有 $n=11$.

其次，当 $k=6,m=11,n=11$ 时，存在满足条件(1)，(2)，(3)的实例如下：将周长为 11 的圆周 11 等分，并将数 $1,2,3,\cdots,11$ 按顺时针方向依次放在 11 个等分点上，令 $A=\{1,2,3,\cdots,11\}$，$A_1=\{1,2,3,7,9,10\}$，将 A_1 沿顺时针方向转动长为 $i-1$ 的弧长后到达的点集为 $A_i=\{i,i+1,i+2,i+6,i+8,i+9\}(i=1,2,3,\cdots,11)$，这里将圆周上的点集和这些点对应的数组成的集合视为同一集合，且当数集的元素大于 11 时，表示该数减去 11. 于是

(1) $|A_i|=k=6,i=1,2,\cdots,11$，且 $k>\dfrac{11}{2}=\dfrac{|A|}{2}$；

(2)设圆周上按顺时针方向从点 t 到点 j 的弧长距离为 d_{tj}，于是，对于圆周上的点集 A_i 可得左表，由这个表可以看出在 A_i 中，按顺时针方向弧长距离为 $1,2,3,\cdots,10$ 的点对各有 3 对，故当点集 A_i 沿顺时针方向转动 $j-i$ 个单位弧长到达点集 A_j 后，A_i 中有且仅有三个点到达的位置正是 A_j 中的三个点，从而 $|A_i\cap A_j|=3(1\leqslant i<j\leqslant 11)$.

d_{tj}　j t	i	$i+1$	$i+2$	$i+6$	$i+8$	$i+9$
i	11	1	2	6	8	9
$i+1$	10	11	1	5	7	8
$i+2$	9	10	11	4	6	7
$i+6$	5	6	7	11	2	3
$i+8$	3	4	5	9	11	1
$i+9$	2	3	4	8	10	11

(3)对任意 $i(1\leqslant i\leqslant 11)$，含 i 的集合有且只有下列 6 个（凡大于 11 的下标或数都减去 11）：

$A_i=\{i,i+1,i+2,i+6,i+8,i+9\}$

$A_{i+2}=\{i,i+2,i+3,i+4,i+8,i+10\}$

$A_{i+3}=\{i,i+1,i+3,i+4,i+5,i+9\}$

$A_{i+5}=\{i,i+2,i+3,i+5,i+6,i+7\}$

$A_{i+9}=\{i,i+4,i+6,i+7,i+9,i+10\}$

$A_{i+10}=\{i,i+1,i+5,i+7,i+8,i+10\}$

在这 6 个集合中除了 i 出现 6 次外，其他 $i+1,i+2,i+3,\cdots,i+10$ 中每一个数都恰好出现 3 次. 故对任意 $i,j(1\leqslant i<j\leqslant 11)$，$i$ 和 j 恰是其中 3 个集合的公共元.

综上可得 k 的最大值为 6，这时 $n=11$.

【模拟实战四】

习题 A

1. 对于有限集 A，存在函数 $f:\mathbf{N}_+ \to A$，具有以下性质：若 $i,j \in \mathbf{N}_+$ 且 $|i-j|$ 为素数时，$f(i) \neq f(j)$，问集合 A 中最少有几个元素？

2. 有 20 个队参加全国足球冠军决赛，为了使任何三个队中都有两个队相互比赛过，问最少要进行多少场比赛？

3. 设 k 为给定的正整数，求最小正整数 n，使得任意 n 个整数中总存在两个正整数，它们的和或差被 $2k$ 整除.

4. 已给集合 $S=\{1,2,3,\cdots,1997\}$，$A=\{a_1,a_2,\cdots,a_k\}$ 是 S 的子集，具有下述性质："A 中任意两个不同元素之和不能被 117 整除". 试确定 k 的最大值，并证明你的结论.

(1997 年江苏省高中竞赛试题)

5. 求最小正整数 $n(n \geq 4)$，使得从任意 n 个不同的整数中都能选出四个不同的数 a,b,c,d，满足 $a+b-c-d$ 被 20 整除. (第 39 届 IMO 预选题)

6. 当任意 k 个连续正整数中必有一个正整数，它的各位数字的和为 11 的倍数时，我们把每个这样的连续 k 个正整数片段都叫做一个长度为 k 的"龙"，试求最短龙的长度.

7. 设 $N=\{1,2,\cdots,n\}(n \geq 2)$，$N$ 的子集 $A_1,A_2,\cdots,A_t$ 组成集族 F，若对任意 $i,j \in N,i \neq j$ 都有一个集合 A_k 使 $A_k \bigcap \{i,j\}$ 恰含有一个元素，则称 F 是可区分的. 若 N 的每个元素至少属于一个子集 $A_i \in F$，则称 F 是覆盖的. 问使一个 $F=\{A_1,A_2,\cdots,A_t\}$ 既是可区分的又是覆盖的，t 的最小值 $f(n)$ 是多少？ (第 29 届 IMO 预选题)

8. 试将 2004 分成若干个互不相等的正整数之和，并使得这些正整数的乘积为最大，求这个最大值.

9. 设集合 A 中元素全为正整数，且对任意 $x,y \in A(x \neq y)$，有 $|x-y| \geq \dfrac{1}{25}xy$，问 A 中最多有几个数？

10. 12 个人每周到同一餐馆聚餐，每次分为三桌，每桌四人，要求任意两人都至少有一次坐在同一桌上. 问：这样的聚餐最少要进行几周？

11. 将 2006 表示为 5 个正整数 x_1,x_2,x_3,x_4,x_5 之和. 记 $S=\sum\limits_{1 \leq i < j \leq 5} x_i x_j$. 问：

    (1)当 x_1,x_2,x_3,x_4,x_5 取何值时，S 取最大值；

    (2)进一步地，对任意 $1 \leq i,j \leq 5$ 有 $|x_i-x_j| \leq 2$，当 x_1,x_2,x_3,x_4,x_5 取何值时，S 取最小值. 说明理由. (2006 年全国高中联赛试题)

12. 已知一次考试共有 6 道题，每题恰有 100 人做出，而对每两个参加考试的人至少有一道题他们都未做出. 问最少有多少人参加考试？

13. 在 2009×2009 方格表中每个小方格中均填入一个实数，其绝对值不超过 1，并且每个

2×2 正方形内 4 个实数的和是 0.求方格表中各数之和的最大值.

14. 设 k,n 为给定的正整数,$n > k \geqslant 2$,对任意 n 元数集 P,作 P 的所有 k 元子集的元素和,记这些元素和组成的集合为 Q,集合 Q 中元素的个数是 C_Q,求 C_Q 的最大值.

(2009 年全国高中联赛江苏省复赛试题)

15. 数 $1,2,3,\cdots,10$ 以某种方式排列在圆周上,某人计算了所有相邻的三个数的和,并把这 10 个和中最小的一个写在黑板上,求黑板上所写的数的最大可能值.

(2009~2010 年第 24 届立陶宛国家队选拔考试试题)

16. 平面内有 $n(n \geqslant 4)$ 条直线,对其中两条直线 a、b,若在余下的 $n-2$ 条直线中至少存在两条直线与 a、b 都相交,则称 a、b 是"相合直线对",否则称其是"相离直线对".若 n 条直线中相合直线对的个数比相离直线对的个数多 2012,求 n 的最小可能值.(直线对中的两条直线不计顺序)

(第 8 届东北奥林匹克邀请赛试题)

17. 设 A 为平面内的一个有限点集,现将 A 中的每个点染成三种颜色之一,使得任何两个同色点所连线段上恰有一个另外颜色的点.试求 A 中所含点数的最大值.

(2011 年湖南省中学生夏令营试题)

习题 B

18. 设 $n(\geqslant 3)$ 为正整数,M 是一个 n 元集合,求具有下述性质的最大正整数 k,存在由 M 的 k 个不同的三元子集构成的子集族,其中任意两个三元子集的交集不空.

19. 设 $S = \{m \mid m \in \mathbf{N}_+, m$ 的素因子都不大于 $10\}$,求最小正整数 n,使得 S 的任何 n 元子集中总存在 4 个不同的数,它们的乘积为完全平方数.

20. 在一次数学竞赛中:(1)竞赛题为 $n(n \geqslant 4)$;(2)每道题目恰由 4 人解出;(3)对于任意两道题,恰有 1 人解出这两题.若参赛人数大于或等于 $4n$,求 n 的最小值,使得总存在 1 人解出了全部竞赛试题. (第 15 届韩国奥林匹克试题)

21. 求最小正整数 n,使得任取 n 个不同的正整数中必存在 8 个不同的正整数,其和被 8 整除.

22. 14 人进行一种日本棋循环赛,每人都与另外 13 人对弈,在比赛中没有平局,求"三角联"个数的最大值(这里"三角联"指 3 人之间的比赛每人皆一胜一负).

(2002 年日本奥林匹克试题)

23. 若 $a_1,a_2,\cdots,a_m$ 是首项和公差都为正整数的等差数列,并且它们每一项的十进制表示的数中不出现数字 9,求项数 m 的最大值.

24. 10 个人到书店买书,如果已知:(1)每人都买了三本书;(2)任二人所买书中至少有一本相同.问最受欢迎的书(购买人数最多者)最少有几个人购得?为什么?

(1993 年 CMO 试题)

25. 设集合 $S = \{1,2,3,\cdots,50\}$,试求最小正整数 n,使得 S 中每个含有 n 个元素的子集都有三个数能作为直角三角形的三条边长. (1993 年中国国家集训队试题)

专题研究系列

26. 设 $S=\{1,2,\cdots,98\}$，求最小正整数 n，使得 S 的任意一个 n 元子集中都可以选出 10 个数，无论怎样将 10 个数均分成两组，总有一组中存在一个数与另外 4 个数互质，而另一组中总有一个数与另外 4 个数不互质. （1998 年 CMO 试题）

27. 桌上放着 2000 张互不重叠的相同的圆纸片，某些圆纸片互相外切. 问：最少要给这些纸片染上多少种颜色，才能使相切的圆纸片的颜色互不相同？

（1989 年中国国家队选拔考试试题）

28. n 个人参加由 12 轮比赛组成的训练赛，每一轮比赛后，每个参赛者都根据他在该轮比赛中的名次 k 获得一个分数 a_k ($a_k\in\mathbf{N}_+$, $k=1,2,\cdots,n$, $a_1>a_2>\cdots>a_n$). 所有比赛结束后，再根据每人在 12 轮比赛中所得分数之和排列总名次. 试求最小正整数 n，对于这个 n，可恰当选取 $a_1,a_2,\cdots,a_n$ 使得在倒数第二轮结束后，无论排名如何，都至少有 2 人具有最终获得冠军的可能性. （第 32 届俄罗斯奥林匹克试题）

29. 在 80 个城市之间有两种方式的飞行航线被执行：任意一个城市至少和 7 个城市有直航；任意两个城市可通过有限次直航来连接. 求最小正整数 k，使无论如何安排满足条件航线，任何一个城市到达任何其他城市最多可以经过 k 次直航到达.

（第 12 届土耳其奥林匹克试题）

30. 11 个正整数排列在一个圆周上，已知任意两个相邻数的差（大数减小数）不小于 20，任意相邻两个数的和不小于 100. 求这 11 个数之和的最小值.

31. 对任意由 4 个不同正整数组成的集合 $A=\{a_1,a_2,a_3,a_4\}$，记 $A_A=a_1+a_2+a_3+a_4$. 设 n_A 是满足 a_i+a_j ($1\leqslant i<j\leqslant 4$) 整除 S_A 的数对 (i,j) 的个数. 求所有由 4 个正整数组成的集合 A，使得 n_A 达到最大值. （第 52 届 IMO 试题）

32. 若干人到书店买书，满足：

(1) 一共买的不同种类的书不超过 n 种（n 为给定的正整数）；

(2) 每人恰买了 3 种不同的书；

(3) 每两人买的书中恰有一种相同.

求买书人数的最大值.

33. 设 $S=\{1,2,3,\cdots,15\}$，从 S 中取出 n 个子集 $A_1,A_2,\cdots,A_n$ 满足下列条件：

(1) $|A_1|=7$;

(2) $|A_i\cap A_j|\leqslant 3$ ($1\leqslant i<j\leqslant n$);

(3) 对 S 的任何三元子集 M，存在某个 A_k，使得 $M\subseteq A_k$.

求这样一批子集个数 n 的最小值. （1999 年中国国家队选拔考试试题）

第五章　操作变换问题

§1　操作变换问题的基本类型

在国内外各级数学竞赛中,常常遇到一些富有趣味性的操作变换问题.这类问题常常分为下列两小类:(1)按一定的方式由一人进行操作,问能否经过有限步达到预定的目标?(2)由两人按照一定的规则轮流进行操作,问谁有最佳策略保证自己一定能获胜? 操作变换问题的操作过程实际上是一个变换过程,但是操作规则通常无法表达为明显的递推公式,使得解决操作变换问题往往并不需要很多的数学知识,但却具有灵活性和技巧性,加之又非常有趣,故这类问题对开拓解题思路,增强数学思维能力,增进学习研究数学的兴趣很有益处.正因为如此,这类问题在国内外各级数学竞赛中颇受青睐.

§2　解单人操作变换问题的基本方法

1. 逐步逼近法(调整法)

所谓逐步逼近法(调整法)就是按照题目制定的规则逐步进行调整,以减少与目标的差别,而逐步逼近目标,从而保证经过有限步可以达到预定目标.许多情形下是按照题目条件,建立一个取非负整数值的目标函数 f. 若没有达到目标,则证明经过适当调整后可使 f 严格减少一个正整数,于是,由 f 恒取非负整数值知,这种调整过程不可能无限次继续下去,这就证明了可经过有限次操作达到预定目标.

例 1　设圆周上放若干堆小球,每堆中的小球都是 3 的倍数,但各堆球数不必相等.现按下列规则调整各堆的球数:把各堆小球三等份,本堆留一份,其余两份分别放入左、右两堆中,如果某堆数不是 3 的倍数,则可从布袋中取出一球或两球放入,使该堆球数是 3 的倍数,然后按上述方法继续调整.问能否经过有限次调整使各堆的球数相等?

解　设某次调整前,球数最多的有 $3m$ 个球,最少的有 $3n$ 个球,且 $m>n$,那么

(1)经过调整后,各堆的球数仍在 $3m$ 与 $3n$ 之间.

事实上,设某堆有 $3l$ 个球,它的左、右两堆的球数分别为 $3k$ 和 $3h$($3n\leqslant3l\leqslant3m$, $3n\leqslant3k\leqslant3m$, $3n\leqslant3h\leqslant3m$). 于是,调整后该堆的球数为 $k+l+h$,满足 $3n\leqslant k+l+h\leqslant3m$. 若这堆球数不是 3 的倍数(即 $3n<k+l+h<3m$),可补充一球或两球成为 3 的倍数,其球数仍在 $3n$ 与 $3m$ 之间.

(2)原来球数大于 $3n$ 的堆,经过调整后,其球数仍然大于 $3n$.

事实上,同(1)知道若 $3l>3n$, $3k\geqslant3n$, $3h\geqslant3n$,则 $k+l+h>3n$.

(3)原来球数为 $3n$ 的堆中,经调整后,至少有一堆的球数大于 $3n$.

事实上,原来球数为 $3n$ 的堆中,至少有一堆,它的左或右堆中的球数大于 $3n$,同(1)记

号,不妨设 $3k>3n,3l=3n,3h\geqslant 3n$,于是 $k+l+h>3n$.

于是每调整一次,球数为 $3n$ 的堆至少减少一堆,故经过有限次调整,可使每堆的球数都大于 $3n$,而含球数最多的堆所含球数不会增大,于是含球数最多的堆与含球数最少的堆所含球数之差 f 将严格地减小.故经过有限步调整,这个差数 f 必为零,即各堆的球数相等.

注 本题中目标函数为 $f=3m-3n$.

例2 在一个正五边形的每一个顶点上填上一个整数,使得所填 5 个整数之和大于零.若其中三个相连顶点对应的整数依次为 x,y,z,且中间数 $y<0$,则要进行如下调整:将整数 x,y,z 分别换成 $x+y,-y,z+y$,只要所得的 5 个整数中至少有一个为负数时,这种调整就要继续进行.问:这种调整过程是否经过有限步后必终止? (第 27 届 IMO 试题)

分析 设 5 个顶点上的数依次为 x,y,z,u,v.要作一个函数 $f(x,y,z,u,v)$,其值为非负整数,使得当 $y<0$ 时,调整后的值严格减少,即 $f(x+y,-y,z+y,u,v)-f(x,y,z,u,v)<0$.注意到调整过程中 $x-z=(x+y)-(z+y)$ 没有变化;又 f 非负,故 f 中最好出现 $(x-z)^2$,而由字母的对称性,则隔一个数的两数差的平方都出现,即 $f=(x-z)^2+(y-u)^2+(z-v)^2+(u-x)^2+(v-y)^2$.

解 设 5 个顶点上的整数依次为 x,y,z,u,v,令 $f(x,y,z,u,v)=(x-z)^2+(y-u)^2+(z-u)^2+(u-x)^2+(v-y)^2$,若 x,y,z,u,v 中有一个小于 0,例如 $y<0$,则经过一次调整后,x,y,z,u,v 依次变成 $x+y,-y,z+y,u,v$,于是对应的函数值与原函数值之差为

$$f(x+y,-y,z+y,u+v)-f(x,y,z,u,v)$$
$$=[(x-z)^2+(-y-u)^2+(y+z-v)^2+(u-x-y)^2+(v+y)^2]-[(x-z)^2+$$
$$(y-u)^2+(z-v)^2+(u-x)^2+(v-y)^2]$$
$$=2y(x+y+z+u+v)\leqslant -2.$$

即每经过一次调整,f 的值至少减少 2,但 $f\geqslant 0$ 且为整数,故这样的调整过程不可能无限次进行下去,即经过有限步调整后必终止,这时 5 个顶点上的数全为正整数.

注 设 5 个顶点上的数依次为 u_1,u_2,u_3,u_4,u_5,本题中目标函数也可取为 $f(u_1,u_2,u_3,u_4,u_5)=\sum_{i=1}^{5}(|u_i|+|u_i+u_{i+1}|+|u_i+u_{i+1}+u_{i+2}|+|u_i+u_{i+1}+u_{i+2}+u_{i+3}|)+|u_1+u_2+u_3+u_4+u_5|)$(其中 $u_{i+5}=u_i$),或 $f=\sum_{i=1}^{5}u_i^2+\sum_{i=1}^{5}(u_i+u_{i+1})^2$(其中 $u_6=u_1$).

例3 考虑 $1,2,\cdots,20$ 的排列 $(a_1 a_2 \cdots a_{20})$,对此排列进行如下操作:对换其中某两个数所处的位置,目标是将此排列变为 $(1,2,\cdots,20)$.设对每一个排列 $a=(a_1,a_2,\cdots,a_{20})$ 达到目标所需要进行操作次数的最小值记为 k_a,求 k_a 的最大值.

解 首先,对任意一个排列 $a=(a_1,a_2,\cdots,a_{20})$,显然可以在 19 次操作中,将之变为 $(1,2,\cdots,20)$,故 $k_a\leqslant 19$.

下面证明:当 $a=(2,3,\cdots,20,1)$ 时,至少需要 19 次操作,才能变为 $(1,2,\cdots,20)$.

为此,引入循环圈的概念.设排列中第 b_1 个位置上的数是 b_2,第 b_2 个位置上的数是 b_3,$\cdots$,第 b_{k-1} 个位置上的数是 b_k,第 b_k 个位置上的数是 b_1,则将 $b_1\to b_2\to\cdots\to b_k\to b_1$,称为一个循环圈.特别第 b_1 个位置上是 b_1 时,则 $b_1\to b_1$ 也是一个循环圈,于是每个排列可以分拆

为若干个不相交的循环圈. 设排列 $a=(a_1, a_2, \cdots, a_n)$ 中循环圈的个数记为 $f(a)$, 我们考察每次操作后 $f(a)$ 的变化.

(1) 当操作是将同一循环圈内两数 $b_i, b_j(i<j)$ 交换时, 则此循环圈 $b_1 \to b_2 \to \cdots \to b_{k-1} \to b_k$ 被分拆为两个循环圈: $b_1 \to b_2 \to \cdots \to b_i \to b_{j+1} \to b_{j+2} \to \cdots \to b_k \to b_1$ 和 $b_{i+1} \to b_{i+2} \to \cdots \to b_j \to b_{i+1}$.

(2) 当操作将两个循环圈 $b_1 \to b_2 \to \cdots \to b_k \to b_1$ 和 $c_1 \to c_2 \to \cdots \to c_m \to c_1$ 中的两个数 b_1 与 c_1 交换时, 这两个循环圈合并成一个循环圈: $b_1 \to c_2 \to c_3 \to c_m \to c_1 \to b_2 \to b_3 \to \cdots \to b_k \to b_1$.

因此每次操作后, 循环圈的个数总是增加 1 或减少 1. 注意到 $a=(2,3,\cdots,20,1)$ 只有一个循环圈 $1 \to 2 \to \cdots \to 20 \to 1$, 而 $(1,2,\cdots,20)$ 有 20 个循环圈, $1 \to 1, 2 \to 2, \cdots, 20 \to 20$. 因此, 从 a 变到 $(1,2,\cdots,20)$ 至少要 19 次操作.

于是所求 k_a 的最大值为 19.

2. 不变量方法

虽然操作变换的操作过程是一个变化过程, 但其中有些量却是不变的, 若能抓住这些不变量进行分析, 常常能使问题迎刃而解, 这就是不变量方法. 常见不变量有奇偶性不变量、同余不变量、代数式(和、差、积、平方和等)不变量、图形和表格不变量等等.

例 1 在黑板上写上三个整数, 然后将其中一个擦去, 换上其他两个数之和与 1 的差, 将这个过程重复若干次后得到 $(17, 1999, 2105)$, 问一开始黑板上写出的三个数是否可能是 $(2,2,2)$ 或 $(3,3,3)$?

解 由于三个数在题述过程中的奇偶性变化关系为:

(偶, 偶, 偶)→(偶, 偶, 奇)→(偶, 偶, 奇)(不变量), 所以 $(2,2,2)$ 无法经过若干次操作达到 $(17, 1999, 2015)$.

由于(奇, 奇, 奇)→(奇, 奇, 奇), 则 $(3,3,3)$ 有可能是操作过程的初始状态.

先考虑 $(3,3,3)$ 经过若干次变化后到达 $(17, a, b)(17<a<b)$, 于是 $b=17+a-1=a+16$. 显然, $2015=1999+16$, 固定 17, 选择尽可能小的 a, 使 $(17, 1999, a+16)$ 经若干次操作能达到 $(17, 1999, 2015)$.

对于 $(17, a, a+16)$, 擦去 a, 经操作后得 $(17, a+16, a+2\times 16)$(不分顺序), 再擦去 $a+16$, 操作后得 $(17, a+2\times 16, a+3\times 16), \cdots$, 经 n 次操作后, 得 $(17, 17+16n, a+16(n+1))$. 由于 $1999=31+123\times 16$, 若取 $a=31$, 则 $(17,31,47)$, 经过 123 次操作可达到 $(17,1999, 2015)$.

又因为有如下的逆推: $(17,31,47)\leftarrow(15,17,31)\leftarrow(3,15,17)\leftarrow(3,13,15)\leftarrow(3,11,13)\leftarrow(3,9,11)\leftarrow(3,7,9)\leftarrow(3,5,7)\leftarrow(3,3,5)\leftarrow(3,3,3)$, 故 $(17,31,47)$ 可由 $(3,3,3)$ 经 9 次变换达到, 所以 $(17,1999,2015)$ 可由 $(3,3,3)$ 经 $123+9=132$ 次操作变换达到.

例 2 在 8×8 的国际象棋盘上的棋子"海豚星"每次只能向上或向右或向左下方走一格, 问"海豚星"能否从棋盘左下角的方格出发, 走遍所有方格, 并且每个方格恰好一次?

解 将方格的行从下到上依次编号为 $0,1,2,\cdots,7$, 而将方格的列从左到右依次编号为 $0,1,2,\cdots,7$, 每一方格内填入一个数等于它的行号和列号之和. 如果"海豚星"能按规则走遍方格, 每个方格恰好一次, 那么, 按"海豚星"走的顺序, 将除初始格以外, 其余 63 个方

格中的数依次排列一个数列 $a_1,a_2,a_3,\cdots,a_{63}$，由“海豚星”规定的走向得

$$a_{i+1}=\begin{cases}a_i+1(\text{走向上方或右方一格时}),\\ a_i-2(\text{走向左下方一格时}).\end{cases}$$

所以 $a_{i+1}\equiv a_i+1(\mathrm{mod}3)$，$a_{i+2}\equiv a_i+2(\mathrm{mod}3)$，可见 a_i,a_{i+1},a_{i+2} 中有且仅有一个被 3 整除(同余不变量)，从而 $a_1,a_2,\cdots,a_{63}$ 中恰有 21 个数是 3 的倍数，但各方格对应的 63 个数(除初始格对应的 0 外)中只有 20 个(图中画有阴影的方格)是 3 的倍数，矛盾. 因此“海豚星”不能走遍所有各方格，每个方格恰好一次.

图 5-1

例 3 已知三个数 $2,\sqrt{2},\frac{1}{\sqrt{2}}$，任取其中两个数 $a,b(a>b)$，并用 $\frac{a+b}{\sqrt{2}}$ 及 $\frac{a-b}{\sqrt{2}}$ 代替 a,b，问能否经过有限步，使三个数变成 $1,\sqrt{2},1+\sqrt{2}$?

解 设三个数为 a,b,c，操作一次后变为 $\frac{a+b}{\sqrt{2}},\frac{a-b}{\sqrt{2}},c(a>b)$，则

$$\left(\frac{a+b}{\sqrt{2}}\right)^2+\left(\frac{a-b}{\sqrt{2}}\right)^2+c^2=a^2+b^2+c^2(\text{不变量}).$$

但 $2^2+(\sqrt{2})^2+\left(\frac{1}{\sqrt{2}}\right)^2=6\frac{1}{2}$，$1^2+(\sqrt{2})^2+(1+\sqrt{2})^2=6+2\sqrt{2}\neq 6\frac{1}{2}$，故不能将三个数 $2,\sqrt{2},\frac{\sqrt{2}}{2}$ 变成为 $1,\sqrt{2},1+\sqrt{2}$.

例 4 在 9×9 的方格表中，每格内随意填入 1 和 -1，然后每格中的数用所有与它相邻的格(即有公共边的格)中的数之积代替. 问能否经过有限次变动后，将所有方格中的数都变成 1? (1992 年 CMO 试题)

解 首先，下述三个 4×4 的表格在题中所述变动下是不变的(表格不变量)(其中空格内填的数都是 1).

	−1	−1	
−1			−1
−1			−1
	−1	−1	

	−1	−1	−1
−1		−1	
−1	−1		
−1			

	−1		−1
−1	−1		−1
	−1		
		−1	−1

图 5-2

其次，将 9×9 的表格位于中间的一行和一列内所有方格都填 1，然后余下四个 4×4 方格表中对称地也填上上述三个表格之一(如图 5-3 空格内都填 1)，则所得数表在题述规定的操作下保持不变，故不可能将它的所有方格内的数字全变成 1.

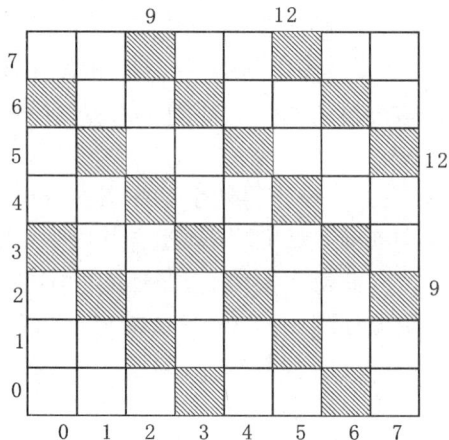

	−1	−1				−1	−1	
−1			−1		−1			−1
−1			−1		−1			−1
	−1	−1				−1	−1	
	−1	−1				−1	−1	
−1			−1		−1			−1
−1			−1		−1			−1
	−1	−1				−1	−1	

图 5-3

例5 一个 $m \times n$ 的长方形表中写上正整数,可以将相邻两个方格中的两个数同时加上一个整数 k,使得所得的数为非负整数.试确定经有限步这种运算可使表中各数均为零的充要条件. （第 30 届 IMO 候选题）

解 设 $m \times n$ 的表中相邻的方格涂上两种不同的颜色:红与蓝.两种方格内的数的和分别记为 $S_{红}$ 和 $S_{蓝}$,令 $S = S_{红} - S_{蓝}$.显然,每次运算后 S 的值均保持不变,所以 $S = 0$ 是经过若干次运算后,表中各数为 0 的必要条件.

下面证明 $S = 0$ 也是充分条件.从表中第 1 列开始,设第 1 列第 1 行的数是 a,第 1 列第 2 行的数是 b,第 1 列第 3 行的数是 c.

若 $a > b$,将 b, c 同时加上 $a - b$,然后再将 a 与 $b + (a - b)$ 同时加上 $-a$,如果 $a \leqslant b$,则 a, b 同时加上 $-a$.这样下去直至表成为:

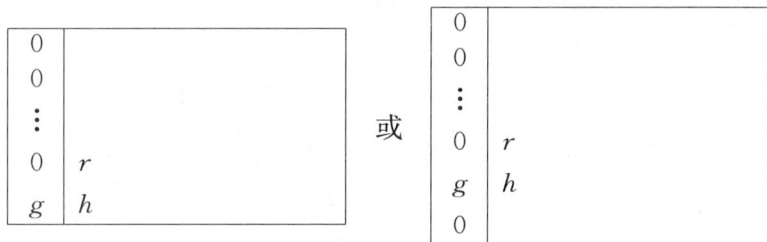

图 5-4

如果 $g \leqslant h$,则 g 与 h 同时加上 $-g$.如果 $g > h$,则将 r, h 同时加上 $g - h$,然后,将 g 与 $h + (g - h)$ 同时加上 $-g$.总之,我们可使表中第 1 列中的数全变成 0.同理可使表中第 $2, 3$, $\cdots, n-1$ 列中的数全为 0,并且第 n 列中至多有一个数不为 0,但由于 $S = 0$,故只能得出表中每个数均为 0.

例6 在 $n \times n (n \geqslant 2)$ 的棋盘上某一个小方格内的一枚棋子,每一步只能向右、向上或向左下方移动一格.问对哪些正整数 n,这枚棋子能从棋盘的左下角的方格 A 出发走遍棋

盘的每个小方格恰好一次?

解 如图 5-5,当 $n=3k$ 或 $3k+1(k\in \mathbf{N}_+)$ 时,这枚棋子可从棋盘左下角的方格 A 出发,走遍棋盘的每一个方格恰好一次(图中只画了 $k=3$ 的情形,其他情形类似).

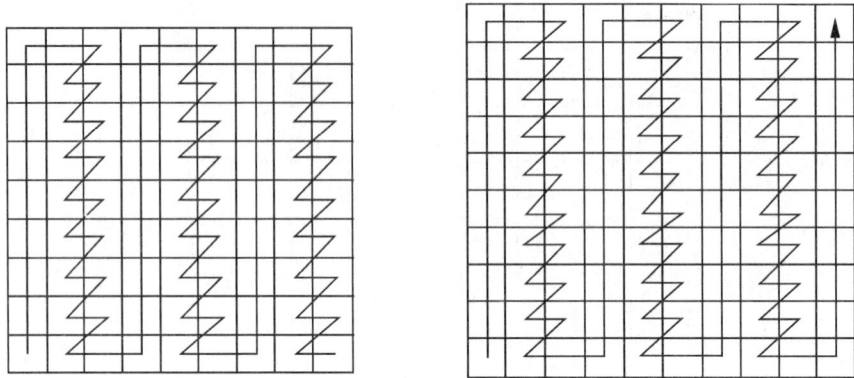

图 5-5

当 $n=3k+2$ 时,将棋盘的行从下到上依次编号为 $0,1,\cdots,3k+1$,棋盘的列从左到右依次编号为 $0,1,\cdots,3k+1$,并且每个小方格内填入一个数,它等于小方格所在行号与列号之和.如果棋子可按规定从左下角小方格出发走遍每个小方格恰好一次,除初始格外,其余 $(3k+2)^2-1$ 个小方格内的数按棋子到达的顺序排成一个数列 $a_1,a_2,\cdots,a_{(3k+2)^2-1}$.由棋子行走的规定得

$$a_{i+1}=\begin{cases} a_i+1(\text{棋子向右或向上走一步}),\\ a_i-2(\text{棋子向左下方走一步}).\end{cases}$$

即 $a_{i+1}\equiv a_i+1(\bmod 3)$(不变量),故对任意 $i(1\leqslant i\leqslant (3k+2)^2-3)$,3 个数 a_i,a_{i+1},a_{i+2} 恰有一个数被 3 整除,从而 $a_1,a_2,\cdots,a_{(3k+2)^2-1}$ 中恰有 $\dfrac{1}{3}[(3k+2)^2-1]=3k^2+4k+1$ 项被 3 整除.另一方面,所填数为 3 的倍数的小方格(初始格除外)的个数等于

$$4+7+10+\cdots+(3k+1)+3k+3(k-1)+\cdots+6+3$$

$$=\frac{1}{2}\cdot k(3k+5)+\frac{1}{2}\cdot k(3k+3)=k(3k+4)<3k^2+4k+1,$$

矛盾.故 $n=3k+2$ 时,棋子不可能走遍每个方格恰好一次.

综上,得所求正整数 n 为 $3k$ 和 $3k+1(k\in \mathbf{N}_+)$.

注 本题是例 2 的推广.

例 7 开始时黑板上写着 10 个连续正整数.对黑板上的数进行如下操作:任取黑板上的两个数 a 和 b,将它们用数 $a^2-2011b^2$ 和 ab 替换.经过若干次上述操作后,黑板上开始时的 10 个数已全部被替换掉,问:此时在黑板上是否可能还是 10 个连续的正整数?

(第 38 届俄罗斯奥林匹克九年级试题)

解 不可能.

假设经过若干次操作后,重新得到 10 个连续正整数,且原来的 10 个数都已被替换.下面引理是显然的.

引理 对任意给定的正整数 k,10 个数中 k 的倍数的个数在操作后不会减少.

10 个数在开始和结束时都恰有 5 个偶数,1 个 10 的倍数.因此,在操作过程中,偶数的个数,10 的倍数的个数始终不变.令 a 是开始时 10 个数中个数为 5 的那个数.考虑 a 参与的第一次操作,设 b 是参与的另一个数,如果 b 是奇数,则 $a^2-2011b^2$ 是偶数,故偶数个数将增加,矛盾.若 b 是偶数且不是 10 的倍数,则 ab 为 10 的倍数,10 的倍数的个数将增加,矛盾.若 b 是 10 的倍数,则得到的两个数都是 25 的倍数.这意味着,在操作结束时得到的 10 个连续正整数中有两个 25 的倍数,矛盾.

3. 数学归纳法

一些与正整数 n 相关的单人操作变换问题有时可考虑用数学归纳法证明.

例 1 有 64 块边长为 1 的正方体木块,每块有一面为红色,其余 5 面为白色,把这 64 块立方体放在一个 8×8 的国际象棋盘上(棋盘每格是边长为 1 的正方形,每格上恰放一块),然后将木块"转动",转动的规则是将同一行(或同一列)的 8 个木块同时朝一个方向一起转动.问能否经过有限次转动,把所有木块的红色面都转到上面?

解 将问题一般化,考虑 n^2 块木块放入 $n\times n$ 的棋盘的问题,答案是肯定的.现用数学归纳法证明如下:

$n=1$ 时,结论显然成立.

设 $n=k$ 时,结论成立.那么 $n=k+1$ 时,由归纳假设,左上角 $k\times k$ 位置上可经过有限次转动,使每个木块的红色面朝上.再将左方第一列的 $k+1$ 个木块逆时针(向外)旋转 $90°$,使该列前 k 个木块的红色面转到棋盘左侧.这时由归纳假设可经过有限次转动将右上角 $k\times k$ 位置上每个小块的红色面朝上,且列的转动不影响第一列的木块,行的转动不改变第一列前 k 行红色面朝左的状态.完成上述转动后,再将第一列顺时针转动 $90°$,使前 k 行上的红色表面朝上.

再将上方第一行朝后转动 $90°$,使第一行的红色面朝后方,同上可将下方 $k\times(k+1)$ 棋盘中所有方块的红色面转到上面,而不改变第一行红色面朝后状态.再将第一行转回使第一行的红色面朝上,于是所有 $(k+1)\times(k+1)$ 棋盘中各小块的红色面都朝上,故 $n=k+1$ 时结论成立.因此,对任何正整数 n 结论成立,特别 $n=8$ 时结论成立.

例 2 设有 2^n 个球分成若干堆,我们可以任意选择甲、乙两堆按照以下规则挪动:若甲堆的球数 p 不小于乙堆的球数 q,则从甲堆拿 q 个球放在乙堆里去,这样算是挪动一次.证明:可以经过有限次挪动把所有的球合并成一堆.

证明 (1)$n=1$ 时,总共有 2 个球,可能只有一堆,则不必挪动;可能分为两堆,只挪动一次就并成一堆,即 $n=1$ 时,命题成立.

(2)假设 $n=k$ 时命题成立,即 2^k 个球已分成若干堆,则经过有限次挪动能并成一堆.当 $n=k+1$ 时,2^{k+1} 已分成了若干堆,于是其中球数为奇数的堆数必为偶数,否则总球数为奇数与已知矛盾.把有奇数个球的堆两两配对,在每对堆之间挪动一次,使各堆球数都为偶数,这时总堆数不超过原来的堆数,且每堆的球数都是偶数了,于是,可把同一堆中每两个球看作已捆绑成一个大球,这时一共有 2^k 个大球.由归纳假设,可经有限步挪动将它们合并成一堆,即 $n=k+1$ 时命题成立.由(1)(2)可知,对一切正整数 n,命题都成立.

例 3 设有一叠分别标有 $1,2,\cdots,n$ 的卡片,打乱排序后,进行如下的操作:若上面一张卡片标有数字 k,则将前 k 张卡片颠倒顺序.证明:经过有限次操作后,标有 1 的卡片可在最上面.

(2002 年德国奥林匹克试题)

证明 对 n 进行归纳.

当 $n=1$ 时,结论显然成立.

假设对 n 张卡片可经过有限步骤操作,使 1 号卡片在最上面,当有 $n+1$ 张卡片时:

(1)$n+1$ 号卡片在最上面或经过若干次操作后,$n+1$ 号卡片在最上面,则经过下一次操作,$n+1$ 号卡片将在最下面,于是,对前 n 张卡片应用归纳假设,可知经过有限次操作后,1 号卡片可到达最上面.

(2)$n+1$ 号卡片永远不出现在最上面,即最下面的卡片始终不动,将 $n+1$ 号卡片与最下面的卡片交换,不影响以后的操作,则前 n 张卡片是从 1 号到 n 号的卡片.由归纳假设知结论成立.

例 4 给定整数 $n>0$.有一个天平和 n 个重量分别为 $2^0,2^1,\cdots,2^{n-1}$ 的砝码.

现通过 n 步操作逐个将所有砝码都放上天平,使得在操作过程中,右边的重量总不超过左边的重量.每一步操作是从尚未放上天平的砝码中选择一个砝码,将其放到天平的左边或右边,直至所有砝码都被放上天平.

求整个操作过程的不同方法个数.(伊朗提供) (第 52 届 IMO 试题)

解 操作过程的不同方法个数为

$(2n-1)!! = 1\times3\times5\times\cdots\times(2n-1)$.

下面我们对 n 用数学归纳法.

当 $n=1$ 时,只有一个砝码,只能放在天平的左边,故只 1 种方法.

假设 $n=k$ 时,此时将所有砝码的重量都乘以 $\frac{1}{2}$,不影响问题的本质.此时 $k+1$ 个砝码的重量为 $\frac{1}{2},1,2,\cdots,2^{k-1}$,由于对任意正整数 r,有

$$2^r>2^{r-1}+2^{r-2}+\cdots+1+\frac{1}{2}\geqslant\sum_{i=-1}^{r-1}\pm2^i,$$

所以当所有砝码都放上天平时,天平的较重的一端只取决于天平上最重砝码的位置,故最重砝码一定在左边.下面考虑重量为 $\frac{1}{2}$ 的砝码在操作过程中的位置.

(1)若重量为 $\frac{1}{2}$ 的砝码第 1 个放,它只能放在左边,然后剩下的 k 个砝码有 $(2k-1)!!$ 种方法.

(2)若重量为 $\frac{1}{2}$ 的砝码在第 t 次操作时放,$t=2,3,\cdots,k+1$.由于此时已经放在天平上的砝码重量均大于 $\frac{1}{2}$,所以重量为 $\frac{1}{2}$ 的砝码不会成为最重的一个,无论它放在左边还是右边都不会影响最重砝码的位置,于是有 2 种放法,而剩下的砝码的放法不受影响,此时有 $2\times(2k-1)!!$ 种放法.且 t 有 k 种不同的取值.

综上所述,当 $n=k+1$ 时,共有

$(2k-1)!!+2k\times(2k-1)!!=(1+2k)(2k-1)!!=(2k+1)!!$ 种放法.

所以,由数学归纳法知,对于任意整数 $n>0$,整个操作过程的不同方法个数为 $(2n-1)!!$.

注 本题中没有归纳出问题的答案,则无法用数学归纳法证明.但我们可按上述证明思路用递推方法求出问题的答案.事实上,设对 n 个砝码共有 p_n 种不同的方法.

显然 $p_1=1$,对于 $k+1$ 个砝码的情形,同上述证明分两种情形可得下列递推关系:

$$p_{k+1}=p_k+2kp_k=(2k+1)p_k(k=1,2,\cdots)$$

于是

$$p_n=\frac{p_n}{p_{n-1}}\cdot\frac{p_{n-1}}{p_{n-2}}\cdot\cdots\cdot\frac{p_2}{p_1}\cdot p_1=(2n-1)\cdot(2n-3)\cdot\cdots\cdot3\cdot1=(2n-1)!!.$$

4. 逆推法

当直接从初始状态进行操作很难判定是否能经过有限步达到目标时,可先假设经过有限步达到目标,再反推回去看能否回到初始状态.若能,则结论是肯定的;若发现矛盾,则结论是否定的,这种方法叫做逆推法.

例1 在圆周上任意写上 49 个 1 及 50 个 0,然后进行下列运算:在两个相同的数之间写上 0,在两个不同数之间写上 1,并擦掉原有的数字,接着再进行同样的运算,如此继续,问能否经过有限步这种运算使得圆周上的数字都变成 0?

解 假设进行到第 k 步,第一次得到 99 个数字都为 0,于是第 $k-1$ 步的 99 个数字不能都为 0,也不能既有 0 又有 1,而只能都为 1,从而 $k-2$ 步的数字应是 0 与 1 相间,从而 0 的个数等于 1 的个数,故一共应有偶数个数,这与一共有 99 个数矛盾.因此,不论运算多少次,都不能使所有的数字都变成 0.

例2 A、B、C 三个盘子里各放有 6 个苹果,依次作如下 5 次挪动:A 盘不动,把 1 个苹果从一盘移到另一盘;B 盘不动,把 2 个苹果从一盘移到另一盘;C 盘不动,把 3 个苹果从一盘移到另一盘;A 盘不动,把 4 个苹果从一盘移到另一盘;B 盘不动,把 5 个苹果从一盘移到另一盘.最后,每个盘内仍是 6 个苹果,问这些苹果是怎样挪动的?

解 以下各表中 1,2,3,4,5 表示 5 次挪动,A、B、C 分别表示三个盘子.依题意表 1 中数字分别表示各次挪动从各个盘子移进或移出的苹果数.

表 1

	1	2	3	4	5	代数和
A	0	2	3	0	5	
B	1	0	3	4	5	
C	1	2	0	4	0	
代数和						

由于每次挪动时移进移出的数量相等,故只要在移进数前面添上"+"号,移出数前面添上"−"号,使每次挪动的代数和为 0.由于经过 5 次挪动后各盘内的苹果数不变,故各盘的代数和也为 0.从第 5 次挪动开始,添加"+"或"−"号使列和及行和皆为 0,即得表 2 和

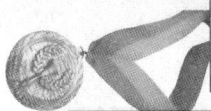

表 3,它们就是本题的两组解.

表 2

	1	2	3	4	5	代数和
A	0	+2	+3	0	−5	0
B	−1	0	−3	+4	0	0
C	+1	−2	0	−4	+5	0
代数和	0	0	0	0	0	

表 3

	1	2	3	4	5	代数和
A	0	−2	−3	0	+5	0
B	+1	0	+3	−4	0	0
C	−1	+2	0	+4	−5	0
代数和	0	0	0	0	0	

5. 反证法

例 1 $m \times n$ 矩形表格中的每一小方格内任填一个实数,每次操作可改变其中一行或一列中所有小方格各数的符号. 问:能否经过有限次操作使表中每行和每列中各方格内数之和都不小于 0?

解 设 V 是变化原表格 A 的某些行或某些列的符号后得到的矩形表格的状态集合(包括 A 在内),并令

$X = \{S \mid S = \text{表格 } B \text{ 中各数之和}, B \in V\}$.

则由 V 是有限集知 X 是有限集,故 X 中的数必有最大数 S_0,即 $S_0 = \max\{S \mid S \in X\}$. 设对应的表格为 B_0,若结论不成立,则 B_0 中某些行(或列)中各数之和小于 0,改变这些行(或列)中各数符号后所得表格中的各数之和大于 S_0,这与 S_0 的最大性假设矛盾,故 B_0 的每行、每列中各数之和都不小于 0. 故可经有限步操作使表格内各行、各列中诸数之和都不小于 0.

例 2 设 $A_1, A_2, \cdots, A_{2004}$ 是圆周上依次排列的 2004 个点,最初 A_1 上标的数为 0,A_2,$A_3, \cdots, A_{2004}$ 上标的数为 1,允许进行如下操作:任取一点 A_j,若 A_j 上所标的数为 1,则可同时将 A_{j-1}, A_j, A_{j+1} 上所标的数 a, b, c 分别改为 $1-a, 1-b, 1-c$(这时 $A_0 = A_{2004}$,$A_{2005} = A_1$),问能否经过有限次这样的操作将所有点上所标的数都变为 0?

解 不能. 现用反证法证明如下:若可从经过有限次(m 次)操作,使所有点上的数都变为 0,则由于 $(1-a)+(1-b)+(1-c) = 3-(a+b+c)$ 与 $a+b+c$ 的奇偶性相反,故每经一次操作,这 2004 个数之和的奇偶性都改变一次,而最初所有数之和为 2003 是奇数,故 m 是奇数.

其次,设以 A_j 为出发点的操作次数为 $x_j (1 \leqslant j \leqslant 2004)$,点 A_j 上的数改变的次数为

y_j，则 $\sum_{j=1}^{2004} x_j = m$，并且 y_1 为偶数，当 $j \in \{2, \cdots, 2004\}$ 时 y_j 为奇数．进一步还有 $y_j = x_{j-1} + x_j + x_{j+1}$（$1 \leqslant j \leqslant 2004$），这里 $x_0 = x_{2004}$，$x_{2005} = x_1$，所以应有

$$m = y_2 + y_5 + y_8 + \cdots + y_{2003}.$$

而 $y_2, y_5, \cdots, y_{2003}$ 一共是 668 个奇数，它们之和 m 应为偶数，这与 m 为奇数矛盾．故不可能经过有限次操作使所有点上所标的数都变为 0．

例 3 17×17 枚硬币按正方形摆设，起初，所有硬币都是正面朝上的，每一次翻转五枚相邻的（或水平或垂直或对角）硬币．

如此有限多次翻转后，所有的硬币有无可能都是背面朝上？

（2005 年日本奥林匹克试题）

解 不可能.

如下标识每枚硬币，则：

(1) 每次翻转的五枚硬币都是 A、B、C、D、E.

$$
\begin{array}{cccccccccc}
A & B & C & D & E & A & B & \cdots & A & B \\
D & E & A & B & C & D & E & \cdots & D & E \\
B & C & D & E & A & B & C & \cdots & B & C \\
E & A & B & C & D & E & A & \cdots & E & A \\
C & D & E & A & B & C & D & \cdots & C & D \\
A & B & C & D & E & A & B & \cdots & A & B \\
\vdots & \vdots & \vdots & \vdots & \vdots & \vdots & \vdots & & \vdots & \vdots \\
A & B & C & D & E & A & B & \cdots & A & B \\
D & E & A & B & C & D & E & \cdots & D & E \\
\end{array}
$$

(2) 同时，对于每个标识 A, B, D, E 各有 58 枚硬币，而对于 C 有 57 枚硬币.

(3) 若最后的所有硬币是背面朝上的，则每枚硬币必进行了奇数次翻转.

从 (2) 和 (3) 可知标识 A 的所有硬币共被翻转偶数次，标识 C 的所有硬币共被翻转奇数次．所以翻转标识 A 的硬币的次数不同于翻转标识 C 的硬币的次数，此与 (1) 矛盾．因此知是不可能的．

§3 解双人操作变换问题的基本方法

在双人操作变换问题中，对局的双方依照规则轮流操作（走步），预先规定结束状态（终局）及胜负的判定．现假定对策是全信息的（即双方已采取的所有操作情况完全公开），又是有限的（即不论初始状态（始局）及双方如何操作，总在有限步内结束），根据对策论中的 Von neumann 定理，此类对策问题的结果由初始状态（始局）完全决定．要讨论的问题就是给出操作规则与初态（始局）后，确定是先走的一方（以下称甲方）还是后走的一方（以下称乙方）必胜，并求出取胜方的致胜策略．所谓策略，不是固定不变的操作，而是对各种局面的对应方案，而致胜策略则是不管对方如何操作均可保证获胜的策略．

1. 递归方法

数量大小型对策问题来源于民间取火柴游戏，它的状态可用一组非负整数表示，而操

作是单方向的,故可从终局状态递归(逆推)得出任意初始状态(始局)的胜负性质,我们称一状态为胜局. 如果由它起步的一方必胜(假设必胜方取正确的策略);称一状态为败局,如果由它起步的一方必败(不论他采取怎样的策略),记全体胜局的状态集合为 W,全体败局的集合为 L.

解这类问题的一般步骤如下:

(1)用递归方法(逆推方法)找出胜局集合 W 和败局集合 L;

(2)证明:从 L 的每个非终局状态出发,不论进行怎样的操作,都只能走到 W 中的状态;

(3)证明:从 W 的每个状态出发,总可以采取适当的操作(致胜策略)走到 L 中的状态或直接获胜. 于是,当始局属于 L 时,后走的乙方必胜;当始局属于 W 时,先走的甲方必胜.

例 1 有两堆糖果,两人轮流进行如下操作:每一步可拿走其中一堆糖,此时若另一堆多于一粒,则将它任意分成两堆;若另一堆只有一粒,则将这一粒也取走而获胜. 假设一开始时,两堆的糖果数分别为 p 粒、q 粒,问 (p,q) 应满足怎样的充要条件时,先进行操作的一方必定能获胜?

分析和解 递归过程为 $(0,0)\in L \to (n,1),(1,n)\in W$(这里 $n\in \mathbf{N}_+$,下同)$\to (2,2)$,$(2,3),(3,2),(3,3)\in L \to (n,4),(4,n),(n,5),(5,n),(n,6),(6,n)\in W \to (7,7)(7,8)$,$(8,7),(8,8)\in L \to (n,9),(9,n),(n,10),(10,n),(n,11),(11,n)\in W \to \cdots$由此猜测:败局集合 L 与胜局集合 W 分别为

$L=\{(0,0)\}\bigcup\{(p,q)\mid (p,q)\equiv(2,2),(2,3),(3,2),(3,3)(\bmod 5)\}$,

$W=\{(p,q)\mid p \text{ 或 } q\equiv 0,1,4(\bmod 5)\}$.

为此,我们证明当且仅当 $(p,q)\in W$ 时,先进行操作的一方有必胜策略.

事实上,若 $(p,q)\in L$ 且 $(p,q)\neq(0,0)$,则因 $5k+2$ 的堆只可分成为 $(0,2),(1,1)$ 或 $(3,4)(\bmod 5)$ 的两堆,而 $5k+3$ 的堆只可能分成为 $(0,3),(1,2)$ 或 $(4,4)(\bmod 5)$ 的两堆,故 L 中的非终局态不论怎样走一步都只能走到 W 中的状态. 另一方面 W 中的每个状态必有一堆中的糖果数是 $5k,5k+1$ 或 $5k+4$,它们分别可分成

$$(2,3),(3,3),(2,2)(\bmod 5)$$

的两堆,即 W 中的每个状态总可以适当走一步而达到 L 中的状态,而且每走一步两堆糖果数严格减少,从而经过有限步操作后,必然中止. 故当且仅当 $(p,q)\in W$ 时,先走的一方有必胜策略.

例 2 在 1×100 的方格纸带的最左端的小方格内放上一枚棋子. 甲、乙两人轮流移动这枚棋子,每移动一次只允许棋子向右移 1 格,10 格或 11 格,谁把棋子移到最右端的方格内,则谁赢. 问先走的甲还是后走的乙有必胜策略? (1991 年全俄奥林匹克试题)

分析和解 将 1×100 的方格从左到右依次编号为 $1,2,3,\cdots,100$,我们用数字 i 表示棋子在第 i 号方格内的状态,并记 $S=\{1,2,\cdots,100\}$,L 为败局集合,W 为胜局集合. 于是,递归过程为 $100\in L \to 99\in W \to 98\in L \to 97\in W \to 96\in L \to 95\in W \to 94\in L \to 93\in W \to 92\in L \to 91\in W$. 又由 $100,98,96,94,92\in L \xrightarrow{\text{(减去 10 或 11)}} 90,89,88,87,86,85,84,83,82,81\in W,\cdots$,由此猜测

$L=\{k\mid k\in S, k\equiv 0,12,14,16,18\pmod{20}\}$,

$W=S\backslash L$.

因为 $1\in W$,故我们证明先走的甲有必胜策略.

事实上,因 L 中任意两种状态之差为偶数且不等于 10,故从 L 中任意状态出发向右走 1 格、10 格或 11 格,都只能走到 W 中的状态,而 W 中的每一状态可写成为 $20k+r$(k 为非负整数,$r=1,2,\cdots,10,11,13,15,17,19$).当 $r=1,3,5,7,9$ 时,向右走 11 格;当 $r=2,4,6,8,10$ 时,向右走 10 格;当 $r=11,13,15,17,19$ 时,向右走 1 格,则变成为 L 中的状态.因此,由 $1\in W$ 知先走的甲有必胜策略,他第 1 步向右走 11 格,以后每步走后使达到格子的编号为 $0,12,14,16,18\pmod{20}$.

注 本题等价于共有 99 根火柴,每次可取 1 根、10 根或 11 根,取最后 1 根者胜,问先取者甲还是后取者乙有必胜策略?

例 3 有两堆火柴,分别有 100 根,252 根.两人轮流取火柴,每次从一堆中取,所取火柴根数必须是另一堆火柴根数的约数,谁取到最后一根火柴谁胜.问:谁有必胜策略?

分析与解 递归过程为:$(0,0)\in L\rightarrow(0,n),(n,0)$($n$ 为正整数)$\in W\rightarrow(1,1)\in L\rightarrow(1,2),(2,1)\in W\rightarrow(1,3),(2,2),(3,1)\in L\rightarrow(1,4),(2,3),(3,2),(1,4),(2,4)\in W\rightarrow(1,5),(3,3),(5,1)\in L\rightarrow(1,6),(2,5),(3,4),(4,3),(5,2),(6,1)\in W\rightarrow(1,7),(2,6),(3,5),(4,4),(5,3),(6,2),(7,1)\in L,\cdots$,如图 5-6 中方格 (a,b) 表上黑点者为败局,没有标符号的方格为胜局,败局 (a,b) 可分为下列几类:

第一类:具有 $(2m+1,2n+1)$ 的形式;

第二类:具有 $(2(2m+1),2(2n+1))$ 的形式;

第三类:具有 $(2^2(2m+1),2^2(2n+1))$ 的形式;等等.从而我们猜测:

$L=\{(0,0)\}\bigcup\{(2^k(2m+1),2^k(2n+1))\}$,

其中 m,n 为非负整数,$k=0,1,2,\cdots$.

$W=\{(2^k(2m+1),2^j(2n+1))\}\bigcup\{(0,m+1)\}\bigcup\{(n+1,0)\}$,其中 m,n 为非负整数,$k\neq j,k,j=0,1,2,\cdots$.

因为 $(100,252)=(2^2\times25,2^2\times63)\in L$,故我们证明,后走的乙有必胜策略.

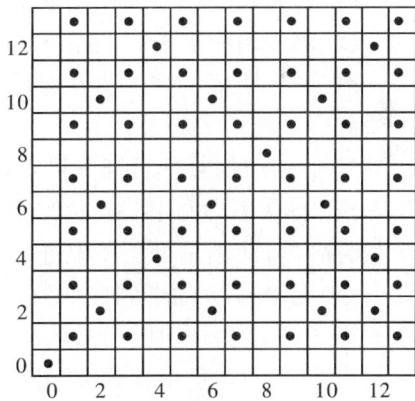

图 5-6

事实上,当 $a\neq0,b\neq0$ 时,设 $a=2^{I(a)}(2m+1),b=2^{I(b)}(2n+1)$,若 $(a,b)\in L$ 且 $(a,b)\neq(0,0)$,则 $I(a)=I(b)$.设从 a 根火柴中取走了 c 根,得到状态 $(a-c,b)$.按游戏规则,c 是 b 的约数,所以 $I(c)\leqslant I(b)=I(a)$.设 $c=2^{I(c)}(2p+1)$,若 $I(c)<I(b)$,则因 $a-c=2^{I(c)}[2^{I(a)-I(c)}(2m+1)-(2p+1)]$,故 $I(a-c)=I(c)<I(b)$,从而 $(a-c,b)\in W$;若 $I(c)=I(b)=I(a)$,则因 $a-c=2^{I(a)+1}(m-p)$,故 $I(a-c)\geqslant I(a)+1=I(b)+1>I(b)$,也有 $(a-c,b)\in W$,故对 L 中的非终局状态,无论怎样操作一次,都达到 W 中的状态.

另一方面,若 $(a,b)\in W$,则 a,b 中恰有一个为 0 时,按游戏规则,操作者将根数不为 0

的一堆火柴全拿走而获胜,否则 a,b 都不为 0,这时 $I(a)\neq I(b)$.不妨设 $I(a)>I(b)$,这时从 a 根火柴中取 $c=2^{I(b)}$ 根火柴,得到状态 $(a-c,b)$,因为 $a-c=2^{I(b)}[2^{I(a)-I(b)}(2m+1)-1]$,所以 $I(a-c)=I(b)$,从而 $(a-c,b)\in L$,故对 W 中的任何状态,总可以适当操作一次而达到 L 中的状态.

因为 $(100,252)=(2^2\cdot25,2^2\cdot63)$,有 $I(100)=I(252)=2$,所以 $(100,252)\in L$,故后取火柴的乙有必胜策略.

2. 配对法

在涉及几何图形的对策问题和涉及数量性质(如整除性、同余等)的对策问题中,操作不具有单向性,不能递归处理.在这种操作变换问题中,如果某一步走后未被判输,则称这样的步为活步;如果某一方的策略能保证自己总能在对方走出活步后仍有步可走,则必不败,而在有限对策问题中不败就必胜(假设无平局).

保证有步可走的方法是将所有可走的位置(可取的数)配对,使每对位置(或每对数)a,b 满足:只要对方能走到一个位置(或取到一个数),比如 a,自己就能走到 b(或取出数 b).

对于涉及图形的操作变换问题,配对应根据图形的几何特征和走步规则来确定,常用的有对称、相邻等条件,应抢占多余的位置或对称中心.而对于涉及数量性质的操作变换问题,配对应根据问题条件中数的特征和走步规则来确定,常用的有整除、同余等条件.

例 1 在 $m\times n$ 棋盘的一个格子中放一枚棋子,两人轮流走,每步可将棋子从一格走到与它有公共边的邻格中,但已经走过的格子以后不能第二次进入,谁最后没处可走谁输.

(1)若开始的棋子放在左下角格子中,则谁有必胜策略?

(2)若开始的棋子放在左下角格子的邻格中,谁有必胜策略?

解 (1)明显的配对方法是将相邻两格配对,即用 1×2 骨牌铺砌棋盘,保持每步在同一骨牌内部走的人必胜.

当 $2\mid mn$ 时,骨牌可铺满棋盘,先走的甲第一步可在同一块骨牌内部走,故甲必胜;

当 $2\nmid mn$ 时,可用骨牌铺满除左下格子外的棋盘,故先走的甲第一步只能走入相邻的一块骨牌内,而乙总可从在甲进入的这骨牌内再走一格,故乙有必胜策略.

(2)无论 m,n 的奇偶性如何,总是先走的甲有必胜策略.

当 $2\mid mn$ 时,理由同(1);

当 $2\nmid mn$ 时,仍用骨牌铺满除左下格以外的棋盘,并且将所有棋盘格子用黑白两色染色,使得任何相邻两格不同色,且不妨设左下方格子是白色,它没有同其他格子配对.先走的甲每一步总可在同一骨牌内从黑格走入白格,而乙只能从白格走入黑格而进入一块新的骨牌,左下角的方格始终没有棋子进入,形同虚设,故甲有必胜策略.

注 一般情形下,若开始的棋子放在棋盘的任意一格时,则当 $2\mid mn$ 时,总是甲获胜.当 $2\nmid mn$ 时,将棋盘黑白相间染色使任意相邻两格不同色且假设左下角方格为黑色,这时黑色格子比白色格子多一个.如果棋子初始在任意白色格子中,那么先走的甲获胜;如果棋子初始在任意黑色格子中,那么后走的乙获胜.

例 2 甲乙两人进行如下游戏,甲先开始,两人轮流从 $1,2,3,\cdots,100,101$ 中每次任意勾去 9 个数,经过这样 11 次勾掉后,还剩两个数,这时所余两个数之差即为甲的得分.试证

不论乙怎么做,甲至少可得 55 分. (第 32 届莫斯科市奥林匹克试题)

证明 甲第一次勾掉 $47,48,49,\cdots,55$ 这 9 个数,将剩下的数两两配对:$\{i,55+i\}$,$i=1,2,\cdots,46$,同一对两数之差为 55. 在每次乙勾掉 9 个数之后,甲的策略是甲勾掉的 9 个数与乙勾掉的 9 个数恰好组成上述 46 对数中的 9 对,这样一来,余下的两个数必须是上述 46 对数中的一对,这两个数之差必为 55. 可见甲可保证自己得 55 分.

例 3 $n\times n$ 木板被划成有 n^2 个 1×1 的方格,$n-1$ 条横线与 $n-1$ 条竖线构成的一个网格. 甲、乙两人按下述规则用细工锯轮流锯木板,开始甲从木板边缘沿格子线锯一个单位的长度,其后,每次从锯子所在位置起沿格子线继续往下锯一个单位长度,谁把木板锯开成两块,则谁输. 问:甲、乙两人谁有必胜策略? (1991 年全俄奥林匹克试题)

解 用配对法. 如图 5-7 所示,对 $n\times n$ 木板内部的 $(n-1)^2$ 个格子点进行配对:当 n 是奇数时,$(n-1)^2$ 是偶数,这 $(n-1)^2$ 个格点两两配对(图 a);当 n 是偶数时,$(n-1)^2$ 是奇数,把右上角点 A 当作弧立点,其余 $(n-1)^2-1$ 个格点两两配对(图 b).

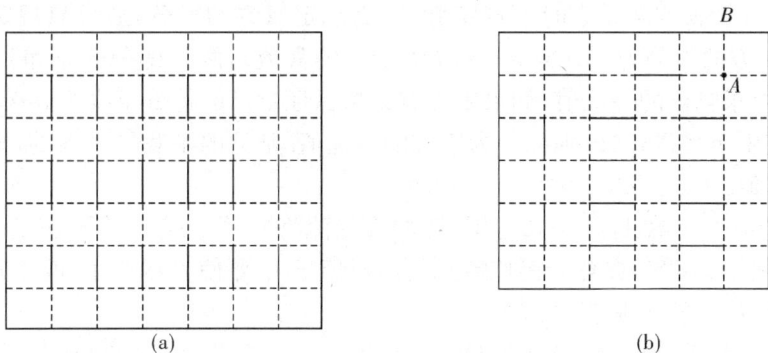

图 5-7

当 n 为偶数时,甲有必胜策略. 甲从点 B 开锯,锯开一个单位长度线段 BA,乙从点 A 起锯到点 A_1,甲从点 A_1 起锯到与其配对的点 B_1,如此锯下去,由于甲锯到的每个格子点都是配好对的每对点中第 2 个点,它必在木板内部 $(n-1)^2$ 个格点某一点处,所以甲不会将木板锯成两块. 因此,最终必然是乙将木板锯成两块,乙输.

当 n 为奇数时,后锯的乙有必胜策略. 甲从木板边缘开锯,必锯到 $(n-1)^2$ 个格子点最外层的 $4(n-2)$ 个的某一点 A_1,乙从点 A_1 起锯到与其配对的点 B_1;甲从点 B_1 起锯到点 A_2,乙从点 A_2 起锯到与其配对的点 B_2,如此锯下去,最终必然是甲将木板锯成两块,甲输.

例 4 爱丽丝和鲍勃在 6×6 的方格纸上玩游戏,两人轮流在每一个空格内写上一个在其他格子里没有出现过的有理数. 爱丽丝首先写,当所有方格内都已写上数后,将每行中写的数为最大的方格那一个方格涂成黑色. 如果爱丽丝可以从方格纸上顶部开始经过黑格画一条线到达方格纸的下底部,那么爱丽丝获胜. 否则鲍勃获胜(如果两个正方形有公共顶点,那么爱丽丝也能画一条线从一个正方形到达另一个正方形),找出(并证明)谁有必胜策略. (第 33 届美国奥林匹克试题)

解 鲍勃有必胜策略:鲍勃每次写过数后,总可以使每行中的最大数在集合 $A\cup B$ 内的方格中,其中

$A=\{(1,1),(1,2),(1,3),(2,1),(2,2),(2,3),(3,1),(3,2)\}$,

$B=\{(3,5),(4,4),(4,5),(4,6),(5,4),(5,5),(5,6),(6,4),(6,5),(6,6)\}$.

这里(i,j)表示位于第i行,第j列处的方格.

事实上,鲍勃将$A\cup B$内的每个方格和同行的一个不在$A\cup B$内的方格配对,使得方格纸上的每一个方格恰在一个对子中.无论爱丽丝在那个对子中的一个方格内写数,鲍勃总可以接着在该对子中另一个方格内写数.如果爱丽丝在$A\cup B$内的一个格子内写上数x,那么鲍勃在该对子的另一个方格内写上数y使$y<x$;如果爱丽丝写上数x的格子不属于$A\cup B$,那么鲍勃在该对子中属于$A\cup B$的格子内写上z使$z>x$.

可见,在鲍勃写完后,每个对子中的最大数总在$A\cup B$内,从而每行中的最大数总在$A\cup B$内.于是,当所有数写完后,第一行的最大数在A内,第6行中的最大数在B内.因为不可能在$A\cup B$内画一条线从A到达B.所以鲍勃必获胜.

3. 平衡法

有一类操作变换问题结束时不规定胜负,而规定双方的得分,通常只规定一方的得分为a,认为另一方的得分为$-a$(或$n-a$,n为给定的常数),两方得分的总和为0(或为常数n).双方分别追求自己的最优值,如果甲方有策略保证自己的得分至少为a分,但同时对方有策略保证使甲至多得a分,则称a为甲方的最优值.常见的游戏是平衡的,即双方同时达到各自的最优值.

例1 已知20个数$1,2,\cdots,20$,甲、乙两人轮流将"$+$"号或"$-$"号放在这些数的前面(放的顺序不限),20步后计算所得代数和的绝对值S,甲要使S尽量小,而乙则要使S尽量大,乙能保证的最大的S是多少?

解 将数分为10对:$(1,2),(3,4),\cdots,(19,20)$,乙首先保证19与20同号,由于甲的干扰,不能保证其他各对数同号.当甲在某数前面添加一个符号时,乙在同组的另一个数的前面添加符号,在前9组$(1,2),(3,4),\cdots,(17,18)$中,乙与甲异号,最后一组$(19,20)$中,乙与甲同号,这样必可保证$S\geq 20+19-9\times 1=30$.

另一方面,甲的策略自然是抵消.设乙第i步后已有符号的$2i$个数的代数和为S_i,则甲在余下的最大数a_{i+1}之前放上与S_i相异的符号(如$S_i=0$可任意放).假定甲最后一次使代数和变号是在他的第k步$(1\leq k\leq 10)$,即$a_k\geq |S_{k-1}|$,此时

$|S_{k-1}\pm a_k|\leq a_k\leq 21-k$(因$20=a_1>a_2>\cdots>a_{k-1}>a_k$,所以$a_k\leq 20-(k-1)=21-k$),而乙第$k$步在其前面放符号的数$b_k\leq a_k-1\leq 20-k$,故

$|S_k|=|S_{k-1}\pm a_k\pm b_k|\leq |S_{k-1}\pm a_k|+b_k\leq 41-2k$.

以后,每个回合都有$b_j<a_j<|S_{j-1}|$,故$|S_j|\leq |S_{j-1}|-|a_j-b_j|\leq |S_{j-1}|-1$.于是,最后得到

$$S=|S_{10}|=|S_k|+\sum_{j=k+1}^{10}(|S_j|-|S_{j-1}|)\leq 41-2k-(10-k)=31-k\leq 30.$$

如果甲每次都不能使代数和变号,则每个回合都有$|S_j|\leq |S_{j-1}|-1$,于是

$S\leq a_1+b_1-9\leq 20+19-9=30$.

故乙能保证的最大S是30.

注 本题中,乙的策略是一开始使 S 尽可能大,然后使 S 下降的值尽可能小(保持一种平衡状态),故得此类问题的关键是保证重点,寻求平衡.

例2 在黑板上写有 n(n 是奇数)个表示式:$*x^2+*x+*=0$,甲乙两人轮流做如下游戏:每人每次只允许用一个不等于零的实数代替表示式中的一个 $*$ 号,这样一共轮流经过 $3n$ 次操作后,得到 n 个一元二次方程.甲尽力使无实根的方程个数更多,而乙希望无实根的方程个数更少.试问:甲在不依赖于乙如何操作的条件下,使得无实根的方程个数达到的最大值是多少? (第 19 届全俄奥林匹克试题)

解 甲每次将一个未动过的方程中 x 的系数换为1,除非乙将甲动过的方程中 x^2 的系数或常数项换为任意实数 $a\neq0$,这时甲立即将此方程中的常数项或 x^2 的系数换成 $\frac{1}{a}$,于是,此方程的判别式为 $1-4a\cdot\frac{1}{a}<0$,方程没有实根,这样甲至少可将 $\frac{n+1}{2}$ 个未动过的方程的 x 的系数换为1,并使这 $\frac{n+1}{2}$ 个方程无实根.

另一方面,乙总可以将甲未动过的一个方程的 x^2 的系数换成1.如果甲换 x 的系数,乙就将常数项换为 -1;如果甲将常数项换为 c,乙就将 x 的系数换为 b,使 $b>2\sqrt{|c|}$,于是所得方程的判别式大于零,方程有实根.这样,乙至少可将 $\frac{n-1}{2}$ 个未动过的方程的 x^2 的系数换为1,并且使这 $\frac{n-1}{2}$ 个方程有实根,从而最多有 $n-\frac{n-1}{2}=\frac{n+1}{2}$ 个方程无实根.

因此,所求最大值为 $\frac{n+1}{2}$.

例3 甲乙两人在一个 5×5 的方格板上玩换数游戏:甲先填且两人轮流在空格中填数,甲每次选择一个空格填写上数字1,乙每次选择一个空格填写上数字0,填完后计算每个 3×3 正方形中的9个数之和,并将这些和数中的最大数记为 A.甲尽量使 A 增大,乙尽量使 A 减小.问甲可以使 A 获得的最大值是多少? (第 35 届 IMO 预选题)

解 首先,如图 5-8 将前 4 行 20 个方格划分成 10 个 1×2 的矩形.显然,方格板上每个 3×3 的正方形中都恰含有上述 10 个矩形中的 3 个.可见,乙只要在每个 1×2 矩形的两个方格之一中填上 0(一共至少有 3 个方格内填的数字是 0),即可使 $A\leqslant6$.

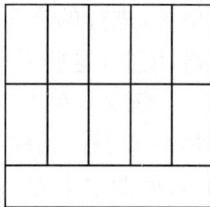

另一方面,甲可使 A 的值不小于 6.甲首先在中心方格填上 1,然后乙在某格上填 0,这时或者第 3 行的另 4 个方格都空着,或者第 3 列的第 4 个方格都空着,或者两组的 4 个方格都空着.不妨设第 3 行的另 4 个方格都空着,于是甲可在第 3 行第 2 列的空格内填上 1,然后乙又在某格内填上 0.这时第 3 行的第 1,4 两格至少有一个空格,不妨设是第 1 格,于是甲第 3 次可在此格内填上 1,乙又在某格内填上 0,这样一来,第 3 行中相连的前 3 格都是 1,而整个方格板上共有 3 个 0.考察左上角或左下角的两个 3×3 正方形,其中必有一个正方形内至多有 1 个 0,即至少还有 5 个空格,而甲可以在其中再写上 3 个 1 而使 A 的值至少为 6.

图 5-8

综上可知,甲可使 A 的最大值为 6.

4. 数学归纳法和反证法

例1 一种两人对弈游戏满足:

(Ⅰ)游戏的每一步都只有有限种选择;

(Ⅱ)游戏在有限步后必以某方取胜而终止.

(1)两人中某个人必有必胜策略,试予以证明.

(2)甲、乙两人轮流在黑板上写上不大于 10000 的正整数,要求每次写的数不能是黑板上任何已写数的约数,谁不能写谁输,问谁有必胜策略?

解 (1)假设这个游戏至多在 n 步内就要终止,以下对 n 施行数学归纳法.

$n=1$ 时,游戏至多进行一步,必胜策略是显然的.

设 $n=k$ 时命题成立.$n=k+1$ 时,假设这个至多 $k+1$ 步的游戏由 A 开步,A 有 p 种选择.对每一种选择,游戏变成了至多 k 步的游戏,由归纳假设,这种游戏不是 A 有必胜策略,就是 B 有必胜策略;如果有一种选择产生的新游戏中 A 有必胜策略,A 就进行这种选择,于是在原游戏中 A 有必胜策略;如果所有各种选择产生的新游戏中,B 都有必胜策略,那么 A 在原游戏中必败,也即 B 有必胜策略,从而原游戏中 A 或 B 有必胜策略.

(2)考察一种新游戏:A,B 两人轮流在黑板上写不大于 10000 但不小于 2 的正整数,每次写的数不能是黑板上所写的数的约数,谁不能写谁输. 由于游戏每次仅有有限次选择,且必在有限步后以某方胜利告终,由(1)知 A 或 B 有必胜策略.若 A 有必胜策略,在原游戏中甲采取 A 的策略,因为 1 不可能在第 1 步以后出现,故新游戏与原游戏并无区别,甲将获胜;若 B 在新游戏中有必胜策略,则甲在原游戏第一步时在黑板上写下 1,此时乙成了新游戏中的 A,甲成了 B,因而甲在新游戏中有必胜策略. 由于第 1 步写的 1 对新游戏无任何影响,故甲在新游戏中必胜,也即在原游戏中必胜.

注 若条件(Ⅱ)允许在有限步后出现和局,则同样可证明某方有不败策略.

从本题(1)可得许多有趣结果:围棋比赛中,总有一方(执黑方或执白方)有必胜策略;在国际象棋中,总有一方有不败策略. 但这是理论上存在的策略,因为每步选择的可能往往很多,进行的步数也很多,以至于变化可能太多,即使用高速电子计算机也找不到必胜策略,因此,这些操作变换问题的魅力丝毫不减.

例2 在 1994×1994 的国际象棋盘中,A,B 两人轮流跳同一只马(依国际象棋规则),其中 A 只能横跳马,即水平方向移动两格且垂直方向移动 1 格(如图 5-9),而 B 只能竖跳马,也即水平方向移动 1 格且垂直方向移动 2 格(如图 5-9),A 首先将马放在棋盘上任意一格,并跳第一步,马不能跳入它已经停过的格子里,谁不能跳马便判谁输. 求证:A 有必胜策略.

(第 20 届俄罗斯奥林匹克试题)

证明 用反证法,设 A 没有必胜策略.

由上例知,无论甲第一步如何走,B 必有必胜策略. 现在我们用两张棋盘同时进行两场游戏:第一张棋盘上 A 首先放在 $a1$ 处并跳第一步至 $c2$ 处(如图 5-10 中 $a1$ 表示第 a 列第 1 行交叉处方格,等等);在第二张棋盘上 A 将马放在 $c2$ 关于主对角线(图中虚线)轴对称的 $b3$ 处.

现在由 B 在第一张棋盘内跳马,无论他怎样跳,A 在第二张棋盘内将他的跳法关于主对角线轴对称地跳出来(例如 B 在第一张棋盘中从 $c2$ 跳到 $b4$,则 A 在第二张棋盘中便从 $b3$ 跳到 $d2$).然后,轮到 B 在第二张棋盘内跳马,无论他怎样跳,A 将他的跳法关于主对角线轴对称后在第一张棋盘内跳出来.一般地,如果 B 在第一张棋盘中跳 $X \to Y$,A 便在第二张棋盘中跳 $X' \to Y'$,其中 X',Y' 是 X,Y 关于主对角线的对称格,如 B 在第二张棋盘跳 $Y' \to Z'$,则 A 在第一张棋盘中跳 $Y \to Z$,Y 与 Y' 以及 Z 与 Z' 都关于主对角线对称,如此进行下去.

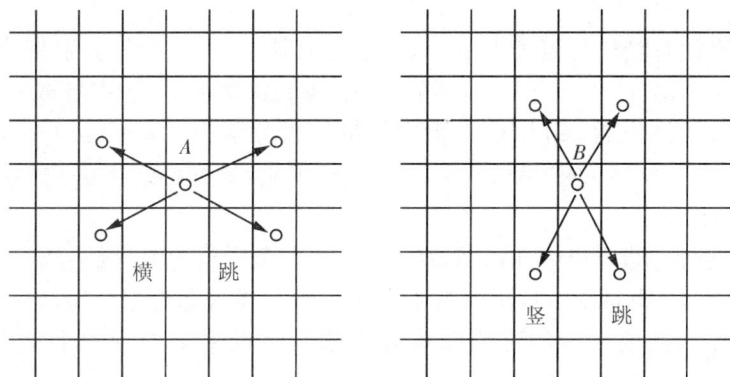

图 5-9

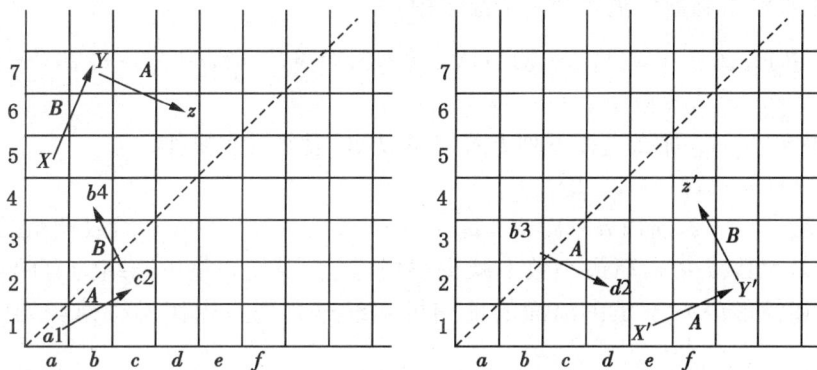

图 5-10

首先,B 和 A 不可能在第二张棋盘跳入 $a1$ 格.这是由于 $a1$ 是黑格,而在第二张棋盘上 A 第一次从白格 $b3$ 跳入黑格 $d2$,每次跳马将改变所处格子的黑白色,A、B 又轮流跳,故在第二张棋盘上,B 总是从黑格跳入白格,不可能跳入黑格 $a1$.又因为 B 在第一张棋盘上不可能跳入马已停过的格子 $a1$,故在第二张棋盘上 A 也不能跳入 $a1$.其次,由于轴对称恰好改变了横跳与竖跳的方法,故从两张棋盘上看,均是符合规则的一场游戏,由反证法假设,在这两张棋盘上,后行者 B 都将获胜.

但是,事实上,如果 B 在第一张棋盘上获胜,那么在第二张棋盘上,由于 A,B 位置恰好颠倒,A 将取胜!这是矛盾的.因此,假设先行者 A 没有必胜策略是不成立的,故 A 有必胜策略.

§4　典型例题解题分析

例1　$n(\geqslant 4)$个盘子里放有总数不少于 4 的糖块,从任选的两个盘子中各选一块糖放入另一个盘子中去,称为一次操作.问能否经过有限次操作,把所有的糖块集中到一个盘子里去? 证明你的结论.

（1994 年第 9 届 CMO 试题）

解法一(调整法)　首先证明可从经过有限步操作使所有糖块集中在 2 个或 3 个盘子中.

事实上,如果放有糖块的盘子不少于 3 个,任取其中 3 个盘子,分别记为 A,B,C,并设 A,B,C 中分别有 $a,b,c(0<a\leqslant b\leqslant c)$块糖. 首先,我们每次从 A,B 中各取一块糖放入 C 盘中,经过 a 次这样的操作后,A,B,C 三盘中的糖块数分别为 $0,b-a,c+2a$,即放有糖块的盘子的总数减少 1 个($a\neq b$ 时)或 2 个($a=b$ 时),于是,这样继续下去,总可以将糖块集中在 2 个或 3 个盘中.

其次,不妨设所有糖块集中在盘 A,B,C 中,每个盘中放的糖块数分别为 $a,b,c(a\geqslant b\geqslant c\geqslant 0)$.另取一个空盘 D(因 $n\geqslant 4$,至少有 4 个盘子),上述状态简记为 $(a,b,c,0)$,如果 a,b,c 中有两个相等,那么按前一段的证明知可经有限步将糖果集中到一个盘中,故只要考虑 $a>b>c\geqslant 0$ 的情形. 又分为下列两种情形:

(1)如果 $a=c+2$,则 $b=c+1$,因 $a+b+c=3c+3\geqslant 4$,所以 $c\geqslant 1$. 于是可按下列步骤操作,经过有限步将所有糖块集中到一个盘子中:

$$(c+2,c+1,c,0)\rightarrow(c+1,c,c,2)\rightarrow(c,c+2,c,1)\rightarrow(c-1,c+2,c+2,0)\xrightarrow{c+2步}\cdots\rightarrow(3c+3,0,0,0).$$

(2)如果 $a>c+2$,那么先按下列方式对 A、B、C 盘作一次操作:

$$(a,b,c)\rightarrow(a-1,b-1,c+2).$$

因 $a>b>c$ 及 $a>c+2$,所以 $a-1>b-1\geqslant c,a-1\geqslant(c+3)-1=c+2$,故调整后,三盘中放的糖块量的最大数减少 1,而最小数不减少,故经过有限步调整可归结为有两盘中的糖块数相等或前述情形(1),于是由前面的证明可知经过有限步操作可将糖块集中到一个盘子中.

解法二(数学归纳法)　对糖块的总数 m 进行归纳.

(1)$m=4$ 时,4 块糖至多放在 4 个盘子中,其分布情况(不考虑顺序)只有以下 4 种:

1°$(1,1,1,1)$,2°$(1,1,2,0)$,3°$(1,3,0,0)$,4°$(2,2,0,0)$,

每种情形分别按以下步骤操作,都可经过有限步操作将所有糖块集中到一个盘子中:

1°$(1,1,1,1)\rightarrow(1,3,0,0)\rightarrow(0,2,2,0)\rightarrow(2,1,1,0)\rightarrow(4,0,0,0)$.

2°$(1,1,2,0)\rightarrow(0,0,4,0)$.

3°同 1°中第 2 步以后操作.

4°$(2,2,0,0)\rightarrow(1,1,2,0)\rightarrow(0,0,4,0)$.

(2)设 $m=k$ 时,结论成立. 考虑 $m=k+1$ 的情形,这时,我们只考虑其中 k 块糖,由归纳假设,总可以经过有限步操作将这 k 块糖集中到一个盘子中,如果第 $k+1$ 块糖也在这个盘子中,那么结论已成立. 否则只会出现 k 块糖在一个盘子中,而第 $k+1$ 块糖在另一个盘

子中的情形. 这时, 可按下列步骤, 经过有限步操作将 $k+1$ 块糖集中到一个盘子中.

$$(k,1,0,0) \to (k-1,0,2,0) \to (k-2,2,1,0) \to (k-3,2,0,2) \to$$
$$(k-1,1,0,1) \to (k+1,0,0,0).$$

于是 $m=k+1$ 时结论成立. 这就证明了总可以经过有限步操作将所有糖块集中到一个盘子中.

例 2　有 $n(\geqslant 2)$ 堆硬币, 只允许按以下方法搬动: 每次搬动选择其中两堆, 从一堆中搬动某些硬币到另一堆中, 使得另一堆的硬币数目增加一倍.

(1) $n \geqslant 3$ 时, 求证: 可经过有限次搬动, 将硬币合并成两堆或一堆.

(2) 当 $n=2$ 时, 用 r,s 分别表示两堆中的硬币数目, 求 r,s 应满足的充要条件使得可经过有限步操作将两堆硬币合并成一堆.　　　　　　　　　　(第 35 届 IMO 预选题)

解　(1)(调整法) 只要证明任意 3 堆可以合并成 2 堆即可. 任取 A,B,C 三堆, 每堆中硬币数分别为 a,b,c, 若 a,b,c 中有 2 个相等, 则只需挪动一次便可合并成 2 堆, 故不妨设 $a < b < c$.

我们证明: 经过有限次挪动, 可使 B 堆中的硬币数小于 a.

设 $b=qa+r$(q 为正整数, r 为整数且 $0 \leqslant r < a$), 并且将 q 用二进制表示为

$$q = 2^{\lambda_1} + 2^{\lambda_2} + \cdots + 2^{\lambda_s} \quad (0 \leqslant \lambda_1 < \lambda_2 < \cdots < \lambda_s).$$

1°　若 $\lambda_1 = 0$, 则直接将 B 堆中 $2^{\lambda_1}a = a$ 个硬币搬到 A 堆中, 若 $\lambda_1 > 0$, 则将 C 堆中的硬币向 A 堆中搬动 λ_1 次, 使得 A 堆中硬币数变成 $2^{\lambda_1}a$, 再将 B 堆中 $2^{\lambda_1}a$ 个硬币搬到 A 堆中, 这时, 总可以使 A、B 堆中的硬币数分别为

A 堆: $2 \cdot 2^{\lambda_1}a = 2^{\lambda_1+1}a$ 个,

B 堆: $(2^{\lambda_2} + 2^{\lambda_3} + \cdots + 2^{\lambda_s})a + r$ 个.

因为 C 堆仅向 A 堆中放入了 $(2^{\lambda_1}-1)a$ 个硬币, 比 B 堆向 A 堆中放入的硬币数 $2^{\lambda_1}a$ 要少, 故 C 堆中的硬币数仍大于 B 堆中的硬币数.

2°　若 $\lambda_2 = \lambda_1 + 1$, 则将 B 堆中 $2^{\lambda_2}a$ 个硬币放入 A 堆中; 若 $\lambda_2 > \lambda_1 + 1$, 则从 C 堆中向 A 堆搬动 $\lambda_2 - \lambda_1 - 1$ 次, 使 A 堆中的硬币数变为 $2^{\lambda_2-\lambda_1-1} \cdot 2^{\lambda_1+1}a = 2^{\lambda_2}a$, 然后将 B 堆中 $2^{\lambda_2}a$ 个硬币搬到 A 堆中, 这时 A、B 两堆中的硬币数分别是

A 堆: $2 \cdot 2^{\lambda_2}a = 2^{\lambda_2+1}a$ 个,

B 堆: $(2^{\lambda_3} + \cdots + 2^{\lambda_s})a + r$ 个.

且同理知 C 堆中硬币数仍大于 B 堆中硬币数.

3°　重复以上步骤, 经过有限步可使 B 堆中硬币数为 r, 即可经过有限步搬动使得三堆中所含硬币个数的最小数减小. 因此, 可经过有限步搬动, 可使 3 堆中所含硬币的最小数变为 0, 即可将 3 堆硬币合并成 2 堆.

(2)(不变量方法和数学归纳法) 必要性. 设某次搬动前两堆的硬币数分别是 a,b, 不妨设 $a \leqslant b$, 因硬币总数不变, 所以 $a+b=r+s$, 经过一次搬动后, 两堆中的硬币数分别为 $2a$, $b-a$.

若 p 为奇素数, α 为正整数且 $p^\alpha \mid (a,b)$, 则 $p^\alpha \mid a$, 且 $p^\alpha \mid b$, 从而 $p^\alpha \mid 2a$, $p^\alpha \mid b-a$, 所以 $p^\alpha \mid (2a, b-a)$. 反之, 若 $p^\alpha \mid (2a, b-a)$, 则 $p^\alpha \mid 2a$, $p^\alpha \mid b-a$, 从而 $p^\alpha \mid a$ 且 $p^\alpha \mid b$, 所以 $p^\alpha \mid (a,b)$.

即搬动前与搬动后两堆硬币数的最大公约数含有相同的奇数因数(不变量).

若两堆在某次搬动后合并成一堆,则这时两堆的硬币数相等,都为 z 个,于是 $r+s=2z$,且

$$\frac{r}{(r,s)}+\frac{s}{(r,s)}=\frac{2z}{(r,s)}=\frac{2(z,z)}{(r,s)}.$$

上式左端为正整数,故右端也为正整数,并且 (z,z) 与 (r,s) 含有相同的奇数因数,故只可能有

$$\frac{r+s}{(r,s)}=\frac{2(z,z)}{(r,s)}=2^k(k \text{ 为正整数}).$$

因此,经过有限步搬运,两堆硬币可以合并成一堆的必要条件是 $r+s=2^k(r,s)$,k 为正整数.

下面用数学归纳法证明这个条件也是充分的.

$k=1$ 时,$\dfrac{r}{(r,s)}+\dfrac{s}{(r,s)}=2$,且 $\dfrac{r}{(r,s)}$,$\dfrac{s}{(r,s)}$ 皆为正整数,所以 $\dfrac{r}{(r,s)}=1$,$\dfrac{s}{(r,s)}=1$,即 $r=s=(r,s)$,于是只需搬动一次就可将两堆硬币合并成一堆.

设 $k=m$ 时,结论成立.即 $r+s=2^m(r,s)$ 时,可经过有限步搬动将两堆硬币合并成一堆.现考虑 $k=m+1$ 的情形,即 $r+s=2^{m+1}(r,s)$.

若 $r=s$,则只需搬动一次便可将两堆硬币合并成一堆.

若 $r\ne s$,不妨设 $r>s$,记

$$r=(2^m+t)(r,s),s=(2^m-t)(r,s)(0<t<2^m).$$

因为 $(2^m+t,2^m-t)=1$,所以 t 为奇数.设搬动一次后两堆的硬币数分别为 r^*,s^*,于是

$$r^*=[(2^m+t)-(2^m-t)](r,s)=2t(r,s),$$
$$s^*=2(2^m-t)(r,s).$$

因 t 为奇数,$(2^m-t,t)=1$,所以 $(r^*,s^*)=2(r,s)$,于是

$$\frac{r^*+s^*}{(r^*,s^*)}=\frac{2^{m+1}(r,s)}{2(r,s)}=2^m.$$

由归纳假设知道,可经过有限步搬动将两堆硬币合并成一堆,于是充分性得证.

综上可知,可经过有限步搬动使两堆硬币合并成一堆的充要条件是 $r+s=2^k(r,s)(k$ 为正整数).

例 3　有三堆棋子,每次操作可以从任意两堆中各取一枚棋子放入另一堆,如果可经有限步操作将三堆棋子并入一堆,试求:开始时三堆棋子数应满足的充要条件.

解(不变量方法)　必要性.设开始时,三堆棋子数分别为 (x,y,z),经过一次操作后,三堆棋子数变为 $(x-1,y-1,z+2)$,于是任意两堆棋子数之差或不变,或增加 3,即任意两堆棋子数之差除以 3 的余数不变(同余不变量).如果经过有限次操作后,三堆合并成一堆,那么其中两堆棋子数均为零,它们之差被 3 整除,这表明三堆棋子能并成一堆的必要条件是开始时有两堆棋子数对模 3 同余.

充分性.设开始时有两堆的棋子数对模 3 同余,设 A,B,C 三堆的棋子数分别为 (x,y,z),并且不妨设 $x=y+3k(k$ 为非负整数).记一次操作为 T,若对 A,B 两堆连续操作 r 次

$r \leqslant \min\{x, y\}$，则三堆棋子数变为 $(x-r, y-r, z+2r)$，并记这种操作为 T^r，于是

$$(x, y, z) \xrightarrow{T} (x-1, y-1, z+2) \xrightarrow{T} (x-2, y+1, z+1).$$

这相当于从一堆中取出两枚棋子分给另两堆各一枚，记这种操作为 T^{-1}，连续这样 k 次操作记为 T^{-k}，即

$$(x, y, z) \xrightarrow{T^{-k}} (x-2k, y+k, z+k).$$

因 $x = y + 3k$，所以 $x - 2k = y + k$（记这个数为 s），于是

$$(x, y, z) \xrightarrow{T^{-k}} (x-2k, y+k, z+k) = (s, s, z+k)$$
$$\xrightarrow{T^s} (0, 0, 2+k+2s) = (0, 0, x+y+z)$$

（若 $k=0$，这第一步操作 T^{-k} 取消），于是三堆棋子合并成一堆.

例 4 在黑板上写下正整数 $1, 2, \cdots, n(n \geqslant 3)$，每次将其中两个数 p, q 换为 $p+q$ 与 $|p-q|$，经过若干次变换后，所有的数都变成了 k. 问 k 可能取哪些数值？

（第 25 届全苏奥林匹克试题）

解（不变量方法和数学归纳法） 若 $p+q$ 与 $p-q$ 能被奇数 $d(\geqslant 3)$ 整除，则 $p+q+(p-q) = 2p, p+q-(p-q) = 2q$ 也被 d 整除，从而 p, q 都被 d 整除，因此若 k 能被 $d(\geqslant 3)$ 整除，则一开始 $1, 2, 3, \cdots, n$ 都能被奇数 $d(\geqslant 3)$ 整除（整除不变量），这是不可能的. 故 k 只可能为 2^t（t 为正整数），且每次操作后，黑板上的最大数不减小，所以 $k = 2^t \geqslant n$.

下面我们证明 k 可取任何形如 $2^t \geqslant n$（t 为正整数）的正整数.

注意到 $(2^a, 2^a) \to (0, a^{a+1})$ 以及 $(0, 2^c) \to (2^c, 2^c)$，所以，不难得到：如果黑板上写的数全是 2 的幂（包括零次幂），它们的指数都不超过 b_0，并且其中至少有 2 个相等的小于 2^{b_0} 的数，那么经过有限步操作之后，必可使所有的数都变成 2^{b_0}.

因此，我们只需对 $n \geqslant 3$ 用归纳法来证明下列结论成立：由数组 $1, 2, \cdots, n$ 出发，经过有限步操作，可使所有 n 个数都变成 2 的方幂，其指数都不超 b_0，并且其中至少有 2 个相等的小于 2^{b_0} 的数，这里 b_0 为满足 $2^{b_0} \geqslant n$ 的任意正整数.

因为 $(1, 3) \to (2, 4)$，故知 $n = 3, 4$ 时结论成立. 又因 $(3, 5) \to (2, 8), (2, 6) \to (4, 8), (1, 3, 5, 7) \to (6, 2, 8, 8) \to (8, 4, 8, 8)$，故知 $n = 5, 6, 7, 8$ 时结论也成立. 设结论对 $3 \leqslant n \leqslant m-1$（$m \geqslant 9$）的所有正整数 n 结论成立，再证明对 $n = m(m \geqslant 9)$ 结论也成立. 设 $m = 2^{b-1} + r$，其中 $b \geqslant 4, 1 \leqslant r \leqslant 2^{b-1}$. 若 $r = 2^{b-1}$，即 $m = 2^b$，则对 $(1, 2, \cdots, m-1)$ 应用归纳假设，便知结论成立. 下设 $1 \leqslant r \leqslant 2^{b-1}$. 这时我们依次对数对 $(p, q) = (2^{b-1} - i, 2^{b-1} + i)(i = 1, 2, \cdots, r)$ 进行操作，于是得到的 n 个数可分为 3 类：

(1) $1, 2, 3, \cdots, 2^{b-1} - r - 1$（黑板上未经操作过的数，若 $r = 2^{b-1} - 1$ 时，这部分数不存在）.

(2) $2, 4, 6, \cdots, 2r$（这些数由差 $|p-q|$ 得到）.

(3) $2^{b-1}, 2^b, \cdots, 2^b$（这些数由和 $p+q$ 及 2^{b-1} 得到）.

若 $2^{b-1} - r - 1 \leqslant 2$ 且 $2r \leqslant 2$，则 $2^{b-1} \leqslant r + 3 \leqslant 4, b \leqslant 3$，这与 $b \geqslant 4$ 矛盾，故 (1)(2) 两组中至少有一组中的数的个数不少于 3. 若 (1)、(2) 两组中数的个数都不小于 3，则由归纳假设知结论成立；若 (1)、(2) 两组中只有一组中数的个数不小于 3，则对该组使用归纳假设，而

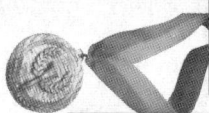

其余两部分则已全是 2 的方幂,从而结论也成立.这就完成了归纳证明.

例 5 有一个黑盒和 $n(\geqslant 3)$ 个分别标上号码 $1,2,\cdots,n$ 的白盒,n 个白盒中共有 n 个球,允许进行以下调整:若标号为 k 的白盒内恰有 k 个球,则取出这 k 个球,分别放入黑盒及标号为 $1,2,\cdots,k-1$ 的白盒中各一个球.证明:存在唯一的放法,使得 n 个球开始都在白盒中,并且经过有限次调整后,使球全部在黑盒中. （1992 年保加利亚奥林匹克试题）

证明（逆推法及数学归纳法） 为了叙述方便,将题中所述的调整记为 φ,用 $(a_0,a_1,\cdots,a_n)$ 表示下述球的分布状态:黑盒中有 a_0 个球,标号为 i 的白盒内有 a_i 个球 $(i=1,2,\cdots,n)$.题目即要证:存在唯一的初始状态 $(a_0,a_1,\cdots,a_n)$,满足 $a_0=0,a_1+a_2+\cdots+a_n=n$,使

$$(a_0,a_1,\cdots,a_n)\xrightarrow{\text{有限次}\varphi}(n,0,0,\cdots,0).$$

先证存在性.定义调整 φ^{-1} 为若 $a_k=0,a_i\geqslant1(0\leqslant i\leqslant k-1)$,则 $(a_0,a_1,\cdots,a_{k-1},a_k,a_{k+1},\cdots,a_n)\xrightarrow{\varphi^{-1}}(a_0-1,a_1-1,\cdots,a_{k-1}-1,k,a_{k+1},a_{k+2},\cdots,a_n)$,

易知 $\varphi\varphi^{-1}$ 和 $\varphi^{-1}\varphi$ 都是恒等调整(即保持 $(a_0,a_1,\cdots,a_n)$ 不变的调整),我们对 $(n,0,0,\cdots,0)$ 作如下多次调整 φ^{-1},直到不能再作 φ^{-1} 为止:

$$(n,0,0,\cdots,0)\xrightarrow{\varphi^{-1}}(n-1,1,0,\cdots,0)\xrightarrow{\varphi^{-1}}(n-2,0,2,0,\cdots,0)\xrightarrow{\varphi^{-1}}(n-3,1,2,0,\cdots,0)$$

$$\xrightarrow{\varphi^{-1}}(n-4,0,1,3,0,\cdots,0)\xrightarrow{\varphi^{-1}}\cdots\xrightarrow{\varphi^{-1}}(0,a_1,a_2,\cdots,a_n).$$

则必有 $a_0=0$(若 $a_0\neq0$,则 φ^{-1} 还可以进行)且 $a_1+\cdots+a_n=n$.

反过来,我们对上面的状态 $(a_0,a_1,\cdots,a_n)$ 作有限次调整 φ,即可还原为状态 $(n,0,0,\cdots,0)$,这就证明了符合题目要求的状态是存在的.

唯一性.下面用数学归纳法证明唯一性.

$n=1$ 时,符合题目条件的唯一状态是 $(0,1)$.

$n=2$ 时,符合题目条件的唯一状态是 $(0,0,2)$.

设对正整数 $n-1$ 只存在唯一符合条件的初始状态.若对正整数 n,存在两种符合初始条件的初始状态:$(a_0,a_1,\cdots,a_n)$ 和 $(b_0,b_1,\cdots,b_n)$,均可经有限次调整 φ 变为 $(n,0,0,\cdots,0)$,这里

$$a_0=b_0=0,a_1+a_2+\cdots+a_n=b_1+b_2+\cdots+b_n=n.$$

若 $0<a_n<n$,则由 φ 的定义知标号为白盒中的 a_n 个球始终不能取出,即不可能变为 $(n,0,\cdots,0)$.若 $a_n=n$,则 $a_1=a_2=\cdots=a_{n-1}=0$,经一次调整有 $(0,0,\cdots,n)\xrightarrow{\varphi}(1,1,\cdots,1,0)$.注意到 $n\geqslant3$,这时标号为 $n-1\geqslant2$ 的白盒内的 1 个球无法取出,故不可能变为 $(n,0,\cdots,0)$,所以 $a_n=0$.同理 $b_n=0$.令

$$(a_0,a_1,\cdots,a_n)\xrightarrow{\varphi}(1,a'_1,a'_2,\cdots,a'_n)\xrightarrow{\text{有限次}\varphi}(n,0,0,\cdots,0),$$

$$(b_0,b_1,\cdots,b_n)\xrightarrow{\varphi}(1,b'_1,b'_2,\cdots,b'_n)\xrightarrow{\text{有限次}\varphi}(n,0,0,\cdots,0).$$

则 $a_n=a'_n=b_n=b'_n=0$,且 $a'_1+a'_2+\cdots a'_{n-1}=b_1'+b'_2+\cdots+b'_{n-1}=n-1$.因为

$$(0,a'_1,a'_2,\cdots,a'_{n-1})\xrightarrow{\text{有限次}\varphi}(n-1,0,0,\cdots,0),$$

$$(0,b'_1,b'_2,\cdots,b'_{n-1})\xrightarrow{\text{有限次}\varphi}(n-1,0,0,\cdots,0).$$

由归纳假设得 $a'_i = b'_i (i=1,2,\cdots,n-1)$ 且 $a'_n = b'_n$. 于是 φ 与 φ^{-1} 互逆,故由 $(1,a'_1,a'_2,\cdots,a'_n)=(1,b'_1,b'_2,\cdots,b'_n)$ 作调整 φ^{-1},得 $(a_0,a_1,\cdots,a_n)=(b_0,b_1,\cdots,b_n)$,所以 $a_i = b_i (i=0,1,2,\cdots,n)$,从而唯一性得证.

注 唯一的初始状态 $(a_0,a_1,\cdots,a_n)$ 可按下列方式确定. 首先 $a_i \leqslant i(i=1,2,\cdots,n)$(因为若存在某个 i_0 使 $a_{i_0}>i_0$,则由 φ 的定义知标号为 i_0 的白盒内的 a_{i_0} 个球不可能取出,从而不可能变成 $(n,0,0,\cdots,0)$). 记 $S_k = a_k + a_{k+1} + \cdots + a_n (k=1,2,\cdots,n)$. 由调整 φ 的定义知 S_k 的值或者不变(当取出球的盒子的标号小于 k 时)或者减少 k(当取出球的盒子的标号不小于 k 时),由于最后的状态为 $(n,0,0,\cdots,0)$,即变为所有的 $S_k = 0(k=1,2,\cdots,n)$,满足 $k|S_k(k=1,2,\cdots,n)$,故在任意情形下也有 $k|S_k(k=1,2,\cdots,n)$. 令 $S_k = kt_k(k=1,2,\cdots,n)$,则 $S_k = a_k + S_{k+1} = a_k + (k+1)t_{k+1}(a_k \leqslant k)$,所以 a_k 是 S_k 除以 $(k+1)$ 后所得的余数,即

$$a_k = S_k - (k+1)\left[\frac{S_k}{k+1}\right].$$

又 $S_1 = a_1 + a_2 + \cdots + a_n = n$,所以,$a_0 = 0$.

$$a_1 = S_1 - 2\left[\frac{S_1}{2}\right] = n - 2\left[\frac{n}{2}\right],$$

$$a_2 = S_2 - 3\left[\frac{S_2}{3}\right] = n - a_1 - 3\left[\frac{n-a_1}{3}\right],$$

$$a_3 = S_3 - 4\left[\frac{S_3}{4}\right] = n - a_1 - a_2 - 4\left[\frac{n-a_1-a_2}{4}\right],$$

$$\cdots$$

$$a_{n-1} = S_{n-1} - n\left[\frac{S_{n-1}}{n}\right] = n - a_1 - a_2 - \cdots - a_{n-2} - n\left[\frac{n-a_1-a_2-\cdots-a_{n-2}}{n}\right],$$

$$a_n = 0.$$

于是,$(0,a_1,a_2,\cdots,a_n)$ 就是所求的唯一初始状态. 例如 $n=7$ 时,按上式可求出唯一的初始状态为 $(0,1,0,2,4,0,0,0)$.

例 6 设 $n \geqslant 2$ 为正整数,开始时,在一条直线上有 n 只跳蚤,且他们不全在同一点,对任意给定的一个正实数 λ,可以定义如下的一种"移动":

(1)选择任意两只跳蚤,设它们分别位于点 A 和 B,且 A 位于 B 的左边;

(2)令位于点 A 的跳蚤跳到该直线上位于点 B 右边的点 C,使得 $BC/AB = \lambda$.

试确定所有可能的正实数 λ,使得对于直线上任意给定的点 M 以及这 n 次跳蚤的任意初始位置,总能够经过有限多次移动之后令所有的跳蚤都位于 M 的右边.

(2000 年第 41 届 IMO 试题)

解 要使跳蚤尽可能远地跳向右边,一个合理的策略是每次移动时都选择最左边的跳蚤所处的位置作为 A 点. 最右边的跳蚤所处的位置作为 B 点. 按照这一策略,假设在 k 次移动之后,这些跳蚤之间距离的最大值为 d_k,而任意两只相邻跳蚤之间距离的最小值为 δ_k,则有

$$d_k \geqslant (n-1)\delta_k.$$

经过 $(k+1)$ 次移动,会产生一个新的两只相邻跳蚤之间的距离 λd_k,于是

$$\delta_{k+1} \geqslant \min\{\delta_k, \lambda d_k\},$$

故总有 $\dfrac{\delta_{k+1}}{\delta_k} \geqslant \min\{1, \dfrac{\lambda d_k}{\delta_k}\} \geqslant \min\{1, (n-1)\lambda\}.$

因此,只要 $\lambda \geqslant \dfrac{1}{n-1}$,就有 $\delta_{k+1} \geqslant \delta_k$ 对任何 k 成立,这意味着任意两只跳蚤之间的距离的最小值不会减小. 故每次移动后,最左边的跳蚤所处的位置都以不小于某个正常数的距离向右平移. 最终,所有跳蚤都可以跳到任意给定点 M 的右边.

下面证明,如果 $\lambda < \dfrac{1}{n-1}$,则对任意初始位置都存在某个点 M,使得这些跳蚤都无法跳到 M 的右边.

将这些跳蚤的位置表示成实数,考虑任意一系列移动. 令 S_k 为 k 次移动之后,表示跳蚤所在位置的所有实数之和,再令 w_k 为这些实数中最大的一个(即最右边的跳蚤的位置),显然有 $S_k \leqslant n w_k$. 只须证 $|w_k|$ 有界.

在第 $(k+1)$ 次跳动时,跳蚤从点 A 跳过点 B 落在点 C. 分别用实数 $a,b,c(a<b<c)$ 表示这三个点,则 $S_{k+1}=S_k+c-a$. 而根据移动的规则有 $c-b=\lambda(b-a)$,进而有 $\lambda(c-a)=(1+\lambda)(c-b)$,于是

$$S_{k+1}-S_k=c-a=\frac{\lambda+1}{\lambda}(c-b).$$

如果 $c>w_k$,那么刚刚跳过来的这只跳蚤占住了最右边的位置 $w_{k+1}=c$. 再由 $b \leqslant w_k$ 可得

$$S_{k+1}-S_k=\frac{\lambda+1}{\lambda}(c-b) \geqslant \frac{\lambda+1}{\lambda}(w_{k+1}-w_k).$$

如果 $c \leqslant w_k$,则有

$$w_{k+1}-w_k=0, S_{k+1}-S_k=c-a>0,$$

故上式也成立.

考虑数列 $z_k=\dfrac{1+\lambda}{\lambda}w_k-S_k, k=0,1,2,\cdots$,则 $z_{k+1}-z_k=\dfrac{1+\lambda}{\lambda}(w_{k+1}-w_k)-(S_{k+1}-S_k) \leqslant 0$,即该数列是不增的. 因此,对所有 k,总有 $z_k \leqslant z_0$.

假设 $\lambda < \dfrac{1}{n-1}$,则 $1+\lambda>n\lambda$. 记 $u=\dfrac{1+\lambda}{\lambda}-n$,则

$$z_k=(n+u)w_k-S_k=uw_k+(nw_k-S_k) \geqslant uw_k,$$

故对所有 k,总有 $w_k \leqslant \dfrac{z_k}{u} \leqslant \dfrac{z_0}{u}$. 这意味着最右边跳蚤的位置永远不会超过一个常数 $\dfrac{z_0}{u}$,这个常数与 n,λ 以及这些跳蚤的初始位置有关而与移动的次数无关. 取 M 点对应的实数大于 $\dfrac{z_0}{u}$,则无论移动多少次,任何跳蚤都不能跳到点 M 的右边.

综上得到:所求 λ 的可能值为所有不小于 $\dfrac{1}{n-1}$ 的实数.

例 7 一次宴会有 n 位客人被邀请,他们围着圆桌坐成一圈,且座位已经被主人用卡片

分别标有 $1,2,3,\cdots,n$ 共 n 个号.一位服务员根据一种奇特的规则为客人服务:他挑选一位客人为其服务后,他根据这位客人座位的卡片上的数目逆时针移动相同数目个座位,于是,为这个刚到达的座位上的客人服务.类似地,他用同样的方式逆时针移动座位的数目等于他刚服务的客人座位的卡片上的数目.

求所有正整数 $n\geq2$,使得主人可以适当放置这 n 张卡片,且服务员能恰当地选择一位客人开始,依据以上的规则为每位客人服务. （2003 年意大利奥林匹克试题）

解 若 $n=2k+1(k\in\mathbf{N}_+)$,且卡片能按要求放置,假设服务员依次为第 $x_1,x_2,\cdots,$ x_{2k+1} 号座位上的客人服务,则 $x_{2k+1}=2k+1$.否则服务员为卡号为 $2k+1$ 对应的客人服务后,接下来服务的客人还是这位客人,故 $x_1+x_2+\cdots+x_{2k}=1+2+3+\cdots+2k=k(2k+1)$ 是 $2k+1$ 的倍数,这意味着服务员为第 $2k$ 号的客人服务后,又回到最先开始的地方(卡号为 x_1 的座位).因此,服务员永远不能为第 $2k+1$ 号卡片对应的客人服务.

当 $n=2k(k\in\mathbf{N}_+)$ 时,主人按照顺时针方向先放第 $2k$ 号卡片.然后将其他偶数依递增的次序依次摆放,最后再将所有奇数依递增的次序依次摆放.服务员先为第 1 号卡片对应的客人服务,下一位服务的对象则是 $2k-2$ 号.接着是 $3,2k-4,5,2k-6,\cdots,2k-3,2,2k-1,2k$,满足题目条件的要求.

综上所述,知所求正整数 $n\geq2$ 为一切正偶数.

注 本题的结论,读者不难从 $n=2,3,4,5$ 等特殊情形出发进行归纳后而得到.

例 8 一个正十三边形的每个顶点处都放有一枚黑子或一枚白子.定义一次操作为交换某两个顶点处的棋子.证明:无论棋子如何摆放,总可以经过至多一次操作,使得这些棋子的颜色关于正十三边形的某条对称轴对称.

证法一 任取一个顶点 A,考虑过 A 的那条对称轴 l,共有六对顶点关于 l 对称.

若每对对称顶点上的棋子颜色都相同,则它们的颜色已关于 l 对称.

若恰有一对顶点上棋子的颜色不相同,这时将这对棋子中与点 A 上棋子颜色不同的那枚与点 A 上的棋子交换,它们的颜色即关于 l 对称.

若恰有两对顶点上的棋子颜色不同,则将其中一对棋子中的白子与另一对棋子中的黑子交换,它们的颜色即关于 l 对称.

下面假设对任取的顶点 A 及过 A 的对称轴 l,都至少有三对顶点上的棋子颜色不同.

设 13 个顶点上共有 x 枚黑子和 y 枚白子,则 $x+y=13$,从而 x,y 一奇一偶.由对称性不妨设 x 为奇数,y 为偶数.

注意到,若点 A 上的棋子为黑色时,剩下的 12 枚棋子中黑子和白子都有偶数枚.因此,六对棋子中颜色不同的对子为偶数,即至少有四对棋子颜色不同.若点 A 上的棋子是白色的,则至少有三对棋子的颜色不同.

因每对棋子恰关于一条对称轴对称,所以 13 枚棋子中,不同颜色的棋子组成的"对子"数至少为 $4x+3y$,但不同颜色组成的对子数恰为 xy,所以

$$xy\geq4x+3y,x(y-1)\geq3(x+y)=3\times13=39.$$

而 $x(y-1)\leq\left[\dfrac{x+(y-1)}{2}\right]^2=36$,矛盾!

故假设不成立,本题结论得证.

证法二 设 13 个顶点上有 x 枚黑子,y 枚白子,则 $x+y=13$,由对称性不妨设 $x\leqslant y$,则 $0\leqslant x\leqslant 6$.

分以下五种情形考虑.

(1)$0\leqslant x\leqslant 2$,则这些棋子已关于某对称轴对称.

(2)$x=3$,设黑子所在顶点为 A,B,C,线段 AB 的中垂线过正十三边形的某个顶点 K,则只需将 C,K 处的棋子交换(若是同一点,则不需交换),于是关于 AB 的中垂线对称的每对棋子都同色.

(3)$x=4$,设黑子所在顶点为 A,B,C,D. 线段 AB 的中垂线 l 过正十三边形的某个顶点 K,K 至少与 C、D 中一点不同. 不妨设 K 与 C 不同,设 C 关于 l 的对称点为 C',则将点 C',D 处的棋子交换(若是同一点,则不需交换),于是关于 AB 中垂线 l 对称的每对棋子都同色.

(4)$x=5$,设黑子所在顶点 A,B,C,D,E,考虑 5 点中两两连成的 $C_5^2=10$ 条线段,由于正十三边形的边与对角线只有 6 种不同的长度,由抽屉原理知上述 10 条线段中有两条线段的长度相等. 若两条线段有公共顶点,不妨设 $AB=BC$,且设 D 关于过 A 的对称点为 D',则将 D',E 处的棋子交换(若是同一点,则不需交换),于是关于过 A 点的对称轴对称的每对顶点处的棋子都同色.

若上述两条线段无公共顶点,不妨设 $AB=CD$,则 A、B、C、D 是一个等腰梯形的 4 个顶点. 设等腰梯形上、下底边的公共中垂线过正十三边形的某个顶点 K,则交换 K,E 处的棋子(若是同一点,则不需交换),于是所有关于过 K 的对称轴对称的每对顶点处的棋子都同色.

(5)$x=6$,设黑子所在的顶点为 A,B,C,D,E,F,它们两两连接共得 $C_6^2=15$ 条线段. 因为正十三边形的边和对角线只有 6 种不同的长度,故由抽屉原理知所连的 15 条线段中至少有 $\left[\dfrac{15-1}{6}\right]+1=3$ 条线段的长度相等,又因为同一个顶点最多引出 2 条长度相等的线段,故上述 3 条等长的线段中至少有 2 条不过正十三边形的同一个顶点. 这两条等长线段的 4 个端点(不妨设是 A,B,C,D)是一个等腰梯形的 4 个顶点,作这个等腰梯形上、下底边的公共中垂线 l,则 E、F 必有一点(不妨设是 E)不在 l 上,将关于 E 的对称点 E' 处的棋子与 F 处的棋子交换(若是同一点,则不需交换),则所有关于 l 对称的每对顶点上的棋子都同色.

综上可知,原题结论成立.

例 9 我们对放置于点 $A_1,A_2,\cdots,A_n(n\geqslant 3)$ 及点 O 处的卡片进行操作. 所谓一次操作是指:

(1)若某个点 A_i 处的卡片数目不少于 3,则可从中取出 3 张,在点 A_{i-1}、A_{i+1} 及 O 处各放一张(这里 $A_0=A_n,A_{n+1}=A_1$);

或者

(2)若点 O 处的卡片数目不少于 n ,则可从中取出 n 张,在点 $A_1,A_2,\cdots,A_n$ 处各放一张.

证明:只要放置于这 $n+1$ 个点处的卡片总数不少于 n^2+3n+1 ,则总能通过若干次操作,使每个点处的卡片数目均不小于 $n+1$. 　　　　　　　　　　　　(第 25 届 CMO 试题)

证明 只需考虑卡片总数等于 n^2+3n+1 的情况.

我们采取如下策略:如果有某个点 A_i 处的卡片数不少于 3 ,则对点 A_i 处的卡片进行操作(1).这样的一次操作使得点 O 处的卡片数增加 1 ,于是经过有限次操作(1)后,将不能再进行操作(1).这时每个点 A_i 处的卡片数不超过 2 ,点 O 处的卡片数不少于 n^2+n+1 .然后对点 O 处的卡片进行 $n+1$ 次操作(2),这样每个点 A 处的卡片数不少于 $n+1$.

下面我们在保持每个点 A_i 处的卡片数不少于 $n+1$ 的情况下,使点 O 处的卡片数不少于 $n+1$.

设想 $A_1,A_2,\cdots,A_n$ 顺次排列在以 O 为圆心的圆周上.连续相邻的若干个点的集合
$$G=\{A_i,A_{i+1},\cdots,A_{i+l-1}\},1\leqslant i\leqslant n,1\leqslant l\leqslant n$$
称为一个团,这里若有下标 $j>n$,则 $A_j=A_{j-n}$.

一个团 G 称为好团,如果对 G 中每点处的卡片都做一次操作(1)后, G 中每点处的卡片数仍然不少于 $n+1$.

设 $a_1,a_2,\cdots,a_n$ 分别为点 $A_1,A_2,\cdots,A_n$ 处的卡片数, $a_i\geqslant n+1,i=1,2,\cdots,n$.好团需满足如下的充要条件:一个点的团 $G=\{A_i\}$ 是好团当且仅当 $a_i\geqslant n+4$;两个点的团 $G=\{A_i,A_{i+1}\}$ 是好团当且仅当 $a_i,a_{i+1}\geqslant n+3,l(3\leqslant l\leqslant n-1)$ 个点的团 $G=\{A_i,A_{i+1},\cdots,A_{i+l-1}\}$ 是好团当且仅当 $a_i,a_{i+l-1}\geqslant n+3$ 且 $a_j\geqslant n+2,i+1\leqslant j\leqslant i+l-2$;最后全部 n 个点的团 $G=\{A_1,A_2,\cdots,A_n\}$ 是好团当且仅当 $a_j\geqslant n+2,1\leqslant j\leqslant n$.

下面证明当点 O 处的卡片数少于 $n+1$ 时,或等价于
$$a_1+a_2+\cdots+a_n\geqslant n^2+2n+1$$
时,必存在好团.

假设不存在好团且
$$a_1+a_2+\cdots+a_n\geqslant n^2+2n+1,$$
于是每个
$$a_i\in\{n+1,n+2,n+3\},$$
否则会有某个点 A_i 处的卡片数 $a_1\geqslant n+4,G=\{A_i\}$ 是一个好团.设 $a_1,a_2,\cdots,a_n$ 中有 x 个 $n+1,y$ 个 $n+2,z$ 个 $n+3$.下面说明一定有 $x\geqslant z$.由于 $G=\{A_1,A_2,\cdots,A_n\}$ 不是一个好团,故存在 $a_i=n+1$,即 $x\geqslant 1$.

假设 $z\geqslant 2$,则有 $n+3$ 张卡片的 z 个点将圆周分成 z 段圆弧.由于不存在好团,故这 z 个点没有两点相邻,且每段圆弧上都至少存在一个点只有 $n+1$ 张卡片.因此 $x\geqslant z$.这样点 $A_1,A_2,\cdots,A_n$ 处的卡片总数为
$$x(n+1)+y(n+2)+z(n+3)\leqslant(x+y+z)(n+2)$$
$$=n(n+2)<n^2+2n+1,$$

矛盾. 这样我们证明了当点 O 处的卡片数少于 $n+1$ 时, 总存在好团. 于是每次对一个好团中的每个点做操作(1), 直至点 O 处的卡片数不少于 $n+1$, 而点 $A_1, A_2, \cdots, A_n$ 处的卡片数也不少于 $n+1$. 结论证毕.

例 10 有 6 个盒子 $B_1, B_2, B_3, B_4, B_5, B_6$, 开始时每个盒子中都恰好有一枚硬币. 每次可以任意选择如下两种方式之一对它们进行操作:

方式 1: 选取一个至少有一枚硬币的盒子 $B_j (1 \leq j \leq 5)$, 从盒子 B_j 中取走一枚硬币, 并在盒子 B_{j+1} 中加入 2 枚硬币.

方式 2: 选取一个至少有一枚硬币的盒子 $B_k (1 \leq k \leq 4)$, 从盒子 B_k 中取走一枚硬币, 并且交换盒子 B_{k+1}(可能是空盒)与盒子 B_{k+2}(可能是空盒)中的所有硬币.

问: 是否可以进行若干次上述操作, 使得盒子 B_1, B_2, B_3, B_4, B_5 中没有硬币, 而盒子 B_6 中恰好有 $2010^{2010^{2010}}$ 枚硬币?(注: $a^{b^c} = a^{(b^c)}$)　　　(第 51 届 IMO 试题)

解 答案是肯定的.

令 $A = 2010^{2010^{2010}}$. 盒子 $B_i, B_{i+1}, \cdots, B_{i+k}$ 中的硬币数 $b_i, b_{i+1}, \cdots, b_{i+k}$ 通过若干次操作变为硬币数 $b'_i, b'_{i+1}, \cdots, b'_{i+k}$, 用

$$(b_i, b_{i+1}, \cdots, b_{i+k}) \rightarrow (b'_i, b'_{i+1}, \cdots, b'_{i+k})$$

表示, 于是我们要通过若干次操作, 使得

$$(1,1,1,1,1,1) \rightarrow (0,0,0,0,0,A).$$

引理 1 对每个正整数 a, 有 $(a,0,0) \rightarrow (0,2^a,0)$.

对正整数 $k \leq a$ 用数学归纳法证明:

$$(a,0,0) \rightarrow (a-k, 2^k, 0).$$

因为

$$(a,0,0) \rightarrow (a-1,2,0) = (a-1,2^1,0),$$

故 $k=1$ 时命题成立.

假设命题对 $k < a$ 成立, 则

$$(a-k,2^k,0) \rightarrow (a-k,2^k-1,2) \rightarrow \cdots \rightarrow (a-k,0,2^{k+1}) \rightarrow (a-k-1,2^{k+1},0),$$

所以,

$$(a,0,0) \rightarrow (a-k,2^k,0) \rightarrow (a-k-1,2^{k+1},0),$$ 即命题对 $k+1 (\leq a)$ 也成立.

由数学归纳法知, 引理 1 得证.

引理 2 对每个正整数 a, 有 $(a,0,0,0) \rightarrow (0,P_a,0,0)$, 其中 $P_n = 2^{2^{\cdot^{\cdot^{\cdot^2}}}}$($n$ 个 2), n 是正整数.

对正整数 $k \leq a$ 用数学归纳法证明:

$$(a,0,0,0) \rightarrow (a-k, P_k, 0, 0).$$

由操作方式 1, 有

$$(a,0,0,0) \rightarrow (a-1,2,0,0) = (a-1, P_1, 0, 0),$$ 故 $k=1$ 时命题成立.

假设命题对 $k < a$ 成立, 则

$$(a-k, P_k, 0, 0) \rightarrow (a-k, 0, 2^{P_k}, 0) = (a-k, 0, P_{k+1}, 0,) = (a-k-1, P_{k+1}, 0, 0),$$

所以，

$$(a,0,0,0)\rightarrow(a-k,P_k,0,0)\rightarrow(a-k-1,P_{k+1},0,0),$$

即命题对 $k+1(\leqslant a)$ 也成立．

由数学归纳法知，引理 2 得证．

因为

$$(1,1,1,1,1,1)\rightarrow(1,1,1,1,0,3)\rightarrow(1,1,1,0,3,0)\rightarrow(1,1,0,3,0,0)\rightarrow(1,0,3,0,0,0)$$
$$\rightarrow(0,3,0,0,0,0)\rightarrow(0,0,P_3,0,0,0)\rightarrow(0,0,16,0,0,0)\rightarrow(0,0,0,P_{16},0,0).$$ 而

$$A=2010^{2010^{2010}}<(2^{11})^{2010^{2010}}=2^{11\cdot2010^{2010}}<2^{2010^{2011}}<2^{(2^{11})^{2011}}=2^{2^{11\cdot2011}}<2^{2^{15}}<P_{16},$$

所以盒子 B_4 中的硬币数大于 A．

又因为

$$(0,0,0,P_{16},0,0)\rightarrow(0,0,0,P_{16}-1,0,0)\rightarrow(0,0,0,P_{16}-2,0,0)\rightarrow\cdots\rightarrow\left(0,0,0,\frac{A}{4},0,0\right),$$

所以

$$\left(0,0,0,\frac{A}{4},0,0\right)\rightarrow\cdots\rightarrow\left(0,0,0,0,\frac{A}{2},0\right)\rightarrow\cdots\rightarrow(0,0,0,0,0,A).$$

例 11 "欺诈猜数游戏"在两个玩家甲和乙之间进行，游戏依赖甲和乙都知道的两个正整数 k 和 n．

游戏开始时甲选定两个整数 x 和 N，$1\leqslant x\leqslant N$．甲如实告诉乙 N 的值，但对 x 守口如瓶．乙现在试图通过如下方式的提问来获得关于 x 的信息：每次提问，乙任选一个由若干正整数组成的集合 S（可以重复使用之前提问中使用过的集合），问甲："x 是属于 S？"乙可以提任意数量的问题，在乙每次提问之后，甲必须对乙的提问立刻回答"是"或"否"，甲可以说谎，并且说谎的次数没有限制，唯一的限制是甲在任意连续 $k+1$ 次回答中至少有一次回答是真话．

在乙问完所有想问的问题之后，乙必须指出一个至多包含 n 个正整数的集合 X，若 x 属于 X，则乙获胜，否则甲获胜．证明：

(1) 若 $n\geqslant2^k$，则乙可保证获胜；

(2) 对所有充分大的整数 k，存在整数 $n\geqslant1.99^k$，使得乙无法保证获胜．

（第 53 届 IMO 试题）

证明 (1) 我们将问题改述如下：甲选定一个有限集 T 和其中一个元素 x，将 T 告诉乙，但乙不知道 x．乙每次任选一个 T 的子集 S，问甲："是否 $x\in S$？"甲回答"是"或"否"，甲至多连续说 k 次谎话．如果在有限次提问后，乙可指定 T 的一个 n 元子集，使得 $x\in T$，则乙获胜．

我们只需说明 $|T|>2^k$ 时，乙总可确定某个 $y\in T$，使得 $y\neq x$，这样乙总可以将 x 的范围缩小到 2^k 个数中．乙采取如下策略，不妨将 T 的其中 2^k+1 个元素记为 $\{0,1,\cdots,2^k-1,2^k\}$．乙先反复问："是否 $x\in\{2^k\}$？"若甲连续 $k+1$ 次回答"否"，则可确定 $x\neq2^k$．

如果甲有一次回答"是"，从这次回答之后，乙依次对 $i=1,2,\cdots,k$，问："是否 $x\in\{t\in$

$\mathbf{Z}|0\leqslant t<2^k$,且 x 的二进制表示中 2^{i-1} 的系数为 $0\}$?"

不论甲对这 k 个问题的回答如何,恰存在一个 $y\in\{0,1,\cdots,2^k-1\}$,使得若 $x=y$,则这 k 个回答皆为谎言,连同之前的一次回答,甲便连续撒谎 $k+1$ 次,故 $y\neq x$.

(2)我们证明对任意 $1<\lambda<2$,如果

$$n=[(2-\lambda)\lambda^{k+1}]-1,$$

则乙无法保证获胜.特别地,取定一个 λ 满足 $1.99<\lambda<2$,对充分大的整数 k,有

$$n=[(2-\lambda)\lambda^{k+1}]-1>1.99^k,$$

即得所要结论.

甲选取 $T=\{1,2,\cdots,n+1\}$,以及任选 $x\in T$. 对甲的一组回答,记 m_i 为假设 $x=i$ 时,甲的回答中包含最后一个回答的连续说谎次数的最大值.甲的策略如下:每次在两种回答中选择使得

$$\phi=\sum_{i=1}^{n+1}\lambda^{m_i}$$

较小的那个答案.我们说明甲按此方式回答,任何时候总有 $\phi<\lambda^{k+1}$,从而每个 $m_i\leqslant k$,特别有 $m_x\leqslant k$,即甲至多说谎 k 次,并且乙在假设 $x=i$ 时,甲的回答仍是合法的,即乙在任意有限次提问后无法确定任何一个 $i\in T$ 是否不等于 x,从而乙不能保证获胜.

下面证明 $\phi<\lambda^{k+1}$,一开始令 $m_i=0$,$\phi=n+1<\lambda^{k+1}$.假设若干次回答后 $\phi<\lambda^{k+1}$,现乙问:"是否 $x\in S$?"回答"是"或者"否"分别产生的两个 ϕ 值为

$$\phi_1=\sum_{i\in S}1+\sum_{i\notin S}\lambda^{m_i+1}$$

和

$$\phi_2=\sum_{i\notin S}1+\sum_{i\in S}\lambda^{m_i+1},$$

由定义

$$\phi=\min(\phi_1,\phi_2)$$
$$\leqslant\frac{1}{2}(\phi_1+\phi_2)$$
$$=\frac{1}{2}(\lambda\phi+n+1)$$
$$<\frac{1}{2}(\lambda^{k+2}+(2-\lambda)\lambda^{k+1})=\lambda^{k+1}.$$

结论证毕.

例 12 有三堆火柴,分别有 $100,200,300$ 根.甲、乙两人玩游戏,两人交替取火柴:从中取完一堆,并将剩下两堆中的某一堆分为不空的两堆,谁无法这样做,谁就算输.问:谁有必胜策略?

(第 20 届全俄奥林匹克试题)

解(递归方法) 注意,三堆火柴根数可以写成

$$100=2^2\times25,200=2^3\times25,300=2^2\times75.$$

我们考虑一般情形,即三堆火柴根数分别为

$$2^n a,2^m b,2^m c(0\leqslant n<m,n,m\in\mathbf{N},a,b,c\text{ 为奇数}) \qquad (*)$$

的情形,甲可以取走根数为 $2^n a$ 的那堆火柴,并将根数为 $2^m c$ 的那堆火柴分成两堆,根数分别为 $2^n,2^n(2^{m-n}c-1)$. 于是,甲操作之后,三堆火柴的根数可写成

$$2^n a_1,2^n a_2,2^n a_3(n\in\mathbf{N},a_1,a_2,a_3\text{ 为奇数}).$$

接下来轮到乙操作,不妨设他取走了根数为 $2^n a_1$ 的那一堆,而将根数为 $2^n a_2$ 的分为两堆,根数分别为 $2^{n_1}b_1,2^{n_2}b_2$,其中 b_1,b_2 均为奇数,且 $n_1\geqslant n_2$. 因为 $2^n a_2=2^{n_1}b_1+2^{n_2}b_2$,所以或者 $n_1=n_2<n$,或者 $n_2=n,n_1>n$,无论哪种情形,三堆火柴数又化为(∗)式所示的情形. 于是甲又可以按上述方式操作并使过程进行到某次乙无法操作为止.

综上可知,甲有必胜策略.

注 本题中败局 L 和胜局 W 分别为

$$L=\{(2^n a_1,2^n b,2^n c)\mid n\in\mathbf{N},a,b,c\text{ 为奇数}\},$$
$$W=\{(2^m a,2^n b,2^m c)\mid m,n\in\mathbf{N},m>n,a,b,c\text{ 为奇数}\}.$$

例 13 有根数分别为 $m,n,l(m,n,l$ 均为正整数)的三堆火柴,甲、乙轮流从一堆中(不允许同时从两堆或三堆中)任取火柴(至少取一根),规定三堆取完并且取到最后一根火柴者获胜. 问:在什么情形下,甲(先取者)有必胜策略?

分析 将游戏者面临的状态记为无序组 (m,n,l),并用 L、W 分别表示败局集合和胜局集合,则易知对任意正整数 k,l,

$(k,k,0)\in L\to(k,k,l)\in W$ 以及 $k\neq l$ 时,$(k,l,0)\in W\to(2k,2k+1,1)\in L\to$当 $l\geqslant 2$ 时,$(2k,2k+1,l)\in W\to\cdots$

例如,$(4,4,0),(4,5,1)\in L,(4,4,7),(4,5,7)\in W$,将它们用二进制表示,并将对应位数相加得

```
  1 0 0 … 4      1 0 0 … 4      1 0 0 … 4      1 0 0 … 4
  1 0 0 … 4      1 0 1 … 5      1 0 0 … 4      1 0 1 … 5
+)0 0 0 … 0    +)0 0 1 … 1    +)1 1 1 … 7    +)1 1 1 … 7
  2 0 0          2 0 2          3 1 1          3 1 2
```

由上面例子可以看出:若将三堆火柴数都用二进制表示,并将各数位上的数按十进制相加,若所得的数字全为偶数,则为败局,否则为胜局.

解 将游戏者面临的状态记为无序组 (m,n,l),并将 m,n,l 都用二进制表示为
$m=(a_1 a_2\cdots a_k)_2,n=(b_1 b_2\cdots b_k)_2,l=(c_1 c_2\cdots c_k)_2,a_i,b_i,c_i$ 为 0 或 1. 求出 $d_i=a_i+b_i+c_i(i=1,2,\cdots,k)$,若 $d_1,d_2,\cdots,d_k$ 全为偶数,则称 (m,n,l) 为偶数组;若 $d_1,d_2,\cdots,d_k$ 中至少有一个为奇数,则称 (m,n,l) 为非偶数组.

我们证明,当且仅当初始状态 (m,n,l) 为非偶数组时甲(先取者)有必胜策略.

如果一开始 (m,n,l) 为非偶数组,则甲总可以在火柴数目最多的一堆中取火柴,使非偶数组化成偶数组(例如非偶数组 $(4,5,7)$ 对应的 $(d_1,d_2,d_3)=(3,1,2)$,则在有 7 根火柴的一堆中取出 $(110)_2=6$ 根,便化成了偶数组 $(4,5,1)$,这时对应的 $(d_1,d_2,d_3)=(202)$). 而面对不全为 0 的偶数组,则无论乙怎样在一堆中取火柴,总使偶数组转化为非偶数组,于

是甲又可按上述方式继续操作,而每操作一次,火柴总数必减少,故最后甲可使得他操作后,乙面临的偶数组为$(0,0,0)$,而无法继续操作下去,从而甲获胜.

若初始状态(m,n,l)为非偶数组,则无论甲怎样操作总将非偶数组化成偶数组,同上述分析知,这时乙有必胜策略.

故当且仅当初始状态(m,n,l)为非偶数组时,甲(先取者)有必胜策略.

下例中的操作变换问题叫做 Wythoff 游戏. 为了解决它,我们需要下列数论中的贝蒂(Beatty)定理.

贝蒂(Beatty)定理　设α,β是正无理数,$\dfrac{1}{\alpha}+\dfrac{1}{\beta}=1$,$\mathbf{N}_+$是正整数集合,记$P=\{[\alpha n]\mid n\in \mathbf{N}_+\}$,$Q=\{[\beta n]\mid n\in \mathbf{N}_+\}$,这里$[x]$表示不大于$x$的最大整数,则$P\cap Q=\varnothing$,$P\cup Q=\mathbf{N}_+$,这里数列$\{[\alpha n]\}$,$\{[\beta n]\}$$(n=1,2,\cdots)$称为互补数列.(证明见湖南省数学会普及工作委员会编《数学奥林匹克的理论、方法、技巧》下册,湖南教育出版社,1999 年第 2 版,第 181 页).

例 14　甲、乙两人轮流从两堆棋子中取棋子,满足下列要求:或者从一堆中取出任意多枚(至少一枚)棋子,或者从两堆中取出同样数目(至少一枚)的棋子,将两堆取完并取到最后一枚棋子者获胜. 问:在什么情况下,甲(先取者)有必胜策略?

分析　两堆棋子数目用无序对(m,n)表示,并且不妨设$m\leqslant n$,且用L、W分别表示败局集合与胜局集合. 则

$(0,1)$,$(1,1)\in W\rightarrow(1,2)\in L\rightarrow(1,2+n)$,$(2,1+n)$以及$(n+1,n+2)\in W\rightarrow(3,5)\in L\rightarrow(3,5+n)$,$(5,3+n)$,$(3+n,5+n)\in W\rightarrow(4,7)\in L\rightarrow(4,7+n)$,$(4+n,7)$,$(4+n,7+n)\in W\rightarrow(6,10)\in L\rightarrow\cdots$继续下去,可得下列败局:

$(1,2)$,$(3,5)$,$(4,7)$,$(6,10)$,$(8,13)$,$(9,15)$,$(11,18)$,$\cdots$

设　$x_n=1,3,4,6,8,9,11,\cdots$

$y_n=2,5,7,10,13,15,18,\cdots$

观察$\{x_n\}$,$\{y_n\}$的值发现$\{x_n\}$,$\{y_n\}$为互补数列且$y_n=x_n+n$. 于是,由贝蒂定理,设法找无理数α、β使$x_n=[n\alpha]$,$y_n=[n\alpha]$. 由$[\alpha]=1$,$[\beta]=2$,$[2\alpha]=3$,$[2\beta]=5$,且$[\beta n]=[\alpha n]+n=[(\alpha+1)n]$,故令$\beta=\alpha+1$,解方程组$\begin{cases}\dfrac{1}{\alpha}+\dfrac{1}{\beta}=1\\\beta=\alpha+1\end{cases}$得$\alpha=\dfrac{1+\sqrt{5}}{2}$,$\beta=\dfrac{3+\sqrt{5}}{2}$,于是得到败局集合为$([\alpha n],[\beta n])$,其中$\alpha=\dfrac{1+\sqrt{5}}{2}$,$\beta=\dfrac{3+\sqrt{5}}{2}$.

解　令$\alpha=\dfrac{1+\sqrt{5}}{2}$,$\beta=\dfrac{3+\sqrt{5}}{2}$,于是$\beta=\alpha+1$,$\dfrac{1}{\alpha}+\dfrac{1}{\beta}=1$,我们称两堆棋子数分别为$[\alpha n]$,$[\beta n]$$(n\in\mathbf{N}_+)$的状态为败局,其他情形为胜局.

假设初始的状态为胜局(p,q). 若$p=q$,则甲从两堆棋子中各取出$p(=q)$枚而获胜,故下设$1\leqslant p<q$. 于是,由贝蒂定理知或存在$n\in\mathbf{N}_+$,使$p=[\alpha n]$,或存在$n\in\mathbf{N}_+$,使$p=[\beta n]$.

(1)若$p=[\alpha n]$,则因(p,q)为胜局,故$q\neq[\beta n]$,且$q>p=[\alpha n]$.

（i）若$q>[\beta n]$,则在第二堆中取走$q-[\beta n]$枚棋子,使两堆棋子数变成败局$([\alpha n]$,

$[\beta n]$).

（ⅱ）若$[\alpha n]<q<[\beta n]$，令$m=q-[\alpha n]$，$k=[\alpha n]-[\alpha m]$. 因为$m=q-[\alpha n]<[\beta n]-[\alpha n]=[(\alpha+1)n]-[\alpha n]=n$，即$m\leqslant n+1$，故$k\geqslant 1$. 两堆中各取走$k$枚棋子后，使两堆棋子数变成败局$([\alpha m]，[\beta m])$（因为$p-k=[\alpha n]-([\alpha n]-[\alpha m])=[\alpha m]$，$q-k=(m+[\alpha n])-([\alpha n]-[\alpha m])=m+[\alpha m]=[(\alpha+1)m]=[\beta m]$）.

（2）若$p=[\beta n]$，则$q>p=[qn]>[\alpha n]$，于是甲从第二堆中取$q-[\alpha n]$枚棋子后，使两堆棋子数变成败局$([\beta n]，[\alpha n])$.

总之，甲面对胜局(p,q)时，总可以经过一次适当操作使胜局变成败局(p_1,q_1) $(p_1\leqslant q_1)$，这时乙继续操作. 因(p_1,q_1) $(p_1\leqslant q_1)$是败局，故由贝蒂定理，存在正整数n使$p_1=[\alpha n]$，$q_1=[\beta n]$，这时若乙从其中一堆中取走$k\geqslant 1$枚棋子，则两堆的棋子数分别为$([\alpha n]-k，[\beta n])$或$([\alpha n]，[\beta n]-k)$. 若仍为败局，则存在正整数m使下列情形之一成立：

①$[\alpha n]-k=[\alpha m]$，$[\beta n]=[\beta m]$.

②$[\alpha n]-k=[\beta m]$，$[\beta n]=[\alpha m]$.

③$[\alpha n]=[\alpha m]$，$[\beta n]-k=[\beta m]$.

④$[\alpha n]=[\beta m]$，$[\beta n]-k=[\alpha m]$.

在①，③两式中得到$m=n$，$k=0$，这与$k\geqslant 1$矛盾. 而由贝蒂定理知$[\beta n]\neq[\alpha m]$且$[\alpha n]\neq[\beta m]$，故②，④不成立. 故$([\alpha n]-k，[\beta n])$，和$([\alpha n]，[\beta n]-k)$ $(k\geqslant 1)$都为胜局.

若乙同时从两堆中取走$k\geqslant 1$枚棋子，则两堆棋子数为$([\alpha n]-k，[\beta n]-k)$. 如果它仍为败局，则存在正整数$m$，使得下列情形之一成立：

①$[\alpha n]-k=[\alpha m]$，$[\beta n]-k=[\beta m]$.

②$[\alpha n]-k=[\beta m]$，$[\beta n]-k=[\alpha m]$.

因为$[\alpha n]-k<[\beta n]-k$，而$[\beta m]>[\alpha m]$，所以②不成立. 若①成立，则由$\beta=\alpha+1$得$[\beta n]=[\alpha n]+n$，$[\beta m]=[\alpha m]+m$，并且由$[\alpha n]-[\alpha m]=k=[\beta n]-[\beta m]$得

$$m=[\beta m]-[\alpha m]=[\beta n]-[\alpha n]=n,k=0,$$

这与$k\geqslant 1$矛盾.

可见，面对败局(p_1,q_1)时，无论乙怎样操作总可将败局转变成胜局(p_2,q_2)，于是甲可以继续按上述方式操作又将胜局(p_2,q_2)变成败局，…，这样继续下去，因两堆棋子的总数在减少，故经过有限步甲一定获胜.

若初始状态为败局，则同上分析知这时乙一定能获胜.

综上可知，当且仅当两堆棋子数(p,q) $(p\leqslant q)$不能写成$([\alpha n]，[\beta n])$时，甲（先取者）有必胜策略，这时$\alpha=\dfrac{1+\sqrt 5}{2}$，$\beta=\alpha+1$，$n\in\mathbf{N}_+$.

例15 甲乙两人轮流在一张无穷大的方格纸上玩填符号的游戏，甲先且两人轮流每次在一个空格中填上符号，甲每次都填×，乙每次都填○，如果一行、一列或平行于对角线的一条直线上的连续11个方格中都填上×，则甲胜. 求证：乙总能阻止甲获胜.

（第35届IMO预选题）

1	4	3	3	2	2	4	1	0	0	1	4	3	3
1	4	2	2	3	3	4	1	0	0	1	4	2	2
2	2	4	1	0	0	1	4	3	3	2	2	4	1
3	3	4	1	0	0	1	4	2	2	3	3	4	1
0	0	1	4	3	3	2	2	4	1	0	0	1	4
0	0	1	4	2	2	3	3	4	1	0	0	1	4
3	3	2	2	4	1	0	0	1	4	3	3	2	2
2	2	3	3	4	1	0	0	1	4	2	2	3	3
4	1	0	0	1	4	3	3	2	2	4	1	0	0
4	1	0	0	1	4	2	2	3	3	4	1	0	0
1	4	3	3	2	2	4	1	0	0	1	4	3	3
1	4	2	2	3	3	4	1	0	0	1	4	2	2

图 5-11

解(配对法)　如图 5-11 所示,将一个 4×4 正方形和一个与其相邻的 2×2 正方形中 20 个方格内周期地填上 0,1,2,3,4 这 5 个数字.我们把表中的下列 4 种已填数字的图形称之为多米诺骨牌.易见,无论在横行、竖列,还是平行于对角线的直线上,任何连续 11 个方格都含有一块多米诺骨牌.因此,一旦甲在某块多米诺骨牌的一个方格内画×,则乙在另一个方格内画○,这样一来,甲就无法取胜了(若甲在某个填数字 0 的方格内画×,乙就在其有公共边的另一个填数字 0 的方格内画○).

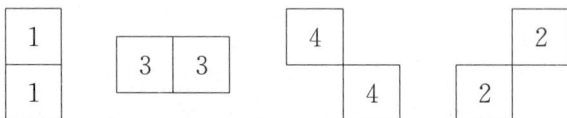

例 16　给出多项式 $f(x)=x^{2n}+\square x^{2n-1}+\square x^{2n-2}+\cdots+\square x^2+\square x+1=0$,其中 $n\geqslant 2$.除了最高次项系数和常数项等于 1 外,其余系数空出.由甲、乙两人做填数游戏,规定每人轮流在某一空白方格内填入一个实数,填完后,如果方程没有实根,则甲胜,否则乙胜.现在开始由甲填.问谁有必胜策略?并请说明理由.(1995 年中国国家集训队选拔考试试题)

解　乙有必胜策略.因为待填的系数有 $2n-1$ 项,其中 n 项为 x 的奇次幂系数,$n-1$ 项为 x 的偶次幂系数.在前 $n-2$ 轮回合中,若甲填一个奇次幂系数,则乙填一个偶次幂系数;若甲填一个偶次幂系数,则乙填一个奇次幂系数,并且乙填的数是任意的.经过 $n-2$ 轮回合后,还剩两个奇次项系数没有填.甲再填入一数后,则至少还剩一个奇次项系数没有填,设该项为 x^t,t 为奇数,剩下的另一项为 $x^s(s\neq t)$.设已填好系数的多项式为 $f(x)=\varphi(x)+ax^s+bx^t(a,b$ 待定).

令 $x=2$ 及 $x=-1$,分别得到

$$f(2)=\varphi(2)+a\cdot 2^s+b\cdot 2^t,$$

$$f(-1)=\varphi(-1)+a(-1)^s-b.$$

于是

$$f(-1)+\frac{1}{2^t}f(2)=\varphi(-1)+\frac{1}{2^t}\varphi(2)+[(-1)^s+2^{s-t}]a.$$

因为 $s\neq t$,$2^{s-t}+(-1)^s\neq 0$,所以,只要令 $a=-\dfrac{\varphi(-1)+\dfrac{1}{2^t}\varphi(2)}{(-1)^s+2^{s-t}}$.无论 b 的值如何,均可保

证 $f(-1)+\dfrac{1}{2^t}f(2)=0$.因此,乙在 x^s 前空白内填写 $-\dfrac{\varphi(-1)+\dfrac{1}{2^t}\varphi(2)}{(-1)^s+2^{s-t}}$,则甲无论在 x^t 前

空白内填什么数,都有 $f(-1)+\dfrac{1}{2^t}f(2)=0$.从而 $f(-1)f(2)\leqslant 0$.又 $f(x)$ 在 $[-1,2]$ 连

续,故 $f(x)=0$ 在 $[-1,2]$ 内必有实根.从而乙必胜.

例 17 在一个正五边形的五个顶点处各放一个整数,使五个数的和为 2011,称之为一个初始状态.一次操作是指:选择两个相邻的顶点及任意的一个整数 m,将这两点上的数都减去 m,并将与这两点都不相邻的顶点上的数加上 $2m$.证明:对任意给定的一个初始状态,存在唯一的顶点(由初始状态决定),使得可以经过有限次操作,将这个顶点上的数变成 2011,且将另外四个顶点上的数变为 0. (2011 年美国奥林匹克试题)

证明 设五边形为 $ABCDE$,每个顶点上对应的数为 a、b、c、d、e.

考虑 $a+2b+3c+4d+5e$,由操作规则知:这个量模 5 是不变的,由于

2011,2011×2,2011×3,2011×4,2011×5

被 5 除的余数互不相同,所以至多只有一个顶点能满足题目要求.

下证一定有一个顶点满足题目要求.不妨设初始时 $5\mid a+2b+3c+4d+5e$,则只有 E 点可能满足题目要求,以下构造一种操作方法.

设 $a+2b+3c+4d=5k$,分四步操作:

(1)$m=-a-k$,C、D 为相邻两顶点,即

$$\begin{bmatrix}a\\b\\c\\d\\e\end{bmatrix}\to\begin{bmatrix}a+2(-k-a)\\b\\c+a+k\\d+a+k\\e\end{bmatrix}=\begin{bmatrix}-2k-a\\b\\c+a+k\\d+a+k\\e\end{bmatrix}$$

(2)$m=c+d-2k$,D、E 为相邻两顶点,即

$$\begin{bmatrix}-2k-a\\b\\c+a+k\\d+a+k\\e\end{bmatrix}\to\begin{bmatrix}-2k-a\\b+2(c+d-2k)\\c+a+k\\d+a+k-(c+d-2k)\\e-(c+d-2k)\end{bmatrix}=\begin{bmatrix}-2k-a\\b+2c+2d-4k\\c+a+k\\a-c+3k\\e-c-d+2k\end{bmatrix}$$

(3)$m=2d+c+b-3k$,E、A 为相邻两顶点,即

○奥林匹克数学中的组合问题

$$
\begin{pmatrix} -2k-a \\ b+2c+2d-4k \\ c+a+k \\ a-c+3k \\ e-c-d+2k \end{pmatrix} \rightarrow \begin{pmatrix} -2k-a-(2d+c+d-3k) \\ b+2c+2d-4k \\ c+a+k+2(2d+c+d-3k) \\ a-c+3k \\ e-c-d+2k-(2d+c+b-3k) \end{pmatrix} = \begin{pmatrix} k-a-b-c-2d \\ -4k+b+2c+2d \\ -4k+b+2c+2d \\ -5k+a+2b+3c+4d \\ a-c+3k \\ 5k+e-3d-2c-b \end{pmatrix}
$$

(4)$m=b+2c+2d-4k$，A、B 为相邻两顶点，即

$$
\begin{pmatrix} k-a-b-c-2d \\ -4k+b+2c+2d \\ -5k+a+2b+3c+4d \\ a-c+3k \\ 5k+e-3d-2c-b \end{pmatrix} \rightarrow \begin{pmatrix} k-a-b-c-2d-(b+2c+2d-4k) \\ -4k+b+2c+2d-(b+2c+2d-4k) \\ -5k+a+2b+3c+4d \\ a-c+3k+2(b+2c+2d-4k) \\ 5k+e-3d-2c-b \end{pmatrix} =
$$

$$
\begin{pmatrix} 5k-a-2b-3c-4d \\ 0 \\ -5k+a+2b+3c+4d \\ a+2b+3c+4d-5k \\ 5k+(a+b+c+d+e)-a-2b-3c-4d \end{pmatrix} = \begin{pmatrix} 0 \\ 0 \\ 0 \\ 0 \\ 2011 \end{pmatrix}
$$

综上所述，原命题得证．

例 18 黑板上有 68 对非零整数，且对每一个整数 k，(k,k) 与 $(-k,-k)$ 至多有一对出现在黑板上．一个学生擦去这 136 个整数中的某一些，满足擦去的数中，任两个数的和不为零．我们规定：若这 68 对整数中的某一对至少有一个数被擦去，则这个学生就得一分．

求：这个学生得分的最大值． (2010 年美国奥林匹克试题)

解 这个学生得分的最大值为 43．

首先我们证明一定可以得到 43 分．

设黑板上所有数的绝对值构成的集合为 $\{a_1,a_2,\cdots,a_n\}$．不妨设黑板上没有形如 $(-a_i,-a_i)$ 的数对，否则，将所有的 $-a_i$ 用 a_i 代替，而条件和结论均不影响．

考虑 2^n 种不同的策略（擦数方式），满足在每一种策略中，要么将所有的 a_i 擦去，要么将所有的 $-a_i$ 擦去．对 $1\leqslant i\leqslant n$，注意到所有形如 $(a_i,-a_j)$ 或 $(-a_j,a_i)$ 的数对用 (a_i,a_i) 代替后（$1\leqslant i\leqslant j\leqslant n$），上述 2^n 种策略中的每一种，其最终得分不增加．故不妨设所有的数对都具有 (a_i,a_i) 或 $(-a_j,-a_k)(j\neq k)$ 的形式．

令 $\alpha=\dfrac{\sqrt{5}-1}{2}$，则 $\alpha^2+\alpha=1$．

那么上述每一种策略均可用 n 元有序数组 $s=(s_1,s_2,\cdots,s_n)$ 来表示，其中 $s_i=\alpha$ 或 α^2，满足若擦去所有的 a_i，则 $s_i=\alpha$；若擦去所有的 $-a_i$，则 $s_i=\alpha^2$．

定义 $w(s)=\prod\limits_{i=1}^{n}s_i$，则

$$
\sum_s w(s)=\prod_{i=1}^{n}(\alpha+\alpha^2)=1．
$$

对于黑板上的每一对数 P 和某一种策略 s,定义

$$c(P,s)=\begin{cases} w(s),\text{如果 }s\text{ 在数对 }P\text{ 中得 }1\text{ 分}, \\ 0,\text{否则}. \end{cases}$$

下面计算 $\sum\limits_{s}c(P,s)$ 的值.

若 P 具有 (a_i,a_i) 的形式,则

$$\sum\limits_{s}c(P,s)=\sum\limits_{\substack{s \\ s_i=a}}w(s)=\sum\limits_{s}s_i\prod\limits_{j\neq 1}s_j=\alpha\prod\limits_{j\neq 1}(\alpha+\alpha^2)=\alpha;$$

若 P 具有 $(-a_j,-a_k)$ 的形式,则

$$\sum\limits_{s}c(P,s)=\sum\limits_{(s_j-a^2)(s_k-a^2)=0}w(s)$$
$$=\sum\limits_{(s_j-a^2)(s_k-a^2)=0}\cdot\prod\limits_{i\neq j,k}s_i$$
$$=(\alpha^2\cdot\alpha+\alpha\cdot\alpha^2+\alpha^2\alpha^2)\cdot\prod\limits_{i\neq j,k}(\alpha+\alpha^2)=\alpha.$$

于是

$$T=\sum\limits_{P}\sum\limits_{s}c(P,s)=\sum\limits_{P}\alpha=68\alpha>42.$$

若前面 2^n 种策略中每一种至多得 42 分,则

$$T=\sum\limits_{P}\sum\limits_{s}c(P,s)=\sum\limits_{s}\sum\limits_{P}c(P,s)$$
$$\leqslant\sum\limits_{s}42w(s)=42\sum\limits_{s}w(s)=42.$$

这是矛盾的. 故一定有一个策略至少可得 43 分.

其次,我们构造 68 对数,使得至多得 43 分,构造如下:对于每一个 $l=1,2,\cdots,8$,构造 5 对数 (l,l),这样得到 40 对数,称为第 I 类数对;

然后再构造形如 $(-l,-m)$ 的数对各一对,其中 $1\leqslant l<m\leqslant 8$,共 $C_8^2=28$ 对,称为第 II 类数对.

对于任意一种擦数方式,设 $1,2,\cdots,8$ 中擦去了 k 个数,则在第 I 类数对中至多得 $5k$ 分,在第 II 类数对中至多得 $28-C_k^2$ 分.

一共至多得

$$q=5k+28-C_k^2=-\frac{1}{2}k^2+\frac{11}{2}k+28(\text{分}),$$

容易得到 $k=5$ 或 6 时,q 取得最大值 43.

综上,得分的最大值为 43.

【模拟实战五】

习题 A

1. 开始时桌子上有 111 块等重的橡皮泥,对桌子上的橡皮泥进行如下操作:先将橡皮泥中的一部分或全体分成若干组,每组有相同块数的橡皮泥,然后将每组中的橡皮泥捏成一块.已知可以经过 m 次上述操作使得桌子上恰有 11 块两两重量不同的橡皮泥.求 m 的

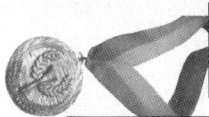

2. 从左到右编号为 $B_1, B_2, \cdots, B_n$ 的 n 个盒子共装有 n 个小球,每次可以选择一个盒子 B_k,进行如下操作:(1)若 $k=1$ 且 B_1 中至少有 1 个小球,则可从 B_1 中移 1 个小球至 B_2 中;(2)若 $k=n$ 且 B_n 中至少有 1 个小球,则可从 B_n 中移 1 个小球至 B_{n-1} 中;(3)若 $2 \leqslant k \leqslant n-1$ 且 B_k 中至少有 2 个小球,则可从 B_k 中分别移 1 个小球至 B_{k+1} 和 B_{k-1} 中. 求证:无论初始时这些小球如何放置,总能经过有限次操作使得每个盒子中恰有 1 个小球.(王新茂供题) （第10届中国女子奥林匹克试题）

3. 首先别佳在自己的练习本上写上数 1 和 2,尼克在自己的练习本写上 3 和 4. 在随后的时间中,在每一分钟开始时,尼克和别佳各给出一个以自己练习本上的两个数为根的二次实系数多项式,分别记为 $f(x)$ 和 $g(x)$. 如果方程 $f(x)=g(x)$ 有两个不同的实根 x_1、x_2,则他们两人中的一人立即将自己练习本上的数改写为 $x_1、x_2$. 如果方程 $f(x)=g(x)$ 没有两个不同的实根,他们什么都不做等待下一分钟的开始. 这样经过一段时间后,别佳的练习本上的一个数为 5.求此时他的练习本上的另一个数的所有可能值.

（2011年俄罗斯奥林匹克试题）

4. 将 4 个数 $1,9,8,8$ 写成一行并进行以下操作:对每一对相邻的数都作一次减法,即用右边的数减左边的数,然后将所得的数写在两数之间,算是完成了一次操作. 然后再对这 7 个数所排成的一行进行同样的操作,如此继续下去,共操作 100 次,求最后所得到的一行数的和. （第51届莫斯科市奥林匹克试题）

5. 在正方形某个顶点放 1 根火柴,其他 3 个顶点空着,允许进行如下操作:从某个顶点移走任意多根火柴,同时在该顶点的两个相邻顶点处放上火柴,根数之和等于移走火柴根数的 2 倍. 能否经过若干次操作,使得各顶点处的火柴根数(按逆时顺序)为 $1,9,8,9$? （1990年中国国家集训队训练题）

6. 在正 n 边形的每一个顶点处放置一个数,其中 $n-1$ 个数是 0,另一个数是 1,允许每次将某个正 k 边形的 k 个顶点上的数全部都加 1. 能否经过若干次操作使得 n 个顶点上的数全都变得相等? （1993年圣彼得堡市选拔考试题）

7. 今有 5 个外观完全相同但质量各不相同的砝码,允许从中任意选出 3 个砝码 A, B, C,并询问"是否有 $m(A)<m(B)<m(C)$?"(这里 $m(x)$ 表示砝码 x 的质量,并且仅回答"是"或"否"). 能否经过如此询问 9 次,即可排出砝码的轻重顺序? （2000年第26届俄罗斯奥林匹克试题）

8. 纸上写有 $1,2,\cdots,n$ 这 n 个正整数,第 1 步划去前面 4 个数,在 n 后面写上划去的 4 个数的和 10;第 2 步再划去前面 4 个数 $5,6,7,8$,在最后写上这 4 个数的和 26;如此下去(即每步划去前面 4 个数,在最后面写上划去的 4 个数的和).

(1)若最后只剩下一个数,则 n 应满足的充要条件是什么?

(2)取 $n=2002$,到最后剩下一个数为止,所有写出的数(包括原来的 $1,2,\cdots,2002$)的总和是多少? （2002年上海市高中竞赛题）

9. 一个圆被分成 n 个扇形,在这 n 个扇形中共有 $n+1$ 只青蛙,每一秒钟都有某两只同在一个扇形中的青蛙分别跳到两侧相邻的扇形中. 求证:在某一时刻,至少有一半扇形内落

有青蛙.

10. 在黑板上写上一个正整数,每秒钟都将其加上它的所有偶数位数字之和(即加上十位数字、千位数字等等偶数位数字之和).求证经过某段时间后,黑板上的数不再发生变化.
(1993 年圣彼得堡市选拔考试试题)

11. 有 n 名运动员,编号为 $1,2,\cdots,n$,在一次集合中,他们以任意方式站成一排.如果每一轮允许将其中一些人两两对换位置,但在同一轮操作过程中,一人至多只能参与一次这种对换.证明:至多只需两轮这样的操作,可使队列变成 $1,2,\cdots,n$ 的顺序排列.
(2004 年江西省高中女子竞赛试题)

12. 圆周上有 800 个点,依顺时针方向标号为 $1,2,\cdots,800$,它们将圆周分成 800 个间隙.今选定一点染成红色,然后按如下规则逐次染红其余的某些点:若第 k 号点染成了红色,则可以依顺时针方向转过 k 个间隙,将所达到的点染成红色.问圆周上至多可得到多少个红点?证明你的结论.

13. 现有 2000 个接点,每两个点之间用电线相连,现让瓦里亚和彼特轮流来剪断这些电线,瓦里亚先开始,他每次仅能剪断一根,而彼特可以剪断 2 根或 3 根.规定谁剪断最后一根谁就输,问谁将最后取胜?
(1999 年全俄奥林匹克试题)

14. 游戏在一个 1×2000 的方格内进行,规定如下:两位游戏者轮流在空格里填写 S 或 O,谁先在 3 个连续的格子内接出 SOS,则为获胜,若填满未出现 SOS 视为平局.证明:第二位游戏者有获胜策略.
(1999 年第 28 届美国奥林匹克试题)

15. 尼克与蒂姆玩一个游戏,在这个游戏中每一轮都没有平局,在一轮游戏中,输的一方至少要取一粒糖果,而赢的一方取的糖果数比输的一方要多一些.他们还事先约定了每一轮中输的一方与赢的一方各拿的糖果数(两个给定的正整数).若干轮以后,尼克共得 30 粒糖果,蒂姆共得 25 粒糖果,已知蒂姆一共赢了 2 轮.问:在每一轮中赢的一方应该取多少粒糖果?
(2004 年斯洛文尼亚奥林匹克试题)

16. 黑板上写着一个数 10^{2007},甲乙两人玩下列游戏:他们轮流进行如下两个操作之一:
(1)将黑板上的数 x 用两个大于 1 的正整数 a、b 代替,使得 $x=ab$;
(2)擦掉黑板上两个相等的数中的一个或两个.

　　若有一人无法进行操作,则这个人就输掉了这场比赛.当甲先开始时,他们都选用最佳的操作方式.问:谁会赢得这场比赛?
(2007 年第 21 届北欧竞赛试题)

17. 在黑板上写出二次三项式 $x^2+9x+47$.塔尼亚任意把 x 的系数增加或减少 1,然后瓦尼亚把常数项增加或减少一个定数 m,接下来重复这个运算.若黑板上写出的多项式有一整数根,瓦尼亚得到 5 分,如果 (1)$m=2$;(2)$m=3$,请分别讨论在任意次上述运算下能否保证瓦尼亚得到 5 分?
(2010 年罗蒙诺索夫奥林匹克试题)

18. 桌子放着大于 n^2 块石头.别佳和瓦塞由别佳开始轮流依次从桌上往下拿石头.每次拿下的石头的块数或为小于 n 的素数,或为 n 的正整数倍数,或为 1.拿下桌上最后一块石头者获胜.求证:别佳有必胜策略.
(第 38 届俄罗斯奥林匹克试题)

19. A 是一个正 $2n+1$ 边形的顶点集.甲乙两人由甲开始轮流每次去掉 A 中的一个点.如果某人操作后 A 剩下的任意三点都构成一个钝角三角形的顶点集,则此人获胜.问:甲

乙两人谁有必胜策略？　　　　　　　　　　　　　（第 38 届俄罗斯奥林匹克试题）

习题 B

20. 设有 9 枚棋子放在 8×8 国际象棋棋盘的左下角，每小格内放一枚组成一个 3×3 的正方形，规定每枚棋子可以跳过他邻格中的另一枚棋子到一个空着的方格，即可以关于它的有棋子的邻格中心作对称运动（可以横跳、竖跳或沿对角线斜跳），要求这些棋子都跳到棋盘的另一角，且仍然构成 3×3 的正方形，如果达到的是：(1)左上角，(2)右上角，这一要求能否实现？　　　　　　　　　　　　（1990 年中国国家集训队训练题）

21. 设黑板上写有 128 个 1，每一步可以擦去黑板上的任意两个数 a 和 b 并写上 $ab+1$，这样做了 127 次之后，只剩下 1 个数，将这样剩下的数的最大可能值记作 A，试求 A 的末位数字。　　　　　　　　　　　　　　（1992 年圣彼得堡市代表队选拔试题）

22. 设 n 是大于 1 的奇数，定义：
$$X_0=\{x_1^{(0)},x_2^{(0)},\cdots,x_n^{(0)}\}=\{1,0,\cdots,0,1\},$$
$$X_k=\{x_1^{(k)},x_2^{(k)},\cdots,x_n^{(k)}\},k=1,2,\cdots,$$
其中 $x_i^{(k)}=\begin{cases}0,x_i^{(k-1)}=x_{i+1}^{(k-1)}\\1,x_i^{(k-1)}\neq x_{i+1}^{(k-1)}\end{cases}$，$i=1,2,\cdots,n$，这里 $x_{(n+1)}^{(k-1)}=x_1^{(k-1)}$。已知对 $m\in\mathbf{N}_+$ 有 $X_m=X_0$，求证 $n\mid m$。　　　　　　　　　　　　（1995 年第 10 届 CMO 试题）

23. 设 $A=\{1,2,3,\cdots,17\}$，对于映射 $f:A\rightarrow A$，记 $f^{(1)}(x)=f(x),f^{(k+1)}(x)=f(f^{(k)}(x))$，$k\in\mathbf{N}_+$。设从 A 到 A 的映射 f 满足条件：存在正整数 M，使得(1)当 $m<M,1\leqslant i\leqslant16$ 时，有 $f^{(m)}(i+1)-f^{(m)}(i)\not\equiv\pm1$，$f^{(m)}(1)-f^{(m)}(17)\not\equiv\pm1\pmod{17}$，(2)当 $1\leqslant i\leqslant16$ 时，有 $f^{(M)}(i+1)-f^{(M)}(i)\equiv1$ 或 -1，$f^{(M)}(1)-f^{(M)}(17)\equiv1$ 或 $-1\pmod{17}$。试对满足上述条件的一切 f，求所对应的 M 的最大值，并证明你的结论。

（1997 年第 12 届 CMO 试题）

24. 在一个可以无限扩展的棋盘上，一个游戏按如下规则进行，首先记 n^2 枚棋子放在由相连的小方格组成的 $n\times n$ 的正方形方格中，每个小方格里放 1 枚棋子，这个游戏的每一步骤是把一枚棋子沿水平方向或垂直方向跨越相邻并放有棋子一个小方格，进入到另一个小方格，如果那里是空着的话，否则不允许，然后把被跨越的那枚棋子拿掉。求 n 的所有的值使得游戏最终导致棋盘上只剩一枚棋子。　　　　　（第 34 届 IMO 试题）

25. 设 n 是大于 1 的正整数，有 n 盏灯 $L_0,L_1,\cdots,L_{n-1}$ 作环状排列，每盏灯都恰处在"开"和"关"两种状态之一。下面进行一系列操作：$S_0,S_1,\cdots,S_i,\cdots$，操作 S_j 按下列规则影响 L_j 的状态（不改变其他各灯的状态）：

(1)如果 L_{j-1} 是开的，则 S_j 改变 L_j 的状态，使它由开到关或由关到开；

(2)如果 L_{j-1} 是关的，则 S_j 不改变 L_j 的状态，上述操作序列 $\{S_i\}$ 和灯列 $\{L_i\}$ 的标号，应按模 n 同余方式来理解，即 $L_n=L_0,L_{n+1}=L_1,\cdots$

设操作开始前全部 n 盏灯全部开着，求证：

（i）存在一个正整数 $M(n)$，使得经过 $M(n)$ 次操作后，n 盏灯再次全部开着；

(ii)若 $n=2^k$,则经过 n^2-1 次操作之后,全部灯都是开着的;

(iii)若 $n=2^k+1$,则经过 n^2-n+1 次操作之后,全部灯都是开着的.

(第 34 届 IMO 试题)

26. 在一次无限大的国际象棋棋盘上有一只 (p,q) 马,它每跳一步可沿水平方向走 q 个方格,同时沿竖直方向走 p 个方格,也可以沿水平方向走 p 个方格,同时沿竖直方向走 q 个方格. 求所有正整数对 (p,q),使得这只 (p,q) 马从任何一格出发都可以跳若干步后到达棋盘上任何另一个方格中.

(1994 年保加利亚奥林匹克试题)

27. 考虑一个 7×7 的数表 $a_{ij}=(i^2+j)(i+j^2)$,$1\leqslant i,j\leqslant7$. 我们称将任意一个由 7 个整数组成的等差的每一项分别依次加到某一行和某一列对应的项上为一次操作. 问:是否可能经过有限步上述操作得到一个数表使其每一行的 7 个数都构成等差数列?

(2007 年中国国家集训队测试题)

28. 在 8×8 的国际象棋棋盘的某个方格中放一枚棋子,甲乙两人轮流将它移动到另一个从未到过的方格中,且每次移动的距离都大于前一次移动的距离,首先无法走者负,在两名棋手都采取正确策略时,谁能获胜?

(1990 年中国国家集训队训练题)

29. 设甲有一条长为 k 的线段,乙有一条长为 l 的线段. 甲先将自己的线段分成 3 段,然后乙也将自己的线段分成 3 段,如果可用分成的 6 条线段组成两个三角形,则乙胜;否则甲胜. 问甲乙两人谁能根据比值 $\dfrac{k}{l}$ 的大小保证自己获胜? 他该如何进行?

(第 57 届莫斯科市奥林匹克试题)

30. 两堆火柴的根数分别为 m 和 n,$m>n$,甲乙两人轮流各从一堆中取火柴,每次从一堆中所取火柴的根数($\neq0$)是另一堆中火柴数的倍数,能在一堆中取到最后一根火柴者获胜.

(1)试证:当 $m>2n$ 时,先取火柴的甲总能获胜;

(2)当 $m>\alpha n$ 时,甲总能获胜,求 α 的取值范围. (第 12 届全苏奥林匹克试题)

31. 从给定的正整数 $n_0>1$ 开始,甲乙两人按照下列规则做轮流取数 $n_1,n_2,\cdots$ 的游戏:当 n_{2k} 被取定后,甲可取满足 $n_{2k}\leqslant n_{2k+1}\leqslant n_{2k}^2$ 的任意一个整数;当 n_{2k+1} 被取定后,乙可取 n_{2k+2},这里 n_{2k+2} 是使 $\dfrac{n_{2k+1}}{n_{2k+2}}$ 恰为一个素数的正整数幂的任意一个整数. 约定甲先取得 1990 为胜,而乙先取得 1 为胜. 试问:

(1)对怎样的 n_0,甲有必胜策略?

(2)对怎样的 n_0,乙有必胜策略?

(3)对怎样的 n_0,双方均无必胜策略? (第 31 届 IMO 试题)

32. 设 n 个口袋中分别装有 $k_1,k_2,\cdots,k_n$ 个球,甲、乙两人轮流取球,每次只能从一个袋子中取,至少取 1 个至多取 m 个,取到最后一个球者获胜. 如果将这个问题简记为 $\{k_1,k_2,\cdots,k_n\}_m$,我们要问:对于问题 $\{1,2,3,\cdots,n\}_3$,当且仅当 n 为何值时,甲(先取者)有必胜策略?

33. 一堆火柴共有 $n>1$ 根,由甲、乙两人轮流按下述规则取火柴:(1)每次至少取 1 根;(2)

先取者第 1 次不能将火柴全取完;(3)自第 2 次起,每次所取火柴的根数,不准超过对于刚取火柴数的 2 倍,取得最后一根火柴者获胜.问在什么情形下,先取者甲有必胜策略?

34. 甲、乙两人在一直线上相距 L(L 为正整数)的两点处各放一枚棋子,甲乙轮流地每次任选一个方向沿直线移动自己的棋子,移动的距离分别为 a,b($a<b$,a,b 为正整数),当两棋子碰在一起时甲输.试确定乙有必胜策略时的充要条件.

35. 两人交替在黑板上随意写一位 0~9 的数字,并从左到右排成一排.如果一个参赛者写完后,发现写出的一排数中可用一个数字或连续几个数字按照顺序组成一个能被 11 整除的数,则他输掉了这场比赛.问哪个人有必胜策略?

（第 29 届俄罗斯奥林匹克试题）

36. 设有一个正 $2n+1$($n>1$)边形.两人按如下法则做游戏:轮流在该正多边形内画对角线,每人每次画一条新的(以前没有画过的)对角线,而它恰好与已画出的偶数条对角线相交(交点在正多边形内),凡无法按照要求画出对角线者为负方.问:谁有取胜策略?

（第 33 届俄罗斯奥林匹克试题）

37. 现有若干堆石子,其中第 i 堆中有石子 n_i($n_i\geqslant1$)个($i=1,2,\cdots,k$).两人轮流进行如下游戏:选定其中一堆,永久地移走其中的一些石子(至少一个),然后将剩下的石子的一部分(或全部)进行重新分配(保持不变或放到其他一堆或多堆),并且某某堆中已没有石子,则不能再向该堆添加石子.两个游戏者中移走最后一堆的为胜者.试求必胜策略.特别地,确定正整数组 $(n_1,n_2,\cdots,n_k)$ 使得先行者或后行者取胜.

（2007 年中国台湾奥林匹克选拔考试试题）

38. 设平面上有 n 个点 $V_1,V_2,\cdots,V_n$($n\geqslant4$),任意三点不共线,某些点之间连有线段.把标号分别为 $1,2,\cdots,n$ 的 n 枚棋子放置在这 n 个点处,每个点处恰有一枚棋子.现对这 n 枚棋子进行如下操作:每次选取若干枚棋子,将它们分别移动到与自己所在点有线段相连的另一个点处;操作后每点处仍恰有一枚棋子,并且没有两枚棋子在操作前后交换位置.若一种连线段的方式使得无论开始时如何放置这 n 枚棋子,总能经过有限次操作后,使每个标号为 k 的棋子在点 V_k 处,$k=1,2,\cdots,n$,则称这种连线段的方式为"和谐的",求在所有和谐的连线段的方式中,线段数目的最小值.

（第 8 届中国女子奥林匹克试题）

第六章　组合几何中的问题

§1　基础知识

1. 凸图形和凸包

定义 1　设 M 是一个平面点集，若对于任意两点 $A,B\in M$，线段 AB 上的点均属于 M（记为 $AB\subset M$），则称 M 为凸集. 特别地，空集和单点集均为凸集，凸集也称为凸图形.

容易验证：线段、射线、直线、半平面、不超过 $180°$ 的角的内部（包括边）、圆域、全平面等都是凸图形，以平面凸多边形为边界的区域也是凸图形.

定理 1　任意多个凸图形（凸集）的交集仍为凸图形（凸集）.

这个定理可由凸集的定义来证明.

定义 2　包含点集 M 的所有凸集的交集称为 M 的凸包.

由定理 1 知，点集 M 的凸包是凸集，并且不难证明 M 的凸包是包含点集 M 的最小凸集. 这里"最小"是指凸包能含于任何其他包含 M 的凸集之内. 进一步可证明下列结论成立（证明省略）：

定理 2　设 M 是平面上 n 个点组成的集合，那么 M 的凸包是以 M 的点为顶点的凸 k 边形（线段称为一边形），这里 $1\leqslant k\leqslant n$.

定理 3（海莱定理）　设 $M_1,M_2,\cdots,M_n(n\geqslant 3)$ 是平面内 n 个凸集，如果它们中任何 3 个都有公共点，那么这 n 个凸集必有公共点.

证明　当 $n=3$ 时，结论显然成立.

当 $n=4$ 时，设 4 个凸集 M_1,M_2,M_3,M_4 中任何 3 个有公共点，设 $A_1\in M_1\bigcap M_2\bigcap M_3$，$A_2\in M_1\bigcap M_2\bigcap M_4$，$A_3\in M_1\bigcap M_3\bigcap M_4$，$A_4\in M_2\bigcap M_3\bigcap M_4$.

（1）若 A_1,A_2,A_3,A_4 共线（如图 6-1 所示顺序排列），因 M_1，M_2,M_3,M_4 为凸集，所以 $A_1A_3\subset M_1\bigcap M_3$，$A_2A_4\subset M_2\bigcap M_4$，于是 $A_2A_3\subset M_1\bigcap M_2\bigcap M_3\bigcap M_4$，可见，$M_1,M_2,M_3,M_4$ 有公共点.

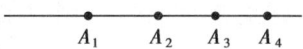

图 6-1

（2）若 A_1,A_2,A_3,A_4 的凸包为三角形，另一点在此三角形内，不妨设 $A_4\in\triangle A_1A_2A_3$. 因 $A_1,A_2,A_3\in M_1$，所以 $\triangle A_1A_2A_3\subset M_1$，从而 $A_4\in M_1$，但 $A_4\in M_2\bigcap M_3\bigcap M_4$，所以 $A_4\in M_1\bigcap M_2\bigcap M_3\bigcap M_4$，即 M_1,M_2,M_3,M_4 有公共点 A_4.

（3）若 A_1,A_2,A_3,A_4 的凸包是凸四边形 $A_1A_2A_3A_4$，因 $A_1A_3\subset M_1\bigcap M_3$，$A_2A_4\subset M_2\bigcap M_4$，设 A_1A_3 与 A_2A_4 的交点为 O，于是 $O\in M_1\bigcap M_2\bigcap M_3\bigcap M_4$，即 M_1,M_2,M_3,M_4 有公共点 O.

故 $n=4$ 时，命题结论成立.

设 $n=k(k\geqslant4)$ 时,结论成立.那么 $n=k+1$ 时,设 $n+1$ 个凸集 $M_1,M_2,\cdots,M_{n+1}$ 中任何 3 个都有公共点,记 $M'_k=M_k\bigcap M_{k+1}$,对任意 $i,j(1\leqslant i<j\leqslant k-1)$.由 $n=4$ 的证明知 M_i,M_j,M_k,M_{k+1} 有公共点,故 M_i,M_j,M'_k 有公共点,故 $M_1,M_2,\cdots,M_{k-1},M'_k$ 中任何 3 个都有公共点,于是,由归纳假设知 $M_1,M_2,\cdots,M_{k-1},M'_k$ 有公共点,从而 $M_1,M_2,\cdots,M_k,M_{k+1}$ 有公共点,即 $n=k+1$ 时命题成立.故对一切正整数 $n\geqslant3$,命题结论成立.

定理 4(E.Klein)　平面内任给 5 个点,其中任意 3 点不共线,那么必有 4 点是凸四边形的 4 个顶点.

证明　若 5 点的凸包是凸五边形或凸四边形,结论显然成立.故不妨设 5 点的凸包是△ABC,其余 2 点 D,E 在△ABC 内,因无三点共线,故直线 DE 必与△ABC 的两条边相交而不与第三条边相交,不妨设直线 DE 与线段 AB 和 AC 相交,而与 BC 不相交(如图 6-2),于是 $BDEC$ 是一个凸四边形.

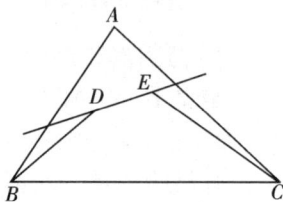

图 6-2

2. 覆盖和嵌入

平面闭图形指的是由平面内一条简单闭曲线及其围成的平面部分组成的图形.所谓简单闭曲线,就是自身不相交的封闭曲线.它作为图形的边界,而它围成的平面部分(不包括闭曲线本身在内)称为该平面图形的内部.

定义 3　设 M 和 N 是两个平面图形,若 $M\supset N$ 或 M 经过运动变成 M',而 $M'\supset N$,则称图形 M 可以覆盖图形 N,或 N 能被 M 覆盖.

设 $M_1,M_2,\cdots,M_n$ 是一组平面图形,若 $M_1\bigcup M_2\bigcup\cdots\bigcup M_n\supset N$ 或 $M_1,M_2,\cdots,M_n$ 各自经过运动(施于每一个图形的运动不一定相同)分别变为 $M'_1,M'_2,\cdots,M'_n$,而 $M'_1\bigcup M'_2\bigcup\cdots\bigcup M'_n\supset N$,则称图形 $M_1,M_2,\cdots,M_n$ 可以覆盖图形 N,或称 N 能被 $M_1,M_2,\cdots,M_n$ 覆盖.

定义 4　设 M,N 是两个平面图形,如果 $N\subset M$ 或 N 经过运动到 N',$N'\subset M$,则称 N 可嵌入 M.显然若 N 可嵌入 M,则 M 可覆盖 N.

有时,我们还要讨论若干个图形嵌入某个图形的问题,这时要求被嵌入的图形在嵌入后互不重叠,即任何两个图形都没有公共的内部.

定义 5　设 F 是一个平面闭图形,我们称 F 的任意两点之间的距离的最大值为 F 的直径,记为 $d(F)$,即 $d(F)=\max\{|AB|\mid A,B\in F\}$.

显然,对于圆来讲,这一定义与初等几何中圆的直径的定义是一致的,但对于优弧(即不小于半圆的弧),其直径等于所在圆的直径;而对于劣弧(小于半圆的弧),其直径等于它所对的弦的长度,并且不难证明,三角形的直径等于它的最长边.

由覆盖定义知下列性质是显然成立的:

(1)若平面图形 M 能覆盖平面图形 N,则 M 的面积不小于 N 的面积.反之,若 M 的面积小于 N 的面积,则 M 不能覆盖 N.

(2)若平面图形 M 能覆盖平面图形 N,则 M 的直径不小于 N 的直径.反之,若 M 的直径小于 N 的直径,则 M 不能覆盖 N.

求解有关覆盖或嵌入的问题时,还可以考虑应用第三章中介绍的图形重叠原理.

§2 组合几何中的计数问题、不等式的证明问题以及最值问题的解题方法

几何中的计数问题,就是计算几何图形中某些几何元素的个数或某些几何量的大小. 组合几何中的计数问题与图形的几何结构紧密相关,只有把几何结构弄清楚了,方能算清它的数目(或大小),做到既不遗漏,也不重复(不多算,也不少算). 在实际计数时,我们还要用到第一章介绍的各种计数方法(分类计数、利用映射、算两次、递推、数学归纳法等等).

如果计数时,只估算出几何量的上界(或下界),那么我们实际上是证明了一个几何不等式. 如果不仅估计了几何量的上界(或下界),而且能够构造出一个几何图形来达到这个上界(或下界),那么我们实际上是求出了这个几何量的最大值(或最小值).

例1 由 9 条水平线与 9 条竖直线组成 8×8 的棋盘共形成 r 矩形,其中有 s 个正方形,$\dfrac{s}{r}$ 的值可由 $\dfrac{m}{n}$ 形式表示,其中 m, n 均为正整数,且 $\dfrac{m}{n}$ 是既约分数. 求 $m+n$ 的值.

(1997 年第 15 届美国邀请赛试题)

解法一 因为一个矩形必须由两条水平直线和两条竖直直线确定,今有 9 条竖直直线和 9 条水平直线,故共有 $C_9^2 C_9^2 = 1296$ 个矩形,其中边长为 1 的正方形有 8^2 个,边长为 2 的正方形有 7^2 个,$\cdots$. 一般地,边长为 i 的正方形有 $(9-i)^2$ 个 $(1 \leqslant i \leqslant 8)$,故正方形个数为 $8^2 + 7^2 + \cdots + 2^2 + 1^2 = 204$ 个,从而 $\dfrac{s}{r} = \dfrac{204}{1296} = \dfrac{17}{108}$,所以 $m+n = 17 + 108 = 125$.

解法二 记 9 条水平线从上至下依次为 $a_1, a_2, \cdots, a_9$,9 条竖直线从左至右依次为 $b_1, b_2, \cdots, b_9$. 我们用 $(a_i, a_j, b_k, b_l)(1 \leqslant i < j \leqslant 9, 1 \leqslant k < l \leqslant 9)$ 表示直线 a_i, a_j, b_k, b_l 所形成的矩形. 由于 a_i, a_j 有 C_9^2 种取法,b_k, b_l 有 C_9^2 种取法,故 $r = C_9^2 C_9^2 = 36^2$. 又 $(a_i, a_j, b_k, b_l)(1 \leqslant i < j \leqslant 9, 1 \leqslant k < l \leqslant 9)$ 表示正方形时有 $j - i = l - k = p(1 \leqslant p \leqslant 8)$,这时,$a_i, a_j$ 与 b_k, b_l 的取法各有 $9-p$ 种,故 $s = \sum_{p=1}^{8} (9-p)^2 = \dfrac{1}{6} \times 8 \times 9 \times 17 = 12 \times 17$,所以 $\dfrac{s}{r} = \dfrac{12 \times 17}{36^2} = \dfrac{17}{36 \times 3} = \dfrac{17}{108}$,故 $m+n = 17 + 108 = 125$.

例2 用 94 块规格为 $4 \times 10 \times 19$ 的砖一块放在一块上面叠成一个 94 块砖高的塔,每块砖可以随意摆放而为塔提供的高度分别为 4,10,19. 问 14 块砖全部放上后,叠置成的塔的高度共有多少个不同的值?

(1994 年第 12 届美国邀请赛试题)

解 首先应注意,如果 5 块砖各为塔高提供了 10 的高度,则把其中 3 块放扁;各提供 4 的高度,另两块立起来;各提供 19 的高度,则这 5 块砖对塔提供的总高度不变,仍为 50. 所以在计算塔的一切可能的不同高度时,总可以假定提供高度为 10 的砖的块数小于 5.

设对塔的高度贡献为 10,19 的砖的块数分别为 x, y,则贡献为 4 的砖的块数为 $94 - x - y$,于是塔的高度为

$$h = 4(94 - x - y) + 10x + 19y = 376 + 6x + 15y. \tag{①}$$

其中 $0 \leqslant x \leqslant 4, 0 \leqslant y \leqslant 94 - x$,从而不同的非负整数对 (x, y) 共有 $95 + 94 + 93 + 92 + 91 = 465$ 种,因此叠成塔的高度至多有 465 个不同的值.

下面来证明①式给出的 465 个值互不相同. 若不然,设有不同数对 $(x, y), (u, v)$ 所对应

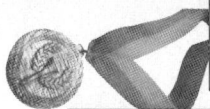

的塔高相等,即有 $376+6x+15y=376+6u+15v$.

于是有 $2(x-u)=5(v-y)$.　　　　　　　　　　　　　　　　　②

这表明 $5|x-u$,因为 $0\leqslant x\leqslant 4,0\leqslant u\leqslant 4$,故 $-4\leqslant x-u\leqslant 4$,从而必有 $x=u$.再由②得 $y=v$,矛盾.

综上,可知塔的高度共有 465 个不同的值.

例 3 设 M 是平面上所有整点集合,M 中的点 $\{p_0,p_1,\cdots,p_n\}$ 构成一条折线满足 p_{i-1} $p_i=1,i=1,2,\cdots,n$,则称折线的长度为 n.$F(n)$ 表示起点 p_0 在原点,终点 p_n 在 x 轴上的长度为 n 的不同折线的条数.证明 $F(n)=C_{2n}^n$. (1991 年波兰奥林匹克试题)

证明 考察恰有 m 步是向 y 轴正向走的折线,因为折线从原点出发,最后要回到 x 轴,所以必须恰有 m 步是向 y 轴负向走的,其余 $n-2m$ 步既可向 x 轴正向走也可向 x 轴负向走.因此,这种折线的条数为 $C_n^m C_{n-m}^m \cdot 2^{n-2m}$,从而知长度为 n 的所有不同折线的条数为

$$F(n)=\sum_{m=0}^{[\frac{n}{2}]} C_n^m C_{n-m}^m \cdot 2^{n-2m}.\qquad ①$$

下面用母函数方法证明 $F(n)=C_{2n}^n$.

一方面 $(1+x)^{2n}=(1+x^2+2x)^n=\sum_{m=0}^{n} C_n^m \cdot x^{2m}(1+2x)^{n-m}$ 中 x^n 的系数为 $\sum_{m=0}^{[\frac{n}{2}]} C_n^m C_{n-m}^{n-2m} \cdot$ $2^{n-2m}=\sum_{m=0}^{[\frac{n}{2}]} C_n^m C_{n-m}^m \cdot 2^{n-2m}$.另一方面,显然 $(1+x)^{2n}$ 中 x^n 的系数为 C_{2n}^n,故 $F(n)=\sum_{m=0}^{[\frac{n}{2}]} C_n^m \cdot$ $C_{n-m}^m \cdot 2^{n-2m}=C_{2n}^n$.

例 4 在坐标平面上画出下列直线 $y=k,y=\sqrt{3}x+2k,y=-\sqrt{3}x+2k$,其中 $k=0,\pm 1$, $\pm 2,\cdots,\pm 10$,这 63 条直线可将平面划分出若干等边三角形,求边长为 $\dfrac{2}{\sqrt{3}}$ 的等边三角形的个数. (1994 年第 12 届美国邀请赛试题)

解 最外边的直线圈成一个边长为 $\dfrac{20}{\sqrt{3}}$ 的正六边形,过原点的 3 条直线 $y=0,y=\sqrt{3}x$, $y=-\sqrt{3}x$ 将这个六边形分成 6 个边长为 $\dfrac{20}{\sqrt{3}}$ 的等边三角形,因每个这样的大等边三角形的边长是所讨论的小三角形的边长的 10 倍,所以每个大三角形可分成 100 个小三角形,从而正六边形被分成 600 个边长为 $\dfrac{2}{\sqrt{3}}$ 的小三角形.此外位于正六边形之外且有一条边在正六边形的边上的小正三角形(其边长为 $\dfrac{2}{\sqrt{3}}$)还有 60 个(因为正六边形的每条边外都有 10 个这样的小正三角形),所以边长为 $\dfrac{2}{\sqrt{3}}$ 的等边三角形共有 660 个.

例 5 设有边长分别为 3,4,5 的三角形两个,边长分别为 $4,5,\sqrt{41}$ 的三角形四个,边长分别为 $\dfrac{5}{6}\sqrt{2},4,5$ 的三角形六个,用上述三角形为面,可以拼成多少个四面体?

(1987 年全国高中联赛试题)

解 所给的 3 种三角形依次编号为 1，2，3，易知 1 号和 2 号三角形都是直角三角形，3 号三角形为钝角三角形．因为四面体有 4 个面，故其中至少有 $\left[\dfrac{4-1}{3}\right]+1=2$ 个面是同号三角形．此外，不难证明，在一个四面体中若有两个侧面三角形全等，则另两个侧面三角形或者是两个全等的三角形，或者都是等腰三角形，但所给三角形中没有等腰三角形，所以，四面体的 4 个侧面必然是两组全等三角形．

(1)用两个 1 号三角形．

参看图 6-3，因为长为 3 的棱是两条长为 4 的棱的公垂线，所以 $x>3$．又 $\dfrac{5}{6}\sqrt{2}<3$，所以 x 不能为 $\dfrac{5}{6}\sqrt{2}$，即两个 1 号和两个 3 号三角形不能拼成四面体．另一方面，设长为 4 的两条对棱的夹角为 θ，由异面直线上两点间的距离公式有

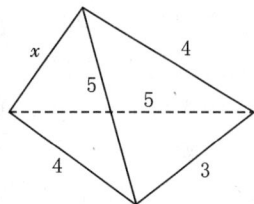

$$x^2=3^2+4^2+4^2-2\cdot4\cdot4\cos\theta.$$

图 6-3

当 $\theta=\dfrac{\pi}{2}$ 时，$x=\sqrt{41}$，所以，用两个 1 号和两个 2 号三角形可拼成一个四面体．

(2)用两个 3 号三角形．

参看图 6-4，在四面体 $ABCD$ 中，$\triangle ABC$ 和 $\triangle DBC$ 是两个 3 号三角形，记 $a=BC=\dfrac{5}{6}\sqrt{2}$，$AD=x$．分别过 A，D 作 BC 的垂线，交直线 BC 于 B_1 和 C_1，易见 $\triangle AB_1C$ 扨 $\triangle DC_1B$，故 $CC_1=BB_1=y$，$AB_1=DC_1=h$．由勾股定理有

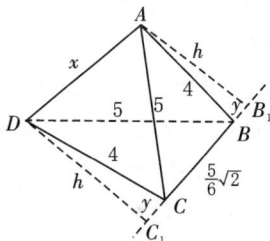

$$5^2-(a+y)^2=h^2=4^2-y^2,$$

解得 $y=\dfrac{1}{2}\left(\dfrac{9}{a}-a\right)$．由此可得，异面直线 AB_1 与 DC_1 的公垂线长

图 6-4

$$d=B_1C_1=a+2y=\dfrac{9}{a}=\dfrac{27}{5}\sqrt{2}>\sqrt{50}，从而$$

$$x\geqslant d>\sqrt{50}>\sqrt{41}>\dfrac{5}{6}\sqrt{2}.$$

由此可见，用四个 3 号三角形，或用两个 3 号三角形和两个 2 号三角形都不能拼成四面体．

(3)用四个 2 号三角形．

若能构成四面体，则两条棱长为 4 的棱都是两条棱长为 5 的棱的公垂线，这是不可能的．

综上可知，用所给的三角形为侧面，只能构成一个四面体．

例 6 圆周上共有 $n(>1)$ 个点，连接这 n 个点，依次记为 $p_1,p_2,\cdots,p_n$，使得折线 $p_1p_2\cdots p_n$ 不自交，问这样的连接方法有多少种？　　　　(1986 年联邦德国竞赛试题)

解 当 $n=2$ 时，连接 p_1p_2 只有 1 种方法．

当 $n=3$ 时，若固定 p_3 为终点，则 p_3 只可能与 p_1 或 p_2 之一相连接，故以 p_3 为终点的连接方法有 $1\cdot2=2=2^{3-2}$ 种．设以 p_n 为终点的连接方法有 2^{n-2} 种，由对称性知以 p_1 为终

点的连接方法也有 2^{n-2} 种. 再增加一个点 p_{n+1} 为终点,则 p_{n+1} 只可能与 p_1 与 p_n 相连接,故以 p_{n+1} 为终点的连接方法为 $2^{n-2}+2^{n-2}=2^{n-1}$,这就用数学归纳法证明了以 p_n 为终点的连接方法有 2^{n-2} 种. 因为 n 个点中每个点都可作为终点,故总的方法数(包括重复计数)有 $n\cdot 2^{n-2}$ 种,而当 $n\geqslant 3$ 时,上述计数中每一种连接方法计算了 2 次,故符合条件的方法数为 $\begin{cases}1(n=2\text{ 时}),\\ n\cdot 2^{n-3}(n\geqslant 3\text{ 时}).\end{cases}$

例 7　L_1 和 L_2 是平面内的两条平行线,在 L_1、L_2 上分别有 m、n 个点$(m、n\geqslant 2)$. 把 L_1 上的点与 L_2 上的点一一连成线段,已知所连线段中任意三条在 L_1 与 L_2 所夹的平面区域 D 内无公共点,求这些线段的不同交点的数目.

解　设 L_1 上 m 个点的集合为 Q_1,L_2 上 n 个点的集合为 Q_2,所连线段在 D 内的交点集合为 M. 在 Q_1 内任取两点 A、B,Q_2 内任取两点 C、D(如图 6-5),则 AD 与 BC 相交于一点 $P\in M$. 反之,对任意 $P\in M$,因所连线段中任意三条在 D 内无公共点,故 P 只可能是所连两条线段 AD 与 BC 的交点(其中 $A、B\in Q_1,C、D\in Q_2$),设 $N=\{(A,B,C,D)\,|\,A、B\in Q_1,C、D\in Q_2\}$,令 (A,B,C,D) 与 AD 和 BC 的交点 P 相对应,则这个对应是从 N 到 M 的一一对应,所以 $|M|=|N|=C_m^2\cdot C_n^2$,即所求交点的数目为 $C_m^2\cdot C_n^2$.

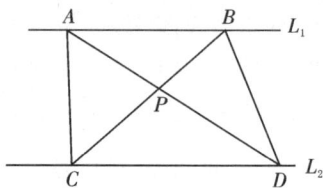

图 6-5

例 8　在平面内任给 $n(>4)$ 个点,其中任何 3 点不共线. 试证:至少有 C_{n-3}^2 个以上述所给定点为顶点的凸四边形. 　　　　　(第 11 届 IMO 试题)

证法一　因为平面内任何 5 点(其中任意 3 点不共线)中必有 4 点是一个凸四边形的 4 个顶点(E. Klein 定理),而 n 个点可形成 C_n^5 个 5 点组,故一共有 C_n^5 个凸四边形(包括重复计数),而每个凸四边形的 4 个顶点恰好属于 $C_{n-4}^1=n-4$ 个 5 点组,所以,不同的凸四边形的个数不少于 $\dfrac{1}{n-4}C_n^5$.

下面用数学归纳法证明 $\dfrac{1}{n-4}C_n^5\geqslant C_{n-3}^2(n\geqslant 5)$.

当 $n=5$ 时,$\dfrac{1}{n-4}C_n^5=C_{n-3}^2=1$.

设 $n=k$ 时,$\dfrac{1}{k-4}C_k^5\geqslant C_{k-3}^2$. 那么,当 $n=k+1$ 时,

$$\frac{1}{(k+1)-4}C_{k+1}^5=\frac{k+1}{k-3}\cdot\frac{C_k^5}{k-4}\geqslant\frac{k+1}{k-3}\cdot C_{k-3}^2=\frac{k+1}{k-3}\cdot\frac{(k-3)(k-4)}{2}$$

$$=\frac{1}{2}(k^2-3k-4)=\frac{1}{2}\big[(k-2)(k-3)+2(k-5)\big]\geqslant C_{(k+1)-3}^2.$$

故对一切 $n\geqslant 5$,$\dfrac{1}{n-4}C_n^5\geqslant C_{n-3}^2$.

综上可知,至少有 C_{n-3}^2 个凸四边形.

证法二　以给定点中任意 3 点为顶点可以作一个三角形,设这些三角形中面积最大的一个为 $\triangle ABC$,过顶点 A、B、C 分别作对边的平行线,3 条平行线相交成 $\triangle DEF$(如图 6-

6），则 n 个给定的点全部落在 $\triangle DEF$ 的内部或边界上（否则与 $\triangle ABC$ 的面积为最大矛盾）.

除 A、B、C 这 3 点外，另外 $n-3$ 个点中任意两点 E'、F' 所决定的直线至多与 $\triangle ABC$ 的两边相交而与第三边不相交. 不妨设 $E'F'$ 不与 BC 边相交（如图 6-5），于是 $E'F'BC$ 为凸四边形，显然这些凸四边形互不相同，并且至少有 C_{n-3}^2 个.

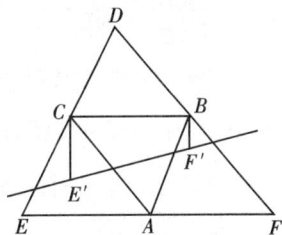

例 9 设 S 是平面上的有限点集，任意三点不共线，对于顶点属于 S 的每一个凸多边形，设 p 的顶点数目为 $a(p)$，属于 S 且在 p 的外部的点的数目为 $b(p)$. 证明：对任意的实数 x，$\sum_p x^{a(p)}(1-x)^{b(p)}=1$，其中 p 取遍 S 中所有凸多边形（包括三角形，且一条线段、一个点和空集也认为分别是凸 2 边形，凸 1 边形和凸 0 边形）.

图 6-6

（第 47 届 IMO 预选题）

证明 设 S 中有 n 个点. 对于顶点在 S 中每一个凸多边形 p，设 $c(p)$ 为在 p 内且属于 S 的点的数目. 于是 $a(p)+b(p)+c(p)=n$.

设 $1-x=y$，则有

$$\sum_p x^{a(p)}(1-x)^{b(p)}=\sum_p x^{a(p)}y^{b(p)}=\sum_p x^{a(p)}y^{b(p)}(x+y)^{c(p)}$$
$$=\sum_p \sum_{i=0}^{c(p)}C_{c(p)}^i x^{a(p)+i}y^{b(p)+c(p)-i},$$

这是关于 x、y 的 n 次齐次多项式.

对于固定的 $r(0\leqslant r\leqslant n)$，$x^r y^{n-r}$ 的系数为：选一个凸多边形 p，再在 p 的内部选取一些属于 S 的点，使得 p 的顶点的数目与在 p 的内部选的 S 中的点的数目的和等于 r 的所有选取方法的数目. 这对应着在 S 中选 r 个点的选取方法的数目，这个对应是双射，这是因为 S 中的每一个 r 元子集 T 有唯一的方法分成两个不相交的集合. 其中一个是 T 的凸包所含顶点集合，另一个是该凸包内部所含 T 中的点的集合.

因此 $x^r y^{n-r}$ 的系数为 C_n^r，于是

$$\sum_p x^{a(p)}y^{b(p)}=\sum_{r=0}^n C_n^r x^r y^{n-r}=(x+y)^n=1.$$

例 10 平面内给定 n 个点，每两点间有一个距离，其中最长距离与最短距离之比记为 λ_n. 证明：$\lambda_5\geqslant 2\sin 54°$，并确定等号成立的充要条件. （1985 年全国高中联赛试题）

证明 （1）若 5 点中有 3 点 A、B、C 共线，不妨设 B 在 A 与 C 之间，并且 $AB\geqslant BC$，于是 $\lambda_5\geqslant\dfrac{AC}{BC}\geqslant 2>2\sin 54°$.

（2）下设 5 点中任何 3 点不共线，又分为下列三种情形：

（a）5 点的凸包是凸五边形 $ABCDE$ 时，则其中必有一个内角不小于 $\dfrac{1}{5}\times(5-2)\times 180°=108°$. 不妨设 $\angle EAB\geqslant 108°$，且 $EA\geqslant AB$. 在 $\triangle EAB$ 中，由余弦定理，有

$$EB^2=EA^2+AB^2-2EA\cdot AB\cos\angle EAB$$
$$\geqslant 2AB^2+2AB^2\cos(180°-108°)$$
$$=2AB^2(1+\cos 72°)=4AB^2\cos^2 36°=4AB^2\sin^2 54°.$$

故 $\lambda_5 \geqslant \dfrac{EB}{AB} \geqslant 2\sin 54°$.

(b)5 点的凸包为凸四边形 $ABCD$,另一点 E 在 $ABCD$ 内,因无 3 点共线,不妨设 E 在 $\triangle ABC$ 内,于是 $\angle AEB$,$\angle BEC$,$\angle CEA$ 中至少有一个角不小于 $\dfrac{1}{3} \times 360° = 120°$,不妨设 $\angle AEB \geqslant 120°$,这时同(a)中推理,可得

$EB^2 > 4AB^2 \cos^2 30° = 4AB^2 \sin^2 60° > 4AB^2 \sin^2 54°$,所以 $\lambda_5 > 2\sin 54°$.

(c)5 点的凸包为 $\triangle ABC$,另 2 点 D、E 在 $\triangle ABC$ 内,这时同(b)可得 $\lambda_5 > 2\sin 54°$.

综上可得 $\lambda_5 \geqslant 2\sin 54°$.

因为在情形(1)和(2)中的情形(b)、(c)时,都有 $\lambda_5 > 2\sin 54°$,故要 $\lambda_5 = 2\sin 54°$,只有(2)中的情形(a)才有可能,并且从(a)中推理知,要使 $\lambda_5 = 2\sin 54°$,必须 $EA = AB$,且 $\angle A = 108°$,若 $\angle A$,$\angle B$,$\angle C$,$\angle D$,$\angle E$ 不全相等,则其中至少有一个内角大于 $108°$,用它代替 $\angle A$ 进行同(a)一样的推理,可得 $\lambda_5 > 2\sin 54°$,故 $\lambda_5 = 2\sin 54°$ 时必有 $\angle A = \angle B = \angle C = \angle D = \angle E$. 若凸五边形 $ABCDE$ 至少有两边不相等,则必有相邻两边不相等,用这两边代替 EA,AB,进行同(a)一样的推理,可得 $\lambda_5 > 2\sin 54°$,可见 $\lambda_5 = 2\sin 54°$ 时,5 点必须是一个正五边形的 5 个顶点. 反之易知,当 5 点为一个正五边形的 5 个顶点时,有 $\lambda_5 = 2\sin 54°$ 成立,这就证明了 $\lambda_5 = 2\sin 54°$ 的充要条件是给定的 5 点为一个正五边形的 5 个顶点.

注 进一步可证明 $\lambda_n \geqslant 2\sin \dfrac{n-2}{2n}\pi$(模拟实战六第 8 题).$\lambda_4 \geqslant \sqrt{2}$ 为 1961 年匈牙利数学奥林匹克试题,$\lambda_6 \geqslant \sqrt{3}$ 为 1965～1966 年波兰数学竞赛试题.

例 11 平面内有 $2n+1$ 条直线,以这些直线的交点为顶点的锐角三角形有 A 个,试求 A 的最大值.

解 为了使锐角三角形个数最多,我们不妨设所有直线两两不平行,两两不垂直,并且任意三条不共点. 这样任意三条直线必将构成一个三角形,并且它们不是锐角三角形就是钝角三角形. 设其中锐角三角形有 A 个,钝角三角形有 B 个,那么

$$A + B = C_{2n+1}^3 = \frac{1}{6}(2n+1)(2n)(2n-1) = \frac{1}{3}n(2n+1)(2n-1).$$

在给定的直线中任取一条直线 g 作 x 轴. 若其余直线中有两条直线 a 和 b 与 g 相交的三角形中,g 所在边上的两个角都是锐角,则称直线对 (a,b) 为属于 g 的好直线对,显然,当且仅当 a 和 b 对直线 g(即 x 轴)的斜率一正一负时,(a,b) 是属于 g 的好直线对. 设除 g 外其余 $2n$ 条直线中有 e 条对 g 的斜率为正,则有 $2n-e$ 条对 g 的斜率为负,故属于 g 的好直线对的对数为

$$e(2n-e) = -(e-n)^2 + n^2 \leqslant n^2,$$

从而分别属于 $2n+1$ 条直线的好直线对的对数的总和 S 不超过 $n^2(2n+1)$,另一方面,每一个锐角三角形中属于三边的好直线对共有 3 对,属于每个钝角三角形三边的好直线对只有一对,故 $S = 3A + B$,由上可得 $3A + B \leqslant n^2(2n+1)$,从而我们有

$$2A \leqslant n^2(2n+1) - (A+B) \leqslant n^2(2n+1) - \frac{1}{3}n(2n+1)(2n-1) = \frac{1}{3}n(n+1)(2n+1).$$

所以,$A \leqslant \dfrac{1}{6}n(n+1)(2n+1)$,并且当 $2n+1$ 条直线围成正 $2n+1$ 边形时,以每一条直线作

x 轴,其余 $2n$ 条直线中斜率为正、为负的都恰有 n 条,故这时不等号中等号成立,综上得 A 的最大值为 $\frac{1}{6}n(n+1)(2n+1)$.

例 12 平面内 $n(n\geqslant 3)$ 个点组成集合 S,P 是此平面内 m 条直线组成的集合,满足 S 关于 P 中的每一条直线对称.求证:$m\leqslant n$,并问等号何时成立?

(第 6 届中国女子奥林匹克试题)

证明 (1)记 S 中的 n 个点为 $A_1,A_2,\cdots,A_n$. 建立直角坐标系,设 A_i 的坐标为 (x_i,y_i),$i=1,2,\cdots,n$. 易证 $\sum\limits_{i=1}^{n}\overrightarrow{BA_i}=\mathbf{0}$ 当且仅当 B 取作 $\left(\frac{1}{n}\sum\limits_{i=1}^{n}x_i,\frac{1}{n}\sum\limits_{i=1}^{n}y_i\right)$. 这说明,平面内存在唯一的一点 B,使 $\sum\limits_{i=1}^{n}\overrightarrow{BA_i}=\mathbf{0}$. 我们称 B 为点集 S 的质心.

如果任取 P 中一条直线 p 为 x 轴,建立直角坐标系,则 $\sum\limits_{i=1}^{n}y_i=0$,故 B 在 p 上. 即 P 中每一条直线均过 S 的质心 B.

(2)设
$F=\{$三元有序组 $(x,y,p)|x,y\in S,p\in P,x$ 与 y 关于 p 对称$|\}$,
$F_1=\{(x,y,p)\in F|x\neq y\}$,
$F_2=\{(x,y,p)\in F|x$ 在 p 上$\}$,
显然
$F=F_1\bigcup F_2,F_1\bigcap F_2=\varnothing.$ ①
考虑 P 中任一直线 p 和 S 中任一点 x,x 关于 p 的对称点 y 是唯一的,即对每一个 p,三元有序组 (x,y,p) 有 n 个,故
$|F|=mn.$ ②
对于 F_1 中的三元组 (x,y,p),因为不同的两点 x 和 y 的对称轴只有一条,故
$|F_1|\leqslant\{(x,y)|x,y\in S,x\neq y\}$
$=2C_n^2=n(n-1).$ ③
(i)当 S 中任一点至多在 P 中的一条直线 p 上时,
$|F_1|\leqslant\{x|x\in S\}=n.$ ④
由①、②、③、④得
$mn\leqslant n(n-1)+n,$
即 $m\leqslant n.$

(ii)当 S 中存在一点同时在 P 中的两条直线上时,由(1)中所证,此点即为质心 B. 考虑集合 $S'=S\backslash\{B\}$,此时 S' 仍关于 P 中的每条直线对称,由(i)中所证得
$m\leqslant|S'|=n-1.$
综合(i)(ii)得 $m\leqslant n.$

(3)当 $m=n$ 时,由(2)中所证,③、④同时取等号,即 S 中任意两点的中垂线均属于 P,S 中每点恰在 P 中的一条直线上,同时质心 B 不在 S 中.

首先指出 $BA_i(i=1,2,\cdots,n)$ 相等. 否则,如果存在 $j,k(1\leqslant j<k\leqslant n)$,使得 $BA_j\neq BA_k$,则线段 A_jA_k 的对称轴不过 B. 与(1)中所证矛盾. 因此 $A_1,A_2,\cdots,A_n$ 均在以 B 为圆心的圆上,记此圆为 $\odot B$. 不妨设 $A_1,A_2,\cdots,A_n$ 按顺时针排列.

其次 $A_1, A_2, \cdots, A_n$ 是 $\odot B$ 的 n 个等分点. 这是因为, 如果存在 $i(i=1,$ $2, \cdots, n)$, 使 $A_iA_{i+1} \neq A_{i+1}A_{i+2}$ (定义 $A_{n+1}=A_1, A_{n+2}=A_2$). 不妨设 A_iA_{i+1} $<A_{i+1}A_{i+2}$. 如图, 线段 A_iA_{i+2} 的对称轴 $l \in P$, 而 A_{i+1} 关于 l 的对称点在 $\overset{\frown}{A_{i+1}A_{i+2}}$ (不含端点) 上. 这与 A_{i+1}、A_{i+2} 是相邻两点矛盾.

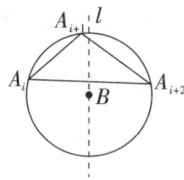

所以, 当 $m=n$ 时, 集合 S 中的点是正 n 边形的 n 个顶点, P 就是这个正 n 边形的 n 条对称轴组成的集合.

图 6-7

例 13 对于 P 为凸 n 边形, 其中 $n \geq 3$, 将用 $n-3$ 条互不相交的对角线把多边形 P 分成 $n-2$ 个三角形的过程叫做三角分划. 如果 P 是正 n 边形且经过某种三角分划之后得到的所有三角形都是等腰三角形, 求 n 的所有可能值.　　　(2008 年美国奥林匹克试题)

解　答案是 $n=2^{m+1}+2^k$, 其中 m, k 均为非负整数.

首先证明下面的引理.

引理　设 $Q=Q_0Q_1 \cdots Q_t$ 为凸多边形, 且 $Q_0Q_1=Q_1Q_2=\cdots=Q_{t-1}Q_t$, Q 存在外接圆且外心不在 Q 内. 如果存在 Q 的某种三角分划使得被分划出的三角形都为等腰三角形, 则 $t=2^a$, 其中 a 为正整数.

证明　我们称一条弧为劣弧, 如果它的度数小于等于 $180°$. 由题意有, 点 $Q_1, \cdots, Q_{t-1}$ 在 Q 的外接圆的劣弧 $\overset{\frown}{Q_0Q_t}$ 上, 所以没有一个 $\angle Q_iQ_jQ_k (0 \leq i < j < k \leq t)$ 为锐角. 易知边 Q_0Q_t 在 Q 的所有边及对角线中是最长的, 因此 Q_0Q_t 必为 Q 的三角分划后一个等腰三角形的底边, 故 t 为偶数. 令 $t=2s$, 则 $Q_0Q_sQ_t$ 为 Q 的三角分划后的一个等腰三角形. 用同样的方法考虑多边形 $Q_0Q_1 \cdots Q_s$ 可得 s 是偶数. 这样进行下去即可得 $t=2^a$, a 为正整数. (注意, 如果我们考虑 $Q=Q_0Q_1$, 引理可推广到 $a=0$)

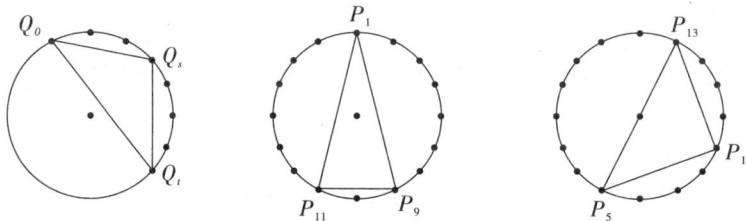

图 6-8

回到原题. 设 $P=P_1P_2 \cdots P_n$ 为正 n 边形. 在 P 的任意一个三角分划后必存在某个三角形覆盖 P 的外心 (这里覆盖理解为外心在三角形内或某条边上). 不失一般性, 不妨设 $\triangle P_1P_iP_j$, $P_1P_i=P_1P_j$ (即 $P_j=P_{n-i+2}$), 为该三角形. 分别对多边形 $P_1 \cdots P_i$, $P_i \cdots, P_j$, $P_j \cdots P_1$ 应用引理可得, 劣弧 $\overset{\frown}{P_1P_i}$, $\overset{\frown}{P_iP_j}$, P_jP_1 内分别存在 $2^m-1, 2^k-1, 2^m-1$ 个顶点 (其中 m, k 为非负整数). 即 $i=2^m+1, j=2^k+i$. 因此

$$n=2^m-1+2^k-1+2^m-1+3=2^{m+1}+2^k,$$

其中 m, k 为非负整数. 由上面的讨论易知当且仅当 $n=2^{m+1}+2^k$ 时存在满足要求的分划. (中图为 $n=18=2^{3+1}+2^1$ 时的情形, 右图为 $n=16=2^{2+1}+2^3$ 时的情形.)

例 14　正五边形 $ABCDE$ 的对角线相交于 F、G、H、I、J (如图 6-9, 顶点除外). 设图中 10 个点 A、B、C、D、E、F、G、H、I、J 和线段构成的等腰三角形集合为 M.

(1) 求 M 中元素的个数;

(2)若将这 10 个点中每个点任意染成红、蓝两种颜色之一,问是否一定存在 M 中的一个等腰三角形,其三个顶点同色?

(3)若将这 10 个点中 n 个点染成红色,使得一定存在 M 中的一个等腰三角形,其三个顶点同为红色,求 n 的最小值.

(2010 年全国高中联赛天津市预赛试题)

图 6-9

解 (1)以 A、B、C、D、E 之一为上顶点的等腰三角形各有 5 个(例如以 A 为上顶点的等腰三角形有 $\triangle AEJ$,$\triangle AEB$,$\triangle AFG$,$\triangle ACD$,$\triangle ABH$ 等 5 个),一共有 $5 \times 5 = 25$ 个,其次以 F、G、H、I、J 为上顶点的等腰三角形各有 2 个(例如以 F 为上顶点的等腰三角形有 $\triangle FAE$、$\triangle FBD$ 等 2 个),一共有 $5 \times 2 = 10$ 个,所以 M 内等腰三角形的个数为

$$|M| = 25 + 10 = 35.$$

(2)由抽屉原理,知 A、B、C、D、E 中一定有三个点同色,且以这三个点为顶点的三角形属于 M.故一定存在 M 中的一个等腰三角形,其三个顶点同色.

(3)若 $n = 5$,则将 F、G、H、I、J 染红色,于是不存在属于 M 的等腰三角形,其顶点同为红色.

若 $n \geqslant 6$,当 A、B、C、D、E 中有不少于三个点为红色时,一定存在属于 M 且顶点同为红色的等腰三角形,

若 A、B、C、D、E 中少于三个红点时,F、G、H、I、J 中至少有四个红点.

(ⅰ)若 F、G、H、I、J 中恰有四个红点时,不妨设 F、G、H、I 为红点,则 A、B、C、D、E 中至少有两个红点.若 A、B、C 中有一个红色,不妨设 A 为红点,则 $\triangle AFG$ 是属于 M 且顶点同为红色的等腰三角形,否则 D、E 同为红点,于是 $\triangle EDF$ 是属于 M 且顶点同为红色的三角形.

(ⅱ)若 F、G、H、I、J 全为红点,则 A、B、C、D、E 中至少有一个红点,不妨设 A 为红点,则 $\triangle AFG$ 为属于 M 且顶点同为红色的等腰三角形.

综上可知,所求 n 的最小值为 6.

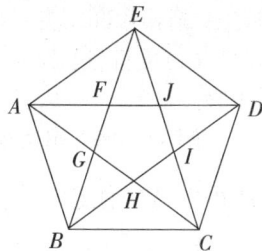

§3 组合几何中的存在性问题的证明方法

组合几何中的存在性问题是数学竞赛中的热点问题之一,它就是要证明具有给定性质的几何图形(几何结构)是存在的或是不存在的.

为了证明具有给定性质的几何图形(几何结构)的存在,常常采用下列几种方法:

(1)分类讨论.根据几何图形的某种特性,将图形分为若干类,在每一类情形下,再利用相关的几何定理以及组合数学中存在性定理(例如抽屉原理等)来证明具有题目要求性质的图形是存在的.其中按凸包的不同情形进行分类是一种常用的方法.

(2)构造法.首先,分析当图形具有给定的性质时,该图形应具有的结构.然后,按照这些结构的特点,将满足题目要求的图形构造出来.一个复杂的图形可由一些简单的图形拼接而成,也可以由满足其中一部分性质的图形经过调整、修改而得到.实际解答题目时,则常常将分析、构造的过程省略,而直接给出构造的结果.

(3)数学归纳法.当有些与正整数 n 相关的图形直接构造有困难时,可考虑用归纳构造

或归纳证明的方法.

(4)反证法. 为了证明不存在具有给定性质的几何图形(几何结构),则常常采用反证法.

例 1 设凸四边形 $ABCD$ 的面积为 1,求证在它的边上(包括顶点)或内部存在 4 个点,使得以其中任意 3 点为顶点的四个三角形的面积都大于 $\frac{1}{4}$. (1991 年全国高中联赛试题)

证明 如图 6-10,考虑四个三角形:$\triangle ABC$,$\triangle BCD$,$\triangle CDA$,$\triangle DAB$ 的面积,不妨设 $S_{\triangle DAB}$ 最小,分下列四种情形讨论:

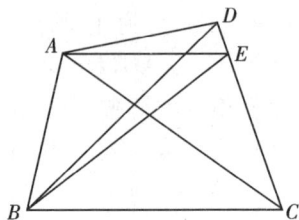

(ⅰ)$S_{\triangle DAB} > \frac{1}{4}$,则 A,B,C,D 四点即为满足题设条件的四个点.

图 6-10

(ⅱ)$S_{\triangle DAB} < \frac{1}{4}$,设 G 为 $\triangle BCD$ 的重心,则 $S_{\triangle BCD} = 1 - S_{\triangle DAB} > \frac{3}{4}$,故 $S_{\triangle BCG} = S_{\triangle CDG} = S_{\triangle DBG} = \frac{1}{3} S_{\triangle BCD} > \frac{1}{4}$.

故 B、C、D、G 四点即为满足题设要求的四个点.

(ⅲ)$S_{\triangle DAB} = \frac{1}{4}$,而其余三个三角形的面积均大于 $\frac{1}{4}$. 由于 $S_{\triangle ABC} = 1 - S_{\triangle DAC} < \frac{3}{4} = S_{\triangle BCD}$,故过 A 作 BC 的平行线 l 必与线段 CD 相交于 CD 内部一点 E(图 6-10). 由于 $S_{\triangle ABC} > S_{\triangle DAB} = \frac{1}{4}$,故 $S_{\triangle EAB} > S_{\triangle DAB} = \frac{1}{4}$. 又 $S_{\triangle EAC} = S_{\triangle EAB} > \frac{1}{4}$,$S_{\triangle EBC} = S_{\triangle ABC} > \frac{1}{4}$,所以 A、B、C、E 四点即为满足题设要求的四个点.

(ⅳ)$S_{\triangle DAB} = \frac{1}{4}$,其余三个三角形中还有一个三角形的面积也等于 $\frac{1}{4}$. 不妨设 $S_{\triangle CDA} = \frac{1}{4}$(图 6-11). 因为 $S_{\triangle DAB} = S_{\triangle CDA}$,所以

图 6-11

$AD /\!/ BC$. 又 $S_{\triangle ABC} = S_{\triangle DBC} = \frac{3}{4}$,故 $BC = 3AD$. 在 AB 上取点 E,CD 上取点 F,使 $AE = \frac{1}{4} AB$,$DF = \frac{1}{4} DC$,则 $EF = AD + \frac{1}{4}(BC - AD) = \frac{3}{2} AD = \frac{1}{2} BC$,于是 $S_{\triangle EBF} = S_{\triangle BCF} = \frac{3}{4} S_{\triangle ABF} = \frac{3}{4} \times \frac{1}{2} S_{\triangle ABC} = \frac{9}{32} > \frac{1}{4}$,$S_{\triangle EBC} = S_{\triangle FBC} > S_{\triangle EBF} > \frac{1}{4}$,故 E、B、C、F 四点即为满足题设要求的四点.

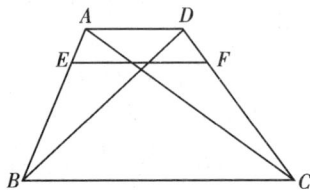

注 本题证明中用到了下列一个常用的几何结论:若 $\triangle ABC$、$\triangle ABD$、$\triangle ABE$ 共有底边 AB,且 C,D,E 在一直线上,D 介于 C 与 E 之间,并且 $S_{\triangle ABC} < S_{\triangle ABE}$,则
$$S_{\triangle ABC} < S_{\triangle ABD} < S_{\triangle ABE}.$$

例 2 平面内任给 5 个点,其中任意 3 点不共线. 证明:以这 5 个点为顶点的三角形中至多存在 7 个锐角三角形.

证明 以 5 点为顶点的三角形共有 $C_5^3 = 10$ 个,故我们只需证明其等价命题:至少存在 3 个非锐角三角形,分为三种情形:

(1)5 点的凸包为凸五边形 $A_1A_2A_3A_4A_5$ 时,则因 5 个内角和为 $(5-2)\times180°=540°$,故其中至少有两个内角为非锐角(否则 5 个内角之和小于 $4\times90°+180°=540°$,矛盾),又分为两种情形:

(ⅰ)有相邻的两内角为非锐角,不妨设 $\angle A_1,\angle A_2$ 为非锐角,连接 A_2A_5,则凸四边形 $A_2A_3A_4A_5$ 至少有一个内角为非锐角,得到 1 个非锐角三角形,加上 $\triangle A_5A_1A_2,\triangle A_1A_2A_3$ 共有 3 个非锐角三角形.

(ⅱ)有不相邻的两内角为非锐角,不妨设 $\angle A_1,\angle A_3$ 为非锐角,连接 A_1A_3,则凸四边形 $A_1A_3A_4A_5$ 至少有一个内角为非锐角,得到 1 个非锐角三角形,加上 $\triangle A_5A_1A_2$,$\triangle A_2A_3A_4$ 共有 3 个非锐角三角形.

(2)5 点的凸包为凸四边形 $A_1A_2A_3A_4$,另一点 A_5 在凸四边形内.因无 3 点共线,不妨设 A_5 在 $\triangle A_1A_2A_3$ 内,因为 $\angle A_1A_5A_2+\angle A_2A_5A_3+\angle A_3A_5A_1=360°$,故 $\angle A_1A_5A_2$,$\angle A_2A_5A_3$,$\angle A_3A_5A_1$ 中至少有两个角为非锐角,可得 2 个非锐角三角形.又凸四边形 $A_1A_2A_3A_4$ 中至少有一个内角为非锐角,又可得 1 个非锐角三角形,一共有 3 个非锐角三角形.

(3)5 点的凸包为 $\triangle A_1A_2A_3$,其余两点 A_4,A_5 在 $\triangle A_1A_2A_3$ 内,于是 $\triangle A_1A_2A_4$,$\triangle A_2A_3A_4$,$\triangle A_3A_1A_4$ 中有 2 个非锐角三角形,并且 $\triangle A_1A_2A_5$,$\triangle A_2A_3A_5$,$\triangle A_3A_1A_5$ 中有 2 个非锐角三角形,一共有 4 个非锐角三角形.

综上所述便知,以任意 5 点(其中任意 3 点不共线)为顶点的三角形中至多有 7 个锐角三角形.

例3 设一凸四边形 $ABCD$,它的内角中仅有 $\angle D$ 是钝角.用一些直线段将凸四边形分割成 n 个钝角三角形,但除去 A,B,C,D 外,在该凸四边形的周界上,不含分割出的钝角三角形顶点.试证:n 应该满足的充分必要条件是 $n\geqslant4$. (1993 年全国高中联赛试题)

证明 设凸四边形 $ABCD$ 中仅有一个内角 $\angle D$ 是钝角.

充分性.(1)非钝角三角形一定可分割(或称剖分)为 3 个钝角三角形.

事实上,取锐角三角形任意顶点或直角三角形的直角顶点,设为 A,向对边 BC 作垂线,垂足为 D,再以 BC 为直径作圆与高 AD 交于 G,再在线段 DG 内任取一点 E,则 E 与 A、B、C 的连线将 $\triangle ABC$ 剖分为 3 个钝角三角形:$\triangle ABE,\triangle BCE,\triangle CAE$.

(2)凸四边形 $ABCD$ 可剖分为 4 个钝角三角形.

事实上,连接 AC,则 $\triangle ACD$ 为钝角三角形,又由(1)知 $\triangle ABC$ 可剖分为 3 个钝角三角形 $\triangle ABE$,$\triangle BCE$,$\triangle CAE$,故一共可剖分为 4 个钝角三角形(图 6-12).

(3)对 $n=5,6,7,\cdots$,凸四边形 $ABCD$ 可剖分为 n 个钝角三角形.

事实上,如图 6-12 在 EC 内取点 $E_1,E_2,\cdots$,连接线段 $AE_1,AE_2,\cdots$,即得新的剖分三角形 $\triangle AEE_1,\triangle AE_1E_2,\cdots$,共有 $5,6,7,\cdots$ 个钝角三角形(因外角 $\angle AE_iC>\angle AEC>90°$,$i=1,2,\cdots$).

于是,对任意 $n\geqslant4$ 存在满足题设条件的剖分.

必要性. 首先,易知一个非钝角三角形不能剖分为 2 个钝角三角形(因为顶角不能剖分成两个钝角,而剖分线段与对边的夹角不能将 $180°$ 的角剖分成两个钝角).

假设已经作出了 n 个钝角三角形的剖分,考虑 CD 边,设它属于已剖分的钝角三角形 $\triangle ECD$.

若 E 为 B 点,则 $\triangle BCD$ 为钝角三角形,并且只有 $\angle BDC$ 为钝角(已设 $\angle D$ 为钝角),故 $\triangle ABD$ 为锐角三角形,它不能剖分为 2 个而只能剖分 3 个以上的钝角三角形,故 $n \geqslant 4$. 若 E 为 A 点,则 $\triangle ABC$ 为锐角三角形,同理可得 $n \geqslant 4$.

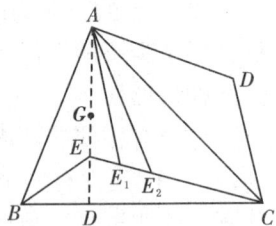

图 6-12

除了 A、B、C、D 四个顶点外,E 不可取在凸四边形的周界上,只能在凸四边形内,这时 EC、ED(或它们的一部分)又分别属于 2 个不同的剖分出来的钝角三角形,AB 也属于一个新的钝角三角形,加上 $\triangle CDE$,故至少有 4 个钝角三角形,所以 $n \geqslant 4$,必要性得证.

例 4 平面内有 4 条直线,其中任意 3 条不共点,每两条相交于一点,从而每条直线上有 3 个交点,在此直线上截出 2 条线段.问所得 8 条线段的长能否为

(1)1,2,3,4,5,6,7,8?

(2)互不相等的整数?

解 (1)如图 6-13,所得 8 条线段的长为 1,2,3,4,5,6,7,8,因为三角形中任意一边之长大于其余两边之差的绝对值,故在一个非等腰且边长为整数的三角形中,任何一边的长大于 1,所以长为 1 的线段只可能为 AB 或 AF. 不妨设 $AF=1$,由于 $1=AF>|AC-CF|$,且 AC,CF 均为正整数,所以 $AC=CF$. 在 $\triangle ACF$ 中,由余弦定理得

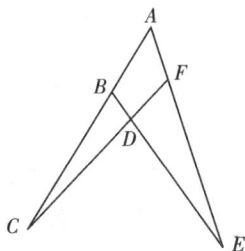

图 6-13

$$\cos \angle C = \frac{AC^2 + FC^2 - AF^2}{2AC \cdot FC} = 1 - \frac{AF^2}{2AC \cdot FC} = 1 - \frac{1}{2AC \cdot FC}.$$

在 $\triangle BCD$ 中,由余弦定理得

$$BD^2 = BC^2 + CD^2 - 2BC \cdot CD\cos \angle C$$

$$= BC^2 + CD^2 - 2BC \cdot CD\left(1 - \frac{1}{2AC \cdot FC}\right)$$

$$= BC^2 + CD^2 - 2BC \cdot CD + \frac{BC}{AC} \cdot \frac{DC}{FC}.$$

上式中 $\frac{BC}{AC} \cdot \frac{DC}{FC}$ 为小于 1 的真分数,而其余各项均为整数,矛盾.

故不存在满足条件的 4 条直线,使得截出的 8 条线段的长为 1,2,3,4,5,6,7,8.

(2)如图 6-14 知所截出的 8 条线段可以为互不相等的线段,图中这 8 条线段的长依次为 3,4,5,12,16,20,28,32.

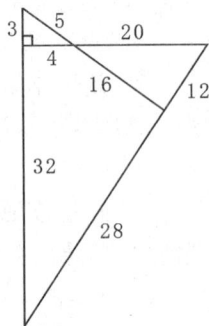

图 6-14

例 5 凸四边形 $B_1B_2B_3B_4$ 内任给 5 个点 A_1,A_2,A_3,A_4,A_5,使得 9 点 B_1,B_2,B_3,B_4,A_1,A_2,A_3,A_4,A_5 中任何 3 点不共线. 证明:这 9 点中必有 5 点是一个凸五边形的 5 个顶点.

证明 (1)若 A_1,A_2,A_3,A_4,A_5 的凸包是凸五边形,则结论显然成立.

(2)若 A_1,A_2,A_3,A_4,A_5 的凸包是四边形或三角形,则这 5 点中必有一点在以其余点为顶点的三角形内. 不妨设 A_4 在 $\triangle A_1A_2A_3$ 内,于是,4 点 B_1,B_2,B_3,B_4 落在 3 个角 $\angle A_1A_4A_2,\angle A_2A_4A_3,\angle A_3A_4A_1$ 内. 由抽屉原理,知若中至少有 $\left[\dfrac{4-1}{3}\right]+1=2$ 个点落在同一个角内,不妨设 B_1,B_2 在 $\angle A_1A_4A_2$ 内,于是 $B_1B_2A_2A_4A_1$ 是一个凸五边形.

例 6 在凸四边形内部标定 4 个点,求证:可在凸四边形的边界上找到一点,使它到四边形的各顶点的距离之和大于它到 4 个给定点的距离之和.

(1993 年圣彼得堡市选拔考试试题)

证明 如图 6-15,设凸四边形 $ABCD$ 内的 4 个标定点为 $M,N,$ P,Q,则 M,N,P,Q 的凸包可能为凸四边形、三角形或线段. 但从下面证明过程中来看,只需对凸四边形的情形来证明,故只考虑 $MNPQ$ 为凸四边形的情形. 对 $ABCD$ 的周界上任意一点 E,令 $f(E)=EA+$ $EB+EC+ED,g(E)=EM+EN+EP+EQ.$ 于是只要证明周界上存在一点 E,使 $f(E)>g(E).$

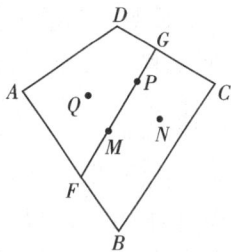

作直线 MP,交四边形的周界于 F,G,于是有
$$f(F)+f(G)=FA+FB+FC+FD+GA+GB+GC+GD$$
$$=(FD+GA)+(FC+GB)+FA+FB+GC+GD$$
$$>AD+FG+BC+FG+FA+FB+GC+GD$$
$$=(FA+AD+GD)+(FB+BC+GC)+2FG$$
$$>GQ+FQ+GN+FN+2FG=g(F)+g(G).$$

这表明 $f(F)>g(F)$ 和 $f(G)>g(G)$ 中至少有一个成立. 当直线 MP 与凸四边形 $ABCD$ 的周界的交点位于一组邻边上时,可完全类似地证得同样的结论.

图 6-15

例 7 在凸 1994 边形 M 中连出 997 条对角线,使得 M 的每一个顶点恰引出 1 条对角线,每条对角线都把 M 的周界分为两部分,其中边数较少的部分中边的条数定义为这条对角线的长度,将 997 条对角线的长度依递减次序排列成 $(d_1,d_2,\cdots,d_{997}).$ 问对角线的长度序列能否实现

(1)$(d_1,d_2,\cdots,d_{997})=(3,3,\cdots,3,2,2,\cdots,2)$,其中 991 个 3 和 6 个 2?

(2)$(d_1,d_2,\cdots,d_{997})=(8,\cdots,8,6,\cdots,6,3,\cdots,3)$,其中 4 个 8,985 个 6,8 个 3?

(1994 年捷克奥林匹克试题)

解 首先证明下列引理:

引理 如果一个凸 $2n$ 边形中连出了 n 条对角线,使得每个顶点恰连出 1 条对角线,那么长度为偶数的对角线的条数必为偶数.

证明 将凸 $2n$ 边形的 $2n$ 个顶点相间地涂成白色和黑色,于是黑白顶点各有 n 个. 易见,具有同色端点的对角线的长度为偶数,具有异色端点的对角线的长度为奇数.

设恰有 k 条对角线的端点异色,于是另外 $n-k$ 条对角线的端点同色,去掉前 k 条对角线和它们的端点,则还有黑白顶点各 $n-k$ 个. 由于这 $n-k$ 个黑点都只能连出顶点同色的对角线,且每个顶点都恰连出 1 条,所以黑顶点的个数 $n-k$ 必为偶数,即长度为偶数的对

角线的条数为偶数.

因为(2)中有 $985+4=989$ 条对角线的长度为偶数,与引理结论矛盾,故(2)不能实现.

为解决(1),设 M 为 $A_1A_2\cdots A_{1994}$,连出对角线 $A_1A_3,A_4A_6,A_7A_9,A_8A_{10},A_{11}A_{13}$ 和 $A_{12}A_{14}$,这 6 条对角线的长度都是 2,再连出对角线 $A_{9+6j}A_{12+6j},A_{10+6j}A_{13+6j},A_{11+6j}A_{14+6j}$ $(j=1,2,3,\cdots,330)$ 及 A_2A_5,这 991 条对角线的长度都为 3,并且过每个顶点恰有 1 条对角线,可见,(1)中所要求的对角线长度序列存在.

例 8 证明:存在两个不相似的三角形,他们中每一个都能被分成 2000 个全等的三角形.

证明 假设一个三角形的一条边长为 n,那么将各边 n 等分,并且过分点作其他边的平等线,则可将原三角形剖分为 n^2 个全等的三角形,这些三角形都和原三角形相似,对应边的比为 $\frac{1}{n}$.

注意到 $2000=40^2+20^2=44^2+8^2$.构造 Rt$\triangle ABC$,两直角边的长为 $AB=40$,$AC=20$.作斜边上的高 AD,然后将 $\triangle ABD$ 剖分成 40^2 个全等的小三角形,将 $\triangle ACD$ 剖分成 20^2 个全等的小三角形.因为 $\triangle ABK\backsim\triangle CAK$,故这 $40^2+20^2=2000$ 个小三角形全等.

同理,构造 $\triangle A'B'C'$ 使两直角边的长 $A'B'=44$,$A'C'=8$.则用上述类似方法可将 $\triangle A'B'C'$ 剖分为 $44^2+8^2=2000$ 个全等的小三角形,并且显然 $\triangle ABC$ 与 $\triangle A'B'C'$ 不相似.

例 9 已知空间有 $n(\geqslant 4)$ 个点,其中任意 4 点不共面,并且任何 3 点是有一个内角大于 $120°$ 的三角形的顶点.试证一定可将这 n 个点标记为 $A_1,A_2,\cdots,A_n$ 使对任意 $i,j,k(1\leqslant i<j<k\leqslant n)$,都有 $\angle A_iA_jA_K>120°$. (第 3 届全苏奥林匹克试题)

证明 设已知 n 点中点 A 与 B 的距离为最大,对其他任意两点 C,D,由已知条件有

$\angle ACB>120°,\angle ADB>120°$.

于是 $\angle CAB<60°,\angle DAB<60°$,故

$\angle DAC\leqslant\angle CAB+\angle DAB<60°+60°=120°$,

从而 $\angle ACD$ 及 $\angle ADC$ 中必有一个大于 $120°$,另一个小于 $120°$,所以 $AC\neq AD$.又 $AD<AB$,$AC<AB$(因三角形中,大于 $120°$ 的角所对的边最长),可见已知的 n 个点中,除 A 外,其余各点到 A 的距离两两不等,我们记 $A_1=A$,其余 $n-1$ 个点按照他们到 A 的距离从小到大依次记为 $A_2,A_3,\cdots,A_n=B$.

下面证明这种标号满足题目要求.

首先,对任意 $i,j(1\leqslant i<j\leqslant n)$,由前面证明有 $\angle A_iA_1A_j<120°$,又 $A_1A_j>A_1A_i$,所以 $\angle A_1A_iA_j>120°$.

其次,对任意 $i,j,k(1\leqslant i<j<k\leqslant n)$,因为

$180°>\angle A_1A_iA_j>120°,180°>\angle A_1A_iA_k>120°$,

所以 $\angle A_jA_iA_k<120°$,又由 $\angle A_1A_iA_k>120°$ 推得 $\angle A_1A_kA_i<60°$,由 $\angle A_1A_jA_k>120°$ 推得 $\angle A_1A_kA_j<60°$,所以 $\angle A_jA_kA_i\leqslant\angle A_1A_kA_i+\angle A_1A_kA_j<120°$,故 $\angle A_iA_jA_k>120°$.

例 10 证明:对任意正整数 $n\geqslant 2$,平面上存在 n 个点,其中无三点共线,并且任意两点间的距离都是整数.

证明 首先注意,只要能证明,存在 n 点组成的集合 S(其中无三点共线),使得 S 中任意两点的距离为有理数就够了.因为假设在一个直角坐标系中有了这样的 S,记 M 为 S 中所有两点之距离确定的有理数的最小公分母,则将 S 中的所有点的(纵、横)坐标乘以 M 得到点集 S',则 S' 中任意两点的距离便是整数,且 S' 中显然也无三点共线.

取 n 个点为单位圆上的点,这保证了无三点共线,单位圆上两个不同点 $A(\cos\alpha, \sin\alpha)$,$B(\cos\beta, \sin\beta)$ 的距离为:

$$|AB| = \sqrt{(\cos\alpha - \cos\beta)^2 + (\sin\alpha - \sin\beta)^2} = 2\left|\sin\frac{\alpha-\beta}{2}\right|$$

$$= 2\left|\sin\frac{\alpha}{2}\cos\frac{\beta}{2} - \cos\frac{\alpha}{2}\sin\frac{\beta}{2}\right|.$$

故我们只需找 n 个互不相同的角 $2\theta_1, 2\theta_2, \cdots, 2\theta_n \in [0, \pi)$,使得对任意 $k(1 \leq k \leq n)$,数 $\cos\theta_k$ 与 $\sin\theta_k$ 都是有理数.

这一问题不难解决,由恒等式

$$(k^2 - 1)^2 + (2k)^2 = (k^2 + 1)^2,$$

可知,若取 $\theta_k = \arctan\dfrac{k^2-1}{2k}(1 \leq k \leq n)$,则

$$\sin\theta_k = \frac{k^2-1}{k^2+1}, \quad \cos\theta_k = \frac{2k}{k^2+1} \quad (1 \leq k \leq n)$$

都是有理数,又易知对 $1 \leq k \leq n$,诸 $2\theta_k$ 互不相同,且 $0 \leq 2\theta_k < \pi$. 这样,单位圆上 n 个点 $A_k(\cos 2\theta_k, \sin 2\theta_k)(1 \leq k \leq n)$ 符合我们前述的要求.

注意,诸 A_k 实际上都是有理点(坐标均为有理数的点),因此,由前面"将有理数扩大倍数化为整数"的方法,我们可取出 n 个整点符合问题的要求.

例 11 求最大的正整数 n,使得在三维空间中存在 n 个点 $P_1, P_2, \cdots, P_n$,其中任意三点不共线,且对任意 $1 \leq i < j < k \leq n$,$\triangle P_i P_j P_k$ 不是钝角三角形.

(第 49 届 IMO 中国国家集训队测试试题)

解 结论是 $n = 8$.

考虑正方体的 8 个顶点,容易验证,其中任意三点构成的三角形都不是钝角三角形.

下证 $n \leq 8$. 设 $P_1, P_2, \cdots, P_n$ 为满足要求的点集,将它们放入空间直角坐标系,不妨设 P_1 为坐标原点 O.

若 $P_1, P_2, \cdots, P_n$ 不共面. 设 Λ 为这些点的凸包,对 $2 \leq i \leq n$,令 $\Lambda_i = \Lambda + \overrightarrow{OP_i}$(因此,$\Lambda = \Lambda_1$),考虑以坐标原点为中心将 Λ 扩大为原来的 2 倍,记 Γ 和 Q_i 为 Λ 和 P_i 在这个变换下的象.易见,所有 Λ_i,$1 \leq i \leq n$ 均在 Γ 内且 Γ 的体积是 Λ 的体积的 8 倍.我们断言:

(a)每个 P_i 为 Λ 的顶点;

(b)$\Lambda_i, \Lambda_j (1 \leq i < j \leq n)$ 没有公共内点.

对于(a),设 P_2 不是 Λ 的顶点.若 P_2 在凸包 Λ 的某个面上,则这个面上一定存在两个顶点 P_i、P_j,使得 $\angle P_i P_2 P_j \geq 120° > 90°$,矛盾!若 P_2 在凸包 Λ 的内部,设直线 $P_1 P_2$ 与凸包 Λ 的一个面 π 交于点 P'_2,设 P_1 在面 π 上的投影为 H,由于 P'_2 在面 π 的内部,所以存在面 π 上的一个顶点 P_i,使得 $\angle P_i P'_2 H \geq 90°$,所以

$$P_1 P'^2_2 + P_i P'^2_2 = P_1 H^2 + HP'^2_2 + P_i P'^2_2$$

$$\leqslant P_1H^2 + P_iH^2 = P_1P_i^2,$$

所以 $\angle P_1P_2P_i > \angle P_1P_2'P_i \geqslant 90°$，矛盾！所以(a)成立.

对于(b)，考虑过 $Q_{ij} = \overrightarrow{OP_i} + \overrightarrow{OP_j}$ 且与 $\overrightarrow{P_iP_j}$ 垂直的平面 p_{ij}，注意到 p_{ij} 就是 Q_iQ_j 的中垂面，所以 Λ_i 的所有点均与 Q_i 在 p_{ij} 的同侧(否则就有钝角三角形了)，Λ_j 的所有点也均与 Q_j 在 p_{ij} 的同侧. 所以(b)成立.

由(a)、(b)成立，知 $\bigcup_{i=1}^n \Lambda_i$ 的体积(不大于 Γ 的体积)就是所有 $\Lambda_i (1 \leqslant i \leqslant n)$ 的体积和，即 Λ 的体积的 n 倍，因此 $n \leqslant 8$ 成立.

若 $P_1, P_2, \cdots, P_n$ 共面，同上做法即知 $n \leqslant 4$.

所以 $n \leqslant 8$. 故 n 的最大值为 8.

例 12 试确定所有满足如下条件的正整数 n：在直角坐标平面内存在每条边长都是奇数且任意两条边长不相等的格点凸 n 边形.(格点凸 n 边形是指每个顶点都是整点的凸 n 边形)

(第 49 届 IMO 中国国家集训队测试试题)

解 首先证明，当 n 为奇数时，不存在满足条件的 n 边形.

用反证法. 假设存在格点凸 n 边形 $A_1A_2\cdots A_n$ 满足条件，且 n 为奇数.

令 $A_t(x_t, y_t), x_t, y_t \in \mathbf{Z}, t = 1, 2, \cdots, n, n+1(A_{n+1} = A_1), |A_tA_{t+1}| = 2l_t - 1, l_t \in \mathbf{N}^*,$ $t = 1, 2, \cdots, n$，则

$$1 \equiv (2l_t - 1)^2 = |A_tA_{t+1}|^2 = (x_{t+1} - x_t)^2 + (y_{t+1} - y_t)^2$$
$$\equiv x_{t+1} - x_t + y_{t+1} - y_t \pmod{2},$$

故

$$1 \equiv n \equiv \sum_{t=1}^n (x_{t+1} - x_t + y_{t+1} - y_t) = 0 \pmod{2},$$

矛盾！

故 n 只可能是偶数，且 n 当然不小于 4.

下面对每个不小于 4 的偶数 n 构造满足条件的凸 n 边形.

当 $n \geqslant 6$ 时，对 $t = 1, 2, \cdots, n-3$，取

$$x_t = 4(1 + 2 + \cdots + t), \quad y_t = 4(1^2 + 2^2 + \cdots + t^2) - t;$$

对 $t = n-2, n-1, n$，分别取

$$x_{n-2} = x_{n-1} = -4(1^2 + 2^2 + \cdots + (n-3)^2) + n - 5, \quad x_n = 0$$

及

$$y_{n-2} = 4(1^2 + 2^2 + \cdots + (n-3)^2) - n + 3, \quad y_{n-1} = y_n = 0,$$

则

$$|A_nA_1| = \sqrt{x_1^2 + y_1^2} = 5,$$
$$|A_{t-1}A_t| = \sqrt{(4t)^2 + (4t^2 - 1)^2} = 4t^2 + 1,$$
$$t = 2, 3, \cdots, n-3,$$
$$|A_{n-3}A_{n-2}| = x_{n-3} - x_{n-2} = 4(1 + 2 + \cdots + (n-3)) + 4(1^2 + 2^2 + \cdots + (n-3)^2) - n + 5,$$
$$|A_{n-2}A_{n-1}| = y_{n-2} = 4(1^2 + 2^2 + \cdots + (n-3)^2) - n + 3,$$
$$|A_{n-1}A_n| = -x_{n-1} = 4(1^2 + 2^2 + \cdots + (n-3)^2) - n + 5.$$

考虑到 n 为偶数，于是所有边长都是奇数. 另外，考虑到

$$4(1^2+2^2+\cdots+(n-3)^2)-n+3-(4(n-3)^2+1)$$
$$=4(1^2+2^2+\cdots+(n-4)^2)-n+2$$
$$>4(n-4)-n+2=3n-14>0,$$

故
$$|A_{n-3}A_{n-2}|>|A_{n-1}A_n|>|A_{n-2}A_{n-1}|>|A_{n-4}A_{n-3}|>|A_{n-5}A_{n-4}|>\cdots>|A_2A_1|$$
$$>|A_1A_n|,$$

即所有边长都不相等.

最后证明,此构造下的多边形为凸多边形.

由于 $y_{n-2}=y_{n-3}$, $y_{n-1}=x_{n-2}$, $y_n=y_{n-1}$, $x_{n-3}>x_{n-2}$, $x_{n-1}<x_n$,所以 $\angle A_{n-3}A_{n-2}A_{n-1}$ 与 $\angle A_{n-2}A_{n-1}A_n$ 为同旁内角,且均为直角.

又记 k_{MN} 为直线 MN 的斜率,则 $k_{A_{n-3}A_{n-2}}=k_{A_{n-1}A_n}=0$,以下只需说明 $k_{A_{n-4}A_{n-3}}>k_{A_{n-5}A_{n-4}}>\cdots>k_{A_1A_2}>k_{A_nA_1}>0$,即可保证 $A_1A_2\cdots A_n$ 为凸 n 边形.

事实上,记 $A_0=A_n$,则对 $t=1,2,\cdots,n-3$,有
$$0<k_{A_{t-1}A_t}=\frac{4t^2-1}{4t}=t-\frac{1}{4t}<t+1-\frac{1}{4(t+1)}=k_{A_tA_{t+1}},$$故上述图形满足所有条件.

当 $n=4$ 时,取 $A_1(7,0)$, $A_2(11,3)$, $A_3(0,3)$, $A_4(0,0)$,则
$$|A_1A_2|=5,|A_2A_3|=11,|A_3A_4|=3,|A_4A_1|=7,$$
为互不相同的奇数,且 $A_1A_2A_3A_4$ 为凸四边形.

综上所述,所求的 n 为一切不小于 4 的偶数.

例 13　求具有如下性质的最小正整数 n:将正 n 边形的每一个顶点任意染上红、黄、蓝三种颜色之一,那么这 n 个顶点中一定存在四个同色点,它们是一个等腰梯形的顶点.

（第 23 届 CMO 试题）

解　所求 n 的最小值为 17.

首先证明 $n=17$ 时,结论成立.

反证法.反设存在一种将正 17 边形的顶点三染色的方法,使得不存在 4 个同色顶点是某个等腰梯形的顶点.

由于 $\left[\frac{17-1}{3}\right]+1=6$,故必存在某 6 个顶点染同一种颜色,不妨设为黄色.将这 6 个点两两连线,可以得到 $C_6^2=15$ 条线段.由于这些线段的长度只有 $\left[\frac{17}{2}\right]=8$ 种可能,于是必出现如下的两种情况之一.

(1)有某 3 条线段长度不同.

注意到 17 不是 3 的倍数,不可能出现这 3 条线段两两有公共顶点的情况.所以存在两条线段,顶点互不相同.这两条线段的 4 个顶点即满足题目要求,矛盾.

(2)有 7 对长度相等的线段.

由假设,每对长度相等的线段必有公共的黄色顶点,否则能找到满足题目要求的 4 个黄色顶点.再根据抽屉原理,必有两对线段的公共顶点是同一个黄色点.这 4 条线段的另 4 个顶点必然是某个等腰梯形的顶点,矛盾.

所以，$n=17$ 时，结论成立.

再对 $n \leqslant 16$ 构造出不满足题目要求的染色方法. 用 $A_1, A_2, \cdots, A_n$ 表示正 n 边形的顶点（按顺时针方向）, M_1, M_2, M_3 分别表示三种颜色的顶点集.

当 $n=16$ 时，令
$$M_1 = \{A_5, A_8, A_{13}, A_{14}, A_{16}\},$$
$$M_2 = \{A_3, A_6, A_7, A_{11}, A_{15}\},$$
$$M_3 = \{A_1, A_2, A_4, A_9, A_{10}, A_{12}\},$$

对于 M_1, A_{14} 到另 4 个顶点的距离互不相同，而另 4 个点刚好是一个矩形的顶点. 类似于 M_1, 可验证 M_2 中不存在 4 个顶点是某个等腰梯形的顶点. 对于 M_3, 其中 6 个顶点刚好是 3 条直径的顺点，所以任意 4 个顶点要么是某个矩形的 4 个顶点，要么是某个不等边 4 边形的 4 个顶点。

当 $n=15$ 时，令
$$M_1 = \{A_1, A_2, A_3, A_5, A_8\},$$
$$M_2 = \{A_6, A_9, A_{13}, A_{14}, A_{15}\},$$
$$M_3 = \{A_4, A_7, A_{10}, A_{11}, A_{12}\},$$

每个 M_i 中均无 4 点是等腰梯形的顶点.

当 $n=14$ 时，令
$$M_1 = \{A_1, A_3, A_8, A_{10}, A_{14}\},$$
$$M_2 = \{A_4, A_5, A_7, A_{11}, A_{12}\},$$
$$M_3 = \{A_2, A_6, A_9, A_{13}\},$$

每个 M_i 中均无 4 点是等腰梯形的顶点.

当 $n=13$ 时，令
$$M_1 = \{A_5, A_6, A_7, A_{10}\},$$
$$M_2 = \{A_1, A_8, A_{11}, A_{12}\},$$
$$M_3 = \{A_2, A_3, A_4, A_9, A_{13}\},$$

每个 M_i 中均无 4 点是等腰梯形的顶点.

在上述情形中去掉顶点 A_{13}, 染色方式不变，即得到 $n=12$ 的染色方法；然后再去掉顶点 A_{12}, 即得到 $n=11$ 的染色方法；继续去掉顶点 A_{11}, 得到 $n=10$ 的染色方法.

当 $n \leqslant 9$ 时，可以使每种颜色的顶点个数小于 4, 从而无 4 个同色顶点是某个等腰梯形的顶点.

上面构造的例子表明 $n \leqslant 16$ 不具备题目要求的性质.

综上所述，所求的 n 的最小值为 17.

§4　组合几何中覆盖和嵌入问题的解法

1. 利用图形的交集进行覆盖

为了找出一个尽可能小的覆盖给定图形 N 的图形，我们先设法找出覆盖 N 的 n 个图形 $M_1, M_2, \cdots, M_n$, 于是 $M = M_1 \cap M_2 \cap \cdots \cap M_n$ 仍覆盖 N, 作为 $M_1, M_2, \cdots, M_n$ 的图形常常

可取为圆面(包括圆周以及内部,下同)以及两条平行线所夹的区域.

例1 证明:直径为 1 的图形 F 必能被半径为 $\frac{\sqrt{3}}{2}$ 的圆面所覆盖.

证明 因 $d(F)=1$,故 F 的边界上存在两点 A,B 使 $|AB|=1$,对任意 $P\in F$,$|PA|\leqslant 1$,$|PB|\leqslant 1$,故 P 在圆心分别为 A,B,半径都为 1 的两圆面 M_1 和 M_2 上.设这两个圆面的周界交于 C 和 D,并取 CD 中点 O,以 O 为中心,以 $|OC|=|OD|=\frac{\sqrt{3}}{2}$ 为半径作圆面 M,于是 $F\subseteq M_1\bigcap M_2\subseteq M$,即 F 可以被一个半径为 $\frac{\sqrt{3}}{2}$ 的圆面 M 所覆盖.

例2 证明:(1)直径为 1 的图形 F 可被边长为 $\sqrt{3}$ 的正三角形所覆盖;

(2)直径为 1 的图形 F 可被边长为 $\frac{\sqrt{3}}{3}$ 的正六边形覆盖.

证明 (1)因为 $d(F)=1$,故可作三组平行线 a 与 a',b 与 b',c 与 c',使得 F 界于每组平行线之间,并且每组平行线间的距离都是 1,不相同的两组平行线的夹角都是 $60°$(图 6-16),这三组平行线相交得两个正三角形 $\triangle ABC$ 和 $\triangle A'B'C'$. 我们证明:$\triangle ABC$ 和 $\triangle A'B'C'$ 中至少有一个的边长 $\leqslant\sqrt{3}$,设 $\triangle ABC$、$\triangle A'B'C'$ 的高分别为 h 和 h',设 F 内任意一点 P 到 BC、CA、AB 的距离分别为 x,y,z,并且 P 到 $B'C'$、$C'A'$、$A'B'$ 的距离分别为 x',y',z',于是

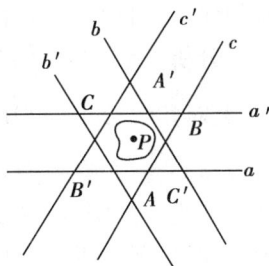

图 6-16

$$h=x+y+z,\ h'=x'+y'+z',$$
$$h+h'=(x+x')+(y+y')+(z+z')=1+1+1=3.$$

故 h 和 h' 中至少有一个不超过 $\frac{3}{2}$.不妨设 $h\leqslant\frac{3}{2}$,于是正 $\triangle ABC$ 的边长 $=\frac{2}{\sqrt{3}}h\leqslant\sqrt{3}$.

必要时,将 $\triangle ABC$ 的边长放大为 $\sqrt{3}$,于是 F 可被一个边长为 $\sqrt{3}$ 的正三角形所覆盖.

(2)由(1)知 F 可被一个边长为 $\sqrt{3}$ 的正 $\triangle ABC$ 所覆盖,可将 F 不动,平移 $\triangle ABC$,使 BC 边与 F 的边界接触且保持 $\triangle ABC$ 覆盖 F. 作 BC 的平行线交 AB、AC 分别于 D、E,使 DE 与 BC 的距离为 1.因 $d(F)=1$,故 F 在 DE 与 BC 之间. 类似地,可作平行 CA,AB 的直线截出六边形 $DEFGHI$(图 6-17)覆盖 F,且六边形 $DEFGHI$ 的每组对边的距离都为 1,因 $\triangle ADE$ 的高 $=\frac{3}{2}-1=\frac{1}{2}$,所以 $AE=$

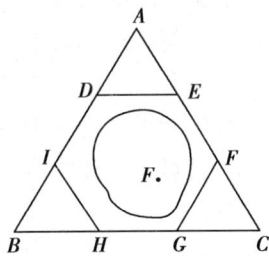

图 6-17

$DE=\frac{1}{2}\times\frac{2}{\sqrt{3}}=\frac{1}{\sqrt{3}}=\frac{\sqrt{3}}{3}$.同理,$CF=FG=\frac{\sqrt{3}}{3}$,所以 $EF=AC-AE-FC$

$=\sqrt{3}-\frac{\sqrt{3}}{3}-\frac{\sqrt{3}}{3}=\frac{\sqrt{3}}{3}$.同理可证,$HG=IH=ID=\frac{\sqrt{3}}{3}$,故 $DEFGHI$ 是一个边长为 $\frac{\sqrt{3}}{3}$ 的正六边形.

2. 从局部到整体,从特殊到一般

(1)为了找出图形 N 的一个覆盖,先确定图形 N 中的某部分局部图形(点、线、三角形

…),再研究其余部分与这个局部图形的关系,从而确定整个图形 N 的变化范围,由此便可以找出 N 的一个覆盖满足一定的要求.

(2)为了找出图形 N 的一个覆盖,先对图形 N 为特殊形状的情形进行探索,找出覆盖 M 后,再证明对 N 的一般形状,M 也是 N 的覆盖.

例 1 如果一个凸多边形 M 不能覆盖一个面积为 1 的三角形,那么 M 必能被一个面积为 4 的三角形所覆盖.

证明 凸多边形 M 的内接三角形中必有一个面积为最大的三角形,设为 $\triangle ABC$,则 $S_{\triangle ABC}<1$. 过 A,B,C 分别作对边的平行线,相交得 $\triangle A'B'C'$. 于是 M 上任意一点属于 $\triangle A'B'C'$ 的边界或内部(否则与 $\triangle ABC$ 的面积最大矛盾),即 M 被 $\triangle A'B'C'$ 所覆盖,并且 $S_{\triangle A'B'C'}=4S_{\triangle ABC}<4$. 适当将 $\triangle A'B'C'$ 放大为一个面积为 4 的三角形,于是 M 可被一个面积为 4 的三角形所覆盖.

例 2 桌面上有一个长为 $2L$ 的丝线做成的线圈. 证明:不管它的形状如何,它可被一个直径为 l 的圆形纸片所覆盖.

分析 证明覆盖的关键是确定圆心 O 的位置,当丝线为 $\square ABCD$ 时,其对角线交点为 O,则 $OA=\dfrac{1}{2}AD\leqslant\dfrac{1}{2}(AB+BD)=\dfrac{l}{2}$,故 $\square ABCD$ 可被圆心在 O,直径为 l 的圆形纸片所覆盖.

证明 如图 6-18,在长为 $2l$ 的线圈 L 上取两点 A,B 将 L 均分为两段,每段的长都为 l,取 AB 的中点 O,对线圈上任意一点 P,有 $OP\leqslant\dfrac{1}{2}(PA+PB)\leqslant\dfrac{1}{2}l$,即 P 在以 O 为中心,直径为 l 的圆内,即丝线 L 可被一个直径为 l 的圆形纸片所覆盖.

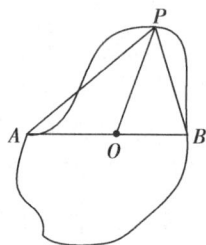

图 6-18

3. 膨胀与收缩(镶边与裁边)

为了证明满足给定条件的覆盖或嵌入存在,常常要将原图形适当"膨胀"(即沿边界镶上宽度一定的边)或适当"收缩"(即沿边界裁去宽度一定的边),我们称这种解题方法为膨胀或收缩,也叫做镶边或裁边.

例 1 在半径为 18 的圆内已嵌入了 16 个半径为 3 的互不重叠的圆. 证明:余下部分可嵌入 9 个半径为 1 的互不重叠的圆.

证明 首先将半径为 18 的圆的半径缩小 1,而将 16 个半径为 3 的圆的半径都增加 1,因为

$$\pi\cdot 17^2-16\cdot\pi\cdot 4^2=289\pi-256\pi=33\pi>0,$$

即半径为 17 的圆中去掉 16 个半径为 4 的圆(它们可以重叠也可以不重叠),至少还存在一点 A_1,于是以 A_1 为中心,以 1 为半径的圆可嵌于半径为 18 的圆内,并且与原先嵌入的 16 个半径为 3 的圆互不重叠.

设半径为 18 的圆内已嵌入 $k(1\leqslant k\leqslant 8)$ 个半径为 1 的圆且与原已嵌于的 16 个半径为 3 的圆互不重叠,那么,仿上,由

$$\pi 17^2-16\cdot\pi\cdot 4^2-k\cdot\pi\cdot 2^2=(33-4k)\pi>0(1\leqslant k\leqslant 8),$$

即知从半径为 17 的圆中去掉 16 个半径为 4 的圆及 k 个半径为 2 的圆（$1 \leqslant k \leqslant 8$）后，必存在一点 A_{k+1}，使得以 A_{k+1} 为中心，以 1 为半径的圆可嵌入半径为 18 的圆内，并且与原已嵌入的 16 个半径为 3 的圆及 k 个半径为 1 的圆互不重叠（$1 \leqslant k \leqslant 8$），这就完成了原命题的证明.

例 2 如果有限多个圆覆盖着一个面积为 M 的点集，那么从中可取出一组没有公共点的圆，它们覆盖一个面积 $\geqslant \frac{1}{9}M$ 的点集.

证明 首先从已知有限个圆中选出一个面积最大的圆 $\odot O_1(r_1)$（表示以 O_1 为中心，r_1 为半径的圆，下同），它的面积为 $S_1 = \pi r_1^2$. 于是与 $\odot O_1(r_1)$ 有公共点的圆（其半径不超过 r_1）都在以 O_1 为中心，$3r_1$ 为半径的 $\odot O_1(3r_1)$ 内，故这些圆所覆盖的面积 $M_1 \leqslant \pi(3r_1)^2 = 9S_1$，所以 $S_1 \geqslant \frac{1}{9}M_1$. 去掉 $\odot O_1(r_1)$ 以及与 $\odot O_1(r_1)$ 有公共点的圆，在剩下的圆中再取一个面积最大的圆 $\odot O_2(r_2)$，其面积为 $S_2 = \pi r_2^2$，于是，所有与 $\odot O_2(r_2)$ 有公共点的圆都在 $\odot O_2(3r_2)$ 内，$\odot O_2(r_2)$ 以及与它有公共点的所有圆所覆盖的面积 $M_2 \leqslant \pi(3r_2)^2 = 9S_2$，所以 $S_2 \geqslant \frac{1}{9}M_2$. 经过有限次这样的操作，可将已知的有限个圆处理完毕，得到一组没有公共点的圆 $\odot O_1(r_1)$，$\odot O_2(r_2)$，$\cdots$，$\odot O_k(r_k)$，它们覆盖的总面积为

$$S_1 + S_2 + \cdots + S_k \geqslant \frac{1}{9}M_1 + \frac{1}{9}M_2 + \cdots + \frac{1}{9}M_k = \frac{1}{9}M.$$

证毕.

例 13 证明：平面上任意 n 个点能被直径之和小于 n，且任意两个圆盘的距离大于 1 的有限个圆盘覆盖.（两个不相交的圆盘的距离是指它们的圆心距减去它们的半径和；两个有公共点的圆盘的距离规定为 0）　　　　　　　　（2008 年中国国家集训队测试试题）

证明 首先注意到：如果两个直径为 d_1、d_2 的圆盘有公共点，则它们能包含在一个直径为 $d_1 + d_2$ 的圆盘内.

现以给定的 n 个点为中心，作 n 个直径为 $a(>1)$ 的圆盘（a 为参数），如果有两个圆盘有公共点，则我们可以用一个直径为它俩直径之和且能覆盖它们的圆盘来替代它们，如此下去，我们一定能使所有的圆盘都不相交，这样我们得到了 $k(\leqslant n)$ 个圆盘，它们的直径之和等于 na，且它们覆盖以给定点为中心且直径为 a 的 n 个圆盘. 现将这 k 个圆盘的直径缩减 b，其中 $1 < b < a$，注意到每个给定点到它的覆盖圆的距离都不小于 a，所以缩减 b 之后所有点还是在圆内，即所得的 k 个新的圆盘仍覆盖给定的 n 个点，且这些圆的直径和为 $na - kb$，且其中任何两个圆距离至少是 b.

取 $a = 1 + \frac{1}{n}$，$b = 1 + \frac{1}{2n}$，则 $na - kb \leqslant na - b < n$，所以这样的圆盘满足要求，得证.

例 4 一条折线包含在边长为 50 的正方形内，对正方形内任意一点 P，都存在折线上的点 Q，使 $|PQ| \leqslant 1$. 证明：折线的长度大于 1248.

（前捷克斯洛伐克奥林匹克试题）

证明 设折线为 $A_0 A_1 A_2 \cdots A_n$，其中第 i 段的长为 $|A_{i-1} A_i| = a_i(i = 1, 2, \cdots, n)$，于是折

线的长为 $L=a_1+a_2+\cdots+a_n$. 对每一线段 $A_{i-1}A_i$，分别以 A_{i-1}，A_i 为中心，1 为半径作圆，并且作两圆的外公切线，得以一个如图 6-19 所示的圆形 $\Phi_i(i=1,2,\cdots,n)$，这个图形的面积为 $|\Phi_i|=\pi+2a_i$. 依题意，正方形的每一点必在某个 Φ_i 内，故 n 个图形 $\Phi_1,\Phi_2,\cdots,\Phi_n$ 覆盖正方形，因此它们的总面积 S 不小于正方形的面积 50^2. 注意到每一个折线内部顶点 A_i ($1\leqslant i\leqslant n-1$) 处的小扇形 I 的面积小于 Φ_i 与 Φ_{i+1} 中矩形重叠部分 II 的面积（图 6-20），故

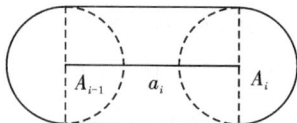 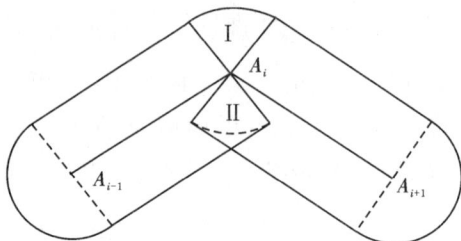

图 6-19　　　　　　　　　　　　　　**图 6-20**

$$S\leqslant 2a_1+2a_2+\cdots+2a_n+\pi,$$
结合 $S\geqslant 2500$，可得折线的长为

$$L=a_1+a_2+\cdots+a_n\geqslant\frac{2500-\pi}{2}>\frac{2496}{2}=1248.$$

证毕.

4. 染色方法与赋值方法

棋盘覆盖问题中为了证明某种覆盖是不可能的，常常用染色方法或赋值方法，即适当将棋盘上各小格按一定规律染成几种颜色（或赋予不同数值），在假设可以覆盖的情形下，再用两种不同方法对各种颜色的格子的数目（或对赋有不同数值的格子的数值之和）进行统计，如果导致矛盾，那么就证明了所述的覆盖是不可能的.

例 1　8×8 的棋盘能否用 9 块"田字形" 2×2 方块⊞及 7 块形如⌐⌐的"L形"块覆盖？

解法一　将 8×8 的棋盘的奇数列的小方格染成黑色，偶数列的小方格染成白色. 于是每块田字形方块可盖住 2 个白色小格和 2 个黑色小格，而每个 L 形块可盖住 3 个白格和 1 个黑格或者 3 个黑格和 1 个白格. 假设 7 块 L 形块中有 x 块盖住 3 个白格和 1 个黑格，另 $7-x$ 块盖住了 3 个黑格和 1 个白格. 因 8×8 的棋盘中共有 32 个白格和 32 格黑格，如果满足题目要求的覆盖存在，那么盖住的黑格总数为 $9\times2+x+3(7-x)=32$，推出 $x=\frac{7}{2}$，不为整数，矛盾. 故满足题目要求的覆盖不存在.

解法二　将奇数列的每一个小方格内赋数字 1，偶数列的每一小方格内赋数字 -1，于是每块田字形块盖住的方格内的数字之和为 0，而每块 L 形块盖住的方格内的数字之和或为 $3+(-1)=2$ 或为 $1+3\times(-1)=-2$. 设 7 块 L 形块中有 x 块盖住的数字和为 2，$7-x$ 块盖住的数字和为 -2，如果满足题目条件的覆盖存在，那么盖住的各格内数字总和应为 $9\times0+2x+(-2)(7-x)=4x-14$. 另一方面，$8\times8$ 的棋盘上各小方格内数字总和应为 $32\times1+32\times(-1)=0$，所以 $4x-14=0$，推出 $x=\frac{7}{2}$，矛盾. 故满足题目要求的覆盖不存在.

例 2 用 $1\times1, 2\times2, 3\times3$ 的瓷砖铺满 23×23 的地板(不允许重叠,也不留空隙),问最少要用几块 1×1 的瓷砖?

解 将 23×23 的方格地面(已画成 1×1 的小方格)中第 $1,4,7,\cdots,19,22$ 列中的小方格染成黑色,其余各列染成白色. 如果不用 1×1 的瓷砖,则每块 2×2 瓷砖或盖住 2 个白色方格和 2 个黑色方格或盖住 4 个白色方格,而 3×3 的瓷砖盖住了 3 个黑色方格和 6 个白色方格,故不论用多少块 2×2 和 3×3 的瓷砖,盖住的白色方格数总是一个偶数,但一共有 15×23 个白格方格,且 15×23 是一个奇数,矛盾. 故不用 1×1 的瓷砖不可能将 23×23 的正方形铺满.

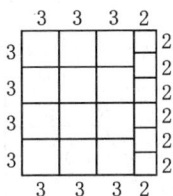

图 6-21

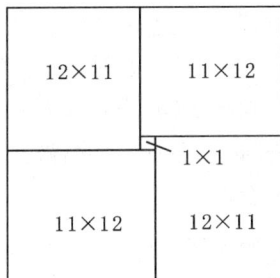

图 6-22

其次,如图 6-21 表明用 2×2 及 3×3 的瓷砖可铺满 12×11 的矩形,而图 6-22 表明只要用 1 块 1×1 的瓷砖可将 23×23 的正方形铺满.

综上可知,最少要用 1 块 1×1 的瓷砖.

例 3 由 2×2 方格纸去掉一个方格所余下的图形称为拐形,用这种拐形去覆盖 5×7 的方格板,每个拐形恰覆盖 3 个方格,可以重叠但不能超出方格板的边界. 问能否使方格板上每个方格被覆盖的层数都相同? 说明理由.
(1996 年第 22 届全俄奥林匹克试题)

-2	1	-2	1	-2	1	-2
1	1	1	1	1	1	1
-2	1	-2	1	-2	1	-2
1	1	1	1	1	1	1
-2	1	-2	1	-2	1	-2

图 6-23

解 将 5×7 方格板的每一个小方格内填写数 -2 和 1 如图 6-23 所示. 易见,每个拐形所覆盖的 3 个方格中的 3 个数之和非负,因而无论用多少个拐形覆盖多少次,盖住的所有数字之和(一个数被盖了几层就计算几次)都是非负的.

另一方面,方格板上数字总和为 $12\times(-2)\times+23\times1=-1$,当被覆盖 k 层时,盖住的数字之和等于 $-k$,矛盾,这表明不存在满足题中要求的覆盖.

5. 移动图形

因为由定义知道,考察图形 M 能否覆盖图形 N 时,允许图形 M(或 N)进行必要的平移或旋转. 因此,从动态的角度看问题是解有关覆盖问题的一大特征,有时将图形经过适当

○ 奥林匹克数学中的组合问题

的移动就可能找到问题的解答.

例 1 设 C 是以正多边形为边界的闭区域,证明:对任意正整数 n,恒存在平面点集 $S(n)$,使得 $S(n)$ 中任意 n 个点能被 C 覆盖住,但 $S(n)$ 本身不能被 C 覆盖.

证明 设 C 的边界为正 m 边形 $(m \geqslant 3)$,中心为 O,内切圆半径为 r,外接圆半径为 $R=\dfrac{r}{\cos \dfrac{\pi}{m}}$. 对任意正整数 n,取 $S(n)$ 为以 O 为中心,r_n 为半径的圆面(r_n 的值待定,但一定满足 $r < r_n < R$). 因为 $r_n > r$,故 $S(n)$ 不能被 C 覆盖. 设 $S(n)$ 的边界与 C 的边界依次交于 Q_1, Q_2, $Q_3, Q_4, \cdots, Q_{2m-1}, Q_{2m}$,其中 Q_{2i-1}, Q_{2i} 在正多边形的同一边上,于是 $OQ_i = r_n (i=1, 2, \cdots, 2m)$,任取 n 个点 $P_1, P_2, \cdots, P_n \in S(n)$.

(1)若 $|OP_i| \leqslant r < r_n$,则 P_i 必被 $S(n)$ 覆盖.

(2)若 $|OP_i| > r$,则将 $S(n)$ 绕 O 旋转一周时,P_i 有时被 C 覆盖,有时又没有被 C 覆盖.

如果旋转到某一时刻,某个 P_i 不被 C 覆盖,则 P_i 必落在 m 个角 $\angle Q_{2j-1}OQ_{2j}(j=1,2,\cdots,m)$ 的某一个内,每个角的大小都为 $2\alpha = 2\arccos \dfrac{r}{r_n}$（图 6-24),这 m 个角的大小之和为

$$2m\alpha = 2m\arccos \frac{r}{r_n}.$$

因此,当 $P_1, P_2, \cdots, P_n$ 都不在 C 内时,则 $OP_1, OP_2, \cdots, OP_n$ 可旋转的角度的总和为 $2nm\alpha$.

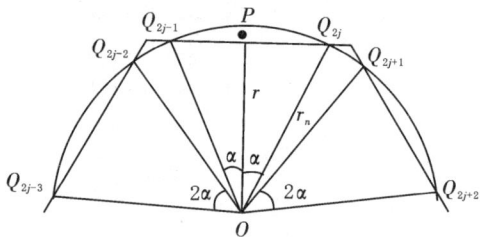

图 6-24

我们选择 r_n 满足 $2mn\alpha = \pi$,即 $r_n = \dfrac{r}{\cos \alpha} = \dfrac{r}{\cos \dfrac{\pi}{2mn}}$. 由上可知,如果 $S(n)$ 绕 O 旋转时,n 个点 $P_1, P_2, \cdots, P_n$ 中总有点不被 C 覆盖. 那么,$S(n)$ 转过的角度的总和不超过 $2nm\alpha = \pi < 2\pi$,故总可将 $S(n)$ 适当转动一个角度使 $P_1, P_2, \cdots, P_n$ 都被 C 覆盖. 证毕.

例 2 在边长为 1 的正方形内有许多直径等于 0.001 的圆,任意两个圆的圆心距离不小于 0.002. 证明:被这些圆所覆盖的总面积小于 0.34.

（第 5 届全苏奥林匹克试题）

分析 设所给圆的集合为 M,覆盖的面积为 S,要证 $S < 0.34$,只要证 $3S < 1.02$. 为此,只要证可将 M 沿两个不同的方向分别平移到 M_1 和 M_2,使得所有的圆互不重叠,并且 $M \cup M_1 \cup M_2$ 能被一个面积小于 1.02 的正方形所覆盖.

证明 设正方形内直径为 0.001 的圆的集合为 M,M 覆盖的面积为 S. 设向量 $\overrightarrow{m}$ 的方向平行正方形的一边,向量 $\overrightarrow{n}$ 与 $\overrightarrow{m}$ 的夹角为 $60°$,将 M 沿 $\overrightarrow{m}$ 平移 0.001 后得到的集合记为 M_1,M 沿 $\overrightarrow{n}$ 平移 0.001 后得到的集合记为 M_2,则 M_1, M_2 覆盖的面积都为 S. 下面证明 M, M_1, M_2 中的圆互不重叠. 事实上,若 M 中的圆 $\odot O_1$ 与 M_1 中的圆 $\odot O_2'$ 有重叠的内部,则 $O_1 O_2' < 0.001$. 设 $\odot O_2'$ 是 M 中的圆 $\odot O_2$ 沿 $\overrightarrow{m}$ 平移 0.001 后得到的,即 $O_2 O_2' = 0.001$,于是

$$O_1O_2 \leqslant O_1O'_2 + O'_2O_2 < 0.001 + 0.001 = 0.002.$$

这与已知条件 M 中任意两圆圆心的距离不小于 0.002 矛盾,故 M 中的圆与 M_1 中的圆不重叠. 同理可证 M 中的圆与 M_2 中的圆不重叠. 设 $\vec{l}$ 与 $\vec{n}$ 的夹角也为 $60°$,且使 $\vec{n}$ 平分 $\vec{m}$ 与 $\vec{l}$ 的夹角,那么 M_2 可看成 M_1 沿 $\vec{l}$ 的方向平移 0.001 而得到的,故 M_2 中的圆与 M_1 中的圆也不重叠. 而 M, M_1, M_2 都在边长为 1.001 的正方形内,所以

$$3S \leqslant (1.001)^2, \quad S \leqslant \frac{1}{3} \times (1.001)^2 < 0.34.$$

注 如果沿 6 个方向平移点集 M,其中一个方向平行正方形的边,并且每两个方向的夹角为 $60°$,那么,结论可改进为 $S \leqslant \frac{1}{6}(1.002)^2 < 0.17.$

6. 利用海莱定理

例 1 平面内有 n 个点,其中任何 3 点均属于一个半径为 r 的圆(r 为常数). 证明:这 n 个点可以被一个半径为 r 的圆覆盖(莱格定理).

证明 以 n 个点为中心,r 为半径作 n 个圆,任取 3 个圆 $\odot O_1, \odot O_2, \odot O_3$,它们的中心属于同一个半径为 r 的圆 O,所以 $OO_1 \leqslant r, OO_2 \leqslant r, OO_3 \leqslant r$,故 O 是这三个圆的公共点,即所作的 n 个圆中,任何 3 个都有公共点. 由海莱定理,这 n 个圆有公共点 A,且这 n 个点到 A 的距离都不大于 r. 所以,以 A 为中心,r 为半径的圆覆盖这 n 个点.

例 2 已知四个开的半平面覆盖全平面,证明可以从中选出三个开半平面仍覆盖全平面.

证明 设四个开平面为 M_1, M_2, M_3, M_4,考虑 M_1 的补集 $\overline{M}_1$,即平面内不属于 M_1 的那些点组成的集合,显然 $\overline{M}_1$ 是一个闭半平面. 同样,M_2, M_3, M_4 的补集 $\overline{M}_2, \overline{M}_3, \overline{M}_4$ 也是闭半平面,它们都是闭凸集. 对于平面内任意一点 A,因为 M_1, M_2, M_3, M_4 覆盖全平面,所以 A 属于它们中的一个,比如说 $A \in M_1$,于是 $A \notin \overline{M}_1$,从而 $A \notin \overline{M}_1 \cap \overline{M}_2 \cap \overline{M}_3 \cap \overline{M}_4$,所以 $\overline{M}_1, \overline{M}_2, \overline{M}_3, \overline{M}_4$ 无公共点. 若其中任意 3 个都有公共点,则由海莱定理知,$\overline{M}_1, \overline{M}_2, \overline{M}_3, \overline{M}_4$ 有公共点,矛盾. 所以,它们中必有 3 个没有公共点,不妨设 $\overline{M}_1, \overline{M}_2, \overline{M}_3$ 无公共点,我们证明 M_1, M_2, M_3 覆盖全平面.

事实上,设 B 是平面内任意一点,则 $B \notin \overline{M}_1 \cap \overline{M}_2 \cap \overline{M}_3$. 因此,$B$ 至少不属于 $\overline{M}_1, \overline{M}_2, \overline{M}_3$ 中某一个,不妨设 $B \notin \overline{M}_1$,这时 $B \in M_1$,从而 $B \in M_1 \cup M_2 \cup M_3$. 由 B 的任意性知,M_1, M_2, M_3 覆盖全平面,证毕.

例 3 $n(\geqslant 3)$ 条平行线段 $M_1, M_2, \cdots, M_n$,如果对于其中任意 3 条都可以作一条直线和它们相交,证明可以作一条直线与这 n 条线段都相交.

证明 建立直角坐标系,不妨设已知的 n 条线段都与 y 轴平行,$M_i = \{(x, y) \mid x = c_i, a_i \leqslant y \leqslant b_i\}(i = 1, 2, \cdots, n)$. 与此同时,考虑另一个平面,$xy$ 平面上的每一条直线 $y = ux + v$,可以用 uv 表示平面上一个点 (u, v).

与线段 M_i 相交的直线 $y = ux + v$ 满足条件

$$a_i \leqslant uc_i + v \leqslant b_i. \hfill ①$$

反过来,满足条件①的直线 $y = ux + v$ 与 M_i 相交.

在 uv 平面上,满足条件①的点 (u,v) 组成一个由 2 条直线 $uc_i+v=a_i$ 与 $uc_i+v=b_i$ 所夹的闭带形 M'_i,显然 M'_i 是 uv 平面上的凸图形.

由已知条件,对于 $M_1,M_2,\cdots,M_n$ 中任意 3 条线段,有一条直线 $y=ux+v$ 与它们相交,即 uv 平面上 n 个凸图形 $M'_1,M'_2,\cdots,M'_n$ 中任意 3 个都有公共点,由海莱定理,$M'_1,M'_2,\cdots,M'_n$ 有公共点 (u_0,v_0). 这表明在 xy 平面上,直线 $y=u_0x+v_0$ 与 n 条线段 $M_1,M_2,\cdots,M_n$ 都相交.

7. 直接构造法、归纳构造法和反证法

为了证明满足一定条件的覆盖(或嵌入)存在,我们可考虑直接将它们构造出来. 如果涉及的覆盖(或嵌入)与正整数 n 有关,则可考虑用归纳构造法. 为了证明满足一定条件的覆盖(或嵌入)不存在,则常常用反证法.

例 1　在边长为 12 的正方形内任意分布着 2005 个点. 证明:可用一个边长为 11 的正三角形纸片盖住其中至少 502 个点.

分析　因 $2005=4\times501+1$,只要我们将边长为 12 的正方形适当的分成 4 等分,则其中至少有"一份"中含有 502 个点,我们只要作出一个边长为 11 的正三角形盖住这"一份"即可.

证明　如图 6-25,过正方形 $ABCD$ 的中心 O 作直线交 CD 于 M,交 AB 于 N,且使 $\angle MNA=60°$. 再过 O 作 MN 的垂线交 DA 于 P,交 BC 于 Q,这样正方形被 MN,PQ 分成了 4 等分,由抽屉原理,其中必有一块(不妨设为 $ANOP$)内至少含有 502 个点.下面我们只须证明这一块可用边长为 11 的正三角形纸片盖住即可.

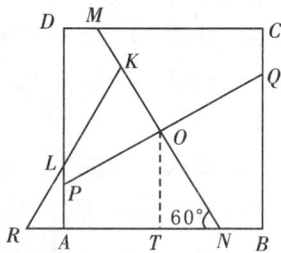

将边长为 11 的正三角形纸片的一个顶点与 N 重合,角的两边与射线 NA、NM 重合,并落在如图正三角形的 NKR 的位置上.过 O

图 6-25

作 $OT\perp AB$ 于 T,则 T 为 AB 中点,$TN=OT\tan30°=6\times\dfrac{\sqrt{3}}{3}=2\sqrt{3}$,$NB=TB-TN=6-2\sqrt{3}$,$AN=AB-NB=12-(6-2\sqrt{3})=6+2\sqrt{3}<11$,故 A 在线段 RN 内.又 $RA=RN-AN=11-(6+2\sqrt{3})=5-2\sqrt{3}$,可求得 $LA=RA\cdot\tan60°=(5-2\sqrt{3})\sqrt{3}=5\sqrt{3}-6$.因 $LA-PA=LA-NB=(5\sqrt{3}-6)-(6-2\sqrt{3})=7\sqrt{3}-12>0$,所以 P 在线段 LA 内.由凸形性质知 PO,OA 都在正 $\triangle RNK$ 内,所以边长为 11 的正三角形纸片盖住了区域 $ANOP$,即盖住了至少 502 个点.

例 2　如果边长为 1 的正方形可被 3 个直径都等于 a 的圆形纸片覆盖,求 a 的最小值.

解　设 $ABCD$ 是边长为 1 的正方形,E、F 分别在 AD 和 BC 上,且 $DE=CF=\dfrac{7}{8}$.又 G、H 分别是 CD、EF 的中点,联接 GH(如图 6-26),于是 $DH=CH=\sqrt{(\dfrac{1}{2})^2+(\dfrac{7}{8})^2}=\dfrac{\sqrt{65}}{8}$,$AF=\sqrt{(\dfrac{1}{8})^2+1^2}=\dfrac{\sqrt{65}}{8}$.

以 DH、CH、AF 为直径的圆覆盖了正方形 $ABCD$,于是,正方形可被 3 个直径都为

$\dfrac{\sqrt{65}}{8}$ 的圆形纸片所覆盖,故所求 a 的最小值 $\leqslant \dfrac{\sqrt{65}}{8}$.

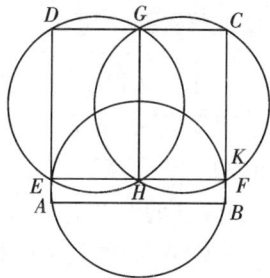

图 6-26

如果正方形 $ABCD$ 能被 3 个半径都等于 b($b < \dfrac{\sqrt{65}}{8}$)的圆形纸片 M_1, M_2, M_3 覆盖,那么,由抽屉原理,A, B, C, D 中必有 2 点被同一个圆形纸片所覆盖,不妨设 A, B 被 M_1 覆盖.如图 6-26,因 $EB = \dfrac{\sqrt{65}}{8} > b$,故 E 不能被 M_1 覆盖,不妨设 E 被 M_2 覆盖.因 $GE = \dfrac{\sqrt{65}}{8} > b$ 且 $GB > GF = \dfrac{\sqrt{65}}{8} > b$,所以 G 不能被 M_1 或 M_2 覆盖,而只能被 M_3 覆盖.而 $FA = FG = \dfrac{\sqrt{65}}{8} > b$,故 F 不能被 M_1, M_3 覆盖而只能被 M_2 覆盖.在 FC 上取点 K,使 $FK = \dfrac{1}{8}$,则 $KA > KE = \dfrac{\sqrt{65}}{8} > b$,故 K 不能被 M_1, M_2 覆盖而只能被 M_3 覆盖.因 $DB > DF > DK > \dfrac{\sqrt{65}}{8} > b$,并且 B、F、K 分别在 M_1, M_2, M_3 内,故 D 不能被 M_1, M_2, M_3 中任何一个覆盖,这与假设 M_1, M_2, M_3 可以覆盖正方形 $ABCD$ 矛盾,即 $ABCD$ 不可能被直径小于 $\dfrac{\sqrt{65}}{8}$ 的 3 个等圆覆盖.

综上可得,所求 a 的最小值为 $\dfrac{\sqrt{65}}{8}$.

例 3 证明:在边长为 1 的正方形内,不可能无重叠地放入两个边长大于 $\sqrt{\dfrac{2}{3}}$ 的正三角形.

分析 我们只需证明:在边长为 1 的正方形内放入一个边长大于 $\sqrt{\dfrac{2}{3}}$ 的正三角形后,必有正方形内一定点(由对称性自然会想到应是正方形的中心)落到这个正三角形内.

证明 设边长大于 $\sqrt{\dfrac{2}{3}}$ 的正 $\triangle ABC$ 任意放入一个边长为 1 的正方形 $DEFG$ 内.设 DF 与 EG 的交点为 O,则 A 必在 $\triangle DOE$,$\triangle EOF$,$\triangle FOG$ 及 $\triangle GOD$ 中某一个三角形的内部或边界上,不妨设 A 在 $\triangle DOE$ 的内部或边界上(图 6-27).作 $\triangle ABC$ 的高 AH,则

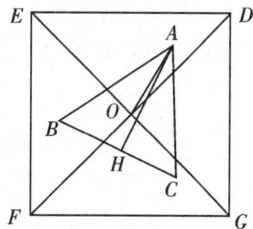

图 6-27

$$AH = \dfrac{\sqrt{3}}{2} BC > \dfrac{\sqrt{3}}{2} \cdot \sqrt{\dfrac{2}{3}} = \dfrac{\sqrt{2}}{2} = OE \geqslant AO.$$

可见,O, A 在 BC 的同一侧.同理可证 O、B 在 AC 的同一侧,O、C 在 AB 的同一侧,这就证明了 O 必在 $\triangle ABC$ 内.

因此,如果边长为 1 的正方形内可以无重叠地放置两个边长大于 $\sqrt{\dfrac{2}{3}}$ 的正三角形,则正方形中心必是这两个正三角形的公共内点,矛盾.可见,边长为 1 的正方形内不可能无重

叠地放置两个边长大于 $\sqrt{\dfrac{2}{3}}$ 的正三角形.

注 从例 2 后一部分及例 3 可以看出,在证明是一定条件的覆盖(或嵌入)不存在时,常用反证法.先假设它存在,然后证明至少有一点没有被盖住(或至少有一点是嵌入的诸图形的公共内点),从而导致矛盾.这种"攻其一点"的方法是解决不能覆盖(或不能无重叠嵌入)问题的一个有效方法.

例 4 2×2 的方格纸片剪去一个小方格后剩下的 3 个小方格组成的纸片叫做 L 型纸片.证明:对任意正整数 $n,2^n\times2^n$ 型纸片任意剪去一个小方格后,剩下的部分能全部沿方格线剪成 L 型纸片. （1982 年上海市竞赛试题）

证明 $n=1$ 时,结论显然成立.

设 $n=k$ 时,结论成立.那么 $n=k+1$ 时,将 $2^{k+1}\times2^{k+1}$ 的方格纸片等分为 4 个 $2^k\times2^k$ 的方格纸片 Ⅰ、Ⅱ、Ⅲ、Ⅳ,不妨设剪去的一个小方格在 Ⅰ 内,再在 $2^{k+1}\times2^{k+1}$ 中心处剪去一个 L 型纸片,使 Ⅱ、Ⅲ、Ⅳ 内恰恰各剪去一个小方格(图 6-28).于是,由归纳假设知 Ⅰ、Ⅱ、Ⅲ、Ⅳ 都可以全部剪成 L 形纸片,即 $n=k+1$ 时,结论成立,于是命题得证.

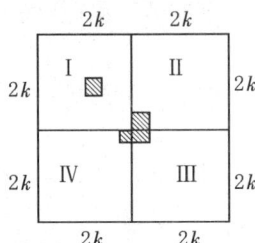

图 6-28

例 5 设 n 为不被 3 整除的正整数,证明 $2n\times2n$ 的方格纸任意剪去一个小方格后,余下的部分可全部剪成形如"⊞"的 L 形纸片.

证明 $n=1,2,4$ 时,同上例易证结论成立.假设 $n=k(3\nmid k)$ 时结论成立.考虑 $n=k+3$ 的情形,不失一般性,可假设剪去的一个小方格位于左上角的 $2k\times2k$ 的正方形内,余下的部分可以全部剪成 2×3 或 3×2 的矩形(图 6-29).由归纳假设,$2k\times2k$ 的纸片剪去一个小方格后可全部剪成 L 形纸片,而每块 2×3 或 3×3 的纸片显然可剪成 2 块 L 形纸片,这就证明了 $n=k+3$ 时,结论也成立,于是原命题得证.

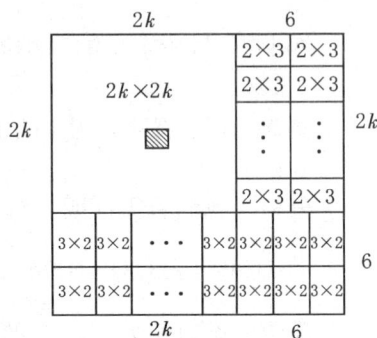

图 6-29

例 6 在平面直角坐标系中,横、纵坐标均为整数的点称为整点.是否存在一族两两不交(可以相切)的圆盘覆盖所有整点,且每个圆盘的半径不小于 5?

（2007 年美国奥林匹克试题）

解 答案是否定的.

用反证法.设满足要求的圆盘族 F 存在,记 $D(P,\rho)$ 是以 P 为圆心,ρ 为半径的圆盘.

任取一个 $D(O,r)$ 不与 F 中任意圆盘相交,则任何整点都不在 $D(O,r)$ 内部.平移 $D(O,r)$ 并适当地扩大 r,使 r 最大并不与 F 中任意圆盘相交,仍记为 $D(O,r)$ (这里的 O 并不是坐标原点),则 $D(O,r)$ 至少与 F 中三个圆盘相切,于是其中必有两个,记为 $D(A,a)$,$D(B,b)$,使得 $\angle AOB\leqslant120°$.于是

$$(a+b)^2\leqslant AB^2\leqslant AO^2+BO^2+AO\cdot BO$$
$$=(a+r)^2+(b+r)^2+(a+r)(b+r),$$

即 $ab \leqslant 3(a+b)r+3r^2$,

所以 $12r^2 \geqslant (a-3r)(b-3r)$. ①

因为 $a \geqslant 5, b \geqslant 5$,所以由式①得

$$12r^2 \geqslant (5-3r)^2,$$

即 $2\sqrt{3}\,r \geqslant 5-3r$,

所以 $r \geqslant \dfrac{5}{2\sqrt{3}+3} > \dfrac{\sqrt{2}}{2}$,

因此必有整点落在 $D(O,r)$ 内,矛盾!

所以,不存在满足要求的 F.

8. 其他方法

在解决覆盖(或嵌入)的存在性问题时,还可应用第三章中介绍的存在性问题证明的其他方法(如应用抽屉原理、映射等等).

例 1 8×8 的棋盘上最少要不重叠地放入多少块形如 ⌐ 的 L 形木块(每块恰盖住 3 个小方格)后,余下部分不能再放入一块 L 形木块?

解 设 8×8 棋盘中放入了 n 块互不重叠的 L 形木块.现将棋盘等分为 16 个 2×2 的正方形,因为有 $64-3n$ 个小方格没有被木块盖住,故这 16 个正方形中必有一个内至少有 $\left[\dfrac{64-3n-1}{16}\right]+1$ 个方格没有被盖住.如果 $\left[\dfrac{64-3n-1}{16}\right]+1 \geqslant 3$,即 $n \leqslant 10$ 时,那么,这个正方形内还可以放入一块 L 形木板.

另一方面,如图 6-30 内放入了 11 块无重叠的 L 形木板后,余下部分不能再放入一块 L 形木块.

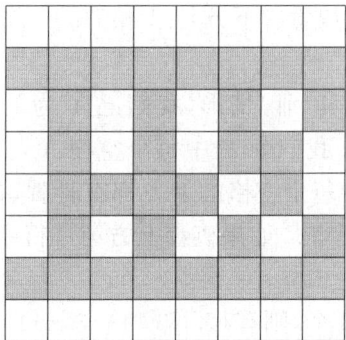

图 6-30

因此,最少要放入 11 块 L 形木板才能使余下部分不能再放入一块 L 形木板.

例 2 在 6×6 棋盘上放好了一些 1×2 的骨牌,每块骨牌正好盖住了两个方格.若还有 14 个方格没有被盖住,则棋盘上至少还能放入一块骨牌.

证明一 将棋盘分为 4 个 3×3 的棋盘,其中必有一个空格数 $\geqslant \left[\dfrac{14-1}{4}\right]+1=4$,不妨设左上角 3×3 的棋盘内至少有 4 个空格(图 6-31).

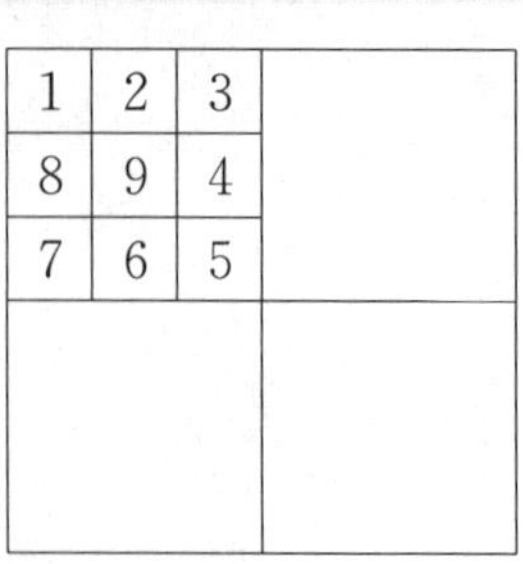

图 6-31

如果 9 是空格,那么 2,4,6,8 都不是空格(否则能再放入一块骨牌),但位于 2,8 的每块骨牌都有占左上角 9 个方格中的 2 格,加上 4,6 处的骨牌,这样左上角 3×3 正方形内至多有 3 个空格,矛盾. 如果 9 不是空格,那么骨牌还要占一个方格,这又可分两种情形:

(1)这块骨牌在 8、9(在 2、9 可得同样结论),1,2,3,4,5,6,7 中至少有 4 个空格,因而 1,3,5,7 为空格(否则有两个相邻的空格可放下一块骨牌),但 2 也必须是空格(否则在 2 处的骨牌无法占据其他方格),因此骨牌可放在 1,2;

(2)这块骨牌在 6 和 9(在 4、9 可得同样结论),这时 7,8,1,2,3,4,5 组成的序列与(1)中 1,2,3,4,5,6,7 相当,故同样可证结论成立.

证明二 我们考虑下方 5×6 个空格中的空格(即去掉第一行后余下的方格中的空格,对于其中每一个空格 A,考虑 A 的上方与之相邻的方格中的情况).

(1)如果上方的这个方格是空格 B,那么 A,B 可放入一块骨牌,结论成立.

(2)如果上方的这个方格被骨牌 C 占住,又分为三种情况:

(ⅰ)骨牌 C 是横放的,且这块骨牌下方与 A 相邻的一个方格也是一个空格 D,则 A,D 内可放入一块骨牌,结论成立;

(ⅱ)骨牌 C 是横放的,且这块骨牌下方与 A 相邻的一个方格也被骨牌所覆盖;

(ⅲ)骨牌 C 是竖放的.

设在假设仅发生(2)中(ⅱ)和(ⅲ)情形,我们记 X 为下方 5×6 个方格中空格集合,Y 为上方 5×6 个方格中骨牌集合. 我们令 X 中每个空格 A 与它的上方骨牌 C 对应,构成从 X 到 Y 的一个映射 φ. 因为 X 中每个空格的上方都有骨牌,且不同的空格的上方的骨牌不相同,故 φ 是单射,于是有 $|X| \leqslant |Y|$. 如果棋盘上方第一行中的空格多于 3 个,则必有两个空格相邻,可放入一块骨牌,结论成立.

现设第一行中空格至多是 3 个,则有 $|X| \geqslant 14 - 3 = 11$. 另一方面,整个棋盘上放入的骨牌数为 $\frac{1}{2}(36 - 14) = 11$,即 $|Y| \leqslant 11 \leqslant |X|$,所以 $|X| = |Y| = 11$,故 φ 是一个一一映射,即放入的 11 块骨牌全在上方 5×6 的方格内. 这时最下面的一行全是空格,当然可以放入一块骨牌,证毕.

§5 典型例题解题分析

例 1 平面上任给 5 点,其中任何 3 点不共线,任何 4 点不共圆,若一圆过其中 3 点且另两点在圆内外各一点,则称之为"好圆".若记好圆个数为 n,求 n 的所有可能值.

(1991年中国国家集训队选拔考试试题)

解 在 5 点中任取两点 A,B,并过 A,B 作一直线,若另外 3 点 C,D,E 在直线 AB 同侧,则考察 $\angle ACB,\angle ADB,\angle AEB$,不妨设 $\angle ACB < \angle ADB < \angle AEB$.过 A、B、D 这 3 点作圆,则 E 在圆内,C 在圆外,即圆 ABD 为好圆.显然过 A,B 的好圆只有一个.若 C,D,E 在直线 AB 两侧,不妨设 C,D 在 AB 的上方而 E 在 AB 的下方,且有 $\angle ACB < \angle ADB$.若 $\angle AEB + \angle ADB < 180°$,则圆 ACB 是唯一好圆;如果 $\angle AEB + \angle ACB > 180°$,则圆 ADB 是唯一好圆;如果 $\angle AEB + \angle ADB > 180°$,且 $\angle AEB + \angle ACB < 180°$,则圆 ACB,ADB, AEB 都是好圆.这就是说,过两个固定点的好圆或者 1 个或者 3 个.由 5 点可组成 C_5^2 个点对,过每个点对至少有一个好圆,故至少有 10 个好圆(包括重复计数),每个好圆恰过 3 个点对,所以好圆个数 $n \geqslant \dfrac{10}{3}$,即 $n \geqslant 4$.

设 $n > 4$.将 5 点中每两点连接一条线段,每条线段或是一个好圆的弦,或是 3 个好圆的公共弦,若恰有 5 个好圆,因每个好圆上有 3 条弦,则它们共有 15 条弦.由于总共有 10 条线段,且每条线段对上述计数的贡献是 1 或 3,但 10 个奇数之和为偶数,不可能等于 15,故 $n \neq 5$.若至少有 6 个好圆,因每个圆上有 3 条弦,故共有 18 条弦,这时贡献为 3 的线段至少有 4 条.4 条线段有 8 个端点,故其中必有两条线段有公共端点,不妨设为 AB,AC,于是圆 ABD,ACD 都是好圆,这意味着过 A、D 的好圆至少有 2 个,当然有 3 个.同理过 A、E 的好圆有 3 个,故过 AB,AC,AD,AE 的好圆都有 3 个.

设 AB,AC,AD,AE 中最短的一边是 AB,于是 $\angle ACB,\angle AEB,\angle ADB$ 都是锐角.若 C,D,E 在 AB 的同侧,则过 AB 的好圆只有 1 个,矛盾.所以这 3 点必在 AB 的两侧,这时由于 $\angle ACB,\angle ADB,\angle AEB$ 中任何两个之和都小于 $180°$,过 A,B 的好圆只可以有 1 个,矛盾.故 $n \geqslant 6$ 也不成立.

综上可知,好圆的个数 $n = 4$.

例 2 平面有 $h+s$ 条直线,其中 h 条是水平线,另 s 条直线满足:

(1)它们都不是水平线;

(2)它们中任意两条不平行;

(3)$h+s$ 条直线中任何 3 条不共点,且这 $h+s$ 条直线恰好把平面分成 1992 个区域.

求所有的正整数对 (h,s).
(1992年亚太地区奥林匹克试题)

解 因为每条直线把平面分成两个区域,设 n 条直线(其中每两条相交,但任意 3 条不共点)把平面分成 a_n 个区域,则 $n+1$ 条这样的直线把平面分成的 a_{n+1} 个区域满足 $a_{n+1} = a_n + (n+1)$,$a_1 = 2$.

由此推得 $a_n = a_1 + \sum\limits_{k=2}^{n}(a_k - a_{k-1}) = 2 + \sum\limits_{k=2}^{n}k = 1 + \dfrac{n(n+1)}{2}$.

于是 s 条直线把平面分成 $1 + \dfrac{1}{2}s(s+1)$ 个区域.又 h 条平行线与这 s 条直线相交时又增加了 $h(s+1)$ 个区域(即每加一条水平线,增加 $s+1$ 个区域),所以有

$$h(s+1)+1+\frac{1}{2}s(s+1)=1992,$$

$$(s+1)(2h+s)=2\times1991=2\times11\times181.$$

对上述不定方程的可能正整数解可列出下表:

$s+1$	s	$2h+s$	h
2	1	1991	995
11	10	362	176
22	21	181	80
$\geqslant181$	$\geqslant180$	$\leqslant22$	<0

故所求的正整数对(h,s)为$(995,1)$,$(176,10)$,$(80,21)$.

例 3 求所有的正整数$n>3$,使得平面内存在n个点$A_1,A_2,\cdots,A_n$及实数$r_1,r_2,\cdots,r_n$满足下列条件:

(1)$A_1,A_2,\cdots,A_n$中任何 3 点不共线;

(2)对每一个三点组$\{A_i,A_j,A_k\}(1\leqslant i<j<k\leqslant n)$,$\triangle A_iA_jA_k$的面积$S_{ijk}=r_i+r_j+r_k$.

(1995 年第 36 届 IMO 试题)

解 先证明下列两个引理:

引理 1 若凸四边形的四个顶点是给定点的四点$A_i,A_j,A_k,A_h(1\leqslant i<j<k<h\leqslant n)$,则$r_i+r_k=r_j+r_h$.

引理 1 的证明 连接对角线A_iA_k和A_jA_h,则

$$S_{ijk}+S_{ikh}=S_{ijh}+S_{jhk}.$$

因此有$2r_i+r_j+2r_k+r_h=r_i+2r_j+2r_h+r_k$.

由此即得 $r_i+r_k=r_j+r_h$.

引理 2 若有 5 个给定的点A_1,A_2,A_3,A_4,A_5为满足题目条件的点,则r_1,r_2,r_3,r_4,r_5中至少有 2 个相等.

引理 2 的证明 (1)若 5 点的凸包是凸五边形,不妨设其为$A_1A_2A_3A_4A_5$,则四边形$A_1A_2A_3A_4$与$A_1A_2A_3A_5$都是凸四边形,由引理 1 有

$$r_1+r_3=r_2+r_4,r_1+r_3=r_2+r_5,$$

故得$r_4=r_5$.

(2)若 5 点的凸包为凸四边形,不妨设A_5位于凸四边形$A_1A_2A_3A_4$内且在$\triangle A_1A_3A_4$的内部,于是四边形$A_1A_2A_3A_5$也是凸四边形,则同情形(1)可推出$r_4=r_5$.

(3)若 5 点的凸包是三角形,不妨设是$\triangle A_1A_2A_3$,A_4和A_5在$\triangle A_1,A_2,A_3$内,于是

$$S_{124}+S_{234}+S_{341}=S_{125}+S_{235}+S_{351}.$$

因此有$2r_1+2r_2+2r_3+3r_4=2r_1+2r_2+2r_3+3r_5$.

故得$r_4=r_5$,于是引理 2 得证.

若存在$n\geqslant5$个点满足题设要求,则从中取出 5 点A_1,A_2,A_3,A_4,A_5仍满足题设要求,于是由引理 2 知r_1,r_2,r_3,r_4,r_5中必有 2 个相等,不妨设$r_4=r_5$.

(a)若A_1,A_2,A_3在直线A_4A_5的同侧,于是

$S_{124}=S_{125}=r_1+r_2+r_4$, $S_{234}=S_{235}=r_2+r_3+r_4$.

故 $A_4A_5\ /\!/\ A_1A_2$，$A_4A_5\ /\!/\ A_2A_3$，从而 A_1，A_2，A_3 共线，此与条件(1)矛盾.

(b)设 A_1，A_2 在直线 A_4A_5 的同侧，而 A_3 在另一侧，这时有

$S_{124}=S_{125}$.

因此，有 $A_4A_5\ /\!/\ A_1A_2$，由此又可得到 $S_{145}=S_{245}$，从而有 $r_1=r_2$. 又因 A_3，A_4，A_5 在 A_1A_2 的同侧，这时同(a)一样可导致矛盾. 这就证明了 $n\geqslant 5$ 不满足要求.

当 $n=4$ 时，取单位正方形的四个顶点为 A_1，A_2，A_3，A_4，并且 $r_1=r_2=r_3=r_4=\dfrac{1}{6}$，易验证这 4 点和 4 个实数满足题中的要求.

综上可知，满足题中要求的正整数只有 1 个 $n=4$.

例 4 平面 α 内给定一个方向 $\vec{l}$，F 是平面 α 内的一个凸集，其面积为 $S(F)$. 内接于 F 且有一边平行于 $\vec{l}$ 的所有三角形中面积最大的记为△，其面积记为 $S(\triangle)$，求最大正实数 c，使得对平面 α 内任意凸图形 F，都有 $S(\triangle)\geqslant c\cdot S(F)$.

解 如图 6-32，作 F 的两条平行于 $\vec{l}$ 的支撑直线 l_1，l_2（l_1，l_2 与 F 的边界分别至少有一个公共点 E、G，并且 F 夹在 l_1 与 l_2 之间），再作与 l_1，l_2 距离相等且与它们平行的直线 l_3. 而 AB、CD 是 F 的两条弦并且 AB 与 l_1，l_3 平行等距，CD 与 l_2，l_3 平行等距. 过 A，B，C，D 作 F 的支撑线与 l_1，l_2，l_3 相交成上下两个梯形，令这 5 条平行线相邻两条之间的距离为 h，且不妨设 $CD\geqslant AB$. 于是 $S(F)$ 不大于两个梯形的面积之和，即

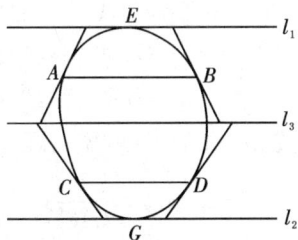

图 6-32

$$S(F)\leqslant AB\cdot 2h+CD\cdot 2h\leqslant CD\cdot 4h=\dfrac{8}{3}(\dfrac{1}{2}CD\cdot\dfrac{3}{2}h)=\dfrac{8}{3}S_{\triangle CDE}\leqslant\dfrac{8}{3}S(\triangle).$$

所以 $S(\triangle)\geqslant\dfrac{3}{8}S(F)$.

另一方面，取 F 为平面 α 内边长为 a 的正六边形 $ABCDE$，使 $AB/\!/\vec{l}$，$\triangle PQR$ 为 F 中有一边 $PQ/\!/\vec{l}$ 的所有内接三角形中面积最大的一个，显然 P、Q、R 必须在正六边形的边界上（图 6-33），并设 $\dfrac{BQ}{QC}=\dfrac{\lambda}{1-\lambda}$（$0\leqslant\lambda<1$），易算出 $\triangle PQR$ 中边 PQ 上的高为

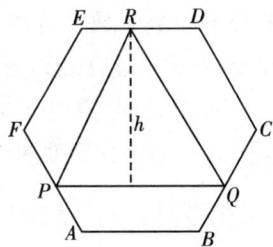

图 6-33

$$h=\sqrt{3}a-\dfrac{\sqrt{3}}{2}\lambda a=\sqrt{3}a(1-\dfrac{1}{2}\lambda)\text{ 及 }PQ=a+\lambda a=(1+\lambda)a,\text{ 所以}$$

$$S(\triangle PQR)=\dfrac{1}{2}h\cdot PQ=\dfrac{1}{2}\sqrt{3}a(1-\dfrac{1}{2}\lambda)\cdot(1+\lambda)a$$

$$=\dfrac{\sqrt{3}}{4}a^2(2+\lambda-\lambda^2)=\dfrac{\sqrt{3}}{4}a^2[\dfrac{9}{4}-(\lambda-\dfrac{1}{2})^2]\leqslant\dfrac{9\sqrt{3}}{16}a^2.$$

而 $S(F)=\dfrac{3\sqrt{3}}{2}a^2$，所以 $S(\triangle PQR)\leqslant\dfrac{3}{8}S(F)$ 并且 $\lambda=\dfrac{1}{2}$ 时等号成立.

综上可得，所求 c 的最大值为 $\dfrac{3}{8}$.

例 5　集合 S 是平面上 $n(\geqslant 4)$ 个点构成的点集. S 中任意两点的距离都是正整数. 证明: 这些距离中至少有 $\frac{1}{6}$ 是 3 的倍数.

证明　首先证明 $n=4$ 时结论成立, 即我们先证明下列引理.

引理　假设 A,B,C,D 是平面内任意 4 点, 其中任意两点之间的距离正整数, 那么其中至少有 2 点, 它们之间的距离是 3 的倍数.

引理的证明　不失一般性, 设 $\angle BAD=\angle BAC+\angle CAD$, $\angle BAC=x$, $\angle CAD=y$, 由余弦定理得

$$BC^2=AB^2+AC^2-\alpha, CD^2=AC^2+AD^2-\beta, BD^2=AB^2+AD^2-\gamma, \qquad ①$$

其中 $\alpha=2AB\cdot AC\cos x, \beta=2AC\cdot AD\cos y, \gamma=2AB\cdot AD\cos(x+y)$ (特别 B、D 在 AC 上时上述等式也成立).

如果 A,B,C,D 中任意两点的距离都不是 3 的倍数, 那么任意两点间的距离的平方都对模 3 余 1, 于是由①得 α,β,γ 都对模 3 余 1. 又因为

$$\begin{aligned}2AC^2\gamma &=4AC^2\cdot AB\cdot AD\cos(x+y)\\ &=4AC^2\cdot AB\cdot AD(\cos x\cos y-\sin x\sin y)\\ &=\alpha\beta-4AC^2\cdot AB\cdot AD\sin x\sin y.\end{aligned}$$

故 $m=4AC^2\cdot AB\cdot AD\sin x\sin y$ 是整数且对模 3 余 2, 于是

$$\sin x\sin y=\frac{m}{4AC^2\cdot AB\cdot AD}$$

是有理数, 且它写成既约分数后, 分子不被 3 整除.

令 $p=2AB\cdot AC, q=2\cdot AC\cdot AD$, 于是 $\cos x=\dfrac{\alpha}{p}, \cos y=\dfrac{\beta}{q}$, 故

$$\sin x\sin y=\sqrt{(1-\cos^2 \alpha)(1-\cos^2 y)}=\frac{\sqrt{(p^2-\alpha^2)(q^2-\beta^2)}}{pq}$$

的分子应是整数并且被 3 整除 (这里因为 $\alpha^2\equiv\beta^2\equiv p^2\equiv q^2\equiv 1(\bmod 3)$, 且 p,q 不被 3 整除), 即 $\sin x\sin y$ 写成既约分数后, 分子应被 3 整除, 矛盾! 于是引理得证.

回到原题, 假设 $n\geqslant 4$, 于是 n 个点一共可形成 C_n^4 个 4 点组 (A,B,C,D), 每个 4 点组中至少有一对点之间的距离是 3 的倍数, 故 C_n^4 个 4 点组中一共至少有 C_n^4 对点之间的距离是 3 的倍数. 但每对点属于 C_{n-2}^2 个 4 点组, 所以一共至少有 $\dfrac{C_n^4}{C_{n-2}^2}=\dfrac{1}{6}C_n^2$ 个不同的点对之间的距离是 3 的倍数, 而 n 个点共形成 C_n^2 个点对, 故其中至少有 $\dfrac{1}{6}$ 的点对之间的距离是 3 的倍数.

例 6　在面积为 1 的矩形 $ABCD$ 中 (包括边界) 有 5 个点, 其中任意 3 点不共线, 求以这 5 个点为顶点的所有三角形中, 面积不大于 $\dfrac{1}{4}$ 的三角形的个数的最小值.

(2005 年 CMO 试题)

解　本题证明中要用到如下的常用结论, 我们将其作为一个引理: 矩形内任意三角形

的面积不大于矩形面积的一半.

在矩形 $ABCD$ 中,如果某三点构成的三角形的面积不大于 $\frac{1}{4}$,就称它们为一个好的三点组,简称为"好组".

记 AB、CD、BC、AD 的中点分别是 E、F、H、G. 线段 EF 与 GH 的交点记为 O,线段 EF 和 GH 将矩形 $ABCD$ 分为四个小矩形,从而一定存在一个小矩形,不妨设为 $AEOG$,其中(包括边界,下同)至少有所给 5 个点中的两个点,设 M 和 N 在小矩形 $AEOG$ 中(图 6-34).

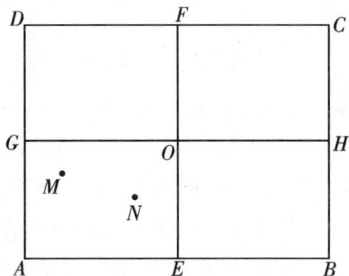

图 6-34

(1)如果矩形 $OHCF$ 中有不多于 1 个已知点,考察不在矩形 $OHCF$ 中的任意一个不同于 M 和 N 中的已知点 X,易知三点组 (M,N,X) 或者在矩形 $ABHG$ 中或者在矩形 $AEFD$ 中,由引理可知 (M,N,X) 是好组,由于这样的 X 至少有两个,所以至少有两个好组.

(2)如果矩形 $OHCF$ 中至少有 2 个已知点,不妨设已知点 P 和 Q 都在矩形 $OHCF$ 中,考察剩下来的最后一个已知点 R. 如果 R 在矩形 $OFDG$ 中,则三点组 (P,Q,R) 在矩形 $GHCD$ 中,三点组 (M,N,R) 在矩形 $AEFD$ 中,从而它们都是好组,于是至少有 2 个好组. 同理,如果 R 在矩形 $EBHO$ 中,亦至少有两个好组. 如果点 R 在矩形 $OHCF$ 或矩形 AE-OG 中,不妨设 R 在矩形 $OHCF$ 中. 我们考虑 5 点 M、N、P、Q、R 的凸包. 该凸包一定在凸六边形 $AEHCFD$ 中,如图 6-35,而

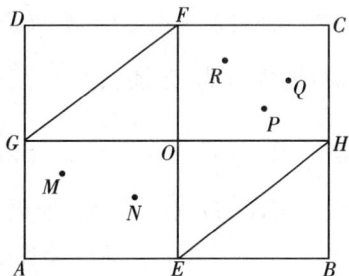

图 6-35

$$S_{AEHCFG} = 1 - \frac{1}{8} - \frac{1}{8} = \frac{3}{4}.$$

下面分三种情况讨论:

(i)如果 M、N、P、Q、R 的凸包是凸五边形,不妨设其为 $MNPQR$,如图 6-36,此时

$$S_{\triangle MQR} + S_{\triangle MNQ} + S_{\triangle NPQ} \leqslant \frac{3}{4},$$

从而 (M,Q,R),(M,N,Q),(N,P,Q) 中至少有一个为好组,又由于 (P,Q,R) 在矩形 $OHCF$ 中,当然是好组,所以至少有两个好组.

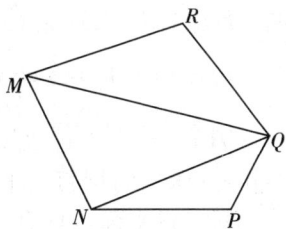

图 6-36

(ii)如果 M、N、P、Q、R 的凸包是凸四边形,不妨设其为 $A_1A_2A_3A_4$,另一个已知点 A_5 在 $A_1A_2A_3A_4$ 中,如图 6-37,其中 $A_i \in \{M,N,P,Q,R\}$($i=1,2,3,4,5$),连结 A_5A_i($i=1,2,3,4$),则

$$S_{\triangle A_1A_2A_5} + S_{\triangle A_2A_3A_5} + S_{\triangle A_3A_4A_5} + S_{\triangle A_4A_1A_5} \leqslant \frac{3}{4},$$

从而 $(A_1,A_2,A_5),(A_2,A_3,A_5),(A_3,A_4,A_5),(A_4,A_1,A_5)$ 中至少有两个好组.

(iii) 若 M、N、P、Q、R 的凸包是一个三角形, 不妨设其为 $\triangle A_1A_2A_3$, 另两个已知点 A_4, A_5 在 $\triangle A_1A_2A_3$ 中, 于是

$$S_{\triangle A_1A_2A_4}+S_{\triangle A_2A_3A_4}+S_{\triangle A_3A_1A_4}=S_{\triangle A_1A_2A_3}\leqslant \frac{3}{4},$$

从而 $(A_1,A_2,A_4),(A_2,A_3,A_4),(A_3,A_1,A_4)$ 中至少有一个好组. 同理 $(A_1,A_2,A_5),(A_2,A_3,A_5),(A_3,A_1,A_5)$ 中至少有一个好组, 所以此时也至少有两个好组.

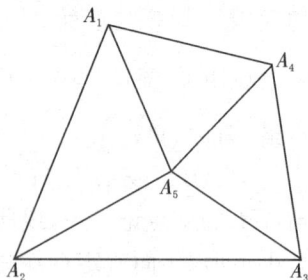

图 6-37

综上所述, 不论何种情况, 在 5 个已知点中至少有 2 个好组.

下面我们给出例子说明好组的数目可以只有两个. 在矩形 $ABCD$ 的边 AD 上取一点 M, 在边 AB 上取一点 N, 使得 $AN:NB=AM:MD=2:3$, 如图 6-38. 则在 M、N、B、C、D 这 5 个点中恰有两个好组, 事实上, (B,C,D) 显然不是好组. 而如果三点组恰含 M、N 两点之一, 不妨设含点 M, 设 AD 的中点为 E, 那么 $S_{\triangle MBD}>S_{\triangle EBD}=\frac{1}{4}$, 所以 (M,B,D) 不

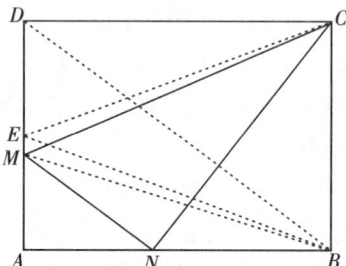

图 6-38

是好组, 并且 $S_{\triangle MBC}=\frac{1}{2}$, $S_{\triangle MCD}>S_{\triangle ECD}=\frac{1}{4}$, 从而 $(M,B,$ $C)$、(M,C,D) 不是好组, 如果三点组中同时含有 M、N 两点, 那么

$$S_{\triangle MNC}=1-S_{\triangle NBC}-S_{\triangle MCD}-S_{\triangle AMN}$$

$$=1-\frac{3}{5}S_{\triangle ABC}-\frac{3}{5}S_{\triangle ACD}-\frac{4}{25}S_{\triangle ABD}$$

$$=1-\frac{3}{10}-\frac{3}{10}-\frac{2}{25}=\frac{8}{25}>\frac{1}{4}.$$

所以 (M,N,C) 不是好组, 而 $S_{\triangle MNB}=S_{\triangle MND}=\frac{3}{5}S_{\triangle MAB}=\frac{3}{5}\times\frac{2}{5}S_{\triangle ABD}=\frac{3}{25}<\frac{1}{4}$, 从而恰有两个好组 (M,N,B) 和 (M,N,D)

故面积不大于 $\frac{1}{4}$ 的三角形的个数的最小值是 2.

例 7 平面上任意给定 n 个点, 其中任何 3 点可组成一个三角形, 每个三角形都有一个面积, 令最大面积与最小面积之比为 μ_n. 求 μ_5 的最小值.

解 设平面内任意 5 点为 A_1,A_2,A_3,A_4,A_5, 其中任意 3 点不共线.

(1) 若 5 点的凸包不是凸五边形, 那么其中必有一点落在某个三角形内, 不妨设 A_4 落在 $\triangle A_1A_2A_3$ 内, 于是

$$\mu_5\geqslant \frac{S_{\triangle A_1A_2A_3}}{\min\{S_{\triangle A_1A_2A_4},S_{\triangle A_2A_3A_4},S_{\triangle A_3A_1A_4}\}}\geqslant 3.$$

(2) 若 5 点的凸包为凸五边形 $A_1A_2A_3A_4A_5$ 时, 如图 6-39, 作 $MN\parallel A_3A_4$ 交 A_1A_3 与 A_1A_4 分别为 M 和 N, 且使得

$$\frac{A_1 M}{MA_3} = \frac{A_1 N}{NA_4} = \frac{\sqrt{5}-1}{2}.$$

（i）A_2，A_5 中有一点，比如 A_2 与 A_3，A_4 在直线 MN 的同侧时（如图 6-39），有

$$\mu_5 \geqslant \frac{S_{\triangle A_1 A_3 A_4}}{S_{\triangle A_2 A_3 A_4}} \geqslant \frac{A_1 A_3}{MA_3} = 1 + \frac{A_1 M}{MA_3} = 1 + \frac{\sqrt{5}-1}{2} = \frac{\sqrt{5}+1}{2}.$$

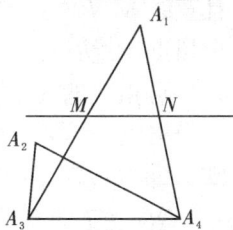

图 6-39

（ii）A_2，A_5 与 A_1 均在直线 MN 的同侧时（如图 6-40），设 $A_2 A_5$ 交 $A_1 A_3$ 于 O，则 $A_1 O \leqslant AM$，于是

$$\mu_5 \geqslant \frac{S_{\triangle A_2 A_3 A_5}}{S_{\triangle A_1 A_2 A_5}} = \frac{S_{\triangle A_2 A_3 O}}{S_{\triangle A_1 A_2 O}} = \frac{OA_3}{OA_1} \geqslant \frac{MA_3}{MA_1} = \frac{1}{\frac{\sqrt{5}-1}{2}} = \frac{\sqrt{5}+1}{2}.$$

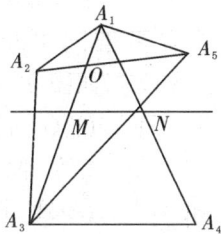

图 6-40

注意到 $3 > \frac{\sqrt{5}+1}{2}$，所以总有 $\mu_5 \geqslant \frac{\sqrt{5}+1}{2}$。并且取 A_1，A_2，A_3，A_4，A_5 为边长为 a 的正五边形的 5 个顶点时，有

$$\mu_5 = \frac{S_{\triangle A_1 A_3 A_4}}{S_{\triangle A_1 A_2 A_3}} = \frac{\frac{1}{2} A_1 A_3 \cdot A_1 A_4 \sin 36°}{\frac{1}{2} A_1 A_2 \cdot A_1 A_3 \sin 36°} = \frac{A_1 A_4}{A_1 A_2} = \frac{1}{2 \sin 18°} = \frac{1}{\sqrt{5}-1}$$

$$= \frac{\sqrt{5}+1}{2}.$$

综上可得，μ_5 的最小值为 $\frac{\sqrt{5}+1}{2}$。

例 8 在平面直角坐标系中，纵坐标和横坐标都为整数的点叫做格点，顶点都是格点的凸多边形叫做格点凸多边形。试求格点凸七边形内最少有几个格点？

解 首先证明下列引理。

引理 格点凸五边形 $ABCDE$ 中至少有一个格点。

引理的证明 不妨设凸五边形 $ABCDE$ 的各条边的内部无格点。事实上，若 DE 内有格点 F，且 FA 内无格点，则用格点凸五边形 $ABCDF$ 代替凸五边形 $ABCDE$，这样经过有限步可得到一个各边内部无格点并在原格点凸五边形 $ABCDE$ 内的格点凸五边形，于是可用这个格点凸五边形代替 $ABCDE$ 进行讨论，不影响结论的证明。

因格点凸五边形 $ABCDE$ 的 5 个顶点的坐标的奇偶性至多只有四种：（奇，奇），（偶，偶），（奇，偶），（偶，奇），故其中必有两个顶点，其坐标的奇偶性完全相同。从而这两点的连线的中点 M 必是格点，而凸五边形 $ABCDE$ 的各条边的内部无格点，故 M 必在凸五边形 $ABCDE$ 的内部。引理得证。

其次，我们证明格点凸七边形 $ABCDEFG$ 内至少有 4 个格点。

事实上，由引理知格点凸五边形 $ABCDE$ 内至少有一个格点 M，又直线 MA 的两侧至少有凸七边形 $ABCDEFG$ 的 5 个顶点，故必在直线 MA 的某侧至少有 3 个顶点，不妨设 E、F、G 在 MA 的同一侧（如图 6-41）。于是格点凸五边形 $AMEFG$ 内至少有一个格点 N，

且直线 MN 的某侧至少有凸七边形 $ABCDEFG$ 的 3 个顶点,不妨设 A,B,C 在直线 MN 的同一侧(如图 6-41),再由引理又得格点凸五边形 $MNAB C$ 内至少有一个格点 P. 在 $\triangle PMN$ 内任取一点 Q,作 3 条射线 QM,QN,QP,将平面分成三个角形区域:$\angle MQN$,$\angle NQP$,$\angle PQM$(每个角形区域包含它的两条边及角的内部),于是 A,B,C,D,E,F,G 这 7 个顶点属于这 3 个角形区域,由抽屉原理知其中至少有 $\left[\dfrac{7-1}{3}\right]+1=3$ 个点属于同一个角形区域. 不妨设 E、F、G 属于

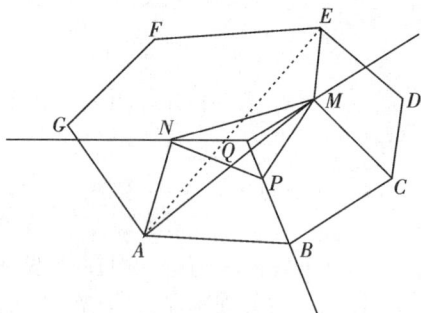

图 6-41

$\angle MQN$(如图 6-41),于是格点凸五边形 $NMEFG$ 内至少有一个格点 R. 可见格点凸七边形 $ABCDEFG$ 内至少 4 个格点.

另一方面,如图 6-42,格点凸七边形 $A_1A_2A_3A_4A_5A_6A_7$ 内恰含有 4 个格点 A_8,A_9,A_{10},A_{11}.

综上所述,得格点凸七边形内最少有 4 个格点.

例 9 集合 S 是平面上 n 个点构成的点集,S 中任意两点的距离至少为 1 个单位. 证明:存在 S 的一个子集 T,T 至少由 $\dfrac{n}{7}$ 个点构成,并且 T 中任意两点的距离至少为 $\sqrt{3}$ 个单位.

(第 35 届加拿大奥林匹克试题)

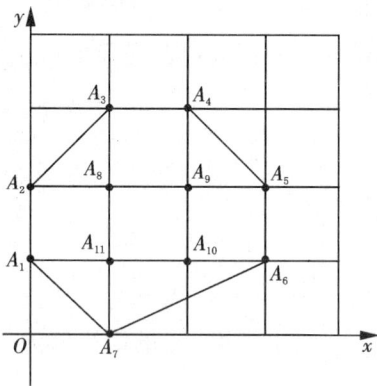

图 6-42

证明 先证明下列引理.

引理 如图 6-43,在 $\triangle ABC$ 中,若 $1\leqslant c\leqslant b\leqslant\sqrt{3}$,$a\geqslant 1$,则 $\angle A\geqslant 30^\circ$.

引理的证明 由余弦定理,有

$$\cos A=\frac{b^2+c^2-a^2}{2bc}\leqslant\frac{b^2+c^2-1}{2bc}=\frac{1}{2c}\left(b+\frac{c^2}{b}-\frac{1}{b}\right)=f(b).$$

因为 $f'(b)=\dfrac{1}{2c}\left(1-\dfrac{c^2}{b^2}+\dfrac{1}{b^2}\right)\geqslant 0$,所以

$$f(b)\leqslant f(\sqrt{3})=\frac{c^2+2}{2\sqrt{3}c}=\frac{1}{2\sqrt{3}}\left(c+\frac{2}{c}\right)$$

$$\leqslant\frac{1}{2\sqrt{3}}\max\left\{1+2,\sqrt{3}+\frac{2}{\sqrt{3}}\right\}=\frac{1}{2\sqrt{3}}\times 3=\frac{\sqrt{3}}{2}=\cos 30^\circ,$$

故 $\angle A\geqslant 30^\circ$.

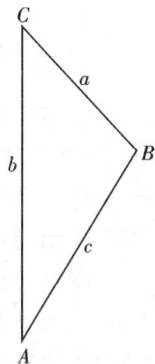

图 6-43

下面证明原题,设 $S=7k+r$,其中 $k=\left[\dfrac{n}{7}\right]$,$0\leqslant r\leqslant 6$. 考虑 S 中 n 个点的凸包,设 A_1 为其一个顶点,于是内角 $\angle A_1<180^\circ$,则 S 中至多有 6 个点到 A_1 的距离小于 $\sqrt{3}$(否则,若有 7 个点到 A_1 的距离小于 $\sqrt{3}$,将 7 个点分别与 A_1 连结,顺时针依次为 $N_1,N_2,\cdots,N_7$,

则由引理知 $\angle N_i A_1 N_{i+1} \geqslant 30°(i=1,2,\cdots,6)$,故 $\angle A_1 \geqslant \sum\limits_{i=1}^{6} \angle N_i A_1 N_{i+1} \geqslant 180°$,矛盾).

去掉 A_1 及与 A_1 距离小于 $\sqrt{3}$ 的点后的点集记为 S_1,可知 S_1 中任意一点到 A_1 的距离不小于 $\sqrt{3}$.重复上述步骤,得到 $A_2,S_2;\cdots$,直到得到 A_k,S_k,且 $|S_k|\geqslant r,S_k$ 中任意一点到 A_k 的距离不小于 $\sqrt{3}$.

因此 $T=(A_1\cup A_2\cup\cdots\cup A_k)\cup\{B\}$ 为满足题设要求的点集,其中 B 为 S_k 中任意一点.

例 10 设平面内有 2009 个点,其中任意 17 点中存在 11 点被一个直径为 1 的圆覆盖,若 n 个直径为 2 的圆可覆盖所有 2009 个点.求 n 的最小值.

解 首先作边长为 3 的正六边形 $ABCDEF$,设正六边形的中心为 O.选择 2009 个点组成的点集 S 如下:其中 6 个点是正六边形的 6 个顶点,其余 2003 个点都在以 O 为圆心,直径为 1 的圆内.显然 S 内任意 17 点中至少有 11 点被以 O 为中心,1 为直径的圆覆盖.而且任意直径为 2 的圆至多覆盖正六边形的一个顶点,再不能覆盖 S 中其他任何点,故至少要 7 个直径为 2 的圆才能覆盖 S 中所有 2009 个点,所以 $n\geqslant 7$.

下面我们证明至多只要 7 个直径为 2 的圆就能覆盖 S 中所有 2009 个点.

对 S 内任意 8 个点,再另取 S 内 9 点,一共 17 个点,由已知条件知这 17 点中至少 11 点可以被一个直径为 1 的圆覆盖,至多 6 点没有被覆盖.也就是任取的 8 点中至少有 2 点被直径为 1 的一个圆覆盖,它们之间的距离不大于 1,于是,我们证明了 S 内的任意 8 点中必有 2 点,它们之间的距离不大于 1.

任取 S 内一点 A_1,以 A_1 为圆心,2 为直径作 $\odot A_1$,如果 S 内其余的点都被这个圆覆盖,那么只要 1 个圆就够了,否则,在 $\odot A_1$ 外任取一点 A_2,则 $A_1 A_2 > 1$.以 A_2 为圆心,2 为直径作 $\odot A_2$,如果 S 内所有点都被 $\odot A_1$ 和 $\odot A_2$ 覆盖,那么只要两个圆就够了.否则,如此连续下去,可得 7 个圆: $\odot A_1,\odot A_2,\cdots,\odot A_7$ 满足每个圆的直径都为 2 并且 $A_i A_j > 1(1\leqslant i < j \leqslant 7)$.对 S 内除 $A_1,A_2,\cdots,A_7$ 外的任意一点 B,则 8 点 $A_1,A_2,\cdots,A_7,B$ 中必有 2 点,它们之间的距离不大于 1,但 $A_i A_j > 1(1\leqslant i < j \leqslant 7)$,故必有某个 $A_i B \leqslant 1$,即 B 被 $\odot A_i$ 覆盖.由 B 的任意性知 S 内所有点都被 7 个圆: $\odot A_1,\odot A_2,\cdots,\odot A_7$ 覆盖.

综上所述,所求 n 的最小值等于 7.

例 11 在正 n 边形的每一个顶点上各停有一只喜鹊,偶受惊吓,众喜鹊都飞去.一段时间后,它们又回到这些顶点上,仍是每个顶点上一只,但未必都回到原来的顶点.求所有正整数 n,使得一定存在 3 只喜鹊,以它们前后所在的顶点形成的三角形或同为锐角三角形或同为直角三角形或同为钝角三角形. (2001 年 CMO 试题)

证明 $n=3,4$ 时,结论显然成立.

当 $n\geqslant 5$ 时,连出 5 条对角线的正五边形中,恰有钝角三角形和锐角三角形各 5 个.当 5 只喜鹊 A,B,C,D,E 飞落前后的状态如图 6-44 所示时,锐角三角形与钝角三角形互变,不满足题中要求,故 $n=5$ 不行.

当 $n\geqslant 6$ 时,若 $n=2m(m\geqslant 3,m\in\mathbf{N}_+)$,取正 n 边形一对相对顶点 A,B,并考察从这两点起飞的两只喜鹊(仍称之为 A 和 B)的落点.若喜鹊 A,B 的落点仍是一对相对顶点,则可任取一只喜鹊 C,则 3 只喜鹊 A、B、C 前后所占据的顶点都构成直角三角形;若喜鹊 A、B

的落点 A'、B' 不是相对顶点,设 A' 的相对顶点是 C',并记返回后落在 C' 的喜鹊是从点 C 起飞的,于是 A、B、C 三只喜鹊飞落前后所占据的顶点都构成直角三角形,这就证明了不小于 4 的偶数都满足要求.

图 6-44

若 $n=2m+1(m\geqslant 3,m\in \mathbf{N}_+)$,因为正多边形连同顶点上落的喜鹊一起旋转时,三角形的形状不变,故可假设一只喜鹊 A 飞走后返回时仍落在原处.过 A 作正 n 边形的外接圆的一条直径 AA',于是这条直径两侧各有 m 只喜鹊,易见,位于直径同侧的 2 只喜鹊与 A 一起所在 3 个顶点构成一个钝角三角形.由于 $m\geqslant 3$,位于直径同侧的 m 只喜鹊中飞走后返回时至少有 $[\frac{m-1}{2}]+1\geqslant 2$ 只喜鹊仍在直径的同一侧,设其中 2 只为 B、C,则 3 只喜鹊 A、B、C 飞落前后所在的 3 个顶点都构成钝角三角形,这就证明了不小于 7 的奇数也满足要求,所以满足题目要求的正整数就是 $n\geqslant 3$ 且 $n\neq 5$.

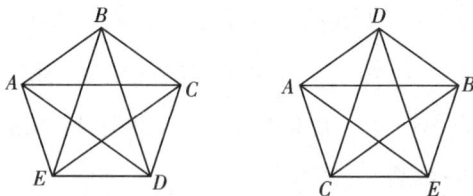

例 12 设正整数 $n\geqslant 4$,由平面上 n 个点 $P_1,P_2,\cdots,P_n$ 所构成的集合 S 满足:任意 3 点不共线,任意 4 点不共圆,设 $a_t(1\leqslant t\leqslant n)$ 表示包含点 P_t 在内的圆 $P_iP_jP_k$ 的个数,且 $m(S)=a_1+a_2+\cdots+a_n$.证明:存在依赖于 n 的正整数 $f(n)$,使 S 中的点是凸 n 边形的顶点的充分必要条件是 $m(S)=f(n)$.
(2001 年第 41 届 IMO 预选题)

证明 $n=4$ 时,若 P_1,P_2,P_3,P_4 不是凸四边形的 4 个顶点,不妨设 P_4 在 $\triangle P_1P_2P_3$ 内,则 $a_1=a_2=a_3=0,a_4=1$,所以 $m(S)=1$.

若 P_1,P_2,P_3,P_4 是一个凸四边形的顶点,则当 $\angle P_1+\angle P_3>180°$ 时,$\angle P_2+\angle P_4<180°$,所以 $a_1=a_3=1,a_2=a_4=0,m(S)=2$.同理当 $\angle P_1+\angle P_3<180°$ 时,$\angle P_2+\angle P_4>180°$,所以 $a_1=a_3=0,a_2+a_4=1,m(S)=2$.

当 $n\geqslant 5$ 时,$m(S)$ 是对所有的点组 $(P_t,P_iP_jP_k)$ 计数,其中 $(P_t,P_iP_jP_k)$ 表示包含点 P_t 的圆 $P_iP_jP_k$ 的数目,$1\leqslant t\leqslant n$.对于 S 中的每一个 4 元子集 $\{P_i,P_j,P_k,P_t\}$ 有 4 种可能的点组 $(P_i,P_jP_kP_t)$,$(P_j,P_iP_kP_t)$,$(P_k,P_iP_jP_t)$,$(P_t,P_iP_jP_k)$ 对 $m(S)$ 的贡献为 1.由 $n=4$ 时的分析知道,当这个 4 元子集组成一个凸四边形的 4 顶点时,这 4 个点组中恰有 2 个对 $m(S)$ 的贡献为 1,否则 4 个点组中仅有 1 个对 $m(S)$ 的贡献为 1.

如果 $a(S)$ 和 $b(S)$ 分别表示 S 的可构成凸四边形和不能构成凸四边形的 4 元子集的个数,则 $m(S)=2a(S)+b(S)$.又因为 $a(S)+b(S)=C_n^4$,所以 $m(S)=C_n^4+a(S)$.

如果 S 中的点是凸 n 边形的顶点,那么 $a(S)=C_n^4$,所以 $m(S)=2C_n^4$.

反之,如果 $m(S)=2C_n^4$,那么 $a(S)=C_n^4$,即 S 中任何 4 点均构成一个凸四边形,从而 S 中的点是凸 n 边形的顶点.

这就证明了 $f(n)=2C_n^4$ 满足题目条件.

例 13 若干个正方形的面积之和等于 1,求证:它们可以不重叠地嵌入到一个面积为 2 的正方形内.
(第 6 届全苏奥林匹克试题)

证明 将这些正方形按边长由大到小的顺序排成一行,设其最大边长为 $x=h_1$,再将

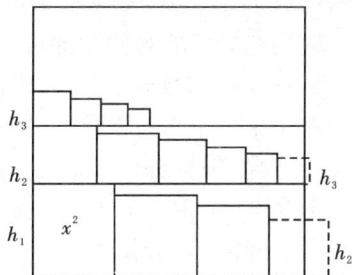

它们移植到边长为$\sqrt{2}$的正方形(面积为2)中,使边长为x的正方形紧贴大正方形的左下角,其他依次排在大正方形的底边上,直到排边长为h_2的正方形开始超出大正方形的右边;将边长为h_2的正方形以及以后的正方形移到上一行,使其左边重合于大正方形的左边,而底边与边长为x的正方形的上底重合,其后的正方形依次排成一行,直到排到边长为h_3的正方形时又超出了大正方形的右边;将边长为h_3的正方形及以后的正方形又移到上一行,并且这样一直做下去…(图6-45).若我们能证明$x=h_1,h_2,h_3,\cdots$的和$h=h_1+h_2+h_3+\cdots$不超过$\sqrt{2}$,则所有这些正方形已无重叠地放入大正方形.

设想将从下往上数第$k+1$行最左边的边长为h_{k+1}的那个正方形移到第k行的右端,那么它就在大正方形的右端露出了一部分,因此第k行中所有小正方形的面积之和不小于$(\sqrt{2}-x)h_{k+1}(k=2,3,\cdots)$,而第一行中所有小正方形的面积之和不小于$x^2+(\sqrt{2}-x)h_2$,于是所有这些小正方形的面积之和不小于

$$x^2+(\sqrt{2}-x)(h_2+h_3+\cdots)=x^2+(\sqrt{2}-x)(h-x).$$

而由题设所有小正方形的面积之和为1,所以

$$x^2+(\sqrt{2}-x)(h-x)\leqslant 1.$$

由此得出

$$h\leqslant \frac{1-x^2}{\sqrt{2}-x}+x=3\sqrt{2}-2(\sqrt{2}-x)-\frac{1}{\sqrt{2}-x}\leqslant 3\sqrt{2}-2\sqrt{2(\sqrt{2}-x)\cdot\frac{1}{\sqrt{2}-x}}=\sqrt{2}.$$

例14 给定$(3n+1)\times(3n+1)$的方格纸($n\in\mathbf{N}_+$),试证任意剪去一个方格后,余下的纸必可全部剪成形如▢的L形纸片.(1992年中国家队选拔考试题,$n=662$时为1987年第21届全苏奥林匹克考试题)

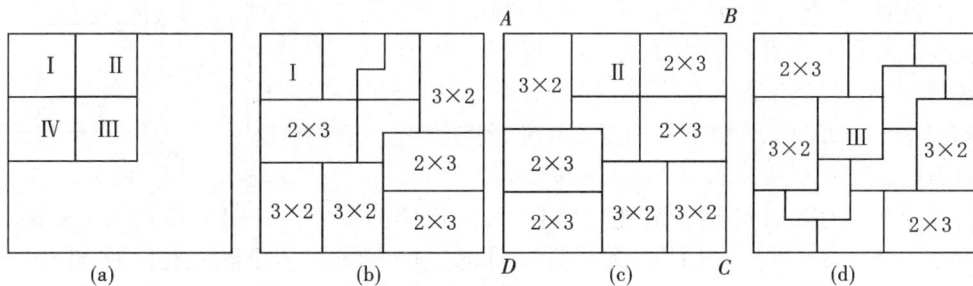

图 6-46

证明 $n=1$时,由§4-7中例4可知结论成立.$n=2$时,为7×7方格纸.首先,每一个2×3的纸片可剪成2个L形纸片.其次,由对称性,不失一般性可假设剪去的一格位于左上角4个2×2的正方形Ⅰ、Ⅱ、Ⅲ、Ⅳ的某一个内(图6-46(a)),如果剪去的一格在Ⅰ或Ⅱ或Ⅲ内,则Ⅰ、Ⅱ、Ⅲ余下的部分为一个L形纸片,其余部分可分别按图6-46(b),(c),(d)全

部剪成 L 形纸片. 如果剪去的一格在 Ⅳ 内, 则只要作图 6-46(c)关于主对角线 AC 的对称图即可, 这就证明了 $n=2$ 时结论成立.

设 $n=k$ 时结论成立. 那么 $n=k+2$ 时, 不失一般性, 可设剪去的一格位于左上方 $(3k+1)\times(3k+1)$ 的正方形内, 这时将 $(3k+7)\times(3k+7)$ 的纸片分成 4 块: 左上方是 $(3k+1)\times(3k+1)$ 的正方形, 右下方是 7×7 正方形去掉左上方的一个方格, 左下方和右上方分别是 $6\times3k$ 和 $3k\times6$ 的矩形, 因为 $6\times3k$ 和 $3k\times6$ 的矩形可全部剪成 2×3 或 3×2 的纸片, 故都可全部剪成 L 形纸片. 而由归纳假设及 $n=2$ 的证明知左上方及右下方的两块也能全部剪成 L 形纸片, 这就证明了 $n=k+2$ 时结论成立. 于是, 我们完成了原题的证明.

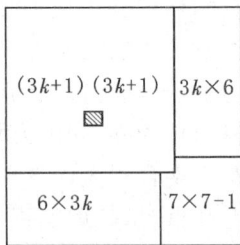

图 6-47

例 15 在长方体上作了一个截面, 其形状为六边形. 已知该六边形可以放在一个矩形 Ⅱ 中. 证明: 在矩形 Ⅱ 中可以放入长方体的一个面. (第 38 届俄罗斯奥林匹克试题)

证明 将该长方体记作 $ABCDA_1B_1C_1D_1$, 并设 $AB=a, AD=b, AA_1=c$, 其中 $a\leqslant b\leqslant c$. 不失一般性, 可以认为截面 $KLMNPQ$ 的位置为: $K\in AD, L\in AB, M\in BB_1, N\in B_1C_1, P\in C_1D_1, Q\in D_1D$(图 6-48).

六边形 $KLMNPQ$ 的各组对边相互平行, 因此它们分别是一个平面与三组平行平面的交线. 平行直线 QK 与 MN 之间的距离不小于面 ADD_1A_1 与面 BCC_1B_1 之间的距离, 即不小于 a. 同理, 平行边 KL 与 NP, LM 与 PQ 之间的距离分别不小于长方体的一条棱, 因而都不小于 a.

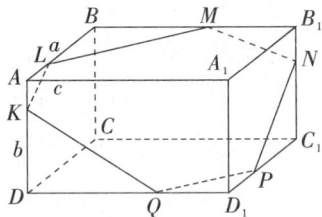

图 6-48

我们来证明, 六边形 $KLMNPQ$ 在它所在的平面上的任何一条直线上的投影都不小于 a. 由于六边形 $KLMNPQ$ 的三组对边分别相互平行, 所以它在任何一条直线 l 上的投影将重合于线段 $KN、LP、MQ$ 之一的投影. 为确定起见, 设其在直线 l 上的投影重合于线段 $K'N'$, 其中 K' 和 N' 分别是点 K 和 N 的投影. 可以认为 $K'、N'、P$ 和 Q 位于 KN 的同一侧(这可以通过平移直线 l 来实现). 此时 $\angle K'KN$ 与 $\angle N'NK$ 中有一个不是钝角, 不妨设 $\angle K'KN$ 不是钝角(图 6-49). 从而 $K'N'=KN\sin\angle K'KN\geqslant KN\sin\angle QKN$, 然而 $KN\sin\angle QKN$ 就是直线 QK 与 MN 之间的距离, 所以 $K'N'\geqslant KN\sin\angle QKN\geqslant a$.

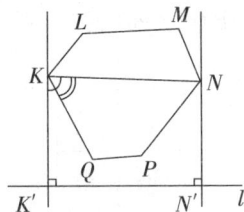

图 6-49

设六边形 $KLMNPQ$ 可以放在矩形 Ⅱ 中, 矩形的两条边长分别为 d_1 和 d_2. 易知, d_1 和 d_2 都不小于 $KLMNPQ$ 在任何一条平行于 Ⅱ 的边的直线上的投影. 因此, 按照已证的事实, 知

$$d_1\geqslant a, d_2\geqslant a. \qquad\qquad ①$$

注意到线段 LP 在面 ADD_1A_1 上的投影是 AD_1, 所以 $LP\geqslant AD_1=\sqrt{b^2+c^2}$. 另一方面, LP 包含在 Ⅱ 中, 所以 LP 不大于 Ⅱ 的对角线长 $\sqrt{d_1^2+d_2^2}$. 我们得到

$$d_1^2+d_2^2\geqslant b^2+c^2. \qquad\qquad ②$$

如果 d_1 和 d_2 都小于 b, 那么就会与不等式②相矛盾, 所以 d_1 和 d_2 之一不小于 b, 而由①

式,又可知另一个不小于 a. 从而可以在矩形Ⅱ中放入两边之长分别为 a 和 b 的矩形,亦即面 $ABCD$.

例16 边长为 n 的菱形 $ABCD$,其顶角 A 为 $60°$,今用分别与 AB、AD 及 BD 平行的三组等距平行线,将菱形划分成 $2n^2$ 个边长为 1 的正三角形(如图所示).试求以图中的线段为边的梯形个数 $s(n)$.　　(第 48 届 IMO 中国国家队培训试题)

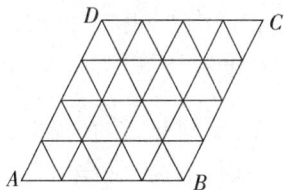

图 6-50

解法一 由于图中任两条线段所在的直线,或者平行,或者相交成 $60°$ 的锐角,因此,由图中线段组成的所有梯形都是底角为 $60°$ 的等腰梯形.对于这种梯形,若两腰延长线的交点在菱形内部或周界上,则称为"内置梯形";若交点在菱形外,就称为"外延梯形".

1. 先求"内置梯形"的个数 $f(n)$.

将边长为 k 的正三角形称为"k 级三角形",相应地,下底(较长底边)的长为 k 的梯形称为"k 级梯形",再将腰长为 $r(r<k)$ 的 k 级梯形称为 (k,r) 式梯形.并且,图中所有正三角形,要么顶点朝上,要么顶点朝下,分别称作"顺置三角形"与"倒置三角形".

易见,每个 (k,r) 式梯形,可看作由一个 k 级三角形切去一个 $k-r$ 级三角形而得到.每个 k 级三角形所切出的 k 级梯形有 $3(k-1)$ 种情况(其中 $(k,1)$,$(k,2)$,$\cdots$,$(k,k-1)$ 式梯形各三个).

今计算图中 k 级三角形的个数:取 A 为原点,AB,AD 为 X,Y 轴,建立斜角坐标系,每个 k 级顺置三角形,下底左端点 P 的横坐标可取 $0,1,\cdots,n-k$ 共 $n-k+1$ 个值,P 的纵坐标也可取 $0,1,\cdots,n-k$ 共 $n-k+1$ 个值.因此,k 级顺置三角形有 $(n-k+1)^2$ 个,据对称性,k 级倒置三角形也有 $(n-k+1)^2$ 个.从而 k 级三角形有 $2(n-k+1)^2$ 个,于是 k 级内置梯形有 $6[n-(k-1)]^2(k-1)$ 个.求和得:

$$f(n)=6\sum_{k=1}^{n}[n-(k-1)]^2(k-1)=6\sum_{i=1}^{n-1}(n-i)^2 i$$

$$=6\sum_{j=1}^{n-1}j^2(n-j)=6n\sum_{j=1}^{n-1}j^2-6\sum_{j=1}^{n-1}j^3$$

$$=6n\cdot\frac{n(n-1)(2n-1)}{6}-6\left[\frac{n(n-1)^2}{2}\right]^2$$

$$=6n\cdot\frac{n^2(n^2-1)}{2}.$$

2. 再求"外延梯形"的个数 $g(n)$.

先考虑外延交点在线段 AB 外侧的情况,任取 i,j,使 $1\leqslant j<i\leqslant n$,设诸点的斜角坐标为:$T_i(i,0)$,$P_j(0,j)$,$Q_j(j,0)$,$R_{ij}(i,j)$,延长 P_jQ_j;交直线 $x=i$ 于 M_{ij},位于 P_jQ_j 延长线上的交点共有 $n-j$ 个,对于确定的 j,三角形 $M_{ij}P_jR_{ij}$ 为一个倒置正三角形,当 T_i 在 AB 上移动时,点 R_{ij} 在直线 $y=i$ 上移动,由于 $P_jR_{ij}//AB$,这两条线段间的平行线共 $j+1$ 条(包括这两条线在内),任两条这种平行线都在三角形 $M_{ij}P_jR_{ij}$ 上截出一个梯形.因此,这种梯形共有 $C_{j+1}^2=\dfrac{j(j+1)}{2}$ 个,它们都以 M_{ij} 为外延交点,而 P_jQ_j 延长线位于 AB 外侧的交点 M_{ij} 共

有 $n-j$ 个,因此当 j 固定时,共得到 $\dfrac{j(j+1)}{2}(n-j)$ 个处延梯形.现让 j 取遍 $1,2,\cdots,n-1$,因此,位于 AB 外侧的全部处延点,共形成 $\sum\limits_{j=1}^{n-1}\dfrac{j(j+1)}{2}(n-j)$ 个"外延梯形".

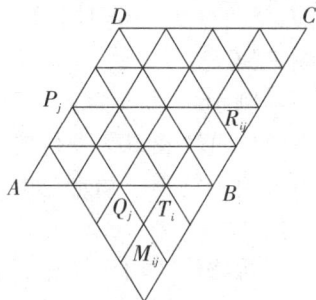

图 6-51

据对称性,在菱形另三条边外侧的外延点,也分别形成同样数目的"外延梯形",从而全部外延梯形的个数为:

$$g(n)=4\sum_{j=1}^{n-1}\frac{j(j+1)}{2}(n-j)=2\sum_{j=1}^{n-1}\left[(n-1)j^2+nj-j^3\right]$$

$$=2(n-1)\cdot\frac{n(n-1)(2n-1)}{6}+2n\cdot\frac{n(n-1)}{2}-2\left(\frac{n(n-1)}{2}\right)^2=\frac{n(n+2)(n^2-1)}{6}.$$

因此,$s(n)=f(n)+g(n)=\dfrac{n^2(n^2-1)}{2}+\dfrac{n(n+2)(n^2-1)}{6}$

$$=\frac{n(n^2-1)(2n+1)}{3}.$$

解法二 易知,$S_1=0,S_2=10$(边长为 2 的菱形中,所有梯形的下底边长为 2,因此,菱形的四条边各是一个梯形的下底,中间正六边形的三条对角线,每条恰是两个梯形的下底,共得 10 个梯形).

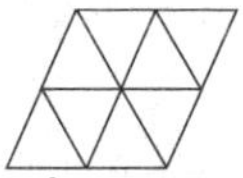

图 6-52

为方便计,称题中的菱形为 n 阶菱形,易知,$n+1$ 阶菱形可看作 n 阶菱形外侧添加一对宽为 1 的平行四边形的框(称为单位框)而得.

如图,设 $ABCD$ 为 $n+1$ 阶菱形,将其右方和上方的单位框染为红色,于是菱形 $ABCD$ 中带有红色(全红色或部分红色)的梯形数为 $S_{n+1}-S_n$ 个,而在右上方的 n 阶菱形 EB_1CC_n 中带有红色的梯形数为 S_n-S_{n-1} 个,又将不在(或不全在)菱形 EB_1CC_n 中的带有红色的梯形(简称为"外梯形")数记为 W_n,则有

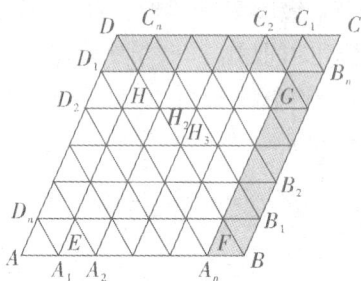

图 6-53

$$S_{n+1}-S_n=(S_n-S_{n-1})+W_n. \qquad ①$$

今计算 W_n:

下底在 BC 上,且以 B 为一个顶点的"外梯形"有 $1+2+\cdots+n=\dfrac{n(n+1)}{2}$ 个(其中下底为 BB_2 的 1 个,下底为 BB_3 的 2 个,$\cdots$,下底为 BC 的 n 个);类似地,上底在 BC 上,且以 B 为一个顶点的"外梯形"也有 $1+2+\cdots+n=\dfrac{n(n+1)}{2}$ 个. 于是,得底边在 BC 上的"外梯形"有 $n(n+1)$ 个;同理,底边在 CD,DA,AB 上的"外梯形"也各有 $n(n+1)$ 个.

其次,n 条平行线 $B_1D_n,B_2D_{n-1},\cdots,B_nD_1$ 中,以任一对平行线互为上下底,可得两个"外梯形",共计 $2C_n^2=n(n-1)$ 个;n 条平行线 $A_1C_n,A_2C_{n-1},\cdots,A_nC_1$ 中,以任一对平行线为底,也得两个"外梯形",共计 $2C_n^2=n(n-1)$ 个.

下底在 BD 上的"外梯形"共 $2n^2$ 个(其中,落在 $\triangle ABD,\triangle CBD$ 中的"外梯形"各有 n^2 个).

因此 $W_n = 4n(n+1) + 2n(n-1) + 2n^2 = 8n^2 + 2n$,　　　　　　　　　　②

从而①化为:

$$S_{n+1} - S_n = (S_n - S_{n-1}) + 8n^2 + 2n,$$　　　　　　　　　　③

注意 $S_1 = 0, S_2 = 10$, 令 $n = 2, 3, \cdots, m$, 求和得,

$$S_{m+1} - 10 = S_m + 8\left(\frac{m(m+1)(2m+1)}{8} - 1\right) + 2\left(\frac{m(m+1)}{2} - 1\right).$$

即 $S_{m+1} - S_m = \frac{8}{3}m^3 + 5m^2 + \frac{7}{3}m,$　　　　　　　　　　④

令 $m = 1, 2, \cdots, n-1$, 求和得

$$S_n = \frac{8}{3}\left(\frac{n(n-1)}{2}\right)^2 + 5 \cdot \frac{n(n-1)(2n-1)}{2} + \frac{7}{3} \cdot \frac{n(n-1)}{2}$$

$$= \frac{n(n^2-1)(2n+1)}{3}.$$

例17 在半径为 10 的圆周 C 上任给 63 个点, 设以这些点为顶点且三边长都大于 9 的三角形的个数为 S, 求 S 的最大值. （第 48 届 IMO 中国国家队选拔考试试题）

解 设圆周 C 的中心为 O, 内接正 n 边形的边长为 a_n, 则 $a_6 > 10 > 9$, 且 $a_7 < 10 \times \frac{2\pi}{7} < 10 \times \frac{2 \times 3.15}{7} = 9$.

（i）作圆 C 的内接正六边形 $A_1 A_2 A_3 A_4 A_5 A_6$, 则 $A_i A_{i+1} = a_6 > 9$. 故可在 $\overset{\frown}{A_i A_{i+1}}$ 内取一点 B_i 使 $B_i A_{i+1} > 9$, 于是 $\angle B_i O A_{i+1} > \frac{2\pi}{7}$. 从而

$$\angle A_i O B_i = \angle A_i O A_{i+1} - \angle B_i O A_{i+1} < \frac{2\pi}{6} - \frac{2\pi}{7} < \frac{2\pi}{7},$$

所以

$$A_i B_i < 9 \ (i = 1, 2, \cdots, 6, A_7 = A_1).$$

故 $\overset{\frown}{A_i B_i}$ 上任意两点的距离小于 9.

因 $63 = 6 \times 10 + 3$, 在 $\overset{\frown}{A_1 B_1}, \overset{\frown}{A_2 B_2}, \overset{\frown}{A_3 B_3}$ 每段弧内任取 11 个点, 而在 $\overset{\frown}{A_4 B_4}, \overset{\frown}{A_5 B_5}, \overset{\frown}{A_6 B_6}$ 每段弧内任取 10 个点, 则共取出了 63 个点, 组成集 M. 于是 M 内位于 6 条弧 $\overset{\frown}{A_i B_i} (i = 1, 2, \cdots, 6)$ 中同一条弧上任意两点的距离小于 9, 而位于不同弧上任意两点的距离大于 9, 故以 M 中的点为顶点且三边长都大于 9 的三角形个数为

$$S_0 = C_3^3 \times 11^3 + C_2^2 C_3^1 \times 11^2 \times 10 + C_3^1 C_2^2 \times 11 \times 10^2 + C_3^3 \times 10^3 = 23121.$$

于是所求 S 的最大值 $\geq S_0$.

（ii）我们证明所求的最大值 $= S_0$.

为此我们需要下面三个引理.

引理1 在圆周 C 上任给 n 个点, 以 C 上一点 P 为中心, 长度等于圆周长的 $\frac{2}{7}$ 的弧 $\overset{\frown}{BPC}$（含 B、C 两点）称为点 P 的 $\frac{2}{7}$ 圆弧. 则给定的 n 个点中必存在一点 P, 它的 $\frac{2}{7}$ 圆弧至少

覆盖给定点中的 $\left[\dfrac{n+5}{6}\right]$ 个点.

引理 1 的证明 取一个给定点 A，它的 $\dfrac{2}{7}$ 圆弧为 $\overparen{A_1AA_6}$，以 A_1、A_6 为端点不含 A 的另一段弧记为 $\overparen{A_1BA_6}$，将 $\overparen{A_1BA_6}$ 五等分，分点依次为 A_2、A_3、A_4、A_5（如图），于是 $\overparen{A_iA_{i+1}}$ 恰是整个圆周 C 的 $\dfrac{1}{7}(i=1,2,\cdots,5)$. 因为 $\overparen{A_1AA_6}$ 上的给定点都被点 A 的 $\dfrac{2}{7}$ 圆弧覆盖，若 $\overparen{A_iA_{i+1}}$ 上有给定点 P_i，则 $\overparen{A_iA_{i+1}}$ 上的所有给定点被点 P_i 的 $\dfrac{2}{7}$ 圆弧覆盖 $(i=1,2,\cdots,5)$. 故所有 n 个给定点至多被其中 6

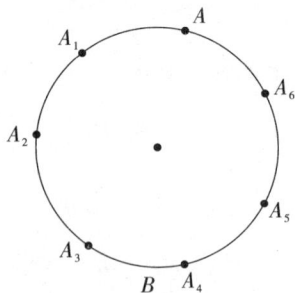

图 6-54

个给定点的 $\dfrac{2}{7}$ 圆弧覆盖. 由抽屉原理，其中必有一个给定点的 $\dfrac{2}{7}$ 圆弧至少覆盖 $\left[\dfrac{n-1}{6}\right]+1$ $=\left[\dfrac{n+5}{6}\right]$ 个给定点. 引理 1 得证.

引理 2 在半径为 10 的圆周 C 上任取一条长度等于圆周长的 $\dfrac{5}{7}$ 的弧 $\overparen{A_1BA_6}$. 在 $\overparen{A_1BA_6}$ 上任给 $5m+r(m,r$ 为非负整数且 $0\leqslant r<5)$ 个点，则以给定点为端点，长度大于 9 的线段数至多为 $10m^2+4rm+\dfrac{1}{2}r(r-1)$.

引理 2 的证明 将 $\overparen{A_1BA_6}$ 五等分，分点依次为 A_2、A_3、A_4、A_5，则 $\overparen{A_iA_{i+1}}$ 恰为整个圆周长的 $\dfrac{1}{7}(i=1,2,3,4,5)$. 于是同一弧 $\overparen{A_iA_{i+1}}$ 上任意两点的距离不超过 $a_7<9$. 设 $\overparen{A_iA_{i+1}}$ 上有 m_i 个已知点，则以已知点为端点且距离大于 9 的线段至多为

$$l=\sum_{1\leqslant i<j\leqslant 5}m_im_j, \tag{①}$$

其中

$$m_1+m_2+\cdots+m_5=5m+r. \tag{②}$$

因满足①的非负整数组 $(m_1,m_2,\cdots,m_5)$ 的个数有限，故 l 的最大值必存在. 下面证明当 l 取最大值时必有

$$|m_i-m_j|\leqslant 1(i\leqslant i<j\leqslant 5).$$

事实上，若 l 取最大值时存在 i、$j(i\leqslant i<j\leqslant 5)$ 使得 $|m_i-m_j|\geqslant 2$，不妨设 $m_1-m_2\geqslant 2$，令 $m'_1=m_1-1$，$m'_2=m_2+1$，$m'=m(3\leqslant i\leqslant 5)$，并令对应的整数为 l'，则

$$m'_1+m'_2=m_1+m_2,$$

且 $m'_1+m'_2+\cdots+m'_5=m_1+m_2+\cdots+m_5$；

$$l'-l=(m'_1m'_2-m_1m_2)+[(m'_1+m'_2)-(m_1+m_2)](m_3+m_4+m_5)=m_1-m_2-1\geqslant 1,$$

这与 l 为最大矛盾.

故当 l 取最大值时，$m_1,m_2,\cdots,m_5$ 中有 r 个 $m+1$，有 $5-r$ 个 m. 所以以给定点为端点且长度大于 9 的线段数不超过

$$C_1^2(m+1)^2+C_r^1C_{5-r}^2(m+1)m+C_{5-r}^2 \cdot m^2=10m^2+4rm+\frac{1}{2}r(r-1).$$

引理 3 在半径为 10 的圆周 C 上任给 n 个点组成点集 M,且 $n=6m+r(m,r$ 为非负整数,$0 \leqslant r<6)$,设以 M 中的点为顶点,三边长都大于 9 的三角形个数为 S_n,则

$$S_n \leqslant 20m^3+10rm^2+2r(r-1)m+\frac{1}{6}r(r-1)(r-2).$$

引理 3 的证明 对 n 用归纳法.

$n=1$ 或 2 时,$S_n=0$,结论显然成立.

设 $n=k(k \geqslant 2)$ 时结论成立,并设 $k=6m+r(m,r$ 为非负整数且 $0 \leqslant r<6)$,则

$$S_k \leqslant 20m^3+10rm^2+2r(r-1)m+\frac{1}{6}r(r-1)(r-2).$$

则当 $n=k+1$ 时,由引理 1 知给定的 $k+1$ 个点中必存在一点 P,它的 $\frac{2}{7}$ 圆弧 $\overparen{A_1PA_6}$ 至少覆盖给定点中的 $\left[\dfrac{k+1+5}{6}\right]=m+1$ 个点,这些点中每点到 P 的距离 $\leqslant PA_1=PA_6=a_7<9$. 故给定点中至多有 $(k+1)-(m+1)=5m+r$ 个点到 P 的距离大于 9,且这些点全在以 A_1、A_6 为端点但不含 P 的另一段弧 $\overparen{A_1BA_6}$ 上,而这段弧的长度为整个圆周长的 $\frac{5}{7}$. 由引理 2 知以这些点为端点长度大于 9 的线段至多为

$$10m^2+4rm+\frac{1}{2}r(r-1),$$

(当 $r=5$ 时,由引理 2 知,至多有 $10(m+1)^2$,结论也成立)即以给定点为顶点的三角形中其三边长都大于 9 且有一个顶点为 P 的三角形个数不多于

$$S_P=10m^2+4rm+\frac{1}{2}r(r-1).$$

去掉点 P,还剩 $k=6m+r$ 个点. 设以这 k 个点为顶点且三边长都大于 9 的三角形个数为 S_k,则由归纳假设有

$$S_k \leqslant 20m^3+10rm^2+2r(r-1)m+\frac{1}{6}r(r-1)(r-2).$$

于是

$$S_{k+1}=S_k+S_P$$

$$\leqslant 20m^3+10rm^2+2r(r-1)m+\frac{1}{6}r(r-1)(r-2)+10m^2+4rm+\frac{1}{2}r(r-1)$$

$$=20m^3+10(r+1)m^2+2(r+1)rm+\frac{1}{6}r(r+1)(r-1).$$

这说明 $n=k+1=6m+(r+1)$ 时结论成立.

此外,当 $r=5$ 时,$m=k+1=6(m+1)$,上式化为 $S_{k+1}=20(m+1)^3$,结论也成立.

引理 3 得证.

回到原题:当 $n=63=6 \times 10+3$ 时,由引理 3 得

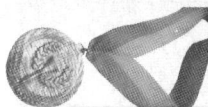

$$S \leqslant 20 \times 10^3 + 10 \times 10^2 + 2 \times 3 \times 2 \times 10 + \frac{1}{6} \times 3 \times 2 \times 1 = 23121.$$

例 18 直角坐标平面上的一个点列 $(A_0, A_1, \cdots, A_n)$ 称为"有趣的",如果每个 A_i 的横坐标与纵坐标都是正整数,直线 $OA_0, OA_1, \cdots, OA_n$ 的斜率严格递增(O 是原点),并且三角形 OA_iA_{i+1} ($0 \leqslant i \leqslant n-1$) 的面积均为 $\frac{1}{2}$.

在一个点列 $(A_0, A_1, \cdots, A_n)$ 的某相邻两点 A_i、A_{i+1} 之间插入一个点 A,满足 $\overrightarrow{OA} = \overrightarrow{OA_i} + \overrightarrow{OA_{i+1}}$,则称新点列 $(A_0, \cdots, A_i, A, A_{i+1}, \cdots, A_n)$ 为原点列的一次扩张.

设 $(A_0, A_1, \cdots, A_n)$ 与 $(B_0, B_1, \cdots, B_m)$ 是任意两个有趣点列. 证明:若 $A_0 = B_0$,$A_n = B_m$,则可对两个点列分别作有限次扩张得到相同的点列. （2011 年中国国家队选拔考试试题）

证明 由条件可知,一个有趣点列作一次扩张之后得到的点列仍是有趣的.

首先证明存在一个有趣点列 $(C_0, C_1, \cdots, C_k)$,包含这两个点列中的所有点,且 $C_0 = A_0 = B_0$,$C_k = A_n = B_m$.

由 Pick 定理(皮克定理)知格点三角形的面积等于 $\frac{1}{2}$ 当且仅当其内部和边界上除顶点外无其他格点. 由于三角形 OA_iA_{i+1} 的面积等于 $\frac{1}{2}$,所以在它的边界和内部除顶点外无其他整点,特别地,线段 OA_i 的内部无整点,同理线段 OB_j 的内部也无整点. 这样如果直线 OA_i 和直线 OB_j 的斜率相等,那么有 $A_i = B_j$.

将 A_i,B_j 中所有不同点按到原点的斜率严格递增记为 $D_0, D_1, \cdots, D_l$. 如果点列 (D_i, D_{i+1}) 不是有趣的,那么可以添加若干个点 $E_1, \cdots, E_s$,使得点列 $(D_i, E_1, \cdots, E_s, D_{i+1})$ 是有趣的. 事实上考虑 $\triangle OD_iD_{i+1}$ 的边界和内部除 O 点外的所有整点的凸包 P,它是一个凸多边形,或者是线段 D_iD_{i+1}(看作退化的凸多边形). P 的边界被 D_i、D_{i+1} 分成两部分,其中一部分即为线段 D_iD_{i+1},沿着另一部分边界从 D_i 到 D_{i+1} 依次经过的整点记为 $E_1, \cdots, E_s$,则 $D_i, E_1, \cdots, E_s, D_{i+1}$ 是一个有趣的序列,如图 6-55. 于是可在某些 D_i、D_{i+1} 之间添加若干个点,得到所要求的有趣点列 $(C_0, C_1, \cdots, C_k)$.

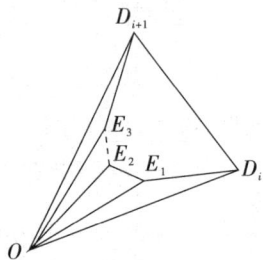

图 6-55

最后只需证明经过一系列的扩张,可从有趣点列 $(A_0, A_1, \cdots, A_n)$ 变为有趣点列 $(C_0, C_1, \cdots, C_k)$,同理也可从 $(B_0, B_1, \cdots, B_m)$ 变为 $(C_0, C_1, \cdots, C_k)$.

这只需证明 $n = 1$ 时的情形. 事实上对 (A_i, A_{i+1}),$i = 0, 1, \cdots, n-1$ 分别运用 $n = 1$ 时的结论即可. 于是设 $C_0 = A_0$,$C_k = A_1$,下面对 k 归纳证明可以经过一系列的扩张,从有趣点列 (A_0, A_1) 变为有趣点列 $(C_0, C_1, \cdots, C_k)$.

$k = 1$ 时无需作任何扩张,假设结论对小于 k 的所有正整数成立,考虑 k 的情形($k \geqslant 2$). 记 A 为整点满足 $\overrightarrow{OA} = \overrightarrow{OA_0} + \overrightarrow{OA_1}$,则 A 必为 $C_1, \cdots, C_{k-1}$ 中某一点. 如若不然,由于线段 OA 内部无整点,存在 $0 \leqslant i < k$ 使得 A 落在由射线 OC_i 和 OC_{i+1} 所夹的角形区域内部. 不妨假设 $i > 0$,否则可将整个图形关于直线 $x = y$ 作对称后再作讨论. 由于平行四边形 OA_0AA_1 的面积为 1,故 C_i 在平行四边形 OA_0AA_1 的外部,C_{i+1} 或在这个平行四边形外部或者 $C_{i+1} =$

A_1. 不论何种情况,取 B 使得 $\overrightarrow{OB}=\overrightarrow{OC_i}+\overrightarrow{OC_{i+1}}$,取 B' 使得 $C_{i+1}B'$ $//OA_0$,$C_iB'//A_0A$,则 A 在四边形 $OC_{i+1}B'C_i$ 的内部或边界上,于是 A 在平行四边形 OC_iBC_{i+1} 的内部(如图 6-56),这与平行四边形 OC_iBC_{i+1} 的面积等于 1 矛盾. 于是对 (A_0,A_1) 作一次扩张后所插入的点 A 是某个 C_i,对 (A_0,A) 和 (A,A_1) 分别用归纳假设即可.

附:Pick 定理. 设顶点为格点的多边形的内部和边界上的格点数分别为 I 和 J,面积为 S,则 $S=I+\dfrac{1}{2}J-1$.

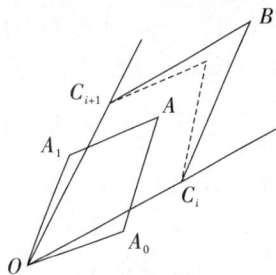

图 6-56

关于 Pick 定理的证明,我们留给读者作为练习题.

例 19 由 2012×2012 个单位方格构成的正方形棋盘的一些小方格中停有甲虫,一个小方格中至多停有一只甲虫. 某一时刻,所有的甲虫飞起并再次全部落在这个棋盘的方格中,每个小方格中仍至多停有一只甲虫. 一只甲虫飞起前所在小方格的中心指向再次落下后所在小方格的中心的向量称为该甲虫的"位移向量",所有甲虫的"位移向量"之和称为"总位移向量".

就甲虫的个数及始、末位置的所有可能情况,求"总位移向量"长度的最大值.

(2012 年中国国家队选拔考试试题)

解 以棋盘中心 O 为原点,平行于格线建立直角坐标系,将所有小方格的中心点记为集合 S,初始时停有甲虫的方格中心点记为集合 $M_1\subseteq S$,再次落下后停有甲虫的小方格中心点记为集合 $M_2\subseteq S$,同一甲虫前后两次停留的小方格给出了 M_1 到 M_2 的一一对应 f,于是总位移向量

$$V=\sum_{v\in M_1}(f(v)-v)=\sum_{u\in M_2}u-\sum_{v\in M_1}v. \qquad ①$$

注意到①与式 f 无关,因此只需对所有 $M_1,M_2\subseteq S$,$|M_1|=|M_2|$,求 $|V|=\left|\sum_{u\in M_2}u-\sum_{v\in M_1}v\right|$ 的最大值. 不妨设 $M_1\cap M_2=\varnothing$,否则将 M_1、M_2 同时减去它们的交集后 $|V|$ 不改变. 由 M_1、M_2 的选取方式有限,设对某一对 (M_1,M_2),$|V|$ 取得最大值. 显然 $V\ne0$,过 O 作垂直于 V 的直线 l.

引理一 l 不过 S 中任意一点,且 M_1 为 l 某一侧的所有 S 中的点,M_2 为 l 另一侧的所有 S 中的点.

引理一的证明 首先 $M_1\cup M_2=S$,否则由于 $|S|$ 为偶数,至少有两个点 a、b 不在 $M_1\cup M_2$ 中,不妨设 $a-b$ 与 V 的夹角不超过 $90°$,则 $|V+(a-b)|>|V|$,故将 a 加入 M_2,b 加入 M_1 后,总位移向量长度严格增大,这与 $|V|$ 的最大性矛盾. 于是 M_1、M_2 互为补集. 其次,$M_2=-M_1$,如若不然,则 M_1、M_2 中都包含一对对称点,即存在 $a,b\in S$,使得 $a,-a\in M_1$,$b,-b\in M_2$. 不妨设 $a-b$ 与 V 的夹角不超过 $90°$,将 a 换入 M_2,b 换入 M_1 后总位移向量变为 $V+2(a-b)$,而 $|V+2(a-b)|>|V|$,这与 $|V|$ 的最大性矛盾,故 M_1、M_2 是关于 O 对称的点集. 另外 l 不过 S 中任意一点,如若不然,设 l 过 a,$-a\in S$,$a\in M_1$,$-a\in M_2$,则将 a 换入 M_2,$-a$ 换入 M_1 后,总位移向量变为 $V+4a$,注意到 a 到 V 的夹角等于 $90°$,则有 $|V+4a|>|V|$,与 $|V|$ 的最大性矛盾. 最后我们说明,M_2 是 l 一侧的所有 S 中的点(V 指向的那一侧),M_1 是 l 另一侧的所有 S 中的点. 如若不然,在 V 指向的一侧有 $a\in M_1$,另一侧有 $b\in$

M_2，则 $a-b$ 与 V 的夹角小于 $90°$，这样将 a 换入 M_2，b 换入 M_1，总位移向量变为 $V+2(a-b)$，长度严格变大，与 $|V|$ 的最大性矛盾. 至此引理一获证.

引理二 设 $S_k=\left\{(x,y)\in S \,\middle|\, |x|=k-\dfrac{1}{2} \text{ 或 } |y|=k-\dfrac{1}{2}\right\}$，$k=1,2,\cdots,1006$，$l$ 是过 O 的一条直线，且不过 S_k 中点. S_k 在 l 一侧的所有点记为 A_k，另一侧的所有点记为 B_k，记 $V_k=\sum\limits_{u\in A_k}u-\sum\limits_{u\in B_k}v$，则 $|V_k|$ 的最大值在 l 水平（或垂直）时取得，此时 V_k 的方向为垂直（水平）.

引理二的证明 S_k 的点落在一个正方形边界上，每边上有 $2k$ 个点. 设该正方形的四个顶点分别为 $A\left(k-\dfrac{1}{2},k-\dfrac{1}{2}\right)$、$B\left(-k+\dfrac{1}{2},k-\dfrac{1}{2}\right)$、$C\left(-k+\dfrac{1}{2},-k+\dfrac{1}{2}\right)$. 由对称性，不妨设 l 过 AD 内部，且斜率非负，这样设 l 与 AD 的交点在 AD 上从上往下第 $t(1\leqslant t\leqslant k)$ 个 S_k 中的点和第 $t+1$ 个 S_k 中的点之间（如图所示 $k=6,t=3$ 的情形）. 此时算得

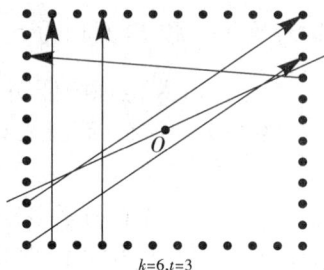

图 6-57
$k=6,t=3$

$$V_k=(2k-2)(2k-1)\vec{j}+(2k-t)(-(2k-1)\vec{i}+t\vec{j})+t((2k-1)\vec{i}+(2k-t)\vec{j})$$
$$=-2(2k-1)(k-t)\vec{i}+2(-(k-t)^2+3k^2-3k+1)\vec{j},$$

其中 $\vec{i},\vec{j}$ 分别表示水平和垂直单位向量. 记 $(k-t)^2=u$，$0\leqslant u\leqslant(k-1)^2$，则

$$\frac{1}{4}|V_k|^2=(2k-1)^2u+u^2-2(3k^2-3k+1)u+(3k^2-3k+1)^2$$
$$=u^2-(2k^2-2k+1)u+(3k^2-3k+1)^2.$$

上式作为关于 u 的二次函数，对称轴在 $u=k^2-k+\dfrac{1}{2}$ 处，易知当 $u=0$ 时，$\dfrac{1}{4}|V_k|^2$ 取最大值，即 $|V_k|$ 取最大值，此时 $t=k$，即 l 水平直线，故 V_k 为垂直方向. 引理二获证.

回到原题，由对称性，只需考虑 l 的斜率非负且小于 1 的情形，M_1、M_2 分别为 l 的两侧所有点. 记 $M_2\bigcap S_k=A_k$，$M_1\bigcap S_k=B_k$，$V_k=\sum\limits_{u\in A_k}u-\sum\limits_{u\in B_k}v$，则

$$|V|=\left|\sum_{k=1}^{1006}V_k\right|\leqslant\sum_{k=1}^{1006}|V_k|. \tag{②}$$

故

$$|V|_{\max}\leqslant\sum_{k=1}^{1006}|V_k|_{\max}.$$

当 l 为水平直线，M_2 为上半平面中所有点，M_1 为下半平面中所有点时，各 $|V_k|$ 取得最大值，且 V_k 方向都垂直向上，②式中三角不等式也取得等号，故此时 $|V|$ 的确取得最大值，$|V|_{\max}=2\times1006^3$.

例 20 当凸多边形的每个内角都相等时，我们称它是等角的. 求证：$p>2$ 是素数当且仅当每条边的长度是有理数的等角 p 边形都是正 p 边形.

（第 48 届 IMO 中国国家集训队测试试题）

证明 先证明如下引理.

引理 设 $a_1,a_2,\cdots,a_n$ 是正有理数且 $\varepsilon=\cos\dfrac{2\pi}{n}+\mathrm{i}\sin\dfrac{2\pi}{n}$. 则一个等角多边形的边长分

别为 $a_1, a_2, \cdots, a_n$（按逆时针方向）当且仅当

$$a_1 + a_2\varepsilon + \cdots + a_n\varepsilon^{n-1} = 0.$$

证明 对 $n=6$ 的情况我们作以下的图 6-58（一般情况也可作）. 若把多边形的边看作向量,方向为顺时针方向（见图 6-58）,则这些向量之和必等于 0. 现在我们移动所有的向量使得它们的始点相同（图 6-59）. 考虑它们的终点所对应的复数,并选择 a_1 在正实轴上,则它们分别对应向量 $a_1, a_2\varepsilon, \cdots, a_n\varepsilon^{n-1}$. 因为这些向量之和为 0,所以 $a_1 + a_2\varepsilon + \cdots + a_n\varepsilon^{n-1} = 0$. 反过来也是成立的.

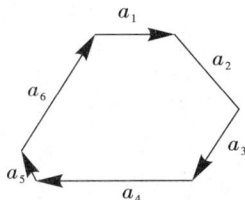

图 6-58

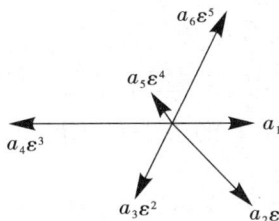

图 6-59

原题的证明:我们先证明必要性.

设 p 是一个素数,有理数 $a_1, a_2, \cdots, a_p$ 分别是一个等角 p 边形的边长. 由引理我们知道

$$\xi = \cos\frac{2\pi}{p} + \mathrm{i}\sin\frac{2\pi}{p}$$

是多项式 $P(X) = a_1 + a_2 X + \cdots + a_p X^{p-1}$ 的一个根.

另一方面,ξ 是多项式 $Q(X) = 1 + X + \cdots + X^{p-1}$ 的一个根. 而当两个多项式有共同的根时,它们的最大公因式必是一个非常数的有理系数多项式. 因此 $Q(X)$ 可以分解成两个非常数的有理系数多项式的乘积,但这是不可能的（对 $Q(X+1)$ 用爱森斯坦因判别法即可证明）.

下面我们证明充分性.

反过来假设 p 不是一个素数,且令 $p = mn$（m、n 是大于 1 的整数）. 由此可得 ξ^n 是一个 m 次单位根,从而

$$1 + \xi^n + \xi^{2n} + \cdots + \xi^{(m-1)n} = 0.$$

将上式与

$$1 + \xi + \xi^2 + \cdots + \xi^{p-1} = 0$$

相加,可知 ξ 是一个 $p-1$ 次多项式的根,这个多项式有些系数为 1,而另一些系数为 2. 这表明存在一个等角 p 边形,它的一些边长度为 1,剩下的边长度为 2. 因此这个多边形非正,证毕.

例 21 试求最大的 S,使得总面积为 S 的任何有限多个小正方形,总可放入一个边长为 1 的正方形 T 中,使其中任两个小正方形都没有公共的内点.

（第 48 届 IMO 中国国家队培训试题）

解 **引理** 若正方形 W 被单位正方形 T 所覆盖,如果 W 的面积大于 $\frac{1}{4}$（边长大于 $\frac{1}{2}$）,则 T 的中心 O 必在 W 内.

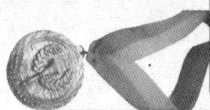

引理的证明 用 $\rho(M,l)$ 表示点 M 到直线 l 的距离,由于正方形 W 的任一双对边的距离皆大于 $\frac{1}{2}$,因此,若 W 的四边所在直线为 l_1、l_2、l_3、l_4,而点 M_0 满足:

$$\rho(M_0,l_i) \leqslant \frac{1}{2}(i=1,2,3,4)$$

时,则点 M_0 必在 W 内.

(1)当正方形 W 与单位正方形 T 的边平行时,则 T 的中心 O 显然满足 $\rho(O,l_i) \leqslant \frac{1}{2}$,$i=1,2,3,4$,因此 O 必在 W 内.

(2)若正方形 W 与单位正方形 T 的边不平行,设正方形 T 的内切圆 $\odot O$ 切正方形 T 的边于四点 E、F、G、H,其半径 $r=\frac{1}{2}$,与 $\odot O$ 相交或相切的任一直线 l,皆有 $\rho(O,l) \leqslant \frac{1}{2}$,假若正方形 W 有一条边 l_0,其所在直线不与 $\odot O$ 相交,设 l_0 含于曲边三角形 AEF 内,将 l_0 向 $\odot O$ 左向平移至 l',使与 $\odot O$ 相切于点 P,设直线 l' 分别交 AB、AD 于 M、N,则边长 $l_0 \leqslant MN$,而 $MP=ME\triangle\alpha$,$NP=NF\triangle\beta$,则

图 6-60

$$AM=\frac{1}{2}-\alpha,AN=\frac{1}{2}-\beta,MN=\alpha-\beta,\alpha\beta\neq0,$$

在 $\mathrm{Rt}\triangle AMN$ 中,$MN^2=AM^2+AN^2$,即

$$(\alpha+\beta)^2=\left(\frac{1}{2}-\alpha\right)^2+\left(\frac{1}{2}-\beta\right)^2,$$

所以 $\alpha+\beta=\frac{1}{2}-2\alpha\beta<\frac{1}{2}$,

即 $MN<\frac{1}{2}$,从而 W 的边长 $l_0<\frac{1}{2}$,矛盾.因此 W 的每条边所在直线均与 $\odot O$ 有交点,所以

$$\rho(O,l_i) \leqslant \frac{1}{2},i=1,2,3,4,$$

从而 O 在正方形 W 内.

回到本题,如果 $S>\frac{1}{2}$,取两个面积为 $\frac{S}{2}$ 的正方形 U,V,因 $\frac{S}{2}>\frac{1}{4}$,据引理知,无论正方形 U,V 以何种方式放入单位正方形 T 中,T 的中心 O 必是 U,V 的公共内点.

当 $S \leqslant \frac{1}{2}$ 时,我们来证明,总面积为 $\frac{1}{2}$ 的任何有限多个正方形,必可放入一个单位正方形中,使得任两个小正方形都没有公共的内点.

为此,将全体小正方形按边长由大到小的顺序一个接一个排列,记为 $a_1 \geqslant a_2 \geqslant \cdots \geqslant a_n$.又记 $\sigma_k=\sum_{i=1}^{k}a_i,k=1,2,\cdots,n$,如果 $\sigma_{k_1} \leqslant 1$,而 $\sigma_{k_1+1}>1$,则改记 $\sigma_{k_1}=r_1$;又若 $\sigma_{k_2}-r_1 \leqslant 1$,而 $\sigma_{k_2+1}-r_1>1$,则记 $\sigma_{k_2}-r_1=r_2$,$\cdots$,这样就把这串正方形分成了一些段:r_1,r_2,r_3,$\cdots$,r_n.记第 i 段的第一个正方形的边长为 h_i,$i=1,2,\cdots$,是 $h_1 \geqslant h_2 \geqslant \cdots$,且

$$r_i \leqslant 1,r_i+h_{i+1}>1,i=1,2,\cdots,$$

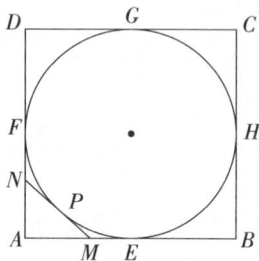

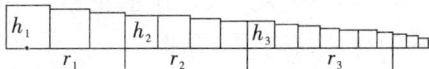

图 6-61

由此得

$$r_i > 1 - h_{i+1} \geqslant 1 - h_1, i = 1, 2, \cdots,$$

因为 $a_1^2 + a_2^2 + \cdots + a_n^2 = \dfrac{1}{2}, a_1 = h_1$，所以

$$\frac{1}{2} - h_1^2 = a_2^2 + a_3^2 + \cdots + a_n^2 \geqslant h_2(r_1 + h_2 - h_1) + h_3(r_2 + h_3 - h_2) + h_4(r_3 + h_4 - h_3) + \cdots$$
$$\geqslant h_2(1 - h_1) + h_3(1 - h_2) + h_4(1 - h_3) + \cdots$$
$$\geqslant h_2(1 - h_1) + h_3(1 - h_1) + h_4(1 - h_1) + \cdots$$
$$= (1 - h_1)(h_2 + h_3 + h_4 + \cdots)$$

（其中，$r_i + h_{i+1} - h_i$ 表示从正方形序列的第 i 段中去掉为首的一个正方形，再补上下一段的第一个正方形后，这样一组正方形的边长之和，其高度按这组正方形中最小一个的高度 h_{i+1} 计算，因此，这样一组正方形的面积之和不小于 $h_{i+1}(r_i + h_{i+1} - h_i), i = 1, 2, \cdots,$）. 上式两边同加 $h_1(1 - h_1)$ 得

$$\frac{1}{2} + h_1 - 2h_1^2 \geqslant (1 - h_1)(h_1 + h_2 + h_3 + \cdots),$$

注意 $1 - h_1 \geqslant \dfrac{1}{2} + h_1 - 2h_1^2$，则

$$1 - h_1 \geqslant (1 - h_1)(h_1 + h_2 + \cdots + h_n),$$

两边约去正数 $1 - h_1$ 得到

$$h_1 + h_2 + h_3 + \cdots + h_n \leqslant 1.$$

现将正方形序列按长度 $r_1, r_2, r_3, \cdots$ 分段取出，将第 i 段的所有正方形集装于一个长为 r_1、高为 h_i 的矩形框 E_i 中，$i = 1, 2, \cdots,$ 然后将矩形框 $E_1, E_2, E_3, \cdots$ 自下而上一层层放置，由于每个矩形框的长度 $r_i \leqslant 1$，且全体矩形框 $E_1, E_2, E_3, \cdots$ 的高度之和 $h_1 + h_2 + h_3 + \cdots \leqslant 1$，因此，全体小正方形可放置于单位正方形中，从而求得 S 的最大值为 $\dfrac{1}{2}$.

【模拟实战六】

习题 A

1. 黑板上有一个凸 2011 边形，别佳逐条依次画上它的对角线. 已知所画的每条对角线与前面已画上的对角线中的至多一条交于内点. 问：别佳至多可画上多少条对角线？

（2011 年俄罗斯奥林匹克试题）

2. 100×100 的方格表中的每个格中都填上 0 或 1. 一个方格称为美丽的，如果与其相邻的格中各数之和为偶数（称两个方格相邻，如果它们有一条公共边）. 问：表中是否可能仅有一个美丽格.

（2011 年俄罗斯奥林匹克试题）

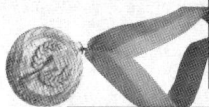

3. 在一个圆周上给定 8 个点 $A_1, A_2, \cdots, A_8$. 求最小的正整数 n, 使得以 8 个点为顶点的任意 n 个三角形中, 必存在两个有公共边的三角形.

（2010 年第 7 届中国东南地区奥林匹克试题）

4. 平面内已给 5 个点, 连接这些点的直线互不平行, 互不垂直, 也不重合, 过每点向其余 4 点所连的直线作垂线, 这些垂线至多有多少个交点（已知 5 点除外）？

（第 6 届 IMO 试题）

5. 平面内是否存在这样 7 条不同的直线, 这些直线的交点中至少有 6 个点, 每点恰为 3 条直线的交点, 并且至少有 4 个点, 每点恰为 2 条直线的交点？

6. 平面上给定 100 个点, 其中任意 3 点可组成三角形, 证明至多有 70% 的三角形为锐角三角形.　　（第 12 届 IMO 试题）

7. $\triangle ABC$ 中有一个内角不超过 $\frac{\pi}{n}$ ($n \geqslant 5$), 证明: $\triangle ABC$ 的最长边与最短边之比 λ 不小于 $2\cos\frac{\pi}{n}$.

8. 证明: $\lambda_n \geqslant 2\sin\frac{n-2}{2n}\pi$ ($n \geqslant 4$). (λ_n 的定义见 §2 例 10)

9. 在平面内给定一个有限点集, 其中任何 3 点不共线, 且对于集中任何 3 点 A, B, C, $\triangle ABC$ 的垂心也在此集之中, 求所有这样的集合. （1992 年第 18 届全俄奥林匹克试题）

10. 一块楼梯形砖由 12 个单位正方形组成, 宽为 2 且有 3 层台阶（如图）, 求所有正整数 n, 使得若干块砖可拼成棱长为 n 的正方体.

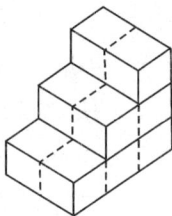

11. 试证平面内的整点凸五边形（即五个顶点的坐标都是整数的凸五边形）的面积不小于 $\frac{5}{2}$.

（第 10 题）

12. 在边长为 20×25 的长方形内任意放入 120 个边长为 1 的正方形. 证明: 在此长方形内还可以放入一个直径为 1 的圆, 它与放入的 120 个正方形中任何一个不重叠.　　（第 1 届全俄奥林匹克试题）

13. 将 8×8 方格纸板的一角剪去一个 2×2 的正方形, 问余下的 60 个方格能否剪成 15 块形如 的 "L 形" 小纸片? （1989 年中国东北三省邀请赛试题）

14. 在凸 100 边形的内部标出 k 个点, $2 \leqslant k \leqslant 50$, 求证可以从该 100 边形的顶点选出 $2k$ 点来, 使得所标出的 k 个点全部落在以所选出的 $2k$ 个顶点为顶点的 $2k$ 边形的内部.

（第 20 届全俄奥林匹克试题）

15. 能否将下列 $m \times n$ 矩形分割成若干个形如 的 "L 形"?

(1) $m \times n = 1985 \times 1987$?

(2) $m \times n = 1987 \times 1989$?

（1987 年第 28 届 IMO 预选题）

16. 找出满足下列条件的最小正整数 n: 如果对平面内任意有限点集 A 中任意 n 个点, 总有能将这 n 个点覆盖的两条直线, 则存在两条直线可以覆盖 A 中所有点.

（第 20 届伊朗奥林匹克试题）

17. 能否将 9 个点放到一个平面内的 11 条直线上,使得每条直线上恰有 3 个点?

18. 在一个 10×10 的方格中有一个由 $4n$ 个 1×1 的方格组成的图形,它既可被 n 个 "⊞" 形(A 形)的图形覆盖,也可被 n 个 "" 或 "" 形(B 形)(可以旋转)的图形覆盖. 求正整数 n 的最小值. (第 8 届中国女子奥林匹克试题)

19. $SA_1A_2 \cdots A_n$ 是一个以凸多边形 $A_1A_2 \cdots A_n$ 为底的 n 棱锥. 对每个 $i=1,2,\cdots,n$,X_i 是底所在平面上的一点,满足:$\triangle X_iA_iA_{i+1} \cong \triangle SA_iA_{i+1}$,且 X_i 与多边形 $A_1A_2 \cdots A_n$ 位于直线 A_iA_{i+1} 的同侧. 求证:三角形 $X_iA_iA_{i+1}(i=1,2,\cdots,n)$ 的并覆盖多边形 $A_1A_2,\cdots,A_n$(这里 $A_{n+1}=A_1$). (第 38 届俄罗斯奥林匹克试题)

习题 B

20. 在 8×8 方格的国际象棋棋盘的一些方格中标上星号,使得:
   (1)每两个标星号的方格都既无公共边也无公共顶点;
   (2)每一个未标星号的方格至少与一个标有星号的方格有公共边或公共顶点.
   问最少要在多少方格中标星号?说明理由. (1990 年中国国家集训队训练题)

21. 在 $n \times n(n \geq 2)$ 的方格棋盘上,任意放入 $2n$ 枚棋子,每枚棋子都放在一个方格的中心,求证其中必有 4 枚棋子放在一个平行四边形的 4 个顶点上. (1993 年中国国家队测验题)

22. 设 A,B 为平面内的两个有限点集,$A \cap B = \varnothing$,并且 $A \cup B$ 中任意 3 点不共线. 如果 A,B 中至少有一个的点数 ≥ 5,证明:存在一个三角形,它的顶点全在 A 中或全在 B 中,它的内部不含另一个集合中的点. (第 26 届 IMO 预选题)

23. 对于平面内任意 4 个不同的点 P_1,P_2,P_3,P_4,求比值 $\dfrac{\sum\limits_{1 \leq i < j \leq 4} P_iP_j}{\min\limits_{1 \leq i < j \leq 4} P_iP_j}$ 的最小值. (2002 年 CMO 试题)

24. 在坐标平面上给定点集 $S=\{(x,y) \mid x=1,2,\cdots,1993, y=1,2,3,4\}$,已知 $T \subset S$ 且 T 中任何 4 点不是某个正方形的 4 个顶点,求 $|T|$ 的最大值. (1993 年中国国家队选拔考试试题)

25. 平面上给定有限个多边形,如果对其中任何两个,都有一条过原点的直线和它们都相交,则称这些多边形是恰当放置的.
   求最小正整数 m,使得对任意一组恰当放置的多边形,均可作 m 条过原点的直线,使得这些多边形中的任一个至少与这 m 条直线中的一条相交. (1990 年国家集训队选拔考试试题)

26. 已知 $n \times n$(n 是奇数)的棋盘上每个单位正方形被黑白相间地染了色,且 4 角的单位正方形染的是黑色,将 3 个连在一起的单位正方形组成的 L 形图称作一块"多米诺". 问 n 为何值时,所有黑格可用互不重叠的"多米诺"覆盖?若能覆盖,最少需要多少块"多米

27. 考虑下列由 4 个单位正方形组成的 L 形图形：▢▢▢▢，▢▢▢▢．假设 m,n 是大于 1 的正整数．证明：$m×n$ 的矩形能被上述 L 形图形不重叠的覆盖的充要条件是 mn 是 8 的倍数．

　　　　　　　　　　　　　　　　　　　　　（2000 年朝鲜奥林匹克试题）

28. 求最小正整数 $n(\geqslant3)$，使得平面内任意无三点共线的 n 个点中，必有三点是一个非等腰三角形的顶点．　　　　　　　　　（2005 年中国国家集训队训练题）

29. 设 P 为正 2006 边形．如果 P 的一条对角线的两端将 P 的边界分为两部分，每部分都包含 P 的奇数条边，那么该对角线称为"好边"，规定 P 的每条边均为"好边"．
　　已知 2003 条在 P 内部不相交的对角线将 P 分割成若干三角形．试问在这种分割之下，最多有多少个有两条"好边"的等腰三角形？　　　　　　（第 47 届 IMO 试题）

30. 由 6 个单位正方形构成的如右图形以及它的旋转或翻转所得到的图形统称为钩形．试确定所有 $m×n$ 矩形，使其能被钩形所覆盖，要求：
　　(1)覆盖矩形时，不能有空隙，钩形之间不重叠；
　　(2)钩形不能覆盖到矩形外．　　　　　　　　（第 45 届 IMO 试题）

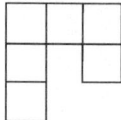

(第 25 题)

31. 试求最大的 S，使得总面积为 S 的任何有限个多个小正方形，总可以放入一个边长为 1 的正方形 T 中，使其中任意两个正方形都没有公共内点．

　　　　　　　　　　　　　　　　　（第 48 届 IMO 中国国家队培训测试题）

32. 已知△ABC 覆盖凸多边形 M．证明：存在一个与△ABC 全等的三角形能够覆盖 M，并且它的一条边所在直线与 M 的一条边所在直线平行或者重合．

　　　　　　　　　　　　　　　　　（第 47 届 IMO 中国国家队选拔考试试题）

33. 在平面上有 $n(\geqslant3)$ 个半径为 1 的圆，其中任意三个圆中至少有两圆有交点．证明这些圆覆盖平面的面积小于 35．　　　（第 48 届 IMO 中国国家集训队测试题）

34. 平面上给定一些宽度为定长的矩形长带（长度足够长）和一个半径为 1 的圆，这些长带的宽度之和为 16．证明：可以平移这些长带使它们覆盖这个半径为 1 的圆．

35. 在凸四边形 $ABCD$ 中，$AB=a,BC=b,CD=c,DA=d,AC=e,BD=f$，且 $\max\{a,b,c,d,e,f\}=1$．求 $abcd$ 的最大值．　　　（第 45 届 IMO 中国国家队测试题）

36. 设 m、n 是给定的整数，$4<m<n$，$A_1A_2\cdots A_{2n+1}$ 是一个正 $2n+1$ 边形，$P=\{A_1,A_2,\cdots,A_{2n+1}\}$．求顶点属于 P 且恰有两个内角是锐角的凸 m 边形的个数．

　　　　　　　　　　　　　　　　　（2009 年中国数学奥林匹克（CMO）试题）

37. 在一个圆周上给定十二个红点，求 n 的最小值，使得存在以红点为顶点的 n 个三角形，满足：以红点为端点的每条弦，都是其中某个三角形的一条边．

　　　　　　　　　　　　　　　　　（2009 年第 6 届中国东南地区奥林匹克试题）

38. 已知四面体的每个面都可以被单位圆盘覆盖，证明这个四面体可以被半径为 $\dfrac{3}{2\sqrt{2}}$ 的球体覆盖．　　　　　　　　　　　　　（第 34 届俄罗斯奥林匹克试题）

39. 求平面所有满足下列性质有限点集 S：对 S 中的任意三个不同的点 A、B、C，存在 S 中的第四点 D，使得 A、B、C、D 是一个平行四边形的四个顶点．

　　　　　　　　　　　　　　　　　（第 48 届 IMO 中国国家队培训试题）

第七章　图论中的问题

§1　基础知识

1. 图的基本概念

图　由一个点集 V 以及连接其中某些点对的线段集 E 组成的图形称为图,记为 (V, E).其中 V 中的点称为顶点,E 中的线段(可以是曲线段)称为边,有 n 个顶点的图称为 n 阶图.

相邻顶点和相邻边　若一个图 G 中,两个顶点 v_i 和 v_j 有边 e 相连,则称 v_i 与 v_j 相邻,并称 e 与 v_i 和 v_j 相关联,否则称 v_i 与 v_j 不相邻.若两条边 e_i 和 e_j 有公共顶点,则称 e_i 与 e_j 相邻.

环　若一条边连接的是同一顶点,则称此边为环.

平行边　若几条边连接相同的两个顶点,则称这几条边为平行边.

简单图　若一个图没有环,也没有平行边,则称这样的图为简单图.

完全图　每两个顶点之间都有边相连的简单图称为完全图,有 n 个顶点的完全图(n 阶完全图)记为 K_n. K_3 又叫做三角形.

顶点的度(或次数)　图中与顶点 v 相关联的边数(约定环作两条边计算)称为顶点 v 的度(或次数),记为 $d(v)$.若 v 的度是奇数,则称 v 是奇顶点;v 的度是偶数,则称 v 是偶顶点.

k 部图　若图 $G(V, E)$ 的顶点集 V 可分成 k 个两两不相交的子集的并,即

$$V = \bigcup_{i=1}^{k} V_i, V_i \bigcap V_j = \varnothing (i \neq j).$$

并且同一子集 V_i 内任何两个顶点没有边相连($i = 1, 2, \cdots, k$),则称这样的图为 k 部图,记作 $G(V_1, V_2, \cdots, V_k; E)$. 2 部图又叫做偶图,常记为 $G(X, Y; E)$.

完全 k 部图　在一个 k 部图 $G(V_1, V_2, \cdots, V_k; E)$ 中,$|V_i| = m_i (i = 1, 2, \cdots, k)$,若对任意 $v_i \in V_i, v_j \in V_j, i \neq j, i, j = 1, 2, \cdots, k$ 均有边连接 v_i 和 v_j,则称此图 G 为 k 部完全图,记为 $K_{m_1, m_2, \cdots, m_k}$.

由于每条边有两个端点,对度的贡献是 2(若一条边的环时,它对度的贡献也是2),故图 $G(V, E)$ 中有下列结论成立:

定理 1(欧拉)　在图 $G(V, E)$ 中,有 $\sum_{v \in V} d(v) = 2|E|$.

由此公式立即可得下列结论:

定理 2　在图 $G(V, E)$ 中,奇顶点的个数是偶数.

定理 3(托兰定理)　有 n 个顶点且不含三角形的简单图 G 中最多有 $\left[\dfrac{n^2}{4}\right]$ 条边.

这个定理的证明见第二章§3—3例3,且当 $n=2m$ 时取 $G=K_{m,m}$,当 $n=2m+1$ 时,取 $G=K_{m,m+1}$,其边数达到最大值.

进一步,设 $n=mk+r(m,k\in\mathbf{N}_+,r$ 为非负整数,且 $0\leqslant r<m)$,并且完全 m 部图 $K_{n_1,n_2,\cdots,n_m}$ 中,$n_1=n_2=\cdots=n_r=k+1,n_{r+1}=n_{r+2}=\cdots=n_m=k$,设其边数为 $e_m(n)$,则显然有
$$e_m(n)=C_n^2-rC_{k+1}^2-(m-r)C_k^2.$$

将 r 用 $n-mk$ 代入整理可得

$$e_m(n)=C_{n-k}^2+(m-1)C_{k+1}^2,\text{其中 } k=\left[\frac{n}{m}\right].\qquad\textcircled{1}$$

显然任意 m 部图中不含 K_{m+1},并且定理3可推广为下列定理 $3'$.

定理 $3'$(托兰定理) 有 n 个顶点且不含 K_{m+1} 的图中最多有 $e_m(n)$ 条边,其中 $e_m(n)$ 由 ①式给出.

定理 $3'$ 的证明略去,有兴趣的读者可参看 $J\cdot A$ 邦迪和 $U\cdot S\cdot R$ 默蒂著的《图论及其应用》一书中的第七章的§7—3.

正则图 若一个图 G 中每个顶点的度都等于 k,则称 G 为 k 阶正则图.

子图 若两个图 $G(V,E)$ 和 $G_1(V_1,E_1)$ 满足 $V_1\subseteq V,E_1\subseteq E$,则称 G_1 是 G 的子图.

2. 连通图、树

链和圈 图 $G(V,E)$ 中一个由顶点和边组成的序列 $W=v_0e_1v_1e_2\cdots e_kv_k$,其中 $v_i\in V(0\leqslant i\leqslant k),e_j\in E(1\leqslant j\leqslant k)$,且 e_i 与 v_{i-1} 与 v_i 相关连,则称 W 为图 $G(V,E)$ 的一条链,k 称为链的长度,并称 v_0 为起点,v_k 为终点.若其中各边 $e_1,e_2,\cdots,e_k$ 皆相异时,W 称为迹;若 W 中的各个顶点相异(从而各边也相异)时,W 称为路.起点与终点重合的链称为回路,起点与终点重合的路称为圈,长度为 3 的圈称为三角形.长度为 $n(\geqslant4)$ 的圈称为 n 边形,长度为奇(偶)数的圈称为奇(偶)圈.

连通图 若 G 中任意两个顶点分别是一条链的起点和终点时,则 G 称为连通图.

树 没有圈的连通图称为树,常用 T 表示,其中度为 1 的顶点称为树叶(或悬挂点).

定理 4 一个图 G 是二部图的充要条件是 G 不含奇圈.

证明 必要性.设 $G=G(X,Y;E)$ 是一个二部图,$A_1A_2\cdots A_nA_1$ 是 G 中任意一个圈,不妨设 $A_1\in X$,因为 $X(Y)$ 中任意两点没有边相连,故 $A_2\in Y,A_3\in X,A_4\in Y,A_5\in X,\cdots$,即下标为奇数的点属于 X,下标为偶数的点属于 Y,而 $A_n\in Y$,故 n 为偶数,故 G 只含偶圈(包括不含圈)而不含奇圈.

充分性.设 G 不含奇圈,不妨设 G 是连通的(否则只需对 G 的每个连通子图进行同样的证明),对 G 的任意二个顶点 A 和 B,我们用 (A,B) 表示从 A 到 B 的最短路,$d(A,B)$ 表示最短路 (A,B) 的长,任选 G 的一个顶点 A,定义 G 的顶点集 V 的一个分类:

$$X=\{B\in V|d(A,B)\text{ 是偶数}\},$$
$$Y=\{C\in V|d(A,C)\text{ 是奇数}\}.$$

显然 $X\cap Y=\varnothing$.下面证明 $X(Y)$ 内任意两点不相邻,假设 B,D 是 X 内的两个顶点.P 是最短路 (A,B),Q 是最短路 (A,D),以 A_1 记 P 与 Q 的最后一个公共顶点,因 P 和 Q 都是最短路,P 和 Q 上从 A 到 A_1 的一段路都是从 A 到 A_1 的最短路 (A,A_1),故其长度相同,现因为

P 和 Q 的长都是偶数,故 P 上从 A_1 到 B 的最短路 (A_1,B) 与 Q 上从 A_1 到 D 的最短路,其长度 $d(A_1,B)$ 与 $d(A_1,D)$ 有相同的奇偶性. 于是从 D 经过 A_1 到 B 的路的长 $= d(A_1,B) + d(A_1,D) =$ 偶数,若 B 与 D 相邻则得到一个奇圈,与假设矛盾,故 X 中任意两点不相邻. 同理可证,Y 中任意两点不相邻,这就证明了 G 是二部图.

定理 5 如果树 T 的顶点数 $\geqslant 2$,则 T 中至少有两个悬挂点(事实上最长的一条路的起点和终点必为两个悬挂点).

定理 6 记树的顶点数为 n,则它的边数为 $e = n-1$(由定理 5 并应用数学归纳法立即可证明定理 6 成立).

定理 7 设 T 是有 n 个顶点,e 条边的图,则下列命题等价:

(1)图 T 是树;

(2)图无圈,并且 $e = n-1$;

(3)图 T 是连通的,并且 $e = n-1$;

(4)图 T 中任意两个顶点之间有且只有一条路;

(5)图 T 是连通的,但 T 中去掉任意一条边后不连通.

定理 8 n 阶连通图中以树的边数最少,且 n 阶连通图必有一个子图是树.

定理 7 和 8 的证明,读者可以自己去完成或参看有关图论书籍.

3. 匹配与完美匹配

匹配 图 $G(V,E)$ 中若干互不相邻的边组成的集合称为 G 的一个匹配. G 中单独一条边也是一个匹配.

完全匹配 设 $G(X,Y;E)$ 是一个二部图(偶图),如果存在 G 的一个匹配,使得 X 中每一点都是这个匹配中的点,则称这个匹配是 X 到 Y 的完全匹配.

完美匹配 若一个匹配既是一个二部图 $G(X,Y;E)$ 中 X 到 Y 的完全匹配,又是 Y 到 X 的完全匹配,则称这个匹配是二部图 $G(X,Y;E)$ 的完美匹配,这时 X 与 Y 之间建立了一个一一对应,因而 $|X| = |Y|$.

4. 欧拉迹、哈密顿迹

欧拉迹 包含图中所有边的迹称为欧拉迹,起点与终点重合的欧拉迹称为闭欧拉迹,包含欧拉迹的图称为欧拉图.

如果图中有一条起点为 v_0,终点为 v 的欧拉迹(v 可以与 v_0 重合),那么从 v_0 出发沿着这条迹可经过图中每条边恰好一次而最后到达 v,即这个图可以用笔在纸上一笔画成(画的过程中笔尖不离开纸),故一个图 G 能一笔画成当且仅当 G 是欧拉图.

哈密顿迹(圈) 包含图 G 中所有顶点的迹(或圈)称为哈密顿迹(或哈密顿圈).

对边数应用数学归纳法可证得下列结论成立:

定理 9(一笔画定理) n 阶图 G 是欧拉迹(即可一笔画成)的充要条件是:G 是连通的,并且奇顶点的个数等于 0 或 2. 当且仅当奇顶点个数等于 0 时,连通图是一个闭欧拉迹.

哈密顿迹(圈)存在的充要条件至今尚不知道,我们只有下列一些结论:

定理 10 $n(\geqslant 3)$ 阶简单图 G 中,若对每一对顶点 u,v 都有 $d(u)+d(v) \geqslant n-1$,则图 G 有哈密顿圈.

定理 11 $n(\geqslant 3)$ 阶简单图 G 中,若对每一对不相邻的顶点 u,v 都有 $d(u)+d(v)\geqslant n$,则图 G 有哈密顿圈.

定理 11 的一个直接推论是下列结论:

定理 12 $n(\geqslant 3)$ 阶简单图 G 中,若对每一个顶点 v 有 $d(v)\geqslant\dfrac{n}{2}$,则 G 必有哈密顿圈.

关于定理 9~12 的证明,读者可以自己去完成或参看有关图论书籍.

5. 平面图和欧拉公式

平面图 把一个图 G 画在一个平面上,使它的每两条边不在这两边的内点相交时,则称此图为平面图,平面被图 G 划分出的每个区域称为面.

1736 年欧拉得到平面图(多面体)的重要公式如下:

定理 13 设 G 是平面连通图,则

$$v+f-e=2.$$

其中 v 是顶点数,f 是面数,e 是边数.

证明 用 $v(G),f(G),e(G)$ 分别表示 G 的顶点数、面数、边数,对 $f(G)$ 进行归纳证明.$f(G)=1$ 时,G 中无圈,又知 G 连通,故 G 是树,有 $e(G)=v(G)-1$,于是 $v(G)+f(G)-e(G)=v(G)+1-(v(G)-1)=2$,公式成立.设 $f(G)\leqslant n(n\geqslant 1)$ 时,公式成立.考虑 $f(G)=n+1$ 的平面图,由于 $f(G)=n+1\geqslant 2$,故 G 中有圈.设 e 是圈上的一条边,$G_1=G-e$ 表示从 G 去掉边 e 后得到的图,则 G_1 仍是连通的平面图,而 G 中被 e 分隔的两个面在 G_1 中变成了一个面,即 $f(G_1)=f(G)-1=n$,并且显然 $v(G_1)=v(G)$,$e(G_1)=e(G)-1$,由归纳假设有 $v(G_1)+f(G_1)-e(G_1)=2$,故有

$$v(G)+(f(G)-1)-(e(G)-1)=2,$$

即 $v(G)+f(G)-e(G)=2$.证毕.

我们把凸多面体看成橡皮膜做成的,把它的一个面挖掉,并将其张在平面上,就得到一个平面图 G,这时多面体上被挖掉的面对应于平面图的外部区域,于是这个平面图的面数 $f(G)$、顶点数 $v(G)$ 和边数 $e(G)$ 恰好分别等于凸多面体的面数 f、顶点数 v 和棱数 e,故对凸多面体也有欧拉公式 $v+f-e=2$ 成立.

6. 有向图和竞赛图

有向图 如果图 G 的每条边都规定一个方向(用箭头表示),则图 G 称为有向图.

竞赛图 有向完全图称为竞赛图,竞赛图中有向边称为弧,每条弧均有一个起点和一个终点.对于图中每一点 v,以 v 为起点的弧的数目称为点 v 的出度,记为 $d^+(v)$;以 v 为终点的弧的数目称为点 v 的入度,记为 $d^-(v)$.显然,对于 n 阶竞赛图的每一顶点 v,都有

$$d^+(v)+d^-(v)=n-1.$$

定理 14 设 $G(V,E)$ 是 n 阶竞赛图,则

(1) $\sum\limits_{e\in V}d^+(v)=\sum\limits_{e\in V}d^-(v)=|E|$.

(2) $\sum\limits_{e\in V}[d^+(v)]^2=\sum\limits_{e\in V}[d^{-1}(v)]^2$.

(3)竞赛图中出度最大的点称为"优点",它有如下性质:"优点"到其余各点都有长度不超过 2 的链.

(4)竞赛图中必存在哈密顿路.

证明 (1)由于每条边对出度和入度的贡献都是1,所以 $\sum\limits_{v\in V}d^+(v)=\sum\limits_{v\in V}d^-(v)$.

(2)由(1)有

$$\sum\limits_{v\in V}[d^+(v)]^2-\sum\limits_{v\in V}[d^-(v)]^2=\sum\limits_{v\in V}(d^+(v)+d^-(v))(d^+(v)-d^-(v))$$
$$=\sum\limits_{v\in V}(n-1)(d^+(v)-d^-(v))=(n-1)\left[\sum\limits_{v\in V}d^+(v)-\sum\limits_{v\in V}d^-(v)\right]$$
$$=0.$$

(3)设 v 是竞赛图的优点,v 的邻域(以 v 为起点的弧的终点组成的集合)记为 $N(v)$,则 $d^+(v)=|N(v)|$.若结论不成立,则存在一点 u,由 v 到 u 无长度为1的弧,故连接 v,u 的弧指向 v (图7-1);由于 v 到 u 无长度为2的链,故连接 u 及 $N(v)$ 中的各点的弧都指向 $N(v)$ 中的点.因而 u 的出度 $d^+(u)\geqslant 1+|N(v)|=1+d^+(v)>d^+(v)$,这与 v 是优点矛盾.

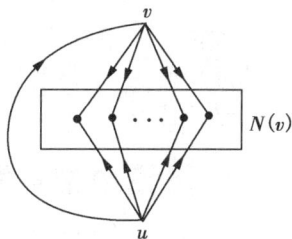

图 7-1

(4)$n=2$ 时,2阶竞赛图只有一条弧,这图本身即为一条哈密顿路.

设 n 阶竞赛图必有哈密顿路,考虑 $n+1$ 阶竞赛图 $G(V,E)$,设 v_0 是其中一个顶点,去掉 v_0 以及所有与 v_0 关联的弧(保留弧的另一端点),剩下部分是一个 n 阶竞赛图 G_1.由归纳假设,此图必有哈密顿路,设其经过的顶点依次为 $v_1v_2\cdots v_n$,这时有两种可能:(a)在 v_1,v_2,$\cdots$,v_n 中至少有一点 v_i 使 v_0 是弧 v_0v_i 的起点,取 i 是这种点中下标最小者,若 $i=1$,则 $v_0v_1\cdots v_n$ 是 G 的一条哈密顿路;若 $1<i\leqslant n$,由由 i 的最小性知 $v_1\cdots v_{i-1}v_0v_i\cdots v_n$ 是哈密顿路.(b)在 v_1,v_2,$\cdots$,v_n 中不存在 v_i,使 v_0 是弧 v_0v_i 的起点,则 $v_1v_2\cdots v_nv_0$ 是图 G 的一条哈密顿路.

许多竞赛题就是根据上述性质编拟的,例如由性质(4)可得下列结论:

一次循环赛中,每两人赛一局而无平局,求证必可将参赛选手排成一列,使每名选手都战胜排在他后面的那一名选手.

由性质(3)可得下列结论:

一次循环赛中,每两人赛一局而无平局,选手 A 被评为优秀选手是对任意其他选手 B,或者 A 胜 B,或者存在 C 使 A 胜 C 且 C 胜 B,证明一定存在一位选手是优秀选手(构造相应的竞赛图,则优点对应的选手必为优秀选手).

7. m 色图和拉姆塞定理

m **色图** 若用 m 种不同颜色将一个图 $G(V,E)$ 的所有边染色,使得每条边恰好都染了一种颜色,则称所得到的图为 m 色图.其中三边染成同一种颜色的三角形(长度为3的圈)称为同色三角形.

定理15(拉姆塞) 任意2色完全图 k_6 中必存在同色三角形,并且存在一个2色完全图 k_5,其中不存在同色三角形.

证明 任取 k_6 中一个顶点 p_1,从 p_1 出发的5条线段 $p_1p_2,p_1p_3,p_1p_4,p_1p_5,p_1p_6$ 只染成两种颜色(红或蓝色),由抽屉原理知其中必有 $\left[\dfrac{5-1}{2}\right]+1=3$ 条同色.不妨设 p_1p_2,

$p_1 p_3$，$p_1 p_4$ 同为红色，这时若 $\triangle p_2 p_3 p_4$ 中有一边（例如 $p_2 p_4$）为红色，则出现红色三角形（$\triangle p_1 p_2 p_4$），否则，$\triangle p_2 p_3 p_4$ 的各边都为蓝色，因而出现蓝色三角形. 总之，必存在同色三角形.

此外，如图 7-2 所示 2 色 k_5 中（实线表红色，虚线表蓝色）既不存在红色三角形，也不存在蓝色三角形.

根据定理 15，匈牙利 1974 年曾编拟了下列一道数学竞赛试题：

任意 6 个人中，或者有 3 人彼此认识，或者有 3 人彼此不认识.

分析 若用 6 个点表示 6 个人，若两人认识，则对应两点染红色，若 2 人不认识，则对应两点染蓝色，于是上述问题的结论就化为定理 12 中的前一部分的结论，从而可知上述问题的结论成立.

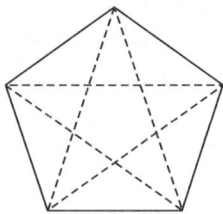

图 7-2

§2 图论中的计数问题、存在性问题和最值问题的解题方法

解图论中的计数问题、存在性问题和最值问题时，除了要应用第 1 章，第 3 章和第 4 章中介绍的解答计数、存在性和最值问题的各种方法外，还应注意应用图论中的一些相关性质和定理.

有些组合问题显然表面上看不是图论问题，但常常可以转化为一个图论问题来解. 若转化成的问题可直接应用图论中的定理得出结论，则该题实质上是根据图论中定理编拟的一道竞赛题，这时一般要求将定理的证明过程也写出，而不能直接应用定理得出结论.

例 1 有 $n(\geqslant 4)$ 名选手 $A_1, A_2, \cdots, A_n$ 参加数学竞赛，其中有些选手是互相认识的，而且任何两个不相识的选手都恰好有两个共同的熟人. 若已知选手 A_1 与 A_2 认识，但他们没有共同的熟人，证明他们的熟人一样多.

证明 作图 G，n 个顶点 $v_1, v_2, \cdots, v_n$ 表示 n 名选手 $A_1, A_2, \cdots,$ A_n，若两名选手认识，那么对应的点之间连一条边，于是由题意知，图 G 中顶点满足：任意两个不相邻的顶点都恰好与两个公共的点相邻，并且 v_1 与 v_2 相邻但没有第 3 点与 v_1, v_2 都相邻，要证明的结论是 $d(v_1) = d(v_2)$，为此只要证 $d(v_1) \leqslant d(v_2)$，且 $d(v_2) \leqslant d(v_1)$.

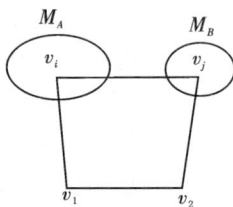

图 7-3

设 M_{v_1} 表示除 v_2 外与 v_1 相邻的顶点的集合，M_{v_2} 表示除 v_1 外与 v_2 相邻的顶点的集合，若 $M_{v_1} = \varnothing$，则 $d(v_1) = 1 \leqslant d(v_2)$；若 $M_{v_1} \neq \varnothing$，取 $v_i \in M_{v_1}$，则 $v_i \notin M_{v_2}$，否则 A_i 是 A_1 与 A_2 的共同熟人，这与已知矛盾，于是 v_i 与 v_2 不相邻. 由已知条件除 v_1 外，还存在唯一一点 v_j 与 v_i 和 v_2 都相邻，于是 $v_j \in M_{v_2}$（图 7-3），并且对 M_{v_1} 内不同的两点 v_i, v_k，不可能都与 v_j 相邻（否则 A_i, A_j 的共同熟人有 3 个 A_i, A_k 和 A_2，这与已知条件矛盾）. 这就证明了 $|M_{v_1}| \leqslant |M_{v_2}|$，故 $d(v_1) = |M_{v_1}| + 1 \leqslant |M_{v_2}| + 1 = d(v_2)$. 同理可证 $d(v_2) \leqslant d(v_1)$，于是 $d(v_1) = d(v_2)$，即 A_1 与 A_2 的熟人一样多.

注 本题实质上是证明存在一个从 M_{v_1} 到 M_{v_2} 的单射，得出 $|M_{v_1}| \leqslant |M_{v_2}|$.

例 2 设 $A_1, A_2, A_3, A_4, A_5, A_6$ 为平面上 6 点且任意 3 点不共线.

(1)如果这些点间任连 13 条线段，证明必存在 4 阶完全图 K_4.

(2)如果这些点间任连 12 条线段，请画图证明(1)之结论不成立.

(3)结论(1)是否可加强为必存在4个4阶完全图,给出反例或证明.

解 (1)6阶完全图中有$C_6^2=15$条边,故图中仅有两对点没有连边,分为两种情形.

(i)若没有连的两边有公共点(如图7-4(1)),则4点组A_2,A_4,A_5,A_6组成4阶完全图.

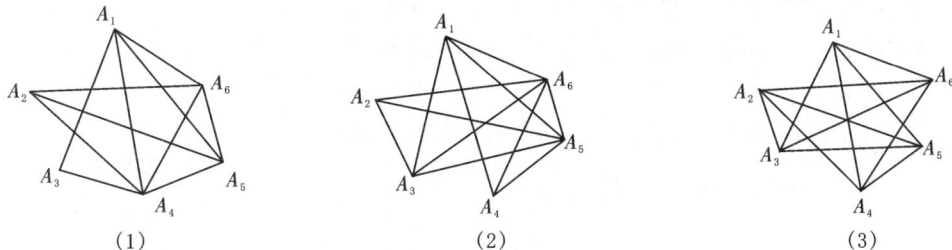

(ii)若没有连的两边无公共点(图7-4(2)),则4点组A_1,A_3,A_5,A_6组成4阶完全图.

(2)给出的图如图7-4(3).

(3)同(1)情况(i)有6个4点组:A_1,A_4,A_5,A_6;A_2,A_4,A_5,A_6;A_3,A_4,A_5,A_6;A_1,A_3,A_4,A_5;A_1,A_3,A_4,A_6;A_1,A_3,A_5,A_6,组成4阶完全图,情况(ii)中有4个4点组:A_1,A_3,A_5,A_6;A_1,A_4,A_5,A_6;A_2,A_3,A_5,A_6;A_2,A_4,A_5,A_6,组成4阶完全图.

例3 俱乐部有99人,求最小正整数n,使得若每人认识的人数大于n时,其中必存在4个人,他们互相都认识(这里约定A认识B时,B也认识A).

解 我们用99个点表示99个人,若两人不认识,则对应点连一线,于是得到一个图G,对G中每一点v,均有$d(v)\leqslant(99-1)-(n+1)=97-n$. 任取一点$A$,则$d(A)\leqslant97-n$. 若$97-n<98$,即$n>0$,则存在一点$B$与$A$不相邻;若$d(A)+d(B)=2(97-n)<97$,即$n>\dfrac{97}{2}$时,必存在点$C$与$A$和$B$都不相邻;最后,若$d(A)+d(B)+d(C)=3(97-n)<96$,即$n>65$时必存在点$D$与$A,B,C$都不相邻,即$n\geqslant66$时图中存在4点$A,B,C,D$两两互不相邻,它们对应的4个人互相认识.

另一方面,若每人认识的人数不超过66人,我们取3个完全图K_{33}组成一个99阶图G,则每点恰与66个点不相邻,即每人恰有66个相识的人. 此刻,任意4人对应的4点中必有2点属于同一个K_{33},它们对应的2人互相不认识. 故此时不能存在4个人互相认识.

综上知道,所求n的最小值为66.

例4 一个国家的国王打算建n个城市和$n-1$条道路,使每条道路连接两个城市而不经过其他城市,而且每两个城市都可以互相到达,这n城市之间的最短距离恰好分别是$1,2,3,\cdots,C_n^2=\dfrac{1}{2}n(n-1)$这些数. 问下列情况下,国王的打算能否实现:

(1)$n=6$;(2)$n=2004$.

解 (1)如图7-5,$n=6$时,国王的打算可以实现,线段上的数表示该线段两端代表的两个城市之间的距离.

(2)我们先求出符合要求的道路网络存在时,n必须满足的必要条件. 用点表示城市,用线段表示连接城市的道路,得到一个图 G. 依题意,G 是一个 n 阶连通图,又其边数恰为 $n-1$,故 G 是 n 阶树,因而 G 的任意两点之间只存在唯一的路. 任取一点 A,称 A 为"好点",而对其他任意一点,若它沿唯一路到达 A 的距离是偶数,则称该点为"好点",否则称该点为"坏点"(即这点沿唯一路到达 A 的距离是奇数). 设 G 中"好点"的数目为 x,则坏点的数目为 $y=n-x$,由一个"好点"和一个"坏点"组成的点对有 xy 个. 容易知道:两点之间的距离为奇数当且仅当两个点一"好"一"坏". 又在 $1,2,3,\cdots,\frac{1}{2}n(n-1)$

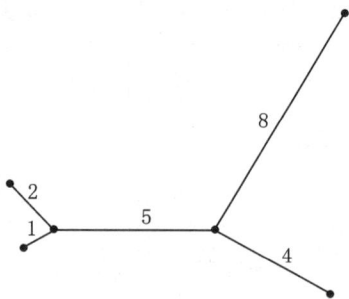

图 7-5

中,当 $\frac{1}{2}n(n-1)$ 为偶数时,其中的奇数有 $\frac{1}{4}n(n-1)$ 个;当 $\frac{1}{2}n(n-1)$ 为奇数时,其中的奇数的个数为 $\frac{1}{2}\left[\frac{1}{2}n(n-1)+1\right]=\frac{1}{4}[n(n-1)+2]$ 个. 于是,如果国王的打算可以实现,那么必须有

$$xy=\frac{1}{4}n(n-1) \text{ 或 } xy=\frac{1}{4}[n(n-1)+2].$$

结合 $x+y=n$ 可得 $n=(x-y)^2$ 或 $n=(x-y)^2+2$,即国王的打算可以实现的必要条件是 n 或 $n-2$ 为完全平方数,但 2004 以及 $2004-2=2002$ 都不是完全平方数,故 $n=2004$ 时,国王的打算不可能实现.

例 5 18 个队进行比赛,每一轮中每个队与另一个队比赛一场,并且在其他轮比赛中这两个已赛过的队彼此不再比赛. 现在比赛已进行完 8 轮,证明:一定有 3 个队在前 8 轮比赛中彼此之间尚未比赛过.

证明 用 18 个点 $v_1,v_2,\cdots,v_{18}$ 代表 18 个队,如果两个队在前 8 轮比赛过,则在对应两点之间连一条边,得到图 G. 依题意,G 中每个顶点的度都为 8,要证明 G 中存在 3 个顶点,彼此之间无边相连.

因 $d(v_1)=8$,不妨设 v_1 与 $v_2,v_3,\cdots,v_9$ 相连. 若 $v_2,\cdots,v_9$ 中有一个与 v_{10} 相邻,则 8 个点 $v_{11},v_{12},\cdots,v_{18}$ 中必有一个顶点与 v_{10} 不相邻(因 $d(v_{10})=8$). 不妨设 v_{11} 与 v_{10} 不相邻,则 v_1,v_{10},v_{11} 就是符合要求的 3 个点.

若 $v_2,v_3,\cdots,v_9$ 都与 v_{10} 不相邻,则考虑第一轮比赛. 不妨设 v_1 与 v_2 在第一轮中赛过,这时,$v_3,v_4,\cdots,v_9$ 至多只能配成 3 对比赛,故其中必有一队与 $v_{11},v_{12},\cdots,v_{18}$ 中某个队比赛. 不失一般性,可设 v_3 与 v_{11} 相连,由于 $d(v_3)=8$,而 v_3 已与 v_1,v_{11} 相邻,故 v_3 不与 $v_2,v_4,v_5,\cdots,v_9$ 中某个点相邻. 设 v_3 与 v_4 不相邻,于是 v_3,v_4,v_{10} 就是彼此不相邻的三个点.

例 6 10 个学生参加一次考试,试题有 10 道,已知没有两个学生做对的题目完全相同. 证明这 10 道题目中可以找到一道试题,将这道试题取消后,任意两个学生做对的题目仍不完全相同.

证明 用反证法. 假设结论不成立,即对每一道题 $h(1\leqslant h\leqslant 10)$,去掉 h 后,必存在一对学生 v_i 和 v_j 做对的题目相同(若有好几对这样的学生,则任取其中一对). 将学生用点表示,并在上述学生 v_i 与 v_j 之间连一条边,边的标号为 h,这样得到一个图 G,有 10 个点,10 条边,各边的标号为 $1,2,3,\cdots,10$.

图 G 由若干连通分支组成(若 G 本身是连通的,那么只有 1 个连通分支,即 G 本身). 由于 G 的顶点数≤边数,故必有一连通分支 G 的顶点数≤边数,于是 G 必有圈. 设 v_1,v_2, $\cdots,v_k$ 是一个圈,那么沿着这个圈前进时,每通过一条边就相当于做对的题目增加或减少一道,即假设一开始 v_i 做对的题目构成的集合为 $M(v_i)(i=1,2,\cdots,k)$,则 $M(v_i)$ 中要增加或减少一道题(题目的编号为边 v_iv_{i+1} 上的标号)才与 $M(v_{i+1})$ 相同$(i=1,2,\cdots,k$,其中 $v_{k+1}=v_1)$,并且由于各边上的标号互不相同,故每次增加或减少的题目互不相同. 于是 v_1 做对的题目集合 $M(v_1)$ 通过增加和减少一些互不相同的题,最后得到的集合 $M(v_{k+1})=M(v_1)$ 仍与 v_1 原来做对的题目集合完全相同,矛盾. 这就证明了原命题的结论成立.

例 7 任给 $2n+1$ 个不同的无理数组成集合 S,求最大正整数 m,使得 S 中存在 m 个不同的数,它们中任意两个数的和仍为无理数.

解 设 $S_0=\{\pm\sqrt{2},\pm\sqrt{5},\pm\sqrt{10},\cdots,\pm\sqrt{n^2+1},\sqrt{(n+1)^2+1}\}$. 则 S_0 内共有 $2n+1$ 个无理数,其中任意 $n+2$ 个数中必有两个是相反的数,它们的和等于 0(有理数). 故所求 m 的最大值 $\leqslant n+1$.

设 S 是由任意 $2n+1$ 个不同的无理数组成的集合,将 S 内的数用平面内的点表示(S 内的数与对应的点用同一字母表示),若两个数的和为有理数,则对应两点连一条边,否则不连边,得到一个图 G,其顶点集为 V.

首先证明 G 中没有奇圈. 假设 G 中有一个奇圈 $A_1A_2\cdots A_{2k+1}A_1$,则 A_1+A_2,A_2+A_3,$\cdots,A_{2k}+A_{2k+1},A_{2k+1}+A_1$ 都为有理数,它们的和除以 2 得 $A_1+A_2+\cdots+A_{2k+1}$. 于是 $A_1+A_2+\cdots+A_{2k+1}$ 仍为有理数,从而

$$A_{2k+1}=(A_1+A_2+\cdots+A_{2k+1})-(A_1+A_2)-(A_3+A_4)-\cdots-(A_{2k-1}+A_{2k})$$

为有理数,矛盾. 故 G 中不含奇圈.

由定理 4 得 G 是一个二部图 $G=G(X,Y;E)$. 于是 $|X|+|Y|=|V|=2n+1$,不妨设 $|X|\geqslant|Y|$,则 $|X|\geqslant n+1$ 且 X 内任意两点不相邻,即 X 内 $n+1$ 个点对应的 $n+1$ 个无理数中任意两个数的和等于无理数. 故所求 m 的最大值 $\geqslant n+1$.

综上所述,所求 m 的最大值为 $n+1$.

例 8(Hall 定理) 设 $G(X,Y;E)$ 是一个二部图(偶图),对于 $A\subset X$,$N(A)$ 表示 G 中所有与集合 A 的顶点相邻的顶点的集合($N(A)$ 称为 A 的邻域). 证明:存在 X 到 Y 的完全匹配的充要条件是对每个 $A\subset X$,有 $|A|\leqslant|N(A)|$.

证明 必要性. 设存在 X 到 Y 的完全匹配 M,那么由完全匹配的定义对 X 的每一顶点,在 M 中都有 Y 的一个顶点与它相邻且 X 中不同顶点和 Y 中不同顶点相对应. 这表明,对任何 $A\subset X$,集合 A 的每个顶点都有 $N(A)$ 的一个顶点与之相邻,且与 A 中的不同顶点相邻的顶点不同,即存在从 A 到 $N(A)$ 的一个单射,所以 $|A|\leqslant|N(A)|$.

充分性. 对 X 中顶点个数 $n=|X|$ 用归纳法.

$n=|X|=1$ 时,X 只含唯一元素 x,条件表明 $1=|X|\leqslant|N(X)|$,即 Y 中至少有一点 y 与 x 相邻,故存在 X 到 Y 的完全匹配,结论对 $n=1$ 成立.

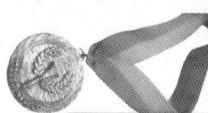

设结论对 $|X| \leqslant n-1$ 成立,即二部图 $G(X,Y;E)$ 若 $|X| \leqslant n-1$ 且对每个 $A \subseteq X$ 有 $|A| \leqslant |N(A)|$,则存在 X 到 Y 的完全匹配. 现考虑 $|X|=n$ 且对任意 $A \subset X$,$|A| \leqslant |N(A)|$ 的情形,又分为下列两种情况:

情况 1. 对 X 的每个非空真子集 A 都有 $|A| < N(A)$. 这时,任取一点 $x_0 \in X$,令 $A=\{x_0\}$,则由 $|N(A)| > |A|=1$,知道存在 $y_0 \in Y$ 使 y_0 与 x_0 相邻. 从 G 中去掉 x_0,y_0 及与 x_0,y_0 相关联的边,得到一个新图 G^*. 令 $X_1=X \backslash \{x_0\}$,$Y_1=Y \backslash \{y_0\}$,$E_1=E \backslash \{$与 x_0,y_0 相关联的边$\}$,则 $G^*(X_1,Y_1;E_1)$ 仍为二部图,且对任意 $A \subset X_1$,A 在 G 中的邻域的元素个数比 A 中元素个数至少多 1 个,故 A 在 G^* 中的邻域的元素个数不少于 A 中元素个数,即归纳假设的条件满足. 于是在 G^* 中存在 X_1 到 Y_1 的完全匹配 M_1,在 M_1 中增加边 $x_0 y_0$,即得到 G 中 X 到 Y 的完全匹配.

情况 2. 设对 X 某个非空真子集 A_0,有 $|A_0|=|N(A_0)|$,这时在 G 中取顶点子集 $A_0 \cup N(A_0)$ 以及所有连接 A_0 的顶点与 $N(A_0)$ 的顶点的边构成的图记为 G^*,则 G^* 是二部图. 于是,对 A_0 的任意子集 T,$N(T) \subset N(A_0)$,并且由已知条件有 $|T| \leqslant |N(T)|$,故由归纳假设知,在图 G^* 中存在 A_0 到 $N(A_0)$ 的匹配 M_1. 另一方面,从 G 中去掉 G^* 以相关联的边得到的图记为 G',令 $X'=X \backslash A_0$,$Y'=Y \backslash N(A_0)$,$E'=E \backslash \{$与 A_0,$N(A_0)$ 相关联的边$\}$,则 $G'(E',Y';E')$ 仍是二部图,且对任意 $B \subset X'$,有 $|B| \leqslant |N(B)|$(否则若 $|B| > N(B)$,则 $|N(A_0 \cup B)|=|N(A_0)|+|N(B)| < |A_0|+|B|=|A_0 \cup B|$,这与已知矛盾. 由归纳假设,在 G' 中存在 X' 到 Y' 的完全匹配 M',于是 $M=M_1 \cup M'$ 为 X 到 Y 的完全匹配. 即 $|X|=n$ 时结论成立,于是,Hall 定理得证.

例 9 某车间有机器若干台,已知车间里每个工人都恰恰会操作其中 k 台机器,且每台机器都恰有 k 个人会操作. 证明:车间主任总可以作适当安排,使得每个工人到一台他会操作的机器上工作,并且每台机器都安排了人去操作.

证明 用点表示人和机器,人对应的点的集合记为 X,机器对应的点的集合记为 Y,若某个人会操作某台机器,则对应点连一边,于是得到一个二部图 G,且 G 是一个 k 阶正则图(每一个顶点的度都等于 k 的图). 记 $|X|=m$,$|Y|=n$,因 X 中的点引出的线数为 km,并且这些线都与 Y 中的点相关联,但 Y 中每点恰与 k 条线关联,故 Y 中的顶点数 $n=|Y|=\dfrac{km}{k}=m$,于是我们证明了正则二部图 G 中,X 与 Y 所含的顶点数相等.

设 $A \subset X$,则 A 引出的线有 ka 条(其中 $a=|A|$),其另一端都在 $N(A)$ 中,故 $N(A)$ 中的点关联的线数不少于 ka,而 $N(A)$ 中每点只与 k 条线关联,故 $N(A)$ 中的点数不少于 $\dfrac{ka}{k}=a=|A|$,即 $|A| \leqslant N(A)$. 由 Hall 定理,存在 X 到 Y 的完全匹配 M,但 $|X|=|Y|$,故 M 为图 G 的一个完美匹配. 按照这个匹配,每个工人恰对应一台他会操作的机器,并且每台机器恰有一个工人与它对应.

注 本题实质上证明了下列结论:

定理 正则二部图必存在完美匹配.

例 10 平面上给定 n 个点,它们之间连有 $mn(m \leqslant \dfrac{n-1}{2})$ 条线段. 求证:存在互不相同

的点列 $V_0, V_1, \cdots, V_m$，使对于 $1 \leqslant i \leqslant m$，点 V_{i-1} 与 V_i 之间连有给定的线段.

（1989 年捷克斯洛伐克奥林匹克试题）

证明 固定 m，对 n 用归纳法.

(1)当 $n = 2m+1$ 时，$mn = \frac{1}{2}n(n-1) = C_n^2$，这时 n 个点中每两点间都连有一条线段，从而结论显然成立.

(2)假设 $n = k \geqslant 2m+1$ 时，结论成立. 则当 $n = k+1$ 时，分为下列几种情况讨论：

若 n 点中有一个点 A，由它引出的线段数不超过 m 条，由于此时共连有 $mn = mk+m$ 条线段，所以除 A 外余下 k 个点之间至少连有 mk 条线段，于是由归纳假设知结论成立.

若 n 点中每一点引出的线段数都至少为 $m+1$ 条，这时可构造所需要的点列如下：任取一已知点 V_0，然后任取一个与 V_0 连有线的点 V_1，因为 $m \geqslant 1$，所以除 V_0 外，至少还有 $m-1$ 个与 V_1 连有线的点，取其中一个为 V_2，设这样取下去，直到 V_p 为止.

若 $p < m$，则 V_p 除前 p 个点 $V_0, V_1, \cdots, V_{p-1}$ 连有线外，还有线与其他点相连，于是又可以选出点 V_{p+1}，出现矛盾.

若 $p \geqslant m$，则得到了所需要的点列，从而当 $n = k+1$ 时，结论成立，即对 $n \geqslant 2m+1$ 结论成立.

例 11 设某国共有 100 个城市，它们之间有道路网相连，已知即使关闭其中一个城市的所有道路后，都仍然由其他城市中的任一城市沿道路网抵达任何另一城市. 证明：可将该国分解为两个主权国家，每个国家 50 个城市，使得任何一个国家内部都可以由一个城市沿道路网抵达另一个城市.

（1992 年圣彼得堡市代表队选拔试题）

证明 我们关于 n 用数学归纳法来证明，可将 100 个城市划归为两个主权国家 A 和 B，使得两国城市数分别是 n 和 $100-n$.

当 $n=1$ 时命题显然成立. 设命题对 $n=k$ 时成立，即 100 个城市可划分为两个主权国家 A 和 B，其中 A 和 B 内分别有 k 和 $n-k$ 个国家，于是 $n=k+1$ 时，命题能否成立的关键是能否从 B 国中拨一个城市给 A 国.

首先，从 B 中任取一个与 A 国某城有道路相通的城市 a_1（依题意，这样的城市必存在）. 若将 a_1 拨给 A 后，B 国内部的交通网仍然是连通的（即从任何一个城市只经过国内的道路可抵达任何另一城市），则问题就解决了；若不然，则 B 国在 a_1 被拨走之后，其余城市将被分成一些非空子集 $B_{11}, B_{12}, \cdots, B_{1m_1}$，其中 $m_1 \geqslant 2$，使每个子集内的城市之间是连通的，属于任何两个不同子集的两城市之道都不能仅通过 B 国内部的道路来通行. 换句话说，这 m_1 个子集之间的连通只有经过 a_1 才行，我们称 $\{B_{11}, B_{12}, \cdots, B_{1m_1}\}$ 为从属于 a_1 对 B 国的分划. 这时将 a_1 留在 B 国，并从子集 B_{11} 中取一个与 A 国有道路相通的城市 a_2，如果将 a_2 拨给 A 国后，B 国的交通网仍是连通的，那么问题就解决了. 否则，又得到一个从属于 a_2 的 B 国的分划 $\{B_{21}, B_{22}, \cdots, B_{2m_2}\}$，因为 $B_{11}, B_{12}, \cdots, B_{1m_1}$ 之间可通过 a_1 连通，所以它们的并集属于某一个 B_{2i}（含 a_1 的子集），不妨设 $i = m_2$，于是 $B_{21}, B_{22}, \cdots, B_{2m_2-1}$ 都是 $B_{11} - \{a_2\}$ 的子集，即 B_{11} 的真子集（这是因为 $B_{21}, B_{22}, \cdots, B_{2m_2-1}$ 之间可通过 a_2 连通且 $a_2 \in B_{11}$）. 如此继续下去，可得一串城市 $a_1, a_2 \cdots$ 和相应于它们的分划中的子集 $B_{11} \supsetneqq B_{21} \supsetneqq B_{31} \supsetneqq \cdots$，使得到某个

327

a_i 时拨给 A 国后满足要求,或者一直下去直到某个 B_{j1} 仅有一个城市 a_{j+1} 为止,这时只要把 a_{j+1} 拨给 A 国就可以了,即当 $n=k+1$ 时命题也成立,于是原命题得证.

例12 一个简单图中的两两相邻的 t 个顶点称为一个 t 团,与其余每个顶点都相邻的顶点称为中心点.

给定整数 n、k,$n \geq 3$,$\frac{1}{2}n < k < n$. 设 G 是一个有 n 个顶点的简单图,G 中不存在 $(k+1)$ 团,但在 G 中任意添上一条边后就存在 $(k+1)$ 团. 求 G 的中心点个数的最小可能值.

(2012 年中国国家集训队测试试题)

证明 我们先证明下面的引理.

引理 设 F 是一个简单图,共有 n 个顶点,若 F 中不存在 $(k+1)$ 团,但存在 k 团,$\frac{1}{2}n < k < n$. 设 $A_1, \cdots, A_m$ 是 F 的所有 k 团,则有

$$|\bigcap_{i=1}^{m} A_i| \geq 2k - n.$$

引理的证明 记 $|\bigcup_{i=1}^{m} A_i| = l_m$,注意到 $l_m \leq n$,只需证明 $|\bigcap_{i=1}^{m} A_i| \geq 2k - l_m$. 下面对 m 用归纳法证明上式.

当 $m=1$ 时,结论是平凡的. 假设结论对 $m-1$ 成立,$m>1$. 令 $A = \bigcup_{i=1}^{m-1} A_i$,$B = \bigcup_{i=1}^{m} A_i$,$C = \bigcap_{i=1}^{m-1} A_i$,$D = \bigcap_{i=1}^{m} A_i$. 则 $|A| = l_{m-1}$,$|B| = l_m$. 由归纳假设知

$$|C| \geq 2k - l_{m-1} > 0.$$

因为 C 中的每个顶点都与 A 中的每个顶点相邻,因此 $(A \cap A_m) \cup C$ 组成一个团,因为 F 中不存在 $(k+1)$ 团,故

$$|(A \cap A_m) \cup C| \leq k.$$

由此得

$$|A \cap A_m| = k - |B \backslash A| = k - (l_m - l_{m-1}).$$

从而 $|C \backslash A_m| \leq l_m - l_{m-1}$,于是

$$|D| = |A_m \cap C| \geq 2k - l_{m-1} - (l_m - l_{m-1}) = 2k - l_m.$$

引理获证.

回到原题,由条件知 G 中必存在 k 团. 设 $A_1, \cdots, A_m$ 是 G 的所有 k 团,则 $\bigcup_{i=1}^{m} A_i$ 包含了 G 的所有顶点. 用反证法证明上述事实,假设顶点 v 不属于每个 A_i,则 v 必与 A_1 中某个顶点 u 不相邻,否则 v 和 A_1 就构成一个 $(k+1)$ 团,与 G 的假设矛盾. 现连结 v、u,由假设知此时存在一个 $(k+1)$ 团,必包含 v 和 u,设为 $v, u, v_1, \cdots, v_{k-1}$,则在 G 中 $v, v_1, \cdots, v_{k-1}$ 构成一个 k 团,即 v 属于某个 k 团中,矛盾.

由引理有 $|\bigcap_{i=1}^{m} A_i| \geq 2k - n$,其中的顶点都是中心点,故 G 中至少有 $2k-n$ 个中心点.

最后指出存在一个图 G,满足题述条件,且恰有 $2k-n$ 个中心点. 设 G 的顶点为 $A_1, A_2, \cdots, A_{2k-n}, B_1, \cdots, B_{n-k}, C_1, \cdots, C_{n-k}$,共 n 个顶点. B_i 与 C_i 不相邻,$i=1,2,\cdots,n-k$,其余

顶点间都相邻,则显然只有 $A_1, A_2, \cdots, A_{2k-n}$ 这 $2k-n$ 个中心点.该图中不含 $(k+1)$ 团,因为任取 $(k+1)$ 个顶点,都会包含一对 B_i、C_i.但是任意添上一条边 B_iC_i,则有 $(k+1)$ 团 A_1,$\cdots, A_{2k-n}, B_1, \cdots, B_{n-k}, C_i$.

综上所述,G 的中心点个数的最小可能值等于 $2k-n$.

例 13　在一个由 12 个人组成的群体中,任意 9 个人中都有 5 个人,他们两两相识.求证:从这 12 个人中可以选出 6 人,他们两两相识.　　　　(第 49 届 IMO 中国国家队培训试题)

证明　对这 12 人中的任二人,当且仅当他们不认识时在他们间连一条边,把人看作顶点,我们得到一个图 G.若 G 中无奇圈,则 G 是二部图,其必有一部分的顶点数 $\geqslant 6$.则由于这部分中的人"互不相邻",从这部分中任取 6 人,他们便两两相识了.

下设 G 中有奇圈,且最小的奇圈长为 d,以下分别对 $d=3,5,7,9,11$ 讨论.

(1)$d=3$.

设甲、乙、丙互不相识,另 9 人若两两相识,则任取 6 人便两两相识,合乎要求,否则设有丁、戊($\neq$甲、乙、丙)不认识.考虑除甲、乙、丙、丁、戊外的"七人组".这七人组中任 4 个人加上甲、乙、丙、丁、戊 5 个人中总有 5 人两两认识,但后五人中至多二人"两两相识",则我们得到:

此"七人组"中,任四人中总有三人两两相识.那么,不可能有两个"连边的人对"没有公共顶点(否则这四人没有三人两两相识).

于是若此"七人组"中有 $\geqslant 2$ 个"连边人对",则可设已与庚、己与辛连边,由"任四人中有三人两两相识"便知剩下的连都有一个端点为己(而不能是"庚~辛"等等),则此"七人组"去掉己后的"六人组"两两不连边即两两相识,满足要求.(在"连""连边人对"数 $\leqslant 1$ 时当然也满足要求)

(2)$d=5$.

此时设甲、乙、丙、丁、戊依次是一个长为 5 的圈的顶点.那么这 5 人中不存在两两相识的三人组.仍考虑除他(她)们五人之外的"七人组",像(1)一样知对其中任四个人均有三人两两相识,进而完全同(1)可得此"七人组"中的一切连(如果有)有一个公共的端点.那么另六人满足要求.

(3)$d=7$.

此时设甲、乙、丙、丁、戊、己、庚依次是一个长为 7 的圈的顶点.则取出此 7 人,再任意另取两人,有 5 人两两相识,但这 7 人中至多 3 人两两相识(即在圈上不相邻),于是那"另取的两人"一定相识,进而

除甲~庚外的五人两两相识.　　　　　　　　　　　　　　　①

返回上一段,我们还可进一步把这五人形成的任一二人组,对应于甲~庚中某三人形成的一个三人组,使这总共五人两两相识.由于前一个"二人组"共 $C_5^2=10$ 个,但后一个"三人组"只有 7 种:

{甲、丙、戊}, {乙、丁、己}, {丙、戊、庚}, {丁、己、甲},

{戊、庚、乙}, {乙、甲、丙}或{庚、乙、丁},

则必然有两个"二人组"对应的是同一个"三人组",前两个"二人组"总共涉及(除甲~

庚外的)至少 3 个人,加上后一个"三人组"的 3 人形成的 ≥6 人两两相识(注意①),结论也能成立.

(4)$d=9$.

此时这个长为 9 的圈上的 9 人中任 5 人必有两人在圈上相邻因而不认识,矛盾!

(5)$d=11$.

设另一人为 A,则当 A 不认识圈上至少 2 人时,圈上任两个不认识 A 的人在圈上的距离必须为 2,否则形成更短奇圈. 这样 A 就至多不认识圈上两人.

设圈上除甲、乙外 A 都认识,则将圈上的人(他们在圈上依次为)B、C、D、E、F、G、H、I、J、K、L 按另一顺序 $BDFHJLCEGIK$ 连成圈. 这圈上必有 5 个连续的人,不妨设为 B、D、F、H、J,严格地在甲、乙之间,则(注意原圈上不相邻的人,比如 B 和 D,一定认识,否则形成更短奇圈)A、B、D、F、H、J 便是两两相识的 6 个人.

综上所述,本题结论成立.

例 14 某国共有 N 个城市,某些城市之间开设有直达的双向飞机航线. 现知,对任何 $k(2 \leqslant k \leqslant N)$,在其中任何 k 个城市之间,航线的数目都不多于 $2k-2$ 条. 证明:可以将所有航线分别划归两个航空公司,使得任何一个公司所拥有的航线都不形成封闭的折线.

(第 33 届俄罗斯奥林匹克试题)

解法一 作一个图(称为图 G),它的顶点为该国的所有城市,它的边为该国的所有航空线路. 在我们的图中允许有重边. 于是在任何含有 k 个顶点的子图中,连的数目都不多于 $2k-2$. 我们要来证明,可以将每一条边分别染为两种颜色之一,使得不存在由同色边形成的圈.

将图 G 的顶点的非空子集 A 称为"好的",如果以 A 作为顶点集合的子图中的边的数目刚好为 $2|A|-2$.

引理 如果子集 A 与 B 都是"好的",而且 $A \cap B = \varnothing$,则 $A \cup B$ 还是"好的".

引理的证明 令 $C = A \cap B, D = A \cup B$. 由引理的条件,知集合 C 也是"好的". 假设 D 不是"好的". 记 $|A| = a, |B| = b, |C| = c, |D| = d = a+b+c$. 由引理中的条件知,以 A 作为顶点集合的子图中的边的数目为 $2a-2$;而由我们的假设知,以 D 作为顶点集合的子图中的边的数目少于 $2d-2$. 于是,以 D 中的顶点作为端点,但非两个端点都属于集合 A 的边的数目少于 $2d-2-(2a-2) = 2(d-a) = 2(b-c)$. 特别地,两个端点都属于集合 B,但非都属于集合 C 的边都在其列,因此它们的数目也少于 $2(b-c)$. 因而两个端点都属于集合 B 的其他的边的数目就多于 $2b-2-2(b-c) = 2c-2$,然而这些边的两个端点都属于 C. 这就意味着集合 C 不是"好的",此为矛盾. 引理获证.

现在回到题目本身. 用反证法. 我们来考察使得题中断言不成立的顶点数目最少的图,设其顶点数目为 n. 该图中的边的数目不多于 $2n-2$ 条. 观察该图中的所有顶点. 如果每个顶点的度数都不小于 4,则总边数不少于 $4 \cdot \dfrac{n}{2} = 2n > 2n-2$,此为不可能. 这就表明,图中存在某个度数不大于 3 的顶点 a. 如果 a 的度数小于 3,那么我们就去掉它(连同由它所连出的边一起去掉);根据对 n 的选择,此时图中所剩下的边可以按照要求被分别染为两种不

同颜色.然而这样一来,只要再把由 a 所引出的边分别染色,即可使得同色边不形成封闭的折线,从而得到合乎要求的染色方式.

这就表明,a 的度数只能是 3.假设它的 3 个相邻顶点为 b、c 和 d.易知,所有 3 个顶点 b,c,d 不可能相互重合,否则,在 a 与 b 这两个顶点之间的边的数目不多于 $2 \cdot 2 - 2$ 条棱,此亦为不可能.从而,在顶点 b,c,d 中必有一个顶点不同于其余两个顶点,不妨设其为 c.

从该图中去掉顶点 a(连同由它所连出的边一起去掉).如果在剩下的图中,顶点 b 与 c 不同时属于任何一个"好的"集合,那么在补连"所缺失的"边 (b,c) 之后,我们得到一个满足题意的图,它的顶点数目却少于 n(如图 7-6).于是可以

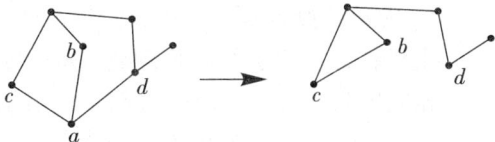

图 7-6

按照要求将它的各条棱分别染为两种不同颜色.然后去掉"所缺失的"边 (b,c),补回顶点 a 和由它所连出的边,并将边 (a,b) 与边 (a,c) 都染为边 (b,c) 原来的颜色,而将边 (a,d) 染为另一种颜色.显然,此时图中没有同色的圈.

可以类似地考察顶点 c 和 d 不同时属于一个"好的"集合的情形.如果顶点 b 与 c 同时属于某个"好的"集合 A_1,而顶点 c 和 d 同时属于某个"好的"集合 A_2,则由引理知 $A_1 \cup A_2$ 也是"好的"集合(因为 $c \in A_1 \cap A_2 \neq \varnothing$).但这样一来,我们在补回顶点 a 之后,再为它的内边补上三条边,所得到的图与题中的条件相矛盾.

解法二 我们来看如何可以(不用引理)采用别的方法证明本题.如同解法一,观察 3 度的顶点 a,以及包含着 a 的两个相邻顶点,而不包含 a 自己的"好的"集合 V.

自图 G 中去掉集合 V 中的所有顶点,代之以一个新的顶点 v.对于每条连结 V 中顶点和非 V 中顶点的棱,都代之以一条连结该顶点和 v 的边(如图 7-7)(这一操作称为"紧缩"子图 V),则所得到的新图 G' 仍然满足题中条件.考察任意一个由 G' 中 d 个顶点构成的集合 D.如果 v

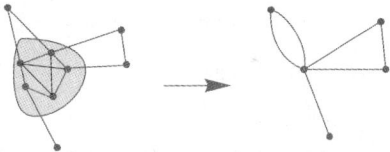

图 7-7

$\in D$,则 D 中 d 个顶点之间的边的数目与原来 G 中相同,不多于 $2d-2$ 条.如果 $v \in D$,我们来看集合 $D \cup V \setminus \{v\}$.该集合中有 $d+k-1$ 个 G 中的顶点,在它们之间有不多于 $2d+2k-4$ 条棱,而其中刚好有 $2k-2$ 条棱是位于 V 中的顶点之间的.这就表明,其余的棱不多于 $2d-2$ 条,正合我们的要求.

可以将集合 V 中的棱按照要求染色,亦可按照要求为 G' 中的棱染色(在所得到的两个图中顶点的个数都少于 n).图 G 中的每一条棱都对应着或者属于图 G',或者属于 V 的一条棱.将该棱按照它所在图中的原来方式染色.若证在该种染色方式之下,不会出现同色圈.假设并非如此.那么显然,每一个圈都既经过 V 中的顶点,又要经过其他顶点.因此,可以从圈上的某个属于 V 的顶点离开这个圈,经过若干条(多于一条)同一种颜色的边之后,再一次回到 V 中原来的顶点.这就表明在新的图中存在同色圈,导致矛盾.

§3 解染色问题的基本方法

数学竞赛中涉及的染色问题有两类:一类是纯粹的染色问题,它的题目的条件和结果

都是以染色的形式出现；另一类是借助于染色手段来解的问题，其优点是将一个比较抽象的组合问题转化成一个具体的染色问题，并能清晰地对组合对象进行分类．这种借助于染色手段来解组合问题的方法也叫做染色方法．

解染色问题常常涉及图论中的一些概念（如度、相邻等）、定理（如拉姆塞定理）和技巧．此外，我们还要用到解组合问题的其他技巧和方法．

1. 代数计算方法

用代数计算方法解染色问题就是用两种不同的方法去计算图中同色边、同色角（两边颜色相同的角）、异色角（两边颜色不同的角），同色三角形和不全同色的三角形，同色区域，同色顶点，…的个数，列出方程或不等式，通过解方程或不等式便可得出问题的解答．

例1 证明2色完全图 k_6 中必存在2个同色三角形．

证明 用 $p_1, p_2, \cdots, p_6$ 表示6个顶点，用红、蓝表示两种颜色．设从 p_i 出发的红边有 x_i 条，于是从 p_i 出发的蓝边有 $5 - x_i$ 条，以 p_i 为顶点两边不同色的角（异色角）有 $x_i(5 - x_i)(i = 1, 2, \cdots, 6)$ 个，图中共有 $C_6^3 = 20$ 个三角形，假设其中同色三角形有 f_6 个，非同色三角形有 g_6 个，于是 $f_6 + g_6 = 20$．因图中共有 $\sum_{i=1}^{6} x_i(5 - x_i)$ 个异色角，而每一个同色三角形中没有异色角，每个非同色三角形中恰有2个异色角，所以

$$2g_6 = \sum_{i=1}^{6} x_i(5 - x_i).$$

因为 $x_i(5 - x_i) \leqslant \left[\dfrac{x_i + (5 - x_i)}{2}\right]^2 = \dfrac{25}{4} = 6\dfrac{1}{4}$，并且 $x_i(5 - x_i)$ 为整数，所以

$$x_i(5 - x_i) \leqslant 6, \text{故有 } g_6 = \frac{1}{2}\sum_{i=1}^{6} x_i(5 - x_i) \leqslant \frac{1}{2} \times 6 \times 6 = 18, f_6 = 20 - g_6 \geqslant 2, \text{可见必存在}$$

2个同色三角形．

例2（第3章§2-5例1）　一个社团内，每一对人不是友好的，就是敌对的，这个社团中共有 n 个人和 q 个友好对子，并且任何3人中必有两人是敌对的．证明：这个社团至少存在一名成员，他的敌人组成的集合中，友好对子的个数不多于 $q(1 - 4q/n^2)$．

分析 本题我们在第3章§2-5例1中给出了一个证明，下面再用染色方法给出另一个证明．

证明 用 n 个点 $A_1, A_2, \cdots, A_n$ 表示社团内 n 个人，若两人友好，则对应点的连线染红色；若两人敌对，则对应点的连线染蓝色，得到一个2色完全图 K_n．设从 A_i 出发有 d_i 条红边（即与 A_i 友好的人有 d_i 个）和 $n - 1 - d_i$ 条蓝边．于是

$$\sum_{i=1}^{n} d_i = 2q. \tag{①}$$

设两边蓝、一边红的三角形个数为 A，而两边红、一边蓝的三角形个数为 B，依题目条件，不存在三边都为红色的三角形，所以

$$B = \sum_{i=1}^{n} C_{d_i}^2 \quad (\text{当 } d_i = 0 \text{ 和 } 1 \text{ 时}, C_{d_i}^2 = \frac{1}{2}d_i(d_i - 1) = 0). \tag{②}$$

以 $A_1, \cdots, A_n$ 中点为角的顶点的两条不同色的边组成的角称为异色角．一方面异色角有 $\sum_{i=1}^{n} d_i(n - 1 - d_i)$ 个，另一方面，异色角显然有 $2(A + B)$ 个（因为每一个三边不全同色的三角

形内恰有 2 个异色角),所以

$$2(A+B)=\sum_{i=1}^{n}d_i(n-1-d_i).\qquad ③$$

由③并利用①,②和哥西不等式得

$$A=\frac{1}{2}\sum_{i=1}^{n}d_i(n-1-d_i)-B=\frac{1}{2}\sum_{i=1}^{n}d_i(n-1-d_i)-\frac{1}{2}\sum_{i=1}^{n}d_i(d_i-1)$$

$$=\frac{n}{2}\sum_{i=1}^{n}d_i-\sum_{i=1}^{n}d_i^2\leqslant\frac{n}{2}\sum_{i=1}^{n}d_i-\frac{1}{n}(\sum_{i=1}^{n}d_i)^2$$

$$=nq-\frac{4q^2}{n}=nq(1-\frac{4q}{n^2}).\qquad ④$$

设 A_i 的敌人集合中的一个友好对子为 B_j,B_k,于是 $\triangle A_iB_jB_k$ 是一个两边蓝一边红的三角形,将所有红边对的顶点为 A_i 的两边红一边蓝的三角形个数记为 x_i,于是 x_i 也是 A_i 的敌人集合中友好对子的个数. 于是 $\sum_{i=1}^{n}x_i=A$,由④得

$$\frac{1}{n}\sum_{i=1}^{n}x_i=\frac{1}{n}A\leqslant q(1-\frac{4q}{n^2}).$$

故存在一个 x_i 满足 $x_i\leqslant q(1-\frac{4q}{n^2})$,即 A_i 的敌人集合中友好对手的个数不小于 $q(1-\frac{4q}{n^2})$.

例 3 将凸多面体的每一条棱染成红色或黄色,两边异色的面角称为奇异面角,某顶点 A 处的奇异面角数称为该顶点的奇异度,并记为 S_A. 证明存在两个顶点 B 和 C,使得 $S_B+S_C\leqslant 4$.
(1991 年中国国家集训队选拔考试试题)

证明 将凸面体的红色棱标上数 1,黄色棱标上数 0,定义一个面角的度数等于该角的两边之和除以 2 所得余数 0 或者 1. 于是,一个面角为奇异面角的充要条件是其度数为 1. 任取一个顶点 A,由于计算 A 处所有面角度数之和时,从 A 出发的每条棱的标数都用了两次,从而 A 处所有面角度数之和为偶数,于是顶点 A 处的奇异度 S_A 为偶数. 同理可证,每一个面所包含奇异面角的个数也是偶数.

设凸多面体有 v 个顶点 $A_1,A_2,\cdots,A_v$,有 f 个面 $M_1,M_2,\cdots,M_f$ 和 e 条棱. 设面 M_i 包含有 e_i 条棱$(i=1,2,\cdots,f)$,显然 $\sum_{i=1}^{f}e_i=2e$. 由 $e_i\geqslant 3$,有 M_i 上所含奇异面角数 S_i 满足 $S_i\leqslant e_i\leqslant 2e_i-3$,并且由 S_i 为偶数知这个不等式可加强为

$$S_i\leqslant 2e_i-4.$$

求和得 $\sum_{i=1}^{f}S_i\leqslant 2\sum_{i=1}^{f}e_i-4f=4(e-f)$.

由欧拉公式 $e-f=v-2$,于是有 $\sum_{i=1}^{f}S_i\leqslant 4v-8$.

但显然有 $\sum_{k=1}^{v}S_{A_k}=\sum_{i=1}^{f}S_i$,所以 $\sum_{k=1}^{v}S_{A_k}\leqslant 4v-8$.

又因为 $S_{A_1},S_{A_2},\cdots,S_{A_v}$ 均为偶数,故 $A_1,\cdots,A_v$ 中必有两个顶点(记为 B,C),使

$$S_B\leqslant 2,S_C\leqslant 2.$$

从而有 $S_B + S_C \leqslant 4$(否则 $S_{A_1}, S_{A_2}, \cdots, S_{A_v}$ 中至少有 $v-1$ 个不小于 4,从而 $\sum\limits_{k=1}^{v} S_{A_k} \geqslant 4(v-1)$,这与 $\sum\limits_{k=1}^{v} S_{A_k} \leqslant 4v-8$ 矛盾).

例 4 平面上任给 n 个点 $P_1, P_2, \cdots, P_n$,其中任意三点不共线. 将每个点 $P_i(1 \leqslant i \leqslant n)$ 任染红蓝两色之一. 设 S 是顶点集合为 $\{P_1, P_2, \cdots, P_n\}$ 的三角形的集合,且具有性质:对任意两条线段 P_iP_j 及 P_uP_v,S 中以 P_iP_j 为边的三角形的个数与以 P_uP_v 为边的三角形的个数相同. 试求最小的 n,使得在 S 中总有两个三角形,每一个三角形的顶点有相同的颜色.

(第 48 届 IMO 中国国家集训队测试试题)

解 设 S 中以 P_iP_j 为边的三角形的个数是 k,则 k 是正整数且与 i、j 无关. 因 P_iP_j 共有 C_n^2 条,故 S 中所有三角形产生 kC_n^2 条边. 又每个三角形有三条边,故 $|S| = \frac{1}{3}kC_n^2$(即共有 $\frac{1}{3}kC_n^2$ 个三角形). 设 S 中有 x 个顶点同色的三角形,则 S 中不同色的三角形的个数是 $\frac{1}{3}kC_n^2 - x$. 同时,每个顶点不同色的三角形产生两条端点异色的线段,故 S 中端点异色的线段共有 $2\left(\frac{1}{3}kC_n^2 - x\right)$ 条.

另一方面,设 $P_1, \cdots, P_n$ 中 n_1 个点染红,n_2 个点染蓝,$n_1 + n_2 = n$. 由假设知每条端点异色的线段在 S 的全体三角形中出现 k 次,故这样的线段共有 kn_1n_2 条. 因此

$$2\left(\frac{1}{3}kC_n^2 - x\right) = kn_1n_2.$$

可解得

$$x = \frac{k}{6}(2C_n^2 - 3n_1n_2) = \frac{k}{6}(n^2 - n - 3n_1n_2)$$

$$\geqslant \frac{k}{6}\left(n^2 - n - 3\left(\frac{n_1 + n_2}{2}\right)^2\right) = \frac{k}{6}n\left(\frac{n}{4} - 1\right)$$

$$= \frac{k}{6}n(n-4).$$

故当 $n \geqslant 8$ 时,

$$x \geqslant \frac{n}{24}(n-4) \geqslant \frac{8 \times 4}{24} = \frac{4}{3} > 1 \text{(因 } k \geqslant 1\text{)},$$

即 $x \geqslant 2$. 所以 $n \geqslant 8$.

当 $n = 7$ 时结论不一定时,例如将 1、2、4 三点染红,3、5、6、7 染蓝,则三角形集合 $\{1,2,4\}$,$\{2,3,5\}$,$\{3,4,6\}$ $\{4,5,7\}$,$\{5,6,1\}$ $\{6,7,2\}$,$\{7,1,3\}$ 符合要求(每条边 ij 出现在一个三角形中),但没有两个同色顶点三角形.

综上可知,所求的最小 n 为 8.

2. 组合分析方法

通过对染色图的组合结构进行分析讨论,从而达到解决问题的目的,这就是组合分析方法. 在分析讨论中,除了注意图的有关概念和性质外,还要注意前面几章介绍的各种解决

组合问题的方法和技巧(如分类讨论、奇偶性分析,利用抽屉原理、反证法等等).

例 1 红蓝 2 色 K_5 中若不存在同色三角形,则整个图形必可分解为一红一蓝两个圈,每个圈恰由 5 边组成.

证明 设从某顶点 A_1 出发有 3 条边 A_1A_2,A_1A_3,A_1A_4 同色,不妨设为红色. 若 $\triangle A_2A_3A_4$ 中有一边(比如 A_3A_4 为红色),则 $\triangle A_1A_3A_4$ 为红色三角形,矛盾. 故 $\triangle A_2A_3A_4$ 为蓝色三角形,也矛盾. 可见,从每一顶点出发的 4 条边只可能 2 红 2 蓝,整个图中恰有 5 条红边和 5 条蓝边.

光看红色边构成的图,因每点的度数均为 2,故没有悬挂点,从而全部构成几个圈,但因为一共只有 5 个点,只能构成一个圈. 同理 5 条蓝色边也构成一个圈.

例 2 两个航空公司为 10 个城市通航,使得任何两个城市之间恰有一个公司开设直达航班进行往返服务. 试证至少有一个公司能提供两个不相交的旅游圈,每个圈可游览奇数个城市. (第 31 届 IMO 预选题)

证明 我们用 10 个点表示 10 个城市,并将两个航空公司的航线分别用红色边和蓝色边表示,问题就化为 2 色完全图 K_{10} 中必存在具有相同颜色的两个同色奇圈,且二者没有公共点.

首先,从 2 色 K_{10} 中任取一个 2 色 K_6,由拉姆塞定理知道这个 2 色 K_6 中必存在一个同色三角形 $A_1A_2A_3$,去掉 A_1,A_2,A_3,余下 7 点为顶点的 2 色完全图 K_7 中又存在一个同色三角形 $B_4B_5B_6$,故存在两个没有公共顶点的同色三角形,若这两个三角形也同色,则结论成立. 若二者不同色,不妨设 $\triangle A_1A_2A_3$ 为蓝色三角形,$\triangle B_4B_5B_6$ 为红色三角形,考虑 9 条线段

$$A_iB_j(i=1,2,3,j=1,2,3).$$

由抽屉原理知其中必有 5 条同色,不妨设为蓝色,从而 B_4,B_5,B_6 中必有一点,由它引向 A_1,A_2,A_3 的 3 条线中有 2 条为蓝色,不妨设为 B_4A_2,B_4A_3,于是得到一个蓝色三角形 $B_4A_2A_3$,它与红色三角形 $B_4B_5B_6$ 恰有一个公共顶点 B_4,去掉 A_2,A_3,B_4,B_5,B_6 这 5 个点,剩下 5 个点记为 C_1,C_2,C_3,C_4,C_5(其中有一个是 A_1),考察这 5 个点为顶点的 2 色完全图 K_5. 若其中存在一个同色三角形,则不论红蓝,显然存在具有相同颜色的两个三角形,且它们没有公共顶点. 若其中没有同色三角形,则由例 1 知它可分解为一红一蓝的两个圈,每个圈恰有 5 条边,因此,这时既存在两个没有公共顶点的红色奇圈,也存在两个没有公共点的蓝色奇圈. 证毕.

例 3 将正九边形的 5 个顶点涂上红色,问最少存在多少对全等三角形,它们的顶点都是红点? (1992 年天津市代表队测验题)

解 以 5 个红点为顶点的三角形共有 $C_5^3=10$ 个,我们称之为红色三角形. 设正九边形的外接圆的周长为 9,并用弦对的弧的长度表示弦长. 在正九边形中,以它的 9 个顶点为顶点,彼此不全等的三角形只有 7 种,其 3 条边长为 $(1,1,7),(1,2,6),(1,3,5),(1,4,4),(2,2,5),(2,3,4),(3,3,3)$. 因此,由抽屉原理知至少有 3 对全等的红三角形. 若其中有不少于 3 个两两全等,则全等三角形对至少有 4 对,故下面设这 3 对全等三角形不同对之间互不全等.

设两个红色三角形 $\triangle A_1A_2A_3$ 与 $\triangle B_1B_2B_3$ 全等,因只有 5 个红色顶点,故这两个红色三角形至少有 1 个公共点,至多有 2 个公共点.

(1)设两个红色三角形 $\triangle A_1A_2A_3$ 与 $\triangle B_1B_2B_3$ 恰一个公共顶点,不妨设 A_1 与 B_1 重合(记为 A).因二者内接于同一圆,故必关于过 A 点的直径对称,这时 A_2,A_3,B_2,B_3 为一个等腰梯形的 4 个顶点(A_2B_2∥A_3B_3,$A_2B_2=B_2B_3$),易知,这时至少有 4 对全等红色三角形:$\triangle AA_2A_3$ 与 $\triangle AB_2B_3$;$\triangle AA_2B_3$ 与 $\triangle AB_2A_3$;$\triangle A_2A_3B_2$ 与 $\triangle B_2B_3A_2$;$\triangle A_2A_3B_3$ 与 $\triangle B_2B_3A_3$.

(2)设两个红色三角形 $\triangle A_1A_2A_3$ 与 $\triangle B_1B_2B_3$ 有一条公共边,不妨设 A_2 与 B_2 重合(记为 C),A_3 与 B_3 重合(记为 D),这时 A_1B_1∥CD.于是 A_1B_1DC 为等腰梯形,可得两对全等的红色三角形,因至少有 3 对红色三角形,故另外还有一对红色三角形,从这对全等的三角形出发(不论它们恰有一个公共顶点或恰有一个公共边)又可找到另一对全等的红色三角形,故至少有 4 对红色三角形.

另一方面,将正九边形 $A_1A_2\cdots A_9$ 中 5 个顶点 A_1,A_4,A_5,A_6,A_7 染成红色时恰有 4 对红色三角形:$\triangle A_1A_4A_5$ 与 $\triangle A_1A_7A_6$;$\triangle A_1A_4A_6$ 与 $\triangle A_1A_7A_5$;$\triangle A_4A_5A_6$ 与 $\triangle A_7A_6A_5$;$\triangle A_4A_5A_7$ 与 $\triangle A_7A_6A_4$.

综上可知,所求全等三角形最小对数为 4.

例 4　将 100×100 的方格子的上沿与下沿相粘连,左沿与右沿相粘连,做成"轮环状"(形如轮胎),问能否在其上选取 50 个方格,每格各放 1 枚棋子,而棋子有红、蓝、绿三色,使得每枚红子至少可攻击两枚蓝子(位于具有公共边的两格中的异色棋子可以互相攻击),每枚蓝子至少可攻击两枚绿子,每枚绿子至少可攻击两枚红子?

（1990 年圣彼得堡市奥林匹克试题）

解　如果可放置 50 枚棋子满足题目要求,设其中红、蓝、绿的棋子数分别为 a,b,c,红蓝、蓝绿、绿红相邻棋子对的个数分别为 x,y,z.由于每枚红子可攻击两枚蓝子,故有 $2a\leqslant x$.又因每枚蓝子可攻击两枚绿子,故每枚蓝子至多与 2 枚红子相邻,所以又有 $x\leqslant 2b$.同理有

$$2a\leqslant x\leqslant 2b\leqslant y\leqslant 2c\leqslant z\leqslant 2a.$$

因此得 $a=b=c$,但 $a+b+c=50$ 不是 3 的倍数,矛盾.这表明题中要求是不能实现的.

例 5　将正 $\triangle ABC$ 每边 n 等分,过分点作边的平行线将 $\triangle ABC$ 分为 n^2 个全等的小正三角形,将每个三角形的顶点任意染成红、蓝、黄 3 色之一,且 BC 边上的点不染红色,CA 边上的点不染蓝色,AB 边上的点不染黄色.证明:必存在一个小正三角形,它的 3 个顶点的颜色互不相同.

证明　如果一个小正三角形一边的两端点异色,那么就称此边为异色边.设第 k 个小正三角形中异色边有 t_k 条,考虑和 $S=\sum\limits_{k=1}^{n^2}t_k$.

一方面,如果小正三角形的一边不在 $\triangle ABC$ 的任何一边上,那么它必是两个小正三角形的公共边,在 S 中它计算了 2 次或 0 次,对 S 的贡献为 2 或 0.而依题目条件有 A、B、C 三点分别被染成红、蓝、黄 3 种颜色,故 BC、CA、AB 上的异色边数都应为奇数,所以 S 应为奇

数.

另一方面,如果不存在三顶点异色的小正三角形,那么每个小正三角形中异色边数为0或2,即每个 t_k 为偶数,故 S 应为偶数,矛盾. 这就证明了题中结论成立.

例6 已知五棱柱 $A_1A_2A_3A_4A_5-B_1B_2B_3B_4B_5$ 的各棱被染上红色或蓝色,且每一条线段 $A_iB_j(i,j=1,2,3,4,5)$ 也被染上红色或蓝色. 如果以棱柱的任何3个顶点为顶点,上述染了色的线段为边的三角形都不构成三边同色的三角形. 证明:棱柱两个底面的10条边必同染一种颜色.

(第21届IMO试题)

证明 用反证法. 如图7-8,若上底面 $A_1A_2A_3A_4A_5$ 的各边不全同色,则必有相邻两边不同色,不妨设 A_1A_2 与 A_2A_3 不同色,其中 A_1A_2 为红色,A_2A_3 为蓝色. 于是,线段 $A_2B_i(i=1,2,3,4,5)$ 中至少有 $\left[\dfrac{5-1}{2}\right]+1$ 条同色,不妨设 A_2B_i,A_2B_j,A_2B_k 同为红色并且 B_i,B_j,B_k 中必有2点相邻,不妨设 B_i 与 B_j 相邻. 若 A_1B_i,A_1B_j,A_1B_k 中有一条线段为红色,比如 A_1B_i 为红色,则 $\triangle A_1A_2B_i$ 为红色三角形,这与已知条件矛盾,故 A_1B_i,A_1B_j,A_1B_k 全为蓝色. 若 B_iB_j 为蓝色,则 $\triangle A_1B_iB_j$ 为蓝色,矛盾. 若 B_iB_j 为红色,则 $\triangle A_2B_iB_j$ 为红色三角形,也矛盾. 这就证明了上底面的各边同色,同理可证下底面的各边同色.

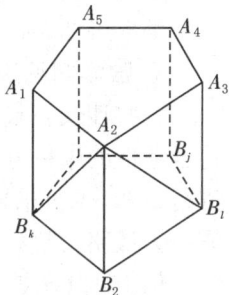

图7-8

如果上底面各边的颜色与下底面各边的颜色不同,不妨设上底面各边为红色,下底面各边为蓝色. 因 $A_1B_i(i=1,2,3,4,5)$ 中必有3条线段同色,不妨设 A_1B_i,A_1B_j,A_1B_k 同色. 若同为蓝色,则因 B_i,B_j,B_k 中必有两点相邻,比如说 B_i 与 B_j 相邻,于是 $\triangle A_1B_iB_j$ 为蓝色三角形,矛盾,故 A_1B_i,A_1B_k,A_1B_j 同为红色. 这时考虑 $A_2B_t(t=1,2,3,4,5)$,其中必有3条同色,同理可证它们只可能同为红色,于是从 A_1,A_2 出发的6条线段同为红色,而另一端只能为 B_1,B_2,B_3,B_4,B_5 这5点,故必有2条的另一端具有公共端点 B_r,于是 $\triangle A_1A_2B_r$ 为红色三角形,又导致矛盾. 故上、下底面的10条边同色,证毕.

例7 已知 n 个人的任意3人中必有2个互相认识,如果其中一定存在4个人互相都认识,求 n 的最小值.

解 用 n 个点表示 n 个人,如果两人互相认识,则对应点的连线染红色;如果两人互相不认识,则对应点的连线染蓝色. 于是问题转化为求最小正整数 n,使得若2色完全图中不存在蓝色三角形,则必存在红色完全图 K_4.

首先,如图7-9,2色图 K_8 中既不存在蓝色(粗实线表示蓝色线)三角形,也不存在红色(细虚线表示红色线)完全图 K_4,故所求最小正整数 $n \geq 9$.

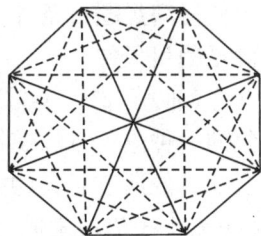

图7-9

其次,设2色 K_9 中不存在蓝色三角形,考虑从某一个顶点出发的8条线段,分为下列三种情形:

(1)若存在一个顶点 A_1,从它出发至少有4条蓝色线段,不妨设 A_1A_2,A_1A_3,A_1A_4,A_1A_5 为蓝色,因为不存在蓝色三角形,故以 A_2,A_3,A_4,A_5 为顶点的 K_4 是红色的完全图.

(2)若存在一点 A_1,从它出发,至多有 2 条蓝色线段,从而至少有 6 条红色线段,不妨设为 $A_1A_2,A_1A_3,A_1A_4,A_1A_5,A_1A_6,A_1A_7$,考虑以 $A_2,A_3,\cdots,A_7$ 为顶点的 2 色完全图 K_6,由拉姆塞定理知其中必存在同色三角形.但已知不存在蓝色三角形,故存在红色三角形.不妨设 $\triangle A_2A_3A_4$ 为红色三角形,于是以 A_1,A_2,A_3,A_4 为顶点的 K_4 是红色的完全图.

(3)若从每点出发都恰有 3 条蓝色线段,那么图中蓝色线段数为 $\dfrac{1}{2}\times 9\times 3=13\dfrac{1}{2}$,不是整数,故这种情形不可能出现.

这就证明了 2 色 K_9 中若不存在蓝色三角形,则必存在红色 K_4.

综上可知,所求正整数 n 的最小值等于 9.

3. 数学归纳法、构造法和其他方法

一些涉及正整数 n 的染色方案的存在性问题证明,常常要用到数学归纳法.为了证明符合条件的染色方案的存在,既可用数学归纳法结合一些存在性定理(例如抽屉原理等)去进行证明,也可采取归纳构造的方法去证明,此外也可采取直接构造的方法以及其他特殊方法去证明符合条件的染色方案(不一定与正整数有关的染色方案)的存在.

例 1 设 S 是 2002 个元素组成的集合,N 为整数,满足 $0\leqslant N\leqslant 2^{2002}$.证明:可将 S 的所有子集染成黑色或白色,使下列条件成立:

(1)任何两个白色子集的并集是白色;

(2)任何两个黑色子集的并集是黑色;

(3)恰好存在 N 个白色子集.   (2002 年第 31 届美国奥林匹克试题)

证明 考虑 $S=S_n$ 中有 n 个元素的一般情形,这时 N 为满足 $0\leqslant N\leqslant 2^n$ 的整数,并且设 $S_n=\{a_1,a_2,\cdots,a_n\}$,对 n 用数学归纳法证明.

当 $n=1$ 时,若 $N=0$,则将 $\varnothing$ 及 $\{a_1\}$ 都染成黑色,符合题目要求;若 $N=1$,则将 $\varnothing$ 染成黑色,$\{a_1\}$ 染成白色,符合题目要求;若 $N=2$,则将 $\varnothing,\{a_1\}$ 都染成白色,符合题目要求.

设对 n 元集合 S_n,及整数 $0\leqslant N\leqslant 2^n$,存在满足题目条件(1),(2),(3)的染色方法,考虑 $n+1$ 元集 $S_{n+1}=S_n\bigcup\{a_{n+1}\}$.

(ⅰ)若 $0\leqslant N\leqslant 2^n$,则由归纳假设,存在一种染色方法将 S_n 的所有子集染成黑色或白色使得满足题目条件(1),(2),(3),这时再将 S_{n+1} 中所有含 a_{n+1} 的子集全染成黑色,于是仍满足题目条件.

(ⅱ)若 $2^n<N\leqslant 2^{n+1}$,不妨设 $N=2^n+k(k=1,2,\cdots,2^n)$,则由归纳假设知存在 S_n 的子集的一种染色方法使得满足题目条件(1),(2)且恰有 k 个子集被染成白色,再将 S_{n+1} 中包含 a_{n+1} 的所有子集(共 2^n 个)染成白色,于是题目条件(1),(2)仍然满足,且一共有 $N=2^n+k$ 个子集被染成白色,即条件(3)也满足,于是对 S_n 完成了归纳证明.特别取 $n=2002$ 便知题目结论成立.

例 2 凸 $2n+1$ 边形的每一个顶点被染成 3 种颜色之一,使得任意两个相邻顶点不同色.证明:凸 $2n+1$ 边形可被不在形内相交的对角线全部剖分成三角形,使得每一个三角形的 3 个顶点互不同色.

证明 用数字 1,2,3 代表 3 种颜色.

$n=1$ 时,结论显然成立.

设对凸 $2n-1$ 边形结论成立,考虑 $2n+1$ 边形 $A_1A_2\cdots A_{2n+1}$ 的情形.首先,必有相邻 3 个顶点的染色是 3 种不同颜色.事实上,若不然,则任意相邻 3 个顶点都不可能染 3 种不同颜色.又已知任何两个相邻顶点不同色,不妨设 A_1,A_2 染 1,2 色,则 A_3,A_4 又只能染 1,2 色,如此继续下去,$A_1,A_2,A_3,A_4,\cdots,A_{2n-1},A_{2n}$ 的染色只能染 $1,2,1,2,\cdots,1,2$ 色,最后 A_{2n+1} 只能染 3 色,矛盾.

其次,不妨设 A_1,A_2,A_3 分别染了 1,2,3 色.将 A_{2n+1},A_4 纳入,则 A_{2n+1},A_1,A_2,A_3,A_4 的染色方法只有 4 种可能:21231,31231,21232,31232(图 7-10).

不论哪种情形,如图 7-8,可用两条对角线去掉两个符合条件的三角形,余下的凸 $2n-1$ 边形中任意相邻顶点仍不同色,故由归纳假设知,我们可用在形内不相交的对角线将它剖分为三角形,使得每一个三角形的 3 个顶点不同色.这就完成了归纳证明,于是题中结论成立.

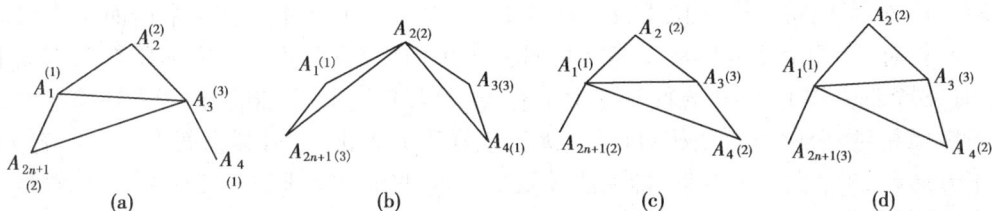

图 7-10

例 3 在坐标平面上,纵、横坐标都是整数的点称为整点,试设计一种将所有整点染色的方法,将每个整点都染上白色、红色或黑色中的一种颜色,使得:

(1)每一种颜色都出现在无穷多条平行于横轴的直线上;

(2)对任意白点 A,红点 B 及黑点 C,总可以找到一个红点 D,使 $ABCD$ 为一平行四边形.

证明你设计的染色法符合上述要求. (1986 年全国高中联赛试题)

解法一 将整点 (x,y) 按下列方式染色:当 $x+y$ 为偶数时,染红色;当 x 为奇数而 y 为偶数时,染白色;当 x 为偶数,y 为奇数时,染黑色.显然,这种染色方法满足条件(1),下面证明这一染色方法也满足条件(2).

设点 $A(x_1,y_1)$ 为白色,点 $B(x_2,y_2)$ 为红色,点 $C(x_3,y_3)$ 为黑色.

我们先证三点 A,B,C 不共线.注意到 x_2-x_1 与 y_2-y_1 的奇偶性不同,而 x_3-x_1 与 y_3-y_1 的奇偶性相同,都为奇数,便知 $(x_2-x_1)(y_3-y_1)\neq(y_2-y_1)(x_3-x_1)$,于是,当 $x_2\neq x_1$ 时,有 $\dfrac{y_2-y_1}{x_2-x_1}\neq\dfrac{y_3-y_1}{x_3-x_1}$,这意味着 3 点不共线;当 $x_1=x_2$ 时,而 $x_1\neq x_3$,故 3 点也不共线.

取点 $D(x_4,y_4)$,其中 $x_4=x_3+(x_1-x_2)$,$y_4=y_3+(y_1-y_2)$,显然 D 为整点.又因 AC,BD 的中点都是 $(\dfrac{1}{2}(x_1+x_3),\dfrac{1}{2}(y_1+y_3))$,所以 $ABCD$ 是平行四边形.最后,因为 $x_4+y_4=(x_1+y_1+x_3+y_3)-(x_2+y_2)$ 是偶数,故 D 为红点,这说明了染色满足条件(2).

解法二　将 y 轴上纵坐标为偶数的点染白色,纵坐标为奇数的点染黑色,不在 y 轴上的其他整点都染红色,显然这种染色方法满足条件(1),下面证明这一染色法也满足条件(2).

任取白点 $A(0,y_1)$,黑点 $C(0,y_2)$ 及红点 $B(x_3,y_3)$,于是 y_1 为偶数,y_2 为奇数,x_3,y_3 均为整数且 $x_3 \neq 0$. 取点 $D(x_4,y_4)$,其中 $x_4 = -x_3$,$y_4 = y_1 + y_2 - y_3$,显然 D 为整点,且 AC 与 BC 的中点都是 $(0,\frac{y_1+y_2}{2})$,故 $ABCD$ 为平行四边形. 因 $x_4 = -x_3 \neq 0$,故 $D(x_4,y_4)$ 为红点. 这就说明了染色法满足条件(2).

注　若还要求每种颜色都出现在无穷多条平行于 y 轴的直线上,则解法一仍然有效,而解法二不满足这一条件.

例4　已知8个单位正方体的48个表面正方形中有任意 n 个涂上黑色,其余的面涂上白色. 用8个单位正方体总可以砌成一个大正方体,使其表面24个单位正方形中黑白两色的正方形各占一半,求 n 的所有可能值.　　　　　(1992年天津市代表队测验题)

解　首先,我们将8个单位正方体涂色如下:前5个正方体上有2个白面4个黑面且两个白面相对;第6个正方体涂2黑4白且两个黑面相对;后两个正方体所有面都涂上白色. 这时,8个正方体的48个表面正方形中有22个黑的和26个白的,由于上述涂色方式中黑面与黑面相对,白面与白面相对,所以无论怎样砌成大正方体,其表面上总是恰有11个黑色正方形和13个白色正方形,即无法满足要求,可见 $n \geq 23$. 同理可证 $n \leq 25$(只要将上述染色法中染黑改为染白,染白改为染黑即知).

下面证明,当 $23 \leq n \leq 25$ 时,总可以砌出满足要求的大正方体.

先以某种方式将8个单位正方体拼成大正方体. 显然,只要讨论它们满足题中要求的情形,设表面上黑色正方形的个数为 m,不妨设 $m \leq 11$(若 $m \geq 13$,则只要将黑、白两色交换即可).

注意到,将任意单位正方体绕通过它中心且垂直一组对面的直线旋转 $90°$ 时,总有原大正方体表面单位正方形转入内部,而与这个面相对的单位正方形则由大正方体的内部转到表面上来,所以每操作一次,m 值可能变化 $+1,0$ 或 -1. 又因为总可以对一个单位正方体进行3次操作(绕3个不同的轴旋转 $90°$),使它的位于表面的3个单位正方形与内部的3个单位正方形互换,所以总可以用24次转动而将24个表面正方形与内部的互换. 这时表面黑色正方形的个数为 $m' = n - m \geq 12$,若 $m' = 12$,则问题就解决了. 以下设 $m' \geq 13$,设转动 i 次后表面黑色正方形的个数为 m_i,于是有 $|m_{i+1} - m_i| \leq 1$,因为 $m_0 = m \leq 11$,$m_{24} = m' = n - m \geq 13$,故必存在 $i_0(1 \leq i_0 \leq 23)$ 使得 $m_{i_0} = 12$. 可见,经过 i_0 次转动后所得到的大正方体满足要求.

综上可知,n 所有可能值为 $23,24,25$.

注　此例第一部分是构造反例,第二部分证明则用到第三章 §2.4 介绍的离散介值原理.

§4　典型例题解题分析

例1　一位主人准备了77粒糖作为礼物,将这些糖果装在 n 只袋中,使得不论孩子来的是7个或11个,每个孩子都能得到整袋的糖果,并且每个孩子得到的糖果数相等,求 n

的最小值.

解 设 n 袋糖果可分为 7 份,每份 11 粒糖,用 7 个点 $x_1,x_2,\cdots,x_7$ 表示.设糖果又分为 11 份,每份 7 粒糖,用 11 个点 $y_1,y_2,\cdots,y_{11}$ 表示.如果某袋糖既在 x_i 又在 y_j 中出现,则 x_i 与 y_j 之间连一条边,这样就得到一个二部图 G.

图 G 一定连通,否则我们可取 G 的一个最大连通分支 G'(含 G 中边数最多的一个连通图),设 G' 中有 a 个 x_i,b 个 y_i,其中 $a\leqslant 7,b\leqslant 11$,且等号不能同时成立,则这 a 个 x_i 含有 $11a$ 粒糖,b 个 y_i 含有 $7b$ 粒糖,由 G' 的连通性知 $11a=7b$.又 $(11,7)=1$,所以 $7|a,11|b$,但 $a\leqslant 7,b\leqslant 11$,故 $a=7,b=11$,矛盾(也就是 G' 只可能是 G).因为 G 是连通图,共有 $7+11=18$ 个顶点,故 G 至少有 $18-1=17$ 条边,因每条边表示一袋糖,故 $n\geqslant 17$.

另一方面,将 77 粒糖分为数目如下的 17 袋:

7,7,7,7,7,7,7,4,4,4,4,3,3,3,1,1,1,则符合要求,即所求 n 的最小值为 17.

例 2 某天晚上,21 个人之间互通电话 n 次,已知其中有 m 个人 $a_1,a_2,\cdots,a_m$ 使 a_i 与 a_{i+1} 互通了电话($i=1,2,\cdots,m,a_{m+1}=a_1$),并且 m 为奇数.如果在这 21 人中没有 3 人互通了电话,求 n 的最大值.

解 用 21 个点表示 21 人,若两人互通电话则对应两点连一条边,否则不连边,得到一个图 G,已知 G 含有一个奇圈,并且 G 中不存在三角形,要求 G 中边数 n 的最大值.

设图中长度最短的一个奇圈 C 的长为 $2k+1$,因为 G 中没有三角形,故 $k\geqslant 2$.设 C 为 $A_1A_2\cdots A_{2k+1}A_1$.则对任意 $i,j(1\leqslant i,j\leqslant 2k+1)$,$A_i$ 与 $A_j(j\neq i\pm 1)$ 没有连边($A_0=A_{2k+2}=A_1$)(否则存在长度更小的奇圈,与假设矛盾).除 $A_1,A_2,\cdots,A_{2k+1}$ 外,其余 $21-(2k+1)=2(10-k)$ 个点中无三角形.由托兰定理知这 $2(10-k)$ 个点之间最多连有 $\frac{1}{4}(20-2k)^2=(10-k)^2$ 条边.又这 $2(10-k)$ 中每一点不能与 C 中相邻两顶点连有边(否则存在三角形,与假设矛盾),故这 $2(10-k)$ 个点中每个点至多与 C 中 k 个顶点相邻,所以图中的边数 n 满足:

$$n\leqslant 2k+1+(10-k)^2+2(10-k)\cdot k=102-(k-1)^2\leqslant 102-(2-1)^2=101.$$

另一方面,设 G 的 21 个顶点为 $A_1,A_2,\cdots,A_{21}$,$X=\{A_1,A_2,\cdots,A_5\}$,$Y=\{A_6,A_8,A_{10},\cdots,A_{20}\}$,$Z=\{A_7,A_9,A_{11},\cdots,A_{21}\}$.$X$ 中 A_i 与 A_{i+1} 连有边($i=1,2,3,4$)且 A_5 与 A_1 连有边,Y 中每点与 Z 中每点连有边,Y 中每点与 X 中两点 A_1 和 A_3 连有边,Z 中每点与 X 中两点 A_2 和 A_4 连有边,其余任意两点不连边,则 G 中的边数为:

$$n=5+8\times 8+2\times 8\times 2=101.$$

且 G 中存在一个奇圈 $A_1A_2\cdots A_5A_1$,但不存在三角形.

综上所述,所求 n 的最大值为 101.

例 3 有 n 位游客,其中任意 3 人中必有 2 人互相不认识,并且把这 n 个人任意分为两组来坐公共汽车,至少有一辆车上有互相认识的人.证明:存在一位游客,他至多认识 $\frac{2}{5}n$ 位游客.

(2004 年保加利亚奥林匹克试题)

证明 用 n 个点表示 n 位游客.若两人互相认识,则对应两点连一条边,否则不连边,得到一个图 G.由已知条件知图 G 中不存在三角形,并且 G 不是二部图.由定理 4 知 G 中必

含有奇圈，设 $C=A_1A_2\cdots A_kA_1$ 为 G 中长度最短的奇圈。由于图 G 中不存在三角形，故 $k\geqslant 5$，由奇圈 C 的长度是最短的假设知不在圈 C 上的每个顶点至多与 C 中 2 个顶点相邻（否则存在更短的奇圈），并且 C 上任意不相邻的顶点没有连边（否则存在更短的奇圈）。故这个奇圈上每个顶点的度数之和 $\leqslant 2k+2(n-k)=2n$，故存在一个顶点，其度数 $\leqslant\dfrac{2n}{k}\leqslant\dfrac{2n}{5}$。即存在一位游客，他至多认识其他 $\dfrac{2}{5}n$ 位游客。

例 4（Mantel 定理）　设空间给定 n 个点，其中任何 4 点不共面，它们之间连有 q 条线段，则这些线段至少构成 $\dfrac{4q}{3n}\left(q-\dfrac{n^2}{4}\right)$ 个不同的三角形。

证明一　如果图中没有连线段（$q=0$），结论显然成立。下设 $q\geqslant 1$，给定的 n 个点为 A_1，$A_2,\cdots,A_n$，并设从 A_i 出发的线段数为 d_i，于是 $\sum\limits_{i=1}^{n}d_i=2q$。将图中所连线段集合记为 S，设图中有 k 个以所连线段为边的三角形，这些三角形的边数之和为 $3k$。另一方面，对 S 中任意线段 A_iA_j，从 A_i，A_j 向其余 $n-2$ 个点引出了 $(d_i-1)+(d_j-1)=d_i+d_j-2$ 条线段，故这 $n-2$ 个点中至少有

$$d_i+d_j-2-(n-2)=d_i+d_j-n$$

个点与 A_i 和 A_j 都连有线段，构成以 A_iA_j 为一边的三角形，即 S 中每条线段 A_iA_j 至少属于 d_i+d_j-n 个三角形，故图中各三角形边数之和至少为 $\sum\limits_{A_iA_j\in S}(d_i+d_j-n)$，所以

$$3k\geqslant\sum_{A_iA_j\in S}(d_i+d_j-n)=\sum_{A_iA_j\in S}(d_i+d_j)-qn. \qquad\qquad ①$$

令 $x_{ij}=\begin{cases}1(A_iA_j\in S)\\0(A_iA_j\notin S)\end{cases}$，则 $\sum\limits_{A_iA_j\in S}(d_i+d_j)=\dfrac{1}{2}\sum\limits_{i=1}^{n}\sum\limits_{j=1}^{n}(d_i+d_j)x_{ij}$，上式右端增加系数 $\dfrac{1}{2}$ 是因为 S 中每条线段 A_iA_j 计算了两次，注意到 $\sum\limits_{j=1}^{n}x_{ij}=d_i$，$\sum\limits_{i=1}^{n}x_{ij}=d_j$，于是有

$$\sum_{i=1}^{n}\sum_{j=1}^{n}d_ix_{ij}=\sum_{i=1}^{n}d_i\left(\sum_{j=1}^{n}x_{ij}\right)=\sum_{i=1}^{n}d_i^2.$$

同理，$\sum\limits_{i=1}^{n}\sum\limits_{j=1}^{n}d_jx_{ij}=\sum\limits_{j=1}^{n}\sum\limits_{i=1}^{n}d_jx_{ij}=\sum\limits_{j=1}^{n}d_j^2$。

所以，由①并利用哥西不等式，我们得到

$$k\geqslant\dfrac{1}{6}\sum_{i=1}^{n}\sum_{j=1}^{n}(d_i+d_j)x_{ij}-\dfrac{1}{3}qn=\dfrac{1}{6}\left(\sum_{i=1}^{n}d_i^2+\sum_{j=1}^{n}d_j^2\right)-\dfrac{1}{3}qn$$

$$=\dfrac{1}{3}\sum_{i=1}^{n}d_i^2-\dfrac{1}{3}qn\geqslant\dfrac{1}{3n}\left(\sum_{i=1}^{n}d_i\right)^2-\dfrac{1}{3}qn$$

$$=\dfrac{1}{3n}(2q)^2-\dfrac{1}{3}qn=\dfrac{4q}{3n}\left(q-\dfrac{n^2}{4}\right).$$

即图中至少有 $\dfrac{4q}{3n}\left(q-\dfrac{n^2}{4}\right)$ 个以所连线段为边的三角形。

证明二　设图中 n 个点为 $A_1,A_2,\cdots,A_n$，若 A_i 与 A_j 连有线段，则将该线段染红色；若 A_i 与 A_j 没有连线，则将 A_i 与 A_j 连一条蓝色线段。于是得到一个 2 色完全图 K_n。由已知条件知这个图 K_n 有 q 条红色线段，问题转化为要证明图中至少有 $\dfrac{4q}{3n}\left(q-\dfrac{n^2}{4}\right)$ 个红色三角形

（三边均为红色的三角形）.

设从 A_i 出发有 d_i 条红线，于是从 A_i 出发有 $n-1-d_i$ 条蓝线（$i=1,2,\cdots,n$），并且
$$\sum_{i=1}^{n}d_i=2q. \qquad ①$$

设图中有 α 个红色三角形，β 个两边红、一边蓝的三角形，γ 个两边蓝、一边红的三角形，并且称从一点出发的两条红线组成的角为红色角，从一点出发的一条红线和一条蓝线组成的角为异色角.于是，红色角的个数为
$$3\alpha+\beta=\sum_{i=1}^{n}C_{d_i}^2. \qquad ②$$

异色角的个数为 $2(\beta+\gamma)=\sum_{i=1}^{n}d_i(n-1-d_i).$ \qquad ③

由③得 $\beta\leqslant\beta+\gamma=\dfrac{1}{2}\sum_{i=1}^{n}d_i(n-1-d_i).$

代入②并利用哥西不等式及①得
$$\alpha=\dfrac{1}{3}\left(\sum_{i=1}^{n}C_{d_i}^2-\beta\right)\geqslant\dfrac{1}{3}\left[\sum_{i=1}^{n}\dfrac{1}{2}d_i(d_i-1)-\dfrac{1}{2}\sum_{i=1}^{n}d_i(n-1-d_i)\right]$$
$$=\dfrac{1}{3}\left(\sum_{i=1}^{n}d_i^2-\dfrac{n}{2}\sum_{i=1}^{n}d_i\right)\geqslant\dfrac{1}{3}\left[\dfrac{1}{n}\left(\sum_{i=1}^{n}d_i\right)^2-\dfrac{n}{2}\sum_{i=1}^{n}d_i\right]$$
$$=\dfrac{1}{3}\left[\dfrac{1}{n}(2q)^2-\dfrac{n}{2}(2q)\right]=\dfrac{4q}{3n}\left(q-\dfrac{n^2}{4}\right).$$

即图中至少有 $\dfrac{4q}{3n}\left(q-\dfrac{n^2}{4}\right)$ 个红色三角形.于是，原命题得证.

例 5 空间任给 $2n(n\geqslant2)$ 个点，其中任意 4 点不共面，在这些点之间连有 n^2+1 条线段.证明：这些线段至少构成 n 个不同的三角形. （1989 年中国国家队训练题）

证明 $n=2$ 时，$n^2+1=5$，这 4 个点 A,B,C,D 之间连有 5 条线段，只有 $C_4^2-5=1$ 对点之间没有连线，不妨设只有 C 与 D 没有连线，于是存在两个三角形：$\triangle ABC$ 与 $\triangle ABD$，结论成立.

设 $n=k$ 时，结论成立.当 $n=k+1$ 时，我们先证明至少有一个三角形，设 AB 是一条已连线段，并记 A,B 向其余 $n-2=2k$ 个点所引线段数分别为 a 和 b.

（1）若 $a+b\geqslant2k+1$，则其余 $2k$ 个点中必有一点 C 同时向 A,B 连有线段，从而存在 $\triangle ABC$.

（2）若 $a+b\leqslant2k$，则去掉 A,B 两点以及从 A,B 出发的线段（包括 AB），还剩 $2k$ 个点，它们之间所连线段数至少为 $(k+1)^2+1-(2k+1)=k^2+1$ 条线段，故由归纳假设知道必存在一个三角形.

设 $\triangle ABC$ 是所连线段构成的一个三角形，从 A,B,C 出发向其余 $2k-1$ 个点所引线段数分别为 α,β,γ.

（1）若 $\alpha+\beta+\gamma\geqslant3k-1$，则其余 $2k-1$ 个点中至少有 $(3k-1)-(2k-1)=k$ 个点同时向线段 AB,BC,CA 之一的两个端点都连有线段，至少构成 k 个三角形，加上 $\triangle ABC$ 至少一共有 $k+1$ 个三角形.

（2）若 $\alpha+\beta+\gamma\leqslant3k-2$，即 $(\alpha+\beta)+(\beta+\gamma)+(\gamma+\alpha)\leqslant6k-4$，则 $\alpha+\beta,\beta+\gamma,\gamma+\alpha$ 中至少有一个不超过 $2k-2$.不妨设 $\alpha+\beta\leqslant2k-2$，这时去掉 A、B 两点，以及从 A,B 出发的线段

（包括△ABC 的三边），则剩下 $2k$ 个点，它们之间所连线段数至少有 $(k+1)^2+1-[(2k-2)+3]=k^2+1$ 条. 于是由归纳假设知道至少有 k 个以所连线段为边的三角形，加上△ABC，至少一共有 $k+1$ 个三角形. 即 $n=k+1$ 时，结论成立，这就完成了归纳证明.

例 6 某次聚会共 17 人，其中每个人都认识另外 4 个人. 求证：存在两个人，他们彼此不认识，且没有共同认识的人. (1992 年第 26 届独联体奥林匹克试题)

证明 用 17 个点 $A_1,A_2,\cdots,A_{17}$ 表示 17 个人，若两人互相认识，则对应点连一线段；否则不连线段. 若两人互相认识或两人有共同熟人（即对应两点连有线段或这两点同时与第 3 点连有线段），则称这两点是关联的. 问题归结为已知每点出发都恰有 4 条线段，则必存在不关联的两点.

用反证法. 设图中所有的点两两关联，即任意两点或连有线段或张有角（同与第三点连有线段）. 因为图中共有 $\frac{1}{2}\times17\times4=34$ 条线段，张角总数为 $17C_4^2=102$，并且 $102+34=136=C_{17}^2$，恰等于两点组的个数，这表明图中任意两点要么连有线段，要么没有连线但恰张有一个角，故图中不存在以所连线段为边的三角形也不存在四边形（因为若存在连有对角线的四边形则存在三角形，若存在没有连对角线的四边形则存在两点没有连线但张有 2 个角，都导致矛盾）.

考察图中一个点 X，它与另外 4 点 A,B,C,D 连有线段，于是 A,B,C,D 之间没有连线段并且它们中任意两点不同时与第 3 点连有线段. 从 $A、B、C、D$ 出发，除 X 外，各自还与 3 个不同的点连有线段（图 7-11）. 这样一共有 17 个点，分别从 A,B,C,D 引出了 4 个 3 点组并且同组内任意两点没有连线（否则存在三角形），这时图中还要连 $34-16=18$ 条线段，每连一线段，便形成一个含点 X 的 5 点图（例如图中 XAA_2B_1B），故含点 X 的 5 点圈有 18 个. 因为 X 是任意的，故每一点都包含在 18 个 5 点圈内，这样图中 5 点圈的个数应为 $\frac{1}{5}\times$

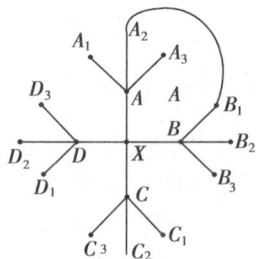

图 7-11

17×18 个，但 $\frac{1}{5}\times17\times18$ 不是整数，矛盾. 故必存在两点是不关联的，也就是存在两人，他们互相不认识且没有共同认识的人.

例 7 有 8 个顶点的简单图中，没有四边形的图的边数的最大值是多少？（简单图是指任一点没有边将自己与自己相连，而且任何两顶点之间至多有 1 条边相连的图）

(1992 年 CMO 试题)

解 如图 7-12 所示，图有 8 个顶点和 11 条边，其中没有四边形，故所求边数的最大值不小于 11.

下面我们证明如果图中有 12 条边，那么其中必有四边形.

首先，指出两个明显的事实：

（ⅰ）若 $A\neq B$ 是两个顶点，如果点 A 与点 $C_1,C_2,\cdots,C_k$ 均有边相连，B 至少与 $\{C_1,C_2,\cdots,C_k\}$ 中两点分别有边相连，则图中必有四边形.

（ⅱ）若 4 点之间连有 5 条边，则图中必有四边形.

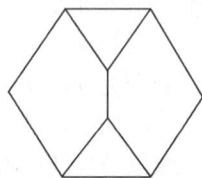

图 7-12

设 8 个顶点，12 条边的图中没有四边形，其中点 A 是引出线段最多的一个顶点.

(1)设 A 引出了 $m \geqslant 5$ 条边，与 A 连有边的顶点集合记为 M，除了 A 及 M 中的顶点之外的所有其他顶点集合为 T. 由(ⅰ)(ⅱ)知 M 中点之间的连线数不超过 $\left[\frac{m}{2}\right]$，T 中的点间连线数至多为 $C_{|T|}^2$，M 与 T 之间的连线数至多为 $|T|=7-m$. 因而，图中连线数至多为

$$m+\left[\frac{m}{2}\right]+|T|+C_{|T|}^2=7+\left[\frac{m}{2}\right]+C_{|T|}^2.$$

当 $m=5,6,7$ 时，$T=2,1,0$，上式之值都为 10，即图中只有 10 条边，矛盾.

(2)点 A 恰引出 4 条边：$AA_i(i=1,2,3,4)$. 设另外 3 点为 B_1, B_2, B_3，于是 $\{A_1, A_2, A_3, A_4\}$ 之间至多连有两条线段，$\{B_1, B_2, B_3\}$ 之间至多连有 3 条线段，且 $\{B_1, B_2, B_3\}$ 与 $\{A_1, A_2, A_3, A_4\}$ 之间至多连有 3 条线段. 因为图中共有 12 条边，故知这 3 组中的边数恰分别为 2,3,3. 不妨设第 3 组的 3 条线为 $A_j B_j(j=1,2,3)$，因为第一组中有 2 条边且无公共端点，故 $\{A_1, A_2, A_3\}$ 之间有一条边，不妨设为 $A_1 A_2$，于是 $A_1 A_2 B_2 B_1$ 为四边形，矛盾.

(3)点 A 恰引出 3 条线段，因为一共有 12 条边，从而每点都引出 3 条线. 设点 A 和 B 之间没有连线，两点各引出的 3 条线分别为 $AA_j, BB_j(j=1,2,3)$，于是由(ⅰ)知 $\{A_1, A_2, A_3\}$ 与 $\{B_1, B_2, B_3\}$ 个至多有一个公共点.

如果两者没有公共点，它们的各 3 点之间至多连有一条边，两个 3 点集之间至多连有 3 条线，从而图中连线总数至多为 $3+3+3+1+1=11$，矛盾. 如果两个 3 点集之间恰有一个公共点，则考察第 8 点 C. 由抽屉原理知，从它引出的 3 条线中必有两条引向同一个 3 点集，这导致形成四边形，矛盾.

综上，我们证明了有 8 个顶点和 12 条边的图中必有四边形，从而所求边数的最大值为 11.

例 8 凸 n 边形及 $n-3$ 条在形内互不相交的对角线组成的图形称为一个剖分图. 求证当且仅当 $3|n$ 时，存在一个剖分图是一个可以一笔画的图(即从一个顶点出发，经过图中各线段恰好一次，并且最后回到出发点). (1990 年第 5 届 CMO 试题)

证明 因为 $n-3$ 条在形内不相交的对角线将凸 n 边形分成 $n-2$ 个内部互不相交的小区域，且每个小区域的内角和都不小于 π，并且所有小区域的内角总和等于凸 n 边形的内角和 $(n-2)\pi$，故每个小区域的内角和都是 π，即剖分图中每个小区域都是三角形.

先证充分性. $n=3$ 时命题显然成立. 设 $n=3k$ 时，对任何凸 $3k$ 边形存在一个剖分图是可以一笔画的图，则对任何凸 $3(k+1)$ 边形 $\{A_1, A_2, \cdots, A_{3k+3}\}$，连接 $A_2 A_4, A_2 A_{3k+3}$，$A_4 A_{3k+3}$ 得到 3 条对角线.

对于凸 $3k$ 边形 $\{A_4 A_5 \cdots A_{3k+3}\}$，由归纳假设，存在一个剖分图是可以一笔画的图. 作出此剖分图，现从 A_{3k+3} 出发经过 $\{A_4, A_5, \cdots, A_{3k+3}\}$ 的上述剖分图中各线段恰一次回到 A_{3k+3} 后，再经过 $A_{3k+3} A_1 \rightarrow A_1 A_2 \rightarrow A_2 A_3 \rightarrow A_3 A_4 \rightarrow A_4 A_2 \rightarrow A_2 A_{3k+3}$ 又回到了 A_{3k+3}，故 $\{A_4, A_5, \cdots, A_{3k+3}\}$ 的剖分图连同 $A_2 A_4, A_2 A_{3k+3}, A_4 A_{3k+3}$ 组成凸 $3k+3$ 边形 $A_1 A_2 \cdots A_{3k+3}$ 的一个剖分图，且它是可以一笔画的图. 充分性得证.

再证必要性. 显然可以一笔画的图中从每个顶点引出的数均为偶数，这样的顶点称为

偶顶点. 于是可以一笔画的图的每一个顶点都是偶顶点.

当 $n=4$ 或 5 时, 易知凸四边形和凸五边形不存在每个顶点都是偶顶点的剖分图. 故当 $3\leqslant n<6$ 时, 只有 $n=3$ 时, 凸三边形才存在剖分图是可以一笔画的图.

假设 $3\leqslant n<3k(k>2)$ 时, 如果凸 n 边形存在每个顶点都是偶顶点的剖分图, 则 $3\mid n$, 当 $3k\leqslant n<3k+3$ 时, 考虑凸 n 边形 $\{A_1,A_2,\cdots,A_n\}$, 设其有一个每个顶点都是偶顶点的剖分图, 并且不妨设 A_1A_3 是剖分图上一条对角线. 显然, 除去 $\triangle A_1A_2A_3$ 外, A_1A_3 还是剖分图中另一个 $\triangle A_1A_3A_i$ 的一边, 因 $\{A_1,A_2,\cdots,A_n\}$ 的每一顶点都是偶顶点, 故 $i\neq4,i\neq n$(否则 $i=4$ 时, A_3 是奇顶点; $i=n$ 时, A_1 是奇顶点), 故 $4<i<n$. 于是由此剖分图分别给出了凸 $i-2$ 边形 $\{A_3,A_4,\cdots,A_i\}$ 和凸 $n-i+2$ 边形 $\{A_i,A_{i+1},\cdots,A_n,A_1\}$ 的剖分图, 且该 2 个剖分图中的每个顶点仍为偶顶点, 由归纳假设得 $3\mid(i-2),3\mid(n-i+2)$, 所以 $3\mid[(i-2)+(n-i+2)]$, 即 $3\mid n$. 必要性得证.

例 9　求一切正整数 $n\geqslant5$, 使至多可用 6 种颜色将一个 n 边形的顶点染色(每个顶点恰染一种颜色), 并且满足任意连续 5 个顶点互不同色.

(2000 年澳大利亚－波兰奥林匹克试题)

解　设 6 种颜色是 a,b,c,d,e,f. 记 $S_1=\{a,b,c,d,e\}$, $S_2=\{a,b,c,d,e,f\}$ 表示两个颜色序列. 若 n 可表示成 $5x+6y(x\geqslant0,y\geqslant0$ 为整数, 且至少有一个为正)的形式, 则只要把 n 边形的顶点依次染成 x 个 S_1 序列和 y 个 S_2 序列, 就知道这时 n 满足题目所述条件. 在 $5x+6y$ 中令 $y=0,1,2,3,4$, 我们可得到形如 $5x,5x+6,5x+12,5x+18,5x+24$ 的数, 即 n 等于形如 $5x(x=1,2,3,\cdots),5x+1(x=1,2,3,\cdots),5x+2(x=2,3,\cdots),5x+3(x=3,4,\cdots)$, $5x+4(x=4,5,\cdots)$ 的数, 而不小于 5 且不属于上述范围内的数只有 $7,8,9,13,14$ 和 19 等 6 个数. 下面我们证明这 6 个数中任何一个都不满足题目要求.

假设 $n=7,8,9,13,14$ 和 19 之一时, 有满足题目要求的染色方法, 那么存在正整数 k 使 $6k<n<6(k+1)$. 由抽屉原理, n 边形的顶点中, 至少有 $\left[\dfrac{n-1}{6}\right]+1=k+1$ 个顶点同色. 因为连续 5 个顶点互不同色, 故这 $k+1$ 个同色顶点中任意 2 个顶点之间至少有其他 4 个不同的顶点. 因此, 至少有 $5k+5$ 个顶点, 故 $n\geqslant5k+5$. 然而易检验为 $n=7,8,9,13,14$ 和 19 时, 不等式 $n\geqslant5k+5$ 与 $6k<n<6(k+1)$ 不能同时成立.

综上可知, 对不小于 5 并且不等于 $7,8,9,13,14$ 和 19 中任何一个的正整数 n, 满足题目要求的染色方法是存在的.

例 10　求最小正整数 n, 使在任何二染色的 n 个顶点完全图 K_n 中, 总存在 m 条同色线段, 它们两两之间没有公共端点.
(1991 年中国国家集训队训练题)

解　显然 $m=1$ 时 $n=2$; $m=2$ 时, $n=5$. 事实上, 如图 7-13 所示的 2 色 K_4 中, 任何两条同色线段都有公共端点(图中实线表红色, 虚线表蓝色), 但在 2 色 K_5 中, 若所有线段都同色, 则当然有两条同色线段没有公共端点, 否则必有一条红色线段与一条蓝色线段有公共端点, 不妨设 A_1A_2 为红, A_2A_3 为蓝. 可见, 无论 A_4A_5 为何种颜色, 都有同色的两条线段没有公共端点, 这就证明了 $m=2$ 时, 所求最小正整数 $n=5$.

下面我们用归纳法来证明, 对所有正整数 m, 都有 $n=3m-1$.

上面已证 $m=1,2$ 时命题成立. 设对 $m=r$ 时命题成立. 当 $m=r+1$ 时,若 k_{3r+2} 的所有边同色,当然有 $r+1$ 条同色线段,其中任何两条没有公共端点;否则,必有一个顶点是一条红边和一条蓝边的公共端点,去掉这两边的 3 个端点,还剩 $3r-1$ 个顶点. 由归纳假设知,以这 $3r-1$ 个点为顶点的 k_{3r-1} 中,存在同色的 r 条线段,两两没有公共端点,再加上前 2 条中与之同色的一条线段,便得到 $r+1$ 条同色线段,两两无公共端点.

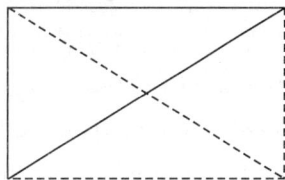

图 7-13

另一方面,将 k_{3r+1} 的顶点分为两组:A 组有 r 个顶点,B 组有 $2r+1$ 个顶点,将 B 组顶点间的线段染红色,其他线段均染蓝色. 于是,无论 $r+1$ 条线段是红线段还是蓝线段,其中总有两条线段有一个公共端点,这就表明所求最小正整数 $n=3r+2$. 于是,我们完成了归纳证明.

例 11 求最小正整数 n,使当以任意方式将 K_n 二染色时,总存在两个单色三角形,二者恰有一条公共边. (1993 年中国国家集训队训练题)

解 如图 7-14(a)(b)中,为了清楚起见,我们把蓝线和红线分别画在两个图中,易见图中有 6 蓝 6 红共 12 个单色三角形,图中 36 条边,恰好每边都是一个单色三角形的一条边,任何两个单色三角形都没有公共边,可见所求最小正整数 $n \geqslant 10$.

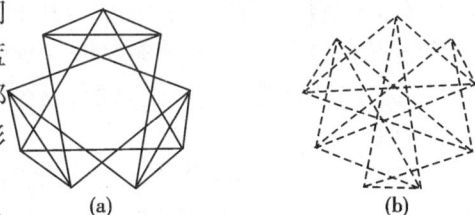

另一方面,在 2 色 K_{10} 中假设单色三角形有 p 个,非单色三角形有 q 个,则 $p+q=C_{10}^3$. 再设从第 i

图 7-14

个顶点 p_i 出发有 x_i 条红边,$9-x_i$ 条蓝边($i=1,2,\cdots,10$),于是图中共有 $\sum_{i=1}^{10} x_i(9-x_i)$ 个两边不同色的异色角. 而单色三角形内没有异色角,每个非单色三角形内恰有 2 个异色角,所以 $2q=\sum_{i=1}^{10} x_i(9-x_i)$. 因为 $x_i(9-x_i) \leqslant (\dfrac{x_i+9-x_i}{2})^2 = \dfrac{81}{4} = 20\dfrac{1}{4}$,且 $x_i(9-x_i)$ 为整数,所以 $x_i(9-x_i) \leqslant 20$,故 $q=\dfrac{1}{2}\sum_{i=1}^{10} x_i(9-x_i) \leqslant \dfrac{1}{2} \times 10 \times 20 = 100$,于是 $p=C_{10}^3-q \geqslant 120-100 = 20$. 即图中至少有 20 个单色三角形,每个三角形有 3 条边,一共至少有 60 条边,但 K_{10} 中只有 $C_{10}^2 = 45$ 条线段,故必有两个单色三角形恰有一条公共边.

综上可知,所求最小正整数 $n=10$.

例 12 求最小正整数 n,使得有 10 个顶点,n 条边的二染色简单图中,总存在单色三角形或单色四边形(即含 4 条线段的圈). (1996 年中国国家集训队测验题)

解 图 7-15 中有 10 个顶点和 30 条边,其中红边(实线)和蓝边(虚线)各 15 条,图中既无单色三角形也无单色四边形,故所求最小正整数 $n \geqslant 31$.

下面证明当 $n=31$ 时,图中必存在单色三角形或单色四边形. 由抽屉原理,图中必有 $[\dfrac{31-1}{2}]+1 = 16$ 条边同色,于是只须证明在 10 个顶点 16 条边的简单图中必存在三角形或四边形.

由于 16 条边有 32 个端点,故必有一个顶点至多引出 3 条线. 不妨设 A_{10} 至多引出 3 条线. 于是,除 A_{10} 外其他 9 个顶点至少引出 $16-3=13$ 条线段,13 条线段只有 26 个端点(多余的线段删去,不影响后面的证明),于是必有一个顶点至多引出 2 条线,不妨设 A_9 引出 2 条线,于是 8 个顶点 $\{A_1, A_2, \cdots, A_8\}$ 个顶点的子图中有 11 条边,11 条有 22 个端点,故其中必有一个顶点至多引出 2 条线,不妨设 A_8 引出 2 条线,于是以 $\{A_1, \cdots, A_7\}$ 为顶点的子图中有 9 条边. 类似地,以 $\{A_1, \cdots, A_6\}$ 为顶点的子图中必有 7 条边. 因为 $7 > 6-1$,故这个简单图不是树,其中必有圈. 若边数最多的圈有 6 条边,则第 7 条边无论怎样连接,那两点总会形成三角形和四边形;若边数最多的圈有 5 条边,则另外两条边或者在圈外有一个公共端点,或者其中至少有一条是连接圈上的两点,无论哪种情形都导致形成三角形或四边形;若边数最多的边至多有 4 条边,结论显然成立.

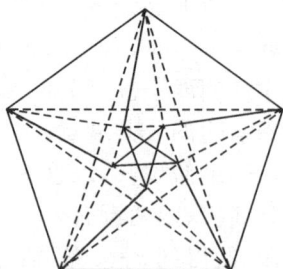

图 7-15

综上可知,所求最小正整数 $n=31$.

例 13 设有空间中若干个点,其中任意 4 点不共面,某些点对间有线段相连,这样构成一个图. 如果最少要用 n 种颜色给这些点染色,使每点都染上 n 种颜色之一,才能使任何两个同色之间都没有线段相连,则称这个图是 n 色图. 求证对于任意 $n \in \mathbf{N}$,都存在一个不含三角形的 n 色图.

(1993 年国家集训队选拔考试试题)

证明一 对 n 用数学归纳法来证明. 当 $n=1$ 时,结论显然成立. 设 $n=k$ 时结论成立,相应的 n 色图为 G,G 的顶点个数为 m. 作 k 个与 G 相同的图 $G_1, G_2, \cdots, G_k$,从 $G_1, G_2, \cdots, G_k$ 中各取一点组成一个 k 点图,共有 m^k 种取法,在 $G_1, G_2, \cdots, G_k$ 的顶点之外另选 m^k 个不同的点,使所有点中任何 4 点不共面,规定这 m^k 个点与前面的 k 点组一一对应,并且每点都与它所对应的 k 点组中的 k 个点各连一条线段,于是得到一个图 G^*.

下面证明 G^* 是 $k+1$ 色图. 首先将 $G_1, G_2, \cdots, G_k$ 都按 G 的染色方式染色共用 k 种不同颜色,然后将取的 m^k 个点都染上第 $k+1$ 种颜色. 显然图中没有三角形且每条边的两个端点都不同色且图中共用了 $k+1$ 种颜色.

其次证明 G^* 不可能是 k 色图. 因为 $G_1, G_2, \cdots, G_k$ 是 k 色图,所以不论怎样给它们染色,总可以从这 k 个图中各取一点,使所取的 k 个点互不同色. 由构造过程知这个 k 点组对应一点 A,且 A 与这 k 个点有线段相连,于是点 A 只能染上与 k 点组中已有 k 种颜色不同的另一种颜色,这表明 G^* 不能是 k 色图.

综上可知,G^* 是 $k+1$ 色图,这就完成了归纳证明.

证明二 对 n 用数学归纳法来证明. 当 $n=1,2$ 时结论显然成立. 设存在不含三角形的 k 色图 G_k,$k \geqslant 2$,我们来构造不含三角形的 $k+1$ 色图 G_{k+1}.

设 G_k 有 m 个顶点 $A_1, A_2, \cdots, A_m$,再取 $m+1$ 个新点 $B_1, B_2, \cdots, B_m$ 和 P,使 $2m+1$ 点中任意 4 点不共面,对于每个 $i (1 \leqslant i \leqslant m)$,$B_i$ 仅与 G_k 中与 A_i 连有线的各点连有线段,而 P 仅与 $B_1, B_2, \cdots, B_m$ 连有线段,这样得到的图记为 G_{k+1}.

首先证明 G_{k+1} 中不含三角形. 事实上,因为 G_k 中不含三角形,并且构造 G_{k+1} 时,没有在 G_k 的任何两点之间添加线段,所以 G_{k+1} 中不含 3 个顶点都在 G_k 中的三角形. 又因为

$B_1, B_2, \cdots, B_m, P$ 中任一点的两个邻点间没有连线,所以 G_{k+1} 中不含至少有一个顶点属于 $\{B_1, \cdots, B_m, P\}$ 的三角形,可见,G_{k+1} 中不含任何三角形.

其次,因为 G_k 是 k 色图,故可用 k 种不同颜色为 G_k 的顶点染色满足题中要求. 然后对每个 $B_i (1 \leqslant i \leqslant m)$ 都染上与 A_i 相同的颜色. 最后,将 P 染上第 $k+1$ 种颜色,这样 G_{k+1} 中共有 $k+1$ 种颜色,并且任何两个同色点之间无线段相连.

如果 G_{k+1} 是 k 色图,则因为 P 与 $B_1, B_2, \cdots, B_k$ 都有线段相连,故 $B_1, B_2, \cdots, B_m$ 至多染 $k-1$ 种颜色,但 G_k 上恰用 k 种颜色,故 G_k 上至少有一种颜色 a 与 $B_1, B_2, \cdots, B_m$ 上的颜色都不相同,将 G_k 中颜色为 a 的所有顶点 A_i 都改变为 B_i 的颜色,则 G_k 的新染色法仅用了 $k-1$ 种颜色且仍满足题中要求,此与 G_k 为 k 色图矛盾.

综上可知,G_{k+1} 为 $k+1$ 色图,这就完成了归纳证明.

例 14 平面内任给 n 个点 $p_1, p_2, \cdots, p_n$,其中任意 3 点不共线,将每个点 $p_i (1 \leqslant i \leqslant n)$ 任染红蓝两色之一. 设 S 是顶点集合为 $\{p_1, p_2, \cdots, p_n\}$ 的三角形的集合,且具有性质:对任意两条线段 $p_i p_j$ 及 $p_u p_v$,S 中以 $p_i p_j$ 为边的三角形个数与以 $p_u p_v$ 为边的三角形个数相同. 试求最小的 n,使得 S 中总有两个三角形,每个三角形的顶点有相同的颜色.

(第 48 届 IMO 中国国家集训队测试题)

解 设 S 中以 $p_i p_j$ 为边的三角形的个数是 k,则 k 是正整数且与 i, j 无关. 因 $p_i p_j$ 共有 C_n^2 条,故共有 $k \cdot C_n^2$ 个三角形(包括重复计数),而每个三角形有三条边,在上述计数中每个三角形计算了 3 次,故 $|S| = \dfrac{1}{3} k C_n^2$. 设 S 中顶点同色的三角形有 x 个,则 S 中顶点不全同色的三角形的个数是 $\dfrac{1}{3} k C_n^2 - x$. 同时每个顶点不全同色的三角形产生两条端点异色的边(简称异色边),故 S 中共有 $2(\dfrac{1}{3} k C_n^2 - x)$ 条异色边.

另一方面,设 $p_1, p_2, \cdots, p_n$ 中有 n_1 个红点,n_2 个蓝点,$n_1 + n_2 = n$. 由假设知每条异色边在 S 的三角形中出现 k 次,故异色边共有 $k n_1 n_n$ 条,因此

$$2(\dfrac{1}{3} k C_n^2 - x) = k n_1 n_2.$$

可解得

$$x = \dfrac{k}{6}(2 C_n^2 - 3 n_1 n_2) = \dfrac{k}{6}(n^2 - n - 3 n_1 n_2)$$

$$\geqslant \dfrac{k}{6}[n^2 - n - 3(\dfrac{n_1 + n_2}{2})^2] = \dfrac{k}{6} n(\dfrac{n}{4} - 1) = \dfrac{k}{24} n(n-4).$$

故当 $n \geqslant 8$ 时,因为 $k \geqslant 1$,故有

$$x \geqslant \dfrac{n}{24}(n-4) \geqslant \dfrac{8 \times 4}{24} = \dfrac{4}{3} > 1.$$

即 $x \geqslant 2$,所以 $n \geqslant 8$.

当 $n = 7$ 时,结论不一定对. 例如将 $1, 2, 4$ 三点染红色,$3, 5, 6, 7$ 四点染蓝色,则三角形集合 $\{1, 2, 4\}, \{2, 3, 5\}, \{3, 4, 6\}, \{4, 5, 7\}, \{5, 6, 1\}, \{6, 7, 2\}, \{7, 1, 3\}$ 符合要求(每条边上出现一个三角形),但其中只有一个同色三角形 $\{1, 2, 4\}$.

故所求最小正整数 $n=8$.

例 15　凸 n 边形 p 中每条边和每条对角线都被染为 n 种颜色中的一种颜色. 问: 对怎样的 n, 存在一种染色方式, 使得对于这 n 种颜色中任何 3 种不同颜色, 都能找到一个三角形, 其顶点为多边形 p 的顶点, 且它的三条边分别被染为这 3 种颜色?

(2009 年 CMO 试题)

解　当 $n \geq 3$ 为奇数时, 存在合乎要求的染法; 当 $n \geq 4$ 为偶数时, 不存在所述染法.

每 3 个顶点形成一个三角形, 一共形成 C_n^3 个三角形, 而颜色的三三搭配也刚好有 C_n^3 种. 所以本题相当于要求不同的三角形对应于不同的颜色组合, 即形成一一对应.

我们将凸多边形的边与对角线称为线段, 对于每一种颜色, 其余颜色形成 C_{n-2}^2 种搭配, 每种颜色的线段 (边或对角线) 都应出现在 C_{n-2}^2 个三角形中, 这表明符合要求的染色法中, 各种颜色的线段的条数相等, 所以每种颜色的线段都应当有 $\frac{1}{n} C_n^2 = \frac{1}{2}(n-1)$ 条.

当 n 为偶数时, $\frac{1}{2}(n-1)$ 不是整数, 所以不存在合乎条件的染法. 下设 $n = 2m+1$ 为奇数, 我们来给出一种染法, 并证明它满足题目的条件. 从某个顶点开始, 将凸 $2m+1$ 边形的顶点, 按顺时针方向依次记为 $A_1, A_2, \cdots, A_{2m+1}$, 且当 $i \equiv j \pmod{2m+1}$ 时, A_i 与 A_j 视为同一顶点, 再将 $2m+1$ 种颜色分别记为 $1, 2, \cdots, 2m+1$.

将边 $A_i A_{i+1}$ 染为颜色 i ($i=1,2,\cdots,2m+1$), 再对每个 $i=1,2,\cdots,2m+1$, 将线段 (对角线) $A_{i-k} A_{i+1+k}$ 染为颜色 i, 其中 $k=1,2,\cdots,m-1$. 于是每种颜色的线段都刚好是 m 条. 注意, 在我们的染色法下, 线段 $A_{i_1} A_{j_1}$ 与 $A_{i_2} A_{j_2}$ 同色当且仅当

$$i_1 + j_1 \equiv i_2 + j_2 \pmod{2m+1}. \tag{①}$$

因此, 对任何 $i \not\equiv j \pmod{2m+1}$, 任何 $k \not\equiv 0 \pmod{2m+1}$, $A_i A_j$ 与 $A_{i+k} A_{j+k}$ 都不同色, 如果

$$i_1 - j_1 \equiv i_2 - j_2 \pmod{2m+1}, \tag{②}$$

则线段 $A_{i_1} A_{j_1}$ 与 $A_{i_2} A_{j_2}$ 都不同色.

任取两个不同的三角形 $\triangle A_{i_1} A_{j_1} A_{k_1}$ 与 $\triangle A_{i_2} A_{j_2} A_{k_2}$, 如果它们之间至多有一条边同色, 当然它们不对应相同的颜色组合. 如果它们之间有 2 条边分别同色, 我们来证明第 3 条边必不同色. 为确定起见, 不妨设 $A_{i_1} A_{j_1}$ 与 $A_{i_2} A_{j_2}$ 同色.

情形 1: 如果 $A_{j_1} A_{k_1}$ 与 $A_{j_2} A_{k_2}$ 同色, 则由①知

$$i_1 + j_1 \equiv i_2 + j_2 \pmod{2m+1}, \quad j_1 + k_1 \equiv j_2 + k_2 \pmod{2m+1},$$

二式相减得 $i_1 - k_1 \equiv i_2 - k_2 \pmod{2m+1}$, 故由②知 $A_{j_1} A_{k_1}$ 与 $A_{j_2} A_{k_2}$ 不同色.

情形 2: 如果 $A_{i_1} A_{k_1}$ 与 $A_{i_2} A_{k_2}$ 同色, 则由①知

$$i_1 + j_1 \equiv i_2 + j_2 \pmod{2m+1}, \quad i_1 + k_1 \equiv i_2 + k_2 \pmod{2m+1},$$

二式相减得 $j_1 - k_1 \equiv j_2 - k_2 \pmod{2m+1}$, 由②知 $A_{j_1} A_{k_1}$ 与 $A_{j_2} A_{k_2}$ 不同色.

总之, $\triangle A_{i_1} A_{j_1} A_{k_1}$ 与 $\triangle A_{i_2} A_{j_2} A_{k_2}$ 对应不同的颜色组合. 这就证明了我们给出的结论.

例 16　设简单图 G 的顶点数为 $3n^2$ (整数 $n \geq 2$). 已知 G 的每个顶点的度不超过 $4n$, 至少有一个顶点的度为 1, 且任意两个不同顶点之间都有一条长度不超过 3 的路径. 证明: G

的边数的最小值为 $\frac{7}{2}n^2-\frac{3}{2}n$.

注:图 G 的两个不同顶点 u、v 之间的一条长度为 k 的路径是指一个顶点序列 $u=v_0$,v_1,$\cdots$,$v_k=v$,其中 v_i 与 v_{i+1} 相邻,$i=0,1,\cdots,k-1$. (2011 年中国国家队选拔考试试题)

证明 对任意两个不同顶点 u,v,称它们之间的距离为 k,如果 u,v 之间的最短路径长度为 k. 考虑图 G,其顶点集为 $\{x_1,x_2,\cdots,x_{3n^2-n},y_1,y_2,\cdots,y_n\}$,$y_i$ 与 y_j 相邻($1\leqslant i<j\leqslant n$),$x_i$ 与 x_j 不相邻($1\leqslant i<j\leqslant 3n^2-n$),$x_i$ 与 y_j 相邻当且仅当 $i\equiv j\pmod n$. 这样每个 x_i 的度等于,y_i 的度不超过 $n-1+\frac{3n^2-n}{n}=4n-2$.

易知 x_i 与 x_j 的距离不超过 3,图 G 符合条件,G 共有

$$N=3n^2-n+C_n^2=\frac{7}{2}n^2-\frac{3}{2}n$$

条边.

下面证明满足题设条件的图 $G=G(V,E)$ 的边数至少为 N. 设 $X\subseteq V$ 是所有度等于 1 的顶点的集合,$Y\subseteq(V\backslash X)$ 为剩余顶点中与 X 中某个顶点相邻的所有顶点的集合,$Z\subseteq V\backslash(X\cup Y)$ 为剩余顶点中与 Y 中某个顶点相邻的所有顶点的集合,$W=V\backslash(X\cup Y\cup Z)$. 我们指出下面的事实.

性质 1 Y 中的任意两个顶点都相邻,这是因为若 $y_1,y_2\in Y$ 是两个不同顶点,设 x_1,$x_2\in X$ 分别与 y_1,y_2 相邻,由 x_1 与 x_2 的距离不超过 3,可知 y_1 和 y_2 相邻.

性质 2 W 中的顶点与每个 Y 中的顶点的距离均为 2,若不然设 $w_0\in W$,$y_0\in Y$ 的距离不小于 3(距离显然不小于 2),设 $x_0\in X$ 与 y_0 相邻,则 w_0 与 x_0 的距离不小 4,与题设矛盾.性质 2 成立,并且由此性质可知每个 W 中点都与某个 Z 点相邻.

记 x、y、z、w 分别为集合 X、Z、W 的元素个数.计算边数,Y 之间的边恰好 C_y^2 条,X 到 Y 的边恰好 x 条,Z 到 Y 的边至少 z 条,W 到 Z 的边至少 w 条.这样当 $y\geqslant n$ 时,

$$|E|\geqslant C_y^2+x+z+w=3n^2+C_y^2-y\geqslant 3n^2+C_n^2-n=N.$$

下设 $y\leqslant n-1$,由于每个顶点的度不超过 $4n$,故

$$x+z\leqslant y(4n-(y-1))=y(4n+1-y)$$
$$\leqslant(n-1)(3n+2)=3n^2-n-2,$$
$$w\geqslant 3n^2-y-y(4n+1-y)\geqslant 3.$$

在 W 中选取一点 P 使得 P 与 Z 中尽量少的顶点相邻,设与 a 个 Z 中的顶点相邻,$a>0$(由性质 2 知),记这 a 个顶点的集合为 $N_P\subseteq Z$. 下面再计算边数,Y 之间的边恰好 C_y^2 条,从 X 到 Y 的边恰好 x 条,从 N_P 到 Y 中的边至少 y 条(这是由于性质 2,P 到每个 Y 中的顶点的距离等于 2),从 $Z\backslash N_P$ 到 Y 中的边至少 $z-a$ 条,从 W 到 Z 的边至少 aw 条.于是

$$|E|\geqslant C_y^2+x+y+z-a+aw$$
$$=3n^2-1+C_y^2+(a-1)(w-1).$$

若 $a>1$,则

$$|E|\geqslant 3n^2-1+C_y^2+(w-1)$$
$$\geqslant 3n^2-2+C_y^2+3n^2-y-y(4n+1-y)>N.$$

若 $a=1$，以 aw 计算从 W 到 Z 的边时每个 W 中顶点的度被计算一次，由于每个 W 中的顶点的度至少为 2，故还至少有 $\frac{1}{2}w$ 条边没有被计算，此时

$$|E|\geqslant 3n^2-1+C_y^2+\frac{1}{2}w$$

$$\geqslant 3n^2-1+C_y^2+\frac{1}{2}(3n^2-y-y(4n+1-y))>N.$$

综上所述，满足题设的图的边数最小值为 $\frac{7}{2}n^2-\frac{3}{2}n$.

例 17　设 $G=G(V;E)$ 是一个简单图，V 是顶点集，E 是边集，$|V|=n$，一个映射 $f:V\rightarrow \mathbf{Z}$ 称为"好的"，如果 f 满足：

(1) $\sum\limits_{v\in V}f(v)=|E|$；

(2) 将任意若干个顶点染成红色，则总存在一个红色顶点 v，使得 $f(v)$ 不超过与 v 相邻的未染色的顶点个数.

设 $m(G)$ 是所有"好的"映射 f 的个数. 证明：若 V 中每个顶点都至少与另外一个顶点有边相连，则 $n\leqslant m(G)\leqslant n!$. 　　　　　（2010 年中国国家队选拔考试试题）

证明　对 V 中顶点的一个排序 $\tau=(v_1,v_2,\cdots,v_n)$，定义 $f_\tau:V\rightarrow \mathbf{Z}$ 如下：$f_\tau(v)$ 等于排在 v 之前的与 v 相邻的顶点个数. 下面说明 f_τ 是"好的"映射.

在计算 $\sum\limits_{v\in V}f_\tau(v)$ 中，每条边恰被计算一次，这是因为若 $e\in E$，设 e 的两个端点为 $u,v\in V$，且 u 在 τ 中排在 v 之前，则 e 在 $f_\tau(v)$ 中被计算了一次. 故

$$\sum_{v\in V}f_\tau(v)=|E|.$$

对任意非空子集 $A\subseteq V$（A 中顶点染为红色，其余顶点未染色）. 取 $v\in A$ 是在排序 τ 下排最前的 A 中顶点，则由 f_τ 的定义及 v 的选取可知 $f_\tau(v)$ 不超过与 v 相邻的未染色顶点数. 这样，f_τ 便是一个"好的"映射.

反之，若 $f:V\rightarrow \mathbf{Z}$ 是任意的一个"好的"映射，我们说明一定存在至少一个 V 中顶点的排序 τ，使得 $f=f_\tau$.

首先取 $A=V$（同上，A 中顶点染为红色，其余顶点未染色），由条件（2）知，存在 $v\in A$，使得 $f(v)\leqslant 0$，将这些点中任一个记为 v_1. 假设已经取出了 $v_1,\cdots,v_k$，如果 $k<n$，取 $A=V-\{v_1,\cdots,v_k\}$，由条件（2）知，存在顶点 $v\in A$，使得 $f(v)$ 不超过 $v_1,\cdots,v_k$ 中与 v 相邻的顶点个数. 其中任一个这样的 v 记为 v_{k+1}. 这样递推地将 V 中顶点排序为 $\tau=(v_1,v_2,\cdots,v_n)$. 并且由上面的构造知 $f(v)\leqslant f_\tau(v)$，对任意 $v\in V$ 成立. 由于

$$|E|=\sum_{v\in V}f(v)\leqslant\sum_{v\in V}f_\tau(v)=|E|,$$

故 $f(v)=f_\tau(v)$ 对任意 $v\in V$ 成立.

我们证明了对任何顶点的排序 τ，f_τ 是一个"好的"映射，而任意一个"好的"映射一定是某个 f_τ. 由于排序 τ 一共有 $n!$ 个，故 $m(G)\geqslant n!$.（两个不同的排序可能得到相同的映射）

下面证明 $n\leqslant m(G)$. 先假设 G 是连通图，任取一个 $v\in V$，记为 v_1，由连通性可选取

$v_2 \in V - \{v_1\}$，使得 v_2 和 v_1 相邻，接着可选取 $v_3 \in V - \{v_1, v_2\}$，使得 v_3 与 v_1, v_2 中至少一个相邻，继续下去我们将 V 中顶点排序为 $\tau = \{v_1, v_2, \cdots, v_n\}$，使得当 $2 \leqslant k \leqslant n$ 时，v_k 与排在它之前的至少一个顶点相邻，于是 $f_\tau(v_1) = 0$. 而对 $2 \leqslant k \leqslant n$，有 $f_\tau(v_k) > 0$. 由于 v_1 可任意选取，这样便得到至少 n 个"好的"映射.

一般情况下，可以将 G 分成若干个连通分支 $G_1, \cdots, G_k$，由于每个顶点都至少与另外一个顶点有边相连，故每个连通分支的顶点数都不少于 2，设这些连通分支的顶点数分别为 $n_1, \cdots, n_k \geqslant 2$. 对每个连通分支 G_i，至少有 n_i 个"好的"映射，$i = 1, \cdots, k$. 易知把每个 G_i 上的"好的"映射拼起来得到的是 G 上"好的"映射. 故

$$m(G) \geqslant n_1 n_2 \cdots n_k \geqslant n_1 + n_2 + \cdots + n_k = n.$$

综上所述，$n \leqslant m(G) \leqslant n!$.

例 18 有一个由 N 个城市组成的王国，其某些城市对之间有道路相连，满足：所有道路互不相交(如果两个城市间有道路相连，则称它们相邻)；对任意两个城市都可以从一个城市出发沿道路走到另一个城市(中间可能通过其他城市)；从任意一个城市出发如果每一条道路至多利用一次的话，一旦离开则不可能回到出发的城市.

国王进行如下改革：任命改革前的 N 个市长改革后仍担任市长；任意两个改革前相邻城市的市长，改革后仍在某两相邻城市任市长.

证明：存在一个城市改革前后由同一个人任市长，或者存在两个相邻城市改革前后互换市长.

(第 35 届俄罗斯奥林匹克试题)

证明 对 N 归纳证明命题. $N = 1, 2$ 时，命题显然成立.

下面假设 $N \geqslant 3$ 且命题对城市的个数小于 N 时都成立. 将每一个城市看成一个点，城市之间的道路看成连接它们的边，这样可以得到一张图. 由条件知这张图是一棵树. 将图中度等于 1 的顶点的集合记为 Γ_1 (显然非空)，度大于 1 的顶点的集合记为 Γ. 由于 $N \geqslant 3$，$\Gamma \neq 0$，Γ 和连接它们之间的边一起仍然构成一棵树. 一个市长所在城市的度称作该市长的度. 由于两改革前相邻城市的市长，改革后仍在某两相邻城市任市长，故同一个人改革后的度不小于改革前的度. 由于所有市长的度和改革前后一样，故每个市长的度改革前后一样. 这说明改革前在 Γ_1 (Γ) 中的城市任市长的人改革后仍然在 Γ_1 (Γ) 中的城市任市长. 由于 $|\Gamma| < N$，由归纳法假设，存在 Γ 中的一个城市改革前后由同一个人任市长，或者存在 Γ 中的两个相邻城市改革前后互换市长.

例 19 凸 n 边形 P 中的每条边和每条对角线都被染为 n 种颜色中的一种. 问：对怎样的 n，存在一种染色方式，使得对于这 n 种颜色中的任何 3 种不同颜色，都能找到一个三角形，其顶点为多边形 P 的顶点，且它的 3 条边分别被染为这 3 种颜色？

(第 24 届 CMO 试题)

解 当 $n \geqslant 3$ 为奇数时，存在合乎要求的染法；当 n 为偶数时，不存在所述的染法.

每 3 个顶点形成一个三角形，三角形的个数为 C_n^3 个，而颜色的三三搭配也刚好有 C_n^3 种，所以本题相当于要求不同的三角形对应于不同的颜色组合，即形成一一对应. 以下将多边形的边与对角线都称为线段.

对于每一种颜色，其余的颜色形成 C_{n-1}^2 种搭配，所以每种颜色的线段(边或对角线)都

应出现在 C_{n-1}^2 个三角形中,而每一条线段都是 $n-2$ 个三角形的边,所以在合乎要求的染法中,每种颜色的线段都应当有 $\dfrac{C_{n-1}^2}{n-2}=\dfrac{n-1}{2}$ 条. 当 n 为偶数时,$\dfrac{n-1}{2}$ 不是整数,所以不可能存在合乎条件的染法. 下设 $n=2m+1$ 为奇数,我们来给出一种染法,并证明它满足题中条件,自某个顶点开始,按顺时针方向将凸 $2m+1$ 边形的各个顶点依次记为 $A_1,A_2,\cdots,A_{2m+1}$. 对于 $i\notin\{1,2,\cdots,2m+1\}$,按 $\bmod 2m+1$ 理解顶点 A_i. 再将 $2m+1$ 种颜色分别记为颜色 $1,2,\cdots,2m+1$.

将边 A_iA_{i+1} 染为颜色 i,其中 $i=1,2,\cdots,2m+1$. 再对每个 $i=1,2,\cdots,2m+1$,都将线段(对角线)$A_{i-k}A_{i+1+k}$ 染为颜色 i,其中 $k=1,2,\cdots,m-1$. 于是每种颜色的线段都刚好有 m 条. 注意,在我们的染色方法之下,线段 $A_{i_1}A_{j_1}$ 与 $A_{i_2}A_{j_2}$ 同色,当且仅当

$$i_1+j_1\equiv i_2+j_2\pmod{2m+1}.\qquad\qquad ①$$

因此,对任何 $i\neq j\pmod{2m+1}$,任何 $k\neq 0\pmod{2m+1}$,线段 A_iA_j 都不与 $A_{i+k}A_{j+k}$ 同色. 换言之,如果

$$i_1-j_1\equiv i_2-j_2\pmod{2m+1}.\qquad\qquad ②$$

线段 $A_{i_1}A_{j_1}$ 都不与 $A_{i_2}A_{j_2}$ 同色.

任取两个三角形 $\triangle A_{i_1}A_{j_1}A_{k_1}$ 和 $\triangle A_{i_2}A_{j_2}A_{k_2}$,如果它们之间至多只有一条线段同色,当然它们不含对应相同的颜色组合. 如果它们之间有两条线段同色,下面证明第 3 条线段必不同颜色. 为确定起见,不妨设 $A_{i_1}A_{j_1}$ 与 $A_{i_2}A_{j_2}$ 同色.

情形 1:如果 $A_{j_1}A_{k_1}$ 与 $A_{j_2}A_{k_2}$ 也同色,则由①知

$$i_1+j_1\equiv i_2+j_2\pmod{2m+1},$$
$$j_1+k_1\equiv j_2+k_2\pmod{2m+1},$$

将二式相减,得 $i_1-k_1\equiv i_2-k_2\pmod{2m+1}$,故由②知 $A_{k_1}A_{i_1}$ 不与 $A_{k_2}A_{i_2}$ 同色.

情形 2:如果 $A_{i_1}A_{k_1}$ 与 $A_{i_2}A_{k_2}$ 也同色,则由①知

$$i_1+j_1\equiv i_2+j_2\pmod{2m+1},$$
$$i_1+k_1\equiv i_2+k_2\pmod{2m+1},$$

将二式相减,亦得 $j_1-k_1\equiv j_2-k_2\pmod{2m+1}$,由②知 $A_{j_1}A_{k_1}$ 与 $A_{j_2}A_{k_2}$ 不同色. 总之,$\triangle A_{i_1}A_{j_1}A_{k_1}$ 与 $\triangle A_{i_2}A_{j_2}A_{k_2}$ 对应不同的颜色组合.

注 这道组合题也是比较简单和基础的,只要把握住了几个几乎显而易见的关键点,就可以完成题目的解答. 本题也是一道考查学生基本功的基础题.

例 20 将时针盘面上的标有数字 $1,2,\cdots,12$ 的十二个点分别染上红、黄、蓝、绿四色,每色三个点,现以这些点为顶点构作 n 个凸四边形,使其满足:

(1)每个四边形的四个顶点染有不同的颜色;

(2)对于其中任何三个四边形,都存在某一色,染有该色的三个顶点所标数字互不相同.

求 n 的最大值. (2011 年第 8 届中国东南地区奥林匹克试题)

解 为叙述方便,改用 A、B、C、D 分别表示这四种颜色,而同色的三点,则分别用 a_1,a_2,a_3;b_1,b_2,b_3;c_1,c_2,c_3 以及 d_1,d_2,d_3 来表示.

现考虑其中一色，例如 A 色，若在这 n 个四边形中，A 色点 a_1,a_2,a_3 出现的次数分别为 n_1,n_2,n_3，则 $n_1+n_2+n_3=n$，设 $n_1 \geqslant n_2 \geqslant n_3$.

如果 $n \geqslant 10$，则 $n_1+n_2 \geqslant 7$；再考虑这 7 个四边形(其中 A 色顶点要么是 a_1，要么是 a_2)，它们中 B 色点 b_1,b_2,b_3 出现的次数分别为 m_1,m_2,m_3，则 $m_1+m_2+m_3=7$，据对称性，要设 $m_1 \geqslant m_2 \geqslant m_3$，则 $m_3 \leqslant 2$，即 $m_1+m_2 \geqslant 5$.

继续考虑这 5 个四边形(其 A 色顶点要么是 a_1，要么是 a_2；B 色顶点要么是 b_1，要么是 b_2)，它们中 C 色点 c_1,c_2,c_3 出现的次数分别为 k_1,k_2,k_3，则 $k_1+k_2+k_3=5$，据对称性，可设 $k_1 \geqslant k_2 \geqslant k_3$，则 $k_3 \leqslant 1$，即 $k_1+k_2 \geqslant 4$.

最后考虑这 4 个四边形，记为 T_1、T_2、T_3、T_4 (其 A 色顶点要么是 a_1，要么是 a_2；B 色顶点要么是 b_1，要么是 b_2；C 色顶点要么是 c_1，要么是 c_2)，由于 D 色点只有三个，故其中必有两个四边形，其 D 色点相同，设 T_1、T_2 的 D 色点都为 d_1.

那么，三个四边形 T_1、T_2、T_3 中，无论哪种颜色的顶点，所标数字皆有重复，这与条件(2)相矛盾！因此，$n \leqslant 9$.

再说明，最大值 $n=9$ 可以取到. 采用构造法，我们只要作出这样的九个四边形即可.

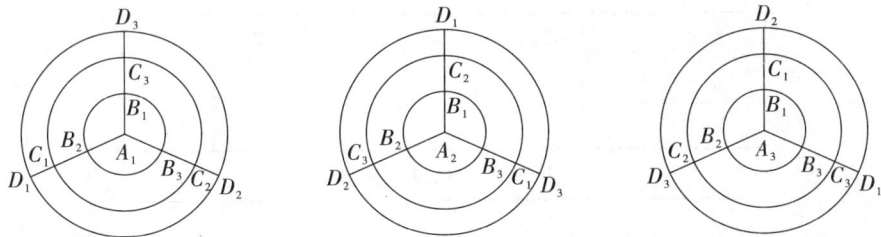

图 7-16

作三个"同心圆环图"，给出标号，并适当旋转相应的圆，标号对齐后，图中的每根线(半径)上的四个点分别表示一个四边形的四个顶点颜色及其标号，九条半径共给出九个四边形，且都满足条件(1).

再说明，它们也满足条件(2)：从中任取三条半径(三个四边形).

如果三条半径(三个四边形)来自同一个图，则除了 A 色之外，其余 B、C、D 每色的顶点，三数全有.

如果三条半径(三个四边形)分别来自两个图：将三个图分别称为 A_1 图、A_2 图、A_3 图，每图的三条半径分别称为"向上半径"、"向左半径"、"向右半径"，且分别记为 S、Z、Y.

来自两个图的三条半径，如果"向上"、"向左"、"向右"三种半径都有，那么相应的三个四边形，B 色的顶点，三数全有.

如果三条半径，只涉及两个图、两个方位，将图 A_1、A_2、A_3 分别简记为 1、2、3，则按三个图的搭配情况，可得下列表：

表 1　产生 C 色三数

S	1,2	1,2	2		1	
Z	1		1,2	1,2		2
Y		2		1	1,2	1,2

表 2　产生 D 色三数

S	1,2	1,2	1		2	
Z	2		1,2	1,2		1
Y		1		2	1,2	1,2

表 3　产生 C 色三数

S	1,3	1,3	1		3	
Z	3		1,3	1,3		1
Y		1		3	1,3	1,3

表 4　产生 D 色三数

S	1,3	1,3	3		1	
Z	1		1,3	1,3		3
Y		3		1	1,3	1,3

表 5　产生 C 色三数

S	2,3	2,3	3		2	
Z	2		2,3	2,3		3
Y		3		2	2,3	2,3

表 6　产生 D 色三数

S	2,3	2,3	2		3	
Z	3		2,3	2,3		2
Y		2		3	2,3	2,3

因此本题所求的 n 的最大值为 9.

【模拟实战七】

习题 A

1. 已知平面上有 m 个点,将其中某些点间连线段,使得每点都与 l 个点连有线段,问 l 可取怎样的值?　　　　　　　　　　　　　　　　　　　　（第 23 届莫斯科市奥林匹克试题）

2. 设 $p_1, p_2, \cdots, p_n$ 为平面上 n 个点,其中任何 3 点不共线,在它们之间连接 m 条线段,使得任何 4 点中均有 3 点构成一个三角形,即这 3 点中每两点之间连有线段,求 m 的最小值.　　　　　　　　　　　　　　　　　　　　　　　　　　（第 28 届 IMO 预选题）

3. 试证:2 色完全图 K_7 中必存在 4 个同色三角形.

4. 怎样用最少数量的航空线路连接 50 个城市,才能使得从一个城市到另一个城市的旅行都至多需乘两次（换乘一次）飞机?　　　　　　　　　　　（第 31 届莫斯科市奥林匹克试题）

5. 某国建立了这样的航空网:任何一个城市至多与另外 3 个有航线,且从任意城市到另外任一城市至多需换乘一次.问这个国家最多有多少个城市?

（第 3 届全苏奥林匹克试题）

6. 设 n 个新生中,任意 3 个人中有两个人互相认识,任意 4 个人中必有两个人互相不认识.试求 n 的最大值. （第 5 届中国西部奥林匹克试题）

7. 已知某议会共有 30 位议员,其中每两个人或者是朋友或者是政敌,每位议员恰有 6 个政敌,每 3 位委员组成一个 3 人委员会.如果一个委员会里 3 个人两两都是朋友或两两都是敌人,则称之为"好委员会",求所有好委员会的个数. （第 24 届全苏奥林匹克试题）

8. 在平面上给定 7 点,问最少要在它们之间连接多少条线段,才能使得任意 3 点之中都有两点间连有一条线?试给出一个符合要求的连线图. （第 30 届 IMO 预选题）

9. 已知一群人中至少有两人是朋友,求证可以把他们分成两组,使同组的朋友对数小于异组间的朋友对数. （第 52 届莫斯科市奥林匹克试题）

10. 一次大型会议有 500 名代表参加,如果每名代表认识的人数为 400 名(约定:甲认识乙,则乙也认识甲),是否一定能选出 6 名代表,他们中每两名互相认识?

11. 在正 $6n+1$ 边形中,将 k 个顶点涂成红色,而将其余顶点涂成蓝色.求证三个顶点同色的等腰三角形个数与顶点的涂色状态无关. （第 20 届全俄奥林匹克试题）

12. 某国有 $N(\geqslant 3)$ 个城市,每两个城市之间或者有公路,或者有铁路相连.一个旅行者希望到达每个城市恰好一次,并且最终回到他出发的城市.证明:该旅行者可以选择一个城市作为出发点,不但能够实现他的愿望,而且中途至多变换一次交通工具的种类.

（第 29 届俄罗斯奥林匹克试题）

13. 坐标平面上的每个整数点都被染上三种颜色之一,并且三种颜色的点都有.证明:可以找到一个直角三角形,它的三个顶点是三种不同颜色的点.

（第 30 届俄罗斯奥林匹克试题）

14. 有 $n(n\geqslant 3)$ 名选手参加乒乓球比赛,每两名选手之间恰比赛一场.如果选手 A 的手下败将不都是 B 的手下败将,则称 A 不亚于 B.试求所有可能的 n,使得存在一种比赛结果,其中每一名选手都不亚于其他任何一名选手.

（2010 年第 10 届中国西部奥林匹克试题）

15. 如果图 G 有 n 个顶点,且没有长度为 4 的圈,则 $|E|\leqslant\left[\dfrac{n}{4}(1+\sqrt{4n-3})\right]$.

（第 48 届 IMO 中国国家队培训试题）

16. 整个平面如国际象棋盘一样用黑色和白色小方格铺满.现在用红色和蓝色将所有白格染色,使原来有公共顶点的白格不同色.对于平面上任一线段 I,我们用 $\delta(I)$ 表示 I 上面的红色线段长度和与蓝色线段长度和的差.l 是平面上一条与小方格的边不平等的直线.证明:存在一个只与 l 有关的常数 C,使得对任意与 l 平行的线段 I,都有 $\delta(I)\leqslant C$. （第 38 届俄罗斯奥林匹克试题）

习题 B

17. 希腊神话中的"多头蛇"神由一些头和颈子组成,每一条颈子连接两个头,每砍一剑,可以斩断由某一个头 A 所连出的所有颈子,但是由头 A 立即长出一些新的颈子连向所有原来不与它相连的头(每个头只连一条颈子),只有把"多头蛇"斩为两个互不连通的部分,才算战胜它.找出最小的正整数 N,使得任何长有 100 个颈子的"多头蛇"神,至多只要砍不多于 N 剑,就可以战胜它. (第 28 届俄罗斯奥林匹克试题)

18. 设某国有若干个城市,某些城市之间有道路相连,由每个城市至少连出 3 条道路.证明:存在一个由道路形成的圈,它的长度不能被 3 整除. (第 26 届俄罗斯奥林匹克试题)

19. 空间给定 9 个点,其中任何 4 点不共面,在 9 点间连接若干条线段,使图中不存在四面体,问图中最多有多少个三角形? (1994 年中国国家队测验题)

20. 一个图的每条边都被染为 4 种颜色之一,使得每一条由三条边组成的路径上的第一条和第三条边的颜色不同(路径的起点和终点可以重合).证明可以用 4 种颜色为这个图的所有顶点染色,使得任何两个有边相连的顶点的颜色都不相同.

(第 46 届 IMO 中国国家队培训测试题)

21. 某国有若干个城市,和 k 不个同的航空公司.某些城市对之间或者有一条属于某个航空公司的双向的直飞航线连接,或者没有航线相连.现知,任何两条同一公司的航线都有公共的端点.证明:可以将所有城市分为 $k+2$ 个组,使得任何两个属于同一组的城市之间都没有航线连接. (第 30 届俄罗斯奥林匹克试题)

22. 求最小正整数 n,使在任何 2 色 K_n 中,都存在有相同颜色但没有公共边的两个单色三角形. (1991 年中国国家集训队训练题)

23. 已知平面上 10 个点,其中任意 3 点不共线,每两点连一线段,每条线段被染上 k 种颜色之一,且满足:对于 10 个点中任意 k 个点,两两所连线段被染上所有 k 种颜色.求所有可能满足条件的正整数 k,其中 $1 \leqslant k \leqslant 10$. (第 39 届 IMO 预选题)

24. 一个 9×9 的方格表的每一个小方格被染成黑白两种颜色,使得与每个白格相邻的黑格数目多于白格数目,与每个黑格相邻的白格数目多于黑格数目(有一条公共边的两格称为相邻格),求如此染色法中黑白格数目之差的最大值.

(第 53 届白俄罗斯奥林匹克试题)

25. 求具有如下性质的最小正整数 n:把正 n 边形 S 的任何 5 个顶点涂成红色时,总有 S 的一条对称轴 l,使每个红点关于 l 的对称点都不是红点.

(1994 年中国国家集训队选拔试题)

26. 某城市有 1000 栋独家住宅,其中每栋住有一人.在一个好天气的日子里,每个人将自己的家搬迁了一次(搬迁之后,每栋都住有 1 人,只是调换了住宅).试证在搬迁之后,可以将 1000 栋住宅分别漆上蓝色、绿色和红色,使得对每一个主人来说,他的新居和旧居的颜色不一样. (第 33 届莫斯科市奥林匹克试题)

27. 能否将长方形方格纸的每个格子染上黑色或白色,使黑格和白格各占一半并且每行及每列中同色的格子多于 $\frac{3}{4}$?

28. 求具有下列性质的最小正整数 n：将正 n 边形的每一顶点任意染上红、黄、蓝三种颜色之一，那么，在 n 个顶点中一定存在四个同色点，它们是一个等腰梯形的顶点（两条边平行，另两条边不平行且相等的凸四边形为等腰梯形）.　　　　　　　（2008 年 CMO 试题）

29. 一些少先队员来到营地，其中每个少先队员认识 50 到 100 个其他少先队员. 证明：可以给每个少先队员发一顶某种颜色的帽子，且所有帽子的颜色不超过 1331 种，使得对每个少先队员而言，他所认识的所有人中一共至少拥有 20 种不同颜色的帽子.

　　　　　　　　　　　　　　　　（第 32 届俄罗斯奥林匹克试题）

30. 称一群人为 k 不可分，如果将他们任意分成 k 组后，都至少存在一组其中有两人相识. 已知在一群 3 不可分的人中不存在 4 个人两两相识. 求证：可将这群人分成两组，一组为 2 不可分的，另一组为 1 不可分的.　　　　　（第 37 届俄罗斯奥林匹克试题）

31. 100×100 的方格表中的每个方格中有一个正整数. 一个由若干个方格组成的矩形称为好的，如果它所含方格中的各数之和为 17 的倍数，我们可对方格表中某些好矩形所含各方格同时染色，但每个方格至多染一次. 已知对任意一个如上数表都可按照上面的规则将其中至少 d 个方格染色. 求 d 的最大值.

32. 设 n 为给定的正整数. 若一个由平面上的整点组成的集合 K 满足下述条件，则称之为连通的：对任意一对点 $R, S \in K$，都存在一个正整数 l 及由 K 中的点组成的序列 $R = T_0, T_1, \cdots, T_l = S$. 这里每个 T_i 与 T_{i+1} 之间的距离都是 1. 对这样的一个集合 K，定义 $\Delta(K) = \{\overrightarrow{RS} \mid R, S \in K\}$. 对所有由平面上的 $2n+1$ 个整点组成的连通集 K，求 $|\Delta(K)|$ 的最大可能值.　　　　　（2010 年罗马尼亚大师杯奥林匹克试题）

参考解答

模拟实战一

习题 A

1. 因为 7 分解为出现 3 的正整数之和(不计顺序)只有下列五种情况:$7=3+3+1=3+1+1+1+1=3+2+1+1=3+2+2=3+4$. 而由两个 3 和一个 1 组成的正整数有 3 个,其中 3 共出现 6 次;同一个 3 和四个 1 组成的正整数有 5 个,其中 3 共出现 5 次;由一个 3、一个 2 和两个 1 组成的正整数有 $C_4^1 C_3^2=12$ 个,其中 3 共出现 12 次;由一个 3 和两个 2 组成的正整数 3 个,其中 3 共出现 3 次;由一个 3 和一个 4 组成的正整数有 2 个,其中 3 共出现 2 次. 综上所述,3 共出现了 $6+5+12+3+2=28$(次).

2. 甲分配到 B 或 C 的方法有 $C_2^1=2$(种),记甲分配的宿舍为 B',B 与 C 中另一宿舍为 C',其他 4 人分别到 A,B',C' 的人数分别为 a,b,c. 依题意,只有下列 4 种可能:(1)$b=0$,$(a,c)=(3,1)$ 或 $(1,3)$ 时,分配方法有 $2C_4^3=8$(种);(2)$b=0$,$(a,c)=(2,2)$ 时,分配方法有 $C_4^2=6$(种);(3)$b=1$,$(a,c)=(2,1)$ 或 $(1,2)$ 时,分配方法有 $2C_4^2C_2^1=24$(种);(4)$b=2$,$(a,c)=(1,1)$ 时,分配方法有 $C_4^2C_2^1=12$(种),故其他 4 人的分配方法有 $8+6+24+12=50$(种). 综上可知 5 人的不同分配方案共有 $2\times50=100$(种),所以选 B.

3. 由题目条件易知:(1)该数表共有 100 行;(2)每一行构成一个等差数列,且公差依次为 $d_1=1,d_2=2,d_3=2^2,\cdots,d_{99}=2^{98}$;(3)设第 n 行第一个数为 $a_n(n\geqslant2)$,则 a_{100} 为所求. 依题意有 $a_n=a_{n-1}+(a_{n-1}+2^{n-2})=2a_{n-1}+2^{n-2}$,$\dfrac{a_n}{2^n}=\dfrac{a_{n-1}}{2^{n-1}}+\dfrac{1}{4}$,而 $\left\{\dfrac{a_n}{2^n}\right\}$ 是首项为 $\dfrac{a_1}{2}=\dfrac{1}{2}$,公差为 $\dfrac{1}{4}$ 的等差数列,故 $\dfrac{a_n}{2^n}=\dfrac{1}{2}+\dfrac{1}{4}(n-1)=\dfrac{1}{4}(n+1)$,$a_n=(n+1)\cdot2^{n-2}$. 特别最后一行的数是 $a_{100}=101\times2^{98}$.

4. 设 n 是满足条件的一个 7 位数,a、b 分别是其奇数数位和偶数数位的数字和. 则 $a+b=1+2+3+4+5+6+7=28$,$a-b$ 是 11 的倍数,由于 $a-b$ 与 $a+b$ 同奇偶,故 $a-b$ 为偶数. 又 $|a-b|\leqslant(4+5+6+7)-(1+2+3)=16$,从而 $|a-b|\neq11$ 和 22,只有 $a=b=14$. 因为 $1,2,3,4,5,6,7$ 中的三个数之和为 14 只有 4 种情况:$\{1,6,7\}$,$\{2,5,7\}$,$\{3,4,7\}$,$\{3,5,6\}$,每种情况下,它们只能排在偶数数位,剩下的 4 个数之和也是 14,它们应排在奇数数位. 共得到 $4\times3!\times4!=576$ 个满足题目条件的 7 位数.

5. 令 $b_i=\dfrac{a_{i+1}}{a_i}(1\leqslant i\leqslant8)$,则对每个符合条件的数列 $\{a_n\}$,有 $\prod\limits_{i=1}^{8}b_i=\prod\limits_{i=1}^{8}\dfrac{a_{i+1}}{a_i}=\dfrac{a_9}{a_1}=1$,且 $b_i\in\{2,1,-\dfrac{1}{2}\}(1\leqslant i\leqslant8)$①,反之,对任意符合条件①的 8 项数列 $\{b_n\}$,令 $a_1=1$,$a_{i+1}=a_1\prod\limits_{k=1}^{i}b_i(1\leqslant i\leqslant8)$,便可唯一确定一个满足题目条件的 9 项数列 $\{a_n\}$. 这个对应是一个一一对应. 记满足条件①的数列 $\{b_n\}$ 的个数为 N,显然 $b_i(1\leqslant i\leqslant8)$ 有偶数个 $-\dfrac{1}{2}$,即 $2k$ 个 $-\dfrac{1}{2}$,继而有 $2k$ 个 2,$8-4k$ 个 1. 当 k 给定时,$\{b_n\}$ 的取法有 $C_8^{2k}C_{8-2k}^{2k}$ 种. 易知 k 的可能值只有 $0,1,2$(因为 $4k\leqslant8$),所以 $N=1+C_8^2C_6^2+C_8^4C_4^4=1+28\times15+70\times1=491$. 因此,根据对应原理,符合条件的数列 $\{a_n\}$ 的个数为 491.

6. 将 A 中每个数与 B 中每个数相加,则 A 中每个数计算了 4 次,B 中每个数计算了 5 次,所得总和为 $4(1+3+5+7+9)+5(2+4+6+18)=250$. 但 $1+4=3+2$,$1+6=3+4=5+2$,$3+6=5+4=7+2$,$5+6=7+4=9+2$,$7+6=9+4$ 被重复计数,其中 $1+4=5$ 和 $7+6=13$ 被多计算了 1 次,$1+6=7,3+$

$6=9,5+6=11$ 被多计算了 2 次,故应减去 $5+13+2(7+9+11)=72$. 所以 C 中所有元素之和等于 $250-72=178$.

7. . 设对于适合条件的某一排列,排在最左边的第一个元素为 $k(1\leqslant k\leqslant 8)$,是在其余 7 个数中,大于 k 的 $8-k$ 个数 $k+1,k+2,\cdots,8$ 必定按递增顺序排列(位置不一定相邻);而小于 k 的 $k-1$ 个数 $1,2,\cdots,k-1$ 必按递减的顺序排列(位置不一定相邻). 事实上,对于任意大于 k 的数 $k+n$,设 $k+n<8$,若 $k+n+1$ 排在 $k+n$ 的左边,则与 $k+n+1$ 相差 1 的另一个数 $k+n+2$ 必排在 $k+n+1$ 的左边,同理,与 $k+n+2$ 相差 1 的另一个数 $k+n+3$ 又必排在 $k+n+2$ 的左边,…,直到 8 必须排在 7 的右边. 这时,8 的左边不存在与 8 相差 1 的数,矛盾! 因此 $k+n+1$ 必定排在 $k+n$ 的右边. 故大于 k 的 $8-k$ 个数 $k+1,k+2,\cdots,8$ 必定按递增的顺序排列. 类似地,小于 k 的 $k-1$ 个数 $1,2,\cdots,k-1$ 必定按递减的顺序排列. 当排在左边的第一个元素 $k(1\leqslant k\leqslant 8)$ 确定后,k 的右边还有 7 个空位,从中取 $8-k$ 个位置按递增顺序填写大于 k 的数(其余 $k-1$ 个位置按递减顺序填写小于 k 的数),选法种数为 C_7^{8-k},当位置选定后,则填写的数也随之唯一确定. 因此,满足题目条件的排列个数为 $\sum_{k=1}^{8}C_7^{8-k}=\sum_{k=0}^{7}C_7^k=2^7=128$.

8. 设共有 n 名选手,该 3 名选手之间比赛的场数为 r,则 $50=C_{n-3}^2+(3\times2-r)$,即 $(n-3)(n-4)=88+2r$,经检验仅当 $r=1$ 时,$n=13$ 为正整数,故该 3 名选手之间的比赛场数为 1.

9. 如图:A 与 B 内栽种植物的方法有 P_6^2 种,若 C 与 B 内栽种同一种植物,则 C 与 D 内栽种植物的方法有 C_5^1 种;若 C 与 B 内栽种不同的植物,则 C 与 D 内栽种植物的方法有 $C_4^1C_4^1$ 种. 故 C 与 D 内栽种植物的方法有 $C_5^1+C_4^1C_4^1$ 种,同理 E 与 F 内栽种植物的方法有 $C_5^1+C_4^1C_4^1$ 种,故符合要求的不同栽种方法共有 $P_6^2(C_5^1+C_4^1C_4^1)^2=13230$ 种.

A	C	E
B	D	F

(第 9 题)

10. 先考虑甲获胜的比赛过程. 设甲队第 i 号队员获胜了 x_i 场 $(i=1,2,\cdots,7)$,于是 $x_1+x_2+x_3+x_4+x_5+x_6+x_7=7$,且甲队获胜的比赛过程与不定方程 $x_1+x_2+\cdots+x_7=7$ 的非负整数解组 $(x_1,x_2,\cdots,x_7)$ 成一一对应,故甲队获胜的不同比赛过程的数目等于不定方程 $x_1+x_2+\cdots+x_7=7$ 的非负整数解组的数目 C_{13}^6. 同理,乙队获胜的比赛过程的数目也为 C_{13}^6. 故不同的比赛过程共有 $2C_{13}^6=3432$ 种.

11. 用 $[a_1a_2\cdots a_k]_p$ 表示 k 位 p 进制数,将集合 M 中每个数乘以 7^4 得 $M'=\{a_1\cdot7^3+a_2\cdot7^2+a_3\cdot7^1+a_4\mid a_i\in T,i=1,2,3,4\}=\{[a_1a_2a_3a_4]_7\mid a_i\in T,i=1,2,3,4\}$,$M'$ 中最大数为 $[6666]_7=[2400]_{10}$. 从 2400 起从大到小排列的第 2005 个数是 $2400-2004=396$,而 $[396]_{10}=[1104]_7$,将此数除以 7^4 便得所求的数为 $\dfrac{1}{7}+\dfrac{1}{7^2}+\dfrac{0}{7^3}+\dfrac{4}{7^4}$.

12. 因方程 $x_1+x_2+\cdots+x_k=m$ 的非负整数解的个数为 C_{m+k-1}^m,而使 $x_1\geqslant1,x_i\geqslant0(2\leqslant i\leqslant k)$ 的非负整数的个数为 C_{m+k-2}^{m-1},设取 $m=7$,可得 k 位"吉祥数"的个数为 $p(k)=C_{k+5}^6$. 因 2005 是形如 $\overline{2abc}$ 的数中最小的一个"吉祥数",且 $p(1)=C_6^6=1$,$p(2)=C_7^6=7$,$p(3)=C_8^6=28$,对于四位"吉祥数"$\overline{1abc}$,其个数是不定方程 $a+b+c=6$ 的解的个数,即 $C_{6+2}^6=28$. 故 2005 是第 $1+7+28+28+1=65$ 个"吉祥数". 即 $a_{65}=2005$. 从而 $n=65,5n=325$. 又 $p(4)=C_9^6=84$,$p(5)=C_{10}^6=210$,而 $\sum_{k=1}^{5}p(k)=330$,从大到小最后六个五位"吉祥数"是 $a_{330}=70000$,$a_{329}=61000$,$a_{328}=60100$,$a_{327}=60010$,$a_{326}=60001$,$a_{325}=52000$. 故 $a_{5n}=a_{325}=52000$.

13. 设 $x^n+a_1x^{n-1}+\cdots+a_{n-1}x+a_n=0$ 的 n 个实根为 $x_1,x_2,\cdots,x_n$. 则一方面,由韦达定理 x_1^2+

$x_2^2+\cdots+x_n^2=(\sum\limits_{i=1}^{n}x_i)^2-2\sum\limits_{1\leqslant i<k\leqslant n}x_ix_k=a_1^2-2a_2$. 另一方面,由算术－几何平均值不等式及韦达定理有 $x_1^2+\cdots+x_n^2\geqslant n\sqrt[n]{x_1^2x_2^2\cdots x_n^2}=n(a_n^2)^{\frac{1}{n}}$, 当且仅当 $x_1^2=x_2^2=\cdots=x_n^2$ 时取等号,故有 $a_1^2-2a_2\geqslant n(a_n^2)^{\frac{1}{n}}$. 用 $a_i=\pm1$ 代入得 $n\leqslant1\pm2$,即 $n\leqslant3$. 根据上面的论证,不难得出符合要求的全体多项式为 $x-1,x+1,x^2+x-1$, $x^2-x-1,x^3+x^2-x-1,x^3-x^2-x+1$.

14. 一方面,k 天末所有选手得分的总和为 $k(1+2+\cdots+n)=\dfrac{1}{2}kn(n+1)$. 另一方面因 k 天末每两名选手的总分之和均为 52 分,故 k 天末所有选手得分的总和又等于 $\dfrac{1}{n-1}C_n^2\cdot52=26n$, 于是 $\dfrac{1}{2}kn\cdot(n+1)=26n$, 即 $k(n+1)=52$, 从而 $(n,k)=(51,1),(25,2),(12,4),(3,13)$. 不难检验,其中只有 $(51,1)$ 这一对数不是问题的解,故所求的数对 (n,k) 只有 3 对: $(25,2),(12,4),(3,13)$.

15. 因 $3,4,5$ 的最小公倍数为 60,记 $S=\{1,2,\cdots,60\}$, $A_i=\{k\mid k\in S$ 且 k 被 i 整除$\}(i=3,4,5)$, 则 S 中没有被划去的数组成的集合为 $(\overline{A}_3\cap\overline{A}_4\cap\overline{A}_5)\cup A_5$, 由容斥原理可算出 $|(\overline{A}_3\cap\overline{A}_4\cap\overline{A}_5)\cup A_5|=36$. 记 $P=\{a_1,a_2,\cdots,a_{36}\}$, 其次可以证明数列 $\{a_n\}$ 中的项由且仅由形如 $k\cdot60+r$(k 为非负整数,$r\in P$)的数组成. 又 $2003=36\times55+23$, 所以 $a_{2003}=60\times55+a_{23}$, 而 $a_{36}=60,a_{35}=59,a_{34}=58,a_{33}=55,a_{32}=53,a_{31}=50,a_{30}=49,a_{29}=47,a_{28}=46,a_{27}=45,a_{26}=43,a_{25}=41,a_{24}=40,a_{23}=38$, 故 $a_{2003}=60\times55+38=3338$.

16. 设 S 表示 n 对夫妻一共能产生的不同全排列组成的集合, A_i 表示其中第 i 对夫妻相邻的全排列集合,则由容斥原理可算出所求排列的总数为 $|\overline{A}_1\cap\overline{A}_2\cap\cdots\cap\overline{A}_n|=(2n)!-C_n^1\cdot2(2n-1)!+C_n^2\cdot2^2\cdot(2n-2)!-\cdots+(-1)^kC_n^k2^k(2n-k)!+\cdots+(-1)^nC_n^n\cdot2^n\cdot n!$.

17. 本题等价于将 8 只不同的球放入 6 个不同的盒子,恰有 2 个盒子空着的放法数. 从 6 个盒子取 2 个盒子的方法数为 C_6^2, 将 8 个不同的球放入剩下 4 个不同的盒子(没有空盒)的方法数为 $f(8,4)$, 则总的方法数为 $C_6^2f(8,4)$, 其中 $f(8,4)$ 可利用 §2-5 中例 2(1)的结论得 $f(8,4)=4^8-C_4^13^8+C_4^22^8-C_4^31^8+C_4^4\cdot0^8=40828$. 故所求方法数为 $C_6^2\cdot f(8,4)=612360$.

18. 设 S_n 的奇子集集合为 A_n, 偶子集集合为 B_n, 所有奇子集的容量之和为 X_n, 所有偶子集的容量之和为 Y_n, 并记 $|A_n|=a_n,|B_n|=b_n$. (1)对任意 $A\in A_n$, 若 $1\in A$, 则令 A 与 B_n 中的 $B=A\backslash\{1\}$ 对应;若 $1\notin A$, 则令 A 与 B_n 中的 $B=A\cup\{1\}$ 对应, 这个对应是 A_n 与 B_n 间的一一对应, 所以 $a_n=|A_n|=|B_n|=b_n$. (2)$n=3$ 时,奇子集有 4 个:$\{1\},\{3\},\{1,2\},\{2,3\}$, 偶子集也有 4 个:$\varnothing,\{2\},\{1,3\},\{1,2,3\}$, 所以 $|X_3|=|Y_3|=12$. 当 $n\geqslant4$ 时,若 n 为偶数,则 S_n 的奇子集分为两类:一类为 S_{n-1} 中奇子集,另一类为 S_{n-1} 中的奇子集与 $\{n\}$ 的并集,所以 $X_n=X_{n-1}+(X_{n-1}+na_{n-1})=2X_{n-1}+na_{n-1}$($n$ 为偶数). 这时 S_n 的偶子集也有 2 类:一类为 S_{n-1} 的偶子集,另一类为 S_{n-1} 的偶子集与 $\{n\}$ 的并集,所以 $Y_n=Y_{n-1}+(Y_{n-1}+nb_{n-1})=2Y_{n-1}+nb_{n-1}$($n$ 为偶数). 当 n 为奇数时,类似可得 $X_n=X_{n-1}+(X_{n-1}+nb_{n-1})=2X_{n-1}+nb_{n-1}$ 及 $Y_n=2Y_{n-1}+na_{n-1}$. 最后用归纳法证明 $X_n=Y_n(n\geqslant3)$. 因为 $X_3=Y_3$, 设 $X_k=Y_k(k\geqslant3)$, 由(1)已知 $a_k=b_k$, 故当 $k+1$ 为偶数时,$X_{k+1}=2X_k+na_k=2Y_k+nb_k=Y_{k+1}$; 当 $k+1$ 为奇数时,$X_{k+1}=2X_k+nb_k=2Y_k+na_k=Y_{k+1}$. 故对一切 $n\geqslant3$, $X_n=Y_n$. (3)因 S_n 中每个数出现在 S_n 的 2^{n-1} 个子集之中,所以 $X_n+Y_n=2^{n-1}(1+2+\cdots+n)=2^{n-2}n(n+1)$. 又 $X_n=Y_n$, 所以 $X_n=\dfrac{1}{2}\cdot(X_n+Y_n)=2^{n-3}n(n+1)$.

19. 记 $a_n=b_n-c_n$, 其中 $b_n=2^n,c_n=n^2$, 于是 $b_{n+3}=8\cdot2^n\equiv2^n=b_n\pmod7$, $c_{n+7}=(n+7)^2\equiv n^2=c_n\pmod7$, 所以 $a_{n+21}=b_{n+21}-c_{n+21}\equiv b_n-c_n=a_n\pmod7$. 又 $a_1,a_2,\cdots,a_{21}$ 中仅有 6 项:$a_2=0,a_4=0,a_5=7,a_6=28,a_{10}=924,a_{15}=32543$ 被 7 整除,又 $9999=476\times21+3$ 且 a_1,a_2,a_3 中仅有 a_2 一项被 7 整除,所以小于 10^4 的正整数 n 而使 $a_n=2^n-n^2$ 被 7 整除的 n 的个数为 $476\times6+1=2857$.

20. 令 $y_i=2x_i-1(i=1,2,\cdots,2n)$, B 表示不定方程 $y_1+y_2+\cdots+y_{2n}=0$ 满足约束条件:$y_1+y_2+\cdots+y_j<0(1\leqslant j\leqslant2n-1)$ 及 $-1\leqslant y_j\leqslant1(1\leqslant j\leqslant2n)$ 的整数解 $(y_1,y_2,\cdots,y_{2n})$ 的全体,则 $|A|=|B|$. 令

$b_j = y_1 + y_2 + \cdots + y_j (1 \leqslant j \leqslant 2n)$,因 $-1 \leqslant b_1 \leqslant 1$ 且 $b_1 < 0$,所以 $b_1 = -1$. 因 $b_{2n} = b_{2n-1} + y_{2n} = 0$,$-1 \leqslant y_{2n} \leqslant 1$ 且 $b_{2n-1} = -y_{2n} < 0$,所以 $b_{2n-1} = -1$,从而 $y_{2n} = 1$. 在直角平面上自左向右依次连接下列格点 $(1, b_1)$,$(2, b_2)$,$\cdots$,$(2n-1, b_{2n-1})$ 得到一条折线,这条折线与 x 轴不相交,记具有这种性质的折线的全体为 D,则 $|A| = |B| = |D|$. 由 §2-6 中定理的推论得 $|A| = |B| = |D| = C_{2n-2}^{n-1} - C_{2n-2}^{n-2} = \dfrac{1}{n} C_{2n-2}^{n-1}$.

21. 以 $2n-1$ 元有序组 $(a_0, a_1, \cdots, a_{2n-2})$ 表示取球方法,其中 $a_0 = 0$. 当第 k 次取出白球时 $a_k = 1$,当第 k 次取出黑球时,$a_k = -1$. 令 $b_k = a_1 + a_2 + \cdots + a_k (k = 0, 1, \cdots, 2n-2)$,则有 $b_0 = 0$,$b_{2n-2} = 0$,$b_k \geqslant 0$. 仿照上题可得取法种数为 $C_{2n-2}^{n-1} - C_{2n-2}^{n} = \dfrac{1}{n} C_{2n-2}^{n-1}$.

22. 按乒乓球新规则,打完第 16 球时,比分应是 10：6,因此甲一直领先的比分序列个数等于以 $(1, 1)$,$(16, 4)$ 为端点且与 x 轴不相交的折线的条数,即 $C_{15}^9 - C_{15}^{10} = \dfrac{2}{5} C_{15}^6$.

23. (1) 如图,$N = \{1, 2, 3, 4, 5, 6\}$,置换群 G 中的置换分为 4 类：

第一类是恒等置换,只有一个,即 $P_1 = I = (1)(2)(3)(4)(5)(6)$.

第二类是以对顶连线为轴逆时针方向分别旋转 $90°$,$180°$,$270°$ 的置换,这类置换共有 $3 \times 3 = 9$ 个. 例如以过顶点 1,6 的直线 $u_1 u_1'$ 逆时针方向分别旋转 $90°$,$180°$,$270°$ 的置换分别为

$P_2 = (1)(2345)(6)$,$P_3 = (1)(24)(35)(6)$,

$P_3 = (1)(5432)(6)$.

第三类是以对棱中点的连线为轴旋转 $180°$ 的置换,这类置换共有 6 个. 例如以 $v_1 v_1'$ 为轴旋转 $180°$ 的置换为 $P_{11} = (16)(23)(45)$.

第四类是以对面中心连线为轴逆时针方向分别旋转 $120°$,$240°$ 的置换,这类置换有 $4 \times 2 = 8$ 个. 例如以 $w_1 w_1'$ 为轴逆时针方向分别旋转 $120°$,$240°$ 的置换为

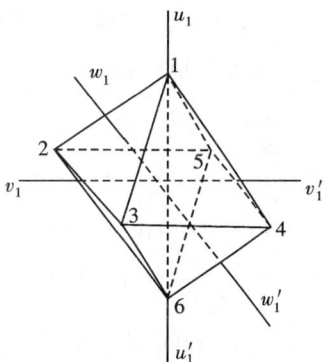
（第 23 题）

$P_{17} = (123)(456)$,$P_{18} = (321)(654)$.

故 G 中共由 $1 + 9 + 6 + 8 = 24$ 个置换. 由定理 1 得不同的染色方案数为

$$M = \frac{1}{24} \sum_{i=1}^{24} m^{C(P_i)} = \frac{1}{24}(m^6 + 6m^3 + 3m^4 + 6m^3 + 8m^2)$$

$$= \frac{1}{24}(m^6 + 3m^4 + 12m^3 + 8m^2).$$

(2) 类似可得染色方案数为 $\dfrac{1}{24}(m^8 + 17m^6 + 6m^2)$.

24. 设 $A_1, A_2, \cdots, A_k$ 分别是这 k 个人买的不同的书组成的集合,而他们一共买的不同种类的书组成的集合为 $B = \{b_1, b_2, \cdots, b_m\}$,且 B 中每种书都恰有 x 个人购买. 依题意得：(1) $|A_j| = 2(k-3)(j = 1, 2, \cdots, k)$；(2) $|A_i \cap A_j| = k - 3 (1 \leqslant i < j \leqslant k)$. 如果 $b_j \in A_i (1 \leqslant i \leqslant k, 1 \leqslant j \leqslant m)$,那么将 (A_i, b_j) 配成一对. 设这样的对子共有 N 对. 一方面,由已知条件 (1) 知对任意 A_i, b_j 有 $2(k-3)$ 种取法,又 $i = 1, 2, \cdots, k$,故 $N = k \cdot 2(k-3) = 2k(k-3)$；另一方面,对任意 b_j,b_j 恰属于 $A_1, A_2, \cdots, A_j$ 中 x 个集合,又 $j = 1, 2, \cdots, m$,故 $N = mx$,于是可得 $mx = 2k(k-3)$ ①. 如果 $b_t \in A_i \cap A_j (1 \leqslant t \leqslant m, 1 \leqslant i < j \leqslant k)$,那么将 $(b_t; A_i, A_j)$ 组成三元组,设这样的三元组共有 M 个. 一方面,由 $|A_i \cap A_j| = k - 3$ 知含 A_i 与 $A_j (1 \leqslant i < j \leqslant k)$ 的三元组有 $k-3$ 个,而 A_i 与 $A_j (1 \leqslant i < j \leqslant k)$ 有 C_k^2 种取法,故 $M = \sum_{1 \leqslant i < j \leqslant k} |A_i \cap A_j| = (k-3) C_k^2 = \dfrac{1}{2} k(k-1)(k-3)$ ②. 另一方面,每个 b_t 属于 $A_1, A_2, \cdots, A_k$ 中 x 个集合,故可形成 C_x^2 个含 b_t 的三元组,又 $t = 1, 2, \cdots, m$,故 M

$=\sum_{t=1}^{m}C_{x}^{2}=mC_{x}^{2}=\frac{1}{2}mx(x-1)$　③. 由②，③并用①代入得 $\frac{1}{2}k(k-1)(k-3)=\frac{1}{2}mx(x-1)=\frac{1}{2}\cdot 2k(k$

$-3)\left[\frac{2k(k-3)}{m}-1\right]$. 解出 m，得 $m=\frac{4k(k-3)}{k+1}=4(k-4)+\frac{16}{k+1}$，因 m,k 均为正整数，故 $k+1$ 整除 16，又

k 是大于 3 的素数，故 k 只有唯一解：$k=7$，这时有 $m=14,|A_{j}|=2(k-3)=8(1\leqslant j\leqslant 7),(A_{i}\cap A_{j})=k-3$

$=4$. 下列实例满足题目所有条件：$A_1=\{b_1,b_2,b_3,b_4,b_5,b_6,b_7,b_8\},A_2=\{b_1,b_2,b_3,b_4,b_9,b_{10},b_{11},b_{12}\},A_3$

$=\{b_1,b_2,b_5,b_6,b_9,b_{10},b_{13},b_{14}\},A_4=\{b_5,b_6,b_7,b_8,b_9,b_{10},b_{11},b_{12}\},A_5=\{b_3,b_4,b_7,b_8,b_9,b_{10},b_{13},b_{14}\},A_6$

$=\{b_1,b_3,b_5,b_7,b_{11},b_{12},b_{13},b_{14}\},A_7=\{b_2,b_4,b_6,b_8,b_{11},b_{12},b_{13},b_{14}\}$. 综上可知，共有 7 人买书，他们一共买

了 14 种不同的书.

25. 我们先给出下列引理. 设 p 为素数，正整数 $n=n_0+n_1p+n_2p^2+\cdots+n_tp^t,0\leqslant n_i\leqslant p-1(n_i\in\mathbf{N})$，

$0\leqslant i\leqslant t$. 若 $n=e_0+e_1p+e_2p^2+\cdots+e_tp^t$，其中 $e_i\in\mathbf{N},e_i\geqslant 0,0\leqslant i\leqslant t$，则：(1)对每个 $0\leqslant i\leqslant t,n_0+n_1+\cdots+$

$n_i\leqslant e_0+e_1+\cdots+e_i$；(2)如果 $n_0+n_1+\cdots+n_t=e_0+e_1+\cdots+e_t$，那么 $n_i=e_i(0\leqslant i\leqslant t)$. 此引理可用数学归

纳法去证明，这里省略，留给读者自己去完成. 现求原问题的解，设 p 为素数，$n\in\mathbf{N}^+,a\in\mathbf{N}$，如果 $p^a|n$，而

$p^{a+1}\nmid n$，那么记 $V_p(n)=a$，于是 $V_p(n!)=\sum_{k=1}^{+\infty}\left[\frac{n}{p^k}\right]$. 若 $n=n_0+n_1p+n_2p^2+\cdots+n_tp^t,n_i\in\mathbf{N},0\leqslant n_i\leqslant p-$

$1,0\leqslant i\leqslant t$. 则 $V_p(n!)=(n_1+n_2p+\cdots+n_tp^{t-1})+(n_2+n_3p+\cdots+n_tp^{t-2})+\cdots+(n_{t-1}+n_tp)+n_t=$

$n_1\left(\frac{p-1}{p-1}\right)+n_2\left(\frac{p^2-1}{p-1}\right)+\cdots+n_t\left(\frac{p^t-1}{p-1}\right)=\frac{n-(n_0+n_1+\cdots+n_t)}{p-1}$①. 不妨设 $a=a_0+a_1p+\cdots+a_tp^t,b=$

$b_0+b_1p+\cdots+b_tp^t,c=c_0+c_1p+\cdots+c_tp^t,a_i,b_i,c_i\in\mathbf{N},0\leqslant a_i,b_i,c_i\leqslant p-1,0\leqslant i\leqslant t$，其中 $a+b+c=n$. 于

是 $p\nmid\dfrac{n!}{a!\ b!\ c!}$，当且仅当 $V_p(n!)=V_p(a!)=V_p(b!)+Vp(c!)$. 故由①知 $p\nmid\dfrac{n!}{a!\ b!\ c!}$，当且仅当 $\sum_{i=0}^{t}n_i=\sum_{i=0}^{t}(a_i$

$+b_i+c_i)$. 再利用引理知 $p\nmid\dfrac{n!}{a!\ b!\ c!}$，当且仅当 $n_i=a_i+b_i+c_i(0\leqslant i\leqslant t)$. 因为不定方程 $a_i+b_i+c_i=n_i$ 的非

负整数解的个数为 $C_{n_i+2}^2(0\leqslant i\leqslant t)$，所以，满足题目条件的三元数组 (a,b,c) 的个数为 $|S_n|=C_{n_0+2}^2 C_{n_1+2}^2\cdots$

$\cdot C_{n_t+2}^2$.

习题 B

26. 对任意一个排列，设它的第 i 行，第 j 列处的元素为 a_{ij}. 若取出的 $2n$ 个数中有两个数 a_{ij},a_{kl} 同时

被取出两次，即它们既是所在列的最大数又是所在行的最小数. 因每列只有一个最大数，每行只有一个最

小数，所以 a_{ij} 与 a_{kl} 既不同行，又不同列，于是 $a_{ij}>a_{kj}>a_{kl}$ 且 $a_{ij}<a_{il}<a_{kl}$，矛盾. 故对任意一个排列至多只

有一个数被取出两次，即对任意排列至少取出了 $2n-1$ 个不同的数. 设恰好取出 $2n-1$ 个数的任意一个排

列是 p，这个排列中被取出两次的数为 x，于是，x 所在行和列共有 $2n-1$ 个不同的数，与 x 同行的 $n-1$ 个

数都大于 x，而与 x 同列的 $n-1$ 个数都小于 x. 从 n^2 个数中取 $2n-1$ 个数有 $C_{n^2}^{2n-1}$ 种取法，这 $2n-1$ 个数

中大小居中的设为 x，将 x 放入 $n\times n$ 数表中有 n^2 种方法，将比 x 大的 $n-1$ 个数放入 x 所在的行中有

$(n-1)!$ 种方法，将比 x 小的 $n-1$ 个数放入 x 所在列中有 $(n-1)!$ 种方法，剩下 n^2-2n+1 个数任意放入

剩下的 n^2-2n+1 位置有 $(n^2-2n+1)!$ 种方法，故恰好取出 $2n-1$ 个数的排列有 $C_{n^2}^{2n-1}\cdot n^2\cdot(n-1)!$

$(n-1)!\ (n^2-2n+1)!$ 个. 又 $n\times n$ 数表的排列共有 $(n^2)!$ 个，故恰取出 $2n$ 个数的排列有 $(n^2)!-C_{n^2}^{2n-1}\cdot$

$n^2(n-1)!\ (n-1)!\ (n^2-2n+1)!$ 个.

27. 当 $n=2m+1$ 为奇数时，因正 $2m+1$ 边形任意两顶点的连线或是正 $2m+1$ 边形的一条边或与正

$2m+1$ 边形的一边平行，且正 $2m+1$ 边形的任意四个顶点不是一个矩形的四个顶点，故符合条件的梯形

必有一底边与正 $2m+1$ 边形的边平行，而有一底边与正 $2m+1$ 边形的一边平行的梯形有 C_m^2. 故 n 为

奇数时，符合条件的梯形有 $(2m+1)C_m^2=nC_{\frac{n-1}{2}}^2$ 个；当 $n=2m$ 为偶数时，设以正 $2m$ 边形的顶点为顶点的矩

形和梯形组成的集合为 S，则 S 中的四边形可分为两类：(1)有一组对边与正 $2m$ 边形的一边平行或重合，

这样的四边形有 mC_m^2 个;(2)有一组对边与正 $2m$ 边形的直径(即最长的对角线)垂直,这样的四边形有 mC_m^2-1 个.两类四边形共有 $mC_m^2+mC_m^2-1$ 个四边形,而 S 中的每个矩形由正 $2m$ 边形的两条直径(即矩形的两条对角线)确定,故 S 中的矩形共有 C_m^2 个.而前述计数中每个矩形被计算了两次(因每个矩形的两组对边都平行),因此当 $n=2m$ 为偶数时,满足条件的梯形个数为 $m(C_m^2+C_m^2-1)-2C_m^2=m(m-1)(m-2)=6C_m^3=6C_{n/2}^3$.

28. 对 $m,p\in A$,若 $m+p\in M$,则称 m 与 p 相关,易知与 1 相关的数仅为 $2n$ 与 $4n+2$;与 $2n$ 和 $4n+2$ 相关的数是 1 和 $2n+3$;与 $2n+3$ 相关的数是 $2n$ 和 $4n+2$,故 $1,2n+3,2n,4n+2$ 分为两组 $\{1,2n+3\}$,$\{2n,4n+2\}$,组成一个无序对($\{1,2n+3\},\{2n,4n+2\}$).同样可划分其他各组:($\{2,2n+4\},\{2n-1,4n+1\}$),($\{3,2n+5\},\{2n-2,4n\}$),$\cdots$,($\{n,3n+2\},\{n+1,3n+3\}$),($\{2n+1\},\{2n+2\}$),一共有 $2n+2$ 组,组成 $n+1$ 个无序对(最后一对的每组中仅一个数).由于任意数与且只与其同一对中另一组的数相关,所以任何一对中一组在 A_1 中,另一组必在 A_2 中.反之亦然,且 A_1 与 A_2 中分别都不再有相关的数,故 A 的 M 一划分的个数为 2^{n+1}.

29.(1)考虑任意一个由 3 个依次有公共边的最小正三角形组成的梯形.如图中 $A_1A_3A_4A_5$,设 A_2 为 A_1A_5 的中点,在 A_i 上放置的数为 a_i($i=1,2,3,4,5$),则 $a_1+a_4=a_2+a_3,a_2+a_4=a_5+a_3$,故 $a_1-a_2=a_2-a_5$.上式说明同一直线上三个相邻结点 A_1,A_2,A_5 上放置的 3 个数成等差数列.由于这样的梯形是任取的,故位于同一直线上的结点上所放置的数依次组成等差数列.不妨设 $a\leqslant b\leqslant c$,分四种情形:(ⅰ)当 $a=b=c$ 时,则所有结点上放置的数均相等,所以 $r=0$;(ⅱ)当 $a<b<c$ 时,除 A、C 外设任意一结点放置的数为 x,则 $a<x<c$,所以 $r=AC=1$;(ⅲ)当 $a<b=c$ 时,若 n 为偶数,则 BC 的中点 D 为结点,且 D 上放置的数为 $\frac{1}{2}(b+c)=c$,其

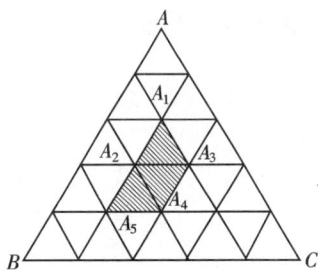

(第29题)

余结点上放置的数均大于 a,小于 b,故 $r=AD=\frac{\sqrt{3}}{2}$;当 n 为奇数时,BC 的中点 D 不是结点,与 D 距离最近的结点 M 到 D 的距离为 $\frac{1}{2n}$,且 M 上放置的数为 $b=c$,故 $r=AM=\sqrt{AD^2+DM^2}=\frac{1}{2n}\sqrt{3n^2+1}$;(ⅳ)当 $a=b<c$ 时,由对称性可得与(ⅲ)相同的结论.综合以上讨论得:当 $a=b=c$ 时,$r=0$;当 $a<b<c$ 时,$r=1$;当 $a<b=c$ 或 $a=b<c$ 且 n 为偶数时,$r=\frac{\sqrt{3}}{2}$;当 $a<b=c$ 或 $a=b<c$ 且 n 为奇数时,$r=\frac{1}{2n}\sqrt{3n^2+1}$.

(2)由(1)中证明不难看出,若 A、B、C 三点上分别放置 b,c,a 或 c,a,b,且保持题目对各结点放置数的要求(ⅱ),则所有结点上放置数的总和仍为 S.把上述三种放法在同一结点上放置的三个数加起来则得到一种新的放法,该放法仍满足题目要求(ⅱ),且 A,B,C 上放置的数都为 $a+b+c$.由(1)中证明知此时各结点上放置的数都为 $a+b+c$,故 $3S=(a+b+c)\times(结点个数)=(a+b+c)\cdot\frac{1}{2}n(n+1)$,所以 $S=\frac{1}{6}n(n+1)(a+b+c)$.

30.设满足要求的 a_n 个 n 位正整数中,个位数字是 1 或 2 的有 b_n 个,个位数字是 0,3,4 或 5 的有 c_n 个.于是易得 $a_n=b_n+c_n$ ①,$b_{n+1}=b_n+2c_n$ ②,$c_{n+1}=4a_n$ ③,从①,②,③可得 $a_{n+1}=5a_n+4a_{n-1}(n\geqslant2)$.又 $a_1=5,a_2=5\times6-2=28$,由 $\frac{a_{n+2}-4a_n}{a_{n+1}}=5=\frac{a_{n+1}-4a_{n-1}}{a_n}$ 得 $a_{n+2}a_n-4a_n^2=a_{n+1}^2-4a_{n+1}a_{n-1}$,所以 $a_{n+2}a_n-a_{n+1}^2=-4(a_{n+1}a_{n-1}-a_n^2)=\cdots=(-4)^{n-1}(a_3a_1-a_2^2)=(-4)^{n-1}[(5\times28+4\times5)\times5-28^2]=(-4)^{n+1}$.再用 $a_{n+2}=5a_{n+1}+4a_n$ 代入上式,整理得 $a_{n+1}^2-5a_{n+1}a_n-4a_n^2=-(-4)^{n+1}$ ④,所以 $4|a_n^2+(-4)^{n+2}=(2a_{n+1}-5a_n)^2(n\in\mathbf{N}_+)$ 是完全平方数,且由④可得 $(a_{n+1}+2a_n)(a_{n+1}-2a_n)=5a_{n+1}a_n-$

$(-4)^{n+1}$，即 $a_n = \dfrac{(a_{n+1}+2a_n)(a_{n+1}-2a_n)+(-4)^{n+1}}{5a_{n+1}}$. 令 $\begin{cases} a_{n+1}+2a_n=2u_n \\ a_{n+1}-2a_n=2v_n \end{cases}$，解出 $a_{n+1}=u_n+v_n$，所以 $a_{n+1}=$

$\dfrac{4[u_n v_n-(-4)^n]}{5(u_n+v_n)}$ $(n \in \mathbf{N}_+)$，由 $a_1=5,a_2=28,a_{n+1}=5a_n+4a_{n-1}$，用数学归纳法不难证明 $n \geqslant 2$ 时 a_n 是递增的偶数列，故 u_n,v_n 均为正整数列.

31. 设 $12k$ 人为 $A_1,A_2,\cdots,A_{12k}$，并设对任意两人，同这两人都认识的人数都为 m. 若 A_t 同 A_i 及 $A_j(i \neq j)$ 都认识，则将 $(A_t;A_i,A_j)$ 组成三元组，用两种方法计算这种三元组的个数得 $12kC_{3k+6}^2=mC_{12k}^2$，于是 $m=$

$\dfrac{12kC_{3k+6}^2}{C_{12k}^2}=\dfrac{(3k+6)(3k+5)}{12k-1}=\dfrac{9k^2+33k+30}{12k-1}$，$4m=\dfrac{36k^2+132k+120}{12k-1}=3k+11+\dfrac{3k+131}{12k-1}$. 若 $12k-1>3k+$

131，即 $k \geqslant 15$，则 $\dfrac{3k+131}{12k-1}$ 不为整数，矛盾. 所以 $1 \leqslant k \leqslant 14$. 经检验，在 $1 \leqslant k \leqslant 14$ 中只有 $k=3$ 使 $\dfrac{3k+131}{12k-1}=4$

为整数，这时 $12k=36,3k+6=15,m=6$. 下面例子说明 $12k=36$ 可以实现. 将 36 人排成一个 6×6 的方阵，并且将每人按下列表格分别染上 $1,2,3,4,5,6$ 这 6 种颜色之一，并规定每个人与他同行或同列或同色的其他 15 人互相认识.

1	2	3	4	5	6
6	1	2	3	4	5
5	6	1	2	3	4
4	5	6	1	2	3
3	4	5	6	1	2
2	3	4	5	6	1

于是对任意 2 人 P 和 Q：(1)当 P、Q 同行时，与 P 和 Q 都认识的 6 人为与 P、Q 同行的其他 4 人，与 P 同色且与 Q 同列的 1 人以及与 Q 同色且与 P 同列的 1 人；(2)当 P、Q 同列时，同(1)类似可知同 P、Q 都认识的有 6 人；(3)当 P、Q 既不同行又不同列且不同色时，同 P、Q 都认识的 6 人为与 P 同色且与 Q 同行或同列的 2 人，与 Q 同色且与 P 同行或同列的 2 人，以及与 P 同行且与 Q 同列的 1 人，与 Q 同行且与 P 同列的 1 人；(4)当 P、Q 既不同行，也不同列但同色时，同 P、Q 都认识的 6 人为与 P、Q 都同色的其他 4 人，与 P 同行且与 Q 同列的 1 人以及与 Q 同行且与 P 同列的 1 人. 综上所述，可得参加会议的人数为 36 人.

32. 首先 $1 \in B$. 事实上，若 $1 \in A$，则对任意 $b \in B$，由已知条件(3)有 $1 \times b=b \in A$. 矛盾！其次，我们证明下列几个结论：引理 1：对任意 $a \in A,b \in B,k \in \mathbf{N}^+$，只要 $ka+b \leqslant n$，则 $ka+b \in B$. 事实上，连续应用已知条件(2)可得 $a+b \in B$，$a+(a+b)=2a+b \in B$，$\cdots$，$a+[(k-1)a+b]=ka+b \in B$；引理 2：若 $a \in A$，则 $a-1$ 的所有正因数都属于 B. 事实上，设 $a-1=ka'$（a' 是 $a-1$ 的一个正因数）. 若 $a' \in A$，又 $1 \in B$，于是由引理 1 有 $ka'+1=a \in B$. 矛盾！引理 3：若 $a \in A,b \in B$ 且 $a>b$，是 $a-b \in B$. 事实上，若 $a-b \in A$，又 $b \in B$，由已知条件(2)有 $(a-b)+b=a \in B$. 矛盾！引理 4：若 $b \in B,2 \mid b$，则 $\dfrac{b}{2} \in B$. 事实上，若 $\dfrac{b}{2} \in A$，又已知 $19 \in A$，2 是 $19-1=18$ 的一个正因数，故 $2 \in B$. 由已知条件(3)有 $\dfrac{b}{2} \times 2=b \in A$，矛盾！由上述引理可得下列结论：结论 1：$B_0=\{1,2,3,\cdots,16,17,18\} \subseteq B$，进一步 S 内所有非 19 的倍数 $19k+b \in B,k \in N_0,b \in B_0$. 事实上，由 $19 \in A$ 及引理 2 得 $\{18,9,6,3,2,1\} \subseteq B$，又 $19 \in A$，交替利用引理 3 和 4 可得 $\{10,13,16,17\} \subseteq B$，$\{5,8,4,2\} \subseteq B$，$\{14,11,15,17\} \subseteq B$，$\{7\} \subseteq B$，$\{12\} \subseteq B$，于是 $B_0=\{1,2,3,\cdots,17\} \subseteq B$. 再由引理 1 知 S 内一切非 19 的倍数 $19k+b \in B(k \in N_0,b \in B_0)$. 结论 2：$S$ 内所有 19 的倍数都属于 A. 事实上，若 $19 \nmid n$，由结论 1 知 $n \in B$，又 $19 \in A$，再由已知条件(3)得 $19n \in A$；若 $19 \mid n$. 设 $n=19t$. 若 $19n=19^2t \in B$，又 $19 \in A$，由已知条件有(2)得 $19+19^2t=19(19t+1) \in B$. 但由引理 1 有 $19t+1 \in B$. 再由已知条件(3)得 $19(19t+1) \in A$，矛盾！

故 $19n \in A$. 总之, S 内所有 19 的倍数都属于 A. 由结论 1 和 2 得 $A = \{19t \mid t = 1, 2, 3, \cdots, \left[\frac{n}{19}\right]\}$, $B = S -$ A. 且易验证构造的集合 A 和 B 满足题目条件(1),(2),(3). 故 A 中元素的个数为 $|A| = \left[\frac{n}{19}\right]$.

33. 假设共有 S_n 个满数列,用枚举法可得 $S_1 = 1, S_2 = 2, S_3 = 6$. 于是我们猜想 $S_n = n!$. 为证明这一结论成立,我们只须证明 $\{1, 2, \cdots, n\}$ 的所有满数列构成的集合 X_n 与 $\{1, 2, \cdots, n\}$ 的所有全排列构成的集合 Y_n 成一一对应. 设 $a_1, a_2, \cdots, a_n$ 是一个满数列, $r = \max\{a_1, a_2, \cdots, a_n\}$, 于是从 1 到 r 的正整数都在这个数列中出现. 记 $S_k = \{i \mid a_i = k\}$ $(1 \leqslant k \leqslant r)$ 为 k 在此数列中出现位置所在的项的项数组成的集合, 于是 S_k 非空, 且 $\{1, 2, \cdots, n\} = S_1 \bigcup S_2 \bigcup \cdots S_r, S_i \bigcap S_j = \varnothing$ $(1 \leqslant i < j \leqslant r)$, 并且当 $2 \leqslant k \leqslant r$ 时 S_{k-1} 中最小数小于 S_k 中最大数. 我们先将 S_1 中元素按递减顺序写下来, 接着将 S_2 中元素按递减顺序写下来, $\cdots$, 最后将 S_r 的元素按递减顺序写下来便得到 $\{1, 2, \cdots, n\}$ 的一个排列 $b_1, b_2, \cdots, b_n$, 令 $a_1, a_2, \cdots, a_n$ 与 $b_1, b_2, \cdots, b_n$ 对应, 就得到一个从 X_n 到 Y_n 的映射 f. 因为不同的满数列对应的子集 S_k $(1 \leqslant k \leqslant r)$ 不全相同, 所以 f 是单射, 反过来, 对 $\{1, 2, \cdots, n\}$ 的任意排列 $b_1, b_2, \cdots, b_n$ 存在正整数列 $n_1 < n_2 < \cdots < n_r = n$ 使 $b_1 > b_2 > \cdots > b_{n_1}$, 但 $b_{n_1} < b_{n_1+1}, b_{n_1+1} > b_{n_1+2} > \cdots > b_{n_2}$ 但 $b_{n_2} < b_{n_2+1}, \cdots, b_{n_{r-1}+1} > b_{n_{r-1}+2} > \cdots > b_{n_r}$ $(n_r = n)$. 记 $S_k = \{b_{n_{k-1}+1}, b_{n_{k-1}+2}, \cdots, b_{n_k}\}$ $(k = 1, 2, \cdots, r, n_0 = 1)$. 当 $j \in S_k$, 令 $a_j = k$ $(1 \leqslant k \leqslant r)$. 则数列 $a_1, a_2, \cdots, a_n$ 为满数列, 且在 f 作用下 $a_1, a_n, \cdots, a_n$ 对应到 $b_1, b_2, \cdots, b_n$. 故 f 为满射, 从而 f 为双射, 所以 $S_n = |X_n| = |Y_n| = n!$.

34. 首先证明:有鸟最多的圆上至少有 5 只鸟. 因为每个共圆 4 鸟组含于 $C_6^4 = 6$ 个 5 鸟组之中, 设总共有 X 个共圆 4 鸟组, 则总共含于 $6X$ 个 5 鸟组之中(某些 5 鸟组可能被重复计数), 这 $6X$ 个 5 鸟组包括了一切可能的 5 鸟组(因任意 5 只鸟中必有 4 只共圆), 故 $6X \geqslant C_{10}^5 = 252$, 所以 $X \geqslant 42$. 再考察 3 鸟组, 10 只鸟一共可组成 $C_{10}^3 = 120$ 个 3 鸟组, 但 42 个共圆 4 鸟组可形成 $42C_4^3 = 168$ 个 3 鸟组, 这说明至少有 2 个共圆 4 鸟组含有同一个 3 鸟组, 故至少有 5 只鸟在同一圆上. 其次设 S 是有鸟最多的一个圆周, 则 S 上至少有 5 只鸟 A, B, C, D, E. 假设有两只鸟 U 与 V 不在 S 上, 则 A, B, C 中有 2 只(设为 A 和 B)与 U 及 V 有同一圆周 S_1 上, 并且 C, D, E 中有 2 只(设为 C, D)与 U 及 V 在同一圆周 S_2 上, 再考察 A, C, E, U, V 这 5 只鸟, 其中必有 4 只鸟在同一圆周上, 但 U, V 不在 A, C, E 确定的圆 S 上, 故 A, C, E 中必有 2 鸟与 U, V 在同一圆上;若 A, C, U, V 在同一圆周 S_3 上, 则 S_1 与 S_2 都与 S_3 重合, 从而 S_1, S_2, S_3 都与 S 重合, 导致 U, V 都在 S 上, 矛盾;若 A(或 C)$, E, U, V$ 同在一圆周 S_4 上, 则 S 与 S_1(或 S_2)都与 S_4 重合, 从而 S_1(或 S_2)与 S 重合, 也导致 U, V 都在 S 上, 矛盾. 上述矛盾说明:不在 S 上的鸟至多有 1 只. 综上所述, 我们得到结论:有鸟最多的圆周上至少有 9 只鸟.

35. 同 §3 中例 7 分析可知 A 中只含 f 的映射圈, 并各映射圈中的元素个数的最小公倍数等于 15, 各映射圈中的元素个数之和等于 11. 注意到 $15 = 1 \times 3 \times 5$ 以及 $11 = 5 + 3 + 3$, 且 5,3,3 的最小公倍数为 15 或 $11 = 5 + 3 + 1 + 1 + 1$ 且 5,3,1,1,1 的最小公倍数为 15. 便知 f 只有下列 2 类:(1)A 中含有一个由 5 个元素组成的映射圈及两个由 3 个元素组成的映射圈, 这样的映射 f 有 $C_{11}^5 C_6^3 C_3^3 \cdot 4! \cdot (2!)^2 = \frac{11!}{45}$ 个;(2)A 中含有一个由 5 个元素组成的映射圈及一个含由 3 个元素组成的的映射圈, 而其余 3 个元素为 f 的不动点, 这样的 f 有 $C_{11}^5 C_6^3 \cdot 4! \cdot 2! = \frac{11!}{90}$ 个. 故所求 f 共有 $\frac{11!}{45} + \frac{11!}{90} = \frac{11!}{30}$ 个.

36. 从 Z 中任取 k 个数构成值域 $A = f(Z)$. 于是对于任意 $y \in A$, 存在 $x \in Z$, 使 $f(x) = y \in A$, 故 $f(y) = f(f(x)) = f(x) = y$, 从而对任意 $x_1, x_2 \in A, x_1 \neq x_2, f(x_1) = x_1 \neq x_2 = f(x_2)$, 而由已知条件(iii)知 $Z - A$ 中 $n - k$ 个元素各自对应于 A 中一个象(不同的元素对应不同的象), 故所求映射的个数为 $C_n^k \cdot A_k^{n-k}$ $= \frac{n!}{(n-k)! \ (2k-n)!}$.

37. 记这样数组的个数为 $f(r, n)$. 将每个符合条件的数组 $x_1, x_2, \cdots, x_r$ 中等于 n 的数删去, 若 n 的个

数为 $r-k$，则得到的是 k 元数组，且仍然满足其中至多有 $i-1$ 个数 $\leqslant i(i=1,2,\cdots,n-1)$ 的条件，故这样的数组有 $f(k,n-1)$ 个（约定 $f(0,n-1)=1$）. 删去的 $r-k$ 数在 $x_1,x_2,\cdots,x_r$ 中的位置有 C_r^{r-k} 种，故 $f(r,n)=\sum_{k=0}^{r}C_r^{r-k}f(k,n-1)=\sum_{k=0}^{r}C_r^{k}f(k,n-1)$. 下面用归纳法证明：$f(r,n)=(n-r)\cdot n^{r-1}$. 对于 $n=1$，有 $f(0,1)=1,f(1,1)=0$，命题显然成立. 设 $f(r,n)=(n-r)\cdot n^{r-1}$ 对 $n=t,r$ 为任意数成立，则 $f(r,t+1)=\sum_{k=0}^{r}C_r^{k}f(k,t)=\sum_{k=0}^{t}C_r^{k}(t-k)t^{k-1}=\sum_{k=0}^{r}C_r^{k}t^k-\sum_{k=1}^{t}kC_r^{k}t^{k-1}=(t+1)^r-r\sum_{k=1}^{t}C_{r-1}^{k-1}\cdot t^{k-1}=(t+1)^r-r(t+1)^{r-1}=(t+1-r)\cdot(t+1)^{r-1}$，即 $f(r,n)=(n-r)\cdot n^{r-1}$，对 $n=t+1,r$ 为任意数成立. 故对任意 r,n，$f(r,n)=(n-r)\cdot n^{r-1}$ 成立，故所求 r 元数组有 $(n-r)\cdot n^{r-1}$ 个.

38. 令 $p(n)$ 表示 n 的所有不同划分的个数，并规定 $p(0)=1$，我们考察下面这个量：$S=\sum_{k=0}^{n-1}p(k)$.

首先，在 n 的划分中，第 1 个数为 1 的有 $p(n-1)$ 种，前 2 个数都是 1 的有 $p(n-2)$ 种，$\cdots$，前 $n-1$ 个数都是 1 的有 $p(1)$ 种，前 n 个数字为 1 的有 $p(0)$ 种. 可见在 $S=\sum_{k=0}^{n-1}p(k)$ 中，分划 π 在 $p(n-1),p(n-2),\cdots$，$p(n-A(\pi))$ 中都计算了 1 次，共计算了 $A(\pi)$ 次，故 $S=\sum A(\pi)$. 而另一方面，出现数字 $i(1\leqslant i\leqslant n)$ 的分划共有 $p(n-i)$ 种，因此在 $S=\sum_{k=0}^{n-1}p(k)=\sum_{i=1}^{n}p(n-i)$ 中，分划 π 有几个不同数字，便被计算了几次，也就是每个 π 计算了 $B(\pi)$ 次. 故又有 $S=\sum B(\pi)$，所以 $\sum A(\pi)=\sum B(\pi)$.

39. 以 $4\times4\times4$ 的正方体的底面为基准面，将大正方体划分为平行基准面的四层（每层为 $4\times4\times1$ 长方体），依次用 $1,2,3,4$ 给各层编号. 将各个红正方体投影到基准面上，并在基准面的投影方格内填上该红色正方体所在的层号，这样得到一个 4×4 的方格表，每格内填 $\{1,2,3,4\}$ 中一个数，填同样数的方格既不在同一行也不在同一列，这样一个 4×4 的方格表被称为一个 4 阶拉丁方. 反之，每一个 4 阶拉丁方唯一决定了符合题目要求的一种涂色法. 因此，题目转化为确定：总共有多少不同的 4 阶拉丁方？用 $a_{ij}(i,j=1,2,3,4)$ 表示 4×4 方格表内第 i 行第 j 列处小方格内填入的数，对 $\{1,2,3,4\}$ 的任意排列 $\{a,b,c,d\}$，先考虑 $a_{11}=a,a_{12}=a_{21}=b,a_{13}=a_{31}=c,a_{14}=a_{41}=d$（如图）时的拉丁方的个数. 因 a_{22} 可等于 $\{a,c,d\}$ 中任何一个数，故分 3 种情形：（1）$a_{22}=a$ 时，则 a_{23} 与 a_{32} 只能等于 d,a_{24} 与 a_{42} 只能为 c，然后 a_{33} 可以等于 a 或 b，当 a_{33} 选定后，剩下 a_{34},a_{43},a_{44} 的值是唯一的. 因此，对应此情形的拉丁方恰有 2 个.（2）$a_{22}=c$ 时，a_{24} 与 a_{42} 只能等于 a，从而 a_{23} 与 a_{32} 只能等于 d，然后 a_{34} 与 a_{43} 只能等于 b,a_{44} 只能等于 c,a_{33} 只能等于 a，因此，对应此情形的拉丁方恰有 1 个.（3）$a_{22}=d$ 时，a_{24} 与 a_{42} 只能等于 c，从而 a_{23} 与 a_{32} 只能等于 a，然后，a_{34} 与 a_{43} 只能等于 b，最后，a_{33} 只能等于 d,a_{44} 只能等于 a，因此，对应于此情形的拉丁方也恰有 1 个. 综上知如图所示的拉丁方恰有 4 个. 因 $\{a,b,c,d\}$ 这种排列共有 4! 个，当 $\{a,b,c,d\}$ 取定后，如图所示拉丁方通过交换第 2,3,4 行的置换一共可形成 3! 个不同的拉丁方. 所以 4 阶拉丁方的总数为 4!·3!·4$=(4!)^2=576$. 所以题目所述 16 个红色单位立方体的取法总共有 $(4!)^2=576$ 种.

a	b	c	d
b	a_{22}	a_{23}	a_{24}
c	a_{32}	a_{33}	a_{34}
d	a_{42}	a_{43}	a_{44}

注　考虑更一般的问题：在 $n\times n\times n$ 的大立方体中选取 n^2 个单位立方体涂成红色，要求任何一个由 n 个单位立方体组成的 $1\times1\times n$ 的长方体中恰有一个涂红的单位立方体，问满足上述要求的 n^2 个涂红单位正方体有多少种不同的选取方法？

仿照前面的解答,可将问题转化为求不同的 n 阶拉丁方的数目 L_n. 通常将第 1 行和第 1 列是标准排列 $\{1,2,\cdots,n\}$ 的 n 阶拉丁方数目记为 l_n,于是有 $L_n=n!\cdot((n-1)!)l_n$. 随着 n 的增大,l_n 与 L_n 急速增大. 现已有的结果为 $l_1=1,l_2=1,l_3=1,l_4=4,l_5=56,l_6=9408,l_7=16942080,\cdots$,对于 $n\geqslant5$ 的情形,要分很多种情形,才能不重不漏地算出 l_n,这不可能在短时间内做到. 因此,作为试题选择 $n=4$ 是恰当的.

40. 设 $n=4k$,若存在某个 j,使 $\sigma(j)=j$,则 $\sigma^{-1}(j)=j$,从而 $n+1=\sigma(j)+\sigma^{-1}(j)=2j$,因为 $4|n$,这是不可能的. 故对任意 $i,\sigma(i)\neq i$. 假设 $\sigma(a)=b$,则 $\sigma^{-1}(a)=n+1-b$,即 $\sigma(n+1-b)=a$. 又 $\sigma(b)=n+1-\sigma^{-1}(b)=n+1-a$,即 $\sigma^{-1}(n+1-a)=b$,所以 $\sigma(n+1-a)=n+1-\sigma^{-1}(n+1-a)=n+1-b$,于是我们得到一个周期为 4 的循环圈 $(a,b,n+1-a,n+1-b)$,并且易证这 4 个数互不相同. 所以任意一个这样的排列 σ 是由上述类型的 $\dfrac{n}{4}=k$ 个周期为 4 的循环圈组成,注意到其中 b 与 $n+1-b$ 可以交换,从而可得另一个周期为 4 的循环圈 $(a,n+1-b,n+1-a,b)$. 将 $n=4k$ 个数分成 $2k$ 个数对 $\{j,n+1-j\}(1\leqslant j\leqslant2k)$ 只有 1 种分法. 再将 $2k$ 个数对每 2 对组成一个四元双数对,共有 $\dfrac{1}{k!}C_{2k}^2C_{2k-2}^2\cdots C_2^2=\dfrac{(2k)!}{2^k\cdot k!}$ 种方法. 这里除以 $k!$ 是因为不用考虑选出四元双数对的顺序,而每个四元双数对都对应着 2 个排列,且共有 k 个四元双数时,故所求排列 σ 的个数为 $\dfrac{(2k)!}{2^k\cdot k!}\cdot2^k=\dfrac{(2k)!}{k!}$.

模拟实战二

习题 A

1. 左边 $=\sum\limits_{k=1}^{n}(-1)^{k-1}kC_n^k=\sum\limits_{k=1}^{n}(-1)^{k-1}\cdot nC_{n-1}^{k-1}=n(1-1)^{n-1}=0=$ 右边.

2. 利用 $C_n^kC_k^p=C_n^pC_{n-p}^{n-k}$,得 $\sum\limits_{k=p}^{n}C_n^kC_k^p=C_n^p\sum\limits_{k=p}^{n}C_{n-p}^{n-k}=C_n^p(1+1)^{n-p}=C_n^p\cdot2^{n-p}$.

3. 一方面 $(1-x^2)^n(1-x)^{-n-1}=(\sum\limits_{k=0}^{n}(-1)^kC_n^kx^{2k})\cdot(\sum\limits_{i=1}^{\infty}C_{n+i}^ix^i)$ 中 x^n 的系数为 $\sum\limits_{k=0}^{[\frac{n}{2}]}(-1)^kC_n^kC_n^{n+(n-2k)}=\sum\limits_{k=0}^{[\frac{n}{2}]}(-1)^kC_n^kC_{2n-2k}^n$. 另一方面,$(1-x^2)^n(1-x)^{-n-1}=(1+x)^n(1-x)^{-1}=(\sum\limits_{k=0}^{n}C_n^kx^k)(\sum\limits_{i=0}^{\infty}x^i)$ 中 x^n 的系数为 $\sum\limits_{k=0}^{n}C_n^k=(1+1)^n=2^n$,故等式成立.

4. 一方面,$(1-x)^{-(n+m+1)-1}=\sum\limits_{i=0}^{\infty}C_{n+m+1+i}^ix^i$ 中 $x^{k-(m+n)}$ 的系数为 $C_{m+m+1+k-(n+m)}^{n+m+1}=C_{k+1}^{n+m+1}$. 另一方面,$(1-x)^{-(n+m+1)-1}=(1-x)^{-n-1}(1-x)^{-m-1}=(\sum\limits_{i=0}^{\infty}C_{n+i}^ix^i)(\sum\limits_{j=1}^{\infty}C_{m+j}^mx^j)$ 中 $x^{k-(m+n)}$ 的系数为 $\sum\limits_{i=n}^{k-n}C_{n+i}^n\cdot C_{m+k-(m+n)-i}^m=\sum\limits_{i=n}^{k}C_i^n\cdot C_{k-i}^m$,故 $\sum\limits_{i=n}^{k}C_i^nC_{k-i}^m=C_{k+1}^{n+m+1}$.

5. **证法一** $\sum\limits_{k=1}^{n}\dfrac{(-1)^{k-1}}{k+1}C_n^k=\sum\limits_{k=1}^{n}\dfrac{(-1)^{k-1}}{n+1}C_{n+1}^{k+1}=\dfrac{1}{n+1}\sum\limits_{k=2}^{n+1}(-1)^kC_{n+1}^k=\dfrac{1}{n+1}\Big[-1+C_{n+1}^1+\sum\limits_{k=0}^{n+1}(-1)^kC_{n+1}^k\Big]=\dfrac{1}{n+1}[-1+(n+1)+(1-1)^{n+1}]=\dfrac{n}{n+1}$.

证法二 $\sum\limits_{k=1}^{n}\dfrac{(-1)^{k-1}}{k+1}C_n^k=\sum\limits_{k=1}^{n}(-1)^{k-1}C_n^k\int_0^1x^k\mathrm{d}x=\int_0^1(\sum\limits_{k=1}^{n}(-1)^kC_n^kx^k)\mathrm{d}x=\int_0^1[1-(1-x)^n]\mathrm{d}x=[x+\dfrac{(1-x)^{n+1}}{n+1}]_0^1=1-\dfrac{1}{n+1}=\dfrac{n}{n+1}$.

6. 设 $a_n=\dfrac{1}{m+1}C_n^0-\dfrac{1}{m+2}C_n^1+\dfrac{1}{m+3}C_n^2-\cdots+(-1)^n\dfrac{1}{m+n+1}C_n^n$,则由 $C_n^r=C_{n-1}^r+C_{n-1}^{r-1}$ 及 $C_{n-1}^{r-1}=\dfrac{r}{n}C_n^r$ 得 $\dfrac{1}{m+i}C_{n-1}^{i-2}=\dfrac{1}{m+i}\cdot\dfrac{i-1}{n}C_n^{i-1}=\dfrac{1}{n}(1-\dfrac{m+1}{m+i})C_n^{i-1}=\dfrac{1}{n}C_n^{i-1}-\dfrac{m+1}{n(m+i)}\cdot C_n^{i-1}$,从而有

$$a_n = \frac{1}{m+1}C_{n-1}^0 - \frac{1}{m+2}[C_{n-1}^1 + C_{n-1}^0] + \frac{1}{m+3}[C_{n-1}^2 + C_{n-1}^1] + \cdots + \frac{(-1)^{n-1}}{m+n}[C_{n-1}^{n-1} + C_{n-1}^{n-2}] + \frac{(-1)^n}{m+n+1} \cdot$$

$$C_{n-1}^{n-1} = a_{n-1} - \frac{m+1}{n}a_n, \text{ 即 } a_n = \frac{n}{m+n+1}a_{n-1}, \therefore a_n = \frac{a_n}{a_{n-1}} \cdot \frac{a_{n-1}}{a_{n-2}} \cdot \cdots \cdot \frac{a_2}{a_1} \cdot a_1 = \frac{n}{m+n+1} \cdot \frac{n-1}{m+n} \cdot \cdots \cdot$$

$$\frac{2}{m+3}a_1, \text{ 而 } a_1 = \frac{1}{m+1} - \frac{1}{m+2} = \frac{1}{(m+1)(m+2)}, \therefore a_n = \frac{n! \cdot m!}{(m+n+1)!} = \frac{1}{(m+n+1)C_{m+n}^n}.$$

7. 令 $a_k = \frac{1}{m+1+k}, b_k = \frac{1}{(m+1+k)C_{m+k}^k}$, 于是第 6 题结论可写成为 $\sum_{k=0}^{n}(-1)^k C_n^k a_k = b_n$. 故由组合互

逆公式得 $\sum_{k=0}^{n}(-1)^k C_n^k b_k = a_n$, 即 $\sum_{k=0}^{n} \frac{(-1)^k}{m+1+k} \cdot \frac{C_n^k}{C_{m+k}^k} = \frac{1}{m+n+1}$.

8. **证法一** 设 $f(x) = \sum_{k=1}^{n}(-1)^{k+1}C_n^k \frac{1}{k}[1-(1-x)^k]$, 则 $f(0) = 0$, 且 $f'(x) = \sum_{k=1}^{n}(-1)^{k+1}C_n^k \cdot$

$(1-x)^{k-1} = \frac{1}{1-x}[1 - \sum_{k=0}^{n}(-1)^n C_n^k (1-x)^k] = \frac{1}{1-x}\{1 - [1-(1-x)]^n\} = \frac{1-x^n}{1-x} = 1 + x + \cdots + x^{n-1}$, 所以,

$f(x) = \int_0^x f'(t) dt = \int_0^x (1 + t + t^2 + \cdots + t^{n-1}) dt = x + \frac{x^2}{2} + \cdots + \frac{x^n}{n}$.

证法二 记 $a_n = \sum_{k=1}^{n}(-1)^{k+1}C_n^k \cdot \frac{1}{k}[1-(1-x)^k]$, 利用 $C_n^k = C_{n-1}^k + C_{n-1}^{k-1}$ 及 $\frac{1}{k}C_{n-1}^{k-1} = \frac{1}{n}C_n^k$, 得 $a_n =$

$\sum_{k=1}^{n-1}(-1)^{k+1}[C_{n-1}^k + C_{n-1}^{k-1}] \cdot \frac{1}{k}[1-(1-x)^k] + (-1)^{n+1}C_n^n \cdot \frac{1}{n}[1-(1-x)^n] = a_{n-1} + \frac{1}{n} \cdot \sum_{k=1}^{n}(-1)^{k+1}C_n^k[1-$

$(1-x)^k] + \frac{1}{n}(-1)^{n+1}C_n^n[1-(1-x)^n] = a_{n-1} + \frac{1}{n}\{1 - \sum_{k=0}^{n}(-1)^k C_n^k[1-(1-x)^k]\} = a_{n-1} + \frac{1}{n}\{1 - [(1-$

$1)^n - (1-(1-x))^n]\} = a_{n-1} + \frac{x^n}{n}. \text{ 又 } a_1 = (-1)^2 C_1^1 \cdot \frac{1}{1}[1-(1-x)] = x, \text{ 所以, } a_n = a_1 + \sum_{k=2}^{n}(a_k - a_{k-1}) = x +$

$\sum_{k=2}^{n} \frac{x^k}{k} = x + \frac{x^2}{2} + \cdots + \frac{x^n}{n}$.

9. 令 $a_0 = b_0 = 0, a_k = -\frac{1}{k}[1-(1-x)^k], b_k = x + \frac{x}{2} + \cdots + \frac{x^k}{k}$ $(1 \le k \le n)$, 则由第 8 题有

$\sum_{k=0}^{n}(-1)^k C_n^k a_k = b_n$, 故由组合互逆公式得 $\sum_{k=0}^{n}(-1)^k C_n^k b_k = a_n$, 即 $\sum_{k=1}^{n}(-1)^k C_n^k (x + \frac{x^2}{2} + \cdots + \frac{x^k}{k})$

$= -\frac{1}{n}[1-(1-x)^n]$.

10. $m = 1$ 时, 左边 $= C_n^0 - C_n^1 = -C_{n-1}^1 = $ 右边. 设 $\sum_{k=0}^{m}(-1)^k C_n^k = (-1)^m C_{n-1}^m$, 那么对 $m+1$, 有

$\sum_{k=0}^{m+1}(-1)^k C_n^k = (-1)^m C_{n-1}^m + (-1)^{m+1}C_n^{m+1} = (-1)^{m+1}[C_n^{m+1} - C_{n-1}^m] = (-1)^{m+1}C_{n-1}^{m+1}$.

11. 设 $A_1 \cup A_2 \cup \cdots \cup A_n = \{b_1, b_2, \cdots, b_m\}$, 且 b_i 属于 $A_1, A_2, \cdots, A_n$ 中 r_i 个集合 $(i = 1, 2, \cdots, m)$. 则

$\sum_{i=1}^{n}|A_i| = \sum_{i=1}^{m} r_i, \sum_{1 \le i < j \le n}|A_i \cap A_j| = \sum_{i=1}^{m} C_{r_i}^2, \sum_{1 \le i < j < k \le n}|A_i \cap A_j \cap A_k| = \sum_{i=1}^{m} C_{r_i}^3.$ 于是原不等式 $\Leftrightarrow \sum_{i=1}^{m}(\frac{r_i}{n} +$

$\frac{r_i(r_i-1)(r_i-2)}{n(n-1)(n-3)} - \frac{2r_i(r_i-1)}{n(n-1)}) \ge 0.$ 我们只要证对任意 $i \in \{1, 2, \cdots, m\}$ 有 $\frac{r_i}{n} + \frac{r_i(r_i-1)(r_i-2)}{n(n-1)(n-2)} -$

$\frac{2r_i(r_i-1)}{n(n-1)} \ge 0$ ①, 而 ① $\Leftarrow (n-1)(n-2) + (r_i-1)(r_i-2) - 2(r_i-1)(n-2) \ge 0 \Leftrightarrow (b_i-n)[b_i-(n-1)] \ge$

$0 \Leftrightarrow b_i \le n-1$ 或 $b_i \ge n$ ②, 而②显然成立, 故原不等式成立.

12. 因 n 个市民可以组成 $C_n^2 = \frac{1}{2}n(n-1)$ 个不同的二人组合, 因此, 一定存在某个市民, 曾经议论过

他的二人组合的个数 $m \ge \frac{1}{n}C_n^2 = \frac{1}{2}(n-1)$. 再设有 k 个市民参加了这 m 个二人组合, 于是 $\frac{1}{2}k \cdot (k-1) =$

$C_k^2 \geqslant m \geqslant \frac{n-1}{2}$，因此 $k^2 \geqslant k(k-1)+1 \geqslant n$. 即一定存在一个市民，共有 $k(\geqslant \sqrt{n})$ 个其他市民议论过他.

13. 设第一行填入的 n 个数为 $a_1, a_2, \cdots, a_n$，第二行填入的 n 个数为 $b_1, b_2, \cdots, b_n$. 不妨设 $a_1 \leqslant a_2 \leqslant \cdots \leqslant a_n$.

(1)若 $a_1 + a_2 + \cdots + a_n \leqslant \frac{n+1}{4}$，则只要删去第二行中所有的数就可满足题目要求；(2)若 $a_1 + a_2 + \cdots + a_n > \frac{n+1}{4}$，

设 k 是使 $a_1 + \cdots + a_k > \frac{n+1}{4}$ 的最小下标，于是 $a_1 + a_2 + \cdots + a_{k-1} \leqslant \frac{n+1}{4}$ 且 $a_k \geqslant \frac{a_1 + \cdots + a_k}{k} > \frac{n+1}{4k}$. 这时我们删

去第一行中 $a_k, a_{k+1}, \cdots, a_n$ 及第二行中 $b_1, b_2, \cdots, b_{k-1}$. 只须证明 $b_k + b_{k+1} + \cdots + b_n \leqslant \frac{n+1}{4}$. 事实上，$b_k + b_{k+1} + \cdots$

$+ b_n = (1 - a_k) + (1 - a_{k+1}) + \cdots + (1 - a_n) \leqslant (n - k + 1)(1 - a_k) \leqslant (n - k + 1)(1 - \frac{n+1}{4k}) = n + 1 - k - \frac{(n+1)^2}{4k} +$

$\frac{n+1}{4} = \frac{5}{4}(n+1) - \frac{(2k)^2 + (n+1)^2}{4k} \leqslant \frac{5}{4}(n+1) - \frac{2 \cdot 2k \cdot (n+1)}{4k} = \frac{n+1}{4}$. 证毕.

14. 记 $I = \{p_1, p_2, \cdots, p_n\}$ 为已知 n 个点组成的集合，设 I 中距离为单位长的点对数为 E. 以 p_i 为中心，单位长为半径作 $\odot p_i$，并设 $\odot p_i$ 上有 I 中 e_i 个点 $(i = 1, 2, \cdots, n)$，于是 $e_1 + e_2 + \cdots + e_i = 2E$. 我们称以 I 中点为端点的线段为好线段. 一方面好线段共有 C_n^2 条. 另一方面，$\odot p_i$ 上有 $C_{e_i}^2$ 条弦是好线段，n 个圆共有 $\sum_{i=1}^{n} C_{e_i}^2$ 条弦为好线段，但其中有些公共弦被重复计数了，但 n 个圆的公共弦至多有 C_n^2 条，故不同的好线段至少有 $\sum_{i=1}^{n} C_{e_i}^2 - C_n^2$ 条，所以 $\sum_{i=1}^{n} C_{e_i}^2 - C_n^2 \leqslant C_n^2$. 由哥西不等式得 $2 C_n^2 \geqslant \sum_{i=1}^{n} C_{e_i}^2 = \frac{1}{2}(\sum_{i=1}^{n} e_i^2 - \sum_{i=1}^{n} e_i) \geqslant \frac{1}{2}[\frac{1}{n}(\sum_{i=1}^{n} e_i)^2 -$

$\sum_{i=1}^{n} e_i] = \frac{1}{2n}[4E^2 - 2nE]$，即 $2E^2 - nE - n^2(n-1) \leqslant 0$，所以 $E \leqslant \frac{n + n\sqrt{8n-7}}{4} < \frac{n + n\sqrt{8n}}{4} = \frac{n}{4} + \frac{1}{\sqrt{2}} n^{3/2}$.

15. 设第 i 行的男生数为 a_i，则女生数为 $75 - a_i$. 依题意可知 $\sum_{i=1}^{22}(C_{a_i}^2 + C_{75-a_i}^2) \leqslant 11 C_{75}^2$. 即 $\sum_{i=1}^{22}(a_i^2 -$

$75 a_i) \leqslant -30525 \Rightarrow \sum_{i=1}^{22}(2a_i - 75)^2 \leqslant 1650$. 由柯西不等式得 $[\sum_{i=1}^{22}(2a_i - 75)]^2 \leqslant 22 \sum_{i=1}^{22}(2a_i - 75)^2 \leqslant 36300$. 因此

$\sum_{i=1}^{22}(2a_i - 75) \leqslant 191$，从而 $\sum_{i=1}^{22} a_i < \frac{191 + 75 \times 22}{2} < 921 < 928$.

16. 记 $I = \{A_1, A_2, \cdots, A_{381}\}$ 为已知点组成的集合，设从 A_i 出发的线段有 a_i 条 $(i = 1, 2, \cdots, 381)$，于是 $\sum_{i=1}^{381} a_i = 2l$. 如果结论不成立，那么 $l > 3810$. 我们来证明图中必存在四边形，导致矛盾. 事实上，若 P、Q 都与 A_i 连有线段，则称 (P, Q) 是属于 A_i 的点对，于是分别属于 $A_1, A_2, \cdots, A_{381}$ 的点对数的总和为 $\sum_{i=1}^{381} C_{a_i}^2 =$

$\frac{1}{2}(\sum_{i=1}^{381} a_i^2 - \sum_{i=1}^{381} a_i) \geqslant \frac{1}{2}[\frac{1}{381}(\sum_{i=1}^{381} a_i)^2 - \sum_{i=1}^{381} a_i] = \frac{1}{2 \times 381}[(2l)^2 - 381 \cdot 2l] = \frac{1}{2 \times 381} \cdot (2l)(2l - 381) > \frac{1}{2 \times 381} \times 2 \times$

$3810(2 \times 3810 - 381) = \frac{381 \times 20 \times 19}{2} = C_{381}^2$. 而 I 中的点一共只能形成 C_{381}^2 个点对，可见至少有一个点对

(B, D) 同时属于 I 中不同的两点 A 和 C，即 A 与 B，B 与 C，C 与 D，D 与 A 都连有线段. 这与已知条件矛盾，所以 $l \leqslant 3810$.

习题 B

17. $C_{m-k}^k \cdot \frac{1}{m-k} = C_{m-k}^k[\frac{1}{m} + \frac{k}{m(m-k)}] = \frac{1}{m}[C_{m-k}^k + C_{m-k-1}^{k-1}]$ 是 $\frac{1}{m}[(1+x)^{m-k} + x(1+x)^{m-k-1}] = \frac{1}{m} \cdot$

$(1+x)^{m-k-1}(1+2x)$ 中 x^k 的系数，从而它也是 $\frac{1}{m}[x(1+x)]^{m-k-1} \cdot (1+2x)$ 中 x^{m-1} 的系数，所以 $S_m \stackrel{\triangle}{=}$

$\sum_{k=0}^{[\frac{m}{2}]} (-1)^k C_{m-k}^k \frac{1}{m-k}$ 应是 $\sum_{k=0}^{[\frac{m}{2}]} (-1)^k \frac{1}{m}[x(1+x)]^{m-k-1} \cdot (1+2x)$ 中 x^{m-1} 的系数. 而当 $[\frac{m}{2}] + 1 \leqslant k \leqslant m-1$

时，$[x(1+x)]^{m-k-1} \cdot (1+2x)$ 中不含 x^{m-1} 的项，故 S_m 是 $f(x) \stackrel{\triangle}{=} \frac{1}{m} \sum_{k=0}^{m-1} (-1)^k \cdot [x(1+x)]^{m-k-1}(1+2x)$ 中 x^{m-1} 的系数. 而 $f(x) = \frac{(-1)^{m-1}}{m}(1+2x) \sum_{k=0}^{m-1} [-x(1+x)]^{m-k-1} = \frac{(-1)^{m-1}}{m} \cdot$

$\frac{(1+2x)\{1-[-x(1-x)]^m\}}{1+x(1+x)}$，只有 $\frac{(-1)^{m-1}}{m} \cdot \frac{1+2x}{1+x+x^2}$ 中含 x^{m-1} 的项. 令 $\omega = -\frac{1}{2} + \frac{\sqrt{3}}{2}\mathrm{i}$，则 $\omega^2 = -\frac{1}{2} -$

$\frac{\sqrt{3}}{2}\mathrm{i}, \omega^3 = 1, 1+\omega+\omega^2 = 0$，于是 $\frac{(-1)^{m-1}}{m} \cdot \frac{1+2x}{1+x+x^2} = \frac{(-1)^{m-1}}{m} \left[\frac{-\omega}{1-\omega x} + \frac{1+\omega}{1-\omega^2 x} \right] = \frac{(-1)^{m-1}}{m} \left[-\omega \sum_{k=0}^{\infty} \omega^k x^k + (1+\omega) \cdot \right.$

$\sum_{k=0}^{\infty} \omega^{2k} x^k \right] = \frac{(-1)^{m-1}}{m} \sum_{k=0}^{\infty} [(1+\omega)\omega^{2k} - \omega^{k+1}] x^k$ 中 x^{m-1} 的系数为 $\frac{(-1)^{m-1}}{m}[(1+\omega)\omega^{2(m-1)} - \omega^m] = \frac{(-1)^{m-1}}{m} [(-\omega^2) \cdot$

$\omega^{2m-2} - \omega^m] = \frac{(-1)^m}{m}(\omega^m + \omega^{2m})$，所以 $S_m = \sum_{k=0}^{\left[\frac{m}{2}\right]} (-1)^k C_{m-k}^k \cdot \frac{1}{m-k} = \frac{(-1)^m}{m}[\omega^m + \omega^{2m}] = \begin{cases} (-1)^m \cdot \frac{2}{m} & (3|m \text{ 时}), \\ (-1)^{m-1} \cdot \frac{1}{m} & (3\nmid m \text{ 时}). \end{cases}$

18. 因 C_{m-2k}^{n-k} 为 $(1+x^2)^{m-2k}$ 中 $x^{2(n-k)}$ 的系数，从而它也是 $x^{2k+1}(1+x^2)^{m+1-(2k+1)}$ 中 x^{2n+1} 的系数，故

$S_n \stackrel{\triangle}{=} \sum_{k=0}^n C_{m+1}^{2k+1} C_{m-2k}^{n-k} 2^{2k+1}$ 是 $\sum_{k=0}^n C_{m+1}^{2k+1} 2^{2k+1} \cdot x^{2k+1}(1+x^2)^{m+1-(2k+1)}$ 中 x^{2n+1} 的系数. 而 $\sum_{k=0}^n C_{m+1}^{2k} 2^{2k} x^{2k} \cdot (1+$

$x^2)^{m+1-2k}$ 中全部为 x 的偶次幂项，不含 x^{2m+1} 的项，故 S_n 是 $\sum_{i=0}^{2n+1} C_{m+1}^i 2^i x^i (1+x^2)^{m+1-i}$ 中 x^{2n+1} 的系数. 而

$\sum_{i=2n+2}^{m+1} C_{m+1}^i \cdot 2^i x^i (1+x^2)^{m+1-i}$ 中无 x^{2n+1} 的项，故 S_n 是 $f(x) = \sum_{i=0}^{m+1} C_{m+1}^i (2x)^i (1+x^2)^{m+1-i} = (2x+1+$

$x^2)^{m+1} = (1+x)^{2m+2}$ 中 x^{2n+1} 的系数，所以 $S_n = \sum_{k=0}^n (-1)^k C_{m+1}^{2k+1} C_{m-2k}^{n-k} 2^{2k+1} = C_{2m+2}^{2n+1}$.

19. 因为 $C_{2n-2k-1}^{n-1} = C_{2n-2k-1}^{n-2k-1}$ 是 $x^{2k}(1+x)^{2n-k-1}$ 中 x^{n-1} 的系数，所以 $S_n = \sum_{k=0}^n (-1)^k C_{n+1}^k C_{2n-2k-1}^{n-1}$ 是 $\sum_{k=0}^{\left[\frac{n}{2}\right]} (-1)^k \cdot$

$C_{n+1}^k x^{2k}(1+x)^{2n-2k-1}$ 中 x^{n-1} 的系数，而 $\sum_{k=\left[\frac{n}{2}\right]+1}^{n+1} (-1)^k C_{n+1}^k x^{2k}(1+x)^{2n-2k-1}$ 中无 x^{n-1} 的项，故 S_n 是 $f(x) =$

$\sum_{k=0}^{n+1} (-1)^k C_{n+1}^k x^{2k}(1+x)^{2n-2k-1}$ 中 x^{n-1} 的系数. 而 $f(x) = \frac{1}{(1+x)^3} \sum_{k=0}^{n+1} (-1)^k C_{n+1}^k (x^2)^k [(1+x)^2]^{(n+1)-k} = \frac{1}{(1+x)^3} \cdot$

$[(1+x)^2 - x^2]^{n+1} = \frac{1}{(1+x)^3}(1+2x)^{n+1} = \frac{1}{(1+x)^3} \sum_{k=0}^{n+1} C_{n+1}^k (1+x)^k x^{n+1-k} = \frac{x^{n+1}}{(1+x)^3} + C_{n+1}^1 \frac{x^n}{(1+x)^2} +$

$C_{n+1}^2 \frac{x^{n-1}}{(1+x)} + C_{n+1}^3 x^{n-2} + C_{n+1}^4 x^{n-3}(1+x) + \cdots + C_{n+1}^{n+1}(1+x)^{n-2}$ 中只有 $C_{n+1}^2 \frac{x^{n-1}}{(1+x)} = C_{n+1}^2 x^{n-1} \sum_{k=0}^{\infty} (-1)^k x^k$

中含 x^{n-1} 的项，且其中 x^{n-1} 的系数为 C_{n+1}^2，所以，$S_n = \sum_{k=0}^{\left[\frac{n}{2}\right]} (-1)^k C_{n+1}^k C_{2n-2k-1}^n = C_{n+1}^2 = \frac{1}{2}n(n+1)$.

20. **证法一** 一方面 m 位男生 n 位女生从左到右排成一排有 $(m+n)!$ 种方法，另一方面将所有排法分为 $m+1$ 类，其中第 $k(0 \leqslant k \leqslant m)$ 类的排法为左起连续有 k 位男生，第 $k+1$ 位为女生，其他位置任意排的方法，这样的排列个数为 $C_m^k k! \cdot C_n^1 (m+n-k-1)! = C_m^k n(m+n-1)! / C_{m+n-1}^k (k=0,1,2,\cdots,m)$，故共有

$\sum_{k=0}^m C_m^k n(m+n-1)! / C_{m+n-1}^k$ 种方法，所以 $\sum_{k=0}^m C_m^k n(m+n-1)! / C_{m+n-1}^k = (m+n)!$，两边除以 $n(n+m-$

$1)!$，即得要证等式.

证法二 原恒等式 $\Leftrightarrow \sum_{k=0}^m \frac{m!}{k!(m-k)!} / \frac{(m+n-1)!}{k!(m+n-k-1)!} = \frac{m+n}{n} \Leftrightarrow \sum_{k=0}^m \frac{(m+n-k-1)!}{(m-k)!(n-1)!} = \frac{(m+n)!}{m! \, n!}$

$\Leftrightarrow \sum_{k=0}^m C_{m+n-k-1}^{n-1} = C_{m+n}^n$.

一方面 $f(x) = \sum_{k=0}^m (1+x)^{m+n-k-1}$ 中 x^{n-1} 的系数是 $\sum_{k=0}^m C_{m+n-k-1}^{n-1}$，另一方面 $f(x) =$

$$\frac{(1+x)^{m+n}-(1+x)^{n-1}}{(1+x)-1}=\frac{(1+x)^{m+n}-(1+x)^{n-1}}{x}$$ 中 x^{n-1} 的系数应为 $(1+x)^{m+n}$ 中 x^n 的系数 C_{m+n}^n，所以，

$\sum\limits_{k=0}^{m}C_{m+n-k-1}^{n-1}=C_{m+n}^n$，故原恒等式成立.

21. 解法一 令 $b_n=\dfrac{a_n}{n!}$，则 $b_1=0,b_2=\dfrac{1}{2},b_3=\dfrac{1}{3}$，且 $b_n=\dfrac{1}{2}(b_{n-1}+b_{n-2})+(-1)^n\dfrac{1}{n!}(1-\dfrac{n}{2})$，$b_n-$

$b_{n-1}-(-1)^n\dfrac{1}{n!}=-\dfrac{1}{2}[b_{n-1}-b_{n-2}-(-1)^{n-1}\dfrac{1}{(n-1)!}]$. 令 $d_n=b_n-b_{n-1}-(-1)^n\dfrac{1}{n!}$，则 $d_n=-\dfrac{1}{2}d_{n-1}$.

而 $d_2=b_2-b_1-(-1)^2\dfrac{1}{2!}=0$，$\therefore d_3=-\dfrac{1}{2}d_2=0,\cdots,d_n=0$，即 $b_n-b_{n-1}=(-1)^n\dfrac{1}{n!}$. 令 $g_n=\dfrac{f_n}{n!}$，则

$\dfrac{1}{n!}\sum\limits_{k=0}^{n-1}(k+1)C_n^k a_{n-k}=\dfrac{1}{n!}\sum\limits_{k=1}^{n}(n-k+1)C_n^{n-k}a_k=\sum\limits_{k=1}^{n}\dfrac{n-k+1}{(n-k)!}b_k$，$g_{n+1}-g_n=\sum\limits_{k=1}^{n+1}\dfrac{n-k+2}{(n+1-k)!}b_k-\sum\limits_{k=1}^{n}\dfrac{n-k+1}{(n-k)!}b_k$

$=\sum\limits_{k=1}^{n+1}\dfrac{n-k+2}{(n+1-k)!}b_k-\sum\limits_{k=2}^{n+1}\dfrac{n-k+2}{(n-k+1)!}b_{k-1}=\sum\limits_{k=2}^{n+1}\dfrac{n-k+2}{(n-k+1)!}(b_k-b_{k-1})=\sum\limits_{k=2}^{n+1}\dfrac{n-k+2}{(n-k+1)!}(-1)^k\dfrac{1}{k!}$

$=\sum\limits_{k=2}^{n+1}\dfrac{(-1)^k}{(n-k)!\,k!}+\sum\limits_{k=2}^{n+1}\dfrac{(-1)^k}{(n-k+1)!\,k!}=\dfrac{1}{n!}\sum\limits_{k=2}^{n}(-1)^kC_n^k+\dfrac{1}{(n+1)!}\sum\limits_{k=2}^{n+1}(-1)^kC_{n+1}^k$. 因为 $\sum\limits_{k=0}^{n}(-1)^kC_n^k=(1-1)^n$

$=0$，$\sum\limits_{k=0}^{n+1}(-1)^kC_{n+1}^k=(1-1)^{n+1}=0$，所以 $g_{n+1}-g_n=-\dfrac{1}{n!}(1-n)-\dfrac{1}{(n+1)!}[1-(n+1)]=\dfrac{1}{(n-1)!}-$

$\dfrac{1}{(n+1)!}$. 而 $g_2=\dfrac{f_2}{2!}=\dfrac{1}{2}[a_2+2C_2^1a_1]=\dfrac{1}{2}$，$\therefore g_n=g_2+\sum\limits_{k=2}^{n-1}(g_{k+1}-g_k)=\dfrac{1}{2}+\sum\limits_{k=2}^{n-1}[\dfrac{1}{(k-1)!}-\dfrac{1}{(k+1)!}]=$

$\dfrac{1}{2}+\dfrac{1}{1!}+\dfrac{1}{2!}-\dfrac{1}{(n-1)!}-\dfrac{1}{n!}=2-\dfrac{n+1}{n!}$. 所以 $f_n=n!\,g_n=2n!\,-(n+1)$.

解法二 首先，我们证明 a_n 就是第一章§2-5例1中错位排列数 D_n. 事实上，$a_n-na_{n-1}-(-1)^n=$

$-\dfrac{n}{2}[a_{n-1}-(n-1)a_{n-2}-(-1)^{n-1}]$. 令 $b_n=a_n-na_{n-1}-(-1)^n$，则 $b_n=-\dfrac{n}{2}b_{n-1}$，而 $b_2=a_2-2a_1-(-1)^2=0$，

$\therefore b_3=-\dfrac{3}{2}b_2=0,\cdots,b_n=0$，故 $a_n-na_{n-1}=(-1)^n$ 且 $a_1=0,a_1=1$. 这与第一章§2-6例1中错位排列数

D_n 的逆推关系完全相同，故 $a_n=D_n$. 其次 n 个不同元素的全排列共有 $n!$ 个，它们可分为 $n+1$ 类，其中第

k 个为恰有 k 个元素错位，其余 $n-k$ 个元保持不动的排列，这类排列有 $C_n^kD_k=C_n^ka_k$ 个 $(k=0,1,2,\cdots,n)$，

所以 $\sum\limits_{k=0}^{n}C_n^ka_k=n!$，这里 $D_0=a_0=1$ 表示没有元素错位的排列数，所以 $\sum\limits_{k=1}^{n}C_n^ka_k=n!\,-1$. 利用 $kC_n^k=nC_{n-1}^{k-1}$ 得

$f_n=a_n+2C_n^1a_{n-1}+3C_n^2a_{n-2}+\cdots+(n-1)C_n^{n-2}a_2+nC_n^{n-1}a_1=(C_n^na_n+C_n^{n-1}a_{n-1}+\cdots+C_n^1a_1)+(C_n^1a_{n-1}+$

$2C_n^2a_{n-2}+\cdots+(n-2)C_n^{n-2}a_2+(n-1)C_n^{n-1}a_1)=(C_n^na_n+C_n^{n-1}a_{n-1}+\cdots+C_n^2a_2+C_n^1a_1)+n(a_{n-1}+C_{n-1}^1a_{n-2}+$

$\cdots+C_{n-1}^{n-3}a_2+C_{n-1}^{n-2}a_2)=\sum\limits_{k=1}^{n}C_n^ka_k+n\sum\limits_{k=1}^{n-1}C_{n-1}^ka_k=(n!\,-1)+n[(n-1)!\,-1]=2n!\,-(n+1)$.

22. 依题目条件知对正方形的4个顶点 B_1,B_2,B_3,B_4,L 上存在4点 C_1,C_2,C_3,C_4 使 B_i 到 C_i 的距

离 $\leqslant\dfrac{1}{2}(i=1,2,3,4)$. 在沿 L 从 A_0 到 A_n 时，不妨设先经过 C_1，并且在 C_2,C_4 中先出现的是 C_2，考虑边

B_1B_4. 对 B_1B_4 上每一点 P,L 上总有一点 Q，使 $PQ\leqslant\dfrac{1}{2}$. 现将 B_1B_4 上的点分为两类：若 Q 在 A_0C_2 这一

段，则 P 在第一类；若 Q 在 C_2A_n 上，则 P 属于第二类. 显然，B_1 在第一类，B_4 在第二类，所以两类都是非

空的，这两类可以有公共点 P_0（原因见后），于是 A_0C_2,C_2A_n 上各有点 Q_1,Q_2 满足：$P_0Q_1\leqslant\dfrac{1}{2}$，$P_0Q_2\leqslant$

$\dfrac{1}{2}$，从而 $Q_1Q_2\leqslant P_0Q_1+P_0Q_2=\dfrac{1}{2}+\dfrac{1}{2}=1$. 另一方面，从 Q_1 沿 L 到 Q_2 必须经过点 C_2，而 Q_1 到 C_2 的长 $\geqslant$

$Q_1C_2\geqslant B_1B_2-P_0Q_1-B_2C_2\geqslant 100-\dfrac{1}{2}-\dfrac{1}{2}=99$（因为 $B_1B_2\leqslant P_0B_2\leqslant P_0Q_1+Q_1C_2+C_2B_2$）. 同理 Q_2 到 C_2 的

长也 ≥ 99. 所以沿 L,Q_1 与 Q_2 的距离不小于 198, 故 Q_1、Q_2 就是要求的点 X、Y.

最后说明上述定义的两个类的公共点 P_0 是存在的. 设在边 B_1B_4 沿从 B_1 到 B_4 的方向上, 第一类点最远能达到点 P_0, 而从 B_4 到 B_1 的方向上第二类点最远能达到 P'_0. 若 P'_0 在 P_0 与 B_4 之间, 则区间$(P_0,$ $P'_0)$ 内任何一点都不满足条件, 从而 P'_0 务必在 B_0P_1 上. 同理 P_0 务必在 $B_4P'_0$ 上, 从而只有 P_0 与 P'_0 重合, 即 P_0 必是两类公共点.

23. 若所有直线互相平行, 则一共有 $n+1$ 个区域, 其中涂色区域数 $\leq \left[\dfrac{n+1}{2}\right]+1 \leq n \leq \dfrac{1}{3}n(2+1) \leq$ $\dfrac{1}{3}n(n+1)=\dfrac{1}{3}(n^2+n)$, 结论成立. 下设并非所有直线都互相平行. 设区域的边界(线段或射线)数为 i 的涂色区域有 m_i 个$(i=2,3,\cdots,k)$, 其中 m_k 为边界数最多的涂色区域的个数. 首先证明 $m_2 \leq n$, 因为 n 条直线上至多有 $2n$ 条射线, 而每个边界数为 2 的涂色区域由 2 条射线确定, 并且每条射线只能是一个涂色区域的边界, 所以 $m_2 \leq \dfrac{2n}{2}=n$. 其次每条直线至多被其余 $n-1$ 条直线分成 n 段(线段或射线), n 条直线至多被分成 n^2 段, 并且每段只能是一个涂色区域的边界, 所以 $2m_2+3m_3+\cdots+km_k \leq n^2$, 于是涂色区域的个数 $m_2+m_3+\cdots+m_k \leq \dfrac{1}{3}m_2+\dfrac{1}{3}(2m_2+3m_3+\cdots+km_k) \leq \dfrac{1}{3}n+\dfrac{1}{3}n^2=\dfrac{1}{3}(n^2+n)$.

24. 因 $F^+(F^-)$ 表示 F 内所有正(负)整数组成的集合, 则 $F=F^+\bigcup F^-$. 若 $F^-=\varnothing$, 则 $F=F^+$ 且 $F=F^+$ 必有一个最小正整数, 它不可能是 F 内两个正整数之和, 矛盾. 所以, $F^- \neq \varnothing$. 同理 $F^+ \neq \varnothing$. 设 $|F^+|=S$, 在平面内取 S 个点, 其中任意 3 点不共线, 每点对应于一个 F^+ 内正整数. 若 $x\in F^+$, 则在平面内的对应点用 A_x 表示. 对任意 $y\in F^+$, 存在 $x,z\in F$, 使 $y=x+z$, 因为 $y>0$, 故 x,z 中至少有一个为正, 不妨设 $x>0$. 从 A_x 到 A_y 连一向量 $\overrightarrow{A_xA_y}$, 又因 $x\in F$, 故存在 $u,v\in F$, 使 $x=u+v$, 并且由 $x>0$ 知 u,v 中至少有一个大于 0, 不妨设 $u>0$. 类似地作向量 $\overrightarrow{A_uA_x}$, 这样一直作下去, 由于平面内只有 S 个点, 故一定有若干向量组成的封闭折线图, 记为 $\overrightarrow{A_{x_1}A_{x_2}}, \overrightarrow{A_{x_2}A_{x_3}}, \cdots, \overrightarrow{A_{x_{k-1}}A_{x_k}}, \overrightarrow{A_{x_k}A_{x_1}}$. 于是 F^+ 的正整数至少有 k 个(因 $x_1,x_2,\cdots,x_k$ 这 k 个正整数全在 F 内). 现在, 我们有 $x_1=x_k+z_k=(x_{k-1}+z_{k-1})+z_k=\cdots=x_1+(z_1+z_2+\cdots+z_k)$, 这里 $z_j\in F(1\leq j\leq k)$. 于是 $z_1+z_2+\cdots+z_k=0$, 由题目条件得 $k\geq n+1$, 即 $|F^+|\geq n+1$. 同理可证 $|F^-|\geq n+1$. 所以 $|F|=|F^+|+|F^-|\geq 2n+2$.

25. 由(2), 对任意 $A\in F$, $B\in F$, $A\neq B$, 有 $|A\bigcap B|\leq 1$, 故 $I=\{1,2,\cdots,n\}$ 的每个二元子集至多包含于 F 中一个元素内. 由(1)知 F 中每个元包含 $\{1,2,\cdots,n\}$ 中 C_3^2 个二元子集, 而 $I=\{1,2,\cdots,n\}$ 一共有 C_n^2 个二元子集, 所以 $|F|\leq \dfrac{C_n^2}{C_3^2}=\dfrac{1}{6}(n^2-n)$ 对一切 F 成立, 故 $f(n)\leq \dfrac{1}{6}(n^2-n)$. 另一方面对 $\{1,2,\cdots,n\}$ 中一类三元子集 $A=\{a,b,c\}$, 其中 $c=\begin{cases} n-(a+b)(当 a+b<n 时) \\ 2n-(a+b)(当 a+b\geq n 时) \end{cases}$, 此时亦即 $b=\begin{cases} n-(a+c)(当 a+c<n 时) \\ 2n-(a+c)(当 a+c\geq n 时) \end{cases}$, 满足此条件的任意两个不同的三元子集至多只有一个公共元(若有两个公共元, 由条件知第三个元由前两元决定, 所以第三元亦必相等, 即这两个三元集相同), 于是此类子集组成的集合满足条件(1)和(2). 因 a 有 n 种选择, 又 a,b,c 两两不等, 于是 b 不等于 $a, n-2a, \dfrac{n-a}{2}, \dfrac{2n-a}{2}, 2n-2a$ 中任何一个, 且当 $a<\dfrac{n}{2}$ 时, $2n-2a>n, 2n-2a\notin I$; 当 $a\geq \dfrac{n}{2}$ 时, $n-2a\leq 0, n-2a\notin I$, 故对每个 a,b 至少可取 $n-4$ 个值, 而此时 c 由 a,b 唯一确定, 且每个 $A=\{a,b,c\}$ 的取法至多重复 P_3^3 次, 所以 $|F|\geq \dfrac{n(n-4)}{P_3^3}=\dfrac{1}{6}n(n-4)$, 所以 $f(n)=\max|F|\geq \dfrac{1}{6}n(n-4)$.

26. 因为 $\dfrac{|\mathscr{B}|}{C_n^{r-1}} \geq \dfrac{|\mathscr{A}|}{C_n^r} \Leftrightarrow \dfrac{|\mathscr{B}|}{|\mathscr{A}|} \geq \dfrac{C_n^{r-1}}{C_n^r}=\dfrac{r}{n-r+1}$. 对于每个 $A\in\mathscr{A}$, 可产生 C_r^{r-1} 个 $r-1$ 元子集, 且这些子

集必属于 $\mathcal{B}$，而对每个 $B\in\mathcal{B}$，至多存在 $\mathcal{A}$ 中 $n-r+1$ 个 r 元子集包含 B，所以 $(n-r+1)\cdot|\mathcal{B}|\geqslant r|\mathcal{A}|$，即 $\dfrac{|\mathcal{B}|}{C_n^{r-1}}\geqslant\dfrac{|\mathcal{A}|}{C_n^r}$．

27. 设 n 个点为 $A_1,A_2,\cdots,A_n$，l 条线段为 $e_1,e_2,\cdots,e_l$．记从 A_i 出发的线段数为 $d_i(i=1,2,\cdots,n)$．于是 $\sum\limits_{i=1}^{n}d_i=2l$．且对任意一条线段 e_i，它的两端点 A_{i_1}，A_{i_2} 向其他 $n-2$ 个点引出了 $d_{i_1}+d_{i_2}-2$ 条线段．若 $d_{i_1}+d_{i_2}>n$，这 $n-2$ 个点中至少有 $d_{i_1}+d_{i_2}-2-(n-2)=d_{i_1}+d_{i_2}-n$ 个点同时与 A_{i_1}，A_{i_2} 都连有线段．若 $d_{i_1}+d_{i_2}-n>0$，令 $k_i=d_{i_1}+d_{i_2}-n$，若 $d_{i_1}+d_{i_2}-n\leqslant0$，令 $k_i=1$，则可以知道以 e_i 为公共边的三角形对不少于 $C_{k_i}^2$（约定 $C_1^2=0$），从而 $T\geqslant\sum\limits_{i=1}^{l}C_{k_i}^2=\dfrac{1}{2}\sum\limits_{i=1}^{l}(k_i^2-k_i)\geqslant\dfrac{1}{2}\left[\dfrac{1}{l}(\sum\limits_{i=1}^{l}k_i)^2-\sum\limits_{i=1}^{l}k_i\right]=\dfrac{p^2-lp}{2l}=f(p)$，其中 $p=\sum\limits_{i=1}^{l}k_i$，$f(x)=\dfrac{x^2-lx}{2l}$，显然 $k_i\geqslant d_{i_1}+d_{i_2}-n$，所以 $p\geqslant\sum\limits_{i=1}^{l}(d_{i_1}+d_{i_2}-n)=\sum\limits_{i=1}^{l}(d_{i_1}+d_{i_2})-ln$．因为这个和中对每一点 A_j，共有 d_j 条线段进行了计算．故 A_j 对 $\sum\limits_{i=1}^{l}(d_{i_1}+d_{i_2})$ 的"贡献"为 $d_j\cdot d_j=d_j^2$，所以 $\sum\limits_{i=1}^{l}(d_{i_1}+d_{i_2})=\sum\limits_{j=1}^{n}d_j^2\geqslant\dfrac{1}{n}(\sum\limits_{j=1}^{n}d_j)=\dfrac{4l^2}{n}$，所以 $p=\sum\limits_{i=1}^{l}k_i\geqslant\dfrac{4l^2}{n}-ln=\dfrac{4l^2-ln^2}{n}$．当 $\dfrac{n}{4}<l\leqslant\dfrac{n^2+n}{4}$ 时，$\dfrac{l(4l-n^2)(4l-n^2-n)}{2n^2}\leqslant0$，则 $T\geqslant0$ 显然成立．当 $l>\dfrac{n^2+n}{4}$ 时，由于 $p=\sum\limits_{i=1}^{l}k_i\geqslant\dfrac{4l^2-ln^2}{n}=\dfrac{l}{n}[4l-n^2]>\dfrac{l}{n}\left[4(\dfrac{n^2+n}{4})-n^2\right]=l>\dfrac{l}{2}$．又二次函数 $f(x)=\dfrac{x^2-lx}{n}$ 在 $[\dfrac{l}{2},+\infty)$ 上单调递增，故 $T\geqslant f(p)>f\left[\dfrac{l(4l-n^2)}{n}\right]=\dfrac{l(4l-n^2)(4l-n^2-n)}{2n^2}$．

28. 在圆周上任取一点 A，我们称以 A 为中点的半圆弧（包括弧的端点）为 A-半圆．首先证明：在圆周 C 上任给的 n 个点中必存在一点 P 使得 P-半圆至少覆盖已知 n 个点中 $\left[\dfrac{n+2}{3}\right]$ 个点．设 A 为已知点中一点，AB 与 XY 是互相垂直的直径，如果 $\overset{\frown}{XB}$ 或 $\overset{\frown}{BY}$ 内无已知点，不妨设 $\overset{\frown}{XB}$ 内无已知点，$\overset{\frown}{BY}$ 内有一个已知点 C，则 A-半圆及 C-半圆的并覆盖所有 n 个已知点．取 P 为 A 和 C 中某点必满足题目要求．若 $\overset{\frown}{XB}$ 和 $\overset{\frown}{BY}$ 内都有已知点，分别设 C 为 $\overset{\frown}{XB}$ 内已知点，D 为 $\overset{\frown}{BY}$ 内已知点，则 A-半圆，C-半圆以及 D-半圆三个的并覆盖整个圆周，其中必有一个至少覆盖 $\left[\dfrac{n-1}{3}\right]+1=\left[\dfrac{n+2}{3}\right]$ 个已知点．下面我们证明 $q\leqslant\left[\dfrac{n^2}{3}\right]$．当 $n=1$ 时，$q=0$，结论成立．设 $n=k$ 时结论成立，当 $n=k+1$ 时，由前面证明知存在一个已知点 P 使 P-半圆至少覆盖 $\left[\dfrac{k+1+2}{3}\right]=\left[\dfrac{k}{3}\right]+1$ 个已知点，这些点到 P 的距离 $\leqslant\sqrt{2}$．故已知 $k+1$ 个点中到 P 的距离大于 $\sqrt{2}$ 的点的个数不超过 $k+1-\left(\left[\dfrac{k}{3}\right]+1\right)=k-\left[\dfrac{k}{3}\right]$．去掉 P 点，由归纳假设剩下 k 点中距离大于 $\sqrt{2}$ 的点对数 $q'\leqslant\left[\dfrac{k^2}{3}\right]$．于是 $k+1$ 个点中距离大于 $\sqrt{2}$ 的点对数 $q\leqslant q'+k-\left[\dfrac{k}{3}\right]=\left[\dfrac{k^2}{3}\right]+k-\left[\dfrac{k}{3}\right]=\left[\dfrac{(k+1)^2}{3}\right]$（最后一个等号可对 $k=3m,3m+1,3m+2$ 三种情况分别进行讨论而得到），故对一切 $n\in\mathbf{N}_+$，$q\leqslant\left[\dfrac{n^2}{3}\right]$，从而 $3q\leqslant3\left[\dfrac{n^2}{3}\right]=n^2$．

注 读者可举例说明 $q=\left[\dfrac{n^2}{3}\right]$ 可以成立．即 q 的最大值为 $\left[\dfrac{n^2}{3}\right]$．进一步，我们可以证明下列一般性的结论：设圆 C 的半径为 R，$0<l<2R$，此时存在唯一正整数 k_0，使 $a_{k_0+1}\leqslant l<a_{k_0}$，其中 $a_2=2R$，而 $a_t(t\geqslant3)$ 为圆 C 的内接正 t 边形的边长．

定理 在半径为 R 的圆周上任给 n 个不同的点组成集合 M，设 l 是满足 $a_{k_0+1}\leqslant l<a_{k_0}$ 的正实数，$k(\leqslant k_0)$ 为正整数，设以 M 内的点为顶点且边长都大于 l 的凸 k 边形的个数为 $S_k(n)$，则 $S_k(n)$ 的最大值为 $\max S_k(n)=\sum\limits_{i=0}^{k}C_{k_0-i}^{k-i}C_r^im^{k-1}$，其中，$n=mk_0+r(m,r$ 为非负整数，$0\leqslant r\leqslant k-1)$．并且约定凸二边形为线段，

其边长就是线段的长. 特别 $k=2$ 时, 结论可写为 $\max S_2(n) = \left[\dfrac{(k_0-1)n^2}{2k_0}\right]$.

在上述习题中, $a_4 = \sqrt{2} < \sqrt{3} = a_3$, $k_0 = 3$. 故习题中的结论可改进为证明 q 的最大值为 $\left[\dfrac{n^2}{3}\right]$.

利用上述定理还可得到下列问题的结论: 在半径为 10 的圆周上任给 63 个点, 设以这些点为顶点且三边长都大于 9 的三角形个数为 S, 求 S 的最大值 (第 48 届 IMO 中国国家队选拔考试试题). 在这个问题中, $R=10$, $n=63$, $l=9$, 因为 $a_7 < 10 \times \dfrac{2\pi}{7} < 10 \times \dfrac{2 \times 3.15}{7} = 9 < 10 = a_6$. 所以 $k_0 = 6$, $63 = 6 \times 10 + 3$, $m = 10$, $r = 3$. 由定理得 S 的最大值为 $\max S_3(63) = C_6^3 \times 10^3 + C_5^2 C_3^1 \times 10^2 + C_4^1 C_3^2 \times 10 + C_3^3 = 23121$.

关于上述定理的证明, 有兴趣的读者可参看: 张垚. 一道试题的来源和推广. 中等数学, 2007 年第 10 期第 9~12 页.

模拟实战三

习题 A

1.(1) 将圆划分为 11 个全等的扇形, 于是必有一个扇形内至少有 $\left[\dfrac{100-1}{11}\right] + 1 = 10$ 个点, 也有一个扇形内至多有 $\left[\dfrac{100}{11}\right] = 9$ 个点, 如果某个扇形内恰有 10 个点, 那么问题已获证. 故我们假定在某个扇形内至少有 11 个点, 且在某个扇形内至多有 9 个点. 我们将一个扇形绕圆心旋转, 在旋转的每一时刻该扇形内的点数的变化不多于 1(因为没有两点在同一半径上), 故由离散介值原理知必在某一时刻, 落在该扇形内的点数恰为 10.(2) 将圆分为 10 个圆心角各为 $\dfrac{2\pi}{11}$ 的扇形和 10 个圆心角各为 $\dfrac{2\pi}{55}$ 的扇形, 且使每个小扇形都夹在两个大扇形之间. 然后在每个小扇形内各放 10 个点, 显然, 在任何时刻, 圆心角为 $\dfrac{2\pi}{11}$ 的扇形都不含 11 个给定的点.

2. 为了说话方便, 将"在内部或在周界上"统称为"在……中". 用反证法, 假设结论不成立, 我们考虑结论不成立的具有最小面积 S 的凸五边形 $ABCDE$(由于整点多边形的面积的 2 倍是正整数, 故存在面积最小的), 并称图中 $A_1 B_1 C_1 D_1 E_1$ 为 $ABCDE$ 的"内"五边形. 首先证明 $\triangle A C_1 D_1$ 中所有整点, 除 A 外, 只可能在边 $C_1 D_1$ 上. 事实上, 如果在 $\triangle A C_1 D_1$ 中除 A 外, 还有整点 K 不在 $C_1 D_1$ 上, 那么凸五边形 $KBCDE$ 的"内"五边形在五边形 $A_1 B_1 C_1 D_1 E$ 之中更没有整点, 这与 S 的最小性假设矛盾. 从 $\triangle ABC$, $\triangle BCD$, $\triangle CDE$, $\triangle DEA$, $\triangle EAB$ 中选出面积最小的一个, 设为 $\triangle ABC$. 于是 A 到 BC 的距离不大于 D 到 BC 的距离, C 到 AB 的距离不大于 E 到 AB 的

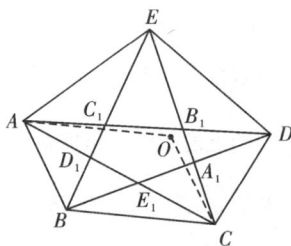

(第 2 题)

距离. 考察使 $ABCO$ 为平行四边形的点 O, 则 O 位于 $\triangle A B_1 C$ 之中, 且由 A、B、C 为整点知 O 为整点. 而由前面的证明知 O 不在 $\triangle A C_1 D_1$ 的内部, 也不在 $\triangle C A_1 E_1$ 的内部, 即整点 O 在 $A_1 B_1 C_1 D_1 E_1$ 中, 这与假设矛盾.

3. 令 $C = \{X \mid X \subseteq S$ 且 $X \subseteq f(X)\}$, 于是 $\varnothing \in C$(因 $\varnothing \subseteq S$ 且 $\varnothing \subseteq f(\varnothing)$), 可见 $C \neq \varnothing$. 设 C 中一切元素之并集为 A, 下证 $f(A) = A$. 事实上, 设 $X \in C$, 则 $X \subseteq f(X)$ 且 $X \subseteq A$, 由 f 的定义有 $f(X) \subseteq f(A)$, 故 $X \subseteq f(A)$, 于是 $A = \bigcup_{X \in C} X \subseteq f(A)$. ① 另一方面, 再由 f 定义得 $f(A) \subseteq f(f(A))$, 故由 C 的定义有 $f(A) \in C$, 所以 $f(A) \subseteq \bigcup_{X \in C} X = A$. ② 由①及②得 $f(A) = A$(注: 此处 A 是满足 $X \subseteq f(X)$ 的一切 X 中的最大子集).

4. 将每个单位正方形用一个有序对 (r_1, s) 来表示, 其中 $1 \leqslant r \leqslant 200$ 表示该方格所在的行数(从上到

下),$1\leqslant s\leqslant 200$ 表示该方格所在的列数(从左到右). 显然下列命题成立:假设一个 2×2 的正方形中左上角的编号为 (i,j) 且它包含偶数个白方格. 那么 (i,j) 与 $(i+1,j)$ 同色,当且仅当 $(i,j+1)$ 与 $(i+1,j+1)$ 同色. 假设题中结论不成立,那么每个 2×2 正方形内都含偶数个白格,也都含偶数个黑格. 假设第一行中有 b 个黑格和 w 个白格,于是 $b+w=200$. 由此可知 $|b-w|=2m(\leqslant 200)$ 是一个偶数. 现在考虑第二行,如果在这一行最左边一格与它上方的一格同色(或者异色),那么利用前述命题知第二行每一格都同它上方一格同色(或者异色). 重复这个推理得到表中每一行的着色都与第一行相同(或者相反). 假设其中有 x 行与第一行着色相同(包括第一行),y 行与第一行着色相反,则 $x+y=n$,由此可知 $|x-y|=2n(\leqslant 200)$ 是一个偶数. 于是表中黑格数与白格数之差的绝对值等于 $|b-w|\cdot|x-y|=4mn=404$,即 $mn=101$,故 m,n 中有一个等于 101,这是不可能的. 因为 $2m$ 和 $2n$ 都至多等于 200,于是原题结论得证.

5. 因 $2000=3\times 666+2$,故考虑圆周上有 $3n+2(n\in\mathbf{N}_{+})$ 个点的一般情形. 其中标 -1 的点最多有 n 个,要证明圆周上至少有一个好点. $n=1$ 时,圆周上有 5 个点(依次记为 A,B,C,D,E),其中至多只有一点(例如 A)标 -1,其余 4 点标 1. 这时,C,D 两点均为好点,结论成立. 设 $n=k$ 时结论成立,那么 $n=k+1$ 时,圆周上共有 $3k+5$ 个点,其中标 -1 的点至多有 $k+1$ 个. 任取一个标 -1 的点 A,再在 A 的两侧各取一个到 A 的距离最近且标 1 的点 B 和 C,去掉 A,B,C 三点,圆周上还有 $3k+2$ 个点,其中标 -1 的点至多有 k 个,于是由归纳假设知其中至少有一个好点 P. 由好点定义知 P 上标的数为 1,再将 A,B,C 放回去,则从 P 出发沿圆周的任意方向前进时,必定先遇到 1 的点 B 或 C 后才能遇到标 -1 的 A. 故 P 仍为好点,这就完成了归纳证明. 特别 $n=666$ 时,便知原题结论成立.

6. 用 A,B,C,D 分别表示 4 种颜色,我们称位于同一行且异色的一对小方格为"异色对",则每一行有 $C_4^2\cdot 25^2=6\cdot 25^2$ 个"异色对",于是各行一共有 $100\cdot 6\cdot 25^2$ 个异色对. 另一方面,每行中每对"异色对"位于一对不同的列中,因共有 $C_{100}^2=99\cdot 50$ 对不同的列,故存在一对列,其中至少有 $\left[\frac{100\cdot 6\cdot 25^2-1}{99\cdot 50}\right]+1=76$ 对"异色格". 下面我们不问其他的行和列,总可以假定在 76×2 的长方形表中每个小方格被染成 4 种颜色之一,每列中每种颜色的小方格至多 25 个且同一行的两个小方格不同色. 若 $\{A,B\}$ 和 $\{C,D\}$ 每一对颜色分别出现在 2 行中,则结论成立. 类似地,若 $\{A,C\}$、$\{B,D\}$ 或 $\{A,D\}$、$\{B,C\}$ 分别出现在 2 行中则结论也成立. 因此,我们假设这三组中,每组至多有一对分别出现在某行中,不妨设含颜色 A 的对出现最多,这本质上只有两种情形:①$\{A,B\}$,$\{A,C\}$,$\{A,D\}$,②$\{A,B\}$,$\{A,C\}$,$\{B,C\}$. 在情形①下,每一行都有一个 A 色小方格,于是,必有一列中至少有 $\left[\frac{76-1}{2}\right]+1=38$ 个 A 色方格,这与每列至多 25 个 A 色方格矛盾. 在情形②下,每列仅含 A、B、C3 种颜色的方格,故每列至少有 $\left[\frac{76-1}{3}\right]+1=26$ 个方格同色,矛盾. 于是,命题得证.

7. 如果结论不成立,那么存在 31 个五人委员会满足要求,这 31 个五人委员会共有 $31\times 5=155$ 人,故由抽屉原理知有一人 A 至少是 $\left[\frac{155-1}{25}\right]+1=7$ 个委员会的公共成员. 又已知任何两个委员会至多有一个公共成员,而 A 已经是这 7 个委员会的公共成员,所以这些委员会的其他成员两两不同,这样不同人数至少为 $4\times 7+1=29$,矛盾. 故题目结论成立.

8. 记 $A=\{a_1,a_2,\cdots,a_n\}$,$P=\{p_1,p_2,\cdots,p_n\}$,把 A 中元素 a_i 看成平面内的点,A 中元素对 $\{a_i,a_j\}$ 看成连接 a_i,a_j 的线段,于是问题归结为证明 A 中每一点恰是 P 中两条线段的公共端点. 设从 a_i 出发恰有 d_i 条线段 $(i=1,2,\cdots,n)$,于是 $d_1+d_2+\cdots+d_n=2|P|=2n$,① 若 A 中点 a_k 是 P 中两条线段 p_i 与 p_j 的公共端点,则将 $\{a_k,p_i,p_j\}$ 组成三元组,这种三元组的个数设为 S,则 $S=\sum\limits_{i=1}^{n}C_{d_i}^2$. 另一方面,因为当且仅当 a_i 与 a_j 连有线段时,p_i 与 p_j 有公共端点 a_k,组成一个三元组 $\{a_k,p_i,p_j\}$,故三元组的个数 S 又等于所

连线段数 n，即 $S=n$，于是 $n=\sum_{i=1}^{n}C_{d_i}^2=\frac{1}{2}\left[\sum_{i=1}^{n}d_i^2-\sum_{i=1}^{n}d_i\right]\geqslant\frac{1}{2}\left[\frac{1}{n}(\sum_{i=1}^{n}d_i)^2-\sum_{i=1}^{n}d_i\right]=\frac{1}{2}\left[\frac{1}{n}(2n)^2-2n\right]=n$.
可见，这个不等式中等号成立. 由哥西不等式中等号成立的充要条件得 $d_1=d_2=\cdots=d_n$，再结合①得 $d_1=d_2=\cdots=d_n=2$，即 A 中每点恰是 P 中两条线段的公共端点. 证毕.

9. 作从 $\{1,2,\cdots,n\}$ 到 $A_1\cup A_2\cup\cdots\cup A_n$ 的一切满足下列条件的映射 $f:f(i)\in A_i(i=1,2,\cdots,n)$. 因为 $f(i)$ 的取值有 $|A_i|$ 种可能，故这样的映射共有 $|A_1|\cdot|A_2|\cdots|A_n|$ 个，设它们组成的集合为 S. 下面证明 S 中必存在一个单射. 事实上，对任意 $f\in S$，若 f 不是单射，则存在 $i,j\in\{1,2,\cdots,n\},i\neq j$，而 $f(i)=f(j)$，这时 $f(i)=f(j)$ 的取值只有 $|A_i\cap A_j|$ 个，且当 $k\neq i,j$ 时，$f(k)$ 的取值有 $|A_k|$ 个，故这样的 f 只有 $|A_i\cap A_j|\prod_{k\neq i,j}^{n}|A_k|=\frac{|A_i\cap A_j|}{|A_i||A_j|}\cdot\prod_{k=1}^{n}|A_k|$ 个，可见 S 中映射的个数至多为 $\sum_{1\leqslant i<j\leqslant n}\frac{|A_i\cap A_j|}{|A_i||A_j|}\cdot\prod_{k=1}^{n}|A_k|<\prod_{k=1}^{n}|A_k|$，矛盾. 故 S 中至少有一个单射 f_0，令 $f_0(i)=a_i(i=1,2,\cdots,n)$，于是 $a_i=f_0(i)\in A_i(i=1,2,\cdots,n)$，且当 $i\neq j$ 时，$a_i=f_0(i)\neq f_0(j)=a_j$.

10. 我们首先用归纳法证明下列命题：在正方形内任意放入 n 个点（这 n 个点和正方形 4 个顶点中没有 3 点共线），那么这个正方形可分成 $2n+2$ 个三角形且每个三角形的顶点都是给定的 n 个点或正方形的顶点. 当 $n=1$ 时，显然可将正方形分成 4 个三角形. 设 $n=k\geqslant1$ 时，结论成立. 那么，$n=k+1$ 时，先取 k 个点，将正方形分成 $2k+2$ 个三角形，使每个三角形以这 k 个点和正方形的顶点为顶点. 因无三点共线，故第 $k+1$ 个点 P 必在某个 $\triangle ABC$ 的内部，于是 $\triangle ABC$ 又分成 3 个三角形：$\triangle PAB,\triangle PBC,\triangle PCA$，增加了 2 个三角形，故 $k+1$ 个点一共可分成 $2(k+1)+2$ 个三角形，于是命题得证. 特别 $n=23$ 时，单位正方形一共可分成 $2\times23+2=48$ 个三角形，其中面积最小的为 $\triangle XYZ$，其面积 $[XYZ]\leqslant\frac{1}{48}$.

11. 存在. 我们用归纳法来构造，令 $a_1=1,a_2=2$. 如果 $a_1,a_2,\cdots,a_{2n}$ 均已确定，使其中两两元素之差可取到 $1,2,\cdots,n$ 等值，令 $a_{2n+1}=2a_{2n},a_{2n+2}=2a_{2n}+b_n$，其中 b_n 为最小的不能写成 $a_i-a_j(1\leqslant j<i<2n+1)$ 形式的正整数，于是 $\{a_1,a_2,\cdots,a_{2n+2}\}$ 中两两元素之差互不相同（事实上，如果 $a_p-a_q=a_i-a_j$，且 $p>q\geqslant i>j$，$p=2n+1$ 或 $2n+2$. 若 $p=2n+1$，则 $a_p-a_q=2a_{2n}-a_q>a_{2n}>a_i-a_j$；若 $p=2n+2$，则 $q\neq2n+1$，否则 $a_{2n+2}-a_{2n+1}=b_n=a_i-a_j$，这与 b_n 的取法矛盾. 所以，$a_p-a_q=2a_{2n}+b_n-a_q>a_{2n}>a_i-a_j$，矛盾），且由归纳假设和 b_n 的最小性知 $\{a_1,a_2,\cdots,a_{2n+2}\}$ 中两两元素之差可取到 $1,2,\cdots,n,n+1$ 等值. 于是令 $X=\{a_1,a_2,\cdots,a_{2n-1},a_{2n},\cdots\}$，则 X 满足题目要求.

12. 存在. 因为 $|x-y|\geqslant(x,y)$，所以 $|x-y|=(x,y)\Leftrightarrow(x-y)|x,2$ 和 3 即满足条件. 设存在 k 个数 $a_1,a_2,\cdots,a_k\in\mathbf{N}_+$，满足对任意 $1\leqslant i<j\leqslant k$，有 $|a_i-a_j|\mid a_i$. 因此可选取这样 $k+1$ 个数：$b_1=a_1a_2\cdots a_k$，$b_2=a_1a_2\cdots a_k+a_1,b_3=a_1a_2\cdots a_k+a_2,\cdots,b_{k+1}=a_1a_2\cdots a_k+a_k$. 于是对任意 $1\leqslant i<j\leqslant k+1,b_i-b_j=a_{i-1}-a_{j-1}(a_0=0)$. 因为 $a_{i+1}-a_{j-1}\mid a_1a_2\cdots a_k,(a_{i-1}-a_{j-1})\mid a_{i-1}$. 所以 $(a_{i-1}-a_{j-1})\mid b_i$，故 $(b_i-b_j)\mid b_i$. 因此存在 $k+1$ 个数满足要求，这就证明了存在任意多个数满足要求，2009 个正整数也同样可以找到.

13. 分两种情形：(1)若 $n=2^r(r\geqslant1)$，则 $r<k$. 取 3 个 2^{r-1}，$2k-3$ 个 1，显然这 $2k$ 个数均不被 n 整除. 将这 $2k$ 个数任意分为两组，总有一组内含 2 个 2^{r-1}，它们之和为 $2^r=n$，被 n 整除；(2)若 n 不是 2 的正整数幂，取 $2k$ 个数为 $-1,-1,-2,-2^2,\cdots,-2^{k-2},1,2,2^2,\cdots,2^{k-1}$. 因为 n 不是 2 的正整数幂且 $n>1$，故上述 $2k$ 个数均不被 n 整除. 若可将这 $2k$ 个数分为两组，使每一组内任意若干个数之和均不能被 n 整除. 不妨设 1 在第一组，由于 $1+(-1)=0$ 被 n 整除，故两个 -1 必须在第 2 组，又因 $(-1)+(-1)+2=0$ 被 n 整除，故 2 在第一组，进而推出 -2 在第一组. 假设 $1,2,2^2,\cdots,2^l$ 均在第一组，$-1,-1,-2,-2^2,\cdots,-2^l$ 均在第 2 组，这里 $1\leqslant l\leqslant k-2$，由于 $(-1)+(-1)+(-2)+(-2^2)+\cdots+(-2^l)+2^{l+1}=0$ 被 n 整除，故 2^{l+1} 在第一组，进而推出 -2^{l+1} 在第二组. 故由数学归纳法原理知 $1,2,\cdots,2^{k-2}$ 在第一组，$-1,-1,-2,-2^2,\cdots,-2^{k-2}$ 在第二组. 最后由于 $(-1)+(-1)+(-2)+(-2^2)+\cdots+(-2^{k-2})+2^{k-1}=0$ 被 n 整除，得 2^{k-1}

在第一组. 因此 $1,2,2^2,\cdots,2^{k-1}$ 都在第一组, 由正整数的二进制表示可知, 每个不超过 2^{k-1} 的正整数均可表示为 $1,2,2^2,\cdots,2^{k-1}$ 中若干数的和, 特别地, 因为 $n\leq 2^{k-1}$, 故第一组内若干数之和等于 n. 当然被 n 整除, 矛盾! 因此, 前述 $2k$ 个整数任意分为两组, 总有一组内的若干个数之和被 n 整除. 由(1)和(2)知原题结论成立.

14. **证法一** 将 2014 个黑球从左至右依次记为 $B_1,B_2,\cdots,B_{2014}$, 设 B_{i-1} 与 B_i 之间白球的个数为 x_i($i=2,3,\cdots,2014$), B_1 左侧白球个数为 x_1, 且记 $S=x_1+x_2+\cdots+x_i$($i=1,2,\cdots,2014$). 用反证法, 若结论不成立, 则 $S_i\neq i-1$($i=1,2,\cdots,2014$), 考虑 S_1, 因 $S_1=x_1\neq 1$, 故 $S_1\geq 1$, 再考虑 S_2, 因 $S_2=S_1+x_2\geq 1$, 且 $S_2\neq 1$, 所以 $S_2\geq 2$. 一般设 $S_k\geq k$, 由于 $S_{k+1}=S_k+x_{k+1}\geq k$ 且 $S_{k+1}\neq k$, 故 $S_{k+1}\geq k+1$, 故对一切 i($1\leq i\leq 2014$)均有 $S_i\geq i$. 特别 $S_{2014}\geq 2014$, 这与一共只有 2013 个白球, $S_{2014}\leq 2013$ 矛盾! 于是题目结论得证.

证法二 对每一个白球 B_i, 定义坐标 $B_i(x_i,y_i)$($i=1,2,\cdots,2014$), 其中 x_i 表示其左侧(不含自己的)的黑球数, y_i 表示其右侧的白球数. 依题意 $0\leq x_i\leq 2013,0\leq y_i\leq 2013$, x_i,y_i 均为非负整数, 再定义 B_i 的特征函数 $f(i)=y_i-x_i$, 易知 $f(1)\geq 0$. 若 $f(1)=0$, 则问题得证. 再考虑 $f(2014)$, 因为对最后一个黑球, 有 $f(2014)=y_{2014}-x_{2014}=y_{2014}-2013\leq 0$. 若 $f(2014)=0$, 则问题得证. 下设 $f(2014)<0$. 于是存在 i_0($1\leq i_0\leq 2013$), 使 $f(i_0)>0,f(i_0+1)<0$, 我们证明 $f(i_0+1)=0$. 用反证法. 若 $f(i_0+1)<0$, 则 $f(i_0+1)\leq -1$, 又 $f(i_0)\geq 1$, 故 $f(i_0+1)-f(i_0)\leq -2$. 另一方面, 注意到 $\{y_i\}$ 单调递增(非严格), $\{x_i\}$ 以 1 为差距递增, 即 $y_{i_0+1}-y_{i_0}\geq 0,x_{i+1}-x_{i_0}=1$, 于是 $f(i_0+1)-f(i_0)=(y_{i_0+1}-x_{i_0+1})-(y_{i_0}-x_{i_0})=(y_{i_0+1}-y_{i_0})-(x_{i_0+1}-x_{i_0})=(y_{i_0+1}-y_{i_0})-1\geq -1$. 矛盾. 故必存在 i_0($1\leq i_0\leq 2013$). 使 $f(i_0+1)=y_{i_0+1}-x_{i_0+1}=0$, 即 $y_{i_0+1}=x_{i_0+1}$, 也就是黑球 B_{i_0+1} 左侧(不含自己)的白球与黑球的个数相等. 于是题目结论成立.

15. **不存在.** 假设存在这样的 n, 注意到一个正整数除以 m 时余数的最大可能值是 $m-1$, 故 n 除以 a_1, $a_2,\cdots,a_{11}$ 时所得余数和不超过 $(a_1-1)+(a_2-1)+\cdots+(a_{11}-1)=(a_1+a_2+\cdots+a_{11})-11=407-11=396$, n 除以 $4a_1,4a_2,\cdots,4a_{11}$ 的余数和不超过 $(4a_1-1)+(4a_2-1)+\cdots+(4a_{11}-1)=4(a_1+a_2+\cdots+a_{11})-11=4\times 407-11=1617$. 如果余数都取最大可能值时, 余数和应为 $396+1617=2013$. 由条件, 这个和等于 2012, 故除了一个以外, 其余所有余数取最大可能值, 另一个取最大可能值减 1. 这说明存在一个 k 使得 n 除以 $a_k,4a_k$ 时一个余数取最大值, 一个取最大值减 1, 这推出 $n+1,n+2$ 中一个是 a_k 的倍数, 一个是 $4a_k$ 的倍数, 故 $a_k\mid(n+1,n+2)=21$, 这与 $a_k\geq 2$ 矛盾.

习题 B

16. 设 n 人集合为 S, 其中 A_1 与 B_1 两人没有通电话, 则与 A_1 没有通话的至少有 $n-1-\left[\dfrac{n-2}{2}\right]\geq\left[\dfrac{n}{2}\right]$ 人. 设 A_1 与 $B_1,B_2,\cdots,B_{\left[\frac{n}{2}\right]}$ 没有通电话, 同理可设 B_1 与 $A_1,A_2,\cdots,A_{\left[\frac{n}{2}\right]}$ 没有通话. 令 $S_1=\{A_1,A_2,\cdots,A_{\left[\frac{n}{2}\right]}\},S_2=\{B_1,B_2,\cdots,B_{\left[\frac{n}{2}\right]}\}$, 则因任何 3 人中必有 2 人通了电话, 所以 $S_1\bigcap S_2=\varnothing$ 且 S_i($i=1,2$)中任何两人互通电话. 若 $n=2k$, 则 $S=S_1\bigcup S_2$, 结论成立; 若 $n=2k+1$, 则 S 中除 $S_1\bigcup S_2$ 中的人外, 还有 1 人 C. (1)若 C 与 A_1 没有互通电话, 则由已知条件知 C 与 S_2 中任何 B_i($i=1,2,\cdots,\left[\dfrac{n}{2}\right]$)互通了电话, 令 $S_2'=S_2\bigcup\{C\}$, 于是 S 可分成两个不相交的集合 S_1 与 S_2' 且每一个集合(S_1 或 S_2')内任意两人互通了电话, 结论成立. (2)若 C 与 B_1 没有通话, 则同理可证结论成立. (3)若 C 与 A_1,B_1 都互通电话, 则因为与 C 没有通电话的至少有 $\left[\dfrac{n}{2}\right]=k\geq 3$ 人, 设 S_1 中有 k_1 人与 C 没有互通电话, S_2 中有 k_2 人与 C 没有互通电话, 则 $k_1+k_2\geq k\geq 3$, 且 $k_1\leq k-1,k_2\leq k-1$. 不妨设 $k_2\geq k_1$, 于是 $k_1\geq 1,k_2\geq 2$. 不妨设 C 与 S_1 中 A_i($2\leq i\leq k$)没有互通电话, 且 C 与 S_2 中 B_j,B_k($2\leq k<j\leq k$)没有通电话, 因与 A_i 没有通话的至少有 k 人, 它们都在 $S_2\bigcup\{C\}$ 中, 而 $|S_1\bigcup\{C\}|=k+1$, 故 A_i 至少与 B_i、B_k 中一个没有互通电话. 设 A_i 与 B_j 没有互通电话, 于是 C,A_i,B_j 中任何两人没有互通电话, 这与已知矛盾. 命题得证.

17. $n=8$ 时,如图从 $A_1,A_2,A_3,A_4,A_5,A_6,A_7,A_8$ 出发的线段数分别为 4,5,6,6,6,7,7,7,满足题目条件. $n=9$ 时,增加一点 A_9,将 A_9 与 A_3,A_4,A_5,A_6,A_7,A_8 各连一线段,则从 $A_1,A_2,A_9,A_3,A_4,A_5,A_6,A_7,A_8$ 出发的线段数分别为 4,5,6,7,7,7,8,8,8 满足题目条件. 当 $n\geqslant10$ 时,若存在符合条件的 n 点图,使从 $A_1,A_2,\cdots,A_n$ 出发的线段数依次为 $4,5,6,\cdots,n-5,n-4,n-3,n-2,n-2,n-2,n-1,n-1,n-1$. 去掉 A_{n-2},A_{n-1},A_n 3 点还剩 $n-3$ 个点,从它们出发的线段数依次为 $1,2,3,\cdots,n-8,n-7,n-6,n-5,n-5,n-5$. 记 $M_1=\{A_1,A_2,A_3\}$,$M_2=\{A_4,A_5,\cdots,A_{n-6}\}$,$M_3=\{A_{n-5},A_{n-4},A_{n-3}\}$,因 $n\geqslant10$,所以 $M_2\neq\varnothing$. 因 M_3 中每点出发的线段数都为 $n-5$,故 M_3 中每点仅与一点没有连线. 若 A_1 与 M_3 中任何一点没有连线,则 M_3 中 3 点都与 A_2 连有线,这与从 A_2 出发的线只有 2 条矛盾. 故 A_1 至少与 M_3 中一点连有线,不妨设 A_1 与 A_{n-3} 连有线,而从 A_1 出发只有一条线段,故 A_{n-4},A_{n-5} 与 A_1 都没有连线,从而 A_{n-4},A_{n-5} 与 A_1 外的其余各点都连有线,而从 A_2 出发只有 2 条线段,故 A_2 只与 A_{n-4},A_{n-5} 连有线,而与 A_{n-3} 没有连线,于是 A_{n-3} 与 A_2 外的所有点连有线. 特别地,A_{n-3} 与 A_3 连有线,于是 A_3 仅与 A_{n-3},A_{n-4},A_{n-5} 连有线,而与 M_2 中任何点没有连线. 可见 M_2 中任何点与 M_1 中任何点没有连线,故从点 A_{n-6} 出发的线段数至多为 $n-4-3=n-7$,这与已知从 A_{n-6} 出发的线段数为 $n-6$ 矛盾. 故 $n\geqslant10$ 时,满足题目条件的 n 个点不存在.

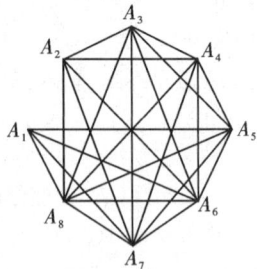

(第 17 题)

18. 不妨设周界多边形的顶点都是红色,取一条与周界多边形没有交点的直线 l,使 l 与给定 $2n$ 个点中任意两点的连线不平行. 作一条与 l 垂直的直线为 x 轴,两直线的交点作为坐标原点,记为 O,然后将 l 朝点集的方向(作为 x 轴的正向)平行移动,当 l 与 x 轴交点为 x 时,直线左侧(原点 O 所在一侧)红点个数与蓝点个数之差记为 $f(x)$. 设 $2n$ 个点在 x 轴上投影的坐标依次为 $a_1<a_2<\cdots<a_{2n}$(因任何两点连线不平行 l,故 $2n$ 个投影的坐标两两不同),于是 $|f(a_{i+1}-f(a_i))|=1(i=1,2,\cdots,2n-1)$. 又因周界点全为红点,所以 $f(a_2)=1>0,f(a_{2n})=-1<0$,故由离散介值原理知,必存在 $i_0,2<i_0<2n$,使 $f(a_{i_0})=0$. 在 x 轴取坐标大于 a_{i_0-1} 且小于 a_{i_0} 的点 P,过 P 作平行 l 的直线 l_1,则 l_1 两侧的红点个数与蓝点个数都相等.

19. (a) 设 $n>1$ 且存在 n 阶银矩阵 A,由于 S 中 $2n-1$ 个元都在矩阵 A 中出现,且 A 的主对角线上只有 n 个元素,所以至少有一个 $x\in S$ 不在 A 的主对角线上. 取定这样一个 x,对每个 $i=1,2,\cdots,n$,记 A 的第 i 行和第 i 列中所有元素合起来的集合为 A_i,称为第 i 个十字,则 x 在每个 A_i 中恰出现一次. 假设 x 位于 A 的第 i 行第 j 列($j\neq i$),则 x 属于 A_i 和 A_j,将 A_i 与 A_j 配对,这样 A 的 n 个十字两两配对,从而 n 必为偶数. 而 1997 为奇数,故不存在 $n=1997$ 阶银矩阵.

(b) 对于 $n=2$,$A\begin{pmatrix}1&2\\3&1\end{pmatrix}$ 是一个银矩阵. 对于 $n=4$,$A=\begin{pmatrix}1&2&5&6\\3&1&7&5\\4&6&1&2\\7&4&3&1\end{pmatrix}$ 是一个银矩阵. 一般地,假设存在一个 n 阶银矩阵 A,则可按下列方式构造 $2n$ 阶银矩阵 D:$D=\begin{pmatrix}A&B\\C&A\end{pmatrix}$,其中 B 是一个 $n\times n$ 矩阵,它是通过把 A 的每一个元素加上 $2n$ 得到的. 而 C 是通过把 B 的主对角元素全部换成 $2n$ 而得到的. 为了证明 D 为银矩阵,考察第 i 个十字架,不妨设 $i\leqslant n$. 这时,第 i 个十字架由 A 的第 i 个十字架以及 B 的第 i 行,C 的第 i 列元素构成. A 的第 i 个十字架包含元素 $\{1,2,\cdots,2n-1\}$,而 B 的第 i 行和 C 的第 i 列包含元素 $\{2n,2n+1,2n+2,\cdots,4n-1\}$,所以 D 确实是一个银矩阵. 故可用这样方法对任意 $k\in\mathbf{N}_+$,构造出 2^k 阶银矩阵.

注 可以证明,对任意偶数 n,存在 n 阶银矩阵.

20. 设平面内所有有理点组成的集合为 I,则所求的 A、B 满足 $A\bigcup B=I,A\bigcap B=\varnothing$. 按下面方法定义

A,B(注意:以下有理数均用既约分数表示):$A=\{(\frac{a}{b},\frac{c}{d})\mid a,b,c,d\in\mathbf{Z}$ 且 $bd\neq0,|ab|\geqslant|cd|\}$,$B=\{(\frac{a}{b},\frac{c}{d})\mid a,b,c,d\in\mathbf{Z}$ 且 $bd\neq0,|ab|<|cd|\}$,显然 $A\cap B=\varnothing$,且 $A\cup B=I$.此外,对任意平行 y 轴的直线 $l_x:x=t$,若 $t\notin\mathbf{Q}$,显然 $l_x\cap A=\varnothing$,若 $t\in\mathbf{Q}$,记 $t=\frac{m}{n}$,则 $l_x\cap A=\{(t,\frac{c}{d})\mid|cd|\leqslant|mn|\}$,显然 $l_x\cap A$ 只有有限个元素.同理对于每一条平行 x 轴的直线 $l_y:y=t$,$l_y\cap B$ 也只有有限个元素.因此,所构造的 A,B 符合要求,原命题得证.

21. 取 $a_i=3i,b_i=3i+1$,记整数 x 除以 $3n$ 所得余数为 $\bar{x}(0\leqslant\bar{x}\leqslant3n-1)$.我们证明:集合 $A=\{\overline{a_i+a_{i+1}}\}$,$B=\{\overline{a_i+b_i}\}$,$C=\{\overline{b_i+b_{i+k}}\}(i=1,2,\cdots,n)$ 包含 $3n$ 个不相同的数.事实上,$a_i+a_{i+1}=\{3i+3(i+1)\}=6i+3\equiv0(\bmod3)$,$a_i+b_i=3i+3i+1=6i+1\equiv1(\bmod3)$,$b_i+b_{i+k}=3i+1+3(i+k)+1=6i+3k+2\equiv2(\bmod3)$,于是 $A\cap B=B\cap C=C\cap A=\varnothing$.其次,如果存在 $p,q\in\mathbf{Z}(1\leqslant p<q\leqslant n)$ 使 $6p+r\equiv6q+r(\bmod3n)$,对某个 $r\in\mathbf{Z}$ 成立,那么 $2(p-q)\equiv0(\bmod n)$.因 n 为奇数,$(2,n)=1$,所以 $p-q\equiv0(\bmod n)$,矛盾.于是分别令 $r=3$、1、$3k+2$,即得 $|A|=|B|=|C|=n$,于是命题得证.

22. 设 A_1,A_2 是 n 个集合中元素最少的两个集合,A_3 是除 A_1,A_2 外且不是 $A_1\cup A_2$ 的其余集合中元素个数最少的一个集合(因为 $n\geqslant5$,故 A_3 是存在的).当 $A_1,A_2,\cdots,A_k$ 已经选好后,在 $A_1,A_2,\cdots,A_k$ 以外且不是 $A_1,A_2,\cdots,A_k$ 中任何两个集合之并的其余集合中选元素个数最少的一个作为 A_{k+1}.因为 $A_1,A_2,\cdots,A_k$ 中任意两个集合的并至多有 C_k^2 个不同的集合,故当 $n>k+C_k^2=\frac{1}{2}k(k+1)$ 时,A_{k+1} 必可选出,即 $k<\sqrt{2n+\frac{1}{4}}-\frac{1}{2}$ 时,A_{k+1} 必可选出.设 t 是不小于 $\sqrt{2n+\frac{1}{4}}-\frac{1}{2}$ 的最小正整数,即 $t-1<\sqrt{2n+\frac{1}{4}}-\frac{1}{2}\leqslant t$,则由上面分析知道可选出 t 个集合 $A_1,A_2,\cdots,A_t$,使得其中任何一个不是共他两个集合的并集.故只要证明 $t\geqslant[\sqrt{2n}]=r$.事实上,由 $t\geqslant\sqrt{2n+\frac{1}{4}}-\frac{1}{2}$ 可得 $t(t+1)\geqslant2n$,故 $t=[\sqrt{t(t+1)}]\geqslant[\sqrt{2n}]=r$.

23. 假设不存在符合要求的 $k+1$ 元子集,并设 X 的所有 $k-1$ 元子集为 $B_1,B_2,\cdots,B_l$,其中 $l=C_n^{k-1}$.令 $x_{ij}=\begin{cases}1(若\ B_i\subseteq A_j)\\0(若\ B_i\not\subseteq A_j)\end{cases}(i=1,2,\cdots,l;j=1,2,\cdots,m)$,于是 $r_i=\sum_{j=1}^m x_{ij}$ 表示包含 B_i 的红 k 子集的个数,$n_j=\sum_{i=1}^m x_{ij}$ 表示包含于 A_j 内的 $k-1$ 元子集的个数,显然 $n_j=C_k^{k-1}=k$.于是 $\sum_{i=1}^l r_i=\sum_{i=1}^l\sum_{j=1}^m x_{ij}=\sum_{j=1}^m\sum_{i=1}^l x_{ij}=\sum_{j=1}^m n_j=km$.设 A_j 的 k 个 $k-1$ 元子集为 $B_{j_1},B_{j_2},\cdots,B_{j_k}$.于是 $\sum_{i=1}^l r_i^2=\sum_{i=1}^l(\sum_{j=1}^m x_{ij})r_i=\sum_{j=1}^m\sum_{i=1}^l x_{ij}r_i=\sum_{j=1}^m\sum_{t=1}^k r_{j_t}=\sum_{j=1}^m S_j$,其中 $S_j=\sum_{t=1}^k r_{j_t}$ 表示以 A_j 的 $k-1$ 元子集为子集的所有红 k 子集的个数.若 $x\in X\backslash A_j$,则 x 与 A_j 的 k 个 $k-1$ 元子集中至多 $k-1$ 个组成红 k 子集(否则 $A_j\cup\{x\}$ 为 X 的 $k+1$ 元子集并且它的所有 k 元子集是红 k 子集,矛盾!),而对 $y\in A_j$,y 恰与 A_j 的一个 $k-1$ 元子集 $A_j\backslash\{y\}$ 组成红 k 子集(A_j 本身),而 x 有 $n-k$ 种不同取法,y 有 k 种不同取法,所以 $S_j\leqslant(n-k)(k+1)+k$,所以 $\sum_{i=1}^l r_i^2=\sum_{j=1}^m S_j\leqslant m[(n-k)(k+1)+k]$,于是由哥西不等式得 $m[(n-k)(k-1)+k]\geqslant\sum_{i=1}^l r_i^2\geqslant\frac{1}{l}(\sum_{i=1}^l r_i)^2=\frac{1}{C_n^{k-1}}(mk)^2$,故 $m\leqslant[\frac{(n-k)(k-1)+k}{k^2}]\cdot C_n^{k-1}$,矛盾!所以,当 $m>[\frac{(n-k)(k-1)+k}{k^2}]\cdot C_n^{k-1}$ 时,必存在 X 的 $k+1$ 元子集,它的所有 k 元子集都是红 k 子集.

24. 令 $S_n=\frac{1}{6}n(n^2+5)(n\geqslant2)$,$m_n=\frac{1}{2}(n^2-n+2)$,这里 m_n 的取值是为了证明下列②而得出的,而②是为了得出③所需要的一个充分条件.我们证明下列的结论成立:存在 n 个同色的正整数 $a_1\leqslant a_2\leqslant\cdots$

$\leqslant a_n$ 满足 $0<a_2-a_1\leqslant a_3-a_2\leqslant\cdots\leqslant a_n-a_{n-1}\leqslant m_n$ ①.当 $n=2$ 时,$S_2=3$,$m_2=2$,结论显然成立.假设对正整数 n 结论 1 成立,并设 $a_1,a_2,\cdots,a_n$ 为红色.考虑对正整数 $n+1$ 情形,注意到 $S_{n+1}-S_n=\dfrac{1}{6}(n+1)\cdot$

$[(n+1)^2+5]-\dfrac{1}{6}n(n^2+5)=\dfrac{1}{2}(n^2+n+2)=m_n+n$ ②,$m_{n+1}-m_n=\dfrac{1}{2}[(n+1)^2-(n+1)+2]-$

$\dfrac{1}{2}(n^2-n+2)=n$.考虑不超过 S_{n+1} 的 $n+1$ 个数:$a_n+m_n,a_n+m_n+1,\cdots,a_n+m_n+n\leqslant S_n+m_n+n=S_{n+1}$

③.若它们都同 $a_1,a_2,\cdots,a_n$ 的颜色相反(设为蓝色).令 $b_k=a_n+m_n+(k-1)(k=1,2,\cdots,n+1)$,则存在 $n+1$ 个同为蓝色的正整数 $b_1,b_2,\cdots,b_{n+1}$ 满足 $0<b_2-b_1=b_3-b_2=\cdots=b_{n+1}-b_n=1<m_{n+1}$,结论成立.否则这 n 个数中必有一项 $a_n+m_n+k(0\leqslant k\leqslant n)$ 为红色,记 $a_{n+1}=a_n+m_n+k$,则 $a_{n+1}-a_n=m_n+k\geqslant m_n\geqslant a_n-a_{n-1}\geqslant\cdots\geqslant a_2-a_1>0$,且 $a_{n+1}-a_n\leqslant m_n+n=m_{n+1}$.即正整数列 $a_1,a_2,\cdots,a_{n+1}$ 满足题目要求,于是原题结论得证.

25.引理 1 若正整数集 $\mathbf{N}_+$ 中存在一个公差为正的无穷同色的等差数列,则结论成立.

事实上,设无穷序列 $c_1<c_2<\cdots<c_n<\cdots$ 是一个 $\mathbf{N}_+$ 中的红色的等差数列,则取 $a_i=c_{2i-1}(i\in\mathbf{N}_+)$,便得到一个满足要求的无穷的红色正整数序列:

$$a_1<\frac{a_1+a_2}{2}<a_2<\frac{a_2+a_3}{2}<a_3<\cdots$$

引理 2 若对任意 $i\in\mathbf{N}_+$,存在 $j\in\mathbf{N}_+(j>i)$,使 $\dfrac{i+j}{2}$ 为整数,且 $i,\dfrac{i+j}{2},j$ 同色,则结论成立.

事实上,取 $a_1=1$,并设 a_1 为红色.由于存在 $k\in\mathbf{N}_+(k>a_1)$,使得 $\dfrac{a_1+k}{2}$ 为整数,且 $a_1,\dfrac{a_1+k}{2},k$ 同色,因此可取 $a_2=k$,再由存在 $l\in\mathbf{N}_+(l>a_2)$ 使得 $\dfrac{a_2+l}{2}$ 为整数,且 $a_2,\dfrac{a_2+l}{2},l$ 同色,因此可取 $a_3=l$,如此下去,便得一个满足要求的无穷的红色正整数序列:

$$a_1<\frac{a_1+a_2}{2}<a_2<\frac{a_2+a_3}{2}<a_3<\cdots$$

引理 3 若 $\mathbf{N}_+$ 中不存在无穷项公差为正的同色等差数列,且存在 $i_0\in\mathbf{N}_+$ 使得对任意 $j\in\mathbf{N}_+(j>i_0)$,$i_0,\dfrac{i_0+j}{2},j$ 不全同色(即引理 1、2 的条件不成立),则存在一个同色的奇数无穷正整数序列满足要求.

事实上,不妨设 $i_0=1$,否则考虑 $\{i\cdot i_0|i=1,2,\cdots\}$,而不改变问题的性质,设 1 为红色,则对任意 $j\in\mathbf{N}_+$,$j\geqslant2$,都有 $j,2j-1$ 不同为红色. ①

由于不存在无穷项公差为正的同色等差数列,所以 $\mathbf{N}_+$ 中存在无穷多个蓝色的奇数.任取其中一个记为 a_1.下面证明存在以 a_1 为首项的无穷奇数数列 $a_1<a_2<\cdots<a_n<\cdots$,使得无穷序列 $a_1<\dfrac{a_1+a_2}{2}<a_2<\dfrac{a_2+a_3}{2}<a_3<\cdots$ 都为蓝色.

对 n 用归纳法.$n=1$ 时,a_1 的存在性已证.假设满足要求的蓝色的奇数列 $a_1<a_2<\cdots<a_n$ 存在,下面我们证明满足要求的 a_{n+1} 一定存在.

(1)先考虑对任意 $i\in\mathbf{N}_+$,a_n+i,a_n+2i 不同色的情况,假设此时没有满足要求的 a_{n+1},即不存在 $a_{n+1}>a_n$ 使得 $a_n,\dfrac{a_n+a_{n+1}}{2},a_{n+1}$ 同为蓝色. ②

由于不存在无穷项同色的等差数列,所以 $\mathbf{N}_+$ 中红、蓝两色的数均有无穷多个,故存在某个 i 使 a_n+i 为红色,这时 a_n+2i 为蓝色.记 $a_n=2k+1$,则有 $2k+1$ 为蓝色,$2k+i+1$ 为红色,$2k+2i+1$ 为蓝色,由①知 $2(2k+i+1)-1=4k+2i+1$ 为蓝色,再由②知 $\dfrac{(2k+1)+(4k+2i+1)}{2}=3k+i+1$ 为红色,再由①知

$2(3k+i+1)-1=6k+2i+1$ 为蓝色,如此递推下去,便得一个蓝色的无穷等差数列 $\{2nk+2i+1\}_{n=0}^{\infty}$,矛盾!这说明满足要求的 a_{n+1} 一定存在.

(2)再考虑存在 $i\in \mathbf{N}_+$ 使得 a_n+i,a_n+2i 同色的情况,设 $a_n=2k+1$.

(a)若 a_n+i,a_n+2i 同为蓝色,取 $a_{n+1}=a_n+2i$ 即可.

(b)若 a_n+i,a_n+2i 同为红色,由①知 $2(2k+i+1)-1=4k+2i+1$ 及 $2(2k+2i+1)-1=4k+4i+1$ 均为蓝色.因此若 $\dfrac{(2k+1)+(4k+4i+1)}{2}=3k+2i+1$ 为蓝色,取 $a_{n+1}=4k+4i+1$ 即可;若 $3k+2i+1$ 为红色,再由①知 $2(3k+2i+1)-1=6k+4i+1$ 为蓝色,这时 $\dfrac{(2k+1)+(6k+4i+1)}{2}=4k+2i+1$ 为蓝色,取 $a_{n+1}=6k+4i+1$ 即可,至此引理3得证.

综上三个引理便知结论成立.

26. 如果一个 1×3 或者 3×1 的小长方形的三个方格中至少有两个是同色的,那么就称这个小长方形被该色占据了.显然,每个小长方形最多被一种颜色占据.引理1:在一行中如果某种颜色(不妨设为红色)染了 p 个方格,那么这种颜色最多占据了这一行中 $\dfrac{3p}{2}-1$ 个小长方形.证明:对于每个被红色占据的小长方形,称其中的红色方格被计入了一次,那么每个红色小方格最多被计入三次,而且最左端的红色方格最多被计入两次,最右端的方格也如是,那么红色小方格最多被计入了 $3p-2$ 次,于是被红色占据的小长方形最多有 $\dfrac{3p-2}{2}$ 个.引理2:在整个方格表中,如果某种颜色(不妨设为红色)染了 q 个方格,那么这种颜色最多占据了 $3(q-1)$ 个小长方形.证明:若 $q=1$,则结论显然成立;若 $q>1$,设红色方格分布在 k 行和 l 列当中,那么 $k+l\geqslant 3$.由引理1,被红色占据的 3×1 小长方形不超过 $\dfrac{3q}{2}-k$ 个,被红色占据的 1×3 小长方形不超过 $\dfrac{3q}{2}-l$ 个,那么被红色占据的小长方形总数不超过 $3q-(k+l)\leqslant 3(q-1)$ 个.回到原题,记 $N=\left[\dfrac{(n+2)^2}{3}\right]$,用 n_i 表示第 i 种颜色染的方格数量.则所有这些颜色占据的小长方形的总数不超过 $\sum\limits_{i=1}^{N}3(n_i-1)=3\sum\limits_{i=1}^{N}n_i-3N=3n^2-3N<3n^2-(n^2+4n)=2n(n-2)$.而 $n\times n$ 方格表中有 1×3 或者 3×1 的小长方形共 $2n(n-2)$ 个,于是其中至少有一个没有被任何颜色占据,即它的三个方格被染上了三种不同的颜色.

27. 取 $A=\{1,2,\cdots,35\}$,则对任意 $a,b\in A,a-b,a+b\leqslant 34+35=69$.下面证明:$1\leqslant n\leqslant 69$.设 $A=\{a_1,a_2,\cdots,a_{35}\}\subseteq M$,不妨设 $1\leqslant a_1<a_2<\cdots<a_{35}\leqslant 50$.(1)当 $1\leqslant n\leqslant 19$ 时,考虑 $1\leqslant a_1+n<a_2+n<\cdots<a_{35}+n\leqslant 50+19=69$,由抽屉原理知,存在 $1\leqslant i,j\leqslant 35(i\neq j)$ 使 $a_i+n=a_j$,即 $a_j-a_i=n$.(2)当 $51\leqslant n\leqslant 69$ 时,由 $1\leqslant n-a_{35}<n-a_{34}<\cdots<\cdots<n-a_1\leqslant 68$.由抽屉原理知,至少存在 $1\leqslant i,j\leqslant 35(i\neq j)$,使 $n-a_i=a_j$,即 $a_i+a_j=n$.(3)当 $20\leqslant n\leqslant 24$ 时,由于 $50-(2n+1)+1=50-2n\leqslant 50-40=10$,所以 $a_1,a_2,\cdots,a_{35}$ 中至少 $35-10=25$ 个属于 $[1,2n]$.又由于 $\{1,n+1\},\{2,n+2\},\cdots,\{n,2n\}$,至多有 24 个,故存在 a_i,a_j 使 $\{a_i,a_j\}=\{k,n+k\}(i<j)$,所以 $a_j-a_i=n$.(4)当 $25\leqslant n\leqslant 34$ 时,由 $\{1,n+1\},\{2,n+2\},\cdots,\{n,2n\}$ 至多有 34 个.由抽屉原理知存在 $a_i,a_j(1\leqslant i,j\leqslant 35)$,使 $a_i=k,a_j=k+n$,即 $a_j-a_i=n$.(5)当 $n=35$ 时,$\{1,34\},\{2,33\},\cdots,\{17,18\},\{35\},\{36\},\cdots,\{50\}$ 共 33 个.所以存在 $1\leqslant i<j\leqslant 35$,使 $a_i+a_j=35$.(6)当 $36\leqslant n\leqslant 50$ 时,若 $n=2k+1$,则将 M 内的元分成下列 $50-k$ 个子集:$\{1,2k\}\{2,2k-1\},\cdots,\{k,k+1\},\{2k+1\},\{2k+2\},\cdots,\{50\},M$ 内不属于 $\{1,2k\},\{2,2k-1\},\cdots,\{k,k+1\}$ 的元只有 $50-2k$ 个,当 $18\leqslant k\leqslant 20$ 时,$50-2k\leqslant 50-36=14$,且 $35-14=21>k$.当 $21\leqslant k\leqslant 24$ 时,$50-2k\leqslant 50-42=8$,且 $35-8=27>k$.故均存在 $1\leqslant i<j\leqslant 35$ 使 $a_i+a_j=2k+1=n$.若 $n=2k$,则将 M 内的元分为下列 $50-(k-1)=51-k$ 个子集:$\{1,2k-1\},\{2,2k-2\},\cdots,\{k-1,k+1\},\{k\},\{2k\},\{2k+1\},\cdots,\{50\},M$ 内不属于 $\{1,2k-1\},\{2,2k-2\},\cdots,\{k-1,k+1\}$ 的

元只有 $50-2(k-1)=52-2k$ 个. 当 $18 \leqslant k \leqslant 19$ 时, $52-2k \leqslant 52-36=16$, 且 $35-16=19 > k-1$; 当 $20 \leqslant k \leqslant 23$ 时, $52-2k \leqslant 52-40=12$, 且 $35-12=23 > k-1$; 当 $24 \leqslant k \leqslant 25$ 时, $52-2k \leqslant 52-48=4$, 且 $35-4=31 > k-1$. 故均存在 $1 \leqslant i < j \leqslant 35$, 使 $a_i + a_j = 2k = n$. 综上知所求的一切 n 为 $1, 2, 3, \cdots, 69$.

28. 称以圆心为中心, 旋转角为 $\dfrac{2\pi}{432}$ 的逆时针旋转为"转动一格". 设所有绿点转动 k 格 $(k=1, 2, \cdots, 431)$ 后与 a_k 个红点重合, 则 $a_1 + a_2 + \cdots + a_{431} = 108^2$. 因此, 由 $\dfrac{108^2}{431} > 27$ 知, 存在某个 $a_k \geqslant 28$. 考虑这其中 28 个红点, 设这些红点转动 k 格后与 b_k 个蓝点重合 $(k=1, 2, \cdots, 431)$, 于是 $b_1 + b_2 + \cdots + b_{431} = 108 \times 28$, 因此, 由 $\dfrac{28 \times 108}{431} > 7$ 知存在某个 $b_t \geqslant 8$, 考虑其中的 8 个蓝点, 设这些蓝点转动 k 格, 后与 c_k 个黄点重合 $(k=1, 2, \cdots, 431)$, 于是 $c_1 + c_2 + \cdots + c_{431} = 8 \times 108$, 因此, 由 $\dfrac{8 \times 108}{431} > 2$, 知存在某个 $c_s \geqslant 3$, 考虑其中的 3 个黄点, 则转动其一 s 格所得到的 3 个点为蓝点, 再转动一 t 所得的 3 个点均为红点, 再转动一 k 格所得的 3 点均为绿点, 选出这 12 点即可, 命题得证.

模拟实战四

习题 A

1. 因 $1, 3, 6, 8$ 中任意两个的差的绝对值为素数, 由题意知 $f(1), f(3), f(6), f(8)$ 为 A 中两两不等的元素, 从而 $|A| \geqslant 4$. 另一方面, 若令 $A=\{0, 1, 2, 3\}$, 若 $x \in \mathbf{N}_+$, $x=4k+r$, 则 $f(x)=r$, 其中 $k \in \mathbf{N}, r=0, 1, 2, 3$. 对任意 $x, y \in \mathbf{N}_+$, 若 $|x-y|$ 为素数, 假设 $f(x)=f(y)$, 于是 $4 \mid |x-y|$, 这与 $|x-y|$ 为素数矛盾. 故 $f: \mathbf{N}_+ \to A$ 满足题设条件且 $|A|=4$, 故 A 中最少有 4 个元素.

2. 设比赛了 S 场后, 任何 3 队中都有 2 队互相比赛过, 其中 A_1 队比赛的场次最少, 它只比赛了 k 场, 与 A_1 比赛过的球队为 $A_2, A_3, \cdots, A_{k+1}$, 其余 $19-k$ 个队为 $B_1, \cdots, B_{19-k}$, 于是 $A_1, A_2, \cdots, A_{k+1}$ 都至少比赛了 k 场. 对任意 $B_i, B_j (1 \leqslant i, j \leqslant 19-k)$, 在 A_1, B_i, B_j 中, A_1 与 B_i 和 B_j 没有比赛过, 故只有 B_i 与 B_j 互相比赛, 即 $B_1, B_2, \cdots, B_{19-k}$ 中每一个队都与其余 $18-k$ 个队比赛过一场, 故各队比赛场数的总和最少为 $(k+1)k+(19-k)(18-k)=2(k-90)^2+180$, 而上述计数中, 每场球计算了两次, 故 $S \geqslant (k-90)^2+90 \geqslant 90$. 另一方面, 20 个队平均分成两组, 同组中任意 2 队互相比赛一场, 一共比赛了 $2C_{10}^2=90$ 场, 对其中任何 3 个队, 必有 2 队属于同一组, 他们互相比赛过一场, 故最少要比赛 90 场.

3. 取下列 $k+1$ 个整数 $0, 1, 2, \cdots, k$, 它们中任意两个数之和在 1 与 $2k-1$ 之间, 任意两个数之差的绝对值在 1 与 $k-1$ 之间, 都不能被 $2k$ 整除, 故所求最小正整数 $\geqslant k+2$. 另一方面, 将模 $2k$ 的余数分为 $k+1$ 组: $\{0\}, \{1, 2k-1\}, \{2, 2k-2\}, \cdots, \{k-1, k+1\}, \{k\}$, 对任意 $k+2$ 个整数, 它们被 $2k$ 除的余数中至少有 2 个属于同一组, 而同组两余数(可以相同)的和为 $2k$ 或差为 0, 故任意 $k+2$ 个整数必有两个数的和或差被 $2k$ 整除. 综上可知, 所求 n 的最小值为 $k+2$.

4. 将 S 划分为两两不相交的子集的并: $F_0 \cup F_1 \cup \cdots \cup F_{116}$, 其中 F_i 是 S 中除以 117 余数为 i 的元素的集合 $(i=0, 1, \cdots, 116)$, 用 $|F_i|$ 表示 F_i 中元素个数, 则 $|F_0|=17$, $|F_1|=|F_2|=\cdots=|F_8|=18$, $|F_9|=|F_{10}|=\cdots=|F_{116}|=17$, F_0 中至多选一个数入 A 中, 而 F_k 与 F_{117-k} 只有一个集合的全部元素全部选入 A 中, 为了使 A 中元素尽量多, 故 $A_1, A_2, \cdots, A_8$ 的元素应全部选入 A 中, 因此这个 A 中元素最多有 $1+|F_1|+\cdots+|F_{58}|=1+18 \times 8+17 \times 50=995$ 个, 且 $A=\{117\} \cup F_1 \cup \cdots \cup F_{58}$, 显然满足条件. 故所求 k 的最大值为 995.

5. 因为任何整数被 20 除的余数只能为 $0, 1, 2, \cdots, 19$ 这 20 个数, 对含 $\{0, 1, 2, \cdots, 19\}$ 中 k 个整数的集合, 共可形成 $C_k^2=\dfrac{1}{2}k(k-1)$ 个不同的整数对. 若 $\dfrac{1}{2}k(k-1) > 20$, 即 $k \geqslant 7$, 则存在两个不同的数对 (a, b)

和(c,d),使$a+b\equiv c+d(\bmod 20)$,即$a+b-c-d$被20整除,并且a,b,c,d互不相同(事实上,已有$a\neq b$,$c\neq d$,若$a=c$,则$b\equiv d(\bmod 20)$.又$b,d\in\{0,1,3,\cdots,19\}$,所以$b=d$这与$(a,b)$与$(c,d)$是不同的两对矛盾).

一般考虑由9个整数组成的集合,若这9个数中至少有7个数对模20的余数互不相同,那么由前面分析知必存在4个数a,b,c,d使$a+b-c-d$被20整除.若这9个数对模20的余数至多有6个不同,则其中一定存在4个数a,b,c,d使$a\equiv b\equiv c\equiv d(\bmod 20)$,或$a\equiv c,b\equiv d(\bmod 20)$(否则至多只有$1+1+1+1+1+3=8$个数),从而$a+b-c-d$被20整除.其次下列8个数的集合$A=\{0,20,40,1,2,4,7,12\}$不满足题目条件.事实上,这8个数除以20的余数分别为$0,0,0,1,2,4,7,12$,这些数具有性质:每个数比较小的两个数之和要大,而任意两数之和比20小.设a,b,c,d是A中不同的4个数,并将$20,40$看成0,设a是4个数中最大的,则$0<a-c-d<a+b-c-d\leqslant a+b<20$,于是$a+b-c-d$不被20整除,故所求$n$的最小值为9.

6. 显然"龙"有如下性质:若存在长度为k的"龙",则存在长度为任意大于k的数的"龙".首先证明存在长度为39的"龙",因为对任意39个连续正整数,在这39个数中位于其前面连续的20个正整数内必有2个数的末位数字是0,并且至少有一个在末位0的前面不是9.我们设这个正整数为N,并记N的各位数字和为n,考虑$N,N+1,N+2,\cdots,N+7,N+8,N+9,N+19$,则所列11个数都是这连续39个正整数中的数,它们的各位数字之和分别为$n,n+1,\cdots,n+9,n+10$,这11个连续正整数中必有一个是11的倍数,故存在长度为39的"龙".其次考虑下列从99981到1000018的38个连续正整数,它们的各位数字之和依次为$45,46,47,48,49,50,51,52,53;45,46,47,48,49,50,51,52,53,54;1,2,3,4,\cdots,10;2,3,4,\cdots,10$.其中没有一个是11的倍数,故不存在长度为38的"龙",并且由最开始的说明也不存在长度小于38的"龙".故最短"龙"的长度是39.

7. 作$n\times t$数表,其中第i行第j列处的数为$x_{ij}=\{1($若$i\in A_j)\backslash=0($若$i\notin A_j)(i=1,2,\cdots,n;j=1,2,\cdots,t)$.由$F$是覆盖的知每行中的数至少有一个等于1,再由$F$是可区分的知表中没有2行中的数完全相同.因每行中各数只能为0或1,且至少有一个为1,故至多有2^t-1个两两不同的行.因此得$2^t-1\geqslant n$,$2^t>n,t>\log_2 n$,所以$t\geqslant[\log_2 n]+1$.另一方面,对任意正整数n,存在唯一正整数t满足$2^t>n\geqslant 2^{t-1}$,即$t=[\log_2 n]+1$,因为$n\leqslant 2^t-1$,故可作出$n\times t$数表,使得每行中的数由0和1组成,其中至少有一个为1,并且任何两行不全相同.设表中第i行第j列处的数为x_{ij},并令A_j由表中第j列中使$x_{ij}=1$的那些i组成$(j=1,2,\cdots,t)$,这时$F=\{A_1,A_2,\cdots,A_t\}$既是可区分的又是覆盖的.综上可知,所求t的最小值$f(n)=[\log_2 n]+1$.

8. 因分法个数有限,故使乘积最大的分法必存在.设将2004分为不相等的正整数$a_1,a_2,\cdots,a_k(a_1<a_2<\cdots<a_k)$之和时,其乘积为最大,用$S=\{a_1,a_2,\cdots,a_k\}$表示分法,$\sum S$表示$S$中各数的和,$\prod S$表示$S$中各数之积,$S$中最小数为$a_1$,最大数为$a_k$,则$S$具有下列性质:(1)将$S$中的数从小到大排列时,区间$[a_1,a_k]$内的正整数至多有一个不属于$S$.事实上,若$a,b\notin S(a<b)$但$a-1\in S,b+1\in S$,令$S'=(S\backslash\{a-1,b+1\})\bigcup\{a,b\}$,则$\sum S'=\sum S$,而$\dfrac{\prod S}{\prod S'}=\dfrac{(a-1)(b+1)}{ab}=\dfrac{ab-(b-a)-1}{ab}<1,\prod S<\prod S'$这与$\prod S$最大矛盾;(2)$a_1\neq 1$.因为若$a_1=1$,则令$S'=(S\backslash\{1,a_k\})\bigcup\{a_k+1\}$,于是$\sum S'=\sum S$,但$\dfrac{\prod S}{\prod S'}=\dfrac{a_k}{a_k+1}<1$,矛盾;(3)$a_1=2$或3,(i)若$a_1=4$且$5\in S$,则令$S'=(S\backslash\{5\})\bigcup\{2,3\}$,则$\sum S'=\sum S$,而$\dfrac{\prod S}{\prod S'}=\dfrac{5}{2\times 3}<1$,矛盾;(ii)若$a_1=4,j\notin S(5\leqslant j\leqslant k-1)$且$k\in S(k\geqslant 6)$,则令$S'\subset\{S\backslash\{4,k\}\}\bigcup\{2,3,k-1\}$,则$\sum S'=\sum S$,而$\dfrac{\prod S}{\prod S'}=\dfrac{4k}{2\times 3\times(k-1)}=\dfrac{4k}{4k+2(k-3)}<1$,矛盾;(iii)若$a_1\geqslant 5$,令$S'=(S\backslash\{a_1\})\bigcup\{2,a_1-2\}$,则$\sum S'=\sum S$,而

$\dfrac{\prod S}{\prod S'}=\dfrac{a_1}{2(a_1-2)}=\dfrac{a_1}{a_1+(a_1-4)}<1$,矛盾.由上述(1),(2),(3)知若 $a_1=3$,则由 $3+4+\cdots+n-k=2004$ 得

$n(n+1)=4014+2k$,于是 $n=63,k=9$,即 $S=\{3,4,8,10,11,\cdots,63\}$,若令 $S'=(S\backslash\{11\})\bigcup\{2,9\}$,则

$\sum S'=\sum S$,而 $\dfrac{\prod S}{\prod S'}=\dfrac{11}{2\times 9}<1$,矛盾.故只可能 $a_1=2$,这时,$S=\{2,3,\cdots,10,12,13,\cdots,63\}$ 使乘积 $\prod S=$

$\dfrac{63!}{11}$ 为最大.

9. 设 $A=\{a_1,a_2,\cdots,a_n\}(a_1<a_2<\cdots<a_n)$,依题意得 $\dfrac{1}{a_i}-\dfrac{1}{a_{i+1}}\geqslant\dfrac{1}{25}(i=1,2,\cdots,n-1)$,于是 $\dfrac{1}{a_k}-\dfrac{1}{a_n}=$

$\sum_{i=k}^{n-1}(\dfrac{1}{a_i}-\dfrac{1}{a_{i+1}})\geqslant\dfrac{n-k}{25}$,$\dfrac{1}{a_k}\geqslant\dfrac{n-k}{25}+\dfrac{1}{a_n}>\dfrac{n-k}{25}$,而 $a_k\geqslant k$,所以 $\dfrac{1}{k}>\dfrac{n-k}{25}$,$n<k+\dfrac{25}{k}$,所以 $n<\min\{k+\dfrac{25}{k}\}=$

$2\sqrt{k\cdot\dfrac{25}{k}}=10$.另一方面,易验证 9 个数的集合 $A=\{1,2,3,4,5,7,10,16,45\}$ 满足题目条件,故 A 中最多

有 9 个数.

10. 因为不重复的"2 人对"有 $C_{12}^2=66$ 对,而每次聚餐只产生了 $3C_4^2=18$ 个"2 人对",故至少要

$[\dfrac{66}{18}]+1=4$ 周.若恰为 4 周,由于第一周每桌 4 个人,在后面的每周中必有两人坐在同一桌上(因每周只

有 3 桌,而 4 人可形成 $C_4^2=6$ 个"2 人对"),所以 4 周不重复的"2 人对"至多只有 $4\times 18-3\times 3=63$,与要求

产生 66 对不重复的"2 人对"矛盾,所以至少要进行 5 周.下面给出 5 周可行的例子(用 $1,2,\cdots,12$ 表示

人):第 1 周(1,2,3,4),(5,6,7,8),(9,10,11,12);第 2 周(1,2,5,6),(3,4,9,10),(7,8,11,12);第 3 周

(1,2,7,8),(3,4,11,12),(5,6,9,10);第 4 周(1,2,9,10),(3,4,7,8),(5,6,11,12);第 5 周(1,2,11,12),

(3,4,5,6),(7,8,9,10).

11. (1)首先 S 的值只有有限个,其中必有最大值和最小值.若 $x_1+x_2+x_3+x_4+x_5=2006$,且使 $S=$

$\sum_{1\leqslant i<j\leqslant 5}x_ix_j$ 取到最大值,则必有 $|x_i-x_j|\leqslant 1(1\leqslant i,j\leqslant 5)$ ①.事实上,假设①不成立,不妨设 $x_2-x_1\geqslant 2$,

令 $x'_1=x_1+1,x'_2=x_2-1,x'_i=x_i(i=3,4,5)$,有 $x'_1+x'_2=x_1+x_2,x'_1\cdot x'_2=x_1x_2+x_2-x_1-1>$

x_1x_2.将 S 改写成 $S=x_1x_2+(x_1+x_2)(x_3+x_4+x_5)+x_3x_4+x_3x_5+x_4x_5$,同时有 $S'=x'_1x'_2+(x'_1+$

$x'_2)(x_3+x_4+x_5)+x_3x_4+x_3x_5+x_4x_5$,于是有 $S'-S=x'_1x'_2-x_1x_2>0$,这与 S 取最大值矛盾.所以必

有 $|x_i-x_j|\leqslant 1(1\leqslant i,j\leqslant 5)$.因此当 $x_1=402,x_2=x_3=x_4=x_5=401$ 时 S 取到最大值.(2)当 x_1+x_2+

$x_3+x_4+x_5=206$,且 $|x_i-x_j|\leqslant 2$ 时只有(Ⅰ)402,402,402,400,400,(Ⅱ)402,402,401,401,400,(Ⅲ)

402,401,401,401,401 三种情形满足要求.后面两种情形可在第(Ⅰ)种情形下分别作一次和二次如下调

整 $x'_i=x_i-1,x'_j=x_j+1$ 而得到,由(1)小题结论知每调整一次,和式 S 的值变大,所以当 $x_1=x_2=x_3=$

$402,x_4=x_5=400$ 时,S 取到最小值.

12. 所求最少人数为 200 人.一方面将 200 人编号为 1 至 200,其中号码为 1~50 的解出 1,2,3 题,号

码为 51~100 的解出 1,4,6 题,号码为 101~150 的解出 2,4,5 题,号码为 151~200 的解出 3,5,6 题,于

是,每个问题都恰有 100 人解出,并且每两个人都恰有一道都没有解出的题.另一方面,如某人数 n 少于

200,那么由 $3n<600=6\times 100$,知必有一人 A,他至少解出 4 道题.不妨设 A 解出 1,2,3,4 题.如果 A 还解

出了第 5 题,那么解出第 6 题的人与 A 没有两人都没有解出的题,矛盾.所以 A 恰解出 1,2,3,4 题.由于

$n<200$,剩下的人中必有一人 B,他解出了 5,6 题(因为后面 2 题共有 200 人次解出),这时对 A,B 两人而

言,没有他们都没有解出的问题,矛盾.故必须 $n\geqslant 200$.综上所述,知最少有 200 人参加了考试.

13. 我们用归纳法证明:如果 $(2n+1)\times(2n+1)$ 数表具有题设的性质,那么数表中各数之和 $S_{2n+1}\leqslant$

$2n+1$.当 $n=0$ 时,显然有 $S_1\leqslant 1$.设 $S_{2n-1}\leqslant 2n-1$,对 $(2n+1)\times(2n+1)$ 数表,如图 1,由归纳假设知左上

角 $(2n-1)\times(2n-1)$ 内各数之和 $S_{2n-1}\leqslant 2n-1$,并将剩下的部分分成 $(n-1)+(n-1)=2(n-1)$ 个 2×2

的数表(每个 2×2 数表内各数之和为 0)及一个缺左上角的 3×3 的数表,如图 2. 得 $S_{2n+1}-S_{2n-1}=a+b+c+d+e+f+g+h=$ $(a+b+e+d)+(c+d+f+g)-d+h\leqslant2$. 所以 $S_{2n+1}\leqslant S_{2n-1}+$ $2\leqslant(2n-1)+2=2n+1$. 另一方面,若在表中奇数行的每个小方格内填 1,偶数行的每个小方格内填 -1,则 $S_{2n+1}=2n+1$. 故 $\max S_{2n+1}=2n+1$,特别地,$\max S_{2009}=2009$.

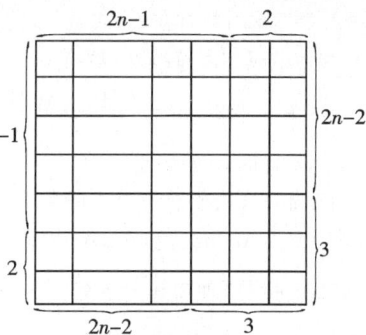

(第13题图1)

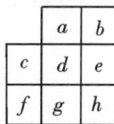

(第13题图2)

14. P 共有 C_n^k 个 k 元子集,故 $C_Q\leqslant C_n^k$. 下面证明:对集合 $P=\{2,2^2,2^3,\cdots,2^n\}$,相应的 $C_Q=C_n^k$,即 P 的任意两个 k 元子集内元素之和不相等. 事实上假设上述集合 P 有两个不同的 k 元子集 $A=\{2^{r_1},2^{r_2},\cdots,2^{r_k}\}$ 和 $B=\{2^{s_1},2^{s_2},\cdots,2^{s_k}\}$ 使得 $2^{r_1}+2^{r_2}+\cdots+2^{r_k}=2^{s_1}+2^{s_2}+\cdots+2^{s_k}=M(1\leqslant r_1<r_2<\cdots<r_k\leqslant n,1\leqslant s_1<s_2<\cdots<s_k\leqslant n)$①,由于①式可视为 M 的二进制表示,且 $r_1,r_2,\cdots,r_k$ 两两不同,$s_1,s_2,\cdots,s_k$ 两两不同. 由二进制表示的唯一性得 $r_1=s_1$,$r_2=s_2,\cdots,r_k=s_k$,从而 $A=B$,矛盾. 综上可得所求 C_Q 的最大值为 C_n^k.

15. 设圆周上排列的 10 个数依次为 $x_1,x_2,\cdots,x_{10}$. 设 $a_i=x_i+x_{i+1}+x_{i+2}(i=1,2,\cdots,10,x_{11}=x_1,x_{12}=2)$,$m=\min\{a_1,a_2,\cdots,a_{10}\}$. 于是 $a_1+a_2+\cdots+a_{10}=3(x_1+x_2+\cdots+x_{10})=3(1+2+3+\cdots+10)=165$. 由平均值原理得 $m\leqslant\left[\dfrac{a_1+a_2+\cdots+a_{10}}{10}\right]=16$. 若 $m=16$,是由 $x_i\neq x_{i+3}$ 知 $a_i=x_i+x_{i+1}+x_{i+2}\neq x_{i+1}+x_{i+2}+x_{i+3}=a_{i+1}$,即 $a_1,a_2,\cdots,a_{10},a_1$ 中任意相邻的两个数不相等,故 $a_1,a_2,\cdots,a_{10}$ 中至多有 5 个数等于 16,其余的数都不小于 17,而 $a_1+a_2+\cdots+a_{10}=165=16\times5+17\times5$,故 $a_1,a_2,\cdots,a_{10}$ 中恰有 5 个等于 16,也恰有 5 个等于 17,且任意相邻的两个都必为 16,17 或 17,16. 不妨设 $x_1=1$,又 x_4,x_8 中至多有一个等于 2,不妨设 $x_4\neq2$,于是 $a_2-a_1=(x_2+x_3+x_4)-(x_1+x_2+x_3)=x_4-x_1>2$,这与 a_1,a_2 中一个等于 16,另一个等于 17 矛盾. 故 $m=16$ 不成立,所以 $m\leqslant15$. 另一方面,若将 10 个数在圆周上依次排列为 1,8,7,5,3,10,2,4,9,6,1,则 $m=\min\{a_1,a_2,\cdots,a_{10}\}=15$. 故所求 m 的最大值为 15.

16.(1)若 n 条直线中存在四条直线 l_1,l_2,l_3,l_4 两两互不平行,则对任意两条直线 a,b 在 l_1,l_2,l_3,l_4 中至少有 2 条与 a,b 都相交,故 n 条直线中的所有直线对(共 C_n^2 对)都是相合直线对,而 $C_n^2=2012$ 无正整数解,故此时不存在满足条件的 n. (2)若 n 条直线的不同方向只有 3 种,设 l_1,l_2,l_3 分别是每种方向上的一条直线,并设 l_i 方向上的直线有 n_i 条 $(i=1,2,3)$,$n_1+n_2+n_3=n$,且不妨设 $n_1\geqslant n_2\geqslant n_3$. (i) 当 $n_1\geqslant2$,$n_2=n_3=1$ 时,在 l_1 方向上任取 2 条直线以及 (l_2,l_3),共得 $C_{n_1}^2+1$ 个相合直线对. 而相离直线对由 l_1 方向中的一条直线与 l_2,l_3 中一条直线组成,共 $2n_1$ 对,于是 $(C_{n_1}^2+1)-2n_1=2012$,$n_1(n_1-5)=4022$,此方程无正整数解,此时,不存在符合条件的 n. (ii) 当 $n_1\geqslant n_2\geqslant2$,$n_3=1$ 时,此时相合直线对为 l_1(或 l_2)方向中任意两条直线,以及 l_1(或 l_2)方向中一条直线及 l_3 组成,共有 $C_{n_1}^2+C_{n_2}^2+n_1+n_2$ 对,而相离直线对为 l_1 方向中一条直线与 l_2 方向中一条直线组成,共 n_1n_2 对. 于是 $C_{n_1}^2+C_{n_2}^2+n_1+n_2-n_1n_2=2012$,即 $(n_1-n_2)^2+n_1+n_2=4024$. 令 $n_1-n_2=k,n_1+n_2=4024-k^2$. 解出 $n_1=\dfrac{4024+k-k^2}{2}$,$n_2=\dfrac{4024-k+k^2}{2}$,由 $n_2\geqslant2$ 易知 $k\leqslant62$. $n_1+n_2\geqslant4024-62^2=180$. 从而知此时 $n=n_1+n_2+1$ 的最小值为 181. (iii) 当 $n_1\geqslant n_2\geqslant n_3\geqslant2$ 时,则同一方向上任取 2 条直线或不同的两个方向上各取一条直线对都组成相合直线对,而没有相离直线对. 故 $C_{n_1}^2+C_{n_2}^2+C_{n_3}^2+n_1n_2+n_1n_3+n_2n_3=2012$,即 $(n_1+n_2+n_3)(n_1+n_2+n_3-1)=4024$,此时无正整数解.(3)若这几条直线只有两个不同方向时,设 l_1,l_2 分别是其中每种方向上的一条直线,且 l_1,l_2 方向上的直线分别有 n_1,n_2 条 $(n_1\geqslant n_2)$. 若 $n_1\geqslant2$,$n_2=1$ 时,不存在相合直线对,故满足条件的 n 不存在,故 $n_1\geqslant$

$n_2 \geqslant 2$. 显然这时只有在 l_1(或 l_2)方向上任取两条直线才组成相合直线对,而 l_1 和 l_2 每一种方向上各取一条直线才组成相离直线对. 故有 $C_{n_1}^2 - C_{n_2}^2 - n_1 n_2 = 2012$, $(n_1 - n_2)^2 - (n_1 + n_2) = 4024$. 令 $n_1 - n_2 = k$, 则 $n_1 + n_2 = k^2 - 4024$, $n_1 = \dfrac{k^2 + k - 4024}{2}$, $n_2 = \dfrac{k^2 - k - 4024}{2}$. 由 $n_2 \geqslant 2$ 易得 $k \geqslant 64$. 因此 $n = n_1 + n_2 \geqslant 64^2 - 4024 = 72$. 此时,$n$ 的最小值为 72. 综上可知,所求 n 的最小值为 72.

17. 如图 1 存在含 6 个点的集合 $A = \{A_1, A_2, A_3, A_4, A_5, A_6\}$ 满足题目条件. 其中 A_1, A_4 染红色,A_2, A_5 染蓝色,A_3, A_6 染黄色. 如果 A 中点数不少于 7,那么由抽屉原理知其中必有 $\left[\dfrac{7-1}{3}\right] + 1 = 3$ 个点同色,并且它们不共线(否则不妨设 A_1, A_2, A_3 同色且依次在一条直线上,则 A_1 与 A_2 之间有异色点 B,A_2 与 A_3 之间有异色点 C,于是 A_1 与 A_3 之间有两个异色点,这与已知条件矛盾). 从而必存在 3 个顶点同色的三角形. 考察以 A 中点为顶点,并且 3 个顶点同色的三角形. 因其个数有限,其中必有一个 $\triangle A_1 A_2 A_3$,它们三个顶点同色(不妨设为红色用"·"表示)且它的面积最小(图2). 由已知条件知 $\triangle A_1 A_2 A_3$ 的每条边上必有一个不同于红色的点. 若这 3 个点同色,则以它们为顶点的面积必小于 $\triangle A_1 A_2 A_3$ 的面积. 这与假设矛盾. 故这 3 个点不能全同色,不妨设其中 B_1, B_2 为蓝色,B_3 为黄色(用"○"和"×"分别表示蓝色点和黄色点)(图2). 若连线 $B_1 B_2$ 上的异色点 T 为红色,则 $S_{\triangle T A_2 A_3} < S_{\triangle A_1 A_2 A_3}$,矛盾! 故 $B_1 B_2$ 上的异色点 T 为黄色. 若连线 TB_3 上的异色点 S 为红色,则 $S_{\triangle S A_2 A_3} < S_{\triangle A_1 A_2 A_3}$,矛盾! 故 TB_3 上的异色点为蓝色,于是 $S_{\triangle S B_1 B_2} < S_{\triangle A_1 A_2 A_3}$,也导致矛盾! 因此,$A$ 中的点都不小于 7 是不正确的.

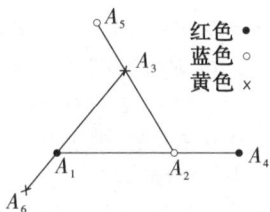

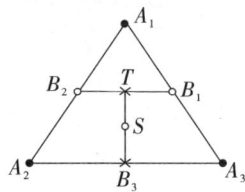

（第17题图1）

（第17题图2）

综上可知,A 中所含点数的最大值为 6.

习题 B

18. 当 $n \leqslant 5$ 时,显然 $k = C_n^3$. 下设 $n \geqslant 6$,$M = \{a_1, a_2, \cdots, a_n\}$,显然,$M$ 的全部 C_{n-1}^2 个含 a_1 的三元子集满足题设条件,所以 $k \geqslant C_{n-1}^2$. 另一方面,设所求最大正整数为 t,若 $A_1, A_2, \cdots, A_t$ 为满足条件的三元子集,考虑 $a_1, a_2, \cdots, a_n$ 的圆排列,则所有圆排列有 $(n-1)!$ 个,设它们为 π_j($j = 1, 2, \cdots, (n-1)!$). 若子集 A_i 中三个元素在圆排列 π_j 中相邻时,则称 A_i 属于 π_j,并将 (A_i, π_j) 配成一对. 这样对子的总个数记为 S,因为每个子集 A_i 属于 $3!(n-3)!$ 个圆排列,又 $i = 1, 2, \cdots, t$,所以 $S = t \cdot 3!(n-3)!$. 其次,对每一个圆排列 π_j,当三元子集 A_i 属于 π_j 时,至多还有两个三元子集属于 π_j(事实上设在 π_j 上 $A_i = \{a_{i_1}, a_{i_2}, a_{i_3}\}$,若三元子集 A_t 和 A_r 也属于 π_j 时,因此 A_i, A_j, A_r 两两有公共元,故只可能 $A_t \cap A_i = \{a_{i_1}, a_{i_2}\}$ 且 $A_r \cap A_i = \{a_{i_2}, a_{i_3}\}$ 或者 $A_j \cap A_i = \{a_{i_2}, a_{i_3}\}$,且 $A_r \cap A_i = \{a_{i_1}, a_{i_2}\}$,否则 $A_t \cap A_r = \varnothing$). 这表明,对每一 π_j,至多有 3 个三元子集属于 π_j,即含 π_j 的对子至多有 3 对. 又 $j = 1, 2, \cdots, (n-1)!$,所以 $S \leqslant 3 \cdot (n-1)!$,于是得到 $t \cdot 3!(n-3)! \leqslant 3 \cdot (n-1)!$,故有 $t \leqslant \dfrac{3 \cdot (n-1)!}{3!(n-3)!} = \dfrac{(n-1)(n-2)}{2!} = C_{n-1}^2$. 综上可知,所求最大的正整数 $k = C_n^3$($n \leqslant 5$ 时)或 $k = C_{n-1}^2$($n \geqslant 6$ 时).

19. 设 M 是 S 的任意 n 元子集,依题意可将 M 中任意两数 a 与 b($a \neq b$)之积写为 $ab = k_{ab}^2 \cdot t_{ab}$,这里 k_{ab} 为正整数,$t_{ab} = 2^{a_1} 3^{a_2} 5^{a_3} 7^{a_4}$($a_i$ 等于 0 或 1,$1 \leqslant i \leqslant 5$),我们就令 ab 与 t_{ab} 对应. 因为不同的 t_{ab} 只有 $2^4 = 16$ 个,又 M 中元素可形成 C_n^2 个不同的元素对,故当 $C_n^2 \geqslant 17$ 时,M 中必存在两对不同的数 $(a, b), (c, d)$,它们对应的 t_{ab} 与 t_{cd} 相等,于是 $abcd = k_{ab}^2 \cdot t_{ab} \cdot k_{cd}^2 \cdot t_{cd} = (k_{ab} k_{cd} t_{ab})^2$ 是完全平方数. 若 a, b, c, d 互不相等,则 M 中存在 4 个不同的数,它们之积为完全平方数. 否则 a, b 中恰有一数与 c, d 中一数相等而另一数不等. 不妨设 $a = c, b \neq d$,于是由 $abcd = a^2 bd$ 为完全平方数知 bd 为完全平方数. 考虑集合 $M \setminus \{b, d\}$,同理可知当 $C_{n-2}^2 \geqslant 17$,即 $n \geqslant 9$ 时,或者 $M \setminus \{b, d\}$ 中有 4 个不同的数 a_1, b_1, c_1, d_1,它们之积为完全平方数,或者有

2 个不同的数 b_1,d_1，它们之积 b_1d_1 为完全平方数. 在后一种情形下，仍有 M 中 4 个不同的数 b,d,b_1,d_1 之积为完全平方数. 可见，当 $n\geq 9$ 时，S 的任何 n 元子集中必有 4 个不同的数，它们之积为完全平方数. 另一方面，S 的下列 8 元子集 $\{1,2,3,5,7,2\times 3\times 5\times 7,2^3\times 3\times 5\times 7,2\times 3^3\times 5\times 7\}$ 中任何 4 个不同的数之积不是完全平方数. 综上可知，所求最小正整数为 9.

20. 设 $n\geq 14$，将每一个题目 p 对应于一个 4 元集合 $\{A,B,C,D\}$，其中 A,B,C,D 分别表示解出此题目的参赛者. 由已知条件知对任意问题 p，其余 13 个问题对应的 4 元集合与 p 对应的 4 元集合都有一个公共元，由抽屉原理知至少有 $\left[\dfrac{13-1}{4}\right]+1=4$ 个题目 p_1,p_2,p_3,p_4，它们对应的 4 元集合与 p 对应的 4 元集合有一个相同的公共元. 不妨设 p,p_1,p_2,p_3,p_4 的公共元为 A，设 p' 是不同于 p,p_1,p_2,p_3,p_4 的任意一个题目，于是 p_0,p_1,p_2,p_3,p_4 每一个对应的 4 元集合与 p' 对应的 4 元集合有公共元，由抽屉原理知，其中必有两个题目 $p_i,p_j(0\leq i<j\leq 4)$ 对应的 4 元集合与 p' 对应的 4 元集合有相同的公共元 A'. 若 $A\neq A'$，则 p_i 与 p_j 有两人 A 与 A' 同时解出，这与已知条件(3)矛盾，故 $A=A'$，由 p' 的任意性，即知每个题目对应的 4 元集合都有相同的公共元 A，即 A 解出了所有题目，即 $n\geq 14$ 时，总存在一个人解出了所有题目. 下表是无人解出所有 13 个题目的例子. 将竞赛题编号为 $a_1,a_2,\cdots,a_{13}$，参赛人的编号为 $1,2,3,\cdots$，表中除 1 号至 13 号参赛者外，其余参赛者没有解出任何题目(表中没有出现他们的编号). 第 1 行表示参赛题的编号，第 j 列 $(1\leq j\leq 13)$ 表示解出题 a_j 的参赛者的编号(不分次序).

竞赛题编号	a_1	a_2	a_3	a_4	a_5	a_6	a_7	a_8	a_9	a_{10}	a_{11}	a_{12}	a_{13}
解出竞赛题的参赛者的编号	1	1	1	1	2	2	2	3	3	3	4	4	4
	2	5	8	11	5	6	7	5	6	7	5	6	7
	3	6	9	12	8	9	10	9	10	8	10	8	9
	4	7	10	13	11	12	13	13	11	12	12	13	11

对于 $4\leq n\leq 12$，可将上表去掉若干列，得到类似的例子，故所求 n 的最小值为 14.

21. 取集合 $A=\{1,9,17,25,33,41,49,8,16,24,32,40,48,56\}$，$A$ 中共 14 个数，其中 7 个数除以 8 余 1，另 7 个数被 8 整除. 从 A 中任取 8 个数，假设其中被 8 除余 1 的有 t 个 $(1\leq t\leq 7)$，其余 $8-t$ 个是 8 的倍数，那么这 8 个数除以 8 的余数为 $t(1\leq t\leq 7)$. 可见 A 中任意 8 个数之和不被 8 整除，故所求最小正整数 $n\geq 15$. 其次，任取 $n\geq 15$ 个正整数，将其中奇数两两配对，偶数两两配对至少形成 7 对数 (n 为奇数时余下 1 个数，n 为偶数时没有剩余数)，每对数的和为偶数，故每对数之和除以 8 的余数只可能为 0,2,4,6 这 4 类. (1)若 7 对数只属于 2 类，则其中必有 4 对数属于同一类，同类 4 对数中 8 个数之和被 8 整除. (2)若 7 对数属于 4 个不同的类，每类至少 1 对数，则必有一类至少有 2 对数，于是由 $0+0+2+6=8,0+2+2+4=8,2+4+4+6=16,0+4+6+6=16$，知其中必有 4 对数中的 8 个数之和被 8 整除. (3)若 7 对数属于 3 类，每类至少 1 对数，又分三种情形：(a)有一类中至少有 4 对数，则这 4 对数中的 8 个数之和被 8 整除. (b)某两类中各有 3 对数，另一类中有一对数. (ⅰ)若不出现余数为 0 的类时，则由 $2+2+6+6=16$ 或 $2+4+4+6=16$ 知必有 4 对中的 8 个数之和被 8 整除. (ⅱ)若不出现余数为 2 的类时，则由 $0+4+6+6=16$ 或 $0+0+4+4=8$ 知必有 4 对数中的 8 个数之和被 8 整除. (ⅲ)若不出现余数为 4 的类时，则由 $2+2+6+6=16$ 或 $0+0+2+6=8$ 知必有 4 对数中 8 个数之和被 8 整除. (ⅳ)若不含余数为 6 的类时，则由 $0+2+2+4=8$ 或 $0+0+4+4=8$ 知必有 4 对数中 8 个数之和被 8 整除. (c)每类中至少都有 2 对数，则由 $2+2+6+6=16$ 或 $0+0+4+4=8$ 知必有 4 对数中 8 个数之和为 8 的倍数. 可见，当 $n\geq 15$ 时，n 个正整数中必有 8 个数的和是 8 的倍数. 综上可知，所求最小正整数 $n=15$.

22. 用 $A_1,A_2,\cdots,A_{14}$ 表示 14 人，并设 A_i 胜了 a_i 局 $(i=1,2,\cdots,14)$. 若某 3 人不形成"三角联"，则一

定是其中 1 人胜了另外两人,所以不构成"三角联"的"3 人组"的数目为 $\sum\limits_{i=1}^{14}C_{a_i}^2$(约定 $C_0^2=C_1^2=0$),于是"三角联"的总数为 $S=C_{14}^3-\sum\limits_{i=1}^{14}C_{a_i}^2$. 用调整法易证当 $\sum\limits_{i=1}^{14}C_{a_i}^2$ 取最小值时必有 $|a_i-a_j|\leqslant1(1\leqslant i<j\leqslant14)$. 又 $\sum\limits_{i=1}^{14}a_i=C_{14}^2=91$,由此可知 $a_1,a_2,\cdots,a_{14}$ 中有 7 个 6 和 7 个 7,故 $\sum\limits_{i=1}^{14}C_{a_i}^2$ 的最小值为 $7\times C_7^2+7\times C_6^2=252$,所以 $S=C_{14}^3-\sum\limits_{i=1}^{14}C_{a_i}^2$ 的最大值为 $C_{14}^3-252=112$. 另一方面,当 $1\leqslant i\leqslant14$ 时,令 A_i 胜 $A_{i+1},A_{i+2},\cdots,A_{i+6}$ 这 6 个队而败于 $A_{i+7},A_{i+8},\cdots,A_{i+13}$(约定 $A_{j+14}=A_j$)这 7 个队,当 $8\leqslant i\leqslant14$ 时,令 A_i 胜 $A_{i+1},A_{i+2},\cdots,A_{i+7}$ 这 7 个队而败于 $A_{i+8},A_{i+9},\cdots,A_{i+13}$(约定 $A_{j+14}=A_j$)这 6 个队,则这种安排可使 $\sum\limits_{i=1}^{14}C_{a_i}^2=252$ 成立. 综上可知,所求"三角联"数目的最大值为 112.

23. 设 a_m 的十进制表示的数中有 n 位数字,我们可将每一项的十进制表示的数的前面适当地添加数字 0,使得每一项都是 n 位数字,并且可设每一项的首位数字互不全等(若相等,则都去掉首位数字,不影响我们的证明,不妨设 $a_1,a_2,\cdots,a_{n_1}$ 的首位数字为 $r_1,a_{n_1+1},a_{n_1+2},\cdots,a_{n_2}$ 的首位数字为 $r_2,\cdots,a_{n_{k-1}+1}$,$a_{n_{k-1}+2},\cdots,a_{n_k}\ (n_k=m)$ 的首位数字为 $r_k(0=n_0<n_1<n_2<\cdots<n_k=m,0\leqslant r_1<r_2<\cdots<r_k\leqslant8)$,并设公差为 d,于是 $a_{n_i}\leqslant r_i\times10^{n-1}+\underbrace{88\cdots8}_{n-1}=r_i\times10^{n-1}+\dfrac{8}{9}(10^{n-1}-1),a_{n_i+1}\geqslant r_{i+1}\times10^{n-1}\geqslant(r_i+1)\times10^{n-1}$,所以 $d=a_{n_i+1}-a_{n_i}\geqslant10^{n-1}-\dfrac{8}{9}(10^{n-1}-1)=\dfrac{1}{9}(10^{n-1}-1)+1$. 又 $a_{n_{i+1}}\leqslant r_{i+1}\times10^{n-1}+\dfrac{8}{9}(10^{n-1}-1)$,所以 $a_{n_{i+1}}-a_{n_i+1}\leqslant\dfrac{8}{9}(10^{n-1}-1)$,于是 $n_{i+1}-n_i=\dfrac{a_{n_{i+1}}-a_{n_i+1}}{d}+1\leqslant\left[\dfrac{\dfrac{8}{9}(10^{n-1}-1)}{\dfrac{1}{9}(10^{n-1}-1)+1}\right]+1=8$. 又首位数字至多只能取 $0,1,2,\cdots,8$ 这 9 个数字,故 $k\leqslant9$,所以 $m=n_k=(n_k-n_{k-1})+(n_{k-1}-n_{k-2})+\cdots+(n_1-n_0)\leqslant\underbrace{8+8+\cdots+8}_{k\uparrow}=8k\leqslant72$. 另一方面,首项为 1,公差为 125 的等差数列前 8 项为 $0001,0126,0251,0376$,$0501,0626,0751,0876$,以后每连续 8 项都是首位数字增加 1,其他三位数字不变,这样一共可得 72 项由正整数组成的公差为正的等差数列,且每项的各位数字中不出现 9,故所求 m 的最大值为 72.

24. 设最受欢迎的书有 k 人购买,且设 A_1 买了 a,b,c 三种书,其他 9 人中每人买的书至少一种与 a,b,c 相同,故至少 $\left[\dfrac{9-1}{3}\right]+1=3$ 人(记为 A_2,A_3,A_4)也同时买了 a,b,c 中同一种书,即 A_1,A_2,A_3,A_4 买了同一种书,故 $k\geqslant4$. 若 $k=4$,即购买人数最多的一种书只有 4 人购买,因为 3 人一共买了 30 本书,且 $4\nmid30$,故不能每种书都是 4 人购买. 不妨设 a 只有 3 人购买,b,c 至多 4 人购买,于是除 A_1 外至多还有 2 人买了书 a,买书 b 和 c 的均不超过 3 人,故总人数 $\leqslant1+2+3+3=9$,矛盾. 所以 $k\geqslant5$. 下面给出一种 $k=5$ 时的购书法:

人／书	A_1	A_2	A_3	A_4	A_5	A_6	A_7	A_8	A_9	A_{10}
B_1	√	√		√	√				√	
B_2	√	√				√		√		
B_3	√			√	√		√			√
B_4					√	√	√			
B_5			√		√			√	√	
B_6				√		√		√		√

综上可知,购买人数最多的书最少有 5 人购买.

25. 设直角三角形的三边长为 x,y,z，则满足 $x^2+y^2=z^2$ 的正整数可表示为 $x=k(a^2-b^2)$，$y=2kab$，$z=k(a^2+b^2)$，其中 $k,a,b\in \mathbf{N}_+$ 且 $(a,b)=1$，$a>b$，则 x,y,z 中必有一个为 5 的倍数，否则由 5 为素数及费马小定理和 $5\mid x^4-1$，$5\mid y^4-1$，$5\mid z^4-1$，于是 $5\mid z^4-x^4$，而 $z^4-x^4=(z^2+x^2)y^2$ 且 $5\nmid y^2$，故 $5\mid z^2+x^2$. 同理 $5\mid z^2+y^2$，故 $5\mid z^2+x^2+z^2+y^2=3z^2$，矛盾. 令 $A=\{S$ 中与 5 互素的数$\}$，则 $|A|=40$. 又以 $10,15,25,40$，45 为某边且与 A 中相应的数可构成如下直角三角形:$(10,8,6)$，$(26,24,10)$，$(15,12,9)$，$(17,15,8)$，$(36,39,15)$，$(25,24,7)$，$(40,32,24)$，$(41,40,9)$，$(45,27,36)$，此外 A 中没有能与 $10,15,25,40,45$ 配成直角三角形三边的数，记 $M=A\cup\{10,15,25,40,45\}\setminus\{8,9,24,36\}$，则 $|M|=41$，且 M 中任何三数均不构成直角三角形的三边，从而 $n\geqslant 42$. 另一方面，作集合 $B=\{3,4,5,17,15,8,29,21,20,25,24,7,34,16,30,37,35,12,50,48,14,41,40,9,45,36,27\}$，$|B|=27$，$|S\setminus B|=50-27=23$. 在 S 中任取 42 个数，必有 $42-23=19$ 个数属于 B，而 B 由 9 个勾股三数组组成，这 19 个数中至少有 $\left[\dfrac{19-1}{9}\right]+1=3$ 属于同一个勾股三数组，它们构成一个直角三角形的三边，所以 $n\leqslant 42$，故所求最小的正整数 n 为 42.

26. 首先，设 T_0 是 S 中 49 个偶数组成的子集，则从 T_0 中任取 10 个数，无论怎样将这 10 个数均分为两组，每组中任何一个数都与其他 4 个数不互质，故 n 的最小值 $\geqslant 50$.

其次，若 S 的子集 T 中存在 10 个数，无论怎样将这 10 个数均分为两组，总在一组中存在一个数与其他 4 个数互质，而在另一组中存在一个数与其他 4 个数互质，则称 T 是 S 的好子集. 下列引理是显然成立的:

引理 若 S 的子集 T 中存在 10 个数，其中 9 个数与同一个整数都不互质，而第 10 个数与这 9 个数互质，则 T 是好子集.

引入下列记号:设 M 是由有限个正整数组成的集合，对于正整数 q，用 M_q 表示 M 中与 q 不互质的正整数组成的子集. 对于质数 p，用 M_p^* 表示 M 中被 p 整除而不被比 p 小的质数整除的元素组成的子集. S 中的质数共有 25 个:$2,3,5,7,11,13,17,19,23,29,31,37,41,43,47,53,59,61,67,71,73,79,83,89,97$，记 $A=\{n\mid n$ 为质数，$53\leqslant n\leqslant 97\}$，$B=\{n\mid n$ 为质数，$11\leqslant n\leqslant 47\}$. 下面证明 S 的任意 50 元子集 T 都是好子集. 分两种情形:(1)若 A 中至少有一个数 q 属于 T，则 q 与 T 中其他的数都互质，即 $|T_q|=1$，并存在质数 $p\neq q$，使 $|T_p|\geqslant 9$(否则，对任意质数 p 有 $|T_p|\leqslant 8$，于是 $|T_2|\leqslant 8$，$|T_3^*|\leqslant 8$，由 $5\times 1,5\times 5,5\times 7,5\times 11,5\times 13,5\times 17,5\times 19\in S$，而 $5\times 23\notin S$ 知 $|T_5^*|\leqslant 7$;由 $7\times 1,7\times 7,7\times 11,7\times 13\in S$，而 $7\times 17\notin S$ 知 $|T_7^*|\leqslant 4$;由 $11\times 1\in S$，而 $11\times 11\notin S$ 知 $|T_{11}^*|\leqslant 1$. 同理，$|T_{13}^*|\leqslant 1$，$|T_{17}^*|\leqslant 1,\cdots,|T_{97}^*|\leqslant 1$，所以 $|T|\leqslant 8+8+7+4+1\times 21=48$，这与 $|T|=50$ 矛盾)，在 T 中取 q，及 9 个与 p 都不互质的数，则由引理知 T 是好子集. (2)若 A 中任何一个数都不属于 T，则又分为下列 6 种情形:$1°$ B 中至少有一个数 q 属于 T，因 $|T_q|\leqslant |S_q|\leqslant |S_{11}|=\left[\dfrac{98}{11}\right]=8$，记 $R=T\setminus T_q$，则 $|R|\geqslant 50-8=42$，并且存在质数 p 使 $|R_p|\geqslant 9$(否则同(1)中证明可得 $|R_2|\leqslant 8$，则 $|R_3^*|\leqslant 8$，$|R_5^*|\leqslant 7$，$|R_7^*|\leqslant 4$，$|R_{11}^*|\leqslant 1,\cdots,|R_{47}^*|\leqslant 1$，$|R_{53}^*|=\cdots=|R_{97}^*|=0$，于是 $|R|\leqslant 8+8+7+4+1\times 11=38$，这与 $|R|\geqslant 42$ 矛盾)，故由引理知 T 是好子集;$2°$ 若 $A\cup B$ 中任何数不属于 T，但 7 或 $7^2\in T$，则 $|T_7|\leqslant |S_7|=\left[\dfrac{98}{7}\right]=14$，记 $Q=T\setminus T_7$，则 $|Q|\geqslant 50-14=36$，并且存在质数 p 使 $|Q_p|\geqslant 9$(否则，$|Q_2|\leqslant 8$，$|Q_3^*|\leqslant 8$，$|Q_5^*|\leqslant 7$，$|Q_7^*|=|Q_{11}^*|=\cdots=|Q_{97}^*|=0$，于是 $|Q|\leqslant 8+8+7=23$，这与 $|Q|\geqslant 36$ 矛盾)，故由引理知 T 是 S 的好子集;$3°$ 若 $A\cup B\cup\{7,7^2\}$ 中任何数不属于 T，但 5 或 $5^2\in T$，则 $|T_5|\leqslant |S_5|=\left[\dfrac{98}{5}\right]=19$，令 $M=T\setminus T_5$，则 $|M|\geqslant 50-19=31$，并存在质数 p 使 $|M_p|\geqslant 9$(否则 $|M_2|\leqslant 8$，$|M_3^*|\leqslant 8$，$|M_5^*|=0$，$|M_7^*|\leqslant 4$，$|M_{11}^*|=|M_{13}^*|=\cdots=|M_{97}^*|=0$，于是 $|M|\leqslant 8+8+4=20$，这与 $|M|\geqslant 31$ 矛盾)，故由引理知 T 是 S 的好子集;$4°$ 若 $A\cup B\cup\{5,5^2,7,7^2\}$ 中任何一个不属于 T，但 $5\times 17,5\times 13$，

$5\times17,5\times19$ 中至少有一个(记为 q)属于 T,则 $|T_q|\le|S_5|+|S_{11}|=\left[\dfrac{98}{5}\right]+\left[\dfrac{98}{11}\right]=19+8=27$,令 $N=T\backslash T_q$,则 $|N|\ge50-27=23$,并且存在质数 p 使 $N_p\ge9$(否则 $|N_2|\le8$,$|N_3^*|\le8$,$|N_5^*|=0$,$|N_7^*|\le4$,$|N_{11}^*|=|N_{13}^*|=\cdots=|N_{97}^*|=0$,于是 $|N|\le8+8+4=20$,这与 $|N|\ge23$ 矛盾),由引理知 T 是 S 的好子集;5° 若 $A\cup B\cup\{5,5^2,7,7^2,5\times11,5\times13,5\times17,5\times19\}$ 中任何一个不属于 T,但 $7\times11,7\times13$ 中至少有一个(记为 q)属于 T,则 $|T_q|\le|S_{7\times11}|\le|S_7|+|S_{11}|=\left[\dfrac{98}{7}\right]+\left[\dfrac{98}{11}\right]=14+8=22$.令 $W=T\backslash T_q$,则 $|W|\ge28$,并且存在质数 p 使 $N_p\ge9$(否则 $|W_2|\le8$,$|W_3^*|\le8$,$|W_5^*|\le7$,$|W_7^*|=|W_9^*|=\cdots=|W_{97}^*|=0$,于是 $|W|\le8+8+7=23$,这与 $|W|\ge28$ 矛盾),故由引理 1 知 T 是 S 的好子集;6° 若 $A\cup B\cup\{5,5^2,7,7^2,5\times11,5\times13,5\times17,5\times19,7\times11,7\times13\}$ 中任何一个都不属于 T,则 $T\subseteq\{2,4,6,\cdots,98\}\cup\{3\times1,3\times3,3\times5,\cdots,3\times31,5\times7\}$,因为 $|T|=50$,故 T 中必有一个数 q 属于 $\{3\times1,3\times5,\cdots,3\times31,5\times7\}$,故 $|T_q|\le|T_3\cup T_5|$,而 $T_3\cup T_5\subseteq\{6\times1,6\times2,\cdots,6\times16\}\cup\{10\times1,10\times2,\cdots,10\times9\}\cup\{3\times1,3\times3,\cdots,3\times31,5\times7\}$,故有 $|T_q|\le|T_3\cup T_5|\le16+9+17=41$,可见 T 中必有 9 个偶数都与 q 互素,由引理知 T 是 S 的好子集.综上知 S 的任意 50 元子集必是 S 的好子集,故 n 的最小值 ≤50,于是我们证明了 n 的最小值等于 50.

27. 如图:若仅用 3 色,假设有 11 个圆纸片,不妨设其中 6 个圆纸片的颜色如图上标号,于是 A、B、C 三圆片只能染 2 或 3 色,并 A 与 C 同色,但 A、C 与 B 不同色,于是 D 与 A 和 B 不同色,从而 D 染 1 号色.同理 E 与 B 和 C 不同色,从而 E 也染 1 号色,这与 D、E 相切不同色矛盾.其次,我们证明染上 4 种颜色就足够了,我们对 n 张圆纸片来证明.$n\le4$ 时显然成立,设对 k 张圆纸片,染上 4 色足够了.当 $n=k+1$ 时,标出所有圆纸片的中心,取这 $k+1$ 个圆心的凸包,必为某个多边形,取某一个顶点 A,则 A 是某圆纸片的中心,该纸片最多与 3 张圆形纸片相切,去掉该纸片,对余下的 k 张纸片用归纳假设,可染上 4 色使

(第 27 题)

任何相切的两纸片不同色,放回该纸片,必可将它染上同它相切的 3 张纸片不同色的第 4 色,于是 $n=k+1$ 结论也成立.所以总可对任意 n 张纸片染上 4 色满足要求.特别对 2000 张纸片,染上 4 色就足够了.综上可知,最少要染上 4 种颜色.

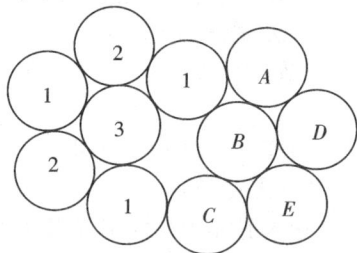

28. 假设其中某个人(设为 A)在前 11 轮都排在第一,那么他在 12 轮比赛中得分的总和不低于 $11a_1+a_n$.再设其余 $n-1$ 人中每个人在前 11 轮中都有一轮排在最后(只要 $n-1\le11$,即 $n\le12$ 时,就可以实现),则其余 $n-1$ 人在 12 轮比赛中得分的总和不超过 $a_n+10a_2+a_1$,因为 $11a_1+a_n>a_n+10a_2+a_1$,即 $a_1>a_2$ 总成立.所以当 $n\le12$ 时,无论 $a_1>a_2>\cdots>a_n$ 怎样选取,有可能经过 11 轮比赛后,冠军就已经唯一确定.故所求最小正整数 $n\ge13$.另一方面,当 $n=13$ 时,令 $a_1=211,a_2=210,\cdots,a_{12}=200,a_{13}=1$.设前 11 轮比赛后总分排在第一的是 A,其余 12 人中至少有 1 人(记为 B),他在前 11 轮中任何一轮都没有排在最后.于是 A 在前 11 轮的得分不超过 $11a_1=11\times211=2321$,而 B 在前 11 轮的得分不低于 $11a_{12}=11\times200=2200$.于是 A 比 B 最多多 121 分.A 显然具有最终夺得冠军的可能.但是,如果 A 在第 12 轮比赛中 A 得最后一名,那么 B 至少比 A 多得 199 分,从而超过了 A,即 A 不是冠军,因而还有另外一人在 11 轮比赛后也具有最终成为冠军的可能.综上所述,得所求 n 的最小值为 13.

29. 不妨设有两个城市 A_1 和 A_{k+1} 间至少要经过 k 次到达,设 A_1 到 A_{k+1} 的一个最短线路为 $A_1\to A_2\to A_3\to\cdots\to A_k\to A_{k+1}$.由于每一个城市至少有 7 个城市有直航连接,所以 A_1 和 A_{k+1} 除与 $A=\{A_1,A_2,\cdots,A_{k+1}\}$ 中城市外,至少还分别与其他 6 个城市有直航连接.$A_2\sim A_k$ 中每个城市除了与 A 中城市外,至少还与其他 5 个城市有直航连接.设分别与 $A_1,A_4,A_7,A_{10},\cdots,A_{3m-2},A_{k+1}$(其中 $3m+1\le k\le3m+2$)有直航连接且不属于 A 的城市组成的集合分别为 $X_i(i=0,1,2,\cdots,m)$,易知 $|X_0|\ge6$,$|X_m|\ge6$,$|X_i|\ge5(1\le i\le$

$m-1$). 又 $|X_i \cap X_j| = \varnothing, (0 \le i < j \le m)$, 否则 A_1 与 A_{k+1} 间有更短的路线. 于是 $|A \cup (X_0 \cup X_1 \cup \cdots \cup X_m)| \ge k+1+6 \times 2+(m-1) \times 5 \ge 8m+9$, 如果 $8m+9 \ge 81$, 即 $m \ge 9$, $k \ge 28$. 那么至少应有 81 个城市, 矛盾. 故 $k \le 27$. 其次, 当 $k=27$ 时, 作 28 个城市 $A_1, A_2, \cdots, A_{28}$ 及城市集合 $X_i(i=0,1,\cdots,9)$, 其中 $|X_0|=|X_9|=6, |X_i|=5(1 \le i \le 8)$ 且为 $0 \le i < j \le 9$ 时 $X_i \cap X_j = \varnothing$, X_j 中不包括城市 $A_1, A_2, \cdots, A_{28}$. 这时共有 $28+2 \times 6+8 \times 5=80$ 个城市. 对 $1 \le k \le 8, A_{3k}, A_{3k+1}, A_{3k+2}$ 与 X_k 中所有城市有直航连接; A_1, A_2 与 X_0 中所有城市有直航连接; A_{27} 和 A_{28} 与 X_9 中所有城市有直航连接, X_i 中任意一个城市 $(0 \le i \le 9)$ 除与上述的 A_t 城市有直航连接外, 与且仅与 X_i 中其余城市有直航连接; A_i 与 A_{i+1} 有直航连接 $(i=1,2,\cdots,27)$. 这样 A_1 到 A_{28} 中每个城市至少有 7 个城市有直航连接, X_i 中任意一个城市都只与 7 个城市有直航连接, 且从 A_1 至 A_{28} 至少要经过 27 次直航来连接. 故所求最小正整数 $k=27$.

30. 任给圆周上相邻两个数 $a, b(a \ge b)$, 则由已知条件知 $a-b \ge 20, a+b \ge 100$, 于是 $100 \le a+b \le a+(a-20) \Rightarrow a \ge 60$. 即圆周上任意相邻两个数中较大的数不小于 60. 设圆周上最大数为 x_1, 则圆周上所有数都不大于 x_1. 记从 x_1 开始按顺时针顺序在 x_1 后面的数依次为 $x_2, x_3, \cdots, x_{11}$. 若 $x_1 \le 79$, 由 $x_2 \le x_1$ 知 $x_2 \le x_1-20 \le 59$, 由已证结论知 x_2, x_3 中 x_2 较小, 即 $x_3 \ge 60$, 同时 $x_3 \le x_1 \le 79$, 同理 $x_4 \le 59, x_5 \ge 60, x_5 \le x_1 \le 79, x_6 \le 59, x_7 \ge 60, \cdots, x_9 \ge 60, x_{11} \ge 60$, 于是 $x_1 \ge x_{11}+20 \ge 80 > x_1$, 矛盾! 故 $x_1 \ge 80$, 由 $x_2+x_3 \ge 100$, $x_4+x_5 \ge 100, \cdots, x_{10}+x_{11} \ge 100$, 相加得 $x_1+x_2+\cdots+x_{11} \ge 80+100 \times 5=580$. 另一方面, 当 $x_1=80, x_{2k}=40, x_{2k+1}=60(k=1,2,3,4,5)$ 时, 有 $x_1+x_2+\cdots+x_{11}=580$. 故所求 11 个数之和的最小值为 580.

31. 对一个四元正整数集合 $A=\{a_1, a_2, a_3, a_4\}(a_1 < a_2 < a_3 < a_4)$. 由于 $\frac{1}{2}S_A = \frac{1}{2}(a_1+a_2+a_3+a_4) < a_2+a_4 < a_3+a_4 < S_A$, 故 a_2+a_4, a_3+a_4 不整除 S_A. 所以 $n_A \le C_4^2-2=4$. 另一方面, 当 $S=\{1,5,7,11\}$ 时, $n_A=4$. 故 n_A 达到的最大值为 4. 下面求满足 $n_A=4$ 的所有四元正整数集 A. 由上面已证知, 当 $n_A=4$ 时, 有且只有 a_2+a_4 和 a_3+a_4 不整除 S_A, 而 $\frac{1}{2}S_A \le \max\{a_1+a_2+a_3+a_4\} < S_A$, 且 a_1+a_4, a_2+a_3 都整除 S_A, 所以 $a_1+a_4=a_2+a_3=\frac{1}{2}S_A$. 令 $u=a_1+a_2, v=a_1+a_3$. 则 u, v 都整除 $S_A=2(a_2+a_3)=2(u+v-2a_1)$, 于是 $v|2(u-2a_1)|$, 而 $u < v$, 故 $1 \le \frac{2(u-2a_1)}{v} < 2 \Rightarrow v=2(u-2a_1)$. 另一方面, u 整除 $2(v-2a_1)=2 \cdot [2(u-2a_1)-2a_1]=4u-12a_1$, 故 $u|12a_1$. 又因为 $u < v=2u-4a_1$, 所以 $u > 12a_1$, 从而得到 $u=6a_1$ 或 $12a_1$. 由此可得 $v=2(u-2a_1)=8a_1$ 或 $20a_1, a_2=u-a_1=5a_1$ 或 $11a_1, a_3=v-a_1=7a_1$ 或 $19a_1, a_4=a_2+a_3-a_1=11a_1$ 或 $29a_1$, 故 $A=\{a_1, 5a_1, 7a_1, 11a_1\}$ 或 $A=\{a_1, 11a_1, 19a_1, 29a_1\}$. 容易验证, 上述集合均有 $a_1+a_2, a_1+a_3, a_1+a_4, a_2+a_3$ 整除 S_A. 综上可知当 n_A 达到最大值时, $A=\{a, 5a, 7a, 11a\}$, 或 $A=\{a, 11a, 19a, 29a\}$, 其中 a 为任意正整数.

32. 设买书的人数为 k, 第 i 个人买的 3 种不同种类的书组成的集合为 $A_i(i=1,2,\cdots,k)$, k 个人一共买的不同种类的书组成的集合为 $Z=A_1 \cup A_2 \cup \cdots \cup A_k$. 依题意有 (1) $|Z| \le n$; (2) $|A_i|=3, i=1,2,\cdots,k$; (3) $|A_i \cap A_j|=1(1 \le i < j \le k)$. (i) 若 Z 中每个元至多属于 $A_1, A_2, \cdots, A_k$ 中两个集合, 不妨设 $A_1=\{a,b,c\}$, 则 a, b, c 除了属于 A_1 外, 每个元至多属于其他另外一个集合且由 (3) 知其他每个集合必含有 a, b, c 中一个, 故这时有 $k \le 1+3=4$; (ii) 若 Z 中每个元至多属于 $A_1, A_2, \cdots, A_k$ 中三个集合, 类似可得 $k \le 1+3 \times 2=7$; (iii) 若 Z 中有一个元至少属于 $A_1, A_2, \cdots, A_k$ 中四个集合, 不妨设 a 属于 A_1, A_2, A_3, A_4. 由已知条件 (3) 知 A_1, A_2, A_3, A_4 中除公共元外, 其他的元两两不同. 并且必有 $a \in A_j(5 \le j \le k)$ (否则 A_j 与 A_1, A_2, A_3, A_4 的公共元两两不同, 从而 $|A_j| \ge 4$, 这与已知条件 (2) 矛盾!), 即 $A_1, A_2, \cdots, A_k$ 有公共元 a, 且除 a 外每个子集的其他 2 个元两两不同. 故 $n \ge |Z|=|A_1 \cup A_2 \cup \cdots \cup A_k|=2k+1$, 所以 $k \le \left[\frac{n-1}{2}\right]$. 另一方面, 易知当 $n=1,2$ 时 $\max k=0, n=3,4$ 时 $\max k=1, n=5$ 时 $\max k=2$ (详细理由留给读者自己完成). 当 $n=$

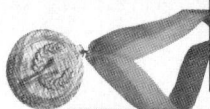

6 时,Z 中每个元至多属于 2 个不同的三元子集.事实上,若 Z 中的元 a 至少属于 3 个不同的子集,不妨设 $A_1=\{a,b,c\}$,$A_2=\{a,b,e\}$,$A_3=\{a,f,g\}$,由已知条件(3)知 a,b,c,d,e,f,g 两两不同.于是 $6=n\geqslant|Z|\geqslant|A_1\bigcup A_2\bigcup A_3|=7$,矛盾! 故由前述(i)得 $k\leqslant 4$,另一方面 $Z=\{a_1,a_2,a_3,a_4,a_5,a_6\}$ 的下列 4 个三元子集 $A_1=\{a_1,a_2,a_3\}$,$A_2=\{a_3,a_4,a_5\}$,$A_3=\{a_1,a_5,a_6\}$,$A_4=\{a_2,a_4,a_6\}$ 满足题目条件,所以 $n=6$ 时,$\max k=4$,当 $n=7,8,\cdots,16$ 时,$\left[\dfrac{n-1}{2}\right]\leqslant 7$,由前述(i),(ii),(iii)得 $k\leqslant 7$.另一方面取 Z 内 7 个元 $a_1,a_2,\cdots,a_7$ 构造 Z 的 7 个三元子集:$A_1=\{a_1,a_2,a_3\}$,$A_2=\{a_3,a_4,a_5\}$,$A_3=\{a_1,a_5,a_6\}$,$A_4=\{a_2,a_4,a_6\}$,$A_5=\{a_1,a_4,a_7\}$,$A_6=\{a_2,a_5,a_7\}$,$A_7=\{a_3,a_6,a_7\}$,它们满足已知条件,所以当 $k=7,8,9,\cdots,16$ 时 $\max k=7$;当 $k\geqslant 17$ 时,由(i),(ii),(iii)知 $k\leqslant\left[\dfrac{n-1}{2}\right]$,另一方面当 $n\geqslant 17$ 时,取定 Z 中一个元 a,将 Z 中其他 $n-1$ 个元两两配对,配成 $\left[\dfrac{n-1}{2}\right]$ 对(当 n 为偶数时,还要任意去掉一个元,将其他 $n-2$ 个元两两配对,配成 $\left[\dfrac{n-2}{2}\right]$ 对,但注意到 n 为偶数时 $\left[\dfrac{n-2}{2}\right]=\left[\dfrac{n-1}{2}\right]$),每对与 a 组成一个三元子集,共得 $\left[\dfrac{n-1}{2}\right]$ 个三元子集,满足题目条件,故 $n\geqslant 17$ 时 $\max k=\left[\dfrac{n-1}{2}\right]$.综上可得买书人数的最大值(记为 $\max k$)为:当 $n=1,2$ 时,$\max k=0$;当 $n=3,4$ 时,$\max k=1$;当 $n=5$ 时,$\max k=2$;当 $n=6$ 时,$\max k=4$;当 $n=7,8,\cdots,16$ 时,$\max k=7$;当 $n\geqslant 7$ 时,$\max k=\left[\dfrac{n-1}{2}\right]$.

32. 仿照例 23 用算两次的方法易证 $n\geqslant 15$(详细证明留给读者自己完成).下面我们具体构造一个符合题目条件的集合族 $A=\{A_1,A_2,\cdots,A_{15}\}$.首先,将 $S=\{1,2,\cdots,15\}$ 的 15 个元素依顺时针顺序标记在等分圆周的 15 个分点上(如图1),我们记 $A_1=\{1,2,4,5,6,11,13\}$,并将 A_1 依顺时针方向转动 $j-1$ 个单位弧长所得到的 S 的 7 元子集记为 $A_j(j=2,3,\cdots,15)$,这里所谓单位弧长即圆周长的十五分之一.图2是 A_1 的图示,图中圆内侧弧段上所标数字是该弧段所含单位弧长的数目.

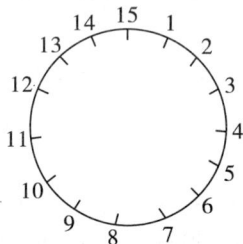

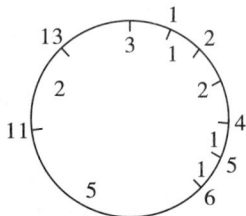

(第 32 题图 1)　　　　　　(第 32 题图 2)

下面证明所构造的 $A=\{A_1,A_2,\cdots,A_{15}\}$ 符合题目要求.(1)显然 A 中每个集合恰由 S 的 7 个元素组成.(2)如果 $i\leqslant j-i\leqslant 7$,那么 A_i 顺时针方向转动 $j-i$ 个单位弧长就得到 A_j,并且由 A_1 的图示,我们看到顺时针方向相隔单位弧长分别为 1,2,3,4,5,6,7 的元素对各恰有 3 对,每个 A_i 也有同样的结论.因此,将 A_i 顺时针转动 $j-i$ 个单位弧长后,恰有 A_i 的三个元素转动后到达位置所示元素在 A_j 中,从而 $|A_i\bigcap A_j|=3$.如果 $8\leqslant j-i\leqslant 14$,那么将 A_j 顺时针转动 $15-(j-i)$ 个单位弧长就得到 A_i,同样可以断定 $|A_i\bigcap A_j|=3$.(3)设 $M=\{u,v,w\}$ 是 S 的任意一个三元子集,不妨设 u,v,w 是圆周上按顺时针排列的,考察 u 与 v,v 与 w,w 与 u 之间所夹的单位弧长数目,将其中较小的两弧长的数目的序对记为 (a,b)(顺时针序),显然,$1\leqslant a,b\leqslant 7$,并且除了 $(5,5)$ 序对外,其余序对 (a,b) 都满足 $a+b\leqslant 9$.观察 A_1 的图示,我们看到下面罗列的每种 (a,b) 类型的三元集在 A_1 中各出现一次:$(1,1)$,$(1,2)$,$(2,1)$,$(1,3)$,$(3,1)$,$(1,4)$,$(4,1)$,$(1,5)$,$(5,1)$,$(1,6)$,$(6,1)$,$(1,7)$,$(7,1)$;$(2,2)$,$(2,3)$,$(3,2)$,$(2,4)$,$(4,2)$,$(2,5)$,$(5,2)$,$(2,6)$,$(6,2)$;$(3,3)$,$(3,4)$,$(4,3)$,$(3,5)$,$(5,3)$,$(3,6)$,$(6,3)$;$(4,4)$,$(4,5)$,$(5,4)$,$(5,5)$.据此可知,S 的任何一个三元子

集 M 至少被 A 中某一个集合所包含(例如 S 的三元子集 $\{3,8,11\}$ 对应的有序对为 $(5,3)$,而 A_1 中与有序对 $(5,3)$ 对应的三元子集为 $\{11,1,4\}$,由 $11-3=8$,知 $A_8=\{8,9,11,12,13,3,5\}$ 包含三元子集 $\{3,8,11\}$).

综上可知,所求 n 的最小值为 15.

模拟实战五

习题 A

1. m 的最小值等于 2. 显然一次操作最多可以得到两种不同重量的块. 下面说明两次操作可以达到目的. 不妨假设初始时每块橡皮泥重量等于 1. 第一次操作选出 74 块橡皮泥分成 37 组,每组两块. 第一次操作后桌上有 37 块重为 1 的,37 块重量为 2 的. 第二次操作选出 36 块重量为 1 的和 36 块重量为 2 的,分成 9 组,每组 8 块,其中第 $i(1\leqslant i\leqslant 9)$ 组中含 $i-1$ 块重量为 2,$9-i$ 块重量为 1 的. 经过第二次操作,桌上有 11 块橡皮泥,重量分别为 $1,2,9-i+2(i-1)=7+i,1\leqslant i\leqslant 9$,满足要求.

注:本习题中 111 和 11 可以分别用 $3(2k^2+k+1)$ 和 $2k+3$ 代替(其中 $k\geqslant 2,k\in\mathbf{N}^+$).

2. 对于任意两个向量 $\boldsymbol{x}=(x_1,x_2,\cdots,x_n)$ 和 $\boldsymbol{y}=(y_1,y_2,\cdots,y_n)$,若存在 $1\leqslant k\leqslant n$ 使得 $x_1=y_1,\cdots,x_{k-1}=y_{k-1},x_k>y_k$,则记 $\boldsymbol{x}>\boldsymbol{y}$. 用一非负整数向量 $\boldsymbol{x}=(x_1,x_2,\cdots,x_n)$ 表示各盒子中的小球数目. 经过一次对 B_k 的操作后,各盒子中的小球数目从 $\boldsymbol{x}$ 变为 $\boldsymbol{x}+\alpha_k$,$\alpha_1=(-1,1,0,\cdots,0)$,$\alpha_k=(\underbrace{0,\cdots,0}_{k-2\text{个}},1,-2,1,0,\cdots,0)$ $(2\leqslant k\leqslant n-1)$,$\alpha_n=(0,\cdots,0,1,-1)$. 当 $k\geqslant 2$ 时,总有 $\boldsymbol{x}+\alpha_k>\boldsymbol{x}$. 因此,对于任意初始状态,总可以通过一系列对 $B_2,\cdots,B_n$ 的操作(只要 $k\geqslant 2$ 且 B_k 中至少有两个小球,就对 B_k 施行操作),使得操作后的小球数目 $\boldsymbol{y}=(y_1,y_2,\cdots,y_n)$ 满足 $y_k\leqslant 1$. 对任意 $k\geqslant 2$,若 $y_2=\cdots=y_n=1$,则已经满足题目要求;否则有 $y_1\geqslant 2$. 设 i 是满足 $y_i=0$ 的最小整数,通过一系列对 $B_1,\cdots,B_{i-1}$ 的操作,可以使得小球数目变为 $(y_1-1,1,\cdots,1,y_{i+1},\cdots,y_n)$. 具体操作如下: $(y_1,1,\cdots,1,0,y_{i+1},\cdots,y_n)\xrightarrow{B_1,B_2,\cdots,B_{i-1}}(y_1,1,\cdots,1,0,1,1,y_{i+1},\cdots,y_n)$ $\xrightarrow{B_1,B_2,\cdots,B_{i-2}}(y_1,1,\cdots,1,0,1,1,y_{i+1},\cdots,y_n)\rightarrow\cdots\rightarrow(y_1,0,1,\cdots,1,y_{i+1},\cdots,y_n)\xrightarrow{B_1}(y_1-1,1,\cdots,1,y_{i+1},\cdots,y_n)$. 重复以上操作,最终可使小球数目满足题目要求.

3. 不难看出,每个人练习本上的两个数始终是方程 $\alpha(x-1)(x-2)+\beta(x-3)(x-4)=0$ 的根,其中 α、β 是依赖时间的参数. 某一时刻,5 是这个方程的根. 将 5 代入得 $6\alpha+\beta=0$,故 $\alpha(x-1)(x-2)+\beta(x-3)\cdot(x-4)=\alpha(-5x^2+39-70)=-\alpha(x-5)(5x-14)$. 另一根为 $\dfrac{14}{5}$.

4. 每次操作时,最左边的数只作减数 1 次,最右边的数只作被减数 1 次,中间的每个数都作减数和被减数各 1 次. 因此,每操作完 1 次,这行数之和增加 $8-1=7$,故操作 100 次以后,这行数之和为 $S=1+9+8+8+7\times 100=726$.

5. 已知正方形 4 个顶点处火柴根数依次为 a_1,a_2,a_3,a_4,令 $S=a_1-a_2+a_3-a_4$,则在题中规定的操作之下,数 S 是模 3 不变的,但开始时 $S=1$,而当 4 个顶点火柴根数依次为 $1,9,8,9$ 时,$S=1-9+8-9=-9\equiv 0(\bmod 3)$. 可见,题中所论的情况是不会出现的.

6. 将正 n 边形的中心记为 O,将第 i 个顶点 A_i 上所放的数记为 $a_i(i=1,2,\cdots,n)$,令 $\vec{S}=\sum_{i=1}^{n}a_i\overrightarrow{OA_i}$. 易见,在题目所规定的操作下 $\vec{S}$ 是不变的,但开始时 $\vec{S}\neq 0$,而当 n 个顶点上的数全相同时,有 $\vec{S}=0$,矛盾. 故不可能经过有限次操作使 n 个顶点上的数字都相等.

7. 不可能. 设有 5 种砝码 A,B,C,D,E,共有 $5!=120$ 种方式来排列它们的轻重顺序. 而条件 $m(A)<m(B)<m(C)$ 下存在 $\dfrac{5!}{3!}=20$ 种不同的轻重排列方式,所以,一旦某个问题得到否定的回答,那么该问题至多可排除 20 种方式. 因此,前 5 个问题至多可能排除掉 $20\times 5=100$ 种方式,接下来 4 个问题中

的每一个至多可能排除掉剩下的排列方式中的一半．因此，第 6 个问题后，至少剩下 10 种方式，第 7 个问题后至少剩下 5 种方式，第 8 个问题后至少剩下 3 种方式，第 9 个问题后至少剩下 2 种方式．这样一来，我们便证明了，无论按怎样顺序提出 9 个问题，我们都能找到这样一串回答，使得至少有两种不同的排列顺序满足这串回答，从而不可能排出 5 个砝码的轻重顺序．

8．(1)每经一步，纸上的数减少 3 个．假设经过 p 步，纸上的数只剩下 1 个，则 $n-3p=1$，即 $n=3p+1$，所以，n 满足的充要条件是 n 除以 3 的余数为 1．

(2)假定原先有 4^k 个数，其和为 S．当 4^k 个数划完，需要 4^{k-1} 步，纸上剩下 4^{k-1} 个数，这 4^{k-1} 个数的和等于原来 4^k 个数的和 S，故当最后剩下一个数时，所写出的数的总和为 $(k+1)S$．

$2002=4^5+978$，原来的数经过 $\dfrac{978}{3}=326$ 步后，剩下 4^5 个数，被划去的数有 $326\times4=1304$ 个，它们是 $1,2,3,\cdots,1304$，而纸上剩下的 4^5 个数之和就是 $1+2+3+\cdots+2002$．因此，最后剩下一个数时，所写出数的总和为 $(1+2+3+\cdots+1304)+6(1+2+3+\cdots+2002)=12880878$．

9．首先证明：每一对相邻的扇形中，一旦其中有一个落有青蛙，则此后任何时刻，在这两个扇形中都必然有一个有青蛙．

在某一时刻如果其中有青蛙的扇形只有 1 个或至少有 3 个青蛙，则下一时刻该扇形中仍有青蛙；如果落有青蛙的扇形中恰有 2 只青蛙，那么下一时刻与它相邻的两个扇形内都有青蛙，得证．

下面证明：每个扇形内或迟或早会出现青蛙．用反证法，假设不然，即某个扇形 A 中永远没有青蛙跳入，自 A 开始依顺时针方向将扇形编号为 $1,2,\cdots,n$，并令青蛙具有它所在扇形的号码．下面我们来考虑这 $n+1$ 只青蛙编号的平方和 S．首先 n 号和 2 号扇形内永远不会有多于 1 只的青蛙，否则 1 号会有青蛙跳入．其次，$3,4,\cdots,n-1$ 号扇形中必然存在某个扇形(设其编号为 k)内至少有两只青蛙，在这种情形下，青蛙跳一次，S 的值增加为 $(k-1)^2+(k+1)^2-2k^2=2$，这个跳动显然不能停止，但 S 的值却不可能无限增加，矛盾．于是，所述命题得证．综上所述，原命题得证．

10．设黑板上写的数为 n 位数，因为奇数位进位后为偶数位，故可设 n 为偶数．我们证明，操作下去所得的数均至多为 $n+1$ 位数，从而不会永远无休止地进行下去．

当 $n=2$ 时，结论显然成立．设结论对于 $n=2k$ 成立，当 $n=2(k+1)$ 时，设在某一时刻黑板上的数由 $2(k+1)$ 位因进位而变成 $2k+3$ 位，这时新数的前三位数字必为 100，其中 1 在奇数位，从而这 3 个数字对以后操作没有影响，这样一来以后的操作只在后 $2k$ 位数上进行，由归纳假设后 $2k$ 位数字组成的数至多变成 $2k+1$ 位数，从而整个 $2k+3$ 位数永远不会再进位，这就完成了归纳证明．

11．对 n 进行归纳．$n\leqslant2$ 时，结论显然成立．设 $n\leqslant k$ 时结论成立，当 $n=k+1$ 时，设 $a_1,a_2,\cdots,a_{k+1}$ 是 $k+1$ 名运动员 $1,2,\cdots,k+1$ 的任意排法．(1)如果存在一组运动员 $a_{i_1},a_{i_2},\cdots,a_{i_m}$ $(1\leqslant m\leqslant k)$，他们的编号恰为其位置序号 $i_1,i_2,\cdots,i_m$ 的一个排列，则由归纳假设，这组运动员可经至多两轮操作，分别位于其自然位置，而剩下的 $k-m+1$ 个运动员，显然也是其所处位置号的排列，他们也可经至多两轮对换到自然位置，这样排列 $a_1,a_2,\cdots,a_{k+1}$ 可经两轮对换化为 $1,2,\cdots,k,k+1$．(2)若(1)情形不出现，设 1 号位置上的运动员是 $b_1(b_1\neq1)$，b_1 号位置上的运动是 $b_2(b_2\notin\{1,b_1\})$，b_2 号位置上的运动员为 $b_3(b_3\notin\{1,b_1,b_2\})$，$\cdots$，$b_j$ 号位置上的运动员是 $b_{j+1}(b_{j+1}\notin\{1,b_1,b_2,\cdots,b_j\})$，$\cdots$，$b_k$ 位置上的运动员编号是 1，即有下表：

位置号	1	b_1	b_2	$\cdots$	b_j	$\cdots$	b_{k-1}	b_k
运动员编号	b_1	b_2	b_3		b_{j+1}	$\cdots$	b_k	1

现作两轮对换如下：第一轮：将运动员 b_1 与 1 对换位置，b_2 与 b_k 对换位置，b_3 与 b_{k-1} 对换位置，$\cdots$，化为下表：

位置号	1	b_1	b_2	b_4	$\cdots$	b_{k-2}	b_{k-1}	b_k
运动员编号	1	b_k	b_{k-1}	b_{k-2}	$\cdots$	b_3	b_2	b_1

第二轮:将运动员 b_k 与 b_1 对换位置,b_{k-1} 与 b_2 对换位置,…,化为下表:

位置号	1	b_1	b_2	…	b_k
运动员编号	1	b_1	b_2	…	b_k

至此 $k+1$ 名运动员均站在其自然位置,因此 $n=k+1$ 时结论成立. 故对每个 $n\in\mathbf{N}_+$,结论成立.

12. 注意到若 x 号为红色,则下一个红点为 $2x$ 号,于是转为求 $x\in\{1,2,\cdots,800\}$ 时,使得数列 $x,2x$, $2^2x,2^3x,\cdots$ 在模 800 的意义下,不同元素个数的最大值 m. 由于 $800=2^5\times5^2$,取 $x=2^5+1$,则对任意 $x\in$ $\mathbf{N}_+$,当且仅当 $n\geq5$ 时,有 $2^nx\equiv0\pmod{2^5}$,而满足 $2^r\equiv1\pmod{5^2}$ 的最小正整数 $r=20$. 利用这些性质可知,$x,2x,\cdots,2^{24}x$ 模 800 所得的余数两两不同(事实上,若 $2^sx\equiv2^rx\pmod{800}$,$1\leq r<s\leq24$,则 $(2^{r-s}-1)$ $2^sx\equiv0\pmod{2^5\cdot5^2}$,由此得 $2^5|2^sx$,且 $5^2|2^{r-s}-1$,所以 $s\geq5$,$r-s\geq20$,从而 $r\geq25$,矛盾),故 $m\geq25$. 另一方面,若数列 $x,2x,2^2x,\cdots$ 中有 26 个数模 800 的余数两两不同,那么,存在 $y\in\{x,2x,2^2x,\cdots\}$,使 $2^5y\not\equiv2^{25}y\pmod{800}$,但 $2^5y\equiv2^{25}y\pmod{2^5}$,又 $2^{25}\equiv2^5\pmod{25}$,故 $2^{25}y\equiv2^5y\pmod{25}$,这导致 $2^5y\equiv2^{25}y$ $\pmod{800}$,矛盾,所以 $m\leq25$. 综上可知,至多可以得到 25 个红点.

13. 因一共有 $C_{2000}^2=1999000$ 根电线,由于 1999000 是 4 的倍数,瓦里亚剪 1 根,彼特剪 3 根,直到剩下 4 根轮到瓦里亚剪,瓦里亚剪 1 根,彼特剪 2 根,最后 1 根由瓦里亚剪,因此彼特一定能获胜.

14. 称形如 $\boxed{S}\ \ \boxed{\ }\ \ \boxed{S}$ 的方格为"陷阱",易知先在陷阱中填数的人必败. 称形如 $\boxed{S}\ \boxed{S}$,$\boxed{S}\ \boxed{O}\ \boxed{\ }$,$\boxed{\ }\ \boxed{O}\ \boxed{S}$ 为"半成品",易知先造出半成品的人必败. 不妨设第一位游戏者甲在游戏过程中不会造出半成品,也不会在陷阱中填数,则第二位游戏者的策略如下:若甲第一步在某格中填入 S,则乙在与之相隔两格处填入 S,这样就造成了一个陷阱;若甲第一步在一个空格里填 O,则乙在与之足够远处填 S,待到乙走第二步时,再在与第一个 S 相距两格处填入另一个 S. 以后各步中,乙需保证不在陷阱中填字母,并且不造出半成品,这是可以做到的. 由于前几步已造出一个陷阱,因此,在若干步以后,方格表中剩余的所有空格都是陷阱中的空格,显然这些空格偶数个,而一共有 2000 个格子,故一共有偶数个格子内填入了字母,这时该轮到甲填字母了,甲不得不在陷阱中填字母,所以乙赢得了胜利. 因此,乙有必胜策略.

15. 游戏进行若干轮后,两人共有 $30+25=55$ 粒糖果. 假设每一轮中,赢的一方取 m 粒糖果,输的一方取 n 粒糖果,两人共取 $m+n$ 粒糖果,当游戏多于 2 轮时,有两种可能性:$m+n=5$ 或 $m+n=11$. 如果 $m+n=5$,则尼克与蒂姆共玩了 11 轮,其中蒂姆赢了 2 轮,由于 $m>n>0$,于是又有 2 种可能:$m=4,n=1$ 或者 $m=3,n=2$. 对于前一种情形,蒂姆将取 $2\times4+9\times1=17$ 粒糖果,对于后一种情形,蒂姆将取到 $2\times3+9\times2=24$ 粒糖果,这两个数都与已知数据矛盾. 如果 $m+n=11$,则蒂姆与尼克共玩了 5 轮,蒂姆赢了 2 轮,数对 (m,n) 有下列 5 种可能:$(10,1),(9,2),(8,3),(7,4),(6,5)$. 由于 $2m+3n=25$,只有数对 $(8,3)$ 满足这一要求. 故每一轮,赢的一方应取 $m=8$ 粒糖果.(注:也可通过解方程组 $\begin{cases}m+n=11\\2m+5m=25\end{cases}$ 得出 $\begin{cases}m=8\\n=3\end{cases}$.

16. 甲将赢得这场比赛. 甲先在黑板上写下 2^{2007} 和 5^{2007}. 下面证明:甲可以在他操作后,黑板上留下的数为 $2^{a_1},2^{a_2},\cdots,2^{a_k},5^{a_1},5^{a_2},\cdots,5^{a_k}$ 的形式. 当甲操作完后,有下列情况(1)乙用 $2^{\beta_1},2^{\beta_2}$ 来代替 2^{a_j}($\beta_1+\beta_2=a_j$),则甲可以用 $5^{\beta_1},5^{\beta_2}$ 代替 5^{a_j}.(2)如果 $a_i=a_j(i\neq j)$,乙若擦掉 5^{a_i} 和 5^{a_j}(或 2^{a_i} 和 2^{a_j}),则甲擦掉 2^{a_i} 和 2^{a_j}(或 5^{a_i} 和 5^{a_j}),若乙只擦掉 2^{a_i}(或 5^{a_i}),则甲擦掉 2^{a_j}(或 5^{a_j}),于是乙操作完后,甲总可以"对称地"进行操作. 因为操作次数是有限的,乙一定是第一个无法进行操作的人. 因此,甲有取胜策略.

17.(1)行. 因为瓦尼亚总可以使 $x=1$ 是多项式的根. 事实上,一开始当 $n=1$ 时,多项式的值为 $1+$ $9+47=57$. 塔尼亚每步可使多项式的值减少或增加 1,而瓦尼亚每步可使多项式的值减少或增加 2. 因此,瓦尼亚可以做到每两步后这个值逐渐减少而接近 0,至少一直到塔尼亚接下一步后得使当 $x=1$ 时多项式的值的绝对值不大于 2. 如果塔尼亚使这个数是 0,则瓦尼亚达到目的;如果它是 -1 或 1,则瓦尼亚使它变成 1 或 −1.在塔尼亚走一步后,它变成 2,0 或 −2.在任何情形下,瓦尼亚都可使它的值等于 0,即 $x=1$ 是多项式的根.(2)不行.因为只要塔尼亚的运算策略是使多式中 x 的系数等于 7 或 8,在这种情况下,无论瓦尼亚如何运算,所得二次三项式没有整数根.事实上,塔尼亚每一步后,二次三项式将有下列形式:$x^2+7x+47-3n$ 或 $x^2+8x+47-3n(n\in\mathbf{Z})$.分别用 $3k,3k\pm1(k\in\mathbf{Z})$ 代入后知对任何整数 x,这两个二次三项式的值都不是 3 的倍数,故其值不可能为 0,也就是这两个二次三项式不可能有整数根.

18. 假设瓦塞有必胜策略.设初始时桌上有 d 块石头,d 除以 n 后余 r,则 $1\leqslant r\leqslant n-1$.别佳首先可以拿下任意 n 的倍数块的石头,使桌上剩下 $a_k=r+nk,0\leqslant k\leqslant n-1$ 块.设瓦塞接下来在必胜策略下取 c_k 块,则 c_k 不是 n 的倍数(否则剩下 $r+n\left(k-\dfrac{c_k}{n}\right)$ 块,别佳首轮就可达到然后按照瓦塞的策略可取胜,矛盾).这推出 $c_k<n$.故存在 $0\leqslant k<l\leqslant n-1$,使得 $c_k=c_l$.前面的讨论表明,当桌上还有 a_k-c_k 块,后走者有必胜策略.设别佳首轮走后桌上剩 a_l 块,则瓦塞取走 c_l 块,接下来别佳取走 $n(l-k)$ 块,此时剩下 $a_l-c_l-n(l-k)=a_k-c_k$ 块,故瓦塞有必胜策略.矛盾.

19. 乙有必胜策略.乙的策略是:每次在他操作后,如果还剩下 $2k+1\geqslant5$ 个顶点,则要保证,在 A 的外接圆上的任意半圆上都有不少于 k 个顶点.首先,游戏开始时这样的条件满足.假设轮到甲走时,顶点顺时针方向依次还剩下 $A_0,A_1,\cdots,A_{2k},k\geqslant3$,满足任意半圆上至少有 k 个点.不妨设甲拿掉 A_0,则乙拿掉 A_k,注意到,三角形 $A_1A_{k+1}A_{k+2}$ 是锐角三角形,故甲不可能获胜.在这轮操作中,如果在某半圆上只去掉了一个点,则在此半圆上至少还有 $k-1$ 个点.如果半圆含 A_0、A_k,则其上至少还剩下 $A_1,A_2,\cdots,A_{k-1}$ 或 A_{k+1},$A_{k+2},\cdots,A_{2k}$ 中 $k-1$ 个点.如此进行 $n-2$ 轮操作后,还剩下 5 个点 A_0、A_1、A_2、A_3、A_4,轮到甲,不妨设甲拿掉 A_0,注意 $A_1A_2A_4$ 是锐角三角形,故甲不能获胜,此时乙拿掉 A_4 得到钝角三角形 $A_1A_2A_3$.

习题 B

20. 均不能实现.将棋盘上的行自下而上编号、列自左而右编号为 $1,2,\cdots,8$,第 i 行 j 列的方格记为 (i,j).考察 9 枚棋子纵坐标之和 S.一方面,某棋子跳一次,和 S 增加 2(竖跳或斜跳)或 0(横跳),因而,在棋子的跳动过程中,和 S 的奇偶性不变.另一方面,如果它们能跳到左(右)上角 3×3 正方形中,和 S 将增加 $3(6+7+8-1-2-3)=45$,即 S 的奇偶数将发生改变,矛盾.这表明题中两个要求均无法实现.

21. 首先证明:只要每一步都是对黑板上最小的两个数进行操作,即可使最后余下的数达到最大值.我们将黑板上的数 a 和 b 的操作记作 $a*b=ab+1$,假定某一步上不是对最小的两个数 x 和 y 进行操作,则在 x 与 y"相遇"之前,二者均已分别同某些 a_i,b_j"相遇"过,且这些数 a_i,b_j 都大于 x 和 y,亦即有 $a=((\cdots(x*a_1)*a_2)\cdots*a_k)=a_1a_2\cdots a_k\left(x+\dfrac{1}{a_1}+\dfrac{1}{a_1a_2}+\cdots+\dfrac{1}{a_1a_2\cdots a_k}\right),b=((\cdots(y*b_1)*b_2)\cdots*b_n)=b_1b_2\cdots b_n\left(y+\dfrac{1}{b_1}+\dfrac{1}{b_1b_2}+\cdots+\dfrac{1}{b_1b_2\cdots b_n}\right)$.令 $u=\dfrac{1}{a_2}+\dfrac{1}{a_2a_3}+\cdots+\dfrac{1}{a_2a_3\cdots a_k},v=\dfrac{1}{b_1}+\dfrac{1}{b_1b_2}+\cdots+\dfrac{1}{b_1b_2\cdots b_n}$.于是,$a=a_2a_3\cdots a_k(a_1x+1+u),b=b_1b_2\cdots b_n(y+v)$.不妨设 $y<b_1\leqslant b_2\leqslant\cdots\leqslant b_n$,否则可通过交换顺序使 b 增大,交换 a_1 与 y 的位置,并考察两个数 $a'=a_2\cdots a_k\cdot(xy+1+u),b'=b_1b_2\cdots b_n(a_1+v)$,这时有 $(a'b'+1)-(ab+1)=a_2\cdots a_kb_1\cdots b_n[(xy+1+u)(a_1+v)-(a_1x+1+u)(y+v)]=a_2\cdots a_kb_1\cdots b_n[(a_1-y)(u+1-vx)]$ ①.

由于 $y<a_1,v\leqslant\dfrac{1}{b_1}+\dfrac{1}{b_1^2}+\cdots+\dfrac{1}{b_1^n}=\dfrac{\dfrac{1}{b_1}\left(1-\dfrac{1}{b_1^n}\right)}{1-\dfrac{1}{b_1}}\leqslant\dfrac{1}{b_1-1}\leqslant\dfrac{1}{x}$,即 $1-vx\geqslant0$,故由①得 $a'b'+1>ab+1$,即

交换导致最后所得余下的数的增大.这就证明了开头的断言.这样一来,我们只要每次操作都是对黑板上最小的两个数进行,即可得出最大可能值.于是,前 64 步之后黑板上有 64 个 2;再操作 32 步之后,黑板上有 32 个 5;这样继续操作下去依次得到 16 个 26,8 个 577,4 个 332930,2 个末位数字为 1 的数,最后可得到一个末位数字为 2 的最大数.

22. 将一个圆周 n 等分，按顺时针顺序将 $x_1^{(0)}, x_2^{(0)}, \cdots, x_n^{(0)}$ 依次放在 n 个分点上，于是这 n 个数关于过弧 $x_n^{(0)}x_1^{(0)}$ 中点的直径对称，即右图中所示的竖直直径，我们称之为"对称轴"。易见，对于这组 n 个数，仅有一个对称轴，把圆周上相邻两个数 $x_i^{(0)}, x_{i+1}^{(0)}$ 按模 2 作加法，并将所得的和放在圆弧 $x_i^{(0)}x_{i+1}^{(0)}$ 的中点上，然后把原来的 n 个数撤去，则得到的 n 个数恰为 $x_1^{(1)}, x_2^{(1)}, \cdots, x_n^{(1)}$，且由作法知这 n 个数仍关于竖直直径对称。最后，我们把新数组按下标放回原来的 n 个位置，这相当于将新数组按逆时针方向旋转 $\dfrac{\pi}{n}$。从而它们的对称轴也

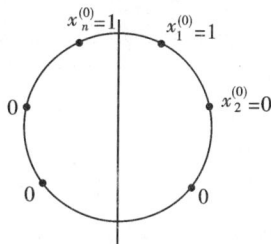

(第22题)

随之沿逆时针方向旋转 $\dfrac{\pi}{n}$，且新数组的对称轴仍是唯一的。这表明每进行一次这样的操作，所得新数组的对称轴与原数组的对称轴相比，都沿逆时针方向旋转 $\dfrac{\pi}{n}$。由已知 $X_m = X_0$，这意味着操作 m 次后所得的数组与原数组相同，对称轴的位置也相同，即 m 次操作后，对称轴旋转的角度之和为 π 的整数倍，记为 $k\pi(k \in \mathbf{N}_+)$，于是有 $m\dfrac{\pi}{n} = k\pi$，即 $m = kn$，所以有 $n \mid m$。

23. 用正 17 边形的顶点依次表示 $1, 2, \cdots, 17$ 这 17 个数，且 18 与 1 用同一顶点表示，数对 $\{i, i+1\}$ 表示连接顶点 i 与 $i+1$ 的边 $(i = 1, 2, \cdots, 17)$，数对 $\{i, j\}(i-j \not\equiv \pm 1 (\bmod 17))$ 表示连接顶点 i, j 的一条对角线，于是条件(1)是说，当 $m < M$ 时，映射 $f^{(m)}$ 都将每条边 $\{i, i+1\}$ 映射成对角线 $\{f^{(m)}(i), f^{(m)}(i+1)\}$，而条件(2)是说映射 $f^{(M)}$ 是将边 $\{i, i+1\}$ 第 1 次映射成边 $\{f^{(M)}(i), f^{(M)}(i+1)\}$。

引理 集合 $\{\{f^{(m)}(i), f^{(m)}(i+1)\} \mid i = 1, 2, \cdots, 17, m = 1, 2, \cdots, M-1\}$ 中所有元素互不相同。

引理的证明 若不然，由于 f 是一一映射，故必有 $1 \leqslant m_1 < m_2 \leqslant M-1, 1 \leqslant i, j \leqslant 17$，使得 $\{f^{(m_1)}(i), f^{(m_1)}(i+1)\} = \{f^{(m_2)}(j), f^{(m_2)}(j+1)\}$，于是 $\{f^{(m_1)}(i), f^{(m_1)}(i+1)\} = \{f^{(m_1)}(f^{(m_2-m_1)}(j)), f^{(m_1)}(f^{(m_2-m_1)}(j+1))\}$，而且 $f^{(m_1)}$ 为一一映射，所以 $\{i, i+1\} = \{f^{(m_2-m_1)}(j), f^{(m_2-m_1)}(j+1)\}$，即 $f^{(m_2-m_1)}(j) - f^{(m_2-m_1)}(j+1) \equiv 1$ 或 $-1(\bmod 17)$，这与已知条件(1)矛盾，引理证毕。

回到原题，因为引理中集合共有 $17(M-1)$ 个不同元素，而正 17 边形的对角线一共有 $C_{17}^2 - 17 = 7 \times 17$ 条，所以 $17(M-1) \leqslant 7 \times 17$，由此即得 $M \leqslant 8$。另一方面，作映射 $f: A \to A$ 如下：$f(i) \equiv 3i (\bmod 17)$，于是 $f^{(m)}(i+1) - f^{(m)}(i) \equiv 3^m(i+1) - 3^m i \equiv 3^m (\bmod 17)$，易算出当 $m = 1, 2, 3, 4, \cdots$ 时，3^m 模 17 的值依次为 3，9，10，13，5，15，11，-1。可见，对此 f 有 $M = 8$，故知所求 M 的最大值为 8。

24. 首先证明：$3 \mid n$ 时，不存在题目要求的玩法。如图，把无限棋盘用 A, B, C 三种颜色着色，相邻格子染不同颜色，并称某种颜色格子内的棋子为某色子。显然，游戏的规则是每一步都相当于将两个相邻颜色的棋子(一个被移动，一个被跨越)换成第 3 种颜色的棋子(只要允许移动时)，记 $N_i(A), N_i(B), N_i(C)$ 分别为游戏进行到第 i 步时，A 色子，B 色子和 C 色子的个数。因为 $n = 3m$，所以 $N_0(A) = N_0(B) = N_0(C) = \dfrac{1}{3}n^2 = 3m^2$，以后每步都是两种颜色的棋子减少 1 个，第 3 种颜色的棋子增加 1 个，所以 $N_i(A), N_i(B), N_i(C)$ 仍同奇偶(奇偶不变性)。永远不会出现一个为奇数 1，两个为偶数 0 的状态，所以 $3 \mid n$ 时，棋盘上不可能最后只剩 1 枚棋子。

A	B	C	A	B	C
B	C	A	B	C	A
C	A	B	C	A	B
A	B	C	A	B	C
B	C	A	B	C	A
C	A	B	C	A	B

下面证明当 $3 \nmid n$ 时，一定存在一种玩法使 A 棋盘上最后只剩 1 枚棋子. 令 $n = 3m + r(r$ 等于 1 或 2). (1)若 $m = 0$，即 $n = r$. 若 $r = 1$ 则无需进行游戏已达到目的；$r = 2$ 时，则按下列步骤进行：

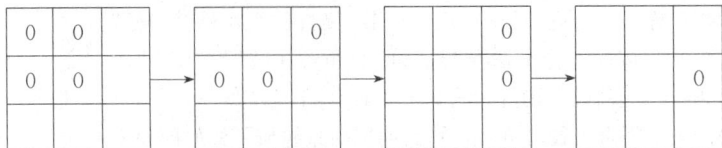

即 $m = 0$ 时，存在满足题目要求的玩法. 设 $m = k$ 时，存在满足题目要求的玩法. 对 $m = k+1$，我们把放棋子的 $n \times n$ 方格分为以下 4 个部分(图 a)，先注意以下事实：图(b)中的 4 枚棋子(标记字母 D、E 的格内各放 1 枚棋子，标 * 的格内可放棋子也可不放棋子，其余为空格)，则一定可把排成一行的 3 个 E 内的棋子去掉而保持 D 内的棋子不动(图 c). 现在按图(c)的操作步骤，将 G_1 中的棋子从左到右逐列去掉，再将 G_2 中的棋子从下到上逐行去掉，最后将 G_3 中的棋子从右至左逐列去掉，只剩下 G_0 中的棋子. 由归纳假设知，对 G_0 存在一种玩法，使棋盘上最后只剩下 1 枚棋子，这就证明了当 $3 \nmid n$ 时，必存在一种玩法，使棋盘上最后只剩 1 枚棋子.

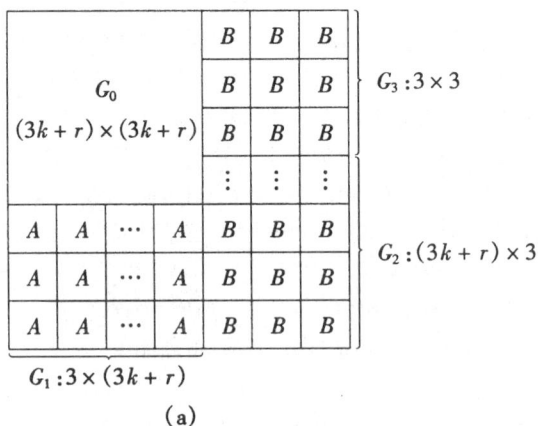

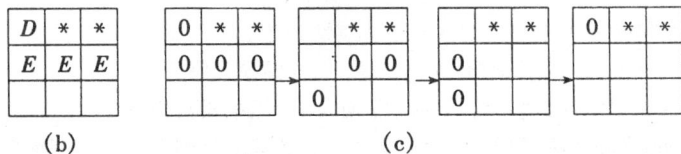

(第 24 题)

25. 设初始状态，即全部灯都开着的状态为 T_0，进行完第 k 次操作 S_k 之后的状态为 T_k，由于 T_k 总共有 2^n 种不同的状态，$k(\bmod n)$ 也有 n 种不同的值，故数对 $(k(\bmod n), T_k)$ 也只有有限多种不同的取值. 由抽屉原理知，存在无穷多个正整数 $k_1 < k_2 < \cdots < k_m < \cdots$，使得 $(k_j(\bmod n), T_{k_j})$ 均相同. 由此可见，从状态 T_{k_1} 开始循环，不妨设循环周期为 $k_2 - k_1$，而且由于 $T_{k_1} = T_{k_2}$ 且 $k_1 \equiv k_2 (\bmod n)$，故有 $T_{k_1 - 1} = T_{k_2 - 1}$，$T_{k_1 - 2} = T_{k_2 - 2}$，…，依次类推，当 T_{k_1} 退到 T_0 时，T_{k_2} 退到 $T_{k_2 - k_1}$，于是有 $T_0 = T_{k_2 - k_1}$，也就是全部灯开着的状态，这就证明了(i).

我们将开着的灯对应于 -1，关着的灯对应于 $+1$，这个数仍用 L_j 来代表，于是操作 S_j 就是将 L_j 变为 $L_{j-1} L_j$，而保持其余的数不变.

为证(ii)，只需证明周期为 $n^2 - 1$. 由(i)知，操作若干次后，还要出现 T_0，我们从 T_0 逆序向回推，即每次将 L_j 变为 $L_j \div L_{j-1}$. 注意，状态 T_0 全部 n 个数都是 -1，从 L_{n-1} 开始回推 $n-1$ 次，因每次都是两个

-1 相除,故所得结果是 $L_0=-1$,其余的 $n-1$ 个数全是 $+1$,我们记这个状态为 T_1. 我们用数学归纳法证明:对状态 T_1 从 L_0 开始,逆向操作 $n(2^i-1)$ 次后($i\leqslant k$),$L_0,L_1,\cdots,L_{2^i-1}$ 都是 -1,其余都是 $+1$. 当 $i=1$ 时显然,设当 $i=m(m\leqslant k+1)$ 时命题成立. 当 $i=m+1$ 时,先进行 $(2^m-1)n$ 次逆向操作. 由归纳假设知这时 $L_0,L_1,\cdots,L_{2^m-1}$ 都是 -1,其余都是 $+1$. 再接着逆向操作 n 次,易见这时只有正负交界处的两个数 L_0 和 L_{2^m} 为 -1,其余 $n-2$ 个数全是 $+1$,由于继续逆向操作时,$\{L_0,L_1,\cdots,L_{2^m-1}\}$ 和 $\{l_{2^m},L_{2^m+1},\cdots,L_{2^k-1}\}$ 这两段在变化过程中互不干扰,故由归纳假设知,进行 $(2^m-1)n$ 次逆向操作后,所得状态是 $L_0,L_1,\cdots,L_{2^m-1},L_{2^m},\cdots,L_{2^{m+1}-1}$ 都是 -1,其余的都是 $+1$,这就完成了上述命题的证明. 特别 $i=k$ 时,恰好化为 T_0,这时共进行了 $(n-1)+(2^k-1)n=n^2-1$ 次逆向操作. 反过来,对 T_0 进行 n^2-1 次操作,当然得到后面的 T_0,这就完成了(ⅱ)的证明. 当 $n=2^k+1$ 时,类似上面的推理过程. 首先对 T_0 从 L_{n-1} 开始逆向操作 $n-1$ 次,于是得到状态 T_1,即 $L_0=-1$,其余 $n-1$ 个数全为 $+1$ 的状态. 接着对 T_1 从 L_1 开始逆向操作 $(2^k-1)n$ 次,得到的结果是 $L_0,L_1,\cdots,L_{2^k-1}$ 都是 -1,$L_{2^k}=+1$. 再对 L_0,L_{2^k} 各逆向操作一次,前者不变,后者变为 -1,从而又得到 T_0. 共操作的次数是 $(n-1)+(2^k-1)n+2=n^2-n+1$. 反过来操作次数当然也是一样的,这就完成了(ⅲ)的证明.

26. 设这块棋盘是黑白相间地染色. 注意,如果 p 和 q 是奇偶性不同的一对正整数,那么这只马每跳一步前后所在的方格异色;如果 p 和 q 的奇偶性相同,那么这只马每跳一步前后,所在方格都同色. 可见,为使一只马从任何一格出发,都可以跳若干步后到达这块棋盘的任何一个方格,$p+q$ 必须为奇数,即 p 与 q 的奇偶性不同. 设 p 与 q 是奇偶性不同的一对正整数,在这个棋盘上引入直角坐标系,使所有方格中心为坐标平面上全部整点,且这只马所在的方格中心为原点. 以下就用方格中心坐标来代表方格,这样一来,这次马无论跳多少步,它所到达的点的坐标是 p 与 q 的线性组合,即两个坐标都是 $pk+qh$ 型的,其中 $k,h\in\mathbf{Z}$. 如果 $(p,q)=d>1$,那么马到达方格 (x,y) 的两个坐标也都是 d 的倍数,从而知马不可能跳到任意的另一格,所以为使马能够跳到任何另一个方格,必须 $(p,q)=1$,即 p 与 q 互质. 下面我们证明若 $p+q$ 为奇数,且 p 与 q 互质,那么这只马可以跳到任何另一个方格. 从马的跳法可知,这只马从 (x,y) 出发,可以跳到 $(x\pm2p,y),(x\pm2q,y)(x,y\pm2p),(x,y\pm2q)$(例如,$(x,y)\to(x\pm p,y\pm q)\to(x\pm2p,y)$;$(x,y)\to(x\pm q,y\pm p)\to(x,y\pm2p)$;$(x,y)\to(x\pm q,y\pm p),(x,y\pm2p)$,等等). 由此可知,从方格 (x,y) 出发,可以达到任何方格 $(x+2kp+2hq,y+2np+2mq),k,h,m,n\in\mathbf{Z}$. 因为 $(p,q)=1$,故存在 $u,v\in\mathbf{Z}$,使 $up+vq=1$,于是有 $2up+2vq=2$,故对任何 $k,h\in\mathbf{Z}$,马从方格 (x,y) 出发,都可达到方格 $(x\pm2k,y\pm2h)$. 又因 p 与 q 的奇偶性不同,不妨设 p 为奇数而 q 为偶数,这样马从 $(0,0)$ 出发跳一步到达 (p,q),又因 q 为偶数,故经若干步可跳到 $(p,0)$,由于 p 为奇数,故又经若干步可跳到 $(1,0)$,即到达始发方格相邻的方格,从而可以到达任意指定的方格,这就证明了满足题目要求的一切数对 (p,q) 为具有不同奇偶性且互质的正整数对.

27. 先假设可由有限步骤操作来实现. 我们考虑 6×6 的子集表 $(a_{ij})_{1\leqslant i,j\leqslant6}$,则由给定的操作可知这个 6×6 的子集表中的元素之和模 6 的余数是不变的. 其最初的余数是 $\sum\limits_{i=1}^{6}\sum\limits_{j=1}^{6}(i^2+j)(j^2+i)=\sum\limits_{i=1}^{6}\sum\limits_{j=1}^{6}i^3+\sum\limits_{i=1}^{6}\sum\limits_{j=1}^{6}j^3+(\sum\limits_{i=1}^{6}i)(\sum\limits_{j=1}^{6}j)+(\sum\limits_{i=1}^{6}i^2)(\sum\limits_{j=1}^{6}j^2)\equiv(\frac{6\cdot7}{2})^2+(\frac{6\cdot7\cdot13}{6})^2\equiv(3\cdot7)^2+(7\cdot13)^2\equiv4(\bmod6)$. 另一方面,如果经过有限步骤操作得到的 7×7 数表 $(b_{ij})_{1\leqslant i,j\leqslant7}$ 具有形式 $b_{ij}=c_i+(j-1)d_i,1\leqslant i,j\leqslant7$,其中 c_i,d_i 均为整数,则再考虑其 6×6 的子表,各数之和的余数为 $\sum\limits_{i=1}^{6}\sum\limits_{j=1}^{6}b_{ij}=\sum\limits_{i=1}^{6}\sum\limits_{j=1}^{6}(c_i+(j-1)d_i)\equiv\sum\limits_{i=1}^{6}\frac{5\cdot6}{2}d_i\equiv3\sum\limits_{i=1}^{6}d_i(\bmod6)$. 这说明 $\sum\limits_{i=1}^{6}\sum\limits_{j=1}^{6}b_{ij}$ 在模 6 时要么与 0 同余,要么与 3 同余,而不可能与 4 模 6 同余,矛盾. 所以,不可能由有限步操作来得到一个数表使其每行的 7 个数都构成等差数列.

28. 甲先走必获胜. 注意到 8×8 方格棋盘的对称中心是结点,甲第一步可将棋子移到关于棋盘中对称的格子里去,不论乙如何走,甲总按照关于中心对称的原则走棋,则只要乙有棋子可走,甲便有棋子可

走,这样,甲便稳操胜券.

29.(1)设 $\frac{k}{l}>1$,即 $k>l$,这时甲有必胜策略,甲可以将长为 k 的线段分成 3 段,长度分别为 k_1,k_2,k_3 且使 $k+l<2k_1<2k$,于是 $(k-k_1)+l<k_1$ 即 $k_2+k_3+l<k_1$.由此可知,乙无论怎样将他持有的线段分成 3 段,除 k_1 外的其他 5 条线段中任意两条的长度之和都小于 k_1,所以无法与长为 k_1 的线段组成三角形,甲胜.(2)设 $k\leqslant l$,甲将长为 k 的线段分成 3 段,长度为 $k_1\leqslant k_2\leqslant k_3$.然后,乙在自己持有的线段上截取长为 l_1 的线段使 $k_3\leqslant l_1<k_2+k_3$,于是 k_2,k_3,l_1 可组成一个三角形,这时乙中余下的线段的长度大于 k_1,这时,乙只要再将余下线段均分为二即可与 k_1 组成一个三角形,从而乙获胜.

30.(1)当 $m>2n$ 时,记 $m=pn+q(p\geqslant2,0\leqslant q<n)$.若 $q=0$,则 (m,n) 当然为胜局.设 $q>0$,考察 (q,n).若 (q,n) 为败局,则甲第 1 次取出 pn 根火柴即可获胜;若 (q,n) 为胜局,则甲先取出 $(p-1)\cdot n$ 根火柴,布局化为 $(n+q,n)$,乙只能从第一堆中拿出 n 根而化为 (q,n),甲胜.可见,当 $m\geqslant2n$ 时,甲总能获胜.(2)我们证明:当且仅当 $m>\beta n$ 时,(m,n) 为胜局,其中 $\beta=\frac{1+\sqrt5}{2}$(这个值可从以后的推理中得出).当 $m\geqslant n$ 时,若 (m,n) 满足 $m>\beta n$,则称 (m,n) 为胜局;当 $m\leqslant\beta n$ 时,称 (m,n) 为败局.若 (m,n) 为胜局,记 $m=pn+q(p\geqslant1,0\leqslant q<n)$.若 $q=0$,则游戏者取走一堆中 pn 根火柴而获胜;若 $0<q<n$,又分两种情形:(i)当 $n\leqslant\beta q$ 时,则游戏者取走一堆中 pn 根火柴,使布局变成败局 (q,n).(2)当 $n>\beta q$ 时,因 $m=pn+q>\beta n$.若 $p=1$,则

$$m=n+q<n+\frac{n}{\beta}=(1+\frac{1}{\beta})n=\beta n(由 1+\frac{1}{\beta}=\beta(\beta>0),即可确定一开始要找的 \beta=\frac{1+\sqrt5}{2}),矛盾,所以 p\geqslant$$

2.游戏者可从一堆中取走 $(p-1)n$ 根后,布局化为 $(n+q,n)$,这时 $\frac{n+q}{n}=1+\frac{q}{n}\leqslant1+\frac{1}{\beta}\leqslant\beta$,即 $n+q\leqslant\beta n$,故 $(n+q,n)$ 为败局.总之,面对胜局时,游戏者总可以适当操作一次或直接获胜,或将胜局化为败局.若 (m,n) 为败局,即 $m\leqslant\beta n$,因 $n<m\leqslant\beta n<2n$,故游戏者只有唯一一种取法,那就是从一堆中取走 n 根火柴,将布局化为 $(m-n,n)$,且 $m-n\leqslant(\beta-1)n<n$,这时 $\frac{m-n}{n}=\frac{m}{n}-1\leqslant\beta-1=\frac{1}{\beta}$,即 $n\geqslant\beta(m-n)$,而 m,n 为正整数,β 为无理数,故 $n>\beta(m-n)$,即 $(m-n,n)$ 为胜局,即面对败局时,游戏者只有唯一的一种取法,将败局化为胜局.从以上分析看出,当 $m>\beta n$ 时,甲先取必获胜;而当 $n<m\leqslant\beta n$ 时,甲先取必败.故知所求 α 的取值范围为 $\alpha\geqslant\frac{1+\sqrt5}{2}$.

31.(1)设 W 是使甲有必胜策略的所有整数 n_0 的集合.因为 $1990<2025=45^2$,所以 $\{45,46,\cdots,1990\}\subset W$.我们先证明下列引理:设 $\{m,m+1,\cdots,1990\}\subset W$,若正整数 S 满足 $S\leqslant1990$ 且 $\frac{S}{p^r}\geqslant m$(这里 p^r 是 S 的最大的素数幂因子),则满足条件 $\sqrt S\leqslant n_0<m$ 的所有正整数 n_0 都属于 W.

引理的证明 从 n_0 出发,甲可取 $n_1=S\leqslant n_0^2$ 且 $n_1=S\geqslant p^r m>n_0$,于是无论乙怎样选取 n_2,总有 $1<\frac{n_1}{n_2}\leqslant p^r$,从而有 $m\leqslant\frac{s}{p^r}\leqslant n_2<s\leqslant1990$,可见 $n_2\in W$,甲当然有必胜策略,引理证毕.

回到原题,对于 $m=45$,可取 $S=2^2\times3\times5\times7=420$ 满足引理条件,且 $\sqrt{420}<21<45$,故由引理知 $\{21,22,\cdots,44\}\subset W$.对于 $m=21$,取 $S=2^3\times3\times7=168$,且 $\sqrt{168}<13<21$,应用引理可得 $\{13,14,\cdots,20\}\subset W$.对于 $m=13$,取 $S=3\times5\times7=105$,且 $\sqrt{105}<11$,应用引理可得 $\{11,12\}\subset W$.对于 $m=11$,取 $S=2^2\times3\times5=60$,且 $\sqrt{60}<8<11$,应用引理可得 $\{8,9,10\}\subset W$.综上,我们证明了 $\{8,9,10,\cdots,1990\}\subset W$.对于 $n_0>1990$,可取正整数 $r>2$,使 $2^r\cdot3^2\leqslant n_0<2^{r+1}\cdot3^2<n_0^2$.① 然后取 $n_1=2^{r+1}\cdot3^2$,无论乙怎样取 n_2,总有 $9\leqslant n_2<n_0$,若 n_2 仍大于1990,则用 n_2 代替①式中 n_0,这样经过有限步可使乙取的值 n_{2k} 满足 $9\leqslant n_{2k}\leqslant1990$,从而甲有必胜策略.这表明 $\{1991,1992,\cdots\}\subset W$.综上得 $\{8,9,10,\cdots\}\subset W$.

(2)对于 $n_0 \leqslant 5$,乙有必胜策略. 因为最小的 3 个互异的素数之积为 $2 \times 3 \times 5 = 30 > 5^2$,故甲只能取形如 $n_1 = p^r q^s$. ② $(r, s \in \mathbf{N}_+)$ 的数,其中 p 为素数,q 为素数或 1 且 $p^r > q^s$. 于是,乙可取 $n_2 = q^s = \dfrac{n_1}{p^r} < \sqrt{n_1} \leqslant n_0$,经过有限步后,必然有 $n_{2k} = 1$,即乙获胜,从而知当 $n_0 \in \{2, 3, 4, 5\}$ 时,乙有必胜策略.

(3)对于 $n_0 \in \{6, 7\}$,甲要胜,必须使乙取的值不小于 6. 又因为甲取的值必在 6 与 36 或 7 与 49 之间,并且甲不能取形如②的数,故甲只能取 $n_1 = 2 \times 3 \times 5 = 30$ 或 $2 \times 3 \times 7 = 42$,这时乙再取 $n_2 = 6$,于是乙可保证自己不败. 另一方面,当 $n_0 = 6$ 或 7 时,甲可取 $n_1 = 2 \times 3 \times 5 = 30$,这时乙只能取 $n_2 = 6$(若乙取 $n_2 = 10$ 或 15,则甲取 $n_3 = 5$,这时乙只能取 $n_4 = 1$,乙失败),故甲也可保证自己不败. 可见 $n_0 \in \{6, 7\}$ 时,双方均无必胜策略.

32. 首先证明下列几个引理:

引理 1 对于问题 $\{k_1\}_3$,当且仅当 $4 \mid k_1$ 时,乙有必胜策略.

引理 1 的证明 若 $4 \mid k_1$ 时,当 $k_1 = 4$ 时,甲取 r 个 $(1 \leqslant r \leqslant 3)$,则乙取 $4 - r$ 个获胜;当 $k_1 > 4$ 时,甲取 r 个,则乙取 $4 - r$ 个,则剩下的球数是 4 的倍数,这样继续下去,乙一定获胜. 若 $k_1 = 4r + s(1 \leqslant s \leqslant 3)$,则甲首先取 s 个,使剩下球数为 0($r = 0$ 时,从而甲获胜)或仍为 4 的倍数,则同上分析知,最后甲一定获胜.

引理 2 对于问题 $\{k_1, k_2\}_3 (k_1 \leqslant k_2)$,当且仅当 $4 \mid k_2 - k_1$ 时,乙有必胜策略.

引理 2 的证明 当 $4 \mid k_2 - k_1$ 时,将甲、乙各取一次球称为一步,那么乙只要保证每一步后,两口袋中的球数被 4 除的余数相同,这样每一步甲有球可取,则乙必有球可取,从而乙取到最后一球而获胜. 若 $4 \nmid k_2 - k_1$,设 $k_1 = 4q_1 + r_1, k_2 = 4q_2 + r_2(0 \leqslant r_1, r_2 \leqslant 3)$,则必有 $r_1 \neq r_2$,不妨设 $r_1 < r_2$,则甲第一次在第二个口袋中取 $r_2 - r_1$ 个球,于是,两袋球数之差被 4 整除. 于是由前面分析,知甲有必胜策略.

引理 3 若对问题 $\{k_1, k_2, \cdots, k_n\}_3$,乙有必胜策略,并且对问题 $\{\lambda_1, \lambda_2, \cdots \lambda_m\}_3$,乙也有必胜策略,则对问题 $\{k_1, \cdots, k_n, \lambda_1, \cdots, \lambda_m\}_3$,乙有必胜策略.

引理 3 的证明 乙可将问题 $\{k_1, k_2, \cdots, k_n, \lambda_1, \lambda_2, \cdots, \lambda_m\}_3$ 中的口袋分为两组,球数为 $k_1, k_2, \cdots, k_n$ 的为第一组,球数为 $\lambda_1, \cdots, \lambda_m$ 的为第二组,乙在每一组中采取必胜策略,合成即为问题 $\{k_1, k_2, \cdots, k_n, \lambda_1, \cdots, \lambda_m\}_3$ 的必胜策略.

引理 4 若对问题 $\{k_1, k_2, \cdots, k_n\}_3$ 甲有必胜策略,并且对问题 $\{\lambda_1, \cdots, \lambda_m\}_3$,乙有必胜策略,则对问题 $\{k_1, k_2, \cdots, k_n, \lambda_1, \lambda_2, \cdots, \lambda_m\}_3$ 甲有必胜策略.

引理 4 的证明 甲将口袋分为两组,球数为 $k_1, k_2, \cdots, k_n$ 的属第一组,其余的属第二组,并在第一组中采用甲的必胜策略,而在第二组中采用乙的必胜策略,合成即为问题 $\{k_1, k_2, \cdots, k_n, \lambda_1, \cdots, \lambda_m\}_3$ 的甲的必胜策略.

回到问题 $\{1, 2, \cdots, n\}_3$,当 $n = 1, 2$ 时,由引理 1 和 2 知甲有必胜策略;当 $n = 3$ 时,乙总可以保证第一步取球后(即甲、乙各取一次球后),只有两只口袋里有球,并且两个口袋里的球数相等,从而由引理 2 知这时乙有必胜策略;$n = 4$ 时,因为对问题 $\{1, 2, 3\}_3$ 和 $\{4\}_3$ 都是乙有必胜策略,故由引理 3 知对问题 $\{1, 2, 3, 4\}_3$,乙有必胜策略. 又当 $k = 1, 2, 3, \cdots$ 时,对问题 $\{4k+1, 4k+2, 4k+3, 4k+4\}_3$,乙一定有必胜策略. 这是因为,当甲在球数多于 4 的口袋中取 r 个球时,乙在同一口袋中取 $4 - r$ 个球,从而保证该步取球前与取球后各口袋的球数除以 4 的余数不变. 若甲在球数不多于 4 的口袋中取球时,乙可采取问题 $\{1, 2, 3, 4\}_3$ 中乙的必胜策略,故问题 $\{4k+1, 4k+2, 4k+3, 4k+4\}_3$ 与 $\{1, 2, 3, 4\}_3$ 的对策结果相同. 因对问题 $\{1, 2, 3, 4\}_3$,乙有必胜策略,所以对问题 $\{4k+1, 4k+2, 4k+3, 4k+4\}_3$,乙有必胜策略.

由上可得:(1)当 $n = 4k(k \geqslant 1)$ 时,乙有必胜策略,因为这时可将口袋按球数从小到大的顺序 4 个口袋一组,每一组乙都有必胜策略,由引理 3 即知对问题 $\{1, 2, 3, 4, \cdots, 4k-3, 4k-2, 4k-1, 4k\}_3$,乙有必胜策略;(2)当 $n = 4k+1(k \geqslant 0)$ 时,甲有必胜策略,这是因为 $k = 0$ 时,已证甲有必胜策略,当 $k \geqslant 1$ 时,已证对问题 $\{1, 2, \cdots, 4k\}_3$,乙有必胜策略,又由引理 1 知对问题 $\{4k+1\}_3$,甲有必胜策略,故由引理 4 知,对问题 $\{1, 2, \cdots, 4k, 4k+1\}_3$ 甲有必胜策略;(3)当 $n = 4k+2(k \geqslant 0)$ 时,甲有必胜策略,这是因为 $k = 0$ 时,已证甲有必胜策略,而当 $k \geqslant 1$ 时,已证对问题 $\{1,2,\cdots,4k\}_3$ 乙有必胜策略,而由引理 2 知对问题 $\{4k+1,4k+2\}$ 甲有必胜策略,故由引理 4 知对问题 $\{1,2,\cdots,4k,4k+1,4k+2\}_3$ 甲有必胜策略;(4)当 $n=4k+3$ 时,乙有必胜策略,这是因为 $k=0$ 时,已证乙有必胜策略,$k \geqslant 1$ 时,若对问题 $\{1,2,\cdots,4k+3\}_3$ 甲有必胜策略,又对问题 $\{4k+4\}_3$ 乙有必胜策略,于是由引理 3 知对问题 $\{1,2,\cdots,4k+3,4k+4\}_3$ 甲有必胜策略,这与(1)中已证结论矛盾,故对问题 $\{1,2,\cdots,4k+3\}_3$ 乙有必胜策略. 综上可知,当 $n \equiv 1,2 \pmod 4$ 时,甲有必胜策略;当 $n \equiv 0,3 \pmod 4$ 时,乙有必胜策略.

33. 设 $\{F_n\}$ 是斐波那契数列:$F_0=1,F_1=1,F_{n+1}=F_n+F_{n-1}(n=1,2,\cdots)$.

我们证明下列结论成立:(1)若 $n=F_k(k \geqslant 2)$,则后取者乙有必胜策略. 并且乙最后一次取火柴的根数 $\leqslant F_{k-1}$.(2)若 $n>1$ 不是 $\{F_k\}$ 中任何一项,则先取者甲有必胜策略.

首先,我们用数学归纳法证明(1)成立. 事实上,当 $n=F_2,F_3$ 时,易证结论成立,设 $n=F_{m-1}$ 和 $n=F_m(m \geqslant 3)$ 时结论成立. 那么 $n=F_{m+1}$ 时,若甲取的火柴数 $r \geqslant F_{m-1}$,则剩下的火柴数为 $F_{m+1}-r \leqslant F_{m+1}-F_{m-1}=F_m=F_{m-1}+F_{m-2}<2F_{m-1}$,故乙只要将剩下的 $F_{m+1}-r \leqslant F_m$ 根火柴全取走而获胜;若甲取的火柴数 $r<F_{m-1}$,注意到 $F_{m+1}=F_m+F_{m-1}$,故不失一般性可以假设一开始 F_{m+1} 根火柴分成两堆,其中一堆有 F_m 根火柴,另一堆有 F_{m-1} 堆火柴,而甲从有 F_{m-1} 根火柴的一堆中取走了 r 根火柴. 于是由归纳假设,乙策略保证自己取到有 F_{m-1} 根火柴的那堆中的最后一根火柴,而剩下有 F_m 根火柴的那一堆,并由归纳假设知乙可使自己最后一次取火柴的根数不大于 F_{m-2},这时无论甲取多少根火柴(至多为 $2F_{m-2}<F_{m-2}+F_{m-1}=F_m$,不可能将 F_m 根火柴取完)由归纳假设知乙有必胜策略,保证自己取到最后一根火柴而获胜,且乙最后一次所取火柴的根数 $\leqslant F_{m-1}<F_m$,于是完成了(1)的归纳证明.

其次,利用(1)证明(2)成立. $n=4$ 时,易证(2)成立,设 $n(\geqslant 6)$ 不是斐波那契数,于是存在斐波那契数 $F_{k_0}(k_0 \geqslant 4)$,使 $F_{k_0}<n<F_{k_0+1}$,从而有 $n-F_{k_0}<F_{k_0+1}-F_{k_0}=F_{k_0-1}$. 若 $n-F_{k_0}$ 为斐波那契数 F_{k_1},则 $n=F_{k_0}+F_{k_1}$ 且 $k_0-k_1 \geqslant 2$. 若 $n-F_{k_0}$ 不是斐波那契数,则又存在斐波那契数 $F_{k_1}(k_1 \leqslant k_0-2)$,使 $F_{k_1}<n-F_{k_0}<F_{k_1+1}$,从而 $n-F_{k_0}-F_{k_1}<F_{k_1+1}-F_{k_1}=F_{k_1-1}$. 重复以上讨论便知,总可以将 n 表成下列形式:

$n=F_{k_0}+F_{k_1}+F_{k_2}+\cdots+F_{k_t}(k_{i-1}-k_i \geqslant 2,i=0,1,\cdots,t-1$ 且 $t \geqslant 1)$,于是,甲首先取走 F_{k_t} 根火柴,由于 $2F_{k_t}<F_{k_t}+F_{k_t+1}=F_{k_t+2} \leqslant F_{k_{t-1}}$,故不论乙取多少根,由(1)知甲总有策略保证自己取到 $F_{k_{t-1}}$ 根火柴中的最后 1 根,还剩下 $n-F_{k_t}-F_{k_{t-1}}=F_{k_0}+F_{k_1}+\cdots+F_{k_{t-2}}$ 根火柴,轮到乙取,且乙取的火柴数 $\leqslant 2F_{k_{t-1}}<F_{k_{t-1}}+F_{k_{t-1}+1}=F_{k_{t-1}+2} \leqslant F_{k_{t-2}}$,再由结论(1),甲总有策略保证取到 $F_{k_{t-2}}$ 根火柴中的最后一根,这样下去,继续利用结论(1),甲总有策略保证取到 F_{k_0} 根中的火柴中的最后 1 根而获胜,这就完成了(2)的证明.

34. 乙获胜的充要条件是 $b=2a$ 且 L 是 a 的整数倍.(1)必要性. 若 $b \neq 2a$,则只要 $L \neq 0$,就有两个数 $L+a$ 和 $|L-a|$ 中至少有一个既不等于 0 也不等于 b(若 $|L-a|=0$,则 $L+a=2a \neq b$ 且 $L+a \neq 0$;若 $|L-a|=b$,则 $L+a \neq b$ 且 $L+a \neq 0$). 于是,甲总可以移动棋子使两棋子的距离既不等于 0 也不等于 b,从而使乙不能接着下一步而获胜. 若 $b=2a$,但 L 不是 a 的正整数倍时,则由于甲、乙两人移动的距离分别为 a 和 $b=2a$,它们都是 a 的倍数,因此,无论如何移动不可能使两枚棋子的距离为 0,即乙必不能取胜,必要性得证.(2)充分性. 设 $b=2a$ 且 L 是 a 的正整数倍,若两枚棋子的距离大于 a 时,无论甲如何移动棋子,乙总可以使两枚棋子的距离减小 $b-a=a$,经过有限次移动后,乙总可使两枚棋子间的距离 $d \leqslant a$. 又因为 L 是 a 的正整数倍,甲、乙每次轮流移动一次后,两棋子间的距离总是减少 a,故 d 必为 a 的整数倍,所以 $d=0$ 或 a. 若 $d=0$,则乙也获胜. 若 $d=a$,则甲再移动一次只能使两棋子的距离为 0(这时乙已获胜)或为 $2a=b$,这时,乙才移动一次可使两棋子的距离为 0 而获胜,充分性得证.

35. 先证黑板上至多能写出 10 个数码,写出第 11 个数码的人必是输者. 设前 10 个数字按顺序组成一个数为 $\overline{a_1 a_2 \cdots a_{10}}$,则必有 $\overline{a_1 a_2 \cdots a_{10}},\overline{a_2 a_3 \cdots a_{10}},\overline{a_3 a_4 \cdots a_{10}},\cdots,\overline{a_9 a_{10}},\overline{a_{10}}$ 模 11 不同余,否则,若 $\overline{a_i \cdots a_{10}} \equiv \overline{a_j \cdots a_{10}} \pmod{11}(i<j)$,则 $\overline{a_i \cdots a_{j-1}} \times 10^{10-j+1} \equiv 0 \pmod{11}$,故 $\overline{a_i \cdots a_{j-1}} \equiv 0 \pmod{11}$. 所以 $\overline{a_1 a_2 \cdots a_{10}},\overline{a_2 a_3 \cdots a_{10}},\cdots,\overline{a_9 a_{10}},\overline{a_{10}}$ 模 11 的余数组成集合 $\{1,2,\cdots,10\}$,易知,这个 10 位数中没有由若干连续数码组成的能被 11 整除的数. 于是再写一个数,设为 a_{11},则在下列 11 个数:$\overline{a_1 a_2 \cdots a_{11}},\overline{a_2 a_3 \cdots a_{11}},\cdots,\overline{a_{10} a_{11}},\overline{a_{11}}$

中必有一个数能被 11 整除. 故写出第 11 个数码的人必是输者. 其次, 当写到 $\overline{a_1\cdots a_k}(k\leqslant 9)$ 时, 若不分胜负, 即知 $\overline{a_ia_{i+1}\cdots a_k}0(i=1,2,\cdots,k)$ 模 11 的 9 个余数各不相同, 且都不等于 0. 取不在其中出现的任意余数 $r\neq 0$, 并取 $a_{k+1}\equiv -r(\mathrm{mod}11)$, 则 $\overline{a_ia_{i+1}\cdots a_ka_{k+1}}\not\equiv 0(\mathrm{mod}11)(i=1,2,\cdots,k+1)$. 也就是说, 乙总可以保证自己写到第 10 位而不输掉游戏(如果他没有犯错), 而又知第 11 位写出来就会输掉游戏, 故乙有必胜策略.

36. 将先开始的人称为甲, 后开始的人称为乙. 如果 n 为奇数, 那么乙有必胜策略; 如果 n 为偶数, 那么甲有必胜策略. 因正多边形的边数 $2n+1$ 为奇数, 故对任何一条对角线来讲, 都是在它的一侧有奇数个顶点, 另一侧有偶数个顶点. 因此每一条对角线都与偶数条其他对角线相交. 假设到某个时刻, 游戏不能再继续下去, 那么此时每一条未画出的对角线都与奇数条已画出的对角线相交, 也与奇数条未画出的对角线相交, 这样的情况只能出现在未画出的对角线为偶数的时刻. 事实上, 如果我们对每一条未画出的对角线都数一数与它相交的未画出的对角形的条数, 那么每一条未画出的对角线都被数了两次, 所以总和应当为偶数; 但若未画出的对角线的条数为奇数, 那么总和就是奇数个奇数的和, 为奇数, 矛盾. 所以未画出的对角线的条数为偶数. 如此一来, 如果多边形对角形的总条数为奇数, 那么就应当是甲取胜; 若对角线总数是偶数, 那么乙取胜. 而在正 $2n+1$ 边形中共有 $C_{2n+1}^2-(2n+1)=(2n-1)(n-1)$ 条对角线. 所以当 n 为奇数时, 乙可取胜, 当 n 为偶数时, 甲可取胜.

37. 定义败局集合 $L=\{(n_1,n_2,\cdots,n_k)|k$ 为偶数, $n_1=n_2,n_3=n_4,\cdots,n_{k-1}=n_k\}$, 胜局集合 $W=\{(n_1,n_2,\cdots,n_k)|k$ 为奇数或 k 为偶数且 n_1 与 n_2,n_3 与 $n_4,\cdots,n_{k-1}$ 与 n_k 中至少有一对数不相等$\}$, 其中 $n_1,n_2,\cdots,n_k$ 为正整数, $n_1\leqslant n_2\leqslant\cdots\leqslant n_k$. 我们证明: 若 $(n_1,n_2,\cdots,n_k)\in W$, 则先行者(记为甲)胜. 若 $(n_1,n_2,\cdots,n_k)\in L$, 则后行者(记为乙)胜.

引理 1 从败局 $(n_1,n_2,\cdots,n_k)\in L$ 出发, 无论怎样操作, 必然变成胜局. 事实上, 因为 $(n_1,n_2,\cdots,n_k)\in L$, 所以 $k=2m$ 为偶数, 且 $n_1=n_2=t_1,n_3=n_4=t_2,\cdots,n_{k-1}=n_k=t_m$. 设游戏者选择了含 t_i 个石子的一堆, 若将其全部取出, 则仅剩下奇数堆, 变成了胜局, 若仅将其中 $b(\geqslant 1)$ 个石子移去, 并将剩下的部分中 a 个石子$(a+b<t_i)$重新分配到其他各堆, 虽然仍为 $2m$(偶数)组, 但不可能将这 $2m$ 均分为 m 组, 使每组中 2 堆的石子个数相等, 从而也变成了胜局. (这是因为如果能这样做, 必需在某个含 t_{i_1} 个石子的一堆中放入 $t_i-t_{i_1}$ 个石子, 使该堆的石子数等于剩下的含 t_i 个石子的一堆中的数目, 接着又必须在某个含 t_{i_2} 个石子的一堆中放入 $t_i-t_{i_2}$ 个石子, 使该堆的石子数等于剩下的含 t_{i_1} 个石子的一堆中的数目, $\cdots$, 直到在含有石子 t_{i_r} 中放入 $t_{i_{r-1}}-t_{i_r}$ 个石子. 于是剩下一个含 t_i 个石子的堆, 并且必须 $t_{i_r}=t_i-a-b<t_i-a$, 但 $a=(t_i-t_{i_1})+(t_{i_1}-t_{i_2})+\cdots+(t_{i_{r-1}}-t_{i_r})=t_i-t_{i_r}$, 即 $t_{i_r}=t_i-a$, 矛盾)

引理 2 从胜局 $(n_1,n_2,\cdots,n_k)\in W$ 出发, 游戏者总可进行适当的操作, 将胜局变为败局. 事实上, 若 k 为奇数, 设 $k-1=2m$, 这时, 游戏者只要将第 k 堆中 n_2-n_1 个石子放入第 1 堆, n_4-n_3 个石子放入第 3 堆, $\cdots,n_{k-1}-n_{k-2}$ 个石子放入第 $k-1$ 堆, 并将余下 $n_k-(n_{k-1}-n_{k-2})-(n_{k-3}-n_{k-4})-\cdots-(n_4-n_3)-(n_2-n_1)=(n_k-n_{k-1})+(n_{k-2}-n_{k-3})+\cdots+(n_3-n_2)+n_1\geqslant n_1$ 个石子移去, 则 $(n_1,n_2,\cdots,n_k)\to(n_2,n_2,n_4,n_4,\cdots,n_{k-1},n_{k-1},0)=(n_2,n_2,n_4,n_4,\cdots,n_{2m},n_{2m})\in L$. 若 k 为偶数, 但 n_1 与 n_2,n_3 与 $n_4,\cdots,n_{k-1}$ 与 n_k 中至少有一对数不相等. 这时游戏者只要将第 k 堆取 n_3-n_2 个石子放入第 2 堆, 取 n_5-n_4 个石子放入第 4 堆, $\cdots,n_{k-1}-n_{k-2}$ 个石子放入第 $k-2$ 堆, 并在第 k 堆中仅留下 n_1 个石子, 其余都移去, 因为 $n_k-(n_{k-1}-n_{k-2})-(n_{k-3}-n_{k-4})-\cdots-(n_3-n_2)=(n_k-n_{k-1})+(n_{k-2}-n_{k-3})+\cdots+(n_4-n_3)+n_2\geqslant n_2\geqslant n_1$. 故这种操作是可行的, 经过这种操作 $(n_1,n_2,\cdots,n_k)\to(n_1,n_3,n_3,n_5,n_5,\cdots,n_{k-1},n_{k-1},n_1)=(n_1,n_1,n_3,n_3,n_5,n_5,\cdots,n_{k-1},n_{k-1})\in L$. 回到原题, 当先行者甲一开始面对胜局时, 他总可以适当操作变成败局, 而后行者乙无论怎样操作只能将败局变为胜局. 并且每操作一次各堆石子数的总和严格地减少, 故经过有限次轮回后, 甲面对胜局为只剩一堆石子, 他将这堆石子全部取走而获胜. 当先行者甲一开始面对败局时, 他无论怎样操作只能将败局变为胜局. 故同理可知乙最终获胜.

38. 所求的最小值为 $n+1$. 首先, 当线段数目不大于 n 时, 易知下面两种情况之一必然出现: (1)在

$V_1, V_2, \cdots, V_n$ 中存在一个点, 它最多与另外一个点有线段相连. (2)对于 $V_1, V_2, \cdots, V_n$ 中的每一个点, 恰有两个点到该点有线段相连. 如果情况(1)出现, 不妨设这个点为 V_1, 则可以证明开始在 V_1 点的棋子只能一直停留在该点. 若不然, 设在某一次操作中这枚棋子到了顶点 V_i, 由条件知在这次操作中必然有在另一个顶点 V_j 上的棋子被移动到 V_1. 这样, V_i 和 V_j 是两个不同的点, 且都与 V_1 有线段相连, 这与假设矛盾. 只要开始时点 V_1 处的棋子不是 1 号棋子, 就无法通过有限次操作使得该棋子到达相应的顶点, 因此, 这样的连线段的方式不是"和谐的". 如果情况(2)出现, 易知所有的线段连成了一条或者多条封闭折线(可自交, 但这并不影响我们的证明). 如果是多条折线, 则显然存在两个点 V_i 和 V_j, 使得 V_i 上的棋子无法通过操作移动到 V_j 上, 故只要开始时点 V_i 处的棋子恰是 j 号棋子, 就无法通过有限次操作使得该棋子到达相应的顶点, 因此, 这样的连线段的方式不是"和谐的"; 如果是一条折线, 则不妨设点 V_i 和 V_{i+1} 之间连了线($i=1, 2, \cdots, n$, 并令 $V_{n+1} = V_1$). 易知在一次操作中, 或者所有的棋子均不动, 或者在点 V_i 处的棋子移动到点 V_{i+1}, 或者在点 V_{i+1} 处的棋子移动到点 V_i($i=1, 2, \cdots, n$). 只要开始时点 V_1 和 V_2 处的棋子恰是 1 号和 3 号棋子, 就无法通过有限次操作使得该棋子到达相应的顶点, 因此, 这样的连线段的方式不是"和谐的". 另一方面, 若将点 V_i 和 V_{i+1} 之间连上线($i=1, 2, \cdots, n, V_{n+1} = V_1$), 且将点 V_{n-1} 和 V_1 之间连上线, 可以证明这样的连线段方式是"和谐的". 事实上, 在这样的连线方式下, 我们可以做下面两种操作: 操作 M_1: 将在点 V_i 处的棋子移动到 V_{i+1} 处($i=1, 2, \cdots, n$). 操作 M_2: 将在点 V_i 处的棋子移动到点 V_{i+1} 处($i=1, 2, \cdots, n-2$), 将在点 V_{n-1} 处的棋子移动到点 V_1 处, 在点 V_n 处的棋子不动. 下面利用归纳法证明: 对于任意 $1 \leqslant k \leqslant n$, 可以经有限次的操作后, 使得编号为 $1, 2, \cdots, k$ 的棋子分别在点 $V_1, V_2, \cdots, V_k$ 处. 当 $k=1$ 时, 设 1 号棋子开始时在点 V_i 处, 则进行 $n-i+1$ 次操作 M_1 即可让 1 号棋子移动到点 V_1 处. 假设在某次操作后编号为 $1, 2, \cdots, k$ 的棋子分别在点 $V_1, V_2, \cdots, V_k$ 处, 设此时 $k+1$ 号棋子在点 V_r 处($k+1 \leqslant r \leqslant n$), 则先进行 $n-r$ 次操作 M_1, 再进行 $r-k-1$ 次操作 M_2, 最后进行 $k+1$ 次操作 M_1, 即可使编号为 $1, 2, \cdots, k+1$ 的棋子分别在 $V_1, V_2, \cdots, V_{k+1}$ 处. 由数学归纳法, 最终可以在有限次操作后, 使每个标号为 k 的棋子在点 V_k 处, $k=1, 2, \cdots, n$, 因此这样的连线段的方式是"和谐的". 综上所述, 在所有和谐的连线段的方式中, 线段数目的最小值为 $n+1$.

模拟实战六

习题 A

1.4016. 我们用归纳法证明对于凸 n 边形, 至多可画上 $2n-6$ 条对角线. 设 $A_1 A_2 \cdots A_n$ 是一个凸多边形. 别佳可以如下依次画出 $2n-6$ 条对角线: $A_2 A_4, A_3 A_5, A_4 A_6, \cdots, A_{n-2} A_n, A_1 A_3, A_1 A_4, \cdots, A_1 A_{n-1}$. 下面用归纳法证明至多画出 $2n-6$ 条. $n=3$ 结论显然. 下面假设对小于 n 时结论都成立. 对凸 n 边形, 设别佳画上的最后一条对角线为 $A_1 A_k$, 它与前面已画的对角线中的至多一条(如果存在设为 d)交于内点. 所有已画出的对角线, 除了 $A_1 A_k$ 和 d 以外全部位于 k 边形 $A_1 A_2 \cdots A_k$ 或 $(n+2-k)$ 边形 $A_k A_{k+1} \cdots A_n A_1$ 内. 由归纳法假设至多有 $(2k-6)+(2(n+2-k)-6)=2n-8$(条), 它们加上 $A_1 A_k$ 和 d 后至多 $2n-6$ 条.

2. 反设表格中有唯一美丽格 X. 首先将表格如国际象棋棋盘黑白相间隔染色. 不妨设 X 为黑格. 过 X 中心作左下至右上 45° 斜线, 设这条斜线上位于表格边界处的方格中心为 A、B. A、B 关于表格中心的对称点为 C、D. 中心位于矩形 $ABCD$(可能退化为一个线段)内部或边界上的所有黑格构成的集合记为 S. 则 S 满足: S 中含有包括 X 的偶数个黑格; 任意方格与 S 中偶数个格相邻. S 中每个黑格的相邻格中的数字之和称为这个格的相邻数. S 中所有格的相邻数之和记为 g. 由于 S 中除 X 外, 所有格的相邻数是奇数, 且有偶数个格, 故 g 为奇数. 另一方面, 每个方格与 S 中偶数个格相邻, 故该格中的数字对于 g 的贡献为偶数. 这表明 g 为偶数. 矛盾.

3. 先考虑两两无公共边的三角形个数 r 的最大值. 8 个点, 每两点连一条弦, 共得 $C_8^2 = 28$ 条弦, 若每条弦只属于一个三角形, 则这些弦至多能构成两两无公共边的三角形个数为 $r \leqslant \left[\dfrac{28}{3}\right] = 9$ 个, 但若有 9 个

这样的三角形,共得 27 个顶点,则八边形必有一顶点,至少属于 4 个三角形,设为 A_8,共顶点 A_8 的 4 个三角形,A_8 的对边都是 $A_1,A_2,\cdots,A_7$ 之中的两点连线,其中必有一点,设为 A_k,出现了两次,那么相应的两个三角形将有一条公共边 A_8A_k,这不可能;故 $r\leqslant 8$.另一方面,当 $r=8$ 时,我们可以作出这样的 8 个三角形,使得其中任两个三角形都无公共边,如:取圆周的八等分点作为图 G 的八个顶点,作 8 阶完全图,然后去掉其中 4 条直径,这样共得 24 条边,由这些边所构成的三角形中,选取八个等腰三角形:$(1,2,8),(1,3,6),(1,4,7),(2,3,4),(2,5,7),(3,5,8),(4,5,6)$ 以及 $(6,7,8)$,它们两两无公共边.因此,$r=8$,从而所求的最大值 $n=r+1=9$.

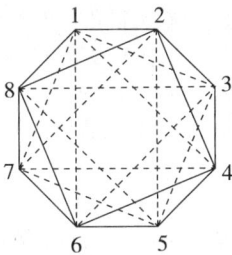

(第 3 题)

4. 每 2 点连一直线有 $C_5^2=10$ 条,每 3 点确定一个三角形,共确定 $C_5^3=10$ 个三角形.每点可引出 $C_4^2=6$ 条垂线,共 $5C_4^2=30$ 条垂线,至多有 C_{30}^2 个交点(包括重复计数及已知点),但每条连线有 3 条垂线互相平行,它们没有交点,故应减去 $10C_3^2$.又每个三角形的 3 条高相交于同一点,计数有重复,还应减去 $10(C_3^2-1)$ 个点.最后每个已知点是 6 条垂线的公共交点,不应计算在内,又要减去 $5C_6^2$.故所求交点数至多为 $C_{30}^2-10C_3^2-10(C_3^2-1)-5C_6^2=310$ 个.

5. 若这样的 7 条直线存在,则它们之间最多有 $C_7^2=21$ 个不同的交点,即 21 个不同的直线对.对应 3 条直线的公共交点,应对应 $C_3^2=3$ 个不同的直线对,即至少有 $6\times 3=18$ 个不同的直线对.对于两直线的交点,对应于 $C_2^2=1$ 个直线对,即又至少有 4 个不同的直线对,这时至少共有 $18+4=22$ 个不同的直线对,矛盾.故满足题目要求的 7 条直线不存在.

6. 首先同 §3 例 2 可证任意 5 点为顶点的 $C_5^3=10$ 个三角形中至多有 7 个锐角三角形.100 个点可形成 C_{100}^5 个 5 点组,故总共至多 $7C_{100}^5$ 个锐角三角形.但上述计数时,每个锐角三角形属于 C_{97}^2 个 5 点组,故不同的锐角三角形至多有 $\dfrac{7C_{100}^5}{C_{97}^2}$ 个,而共有 C_{100}^3 个三角形,所以锐角三角形占总的百分数至多为 $\dfrac{7C_{100}^5}{C_{97}^2 C_{100}^3}=\dfrac{7}{10}=70\%$.

7. 不妨设 $\angle A,\angle B,\angle C$ 中 $\angle C\leqslant\angle B\leqslant\angle A$,于是 $\angle C\leqslant\dfrac{\pi}{n}$,$\angle A=\pi-(\angle B+\angle C)\leqslant\pi-2\angle C$,$\pi-\angle A\geqslant 2\angle C$.① 又 $2\angle A\geqslant\angle A+\angle B=\pi-\angle C$,$\angle A\geqslant\dfrac{1}{2}(\pi-\angle C)\geqslant\dfrac{1}{2}\left(\pi-\dfrac{\pi}{n}\right)=\dfrac{n-1}{2}\cdot\dfrac{\pi}{n}\geqslant 2\cdot\dfrac{\pi}{n}$(因 $n\geqslant 5$),即 $\angle A\geqslant 2\angle C$.② 当 $\angle A\leqslant\dfrac{\pi}{2}$ 时,由②得 $\sin\angle A\geqslant\sin 2\angle C$;当 $\angle A>\dfrac{\pi}{2}$ 时,由①得 $\sin\angle A=\sin(\pi-\angle A)\geqslant\sin 2\angle C$,故总有 $\sin\angle A\geqslant\sin 2\angle C$.于是 $\lambda=\dfrac{BC}{AB}=\dfrac{\sin\angle A}{\sin\angle C}\geqslant\dfrac{\sin 2\angle C}{\sin\angle C}=2\cos\angle C\geqslant 2\cos\dfrac{\pi}{n}$.

8. $n=4$ 的证明留给读者自己完成,下面只证 $n\geqslant 5$ 的情形.若 n 点中有 3 点共线,则易得 $\lambda_n>2>2\sin\dfrac{n-2}{2n}\pi$.下设 n 点中无 3 点共线,且这 n 个点的凸包为凸 k 边形 $A_1A_2\cdots A_k(3\leqslant k\leqslant n)$,不妨设这个凸 k 边形的最小内角为 $\angle A_kA_1A_2$.于是 $\angle A_kA_1A_2\leqslant\dfrac{(k-2)\pi}{k}\leqslant\left(1-\dfrac{2}{n}\right)\pi=\dfrac{(n-2)\pi}{n}$,并且 A_1 与其他已知点的连线将 $\angle A_kA_1A_2$ 分成 $n-2$ 个小角(因无 3 点共线),其中最小的一个角(设为 $\angle A_iA_1A_j$)不超过 $\dfrac{1}{n-2}\cdot\dfrac{(n-2)\pi}{n}=\dfrac{\pi}{n}$.由上题可得 $\triangle A_iA_1A_j$ 中最长边与最短边之比 $\geqslant 2\cos\dfrac{\pi}{n}$,所以 $\lambda_n\geqslant 2\cos\dfrac{\pi}{n}=2\sin\dfrac{n-2}{2n}\pi$.

9. 设点集 M 满足题中要求,并考虑 M 的凸包.(1)若凸包多边形的边数不少于 5,则必有一个内角是钝角,设 A,B,C 是该多边形的 3 个相邻顶点,且 $\angle ABC$ 为钝角,于是 $\triangle ABC$ 的垂心在 $\triangle ABC$ 外,也在凸包多边形外,当然无法属于 M,矛盾,故 M 中的凸包只可能为凸四边形或三角形.(2)设 M 的凸包为四边形,若不为矩形,则必有一个内角为钝角,像(1)一样可导致矛盾,故知凸包为矩形,易见任何矩形的 4 个顶点组成的集合满足要求.(3)设 M 的凸包为 $\triangle ABC$,由(1)知当然不能为钝角三角形.若 $\triangle ABC$ 为直角三角形,直角顶点又是垂心,则 $\{A,B,C\}$ 满足条件,并且由(2)知直角三角形内不能再有 M 中任何点.若

△ABC 为锐角三角形,则它的垂心 H 属于 M,并且点 A、B、C 分别为△HBC,△HCA,△HAB 的垂心,可见,点集$\{A,B,C,H\}$满足要求.若 M 中还有第 5 点 D,不妨设 D 在△HBC 内,这样导致△DBC 的垂心在△ABC 外,矛盾.综上可知满足题中要求至少有 3 点的点集共有 3 种:(ⅰ)任何矩形的 4 个顶点组成的集合;(ⅱ)任何直角三角形的 3 个顶点组成的集合;(ⅲ)任何锐角三角形的 3 个顶点及垂心组成的集合.

10. 设棱长为 n 的正方体需要 m 块砖拼成.由 $12m=n^2$ 知 n 是 6 的倍数,设 $n=6l$,其中 l 为正整数.另一方面,2 块砖可拼成一个 $2\times3\times4$ 的长方体,用若干这样的长方体可以拼成一个棱长为 12 的正方体,从而棱长为 12 的整数倍的正方体也可用这样的长方体拼成.下面我们证明这个条件也是必要的.即证明 l 为偶数,将由 $m=\dfrac{n^3}{12}=18l^3$ 块砖拼成的长方体放在第一卦限,即每个单位正方体的顶点的坐标满足 $x\geqslant0,y\geqslant0,z\geqslant0$ 且有一个顶点在原点 $O(0,0,0)$,而每条棱平行于坐标轴.依据三元数组(i,j,k)的奇偶性,将每一单位正方体$[i,i+1]\times[j,j+1]\times[k,k+1]$染成八种颜色之一,每块砖都包含八种颜色,且它们中六种颜色只出现一次,余下两种颜色各出现 3 次.从这八种颜色中任取一种颜色,设 p 是这种颜色出现 3 次的楼梯砖的数目,在 m 块砖所拼成的立方体中,这种颜色出现的总数目为 $3p+(m-p)=m+2p$.另一方面,每一个 $6\times6\times6$ 正方体内,这八种颜色各出现 27 次,因此棱长为 $6l$ 的正方体内这八种颜色出现的次数是相等的,所以每种颜色出现的次数都为 $\dfrac{12m}{8}$,故 $m+2p=\dfrac{12m}{8}$,即 $m=4p$,$18l^3=4p$,由此可知 l 是偶数.

11. 对于五个整点$(x_i,y_i)(i=1,2,\cdots,5)$必有两个整点$(x_i,y_i)$与$(x_j,y_j)$使 x_i 与 x_j,y_i 与 y_j 的奇偶性相同,故这两点连线的中点 $M(\dfrac{x_i+x_j}{2},\dfrac{y_i+y_j}{2})$也是整点.因是整点凸多边形,故 M 在凸多边形的内部或边上.(1)若 M 在整点凸五边形 $A_1A_2A_3A_4A_5$ 的内部,因为每个整点△$MA_iA_{i+1}(i=1,2,3,4,5,A_6=A_1)$的面积不小于 $\dfrac{1}{2}$,所以 $S_{A_1A_2A_3A_4A_5}=\sum\limits_{i=1}^{5}S_{\triangle MA_iA_{i+1}}\geqslant\dfrac{5}{2}$.(2)若 M 在整点凸五边形的边界上,不妨设 M 在 A_1A_2 上,于是 A_3A_4 与 A_4A_5 中至少有一条边与 A_1A_2 不平行,设 A_3A_4 与 A_1A_2 不平行,这时 $S_{\triangle A_2A_3A_4}$,$S_{\triangle MA_3A_4}$,$S_{\triangle A_1A_3A_4}$ 互不相等.又因每一个整点三角形的面积为 $\dfrac{1}{2}\times$整数,故上述三个面积中最大的一个不小于 $\dfrac{3}{2}$,设 $S_{\triangle A_1A_3A_4}\geqslant\dfrac{3}{2}$,于是 $S_{A_1A_2A_3A_4A_5}=S_{\triangle A_1A_3A_4}+S_{\triangle A_1A_2A_3}+S_{\triangle A_1A_4A_5}\geqslant\dfrac{3}{2}+\dfrac{1}{2}+\dfrac{1}{2}=\dfrac{5}{2}$.

12. 若直径为 1 的圆 O 可放入 20×25 的长方形 $EFGH$ 内,则圆心必在一个 19×24 的长方形 $E'F'G'H'$ 内($E'F'G'H'$ 位于 $EFGH$ 内,且两个长方形各对应边的距离为 $\dfrac{1}{2}$).若放入的圆 O 与放入的边长为 1 的正方形 $ABCD$ 不重叠,则将每

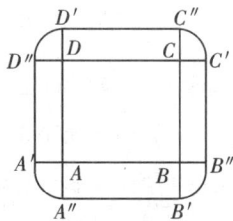

(第 12 题)

个正方形 $ABCD$ 外面"镶上"宽为 $\dfrac{1}{2}$ 的边,四角"镶上"半径为 $\dfrac{1}{2}$,圆心角为 $90°$ 的扇形,得到一个"镶边正方形"$A'A''B'B''C'C''D'D''$(如图),这时圆心必在这个"镶边正方形"的外面,因为 120 个"镶边正方形"的面积之和为 $120\times[1+4\times1\times\dfrac{1}{2}+\pi(\dfrac{1}{2})^2]=30(12+\pi)<30(12+3.2)=456<19\times24$,故 $E'F'G'H'$ 内必有一点 O 不属于任何"镶边正方形",于是,以 O 为中心,1 为直径的圆既在矩形 $EFGH$ 内又不与放入的任何正方形重叠.

13. 将 8×8 方格表中第 1,3,5,7 列的各小方格内填上数 $+1$,第 2,4,6,8 列的各小方格内填上数 -1,由于剪去的一角是 2×2 的正方形,其数字和为 0,于是剩下的 60 个方格内的数字和为 0.假设题目要求可达到,由于符合要求的每块 L 形纸片中的数字和或为 2 或为 -2,并设其中有 x 块内的数字和为 2,其余 $15-x$ 块内的数字和为 -2,因而有 $2x+(-2)(15-x)=0$,解得 $x=\dfrac{15}{2}$ 不是整数,矛盾.因此,题设要求做不到.

14. 设 $M=A_1A_2\cdots A_n$ 是 k 个给定点的凸包,于是 $n\leqslant k$. 设 O 是 M 内部一点,对每个 $i\in\{1,2,\cdots,n\}$,连接 OA_i 并延长交凸 100 边形的周界于点 B_i,记 $\{B_1,B_2,\cdots,B_n\}$ 的凸包为 M',则易证 M 含于 M' 内部. 设 $M'=C_1C_2\cdots C_m$,于是 $m\leqslant n\leqslant k$,注意到所有 C_i 都在给定的凸 100 边形的周界上,考察这些 C_i 所在凸 100 边形的边的端点集合 G,则 $|G|\leqslant 2k$. 再任选凸 100 边形的 $2k-|G|$ 个顶点补入 G,则 G 便恰有 $2k$ 个点,且以 G 中所有点为顶点的凸 $2k$ 边形包含 $C_1,C_2,\cdots,C_m$,当然含有 M',从而含有所有 k 个给定点.

15. (1)因 $3\nmid(1985\times 1987)$,所以 1985×1987 的矩形不能分割成若干个 L 形(因每个 L 形含 3 个方格). (2)因 L 形既可拼成 2×3 的矩形又可拼成 7×9 的矩形(如图),而 $1987\times 1989=1980\times 1989+7\times 1989=(2\times 3)\times(990\times 663)+(7\times 9)\times 221$,故知 1987×1989 的矩形可被分割成若干 L 形.

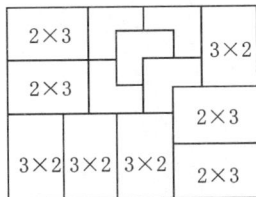

(第15题)

16. 设 A 由三角形的三个顶点及三边中点共 6 点组成的点集,则 A 中任意 5 点都可被 2 条直线所覆盖,但 A 中 6 个点不能被任何两条直线所覆盖. 故所求的最小正整数 $n\geqslant 6$. 其次设 A 中任意 6 点都可被 2 条直线所覆盖,取定 A 中 6 点,则必有 2 条直线 l_1 和 l_2 覆盖这 6 点,故 l_1 和 l_2 中必有一条(记为 l_1)至少覆盖 A 中给定的三个点 A_1,A_2,A_3. 设 A 中除 l_1 上的点外,其余点组成的集合记为 S. 若 $|S|\leqslant 2$,则 S 中所有点可被另一直线 l' 所覆盖. 若 $|S|\geqslant 3$,则在 S 内任取 3 点 B_1,B_2,B_3,于是 A_1,A_2,A_3,B_1,B_2,B_3 被 2 条直线所覆盖,于是其中必有一条至少覆盖 A_1,A_2,A_3 中 2 点,故这条直线只可能是 l_1. 设另一条为 l',则 B_1,B_2,B_3 都在 l' 上,即 S 中任意 3 点都在一条直线 l' 上,故 S 中所有点都在同一条直线 l' 上,即两条直线 l_1 和 l' 覆盖 A 中所有的点. 综上所述,得所求最小正整数 $n=6$.

17. 不能. 假设 9 点可放在平面内的 11 条直线上,使得每条直线上恰有 3 个点. 我们定义一个点的权为通过该点的直线的条数. 如果有权至少等于 5 的点存在,那么在通过这点的 5 条直线上至少还有 10 个点,这与一共只有 9 点矛盾. 故各点的最大权为 4,且由 $3\times 11-9\times 3=6$ 知至少存在 6 个权等于 4 的点. 考察一个权等于 4 的点 A,则其余 8 点必须在过 A 的 4 条直线上,且每条直线上恰有 2 点. 并且这 8 点中至少有 5 个点的权等于 4,这表明存在一条直线 l,它上面 3 个已知点 A,B,C 的权都等于 4(且设 B 在 A 与 C 之间),故共有 10 条直线通过 A,B,C 三点. 用 p 表示余下的一条直线,并用 X,Y,Z 表示 p 上的 3 个已知点,且 Y 位于 X 和 Z 之间,因为恰有 9 个点放到过 A 的 4 条直线上,因此异于 l 的每条直线恰通过 X,Y,Z 中一个点,类似地,过 B(或 C)的异于 l 的每条直线也恰通过 X,Y,Z 中一个点. 余下 3 个权为 3 的点必须位于 A,B,C 和 X,Y,Z 确定的 9 条直线上,但这是不可能的. 因为直线 BX 和 CZ 或直线 BZ 和 CX 不能在直线 AY 上相交于一点.

18. 首先论证 n 是偶数. 用图 1 所示方法将平面网络染色. 无论 A 形覆盖哪 4 个方格,其中黑格数必是偶数,而对于 B 形则是奇数. 如果 n 是奇数,n 个 A 形所覆盖的黑方格数必是偶数;而 n 个 B 形所覆盖的黑方格数必是奇数,矛盾. 所以 n 必是偶数. 如果 $n=2$,由 2 个 A 形拼成的图形只有如图 2、3 所示的两种情形,但是它们都不能由 2 个 B 形拼成. 所以,$n\geqslant 4$. 图 4、5 是 $n=4$ 时的拼法.

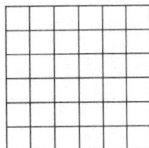

(第18题图1)

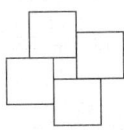

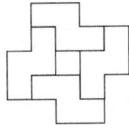

(第18题图2) **(第18题图3)** **(第18题图4)** **(第18题图5)**

19. 考虑底上任意一点 P,在棱锥内部做一个小球切底于 P. 然后在保持与底切于 P 的情况下增加球的半径直到球首次与棱锥的侧面相切. 不妨设球与侧面 SA_1A_2 切于 Q. 则 $QA_1=PA_1$,$QA_2=PA_2$. 由此 $\triangle PA_1A_2\cong\triangle QA_1A_2$. 这表明当侧面 SA_1A_2 绕直线 A_1A_2 旋转到 $\triangle X_1A_1A_2$ 时,Q 旋转到 P. 故 P 位于三角形 $X_1A_1A_2$ 的内部.

习题 B

20. 下图中标有 9 个星号,显然满足题中要求. 而在图中标上 9 个对号"√",无论在棋盘上哪格标上星号,都至多与这 9 格中的一格有公共边或公共点. 由此可知,为了满足题目的要求,至少要在 9 个方格中标上星号. 综上可知,为了满足题中要求,最少要标上 9 个星号.

√			√			√
	*		*		*	
√			√			√
	*		*		*	
	*		*		*	
√			√			√

(第 20 题)

21. 设第 i 行放了 r_i 枚棋子,于是有 $\sum_{i=1}^{n} r_i = 2n$. 将第 i 行中前 $r_i - 1$ 点(棋子所在格的中心)与最后一点分别配成对,共得 $r_i - 1$ 对,显然这 $r_i - 1$ 对中两点间的距离两两不等,从 1 到 n 求和,使得 n 行共有点对数为 $\sum_{i=1}^{n}(r_i - 1) = n$,注意到每个点对中两点间的距离只能取 $1, 2, \cdots, n-1$ 这 $n-1$ 个值之一(方格的边长取为 1). 由抽屉原理知,上述点对中必有两对点,使它们中两点间的距离相等. 显然,这两对点不在同一行,当然构成一个平行四边形.

22. 首先,不妨设 A 中恰有 5 个点 A_1, A_2, A_3, A_4, A_5,考虑 A 的凸包. (1) A 的凸包为凸五边形 $A_1 A_2 A_3 A_4 A_5$ 时,对角线 $A_1 A_3$ 与 $A_1 A_4$ 将凸五边形分成 3 个小三角形,若其中有一个内不含 B 中的点,则此三角形即为所求,若每个三角形内分别含有 B 中点 B_1, B_2, B_3,则 $\triangle B_1 B_2 B_3$ 即为所求. (2) A 的凸包为凸四边形 $A_1 A_2 A_3 A_4$,另一点 A_5 在此凸四边形内,考虑 4 个小三角形:$\triangle A_1 A_2 A_5$,$\triangle A_2 A_3 A_5$,$\triangle A_3 A_4 A_5$,$\triangle A_4 A_1 A_5$,若其中有一个内不含 B 中的点,则此三角形即为所求. 否则每个三角形内分别含有 B 中的点 B_1, B_2, B_3, B_4,于是 $\triangle B_1 B_2 B_3$ 与 $\triangle B_1 B_3 B_4$ 中必有一个不含点 A_5,故此三角形即为所求. (3) A 的凸包为 $\triangle A_1 A_2 A_3$,另两点 A_4, A_5 在 $\triangle A_1 A_2 A_3$ 内,如图可划分为 5 个小三角形,若其中一个小三角形内不含 B 中的点,则此三角形即为所求. 否则每个三角形内分别含有 B 中的点 B_1, B_2, B_3, B_4, B_5,由抽屉原理知,其中至少有 3 点在直线 $A_4 A_5$ 的同一侧,不妨设为 B_1, B_2, B_3,则 $\triangle B_1 B_2 B_3$ 即为所求. 其次,若 A 中的点多于 5 点,则可用适当方法选出 A 中 5 点组成的子集 A',使 A' 的凸包不含 $A - A'$ 的点. 对 A' 作同样的讨论,可证结论成立.

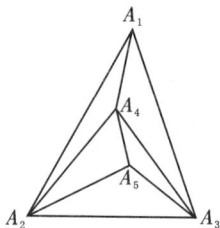

(第 22 题)

23. 记 $m = \min_{1 \le i < j \le 4} P_i P_j$,$S = \sum_{1 \le i < j \le 4} P_i P_j$. (1) 若 4 点中有 3 点共线,不妨设 P_1, P_2, P_3 共线且 P_2 在 P_1 与 P_3 之间,于是 $P_1 P_2 + P_2 P_3 + P_1 P_3 \ge 4m$,从而 $S \ge 7m$,所以 $\dfrac{S}{m} \ge 7$. (2) 若 4 点的凸包为 $\triangle P_1 P_2 P_3$,另一点 P_4 在 $\triangle P_1 P_2 P_3$ 内,则 $\angle P_1 P_4 P_2$,$\angle P_2 P_4 P_3$,$\angle P_3 P_4 P_1$ 中至少有一个 $\ge \dfrac{1}{3} \times 360° = 120°$. 不妨设 $\angle P_1 P_4 P_2 \ge 120°$,于是 $P_1 P_2^2 = P_1 P_4^2 + P_2 P_4^2 - 2 P_1 P_4 \cdot P_2 P_4 \cos \angle P_1 P_4 P_2 = P_1 P_4^2 + P_2 P_4^2 + 2 P_1 P_4 \cdot P_2 P_4 \cos(180° - \angle P_1 P_4 P_2) \ge m^2 + m^2 + 2m^2 \cos 60° = 3m^2$,所以 $P_1 P_2 \ge \sqrt{3} m$,于是 $\dfrac{S}{m} \ge 5 + \sqrt{3}$. (3) 若凸包为凸四边形 $P_1 P_2 P_3 P_4$,则 $P_1 P_2 P_3$ 有一个内角 $\ge 120°$ 时,可同 (2) 得出 $\dfrac{S}{m} \ge 5 + \sqrt{3}$. 故只考虑 $P_1 P_2 P_3 P_4$ 的每个内角小于 120° 的情形,因为总有两个相邻内角之和 $\ge 180°$(否则 4 个内角之和 $< 360°$,矛盾),不妨设 $\angle P_4 P_1 P_2 = $

$\alpha,\angle P_1P_2P_3=\beta$ 且 $\alpha+\beta\geqslant180°$，$\alpha\geqslant\beta$. 由于 $\alpha\leqslant120°$，故 $\beta\geqslant60°$，并且 $\dfrac{\alpha+\beta}{4}\geqslant45°$，$0\leqslant\dfrac{\alpha-\beta}{4}\leqslant15°$. 作 $\angle P_4P_1P_2$ 的平分线交 P_2P_4 于 D，由正弦定理有 $P_2P_4=P_2D+DP_4=P_1P_2\ \dfrac{\sin\angle P_2P_1D}{\sin\angle P_1DP_2}+P_1P_4\ \dfrac{\sin\angle DP_1P_4}{\sin\angle P_1DP_4}\geqslant$

$P_1P_2\sin\angle P_2P_1D+P_1P_4\sin\angle DP_1P_4\geqslant2m\sin\dfrac{\alpha}{2}$. 同理 $P_1P_3\geqslant2m\sin\dfrac{\beta}{2}$，故 $P_1P_3+P_2P_4\geqslant2m(\sin\dfrac{\alpha}{2}+$

$\sin\dfrac{\beta}{2})=2m\sin\dfrac{\alpha+\beta}{4}\cos\dfrac{\alpha-\beta}{4}\geqslant4\sin45°\cos15°=2m(\sin60°+\sin30°)=(\sqrt3+1)m$，所以 $\dfrac{S}{m}\geqslant(1+\sqrt3)+4=$

$5+\sqrt3$. 总之，$\dfrac{S}{m}\geqslant5+\sqrt3$ 恒成立，并且当 $P_1P_2P_3P_4$ 是有一个内角为 $60°$ 的菱形时等号成立，故所求 $\dfrac{S}{m}$ 的最小值为 $5+\sqrt3$.

24. 按下图所示方式取点 T_0，具体方法是以 4 列为周期每 4 列都取 10 个点. 因 $1993=4\times498+1$，所以 $T_0=10\times498+3=4983$，且 T_0 中任何 4 点不是某个正方形的 4 个顶点. 可见，$|T|$ 的最大值不小于 4983. 下面证明对任何 $T\subset S$，$|T|=4984$，点集 T 不能满足题中的要求.

引理 1 对于集合 $S_1=\{(x,y)\mid x,y=1,2,3\}$ 的任何一个 7 元子集 M，其中总有 4 点是一个正方形的 4 个顶点.

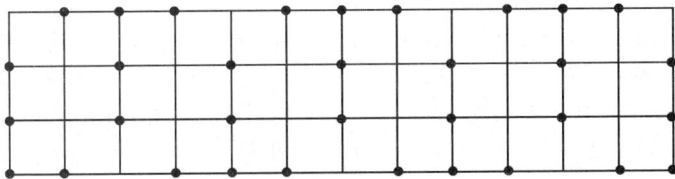

(第 24 题)

只要注意到 S_1 中有一列 3 点全在 M 中并且 S_1 还有一列中至少有 M 中 2 点即知结论成立.

引理 2 对于集合 $S_2=\{(x,y)\mid x=1,2,3,4,y=1,2,3\}$ 的 9 元子集 M，其中总有 4 点是一个正方形的 4 个顶点.

引理 2 的证明 若不然，用引理 1 知 S_2 第 1 列和第 4 列中各有 3 个点属于 M，另外 3 点属于中间两列，故中间两列中总有 1 列中至少有 M 中的两点，易知这两点总和第 1 列或第 4 列中两点构成一个正方形的 4 个顶点，矛盾.

引理 3 设 $S_3=\{(x,y)\mid x,y=1,2,3,4\}$，则 S_3 的任意 11 元子集 M 中至少有 4 个点是某个正方形的 4 个顶点.

引理 3 的证明 若不然，则由引理 2 知 S_3 的第 1，4 两行和第 1，4 两列中每行每列都至少含 M 中的 3 点，并且 3 点中至少有一点是"角点"，于是 S_3 中的 4 个角点至少有 2 个在 M 中，至多有 3 个在 M 中.

(1)设 M 中恰含两个角点. 这时，两个角点必为大正方形的一组相对顶点(否则有一边上无角点属于 M)，不妨设为 $(1,4)$ 和 $(4,1)$，另外两个角点不在 M 中，故边上的另外 8 个点全在 M 中(因为每边上至少有 M 中的 3 点)，这时标有 * 的 4 个点是一个正方形的 4 个顶点(图 a)，矛盾.

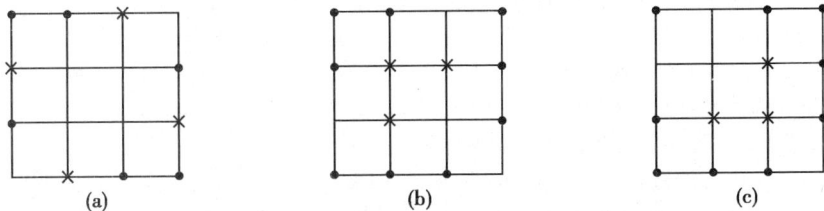

(a)　　　　　　　　(b)　　　　　　　　(c)

(2)设 M 中恰有 3 个角点. 不妨设右下方的角点不在 M 中，这时第 1，4 行和第 1，4 列上 M 中的点的

分布只有图(b),(c)中两种情形(否则存在 4 点是一个正方形的 4 个顶点,矛盾),且另外两点只能取在内部 4 点之中,无论在图(b)或(c)中,M 中都有 1 点取在画"×"的位置上,从而又导致 4 点是一个正方形的 4 个顶点矛盾. 于是引理 3 得证.

回到原题,设 $T \subset S$,$|T|=4984$,但是 T 中任何 4 点不是一个正方形的 4 个顶点,由引理 3 知 S 的任何连续 4 列组成的 4×4 的子集中都至多有 T 中 10 个点,从而每连续 4 列中都恰有 T 中 10 个点,并且第 1 列(或第 1993 列)的 4 点都在 M 中(否则 $|T|$ 达不到 $498 \times 10 + 4 = 4984$),不妨设第 1 列的 4 个点都在 M 中,由此推出第 5 列中的 4 个点也在 M 中,并第 2,3,4 列还有 M 的 6 个点,显然任何 1 列中若有 T 的 3 个点,都将导致有 4 点是一个正方形的 4 个顶点,故第 2,3,4 列的每一列中恰有 M 的 2 个点,易见,第 2,4 列中的两点若相邻或为上下两端点,都将导致有 4 点是一个正方形的 4 个顶点,故 2,4 两列中的两点只能为 1,3 两点或 2,4 两点,并且这两列中又不能相同,不妨设 4 点如图(d)所示,这时第 3 列中属于 T 的两点不论在哪个位置,都将导致有 4 个点是一个正方形的 4 个顶点,矛盾. 综上可知,所求 $|T|$ 的最大值为 4983.

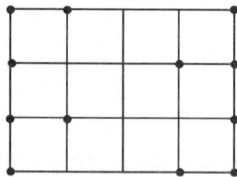

(d)

25. 首先,易作出 3 个恰当放置的四边形,使过原点的任意直线都至多与其中两个相交(作图略),故所求最小的 $m \geqslant 3$.其次,因为多边形只有有限个,故其中必有一个对原点的张角最小,记这个多边形为 M,张角为 α,记 M 对原点的张角 α 的两边所在直线为 l_1 和 l_2,下面只要证明任意多边形都至少与 l_1 或 l_2 中一条相交,则所求最小的 $m=2$.事实上,设 M' 为任意异于 M 的多边形,由题设应有一条过原点的直线 l 与 M 和 M' 都相交. 显然 l 在角 α 内或与 l_1,l_2 中一条重合,若 l 与 l_1 或 l_2 重合,则已得证. 若 l 在张角内,由于 M' 对原点的张角 $\geqslant \alpha$,故必有一条过原点的直线 l' 与 M' 相交,且 l' 在角 α 外,或 l' 与 l_1,l_2 之一重合,若 l' 与 l_1,l_2 之一重合,则问题已得证. 若 l' 在 α 之外,恰好意味着 l_1,l_2 之一在 l 与 l' 之间,故必与 M' 相交,证毕.

26. 设 $n=2m+1$,考虑奇数行,则每一行有 $m+1$ 个黑格,共 $(m+1)^2$ 个黑格,并且这 $(m+1)^2$ 个黑格中任意两个黑格不能被同一块"多米诺"覆盖. 因此,至少要 $(m+1)^2$ 块"多米诺"才可能覆盖棋盘上的所有黑格,且 $n^2 \geqslant 3(m+1)^2$,但 $n=1,3,5$ 时,均有 $3(m+1)^2 > n^2$,所以 $n \geqslant 7$.下面用数学归纳法证明:当 $n \geqslant 7$ 时,$(m+1)^2$ 块"多米诺"可以覆盖棋盘上的所有黑格. 当 $n=7$ 时,按 §5 例 14 中图 6-43 的作法知道 7×7 的棋盘去掉一个白格后,剩下 48 个方格可用 $16=(3+1)^2$ 块"多米诺"互不重叠的覆盖. 假设当 $n=(2m-1)$ 时,在 $(2m-1) \times (2m-1)$ 的棋盘上可用 m^2 块"多米诺"覆盖棋盘上的所有黑格,将 $(2m+1) \times (2m+1)$ 棋盘分成 $(2m-1) \times (2m-1)$,$(2m-1) \times 2$,$2 \times (2m+1)$ 三部分,由于 $(2m-1) \times 2$ 的矩形又可分成 $m-2$ 个正方形和一个 2×3 的矩形,于是 $(2m-1) \times 2$ 中的黑格可用 $(m-2)+2=m$ 块"多米诺"覆盖. 同理,$2 \times (2m+1)$ 的矩形可分成 $m-1$ 个正方形及一个 2×3 的矩形,它可用 $(m-1)+2=m+1$ 块"多米诺"覆盖,因此 $(2m+1) \times (2m+1)$ 的棋盘可用 $m^2+m+(m+1)=(m+1)^2$ 块"多米诺"覆盖,这就完成了归纳证明.

27. 充分性. 如图设 $8|mn$,情形 1,若 m,n 都为偶数,不失一般性,假设 $4|m,2|n$,两个给定的 L 形可组成一个 4×2 的矩形,且 $\frac{1}{8}mn$ 这样的 4×2 矩形可以组成一个 $m \times n$ 矩形;情形 2,m,n 中有一个为奇数,不失一般性,设 m 是奇数,于是 $8|n$.因为 $m>1$,故 $m \geqslant 3$,而如图每个 3×8 的矩形可全部分割成 L 形图形,并用这样的 3×8 矩形可组成 $3 \times n$ 的矩形. 若 $m=3$,则充分性得证. 否则,因为 $m-3$ 为偶数,故余下的 $(m-3) \times n$ 矩形能像情形 1 一样被一些 L 形图形无重叠覆盖.

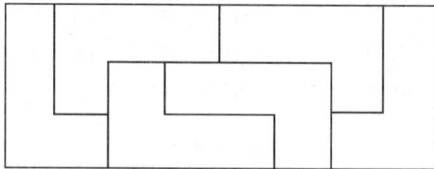

(第 27 题)

必要性. 设 $m \times n$ 矩形能被 L 形图形无重叠的覆盖,因为每一个 L 形图形内有 4 个单位正方形,所以 $4|mn$.不失一般性,假设 $2|n$,且将 $m \times n$ 矩形的 m 行按行交替地染成黑、白两种颜色,任何一块 L 形图形

将覆盖奇数个黑格,因为一共有 $n \times \left[\frac{m}{2}\right]$ 个黑格,且 $n \times \left[\frac{m}{2}\right]$ 为偶数,故必须用偶数块(例如 $2k$ 块)L 形图形才能覆盖 $m \times n$ 矩形,所以 $mn = 8k$.

28. 首先平面内 6 点是一个正五边形的 5 个顶点和它的中心时,以这 6 点为顶点的所有三角形都是等腰三角形,故所求正整数 $n \geqslant 7$. 其次,若存在平面 7 点(其中任意 3 点不共线),使以这 7 点为顶点的所有三角形都是等腰三角形. 记这 7 点的集合为 E. 不妨设 E 中距离最远的 2 点为 A、B. 分别以 A、B 为中心,AB 为半径作圆弧相交于 M、N 两点. 记 $l_1 = \overparen{MAN} \cup \overparen{MBN}$,$l_2 =$ 线段 MN. 任取 $P \in E$,$P \neq A$,$P \neq B$,则 $\triangle PAB$ 为等腰三角形. 于是下列三种情形至少有一个成立:① $PA = PB \leqslant AB$;② $PA = AB \geqslant PB$;③ $PB = AB \geqslant PA$,所以 $P \in l_1 \cup l_2$. 因为 E 中无三点共线,故 l_2 上至多有 E 中 2 点,于是 $\overparen{AM}$、$\overparen{BM}$、$\overparen{AN}$、$\overparen{BN}$(不含端点)内至少有 E 中 $7-2-2=3$ 点. 不妨设 $\overparen{BN}$ 上有 E 中一点 C($C \neq B$,$C \neq N$),且 BC 内无 E 中的点,再分别以 A、C 为中心,以 $AC = AB$ 为半径作圆弧交于 M'、N' 两点. 记 $l_3 = \overparen{M'AN'} \cup \overparen{M'CN'}$,$l_4 =$ 线段 $M'N'$,同理 E 中的点全部属于 $l_3 \cup l_4$. 所以 $E \subseteq (l_1 \cup l_2) \cap (l_3 \cup l_4)$,且 BC 内无 E 中的点. 所以 $E \subseteq \overparen{M'B} \cup \overparen{CN} \cup \{A\} \cup \{O\} \cup \{T\} \cup \{R\}$,其中 O 点是 l_2 与 l_4 的交点,T 是 l_2 与 $\overparen{M'A}$ 的交点,R 是 l_4 与 $\overparen{AN}$ 的交点. 记 $S_1 = \overparen{M'B} \cup \{T\}$,$S_2 = \overparen{CN} \cup \{R\}$,则 $S_1 \cup S_2$ 上至少有 E 中不同于 A、B、C 的 $7-3-1=3$ 个点. 所以 S_1 或 S_2 上至少有 E 中不同于 A、B、C 的 2 点. 不妨设 S_2 上有 E 中不同于 A、B、C 的两点 P、Q,则只有下列两种情形:(1) $P \in \overparen{CN}$,$Q \in \overparen{CN}$. 因为 $\triangle PBC$ 为等腰三角形,且 $PB > BC$,所以 $PC = BC$. 同理由 $\triangle QBC$ 为等腰三角形,得 $QC = BC$. 所以 $CP = CQ$,即 C 在 PQ 的中垂线上,但 PQ 的中垂线只通过 A 而不通过 C,矛盾. (2) $P \in \overparen{CN}$,$Q = R$,同(1)可得 $PC = BC$. 又 $\triangle RBC$ 为等腰三角形,且 $BR = BN > BC$,所以 $RC = BC$. 所以 $RC = PC = BC$. 在 $\triangle BCP$ 与 $\triangle BCR$ 中,$BC = BC$,$PC = RC$,$\angle BCP \geqslant \angle BCN > \angle BCR$,所以 $BP > BR$. 这与 $BP \leqslant BN = BR$ 矛盾. 可见平面内不存在 7 点(其中任意三点不共线),使这 7 点为顶点的所有三角形都是等腰三角形. 综上知,所求最小正整数 $n = 7$.

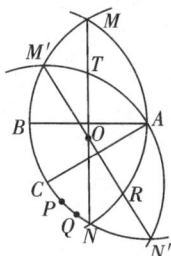

(第 28 题图 1)

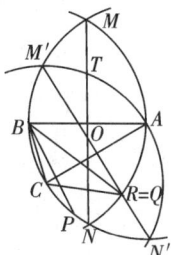

(第 28 题图 2)

29. 如果等腰三角形具有两条好边,则简称为"好三角形". 设 $\triangle ABC$ 是一个"好三角形",且 AB、BC 为好边,那么在 A 与 B 之间,存在 P 的奇数条边,对 B 与 C 也一样. 我们称这些边属于"好三角形" ABC. 在这些组的每一组,至少有一边不属于其他"好三角形",这是因为顶点在 A 与 B 之间的"好三角形"有两条等长的边,从而有偶数条边属于它. 除去属于任意其他"好三角形"的所有边,这时必留有一边不属于其他"好三角形",我们指定这两边(每组中一条)属于三角形 ABC. 对每个"好三角形",我们指定一对边,且没有两个"好三角形"共享指定的边. 推出在这种分割之下,最多有 $\frac{1}{2} \times 2006 = 1003$ 个"好三角形". 而且,容易画出达到这个值的分割:设正 2006 边形为 $A_1 A_2 \cdots A_{2006}$,连的 2003 条对角线为 $A_{2i-1} A_{2i+1}$($i = 1$,2,$\cdots$,1003,其中 $A_{2007} = A_1$)及 $A_1 A_{2i+3}$($i = 1$,2,$\cdots$,1000),这时恰有 1003 个"好三角形":$\triangle A_{2i-1} A_{2i} A_{2i+1}$($i = 1$,$2$,$\cdots$,$1003$,其中 $A_{2007} = A_1$). 故最多有 1003 个有两边是"好边"的等腰三角形.

30. 所有符合要求的数对 m、n 是满足 $3 \mid m$,$4 \mid n$ 或 $3 \mid n$,$4 \mid m$ 或 $12 \mid m$,$n \neq 1, 2, 5$ 或 $12 \mid n$,$m \neq 1, 2, 5$ 的所有正整数对. 假设一个 $m \times n$ 的矩形能被钩形所覆盖. 对任何钩形 A,存在唯一的钩形 B,使得它的"末端"的一个正方形覆盖 A 的"内部"的一个正方形. 同时,B 的"内部"的正方形必须被 A 的"末端"的一个正方形覆盖. 这样,在 $m \times n$ 的一种覆盖中,所有的钩形两两配对,只有两种可能的方法放置 B,使得它与 A 既不重叠也没有空隙. 一种是 A 和 B 形成一个 3×4 的矩形,另一种是形成一个八边形,边长依次为 3、2、1、2、3、2、1、2(如图). 因此,一个 $m \times n$ 的矩形能被钩形覆盖当且仅当它能被如上两种 12 个方形的块所覆盖. 假定这种覆盖存在,则 $12 \mid mn$. 现在我们证明 m、n 中至少有一个能被 4 整除. 用反证法. 假设 m、n 均不能被 4 整除,则由 $4 \mid mn$ 知 m、n 均为偶数,将 $m \times n$ 的矩形分成单位正方形,将行和列分别标上号码 1,2,

$\cdots, m$ 及 $1, 2, \cdots, n$. 给单位正方形 (i, j) 按如下方式赋值：值为 i、j 中能被 4 整除的数的个数(因此值可以为 0、1、2). 由于每一行和每一列的单位正方形的数目均为偶数，故所有赋值之和为偶数. 每一个 3×4 的矩形覆盖的数的和为 3 或 7，另一种 12 个方形的块覆盖的数的和为 5 或 7. 因此 12 个方形的块的总数是偶数，从而 mn 能被 24 整除，因而能被 8 整除，与 m、n 均不能被 4 整除矛盾. 注意到 m、n 均不能为 1、2、5. 因此，有一个覆盖可能，则 3 能整除 m、n 之一，4 能整除 m、n 之一，且 $m, n \notin \{1, 2, 5\}$. 下面证明满足这些条件的 $m, n, m \times n$ 的矩形可被钩形所覆盖. 事实上，只用 3×4 的矩形即可. 若 $3 \mid m$，$4 \mid n$ 或 $3 \mid n$，$4 \mid m$，则 $m \times n$ 可用 3×4 的矩形覆盖. 现设 $12 \mid m$，$n \notin \{1, 2, 5\}$(或 $12 \mid n$，$m \notin \{1, 2, 5\}$)，不妨设 $3 \nmid n$，$4 \nmid n$(否则归为前一情形). 由于 $3 \nmid n$，$4 \nmid n$，故 $n \geqslant 7$ 且 $n - 4$，$n - 8$ 中至少有一个能被 3 整除. 因此 $m \times n$ 可被 $m \times 3$，$m \times 4$ 的矩形覆盖，从而能被 3×4 的矩形覆盖.

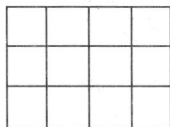

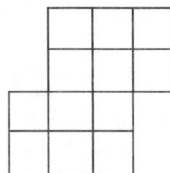

(第 30 题)

31. **引理** 若正方形 W 被单位正方形 T 所覆盖，如果 W 的面积大于 $\frac{1}{4}$(边长大于 $\frac{1}{2}$)，则 T 的中心 O 必在 W 内.

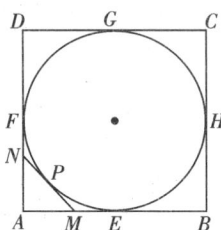

引理证明 用 $\rho(M, l)$ 表示点 M 到直线 l 的距离，由于正方形 W 的任一双对边的距离皆大于 $\frac{1}{2}$，因此，若 W 的四边所在直线为 l_1、l_2、l_3、l_4，而点 M_0 满足：$\rho(M_0, l_i) \leqslant \frac{1}{2}$ $(i = 1, 2, 3, 4)$ 时，则点 M_0 必在 W 内. (1)当正方形 W 与单位正方形

(第 31 题)

T 的边平行时，则 T 的中心 O 显然满足 $\rho(O, l_i) \leqslant \frac{1}{2}$，$i = 1, 2, 3, 4$，因此 O 必在 W 内. (2)若正方形 W 与单位正方形 T 的边不平行，设正方形 T 的内切圆 $\odot O$ 切正方形 T 的边于四点 E、F、G、H，其半径 $r = \frac{1}{2}$，与 $\odot O$ 相交或相切的任一直线 l，皆有 $\rho(O, l) \leqslant \frac{1}{2}$，假若正方形 W 有一条边 l_0，其所在直线不与 $\odot O$ 相交，设 l_0 含于曲边三角形 AEF 内，将 l_0 向 $\odot O$ 方向平移至 l'，使与 $\odot O$ 相切于点 P，设直线 l' 分别交 AB、AD 于 M、N，则边长 $l_0 \leqslant MN$，而 $MP = ME \triangleq \alpha$，$NP = NF \triangleq \beta$，则 $AM = \frac{1}{2} - \alpha$，$AN = \frac{1}{2} - \beta$，$MN = \alpha + \beta$，$\alpha\beta \neq 0$，在 $\mathrm{Rt}\triangle AMN$ 中，$MN^2 = AM^2 + AN^2$，即 $(\alpha + \beta)^2 = \left(\frac{1}{2} - \alpha\right)^2 + \left(\frac{1}{2} - \beta\right)^2$，所以 $\alpha + \beta = \frac{1}{2} - 2\alpha\beta < \frac{1}{2}$，即 $MN < \frac{1}{2}$，从而 W 的边长 $l_0 < \frac{1}{2}$，矛盾. 因此 W 的每条边所在直线均与 $\odot O$ 有交点，所以 $\rho(O, l_i) \leqslant \frac{1}{2}$，$i = 1, 2, 3, 4$，从而 O 在正方形 W 内. 回到本题，如果 $S > \frac{1}{2}$，取两个面积为 $\frac{S}{2}$ 的正方形 U、V，因 $\frac{S}{2} > \frac{1}{4}$，据引理知，无论正方形 U、V 以何种方式放入单位正方形 T 中，T 的中心 O 必是 U、V 的公共内点. 当 $S \leqslant \frac{1}{2}$ 时，我们可以仿照例 13 中的证明方法来证明，总面积为 $\frac{1}{2}$ 的任何有限多个正方形，必可放入一个单位正方形中，使得任两个小正方形都没有公共的内点. 从而求得 S 的最大值为 $\frac{1}{2}$.

32. 首先我们不妨设 M 有三个顶点位于 $\triangle ABC$ 的边上，或 M 有一个顶点与 $\triangle ABC$ 的某顶点重合(比如 B)，M 的另一顶点位于 B 的对边上(如图).

设初始状态下 $\angle AC_1B_1 = \theta_0$，我们分别将 M 绕 C_1 顺时针和逆时针旋转. 设顺时针转 δ_1 时 M 第一次出现某一边与 $\triangle ABC$ 某一边平行，逆时针转 δ_2 时 M 第一次出现某一边与 $\triangle ABC$ 某一边平行. 对 $\theta \in [\theta_1, \theta_2]$，$\theta_1 = \theta_0 - \delta_1$，$\theta_2 = \theta_0 + \delta_2$，设 M 首先绕 C_1 旋转到相应的 θ 角度，然后再分别作以 A 和 B 为中心的位似变换，使得 M 的像(记为 M_θ)的相应两顶点重新分别位于 AC 和 BC 上，设 $C_1B_1 = mf(\theta)$，$A_1B_1 = $

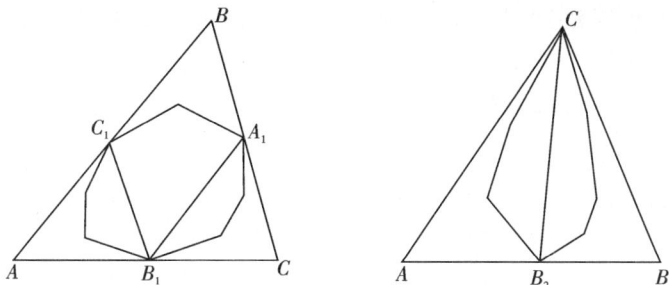

（第32题）

$nf(\theta)$，$f(\theta_0)=1$，其中 m、n 分别是初始状态下相应的距离．令 $\varphi=\angle B+\angle C_1B_1A_1$（为定值），则 $AC=$
$AB_1+B_1C=\dfrac{mf(\theta)\sin\theta}{\sin\angle A}+\dfrac{nf(\theta)}{\sin\angle C}\sin(\varphi-\theta)$．故 $f(\theta)=\dfrac{AC\sin\angle A\cdot\sin\angle C}{m\sin\theta\cdot\sin\angle C+n\sin(\varphi-\theta)\cdot\sin\angle A}=$
$\dfrac{AC\sin\angle A\cdot\sin\angle C}{a\sin(\theta+\varphi_1)}$，其中 a、φ_1 为常数，由于 $\sin(\theta+\varphi_1)$ 为上凸函数，故其必然在端点达到最小值．故
$\max\{f(\theta_1),f(\theta_2)\}\geqslant f(\theta_0)=1$，故 M_{θ_1} 或 M_{θ_2} 与 M 相似比例常数不小于1，并且位于 $\triangle ABC$ 中，由此即证
得了结论．对于第二种情况可以类似讨论．设 $BB_2=mf(\theta)$，$f(\theta_0)=1$，则 $AB_2=\dfrac{BB_2}{\sin\angle A}\cdot\sin\theta$，$CB_2=$
$\dfrac{BB_2}{\sin\angle C}\cdot\sin(\angle B-\theta)$．从而 $AC=\dfrac{mf(\theta)\sin\theta}{\sin\angle A}+\dfrac{mf(\theta)}{\sin\angle C}\sin(\angle B-\theta)=\dfrac{f(\theta)a\sin(\theta+\varphi_2)}{\sin\angle A\cdot\sin\angle C}$，其中 a、φ_2 都是常

数，故 $f(\theta)=\dfrac{AC\sin\angle A\cdot\sin\angle C}{a\sin(\theta+\varphi_2)}$．与前一种情形相同地可得出证明．

33. 记这些圆的圆心分别为 $A_1,A_2,\cdots,A_n$，不妨设 A_1A_2 是这 n 个点的直径
（即两两之间距离的最大值），过 A_1、A_2 分别作 A_1A_2 的垂线 l_1,l_2，则 $A_3,\cdots,A_n$
均在 l_1 和 l_2 之间的"带形"内．以 A_1 为圆心、2 为半径作半圆，在 l_1 上的交点分
别记为 E,F，则该半圆包含了全体与 A_1 距离不大于 2 的圆心．于是，若以 A_1 为
圆心、3 为半径作半圆，与 l_1 交于点 B,C，再向左作宽为 1 的矩形 $MNFE$，最后添
上两个四分之一圆 BME 及圆 FNC，如图 1 所示，则此图形包含了圆心与 A_1 之

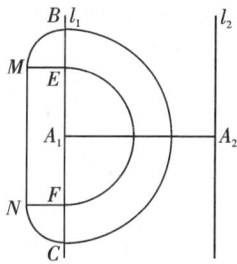

（第33题图1）

距离不大于 2 的全体单位圆．该图形 $BMNCB$ 的面积记为 S_1，则 $S_1=\dfrac{\pi}{2}\cdot 3^2+$

$\dfrac{\pi}{4}\cdot 2+4\times 1=5\pi+4$．又由条件知，其余不在半圆内的所有圆心两两之间的距离
必不超过 2（否则，若有 $A_iA_j>2$，而 $A_1A_i>2$，$A_1A_j>2$，则 $\odot A_1$，$\odot A_i$，$\odot A_j$ 两两相
离，矛盾），于是，剩下的圆心组成的点集的直径 $\leqslant 2$．易知一个边长为 2 的正方形可
以覆盖这些圆心，于是在该正方形外加一个"框"，如图 2 所示，"框"是 4 个宽为 1 的
矩形和 4 个四分之一圆，则剩下所有圆都在这个区域内．记这个区域的面积为 S_2，于
是，$S_2=2^2+4\times 2+\pi=\pi+12$，所以这些圆覆盖的面积 $S\leqslant S_1+S_2=5\pi+4+\pi+$
$12=6\pi+16<35$．

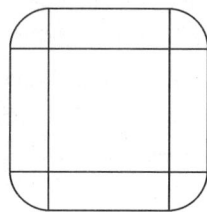

（第33题图2）

34. 因为两条平行带所覆盖的区域要大于两条相交带所覆盖的区域，故我们可
以假设任何两条带都互相不平行．建立平面直角坐标系，使任何带的底边不垂直 x
轴．于是按带的底边的斜率分为 4 个区间：$(-\infty,-1)$，$[-1,0)$，$[0,1]$，$(1,+\infty)$．因为所有带的宽度之和
为 16．故由抽屉原理知，必有斜率在 4 个区间之一内的所有带的宽度之和不小于 4．不妨设这个斜率区间
为 $(-\infty,-1)$，并将长带按其斜率由小到大依次记为 $S_1,S_2,\cdots,S_n$．首先将 S_1 平移使其下底边过原点 O，
上底边交 x 轴于点 B_1．再平移 S_2 使其下底边过 B_1，上底边交 x 轴于 $B_2,\cdots$，对 $k\geqslant 1$，平移带 S_k，使其上底
边过 B_{k-1}，下底边交 x 轴于 $B_k(k=1,2,\cdots,n$，且 $B_0=O)$．且设带 S_n 的上底边交 y 轴于 A．于是 $\triangle AB_0B_n$

被 $S_1 \cup S_2 \cdots \cup S_n$ 覆盖. 因为这些带的斜率均属于 $(-\infty, -1)$. 故 $\angle B_0 B_n A > 45°$, 所以 $AB_0 > B_0 B_n \geq 4$. 在 $B_0 B_n$ 及 $B_0 A$ 上分别取点 B' 和 A' 使 $B_0 A' = B_0 B' = 4$. 则 $S_1 \cup S_2 \cdots \cup S_n$ 完全覆盖等腰直角三角形 $A' B_0 B'$. 且 $\triangle A' B_0 B'$ 的内切圆半径 $r = \dfrac{B_0 A' + A' B' - A' B'}{2} = \dfrac{4 + 4 + -4\sqrt{2}}{2} = 4 - 2\sqrt{2} > 1$. 故 $S_1, S_2, \cdots, S_n$ 完全覆盖一个半径等于 1 的圆.

35. 分如下两种情形讨论: (1) 当 $e = f = 1$ 时, 设 AC 与 BD 相交于点 E, 记 $AE = m, CE = n, BE = p, DE = q$, 则 $m + n = p + q = 1$. 由对称性, 不妨设 $p \geq m$, $n \geq q$, 易知 $mn \geq pq$. 当 $p \leq \dfrac{\sqrt{3}}{2}$, 由 Stewart 定理得 $p^2 + mn = a^2 n + b^2 m \geq$ $2ab\sqrt{mn}, q^2 + mn = c^2 m + d^2 n \geq 2cd\sqrt{mn}$. 所以 $4abcd \cdot mn \leq (p^2 + mn)(q^2 + mn) =$ $p^2 q^2 + mn(p^2 + q^2) + m^2 n^2 = mn + (mn - pq)^2 = mn \cdot \left[1 + \left(\sqrt{mn} - \dfrac{pq}{\sqrt{mn}} \right) \right]$. 因为 $mn \leq \dfrac{(m+n)^2}{4} = \dfrac{1}{4}$, 又当 x 与 $1-x$ 越接近时 $x(1-x)(0 < x < 1)$ 越大 (因为 $ab = \dfrac{(a+b)^2 - (a-b)^2}{4}$), 故由 $p \leq \dfrac{\sqrt{3}}{2}, q = 1 - p$ 知 $mn \geq pq \geq \dfrac{\sqrt{3}}{2} (1 - \dfrac{\sqrt{3}}{2}) = \dfrac{\sqrt{3}}{2} - \dfrac{3}{4}$. 于是 $\sqrt{mn} - \dfrac{pq}{\sqrt{mn}} \leq \dfrac{1}{2} - 2pq \leq \dfrac{1}{2} - 2(\dfrac{\sqrt{3}}{2} - \dfrac{3}{4}) = 2 - \sqrt{3}$. 所以 $abcd \leq$ $\dfrac{1}{4}[1 + (2 - \sqrt{3})^2] = 2 - \sqrt{3}$. 若 $p > \dfrac{\sqrt{3}}{2}$, 由 $q^2 + mn = c^2 m + d^2 n \geq 2cd\sqrt{mn}$ 及 $\sqrt{mn} \geq$ $\sqrt{pq} > q$ 得 $2cd \leq \dfrac{q^2}{\sqrt{mn}} + \sqrt{mn} \leq 2q^2 + \dfrac{1}{2} \left(f(x) = \dfrac{q^2}{x} + x$ 在 $\left(q, \dfrac{1}{2} \right]$ 上递增 $\right) \leq$ $2\left(1 - \dfrac{\sqrt{3}}{2}\right)^2 + \dfrac{1}{2} = 4 - 2\sqrt{3}$, 所以 $cd \leq 2 - \sqrt{3}$. 又 $0 < a \leq 1, 0 < b \leq 1$, 于是 $abcd \leq$ $2 - \sqrt{3}$. 当 $\triangle ABD$ 为边长为 1 的正三角形, C 在 $\angle BAD$ 的平分线上, 且 $AC = 1$ 时, 等号成立. (2) 当 $\min\{e, f\} < 1$ 时, (i) 若 a, b, c, d 均小于 1, 则此时恰有一条对角线的长为 1. 不妨设 $e = AC = 1$, 于是 $BD < 1$. 此时作 $\angle ABC$ 的平分线的反向延长线, 并在上面取一点 B'. 易知 $\angle ABB', \angle CBB', \angle DBB'$ 均大于 $90°$, 从而 $AB' >$ $AB, CB' > CB, B'D > BD$, 取点 B', 使 $\max\{AB', CB', DB'\} = 1$. 此时, 若 $DB' = 1$, 则由 (1), 得 $abcd \leq AB' \cdot B'C \cdot cd \leq 2 - \sqrt{3}$. 否则若 $AB' = 1$ 或 $CB' = 1$, 问题化为如下 (ii). (ii) 若 a, b, c, d 中至少有一个为 1, 不妨设 $CD = c = 1$. 分别以 C, D 为圆心, 1 为半径作圆弧, 交于点 P (与 A, B 在 CD 同侧), 则 A, B 在此区域的内部或边界上. 若点 B 在区域的内部, 作 $\angle ABC$ 的平分线的反向延长线, 交圆弧于点 B', 若点 A 在区域的内部, 作 $\angle B'AD$ 的平分线的反向延长线, 交圆弧于点 A' (若点 A, B 已经在圆弧上, 就不必再作了, 但 A, B 不可能同时在圆弧上). 若 B', A' 分别在 $\overset{\frown}{CP}, \overset{\frown}{DP}$ 上. 因为 $AB \leq AB' < A'B', BC \leq B'C, AD \leq A'D$, 且等号不可能同时成立, 而 $A'C = B'D = 1$, 于是由 (1) 知 $abcd < A'B' \cdot B'C \cdot CD \cdot DA' \leq 2 - \sqrt{3}$. 若 B', A' 在同一条圆弧上, 不妨设在 $\overset{\frown}{DP}$ 上, 此时 $A'B' < A'P$. 把 B' 调整到 P, 由 (1), 得 $abcd < A'P \cdot PC \cdot CD \cdot DA' \leq 2 - \sqrt{3}$. 综上便知, $abcd$ 的最大值为 $2 - \sqrt{3}$.

36. 先证一个引理: 顶点在 P 中的凸 m 边形至多有两个锐角, 且有两个锐角时, 这两个锐角必相邻. 事实上, 设这个凸 m 边形为 $P_1 P_2 \cdots P_m$, 只考虑至少有一个锐角的情况, 此时不妨设 $\angle P_m P_1 P_2 < \dfrac{\pi}{2}$, 则

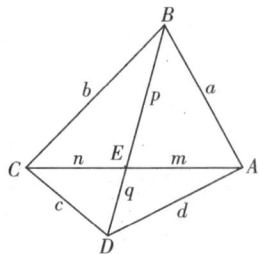
(第35题图1)

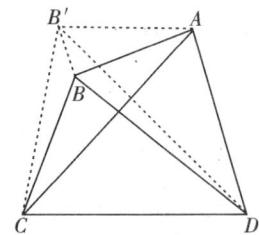
(第35题图2)

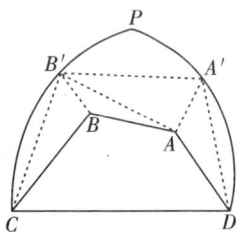
(第35题图3)

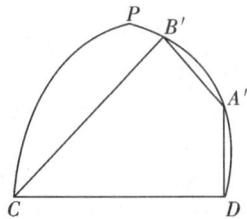
(第35题图4)

$\angle P_2P_jP_m = \pi - \angle P_2P_1P_m > \dfrac{\pi}{2}$ $(3 \leqslant j \leqslant m-1)$，有 $\angle P_{j-1}P_jP_{j+1} > \dfrac{\pi}{2}$ $(3 \leqslant j \leqslant m-1)$. 而 $\angle P_1P_2P_3 +$ $\angle P_{m-1}P_mP_1 > \pi$，故其中至多一个为锐角，这就证明了引理. 由引理知，若凸 m 边形中恰有两个内角是锐角，则它们对应的顶点相邻. 在凸 m 边形中，设顶点 A_i 与 A_j 为两个相邻顶点，且在这两个顶点处的内角均为锐角. 设 A_i 与 A_j 的劣弧上包含了 P 的 r 条边 $(1 \leqslant r \leqslant n)$，这样 (i,j) 在 r 固定时恰有 $2n+1$ 对. (1)若凸 m 边形的其余 $m-2$ 个顶点全在劣弧 A_iA_j 上，而 A_iA_j 劣弧上有 $r-1$ 个 P 中的点，此时这 $m-2$ 个顶点的取法数为 C_{r-1}^{m-2}. (2)若凸 m 边形的 $m-2$ 个顶点全在优弧 A_iA_j 上，取 A_i、A_j 的对径点 B_i、B_j，由于凸 m 边形在顶点 A_i、A_j 处的内角为锐角，所以，其余的 $m-2$ 个顶点全在劣弧 B_iB_j 上，而劣弧 B_iB_j 上恰有 r 个 P 中的点，此时这 $m-2$ 个顶点的取法数为 C_r^{m-2}. 所以，满足题设的凸 m 边形的个数为 $(2n+1)\sum\limits_{r=1}^{n}(C_{r-1}^{m-2} + C_r^{m-2}) = (2n+1)(\sum\limits_{r=1}^{n}C_{r-1}^{m-2} + \sum\limits_{r=1}^{n}C_r^{m-2}) = (2n+1)(\sum\limits_{r=1}^{n}(C_r^{m-1} - C_{r-1}^{m-1}) + \sum\limits_{r=1}^{n}(C_r^{m-1} + 1 - C_{r-1}^{m-1})) = (2n+1)(C_{n+1}^{m-1} + C_n^{m-1})$. 注：要解决这个问题，引理中的内部必须要知道. 这个问题考查了考生基本的组合几何转化的能力，以及组合计数与组合计算的技巧. 本题虽然是个难题，但本质上难度并不高.

37. 设红点集为：$A = \{A_1, A_2, \cdots, A_{12}\}$，过点 A_1 的弦有 11 条，而任一个含顶点 A_1 的三角形，恰有两条过点 A_1 的弦，故这 11 条过点 A_1 的弦，至少分布于 6 个含顶点 A_1 的三角形中. 同理知，过点 $A_i (i=2,3,\cdots,12)$ 的弦，也各要分布于 6 个含顶点 A_i 的三角形中，这样就需要 $12 \times 6 = 72$（个）三角形，而每个三角形有三个顶点，故都被重复计算了三次，因此至少需要 $\dfrac{72}{3} = 24$（个）三角形. 再说明，下界 24 可以被取到. 不失一般性，考虑周长为 12 的圆周，其十二等分点为红点，以红点

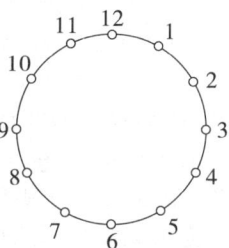

（第 37 题）

为端点的弦共有 $C_{12}^2 = 66$（条）. 若某弦所对的劣弧长为 k，就称该弦的刻度为 k；于是红端点的弦只有 6 种刻度，其中，刻度为 $1,2,\cdots,5$ 的弦各 12 条，刻度为 6 的弦共 6 条. 如果刻度为 a、b、$c (a \leqslant b \leqslant c)$ 的弦构成三角形的三条边，则必满足以下两条件之一：或者 $a+b=c$，或者 $a+b+c=12$. 于是红点三角形边长的刻度组 (a,b,c) 只有如下 12 种可能：$(1,1,2)(2,2,4)(3,3,6)(2,5,5)(1,2,3)(1,3,4)(1,4,5)(1,5,6)(2,3,5)(2,4,6)(3,4,5)(4,4,4)$. 下面是刻度组的一种搭配：取 $(1,2,3)(1,5,6)(2,3,5)$ 型各六个，$(4,4,4)$ 型四个；这时恰好得到 66 条弦，且其中含刻度为 $1,2,\cdots,5$ 的弦各 12 条，刻度为 6 的弦共 6 条. 今构造如下：先作 $(1,2,3)$、$(1,5,6)$、$(2,3,5)$ 型的三角形各六个，$(4,4,4)$ 型的三角形三个，再用三个 $(2,4,6)$ 型的三角形来补充. $(1,2,3)$ 型六个：其顶点标号为：$\{2,3,5\}$、$\{4,5,7\}$、$\{6,7,9\}$、$\{8,9,11\}$、$\{10,11,1\}$、$\{12,1,3\}$；$(1,5,6)$ 型六个：其顶点标号为：$\{1,2,7\}$、$\{3,4,9\}$、$\{5,6,11\}$、$\{7,8,1\}$、$\{9,10,3\}$、$\{11,12,5\}$；$(2,3,5)$ 型六个：其顶点标号为：$\{2,4,11\}$、$\{4,6,1\}$、$\{6,8,3\}$、$\{8,10,5\}$、$\{10,12,7\}$、$\{12,2,9\}$；$(4,4,4)$ 型三个：其顶点标号为：$\{1,5,9\}$、$\{2,6,10\}$、$\{3,7,11\}$；$(2,4,6)$ 型三个：其顶点标号为：$\{4,6,12\}$、$\{8,10,4\}$、$\{12,2,8\}$（每种情况下的其余三角形都可由其中一个三角形绕圆心适当旋转而得）. 这样共得到 24 个三角形，且满足本题条件，因此，n 的最小值为 24.

38. 首先我们注意如下事实：覆盖一个非钝角三角形的最小圆是它的外接圆；覆盖一个钝角三角形的最小的圆是以这个钝角三角形的最大边为直径的圆. 设 O 和 R 分别是四面体外接球的球心和半径. 首先假设 O 不在四面体的内部. 设 X 是四面体到 O 距离最近的点. 若 X 位于四面体某一面的内部，不妨设为面 ABC 的内部，则 X 是 $\triangle ABC$ 外接圆的圆心，故 $\triangle ABC$ 是锐角三角形，由假设它的外接圆的半径 r 不大于 1. 注意到，O 和 D 分别位于 $\triangle ABC$ 所在平面的两侧，故以 X 为球心 r 为半径的球包含四面体外接球被 ABC 平面截下的含 D 的那个球冠，因此也包含四面体. 若 X 位于某一条棱上，比如 AB，则 O 向平面 ABC 的投影 O_1 位于三角形 ABC 的外面. 由此 O_1 和 C 位于直线 AB 的两侧，角 ACB 不是锐角，因此以 AB 为直径的球（由假设其半径不大于 1）必含顶点 D. 同理它也包含顶点 C. 故它包含整个四面体. 现假设 O 点位于四面体的内部. 此时，四面体 $ABCO$、$ABDO$、$ACDO$、$BCDO$ 的体积之和等于四面体 $ABCD$ 的体积

V_{ABCD}，因此，它们中的一个，比如 $ABCO$ 的体积 V_{ABCO} 不大于 $\dfrac{V_{ABCD}}{4}$. 设直线 DO 交平面 ABC 于 D_1，则 $\dfrac{1}{4} \geqslant \dfrac{V_{ABCO}}{V_{ABCD}} = \dfrac{OD_1}{DD_1}$，因此 $OD_1 \leqslant \dfrac{1}{3}OD = \dfrac{R}{3}$. 设 X 是四面体的表面到球心 O 的距离最近的点，则 $OX \leqslant OD_1 \leqslant \dfrac{R}{3}$. X 不可能位于一条棱上. 故 X 位于某一面的内部，不妨设为 ABC. 则 X 为三角形 ABC 外接圆的圆心. 设三角形 $ABCD$ 外接圆的半径为 r，则 $r = \sqrt{R^2 - OX^2} \geqslant \sqrt{R^2 - (R/3)^2} = \dfrac{2\sqrt{2}}{3}R$. 由 $r \leqslant 1$，得 $R \leqslant \dfrac{3}{2\sqrt{2}}$.

39. S 是平面上任一个平行四边形的四个顶点. 当 S 是平面上某一个平行四边形的四个顶点时，显然满足条件. 下面我们证明 S 只能是一个平行四边形的四个顶点. 首先，由于对 S 中任三点 A、B、C 都存在 $D \in S$，使得 A、B、C、D 是一个平行四边形的四个顶点，故 S 中无三点共线. 又因为 S 为有限点集，故存在 S 的凸包 $A_1 A_2 \cdots A_m$，显然 $m \geqslant 4$. 接下来，我们证明对 $A_i A_{i+1} (i = 1, 2, \cdots, m, A_{m+1} = A_1)$ 均存在 $j(i \neq j)$ 使得 $A_j A_{j+1} \parallel A_i A_{i+1}$ 且 $A_j A_{j+1} = A_i A_{i+1}$. 考虑 $i = 1$ 的情况（其余类似），此时由凸包的定义知 S 中的所有均在 $A_1 A_2$ 的一侧，不妨设均在上方，以 A_1 为原点，$A_1 A_2$ 为 x 轴建立坐标系，此时对 $X(x_1, y_2) \in S$ 均有 $y_1 > 0$. 若不存在这样的 j，取一点 $X_0(x_0, y_0) \in S$ 使得 y_0 最大，此时由凸包的定义知 X_0 在 S 的凸包上，不妨设 $X_0 = A_k(k \neq i, i+1)$，此时令 A, B, C 为 X_0, A_1, A_2，则存在 $D \in S$，使得 A、B、C、D 是一个平行四边形的四个顶点，此时设 $D(x_D, y_D)$，则 $y_D > 0$，所以 $X_0 D \parallel A_1 A_2$ 且 $X_0 D = A_1 A_2$. 此时 D 在 S 的凸包上，否则若 D 不在 S 的凸包上，则存在 $E \in S$ 使 $y_E > y_D = y_0$，与 y_0 的最大性矛盾！所以 D 在 S 的凸包上，故 D 必为 A_{k-1} 或 A_{k+1}，否则存在 E 在 DX_0 之间，且 E 在 S 的凸包上，此时必有 D, E, X_0 三点共线. 矛盾！所以，D 为 A_{k-1} 或 A_{k+1}，此时，$A_k A_{k+1} \parallel A_1 A_2$ 且 $A_k A_{k+1} = A_1 A_2$，与反设矛盾！这样我们证明了对 $A_i A_{i+1}(i = 1, 2, \cdots, m, A_{m+1} = A_1)$ 均存在 $j(i \neq j)$ 使得 $A_j A_{j+1} \parallel A_i A_{i+1}$ 且 $A_j A_{j+1} = A_i A_{i+1}$. 下面我们考虑 S 中面积最大的三角形，此时它的顶点必在 S 的凸包上，不妨设为 $\triangle A_1 A_r A_s$，考虑以 $\triangle A_1 A_r A_s$ 为中位三角形的 $\triangle B_0 B_1 B_2$ 上或内部，否则，若 Z 在 $B_0 B_2$ 外，则 Z 到 $A_r A_1$ 的距离大于 A_r 到 $A_s A_1$ 的距离，即 $S_{\triangle Z A_s A_1} > S_{\triangle A_r A_s A_1}$，矛盾！所以，$S$ 的凸包必在 $\triangle B_0 B_1 B_2$ 上或内部，此时考虑三点组 A_1, A_r, A_s 则存在 $D \in S$，使得 A_1, A_r, A_s, D 是一个平行四边形的四个顶点，此时必有 $D \in \{B_0, B_1, B_2\}$，不妨设 $D = B_0$，这样 D 在 S 的凸包上，且 D 与 A_s, A_r 相邻，故必存在 l, n 使得 $A_l A_{l+1} \parallel B_0 A_s$ 且 $A_l A_{l+1} = B_0 A_s$，$A_n A_{n+1} \parallel B_0 A_r$ 且 $A_n A_{n+1} = B_0 A_r$. 注意到 $A_1 A_r \parallel B_0 A_s$ 且 $A_1 A_r = B_0 A_s$，$A_1 A_s \parallel B_0 A_r$ 且 $A_1 A_s = B_0 A_r$，此时必有 S 为 $A_1 A_r A_s B_0$，否则，若 $A_l A_{l+1} \parallel B_0 A_s$ 且 $A_l A_{l+1} = B_0 A_s$，而 A_l, A_{l+1} 不是 A_1, A_r，则 A_l, A_{l+1} 必有一点在 $\triangle B_0 B_1 B_2$ 外或四边形 $B_1 A_1 A_r A_s$ 内，前者与 $\triangle A_1 A_r A_s$ 的最大性矛盾，后者与 $A_l A_{l+1}$ 在 S 的凸包上矛盾！所以 S 的凸包为 $A_1 A_r A_s B_0$，即 S 的凸包为一个平行四边形. 若存在点 O 在此平行四边形 $A_1 A_2 A_3 A_4$ 内，则取三点组 O, A_1, A_2 必存在 O' 使得 $OA_1 A_2 O'$ 为平行四边形，此时必有 O' 在 $A_1 A_2 A_3 A_4$ 外，矛盾！综上所述，S 是平面上任一个平行四边形的四个顶点.

模拟实战七

习题 A

1. 每点至多连出 $m-1$ 条线段且当每点连出 l 条线段时，图中共连有 $\dfrac{1}{2}ml$ 条线段，故 ml 必为偶数. 可见，每点都连出 l 条线段的必要条件是 $1 \leqslant l \leqslant m-1$ 且 lm 为偶数. 下面我们证明这个条件也是充分的. 将 m 个点从 1 到 m 编号，并依次排在一个圆周上使之将圆周 m 等分，并设每等分的长度等于 1. 当 l 为偶数，对于任何一定点，都将它沿圆弧与它距离不超过 $\dfrac{l}{2}$ 的每点连一线段，则每点恰与 l 个点连有线段，满足题中要求. 当 l 为奇数时，m 为偶数，这时 $l-1$ 为偶数，于是像上面一样可使每点与 $l-1$ 个点连有线段，

又因为 m 为偶数,故圆上的点可分为 $\frac{m}{2}$ 组,每组两点是圆的直径的两端点,只要再把每组两点连一条线就行了.

2. 把 $p_1,p_2,\cdots,p_{n-1}$ 这 $n-1$ 点中任何两点间连一条线段,共连 C_{n-1}^2 条线段,且这种连法显然满足题目要求.另一方面,设点 p_1,p_2 之间无线段相连,于是,其余 $n-2$ 点中任两点间都有线段相连.否则,必有 $3\leqslant i<j\leqslant n$,使点 p_i 与 p_j 之间无线相连,于是 4 点 $\{p_1,p_2,p_i,p_j\}$ 不满足题目要求.此外,对任意 $i(3\leqslant i\leqslant n)$,点 p_i 至少与 p_1,p_2 中之一点连有线段,否则又将导致 4 点不满足题目要求.这样,满足题中要求的一组连线的条数不少于 $C_{n-2}^2+n-2=C_{n-1}^2$.综上可知,m 的最小值为 C_{n-1}^2.

3. 图中共有 $C_7^3=35$ 个三角形.设其中同色三角形有 f_7 个,非同色三角形有 g_7 个,于是 $f_7+g_7=35$.设图中 7 个顶点为 $A_1,A_2,\cdots,A_7$,由顶点 A_i 出发的红色线有 x_i 条,蓝色线有 $6-x_i$ 条,以 A_i 为顶点的异色角的个数为 $x_i(6-x_i)$,从而图中异色角的总数为 $\sum_{i=1}^{7}x_i(6-x_i)$,但是,同色三角形中无异色角,每一个非同色三角形内恰有 2 个异色角,所以 $g_7=\frac{1}{2}\sum_{i=1}^{7}x_i(6-x_i)\leqslant\frac{1}{2}\sum_{i=1}^{7}[\frac{x_i+6-x_i}{2}]^2=\frac{1}{2}\sum_{i=1}^{7}9=\frac{1}{2}\times7\times9=31\frac{1}{2}$,即 $g_7\leqslant31$,故 $f_7=35-g_7\geqslant4$,即图中至少有 4 个同色三角形.

4. 固定一个城市,并将另外 49 个城市中每个城市与该市用一条航线相连,使满足题目要求.另一方面,将 50 个城市用航线连起,至少要 49 条航线.综上知最少要 49 条航线.

5. 从一个城市 A 最多到达 3 个城市,这 3 个城市每个最多与另外两个城市有航线,可见全国最多有 $1+3+2\times3=10$ 个城市.另一方面,如图有 10 个城市和 15 条航线,每个城市恰与 3 个城市有航线且满足到达任一城市至多换乘一次的要求.故知所求的最大值为 10.

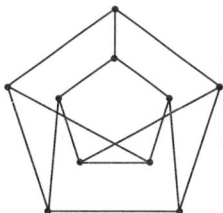

(第 5 题)

6. 所求 n 的最大值为 8.当 $n=8$ 时,如图所示的例子满足要求,其中 $A_1,A_2,\cdots,A_8$ 表示 8 个学生,A_i 与 A_j 连线表示 A_i 与 A_j 认识,否则不认识.下设 n 个学生满足题设要求,来证明 $n\leqslant8$.为此,先来证明如下两种情况不可能出现:(1)若某人 A 至少认识 6 个人,设为 $B_1,\cdots,B_6$,由 Ramsey 定理,这 6 个人中存在 3 个互不相识(这与已知任意 3 个人中有 2 个相识矛盾);或存在 3 个人互相认识,这时 A 与 3 个人共 4 人两两互相认识,亦与已知矛盾.(2)若某人 A 至多认识 $n-5$ 个人,则剩下至少 4 个人均与 A 不相识,从而这 4 个人两两相识,矛盾.其次,当 $n\geqslant10$ 时,(1)与(2)必有一种情况出现,故此时 n 不满足要求;当 $n=9$ 时,要使(1)与(2)均不出现,则此时每个人恰好认识其他 5 个人,于是这时 9 个人产生的朋友对(相互认识的对子)的数目为 $\frac{9\times5}{2}\notin\mathbf{N}_+$,矛盾!由上可知,满足要求的只有 $n\leqslant8$.综上,所求 n 的最大值为 8.

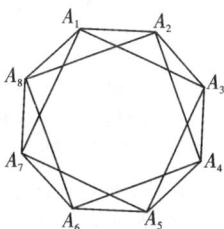

(第 6 题)

7. 用 30 个点代表 30 个委员,如果两位议员是朋友,就在对应两点间连一条红线,如果两位议员是政敌,就在对应两点间连一条蓝线.显然好委员会的个数就是同色三角形的个数.每个非同色三角形内有 2 个异色角,图中从每点出发有 6 条蓝线,23 条红线,构成 $23\times6=138$ 个异色角,所以非同色三角形有 $\frac{1}{2}\times138\times30=2070$ 个,故同色三角形的个数(即好委员会的总数)为 $C_{30}^3-2070=1990$ 个.

8. 设 7 点中 A 点引出的线段最少,共引出 k 条线段 $AB_j,j=1,2,\cdots,k$,其余 $6-k$ 个点均与 A 无连线,故这 $6-k$ 个点的每两点间都连有线,从图中连线的总数 $S\geqslant\frac{1}{2}\{k(k+1)+(6-k)(5-k)\}=k^2-5k+15=(k-\frac{5}{2})^2+\frac{35}{4}\geqslant(\frac{1}{2})^2+\frac{35}{4}=9$.另一方

(第 8 题)

面,如图,7 点间连有 9 条线段且满足题目要求,故最少要连 9 条线段.

9. 设一群人数为 n,并用平面上 n 个点来表示. 如果两人是朋友,则将相应点间连一条线,否则不连线. 下面我们对人数 n 用归纳法来证明:可以适当将每点都涂上红蓝两色之一,使得端点异色的线段条数大于端点同色的线段条数. 当 $n=2$ 时,两人是朋友,故只需将两点涂成一红一蓝便可使命题成立. 设 $n=k$ 时命题成立. 当 $n=k+1$ 时,按归纳假设可以先对其中 k 点染好色使得端点异色的线段数多于端点同色的线段数,然后考察第 $k+1$ 个点. 设它与蓝点的连线数为 m_1,与红点的连线数为 m_2,若 $m_1 \geqslant m_2$,则将它涂成红色;若 $m_1 < m_2$,则将它涂成蓝色,这样一来,$k+1$ 个点之间仍然是端点异色的线段数大于端点同色的线段数,这就完成了归纳证明.

10. 答案是否定的. 构造反例如下:取 5 个完全图 k_{100},其中每点表示一名代表. 若两名代表互相不认识,则对应点连一条边,由于每个完全图 k_{100} 的任意两点间连有线,不同的两个完全图的点之间没有连线,所以每名代表认识的人数均为 400. 对于图中任意 6 点,至少有两点在同一完全图内,他们之间连有线段. 也就是说,6 名代表中至少有 2 名互相不认识.

11. 将以正 $6n+1$ 边形 M 的顶点为顶点的等腰三角形简称为等腰三角形,而 M 的边及对角线统称为 M 中线段. 注意正 $6n+1$ 边形 M 中每一条线段恰属于 3 个不同的等腰三角形(这一结论仅对边数为 $6n\pm 1$ 的正多边形成立). 将两个端点为两蓝、一蓝一红和两红的线段条数分别记为 a,b,c,而将蓝顶点个数为 $0,1,2,3$ 的等腰三角形个数分别记为 x_0,x_1,x_2,x_3,由于 3 个顶点皆蓝的等腰三角形中 3 条线段的两个端点为蓝色,而 3 个顶点为 2 蓝 1 红的等腰三角形中恰有 1 条线段的两端点为蓝色,所以 $3a=3x_3+x_2$. ① 同理 $3b=2x_2+2x_1$,② $3c=x_1+3x_0$. ③ 由①×2+③×2-②得 $6x_3+6x_0=6a+6c-3b$,$x_0+x_3=a+c-\frac{1}{2}b$. ④ 当正 $6k+1$ 边形有 k 个红点时,记蓝顶点数为 $h=6n+1-k$,于是 $a=C_h^2=\frac{1}{2}h(h-1)$,$b=kh$,$c=C_k^2=\frac{1}{2}k(k-1)$,代入④得 $x_3+x_0=\frac{1}{2}[h(h-1)+k(k-1)-kh]$,而图中三顶点同色的等腰三角形的个数为 x_3+x_0,上式正好表明它是与 k 个红点的分布状态无关的.

12. 将原题换为图论语言,表述为下列等价命题:给定一个具有 N 个顶点的 2 色完全图 G. 证明:G 中存在一个经过所有顶点圈,该圈至多可以分为两个各自同色的部分. 用归纳法证明这个命题. $N=3$ 时,命题显然成立. 假设 $N=k$ 时命题成立,考虑 $N=k+1$ 的情形. 先考虑去掉一个顶点 A 以及从 A 出发的所有边. 由归纳假设可知,剩下的由 k 个顶点组成的完全图中存在一条经过所有顶点的圈,该圈至多可以分为两个各自同色的部分. 下面分两种情形讨论:(1)该圈上所有边都同色. 依次将圈的顶点记为 $B_1,B_2,\cdots,B_k$,从中去掉边 B_1B_2,然后将 A 分别与 B_1 和 B_2 相连,所得的圈符合要求. (2)该圈上所有边不同色. 将顶点编号,使得对某个顶点 B_m,在该圈上从 B_1 到 B_m 的部分 $B_1B_2\cdots B_m$ 为 1 种颜色(1 号色),余下部分 $B_mB_{m+1}\cdots B_kB_1$ 为另一种颜色(2 号色). 只要观察 AB_m 的颜色. 如果 AB_m 为 1 号色,则圈 $B_1B_2\cdots B_mAB_{m+1}\cdots B_kB_1$ 满足要求;如果 AB_m 为 2 号色,则圈 $B_1B_2\cdots B_{m-1}AB_m\cdots B_kB_1$ 满足要求. 这表明 $N=k+1$ 时命题成立. 从而命题得证.

13. 如果每条竖直直线上所有整点都是同一种颜色,则任取一个整点 A(设其为 1 号色)作过 A 的两条互相垂直的直线 l_1 和 l_2,使它们都与竖直方向成 $45°$ 的角,并在 l_1 和 l_2 上分别取一个 2 号色的整点 B 和一个 3 号色的点 C(这是可以做到的,因存在 2 号色、3 号色的竖线,且它们与 l_1 和 l_2 都相交并且其交点为整点),于是 $\triangle ABC$ 即为所求. 如果每一条水平直线上所有整点都是同一种颜色,则可类似证明结论成立. 如果存在一条竖直直线 l,其上整点只被染为两种不同颜色(设为 1 号色和 2 号色),在 l 外任取一个 3 号色的点 C,过 C 作 l 的垂线交 l 于 A(设 A 为 1 号色),则 A 为整点,再在 l 上取一点 2 号色的点 B,则 $\triangle ABC$ 即为所求. 如果存在一条竖直直线 l,其上整点被染成了三种不同颜色,那么再取一条水平直线 m,使其上的整点不是同一颜色,设 l 与 m 的交点 A 是 1 号色,我们在 m 上取一整点 B 与 A 异色(设为 2 号色),再在 l 上取一个 3 号色的整点 C,则 $\triangle ABC$ 即为所求.

14. $n=3$ 或 $n\geqslant 5$. (1)$n=3$ 时,可构造如图 1 所示的比赛结果(箭头指向被打败的选手),易见此时符

合要求.（2）$n=4$ 时，假设存在一种比赛结果，使得每一名选手都不亚于其他任何一名选手，则显然不可能有某名选手战胜了其他所有选手（其他选手无法不亚于他），也不可能有某名选手输给了其他所有选手（他无法不亚于其他选手）.若每名选手都战胜了 1 或 2 人，不妨设 A 战胜了 B 和 D，输给了 C，则 B、D 都战胜了 C（否则就无法不亚于 A）.那么 B、D 之间比赛的负者（只战胜了 C）就一定无法不亚于胜者（战胜了 C 和对方）.所以 $n=4$ 时不存在满足要求的比赛结果.（3）$n=6$ 时，可构造如图 2 的比赛结果.（4）若存在一种 n 名选手的比赛结果，其中每一名选手不亚于其他任何一名选手，记比赛结果可用图 G 来表示，则增加两名选手 M 和 N，构造比赛结果如下（图3）：首先 M 不亚于 N，N 也不亚于 M；对于 G 中的任意一名选手 P，由于 P 的手下败将有 M 而没有 N，M 的手下败将有 N 而没有 M，所以 P 不亚于 M，M 也不亚于 P；由于 P 的手下败将有 M 而没有 P，N 的手下败将有 P 而没有 M，所以 P 不亚于 N，N 也不亚于 P.因此这个比赛结果符合要求.综上所述，满足题目要求的 n 的集合是 $\{n\in\mathbf{N}\,|\,n\geqslant 3,\,n\neq 4\}$.

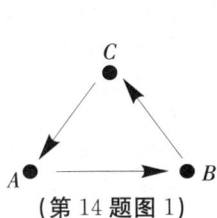

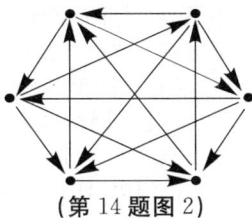

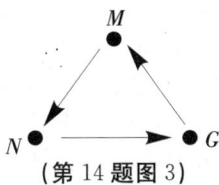

（第 14 题图 1）　　　　　（第 14 题图 2）　　　　　（第 14 题图 3）

15. 设 G 的顶点为 $V_1,V_2,\cdots,V_n$，且设顶点 V_j 的度为 a_j，$j=1,2,\cdots,n$，则 $\sum_{j=1}^{n}a_j=2|E|$.现考察与顶点 V_j 相邻的任两个顶点构成的顶点对（无序）$j=1,2,\cdots,n$，则对于每个顶点 V_j，这样不同的顶点对有 $C_{a_j}^2$ 个，并且任两个顶点对互不相同（事实上，若对于 $i\neq j$，顶点 V_i 的某顶点对与 V_j 的某顶点对相同，则存在 $V_k,V_l\,k\neq l$ 与 V_i,V_j 均相邻，这样 $V_iV_kV_jV_l$ 形成一个长度为 4 的圈，与题意矛盾），而总的顶点对至多为 C_n^2 个，故 $\sum_{j=1}^{n}C_{a_j}^2\leqslant C_n^2$，故 $n^2-n\geqslant\sum_{j=1}^{n}a_j^2-\sum_{j=1}^{n}a_j\geqslant\frac{1}{n}(\sum_{j=1}^{n}a_j)2-\sum_{j=1}^{n}a_j=\frac{1}{n}(2|E|)^2-2|E|$，即 $\frac{n}{4}(1-\sqrt{4n-3})$ $\leqslant|E|\leqslant\frac{n}{4}(1+\sqrt{4n-3})$，又 $|E|\in\mathbf{N}^*$，故 $|E|\leqslant\left[\frac{n}{4}(1+\sqrt{4n-3})\right]$.

16. 首先我们先证明一个引理. **引理**：将被宽度相等的垂直带型区域铺满的坐标平面用黑白两种颜色染色，使得每个带型区域用一种颜色染色且相邻的带型区不同色.则对任意一条与 l 平行的线段，其上黑色部分长度和与白色部分长度和的差不超过一个与 l 有关的常数. **引理的证明**：直线 l 与每个垂直的带型区域的交都是一个固定长度（设为 F）的线段，故任意一条平行于 l 长度为 $2F$ 的线段，其上黑色部分和白色部分的长度相等.因此我们只需考虑长度小于 $2F$ 的线段.其上两种颜色部分的长度差当然小于 $2F$.下面回到本题的证明.将所有黑格用黄色和绿色染色，使得原来有公共顶点的黑格不同色.不妨假设与黄色方格同列的都是红色方格，与绿色方格同列的都是蓝色方格.对任意一条平行于 l 的线段，令 r、b、r'、b' 分别表示其上红色、蓝色、黄色、绿色部分的长度.则由引理，存在只依赖 l 的常数 D_1、D_2 使得 $|(r+r')-(b+b')|\leqslant D_1$，$|(r+b')-(r'+b)|\leqslant D_2$.故 $2|r-b|=|(r+r')-(b+b')+(r+b')-(r'+b)|\leqslant|(r+r')-(b+b')|+|(r+b')-(r'+b)|\leqslant D_1+D_2$.即 $|r-b|\leqslant\frac{(D_1+D_2)}{2}$.

习题 B

17. 用点表示头，用线段表示颈子，由已知条件，每条线段连接两点，我们把对头 A 所连出的颈子所砍的一剑称为对顶点 A 所作的一次"反转".易知，如果有某个顶点 X 的度数不大于 10，那么，就只需对所有与 X 相邻的顶点都作一次"反转"，即可使顶点 X 游离（即 X 与其他顶点无线相连），如果某个顶点 X 至多与 $n(n\leqslant 9)$ 个顶点不相邻，那么，只需首先对 X 作一次"反转"，再对这 n 个顶点各作一次"反转"，即可使顶点 X "游离".

如果每个顶点都至少有 11 个相邻的点且都至少有 10 个不相邻的点，则至少一共有 22 个顶点，于是，图中线段数(颈子的数目)不少于 $\frac{1}{2}\times 22\times 11>100$,不满足题目条件.综上可知,只要砍 10 剑就可以满足题目要求.其次,我们举例说明只砍 9 剑是不够的.设有两组各 10 个头,每个组内的每个头都与另一个组内的每个头相连,恰好共有 100 条颈子.若只砍 9 剑,那么,每一个组内都至少有一个头没有受到打击,设为 A,B,对于其余 18 个头,由题设知,其中任一头 C 任何时候(9 剑中)都与且只与 A,B 中一头相连,而与另一头不相连,又 A 与 B 相连,故"多头蛇"神仍是连通的.

18. 用点代表城市,用点之间的连线表示两城市间的道路,如果结论不成立,那么存在这样的图,它的每个顶点的度数都大于 2,并且该图中任何一个圈的长度都可被 3 整除.设 G 是具有这样性质的图中顶点数目最小的一个,因为图中边数 $\geq \frac{3}{2}\times$顶点数$>$顶点数-1,故 G 不是树,故该图上必存在圈.设 Z 是 G 上长度最小的一个圈,于是该圈上任意两个不相邻的顶点没有边相连,又因为每一个顶点的度数大于 2,所以圈 Z 上每一顶点都有一边与圈外顶点相连,设 Z 依次经过顶点 $A_1,A_2,\cdots,A_{3k}$.假定存在连接顶点 A_m 和 A_n 的不包含圈 Z 上的边的路径 S.我们分别考察由 Z 被顶点 A_m,A_n 分成的"两半"和路径 S 分别组成的圈 Z_1 和 Z_2,由于两圈的长度都被 3 整除,不难推知路径 S 的长度也可被 3 整除.特别地,对于 G 中任何不在 Z 上的顶点都不可能有边同时与 Z 上两个不同的顶点分别相连.因此,由 Z 上顶点所连出的不在圈上的边,应分别连向各不相同的顶点.我们再作图 G_1,把图 G 中圈 Z 上的所有顶点合并为一个顶点 A,保留所有不在圈 Z 上的顶点以及它们之间所连的边,且分别用边将 A 同原来与 Z 上顶点有边相连的顶点逐一相连,易知 A 的度数 $\geq 3k$.于是图 G_1 的顶点数目少于图 G,而且每个顶点的度数仍大于 2,于是,按照前面所证结论,图 G_1 的任何一个圈的长度都可被 3 整除,这样一来得到了矛盾:因为如前所言,图 G 是具有这种性质的顶点数目最小的图.这就证明了原题中结论成立.

19. 将 9 点分为 3 组 $\{A_1,A_2,A_3\},\{A_4,A_5,A_6\},\{A_7,A_8,A_9\}$,并在属于不同组的每两点间连一线,则这些连线不构成四面体但共构成 27 个三角形,可见所求三角形数目的最大值不少于 27.以下证明:若图中有 28 个三角形,则必有四面体.为此先证明如下引理:在空间中给定 n 个点,其中任何 4 点都不共面,如果连接若干条线段后图中不存在三角形,则连线条数最多为 $\left[\frac{n^2}{4}\right]$.事实上,设从 A_1 出发所连线段共有 k 条,它们为 $A_1B_1,A_1B_2,\cdots,A_1B_k$,因为不存在三角形,故 $B_1,B_2,\cdots,B_k$ 中任何两点之间没有连线,其余 $n-k-1$ 个点为 $A_2,A_3,\cdots,A_{n-k}$,因此从 B_i 出发的线段至多有 $n-k$ 条$(i=1,2,\cdots,k)$,而从 A_j 出发的线段至多有 k 条$(y=1,2,\cdots,n-k)$,故图中所连线段数 t 不超过 $\frac{1}{2}[k\cdot(n-k)+(n-k)k]=(n-k)k=\frac{n^2}{4}-(\frac{n}{2}-k)^2\leq\frac{n^2}{4}$,又 t 为整数,所以 $t\leq\left[\frac{n^2}{4}\right]$,于是引理得证.回到原题的证明,如果没有四面体,设点 A_1 是引出线段数最多的一点,由于 28 个三角形共有 84 个顶点,由抽屉原理知必存在一点 A_2,至少是 $\left[\frac{84-1}{9}\right]+1=10$ 个三角形的公共顶点.若 A_2 至多引出 6 条线,则这些线的另一端(至多 6 个端点)之间至少有 10 条线,从而由引理知这 10 条线段中必有 3 条线段组成三角形,加上 A_2 即为四面体,矛盾.故知点 A_2 至少引出 7 条线段,点 A_1 就更加如此.(1)若点 A_1 引出 8 条线段,由于没有四面体,余下 8 点构成的图中不能有三角形,于是由引理知这 8 点间的连线数不超过 $\left[\frac{8^2}{4}\right]=16$ 条,从而图中至多只有 16 个三角形,矛盾.(2)若点 A_1 引出 7 条线段,则这些线段的另 7 个端点的子图中不能有三角形,从而由引理知其中至多有 $\left[\frac{7^2}{4}\right]=12$ 条连线,于是含有顶点 A_1 的三角形至多有 12 个.设已知 9 点中唯一没有与 A_1 连有线段的点为 B,则同理可证含有顶点 B 的三角形至多有 12 个,于是图中至多有 24 个三角形,矛盾.综上可知,图中最多有 27 个三角形.

20. 考察由所有顶点和那些被染为 1 号色和 2 号色的边所构成的图 G.我们将证明:图 G 中没有长度为奇数的圈(奇圈).用反证法.假设图中有奇圈.我们考察这个圈上边的染色.易知在这个圈上,必有两条相邻边同色,不妨设有两条相邻边都是 1 号色,从这两条边出发,必是两条 2 号色的边,然后是两条 1 号色的边,然后又是两条 2 号色的边,如此等等.这将导致这个圈的长度为偶数,矛盾!将图 G 分为若干个连

通分支 $G_i(1 \leqslant i \leqslant k)$. 由于 G_i 中没有奇圈，故 G_i 中任意两个顶点间长度的奇偶性相同. 任取 G_i 中一个顶点 v_i，将与 v_i 之间的路径的长度为偶数的顶点的全体记为 V''_i，将与 v_i 之间的路径的长度为奇数的顶点的全体记为 V'_i，则 V'_i，V''_i 的内部都没有图 G 中的边. 由此可知，圈 G 是一个二分图，即原图的所有顶点可以分为两组 A_1，A_2，在 A_1，A_2 的内部都没有 1 号色和 2 号色的边. 同理，原图的所有顶点也可以分为两组 B_1，B_2，在 B_1，B_2 的内部都没有 3 号色和 4 号色的边. 从而在 $A_1 \cap B_1$，$A_1 \cap B_2$，$A_2 \cap B_1$，$A_2 \cap B_2$ 这四组顶点的内部没有任何边. 于是将这四组顶点各用一种颜色去染即满足要求.

21. 我们通过对 k 归纳来证明题中断言. $k=0$ 时断言显然成立，因为此时没有任何航空公司. 构造一个图，其中的顶点为该国的城市，而边则为航线. 分别以 E_1，E_2，$\cdots$，E_k 表示各个航空公司的航线所对应的边的集合. 不难看出，对于每个 $i \in \{1,2,\cdots,k\}$，集合 E_i 或者为三角形，或者为"刺猬"，即具有一个公共顶点的若干条边. 如果存在一个集合 E_i 是以某个顶点 A 为公共顶点的"刺猬"，那么我们就从图中去掉顶点 A 和所有由它所连出的边. 在剩下的图中只有 $k-1$ 家航空公司的航线. 根据归纳假设，我们可以把所有的顶点分成 $k+1$ 组，使得任何两个属于同一组的顶点之间都没有边连接，再把顶点 A 作为第 $k+2$ 组即可. 下面再考虑所有的 E_1，E_2，$\cdots$，E_k 都是三角形的情形. 此时图中恰有 $3k$ 条边. 我们将图中的顶点分为尽可能少的组，使得任何两个属于同一组的顶点之间都没有边连接. 假设所分出的组为 B_1，$\cdots$，B_n，并且 $n \geqslant k+3$. 注意到，此时在任何两个组 B_i 和 B_j 之间，都一定有某条边连接 B_i 和 B_j 中的某两个顶点，因若不然，我们就可以把两个组并为一个组. 从而该图中至少有 C_n^2 条边. 但是这样一来，就有 $C_n^2 \geqslant \dfrac{(k+3)(k+2)}{2} > 3k$，此为矛盾，所以题中断言也成立.

22. 如图 1，2 色 K_7 中实线表蓝色，虚线表红色，其中任何两个红色三角形和任何两个蓝色三角形都有公共边，这表明所求最小正整数 $n \geqslant 8$. 其次我们只须证明 2 色 K_8 中必存在两个颜色相同并且没有公共边的三角形，若此结论不成立，则存在一个 2 色 K_8，其中不存在满足题中要求的两个三角形，由拉姆塞定理知 2 色 K_8 中必存在单色三角形，不妨设 $\triangle A_1 A_2 A_3$ 是蓝色三角形. 考察以 $\{A_3,A_4,A_5,A_6,A_7,A_8\}$ 为顶点的 2 色完全子图 K_6，由拉姆塞定理知其中又存在一个单色三角形. 由反证假设知其中不能再有蓝色三角形，故为红色三角形，这个红色三角形必与 $\triangle A_1 A_2 A_3$ 有一个公共顶点，不然的话，二个三角形的顶点间的 9 条连线中必有 5 条同色，设为 5 条红色边，于是由抽屉原理，A_1，A_2，A_3 中必有一个顶点向红色三角形至少引有 $\left[\dfrac{5-1}{3}\right]+1=2$ 条红线，从而得到与蓝色 $\triangle A_1 A_2 A_3$ 且有一个公共点的红色三角形，设这个三角形是 $\triangle A_3 A_4 A_5$. 考察 $\{A_2,A_4,A_6,A_7,A_8\}$ 为顶点的 2 色 K_5，由反证假设知其中没有单色三角形，从而它可分解为一红、一蓝各有 5 条边的两个圈（如图 2），考察以 $\{A_1,A_2,A_4,A_6,A_7,A_8\}$ 为顶点的 2 色 K_6，其中必有 2 个单色三角形（§3-1 例 1），由反证假设知其中不能有红色三角形，故其中必有 2 个蓝色三角形且均与蓝色 $\triangle A_1 A_2 A_3$ 有一条公共边，当然只可能为 $A_1 A_2$，故 $A_1 A_4$，$A_1 A_6$ 为蓝边. 再考察以 $\{A_2,A_4,A_5,A_6,A_7,A_8\}$ 为顶点的 2 色 K_6，类似地可得出 $A_5 A_6$，$A_4 A_6$ 为红边，最后考察 $A_3 A_6$，若它为蓝边，则 $\triangle A_2 A_3 A_6$ 和 $\triangle A_2 A_1 A_4$ 为两个没有公共边的蓝色三角形，矛盾；若 $A_3 A_6$ 为红边，则 $\triangle A_3 A_4 A_6$ 和 $\triangle A_4 A_5 A_7$ 为两个没有边的红色三角形，矛盾. 这就证明了 2 色 K_8 中必存在两个颜色相同并且没有公共边的单色三角形. 综上可知，所求的最小正整数 $n=8$.

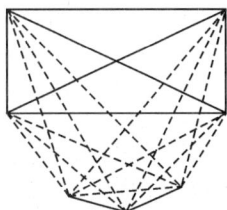

（第 22 题图 1）

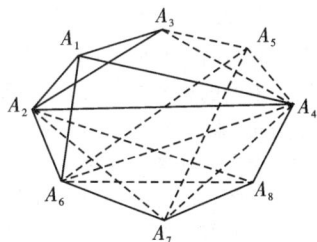

（第 22 题图 2）

23. 我们首先证明 $k \leqslant 4$ 是不可能的. 对于 $k=1$ 和 $k=2$ 无需证明. $k=3$ 时，取一顶点 A，与 A 相连有 9 条边，所以一定有两边同色，不妨设是 AB，AC. 因此，顶点 A，B，C 构成的完全图 K_3 中不含 3 种颜色，故 $k=3$ 不可能. 当 $k=4$ 时，若有一点，不妨设为 A，从 A 出发引出的线段中有 4 条同色. 不妨设 AB，AC，AD，AE，且设为蓝色，于是以 B，C，D，E 为顶点的 K_4 的 6 条边中必含有 4 种颜色的边. 不妨设 BC 为蓝色，于是以 A，B，C，D 为顶点的完全图 K_4 中有 4 条蓝边，与包含 4 种颜色矛盾. 若从每点出发的 9 条线段

中至多有 3 条边同色,则由抽屉原理知恰有 3 条边同色,不妨设从点 A 引出的 3 条线段 AB,AC,AD 同为蓝色,于是 BC,CD,DB 中每一条不能再是蓝色.由于其他 6 点中任意 3 点与 A 的连线中没有蓝色线段,因此,其他 6 点任意 3 点的两两连线中一定有一条蓝色线段,将这 6 点的完全图中除蓝色外,其他 3 种颜色视为同色(杂色),于是由拉姆塞定理知其中必存在单色(蓝色或杂色)三角形,因为每个三角形中都有蓝色边,故只可能存在蓝色三角形.不妨设为 $\triangle EFG$,又因为 B,C,D,E 为顶点的完全图 K_4 中必定有蓝边,而前面已知 BC,CD,DB 不是蓝边,因此不妨设 DE 为蓝边,可见以 D,E,F,G 为顶点的完全图 K_4 至少有 4 条蓝边,与包含 4 种颜色矛盾.综上所述,$k \leqslant 4$ 是不可能的.下面证明 $5 \leqslant k \leqslant 10$ 是可能的.$k=10$ 无需证明.对 $6 \leqslant k \leqslant 9$,我们直接构造出符合条件的 K_{10},记 10 个顶点分别为 $0,1,2,\cdots,9$,对于将要出现的和式,和倍数超过 9 时,取模 9 余.将连接顶点 i 与 j 的线染上第 $i+j$ 种颜色,其中 $0 \leqslant i < j \leqslant 8$.将连接顶点 9 和顶点 i 的线段染上第 $2i$ 种颜色,其中 $0 \leqslant i \leqslant 8$,第 0 色认为是第 9 色,如此染色法满足 9 种颜色都出现,每种颜色恰出现 5 次,且每种颜色的边包含了 10 个顶点,我们称由每一种颜色的边组成的图为子图.下面证明这种染色法具有要求的性质.如果 $k<9$,则用多余颜色染的边可忽略,对每一种颜色,顶点被分成 5 对,每对顶点之间的所连线段被染上那种颜色.在 10 个顶点中任取 k 个点所构成的完全图中,因为 $k \geqslant 6$,故由抽屉原理一定有两点来自那种颜色被分成的 5 对中的一对,所以这个完全图中每种颜色都至少有一边.对于 $k=5$,我们直接构造一个符合题目要求的 5 色完全图 K_{10},设已知 10 个顶点分列为 $0,1,2,3,4,5,6,7,8,9$,构造 5 个子图,每个子图包括由 4 个顶点组成的完全图及 3 条边,它由 4 个部分组成,其中一部分有 4 个顶点,另外三个部分各有 2 个顶点,且包含了所有 10 个顶点(如下表):

第一子图	02	05	09	25	29	59	13	67	48
第二子图	24	27	21	47	41	71	35	89	60
第三子图	46	49	43	69	63	93	57	01	82
第四子图	68	64	65	81	85	15	79	23	04
第五子图	80	83	87	03	07	37	91	45	26

第 i 个子图中的各边染第 i 色($i=1,2,3,4,5$),于是在 10 个点中任取 5 点构成的完全图 K_5 中,对任意 $i(1 \leqslant i \leqslant 5)$,由抽屉原理,一定由 2 点来自第 i 子图被分成的四个部分中的一部分中,这 2 点连线染了第 i 种颜色,故这个 K_5 中每种颜色都至少有一条边.

24. 把满足问题条件的一种方格表的染色方案称为好方案.对于好的染色方案,易证下列结论成立:(1)如果两个相邻格颜色相同,且不在同一行(或同一列)中,那么这两行(列)中任意位于同一列(行)的两个相邻格有着相同的颜色,且这些颜色是黑白间的(图 a);(2)3 个连续的格不能有相同的颜色;(3)如果位于角上的格子是黑(白)的,那么与它相邻的两格是白(黑)的;(4)如果在某一列(行)中有两个相邻格颜色相同,那么,在任一行(列)中就不可能有两个相邻格颜色相同.从这些结论可以看到,如果在某一行(列)中不存在两个相邻格颜色相同,那么这个方格表中其他格的颜色仅依靠这行(列)的染色.所以,我们只检查第一行(列)的颜色分布易见,如果方格表像国际象棋一样染色,那么黑格与白格之差的最大值等于 1.考虑第一行有相邻两格的颜色相同,由(1)—(4)可得任意相邻两行黑白格数目相同.所以黑白格数目之差等于第一行黑白格数目之差,易见第一行黑白格数目之差最多等于 3(图 b),当第 1 列有相邻两格颜色相同时,可得同样结论,由(4)知,任一好的染色方案不可能同时在第一行和第一列均有相邻两格的颜色相同.综上所述,黑白格数目之差的最大值为 3.

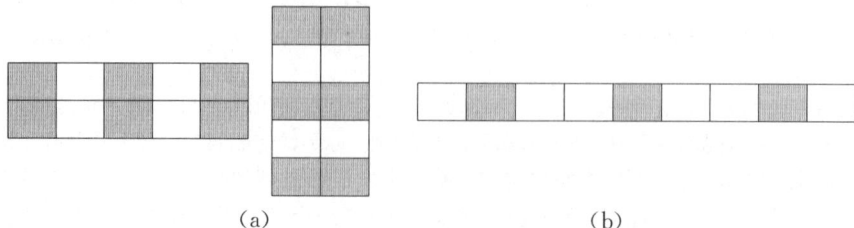

(a)　　　　　　　　(b)

(第 24 题)

25. 对于正 13 边形,当将 A_1,A_2,A_4,A_6,A_7 这 5 个顶点涂成红色时,13 条对称轴中任何一条都不满足题目要求. 对于正 12,11,10 边形,当取上述 5 点为红色时,题中结论也不成立. 而当边数不大于 9 时,结论显然不成立,可见所求最小正整数 $n \geqslant 14$. 对于正 14 边形,$A_1 A_2 \cdots A_{14}$ 共有 7 条对称轴不通过顶点而平分一组对边,我们按 A_i 的下标 i 的奇偶性把 A_i 称为奇顶点或偶顶点,显然在上述 7 条对称轴之一为对称轴时,每组对称点的奇偶性互异. 设 5 个红顶点中有 m 个奇顶点,$0 \leqslant m \leqslant 5$,于是有 $5-m$ 个偶顶点,于是染红色的奇顶点与染红色的偶顶点间的连线数为 $m(5-m) \leqslant [\frac{m+(5-m)}{2}]^2 = 6\frac{1}{4}$,但 $m(5-m)$ 为整数,故 $m(5-m) \leqslant 6$,这些连线的中垂线至多有 6 条,因此上述 7 条对称轴中至少有一条不垂直平分这 6 条连线中的任何一条,这条对称轴即为所求. 综上可知,所求边数 n 的最小值等于 14.

26. 我们对住宅的栋数 $n \geqslant 2$ 使用数学归纳法来证明. 当 $n=2,3$ 时,结论显然成立. 设当 $n < k$ 时结论都成立,则当 $n=k$ 时,我们任取一栋住宅编号为 1,将原住 1 号的人所迁到的住宅编号为 2,将原居住 2 号的人所迁到的住宅(如果不是 1 号)编号为 3,如此继续下去,必有正整数 $m \leqslant k$,使得原住 m 号住宅的人迁到 1 号居住,于是得到一个号码圈,这样我们可以从 1 号开始按蓝、绿、红的顺序循环染色直到 $m-1$ 号住宅. 这时 $m-1$ 号与 1 号至多有 2 种颜色,我们总可以选择 1 种不同于 $m-1$ 号和 1 号的颜色给第 m 号住宅染色. 若 $m=k$,则问题已解决. 若 $m < k$,则由归纳假设余下的 $k-m$ 栋住宅可以按照要求进行染色,故知 $n=k$ 时结论仍成立,这就完成了归纳证明.

27. 假设存在满足题目要求的染色法. 若一行中黑色(白色)的格子占多数,则称之为黑(白)行,黑(白)列的意义类似. 设此长方形表格大小为 $m \times n$,其中有 p 个白行,q 个黑行,r 个白列,s 个黑列,则 $p+q=m,r+s=n$. 不妨设 $p \leqslant q$,若每行、每列中同色格子数多于 $\frac{3}{4}$,则异色格子少于 $\frac{1}{4}$,每行及每列中异色格子的总数少于 $m\frac{n}{4} + n\frac{m}{4} = \frac{1}{2}mn$. 如果一个白格子属于白行、黑列,则它是黑列中的异色格;如果一个黑格子属于白行、黑列,那么它是白行中的一个异色格子,故属于白行、黑列交叉处的 ps 个格子都是异色格子. 同理属于黑行、白列交叉处的 qr 个格子也都是异色格子,故有 $ps+qr < \frac{1}{2}mn$,即 $\frac{1}{2}mn > (m-q)s + (m-p)r = m(s+r) - (qs+pr) = mn - (qs+pr)$,故 $qs+pr > mn - \frac{1}{2}mn = \frac{1}{2}mn$,于是有 $qs+pr > \frac{1}{2}mn > ps+qr$,由此得 $(ps+qr) - (qs+pr) = s(p-q) - r(p-q) = (s-r)(p-q) \leqslant 0$. 但 $p \leqslant q$,故 $r \leqslant s$,从而 $p \leqslant \frac{m}{2}$,$r \leqslant \frac{n}{2}$,这时白色格子的总数少于 $pr + \frac{1}{4}qn + \frac{1}{4}sm = pr + \frac{1}{4}(m-p)n + \frac{1}{4}(n-r)m = \frac{1}{2}mn + pr - \frac{1}{4}pn - \frac{1}{4}rm = \frac{1}{2}mn + (\frac{1}{2}pr - \frac{1}{4}pn) + (\frac{1}{2}pr - \frac{1}{4}rm) = \frac{1}{2}mn - \frac{1}{2}p(\frac{n}{2}-r) - \frac{1}{2}r(\frac{m}{2}-p) \leqslant \frac{1}{2}mn$. 这与题设白色格子数为总格子数的 $\frac{1}{2}$ 矛盾. 故满足题设要求的染色法不存在.

28. 所求 n 的最小值为 17. 首先证明:$n=17$ 时,结论成立. 反设存在一种将正 17 边形的顶点三染色的方法,使不存在 4 个同色顶点是某个等腰梯形的顶点. 由于 $[\frac{17-1}{3}]+1=6$,故必有 6 个顶点染同一种颜色,不妨设为黄色. 将这 6 个顶点两两连线,可以得到 $C_6^2 = 15$ 条线段. 由于这些线段的长度只有 $[\frac{17}{2}]=8$ 种可能. 于是必出现下列两种情形之一:(1)有某三条线段长度相等. 注意到 $3 \nmid 17$. 不可能出现 3 条线段两两有公共点的情况. 所以存在两条线段,顶点互不相同. 这两条线段的 4 个顶点即为一个等腰梯形的 4 个顶点,矛盾;(2)有 7 对长度相等的线段. 由假设每对长度相等的线段必有公共的黄色顶点(否则能找到满足题目要求的 4 个黄色顶点). 因只有 6 个黄色顶点,由抽屉原理知这 7 对线段中必有 $[\frac{7-1}{6}]+$

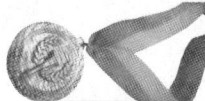

$1=2$ 对线段的公共顶点是同一个黄色点. 这四条线段的另 4 个端点必然是某个等腰梯形的 4 个顶点, 矛盾. 所以 $n=17$ 时结论成立. 再对 $n\leqslant16$, 构造不满足题目要求的染色方法. 用 $A_1,A_2,\cdots,A_n$ 表示正 n 边形的顶点 (按顺时针方向). M_1,M_2,M_3 分别表示三种颜色的顶点集. 当 $n=16$ 时, $M_1=\{A_5,A_8,A_{13},A_{14},A_{16}\}$, $M_2=\{A_3,A_6,A_7,A_{11},A_{15}\}$, $M_3=\{A_1,A_2,A_4,A_9,A_{10},A_{12}\}$; 当 $n=15$ 时, $M_1=\{A_1,A_2,A_3,A_5,A_8\}$, $M_2=\{A_6,A_9,A_{13},A_{14},A_{15}\}$, $M_3=\{A_4,A_7,A_{10},A_{11},A_{12}\}$; 当 $n=14$ 时, 令 $M_1=\{A_1,A_3,A_8,A_{10},A_{14}\}$, $M_2=\{A_4,A_5,A_7,A_{11},A_{12}\}$, $M_3=\{A_2,A_6,A_9,A_{13}\}$; 当 $n=13$ 时, $M_1=\{A_5,A_6,A_7,A_{10}\}$, $M_2=\{A_1,A_8,A_{11},A_{12}\}$, $M_3=\{A_2,A_3,A_4,A_9,A_{13}\}$. 对 $n=13$ 的情形去掉顶点 A_{13}, 其余染色方式不变, 即得 $n=12$ 的染色法; 然后再去掉顶点 A_{12}, 即得 $n=11$ 的染色法; 继续去掉顶点 A_{11}, 得到 $n=10$ 的染色法, 并且不难验证上述染色方法都保证无 4 个同色顶点是某个等腰梯形的 4 个顶点. 当 $n\leqslant9$ 时, 可使每种颜色的顶点个数少于 4, 从而无 4 个同色顶点是某个等腰梯形的 4 个顶点. 故 $n\leqslant16$ 时, 不具备题目要求的性质. 综上所述, 所求 n 的最小值为 17.

29. 在解答中我们将利用下面著名结果 (第七章 §2 例 8) **霍尔定理**. 给定偶图 G (即: 它的顶点可以分成两个集合 A 和 B 的并, 使得 G 中只有连接 A 中的顶点和 B 中的顶点之间的边), 设对于任意子集 $A_1\subseteq A$, 都有 $|A_1|\leqslant|B_1|$, 其中 B_1 表示所有 A_1 的顶点之间有边相连的顶点的集合, 则在图中存在一个匹配 (即: 具有不同顶点的边的集合) 包含 A 的所有顶点. 现在证明本题. 我们构造一个图 G, 它的顶点对应少先队员, 边对应相识关系. 这个图的每个顶点的度不小于 50 且不大于 100. 我们还需要下面一个辅助引理. **引理**: 令 $k\leqslant n\leqslant m$ 为正整数. G 是一个图, 它的每个顶点的度数不小于 n 且不大于 m. 证明: 可以去掉 G 中若干条边得到一个新图, 使得新图的每个顶点的度数不小于 $n-k$ 且不大于 $m-k$. **引理的证明**: 显然只需对 $k=1$ 证明引理即可. 首先, 如果图中有连接两个度数为 m 的顶点的边, 那么去掉这些边. 上述操作进行有限步后, 我们可以假设图中没有连接两个度数为 m 的顶点的边. 令 A 表示所有度数为 m 的所有顶点的集合, 而 B 表示所有其余顶点集. 将图中所有连接 B 中两顶点的边去掉后我们得到一个偶图 G'. G' 中只留下 A 与 B 之间的边. 下面验证图 G' 满足霍尔定理的条件. 考虑任意子集 $A_1\subseteq A$, 令 B_1 是所有与 A_1 中的顶点有边相连的顶点的集合. 从 A_1 中共有 $m|A_1|$ 条边出来连接 B_1 中的点, 而 B_1 中的每个点的度数均小于 m, 这推出 $|B_1|\geqslant|A_1|$. 由霍尔定理, 存在包含 A 中所有顶点的一个匹配. 从 G 中去掉匹配中的所有边, 得到图 G_1. G_1 的每个顶点的度数不小于 $n-1$ 且不大于 $m-1$. 引理证毕. 对 $k=30,n=50,m=100$ 应用引理, 我们得到一个图 H, 它的每个顶点的度数不小于 20 且不大于 70. 我们将 H 中的边都染成红色. 对于每个顶点 $x\in H$, 存在与 x 相邻的 20 个顶点 $N(x)$. 将 $N(x)$ 中的顶点用绿色的边两两相连. 考虑一个顶点集为 $\sum_{x\in H}N(x)$, 边的集合为所有绿边构成的图 H'. 由于 H 中每个顶点的度数均不大于 70, 故 H' 的每个顶点的度数不大于 $70\cdot19=1330$. 这样可用至多 1331 种颜色对 H' 中的顶点染色, 使得 H' 中任意相邻顶点不同色. 对 G 中不属于 H' 的顶点可用这 1331 种颜色中的任意颜色染色. 这样我们对 G 的顶点给出了一种染色, 满足对于任意顶点而言, 与其相邻顶点中至少有 20 种不同的颜色.

30. 首先我们将问题转化为一个图论的问题. 每个人都对应图中一个顶点, 两个人相识. 则对应顶点之间有边, 得到图 G. 已知图 G 不能三染色使得每条边所连结的两顶点不同色. 图 G 不含 4 完全子图 K_4. 由于不能三染色, 故图 G 含有奇圈. 设 C 为长度最小奇圈, 则 C 没有对角线. 如果 C 外的顶点之间有连线, 比如 v_1,v_2 之间有连线, 则 $G\backslash\{v_1,v_2\}$ 与 $\{v_1,v_2\}$ 便是满足要求的分组.

下面设 C 外的顶点之间没有连线. 下证 C 外任意顶点至多与 C 中两顶点相连. 反设 x 与 C 中三点 u、v、w 相连. 由于 G 不含 K_4, C 的长度 $n\geqslant5$. u、v、w 两两间在 C 上不通过另外一点的道路的长度必为奇数, 设 u、v 之间的道路长度 d 为奇数, 则 $d\geqslant n-2$ (否则它与 x 构成一个长度小于 n 的奇圈). 这说明 u、v、w 在圈上相邻, w 在 u、v 之间. 我们得到一个三角形 $\{x,w,u\}$. 矛盾. 下面我们对 G 三染色. 显然可以对 C 三染色, 然后由于任意 C 外点至多与 C 中两顶点相连, 故可对其染色使它与相邻顶点不同色. 矛盾.

31. $d_{max}=9744=100^2-16^2$. **引理**: $1\times n$ 方格表中的每个方格中有一个正整数, 则至少可以将 $n-16$

个方格染色. 我们对 n 用归纳法. $n \leqslant 16$ 结论显然成立. 不妨设 $n=k \geqslant 17$, 且对于小于 k 的一切 n, 结论都成立. 假设左边 17 个方格中的数分别为 $a_1, a_2, \cdots, a_{17}$. 则 $0, a_1, a_1+a_2, \cdots, a_1+a_2+\cdots+a_{17}$ 中存在两个使得它们的差被 17 整除: $17 | (a_i+a_{i+1}+\cdots+a_j)$. 故从第 i 个到第 j 个方格构成一个好矩形 A. 从表格中将 A 去掉, 得到一个 $1 \times (k-(j-i+1))$ 的新表格. 由归纳法假设, 新表格除了至多 16 个方格外可以表示为两两内部不交的好矩形的并. 这些好矩形如果没有同时含原表格中第 $i-1$ 和 $j+1$ 方格的, 则它们也是原表格中的好矩形, 如果有一个好矩形同时含原表格中的第 i 和第 j 方格, 则它与 A 的并构成原表格中的好矩形. 无论哪种情况, 都表示结论对 $n=k$ 时成立. 下面证明可以对表格中至少 9744 个方格染色. 我们将每列看成一个大格, 其中的数为该列各数之和. 由引理除了至多 16 列之外, 表格可以表示若干个高度为 100 的好矩形之并. 对剩下的每列都可以利用引理, 得到每列除了至多 16 个方格外都可以染色. 这样整个表格至多有 $16^2=256$ 个方格没被染色. 下面给出一个至少有 256 个方格不被染色的. 在表格中的一个 16×16 的一个子表 B 中的每个方格中填 1, 其余每个方格填上 17. 则 B 中方格都不可能被染色. 事实上任何好矩形都不可能含这样的方格. 设 A 是任意一个好矩形, 若 A 含有 1, 设它与 B 的交是一个 $a \times b$ 的矩形, 则 $ab \equiv 0 \pmod{17}$, 这与 $a, b \leqslant 16$ 矛盾. 综上可得所求 d 的最大值为 9744.

32. $|\Delta(K)|$ 的最大可能值为 $2n^2+4n+1$. 一方面, 取集合 $K = \{(0,0)\} \bigcup \{(0,i) | i=1,2,\cdots,n\} \bigcup \{(i,0) | i=1,2,\cdots,n\}$, 它是连通的, 且 $|K|=2n+1$, 而 $\Delta(K) = \{(0,0)\} \bigcup \{(0,\pm i) | i=1,2,\cdots,n\} \bigcup \{(\pm i,0) | i=1,2,\cdots,n\} \bigcup \{(-i,j) | i,j=1,2,\cdots,n\} \bigcup \{(i,-j) | i,j=1,2,\cdots,n\}$. 此时, $|\Delta(K)| = 2n^2+4n+1$. 另一方面, 我们证明: 对任意满足 $|K|=2n+1$ 的连通集, 都有 $|\Delta(K)| \leqslant 2n^2+4n+1$. 构造图 G, 使得 G 中的顶点就是 K 中的点, 若 G 中两点对应于 K 中的纵坐标相同而横坐标差 1 的两个点, 则它们之间连条红边, 若 G 中两点对应于 K 中的横坐标相同而纵坐标差 1 的两个点, 则它们之间连一条蓝边. 由于 K 是连通的, 故 G 为联通图, 取 G 的一个生成树 G_0, 并记 G_0 的红边数、蓝边数分别 e_r 和 e_b, 则 $e_r+e_b=2n$. 记 G_0 中所有的红边为 $A_i A'_i (i=1,2,\cdots,e_r)$, 所有的蓝边为 $B_i B'_i (i=1,2,\cdots,e_b)$, 并用同样的记号表示 K 中对应的边, 设 A'_i 在 A_i 右边, 而 B'_i 在 B_i 上边. 现在, 构造图 M, 使得 M 中的顶点是 K 中任意两个不同点所在的向量, 这些向量中有一些相等, 则 $|M|=2C_{2n+1}^2=4n^2+2n$. 我们将 $\overrightarrow{A_i A_j}$ 和 $\overrightarrow{A'_i A'_j}$ 对应的 M 中的顶点之间连一条红色的边 $(i \neq j, 1 \leqslant i, j \leqslant e_r)$; 将 $\overrightarrow{B_i B_j}$ 和 $\overrightarrow{B'_i B'_j}$ 对应的 M 中的顶点之间连一条蓝色的边 $(i \neq j, 1 \leqslant i, j \leqslant e_b)$. 对这样得到的图 M 而言, 由于各 A_i 不同, 各 B_j 不同, 故任意两点之间所连边数都不超过 1, 而 $\overrightarrow{A'_i A'_j}$ 是 $\overrightarrow{A_i A_j}$ 向右平移一个单位所得, $\overrightarrow{B'_i B'_j}$ 是 $\overrightarrow{B_i B_j}$ 向上平移一个单位所得, 因此, M 中没有两个顶点之间既连了红色边也连了蓝色边. 这表明 M 是简单图. 若 M 中有圈: $\overrightarrow{C_1 D_1} \to \overrightarrow{C_2 D_2} \to \cdots \to \overrightarrow{C_k D_k} \to \overrightarrow{C_1 D_1}$ (中间所连的边既有红色, 也有蓝边), 则 $C_1, C_2, \cdots C_k, C_1$ 是 G_0 中的一个圈, 与 G_0 为树矛盾. 所以, M 是若干个树的并集. 由于 M 中某两点之间连边意味着它们在 K 中对应的向量相等, 故 K 中对应的非零向量的个数等于 M 的连通分支的个数, 即 $|M|-e(M)$ (这里 $e(M)$ 为 M 的个数). 因此, $|\Delta(K)| = |M|-e(M)+1 = 4n^2+2n-2C_{e_r}^2-2C_{e_b}^2+1 = 4n^2+2n+1-(e_r^2+e_b^2) \leqslant 4n^2+2n+1-\dfrac{1}{2}(e_r+e_b)^2 = 2n^2+4n+1$. 综上可知, 所求最大值为 $2n^2+4n+1$.

图书在版编目（CIP）数据

奥林匹克数学中的组合问题 / 张垚，沈文选，冷岗松编著. —修订本.
—长沙：湖南师范大学出版社，2014.12
ISBN 978-7-5648-1993-4

Ⅰ.①奥…　Ⅱ.①张…　②沈…　③冷…　Ⅲ.①中学数学课—高中—教学参考资料　Ⅳ.①G634.603

中国版本图书馆 CIP 数据核字（2014）第 288717 号

奥林匹克数学中的组合问题

张　垚　沈文选　冷岗松　编著

◇策划组稿：廖小刚　周基东
◇责任编辑：廖小刚　周基东
◇责任校对：施　游
◇出版发行：湖南师范大学出版社
　　　　　　地址/长沙市岳麓山　邮编/410081
　　　　　　电话/0731.88873071　88873070　传真/0731.88872636
　　　　　　网址/http：//press. hunnu. edu. cn
◇经销：湖南省新华书店
◇印刷：长沙超峰印刷有限公司
◇开本：787mm×1092mm　1/16
◇印张：27.5
◇字数：732 千字
◇版次：2015 年 1 月第 3 版　2024 年 2 月第 15 次印刷
◇书号：ISBN 978-7-5648-1993-4
◇定价：58.00 元